事典

日本の
自然保護地域

自然公園・景勝・天然記念物

日外アソシエーツ

Nature Reserves
in
Japan

Compiled by

Nichigai Associates, Inc.

©2016 by Nichigai Associates, Inc.

Printed in Japan

本書はディジタルデータでご利用いただくことが
できます。詳細はお問い合わせください。

●編集担当● 荒井 理恵
装 丁：赤田 麻衣子

刊行にあたって

　国土の約7割が森林に覆われる日本は、変化に富んだ地形、湿潤な気候風土のもとに多種多様な生物が生息し、豊かな自然環境を形成している。近代化以降、1919（大正8）年史蹟名勝天然紀念物保存法（文化財保護法の前身，文化庁）、1931（昭和6）年国立公園法（自然公園法の前身，環境省）が制定され、貴重な動植物や自然地域、優れた景観など様々な保護・保全がなされている。生態系の保全と持続可能な利活用の調和を目的とするユネスコエコパークに、2014（平成26）年南アルプス（山梨県・長野県・静岡県）、只見（福島県）が登録されるなど、国際的にも評価は高く、近年は単なる保護の枠を超え、観光資源として活用する動きも活発化している。

　本書は、地域特有の自然を対象とした保護地域、自然公園、風景、樹木、天然記念物、名勝などを集め、その概要を記したものである。地域を知るためのツールとして弊社既刊『事典・日本の地域遺産─自然・産業・文化遺産』（2013年1月刊）、『事典・日本の観光資源─○○選と呼ばれる名所15000』（2008年1月刊）、『日本全国発祥の地事典』（2012年7月刊）、とあわせてご利用いただければ幸甚である。日本の自然環境に関心をもつ多くの方々にとって、幅広く活用されることを期待したい。

　2016年2月

　　　　　　　　　　　　　　　　　　　　日外アソシエーツ

凡　例

1. 本書の内容

　　本書は、国内で指定された自然保護地域や自然公園、天然記念物、名勝などを集めたデータブックである。

2. 収録対象

(1) 官公庁、地方自治体、学会、企業・団体、国際機関により選定・登録された国内の自然保護地域を対象とした。

(2) 収録件数は 135 種 6,432 件である。

(3) 「○○ 100 選」などの名数選、選定理由が不明なもの、調査報告リストなどについては収録対象外とした。

(4) 天然記念物の動植物指定で、所在地を定めていないものや地域全域を範囲とするものは収録対象外とした。

(5) 名勝の指定で、庭園のような人為的に構成された人文的な景観は収録対象外とした。

3. 本文記載事項

(1) 記載形式

　1) 登録・認定名は、原則として各種資料類・公開時の名称を基本として掲載した。

　2) 所在地については、各種資料類・公開時の市町村名のデータをもとに現在の市町村名に改めて表示した。

(2) 記載項目

　　自然保護地域名見出し

　　概要・選定基準など

　　［選定機関］

　　［選定時期］発表年、もしくは選定年

◇登録・認定名見出し（所在地など）
解説・認定理由など

4. 本文の排列

(1) 全体を「自然一般」「記念物・名勝」「森林・樹木・花」「名水」「生息地」に大別し、その中は自然保護地域名の五十音順の排列とした。

(2) ただし、排列上濁音・半濁音は清音扱い、拗促音は直音扱いとし、音引きは無視した。また、ヂ→シ、ヅ→スとみなした。

5. 地域別索引

(1) 都道府県番号順に、概ね北から南へと排列した。

(2) 同一地域内は、登録・認定名の五十音順の排列とした。五十音順排列の詳細は、本文に準じた。

(3) 見出しの所在は本文の自然保護地域名と番号で示した。

6. 参考資料

環境省・文化庁をはじめとする省庁の公式ウェブサイト
都道府県・市区町村の公式ウェブサイト
関係学会、各種団体の公式ウェブサイト
全国各地の観光協会ウェブサイト
世界のジオパーク編集委員会, 日本ジオパークネットワーク JGN
　共編『世界のジオパーク』オーム社　2010 年
『全国ジオパーク完全ガイド』マイナビ 2012 年
地方公共団体刊行物

目　　次

自然一般

001	国定公園	3
002	国立公園	8
003	自然観察の森	11
004	すぐれた自然地域〔北海道〕	12
005	世界遺産	16
006	世界ジオパーク	17
007	長距離自然歩道	18
008	都道府県立自然公園	19
009	日本ジオパーク	41
010	みんなでつくる身近な自然観察路	46
011	みんなで守る郷土の自然	48
012	ユネスコエコパーク	50
013	ラムサール条約湿地	52

記念物・名勝

014	天然記念物〔国指定〕	56
015	特別天然記念物〔国指定〕	91
016	天然記念物〔北海道〕	96
017	天然記念物〔青森県〕	98
018	天然記念物〔岩手県〕	100
019	天然記念物〔宮城県〕	101
020	天然記念物〔秋田県〕	103
021	天然記念物〔山形県〕	104
022	天然記念物〔福島県〕	108
023	天然記念物〔茨城県〕	110
024	天然記念物〔栃木県〕	113
025	天然記念物〔群馬県〕	116
026	天然記念物〔埼玉県〕	120
027	天然記念物〔千葉県〕	125
028	天然記念物〔東京都〕	127
029	天然記念物〔神奈川県〕	131
030	天然記念物〔新潟県〕	134
031	天然記念物〔富山県〕	136
032	天然記念物〔石川県〕	138
033	天然記念物〔福井県〕	141
034	天然記念物〔山梨県〕	143

035	天然記念物〔長野県〕	148
036	天然記念物〔岐阜県〕	153
037	天然記念物〔静岡県〕	162
038	天然記念物〔愛知県〕	165
039	天然記念物〔三重県〕	168
040	天然記念物〔滋賀県〕	172
041	天然記念物〔京都府〕	172
042	天然記念物〔大阪府〕	173
043	天然記念物〔兵庫県〕	177
044	天然記念物〔奈良県〕	180
045	天然記念物〔和歌山〕	182
046	天然記念物〔鳥取県〕	187
047	天然記念物〔島根県〕	190
048	天然記念物〔岡山県〕	192
049	天然記念物〔広島県〕	193
050	天然記念物〔山口県〕	199
051	天然記念物〔徳島県〕	202
052	天然記念物〔香川県〕	205
053	天然記念物〔愛媛県〕	207
054	天然記念物〔高知県〕	210
055	天然記念物〔福岡県〕	212
056	天然記念物〔佐賀県〕	216
057	天然記念物〔長崎県〕	217
058	天然記念物〔熊本県〕	222
059	天然記念物〔大分県〕	223
060	天然記念物〔宮崎県〕	226
061	天然記念物〔鹿児島県〕	227
062	天然記念物〔沖縄県〕	229
063	名勝〔国指定〕	231
064	特別名勝〔国指定〕	239
065	名勝〔北海道〕	240
066	名勝〔岩手県〕	240
067	名勝〔宮城県〕	241
068	名勝〔秋田県〕	241
069	名勝〔山形県〕	241
070	名勝〔福島県〕	242
071	名勝〔茨城県〕	242
072	名勝〔群馬県〕	242
073	名勝〔埼玉県〕	243
074	名勝〔千葉県〕	244
075	名勝〔東京都〕	244
076	名勝〔神奈川県〕	245
077	名勝〔新潟県〕	245

078	名勝〔富山県〕	245
079	名勝〔石川県〕	246
080	名勝〔福井県〕	246
081	名勝〔長野県〕	246
082	名勝〔岐阜県〕	247
083	名勝〔静岡県〕	247
084	名勝〔愛知県〕	248
085	名勝〔三重県〕	248
086	名勝〔滋賀県〕	249
087	名勝〔大阪府〕	249
088	名勝〔兵庫県〕	249
089	名勝〔奈良県〕	250
090	名勝〔和歌山県〕	250
091	名勝〔鳥取県〕	251
092	名勝〔島根県〕	251
093	名勝〔岡山県〕	251
094	名勝〔広島県〕	252
095	名勝〔山口県〕	252
096	名勝〔徳島県〕	253
097	名勝〔愛媛県〕	253
098	名勝〔高知県〕	254
099	名勝〔福岡県〕	254
100	名勝〔長崎県〕	255
101	名勝〔大分県〕	255
102	名勝〔宮崎県〕	255
103	名勝〔鹿児島県〕	256
104	名勝〔沖縄県〕	256
105	郷土記念物〔兵庫県〕	257
106	郷土記念物〔岡山県〕	259
107	自然記念物〔山梨県〕	261
108	自然記念物〔滋賀県〕	262
109	自然記念物〔山口県〕	263
110	自然記念物〔香川県〕	264

森林・樹木・花

111	あわじ花へんろ	268
112	香川の保存木	271
113	北の魚つきの森	276
114	記念保護樹木〔北海道〕	277
115	とやま森林浴の森	282
116	とやま水源の森	284
117	とやま花の名所	285

118	ながさき水源の森	287
119	日本の貴重なコケの森	292
120	ふるさと文化財の森	294
121	保護樹木〔奈良県〕	296

名　水

122	信州の名水・秘水	298
123	とっとり（因伯）の名水	299
124	とやまの名水	300
125	新潟県の名水・輝く名水	303
126	ふくいのおいしい水	306
127	宮崎の名水（ひむか水紀行）	307
128	未来に伝えたい『まいばらの水』	308
129	やまとの水	309
130	私たちの名水	311

生息地

131	サンクチュアリ	313
132	重要生息地（IBA）	314
133	重要生息地〔宮崎県〕	325
134	東アジア・オーストラリア地域　渡り性水鳥重要生息地ネットワーク	326
135	野鳥保護区	329

| 地域別索引 | 331 |

(9)

事典・日本の自然保護地域

自然一般

001　国定公園

　「国定公園」は、国立公園の景観に準ずる傑出した自然の風景地。自然公園法に基づき、関係都道府県の申し出により、環境大臣が自然環境保全審議会の意見を聞き、区域を定めて指定する。1950（昭和25）年の国立公園法の改正によって国立公園に準ずる地域を指定する制度が設けられたが、1957（昭和32）年に制定された自然公園法によって国定公園として明文化された。国定公園の管理と地域内の事業は都道府県が行う。2015（平成27）年現在、全国で56ヵ所が指定されている。

　［選定機関］環境省　［選定時期］1950（昭和25）年～

◇暑寒別天売焼尻国定公園（北海道）
　　増毛山地の主要部と天売・焼尻両島が公園区域。雨竜沼湿原はこの公園随一の景勝地。高層湿原で暑寒別岳や南暑寒別岳の山容を望み、湿原には多数の池塘が光る。山地西岸の海岸は海食崖が続く。天売島は日本有数の海鳥の繁殖地〔1990（平成2）年指定〕

◇網走国定公園（北海道）
　　網走市を中心とするオホーツク海に面した海岸一帯の海跡湖群と、海岸草原などからなる。網走湖は湖畔に樹林を巡らし、サロマ湖、能取湖、濤沸湖は周辺に草原が広がり、夏にはエゾスカシユリ、ハマナス、ヒオウギアヤメなどの花々が咲く〔1958（昭和33）年指定〕

◇ニセコ積丹小樽海岸国定公園（北海道）
　　北海道の西部に位置しニセコ山群と、小樽市西部から積丹半島の海岸を区域とする公園。ニセコ山群山頂部には高山植生や湿原が見られる。積丹半島は神威岬や積丹岬など、各所に100mを超す海食崖があり、奇岩も多く入り組んだ景観が展開〔1963（昭和38）年指定〕

◇日高山脈襟裳国定公園（北海道）
　　日高山脈は、北海道の中央部を南北に走る非火山性の大山脈。山頂部は豊かな高山植物に、中腹以下は深い森林に覆われている。襟裳岬は海食崖や岩礁の連なりが豪壮な景観をつくっている。アポイ岳は蛇紋岩山地で、希少植物の宝庫〔1981（昭和56）年指定〕

◇大沼国定公園（北海道）
　　渡島半島にそびえる活火山駒ヶ岳と、駒ヶ岳の噴火に伴う泥流が川をせき止めて生まれた大沼、小沼、蓴菜沼の湖沼群からなる。大沼には多数の小島があり、湖岸線も屈曲に富む。湖岸の広葉樹林は新緑や紅葉が美しく、遠景を占める駒ヶ岳とが相まって、整った日本庭園のような趣がある〔1958（昭和33）年指定〕

◇下北半島国定公園（青森県）
　　下北半島の西海岸一帯と東北端の尻屋崎、中央部の恐山山地を含む公園。恐山は火山で、中央に火口原湖の宇曾利山湖がある。西海岸はところにより100mを超える断崖が続き、仏ヶ浦付近では青白色の流紋岩の奇岩がそそり立つ〔1968（昭和43）年指定〕

◇津軽国定公園（青森県）
　　津軽半島の北及び西側の海岸線と岩木山、白神岳を含む公園。竜飛崎から小泊岬にかけては岩石海岸で海食洞など変化に富んだ風景が見られる〔1975（昭和50）年指定〕

001 国定公園 自然一般

◇早池峰国定公園（岩手県）
　早池峰山は北上山地の最高峰。蛇紋岩の山で岩礫地が広がる。希少植物の多い山として知られ固有種、ここを南限とする種、隔離分布する種も多い。民俗学の宝庫〔1982（昭和57）年指定〕

◇栗駒国定公園（岩手県，宮城県）
　奥羽山脈中央部の栗駒山を中心に、北の焼石岳、南の鬼首カルデラを含む公園〔1968（昭和43）年指定〕

◇蔵王国定公園（山形県，宮城県）
　蔵王山一帯を主に、北部の面白山山地を含めた公園。火口湖のお釜と、標高の割に豊かな高山植生が見どころ〔1963（昭和38）年指定〕

◇男鹿国定公園（秋田県）
　西海岸と後背の山地寒風山、北部の砂浜海岸の地域。寒風山は山頂一帯が広大なススキ草原。本山はイブキジャコウソウ、アオモリマンテマなど亜高山帯の植物が見られる。一の目潟、二の目潟、三の目潟は、日本では例の少ないマール（爆裂火口湖）で、八望台から全景を見ることができる〔1973（昭和48）年指定〕

◇鳥海国定公園（秋田県，山形県）
　鳥海山を主に海岸及び酒田市沖合の飛島を含む公園。鳥海山は豪雪地帯のため森林限界が低く、山頂部には雪田植生が発達。高山植生が豊かでチョウカイフスマなど固有種もある。イヌワシが生息〔1963（昭和38）年指定〕

◇越後三山只見国定公園（新潟県，福島県）
　尾瀬国立公園の北側に接する只見川上流部の広大な山岳公園。越後三山や守門岳、浅草岳など、深い谷が刻まれた峻険な山々が連なり、山腹にはブナなどの広葉樹林が広がっている〔1973（昭和48）年指定〕

◇水郷筑波国定公園（茨城県，千葉県）
　霞ヶ浦から、利根川下流域に広がる水郷一帯と犬吠埼周辺、北方の筑波山を合わせた公園。筑波山は植物の垂直分布が明瞭で上部にはブナ林があり、山頂からは関東平野の大展望が得られる〔1959（昭和34）年指定〕

◇妙義荒船佐久高原国定公園（群馬県，長野県）
　八風山や荒船山などを含む群馬・長野県境の山稜と妙義山からなる公園。妙義山は激しい浸食を受けた岩峰が鋸の刃のように立ち並ぶ奇観と紅葉で名高い〔1969（昭和44）年指定〕

◇南房総国定公園（千葉県）
　房総半島南部の海岸線一帯と、清澄山、鹿野山、鋸山などを含む公園。外房には「おせんころがし」などの岩石海岸や鯛ノ浦などがある。清澄山には暖地性の植物や昆虫が多い〔1958（昭和33）年指定〕

◇明治の森高尾国定公園（東京都八王子市）
　明治100年を記念して指定された公園。高尾山の植生は南斜面は常緑広葉樹、北斜面は落葉広葉樹の自然林に覆われている。皇室の御料林として保護されてきたため、植物や昆虫の種類が多い〔1967（昭和42）年指定〕

◇丹沢大山国定公園（神奈川県）
　神奈川県北部を東西20km以上にわたって延びる山群。蛭ヶ岳の山麓部はスギやヒノキの人工林が多いが、塔ノ岳から檜洞丸にかけての主稜線付近にはブナ林が広がる〔1965（昭和40）年指定〕

◇佐渡弥彦米山国定公園（新潟県）
　佐渡島の主な景勝地と本土側の弥彦山と米山を区域とする。奇岩が多い尖閣湾、沈水海岸で複雑な地形を持つ小木海岸、ヒシクイやオオハクチョウ類の渡来地である佐潟などがある〔1950（昭和25）年指定〕

◇能登半島国定公園（石川県，富山県）
　能登半島沿岸を占める公園。多くが日本海に面する外浦は、荒波を受けて浸食が進み、能登金剛、曽々木海岸などに100mを超える断崖が見られる。岩に砕けて泡立った海水が飛び散る「波の華」や、滝の水が強風で上に吹き上げられる様子が見られる〔1968（昭和43）年指定〕

◇越前加賀海岸国定公園（石川県，福井県）

4　事典・日本の自然保護地域

石川県西部の尼御前岬から福井県敦賀市にかけての海岸と柴山潟、北潟湖、中池見湿地を区域とする。柱状節理が発達する東尋坊とスイセンの自生地の越前岬は代表的な景勝地〔1968（昭和43）年指定〕

◇若狭湾国定公園（福井県，京都府）
若狭湾を中心とする海岸の公園。複雑な海岸線を持つリアス海岸で、半島の突端には海食崖が発達する。内外海半島の蘇洞門は奇岩や洞門が多く、内浦湾の音海の断崖とともにスケールの大きな景観が展開する〔1955（昭和30）年指定〕

◇八ヶ岳中信高原国定公園（長野県，山梨県）
八ヶ岳連峰とその北に連なる蓼科山、霧ヶ峰、美ヶ原などが含まれる公園。レンゲツツジ、ニッコウキスゲ、マツムシソウなど多くの花が季節を違えて群れ咲く草原がある〔1964（昭和39）年指定〕

◇天竜奥三河国定公園（長野県，静岡県）
長野県南部から静岡県北部にまたがる天竜川中流域と、茶臼山と鳳来寺山などを含む公園。天竜峡、豊川水系の乳岩峡、鳳来峡などがある〔1969（昭和44）年指定〕

◇揖斐関ヶ原養老国定公園（岐阜県）
北部は揖斐川上流域にあたり、飯盛山、妙法ヶ岳など山地で、谷は深く、揖斐峡などの景勝がある。南部の養老山地は東斜面が急で西側はゆるやかであり、孝子伝説で知られる養老の滝や養老神社がある〔1970（昭和45）年指定〕

◇飛騨木曽川国定公園（岐阜県，愛知県）
岐阜県と愛知県にまたがり、飛騨川・木曽川を中心とする河川公園。飛騨川は北アルプス乗鞍岳南部に発する急流で、中山七里、飛水峡、藤倉峡などの峡谷がある。木曽川は蘇水峡などの景勝が多い〔1964（昭和39）年指定〕

◇愛知高原国定公園（愛知県）
三河山地、愛岐丘陵南部及び矢作川上流部地域の高原と河川景観を主とする公園。山地は最高部で1000mを少し超える程度だが谷は一般に深く、矢作川上流部の香嵐渓や神越渓谷、豊川支流の寒狭川などの渓谷をつくっている〔1970（昭和45）年指定〕

◇三河湾国定公園（愛知県）
渥美・知多両半島と湾内の海岸や島嶼を主に、蒲郡市後背の丘陵などを含めた公園。渥美半島の太平洋岸には海食崖が発達し、その下に狭い砂浜が一直線に続く。伊良湖岬は、秋にサシバを主力とするタカ類の大規模な渡りが見られる知多半島南西部には、内海海水浴場がある。湾口には佐久島や日間賀島など島嶼が多い〔1958（昭和33）年指定〕

◇鈴鹿国定公園（三重県，滋賀県）
御在所山を主峰とする1000m前後の山並み。石灰岩のある北部の藤原岳には、カルスト地形や鍾乳洞もある〔1968（昭和43）年指定〕

◇室生赤目青山国定公園（三重県，奈良県）
室生火山群、布引山地、高見山地などを含む公園。室生火山群は、各所に溶結凝灰岩の柱状節理がよく現れている。赤目四十八滝は、古くから修験道の場としても知られる〔1970（昭和45）年指定〕

◇琵琶湖国定公園（滋賀県，京都府）
琵琶湖を中心に比良山地・比叡山などを含む公園。自然と人文が長い歳月をかけて融合した風景が広がっている。琵琶湖自体が地史的に起源の古い湖であるため、魚類をはじめ生息する生物の種類がきわめて豊かで、多くの固有種を持つ〔1950（昭和25）年指定〕

◇丹後天橋立大江山国定公園（京都府）
丹後半島の海岸部から大江山連峰に至る多様な景観を有する公園経ヶ岬、琴引浜、天橋立などの名所がある〔2007（平成19）年指定〕

◇明治の森箕面国定公園（大阪府）
明治100年を記念して指定された大阪府北部にある公園。箕面渓谷を中心に良好な広葉樹の自然林を残している。新緑や紅葉の名所で阪神圏の行楽地〔1967（昭和42）年指定〕

001 国定公園 　　　　　　　　　　　　　　　　　自然一般

◇金剛生駒紀泉国定公園（大阪府, 奈良県）
　　金剛山地、生駒山地及び和泉葛城山系
　から成る公園。金剛山は植物が豊富
　で、山頂付近にはブナ林もあり、冬に
　は霧氷がみられる〔1958（昭和33）年
　指定〕
◇氷ノ山後山那岐山国定公園（兵庫県, 岡
　山県）
　　鳥取氷ノ山を主峰とする山岳・高原と
　渓谷を主体とする公園。隆起準平原
　上に1000～1300mのドーム状の山々
　が連なっている。山頂部はなだらか
　だが、山腹は急傾斜して谷は深く、天
　滝、霧ヶ滝、雨滝など多くの滝がある
　〔1969（昭和44）年指定〕
◇大和青垣国定公園（奈良県）
　　山辺の道の丘陵地、柳生街道及び初瀬
　一帯から成る公園。区域内には大神神
　社、石の上神宮などの由緒ある社寺が
　数多く存在する。天神山にはツブラジ
　イとイチイガシを主とする照葉樹林が
　残る〔1970（昭和45）年指定〕
◇高野龍神国定公園（奈良県, 和歌山県）
　　奈良・和歌山県境の山地で、北端に高
　野山、南端の日高川上流に龍神温泉が
　ある。高野山の女人堂から山麓にかけ
　ては高野6木（コウヤマキ、マツ、スギ、
　ヒノキ、モミ、ツガ）をはじめとする
　森林がある〔1967（昭和42）年指定〕
◇比婆道後帝釈国定公園（鳥取県, 島根県）
　　中国山地中央部の公園。標高1200m級
　の隆起準平原的山地と渓谷からなる。
　古来たたら製鉄が盛んだった地域で、
　比婆山の山頂部一帯には、良好なブナ
　林が残っている。帝釈峡は、石灰岩地
　帯をえぐる峡谷で延長20kmに及び、神
　竜湖を挟んで上帝釈と下帝釈に分かれ
　る〔1963（昭和38）年指定〕
◇西中国山地国定公園（島根県, 広島県）
　　山口中国西部の脊梁山地と渓谷から
　成る公園。三段峡、匹見峡、寂地峡な
　どは渓谷美にすぐれる。植生は渓谷周
　辺には、トチノキやカツラなどを主と
　する広葉樹林が、稜線部にはブナ林も
　残っている〔1969（昭和44）年指定〕
◇北長門海岸国定公園（山口県）

山口県の日本海岸一帯で、複雑に屈曲
した海岸線を持つ雄大な海岸公園。青
海島北岸は激しい海食による高い断崖
があり、洞門や海食洞群、十六羅漢の
岩柱などの奇観が連続する〔1955（昭
和30）年指定〕
◇秋吉台国定公園（山口県）
　　日本最大のカルスト台地のうち、東
　台の主要部。標高は200～300mで古
　生代のサンゴ礁からなる。地表には
　ろうと状のドリーネや石灰岩柱（カレ
　ン）が発達する。地下には秋芳洞、景
　清洞など鍾乳洞が多い。コウモリ類や
　洞穴昆虫、石灰岩地帯に固有の植物や
　陸貝など、地質学や古生物学上も重要
　な地域〔1955（昭和30）年指定〕
◇剣山国定公園（徳島県, 高知県）
　　四国山地東部の剣山を中心とする山
　岳と、大歩危・小歩危などの渓谷を持
　つ公園。剣山ではシコクシラベの純林
　が貴重である。大歩危・小歩危は、吉
　野川が四国山地を横切るところにある
　峡谷で、奇岩が立ち並ぶ断崖に挟まれ
　た8kmの区間に急流や淵が続く〔1964
　（昭和39）年指定〕
◇室戸阿南海岸国定公園（徳島県, 高知県）
　　徳島県橘湾から高知県の室戸岬まで、
　延長200kmに及ぶ四国東南岸の公園。
　北部の徳島県側はリアス海岸、南部の
　高知県室戸岬周辺は隆起海岸である。
　橘湾や、県境の穴喰浦から甲浦にかけ
　ては、小島が多い〔1964（昭和39）年
　指定〕
◇石鎚国定公園（愛媛県, 高知県）
　　石鎚山脈の一部を区域とする。石鎚山
　は山岳信仰の道場。一帯の山々は急傾
　斜の山腹を持ち、北面には断崖も見ら
　れる。山麓のモミ、ツガ林や照葉樹林
　から亜高山帯のシコクシラベ林まで、
　自然林がよく残っている〔1955（昭和
　30）年指定〕
◇北九州国定公園（福岡県）
　　福智山、皿倉山一帯と、その東方の平
　尾台を区域とする公園。平尾台は国内
　有数の規模を持つ石灰岩台地。北側の
　羊群原と呼ばれる一帯は、草原の中に
　白い石柱群が羊の群れのように並ぶ

6 事典・日本の自然保護地域

〔1972（昭和47）年指定〕

◇玄海国定公園（福岡県, 佐賀県）

　玄界灘に面した海岸と島嶼の公園。東半分は弧状の砂浜が連続する。東松浦半島の西半分は沈水海岸で屈曲が多い。三里松原、生の松原、虹ノ松原や、志賀の島をつなぐ陸繋砂州の海の中道など、クロマツのある砂浜が多い〔1956（昭和31）年指定〕

◇耶馬日田英彦山国定公園（福岡県, 熊本県）

　耶馬渓の渓谷群を中核に、英彦山などを含む公園。耶馬渓は日本最大の火砕流台地と、それをうがつ山国川の本流、支流がつくる渓谷群で、新緑や紅葉が見事。集塊岩の岩峰が立つ本流の本耶馬渓と、溶結凝灰岩の柱状節理が壁のように立つ支流の裏耶馬渓、深耶馬渓などがある〔1950（昭和25）年指定〕

◇壱岐対馬国定公園（長崎県）

　壱岐・対馬の海岸部を主体に、山地の主要部も含む公園。竜良山にシイ、カシ類の、御岳や白嶽にモミなどの常緑樹林がよく残っている。壱岐は牧崎や赤瀬鼻などの岬に、対馬は豆酘湾、綱島海岸など広範に海食崖が発達し、浅茅湾の溺れ谷も著名〔1968（昭和43）年指定〕

◇九州中央山地国定公園（熊本県, 宮崎県）

　九州のほぼ中央部、九州の脊梁をつくる九州山地の一部。公園区域は国見岳周辺の主要部と、その南に秀麗な姿を見せる市房山、さらに大森岳を中心とする綾地区の3つに分かれている。日本で最も古い陸地の一つとされ、日本固有の植物を多く産することで知られる〔1982（昭和57）年指定〕

◇日豊海岸国定公園（大分県, 宮崎県）

　大分県佐賀関半島から宮崎県美々津海岸に至る海岸公園。典型的なリアス海岸。各所に海食崖、洞門、洞穴などが見られ、南端の美々津付近には柱状節理の断崖もある。植物ではビロウ、アコウ、ハマユウなど亜熱帯性の種類が自生〔1974（昭和49）年指定〕

◇祖母傾国定公園（大分県, 宮崎県）

祖母山、傾山大崩山などの山々のある公園。約1500万年前に生まれた3個のカルデラが元になったもので、行縢山や比叡山に見られる花崗岩の壁は、その時代にドーナツ状の断層に侵入したマグマの名残だとされている。高千穂峡は、柱状節理を持つ断崖や滝、早瀬が連続する〔1965（昭和40）年指定〕

◇日南海岸国定公園（宮崎県, 鹿児島県）

　宮崎県青島から鹿児島県志布志湾にかけての海岸公園。ビロウなど亜熱帯植物が育つ青島と「鬼の洗濯板」が特に著名。都井岬にはソテツの自生と野生馬で、幸島はニホンザルの社会構造や文化に関する研究が行われたことで知られる〔1955（昭和30）年指定〕

◇甑島国定公園（鹿児島県）

　薩摩半島の西方約30kmに位置し、上甑島、中甑島、下甑島の3島からなる。上甑島や下甑島の一部には、高さ100〜200mに達する壮大な海食崖が見られる。上甑島には延長4kmに及ぶ砂州により形成されたラグーン（潟湖）があり、海鼠池及び貝池はラムサール条約潜在候補地に選定されている〔2015（平成27）年指定〕

◇奄美群島国定公園（鹿児島県）

　鹿児島県奄美諸島の海岸部を中心とする公園。海岸は奄美大島南部は沈降海岸だが、徳之島や喜界島では隆起サンゴ礁によるなど、変化に富む。奄美大島南部の住用川下流部などにはマングローブ群落が発達〔1974（昭和49）年指定〕

◇沖縄海岸国定公園（沖縄県）

　沖縄本島西岸の残波岬以北の海岸を主に、やんばる（山原）と呼ばれる北部山地の一部からなる。本島北端の辺戸岬から万座毛の断崖を経て恩納海岸までは、隆起サンゴ礁の海岸と砂浜が交互に続き、一部にカルスト地形も見られる変化に富んだ亜熱帯景観が展開する。本島北部の山地は、最高峰与那覇岳、スダジイを主とする深い自然林が広がる〔1972（昭和47）年指定〕

◇沖縄戦跡国定公園（沖縄県）

　沖縄本島南端部の戦跡と海岸の自然景

観から成る公園。沖縄戦終焉の地である摩文仁の丘を中心として、本島南部の石灰岩地帯を指定した、日本唯一の

戦跡公園。公園内には、「ひめゆりの塔」や「健児の塔」などの慰霊碑、摩文仁の丘に整備された平和祈念公園・資料館がある〔1972（昭和47）年指定〕

002　国立公園

「国立公園」は、日本を代表するに足りる傑出した自然の風景地。自然公園法に基づき、自然の風景地を保護し利用の促進を図る目的で、国（環境省）の指定を受け、管理されている。風景の保護を図るとともに、国民の保健休養教化に資するために、1931（昭和6）年国立公園法が制定され、1934（昭和9）年3月瀬戸内海、雲仙（のち雲仙天草）、霧島（のち霧島錦江湾）の3公園が指定されたことを最初とする。1957（昭和32）年に国立公園法にかわり自然公園法が制定され、体系的な指定が計画された。2015（平成27）年現在、全国で32ヵ所が指定されている。

［選定機関］ 環境省　**［選定時期］** 1934（昭和9）年～

◇利尻礼文サロベツ国立公園（北海道）
　利尻山やレブンソウなど高山植物が咲く礼文島、湿原植物が豊かなサロベツ原野と稚咲内の砂丘林など変化に富んだ景観が広がる〔1974（昭和49）年指定〕

◇知床国立公園（北海道）
　知床半島を中心とする原始性の高い国立公園。オジロワシ、シマフクロウ、ヒグマの生息地。森に囲まれた知床五湖から眺める知床連山の眺めは絶景〔1964（昭和39）年指定〕

◇阿寒国立公園（北海道）
　北海道東部にある山岳公園。雌阿寒岳をはじめとした火山、マリモが生息する阿寒湖、世界有数の透明度を誇る摩周湖、周囲に強酸性の温泉群のある屈斜路湖などの湖沼の景観などがみられる〔1934（昭和9）年指定〕

◇釧路湿原国立公園（北海道）
　北海道南東部、釧路川と阿寒川の下流に広がる湿原を領域とする。釧路湿原は日本最大の湿原。低湿な泥炭地からなり、タンチョウの繁殖地で、野生の動植物の宝庫〔1987（昭和62）年指定〕

◇大雪山国立公園（北海道）
　北海道中央部にある日本最大の国立公園。旭岳、十勝岳などの火山群や、

石狩岳の雄大な山並みと高山植物が特徴。ヒグマ、エゾシカなどのほか、ナキウサギなどが生息〔1934（昭和9）年指定〕

◇支笏洞爺国立公園（北海道）
　北海道南西部の山地を占める。支笏湖、洞爺湖の二大湖、羊蹄山、有珠山、昭和新山、樽前山など、活発な火山帯の個性的な山岳風景を見ることができる。洞爺湖は北限の不凍湖〔1949（昭和24）年指定〕

◇十和田八幡平国立公園（青森県, 岩手県, 秋田県）
　八甲田山・十和田湖一帯と八幡平・岩手山・秋田駒ヶ岳の周辺の2地区からなる。八幡平一帯では、岩手山などの火山、アオモリトドマツの森林や湿原も多くある。十和田湖・奥入瀬渓流の渓谷美にすぐれる。古くからの湯治場も点在〔1936（昭和11）年指定〕

◇三陸復興国立公園（青森県, 岩手県, 宮城県）
　青森県～宮城県の太平洋岸を占める公園。日本最大級の海食崖とリアス海岸が、延長約220kmにわたり連続する自然海岸。ウミネコ、オオミズナギドリなどの海鳥の繁殖地。東日本大震災被災地である三陸地域の復興に貢献する

ために創設された〔1955（昭和30）年
指定〕

◇磐梯朝日国立公園（山形県，福島県，新潟
県）
　山岳信仰の地として名高い出羽三山、
朝日・飯豊連峰の山々、磐梯山と裏磐
梯及び猪苗代湖など湖沼の景観美がみ
られる。カモシカ、ツキノワグマなど
が生息地〔1950（昭和25）年指定〕

◇日光国立公園（福島県，栃木県，群馬県）
　日光地区（足尾地区を含む）と鬼怒川・
栗山地域および那須・甲子・塩原地区
にまたがる。華厳の滝、中禅寺湖、戦
場ヶ原に代表される奥日光、鬼怒川、塩
原の渓谷や那須岳山麓の高原など変化
に富んだ景色と自然が広がる。東照宮
などの人文景観がみられる〔1934（昭
和9）年指定〕

◇尾瀬国立公園（福島県，栃木県，群馬県，
新潟県）
　本州最大の高層湿原、尾瀬ヶ原及び尾
瀬沼一帯の湿原や多数の池塘、燧ヶ岳
や至仏山などの2000m級の山々の風景
がみられる〔2007（平成19）年指定〕

◇上信越高原国立公園（群馬県，新潟県，長
野県）
　群馬県・長野県・新潟県の3県に広がり、
山岳と高原を主とする公園。日本で2
番目の大きさ。谷川岳などの2000m級
の山々と浅間山、妙高山などの火山や、
志賀高原、妙高高下、菅平などの高原
が所々にみられる〔1949（昭和24）年
指定〕

◇妙高戸隠連山国立公園（新潟県，長野県）
　妙高山、飯縄山などの火山と、戸隠山、
雨飾山などの非火山が連なり、多様な
山々が密集した公園。堰止湖である野
尻湖は、ナウマン象の化石の発掘でも
有名〔2015（平成27）年指定〕

◇秩父多摩甲斐国立公園（埼玉県，東京都
青梅市，山梨県，長野県）
　関東山地の奥秩父山地中央部の山岳
地帯を占める。雲取山、御岳山などの
古い地層の山が多く、コメツガやシラ
ビソの自然林がみられる。都心から
近く、荒川、千曲川、多摩川の源流域

で、自然豊かな森林と渓谷がある。御
岳山、三峰山は古くからの山岳信仰の
地〔1950（昭和25）年指定〕

◇小笠原国立公園（東京都小笠原村）
　父島、母島などの大小30余りの島々か
らなる亜熱帯の公園。オガサワラオ
オコウモリ、ムニンノボタンなど、固
有の動植物が多い〔1972（昭和47）年
指定〕

◇富士箱根伊豆国立公園（東京都，神奈川
県，山梨県，静岡県）
　富士山とその裾野の富士五湖や青木ヶ
原樹海の雄大な景色が特徴。箱根は神
山、駒ヶ岳の火山と仙石原、芦ノ湖、
伊豆は天城山などの山々と東西両海岸
の景観美にすぐれる〔1936（昭和11）
年指定〕

◇中部山岳国立公園（新潟県，富山県，長野
県，岐阜県）
　北アルプスの白馬岳、立山、槍ヶ岳、穂
高岳、乗鞍岳など3000m級の山々が南
北に連なる山岳公園。黒部川や梓川な
どの河川が作る渓谷美がみられる。弥
陀ヶ原、五色ヶ原などで高山植物が咲
く。ライチョウの重要な生息地〔1934
（昭和9）年指定〕

◇白山国立公園（富山県，石川県，福井県，
岐阜県）
　白山を中心とする山岳公園。日本の
高山帯の南西限として知られ、高山帯
はハイマツや30種のハクサンの名を冠
した高山植物が群生する。ツキノワグ
マ、カモシカなどの生息地としても有
名〔1962（昭和37）年指定〕

◇南アルプス国立公園（山梨県，長野県，静
岡県）
　北岳をはじめ3000m級の山々がつづく
山岳公園。フォッサマグナ（大地溝帯
の糸魚川－静岡構造線）の西縁南部に
位置する。原生林におおわれ、キタダ
ケソウ・チョウノスケソウなど約200
種の高山植物が群生。カモシカ、ライ
チョウやチョウ類など動物相も豊富
〔1964（昭和39）年指定〕

◇伊勢志摩国立公園（三重県）
　伊勢神宮と志摩半島のリアス式海岸を
中心とする公園。海岸の深い入り江や

島々が作る風景美にすぐれる。伊勢神宮の奥山の神宮林に、シイノキ類とスギ、アカマツが混じった自然林が広がる〔1946（昭和21）年指定〕

◇吉野熊野国立公園（三重県, 奈良県, 和歌山県）
桜と史跡の吉野山、古くから修行道の場の大峰山脈や熊野三山が広く知られている。尾鷲から潮岬の長い海岸は断崖が数多く、変化に富んだ景色がみられる〔1936（昭和11）年指定〕

◇山陰海岸国立公園（京都府, 兵庫県, 鳥取県）
京都府京丹後市から鳥取市までの約75kmの海岸の公園。鳥取砂丘を含む日本海側の海岸を代表する景観がみられる。海水などの浸蝕で作られた洞門、洞窟などの景色、鳥取砂丘ではハマボウフウなど砂丘独特の植物がある〔1963（昭和38）年指定〕

◇瀬戸内海国立公園（大阪府, 兵庫県, 和歌山県, 岡山県, 広島県, 山口県, 徳島県, 香川県, 愛媛県, 福岡県, 大分県）
瀬戸内海一帯に散在する景勝地を含む公園。鷲羽山から眺める備讃諸島などの島々の景色が特徴。渋川海岸や慶野松原などの白砂青松、段々畑など、人の生活と自然が一体となった風景〔1934（昭和9）年指定〕

◇大山隠岐国立公園（鳥取県, 島根県, 岡山県）
中国地方の最高峰大山から蒜山までの山岳地帯と隠岐諸島、島根半島海岸部、三瓶山一帯からなる。大山と断崖が連なる隠岐島の景色が代表的〔1936（昭和11）年指定〕

◇足摺宇和海国立公園（愛媛県, 高知県）
南部の足摺岬は、大きな断崖が連なり、北部の宇和海は細かく出入りする海岸線と島々が作る景色が特徴。また、竜串の海中公園はサンゴや熱帯魚など海中の景色を楽しめる〔1972（昭和47）年指定〕

◇西海国立公園（長崎県）
九十九島から平戸島、五島列島を含む海の公園。大小400におよぶ島々の風景、多数の小島が密集する九十九島や若松瀬戸の景色が代表的。島々には断崖地形が多く、福江島には珍しい火山地形がある〔1955（昭和30）年指定〕

◇雲仙天草国立公園（長崎県, 熊本県, 鹿児島県）
雲仙岳周辺地域と天草諸島からなる。雲仙地域は1990（平成2）年の火山活動で有名な普賢岳や雲仙温泉地を中心とする避暑地の一つ。天草地域は有明海や八代海に浮かぶ大小120の島々風景美が特徴〔1934（昭和9）年指定〕

◇阿蘇くじゅう国立公園（熊本県, 大分県）
世界最大級のカルデラや火山活動でできた多数の山々を持つ火山の公園。阿蘇地域は阿蘇五岳と草原が作る雄大な景色が特徴。くじゅう地域は久住連山、由布岳などの風景美がある。ミヤマキリシマの生息地〔1934（昭和9）年指定〕

◇霧島錦江湾国立公園（宮崎県, 鹿児島県）
霧島火山地域と桜島を含む錦江湾（鹿児島湾）地域からなる公園。霧島地域には韓国岳をはじめ20を超える火山があり、山麓はシイ、カシ、アカマツなどの自然林が広がる。錦江湾地域は活火山である桜島の景色が代表的〔1934（昭和9）年指定〕

◇屋久島国立公園（鹿児島県）
屋久島と口永良部島からなる公園。屋久島は縄文杉、大王杉など樹齢1000年を超える屋久杉の島として有名〔2012（平成24）年指定〕

◇慶良間諸島国立公園（沖縄県）
慶良間諸島とその周辺海域、大小30余りの島々と多くの岩礁からなる。ケラマブルーと呼ばれる透明度の高い海、遠浅の白い砂浜、多様なサンゴ、ザトウクジラの繁殖海域など豊かな生態系が見られる〔2014（平成26）年指定〕

◇西表石垣国立公園（沖縄県）
西表島と、石垣島、その間に点在する島々と海域からなる。亜熱帯林やマングローブ林が見られる。イリオモテヤマネコなどの西表島のみに生息する動物も見られる。竹富島から石垣島の海域には日本で最大のサンゴ礁がある〔1972（昭和47）年指定〕

自然一般   003 自然観察の森

003　自然観察の森

　「自然観察の森」は、身近な自然の喪失が進む大都市やその周辺部において、野鳥や昆虫をはじめ自然とふれあえる場所を整備し、自然観察などを通じた自然保護教育推進の拠点とすることを目的とした施設。1984（昭和59）年から環境省が主体となり、各地方公共団体と整備を行っている。また自然観察の森では区域に残されている自然環境を保全しながら、色々な生物が生息できる環境づくりを行っている。

　［選定機関］環境省　［選定時期］1984（昭和59）年～

◇仙台市太白山自然観察の森（宮城県仙台市太白区茂庭字生出森東36–63）
　　約30haの敷地内に、述べ4.2kmの自然観察路が整備されている

◇桐生自然観察の森（群馬県桐生市川内町2丁目902–1）
　　ネイチャーセンターや野鳥観察のための観察舎が整備されている。園内の林は、主にクヌギやコナラなどの雑木林とスギやヒノキの植林地で、里山といわれる環境がある

◇牛久自然観察の森（茨城県牛久市結束町489–1）
　　関東平野東部に位置する。森の中はかつて燃料用として利用された雑木林をはじめ、用材林として植えられたスギ・ヒノキ林、多くの生物が集まるように整備した池や小川がある

◇横浜自然観察の森（神奈川県横浜市栄区上郷町1562–1）
　　起伏の多い丘陵地に位置する。ネイチャーセンターを起点としたミズキの道・コナラの道・タンポポの道・ウグイスの道の4つのネイチャートレイルがあり、観察小屋や野外解説板が設置されている。フクロウ、ホオジロ、カワセミ、ウグイス、ノウサギ、タヌキ、ゲンジボタル、オニヤンマなど身近な自然を楽しめる

◇豊田市自然観察の森（愛知県豊田市東山町4丁目1206番地1）
　　面積28.8haの鞍ケ池公園から続く緑地帯の中にある。ネイチャーセンターを中心として約4kmに及ぶ自然散策道、観察舎、休憩舎、学習広場、探鳥用ブラインド等の施設が整えられている

◇栗東自然観察の森（滋賀県栗東市安養寺178–2）
　　約14haの敷地の森の中に、観察小屋・探勝道・ビートルランド・イトトンボの湿地があり自然を観察できる

◇和歌山自然観察の森（四季の郷公園）（和歌山県和歌山市明王寺85）
　　四季の郷公園は、25.5haあり、緑花果樹苑エリアと自然観察の森エリアに分けられる

◇姫路市自然観察の森（兵庫県姫路市太市中915–6）
　　瀬戸内沿岸で見られる里山林。桜山貯水池に面した雑木林に総延長約8kmの自然観察路がある

◇おおの自然観察の森（広島県廿日市市大野矢草2723）
　　ベニマンサクの広場、モリアオガエルの池、ハッチョウトンボの湿地、ミズゴケの谷、ウグイスの丘、ルリタテハの林、ホオジロケ原、シジュウカラの森、カブトムシの森などをじっくりと観察できる設備が整う

◇福岡市油山自然観察の森（福岡県福岡市南区大字桧原855–1）
　　一帯は、市民の森として親しまれており、谷ぞいには何本かの渓流が走り、ホオノキ、アカマツなどの林が広がる多様な環境である

事典・日本の自然保護地域　11

004 すぐれた自然地域〔北海道〕

北海道自然環境保全指針に基づき、自然を構成する要素である植物、動物、地形・地質、景観等の規模や資質において、その原始性、稀少性、学術性、景観美等において、他の地域より比較的秀でている自然の地域。

[選定機関] 北海道　[選定時期] 1989（平成1）年

道南圏域

◇相沼湖（北海道二海郡八雲町）〔1〕
◇厚沢部川流域（北海道檜山郡厚沢部町）〔2〕
◇浮島（北海道久遠郡せたな町）〔3〕
◇歌才（北海道寿都郡黒松内町）〔4〕
◇歌棄海岸（北海道寿都郡寿都町）〔5〕
◇恵山（北海道函館市）〔6〕
◇大島・小島（北海道松前郡松前町）〔7〕
◇大沼（北海道亀田郡七飯町, 茅部郡鹿部町, 茅部郡森町）〔8〕
◇大平山（北海道島牧郡島牧村）〔9〕
◇奥尻島（北海道奥尻郡奥尻町）〔10〕
◇狩場茂津多（北海道島牧郡島牧村, 久遠郡せたな町, 寿都郡寿都町）〔11〕
◇木地挽山・仁山高原（北海道北斗市, 亀田郡七飯町）〔12〕
◇見市川流域（北海道二海郡八雲町）〔13〕
◇静狩・礼文華（北海道山越郡長万部町, 虻田郡豊浦町）〔14〕
◇大千軒岳周辺（北海道松前郡松前町, 松前郡福島町, 檜山郡上ノ国町）〔15〕
◇椴川源流部（北海道檜山郡江差町）〔16〕
◇トドメキ川瓢箪沼（北海道茅部郡鹿部町, 茅部郡森町）〔17〕
◇七ツ岳周辺（北海道檜山郡上ノ国町, 松前郡福島町, 上磯郡知内町）〔18〕
◇函館山周辺（北海道函館市）〔19〕
◇桧山海岸（北海道久遠郡せたな町, 二海郡八雲町, 爾志郡乙部町, 檜山郡江差町, 檜山郡上ノ国町）〔20〕
◇松前・矢越（北海道松前郡福島町, 松前郡松前町, 上磯郡知内町）〔21〕
◇日名沢の沼（北海道檜山郡上ノ国町）〔22〕
◇横津岳・袴腰岳周辺（北海道函館市, 亀田郡七飯町）〔23〕

道央圏域

◇漁川渓谷（北海道恵庭市）〔1〕
◇石狩海岸（北海道石狩市, 小樽市）〔2〕
◇石狩川下流部湿原（北海道石狩市）〔3〕
◇石狩川沿いの河跡湖沼群（北海道岩見沢市, 樺戸郡月形町, 美唄市, 樺戸郡浦臼町）〔4〕
◇ウトナイ湖周辺（北海道苫小牧市）〔5〕
◇烏帽子岳・神威岳・八剣山周辺（北海道札幌市）〔6〕
◇小樽海岸（北海道小樽市, 余市郡余市町）〔7〕
◇雄冬海岸（北海道増毛郡増毛町, 石狩市）〔8〕
◇西岡周辺（北海道札幌市）〔9〕
◇昆布岳（北海道虻田郡ニセコ町, 虻田郡豊浦町）〔10〕
◇札幌岳・空沼岳・漁岳周辺（北海道札幌市, 恵庭市）〔11〕
◇支笏湖周辺（北海道千歳市, 恵庭市, 苫小牧市, 白老郡白老町）〔12〕
◇積丹半島（北海道積丹郡積丹町, 古宇郡神恵内村, 古平郡古平町, 余市郡余市町, 古宇郡泊村）〔13〕
◇暑寒別岳・雨竜沼（北海道石狩市, 樺戸郡新十津川町, 雨竜郡雨竜町, 雨竜郡北竜町, 増毛郡増毛町）〔14〕
◇白鳥山周辺（北海道深川市, 雨竜郡沼田

12　事典・日本の自然保護地域

自然一般　　　　　　　　　　　　　　　　　　　　　　　　　　　*004*　すぐれた自然地域〔北海道〕

町）〔15〕

◇樽前湖沼群（北海道苫小牧市）〔16〕

◇地球岬周辺（北海道室蘭市）〔17〕

◇手稲・奥手稲山周辺（北海道札幌市，小樽市）〔18〕

◇洞爺湖周辺（北海道虻田郡洞爺湖町，有珠郡壮瞥町，伊達市）〔19〕

◇利根別（北海道岩見沢市）〔20〕

◇ニセコ山塊（北海道岩内郡共和町，岩内郡岩内町，磯谷郡蘭越町，虻田郡ニセコ町，虻田郡倶知安町）〔21〕

◇野幌森林公園（北海道札幌市，江別市，北広島市）〔22〕

◇登別周辺（北海道伊達市，登別市，白老郡白老町，有珠郡壮瞥町）〔23〕

◇美々川流域（北海道苫小牧市，千歳市）〔24〕

◇平木沼湖沼群（北海道苫小牧市，勇払郡厚真町，勇払郡安平町）〔25〕

◇北大苫小牧（北海道苫小牧市）〔26〕

◇穂別周辺（北海道勇払郡むかわ町，勇払郡厚真町）〔27〕

◇ポロト沼周辺（北海道白老郡白老町）〔28〕

◇円山・藻岩山（北海道札幌市）〔29〕

◇無意根山・喜茂別岳周辺（北海道札幌市）〔30〕

◇鵡川・沙流川（北海道勇払郡むかわ町，沙流郡日高町）〔31〕

◇勇払川流域（北海道苫小牧市）〔32〕

◇余市岳・白井岳・天狗岳周辺（北海道札幌市，余市郡赤井川村，小樽市）〔33〕

◇羊蹄山（北海道虻田郡倶知安町，虻田郡ニセコ町，虻田郡真狩村，虻田郡喜茂別町，虻田郡京極町）〔34〕

◇雷電海岸（北海道岩内郡岩内町，磯谷郡蘭越町）〔35〕

◇鷲別岳・稀布岳（北海道室蘭市，登別市，伊達市）〔36〕

大雪山・日勝圏域

◇アポイ岳周辺（北海道様似郡様似町）〔1〕

◇嵐山（北海道旭川市，上川郡鷹栖町）〔2〕

◇岩内仙峡（北海道帯広市）〔3〕

◇岩松ダム・十勝ダム（北海道上川郡新得町）〔4〕

◇浮島湿原（北海道上川郡上川町，紋別郡滝上町）〔5〕

◇襟裳（北海道幌泉郡えりも町，広尾郡広尾町）〔6〕

◇エンルム岬周辺（北海道様似郡様似町，浦河郡浦河町）〔7〕

◇かなやま湖（北海道空知郡南富良野町）〔8〕

◇神居古潭・神居山（北海道旭川市）〔9〕

◇狩勝峠周辺（北海道上川郡新得町，空知郡南富良野町）〔10〕

◇札内川流域周辺（北海道帯広市）〔11〕

◇然別湖周辺（北海道河東郡上士幌町，河東郡士幌町，河東郡鹿追町）〔12〕

◇春別川上流（北海道日高郡新ひだか町）〔13〕

◇大樹・上更別（北海道広尾郡大樹町，河西郡更別村）〔14〕

◇大雪山（石狩連峰）（北海道上川郡上川町，上川郡新得町，河東郡上士幌町，河東郡鹿追町）〔15〕

◇大雪山（大雪山塊）（北海道上川郡上川町，上川郡新得町，上川郡東川町，上川郡美瑛町）〔16〕

◇大雪山（十勝岳連峰）（北海道上川郡美瑛町，空知郡上富良野町，富良野市，空知郡南富良野町，上川郡新得町）〔17〕

◇東大（北海道富良野市）〔18〕

◇十勝海岸（北海道十勝郡浦幌町，中川郡豊頃町，広尾郡大樹町，広尾郡広尾町）〔19〕

◇富川・富岡（北海道十勝郡浦幌町，中川郡池田町）〔20〕

◇新冠川流域（北海道新冠郡新冠町，日高郡新ひだか町）〔21〕

◇ニウ渓谷（北海道勇払郡占冠村）〔22〕

◇判官館周辺（北海道新冠郡新冠町，日高郡新ひだか町）〔23〕

◇日高山脈（北海道沙流郡日高町，沙流郡平取町，新冠郡新冠町，日高郡新ひだ

事典・日本の自然保護地域　**13**

か町，浦河郡浦河町，様似郡様似町，上
川郡清水町，河西郡芽室町，帯広市，河
西郡中札内村，広尾郡大樹町，広尾郡
広尾町）〔24〕

◇平山周辺（北海道紋別郡遠軽町）〔25〕

◇伏見仙峡（北海道河西郡芽室町）〔26〕

◇蓬莱山（北海道日高郡新ひだか町，浦河
郡浦河町）〔27〕

◇糠南川周辺（北海道足寄郡足寄町）〔28〕

◇メナシベツ川上流（北海道日高郡新ひだ
か町）〔29〕

◇夕張岳・芦別岳周辺（北海道富良野市，空
知郡南富良野町，芦別市，三笠市，夕張
市）〔30〕

◇留真（北海道十勝郡浦幌町）〔31〕

道東圏域

◇阿寒湖周辺（北海道釧路市，足寄郡足寄
町）〔1〕

◇厚岸海岸（北海道厚岸郡厚岸町，厚岸郡
浜中町）〔2〕

◇厚岸湖（北海道厚岸郡厚岸町）〔3〕

◇斜里海岸（北海道斜里郡斜里町）〔4〕

◇網走湖・能取湖・能取半島周辺（北海道
網走市，網走郡大空町）〔5〕

◇植別川流域（北海道標津郡標津町，目梨
郡羅臼町）〔6〕

◇海別岳（北海道斜里郡斜里町，目梨郡羅
臼町，標津郡標津町）〔7〕

◇置戸山地（北海道常呂郡置戸町）〔8〕

◇落石岬（北海道根室市）〔9〕

◇尾幌（北海道厚岸郡厚岸町）〔10〕

◇温根沼・長節湖（北海道根室市）〔11〕

◇温根湯（北海道北見市）〔12〕

◇兼金沼・西別川流域（北海道野付郡別海
町）〔13〕

◇木禽岳（北海道網走郡津別町）〔14〕

◇北見富士（北海道紋別市，紋別郡滝上町，
紋別郡遠軽町，上川郡上川町）〔15〕

◇霧多布湿原周辺（北海道厚岸郡浜中町）
〔16〕

◇釧路湿原（北海道釧路市，釧路郡釧路町，

川上郡標茶町，阿寒郡鶴居村）〔17〕

◇屈斜路湖・摩周湖周辺（北海道川上郡弟
子屈町，川上郡標茶町，標津郡中標津
町，斜里郡清里町，斜里郡小清水町，網
走郡大空町，網走郡美幌町）〔18〕

◇コイトイ・大楽毛海岸（北海道白糠郡白
糠町，釧路市）〔19〕

◇コムケ湖・シブノツナイ湖周辺（北海道
紋別市，紋別郡湧別町）〔20〕

◇昆布森・尻羽岬（北海道釧路郡釧路町）
〔21〕

◇サロマ湖（北海道紋別郡湧別町，常呂郡
佐呂間町，北見市）〔22〕

◇標津（北海道標津郡標津町）〔23〕

◇斜里岳（北海道斜里郡斜里町，斜里郡清
里町，標津郡標津町）〔24〕

◇シュンクシタカラ湖（北海道釧路市）
〔25〕

◇春別・雷床丹川流域（北海道野付郡別海
町）〔26〕

◇知床半島（斜里郡斜里町・清里町，目梨
郡羅臼町・標津郡標津町・中標津町）
〔27〕

◇大黒島（北海道厚岸郡厚岸町）〔28〕

◇滝ノ上（北海道紋別郡滝上町）〔29〕

◇タンネ沼・オンネ沼（北海道根室市）〔30〕

◇チミケップ湖（北海道網走郡津別町）
〔31〕

◇天塩岳・ウエンシリ岳（北海道紋別郡滝
上町，士別市，紋別郡西興部村，上川郡
下川町）〔32〕

◇濤沸湖・藻琴湖周辺（北海道網走市，斜
里郡小清水町，斜里郡斜里町）〔33〕

◇根室半島（北海道根室市）〔34〕

◇野付半島周辺（北海道標津郡標津町，野
付郡別海町）〔35〕

◇馬主来沼（北海道白糠郡白糠町，釧路市）
〔36〕

◇火散布沼・藻散布沼（北海道厚岸郡浜中
町）〔37〕

◇風蓮湖周辺（北海道根室市，野付郡別海
町）〔38〕

自然一般　　　　　　　　　　　　　　　　　　　　*004*　すぐれた自然地域〔北海道〕

◇別寒辺牛湿原 (北海道厚岸郡厚岸町, 川上郡標茶町)〔39〕

◇別当賀川 (北海道根室市)〔40〕

◇ホロニタイ湿原 (北海道根室市)〔41〕

◇奔幌戸・恵茶人 (北海道厚岸郡浜中町)〔42〕

◇三津浦海岸 (北海道釧路市, 釧路郡釧路町)〔43〕

◇武佐岳・サマッケヌプリ山周辺 (北海道標津郡標津町, 標津郡中標津町, 斜里郡清里町)〔44〕

◇武利岳・武華岳 (北海道紋別郡遠軽町, 北見市)〔45〕

◇紋別沢木海岸周辺 (北海道紋別市, 紋別郡興部町, 紋別郡雄武町)〔46〕

◇ユルリ島・モユルリ島 (北海道根室市)〔47〕

◇養老牛周辺 (北海道標津郡中標津町)〔48〕

道北圏域

◇イソサンヌプリ (北海道天塩郡幌延町, 枝幸郡浜頓別町)〔1〕

◇岩尾内湖周辺 (北海道士別市)〔2〕

◇霧立峠 (北海道雨竜郡幌加内町, 苫前郡苫前町)〔3〕

◇クッチャロ湖周辺 (北海道枝幸郡浜頓別町)〔4〕

◇猿払川湿原 (北海道宗谷郡猿払村)〔5〕

◇サロベツ原野 (北海道稚内市, 天塩郡豊富町, 天塩郡幌延町)〔6〕

◇斜内山道 (北海道枝幸郡浜頓別町, 枝幸郡枝幸町)〔7〕

◇朱鞠内湖周辺 (北海道雨竜郡幌加内町, 苫前郡羽幌町)〔8〕

◇知駒岳周辺 (北海道枝幸郡中頓別町, 天塩郡幌延町)〔9〕

◇宗谷岬周辺 (北海道稚内市)〔10〕

◇知恵文沼 (北海道名寄市)〔11〕

◇天売島・焼尻島 (北海道苫前郡羽幌町)〔12〕

◇天塩川河跡湖群 (北海道中川郡中川町)〔13〕

◇天塩川下流域 (北海道天塩郡天塩町, 天塩郡幌延町)〔14〕

◇天狗山周辺 (北海道留萌郡小平町)〔15〕

◇函岳周辺 (北海道枝幸郡枝幸町, 中川郡音威子府村, 中川郡美深町)〔16〕

◇パンケ山・ペンケ山 (北海道中川郡中川町, 枝幸郡中頓別町)〔17〕

◇美深峠周辺 (北海道中川郡美深町, 紋別郡雄武町)〔18〕

◇北大天塩・中川演習林 (北海道中川郡中川町, 天塩郡幌延町, 中川郡音威子府村)〔19〕

◇ポロヌプリ周辺 (北海道枝幸郡枝幸町, 枝幸郡中頓別町, 枝幸郡浜頓別町)〔20〕

◇ポロ沼周辺 (北海道宗谷郡猿払村)〔21〕

◇松音知岳・敏音知岳 (北海道枝幸郡中頓別町)〔22〕

◇松山・ピヤシリ (北海道名寄市, 中川郡美深町, 紋別郡雄武町, 紋別郡西興部村)〔23〕

◇峰岡山林 (北海道稚内市)〔24〕

◇メグマ沼・大沼・声問海岸 (北海道稚内市)〔25〕

◇モケウニ沼周辺 (北海道宗谷郡猿払村)〔26〕

◇利尻島 (北海道利尻郡利尻町, 利尻郡利尻富士町)〔27〕

◇礼文島 (北海道礼文郡礼文町)〔28〕

事典・日本の自然保護地域　**15**

005 世界遺産

「世界遺産条約」(正式名:世界の文化遺産及び自然遺産の保護に関する条約)は、世界的に重要な自然、文化遺産を保護するため、1972(昭和47)年第17回ユネスコ総会で採択されたもの(1975(昭和50)年発効)。全人類に普遍的な価値を持つ世界各国の文化遺産や自然遺産の破壊や損傷を防ぎ、国際的に保護をしていくことを目的に設けられた。加盟国の拠出による世界遺産基金で遺産の修復や保護にあたる。世界遺産は有形不動産を対象とし、次の3種類がある。1.文化遺産:顕著な普遍的価値を有する記念物、建造物群、遺跡、文化的景観など、2.自然遺産:顕著な普遍的価値を有する地形や地質、生態系、絶滅のおそれのある動植物の生息・生育地など、3.複合遺産:文化遺産と自然遺産の両方の価値を兼ね備えているもの。現在、世界遺産は962件(文化遺産745件、自然遺産188件、複合遺産29件)、条約締約国は189ヶ国。日本は1992(平成4)年世界遺産条約を締結し、1993(平成5)年「白神山地」「屋久島」の2件が自然遺産として登録された。自然遺産は現在4件が登録されている。

[選定機関] ユネスコ   [選定時期] 1975(昭和50)年〜

◇屋久島(鹿児島県熊毛郡屋久島町)
　　屋久島は九州本島最南端から60km南の東シナ海と太平洋の間に位置する面積約500km²の島。その約2割にあたる約1万747haが世界遺産リストに登録されている。登録地域には国立公園や森林生態系保護地域の一部のほか、原生自然環境保全地域と国指定の天然記念物(屋久島スギ原始林)の全部が重複しており、海岸線近くの亜熱帯的な要素を含む照葉樹林帯から、山岳部のスギ林帯、ヤクシマダケ草原帯までが含まれている。1980(昭和55)年に屋久島ユネスコエコパーク(生物圏保存地域)に登録されている

◇白神山地(青森県西津軽郡鰺ヶ沢町,青森県西津軽郡深浦町,青森県中津軽郡西目屋村,秋田県山本郡藤里町)
　　白神山地は、青森県南西部と秋田県北西部の県境に位置する広大な山岳地帯の総称。1万6971haに及ぶブナ原生林が広がる。天然記念物のクマゲラやイヌワシ、特別天然記念物のニホンカモシカなど多くの野生生物が生息する。特にすぐれた自然環境で、ほぼ人間が手を加えていない核心地域と、核心地域の周辺部の緩衝帯としての役割を果たす緩衝地域に区分されている

◇知床(北海道斜里郡斜里町,北海道目梨郡羅臼町)
　　知床半島は北海道の北東部に位置する。流氷が育む豊かな海洋生態系と原始性の高い陸息生態系の相互関係に特徴があること、シマフクロウ、シレトコスミレなどの絶滅危惧種を含む世界的な希少種やサケ科魚類、海棲哺乳類等の重要な生息地を有する

◇小笠原諸島(東京都小笠原村)
　　小笠原諸島は聟島列島、父島列島、母島列島、火山列島、西之島の5つの区域にある30以上の群島からなり面積は7,393ha。絶滅危惧種のオガサワラオオコウモリや絶滅危惧種の鳥類を含む多くの動物の生息地となっている。遺産区域となっているのは、聟島列島、父島列島、母島列島、火山(硫黄)列島のうち北硫黄島、南硫黄島、西之島と、父島、母島のうち、集落を除いた区域と一部周辺の海域。小さな海洋島における独自の生物の進化を示す典型的な見本として、世界的な価値を持つ

16　事典・日本の自然保護地域

自然一般　　　　　　　　　　　　　　　　　　　　　　　　　　　　　　　　　　*006* 世界ジオパーク

006　世界ジオパーク

　「世界ジオパーク」は、ユネスコの支援で2004（平成16）年に設立された世界ジオパークネットワーク（GGN）が認定する。ジオパークは地形・地質的に見て価値の高い場所である地質遺産を多数含む地域のこと。これらを保全し、教育に活用しジオツーリズム（地形・地質を中心として生態系、地域の歴史・伝統・文化を対象とする観光）による地域の持続的な発展を目指している。欧州や中国など中心に120ヶ所が認定されている。4年に1度の再審査があり、ジオパークとして一定以上のレベルを維持することが求められる。日本では8ヶ所が加盟認定されている（2015年9月現在）。

　［選定機関］世界ジオパークネットワーク　［選定時期］2004（平成16）年〜

2009（平成21）年

◇洞爺湖有珠山ジオパーク（北海道伊達市、北海道虻田郡豊浦町、北海道有珠郡壮瞥町、北海道虻田郡洞爺湖町）
　洞爺湖有珠山ジオパークは、北海道の南西部に位置する。洞爺湖や有珠山のほか洞爺湖温泉もあることから道内屈指の観光地として知られる。約11万年前の巨大噴火により洞爺湖が、約2万年前から洞爺湖南で噴火が繰り返され有珠山が誕生した。「変動する大地との共生」をテーマとしたジオパーク

◇糸魚川ジオパーク（新潟県糸魚川市）
　糸魚川ジオパークは新潟県の最西端にある。5億年前に誕生したヒスイから3000年前の焼山まで日本列島の形成を示す地質や特徴的な地形を見ることができる。世界最古のヒスイ文化や、断層に沿った塩の道など、人々と大地の関わりが分かる

◇島原半島ジオパーク（長崎県島原市、長崎県雲仙市、長崎県南島原市）
　島原半島ジオパークは、長崎県南部に位置する。3市（島原・雲仙・南島原）の行政区域全てがジオパークの認定されている。雲仙火山による火山地形や、千々石断層などの断層地形をはじめとした地質的多様性を持ち、噴火災害からの復興と、火山の恵みである温泉などを取り入れた「火山と人間との共生する」ジオパーク

2010（平成22）年

◇山陰海岸ジオパーク（京都府京丹後市、兵庫県豊岡市、兵庫県美方郡香美町、兵庫県美方郡新温泉町、鳥取県岩美郡岩美町、鳥取県鳥取市）
　山陰海岸ジオパークは、京都府（京丹後市）、兵庫県（豊岡市・香美町・新温泉町）、鳥取県（岩美町・鳥取市）に跨がる広大なエリアを有する。山陰海岸国立公園を中心に、京都府の経ヶ岬から鳥取県の白兎海岸にかけての東西約110km、南北最大30kmに及ぶ。面積は2185.9km²。日本列島の形成から現在に至るまでの経過を確認できる地質や地形が数多く残され、「地形・地質の博物館」といえる

2011（平成23）年

◇室戸ジオパーク（高知県室戸市）
　室戸ジオパークは、高知県東部の室戸半島に位置し、面積248.30km²の室戸市全域が範囲。プレートテクトニクス理論を陸上で初めて実証した四万十帯付加体地質、洪積世の氷河性海水準変動と地震隆起によって形成された海成段丘、完新世の巨大地震によって離水した海岸地形などの地質遺産がある

2013（平成25）年

◇隠岐ジオパーク（島根県隠岐郡隠岐の島町、島根県隠岐郡西ノ島町、島根県隠岐郡海士町、島根県隠岐郡知夫村）
　隠岐ジオパークは隠岐諸島の海岸線から1km以内の海域を含めた682.5km²

事典・日本の自然保護地域　**17**

が範囲である。ユーラシア大陸から離島へと移り変わった大地の成り立ち、最終氷期の生き残りを含む生態系、離島の環境により生まれた人の営みを主要なテーマとしている。隠岐ならではの歴史・文化が、連続性を持って存在している

2014（平成26）年

◇阿蘇ジオパーク（熊本県阿蘇市，熊本県阿蘇郡南小国町，熊本県阿蘇郡小国町，熊本県阿蘇郡産山村，熊本県阿蘇郡高森町，熊本県阿蘇郡南阿蘇村，熊本県阿蘇郡西原村，熊本県上益城郡山都町）
阿蘇ジオパークは熊本県北部に位置する。面積は約350km²と、世界最大級の規模。27万年前以降の度重なる火山活動で作り出されたカルデラを中心とした広大な地域が含まれ、火山地形・地質がわかるジオサイトが存在する。およそ3万年前から営まれるようになったとされる阿蘇での人間の生活・文化を知ることができる

2015（平成27）年

◇アポイ岳ジオパーク（北海道様似郡様似町）
アポイ岳ジオパークは北海道の南部に位置する。面積は364.33km²。日高山脈の一部であるアポイ岳は地下50〜60km深部の上部マントルから地表に押し上げられた「かんらん岩」でできており、地球の変動を知ることができる。ヒダカソウなど、国の天然記念物にも指定されている固有の高山植物が生育する。様似町の自然・歴史・文化がわかるジオツーリストのための大地の公園

007　長距離自然歩道

「長距離自然歩道」は、四季を通じて手軽に、楽しく、安全に自らの足で歩くことを通じて、豊かな自然や歴史・文化とふれあい、心身ともにリフレッシュし、自然保護に対する理解を深めることを目的とした歩道。路線計画、整備計画を環境省が定め、関係都府県により整備される。1970（昭和45）年の東海自然歩道に始まり、8つの自然歩道がこれまでに整備され、現在2つの自然歩道の整備が進められている。完了すれば全国の総延長は約27000kmとなる。

［選定機関］環境省　［選定時期］1970（昭和45）年〜

◇北海道自然歩道（北海道）
計画路線の延長距離は4585km。天然林主体の広大な森林や湿原といった豊かな自然景観、広大な牧場や畑、防風林といった牧歌的な田園風景など北海道を代表する地域の歴史的・文化的資源等を結ぶ歩道のネットワークを構築するもの

◇東北太平洋岸自然歩道（みちのく潮風トレイル）（青森県，岩手県，宮城県，福島県）
東北地方太平洋沿岸地域に整備するトレイルコース

◇東北自然歩道（新・奥の細道）（青森県，岩手県，宮城県，秋田県，山形県，福島県）
東北6県をめぐる。福島県白河市旗宿を起点とし、福島県郡山市を終点とする229のコースと連絡コースから構成されている。東北地方の豊かな自然、歴史、文化にふれ、健全な心身を育成するとともに自然保護に対する意識を高めるもの

◇首都圏自然歩道（関東ふれあいの道）（東京都，栃木県，群馬県，埼玉県，千葉県，神奈川県，茨城県）
総延長約1800km。高尾山、奥多摩、秩父、妙義山、太平山、筑波山、霞ヶ浦、九十九里浜、房総、三浦半島、丹沢などを結ぶ。田園風景、歴史や文化遺産

自然一般　　　　　　　　　　　　　　　　　　　　　　　　　*008*　都道府県立自然公園

にふれることのできる道
◇中部北陸自然歩道（新潟県, 群馬県, 富山県, 石川県, 福井県, 長野県, 岐阜県, 滋賀県）
　総延長4029km。山岳景観や日本海景観など多様性に富んだ歩道で, 豊かな自然, 歴史や文化に触れ, 自然保護に対する意識を高める
◇東海自然歩道（東京都, 大阪府, 京都府, 神奈川県, 山梨県, 静岡県, 愛知県, 岐阜県, 三重県, 滋賀県, 奈良県）
　総延長1697.2km。東京の「明治の森高尾国定公園」から大阪の「明治の森箕面国定公園」までの太平洋ベルト地帯の背後を結ぶ自然と歴史文化財を訪ねながら, 心身の健康と安らぎを得るための場
◇近畿自然歩道（福井県, 滋賀県, 三重県, 京都府, 大阪府, 兵庫県, 奈良県, 和歌山県, 鳥取県）
　路線延長3258km。テーマを決めて1日コースを設定し, この歩道を歩くことにより, 多様な自然にふれあい,

自然の中で培われた地域の歴史・文化などを認識することを目的としている
◇中国自然歩道（鳥取県, 島根県, 岡山県, 広島県, 山口県）
　総延長約2303km。国立・国定公園, 県立自然公園や史跡・名勝・天然記念物・由緒ある社寺など, 地方の特色ある場所を通るように結ばれ, 急な坂道や平坦な道など, 変化に富んだ組合せになっている
◇四国自然歩道（四国のみち）（徳島県, 香川県, 愛媛県, 高知県）
　総延長1545.6km。四国霊場や, 各地に点在する身近な自然や歴史に親しみながら, 歩いて四国を一周できる
◇九州自然歩道（やまびこさん）（福岡県, 大分県, 宮崎県, 鹿児島県, 熊本県, 長崎県, 佐賀県）
　総延長2,920km。国立公園4ヶ所, 国定公園4ヶ所, 県立自然公園30ヶ所を経由。山岳・高原・湖沼等の大自然の中を歩き, 史跡・文化財を訪ね体力の増進に役立てるために整備された

008　都道府県立自然公園

　自然公園法およびそれに基づく都道府県の条例の規定に基づき, その都道府県を代表するすぐれた風景地について指定する公園。都道府県が管理する。自然公園法は前身の1931（昭和6）年に制定された国立公園法によって, 一定の条件を満たす地域を公園として指定されたが, 1957（昭和32）年に施行され体系が確立した。

［選定機関］各都道府県

北海道
◇厚岸道立自然公園（北海道厚岸郡厚岸町, 厚岸郡浜中町, 釧路郡釧路町）
　厚岸湖・火散布沼・藻散布沼などの海跡湖沼群, タンチョウが生息する霧多布湿原などからなる公園〔1955（昭和30）年指定〕
◇富良野芦別道立自然公園（北海道芦別市, 夕張市, 三笠市, 富良野市, 空知郡南富良野町）
　夕張山系を中心に, 桂沢湖・シューパロ湖・野花南湖などの湖沼を主な区域

とした北国景観を誇る自然公園〔1955（昭和30）年指定〕
◇檜山道立自然公園（北海道檜山郡上ノ国町, 檜山郡江差町, 爾志郡乙部町, 二海郡八雲町, 久遠郡せたな町, 奥尻郡奥尻町）
　渡島半島西海岸沿いに点在する地域と奥尻島全域からなる公園。岸段丘が連続し, 勇壮な岩石海岸地形をつくる〔1960（昭和35）年指定〕
◇恵山道立自然公園（北海道函館市）
　恵山と横津岳を中心に高山植物群落,

事典・日本の自然保護地域　**19**

008 都道府県立自然公園　　　　　　　　　　　　　　自然一般

太平洋と津軽海峡の波の作用による
海蝕崖や奇岩などの景観〔1961（昭和
36）年指定〕

◇野付風蓮道立自然公園（北海道根室市，
野付郡別海町，標津郡標津町）

根釧台地の水平景観を背景とし，ラム
サール条約登録地の野付半島・風蓮湖
を中心に，海跡湖・砂丘，森林・湿原
などからなる〔1962（昭和37）年指定〕

◇松前矢越道立自然公園（北海道松前郡松
前町，松前郡福島町，上磯郡知内町）

渡島半島西南部の海岸地域と渡島大
島・小島の二つの離島からなる公園。
海蝕崖と岩礁・奇岩・海蝕洞などからな
る荒々しい海岸風景〔1968（昭和43）
年指定〕

◇北オホーツク道立自然公園（北海道宗谷
郡猿払村，枝幸郡頓別町，枝幸郡枝幸
町）

オホーツク海に沿った公園で，クッ
チャロ湖・モケウニ沼などの天然湖沼
が点在し，湿原や海岸砂丘に広がるべ
ニヤ原生花園などの北方的景観が特徴
〔1968（昭和43）年指定〕

◇道立自然公園野幌森林公園（北海道札幌
市，江別市，北広島市）

大都市近郊としては稀な大面積の平地
林からなる公園。比較的よく残された
天然林や草地・小川・池など多様な環
境がそろう〔1968（昭和43）年指定〕

◇狩場茂津多道立自然公園（北海道寿都郡
寿都町，島牧郡島牧村，久遠郡せたな
町）

道南の最高峰・狩場山を中心とする山
岳地域と日本海沿岸の海蝕海岸からな
る公園で，山間部には滝・渓流・瀬な
どが点在〔1972（昭和47）年指定〕

◇朱鞠内道立自然公園（北海道雨竜郡幌加
内町，士別市，苫前郡羽幌町，天塩郡遠
別町）

針葉樹，広葉樹の森林に囲まれた日本
最大の人造湖・朱鞠内湖，ウツナイ川
渓谷の二重の滝，釜ケ渕の特異な景観，
ピッシリ山を中心とする山岳景観を加
えた地域〔1974（昭和49）年指定〕

◇天塩岳道立自然公園（北海道士別市，上

川郡下川町，紋別郡滝上町，紋別郡西
興部村）

天塩岳を中心とする公園。天塩岳・渚
滑岳・ウエンシリ岳の山頂から山腹に
かけて広がる区域一帯は人為的な影響
が少なく，山稜地帯の高山植物群落や
狭い渓谷などは，特に原始性に富んで
いる〔1978（昭和53）年指定〕

◇斜里岳道立自然公園（北海道斜里郡斜里
町，斜里郡清里町，標津郡標津町）

すぐれた山岳景観を有する斜里岳の山
頂部から山腹にかけての一帯を区域と
する。豊富な高山植物群落や小型の哺
乳類のほかに，ヒグマやエゾシカなど
も多く生息するなど，動植物の宝庫
〔1980（昭和55）年指定〕

青森県

◇浅虫夏泊県立自然公園（青森県青森市，
東津軽郡平内町）

夏泊半島一帯の公園。全国有数の温泉
地の浅虫，ツバキの自生北限地である
椿山，ハクチョウ飛来地の浅所など，す
ぐれた海岸美を誇る景勝地〔1953（昭
和28）年指定〕

◇大鰐碇ヶ関温泉県立自然公園（青森県
平川市，南津軽郡大鰐町）

大鰐と碇ヶ関が中心の地域。山岳，渓
流，滝等の恵まれた自然景観と豊かな
湯量を誇る温泉地が含まれる〔1953
（昭和28）年指定〕

◇名久井岳県立自然公園（青森県三戸郡三
戸町，三戸郡南部町）

久井岳山頂を中心とする半径2kmの地
域と，三戸町城山及び南部町諏訪ノ平
の飛び地が指定地。名久井岳は南部地
方随一の霊峰としても知られる信仰の
山〔1956（昭和31）年指定〕

◇芦野池沼群県立自然公園（青森県五所川
原市，北津軽郡中泊町）

大沢内溜池と藤枝溜池（芦野湖）の周
辺。芦野池沼群は平地で人工の溜池。
水辺・水生植物群落が良好な状態にあ
ることは学術上も貴重〔1958（昭和33）
年指定〕

◇黒石温泉郷県立自然公園（青森県黒石市，
平川市）

20　事典・日本の自然保護地域

自然一般

浅瀬石川に沿って温泉が点在する黒石温泉郷を中心に指定された。中野紅葉山や青荷渓流などの豊かな自然景観がみられる〔1958（昭和33）年指定〕

◇岩木高原県立自然公園（青森県弘前市）
青森県西部、岩木山を中心とした公園。岩木山山麓には岩木山神社、高照神社、百沢・湯段など古くからの温泉地がある〔1958（昭和33）年指定〕

◇赤石渓流暗門の滝県立自然公園（青森県西津軽郡鰺ヶ沢町、中津軽郡西目屋村）
赤石渓流と暗門の滝周辺の公園。連続する山脈と急峻な谷による変化に富んだ自然景観がみられる〔1981（昭和56）年指定〕

岩手県

◇花巻温泉郷県立自然公園（岩手県花巻市）
豊沢川、台川に沿って形成された花巻、台、大沢、志戸平、鉛、西鉛等の各温泉地。豊沢ダムによってできた豊沢湖周辺は植生自然度が高い〔1961（昭和36）年指定〕

◇久慈平庭県立自然公園（岩手県久慈市、岩手郡葛巻町）
久慈渓流と平庭峠を中心とした高原地域からなる。渓流景観やシラカバ林及びレンゲツツジの群落がある〔1961（昭和36）年指定〕

◇外山早坂高原県立自然公園（岩手県下閉伊郡岩泉町、盛岡市）
岩洞湖を中心とした地域と、早坂峠を中心とした高原地域からなる。岩洞湖の人工美と姫神山の自然美の調和した景観が望める〔1961（昭和36）年指定〕

◇湯田温泉峡県立自然公園（岩手県和賀郡西和賀町）
和賀川に沿った地域にあり、湯本、湯川の両温泉街と、湯田ダムによってできた錦秋湖の景観を中心とした公園〔1961（昭和36）年指定〕

◇折爪馬仙峡県立自然公園（岩手県二戸市、二戸郡一戸町、九戸郡九戸村）
折爪岳を中心とした地域と、馬淵川渓流沿いの奇岩女神岩、男神岩などの断

崖景勝地を中心とした馬仙峡地域からなる〔1962（昭和37）年指定〕

◇五葉山県立自然公園（岩手県釜石市、大船渡市、気仙郡住田町）
北上高地南部の高峰五葉山と大窪山一帯の公園。五葉山は北限のホンシュウジカの生息地で、大窪山地区は本州でのニホンジカ群生北限地〔1966（昭和41）年指定〕

◇室根高原県立自然公園（岩手県陸前高田市、一関市）
室根山を中心とした公園で、山頂部はやや平坦でツツジの群落があり展望がよい。環境庁指定国民休養地〔1974（昭和49）年指定〕

宮城県

◇県立自然公園松島（宮城県塩竈市、東松島市、宮城郡松島町、宮城郡七ヶ浜町、宮城郡利府町）
松島湾を中心とする公園。日本三景の一つ。七ヶ浜町の東端花淵崎から東松島市の宮戸島南東端に浮かぶ波島を結んだ線と、内陸の富山及び稲荷山一帯を囲んだ範囲。多聞山（偉観）、双観山（幽観）、富山（麗観）、大高森（双観）の四大観からの景観がすぐれている〔1902（明治35）年指定〕

◇県立自然公園旭山（宮城県石巻市）
旭山山頂部は天然の芝草に被われた広大な丘陵地で金華山、栗駒山、松島などが望める一大展望地〔1940（昭和15）年指定〕

◇蔵王高原県立自然公園（宮城県白石市、刈田郡蔵王町、刈田郡七ヶ宿町、柴田郡川崎町）
蔵王連峰の山麓が長く尾を引く丘陵地域であり青麻山、小原渓谷、材木岩などがある〔1947（昭和22）年指定〕

◇県立自然公園二口峡谷（宮城県仙台市）
面白山東面の新川上流地域と大東岳東面の宍戸沢等が含まれ、秋保大滝等渓谷景観がすぐれている〔1947（昭和22）年指定〕

◇県立自然公園気仙沼（宮城県気仙沼市）
気仙沼市の中・北部を占める自然公園。北上山地が作る丘陵景観と変化に富ん

事典・日本の自然保護地域　**21**

008 都道府県立自然公園   自然一般

だ海岸景観を呈している〔1948（昭和23）年指定〕

◇県立自然公園船形連峰（宮城県仙台市, 黒川郡大和町, 加美郡加美町, 加美郡色麻町）
船形山を中心に荒神山、三峰山、泉ヶ岳等を連ねた一帯。湖沼、湿原、渓谷、瀑布等の渓谷景観とブナ林をはじめとする森林景観がすぐれている〔1962（昭和37）年指定〕

◇硯上山万石浦県立自然公園（宮城県石巻市, 牡鹿郡女川町）
硯上山、上品山、万石浦、長面浦を含む地域。石巻湾内の弁天島、生草島には暖地系のタブノキの極相林が見られる〔1979（昭和54）年指定〕

◇阿武隈渓谷県立自然公園（宮城県伊具郡丸森町）
阿武隈川、内川周辺や手倉山等が含まれる。各種の貴重な動植物が生息・分布している〔1988（昭和63）年指定〕

秋田県

◇太平山県立自然公園（秋田県秋田市, 南秋田郡五城目町, 北秋田郡上小阿仁村）
主峰太平山をはじめ、馬場目岳・赤倉岳・白子森など標高1,000m以上の連峰がそびえる。滝や渓谷も随所に見られる〔1955（昭和30）年指定〕

◇田沢湖抱返り県立自然公園（秋田県仙北市）
田沢湖と玉川の抱返り渓谷からなる自然公園。田沢湖はルリ色の湖水で知られ水深は423.4mと日本一〔1960（昭和35）年指定〕

◇森吉山県立自然公園（秋田県北秋田市）
森吉山は、向岳を主峰とする成層火山。山頂で鳥海山、秋田駒、白神山地などと男鹿半島や日本海の大パノラマを望むことができる〔1968（昭和43）年指定〕

◇真木真昼県立自然公園（秋田県大仙市）
奥羽脊梁山脈のうち、南八幡平の南側に位置する薬師岳を主峰とする薬師連峰と、ここを源とする数本の河川が形づくった峡谷から成る山岳公園〔1975（昭和50）年指定〕

◇田代岳県立自然公園（秋田県大館市）
白神山地東部に位置する公園。田代岳は雷岳、烏帽子岳、茶臼岳の三山と連峰を形成し、渓流や瀑布、湿原、池塘など変化に富む〔1975（昭和50）年指定〕

◇きみまち阪県立自然公園（秋田県能代市）
米代川にあるきみまち阪を中心とする公園。きみまち阪は巨岩の間にサクラ、マツ、カエデ類などを配した好展望地〔1964（昭和39）年指定〕

◇八森岩館県立自然公園（秋田県山本郡八峰町）
秋田県の北部に位置する公園。海食地形と海岸段丘が発達し、岩石海岸の美景で知られる〔1964（昭和39）年指定〕

◇秋田白神県立自然公園（秋田県山本郡藤里町, 山本郡八峰町）
秋田県側の白神山地を中心とする。川床の甌穴群で知られる犬戻渓谷や一通、不動渓谷からなる太良峡を含む〔2004（平成16）年指定〕

山形県

◇庄内海浜県立自然公園（山形県酒田市, 鶴岡市）
山形県中西部、日本海沿岸一帯を占める公園。温泉と海岸美が特徴。北部は庄内砂丘からなる砂浜海岸が続き、南部は山地が海に迫り、海岸段丘や小沖積地がところにより発達する磯浜海岸がある〔1948（昭和23）年指定〕

◇御所山県立自然公園（山形県東根市, 尾花沢市, 最上郡最上町）
御所山（船形山）を中心とした自然公園。前船形山、柴倉山、白髪山などから成る山塊と丹生川の峡谷を中心にブナの原生林、銀山温泉やテツギョ（鉄魚）のいる若畑沼などを含める〔1951（昭和26）年指定〕

◇県南県立自然公園（山形県南陽市, 東置賜郡高畠町）
山形県米沢盆地の北部から東部へかけての宮城県との県境にある公園。奥羽山脈の原始林におおわれた小湯山、竜ヶ岳、仙王岳、眺望のすぐれる鳩峰高原、およびその周辺には凝灰岩の奇

22 事典・日本の自然保護地域

岩怪石が展開する〔1961（昭和36）年指定〕

◇加無山県立自然公園（山形県最上郡真室川町，最上郡金山町）
加無山を中心とした山岳自然公園。加無山は，男加無・女加無の2峰で，集塊岩からなる奇岩峰を形成し，頂上付近には高山植物の花畑も見られる。八敷代川には小壺滝・二重滝・三階滝などの滝がかかる〔1963（昭和38）年指定〕

◇天童高原県立自然公園（山形県天童市）
奥羽山脈西斜面の広大な高原地帯の自然公園。面白山の裾野に広がる放牧地，流紋岩の凹地ジャガラモガラなどの自然景観が眺められる〔1967（昭和42）年指定〕

◇最上川県立自然公園（山形県最上郡戸沢村，酒田市，東田川郡庄内町）
庄内平野と新庄盆地との間の最上峡を中心とする自然公園。最上川が出羽山地を横断する戸沢村古口から庄内町清川までの区間の流域を含む一帯〔1971（昭和46）年指定〕

福島県

◇霊山県立自然公園（福島県伊達市，相馬市）
阿武隈高地に位置する。霊山は火山活動による奇岩怪石がそそり立つ〔1948（昭和23）年指定〕

◇霞ヶ城県立自然公園（福島県二本松市）
霞ヶ城跡を中心とした付近一帯と安達ヶ原一帯の地域。アカマツ，サクラ，カエデ，スギの美林が生育している〔1948（昭和23）年指定〕

◇南湖県立自然公園（福島県白河市）
南湖公園と，白川城跡の2地区からなる。南湖は享和年間（1801〜04）に白河城主松平定信が造った人造湖。高山植物のオゼコウホネが発見された〔1948（昭和23）年指定〕

◇奥久慈県立自然公園（福島県，茨城県）
久慈川の流域から，最南端は茨城県立自然公園と隣接し，福島県茨城県交互に交流をもちながら利用されている。八溝山の山頂付近のブナ林をはじめとしたすぐれた天然林がある〔1948（昭

和23）年指定〕

◇磐城海岸県立自然公園（福島県いわき市）
双葉郡南部からいわき市に及ぶ海岸一帯を区域とする海浜公園。四倉北方の海岸や塩屋崎には海食崖と岩礁が連なる〔1948（昭和23）年指定〕

◇松川浦県立自然公園（福島県相馬市）
松川浦潟湖を中心とする。岩島のクロマツの美林，鵜ノ尾岬からの絶景がある〔1951（昭和26）年指定〕

◇勿来県立自然公園（福島県いわき市）
小名浜から勿来に至る南北の海岸一帯と，仏具山の丘陵地帯を含む四時川流域からなる自然公園〔1951（昭和26）年指定〕

◇只見柳津県立自然公園（福島県南会津郡只見町，大沼郡金山町，大沼郡三島町，河沼郡柳津町，耶麻郡西会津町）
只見川上流域の田子倉湖および沼沢湖周辺一帯の自然美と人造湖の景観がみられる〔1951（昭和26）年指定〕

◇大川羽鳥県立自然公園（福島県会津若松市，南会津郡下郷町，岩瀬郡天栄村）
奇岩，絶壁，急流の大川渓谷地区と国内最大の土堰堤により出現した羽鳥湖地区，鶴沼川沿いの3地区からなる〔1953（昭和28）年指定〕

◇阿武隈高原中部県立自然公園（福島県双葉郡葛尾村，田村市，二本松市，双葉郡浪江町，双葉郡川内村，田村郡小野町，いわき市）
五十人山，高柴山，大滝根山，矢大臣山，東堂山，日山及び高瀬川渓谷からなる。これらの山々は周囲は急斜面で囲まれているものの全体的に緩やかな地形となっており，ハイキングの好適地となっている〔1953（昭和28）年指定〕

◇夏井川渓谷県立自然公園（福島県いわき市）
夏井川の川前から，小川郷までの約15kmの間。花崗岩あるいは花崗閃緑岩から成る〔1953（昭和28）年指定〕

茨城県

◇太田県立自然公園（茨城県常陸太田市）
久慈山地南部十国峠から国見山，瑞竜，

西山公園を含む区域。佐竹寺、間坂城跡、水戸徳川家の菩提所など史跡が中心〔1951(昭和26)年指定〕

◇大洗県立自然公園(茨城県水戸市, ひたちなか市, 東茨城郡大洗町, 東茨城郡茨城町, 鉾田市)
大洗海岸を中心に阿字ヶ浦海岸、夏海海岸と後背の涸沼、涸沼川沿岸が公園区域〔1951(昭和26)年指定〕

◇水戸県立自然公園(茨城県水戸市)
弘道館公園と偕楽園、千波湖を中心とした公園〔1951(昭和26)年指定〕

◇奥久慈県立自然公園(茨城県久慈郡大子町, 常陸大宮市, 常陸太田市)
久慈川の流域から、最南端は茨城県立自然公園と隣接し、福島県茨城県交互に交流をもちながら利用されている〔1953(昭和28)年指定〕

◇花園花貫県立自然公園(茨城県北茨城市, 高萩市, 日立市, 常陸太田市)
和尚山、栄蔵室山を中心とする山岳部は、花園渓谷、浄蓮寺渓谷などの渓谷美がみられる。海岸部は奇勝と白砂青松の仁井田浜から高戸浜にかけての海岸などがある〔1953(昭和28)年指定〕

◇御前山県立自然公園(茨城県常陸大宮市, 東茨城郡城里町)
御前山、井殿山が中心。御前山付近は白山鉱泉があり万病に効能があるという〔1954(昭和29)年指定〕

◇笠間県立自然公園(茨城県笠間市, 東茨城郡城里町)
国見山から仏頂山、高峯、富士山、富谷山に連なる地域は主として暖帯性の自然植生を中心とした地域で、佐白山を中心とした地域は主に史跡公園〔1955(昭和30)年指定〕

◇吾国愛宕県立自然公園(茨城県笠間市, 桜川市, 石岡市)
難台山を中心とした丘陵性の独立山塊。難台山、吾国山、愛宕山周辺は豊かな自然植生がみられる〔1974(昭和49)年指定〕

◇高鈴県立自然公園(茨城県日立市, 常陸太田市)
高鈴山を中心として南北に長い多賀山地南部の山稜線。スギ、ヒノキの植林地が多い〔1979(昭和54)年指定〕

栃木県

◇益子県立自然公園(栃木県芳賀郡益子町, 芳賀郡茂木町)
栃木県の南東部に位置する公園。他の地域ではあまり見られない暖地性の植物や昆虫が生息〔1955(昭和30)年指定〕

◇太平山県立自然公園(栃木県栃木市)
サクラの名所の太平山が中心にある丘陵地帯の公園。暖地性と寒地性植物の境界になっている。太平山山頂に近い謙信平からは関東平野が一望できる〔1955(昭和30)年指定〕

◇唐沢山県立自然公園(栃木県佐野市, 栃木市)
標高300m前後の山岳丘陵地帯にある公園。唐沢山は藤原秀郷の居城跡で遺跡や伝説が残る。樹齢100年を超えるアカマツが生育〔1955(昭和30)年指定〕

◇前日光県立自然公園(栃木県鹿沼市, 日光市)
薬師岳、夕日岳、地蔵岳などの標高1,500m前後の山岳地帯の北部、高原地帯が広がる南部、石裂山を中心とする東部の3地区〔1955(昭和30)年指定〕

◇足利県立自然公園(栃木県足利市)
両崖山、大岩山、行道山とつづく低山地帯の稜線に沿って広がる公園。多くの史跡・名所があり、「東の京都」とも言われる〔1956(昭和31)年指定〕

◇宇都宮県立自然公園(栃木県宇都宮市)
古賀志山や赤川ダムなどを有する宇都宮市森林公園を中心に豊富な自然に恵まれている。暖帯と温帯の境〔1960(昭和35)年指定〕

◇那珂川県立自然公園(栃木県那須烏山市, 芳賀郡茂木町, 芳賀郡市貝町)
栃木県東部、八溝山地を横切る那珂川流域の渓谷を中心とする。農地などの里山の自然、ナラ・クヌギなどの二次林、スギやヒノキの人工林など自然が入り組んでいる。南限と北限の生物が生息〔1967(昭和42)年指定〕

◇八溝県立自然公園（栃木県那須郡那須町，大田原市，那須郡那珂川町）
八溝山を中心とした南北に延びる八溝山系と、那珂川が雄大な自然景観に恵まれている〔1971（昭和46）年指定〕

埼玉県

◇県立狭山自然公園（埼玉県所沢市，入間市）
狭山湖（山口貯水池）を囲む丘陵地帯。湖岸は屈曲に富み、周囲はアカマツ、コナラの自然林も多く桜の名所としても知られる〔1951（昭和26）年指定〕

◇県立奥武蔵自然公園（埼玉県日高市，飯能市，入間市）
奥秩父の山岳地帯を背にした500mから800mの丘陵地帯で、正丸峠、顔振峠や山伏峠などの眺望がすぐれている〔1951（昭和26）年指定〕

◇県立黒山自然公園（埼玉県比企郡ときがわ町，入間郡越生町，入間郡毛呂山町）
外秩父の山並みが丘陵に移り変わる境で、史跡と名所に富んだ公園。黒山三滝、鎌北湖などがある〔1951（昭和26）年指定〕

◇県立長瀞玉淀自然公園（埼玉県秩父郡長瀞町，秩父市，秩父郡皆野町，秩父郡東秩父村，大里郡寄居町，比企郡小川町）
荒川中流域に広く分布する三波川変成岩類による特有な渓谷をなし、長瀞の岩畳は、自然科学の宝庫〔1951（昭和26）年指定〕

◇県立比企丘陵自然公園（埼玉県東松山市，比企郡吉見町，比企郡嵐山町，比企郡鳩山町）
吉見百穴をはじめ、黒岩古墳群、八丁湖等に展望がある。岩殿観音のある物見山は展望がよい〔1954（昭和29）年指定〕

◇県立上武自然公園（埼玉県児玉郡神川町，本庄市，秩父郡皆野町）
天然記念物の三波石峡と鏡岩、植生学的に貴重なシラカシ群落を有する金鑚神社、展望にすぐれた城峰山等よりなる〔1954（昭和29）年指定〕

◇県立武甲自然公園（埼玉県秩父市，秩父郡横瀬町）

武甲山は、チチブイワザクラ、ミヤマスカシユリなどの天然記念物指定・植物群落があり、山頂からの展望にもすぐれる〔1957（昭和32）年指定〕

◇県立安行武南自然公園（埼玉県川口市，さいたま市）
全国的な植木、苗木の特産地で、独特の苗木生産、景観を有し、市街地と連なる有用な緑地地域〔1960（昭和35）年指定〕

◇県立両神自然公園（埼玉県秩父郡小鹿野町）
御岳山などの両神山へ連なる山岳地帯で、小森川、薄川が深くV字谷を刻み、フクジュソウ群落、アカヤシオツツジ等の自生がみられる〔1978（昭和53）年指定〕

◇県立西秩父自然公園（埼玉県秩父市，秩父郡小鹿野町）
二子山、城峰山等の山岳地帯で、金岳等の岩峰や両神山付近の雲海は貴重な自然現象。イヌブナ群集等の植生がみられ、ニホンカモシカ等の野生動物が生息〔1981（昭和56）年指定〕

千葉県

◇県立養老渓谷奥清澄自然公園（千葉県鴨川市，君津市，夷隅郡大多喜町，市原市）
養老川の上流部、清澄山地、大福山の一帯を占める公園。奥清澄の小櫃川渓谷の渓谷美にすぐれる。春はツツジ、フジ、秋は紅葉の名所〔1935（昭和10）年指定〕

◇県立九十九里自然公園（千葉県長生郡一宮町，長生郡長生村，長生郡白子町，大網白里市，千葉市，山武郡九十九里町，山武市，山武郡横芝光町，東金市，旭市，匝瑳市，銚子市）
九十九里浜を中心に内陸の下総台地の景勝地を含む公園。弓状に湾曲した約60kmの砂浜がおりなす海岸景観があり、海水浴場や、サーフィンとしての利用されている。古い砂丘列間の湿地には食虫植物群落がみられる〔1935（昭和10）年指定〕

◇県立高宕山自然公園（千葉県君津市，富

津市）
房総半島南西部にある森林公園。高宕
山は深い谷と切り立った崖があり山岳
美を楽しむことが出来る。ニホンザル
の生息地〔1935（昭和10）年指定〕

◇県立嶺岡山系自然公園（千葉県鴨川市，
南房総市）
房総半島先端部にある嶺岡山地一帯を
占める公園。清澄山，鹿野山，高宕山
など房総の諸名山の景観を見比べるこ
とができる。山間部にある嶺岡牧場は
酪農発祥の地〔1935（昭和10）年指定〕

◇県立大利根自然公園（千葉県香取市，香
取郡神崎町）
千葉県北東部の利根川流域を中心とす
る公園。ヨシやオギにおおわれた河川
敷とその周辺の田園風景がみられる。
佐原付近は水運で繁栄した商家の町
並みなど自然美と史跡に恵まれてい
る〔1935（昭和10）年指定〕

◇県立富山自然公園（千葉県南房総市）
房総丘陵西端に位置する富山と伊予ヶ
岳を中心とする。富山は穏やかな曲
線の山容，南総里見発見伝の舞台。伊
予ヶ岳は急峻な岩山。60種を数えるシ
ダ植物が繁茂〔1951（昭和26）年指定〕

◇県立印旛手賀自然公園（千葉県柏市，我
孫子市，印西市，印旛郡栄町，成田市，
佐倉市，印旛郡酒々井町）
手賀沼及び印旛沼を中心とした公園。
広々とした水面とそれに連なる田園
風景がみられる。周辺の台地は斜面
林〔1952（昭和27）年指定〕

◇県立笠森鶴舞自然公園（千葉県市原市，
長生郡長南町，長生郡長柄町）
房総半島の中央丘陵部を占める。笠森
観音は南総一の名刹で境内はスギ，ク
ワなどの原生林におおわれている。鶴
舞公園は桜の名所〔1966（昭和41）年
指定〕

東京都

◇都立滝山自然公園（東京都八王子市）
多摩川と秋川の合流点の南側に広が
る標高200mの滝山丘陵の大部分を占
め，多摩川に接した北側は数10mの断
崖が切り立っている〔1950（昭和25）

年指定〕

◇都立高尾陣場自然公園（東京都八王子
市）
陣場山から景信山をへて小仏峠にいた
る都県境の山地帯，八王子城跡のある
城山，北条氏照墓のある丘陵部，浅川
周辺を含める公園〔1950（昭和25）年
指定〕

◇都立多摩丘陵自然公園（東京都多摩市）
多摩川南岸の丘陵に展開する自然公
園。北側は多摩川沿いの平地に臨み，
高尾，奥多摩，秩父の山間の眺望がで
きる〔1950（昭和25）年指定〕

◇都立狭山自然公園（東京都東村山市，東
大和市）
箱根ヶ崎から東村山にかけ三条の尾
根と二条の渓谷がはしり，中央の丘陵
には2つの貯水池があり周辺は水源林
〔1951（昭和26）年指定〕

◇都立羽村草花丘陵自然公園（東京都あき
る野市，羽村市，福生市）
多摩川沿いに帯状に展開する標高200
～300mの丘陵のうち大澄山，浅間岳
等が主体〔1953（昭和28）年指定〕

◇都立秋川丘陵自然公園（東京都あきる野
市，八王子市）
秋川右岸の丘陵地帯にあり，山は落葉
樹林と植林でおおわれている〔1953
（昭和28）年指定〕

神奈川県

◇県立丹沢大山自然公園（神奈川県相模原
市，秦野市，厚木市，伊勢原市，足柄上
郡山北町，愛甲郡愛川町，愛甲郡清川
村）
国定公園の東側及び西側地域と周辺
の飛び地からなる〔1960（昭和35）年
指定〕

◇県立真鶴半島自然公園（神奈川県足柄下
郡真鶴町）
相模湾に突き出した半島のほぼ全域。
原生林が広がる〔1960（昭和35）年指
定〕

◇県立湯河原自然公園（神奈川県足柄下郡
湯河原町）
箱根外輪山の南麓に位置し，急傾斜の
山で形成されている。万葉の時代から

自然一般　　　　　　　　　　　　　　　　　　　　　　　　　　　　*008*　都道府県立自然公園

温泉地〔1960（昭和35）年指定〕
◇県立陣馬相模湖自然公園（神奈川県相模
　原市）
　　相模湖、都県境尾根の南斜面及び道志
　　山地東端の地域から構成されている
　　〔1983（昭和58）年指定〕

新潟県
◇瀬波笹川流れ粟島県立自然公園（新潟県
　村上市、粟島浦村）
　　村上市瀬波海岸から山形県境に至る
　　海岸線一帯と粟島を含む地区。日本
　　海に面した豪壮な海岸を特徴とし、特
　　に笹川流れは源義経ゆかりのある海岸
　　〔1959（昭和34）年指定〕
◇阿賀野川ライン県立自然公園（新潟県五
　泉市、東蒲原郡阿賀町）
　　福島県境の山間部から新潟平野に出る
　　までの阿賀野川とその周辺広域。春の
　　新緑、秋の紅葉の景観にすぐれる〔1959
　　（昭和34）年指定〕
◇魚沼連峰県立自然公園（新潟県南魚沼郡
　湯沢町、南魚沼市）
　　新潟県と群馬県の境の山岳地帯。日本
　　百名山・巻機山は登山、山スキーで親
　　しまれている〔1959（昭和34）年指定〕
◇直峰松之山大池県立自然公園（新潟県十
　日町市、上越市）
　　松之山温泉から大厳寺高原、菖蒲高原
　　を経て菱ヶ岳に至る地区、上越市安塚
　　区の直峰城山、上越市頸城区の頸城大
　　池の3地区〔1959（昭和34）年指定〕
◇白馬山麓県立自然公園（新潟県糸魚川
　市）
　　フォッサマグナの北端部に位置する姫
　　川と海谷の2地区。希少種を含め、多
　　種類の動植物がみられる〔1959（昭和
　　34）年指定〕
◇小佐渡県立自然公園（新潟県佐渡市）
　　佐渡島の東半分で、真野御陵や国分寺
　　など名所、旧跡がある〔1959（昭和34）
　　年指定〕
◇胎内二王子県立自然公園（新潟県新発田
　市、胎内市）
　　胎内川流域は渓谷美にすぐれ、鳥坂城
　　跡などの旧跡、橡平サクラ樹林のある

大峰山、上流のダム貯水池の景勝地な
どがある〔1959（昭和34）年指定〕
◇五頭連峰県立自然公園（新潟県新発田市、
　阿賀野市、東蒲原郡阿賀町）
　　五頭山、菱ヶ岳などの五頭連峰を主と
　　する。ハクチョウの集団渡来で有名な
　　瓢湖がある〔1959（昭和34）年指定〕
◇奥早出粟守門県立自然公園（新潟県加茂
　市、長岡市、五泉市、三条市）
　　早出川や五十嵐川の源流域に当たり、
　　カモシカなど野生動物の良好な生息
　　〔1959（昭和34）年指定〕
◇米山福浦八景県立自然公園（新潟県柏崎
　市、上越市）
　　佐渡弥彦米山国定公園に接し、米山中
　　腹から海岸に至る。福浦海岸は奇岩
　　怪石が豪壮な景観〔1959（昭和34）年
　　指定〕
◇久比岐県立自然公園（新潟県上越市、糸
　魚川市、妙高市）
　　妙高山北方の大毛無山、重倉山、青田
　　南葉山の山地と、上越市郷津から糸魚
　　川市能生の海岸一帯が中心〔1959（昭
　　和34）年指定〕
◇長岡東山山本山県立自然公園（新潟県長
　岡市、小千谷市）
　　丘陵地帯の公園で5地区に分かれてい
　　る。八方台いこいの森、金倉山展望台、
　　朝日山歴史資料館、山本山展望台を含
　　む〔1962（昭和37）年指定〕
◇親不知子不知県立自然公園（新潟県糸魚
　川市）
　　糸魚川市北西部の日本海岸にある。親
　　不知、子不知の間の海岸は海食崖、海
　　食洞、岩礁をつくる〔1967（昭和42）
　　年指定〕

富山県
◇朝日県立自然公園（富山県下新川郡朝日
　町）
　　宮崎海岸、城山から黒部川支流の北又
　　谷に至る海岸、丘陵、山岳、渓谷等の地
　　形と自然景観の変化に富む〔1973（昭
　　和48）年指定〕
◇有峰県立自然公園（富山県富山市）
　　有峰湖を囲む山地と鍬崎山を含む一

事典・日本の自然保護地域　**27**

008 都道府県立自然公園　　　　　　　　　　　　　　　　　　　　　　　　　　　　　自然一般

帯。湖水景観と湖畔からの薬師岳等
立山連峰の眺望がすぐれる〔1973（昭
和48）年指定〕

◇五箇山県立自然公園（富山県南砺市）
　庄川上流部に臨み、渓谷美と世界遺産
　に登録された合掌造りなどの文化財が
　多い〔1973（昭和48）年指定〕

◇白木水無県立自然公園（富山県富山市，
　南砺市）
　県南部飛越国境にまたがる高原性山地
　とその山麓部が区域。高茎草原地帯の
　所々に高層湿原が発達〔1974（昭和49）
　年指定〕

◇医王山県立自然公園（富山県南砺市）
　医王山塊東面とその山麓一帯が区域。
　山麓部はスギの造林地が多く、山頂部
　は風衝現象による変化の多い植生が見
　られる〔1975（昭和50）年指定〕

◇僧ヶ岳県立自然公園（富山県魚津市，黒
　部市）
　僧ヶ岳は立山連峰の最北端に位置す
　る、山岳信仰の対象。融雪期の雪形が
　農耕の目安〔2011（平成23）年指定〕

福井県

◇奥越高原県立自然公園（福井県大野市，
　勝山市）
　白山山系の1500m前後の山々と荒島岳
　などを中心とする山岳公園。九頭竜川
　と支流の石徹白川、真名川などの渓谷・
　峡谷美が特徴〔1955（昭和30）年指定〕

石川県

◇山中・大日山県立自然公園（石川県小松
　市，加賀市）
　山中温泉と我谷ダム、富士写ヶ岳、大日
　山などからなる公園。鶴仙渓は、奇岩、
　深淵の渓谷〔1967（昭和42）年指定〕

◇獅子吼・手取県立自然公園（石川県金沢
　市，小松市，白山市）
　両白山地にある公園。白山市北部の獅
　子吼高原は金沢平野の展望にすぐれ
　る。鳥越高原、大日川ダム、手取峡谷
　などの景勝地がある〔1967（昭和42）
　年指定〕

◇碁石ケ峰県立自然公園（石川県羽咋市，
　中能登市）

石動山から碁石ケ峰に至る山稜から山
麓一帯にかけての公園で、随所に池を
配した高原状景観を呈す〔1970（昭和
45）年指定〕

◇白山一里野県立自然公園（石川県白山
　市）
　尾添川に面し、白山国立公園に隣接し
　た公園。白山一里野温泉はレジャー
　と自然探勝の基地〔1973（昭和48）年
　指定〕

◇医王山県立自然公園（石川県金沢市）
　奥医王山及び白兀山を中心に大沼、ト
　ンビ岩、三蛇ケ滝などの景観とブナ
　林などの豊かな自然に恵まれている
　〔1996（平成8）年指定〕

山梨県

◇四尾連湖県立自然公園（山梨県西八代郡
　市川三郷町）
　周囲1.2kmの四尾連湖とその周辺地
　域。蛾ヶ岳は富士山、南アルプス・秩父
　の各連峰の展望地点〔1959（昭和34）
　年指定〕

◇南アルプス巨摩県立自然公園（山梨県北
　杜市，南アルプス市，韮崎市，南巨摩郡
　身延町，南巨摩郡早川町，南巨摩郡富
　士川町）
　南アルプス国立公園の前衛一帯からな
　り、温泉や鉱泉に恵まれている。亜高
　山帯植物の群落、カモシカ・野猿など
　野生動物、野鳥の生息地〔1966（昭和
　41）年指定〕

長野県

◇中央アルプス県立自然公園（長野県伊那
　市，駒ヶ根市，上伊那郡飯島町，上伊
　那郡宮田村，飯田市，下伊那郡松川町，
　下伊那郡高森町，下伊那郡阿智村，木
　曽郡木曽町，木曽郡上松町，木曽郡南
　木曽町，木曽郡大桑村，塩尻市）
　木曽山脈のほぼ全域にまたがり、特に
　木曽駒ヶ岳から越百山の間は高山帯
　に属し、すぐれた高山景観がみられる
　〔1951（昭和26）年指定〕

◇御岳県立自然公園（長野県木曽郡木曽町，
　木曽郡王滝村）
　御岳山、御岳高原、開田高原、寒原高原
　などから構成される。御岳山の山頂部

28　事典・日本の自然保護地域

自然一般   *008*　都道府県立自然公園

には5つの湖沼、山麓から山腹にかけ
ては木曽五木の大森林地帯〔1952（昭
和27）年指定〕

◇三峰川水系県立自然公園（長野県伊那
市）
美和湖、高遠湖、鹿峰高原、コヒガン
ザクラで覆われている高遠城跡を中心
とした公園〔1958（昭和33）年指定〕

◇塩嶺王城県立自然公園（長野県岡谷市，
上伊那郡辰野町，塩尻市）
標高1,000m級の高原一帯を区域。小
野峠の西麓にしだれ栗の自生地がある
〔1964（昭和39）年指定〕

◇聖山高原県立自然公園（長野県東筑摩郡
筑北村，東筑摩郡麻績村，東筑摩郡生
坂村，長野市，千曲市）
冠着山、三峰山、聖山を中心とする一
帯の地域と、飛び地の山清路、差切峡
から構成されている〔1965（昭和40）
年指定〕

◇天竜小渋水系県立自然公園（長野県上伊
那郡中川村，飯田市，下伊那郡松川町，
下伊那郡高森町，下伊那郡喬木村，下
伊那郡豊丘村，下伊那郡大鹿村）
天竜峡以北の天竜川と、小渋川のダム
湖を中心とした地域と、飛び地からな
る河川公園〔1970（昭和45）年指定〕

岐阜県

◇千本松原県立自然公園（岐阜県海津市）
長良川、揖斐川に挟まれた宝暦治水の
堤防と堤上に延々と続く松並木や水
郷風景が見られる〔1954（昭和29）年
指定〕

◇恵那峡県立自然公園（岐阜県中津川市，
恵那市）
木曾川中流にある公園。傘岩、屏風岩、
軍艦岩、獅子岩、品ノ字帯など沿岸の
奇岩の眺望が有名〔1954（昭和29）年
指定〕

◇胞山県立自然公園（岐阜県中津川市，恵
那市）
富士見台、恵那山、根の上の恵那三山
を中心とし、亜高山樹林や灌木、チシ
マザサに覆われた山岳景観高原〔1954
（昭和29）年指定〕

◇揖斐県立自然公園（岐阜県揖斐郡揖斐川
町）
揖斐川流域が中心で、上流部は狭い谷
の急流、下流部はダム湖など緩急ある
河川景観を見られる〔1956（昭和31）
年指定〕

◇奥飛驒数河流葉県立自然公園（岐阜県飛
驒市）
高層湿原植物群落を中心とした自然景
観で、日本アルプスの展望、休憩、散
策、野営場として利用されている〔1960
（昭和35）年指定〕

◇宇津江四十八滝県立自然公園（岐阜県高
山市）
宇津江川に懸る瀑布景観を主体とし、
宇津江川水源地帯から下流4kmの間に
ある数十の変化に富む滝岩石など優良
な景観がみられる〔1960（昭和35）年
指定〕

◇裏木曽県立自然公園（岐阜県中津川市）
木曽ヒノキを主とした優良木が多く、
木曽五木の森林美と渓谷は日本的な景
観〔1963（昭和38）年指定〕

◇伊吹県立自然公園（岐阜県大垣市，揖斐
郡池田町，揖斐郡揖斐川町）
岐阜県南西部、滋賀県との境にある
公園。伊吹山は、頂上からの眺望と山
腹のスキー場で知られる〔1967（昭和
42）年指定〕

◇土岐三国山県立自然公園（岐阜県土岐
市）
丘陵地帯の自然公園。標高が高く展望
がすぐれ、濃尾平野を一望することが
できる〔1969（昭和44）年指定〕

◇位山舟山県立自然公園（岐阜県高山市，
下呂市）
飛驒山地の中央部にある。川上嶽より
位山に延びる稜線は本州の分水嶺。位
山はイチイの原生林がある〔1969（昭
和44）年指定〕

◇奥長良川県立自然公園（岐阜県関市，美
濃市，郡上市）
長良川や吉田川とその水源地域の山岳
地帯を主体とする延長約80kmの地域
で、約1670mの標高差のため異なる気
象条件による動植物の変化が見られる
〔1969（昭和44）年指定〕

事典・日本の自然保護地域　**29**

008 都道府県立自然公園　　　　　　　　　　　　　　　自然一般

◇野麦県立自然公園 (岐阜県高山市)
　乗鞍岳南麓と長野県の境にある。旧木曽街道とその周辺部の自然的文化的景観が見られる〔1972 (昭和47) 年指定〕

◇せせらぎ渓谷県立自然公園 (岐阜県高山市, 下呂市)
　川上川と馬瀬川の渓谷沿いに広がる公園。渓谷景観がみられる。西ウレ峠は紅葉の名所〔1996 (平成8) 年指定〕

◇天生県立自然公園 (岐阜県飛騨市, 大野郡白川村)
　天生高層湿原、ブナ、オオシラビソ等の原生林、急峻な渓谷と滝など貴重な自然景観を見ることができる山岳公園〔1998 (平成10) 年指定〕

◇御嶽山県立自然公園 (岐阜県高山市, 下呂市)
　御嶽山と周囲の高原を占める公園。御嶽山山頂付近は5つの峰と5つの火口湖があり、高山植物の群落がみられる〔1999 (平成11) 年指定〕

静岡県

◇浜名湖県立自然公園 (静岡県浜松市)
　浜名湖の湖岸景観と湖西連峰の森林景観を中心に野外レクリエーションを主体とする公園〔1950 (昭和25) 年指定〕

◇日本平・三保の松原県立自然公園 (静岡県静岡市駿河区, 静岡市清水区)
　駿河湾に面して、日本平からの眺望景観や三保半島海岸景観がみられる〔1951 (昭和26) 年指定〕

◇奥大井県立自然公園 (静岡県静岡市, 浜松市, 榛原郡川根本町)
　大井川と安倍川の上流にあり、接岨峡・寸又峡・井川湖や、八紘嶺・大谷崩・山伏峠・十枚山など稜線が大日峠に連なる自然景観がみられる〔1968 (昭和43) 年指定〕

◇御前崎遠州灘県立自然公園 (静岡県静岡市, 御前崎市, 榛原郡川根本町)
　御前崎とその周辺の海岸景観を中心とする公園。白砂青松の砂丘地帯が続く。アカウミガメの産卵地〔1968 (昭和43) 年指定〕

愛知県

◇渥美半島県立自然公園 (愛知県田原市)
　渥美半島の一帯を占める公園。海岸に続く内陸部の農業地帯が景観の中心〔1968 (昭和43) 年指定〕

◇南知多県立自然公園 (愛知県西尾市, 常滑市, 知多市, 知多郡南知多町, 知多郡美浜町, 知多郡武豊町)
　知多半島の一帯を占める公園。海岸に続く内陸部の農業地帯が景観の中心〔1968 (昭和43) 年指定〕

◇段戸高原県立自然公園 (愛知県北設楽郡設楽町)
　出来山・段戸山に連なる高原地帯。段戸裏谷の原生林では樹齢200年以上のブナ、ミズナラ、モミ等の巨木を観察できる〔1969 (昭和44) 年指定〕

◇振草渓谷県立自然公園 (愛知県北設楽郡東栄町)
　三ツ瀬明神山・御殿山などの奥三河特有の山岳景観と、振草川 (大千瀬川) の渓谷美とからなる自然公園〔1969 (昭和44) 年指定〕

◇本宮山県立自然公園 (愛知県岡崎市, 豊川市, 新城市)
　本宮山の山地景観を中心とし、闇苅渓谷、巴山、雁峰山等の山々及び巴川、寒狭川の河川景観からなる公園〔1969 (昭和44) 年指定〕

◇桜淵県立自然公園 (愛知県新城市)
　豊川の清流、桜の名所で有名な桜淵を中核とした公園で、宇利峠付近からの展望にも恵まれている〔1969 (昭和44) 年指定〕

◇石巻山多米県立自然公園 (愛知県豊橋市)
　弓張山系一帯の地域で、稜線からの展望に恵まれている。石巻山頂の石灰岩地帯植物群落や湧水湿地の葦毛湿原などの植物学上貴重な自然が残る〔1969 (昭和44) 年指定〕

滋賀県

◇三上・田上・信楽県立自然公園 (滋賀県大津市, 近江八幡市, 栗東市, 野洲市, 湖南市, 甲賀市, 東近江市, 蒲生郡竜王町)

30　事典・日本の自然保護地域

自然一般　　　　　　　　　　　　　　　　　　　　　　　　　　　*008*　都道府県立自然公園

田上山地、信楽山地の山並みと三上山
や鏡山を核とした公園。アカマツを中
心とする植生と一体となった景観美に
すぐれる〔1969（昭和44）年指定〕

◇朽木・葛川県立自然公園（滋賀県大津市，
高島市）
安曇川源流の渓谷と後背地の山々が
構成する景勝地。天然林を中心に野
生動物の良好な生息環境となってい
る〔1971（昭和46）年指定〕

◇湖東県立自然公園（滋賀県彦根市）
湖東平野と鈴鹿山脈に挟まれた山地が
中心の公園。落葉針葉樹林、針葉樹林
が見られる〔1987（昭和62）年指定〕

三重県

◇赤目一志峡県立自然公園（三重県松阪市，
津市，名張市）
赤目峡谷、一志渓谷、北畠氏館跡一帯
の公園。伊勢山上のムササビや雲出川
のアユ・アマゴで知られる〔1948（昭
和23）年指定〕

◇水郷県立自然公園（三重県桑名市，桑名
郡木曽岬町）
木曽三川河口部の沖積デルタ地帯と養
老山地南端の多度山を含む。川岸、中
州、低湿地にはヨシ原など水生植物落
が広がる〔1953（昭和28）年指定〕

◇伊勢の海県立自然公園（三重県鈴鹿市，
津市）
伊勢湾に面する長太の浦から香良州に
かけて弓状の砂浜海岸を中心とする臨
海公園で、ハマボウフウ・ハマゴウな
どの海浜植物が見られる〔1953（昭和
28）年指定〕

◇香肌峡県立自然公園（三重県松阪市，多
気郡多気町）
櫛田川の上・中流域を中心とする公園。
水源部の渓谷沿いにトガサワラが生育
する本州の分布北限地〔1953（昭和28）
年指定〕

◇奥伊勢宮川峡県立自然公園（三重県多気
郡大台町，度会郡大紀町）
宮川上・中流域と支流の大内山川流域
を中心とする公園。深いV字峡が連な
り雄大な河川景観を形成〔1967（昭和
42）年指定〕

京都府

◇笠置山府立自然公園（京都府相楽郡笠置
町）
木津川の南岸にそびえる笠置山は、古
くから信仰の山として知られている。
全山花崗岩よりなる急峻な孤峰で、巨
岩、奇岩が見られる〔1964（昭和39）
年指定〕

◇るり渓府立自然公園（京都府南丹市）
園部川上流にある瑠璃渓を中心とする
公園。園部川が半国山の傾斜面を浸食
した渓谷で、転石や崖に富む〔1964（昭
和39）年指定〕

◇保津峡府立自然公園（京都府亀岡市，京
都市右京区）
保津川の峡谷保津峡を中心とする公
園。激流深渕が多く種々の奇岩怪石
に富む〔1964（昭和39）年指定〕

大阪府

◇府立北摂自然公園（大阪府豊能郡能勢町，
豊能郡豊能町，茨木市，高槻市，三島郡
島本町）
北摂山系に点在する10地区からなる
公園。里山の保全に取り組んでいる
〔2001（平成13）年指定〕

◇府立南河・岬自然公園（大阪府阪南市，泉
南郡岬町）
紀泉高原自然休養林の森林景観や飯
盛山の植物層など多様な森林がある
公園。府内で唯一、海浜部と近接した
山系〔2011（平成23）年指定〕

兵庫県

◇多紀連山県立自然公園（兵庫県篠山市，
丹波市）
丹波地域の東部に位置する。大部分が
アカマツ－モチツツジ群落、谷筋を中
心にスギ－ヒノキ植林によって占めら
れている〔1957（昭和32）年指定〕

◇猪名川渓谷県立自然公園（兵庫県川西市，
川辺郡猪名川町，篠山市）
猪名川中・上流域の公園。渓谷美で知
られ、特に屏風岩、竜化峡が有名〔1957
（昭和32）年指定〕

◇清水東条湖立杭県立自然公園（兵庫県加
東市，西脇市，篠山市，三田市）

事典・日本の自然保護地域　**31**

清水寺や東条湖を中心とした地域と立杭周辺地域で構成。やや険しい山岳地等の自然景観、山々の合間に存在する集落・農地・社寺等の人文景観が主体〔1957（昭和32）年指定〕

◇朝来群山県立自然公園（兵庫県朝来市, 丹波市, 多可郡多可町）
中国山地の東端に位置する。日本海へ流れる円山川と瀬戸内海へ流れる加古川・市川の源流域の渓谷美にすぐれる〔1958（昭和33）年指定〕

◇音水ちくさ県立自然公園（兵庫県宍粟市, 佐用郡佐用町, 養父市）
中国山地東端を占める1000m級の山岳景観及び引原川や千種川などの河川・渓谷景観が特長。特別天然記念物のツキノワグマや天然記念物のヤマネが生息〔1958（昭和33）年指定〕

◇但馬山岳県立自然公園（兵庫県美方郡香美町, 美方郡新温泉町, 養父市, 豊岡市）
氷ノ山、扇ノ山とその東の但馬西部の山々を中心にした公園。村岡、美方、床瀬など多くの高原や渓谷を有する〔1959（昭和34）年指定〕

◇西播丘陵県立自然公園（兵庫県姫路市, 相生市, たつの市）
写山・広峯山・増位山地区及び三濃山・亀ノ山・東山地区からなる。アカマツ・コナラ等をまじえた二次林が占める〔1959（昭和34）年指定〕

◇出石糸井県立自然公園（兵庫県豊岡市, 朝来市）
丹後山地西部の公園。主峰の東床尾山山頂は天橋立も眺望できる景勝地でシャクナゲの群生地〔1961（昭和36）年指定〕

◇播磨中部丘陵県立自然公園（兵庫県加古川市, 小野市, 姫路市, 加西市）
市川と加古川の間の丘陵地帯を中心とする公園。標高200m前後のなだらかな新第三紀層の丘陵と浸食谷からなる〔1961（昭和36）年指定〕

◇雪彦峰山県立自然公園（兵庫県神崎郡神河町, 宍粟市, 姫路市）
夢前川の上流雪彦山とその北の峰山高原、砥峰高原が中心。岩塊流として貴重な特異地形がある〔1963（昭和38）年指定〕

◇笠形山千ヶ峰県立自然公園（兵庫県神崎郡神河町, 多可郡多可町, 神崎郡市川町）
中国山地支脈の笠形山から千ヶ峰にかけての山岳地帯が中心の公園。山岳景観と三谷渓谷や扇妙の滝等の渓谷景観が特色〔1965（昭和40）年指定〕

奈良県

◇県立矢田自然公園（奈良県奈良市, 大和郡山市, 生駒市, 生駒郡斑鳩町）
矢田丘陵を中心とした一帯。霊山寺・東明寺・金剛山寺（矢田寺）・松尾寺などの史跡名刹がある〔1967（昭和42）年指定〕

◇県立吉野川津風呂自然公園（奈良県吉野郡吉野町, 吉野郡下市町, 吉野郡大淀町, 五條市）
吉野川沿岸と津風呂湖周辺から成る。宮滝・菜摘を中心とした沿岸の景観は奇岩と渓谷美にすぐれる〔1972（昭和47）年指定〕

◇県立月ヶ瀬神野山自然公園（奈良県奈良市, 山辺郡山添村）
大和高原の東北部に位置し、月ヶ瀬は梅の名所、神野山は大和高原の代表的な山、ツツジの名所として有名〔1975（昭和50）年指定〕

和歌山県

◇煙樹海岸県立自然公園（和歌山県御坊市, 日高郡美浜町, 日高郡日高町）
煙樹海岸から三尾海岸を経て日ノ御埼までの海岸を中心とする。阿尾湿地は県内最大の汽水性の湿原〔1954（昭和29）年指定〕

◇生石高原県立自然公園（和歌山県海草郡紀美野町, 有田郡有田川町）
ススキ群落が広がる生石高原は山頂から四国、淡路島や護摩檀山等の紀州の峰々が眺められる〔1955（昭和30）年指定〕

◇西有田県立自然公園（和歌山県有田市, 有田郡湯浅町, 有田郡広川町）

有田川河口近くの宮崎ノ鼻から、南の白崎にいたる湯浅湾沿岸一帯を含む公園。典型的なリアス式海岸〔1956（昭和31）年指定〕

◇龍門山県立自然公園（和歌山県紀の川市）
龍門山を核とする公園。龍門山頂部には磁石岩、風穴と呼ばれる洞穴が見られる〔1958（昭和33）年指定〕

◇白崎海岸県立自然公園（和歌山県日高郡由良町）
白崎を中心に、大引、衣奈を含む海岸。白亜の巨大な石灰岩の岬と海の青の景観美をなす〔1958（昭和33）年指定〕

◇高野山町石道玉川峡県立自然公園（和歌山県橋本市、伊都郡かつらぎ町、伊都郡九度山町、伊都郡高野町）
玉川峡、高野山町石道、宝来山神社の三地域からなり、自然の風景美と歴史を楽しむことができる〔1968（昭和43）年指定〕

◇大塔日置川県立自然公園（和歌山県田辺市、新宮市、西牟婁郡白浜町）
日置川、熊野川の渓谷美、合川ダム、この流れに沿って点在する穏やかな山村風景との調和が特色〔1971（昭和46）年指定〕

◇城ヶ森鉾尖県立自然公園（和歌山県田辺市、有田郡有田川町、日高郡日高川町）
城ヶ森山・若藪山、鉾尖岳・牛廻山を中心とする地域。ブナ等の貴重な自然林が残る〔2009（平成21）年指定〕

◇果無山脈県立自然公園（和歌山県田辺市）
紀伊半島の中央に位置する果無山脈の山々を中心とする。標高の高い笠塔山や安堵山にはブナやモミ、ツガ等の貴重な自然林が残る〔2009（平成21）年指定〕

◇白見山和田川峡県立自然公園（和歌山県新宮市）
白見山は落差90mの鼻白の滝や、アケボノツツジなどの貴重な自然が見られ、和田川峡は切り立った崖地形が特徴的で貴重な植物が生育している〔2009（平成21）年指定〕

◇古座川県立自然公園（和歌山県西牟婁郡白浜町、西牟婁郡すさみ町、東牟婁郡古座川町）
古座川、平井川、添野川、佐本川などの河川流域と周辺の森林からなる。古座川周辺には「一枚岩」や「滝ノ拝」、「天柱岩」といった岩峰やが渓谷地形がみられる〔2010（平成22）年指定〕

鳥取県

三朝東郷湖県立自然公園（鳥取県倉吉市、東伯郡三朝町、東伯郡湯梨浜町）
三朝高原、東郷池を中心とする公園。温泉・山岳・湖水・海岸を含む〔1954（昭和29）年指定〕

◇奥日野県立自然公園（鳥取県日野郡日野町、日野郡日南町）
日野川上流域にある山地、渓谷を主体とする。滝山・鵜ノ池・石霞渓付近の紅葉と渓谷美がみられる〔1964（昭和39）年指定〕

◇西因幡県立自然公園（鳥取県鳥取市）
水尻海岸から浜村海岸・長尾岬を経て長和瀬にわたる海岸一帯。日本海沿岸は鳴り砂の浜や長尾鼻など変化に富む〔1984（昭和59）年指定〕

島根県

浜田海岸県立自然公園（島根県浜田市）
浜田海岸一帯の公園。海食景観と白砂青松が一体となった海岸風景をなす〔1937（昭和12）年〕

◇清水月山県立自然公園（島根県安来市）
清水寺、鷺ノ湯温泉、月山を含む公園。清水山頂上から中海、島根半島、隠岐島、大山と広がる一大パノラマが展望できる〔1964（昭和39）年指定〕

◇鬼の舌震県立自然公園（島根県仁多郡奥出雲町）
斐伊川の支流の馬木川沿いの大渓谷・鬼の舌震と周辺の山域からなる。両岸は急峻な岩壁で、千畳敷岩、船岩などの巨岩などがある〔1964（昭和39）年指定〕

◇宍道湖北山県立自然公園東部地区（島根県松江市）
宍道湖と島根半島東部の北山山地を中心とする。北山山地から海岸美、中

海・宍道湖、大山が一望できる〔1964
（昭和39）年指定〕

◇立久恵峡県立自然公園（島根県出雲市）
立久恵峡と一帯の山域から成る公園。
渓谷に天柱峯・神亀岩・屏風岩などの岩
柱が群立する〔1964（昭和39）年指定〕

◇江川水系県立自然公園（島根県邑智郡美
郷町、邑智郡邑南町）
江川中流域から浜原ダムまでを占め
る。江川の本流は中流部には氾濫原
が少なく、いたるところにV字形渓谷
がみられる〔1964（昭和39）年指定〕

◇蟠竜湖県立自然公園（島根県益田市）
蟠竜湖を中心とした湖沼景観が主体の
公園。湖の周囲にはクロマツ林が見ら
れる〔1964（昭和39）年指定〕

◇青野山県立自然公園（島根県鹿足郡津和
野町）
青野山、津和野城跡、ドーム状の千倉
山、堰止湖の千倉沼などから成る公園
〔1964（昭和39）年指定〕

◇竜頭八重滝県立自然公園（島根県雲南
市）
三刀屋川の支流滝谷川にある竜頭滝
と、民谷川にある八重滝の渓谷美が
中心の公園。大小八つの滝からなる
〔1967（昭和42）年指定〕

◇断魚渓・観音滝県立自然公園（島根県江
津市、邑智郡邑南町）
濁川流域の渓谷を中心とする公園。断
魚渓は嫁ヶ淵、連理ヶ瀑、神楽淵など
名所に富み、観音滝は大岩壁を急流落
下する〔1983（昭和58）年指定〕

◇千丈渓県立自然公園（島根県江津市、邑
智郡邑南町）
千丈渓と一帯の山域からなる公園。魚
切の滝、白藤の滝などの滝群、大淵、
おしどり淵などの深淵、千畳敷、松ヶ
丘などの岩棚が連続する〔1982（昭和
57）年指定〕

岡山県

◇高梁川上流県立自然公園（岡山県井原市、
高梁市、新見市、真庭市）
阿哲台地一帯、高梁川支流の成羽川流
域に広がるカルスト地形を中心とする
地域、臥牛山等からなる〔1966（昭和

41）年指定〕

◇吉備史跡県立自然公園（岡山県岡山市、
倉敷市、総社市）
吉備高原の南端部に位置する。古墳を
中心とする埋蔵文化財や歴史的にすぐ
れた郷土景観が特徴〔1966（昭和41）
年指定〕

◇湯原奥津県立自然公園（岡山県真庭市、
津山市、苫田郡鏡野町）
旭川上流の湯原湖を中心とする一帯と
吉井川上流の奥津渓を中心とする一帯
からなる。1,000m級の山岳と深い渓
谷が特徴〔1970（昭和45）年指定〕

◇吉備路風土記の丘県立自然公園（岡山県
岡山市、総社市）
旧山陽道沿いの公園。造山古墳、作山
古墳をはじめ、多くの古墳群がある
〔1972（昭和47）年指定〕

◇備作山地県立自然公園（岡山県新見市、
真庭市）
標高1,000m級の中国山地の連山と、
高梁川源流の渓谷を主体とする公園。
パラグライダーのメッカである大佐山
がある〔1979（昭和54）年指定〕

◇吉備清流県立自然公園（岡山県岡山市、
加賀郡吉備中央町、真庭市、久米郡美
咲町）
旭川中流域の旭川ダム、宇甘渓の渓
谷と円城、両山寺等の吉備高原地域か
らなる。宇甘渓はモミジの名所〔1983
（昭和58）年指定〕

◇吉井川中流県立自然公園（岡山県岡山市、
備前市、赤磐市、和気郡和気町、久米郡
美咲町、美作市）
吉井川中流域の河川景観と八塔寺ふる
さと村、和意谷の自然林や本山寺、長福
寺等の人文景観もすぐれた地域〔1991
（平成3）年指定〕

広島県

◇南原峡県立自然公園（広島県広島市）
南原川上流の断層渓谷で、加賀津の滝、
石采の滝、大滝、獅子岩、竜頭岩など名
所が連続する。紅葉の名所〔1967（昭
和42）年指定〕

◇山野峡県立自然公園（広島県福山市、神
石郡神石高原町）

山野峡を中心とする公園。侵食谷で龍
頭の滝、四段の滝、聖嶽、猿鳴峡などの
景勝地がある〔1967(昭和42)年指定〕
◇三倉岳県立自然公園(広島県大竹市)
三倉岳を中心とする公園。朝日岳、中
岳、夕日岳の3つの峰からなる花崗岩
の山〔1971(昭和46)年指定〕
◇竹林寺用倉山県立自然公園(広島県東広
島市、三原市)
深山峡、用倉山から篁山にかけての
公園。竹林寺は霧の海としても有名
〔1971(昭和46)年指定〕
◇仏通寺御調八幡宮県立自然公園(広島県
三原市)
仏通寺を中心とし大峰山、御調八幡宮
などを含む公園。仏通寺は桜の名所
〔1971(昭和46)年指定〕
◇神之瀬峡県立自然公園(広島県三次市、
庄原市)
神野瀬川流域の渓谷と、その上流の神
之瀬湖からなる。巨岩・奇岩や木々の
渓谷美が形成されている〔1998(平成
10)年指定〕

山口県

◇羅漢山県立自然公園(山口県岩国市)
羅漢山、鬼ヶ城山、法華山などの標高
1,000m級の山々や高原が広がる公園
〔1962(昭和37)年指定〕
◇石城山県立自然公園(山口県光市、周南
市、熊毛郡田布施町)
遠く瀬戸内海を望める石城山と、三丘
温泉を有した自然と遺跡に恵まれた公
園〔1962(昭和37)年指定〕
◇長門峡県立自然公園(山口県山口市、萩
市)
阿武川にある長門峡を中心とする。断
崖絶壁、浸食谷、深淵、激流の渓谷美と
湖水、滑国有林などがある〔1962(昭
和37)年指定〕
◇豊田県立自然公園(山口県下関市)
霊峰の狗留孫山、華山の山陵地帯、木
屋川を止水した豊田湖、滝と奇岩の連
続する石柱渓など緑豊かな景観が展開
する公園〔1962(昭和37)年指定〕

徳島県

◇箸蔵県立自然公園(徳島県三好市、三好
郡東みよし町)
箸蔵寺を中心にした公園。箸蔵寺は紅
葉とサクラの名所〔1961(昭和36)年
指定〕
◇土柱高越県立自然公園(徳島県阿波市阿
波町)
吉野川北岸と南岸に分かれて位置す
る。阿波の土柱の奇景、高越山の原生
林がみられる〔1961(昭和36)年指定〕
◇大麻山県立自然公園(徳島県鳴門市)
大麻山周辺一帯に位置する。大麻山の
南麓には大麻比古神社、四国八十八ヵ
所の第1番札所霊山寺がある〔1961(昭
和36)年指定〕
◇東山渓県立自然公園(徳島県徳島市、名
西郡神山町、名東郡佐那河内村、勝浦
郡勝浦町、那賀郡那賀町)
四国山地の東端部にある公園。シャ
クナゲで有名な徳円寺や徳島平野か
ら紀伊水道を見渡せる大川原高原が
ある〔1961(昭和36)年指定〕
◇中部山渓県立自然公園(徳島県名西郡神
山町、勝浦郡上勝町、那賀郡那賀町、海
部郡海陽町)
剣山地南麓一帯と那賀川上流地方を占
める。那賀川の渓谷、長安口ダムによ
る人造湖、天霧の滝、高の瀬峡などが
ある〔1961(昭和36)年指定〕
◇奥宮川内谷県立自然公園(徳島県阿波
市)
讃岐山脈南東麓にある公園。周辺に御
所温泉や御所神社がある〔1967(昭和
42)年指定〕

香川県

◇大滝大川県立自然公園(香川県仲多度郡
まんのう町、高松市)
讃岐山脈中央部に広がる公園。竜王
山、大滝山のブナ林や大川山のイヌシ
デ林では貴重な自然林が残る〔1992
(平成4)年指定〕

愛媛県

◇肱川県立自然公園(愛媛県大洲市、西予
市)

鹿野川ダムの人造湖を中心とした自然景観と坂石付近の各種橋梁の近代美観及び小籔温泉〔1960（昭和35）年指定〕

◇金砂湖県立自然公園（愛媛県四国中央市）
柳瀬ダム建設に伴う人造湖と左岸にそびえる翠波峰からの瀬戸内海の展望および富郷渓谷の蛇紋石、緑泥片岩の奇岩絶壁等の風景〔1961（昭和36）年指定〕

◇奥道後玉川県立自然公園（愛媛県松山市、今治市）
奥道後および鈍川にゆう出する鉱泉群と石手、蒼社両渓谷の変化に富んだ渓谷美と高輪山をはじめ区域内諸峰よりの展望〔1962（昭和37）年指定〕

◇篠山県立自然公園（愛媛県宇和島市、南宇和郡愛南町）
篠山をとりまく森林景観と篠川、祓川等の渓流景観と横吹地域の滝淵、渓谷美がすぐれる〔1964（昭和39）年指定〕

◇四国カルスト県立自然公園（愛媛県上浮穴郡久万高原町、喜多郡内子町、西予市）
大野ヶ原、大川嶺の高原美と五段高原の一帯にひろがるカルスト景観、小田深山の森林美、岩屋、古岩屋地域のびょうぶ状の礫峰美がみられる〔1964（昭和39）年指定〕

◇佐田岬半島宇和海県立自然公園（愛媛県八幡浜市、西宇和郡伊方町、西予市）
佐田岬半島、宇和海北部の典型的なリアス式海岸美と半島景観、海食崖、海食洞および大島、黒島、佐島、高島などの内海大島美〔1965（昭和40）年指定〕

◇皿ヶ嶺連峰県立自然公園（愛媛県伊予市、東温市、松山市、上浮穴郡久万高原町、伊予郡砥部町）
皿ヶ嶺連峰の山岳、森林の景観と山麓一帯の渓谷美、人造湖、瀑布など特異な展望景観〔1967（昭和42）年指定〕

高知県

◇宿毛県立自然公園（高知県宿毛市）
宿毛湾岸の海岸線はリアス式海岸で、湾内には大島、咸陽島、池島等の島々の変化に富んだ海岸景観を有す。飛び

地の松田川沿いでは出井渓谷の甌穴群が見られる〔1956（昭和31）年指定〕

◇入野県立自然公園（高知県幡多郡黒潮町）
入野松原を主体とする公園で、入野の砂浜では海水浴やサーフィン、キャンプ等が楽しまれている〔1956（昭和31）年指定〕

◇横浪県立自然公園（高知県土佐市、須崎市）
足摺岬と室戸岬のほぼ中間に位置し、リアス式海岸を持つ半島は標高255.4mの宇津賀山を最高峰として200m内外の山々が連なる〔1956（昭和31）年指定〕

◇横倉山県立自然公園（高知県高岡郡越知町）
仁淀川中流域にある公園。横倉山一帯と大樽の滝を中心とし、安徳天皇にまつわる遺跡や天然林の美で知られる〔1956（昭和31）年指定〕

◇白髪山県立自然公園（高知県長岡郡本山町）
白髪山を中心とする公園。ヒノキの天然林には樹齢150年以上の巨木がある〔1956（昭和31）年指定〕

◇奥物部県立自然公園（高知県香美市、長岡郡大豊町）
物部川の上・中流域にある公園。永瀬ダムと奥物部湖、別府峡谷、高板山スキー場、猪野沢温泉、轟の滝などがある〔1956（昭和31）年指定〕

◇手結住吉県立自然公園（高知県香南市、安芸郡芸西村、安芸市）
土佐湾沿岸にある海岸線を中心とした公園。海岸景観と内陸部は自然と歴史文化に親しめる〔1956（昭和31）年指定〕

◇興津県立自然公園（高知県高岡郡四万十町）
土佐湾に突き出た三崎半島を主体とした海岸景観の公園で白浜と松林の織りなす海岸線と半島先端の断崖の景観美がみられる〔1958（昭和33）年指定〕

◇須崎湾県立自然公園（高知県須崎市）
須崎湾及び野見湾の海岸景観、飛び地

の蟠蛇森・桑田山からの眺望に恵まれた自然公園〔1958（昭和33）年指定〕

◇中津渓谷県立自然公園（高知県吾川郡仁淀川町）
仁淀川支流の中津川上流域一帯で、中津明神山から雑誌山にかけての山稜部から眺望できる石鎚山系や四国カルストの展望景観にすぐれる〔1958（昭和33）年指定〕

◇龍河洞県立自然公園（高知県香美市、香南市）
龍河洞を中心とする公園。甫喜ヶ峰森林公園や若宮地区の温泉郷などがある〔1958（昭和33）年指定〕

◇安居渓谷県立自然公園（高知県吾川郡仁淀川町）
安居川上流の渓谷景観を主体とした公園。渓谷は石灰岩が深く浸食された断崖や絶壁、洞窟と自然林からなる景勝地〔1959（昭和34）年指定〕

◇北山県立自然公園（高知県高知市）
標高300m程の丘陵地で、市内にも近い里山として親しまれている公園〔1962（昭和37）年指定〕

◇四国カルスト県立自然公園（高知県高岡郡檮原町、高岡郡津野町、吾川郡仁淀川町）
四国カルスト一帯を占める公園。天狗高原や地芳峠を中心として白い石灰石とすり鉢状の窪みが点在しススキやオモゴザサの大群落に映える〔1964（昭和39）年指定〕

◇梶ヶ森県立自然公園（高知県長岡郡大豊町）
標高1,400mの梶ヶ森の山岳景観を中心とした公園。アセビ、ツツジ、ササ、カヤ類が群生し頂上付近は草原で展望にすぐれる〔1964（昭和39）年指定〕

◇魚梁瀬県立自然公園（高知県安芸郡安田町、安芸郡田野町、安芸郡奈半利町、安芸郡北川村、安芸郡馬路村）
隆起性海岸段丘と海岸美の特殊景観を有し、魚梁瀬ダムのある魚梁瀬地区の千本山は、大自然林を誇る山岳美を見せている〔1964（昭和39）年指定〕

◇鷲尾山県立自然公園（高知県高知市）
鷲尾山や烏帽子山を中心とした丘陵地で、ハイキングコースの多い南嶺としても親しまれている公園〔1967（昭和42）年指定〕

◇工石山陣ヶ森県立自然公園（高知県高知市、南国市、土佐郡土佐町、吾川郡いの町）
笹ケ峰から三辻山、工石山、陣ヶ森を主体とする山岳地帯で、特異な自然景観と貴重な自然植生を有し、山稜線から望む太平洋や四国連峰の展望景観にもすぐれる〔1974（昭和49）年指定〕

福岡県

◇筑豊県立自然公園（福岡県北九州市、行橋市、直方市、田川市、田川郡香春町、田川郡福智町、京都郡苅田町、京都郡みやこ町、築上郡築上町、田川郡赤村）
貫山と福智山の南部から周防灘にのぞむ蓑島海岸などを含む公園。里山的景観が見られる〔1950（昭和25）年指定〕

◇太宰府県立自然公園（福岡県飯塚市、宮若市、大野城市、太宰府市、筑紫野市、糟屋郡久山町、糟屋郡宇美町、糟屋郡篠栗町、糟屋郡須惠町）
太宰府・宝満山と三郡山系を含む地域。各地に城跡、寺社仏閣、霊場などが点在する〔1950（昭和25）年指定〕

◇筑後川県立自然公園（福岡県嘉麻市、朝倉市、久留米市、うきは市、八女市、三井郡大刀洗町）
筑後川を中心とし、高良山を含む耳納山系、ツゲで名高い古処山を含む地域。水縄山地の断層崖と頂上からの眺望にすぐれる〔1950（昭和25）年指定〕

◇矢部川県立自然公園（福岡県八女市、筑後市、みやま市、大牟田市）
釈迦ヶ岳に源を発する矢部川と、奇岩で知られる霊巌寺を中心とした地域。台地に広がる茶畑など山村風景が広がる〔1950（昭和25）年指定〕

◇脊振雷山県立自然公園（福岡県福岡市、糸島市、筑紫郡那珂川町）
玄界灘の海岸線を一望に眺めることができる脊振山・雷山を主体とした地域。脊振山地主稜線からの眺望にすぐれ、滝や渓谷が多い〔1965（昭和40）

008 都道府県立自然公園   自然一般

年指定〕

佐賀県

◇黒髪山県立自然公園（佐賀県伊万里市，
武雄市，西松浦郡有田町）
　黒髪山を中心とした公園。黒髪山は頂
上に天童岩，青螺山との間に雄岩・雌
岩がそびえる。天然記念物のカネコシ
ダの自生地〔1937（昭和12）年指定〕

◇多良岳県立自然公園（佐賀県鹿島市，藤
津郡太良町）
　多良岳を中心とした山岳公園。経ケ
岳の山頂からは有明海や雲仙，阿蘇の
山なみまで望める〔1952（昭和27）年
指定〕

◇天山県立自然公園（佐賀県佐賀市，唐津
市，多久市，小城市）
　天山山地の主峰天山を中心とする公
園。見帰の滝，彦岳と山麓の清水の滝
を含む〔1970（昭和45）年指定〕

◇八幡岳県立自然公園（佐賀県唐津市，多
久市，伊万里市，武雄市）
　八幡岳を中心とした公園。山頂から
の展望は肥前一といわれるほどの絶
景〔1970（昭和45）年指定〕

◇脊振北山県立自然公園（佐賀県佐賀市，
唐津市，鳥栖市，神埼市，三養基郡基
山町，神埼郡吉野ヶ里町，三養基郡み
やき町）
　脊振山を最高峰に，基山，九千部山，石
谷山，雷山などが東西に連なる公園。
豊かな樹林とそれを映し出す北山湖が
みられる〔1975（昭和50）年指定〕

◇川上・金立県立自然公園（佐賀県佐賀市，
神埼市）
　嘉瀬川上流の川上川の峡谷と，脊振山
地南方の金立山を中心とする。嘉瀬川
周辺は景勝地の宝庫〔1975（昭和50）
年指定〕

長崎県

◇多良岳県立公園（長崎県大村市，諫早市，
東彼杵郡東彼杵町）
　経ケ岳を主峰とし，多良岳，五家原岳
を中枢とする山岳群からなる。ツクシ
シャクナゲ，センダイソウの群落，ブチ
サンショウウオ等が生息・生育〔1951
（昭和26）年指定〕

◇野母半島県立公園（長崎県長崎市）
　野母半島の公園。山間部はキュウシュ
ウジカが生息。半島の西海岸ではハ
マユウの群生が見られ，東海岸は海蝕
崖となりハマビワ林が残存している
〔1955（昭和30）年指定〕

◇北松県立公園（長崎県松浦市，平戸市）
　北松浦半島，大島をはじめとする島々，
内陸部の丘陵地帯からなる公園。玄武
岩の柱状節理が見られる〔1962（昭和
37）年指定〕

◇大村湾県立公園（長崎県大村市，西海市，
長崎市，諫早市，東彼杵郡川棚町，東彼
杵郡東彼杵町，西彼杵郡時津町，西彼
杵郡長与町）
　大村湾沿岸と湾内の島々からなり，針
尾瀬戸，西部のリアス式海岸，東部の
大崎半島等の多様な景観がみられる
〔1966（昭和41）年指定〕

◇西彼杵半島県立公園（長崎県長崎市，西
海市）
　西彼杵半島中央部の山地と西部の海岸
線，大島，崎戸島等の島々からなる。
虚空蔵山は玄武岩からなる火口跡や七
ツ釜鍾乳洞を含む〔1966（昭和41）年
指定〕

◇島原半島県立公園（長崎県島原市，雲仙
市，南島原市）
　島原半島の西部海岸の一部，雲仙岳の
北部山麓地の一部と半島南端の海岸
地域一帯を含む。千々石断層や愛野地
峡，猿葉山，九十九島，礫石原，百花
台等で特徴的な景観が見られる〔1970
（昭和45）年指定〕

熊本県

◇金峰山県立自然公園（熊本県熊本市，玉
名市，玉名郡玉東町）
　金峰山を中心とする公園。金峰山から
熊本市街，有明海，雲仙岳，阿蘇山など
が眺望できる〔1955（昭和30）年指定〕

◇小岱山県立自然公園（熊本県荒尾市，玉
名市，玉名郡南関町）
　小岱山を中心とする公園。小岱山は筒
が岳を最高峰とする山陵で山頂から島
原湾と雲仙岳，阿蘇山を望める景勝地
〔1955（昭和30）年指定〕

38 事典・日本の自然保護地域

◇三角大矢野海辺県立自然公園 (熊本県宇土市, 宇城市, 上天草市)
宇土半島の北海岸と西端三角港周辺, 戸馳島, 大矢野島, 維和島 (千束蔵々島) を含む。小島嶼が多く海食洞がある〔1956 (昭和31) 年指定〕

◇芦北海岸県立自然公園 (熊本県八代市, 水俣市, 葦北郡芦北町, 葦北郡津奈木町)
八代海に面する海岸の公園。リアス海岸で天草の島々を望み, 白砂青松の岬と入江が多い〔1956 (昭和31) 年指定〕

◇矢部周辺県立自然公園 (熊本県下益城郡美里町, 上益城郡御船町, 上益城郡甲佐町, 上益城郡山都町)
緑川の上・中流部の渓谷に沿う公園。緑仙峡, 内大臣峡, 蘇陽峡などの渓谷は紅葉の景観美をみせる〔1957 (昭和32) 年指定〕

◇五木五家荘県立自然公園 (熊本県下益城郡美里町, 八代市, 八代郡氷川町, 球磨郡相良村, 球磨郡五木村, 球磨郡山江村)
山岳と渓谷美の公園。国見岳, 烏帽子岳一帯には, ブナ, ツガ, モミなどの原生林が茂る〔1967 (昭和42) 年指定〕

◇奥球磨県立自然公園 (熊本県球磨郡多良木町, 球磨郡湯前町, 球磨郡水上村)
球磨川上流域に位置する公園。蓑谷ため池は堤防で流れを堰き止めた人工湖だが, 桜が湖面に映る景観が見事〔1998 (平成10) 年指定〕

大分県

◇国東半島県立自然公園 (大分県豊後高田市, 杵築市, 宇佐市, 国東市)
耶馬渓的景観が林立する国東半島内陸部と, 岩礁, 洞窟をもつリアス式海岸の北部海岸, 白砂青松の海岸美を誇る南部の海岸よりなる〔1951 (昭和26) 年指定〕

◇豊後水道県立自然公園 (大分県佐伯市, 臼杵市, 津久見市)
長目, 四浦, 鶴見, 入津半島などのリアス式海岸とカルスト地形の八戸台一帯。海岸は小島岩礁多く, ハマユウ, ビロウなどの亜熱帯植物が茂る〔1951 (昭和26) 年指定〕

◇神角寺芹川県立自然公園 (大分県大分市, 竹田市, 豊後大野市, 由布市)
神角寺を中心に鎧ケ岳, 烏帽子岳の山岳地域, 人造湖芹川ダム及び長湯温泉を含む公園〔1951 (昭和26) 年指定〕

◇津江山系県立自然公園 (大分県日田市)
釈迦岳, 御前岳, 酒呑童子岳, 渡神岳などの山岳を中心とする公園。ブナ, ミズナラ, シオジなどの原生林と渓谷美を誇る〔1951 (昭和26) 年指定〕

◇祖母傾県立自然公園 (大分県佐伯市, 竹田市, 豊後大野市)
祖母傾国定公園に隣接する山岳, 渓谷を中心とした公園。神原, 内山観音, 大白谷, 九折を包摂し, 内山観音の文化財, 大白谷の渓谷, 神原渓谷などの景勝地とともに素朴な山村風景がみられる〔1951 (昭和26) 年指定〕

宮崎県

◇祖母傾県立自然公園 (宮崎県延岡市, 西臼杵郡高千穂町, 西臼杵郡日之影町, 西臼杵郡五ヶ瀬町)
五ケ所高原を中心とする地域, 日之影川・網の瀬川を中心とする地域, 行縢山周縁部の三地域からなる公園。祖母傾国定公園をおおむね囲む形で指定されている〔1958 (昭和33) 年指定〕

◇尾鈴県立自然公園 (宮崎県児湯郡都農町, 児湯郡川南町, 児湯郡木城町)
尾鈴山を中心とした公園。名貫川は, 巨石, 奇岩に富み, 矢研の滝をはじめ白滝など無数の滝をつくり, 「尾鈴瀑布群」として国の名勝に指定されている〔1958 (昭和33) 年指定〕

◇西都原杉安峡県立自然公園 (宮崎県西都市)
西都原一帯と一ツ瀬川の峡谷, 杉安峡が中心の公園。西都原には男狭穂塚, 女狭穂塚の二墳を中心に, 三百余基の古墳が点在しており, 国の特別史跡に指定されている〔1958 (昭和33) 年指定〕

◇母智丘関之尾県立自然公園 (宮崎県都城市)
母智丘の丘陵地帯と関之尾の滝周辺の

地域。母智丘の桜並木のトンネルは南九州一と称されている。関之尾の滝上流の無数の甌穴群の奇観は世界的にも有名〔1958（昭和33）年指定〕

◇わにつか県立自然公園（宮崎県宮崎市，北諸県郡三股町，日南市，都城市山之口町）
鰐塚山地の主峰鰐塚山を中心とする山地と渓谷の公園。山頂からの日向灘，宮崎平野，霧島山などの眺望がよい〔1961（昭和36）年指定〕

◇矢岳高原県立自然公園（宮崎県えびの市）
矢岳山を中心とした地域。ススキ，ワラビなどの原野が広がる高原から加久藤盆地，霧島連山の眺望，遠くは桜島まで見渡せる絶好の展望地点〔1966（昭和41）年指定〕

鹿児島県

◇阿久根県立自然公園（鹿児島県阿久根市）
黒之瀬戸から海岸線沿いに牛之浜にいたる地域。大島，桑島などの島々を含む〔1953（昭和28）年指定〕

◇坊野間県立自然公園（鹿児島県枕崎市，南さつま市）
薩摩半島南西岸のリアス海岸を中心とする公園。大小無数の小島や岩礁が見られ，屈曲の多い樹枝状の入り江をもつ〔1953（昭和28）年指定〕

◇吹上浜県立自然公園（鹿児島県南さつま市，日置市，いちき串木野市）
薩摩半島西岸にある吹上浜を中心とする公園。砂丘では埋もれ松や根上がりの老松や6つの小堰塞湖がある〔1953（昭和28）年指定〕

◇藺牟田池県立自然公園（鹿児島県薩摩川内市，薩摩郡さつま町，姶良市）
藺牟田池と住吉池，その周辺地域。藺牟田池には浮島が見られ，特殊な植物が多く生育している〔1953（昭和28）年指定〕

◇川内川流域県立自然公園（鹿児島県出水市，伊佐市，薩摩川内市，薩摩郡さつま町）
川内川河口から鶴田ダム周辺と河川流

域景観を中心とする。紫尾山，梅の名所の藤川天神，十曽池，湯之尾などを含む〔1964（昭和39）年指定〕

◇大隅南部県立自然公園（鹿児島県肝属郡肝付町，肝属郡南大隅町，肝属郡錦江町）
大隅半島南東部にある。水成岩海岸で微ケスタ状波食岩，小海食洞，天然橋が見られる〔1977（昭和52）年指定〕

◇高隈山県立自然公園（鹿児島県垂水市，鹿屋市）
高隈山地と大隅湖などからなる公園。桜島や大箆柄岳，ツツジで知られる高峠，高隈ダムなどの景勝地がある〔1977（昭和52）年指定〕

◇トカラ列島県立自然公園（鹿児島県鹿児島郡十島村）
トカラ列島を占める公園。火山，海食崖，サンゴ礁及び野生生物の生息地の天然林などがある〔1992（平成4）年指定〕

沖縄県

◇久米島県立自然公園（沖縄県島尻郡久米島町）
久米島とその周辺海域から成る公園。奥武島の南海岸の国指定天然記念物の奇岩郡は，日本でもかなり珍しい柱状節理〔1983（昭和58）年指定〕

◇伊良部県立自然公園（沖縄県宮古島市（伊良部島，下地島））
宮古諸島の伊良部島と下地島およびその周辺海域から成る。隆起サンゴ礁の特徴的な地形である海蝕崖や岩礁で構成される〔1995（平成7）年指定〕

◇渡名喜県立自然公園（沖縄県島尻郡渡名喜村）
渡名喜島と周辺海域からなる公園。渡名喜島は古生代二畳期（約2億5千万年前）の千枚岩や石灰岩，その他の地層が分布する〔1997（平成9）年指定〕

◇多良間県立自然公園（沖縄県宮古郡多良間村，国頭郡本部町水納島）
多良間島と水納島，その周辺海域からなる公園。貴重な抱護林や大木の繁る自然豊かな森と御嶽，自然井戸等が残る〔2011（平成23）年指定〕

009 日本ジオパーク

　ジオパークは地形・地質的に見て価値の高い場所である地質遺産を多数含む地域のこと。これらを保全し、教育に活用しジオツーリズム（地形・地質を中心として生態系、さらに地域の歴史・伝統・文化を対象とする観光）による地域の持続的な発展を目指している。2008（平成20）年世界ジオパークネットワーク（GGN）公認の評価・認定機関として日本ジオパークネットワーク（JGN）が発足。JGNが認定した地域を、日本ジオパーク委員会（JGC）が、世界ジオパークネットワークに申請する仕組みが整えられた。2015（平成27）年9月現在、39地域が認定されており、うち8件（洞爺湖有珠山、糸魚川、隠岐島原半島、山陰海岸、室戸、隠岐、阿蘇、アポイ岳の各ジオパーク）は「世界ジオパーク」に認定されている。

　［選定機関］日本ジオパークネットワーク　［選定時期］2008（平成20）年〜

◇アポイ岳ジオパーク（北海道様似郡様似町）
　アポイ岳ジオパークは北海道の南部に位置する。日高山脈の一部であるアポイ岳は地下50〜60km深部の上部マントルから地表に押し上げられた「かんらん岩」でできており、地球の変動を知ることができる。ヒダカソウなど、国の天然記念物にも指定されている固有の高山植物が生育する様似町の自然・歴史・文化がわかるジオツーリストのための大地の公園。2015（平成27）年世界ジオパークに認定されている

◇とかち鹿追ジオパーク（北海道河東郡鹿追町）
　とかち鹿追ジオパークは北海道東部に広がる十勝平野、その北西部に位置する鹿追町全域をエリアとしている。国内のジオパークで唯一凍れ（凍結）をテーマに掲げる。然別湖周辺の山々に広がる風穴地帯の地下からは日本最古の氷を含む永久凍土が確認されており、鹿追の大地には周氷河地形が広がる。日本最大級の風穴地帯の周囲には、風穴から出る冷たく湿った環境により、エゾナキウサギを代表とする類稀なる生態系が育まれている

◇洞爺湖有珠山ジオパーク（北海道伊達市、虻田郡豊浦町、有珠郡壮瞥町、虻田郡洞爺湖町）
　洞爺湖有珠山ジオパークは、北海道の南西部に位置する。洞爺湖や有珠山のほか洞爺湖温泉もあることから道内屈指の観光地として知られる。約11万年前の巨大噴火により洞爺湖が、約2万年前から洞爺湖南で噴火が繰り返され有珠山が誕生した。「変動する大地との共生」をテーマとしたジオパーク。2009（平成21）年世界ジオパークに認定されている

◇三笠ジオパーク（北海道三笠市）
　三笠ジオパークは石狩平野の東端に位置し、東西29.7km、南北24.0km、総面積は302.64km^2。世界的にも有名なアンモナイトをはじめとする一億年前の生命の進化、石炭を活用し暮らしてきた炭鉱まち特有の文化を感じることができる

◇白滝ジオパーク（北海道紋別郡遠軽町）
　白滝ジオパークはオホーツク海沿岸より約20km内陸側に位置する。総面積1,332km^2。日本最大の黒曜石産地「白滝」をはじめとし、それぞれのエリアで黒曜石が産出する密集地帯となっている。"自然と文化の融合"がメインテーマ

◇三陸ジオパーク（青森県八戸市、三戸郡階上町、岩手県九戸郡洋野町、久慈市、九戸郡野田村、下閉伊郡普代村、下閉伊郡田野畑村、下閉伊郡岩泉町、宮古市、下閉伊郡山田町、上閉伊郡大槌町、釜石市、大船渡市、気仙郡住田町、陸前

高田市, 宮城県気仙沼市）

三陸ジオパークは、南北約220km、東西約80km、海岸線は約300kmの日本一広大なジオパーク。震災の記憶を後世に伝え学ぶジオパークで、大津波によって破壊された災害遺構、見事なリアス式海岸や段丘地形、豊富な海産物などがある

◇栗駒山麓ジオパーク（宮城県栗原市）

栗駒山麓ジオパークは、奥羽脊梁山脈に栗駒火山がそびえ、3本の迫川に育まれる地域。栗駒山及びその周辺の火山活動など活発な地殻変動と侵食・堆積運動により、特徴的な地形・地質がある。相次ぐ地震災害を乗り越え、栗駒山麓の特徴ある地域資源を持つ

◇男鹿半島・大潟ジオパーク（秋田県男鹿市, 秋田県南秋田郡大潟村）

男鹿半島・大潟ジオパークは男鹿半島・大潟地域の北緯40度線をまたぐ位置にある。グリーンタフをはじめとする日本海沿岸の標準層序を有し、かつて日本最大の潟湖であった八郎潟を干拓してできた人工の大地である。また第4紀における地殻変動によって、災害を繰り返し受けた記憶を残している

◇ゆざわジオパーク（秋田県湯沢市）

ゆざわジオパークは秋田県の最南東部に位置する湯沢市全域が対象。16のジオサイトがあり、「大地が創つくり育てた美の郷ゆざわ」がテーマである。地下深くにある高温の地熱貯留層を利用した地熱発電や院内銀山などから発掘された銀鉱石、多くの湧水があることが特徴

◇八峰白神ジオパーク（秋田県山本郡八峰町）

八峰白神ジオパークは秋田県北西部、白神山地の西の端に位置する。世界遺産の白神山地の地質を海岸で見られ、今でも地面が盛り上がり続ける火山の活動と変化を実感できる

◇磐梯山ジオパーク（福島県耶麻郡猪苗代町, 福島県耶麻郡磐梯町, 福島県耶麻郡北塩原村）

磐梯山ジオパークは福島県のほぼ中央部にあり、奥羽山脈の一火山である

磐梯山を中心とした地域。磐梯山の誕生と変遷、特に水蒸気爆発による山体崩壊と岩なだれがもたらした大規模な地形や自然環境の変化がわかる。また旧石器時代や縄文時代の生活を示す遺跡、平安時代初期に高僧徳一によって開かれた慧日寺など、磐梯山に関わる文化遺産が残っている

◇茨城県北ジオパーク（茨城県北茨城市, 茨城県高萩市, 茨城県久慈郡大子町, 茨城県常陸太田市, 茨城県常陸大宮市, 茨城県ひたちなか市）

茨城県北ジオパークは福島県境の八溝山から茨城県のほぼ中央位置する水戸市にまで範囲が及ぶ。日本最古・5億年前の地層、日本列島が現在の形になった新時代の地層、第4紀気候変動に伴う海面の上昇によってできた地形などが観察できる。県内有数の観光地「袋田の滝」、石炭の「常磐炭田」、銅鉱山の「日立」などの地質・自然・文化資源がある

◇下仁田ジオパーク（群馬県甘楽郡下仁田町）

下仁田ジオパークは群馬県の南部に位置する。「跡倉クリッペ」のほか日本列島形成に関する多様な地殻変動の痕跡を見ることができ、鏑川沿いの段丘の上には旧石器・縄文時代の遺物を出土する遺跡が多数存在することから「多様な大地の変動から古代人の足音まで」をテーマとしている

◇秩父ジオパーク（埼玉県秩父市, 埼玉県秩父郡横瀬町, 埼玉県秩父郡皆野町, 埼玉県秩父郡長瀞町, 埼玉県秩父郡小鹿野町）

秩父ジオパークは埼玉県西部、秩父盆地に重なっている。この地域は地質学者ナウマン博士の調査により「日本地質学発祥の地」といわれ、日本の地質百選の長瀞の変成岩、約1500万年前の地層である小鹿野のようばけのほか、多種多様な大地の遺産がある

◇銚子ジオパーク（千葉県銚子市）

銚子ジオパークは関東の東端に位置し、三方を太平洋と利根川に囲まれている。犬吠埼の白亜紀層（国指定天然

記念物）、関東盆地の地下にある地層が海岸で観察できる屏風ヶ浦などがある。約1億5000万年前からの銚子誕生の記録が地層を通して観察できる

◇伊豆大島ジオパーク（東京都大島町）
伊豆大島ジオパークは東京都の南、伊豆諸島最大の火山島である伊豆大島に位置する。中央部にカルデラと中央火口丘の三原山や、現在も活動する火山がある。火山の活動とその履歴、また島民の生活との関わりを知ることができる「野外博物館」である

◇箱根ジオパーク（神奈川県足柄下郡箱根町, 神奈川県小田原市, 神奈川県足柄下郡真鶴町, 神奈川県足柄下郡湯河原町）
箱根ジオパークは神奈川県西地域に位置する箱根火山周辺地域にある。箱根カルデラの景観、大湧谷、カルデラ内外の温泉群といった、地球科学的な見どころがある。また江戸城の石垣に使われた真鶴半島の採石場跡や、再建を繰り返した小田原城など、歴史・文化の名所も多い

◇佐渡ジオパーク（新潟県佐渡市）
佐渡ジオパークは日本海側最大の佐渡島全域を範囲とする。「佐渡金銀山」、世界農業遺産（GIAHS）に国内で初めて登録された「トキと共生する佐渡の里山」をはじめとする、特徴的なジオ多様性を見ることができる

◇伊豆半島ジオパーク（静岡県三島市, 静岡県伊豆の国市, 静岡県沼津市, 静岡県伊豆市, 静岡県賀茂郡西伊豆町, 静岡県賀茂郡松崎町, 静岡県賀茂郡南伊豆町, 静岡県下田市, 静岡県賀茂郡河津町, 静岡県賀茂郡東伊豆町, 静岡県伊東市, 静岡県田方郡函南町, 静岡県熱海市）
伊豆半島ジオパークは、静岡県の南東部に位置する伊豆半島全域に及ぶ。伊豆半島の2000万年前の地層が残り、海底火山群を海岸線や溶岩地形として直接観察できる。天城山や達磨山などの大型火山や、大室山など最近の火山活動が作った地形もある

◇糸魚川ジオパーク（新潟県糸魚川市）

糸魚川ジオパークは新潟県の最西端にある。5億年前に誕生したヒスイから3000年前の焼山まで日本列島の形成を示す地質や特徴的な地形を見ることができる。世界最古のヒスイ文化や、断層に沿った塩の道など、人々と大地の関わりが分かる。2009（平成21）年世界ジオパークに認定されている

◇苗場山麓ジオパーク（新潟県中魚沼郡津南町, 長野県下水内郡栄村）
苗場山麓ジオパークは奥信越と呼ばれる新潟県津南町・長野県栄村からなる日本有数の多雪地域。40万年かけつくられた日本有数の階段状の地形（河岸段丘）がある。「多雪」に適応した動植物や、1万年間森と共生した縄文文化、現代の雪国文化など人々の暮らしを体感しながら学べる

◇立山黒部ジオパーク（富山県富山市, 富山県魚津市, 富山県滑川市, 富山県黒部市, 富山県中新川郡舟橋村, 富山県中新川郡上市町, 富山県中新川郡立山町, 富山県下新川郡入善町, 富山県下新川郡朝日町）
立山黒部ジオパークは富山県東部と富山湾をエリアとする。花崗岩から発見された日本一古い鉱物であるジルコンの38億年の歴史が体感できる。扇状地、深い富山湾と高低差4000mの空間作られている

◇白山手取川ジオパーク（石川県白山市）
白山手取川ジオパークは、石川県加賀地方の中央、金沢市の南西に位置する白山市全域を範囲としている。約3億年前からの変化がわかる地層が存在し、日本海から白山にかけての狭い範囲内で水の循環、手取川によって形成された景観、扇状地に発達した文化、伏流水群などを知ることができる

◇恐竜渓谷ふくい勝山ジオパーク（福井県勝山市）
恐竜渓谷ふくい勝山ジオパークは、福井県の北東部に位置する勝山市の全域をエリアとする。「恐竜, 恐竜化石」がメインテーマで、国内で発見された恐竜化石の約80パーセントが産出されている。フクイラプトル・フクイサウル

009 日本ジオパーク

自然一般

スの全身骨格の復元、恐竜の卵や幼体の骨・足跡化石などの発見があり、恐竜たちの暮らしぶりが明らかになってきている

◇南アルプス（中央構造線エリア）ジオパーク（長野県飯田市，長野県伊那市，長野県諏訪郡富士見町，長野県下伊那郡大鹿村）
南アルプス（中央構造線エリア）ジオパークは長野県中央南部に位置する。内陸の火山帯と海溝の間で生じた、プレート沈み込み帯の過去から現在までのさまざまな地質現象を観察できる

◇山陰海岸ジオパーク（京都府京丹後市，兵庫県豊岡市，兵庫県美方郡香美町，兵庫県美方郡新温泉町，鳥取県岩美郡岩美町，鳥取県鳥取市）
山陰海岸ジオパークは、京都府（京丹後市）、兵庫県（豊岡市・香美町・新温泉町）、鳥取県（岩美町・鳥取市）に跨がる広大なエリアを有する。山陰海岸国立公園を中心に、京都府の経ヶ岬から鳥取県の白兎海岸にかけての東西約110km、南北最大30kmに及ぶ。面積は2185.9km²。日本列島の形成から現在に至るまでの経過を確認できる地質や地形が数多く残され、「地形・地質の博物館」といえる。2010（平成22）年世界ジオパークに認定されている

◇南紀熊野ジオパーク（和歌山県新宮市，和歌山県西牟婁郡白浜町，和歌山県西牟婁郡上富田町，和歌山県西牟婁郡すさみ町，和歌山県東牟婁郡那智勝浦町，和歌山県東牟婁郡太地町，和歌山県東牟婁郡古座川町，奈良県吉野郡下北山村，和歌山県東牟婁郡串本町）
南紀熊野ジオパークは、本州最南端となる紀伊半島の南部地域、プレートの沈み込みに伴って生まれた異なる3つの地質体を見ることができる。熊野信仰などのすぐれた文化が存在する

◇隠岐ジオパーク（島根県隠岐郡隠岐の島町，島根県隠岐郡西ノ島町，島根県隠岐郡海士町，島根県隠岐郡知夫村）
隠岐ジオパークは隠岐諸島の海岸線から1km以内の海域を含めた682.5km²が範囲である。ユーラシア大陸から

離島へと移り変わった大地の成り立ち、最終氷期の生き残りを含む生態系、離島の環境により生まれた人の営みを主要なテーマとしている。2013（平成25）年世界ジオパークに認定されている

◇Mine秋吉台ジオパーク（山口県美祢市）
Mine秋吉台ジオパークは、日本最大級のカルスト台地「秋吉台」が広がる。石灰岩は秋芳洞をはじめとする鍾乳洞の観光利用や鉱物資源として人々の生活と密接に関わってる。長登銅山跡や、大嶺炭田など、地球の活動がもたらした様々な恵みを体感することができる

◇四国西予ジオパーク（愛媛県西予市）
四国西予ジオパークは、四国の西南地域に位置する。海抜0mから1,400mの標高差の中に、古生代から新生代までの様々な地層や、リアス式海岸・盆地・河成段丘・カルスト台地などの多様な地形が存在し、その中で育まれている多彩な自然環境に触れられる

◇室戸ジオパーク（高知県室戸市）
室戸ジオパークは、高知県東部の室戸半島に位置し、面積248.30km²の室戸市全域が範囲。プレートテクトニクス理論を陸上で初めて実証した四万十帯付加体地質、洪積世の氷河性海水準変動と地震隆起によって形成された海成段丘、完新世の巨大地震によって離水した海岸地形などの地質遺産がある。2011（平成23）年世界ジオパークに認定されている

◇島原半島ジオパーク（長崎県島原市，長崎県雲仙市，長崎県南島原市）
島原半島ジオパークは、長崎県南部に位置する。3市（島原・雲仙・南島原）の行政区域全てがジオパークの認定されている。雲仙火山による火山地形や、千々石断層などの断層地形をはじめとした地質的多様性を持ち、噴火災害からの復興と、火山の恵みである温泉などを取り入れた「火山と人間との共生」がテーマのジオパーク。2009（平成21）年世界ジオパークに認定されている

◇阿蘇ジオパーク（熊本県阿蘇市，熊本県

44 事典・日本の自然保護地域

阿蘇郡南小国町, 熊本県阿蘇郡小国町, 熊本県阿蘇郡産山村, 熊本県阿蘇郡高森町, 熊本県阿蘇郡南阿蘇村, 熊本県阿蘇郡西原村, 熊本県上益城郡山都町）
阿蘇ジオパークは熊本県北部に位置する。27万年前以降の度重なる火山活動で作り出されたカルデラを中心とした広大な地域が含まれ, 火山地形・地質がわかるジオサイトが存在する。およそ3万年前から営まれるようになったとされる阿蘇での人間の生活・文化を知ることができる。2014（平成26）年世界ジオパークに認定されている

◇天草御所浦ジオパーク（熊本県天草市）
天草御所浦ジオパークのある熊本県御所浦町は, 天草諸島の南東部の八代海の西部に浮かぶ18の島々からなる。約1億年前の中生代白亜紀から約4700万年前の新生代古第三紀に堆積した地層が分布しており, それらの地層から多彩な化石が見つかることで「恐竜の島」,「化石の島」と呼ばれている。御所浦白亜紀記念館は, コア施設として化石や岩石を展示し, 解説と保護を行っている

◇おおいた姫島ジオパーク（大分県東国東郡姫島村）
おおいた姫島ジオパークは, 国東半島北部の周防灘に浮かぶ火山島で中央部の中央丘陵地域, その西部の中央低地地域と矢筈岳や達磨山などの火山地域からなる。約200万年前から60万年前頃の堆積岩の地層群と約20万年前から始まる火山活動による火山岩や火山性の地層によって構成され, 海面付近にある溶岩ドーム, 火口地形, 火砕丘など貴重な火山地形を間近に観察できる

◇おおいた豊後大野ジオパーク（大分県豊後大野市）
おおいた豊後大野ジオパークは大分

県の中南部に位置する。山々は海洋プレートが大陸の下に沈み込んでいく時に剥ぎ取られ, 陸地側に張り付いて出来た付加体と呼ばれる岩石からできている。祖母山の景観や, 9万年前の阿蘇火山の巨大噴火により生まれた滝や棚田群, 井路, 石橋群, 磨崖仏など, 巨大噴火と人々との関わりが体感できる

◇霧島ジオパーク（宮崎県都城市, 宮崎県西諸県郡高原町, 宮崎県小林市, 宮崎県えびの市, 鹿児島県霧島市, 鹿児島県曽於市）
霧島ジオパークは宮崎県と鹿児島県の県境にある霧島屋久国立公園の地域, 2万386haより広く設定されている。韓国岳や高千穂の頂上から南九州の火山を一望できる。火山活動でできた多様な火山の形態や噴出部を持つ「火山の博物館」, 暖温帯から冷温帯いたる植生の垂直分布, 古事記にも記された日本神話や歴史が火山活動も含めて学べることなどが特徴

◇桜島・錦江湾ジオパーク（鹿児島県鹿児島市）
桜島・錦江湾ジオパークは活発な噴火活動を続ける桜島の目の前に60万都市があることが最大の特徴。日本最高レベルの火山観測体制の構築や避難計画の作成など防災対策を講じる中で,「世界的に稀有な『活火山との共生』」が実現している

◇三島村・鬼界カルデラジオパーク（鹿児島県鹿児島郡三島村）
三島村・鬼界カルデラジオパークは, 三島村の3島（竹島, 硫黄島, 黒島）とのその周辺海域で構成する世界一小さいジオパーク。約7300年前の大噴火で出来た地形や, 火山と温泉が織りなす景色が特徴。火山と人間の関わりを体感できる

010 みんなでつくる身近な自然観察路

「みんなでつくる身近な自然観察路」は、居住地及びその周辺で身近な自然（農地、造林地等を含む）が残されており、昆虫や野鳥等の小動物や植物の観察など自然に親しむことに適した歩道等を選定活用して、身近な動植物とふれあい、自然を観察することを通じて自然のしくみを理解し、自然の大切さを学ぶ場として整備し、もって地域における自然保護教育活動の拠点として自然保護思想の普及に資するもの。〔選定要件〕1.地域レベルでの自然観察にふさわしい場のうち、地域住民または関係団体等により、自然観察を行うための歩道または憩いの場が整備、管理されまたは、今後こうした活動が計画されている地域であること。2.土地利用等について地権者等との調整が図られる見込みがあること。

［選定機関］島根県　［選定時期］1990（平成2）年〜

◇法吉北部地区観察路（島根県松江市法吉町）
　〔活動団体〕法吉、白鹿、真山の自然と文化と育む会
◇みほの岬自然観察路（島根県松江市美保関町美保関）
　〔活動団体〕松江市
◇惣津海岸磯の観察地（島根県松江市美保関町惣津）
　〔活動団体〕惣津海岸を美しくする会
◇ふるさと森林公園自然観察路（島根県松江市宍道町）
　〔活動団体〕（財）宍道湖西岸森と自然財団
◇田和山自然観察路（島根県松江市乃白町）
　〔活動団体〕里山を育てる会
◇千酌トンボ池観察地（島根県松江市美保関町千酌）
　〔活動団体〕いちびだんの会
◇京羅木（山麓）探勝路（島根県松江市東出雲町上意東）
　〔活動団体〕いしずえの会
◇木戸川自然観察路（島根県安来市安来町）
　〔活動団体〕木戸川を美しくする会
◇月山・太鼓壇自然観察路（島根県安来市広瀬町富田）
　〔活動団体〕広瀬町観光協会

◇鷹入の滝自然観察路（島根県安来市伯太町上小竹）
　〔活動団体〕安来市
◇木次のさくらトンネル（島根県雲南市木次町木次）
　〔活動団体〕健康の町木次さくらの会
◇三刀屋川の桜並木（島根県雲南市三刀屋町三刀屋、古城、給下、下熊谷）
　〔活動団体〕みとや川をきれいにする会
◇吉田公園自然観察路（島根県雲南市吉田町吉田）
　〔活動団体〕吉田公園クラブ
◇かみくの桃源郷長谷川自然観察路（島根県雲南市大東町上久野）
　〔活動団体〕雲南市
◇大滝自然観察路（島根県仁多郡奥出雲町上阿井福原）
　〔活動団体〕鯛の巣の自然を守る会
◇大人山探勝路（島根県仁多郡奥出雲町八代）
　〔活動団体〕大人山を守る会
◇玉峰山探勝路（島根県仁多郡奥出雲町亀嵩）
　〔活動団体〕自然観察を楽しむ会
◇三郡山探勝路（島根県仁多郡奥出雲町亀嵩三郡山）
　〔活動団体〕三郡山をよみがえらせる会
◇要害山自然探勝路（島根県仁多郡奥出雲町三沢の要害山）

自然一般　　　　　　　　　　　　　　　　　　　　*010*　みんなでつくる身近な自然観察路

〔活動団体〕要害山を守る会
◇福田山野草の森自然観察路（島根県飯石
　郡飯南町下赤名福田）
　〔活動団体〕福田グリーンクラブ
◇朝山森林公園自然観察路（島根県出雲市
　朝山町）
　〔活動団体〕出雲市
◇鳶ヶ巣城址自然探勝路（島根県出雲市東
　林木町）
　〔活動団体〕鳶ヶ巣明るいまちづくり
　協議会
◇天平古道自然観察路（島根県出雲市矢尾
　町，日下町）
　〔活動団体〕高浜地区公民館実施委員会
◇荘厳寺山探勝路（島根県出雲市大社町遥
　堪）
　〔活動団体〕荘厳寺不老山公園開発会
◇霊山寺自然観察路（島根県出雲市大社町
　遥堪）
　〔活動団体〕霊山寺公園整備委員会
◇伊秩やすらぎの森自然観察路（島根県出
　雲市佐田町窪田）
　〔活動団体〕佐田町冒険クラブ
◇鰐淵ふるさとのみち自然観察路（島根県
　出雲市別所町）
　〔活動団体〕鰐淵寺を美しくする会
◇大江高山自然観察路（島根県大田市大代
　町新屋）
　〔活動団体〕大代高山会
◇しがく経塚自然観察路（島根県大田市三
　瓶町志学）
　〔活動団体〕しがくフラワーロードの会
◇赤城の森自然観察路（島根県邑智郡川本
　町川本）
　〔活動団体〕ぐるーぷ遊朴民
◇丸山城森林浴公園自然観察路（島根県邑
　智郡川本町田窪）
　〔活動団体〕三原丸山草創会
◇寺谷自然観察路（島根県邑智郡美郷町惣
　森）
　〔活動団体〕邑智小学校PTA
◇蟠龍峡自然観察路（島根県邑智郡美郷町
　村之郷1026番地2）
　〔活動団体〕蟠龍クラブ・比之宮フレ

ンド
◇志都岩屋弥山探勝路（島根県邑智郡邑南
　町岩屋）
　〔活動団体〕邑南町（志都岩屋景勝保存
　会）
◇日和今原盆地自然観察路（島根県邑智郡
　邑南町日和）
　〔活動団体〕日和フロンティア会
◇天蔵滝探勝路（島根県邑智郡邑南町井
　原）
　〔活動団体〕天蔵滝紅葉の会
◇原山（山麓）探勝路（島根県邑智郡邑南町
　矢上）
　〔活動団体〕原山自治会青年部
◇門谷林間地自然観察路（島根県邑智郡邑
　南町中野）
　〔活動団体〕おにの木戸自然会
◇井原深篠川冠山探勝路（島根県邑智郡邑
　南町井原）
　〔活動団体〕邑南町断魚自治会
◇龍頭ヶ滝探勝路（島根県江津市桜江町）
　〔活動団体〕江津市
◇浅利富士山麓探勝路（島根県江津市松川
　町）
　〔活動団体〕江津市
◇ふるさと体験村松ヶ谷自然観察路（島根
　県浜田市弥栄町三里）
　〔活動団体〕ふるさと弥栄振興公社
◇ふるさと体験村冒険の森・野鳥の森（島
　根県浜田市弥栄町三里）
　〔活動団体〕ふるさと弥栄振興協会
◇夫婦滝自然観察路（島根県浜田市弥栄町
　程原）
　〔活動団体〕程原自治会
◇真砂自然観察路（島根県益田市波田町）
　〔活動団体〕真砂地区活性化対策協議会
◇みと自然の森自然観察路（島根県益田市
　美都町都茂）
　〔活動団体〕みと自然の森管理組合
◇四つ山探勝路（島根県益田市美都町仙
　道）
　〔活動団体〕東仙道四つ山保存会
◇青野山探勝路（島根県鹿足郡津和野町登
　山道入口笹山）

事典・日本の自然保護地域　**47**

011 みんなで守る郷土の自然　　　　　　　　　　　　　　　　　　　　自然一般

〔活動団体〕津和野町

◇津和野町野中自然観察路（島根県鹿足郡
　津和野町内美）
　〔活動団体〕野中里山倶楽部

◇建福寺周辺自然観察路（島根県隠岐郡隠
　岐の島町元屋）
　〔活動団体〕世間桜を守る会

011　みんなで守る郷土の自然

　身近な生活環境の中にも点在している動植物の生息地などの貴重な自然や、地域住民のシンボルとして親しまれている自然環境を「みんなで守る郷土の自然」として選定することにより、地域コミュニティの自然保護思想の高揚を促し、自発的な保全活動の展開が行われることにより、住みよい地域社会の形成に寄与するものとする。〔選定要件〕1.地域レベルで自然環境の保全が必要と認められるもののうち地域住民または関係団体等により、みんなで守るという意識にたった保全が継続して行われているかまたは、今後こうした活動が計画されている地域であること。2.次の項目のいずれかに該当する地域であること。(1) 動物の生息地、繁殖地及び渡来地等 (2) 植物の自生地、生育地等 (3) 地質、鉱物等の特異な自然現象を生じている地域 (4) 樹林地、河川、渓谷、湖沼、海岸等の区域及びこれと一体となって自然環境を形成している地域 (5) 歴史的または文化的資産（神社、社叢など）と一体となって自然環境を形成している地域。3.土地利用等について地権者等との調整が図られる見込みがあること。

[選定機関] 島根県　　[選定時期] 1986（昭和61）年〜

◇六日市（樋口）カタクリ自生地（島根県鹿
　足郡吉賀町）
　30m×40mが自生地

◇美郷町ホンシャクナゲ自生地（島根県邑
　智郡美郷町）
　国有林内の谷沿いの岩場に自生

◇差海川ハマナス自生地（島根県出雲市）
　差海川左岸の河口附近に自生している
　が、保全対策を必要としている

◇若杉の天然林（島根県益田市）
　杉、樅の巨木が群生。山陰側と山陽側
　の中間植生

◇大万木山ブナ林（島根県飯石郡飯南町）
　山頂附近は100年生に近いブナ林に覆
　われている

◇琴ヶ浜の鳴り砂（島根県大田市）
　全国3か所の鳴り砂のうち特によく鳴
　る

◇日御碕カスミサンショウウオ生息地（島
　根県出雲市）
　日御碕灯台に近い地域に生息

◇猪目川カジカガエル生息地（島根県出雲
　市）
　猪目川の上流から河口附近まで生息

◇法吉ミスジカワニナ生息地（島根県松江
　市）
　清流に生息する大型のミスジカワニナ
　が市街地に近い所で見られる

◇近藤ヶ浜ハマナス自生地（島根県大田
　市）
　ハマナスの自生地の南限

◇常盤山カシ林（島根県浜田市）
　日本海側のウラジロガシ林の西限

◇油井のスイセン群生地（島根県隠岐郡隠
　岐の島町）
　1〜3月に咲くスイセンの県下最大の自
　生地

◇星上山（島根県松江市）
　ブナを含む自然度の高い森が残る

◇布部ハッチョウトンボ生息地（島根県安
　来市）
　布部ダムの下流の繁殖地

48　事典・日本の自然保護地域

自然一般　　　　　　　　　　　　　　　　　　　　　　　　　　　　　*011*　みんなで守る郷土の自然

◇二条川の自然（ゲンジボタルとカジカガ
　エル）（島根県益田市）
　ゲンジボタル・カジカガエルが生息す
　る地区のシンボル
◇長浜海岸（園の長浜）（島根県出雲市）
　クロマツ林、ハマゴウ、コウボウムギ、
　ハマエンドウ、ネコノシタ、ハマニガ
　ナなど豊かな植生がある
◇鯛の巣山ブナ林（島根県仁多郡奥出雲
　町）
　ブナ（2次林）、コケイラン、クロモジ
　などが自生
◇津和野ゲンジボタル生息地（島根県鹿足
　郡津和野町）
　昔からゲンジホタルの乱舞が見られる
◇三隅大平桜（島根県浜田市）
　樹齢300年以上の巨木
◇池村の杜（八幡宮の社叢、大元神社跡の
　楠）（島根県鹿足郡津和野町）
　北方系と南方系の植物が混在。南方系
　のクスノキが珍しい
◇愛宕千年杉（島根県鹿足郡吉賀町）
　愛宕神社の周辺の巨木
◇賀茂神社の社叢（島根県邑智郡邑南町）
　カヤ、イチイ、スダジイ、スギなどの
　大木が中心
◇焼火山社叢（島根県隠岐郡西ノ島町）
　焼火神社附近はウラジロガシを中心と
　する良好なカシ林が残存
◇赤穴八幡宮社叢（島根県飯石郡飯南町）
　幹周3m以上の巨木が10本
◇比婆山インヨウチク自生地（島根県安来
　市）
　山頂に群落があり植物学上貴重
◇瑞穂オヤニラミ生息地（島根県邑智郡邑
　南町）
　町内の河川に生息する
◇大江高山イズモコバイモ自生地（島根県
　大田市）
　島根県にだけ自生している貴重な植物
◇吉田地区ホタル生息地（島根県安来市）
　ホタルの保全活動が行われている
◇船通山（島根県仁多郡奥出雲町）
　山頂にカタクリの群生地があり、陸産

　貝類、土壌生物等の昆虫も生息
◇吾妻山（島根県仁多郡奥出雲町）
　大膳原地域に雄大な草原が広がる
◇大社町ホタル生息地（島根県出雲市）
　吉野川、素鵞川では3種のホタルが共生
◇隠岐自然回帰の森（島根県隠岐郡隠岐の
　島町）
　大満寺から葛尾山に連なる山々一帯の
　自然林
◇安蔵寺山ブナ巨木林（島根県鹿足郡吉賀
　町）
　標高約800mから山頂にかけブナの巨
　木多数
◇都賀本郷宮の杜（島根県邑智郡美郷町）
　境内に巨木が立ち並ぶ
◇弥畝山ブナ林（島根県浜田市）
　樹齢百十数年といわれるブナが林立
◇赤川ホタル生息地（島根県雲南市）
　町が「ほたる保護条例」を制定
◇久保川自然回帰への森ホタル生息地（島
　根県邑智郡美郷町）
　生態系が守られている場所
◇朝倉オヤニラミ生息地（島根県鹿足郡吉
　賀町）
　オヤニラミの生息地。町の天然記念物
◇物部神社社叢（島根県大田市）
　野鳥、小動物が生息し、自生蘭等の植
　生がみられる
◇大津久のカタクリ群生地（島根県隠岐郡
　隠岐の島町）
　急峻な山の斜面に位置し、中腹から山
　頂にかけて群生地がある
◇東川ホタル生息地（島根県江津市）
　ホタルの保護活動が行われている
◇猿政山自然林（島根県仁多郡奥出雲町）
　山頂付近にブナの原生林が残る
◇高津川オシドリ飛来地（島根県鹿足郡津
　和野町）
　河原に毎年オシドリが飛来する
◇大谷地区ホタル生息地（島根県松江市）
　大谷川上流に生息するゲンジボタル・
　ヘイケボタルの周辺環境整備等が行わ
　れている

事典・日本の自然保護地域　**49**

012 ユネスコエコパーク   自然一般

◇オキナグサ自生地 (島根県仁多郡奥出雲町)
　減少傾向のオキナグサの保護対策が行われている

◇深山川ホタル生息地 (島根県出雲市)
　ゲンジボタル・ヘイケボタルの周辺環境整備などが行われている

◇瑞穂ふるさと里山再生地 (島根県邑智郡邑南町)
　行政・ハンザケ自然館・地元住民が里山保全づくりを行っている

◇川跡ビオトープ (島根県出雲市)
　休耕田を利用したビオトープ

◇八代ハッチョウトンボ生息地 (島根県仁多郡奥出雲町)
　ハッチョウトンボの生息が休耕田で確認された

◇川本町イズモコバイモ自生地 (島根県邑智郡川本町)
　周辺環境整備や保護が行われている

◇八千代川カジカガエル生息地 (島根県出雲市)

◇川本町ユキワリイチゲ自生地 (島根県邑智郡川本町)
　周辺環境整備や保護が行われている

◇波佐地区ホタル生息地 (島根県浜田市)
　周布川の河川清掃・ヨシ刈り等環境保全活動が行われている

◇澄水川ホタル生息地 (島根県松江市)
　環境保全活動やホタル保護・増殖活動が行われている

◇金言寺のイチョウ (仁多郡奥出雲町)
　樹齢400年の大樹

◇三瓶山東の原草原環境 (島根県大田市)
　草原性の希少野生動植物が生息・生育

◇高津川ヒメバイカモ自生地 (島根県鹿足郡吉賀町)
　河川環境の保全・保護活動が行われている

◇やなしお道 (島根県邑智郡美郷町)
　希少野生植物をはじめ多様な山野草が生育

保護啓発活動が行われている

012　ユネスコエコパーク

　ユネスコエコパーク (Biosphere Reserves) は、生物多様性の保全、持続可能な開発、学術研究支援を目的として、1976 (昭和51) 年にユネスコにより開始された。ユネスコの自然科学セクターで実施されるユネスコ人間と生物圏 (Man and Biosphere) 計画における一事業。世界遺産は手つかずの自然を守ることを原則としているが、ユネスコエコパークは、生態系の保全と持続可能な利活用の調和が目的。「保全機能」「経済と社会の発展」「学術的支援」の3つの機能をもつ地域を登録。登録総数は世界で119ヶ国、631地域。(2014年6月)。日本の登録件数は7件。2010 (平成22) 年日本ユネスコ国内委員会により、国内での呼称が「ユネスコエコパーク」とされている。

　[選定機関] ユネスコ　[選定時期] 1976 (昭和51) 年～

1980 (昭和55) 年

◇志賀高原ユネスコエコパーク (長野県下高井郡山ノ内町, 群馬県吾妻郡嬬恋村)
　志賀高原ユネスコエコパーク (生物圏保存地域) は、長野市から北東20kmの長野県と群馬県の県境に位置する。総面積は13,000ha。全域が自然公園法により国立公園に指定されている。志賀高原ユネスコエコパークと周辺地域は、観光リクリエーション地として年間200万を超える人々に利用されている。上信越国立公園は、その後1960年代以降スキー場を中心とした急速な開発が進められた

◇白山ユネスコエコパーク (石川県, 岐阜

50　事典・日本の自然保護地域

県, 富山県, 福井県）

白山ユネスコエコパーク（生物圏保存地域）は、石川県と岐阜県、富山県、福井県の県境に位置。東を庄川、西を手取川、南を大野盆地、九頭竜川に囲まれる山脈を中心とする地域。総面積は48,000ha。全域が白山国立公園に指定されている。白山は信仰の山として親しまれ、年間4万人程度が訪れ、登山を中心としたレクリエーションに利用されている

◇大台ヶ原・大峯山ユネスコエコパーク（奈良県吉野郡天川村, 奈良県吉野郡上北山村, 三重県多気郡大台町（旧・宮川村））

大台ヶ原・大峯山ユネスコエコパーク（生物圏保存地域）は、紀伊半島中央部に位置し、八経ヶ岳（1915m）、弥山（1895m）、山上ヶ岳（1719m）を中心とする大峯山脈、日出ヶ岳（1695m）を中心とする大台ヶ原および大杉谷が含まれる。総面積は36,000ha。全域が吉野熊野国立公園に含まれている。年間を通して多くの参詣客や観光客、登山者に利用されている

◇屋久島ユネスコエコパーク（鹿児島県熊毛郡屋久島町）

屋久島ユネスコエコパーク（生物圏保存地域）は、九州本島最南端から60km南の東シナ海と太平洋の間に位置する。屋久島の最高峰宮之浦岳（1935m）から海岸域まで含まれる。総面積は18,958ha。屋久島スギ原生林が1924（大正13）年国の特別天然記念物に指定されたのをはじめとして、霧島屋久国立公園や原生自然環境保全地域、森林生態系保護地域、世界遺産など島の一部または全体が保護されている。年間25〜30万人の観光客と登山者が訪れ、エコツアーも行われている

2012（平成24）年

◇綾ユネスコエコパーク（宮崎県東諸県郡綾町, 宮崎県小林市, 宮崎県西都市, 宮崎県東諸県郡国富町, 宮崎県児湯郡西米良村）

綾ユネスコエコパーク（生物圏保存地域）は、東アジアの照葉樹林帯の北限付近にあり、多くの日本固有種で構成されている。日本の照葉樹自然林が最大規模で残されているほか、標高約1200m以上の高標高域にはブナの多い自然林が現存する。総面積14,580ha。林野庁九州森林管理局・宮崎県・綾町・公益財団法人日本自然保護協会・てるはの森の会が協働して、原生的な森林生態系の保護、照葉樹自然林の復元、自然と共生する地域づくり等を目的とする「綾の照葉樹林プロジェクト」を推進する。有機農業等との連携でのエコツーリズムを通じ、自然と人間の共存に配慮した地域振興策等を実施している

2014（平成26）年

◇只見ユネスコエコパーク（福島県南会津郡只見町, 福島県南会津郡檜枝岐村）

只見ユネスコエコパーク（生物圏保存地域）は、只見町全域および檜枝岐村の一部（袖沢右岸域）を含む。ブナをはじめとする落葉広葉樹林のほか、針葉樹林、低木林及び草地等により構成されるモザイク植生が、原生的な状態で存在している

◇南アルプスユネスコエコパーク（山梨県南アルプス市, 山梨県北杜市, 山梨県南巨摩郡早川町, 長野県飯田市, 長野県伊那市, 長野県諏訪郡富士見町, 長野県下伊那郡大鹿村, 静岡県静岡市, 静岡県榛原郡川根本町）

南アルプスユネスコエコパークは、3000m峰の山々が連なる山岳地帯に固有種が多く生息・生育する。富士川水系、大井川水系及び天竜川水系の流域ごとに固有の文化圏が形成されている

013 ラムサール条約湿地

　1971（昭和46）年イラン・ラムサールで開催された「湿地及び水鳥の保全のための国際会議」において「特に水鳥の生息地として国際的に重要な湿地に関する条約」（Convention on Wetlands of International Importance Especially as Waterfowl Habitat）が採択され、1975（昭和50）年条約が発効。加入国は、自国の湿地を条約で定められた国際的基準に従って指定し、条約事務局へ通知、指定された湿地は「国際的に重要な湿地に係る登録簿」に登録される。これが「ラムサール条約湿地」である。現在、締約国169ヶ国、登録湿地数2,227ヶ所。日本の湿地登録数は50ヶ所である。

　[選定機関] ラムサール条約事務局　[選定時期] 1975（昭和50）年～

◇宮島沼（北海道美唄市）
　　大規模マガン渡来地。国指定宮島沼鳥獣保護区、宮島沼特別保護地区。シベリア等北半球の繁殖地を往復するガンカモ類、ハクチョウ類の中継地として国際的に重要

◇雨竜沼湿原（北海道雨竜郡雨竜町）
　　高層湿原。暑寒別天売焼尻国定公園特別保護地区。山地型高層湿原としては我が国でも有数の面積規模を誇る

◇サロベツ原野（北海道天塩郡豊富町、北海道天塩郡幌延町）
　　高層湿原、オオヒシクイ、コハクチョウ渡来地。国指定サロベツ鳥獣保護区サロベツ特別保護地区。利尻礼文サロベツ国立公園特別保護地区及び特別地域

◇クッチャロ湖（北海道枝幸郡浜頓別町）
　　大規模ガンカモ渡来地。国指定浜頓別クッチャロ湖、鳥獣保護区浜頓別クッチャロ湖特別保護地区

◇濤沸湖（北海道網走市、北海道斜里郡小清水町）
　　低層湿原、湖沼、大規模オオハクチョウ・オオヒシクイ等渡来地。国指定濤沸湖鳥獣保護区濤沸湖特別保護地区、網走国定公園特別地域。砂嘴の発達によって形成された海跡湖であり、汽水湖である

◇ウトナイ湖（北海道苫小牧市）
　　大規模ガンカモ渡来地。国指定ウトナイ湖鳥獣保護区ウトナイ湖特別保護地区。周囲17kmの淡水・海跡湖

◇釧路湿原（北海道釧路市、北海道釧路郡釧路町、北海道川上郡標茶町、北海道阿寒郡鶴居村）
　　低層湿原、タンチョウ生息地。国指定釧路湿原鳥獣保護区、釧路湿原特別保護地区、釧路湿原国立公園特別保護地区及び特別地域。日本最初の指定地候補としてあげられた湿原

◇厚岸湖・別寒辺牛湿原（北海道厚岸郡厚岸町）
　　汽水湖の厚岸湖とそれに流入する別寒辺牛川周辺のヨシ・スゲを中心とする低層湿原。中央部は部分的に高層湿原。大規模オオハクチョウ・ガンカモ渡来地、タンチョウ繁殖地。国指定厚岸・別寒辺牛・霧多布鳥獣保護区、厚岸・別寒辺牛・霧多布特別保護地区

◇霧多布湿原（北海道厚岸郡浜中町）
　　ミズゴケ泥炭地を基盤とする高層湿原と満潮時に海水が流入する2つの汽水湖から構成される。タンチョウ繁殖地。国指定厚岸・別寒辺牛・霧多布鳥獣保護区、厚岸・別寒辺牛・霧多布特別保護地区

◇阿寒湖（北海道釧路市）
　　淡水湖、マリモ生育地。阿寒国立公園特別保護地区及び特別地域。火山活動によって形成された広大なカルデラ湖

◇風蓮湖・春国岱（北海道根室市、北海道野付郡別海町）
　　汽水湖、低層湿原、藻場、タンチョウ繁殖地、大規模キアシシギ・オオハクチョウ等渡来地。国指定風蓮湖鳥獣保

護区風蓮湖特別保護地区
◇野付半島・野付湾（北海道野付郡別海町，北海道標津郡標津町）
塩性湿地、低層湿原、藻場、タンチョウ繁殖地、大規模コクガン・ホオジロガモ等渡来地。国指定野付半島・野付湾鳥獣保護区野付半島・野付湾特別保護地区

◇大沼（北海道亀田郡七飯町）
淡水湖、堰止湖群。国定公園特別地域。1958（昭和33）年北海道で最初の国定公園に指定されている

◇仏沼（青森県三沢市）
ヨシを優占種とする低層湿原。オオセッカ、コジュリン、オオヨシゴイなど希少な鳥類の繁殖地及び渡来地。国指定仏沼鳥獣保護区仏沼特別保護地区

◇伊豆沼・内沼（宮城県栗原市，宮城県登米市）
マコモ、ヨシ等の挺水植物群落、ハス、ヒシ、ヒルムシロ等の水生植物が繁茂する淡水湖沼。大規模マガン等ガンカモ渡来地。国指定伊豆沼鳥獣保護区伊豆沼特別保護地区

◇蕪栗沼・周辺水田（宮城県栗原市，宮城県登米市，宮城県大崎市）
大規模マガン等ガンカモ渡来地。国指定蕪栗沼・周辺水田鳥獣保護区蕪栗沼特別保護地区

◇化女沼（宮城県大崎市）
ダム湖、ヒシクイ（亜種）、マガン等の渡来地。国指定化女沼鳥獣保護区化女沼特別保護地区

◇大山上池・下池（山形県鶴岡市）
ため池、マガモ、コハクチョウ等の渡来地。国指定大山上池・下池鳥獣保護区大山上池・下池特別保護地区。灌漑用ため池として維持管理されている湖沼の水面部分

◇尾瀬（福島県南会津郡檜枝岐村，群馬県利根郡片品村，新潟県魚沼市）
高層湿原。日光国立公園特別保護地区及び特別地域。尾瀬ヶ原は高層湿原を主体とする湿原としては日本最大。トンボ類や甲虫類の多様性も高い

◇涸沼（茨城県鉾田市，東茨城郡茨城町，東茨城郡大洗町）
国指定鳥獣保護区特別保護地区。満潮時には10km下流から那珂川と涸沼川を介して海水が流れ込む天然の汽水湖。カモ類の渡来地、ヒヌマイイトトンボ等の生息地

◇渡良瀬遊水地（茨城県古河市，栃木県栃木市，栃木県小山市，栃木県下都賀郡野木町，群馬県邑楽郡板倉町，埼玉県加須市）
低層湿原及び人工湿地、トネハナヤスリ、タチスミレ等の生育地、オオヨシキリ、チュウヒ等の渡来地。国指定鳥獣保護区、河川区域

◇奥日光の湿原（栃木県日光市）
高層湿原。日光国立公園特別保護地区及び特別地域。戦場ヶ原は本州最大級の高層湿原

◇芳ヶ平湿地群（群馬県吾妻郡中之条町，吾妻郡草津町）
火山性の特異な特徴を有する中間湿原、淡水湖、火口湖。国立公園特別地域。日本固有種のモリアオガエルの最高標高の繁殖地

◇谷津干潟（千葉県習志野市）
泥質干潟、シギ・チドリ渡来地。国指定谷津鳥獣保護区谷津特別保護地区。住宅地、高速道路に取り囲まれた東京湾に残された数少ない干潟

◇佐潟（新潟県新潟市西区）
大規模ガンカモ渡来地。国指定佐潟鳥獣保護区、佐渡弥彦米山国定公園特別地域

◇瓢湖（新潟県阿賀野市）
ため池、コハクチョウ、オナガガモ等の渡来地。国指定瓢湖鳥獣保護区瓢湖特別保護地区。瓢湖は江戸時代に灌漑用ため池として造成されたもの

◇立山弥陀ヶ原・大日平（富山県中新川郡立山町）
雪田草原国立公園特別保護地区

◇片野鴨池（石川県加賀市）
大規模ガンカモ渡来地。国指定片野鴨池鳥獣保護区片野鴨池特別保護地区。越前加賀海岸国定公園特別地域。池及び休耕田からなる

013 ラムサール条約湿地 自然一般

◇三方五湖（福井県三方上中郡若狭町, 福井県三方郡美浜町）
　固有魚類生息地。若狭湾国定公園特別地域。若狭湾沿いのリアス式海岸にある湖の集まり

◇中池見湿地（福井県敦賀市）
　低層湿原, 厚く堆積した泥炭層。国定公園特別地域

◇藤前干潟（愛知県名古屋市港区, 愛知県海部郡飛島村）
　河口干潟, シギ・チドリ渡来地。国指定藤前干潟鳥獣保護区, 藤前干潟特別保護地区

◇東海丘陵湧水湿地群（愛知県豊田市）
　非泥炭性湿地（貧栄養性湿地）, シラタマホシクサ等の生育地, ヒメタイコウチ等の生息地。国定公園特別地域。愛知県豊田市の矢並湿地と上高湿地, 恩真寺湿地の3つの湿地からなる

◇琵琶湖（滋賀県大津市, 彦根市, 長浜市, 近江八幡市, 草津市, 守山市, 野洲市, 高島市, 米原市, 東近江市）
　淡水湖, 大規模ガンカモ渡来地, 固有魚類生息地。琵琶湖国定公園特別地域。日本最大の湖沼

◇円山川下流域・周辺水田（兵庫県豊岡市）
　河川及び周辺水田, コウノトリ, ヒヌマイトトンボ等の生息地。国指定鳥獣保護区及び特別保護地区, 国立公園特別地域, 河川区域

◇串本沿岸海域（和歌山県東牟婁郡串本町）
　非サンゴ礁域のサンゴ群集。吉野熊野国立公園海中公園地区及び普通地域

◇中海（鳥取県米子市, 鳥取県境港市, 島根県松江市, 島根県安来市）
　大規模コハクチョウ・ホシハジロ・キンクロハジロ・スズガモ渡来地。国指定中海鳥獣保護区中海特別保護地区

◇宍道湖（島根県松江市, 島根県出雲市）
　大規模マガン・スズガモ渡来地。国指定宍道湖鳥獣保護区宍道湖特別保護地区。汽水湖。ヤマトシジミ漁獲量は日本一

◇宮島（広島県廿日市市）

　瀬戸内海国立公園特別地域。砂浜海岸, 塩性湿地及び河川, ミヤジマトンボの生息地

◇秋吉台地下水系（山口県美祢市）
　秋吉台国定公園特別地域。日本最大規模のカルスト地形。地下水系は秋芳洞を始めとする多くの洞窟や洞窟内の豊かな洞窟生成物を作り出している

◇東よか干潟（佐賀県佐賀市）
　河川の河口と海岸に発達する泥干潟。国指定鳥獣保護区特別保護地区。秋から春にズグロカモメやクロツラヘラサギ等のシギ・チドリ類が飛来する, 東アジア地域における重要な渡りの中継地及び越冬地

◇肥前鹿島干潟（佐賀県鹿島市）
　河川の河口と海岸に発達する泥干潟。国指定鳥獣保護区特別保護地区。秋から春にかけてズグロカモメやチュウシャクシギ等のシギ・チドリ類の渡来する, 東アジア地域における重要な渡りの中継地及び越冬地

◇荒尾干潟（熊本県荒尾市）
　干潟, クロツラヘラサギ, ツクシガモ等の渡来地。国指定鳥獣保護区, 特別保護地区。単一干潟としては国内でも有数の広さ

◇くじゅう坊ガツル・タデ原湿原（大分県竹田市, 大分県玖珠郡九重町）
　中間湿原。阿蘇くじゅう国立公園特別保護地区及び特別地域

◇藺牟田池（鹿児島県薩摩川内市）
　ベッコウトンボ生息地。藺牟田池ベッコウトンボ生息地保護区管理地区

◇屋久島永田浜（鹿児島県熊毛郡屋久島町）
　アカウミガメ産卵地。霧島屋久国立公園特別地域

◇漫湖（沖縄県那覇市, 沖縄県豊見城市）
　河口干潟, クロツラヘラサギ渡来地。国指定漫湖鳥獣保護区漫湖特別保護地区

◇慶良間諸島海域（沖縄県島尻郡渡嘉敷村, 沖縄県島尻郡座間味村）
　サンゴ礁。沖縄海岸国定公園海中公園地区。サンゴ礁特有の魚類が豊富

54　事典・日本の自然保護地域

自然一般　　　　　　　　　　　　　　　　　　　　　　　　　　　　　　*013*　ラムサール条約湿地

　　に生息
◇久米島の渓流・湿地（沖縄県島尻郡久米
　島町）
　　渓流及びその周辺の湿地、森林、キクザ
　　トサワヘビ（日本唯一の淡水生ヘビ）
　　の生息地。宇江城岳キクザトサワヘビ
　　生息地保護区管理地区
◇名蔵アンパル（沖縄県石垣市）
　　マングローブ林・希少野生動物・河口
　　干潟。国指定名蔵アンパル鳥獣保護区
　　名蔵アンパル特別保護地区
◇与那覇湾（沖縄県宮古島市）
　　干潟、シギ・チドリ類の渡来地。国指
　　定鳥獣保護区、特別保護地区。島内最
　　大の干潟

事典・日本の自然保護地域　**55**

記念物・名勝

014　天然記念物〔国指定〕

　文化財保護法で指定された、学術上貴重で日本の自然を記念するもの。動物（生息地、繁殖地および渡来地を含む）、植物（自生地を含む）、および地質鉱物（特異な自然の現象を生じている土地を含む）など。文部科学大臣や都道府県教育委員会がそれぞれ文化審議会の審議を経て指定することになっており、都道府県は、これらの管理や修理、修景、復旧についてはその経費の一部を補助することになっている。1919（大正8）年に史蹟名勝天然記念物保存法が発布されて学術上貴重な自然の保護が行われるようになり、1951（昭和26）年から文化財保護委員会が示した規準に従い、保存事業が進められている。

　〔選定機関〕文化庁　〔選定時期〕1951（昭和26）年～

1920（大正9）年7月17日

◇成東・東金食虫植物群落（千葉県山武市，千葉県東金市上武射田）
　300種以上の植物が自生し食虫植物は8種確認されている

◇太東海浜植物群落（千葉県いすみ市）
　太東崎南側の砂丘に広がる海浜植物の群落。海岸特有の植物がまとまって自生していたという

◇小野のシダレグリ自生地（長野県上伊那郡辰野町）
　800本以上のシダレグリが群落を作り自生

◇西内のシダレグリ自生地（長野県上田市）
　フォッサマグナ地域に限って自生する植物の一つ

◇東内のシダレエノキ（長野県上田市）
　親木は枯死、子木が残されている

◇坂本のハナノキ自生地（岐阜県中津川市千旦林）
　日本で初めてハナノキの自生地として『植物学雑誌』に報告されたもの

1921（大正10）年3月3日

◇円山原始林（北海道札幌市中央区円山）
　山麓にはカツラ、山頂付近にはミズナラなどが密生する全山森林

◇後方羊蹄山の高山植物帯（北海道虻田郡倶知安町, 北海道虻田郡京極町, 北海道虻田郡喜茂別町, 北海道虻田郡真狩村, 北海道虻田郡ニセコ町）
　80種の高山植物が見られる

◇藻岩原始林（北海道札幌市南区藻岩山）
　純天然林。シナノキ、エゾイタヤが生育

◇テングノムギメシ産地（長野県小諸市御影新田）
　構成は微生物の複雑な集団といわれ、生態も奇異

◇岩村田ヒカリゴケ産地（長野県佐久市岩村田）
　1910（明治43）年発見され、日本にもヒカリゴケがあることが初めて同定された

◇竹原のシダレグリ自生地（岐阜県下呂市竹原）
　標高540mの竹原地区にシダレグリが自生している。数は80余本、100年以

上も経たと思われる古樹も多い

◇南花沢のハナノキ（滋賀県東近江市南花沢）
自生するものとしては最西端で巨木

◇平松のウツクシマツ自生地（滋賀県湖南市平松）
美松山の一局地に自生するアカマツの変種

◇北花沢のハナノキ（滋賀県東近江市北花沢）
推定樹齢400年。自生するものとしては最西端で巨木

◇三崎のアコウ（愛媛県西宇和郡伊方町）
自生地の北限といわれている。現存4本、幹周りが約14m

◇松尾のアコウ自生地（高知県土佐清水市松尾）
高さ約8m、周囲約12mの大木から四方無数に枝を出し、その広がりは30～40mに及ぶ

◇キイレツチトリモチ産地（鹿児島県鹿児島市吉野町）
キイレツチトリモチが初めて発見された地

◇藺牟田池の泥炭形成植物群落（鹿児島県薩摩川内市祁答院町）
池の西側と北側の湖岸一帯に低層湿原が発達

1922（大正11）年3月8日

◇蕪島ウミネコ繁殖地（青森県八戸市鮫町）
約4万羽のウミネコが営巣に訪れる

◇湯沢噴泉塔（栃木県日光市）
硫黄が何年もかけて固まり積もったもの

◇駒門風穴（静岡県御殿場市駒門）
総延長409m、富士山麓では最大級の溶岩洞窟

◇万野風穴（静岡県富士宮市山宮）
幅6.4m、全長約908mの風穴

◇石山寺硅灰石（滋賀県大津市石山寺辺町）
石灰岩が花崗岩と接触し変質したもの

◇稗田野の菫青石仮晶（京都府亀岡市稗田野町）
菫青石が雲母に変化したもの。日本屈指の大きさ

◇クロキヅタ産地（島根県隠岐郡西ノ島町，島根県隠岐郡海士町）
西ノ島町別府湾と海士町菱浦湾が産地

◇経島ウミネコ繁殖地（島根県出雲市大社町）
日本海西部における代表的繁殖地

◇景清穴（山口県美祢市）
昔、平景清が隠れていたと伝えられることからこの名がある

◇弁天島熱帯性植物群落（徳島県阿南市橘町）
アコウ、クロガシ、ウバメガシなどが群生

◇太宰府神社のクス（福岡県太宰府市宰府）
社叢の巨樹3本

◇湯蓋の森（クス）衣掛の森（クス）（福岡県糟屋郡宇美町）
幹周囲約20mある巨木のため森と呼ばれるクス2本

◇本庄のクス（福岡県築上郡築上町）
樹齢300年以上。景行天皇が植えたと伝わる

◇小半鍾乳洞（大分県佐伯市本匠）
全長700mの鍾乳洞

◇柞原八幡宮のクス（大分県大分市大字八幡）
樹齢3000年の御神木

◇ヤッコソウ発生地（鹿児島県日置市）
シイ属の植物の根に寄生

◇ハマナス自生南限地帯（鳥取県鳥取市，鳥取県西伯郡大山町，茨城県鹿嶋市）
太平洋側におけるハマナス分布の南限地

1922（大正11）年10月12日

◇ヒノキアスナロおよびアオトドマツ自生地（北海道檜山郡江差町）
ヒノキアスナロの北限、アオトドマツの南限の天然林

◇霧多布泥炭形成植物群落（北海道厚岸郡浜中町）

ミズゴケ泥炭とワタスゲ泥炭から成り
数十種植物が繁茂

◇三春滝ザクラ（福島県田村郡三春町）
　樹齢は1000年以上のエドヒガン。日
　本三大桜の一つ

◇いぶき山イブキ樹叢（茨城県日立市十王
　町）
　イブキの自然分布の北限に近いこの地
　方に、まとまった本数の樹叢がある

◇石戸蒲ザクラ（埼玉県北本市石戸宿）
　日本五大桜といわれた

◇鳥屋野逆ダケの藪（新潟県新潟市鳥屋
　野）
　枝が枝垂れ状となり下方に屈曲してい
　る竹

◇田上村ツナギガヤ自生地（新潟県南蒲原
　郡田上町）
　護摩堂山の山頂に近い山腹にある

◇了玄庵のツナギガヤ（新潟県南蒲原郡田
　上町）
　親鸞聖人に由緒のあるカヤ

◇山高神代ザクラ（山梨県北杜市）
　著しい古木として、古来より著名な野
　生のエドヒガンザクラ。日本三大桜の
　一つ

◇高瀬渓谷の噴湯丘と球状石灰石（長野県
　大町市大字平）
　温泉沈澱物が河床に堆積して盛り上る
　噴湯丘や、その中央湧き口に小豆粒大
　の霰石ができる球状石灰石などがみら
　れる

◇新野のハナノキ自生地（長野県下伊那郡
　阿南町）
　恵那山を中心に限られた範囲に自生す
　ると考えられていた

◇越原ハナノキ自生地（岐阜県加茂郡東白
　川村）
　ハナノキの分布上の北限の自生地

◇釜戸ハナノキ自生地（岐阜県瑞浪市釜戸
　町）
　成木6本と若木数本が自生

◇根尾谷淡墨ザクラ（岐阜県本巣市根尾）
　継体天皇のお手植えの伝説を残すエ
　ドヒガンの古木。推定樹齢1500余年。
　日本三大桜の一つ

◇富田ハナノキ自生地（岐阜県恵那市岩村
　町）
　樹高18mが2株、樹高11mが1株

◇川宇連ハナノキ自生地（愛知県北設楽郡
　豊根村）
　10数本が群生

◇西阿倉川アイナシ自生地（三重県四日市
　市大字西阿倉川）
　2本の幹で幹周り214cm、樹高約10m

◇東阿倉川イヌナシ自生地（三重県四日市
　市大字東阿倉川）
　学会に発表された基準となる標本木の
　産地

◇熊野のヒダリマキガヤ（滋賀県蒲生郡日
　野町）
　螺状のシワがある

◇仏経嶽原始林（奈良県吉野郡上北山村，
　奈良県吉野郡天川村）
　仏経嶽と弥山を結ぶ稜線の南東斜面に
　当たるシラビソ林が指定地

◇小郡町ナギ自生北限地帯（山口県山口
　市）
　成木の雌株が1株残る

◇川棚のクスの森（山口県下関市豊浦町）
　大きな枝を四方に広げ森の様に見える
　クス1株

◇ツバキ自生北限地帯（青森県東津軽郡平
　内町，秋田県男鹿市）
　樹齢200年以上のヤブツバキが群生

1923（大正12）年3月7日

◇盛岡石割ザクラ（岩手県盛岡市内丸）
　巨大な花崗岩の割れ目に成育した樹齢
　約350年のヒガンザクラ

◇球状閃緑岩（宮城県白石市白川・犬卒都
　婆・大鷹沢大町）
　岩石は完晶質粒状構造

◇吾妻山ヤエハクサンシャクナゲ自生地
　（福島県福島市庭坂）
　花が八重になる非常に珍しい種

◇十二町潟オニバス発生地（富山県氷見市
　十二町）
　万尾川の島崎橋下流の一部にのみ自生

◇八ヶ岳キバナシャクナゲ自生地（長野県
　南佐久郡南牧村）

記念物・名勝   *014* 天然記念物〔国指定〕

横岳の海抜2830m、頂上の一区域にある

◇揖斐二度ザクラ（岐阜県揖斐郡大野町）
 花は一重、八重の他に二段咲きの特徴を持つ

◇白子不断ザクラ（三重県鈴鹿市寺家）
 一年中花が咲いている桜として江戸時代から著名

◇和泉葛城山ブナ林（大阪府貝塚市蕎原、大阪府岸和田市塔原）
 低い標高のブナ原生林としては珍しい

◇春日神社境内ナギ樹林（奈良県奈良市春日野町）
 1000年前に植樹されたという

◇知足院ナラノヤエザクラ（奈良県奈良市雑司町）
 古来から歌に詠まれた八重桜

◇オオウナギ生息地（和歌山県西牟婁郡白浜町、和歌山県西牟婁郡上富田町、和歌山県田辺市）
 上流側は旧中辺路町と旧大塔村の境、下流は河口までの約18kmの範囲

◇大正洞（山口県美祢市）
 縦穴と横穴が立体的に組み合わさった石灰洞

◇中尾洞（山口県美祢市）
 総延長約260m、五部からなる石灰洞

◇母川オオウナギ生息地（徳島県海部郡海陽町）
 海部川の支流母川の「せり割り岩」の周辺。生息の北限地

◇オオウナギ生息地（長崎県長崎市野母町）
 樺島地区の奥にある共同井戸に古くから住みついていた

◇洲藻白岳原始林（長崎県対馬市美津島町）
 対馬の固有種、シマトウヒレンの唯一の産地

◇龍良山原始林（長崎県対馬市厳原町）
 下方にはスダジイ林、上方にはアカガシ林が発達

◇ヒガンザクラ自生南限地（鹿児島県姶良郡湧水町）
エドヒガンの南限

◇カササギ生息地（福岡県久留米市, 福岡県柳川市, 福岡県みやま市, 福岡県三潴郡, 佐賀県佐賀市, 佐賀県多久市, 佐賀県小城市, 佐賀県武雄市, 佐賀県三養基郡, 佐賀県神埼郡, 佐賀県鳥栖市, 佐賀県杵島郡, 佐賀県鹿島市, 佐賀県嬉野市, 佐賀県藤津郡）
 佐賀平野を中心とした狭い範囲に生息

◇ノカイドウ自生地（鹿児島県霧島市, 宮崎県えびの市）
 世界で唯一の自生地

◇ヒトツバタゴ自生地（愛知県犬山市字西洞, 岐阜県瑞浪市, 岐阜県恵那市, 岐阜県中津川市）
 対馬と岐阜・愛知・長野の一部に限られて自生

1924（大正13）年12月9日

◇登別原始林（北海道登別市字登別温泉）
 約60種類の樹木や約110種類の草木が保存されている

◇シダレカツラ（岩手県盛岡市肴町・門・大ヶ生）
 約300年前、妙泉寺境内移植された3株の原木

◆鮞状珪石および噴泉塔（秋田県湯沢市）

◇伊佐沢の久保ザクラ（山形県長井市上伊佐沢）
 根周り12.5m、高さ15m、推定樹齢1200年

◇安良川の爺スギ（茨城県高萩市安良川）
 推定年齢約1000年

◇長瀞（埼玉県秩父郡長瀞町, 埼玉県秩父郡皆野町）
 日本地質学発祥の地といわれる※名勝, 天然記念物

◇清澄の大スギ（千葉県鴨川市）
 樹高は約44m、幹回り14.2m

◇馬場大門のケヤキ並木（東京都府中市宮町一丁目・宮西町一丁目・寿町一丁目・府中町一丁目）
 大國魂神社の大鳥居から約600m続く

◇早川のビランジュ（神奈川県小田原市早川）

事典・日本の自然保護地域 **59**

014 天然記念物〔国指定〕　　　　　　　　　　　　　　　　　　　　　　　　　記念物・名勝

根周り6m、高さ20m
◇常神のソテツ(福井県三方上中郡若狭町)
　主幹の周囲5.4m、高さ約6mの雌株
◇加子母のスギ(岐阜県中津川市加子母)
　幹周囲13.0m、樹高30.8mの巨樹
◇粥川ウナギ生息地(岐阜県郡上市美並町)
　粥川の長良川との合流点から粥川谷三枚滝に至るまでの本流及び支流
◇能満寺のソテツ(静岡県榛原郡吉田町)
　日本三大蘇鉄の一つ
◇龍華寺のソテツ(静岡県静岡市清水区村松)
　雄株は日本最古最大、樹齢推定1100年
◇オオミズナギドリ繁殖地(京都府舞鶴市冠島)
　無人島の冠島(別名雄島)に京都府で唯一生息している
◇妙国寺のソテツ(大阪府堺市材木町東)
　樹齢1100年以上
◇生島樹林(兵庫県赤穂市坂越)
　大部分が常緑樹、蔓生植物が繁茂している
◇橋杭岩(和歌山県東牟婁郡串本町)
　大小40余の柱状の岩が一列に並ぶ※名勝、天然記念物
◇トラフダケ自生地(岡山県真庭市三坂・中河内・上河内)
　トラフダケの自生地は極めて限られている
◇明神池(山口県萩市越ヶ浜)
　暖地性の海生昆虫のシオアメンボの分布の北限
◇誓願寺のソテツ(香川県小豆郡小豆島町)
　雌の一株で巨木
◇下柏の大柏(イブキ)(愛媛県四国中央市下柏町)
　推定樹齢1000年以上
◇大谷のクス(高知県須崎市多ノ郷)
　推定樹齢1200年
◇英彦山の鬼スギ(福岡県田川郡添田町)
　樹令1200年の巨木

◇広沢寺のソテツ(佐賀県唐津市鎮西町)
　根回り樹高とも約3m、枝張り約6m
◇川古のクス(佐賀県武雄市若木町川古)
　根回り33m、目通り幹回り21m、樹高26m、推定樹齢1000年
◇スイゼンジノリ発生地(熊本県熊本市神水町)
　上江津湖の湧水に自生する日本特産の藍藻類の1種
◇藤崎台のクスノキ群(熊本県熊本市宮内)
　7本のクスの大木。大きなものは樹齢推定1000年
◇松屋寺のソテツ(大分県速見郡日出町)
　樹齢約700年、高さ6.4m、株元の周囲4.5m
◇狭野のスギ並木(宮崎県西諸県郡高原町)
　古いものは、高さが30〜40mある
◇川内川のチスジノリ発生地(鹿児島県伊佐市)
　温泉水の流入する場所に限って生育する

1925(大正14)年10月8日
◇日置のハダカガヤ(兵庫県篠山市日置)
　普通種と異なり堅い内果皮殻がない
◇屋形石の七ツ釜(佐賀県唐津市屋形石)
　土器崎の断崖絶壁に波の力で浸食された七つの海食洞がある
◇エヒメアヤメ自生南限地帯(愛媛県松山市、山口県防府市西浦, 佐賀県佐賀市久保泉町, 宮崎県小林市)
　山地のアカマツなどの疎林下に生育

1926(大正15)年2月24日
◇秋田駒ヶ岳高山植物帯(秋田県仙北市)
　ヒナザクラやタカネスミレなどの数百種類の高山植物群
◇長走風穴高山植物群落(秋田県大館市長走)
　標高170〜240mの風穴周辺に標高1000m程度の亜高山帯で見られる植物が群生
◇富士山原始林及び青木ヶ原樹海(山梨県南都留郡富士河口湖町, 山梨県南都留

60　事典・日本の自然保護地域

記念物・名勝　　　　　　　　　　　　　　　　　　　　　　　014　天然記念物〔国指定〕

郡鳴沢村）
植林地が多い富士山麓の貴重な自然林
◇笠山コウライタチバナ自生地（山口県萩
市椿東）
8本だけが残り樹齢110〜120年の老木
もある
◇向島タヌキ生息地（山口県防府市向島）
ホンドタヌキがアナグマやキツネの古
巣に住んでいる
1926（大正15）年10月20日
◇法量のイチョウ（青森県十和田市法量）
目通り幹周22m、樹高31mの巨木
◇苦竹のイチョウ（宮城県仙台市宮城野区
銀杏町）
高さ約32m、根元の周囲約8mの雌株
◇神崎の大クス（千葉県香取郡神崎町）
ナンジャモンジャとして有名
◇府馬の大クス（千葉県香取市）
樹齢は1300年〜1500年
◇善福寺のイチョウ（東京都港区元麻布一
丁目）
別名「逆さイチョウ」「杖イチョウ」
◇上日寺のイチョウ（富山県氷見市朝日本
町）
上日寺創立の際、霊木として植樹した
と伝わる
◇脇谷のトチノキ（富山県南砺市）
幹回り12mの老樹
◇干珠樹林（山口県下関市豊浦町）
樹種は70科186種を数える
◇青海島（山口県長門市仙崎・通）
島の北岸に屏風岩などの海食崖や十六
羅漢などの岩柱群が展開する※名勝,
天然記念物
◇石柱渓（山口県下関市豊田町）
約2kmにわたって、白亜紀石英斑岩を
侵食し、四十八滝とよばれる滝の多い
渓流となる※名勝, 天然記念物
◇満珠樹林（山口県下関市豊浦町）
瀬戸内海西部における原生樹林の植生
を示す
◇伊尾木洞のシダ群落（高知県安芸市伊尾
木）
洞門を抜けた崖に暖地性のシダ類が

繁茂
◇沖の島原始林（福岡県宗像市）
対馬海流の影響で暖温帯の照葉樹林が
繁茂
◇嬉野の大チャノキ（佐賀県嬉野市）
推定樹齢300年以上
◇有田のイチョウ（佐賀県西松浦郡有田
町）
根回り11m、目通り幹回り9m、樹高
38m、推定樹齢1000年以上
1926（大正15）年10月27日
◇ヘゴ自生北限地帯（東京都八丈町、長崎
県五島市玉之浦町・増田町, 鹿児島県
肝属郡南大隅町, 鹿児島県肝属郡肝付
町, 鹿児島県南さつま市, 鹿児島県薩
摩川内市里町・上甑町・下甑町, 宮崎
県日南市）
九州や小笠原諸島、沖縄、台湾に分布
する
1927（昭和2）年4月8日
◇カズグリ自生地（岩手県花巻市）
花穂全部に雌花をつける変わった着花
習性を持つ
◇熊野神社の大スギ（山形県鶴岡市水沢）
根周り15m、高さ24m、推定樹齢2000
年
◇極楽寺の野中ザクラ（新潟県東蒲原郡阿
賀町両郷甲）
花は径約6cm、花序ごとに2個から3個
の花をつける
◇将軍スギ（新潟県東蒲原郡阿賀町岩谷）
推定樹齢1400年、幹周19.31m、樹高
38m
◇梅護寺の珠数掛ザクラ（新潟県阿賀野市
小島）
数珠のように花がつながり垂れ下がっ
て咲く
◇篠原のキンメイチク（石川県加賀市篠原
町）
1876（明治9）年マダケ林中に偶然発生
されたもの
◇渋の地獄谷噴泉（長野県下高井郡山ノ内
町）
新生代第3紀の御坂層中の孔隙から熱
湯と蒸気を吹きあげている

事典・日本の自然保護地域　　61

014 天然記念物〔国指定〕

◇オオサンショウウオ生息地（岐阜県郡上市和良町・八幡町）
オオサンショウウオ生息の実態を解明する上で貴重な場所

◇印野の熔岩隧道（静岡県御殿場市印野）
富士山の噴火によって生じた溶岩洞窟

◇不動院ムカデラン群落（三重県松阪市大石町）
観音岩と称する高さ30mの絶壁一面に群生

◇新宮蘭沢浮島植物群落（和歌山県新宮市新宮・浮島）
湿帯性シダ類のヤマドリゼンマイと亜熱帯性シダ類のテツホシダが混生している

◇鬼舌振（島根県仁多郡奥出雲町仁多）
大馬木川の中流部の渓谷。河水による大小の甌穴がみられる※名勝，天然記念物

◇立久恵（島根県出雲市乙立町）
集塊岩質安山岩が侵食されてできたもの※名勝，天然記念物

◇オオサンショウウオ生息地（岡山県真庭市）
指定は個体保護のための地域

◇大日比ナツミカン原樹（山口県長門市仙崎）
江戸時代に種をまかれて大きくなったもの※史跡，天然記念物

◇往至森寺のキンモクセイ（愛媛県西条市飯岡）
日本有数の巨樹老木

◇久喜宮のキンメイチク（福岡県朝倉市）
真竹の突然変異で希少な竹

◇黒髪山カネコシダ自生地（佐賀県武雄市）
ウラジロと混生している

◇オオサンショウウオ生息地（大分県宇佐市）
九州では唯一の自然繁殖地

◇風連洞窟（大分県臼杵市野津町）
奥行約500mの閉塞型の鍾乳洞

1927（昭和2）年6月14日

◇深泥池生物群集（京都府京都市北区上賀

茂深泥池町）
氷河期以来の動植物が生き続ける

◇潜戸（島根県松江市島根町）
洞門の新潜戸と洞窟の旧潜戸からなる※名勝，天然記念物

◇俵島（山口県長門市油谷向津具下）
玄武岩の小島※名勝，天然記念物

1927（昭和2）年8月11日

◇木曽川堤（サクラ）（愛知県江南市，一宮市）
木曽川堤防上に植えられた桜並木※名勝，天然記念物

1927（昭和2）年9月5日

◇厳美渓（岩手県一関市厳美町）
奇岩，怪岩，深淵，甌穴に滝などダイナミックな景観が約2km続く※名勝，天然記念物

◇笹川流（新潟県村上市）
岩の間を盛り上がるように流れる潮流を，中心地笹川集落の名にちなんで付けられた※名勝，天然記念物

1928（昭和3）年1月18日

◇鬼ヶ城暖地性シダ群落（三重県度会郡南伊勢町）
ヌカボシクリハラン，ハカタシダ，アツイタ，キクシノブ等が生息

◇細谷暖地性シダ群落（三重県度会郡南伊勢町）
リュウビンタイの生育が特徴

◇ユノミネシダ自生地（和歌山県田辺市）
日本における分布の北限

◇菩提寺のイチョウ（岡山県勝田郡奈義町）
樹高約45m，目通り周囲約12m，推定樹齢850年

◇平川の大スギ（山口県山口市平井）
根元の周囲10.5m，目の高さの幹周り8.5m，高さ約35m

◇法泉寺のシンパク（山口県山口市上宇野令）
1本が根元から3本の幹を伸ばしている

◇平石の乳イチョウ（高知県土佐郡土佐町）

記念物・名勝　　　　　　　　　　　　　　　　　　　　　　*014*　天然記念物〔国指定〕

樹高約30m、根元周りが約11mの巨樹
◇高串アコウ自生北限地帯（佐賀県唐津市肥前町）
　砂岩の岸壁上に大小10数株のアコウが点在
◇鰐浦ヒトツバタゴ自生地（長崎県対馬市上対馬町）
　鰐浦の入江を囲む周囲の丘陵に多く自生
1928（昭和3）年1月31日
◇筥堅八幡宮社叢（新潟県村上市）
　カヤ・アサダの大樹がある
◇山ノ神のフジ（山梨県富士吉田市上暮地）
　上暮地山神社の境内に生育する2本のノダフジ
◇精進の大スギ（山梨県甲府市）
　樹齢は1200年あまり。スギの大木として著名
◇皇子神社社叢（香川県小豆郡小豆島町）
　ウバメガシが最も多くほとんど純群落をなす
◇八束のクサマルハチ自生地（高知県四万十市山路）
　数種の暖地性のシダ類とともに生育している
◇黒木のフジ（福岡県八女市）
　東西約50m、南北約80m、推定樹齢600年
1928（昭和3）年2月7日
◇鶉川ゴヨウマツ自生北限地帯（北海道檜山郡厚沢部町）
　五葉松の日本海側の自生地の北限
◇岩手山高山植物帯（岩手県滝沢市）
　西岩手火山と東岩手火山からなる
◇オオヤマレンゲ自生地（奈良県吉野郡天川村, 奈良県五條市）
　弥山から八経ヶ岳にかけて自生
◇高尾暖地性潤葉樹林（島根県隠岐郡隠岐の島町）
　ウラジロガシ、シダ類、らん類等の自然林

1928（昭和3）年2月17日
◇霞間ヶ渓（サクラ）（岐阜県揖斐郡池田町）
　渓流沿いにヤマザクラ、ソメイヨシノ、シダレザクラなどが咲く※名勝, 天然記念物
1928（昭和3）年2月18日
◇御岳の神代ケヤキ（東京都青梅市御岳山）
　幹囲8.2m、樹高約30m、推定樹齢は約600年
◇関の尾の甌穴（宮崎県都城市関之尾町）
　関之尾の滝の上流600mにわたって千数百の甌穴群が広がる
1928（昭和3）年3月3日
◇躑躅原レンゲツツジおよびフジザクラ群落（山梨県富士吉田市上吉田）
　センズイボリとカワラボリと呼ぶ堀の間にまたがっている
◇那智原始林（和歌山県東牟婁郡那智勝浦町）
　照葉樹林の高さ約25m、優占種はイスノキ
1928（昭和3）年3月5日
◇須佐湾（山口県萩市）
　変化に富む景観と地質学上の特徴のある沈水海岸※名勝, 天然記念物
1928（昭和3）年3月24日
◇オオミズナギドリ繁殖地（北海道松前郡松前町）
　大島は北海道唯一の指定地
◇赤井谷地沼野植物群落（福島県会津若松市湊町・河東町）
　ヨシを主とした低層湿原から高層湿原までの発達段階がみられる
◇諸磯の隆起海岸（神奈川県三浦市三崎町諸磯）
　穿孔貝による無数の小穴が存在している
◇八代の大ケヤキ（兵庫県朝来市八代）
　推定樹齢1500年。大金木と呼ばれる霊木
◇妹山樹叢（奈良県吉野郡吉野町）
　西日本の特殊暖帯林

事典・日本の自然保護地域　**63**

014 天然記念物〔国指定〕   記念物・名勝

◇カブトガニ繁殖地（岡山県笠岡市）
　　国内の代表的な生息地・繁殖地だが絶
　　滅寸前に追い込まれている
◇ナメクジウオ生息地（広島県三原市幸崎
　町）
　　有竜島の南西に続く長さ約400mの砂
　　浜は生息地
◇大吼谷蝙蝠洞（山口県下関市豊浦町）
　　花崗岩からなる海食洞
◇室戸岬亜熱帯性樹林及海岸植物群落（高
　知県室戸市室戸岬町）
　　照葉樹林で、暖温帯の植生
◇瀞八丁（和歌山県新宮市，三重県熊野市，
　奈良県吉野郡十津川村）
　　吉野熊野国立公園内の大峡谷。巨岩・
　　奇石が並ぶ日本有数の景勝地※特別名
　　勝，天然記念物

1928（昭和3）年3月27日

◇浦富海岸（鳥取県岩美郡岩美町）
　　屈曲に富む海岸で海食洞や波食微地形
　　がある※名勝，天然記念物

1928（昭和3）年3月31日

◇岩戸山樹叢（長崎県南島原市）
　　山麓の傾斜地に照葉樹林がある
◇原生沼沼野植物群落（長崎県雲仙市）
　　シカクイ群落・ハリミズゴケ群落・オ
　　オミズゴケ群落
◇地獄地帯シロドウダン群落（長崎県雲仙
　市）
　　硫気孔から少し離れたところに生育
◇池の原ミヤマキリシマ群落（長崎県雲仙
　市）
　　海抜800mで群生
◇普賢岳紅葉樹林（長崎県雲仙市）
　　原始性の高い落葉広葉樹林に覆われて
　　いる
◇野岳イヌツゲ群落（長崎県雲仙市）
　　高さ6m、幹径20cmに達する巨木が生
　　育

1928（昭和3）年4月12日

◇十和田湖および奥入瀬渓流（青森県十和
　田市，秋田県鹿角郡小坂町）
　　十和田湖は二重式カルデラ湖で湖水
　　をカツラ・トチノキ・ブナなどの豊か

な山岳が取り巻く。奥入瀬渓流は、岩
壁、樹林、滝、苔むす岩等により自然
景観を形成※特別名勝，天然記念物

1928（昭和3）年9月20日

◇見島ウシ産地（山口県萩市見島）
　　飼育頭数は80頭
◇見島のカメ生息地（山口県萩市見島）
　　約2万m²の「片くの池」に生息

1928（昭和3）年10月4日

◇中房温泉の膠状珪酸および珪華（長野県
　安曇野市）
　　中房温泉特有の地質と温泉・噴気によ
　　り形成された堆積物の周辺一帯

1928（昭和3）年10月22日

◇歌才ブナ自生北限地帯（北海道寿都郡黒
　松内町）
　　歌才川沿いの丘陵に位置するブナ林

1928（昭和3）年11月30日

◇吉見百穴ヒカリゴケ発生地（埼玉県比企
　郡吉見町）
　　関東平野に発生するのは植物学上貴重
◇竹岡のヒカリモ発生地（千葉県富津市荻
　生）
　　日本で最初にヒカリモが発見された
　　場所
◇小山田ヒガンザクラ樹林（新潟県五泉市
　小山田）
　　蟹沢山に繁茂するエドヒガン
◇小木の御所ザクラ（新潟県佐渡市小木）
　　順徳上皇のお手植と伝えられている
◇栢野の大スギ（石川県加賀市）
　　推定樹齢は2300年
◇三恵の大ケヤキ（山梨県南アルプス市）
　　樹齢が古く、県内でも比類ない大木
◇久津八幡神社の夫婦スギ（岐阜県下呂市
　萩原町）
　　樹高約25m、24.7mの2本のスギ
◇室生山暖地性シダ群落（奈良県宇陀市）
　　イヨクジャクやイワヤシダは分布の
　　北限

1929（昭和4）年4月2日

◇白旗山八幡宮のオハツキイチョウ（茨城
　県水戸市八幡町）

64　事典・日本の自然保護地域

記念物・名勝　　　　　　　　　　　　　　　　　　　　　　　　　　　*014*　天然記念物〔国指定〕

胸高直径5.8m、根回りは約9.5m、樹
高約35m
◇上沢寺のオハツキイチョウ（山梨県南巨
摩郡身延町）
「サカサイチョウ」「ドクケシイチョウ」
の名で古くから知られている
◇本国寺のオハツキイチョウ（山梨県南巨
摩郡身延町）
根周り7m、高さ約24.0m
◇千光寺の五本スギ（岐阜県高山市丹生川
町）
幹周囲約12m、樹高約47m
◇禅昌寺の大スギ（岐阜県下呂市萩原町）
目通り幹周囲10.3m、樹高約40m
◇中将姫誓願ザクラ（岐阜県岐阜市大洞）
奈良時代、中将姫が植えたと伝えられ
ている
◇立田山ヤエクチナシ自生地（熊本県熊本
市黒髪）
立田山麓に自生する
1929（昭和4）年12月17日
◇勝源院の逆ガシワ（岩手県紫波郡紫波
町）
樹齢は約300年程
◇吉田胎内樹型（山梨県富士吉田市上吉
田）
富士山の噴火の際に流出したとされる
溶岩流の東端に形成された
◇神座風穴（山梨県南都留郡鳴沢村）
青木ヶ原溶岩流の分布地
◇西湖蝙蝠穴およびコウモリ（山梨県南都
留郡富士河口湖町）
冬でも温暖で結氷をみないため、コウ
モリ群が冬眠の場所としている
◇船津胎内樹型（山梨県南都留郡富士河口
湖町）
洞側には溶岩が肋骨状に垂れ下がり、
内蔵を抜き取った胸腔に似ている
◇大室洞穴（山梨県南都留郡鳴沢村）
大室山の北麓にあり、海抜1,190m
◇富岳風穴（山梨県甲府市）
延長80m以上という大支洞をもつ
◇富士風穴（山梨県甲府市）
青木ヶ原丸尾溶岩流内の溶岩洞穴

◇本栖風穴（山梨県甲府市）
富士北麓の洞穴の中で一番多くの氷が
ある
◇鳴沢氷穴（山梨県南都留郡鳴沢村）
標高1025mに位置する溶岩洞穴
◇龍宮洞穴（山梨県南都留郡富士河口湖
町）
青木ヶ原に所在する洞穴
◇清田の大クス（愛知県蒲郡市清田町）
高さ25m、胸高囲13.5m、枝張り27m
◇了徳寺のオハツキイチョウ（滋賀県米原
市醒井）
樹齢約200年、幹囲約2.5m、高さ約20m
◇郷村断層（京都府京丹後市網野町）
1927（昭和2）年の奥丹後大地震で生じ
た断層
◇三ノ公川トガサワラ原始林（奈良県吉野
郡川上村）
高さ30mにも成長する樹木
◇玉若酢命神社の八百スギ（島根県隠岐郡
隠岐の島町）
樹高30m、根元の周囲約20m、推定樹
齢2,000年以上
◇瀰山原始林（広島県廿日市市宮島町）
暖・温帯林の代表的なもので原始林的
様相を保っている
1930（昭和5）年2月28日
◇鵜川神社の大ケヤキ（新潟県柏崎市新
道）
樹齢約1000年
◇神淵神社の大スギ（岐阜県加茂郡七宗
町）
根元の幹周囲10m、樹高約43mの巨樹
◇高島のビロウ自生地（宮崎県延岡市）
ビロウとしては最北の自生地
1930（昭和5）年4月25日
◇古江のキンモクセイ（宮崎県延岡市）
推定樹齢約300年、高さ約6m、幹周り
約2m
1930（昭和5）年8月25日
◇八百富神社社叢（愛知県蒲郡市竹島町）
常緑広葉樹林
◇草間の間歇冷泉（岡山県新見市草間）

事典・日本の自然保護地域　　**65**

014 天然記念物〔国指定〕 　　　　　　　　　　　　　　　　　　記念物・名勝

佐伏川沿いの石灰岩の岩壁から噴き出
している冷泉
◇羅生門（岡山県新見市草間）
鍾乳洞の天井が陥没し、一部が残存し
てアーチ状になったもの
◇大玉スギ（山口県周南市須々万）
根元の周囲17m、目の高さの幹周り10.
5m、高さ約34m

1930（昭和5）年10月3日
◇比叡山鳥類繁殖地（京都府京都市左京区、
滋賀県大津市坂本本町）
古くから霊域として保護されてきたの
で、多種多様な鳥類が棲息

1930（昭和5）年11月19日
◇楓谷のヤマモミジ樹林（岐阜県美濃市大
矢田）
大矢田神社の参道両側に並木状に樹林
を作る
◇向淵スズラン群落（奈良県宇陀市）
吐山と並び自然分布の南限地。吐山の
群生地よりも狭いが日当たりが良い
◇吐山スズラン群落（奈良県奈良市）
向淵と並び自然分布の南限地
◇スナメリクジラ廻游海面（広島県竹原市
高崎町）
例年1月下旬頃阿波島の近海に現われ
る
◇小串エヒメアヤメ自生南限地帯（山口県
下関市豊浦町）
指定地は低山の西向きの斜面で保護増
殖が行われている

1931（昭和6）年2月20日
◇長泉寺の大イチョウ（岩手県久慈市門
前）
推定樹齢約1100年の老大木
◇千本イチョウ（千葉県市川市八幡）
樹高23m、幹周10.8m
◇猿投山の球状花崗岩（愛知県豊田市加納
町）
広沢川の河床・右岸の黒雲母花崗岩中
に菊石呼ばれる球状体の模様が岩体一
面に分布
◇玄武洞（兵庫県豊岡市赤石竹栗）
六角形の玄武岩が積み上げられている

◇白浜の化石連痕（和歌山県西牟婁郡白浜
町）
江津良の阪田鼻から田尻浜の海岸に
ある
◇白浜の泥岩岩脈（和歌山県西牟婁郡白浜
町）
田辺層群の最上部の船山累層の砂岩に
垂直の割れ目へ泥漿が入りこんだもの
◇アビ渡来群游海面（広島県呉市豊浜町）
西南方海上豊島付近に毎年2月から4・
5月にかけて数百羽が渡来する

1931（昭和6）年3月30日
◇鎌掛谷ホンシャクナゲ群落（滋賀県蒲生
郡日野町）
約2万本の純木をなす

1931（昭和6）年6月3日
◇萬徳寺のヤマモミジ（福井県小浜市金
屋）
幹の周囲約3.6m、ヤマモミジの巨樹
◇城山（鹿児島県鹿児島市城山町）
市街地にありながら自然林がよく残る
※天然記念物、史跡

1931（昭和6）年7月31日
◇一之瀬のホンシャクナゲ群落（岐阜県大
垣市）
雑木林内に1a当たり4～5株が群生
◇鳳来寺山（愛知県新城市）
基盤の花崗岩、領家片麻岩の上に第3
紀の基底礫岩がある。暖帯植物や地衣
蘚苔類が繁茂※名勝，天然記念物

1931（昭和6）年10月21日
◇觜崎ノ屏風岩（兵庫県たつの市新宮町觜
崎）
侵食作用によって屏風を立てたように
見える山丘

1932（昭和7）年3月25日
◇ルーミスシジミ生息地（奈良県奈良市春
日野町）
春日山原始林の一部で生息している
◇石見畳ヶ浦（島根県浜田市国分町）
円礫が露出する高さ25m余の海食崖の
下に、千畳敷とよばれる砂岩の隆起海
床が広がっている

66 事典・日本の自然保護地域

記念物・名勝

014 天然記念物〔国指定〕

1932（昭和7）年4月19日

◇神明社の大シイ（愛知県西尾市上永良町）
推定樹齢1000年の巨木

◇遊龍松（京都府京都市西京区大原野小塩町）
幹が左右に長く伸び、龍のようにみえる五葉松

◇シシンラン群落（奈良県吉野郡上北山村）
自生の最北限

1932（昭和7）年4月25日

◇八ツ房スギ（奈良県宇陀市）
神武天皇が植えたというスギ

◇峨嵋山樹林（山口県光市室積）
暖地性の常緑樹林よりなる瀬戸内海西部沿岸の代表的な樹林

1932（昭和7）年7月23日

◇大戸のサクラ（茨城県東茨城郡茨城町）
ヤマザクラの巨木

◇多古の七ツ穴（島根県松江市島根町）
高さ50m、延長400m

◇築島の岩脈（島根県松江市島根町）
安山岩質玄武岩

◇象岩（岡山県倉敷市下津井）
象が水を飲もうとする姿に似ている奇岩

1932（昭和7）年7月25日

◇与野の大カヤ（埼玉県さいたま市中央区鈴谷）
カヤの巨樹として有数

◇熊野の長フジ（静岡県磐田市）
熊野御前が植えたと伝えられているフジは樹令800年以上

◇大瀬崎のビャクシン樹林（静岡県沼津市西浦江梨）
日本最北端の自然群生地

◇名古屋城のカヤ（愛知県名古屋市中区本丸）
推定樹齢600年の雌株

◇果号寺のシブナシガヤ（三重県伊賀市西山）
樹高約20m

◇高倉神社のシブナシガヤ（三重県伊賀市西高倉）
樹高約20m、直径約80cm

◇岩屋寺の切開（島根県仁多郡奥出雲町横田）
花崗岩からなる高さ10〜20m、全長約80mの渓谷

1932（昭和7）年10月19日

◇雁ノ穴（山梨県富士吉田市上吉田）
2個の熔岩洞穴と16個の熔岩樹型との総称

1933（昭和8）年2月28日

◇オオサンショウウオ生息地（岐阜県郡上市大和町）
オオサンショウウオ生息のための環境の保護を目的に指定された

◇阿豆佐和気神社の大クス（静岡県熱海市西山町）

◇葛見神社の大クス（静岡県伊東市馬場町）
目通りは16m

◇七折鍾乳洞（宮崎県西臼杵郡日之影町）
入り口から約100mほどの間に様々な鍾乳石を見ることができる

◇柘の滝鍾乳洞（宮崎県西臼杵郡高千穂町）
石灰岩地域の地下に生じた洞穴

1933（昭和8）年4月13日

◇魚取沼テツギョ生息地（宮城県加美郡加美町）
イワナなどの魚類と共にテツギョが群をなし生息している

◇安中原市のスギ並木（群馬県安中市原市）
推定樹令400年。日本最大の規模の杉並木

◇横室の大カヤ（群馬県前橋市）
推定樹齢1000年以上の大木

◇原町の大ケヤキ（群馬県吾妻郡東吾妻町）
樹齢1000年

◇榛名神社の矢立スギ（群馬県高崎市）
3株が合わさり1本のように見える

◇余田臥龍梅（山口県柳井市余田）

事典・日本の自然保護地域　**67**

014 天然記念物〔国指定〕　　　　　　　　　　　　　　　記念物・名勝

梅の老木で室町時代のものと伝わる

1934（昭和9）年1月22日

◇陸前江ノ島のウミネコおよびウトウ繁殖地（宮城県牡鹿郡女川町）
　江ノ島列島はウミネコやウトウの天敵が少なく、繁殖地としての好条件がそろっている

◇ザリガニ生息地（秋田県大館市字桜町南・大字池内・道下）
　生息の南限

◇象潟（秋田県にかほ市）
　鳥海山のふもとに点在する60あまりの島々が田園地帯に浮かんでいるように見える

◇箱根仙石原湿原植物群落（神奈川県足柄下郡箱根町）
　ミズゴケ類の湿地からヨシ、ハンノキ群落までみられる

◇橡平サクラ樹林（新潟県新発田市）
　大峰山国有林内に自生する40種以上のサクラの樹林帯

◇鬼岩（岐阜県可児郡御嵩町）
　可児川の源流付近にあり、花崗岩が侵食してできた巨岩や奇石がある※名勝, 天然記念物

◇傘岩（岐阜県恵那市大井町）
　風化侵食が特異な形で進行した花崗岩

◇美濃の壺石（岐阜県土岐市土岐津町土岐口）
　第3紀鮮新世の砂礫層から産出する

◇地震動の擦痕（静岡県伊豆の国市南江間）
　1930（昭和5）年の北伊豆地震で魚雷による地震動の記録

◇阿寺の七滝（愛知県新城市）
　阿寺川の上流、中生代の礫岩の断層崖にかかる瀑布※名勝, 天然記念物

◇羽豆神社の社叢（愛知県知多郡南知多町）
　ウバメガシを主とした暖地性常緑樹林

◇鵜の山ウ繁殖地（愛知県知多郡美浜町）
　約9000羽を数える繁殖地

◇乳岩および乳岩峡（愛知県新城市）
　宇連川の支流乳岩川の峡。河床が1枚

岩の観を呈する※天然記念物, 名勝

◇椋本の大ムク（三重県津市）
　樹高25m、日本最大級のムクノキ

◇但馬御火浦（兵庫県美方郡香美町, 兵庫県美方郡新温泉町）
　海食崖が発達し、洞門、洞窟、柱状節理が連なる※名勝, 天然記念物

◇岩屋観音窟（山口県岩国市）
　約1億5000万年前に堆積した地層の小さな石灰岩にできた石灰洞

◇六連島の雲母玄武岩（山口県下関市六連島）
　島の中央の高い所にある玄武岩中にクロウンモが形成されている

◇長垂の含紅雲母ペグマタイト岩脈（福岡県福岡市西区長垂）
　40種を越す鉱物を含む火成岩

◇幸嶋サル生息地（宮崎県串間市大字市木）
　亜熱帯性の森が茂り野生のニホンザルが生息

1934（昭和9）年3月26日

◇箒スギ（神奈川県足柄上郡山北町）
　目通り10m、樹高45m

1934（昭和9）年5月1日

◇小原の材木岩（宮城県白石市小原）
　高さ100m、長さ200mほどの範囲に石英安山岩、角閃石に属する岩脈が続く

◇佐渡小木海岸（新潟県佐渡市）
　波食台、溺れ谷、海岸段丘など変化に富む海岸※天然記念物, 名勝

◇本願清水イトヨ生息地（福井県大野市糸魚町）
　湧水池に生息

◇忍野八海（山梨県南都留郡忍野村）
　出口池・お釜池・底抜池・銚子池・湧池・濁池・鏡池・菖蒲池と呼ばれる8つの湧泉をさす

◇神ノ御杖スギ（岐阜県郡上市美並町）
　根元の幹周囲約15m、目通り幹周囲約9.2m、樹高約30m

◇三島神社のキンモクセイ（静岡県三島市大宮町二丁目）
　推定樹齢1200年の巨木

68　事典・日本の自然保護地域

記念物・名勝   *014* 天然記念物〔国指定〕

◇馬背岩（愛知県新城市）
第3紀の集塊岩質凝灰岩層中に貫入した安山岩の岩脈

◇キマダラルリツバメチョウ生息地（鳥取県鳥取市東町・栗谷町・上町）
シジミチョウ科の小型の蝶

◇倉田八幡宮社叢（鳥取県鳥取市馬場町）
タブノキを中心とする照葉樹林

◇波波伎神社社叢（鳥取県倉吉市福庭）
高木ではスダジイが8割以上を占める。タブノキ、クロキも混生する常緑広葉樹林

◇日御碕の大ソテツ（島根県出雲市大社町）
樹齢は500年前後。暖地性のソテツがこの地域で大きくなるのは非常に稀

◇壁島ウ渡来地（山口県下関市豊北町）
岩礁に数千羽のウミウが渡来する

◇阿波の土柱（徳島県阿波市北山・桜ノ岡）
砂礫層の侵蝕によって数10の土の柱を現出した地形

◇名島の檣石（福岡県福岡市東区名島）
名島神社境内の海岸に露出する珪化木

◇狭野神社ブッポウソウ繁殖地（宮崎県西諸県郡高原町）
狭野神社のスギ並木が繁殖地

◇青島の隆起海床と奇形波蝕痕（宮崎県宮崎市大字折生迫）
青島からいるか岬に至る海岸の干潮時に広がる凹凸のある岩やその表面の模様

1934（昭和9）年8月9日

◇姉滝（宮城県仙台市太白区秋保町）
名取川の上流にある高さ16mの瀑布。甌穴と滝とが結合した珍しいもの

◇八幡野八幡宮・来宮神社社叢（静岡県伊東市八幡野）
リュウビンタイは日本列島における北限自生地

◇大野見宿禰命神社社叢（鳥取県鳥取市徳尾）
スダジイ、モチノキ、タブノキ等からなる

◇龍宮の潮吹（山口県長門市油谷津黄）

岩壁に打ち寄せた大波が岩の穴に流入し音を立てて空中に吹きあげるもの※天然記念物，名勝

◇大杵社の大スギ（大分県由布市）
推定樹齢800〜1000年、樹高38m

1934（昭和9）年11月10日

◇屋島（香川県高松市屋島東町・屋島中町・屋島西町・高松町）
源平合戦の古戦場として知られる屋根の形をした溶岩台地※史跡，天然記念物

◇五箇瀬川峡谷（高千穂峡谷）（宮崎県西臼杵郡高千穂町）
阿蘇山の溶岩が浸食されたもの。柱状節理の懸崖※名勝，天然記念物

1934（昭和9）年12月28日

◇椿島ウミネコ繁殖地（岩手県陸前高田市広田町）
花崗岩の小島に、毎年2月から3月にかけて繁殖地に集まる

◇入水鍾乳洞（福島県田村市滝根町・常葉町）
全長900m

◇片庭ヒメハルゼミ発生地（茨城県笠間市片庭）
片庭八幡神社・楞厳寺境内に棲息する蝉

◇川原湯岩脈（臥龍岩および昇龍岩）（群馬県吾妻郡長野原町）
地層の割れ目にマグマが噴出し固まったもの

◇燕岩岩脈（山梨県甲府市御岳町）
黒富士火山を構成する火山岩類の一員

◇手石の弥陀ノ岩屋（静岡県賀茂郡南伊豆町）
弥陀山にある海蝕洞窟。古くから信仰の対象

◇屏風岩、兜岩および鎧岩（奈良県宇陀郡曽爾村）
室生火山群に属する珍しい柱状節理

◇円上島の球状ノーライト（香川県観音寺市伊吹町）
模様が樹木の年輪のようになった岩体

◇龍河洞（高知県香美市）

事典・日本の自然保護地域   **69**

014 天然記念物〔国指定〕　　　　　　　　　　　　　　　　　　　　　記念物・名勝

三宝山の中腹にある洞窟※天然記念
物, 史跡

◇隠家森（福岡県朝倉市）
　樹齢約1500年以上の楠の巨木

◇鎮西村のカツラ（福岡県飯塚市大字建花
　寺）
　樹齢約1000年、樹高約30m、幹回り約
　13m

◇阿弥陀スギ（熊本県阿蘇郡小国町）
　高さ約38m、樹齢は1300年以上の大杉

◇下の城のイチョウ（熊本県阿蘇郡小国
　町）
　樹齢は1000年以上。鏡ヶ池と同伝説
　の登場する乳母の記念樹

◇大野下の大ソテツ（熊本県玉名市）
　樹齢は700年、1000年いわれている

◇麻生原のキンモクセイ（熊本県上益城郡
　甲佐町）
　樹齢750年を越える老木

◇狩生鍾乳洞（大分県佐伯市狩生）
　彦岳南麓にある鍾乳洞

1935（昭和10）年4月11日

◇花輪堤ハナショウブ群落（岩手県花巻市
　西宮野目）
　青色を帯びた紫・紫・赤みがかった紫
　などの花の色に変化が見られる、代表
　的群落地

◇三隅大平ザクラ（島根県浜田市三隅町）
　胸高幹周6m、樹高18m

1935（昭和10）年6月7日

◇アラレガコ生息地（福井県九頭竜川（大
　野市, 福井市））
　九頭竜川のアラレガコは特に成長がよ
　く大形

◇専福寺の大ケヤキ（福井県大野市友兼）
　目通りの周囲約10.5m、高さ約16mの
　ケヤキ巨木

◇東尋坊（福井県坂井市）
　東方の崎浦、梶浦の沿岸に大小の島が
　散在、多くの洞窟、名門を生じている
　※天然記念物, 名勝

◇美森の大ヤマツツジ（山梨県北杜市）
　指定当時、高さ約2.5m、根元の全周囲
　約2.7m

◇三岳のブッポウソウ繁殖地（長野県木曽
　郡木曽町）
　御岳神社里宮若宮と日向八幡宮の社叢

◇洲原神社ブッポウソウ繁殖地（岐阜県美
　濃市須原）
　神社社叢で飛び交う姿がみられる

◇丹那断層（静岡県田方郡函南町）
　1930（昭和5）年の北伊豆地震で生じた
　断層のずれ

◇大根島第二熔岩隧道（島根県松江市八束
　町）
　全長約80m

◇太宰府神社のヒロハチシャノキ（福岡県
　太宰府市宰府）
　日本最大のヒロハチシャノキ

◇竹の熊の大ケヤキ（熊本県阿蘇郡南小国
　町）
　高さ約33m、推定樹齢1000年

◇大岩扇山（大分県玖珠郡玖珠町）
　台地の侵食作用が進んでできたテーブ
　ル状の形の山

◇耶馬渓猿飛の甌穴群（大分県中津市山国
　町）
　河床に清流の流れで自然にできた甌
　穴群

◇八村スギ（宮崎県東臼杵郡椎葉村）
　推定樹齢約800年、高さ約54m、幹周
　り約13.3m

1935（昭和10）年8月27日

◇横山のウグイ生息地（宮城県登米市津山
　町）
　大徳寺境内の池に多数のウグイが生息

◇杉森神社のオハツキイチョウ（福井県大
　飯郡高浜町）
　2本とも雌株

◇堂ヶ島天窓洞（静岡県賀茂郡西伊豆町）
　白い凝灰岩でできた海蝕洞窟

◇妙見浦（熊本県天草市）
　蓬莱島などの岩礁や高さ100mにも及
　ぶ断崖、洞門が続く※名勝、天然記念物

◇竜仙島（片島）（熊本県天草市）
　海食による石門、石柱、洞窟などの独
　特の景観※天然記念物, 名勝

70　事典・日本の自然保護地域

記念物・名勝 / 014 天然記念物〔国指定〕

1935（昭和10）年12月24日

◇華蔵寺の宝珠マツ（岩手県陸前高田市小友町）
樹高約20m、樹齢は約130年

◇三貫島オオミズナギドリ及ヒメクロウミツバメ繁殖地（岩手県釜石市箱崎町）
御箱崎南端のオイデ崎の東南1kmにある無人島

◇日出島クロコシジロウミツバメ繁殖地（岩手県宮古市崎鍬ヶ崎）
総数約1万羽と推定されている

◇猪苗代湖ミズスギゴケ群落（福島県耶麻郡猪苗代町）
猪苗代湖北岸に近い水深3mの水底に生息

◇三宝寺池沼沢植物群落（東京都練馬区石神井台一丁目）
動植物の分布上、極めて貴重な北方系の沼沢植物群落

◇素桜神社の神代ザクラ（長野県長野市泉平）
樹齢推定約1200年の巨木

◇岡崎ゲンジボタル発生地（愛知県岡崎市）
古くから「生田蛍」と呼ばれるゲンジボタルの多産地として親しまれてきた

◇熊野の鬼ケ城 附 獅子巌（三重県熊野市木本町）
鬼ケ城は石英粗面岩の大岸壁が連なる。獅子巌は獅子の横顔に似た形の石英粗面岩塊※天然記念物, 名勝

◇高池の虫喰岩（和歌山県東牟婁郡古座川町）
流紋岩質凝灰岩が風水食をうけたもの。高さ約60m

◇神島（和歌山県田辺市（湾内））
暖地性の照葉樹林がよく発達している

◇門前の大岩（和歌山県日高郡由良町）
中世代ジュラ紀から白亜紀にかけての石灰岩の大露頭

◇隠岐知夫赤壁（島根県隠岐郡知夫村）
風海食によってつくられた断崖※名勝, 天然記念物

◇沼田西のエヒメアヤメ自生南限地帯（広島県三原市沼田西町松江）
アカマツ林の疎林地

◇吉部の大岩郷（山口県宇部市西吉部）
大きさ0.5〜4mの岩が、厚さ数mほど積もっていている

◇山口ゲンジボタル発生地（山口県山口市）
ゲンジボタルの名所として有名

◇万倉の大岩郷（山口県美祢市伊佐町奥万倉）
標高300m付近に幅100m、奥行き150mの範囲でよく観察できる

◇千仏鍾乳洞（福岡県北九州市小倉南区大字新道寺）
鍾乳石、石筍、石柱の発達が著しい

◇去川のイチョウ（宮崎県宮崎市）
推定樹齢約600年、高さ約30m、幹周り約11.2m

◇高岡の月知梅（宮崎県宮崎市）
推定樹齢約150年、高さ約6m、幹周り約0.7m

◇湯ノ宮の座論梅（宮崎県児湯郡新富町）
推定樹齢600年

1936（昭和11）年9月3日

◇龍谷寺のモリオカシダレ（岩手県盛岡市名須川町）
1920（大正9）年三好学が発見し発見地の名前をとって名付けられた

◇芝谷地湿原植物群落（秋田県大館市釈迦内）
低地湿原で、ノハナショウブなどが繁茂

◇新町の大ソテツ（静岡県賀茂郡河津町）
推定樹齢1000年以上

◇白糸ノ滝（静岡県富士宮市原・上井出）
富士山西麓にある滝で壁面にすだれのように落下する※名勝, 天然記念物

◇鳥巣半島の泥岩岩脈（和歌山県田辺市新庄町）
砕屑岩脈群としては日本最大の規模

◇波根西の珪化木（島根県大田市久手町波根西）
ブナの木と推定される

◇忠海八幡神社社叢（広島県竹原市忠海

事典・日本の自然保護地域 **71**

014 天然記念物〔国指定〕

町）
総数約60本を数えるモッコクが群生

◇南桑カジカガエル生息地（山口県岩国市）
錦川の中流の河原に生息

1936（昭和11）年12月16日
◇蛇ヶ崎（岩手県陸前高田市小友町）
大規模な海食洞や潮吹穴が見られる

◇馬場ザクラ（福島県安達郡大玉村）
樹高15m、推定樹齢1000年のエドヒガン

◇金剛ザクラ（栃木県日光市山内）
樹高10m、根周り約6m、主幹周囲約3.9m

◇吹割渓ならびに吹割瀑（群馬県沼田市利根町）
平滑な河床の水流が溝状の窪みの両側から流れ落ちる滝※天然記念物，名勝

◇宮崎鹿島樹叢（富山県下新川郡朝日町）
日本海岸における暖帯林の北限地

◇杉桙別命神社の大クス（静岡県賀茂郡河津町）
推定樹齢1000年以上

◇斎宮のハナショウブ群落（三重県多気郡明和町）
実際に生育しているのはノハナショウブ

◇唐音の蛇岩（島根県益田市西平原町）
安山岩の岩流

◇須佐高山の磁石石（山口県萩市須佐）
山頂部の斑れい岩は異常に強い磁気を帯びている

◇七釜鍾乳洞（長崎県西海市中浦北郷）
清水洞をはじめとする横穴や縦穴の総称

1937（昭和12）年4月17日
◇逆スギ（栃木県那須塩原市）
推定樹齢約1500年の雄木と雌木

◇三波川（サクラ）（群馬県藤岡市）
1908（明治41）年1000本のソメイヨシノを植えたところ、数年後の11月に突然開花したことから、注目された※名勝，天然記念物

◇虫川の大スギ（新潟県上越市浦川原）
推定樹齢1200年以上のご神木

◇金生水沼沢植物群落（三重県鈴鹿市地子町）
暖地性植物と寒地性植物が混生

◇九木神社樹叢（三重県尾鷲市九鬼町）
典型的な暖帯地方の海岸林

◇伯耆の大シイ（鳥取県東伯郡琴浦町）
樹高約15m、目通り約9.7m、胸高直径約3m

◇海潮のカツラ（島根県雲南市大東町）
周囲13m、高さ30m、枝張り40m

1937（昭和12）年6月15日
◇碁石海岸（岩手県大船渡市末崎町）
海岸一帯に岩礁・断崖・洞穴・洞門・潮吹穴・水道などがみられる※名勝，天然記念物

◇中釜戸のシダレモミジ（福島県いわき市渡辺町）
枝分かれで、ねじれて傘を広げたような特徴がある

◇永明寺のキンモクセイ（群馬県邑楽郡邑楽町）
樹齢700年

◇華蔵寺のキンモクセイ（群馬県伊勢崎市華蔵寺町）
樹高10.6m、目通り3m

◇田代の七ツ釜（新潟県中魚沼郡津南町、新潟県十日町市）
苗場山系から流れでる釜川の渓流に点在する七つの滝つぼ※名勝，天然記念物

◇栗栖川亀甲石包含層（和歌山県田辺市）
表面に化石になりにくい海藻がたまたま残されている珍しい化石

◇大賀の押被（岡山県高梁市川上町）
1923（大正12）年に発見された「衝上断層」

◇尾崎小ミカン先祖木（大分県津久見市大字上青江）
推定樹令800年

1937（昭和12）年12月8日
◇白兎神社樹叢（鳥取県鳥取市白兎）
日本海海岸部の植物分布を示す点で

72 事典・日本の自然保護地域

記念物・名勝

貴重

1937（昭和12）年12月21日

◇春採湖ヒブナ生息地（北海道釧路市春採）
6〜7月にかけ産卵場所を求め湖岸の水草に集まるという

◇諏訪神社の翁スギ嫗スギ（福島県田村郡小野町）
樹齢およそ1200年の鳥居杉

◇能生白山神社社叢（新潟県糸魚川市能生）
尾山とも権現山とも称す

◇身延町ブッポウソウ繁殖地（山梨県南巨摩郡身延町）
目撃はされているが、ここ20年ほど繁殖は確認されていない

◇垂洞のシダレモミ（岐阜県中津川市付知町）
江戸時代、徳本上人が逆さまにさした杖が生長したと伝えられている

◇神戸丸山衝上断層（兵庫県神戸市長田区明泉寺町）
六甲山塊北側にある大断層の一部

1937（昭和12）年12月31日

◇下田のイチョウ（熊本県熊本市）
樹齢は700年、高さ21m、幹周り9m

1938（昭和13）年5月30日

◇薫蓋クス（大阪府門真市三ツ島）
木の根元にある江戸時代後期の公卿・千種有文の歌碑が由来

◇鎧袖（兵庫県美方郡香美町）
柱状節理の大絶壁

◇隠岐海苔田ノ鼻（島根県隠岐郡隠岐の島町）
岬の先端には、よろい岩、かぶと岩の奇勝がある※天然記念物，名勝

◇隠岐国賀海岸（島根県隠岐郡西ノ島町）
日本海の激しい海食作用を受け、東西に約7kmにわたり、断崖・絶壁・洞窟が続く※名勝，天然記念物

◇隠岐白島海岸（島根県隠岐郡隠岐の島町）
白島崎の北方に広がる雀島、長島、小白島、沖ノ島、松島、黒島など三十有

余の島の総称。多くの波食洞が見られる景勝地※名勝，天然記念物

◇星神島オオミズナギドリ繁殖地（島根県隠岐郡西ノ島町）
推定生息数500羽

◇砥部衝上断層（愛媛県伊予郡砥部町）
数千万年前の地殻変動によってできた逆断層

1938（昭和13）年8月8日

◇天売島海鳥繁殖地（北海道苫前郡羽幌町）
海鳥、陸鳥合わせて約300種類の繁殖地

◇筑紫森岩脈（秋田県秋田市河辺）
横臥柱状節理をしめす白色斜長流紋岩の岩肌が露出

◇上野村亀甲石産地（群馬県多野郡上野村）
亀の子石ともいう

◇御仏供スギ（石川県白山市吉野）
別名「倒スギ」

◇鹿島の森（石川県加賀市塩屋町）
大聖寺川の河口にある陸続きの島。暖帯性の照葉樹林

◇小堤西池のカキツバタ群落（愛知県刈谷市井ヶ谷町）
小堤西池の浅水部一面に群生

◇常照寺の九重ザクラ（京都府京都市右京区）

1938（昭和13）年12月14日

◇岩泉湧窟及びコウモリ（岩手県下閉伊郡岩泉町）
宇霊羅山の東霊羅にある鍾乳洞でコウモリ穴という支洞にコウモリが棲息

◇実相寺のイチョウ（岩手県二戸郡一戸町）
雄株だが枝の一部に雌花をつけ、ブドウの房状に実をつける習性を持つ

◇藤島のフジ（岩手県二戸郡一戸町）
根元幹囲36.6m、高さ約20m

◇飛島ウミネコ繁殖地（山形県酒田市飛島）
現在は1万5千羽以上飛来するとされている

◇岩神の飛石 (群馬県前橋市昭和町)
　熔結凝灰岩の巨岩
◇生犬穴 (群馬県多野郡上野村)
　オオカミが住んでいた穴として知られる
◇牛久保のナギ (愛知県豊川市下長山町)
　樹高15m、樹冠の広がり10m四方におよぶ巨樹
◇栗野町ハナショウブ自生南限地帯 (鹿児島県始良郡湧水町)
　三日月池一帯の湿地に数100個体が自生

1939 (昭和14) 年9月7日
◇根室車石 (北海道根室市花咲港)
　花咲灯台の下の海岸に露出する玄武岩質の枕状溶岩
◇名寄高師小僧 (北海道名寄市瑞穂)
　ミズゴケ泥炭とワタスゲ泥炭から成り、数10種植物が繁茂
◇名寄鈴石 (北海道名寄市緑丘)
　褐鉄鉱の一種
◇館ヶ崎角岩岩脈 (岩手県大船渡市末崎町)
　砂岩と頁岩の互層を示す海食崖の中に、角岩の岩脈が斜めに入り込んでいるもの
◇崎山の潮吹穴 (岩手県宮古市崎鍬ヶ崎)
　潮吹穴は汀から10mのところにあり海面上の高さは5m
◇崎山の蠟燭岩 (岩手県宮古市崎鍬ヶ崎)
　周囲の岩石が浸食され、岩脈の全体が露出し観察できる
◇賢沼ウナギ生息地 (福島県いわき市大字平沼ノ内)
　1mの大ウナギが生息
◇名草の巨石群 (栃木県足利市名草上町)
　厳島神社境内の弁天沢の中にある。弁慶割石、御供石、奥の院の御船石、石割楓が著名
◇山神の樹叢 (神奈川県足柄下郡湯河原町)
　暖帯性の常緑広葉樹林
◇城願寺のビャクシン (神奈川県足柄下郡湯河原町)

目通6m、樹高20m、推定樹齢800年
◇大田ノ沢のカキツバタ群落 (京都府京都市北区上賀茂本山町)

1940 (昭和15) 年2月10日
◇落石岬のサカイツツジ自生地 (北海道根室市落石西)
　ツツジの自生南限地
◇沢辺ゲンジボタル発生地 (宮城県栗原市)
　古くから蛍の名所
◇四阿山の的岩 (長野県上田市)
　複輝石安山岩の岩脈
◇熊野速玉神社のナギ (和歌山県新宮市新宮)
　根回り約5.45m、目通り幹囲約4.45m、高さ約17.6mの巨樹
◇沖島オオミズナギドリ繁殖地 (島根県隠岐郡隠岐の島町)
　暖地性の自然林をもつ小島の繁殖地
◇絹島および丸亀島 (香川県東かがわ市馬篠・小磯)
　大部分が讃岐岩 (サヌカイト) からなる島
◇塚崎のクス (鹿児島県肝属郡肝付町)
　推定樹齢1,200〜1,300年以上

1940 (昭和15) 年7月12日
◇柳津ウグイ生息地 (福島県河沼郡柳津町)
　弘法大師が菩薩像を刻んだ木片を只見川に投げ入れたら、ウグイと化したという
◇練馬白山神社の大ケヤキ (東京都練馬区練馬四丁目)
　源義家ゆかりのケヤキ
◇平根崎の波蝕甌穴群 (新潟県佐渡市相川町)
　巨大な岩盤に海水の渦紋浸食によってできた大小無数の穴
◇八木沢のオハツキイチョウ (山梨県南巨摩郡身延町)
　樹高約25m、目通り幹囲は約2.8m
◇横川の蛇石 (長野県上伊那郡辰野町)
　地層は2億5千万年前の海底に堆積した泥や砂からできており、梯状脈の存在

が貴重

1941（昭和16）年1月27日

◇高瀬の大木（ケヤキ）（福島県会津若松市神指町大字高瀬）
推定樹齢500年

◇赤津のカツラ（福島県郡山市湖南町）
推定樹齢350年以上

◇飯久保の瓢箪石（富山県氷見市飯久保）
石灰質砂岩層の一部が炭酸石灰によってかたく固まってできたもの

◇山科の大桑層化石産地と甌穴（石川県金沢市山科町）
山科の丘陵地一帯に貝類を主とする化石床がある

1941（昭和16）年2月21日

◇姉帯小鳥谷根反の珪化木地帯（岩手県二戸郡一戸町）
河床や川岸に保存良好な珪化木が多数埋蔵されている

1941（昭和16）年2月28日

◇平伏沼モリアオガエル繁殖地（福島県双葉郡川内村）
6月上旬から7月上旬にかけて産卵

◇八幡神社のイスノキ（静岡県下田市吉佐美）
樹高17m、推定樹齢800年

1941（昭和16）年3月27日

◇木幡の大スギ（福島県二本松市）
根本周囲16.2m、目通周囲9.33m、樹高20mで、樹齢推定700年

◇大嶋ナメクジウオ生息地（愛知県蒲郡市三谷町）
三河大島は分布の北限

◇船小屋ゲンジボタル発生地（福岡県みやま市，福岡県筑後市）
矢部川畔、珠が瀬付近に多く発生していたが減少している

1941（昭和16）年4月23日

◇仏宇多（仏ヶ浦）（青森県下北郡佐井村）
緑色凝灰岩の海崖が侵食を受け、様々な奇岩・怪石が屹立する岩石海岸※名勝、天然記念物

◇清津峡（新潟県南魚沼郡湯沢町，新潟県十日町市）
岩礁と清流からなる景観で知られる。野鳥や高山植物が数多く生息※名勝、天然記念物

1941（昭和16）年8月1日

◇浪打峠の交叉層（岩手県二戸郡一戸町）
細い砂岩からなり、700万年前のものといわれる

◇川上のユズおよびナンテン自生地（山口県萩市川上）
大きいものは目通り直径30cmにも達する

◇鷹巣山（福岡県田川郡添田町，大分県中津市山国町）
英彦山の一部が風化浸食されてできたビュート地形

1941（昭和16）年10月3日

◇見彌の大石（福島県耶麻郡猪苗代町）
輝石安山岩からなる巨石

◇猪谷の背斜向斜（富山県富山市）
厚さ1m程の砂岩と30cm程の頁岩が重なった地層が褶曲したもの

◇内海のアコウ（宮崎県宮崎市大字内海）
推定樹齢約300年、高さ約15m、幹周り6.9m

◇藤川天神の臥龍梅（鹿児島県薩摩川内市東郷町）
菅原道真の手植えとされる。1本の梅から増えたと伝わる梅林

◇横山楡原衝上断層（富山県富山市，岐阜県飛騨市神岡町）
断層粘土、断層角れき岩の発生、片麻岩の圧砕岩化等の諸現象を観察することができる

1941（昭和16）年11月13日

◇月潟の類産ナシ（新潟県新潟市）
栽培ナシの古品種

◇天神社の大スギ（新潟県妙高市）
推定樹齢800年以上、樹高25m、目通り8.15m

◇志布志の大クス（鹿児島県志布志市）
樹高22m、推定樹齢約1,200年

014 天然記念物〔国指定〕

1941（昭和16）年12月13日
◇鶴枝ヒメハルゼミ発生地（千葉県茂原市上永吉）
ヒメハルゼミの北限として指定された
◇古座川の一枚岩（和歌山県東牟婁郡古座川町）
古座川の左岸に延長800mにわたりそびえ立つ大岩壁

1942（昭和17）年3月7日
◇曽々木海岸（石川県輪島市町野町）
硬い流紋岩が波の侵食で複雑な模様や奇岩をつくっている※名勝, 天然記念物

1942（昭和17）年7月21日
◇幸神社のシダレアカシデ（東京都西多摩郡日の出町）
アカシデの枝垂れの奇態種
◇龍蔵寺のイチョウ（山口県山口市吉敷）
根元の周囲9.7m、高さ約50m、推定樹齢850年
◇鹿浦越のランプロファイヤ岩脈（香川県東かがわ市松原）
白と黒の縞模様ができた地質名所

1942（昭和17）年9月19日
◇朝鮮ウメ（宮城県仙台市若林区古城宮城刑務所構内）
高さ9m、臥竜梅の巨樹
◇綿向山麓の接触変質地帯（滋賀県蒲生郡日野町）
花崗岩により変質した石炭岩

1942（昭和17）年10月14日
◇ヨコグラノキ北限地帯（宮城県白石市小原）
小原材木岩対岸の虎岩の絶壁で発見された
◇小原のヒダリマキガヤ（宮城県白石市小原）
樹高約18m、目通り幹囲2.05m、推定樹齢は150年
◇羽吉の大クワ（新潟県佐渡市羽吉）
推定樹齢1300年以上
◇能生ヒメハルゼミ発生地（新潟県糸魚川市）
能生白山神社の社叢が発生地

◇白石島の鎧岩（岡山県笠岡市白石島）
鬼ヶ城山山頂に縦約10m×横約5mの岩脈が壁状に見える

1943（昭和18）年2月19日
◇葛根田の大岩屋（岩手県岩手郡雫石町）
柱状節理が絶壁をなし、河水の浸食で下底部が洞窟になっている
◇小原のコップガヤ（宮城県白石市小原）
樹高約18.5m、幹囲約2.8m、推定樹齢150年
◇白山神社のハナノキおよびヒトツバタゴ（岐阜県土岐市泉町大富）
ハナノキは根元の幹周囲7.18m、幹周囲4.6m。ヒトツバタゴは樹高12〜15m
◇東山洪積世植物遺体包含層（京都府京都市東山区今熊野南日吉町）
◇八幡神社のイブキ（愛媛県宇和島市伊吹町）
2本の雌株の巨木
◇天神の大スギ（高知県香南市）
樹高約55m、目通り周囲約9.5m、推定樹齢800年

1943（昭和18）年8月24日
◇幌満ゴヨウマツ自生地（北海道様似郡様似町）
幌満川沿いの群落は、北限の自生地
◇称名寺のシイノキ（宮城県亘理郡亘理町）
樹高約14m、樹齢は約700年
◇杉沢の大スギ（福島県二本松市）
二本松藩主丹羽光重公が樹下で休憩したという
◇塔の弟（ヘツリ）（福島県南会津郡下郷町）
侵食と風化が生み出した奇岩が連なる景勝地
◇松月寺のサクラ（石川県金沢市寺町）
別名「大桜」「御殿桜」
◇堂形のシイノキ（石川県金沢市広坂）
旧石川県庁本館正面玄関の左右にある2叢のスダジイ
◇八幡神社の大スギ（石川県加賀市）
別命「菅谷の三又スギ」の神木

記念物・名勝   *014*　天然記念物〔国指定〕

◇大山の大スギ（岐阜県加茂郡白川町）
　目通り幹周囲11.5m、樹高約41m
◇白羽の風蝕礫産地（静岡県御前崎市白
　羽）
　学術上貴重な珍しい礫の産地
◇鎌掛の屛風岩（滋賀県蒲生郡日野町）
　鎌掛の滝谷川右岸に位置する城山の山
　腹にある岩
◇竹崎のカツラ（島根県仁多郡奥出雲町横
　田）
　根周り約15m、樹高約32m
◇仁井田のヒロハチシャノキ（高知県高岡
　郡四万十町）
　推定樹齢約700年

1944（昭和19）年3月7日

◇黄柳野ツゲ自生地（愛知県新城市）
　標高200〜300mの地一帯に暖地性常
　緑低木の林叢に混じり自生
◇息長ゲンジボタル発生地（滋賀県米原
　市）
　天野川は数少ないホタル発生地
◇松上神社のサカキ樹林（鳥取県鳥取市松
　上）
　社叢の周辺や尾根筋にスダジイ・モチ
　ノキ林、谷部にウラジロガシ・サカキ
　林が分布
◇唐川のカキツバタ群落（鳥取県岩美郡岩
　美町）
　野生のカキツバタを中心に様々な湿原
　植生が発達

1944（昭和19）年6月26日

◇杉本の貞観スギ（愛知県豊田市）
　胸高約12m、根周囲約15m、樹高45m
◇湯原カジカガエル生息地（岡山県真庭市
　湯本町）
　環境破壊により生息数は減少
◇オキチモズク発生地（愛媛県東温市吉
　久）
　オキチモズクが最初に発見されたと
　ころ

1944（昭和19）年11月7日

◇御油のマツ並木（愛知県豊川市御油町）
　クロマツ老樹の並木

◇乳保神社のイチョウ（徳島県板野郡上板
　町）
　高さ約30m、幹回り約12m、推定樹齢
　900年以上

1944（昭和19）年11月13日

◇上野原の大ケヤキ（山梨県上野原市）
　根周り10.2m、目通り幹囲8.64m、樹
　高28.0
◇月瀬の大スギ（長野県下伊那郡根羽村）
　樹齢は1800年の巨木
◇別所高師小僧（滋賀県蒲生郡日野町）
　高師小僧の産地
◇永利のオガタマノキ（鹿児島県薩摩川内
　市永利町）
　胸高周囲6.7m、高さ約22m、推定樹齢
　約800年

1945（昭和20）年2月22日

◇照島ウ生息地（福島県いわき市泉町）
　毎年10月頃からウミウが飛来し、翌年
　3月頃まで越冬する
◇立山の山崎圏谷（富山県中新川郡立山
　町）
　短い尾根に囲まれたお椀を半分にした
　ような地形。日本にも氷河があった証
　拠として説明されたもの
◇伊古奈比咩命神社のアオギリ自生地（静
　岡県下田市白浜）
　アオギリの分布の北限

1948（昭和23）年1月14日

◇野間の大ケヤキ（大阪府豊能郡能勢町）
　樹齢1000年以上
◇カザグルマ自生地（奈良県宇陀市）
　自生地の北限

1948（昭和23）年12月18日

◇北吉井のビャクシン（愛媛県東温市樋
　口）
　根回り7m、樹高約20m、推定樹齢730年

1949（昭和24）年4月12日

◇旧白金御料地（東京都港区白金台五丁
　目）
　武蔵野の豊かな自然が今に残る※天然
　記念物, 史跡

事典・日本の自然保護地域　**77**

014 天然記念物〔国指定〕 記念物・名勝

1951（昭和26）年6月9日

◇大黒島海鳥繁殖地（北海道厚岸郡厚岸町）
コシジロウミツバメ、エトピリカ、ウミウ、ケイマフリ、オホゼグロカモメ、ヒメウ等の繁殖地として知られる

◇和琴ミンミンゼミ発生地（北海道川上郡弟子屈町）
カルデラ中に噴出した円頂丘が砂洲によって湖岸に連なる半島にある

◇羽黒山の爺スギ（山形県鶴岡市）
根周り10.5m、高さ43m、推定樹齢1000年以上

◇山五十川の玉スギ（山形県鶴岡市）
根周り22.5m、幹囲12m、推定樹齢1000年以上

◇早田のオハツキイチョウ（山形県鶴岡市）
根周り4.4m、高さ約15mの奇形樹

◇南谷のカスミザクラ（山形県鶴岡市）
樹齢300年程のオオヤマザクラの老大木

◇文下のケヤキ（山形県鶴岡市文下）
木の穴に住む白蛇を見ると目が潰れるという伝説がある

◇武甲山石灰岩地特殊植物群落（埼玉県秩父郡横瀬町）
武甲山北斜面で標高594m～755mが指定地

◇シイノキ山のシイノキ群叢（東京都大島町泉津）
13株のスダジイの群叢

◇大島海浜植物群落（東京都大島町泉津）
コハヒネズの群落が特に有名

◇蒼島暖地性植物群落（福井県小浜市加斗）
急峻な東西斜面に、典型的な暖地性常緑広葉樹の原生林がみられる

◇建屋のヒダリマキガヤ（兵庫県養父市能座）
根周り約16.5m、幹周り約7.35m、高さ約26m

◇口大屋の大アベマキ（兵庫県養父市大屋町）
高さ約16m、根周り約7m

◇糸井の大カツラ（兵庫県朝来市和田山町竹ノ内）
推定樹齢2000年

◇樽見の大ザクラ（兵庫県養父市大屋町）
推定樹齢1000年以上のエドヒガン

◇畑上の大トチノキ（兵庫県豊岡市畑上）
推定樹齢300年以上

◇象頭山（香川県仲多度郡琴平町）
琴平山の別称で象の寝ている姿に似ていることからつけられた。金刀比羅宮の神域で暖帯自然林でおおわれている
※名勝，天然記念物

◇新居浜一宮神社のクスノキ群（愛媛県新居浜市一宮町）
数10本のクスノキの老大木

◇大山祇神社のクスノキ群（愛媛県今治市大三島町）
目通り1m以上のクスノキが約30本、他多数の小樹が群生

◇キイレツチトリモチ自生北限地（長崎県長崎市鳴滝町・本河内町）
指定地は水源かん養林

◇御橋観音シダ植物群落（長崎県佐世保市）
40種を越す暖地性の貴重なシダ植物が見られる

◇黒子島原始林（長崎県平戸市大久保町黒子島）
島の外周にハマビワ群落がある

◇小長井のオガタマノキ（長崎県諫早市小長井町）
根元近くの幹周り9m余りの大木

◇多良岳ツクシシャクナゲ群叢（長崎県諫早市高来町）
急傾斜地でカシ類、カエデ類、シダ類に混じり群生

◇諫早市城山暖地性樹叢（長崎県諫早市高城町）
照葉樹林はスダジイが主木

◇瓜生野八幡のクスノキ群（宮崎県宮崎市大字瓜生野）
大小あわせて16本の群落

◇下野八幡宮のイチョウ（宮崎県西臼杵郡

78 事典・日本の自然保護地域

高千穂町）
推定樹齢約800年、高さ約40m、幹周り8.6m

◇下野八幡宮のケヤキ（宮崎県西臼杵郡高千穂町）
推定樹齢約800年、高さ約42m、幹周り9.7m

◇宮崎神社のオオシラフジ（宮崎県宮崎市神宮二丁目）
樹齢約200年、高さ約3m、幹周り約3m

◇虚空蔵島の亜熱帯林（宮崎県日南市）
約170種の亜熱帯樹林が群生

◇高鍋のクス（宮崎県児湯郡高鍋町）
推定樹齢約500年、高さ約35m、幹周り約10.3m

◇妻のクス（宮崎県西都市大字妻）
推定樹齢約1200年、高さ約40m、幹周り10.8m

◇上穂北のクス（宮崎県西都市大字南方）
推定樹齢約1,000年、高さ約42m、幹周り11.5m

◇清武の大クス（宮崎県宮崎市）
推定樹齢約900年、高さ約25m、幹周り13.2m

◇石波の海岸樹林（宮崎県串間市大字市木）
天然の防風林

◇田原のイチョウ（宮崎県西臼杵郡高千穂町）
推定樹齢約600年、高さ約45m、幹周り約7.7m

◇東郷のクス（宮崎県日南市東郷）
推定樹齢約700年、高さ約27m、幹周り約8.8m

1952（昭和27）年10月11日

◇石巻山石灰岩地植物群落（愛知県豊橋市石巻町）
マネキグサ、イワツクバネウツギなどの石灰岩植物がみられる

◇御池沼沢植物群落（三重県四日市市西坂部町）
寒地性植物のヤチヤナギの南限、暖地性植物のミクリガヤの北限

1952（昭和27）年11月22日

◇平尾台（福岡県北九州市小倉南区大字新道寺）
日本有数のカルスト台地

1953（昭和28）年3月31日

◇飛騨国分寺の大イチョウ（岐阜県高山市総和町）
目通り幹周囲10.2m、樹高37mの雄株

◇ナチシダ自生北限地（静岡県賀茂郡河津町）
大滝温泉近くの渓谷沿いに自生

◇琴平町の大センダン（香川県仲多度郡琴平町）
樹齢約300年、樹高18m、幹回り7m

1953（昭和28）年11月14日

◇敷島のキンメイチク（群馬県渋川市）
八幡宮境内の竹林の一部をなし100余本を数える

◇古長禅寺のビャクシン（山梨県南アルプス市）
開山当時四天王をかたどり旧客殿の前庭の四隅に4本植えられたもの

◇十三崖のチョウゲンボウ繁殖地（長野県中野市深沢）
夜間瀬川にのぞむ高さ約30mの十三崖の絶壁にある

◇江須崎暖地性植物群落（和歌山県西牟婁郡すさみ町）
ハカマカズラ・ナギラン等の北限に近い。スダジイを中心とした樹林

◇千尋岬の化石漣痕（高知県土佐清水市三崎）
千尋岬先端の朴海岸には90枚以上確認されている

◇唐船島の隆起海岸（高知県土佐清水市清水）
1946（昭和21）年の南海地震で隆起した海岸

◇高崎山のサル生息地（大分県大分市大字神崎）
約1200頭のニホンザルが生息

◇岬馬およびその繁殖地（宮崎県串間市大字大納）
生息地はシバの草原とタブ等の暖帯

014 天然記念物〔国指定〕　　　　　　　　　　　　　　　　　　　　　記念物・名勝

林、スギの植林地からなる

1954（昭和29）年3月20日
　◇水原のハクチョウ渡来地（新潟県阿賀野市）
　　生態研究の適地として学術上貴重
　◇楽寿園（静岡県三島市一番町）
　　湧水と富士山噴火時に流れ出て三島までたどりついた溶岩が有名※天然記念物，名勝
　◇北浜の大カヤノキ（静岡県浜松市本沢合）
　　目通り5.3m、高さ22.3mの大木
　◇宮山原始林（愛知県田原市）
　　典型的な海岸暖地性常緑樹の原生林
　◇安下庄のシナナシ（山口県大島郡周防大島町）
　　原樹を接ぎ木によって保存していたものから苗木を得て植えられたもの

1954（昭和29）年12月25日
　◇沢谷のタヌキノショクダイ発生地（徳島県那賀郡那賀町）
　　世界的珍奇植物で多年生の奇生草木の発生地

1955（昭和30）年2月3日
　◇鳥取砂丘（鳥取県鳥取市浜坂・福部町）
　　東西16km、南北2kmの海岸砂丘の一部

1955（昭和30）年10月26日
　◇恩徳寺の結びイブキ（山口県下関市豊北町）
　　高さ6m、目の高さの幹周り3.4mの巨木

1956（昭和31）年5月15日
　◇湯の丸レンゲツツジ群落（群馬県吾妻郡嬬恋村）
　　ほとんど他樹を入れない純群落
　◇薄根の大クワ（群馬県沼田市石墨町）
　　高さ10.7mの巨樹

1956（昭和31）年6月29日
　◇小滝川硬玉産地（新潟県糸魚川市小滝）
　　日本随一のヒスイの産地

1956（昭和31）年12月28日
　◇高宕山のサル生息地（千葉県富津市，千葉県君津市平田）

広葉樹林に200有余のニホンザルが生息している
　◇箕面山のサル生息地（大阪府箕面市箕面公園）
　　約100匹のニホンザルが2〜3の群れをなす
　◇臥牛山のサル生息地（岡山県高梁市内山下）
　　200匹余りが生息している

1957（昭和32）年2月22日
　◇青海川の硬玉産地及び硬玉岩塊（新潟県糸魚川市）
　　青海川の橋立部落に近い河床に、約30個の含ヒスイ曹長石として散在する
　◇出雲神社ツルマンリョウ自生地（山口県山口市徳地町）
　　自生の北限として貴重
　◇夜宮の大珪化木（福岡県北九州市戸畑区夜宮二丁目）
　　最大幅2.2m、長さ推定40mの日本最大級の珪化木

1957（昭和32）年5月8日
　◇樋口沢ゴトランド紀化石産地（岩手県大船渡市日頃市町）
　　日本のシリア紀の最初の発見地・標式地
　◇丹生川上中社のツルマンリョウ自生地（奈良県吉野郡東吉野村）
　　暖地性常緑樹林の林にある
　◇二見の大ムク（奈良県五條市二見町）
　　高さ25m、樹齢1000年

1957（昭和32）年6月19日
　◇野神の大センダン（徳島県阿波市）
　　推定樹齢は400年余り、樹高8.9m

1957（昭和32）年7月2日
　◇千石山サザンカ自生北限地帯（佐賀県神埼郡吉野ヶ里町）
　　根回り1m、高さ10mに及ぶサザンカの巨木が林立

1957（昭和32）年7月3日
　◇三波石峡（群馬県藤岡市譲原，埼玉県児玉郡神川町）
　　三波川変成帯に形成された峡谷。江戸時代から景勝の地※名勝、天然記念物

80　事典・日本の自然保護地域

1957（昭和32）年7月10日
◇手取川流域の珪化木産地（石川県白山市桑島）
日本最古と推定される珪化木林が散在
◇大島暖地性植物群落（三重県北牟婁郡紀北町）
森林植生がほぼ原始に近い状態で保存されている
1957（昭和32）年7月27日
◇船通山のイチイ（鳥取県日野郡日南町）
幹の径は約4.3mの雌木
1957（昭和32）年10月16日
◇木屋川・音信川ゲンジボタル発生地（山口県長門市, 山口県下関市豊田町）
同種のホタルが減少してきたので保護されている
1957（昭和32）年10月30日
◇雄国沼湿原植物群落（福島県耶麻郡北塩原村）
雄国沼にできた標高1000mを越える高原の群落
1957（昭和32）年12月18日
◇与喜山暖帯林（奈良県桜井市初瀬）
天満宮社殿の裏側に暖温常緑広葉樹林が発達
1958（昭和33）年2月6日
◇熊野の大トチ（広島県庄原市西城町）
根回り周囲12.20m, 樹高約30m
1958（昭和33）年3月11日
◇奈留島権現山樹叢（長崎県五島市奈留町）
スダジイ・イスノキが主木
1958（昭和33）年3月13日
◇斑島玉石甌穴（長崎県北松浦郡小値賀町）
斑島北東端の玉石鼻にある甌穴
1958（昭和33）年5月15日
◇根古屋神社の大ケヤキ（山梨県北杜市）
俗に「江草の田木、畑木」と呼ばれる
◇龍野のカタシボ竹林（兵庫県たつの市龍野町本町）
江戸時代末、龍野藩主が淡路に生えていた珍しい竹を贈られ植えたと伝わる竹

1959（昭和34）年7月1日
◇志津川のオキチモズク発生地（熊本県阿蘇郡南小国町）
志津川のうち満願寺温泉の下流一帯
1959（昭和34）年7月24日
◇松代鉱山の霰石産地（島根県大田市久利町松代）
断面が菊の花のように見える六角柱状の結晶が寄り集まった団塊として産出する。塊状で産する霰石は世界的にも珍しい
◇金比羅スギ（熊本県阿蘇郡南小国町）
高さ28m, 目通り幹囲12.2mの巨木
1959（昭和34）年10月10日
◇菊池川のチスジノリ発生地（熊本県山鹿市方保田）
菊池川の一部約2kmの間にある
1960（昭和35）年6月10日
◇霧ヶ峰湿原植物群落（長野県諏訪市四賀）
高層湿原を中心としてミズゴケ類はじめ多くの高山植物が群落を形成
1960（昭和35）年7月15日
◇比婆山のブナ純林（広島県庄原市西城町・比和町）
純林としての林相がよく整っている
1961（昭和36）年4月27日
◇奈良尾のアコウ（長崎県南松浦郡新上五島町）
巨樹の地上7mで二大支根に分かれている
1961（昭和36）年5月1日
◇土黒川のオキチモズク発生地（長崎県雲仙市）
雲仙の谷あいから流れ出て有明海に注ぐ川に繁殖している
1961（昭和36）年5月6日
◇船佐・山内逆断層帯（広島県安芸高田市高宮町, 広島県三次市畠敷町, 広島県庄原市山内町）
第四紀（約200万年前〜現代）の地殻変動を示す

014 天然記念物〔国指定〕　　　　　　　　　　　　　　　　記念物・名勝

1961（昭和36）年7月6日
　◇草津白根のアズマシャクナゲおよびハク
　　サンシャクナゲ群落（群馬県吾妻郡草
　　津町）
　　白根山の東側山腹一帯の広大な地域
　◇飛水峡の甌穴群（岐阜県加茂郡七宗町）
　　直径1m以上を500個、それ以下の小さ
　　なものを含めると900個に及ぶ甌穴群。
　　大きさとその数において日本を代表す
　　る甌穴群

1961（昭和36）年9月2日
　◇大船山のミヤマキリシマ群落（大分県竹
　　田市）
　　標高1700m付近一帯にある大群落

1961（昭和36）年11月14日
　◇花山のアズマシャクナゲ自生北限地帯
　　（宮城県栗原市）
　　御嶽山西側山腹および東南山麓一帯を
　　占める

1962（昭和37）年1月12日
　◇福地の化石産地（岐阜県高山市奥飛騨温
　　泉郷）
　　地質時代最古の化石産地の一つ

1962（昭和37）年1月26日
　◇青龍窟（福岡県京都郡苅田町）
　　全長約3kmの鍾乳洞
　◇九重山のコケモモ群落（大分県竹田市）
　　九州地区唯一の分布地で日本の南限

1962（昭和37）年5月16日
　◇下合瀬の大カツラ（佐賀県佐賀市）
　　樹高34m、推定樹齢1000年の雄株

1962（昭和37）年6月29日
　◇智満寺の十本スギ（静岡県島田市千葉）
　　樹齢1,000年近い巨木群

1963（昭和38）年1月18日
　◇山中のハリモミ純林（山梨県南都留郡山
　　中湖村）
　　富士山から噴出した丸尾熔岩流の上に
　　のみ孤立して発達したもの

1964（昭和39）年6月27日
　◇八景島暖地性植物群落（宮城県石巻市）
　　全島原始林で本来は暖地性で東北には
　　自生しがたい植物が繁茂

1965（昭和40）年5月10日
　◇中山風穴地特殊植物群落（福島県南会津
　　郡下郷町）
　　オオタカネバラが群生
　◇久井・矢野の岩海（広島県三原市久井町，
　　広島県府中市上下町）
　　傾斜の緩い3条の谷間に沿い花崗閃緑
　　岩の巨大な岩礫が長く帯状に連続累積
　　する

1965（昭和40）年5月10日
　◇鳥島（東京都八丈町鳥島）
　　島の大部分は火山灰と溶岩におおわ
　　れている。アホウドリの繁殖地とし
　　て有名

1965（昭和40）年6月4日
　◇犬ヶ岳ツクシシャクナゲ自生地（福岡県
　　豊前市，大分県中津市耶馬溪町）
　　犬ヶ岳から経読岳に向かう尾根道のブ
　　ナ林とクマイザサの中にツクシシャク
　　ナゲが自生している

1965（昭和40）年7月1日
　◇押ヶ垰断層帯（広島県山県郡安芸太田町，
　　広島県廿日市市下山大畑）
　　線状に並ぶ四個の断層丘陵が存在して
　　いる

1966（昭和41）年3月3日
　◇芥屋の大門（福岡県糸島市）
　　海蝕によってできた洞窟。高さ64m、
　　開口10m、奥行き90m

1966（昭和41）年5月4日
　◇宝蔵寺沼ムジナモ自生地（埼玉県羽生市
　　三田ヶ谷）
　　利根川沿岸の低湿地にある。日本で唯
　　一のムジナモの自生地

1966（昭和41）年6月11日
　◇鹿島神社のペグマタイト岩脈（福島県郡
　　山市西田町）
　　約1,000m²にわたりペグマタイトの岩
　　脈が露出

1966（昭和41）年11月7日
　◇椿島暖地性植物群落（宮城県本吉郡南三
　　陸町）
　　全島にタブが密生し、その純林に近い
　　林相を示す

82　事典・日本の自然保護地域

記念物・名勝   *014* 天然記念物〔国指定〕

1967（昭和42）年2月17日
　◇辰の島海浜植物群落（長崎県壱岐市）
　　ハイビャクシンの群落がある
1967（昭和42）年5月2日
　◇気多神社社叢（石川県羽咋市寺家町）
　　原生林的な暖地性樹叢（シイ・タブ等）
　　として北陸地方にまれなもの
　◇大村神社のオオムラザクラ（長崎県大村
　　市玖島）
　　大村神社の里桜の中から発見、命名さ
　　れた珍しい品種
1967（昭和42）年7月6日
　◇釧路湿原（北海道川上郡標茶町、北海道
　　阿寒郡鶴居村、北海道釧路郡釧路町）
　　タンチョウ・エゾセンニュウ・ベニマ
　　シコ等の野鳥の繁殖地・渡来地として
　　重要
　◇稲尾岳（鹿児島県肝属郡南大隅町、肝属
　　郡錦江町、鹿児島県肝属郡肝付町）
　　照葉樹の原生林が残っている
1967（昭和42）年8月16日
　◇大浜海岸のウミガメおよびその産卵地
　　（徳島県海部郡美波町）
　　5月から8月にかけ100頭前後が産卵の
　　ために上陸する
1967（昭和42）年9月7日
　◇伊豆沼・内沼の鳥類およびその生息地
　　（宮城県栗原市, 宮城県登米市迫町）
　　冬鳥渡来の湿地帯
1968（昭和43）年5月28日
　◇平林寺境内林（埼玉県新座市野火止）
　　武蔵野の雑木林の面影の残る広大な境
　　内林
1968（昭和43）年11月8日
　◇雨乞のイチョウ（宮城県柴田郡柴田町）
　　イチョウの巨木として有数のもの。乳
　　垂の発達が特に著しい
　◇神屋・湯湾岳（鹿児島県奄美市, 鹿児島
　　県大島郡宇検村）
　　貴重な亜熱帯林
1969（昭和44）年7月25日
　◇上野楢原のシオジ林（群馬県多野郡上野
　　村）

原始林ないしそれに近い林相
1969（昭和44）年8月18日
　◇男女群島（長崎県五島市）
　　植物相は南方系植物を含む。陸産無脊
　　椎動物に固有種がいる
1969（昭和44）年8月22日
　◇阿蘇北向谷原始林（熊本県菊池郡大津
　　町）
　　シイ・カシ・タブ・モッコクなどの常
　　緑広葉樹を主とする
　◇瓲岳針葉樹林（宮崎県えびの市原田）
　　モミ、ツガが中心
　◇双石山（宮崎県宮崎市鏡州）
　　樹林はシイ、カシ等の暖帯林
1969（昭和44）年11月29日
　◇三瓶山自然林（島根県大田市三瓶町）
　　ブナ、コナラ、クリ、ケヤキ、ミズナ
　　ラなどの老齢木が生い茂る
1970（昭和45）年1月23日
　◇笠森寺自然林（千葉県長生郡長南町）
　　暖帯性常緑広葉樹林
1970（昭和45）年6月19日
　◇椛のシデコブシ自生地（愛知県田原市）
　　樹高2〜5m
1970（昭和45）年8月11日
　◇祝子川モウソウキンメイ竹林（宮崎県延
　　岡市）
　　モウソウチク（孟宗竹）の突然変異
1970（昭和45）年8月29日
　◇美郷のホタルおよびその発生地（徳島県
　　吉野川市美郷）
　　広範囲で数多くのホタルの乱舞が見ら
　　れる
1970（昭和45）年11月11日
　◇下北半島のサルおよびサル生息北限地
　　（青森県むつ市, 青森県下北郡佐井村）
　　ニホンザルを含めた霊長類の自然分布
　　の最北限
1970（昭和45）年12月4日
　◇沙流川源流原始林（北海道沙流郡日高
　　町）
　　冷温帯上部の代表的原生林

事典・日本の自然保護地域　**83**

014 天然記念物〔国指定〕 記念物・名勝

1970（昭和45）年12月28日
　◇駒止湿原（福島県南会津郡南会津町，福島県大沼郡昭和村）
　　渓流の源頭の平低地に成立した谷湿原状の高層湿原

1971（昭和46）年3月1日
　◇稲積島暖地性植物群落（和歌山県西牟婁郡すさみ町）
　　良好な照葉樹林

1971（昭和46）年3月16日
　◇指月山（山口県萩市堀内）
　　樹齢約600年以上の巨木が多くある

1971（昭和46）年5月13日
　◇笠堀のカモシカ生息地（新潟県三条市）
　　ダム湖畔周辺の岩山。推定500頭生息

1971（昭和46）年7月5日
　◇黒岩山（長野県飯山市寿）
　　ギフチョウ、ヒメギフチョウをはじめ注目すべき各種の動植物が棲息繁茂

1972（昭和47）年2月9日
　◇猪苗代湖のハクチョウおよびその渡来地（福島県耶麻郡猪苗代町）
　　毎年400羽を越えるハクチョウが湖の北岸一帯に渡来

1972（昭和47）年3月16日
　◇出羽島大池のシラタマモ自生地（徳島県海部郡牟岐町）
　　日本唯一の自生地

1972（昭和47）年5月15日
　◇ウブンドルのヤエヤマヤシ群落（沖縄県八重山郡竹富町）
　　100本以上のまとまった個体が見られる
　◇ケラマジカおよびその生息地（沖縄県島尻郡座間味村）
　　日本の最も南に生息する野生のシカ
　◇安波のタナガーグムイの植物群落（沖縄県国頭郡国頭村）
　　千枚岩質粘板岩からなる
　◇塩川（沖縄県国頭郡本部町）
　　海水を含んだ地下水が地上に湧き出している珍しい川
　◇宮良川のヒルギ林（沖縄県石垣市）

　　石垣島で最も大きなマングローブ林
　◇慶佐次湾のヒルギ林（沖縄県国頭郡東村）
　　沖縄島で最大規模のヒルギ林
　◇荒川のカンヒザクラ自生地（沖縄県石垣市）
　　石垣島の新川周辺が唯一の自生地
　◇識名園のシマチスジノリ発生地（沖縄県那覇市真地）
　　石灰岩地域の水のきれいな湧水に生育する
　◇首里金城の大アカギ（沖縄県那覇市首里）
　　推定樹齢約200〜300年の6本
　◇諸志御嶽の植物群落（沖縄県国頭郡今帰仁村）
　　石灰岩地域に成立する典型的な植物群落
　◇星立天然保護区域（沖縄県八重山郡竹富町）
　　浦内川河口に広がるマングローブ林、干立御嶽のヤエヤマヤシの自生地
　◇船浦のニッパヤシ群落（沖縄県八重山郡竹富町）
　　分布の北限に位置する群落
　◇仲の神島海鳥繁殖地（沖縄県八重山郡竹富町）
　　海に魚が多く昔から海鳥の繁殖地として知られる
　◇仲間川天然保護区域（沖縄県八重山郡竹富町）
　　河口から約5kmにおよぶ日本で最大のマングローブ林
　◇田港御願の植物群落（沖縄県国頭郡大宜味村）
　　古生層の石灰岩地域の代表的な植物群落
　◇平久保のヤエヤマシタン（沖縄県石垣市）
　　推定樹齢200年、幹周2.3mと1.9mになるヤエヤマシタン2本が自生
　◇米原のヤエヤマヤシ群落（沖縄県石垣市）
　　ヤエヤマヤシの最大の自生地

84　事典・日本の自然保護地域

記念物・名勝   014　天然記念物〔国指定〕

◇与那覇岳天然保護区域（沖縄県国頭郡国
　頭村）
　　104科378種類の植物が確認されてい
　　る
1972（昭和47）年5月26日
◇甘泉寺のコウヤマキ（愛知県新城市）
　　樹令400年をこえる老樹
1972（昭和47）年6月14日
◇女満別湿生植物群落（北海道網走郡大空
　町）
　　ヤチダモ・ヤチハンノキを主な上木と
　　する落葉広葉樹の自然林が帯状に続く
◇江戸城跡のヒカリゴケ生育地（東京都千
　代田区北の丸公園）
　　都心に生育することはきわめて珍しい
1972（昭和47）年6月20日
◇御岳鳥類繁殖地（長崎県対馬市上県町）
　　ヤイロチョウの稀な繁殖地のひとつ
1972（昭和47）年7月11日
◇青葉山（宮城県仙台市青葉区荒巻）
　　シダ類以上の高等植物666種、蘚苔類
　　137類が自生
1972（昭和47）年7月12日
◇粟島のオオミズナギドリおよびウミウ繁
　殖地（新潟県岩船郡粟島浦村）
　　丸山を中心に切石鼻と長手鼻に付され
　　た海食崖と岩島一帯に繁殖
1972（昭和47）年11月24日
◇南硫黄島（東京都小笠原村）
　　固有種としてエダウチムニンヘゴなど
　　が知られる
1972（昭和47）年12月8日
◇大揚沼モリアオガエルおよびその繁殖地
　　（岩手県八幡平市）
　　岩手県で産卵の多い繁殖地
1972（昭和47）年12月9日
◇月山（山形県鶴岡市, 山形県東田川郡庄
　内町）
　　月山の自然の特徴が顕著な区域
1972（昭和47）年12月12日
◇松前小島（北海道松前郡松前町）
　　ウトウ・ウミガラス・ケイマフリ・ウ
　　ミウ・ウミネコ等の海鳥の大繁殖地

1972（昭和47）年12月13日
◇大杉谷（三重県多気郡大台町）
　　上部はブナ帯を主とする夏緑落葉広葉
　　樹林、下部は常緑広葉樹林
1973（昭和48）年4月23日
◇津島暖地性植物群落（徳島県海部郡牟岐
　町）
　　天然のシイ林が茂る
1973（昭和48）年5月26日
◇臥龍のサクラ（岐阜県高山市一之宮町）
　　枝が臥しているのでその名がついた。
　　エドヒガンの老大木
1973（昭和48）年5月29日
◇称名滝（富山県中新川郡立山町）
　　一帯は立山が噴火してできた溶結凝灰
　　岩で形成された。日本最大の瀑布※名
　　勝, 天然記念物
1973（昭和48）年8月4日
◇杉沢の沢スギ（富山県下新川郡入善町吉
　原）
　　黒部川扇状地末端部の豊富な湧水地に
　　立地する杉の天然生林
1974（昭和49）年6月11日
◇川南湿原植物群落（宮崎県児湯郡川南
　町）
　　約90種の湿原植物が自生
1974（昭和49）年6月18日
◇新舟小屋のクスノキ林（福岡県みやま
　市）
　　河川堤防上のクスノキ群
1974（昭和49）年7月16日
◇桜川のサクラ（茨城県桜川市磯部）
　　約1km、総数577本に及ぶシロヤマザ
　　クラの並木。古来から磯部の百色桜と
　　して知られた
1974（昭和49）年8月10日
◇沢尻の大ヒノキ（サワラ）（福島県いわき
　市川前町）
　　根元の周囲11.8m、樹高34.3mの巨樹
1974（昭和49）年10月9日
◇角館のシダレザクラ（秋田県仙北市角館
　町）
　　市街地内に古くから受けつがれたシダ

事典・日本の自然保護地域　85

014 天然記念物〔国指定〕 記念物・名勝

レザクラの群

1974（昭和49）年11月25日
◇高良山のモウソウキンメイチク林（福岡
県久留米市御井町）
モウソウチクの変異種・キンメイチク
の代表的な竹林

1974（昭和49）年11月26日
◇京丸のアカヤシオおよびシロヤシオ群生
地（静岡県浜松市）
岩岳山頂一帯の岩場に群生する

1975（昭和50）年2月7日
◇安家洞（岩手県下閉伊郡岩泉町）
北部北上山地の粘板岩・チャート・石
灰岩からなる地層中に介在する

1975（昭和50）年2月13日
◇桃洞・佐渡のスギ原生林（秋田県北秋田
市阿仁・森吉）
高場森の東部の桃洞地区と梅森の南部
の佐渡地区との2団地から成る

1975（昭和50）年2月18日
◇早池峰山のアカエゾマツ自生南限地（岩
手県宮古市）
アカエゾマツは本州では早池峯山に隔
離分布するのみ

1975（昭和50）年3月18日
◇大池のオヒルギ群落（沖縄県島尻郡南大
東村）
池の畔にマングローブの一種オヒルギ
の群落が形成
◇長墓崖壁及び崖錐の特殊植物群落（沖縄
県島尻郡北大東村）
大東島に自生していた植物が残る
◇南大東島東海岸植物群落（沖縄県島尻郡
南大東村）
アツバクコ、ボロジノニシキソウが
生育

1975（昭和50）年6月26日
◇須須神社社叢（石川県珠洲市三崎町）
照葉樹林の北方的限界性を示している
◇一位森八幡神社社叢（岐阜県高山市高根
町）
岐阜県下にまれなイチイの森
◇女夫木の大スギ（長崎県諫早市小川町）

もともとは2本植えたといわれる夫婦
杉

1975（昭和50）年8月2日
◇歌津館崎の魚竜化石産地及び魚竜化石
（宮城県本吉郡南三陸町）
館崎で発見されたものは世界で最古の
魚竜と考えられている

1976（昭和51）年6月16日
◇滝前不動のフジ（宮城県柴田郡川崎町）
根元の周囲は約4.8m、日本最大級
◇本谷のトラフダケ自生地（岡山県津山市
南方中）
トラフダケの自生地は極めて限られて
いる

1976（昭和51）年7月26日
◇祇劫寺のコウヤマキ（宮城県大崎市田尻
大貫）
コウヤマキとしては宮城県下稀にみる
巨樹

1976（昭和51）年9月17日
◇阿値賀島（長崎県平戸市早福町）
島の上部に木本群落があり、ビロウが
混生している

1976（昭和51）年12月22日
◇イヌワシ繁殖地（岩手県下閉伊郡岩泉町,
宮城県石巻市）
イヌワシは行動半径が広く、生息地の
保護が充分でないので、繁殖地を指定
している

1976（昭和51）年12月23日
◇縫道石山・縫道石の特殊植物群落（青森
県下北郡佐井村）
ヒノキアスナロ林地帯に突出する岩峰
で、オオウラヒダイワタケはここだけ
でしか発見されていない

1977（昭和52）年2月17日
◇竹野のホルトノキ（宮崎県東諸県郡綾
町）
樹齢約310年、高さ約18m、幹周り約
3.8m

1977（昭和52）年4月2日
◇三瀬気比神社社叢（山形県鶴岡市三瀬）
小丘陵でありながら、よく保存されて
いる森林

86 事典・日本の自然保護地域

1977（昭和52）年4月12日
　◇宇佐神宮社叢（大分県宇佐市南宇佐）
　　常緑広葉樹林
1977（昭和52）年7月16日
　◇エゾミカサリュウ化石（北海道三笠市幾
　　春別錦町1-212-1（三笠市立博物館））
　　1976（昭和51）年三笠市幾春別川上流
　　で転石として発見された頭部化石
1978（昭和53）年3月11日
　◇堅田郷八幡社のハナガガシ林（大分県佐
　　伯市長谷）
　　標高30〜50mの丘陵地にある神社林
1978（昭和53）年3月22日
　◇古見のサキシマスオウノキ群落（沖縄県
　　八重山郡竹富町）
　　西表島古見の三離御嶽に群生
1978（昭和53）年8月15日
　◇久々利のサクライソウ自生地（岐阜県可
　　児市久々利）
　　浅間山の頂上浅間神社境内に自生
1978（昭和53）年10月30日
　◇菅生神社社叢（香川県三豊市）
　　手付かずの自然が残る貴重な自然林
1979（昭和54）年2月14日
　◇清滝川のゲンジボタルおよびその生息地
　　（京都府京都市右京区）
　　落合橋から清滝橋に至る約4kmの河川
　　敷が良好な生息地で保存する価値が
　　高い
1979（昭和54）年4月26日
　◇東和町ゲンジボタル生息地（宮城県登米
　　市東和町）
　　分布北限地帯の群生地として貴重
1979（昭和54）年8月7日
　◇標津湿原（北海道標津郡標津町）
　　絶滅危惧種のエゾゴゼンタチバナを観
　　察できる
1979（昭和54）年11月26日
　◇宍喰浦の化石連痕（徳島県海部郡海陽
　　町）
　　約3000万年〜4000万年前に生成され
　　た舌状連痕
　◇鈴が峯のヤッコソウ発生地（徳島県海部

郡海陽町）
　　鈴ヶ峰の頂上より50m程下がった遊歩
　　道一帯で見られる
1980（昭和55）年3月6日
　◇御前崎のウミガメ及びその産卵地（静岡
　　県御前崎市）
　　産卵地約2kmは良く保存されている
　◇鯉ヶ窪湿生植物群落（岡山県新見市哲西
　　町）
　　200種を超える植物が自生する
1980（昭和55）年3月14日
　◇宮川神社社叢（新潟県柏崎市宮川）
　　海岸から約1kmほどはなれた標高
　　100mの山の南西斜面にある面積5.4ha
　　ほどの森林である
1980（昭和55）年12月17日
　◇天川神社社叢（香川県仲多度郡まんのう
　　町）
　　約300種類に及ぶ植物が繁茂している
1981（昭和56）年1月24日
　◇大村のイチイガシ天然林（長崎県大村市
　　雄ヶ原町）
　　多良山系の裾野、海抜230〜300mの緩
　　やかな起伏をもつ丘陵地にある
1983（昭和58）年8月30日
　◇焼尻の自然林（北海道苫前郡羽幌町）
　　林内一円に広く分布し、ハイマツ状に
　　発達しているところがある
1985（昭和60）年10月26日
　◇船窪のオンツツジ群落（徳島県吉野川市
　　山川町）
　　樹齢300年以上のツツジが自然群生
1986（昭和61）年2月25日
　◇大引割・小引割（高知県吾川郡仁淀川町，
　　高知県高岡郡津野町）
　　大引割峠の西に大きな亀裂が2本ある
1987（昭和62）年5月12日
　◇雄橋（広島県庄原市東城町）
　　帝釈川の谷（帝釈峡）にかかる石灰岩
　　の天然橋
1987（昭和62）年12月17日
　◇鹽竈神社の鹽竈ザクラ（宮城県塩竈市一
　　森山）

堀河上皇の歌にもある古い品種

1993（平成5）年4月6日
　◇太田の大トチノキ（石川県白山市白峰）
　　目通り幹周13m、高さ25m

1993（平成5）年6月8日
　◇庫蔵寺のコツブガヤ（三重県鳥羽市河内町）
　　目通り幹4.5m、樹高25m

1994（平成6）年1月15日
　◇治郎兵衛のイチイ（岐阜県高山市荘川町）
　　胸高の幹周囲7.95m、樹高15m、枝張り13mの巨樹。推定樹齢は2000年以上

1994（平成6）年3月2日
　◇大久保の大ヒノキ（宮崎県東臼杵郡椎葉村）
　　推定樹齢は、約800年、高さ約32m、幹周り約9.3m

1994（平成6）年3月23日
　◇追手神社のモミ（兵庫県篠山市大山）
　　千年モミとも呼ばれる長寿の神木

1994（平成6）年9月1日
　◇三嶺・天狗塚のミヤマクマザサ及びコメツツジ群落（徳島県三好市，高知県香美市物部町）
　　主に海抜1500m以上の稜線に群落が発達

1995（平成7）年2月14日
　◇千屋断層（秋田県仙北郡美郷町）
　　山側が平野側に対して低角でのし上がる逆断層

1995（平成7）年3月20日
　◇東昌寺のマルミガヤ（宮城県仙台市青葉区青葉町）
　　主幹は南北2本あり、両幹とも高さ約23m

1996（平成8）年6月19日
　◇夕張岳の高山植物群落および蛇紋岩メランジュ帯（北海道夕張市空知郡南富良野町）
　　標高1300m付近の蛇紋岩の台地

1996（平成8）年9月4日
　◇小黒川のミズナラ（長野県下伊那郡阿智村）
　　樹齢推定約300年。独立木

1997（平成9）年7月28日
　◇水縄断層（福岡県久留米市山川町）
　　断層活動にともなう現象が狭い範囲で明瞭に観察できる

　◇久米の五枝のマツ（沖縄県島尻郡久米島町）
　　リュウキュウマツの大木

1997（平成9）年9月2日
　◇名護のひんぷんガジュマル（沖縄県名護市）
　　推定樹齢約250年、樹高約17m、胸高直径約3m

1998（平成10）年7月31日
　◇野島断層（兵庫県淡路市新小倉）
　　兵庫県南部地震で出現した断層

1999（平成11）年1月14日
　◇蓮着寺のヤマモモ（静岡県伊東市富戸）
　　雌株

2000（平成12）年9月6日
　◇オンネトー湯の滝マンガン酸化物生成地（北海道足寄郡足寄町）
　　雌阿寒岳と阿寒富士の西麓に拡がる原生林内にある

　◇大朝のテングシデ群落（広島県山県郡北広島町）
　　特異な遺伝形質を持った樹木の群落が残る

2001（平成13）年1月29日
　◇鳥海山獅子ヶ鼻湿原植物群落及び新山溶岩流末端崖と湧水群（秋田県にかほ市）
　　「出壺」と呼ばれている湧水池から豊富な湧き水が湧き湿原を形成

2001（平成13）年8月13日
　◇新倉の糸魚川―静岡構造線（山梨県南巨摩郡早川町）
　　約250kmに及び、日本列島を縦断する大断層。古い地層が新しい地層の上にのし上がっているのが観察できる

2002（平成14）年3月19日
　◇犬吠埼の白亜紀浅海堆積物（千葉県銚子

市犬吠埼）
　白亜紀に海底で堆積した地層がみられる

◇木下貝層（千葉県印西市大字木下）
　約12万年前に古東京湾と呼ばれる広大な内湾に堆積した砂層

◇平戸礫岩の岩石地植物群落（長崎県平戸市大佐志町）
　イワシデ群落とダンギク群落が発達

2002（平成14）年12月19日

◇月出の中央構造線（三重県松阪市飯高町）
　高さ約80m、幅約50mに達する

2003（平成15）年7月25日

◇真川の跡津川断層（富山県富山市）
　総延長60kmに達する右横ずれの活断層

◇伊吹山頂草原植物群落（滋賀県米原市伊吹山）
　伊吹山固有種のほか約600種の植物が群生している

2004（平成16）年2月27日

◇三瓶小豆原埋没林（島根県大田市三瓶町）
　約3500年前の縄文時代後期の埋没林

2004（平成16）年4月5日

◇平成新山（長崎県島原市, 長崎県雲仙市）
　噴火活動により形成された溶岩ドーム

2004（平成16）年9月30日

◇北金ヶ沢のイチョウ（青森県西津軽郡深浦町）
　推定樹齢1100年、樹高30m、幹周14.5m

◇赤羽根大師のエノキ（徳島県美馬郡つるぎ町）
　幹回り8.7m、推定樹齢800年

◇八幡浜市大島のシュードタキライト及び変成岩類（愛媛県八幡浜市大島）
　大島変成岩類の最下部に発達する

◇八藤丘陵の阿蘇4火砕流堆積物及び埋没林（佐賀県三養基郡上峰町）
　八藤丘陵の地下3mから焼け焦げた倒木群が確認された

2005（平成17）年3月2日

◇田光のシデコブシ及び湿地植物群落（三重県三重郡菰野町）
　田光川の支流の湧水を伴う谷筋の丘陵地に群生

2005（平成17）年7月14日

◇草岡の大明神ザクラ（山形県長井市）
　人里に植栽された単幹のサクラとしては日本最大級

2006（平成18）年7月28日

◇尚仁沢上流部イヌブナ自然林（栃木県塩谷郡塩谷町）
　高原山南東斜面中腹の標高860mから980mの緩傾斜な地域

◇下地島の通り池（沖縄県宮古島市）
　伊良部島（下地島）の西海岸にある2つのコバルトブルーの池※名勝, 天然記念物

2007（平成19）年2月6日

◇万之瀬川河口域のハマボウ群落及び干潟生物群集（鹿児島県南さつま市加世田益山）
　約1kmにわたってハマボウの群落がみられる。ハクセンシオマネキの日本最大級の生息地

2007（平成19）年7月26日

◇男鹿目潟火山群一ノ目潟（秋田県男鹿市）
　淡水湖でマール（爆裂火口）の典型

◇琴引浜（京都府京丹後市）
　足で砂をすると琴を引くような音を出す砂浜※天然記念物, 名勝

◇姫島の黒曜石産地（大分県東国東郡姫島村）
　観音崎に120mにも及ぶ乳白色の黒曜石の断崖がある

2008（平成20）年3月28日

◇小笠原南島の沈水カルスト地形（東京都小笠原村）
　約4000万から2000万年前に海底に堆積した石灰岩でできている

◇志賀高原石の湯のゲンジボタル生息地（長野県下高井郡山ノ内町）
　高標高地であり、湧出する温泉水に依

存する点が特徴

◇甲原松尾山のタチバナ群落（高知県土佐市）

　　約200本が生育する日本最大規模の群落

◇大和浜のオキナワウラジロガシ林（鹿児島県大島郡大和村）

　　集落の裏山にあって水源を涵養してきた

2010（平成22）年2月22日

◇志布志のカワゴケソウ科植物生育地（鹿児島県志布志市）

　　安楽川にはカワゴケソウとウスカワゴロモの2種、前川にはウスカワゴロモが分布

2010（平成22）年8月5日

◇大室山（静岡県伊東市池・富戸）

　　全山カヤに覆われている

◇多度のイヌナシ自生地（三重県桑名市多度町）

　　日本最大級のイヌナシの自生地

◇ヤクシマカワゴロモ生育地（鹿児島県熊毛郡屋久島町）

　　花崗岩の転石上が生育地

2011（平成23）年2月7日

◇坂州不整合（徳島県那賀郡那賀町）

　　古生代ペルム紀と中生代三畳紀の不整合露頭

◇五色ノ浜の横浪メランジュ（高知県土佐市）

　　四万十帯とよばれる海洋プレートが日本列島に付け加わった地層（付加体）が標識的に分布する

◇小鶴津の興津メランジュ及びシュードタキライト（高知県高岡郡四万十町）

　　四万十帯と呼ばれる地層が広く分布

2011（平成23）年9月21日

◇平糠のイヌブナ自然林（岩手県二戸郡一戸町）

　　イヌブナの北限の群落

◇十八鳴浜及び九九鳴き浜（宮城県気仙沼市）

　　良好に保存された鳴砂の浜

◇善養寺影向のマツ（東京都江戸川区）

樹齢600年以上とされる

◇柿田川（静岡県駿東郡清水町）

　　富士山への雨水や雪どけ水が三島溶岩流に浸透し湧き出でたもの

◇中村川ネコギギ生息地（三重県松阪市）

　　ネコギギが高密度で多数生息し、生息環境も良好な状態で維持されている

◇小野川の阿蘇4火砕流堆積物及び埋没樹木群（大分県日田市）

　　約9万年前に起こった阿蘇火山噴火で流出した火砕流。日田市小野川沿いでは火砕流でなぎ倒された樹木群が大量に発見された

◇竹田の阿蘇火砕流堆積物（大分県竹田市）

　　阿蘇火山の4回の火砕流堆積物が観察できる

◇薩摩黒島の森林植物群落（鹿児島県鹿児島郡三島村）

　　特異な植物相の森林植物群落が海岸線付近から山頂部まで残る

2012（平成24）年1月24日

◇須賀利大池及び小池（三重県尾鷲市須賀利町）

　　集水域から海岸線、湖底の津波堆積物まで良好に保存されている海跡湖。日本最大級のハマナツメ群落が発達

2012（平成24）年9月19日

◇津屋川水系清水池ハリヨ生息地（岐阜県海津市）

　　学術上貴重な淡水魚ハリヨの世界的な分布南限の一つ

◇志布志市夏井海岸の火砕流堆積物（鹿児島県志布志市）

　　2.2〜2.5万年前に鹿児島湾北部の始良カルデラから噴出した入戸火砕流

◇宝島女神山の森林植物群落（鹿児島県鹿児島郡十島村）

　　トカラ列島の森林相を良好に留める植物群落

◇喜屋武海岸及び荒崎海岸（沖縄県糸満市）

　　琉球石灰岩の海岸段丘及びサーフベンチの海食地形など、独特の地質・植生がある※名勝, 天然記念物

記念物・名勝   015 特別天然記念物〔国指定〕

◇名護市嘉陽層の褶曲（沖縄県名護市）
　砂岩層が堆積した際の構造、生痕化
　石、プレートの沈み込みにより付加さ
　れた地層が示す様々な現象が保存され
　ている
2013（平成25）年3月27日
◇旧相模川橋脚（神奈川県茅ヶ崎市）
　液状化現象により水田から出現した中
　世前半代の橋脚跡
◇米塚及び草千里ヶ浜（熊本県阿蘇市，熊
　本県阿蘇郡南阿蘇村）
　阿蘇山の優秀な風致景観。阿蘇山噴火
　史の特質を示す2つの火山※名勝，天然
　記念物
◇天降川流域の火砕流堆積物（鹿児島県霧
　島市）
　3つのカルデラから噴出した火砕流が
　連なって露出している
◇徳之島明眼の森（鹿児島県大島郡伊仙
　町）
　アマミアラカシ林として最初の指定地
◇石垣島東海岸の津波石群（沖縄県石垣
　市）
　津波によって移動したことが裏付けら
　れている石
◇八重干瀬（沖縄県宮古島市）
　広大なサンゴ礁群※名勝，天然記念物
2013（平成25）年10月17日
◇新湯の玉滴石産地（富山県富山市）

　希少な玉滴石の国内有数の産出地
◇大鹿村の中央構造線（北川露頭・安康露
　頭）（長野県下伊那郡大鹿村）
　地質境界としての中央構造線が良好に
　露出
◇平久保安良のハスノハギリ群落（沖縄県
　石垣市）
　日本で最大級の面積で残された群落
2014（平成26）年3月18日
◇大歩危（徳島県三好市）
　吉野川の中流にあり、河床と河岸には
　日本列島を縦断して分布する三波川
　変成岩が典型的にみられる※天然記
　念物，名勝
◇猪崎鼻の堆積構造（宮崎県日南市）
　日南層群とよばれる4000万年〜2200
　万年前の地層に深海底の様々な堆積
　構造、生痕化石が見られる
◇喜界島の隆起サンゴ礁上植物群落（鹿児
　島県大島郡喜界町）
　北限域にあたる完新世の隆起サンゴ礁
　が広がっている
2014（平成26）年7月29日
◇久米島町奥武島の畳石（沖縄県島尻郡久
　米島町）
　西奥武島の南海岸にある奇岩郡。干潮
　時に現れる岩が五角形や六角形の亀の
　甲羅の様で亀甲岩とも呼ばれている

015　特別天然記念物〔国指定〕

　文化財保護法により指定された、天然記念物のうち世界的にまた国家的に価値が特
に高いもの。1951（昭和26）年から文化財保護委員会が示した「特別史跡名勝天然記念
物及び史跡名勝天然記念物指定基準」に従い、保存事業が進められている。

　〔選定機関〕文化庁　〔選定時期〕1951（昭和26）年〜

1920（大正9）年7月17日，特別指定：1952
　（昭和27）年3月29日
◇田島ヶ原サクラソウ自生地（埼玉県さい
　たま市桜区田島・西堀）
　江戸時代にはサクラソウ見物、園芸化

などが盛んに行われていた
1921（大正10）年3月3日，特別指定：1952
　（昭和27）年3月29日
◇阿寒湖のマリモ（北海道釧路市阿寒町）
　水中で生活する緑藻類の一種。大きな

事典・日本の自然保護地域　91

015 特別天然記念物〔国指定〕 記念物・名勝

球状体のマリモが群生して生育しているのは阿寒湖のみ

◇野幌原始林(北海道北広島市)
石狩平野に遺存する唯一の原始林。トドマツと落葉広葉樹を主体とする針広混交林

◇コウシンソウ自生地(栃木県日光市)
日本では珍しい食虫植物の代表的な自生地

◇青島亜熱帯性植物群落(宮崎県宮崎市青島)
自生植物は197種、熱帯及び亜熱帯性植物は27種を数える。ビロウの密林で知られる

◇都井岬ソテツ自生地(宮崎県串間市大字大納)
都井岬の南端の一角、岬神社内およびその周辺の一帯に亜熱帯樹林ソテツが約3,000本自生。自生の北限

◇喜入のリュウキュウコウガイ産地(鹿児島県鹿児島市喜入生見町)
リュウキュウコウガイの自生北限地帯

◇鹿児島県のツルおよびその渡来地(鹿児島県出水市)
出水平野は日本最大のツルの集団越冬地。ツルのほとんどはナベヅルとマナヅル

1921(大正10)年3月3日, 特別指定：1955(昭和30)年2月15日

◇八代のツルおよびその渡来地(山口県周南市, 山口県下松市)
毎年10月下旬になると、シベリアからナベヅルが渡来し、3月上旬まで越冬する。本州で唯一のツル渡来地

1921(大正10)年3月3日, 特別指定：1956(昭和31)年7月19日

◇枇榔島亜熱帯性植物群落(鹿児島県志布志市)
200種近くの亜熱帯性の植物等が生い茂り独特の植生をなす

1922(大正11)年3月8日, 特別指定：1952(昭和27)年3月29日

◇小湊のハクチョウおよびその渡来地(青森県東津軽郡平内町)
白鳥渡来地として知られる浅所海岸一帯が指定されている

◇根尾谷断層(岐阜県本巣市根尾)
1891(明治24)年の濃尾地震により、上下差6mにも及ぶ断層が地表に出現した

◇日光杉並木街道(栃木県日光市, 栃木県鹿沼市)
日光東照宮への参詣道として江戸時代初期に整備された街道。約1万3300本もの杉の木がそびえ立つ※特別史跡, 特別天然記念物

◇ホタルイカ群遊海面(富山県富山市水橋町)
富山市常願寺川河口から魚津港までの沖合1.3kmまでが指定地。毎年3月から6月上旬にかけ、夜になると産卵のため海岸近くまで大群となって押し寄せる

◇白骨温泉の噴湯丘と球状石灰石(長野県松本市)
温泉成分が作り上げた丘のようになった地形。白骨には百以上の噴湯丘があるといわれる

◇秋芳洞(山口県美祢市)
秋吉台の地下100m、その南麓に開口する日本屈指の大鍾乳洞。石灰岩が浸蝕溶解されて生じた洞穴

◇蒲生のクス(鹿児島県姶良市)
蒲生八幡神社境内にそびえ立つ日本最大のクス。幹囲22.72m、高さ30.90m、樹齢100年以上

1922(大正11)年3月8日, 特別指定：1967(昭和42)年12月27日

◇鯛の浦タイ生息地(千葉県鴨川市)
伊貝島岩附近のタイはよく人に馴れ、餌を与えると群遊して壮観を呈する

1922(大正11)年10月12日, 特別指定：1952(昭和27)年3月29日

◇玉川温泉の北投石(秋田県仙北市)
世界でも北投温泉(台湾台北州七星郡北投街(現在の台北市北投区))と、玉川温泉からしか産出しない重晶石の亜種

◇狩宿の下馬ザクラ(静岡県富士宮市狩宿)

92 事典・日本の自然保護地域

記念物・名勝   015　特別天然記念物〔国指定〕

樹齢800年以上といわれる日本最古の
ヤマザクラ。駒止桜、駒繋桜などの別
名がある

◇白馬連山高山植物帯(富山県下新川郡朝
　日町、富山県黒部市、長野県北安曇郡
　白馬村、新潟県糸魚川市)
　日本の中央部の海抜3,000m級の高山
　が連なっている地域で、山体は風雪に
　さらされ、地形地質が変化に富んでい
　るため、高山植物の種類が豊富

1922(大正11)年10月12日、特別指定：1955
(昭和30)年8月22日

◇宝生院のシンパク(香川県小豆郡土庄
　町)
　シンパクとして日本で最大の老巨樹。
　応神天皇のお手植えと伝えられる。樹
　齢1500年、根元の周囲は16.6m、樹高
　約20m

1923(大正12)年3月7日、特別指定：1952
(昭和27)年3月29日

◇鹿児島県のソテツ自生地(鹿児島県指宿
　市、鹿児島県南さつま市、鹿児島県肝属
　郡南大隅町、鹿児島県肝属郡肝付町)
　九州南部における蘇鉄の自生北限地帯
　として代表的なもの。乾燥した原野の
　岩石の上に生え、特に指宿市山川の竹
　山や佐多岬では、海岸近くの絶壁に
　生育

1924(大正13)年12月9日、特別指定：1952
(昭和27)年3月29日

◇杉の大スギ(高知県長岡郡大豊町)
　須佐之男命が植えたと伝わる推定樹齢
　3000年の巨木。2株が接して立ち、南
　大杉は日本最大のスギ。別名「夫婦杉」

1924(大正13)年12月9日、特別指定：1954
(昭和29)年3月20日

◇屋久島スギ原始林(鹿児島県熊毛郡屋久
　島町)
　照葉樹林帯から夏緑樹林帯にかけて分
　布し、様々な樹種と混生。世界的に見
　ても貴重な自然林

1924(大正13)年12月9日、特別指定：1955
(昭和30)年2月15日

◇春日山原始林(奈良県奈良市春日野町)
　都会に接してた原始林。常緑広葉樹

(カシ、シイ類)を主とした暖帯林を
代表とし暖帯性の蔓性植物やシダ植物
の種が多い

1924(大正13)年12月9日、特別指定：1957
(昭和32)年7月2日

◇石徹白のスギ(岐阜県郡上市白鳥町)
　白山中居神社の御神木。推定樹齢1800
　年

1926(大正15)年10月20日、特別指定：1956
(昭和31)年7月19日

◇加茂の大クス(徳島県三好郡東みよし
　町)
　推定樹齢1000年。西日本最大の大楠

1926(大正15)年10月20日、特別指定：1957
(昭和32)年9月11日

◇東根の大ケヤキ(山形県東根市東根)
　幹周12m以上、推定樹齢1000年の日本
　最大級のケヤキ

1927(昭和2)年4月8日、特別指定：1952(昭
和27)年3月29日

◇古処山ツゲ原始林(福岡県朝倉市江川、
　福岡県嘉麻市)
　ツゲの原始林として代表的なもの。オ
　オヒメツゲが大半を占め、他にアサマ
　ツゲ・マルバツゲの3種類が自生

1927(昭和2)年6月14日、特別指定：1952
(昭和27)年3月29日

◇大山のダイセンキャラボク純林(鳥取県
　西伯郡大山町)
　日本稀有の純林。標高1600mを過ぎた
　なだらかな斜面に、大群落が形成され
　ている

1928(昭和3)年1月18日、特別指定：1955
(昭和30)年8月22日

◇牛島のフジ(埼玉県春日部市牛島)
　根元の周囲約10m、花穂の長さ2.7m、
　フジのうち最大。推定樹齢1200年以
　上。弘法大師のお手植えといわれる

1928(昭和3)年2月7日、特別指定：1955(昭
和30)年8月22日

◇立花山クスノキ原始林(福岡県糟屋郡新
　宮町、久山町)
　クスノキの純林で自生北限に属する。
　樹齢300年以上

事典・日本の自然保護地域　**93**

015 特別天然記念物〔国指定〕　　　　　　　　　　　　　記念物・名勝

1928（昭和3）年2月7日, 特別指定：1957（昭和32）年6月19日
　◇早池峰山および薬師岳の高山帯・森林植物群落（岩手県花巻市, 岩手県遠野市附馬牛町, 岩手県宮古市）
　　早池峰山では, 蛇紋岩山地特有の植物をはじめ貴重な乾性植物群落が発生している。薬師岳は, 花崗岩質の山体からなり早池峰山とは違いが見られる

1928（昭和3）年3月24日, 特別指定：1952（昭和27）年3月29日
　◇上高地（長野県松本市）
　　標高約1,500mの山岳景勝地。梓川に架かる河童橋から望む山々の雄姿, 大正池や明神池, 徳沢などが有名※特別名勝, 特別天然記念物

1929（昭和4）年12月17日, 特別指定：1952（昭和27）年3月29日
　◇鳴沢熔岩樹型（山梨県南都留郡鳴沢村）
　　溶岩が森林を流れ立ち木等を包囲し団結したもの

1931（昭和6）年7月31日, 特別指定：1952（昭和27）年3月29日
　◇大根島の熔岩隧道（島根県松江市八束町）
　　溶岩によってできた洞穴。旧洞と新洞からなる

1933（昭和8）年4月13日, 特別指定：1952（昭和27）年3月29日
　◇鬼首の雌釜および雄釜間歇温泉（宮城県大崎市鳴子温泉鬼首）
　　高日向山の西麓一帯には八幡地獄, 血の池地獄等があり, 噴気孔も多く, 吹上と共に日本唯一の自然間歇泉

1934（昭和9）年5月1日, 特別指定：1952（昭和27）年3月29日
　◇八釜の甌穴群（愛媛県上浮穴郡久万高原町）
　　30個ほど甌穴のうち8個の甌穴が釜の形に似ていることが由来。最大直径9〜12mもある

1935（昭和10）年12月24日, 特別指定：1952（昭和27）年3月29日
　◇大島のサクラ株（東京都大島町泉津）
　　樹齢800年以上の大島桜の巨樹。幹周

り約7mの基部だけが地上に約1.5m残っている

1936（昭和11）年12月16日, 特別指定：1952（昭和27）年3月29日
　◇根反の大珪化木（岩手県二戸郡一戸町）
　　直立していた木が火山灰に覆われて珪化木になったもの。高さ64m, 目通り幹囲約7m, 硅化木中日本最大

1936（昭和11）年12月16日, 特別指定：1955（昭和30）年8月22日
　◇魚津埋没林（富山県魚津市釈迦堂）
　　約2,000年前に埋没した樹齢約500年の杉の樹根。海底林として唯一指定されている

1939（昭和14）年9月7日, 特別指定：1952（昭和27）年3月29日
　◇アポイ岳高山植物群落（北海道様似郡様似町）
　　エゾコウゾリナ, ヒダカソウ, アポイアズマギクなどアポイ岳固有の植物が多く, 植物学上重要

1940（昭和15）年8月30日, 特別指定：1952（昭和27）年3月29日
　◇浅間山熔岩樹型（群馬県吾妻郡嬬恋村）
　　1783（天明3）年の火山活動で流出した溶岩をあびて化石状になった樹木の跡。樹型は直径50cm〜200cm, 深さ3〜7mに達す
　◇相良のアイラトビカズラ（熊本県山鹿市菊鹿町）
　　樹齢1000年の古木。開花は極めて珍しいといわれている

1940（昭和15）年8月30日, 特別指定：1956（昭和31）年7月19日
　◇御岳の鏡岩（埼玉県児玉郡神川町）
　　金鑚神社の背後の山中にある, 約1億年前にできた岩断層活動のすべり面

1941（昭和16）年2月28日, 特別指定：1957（昭和32）年6月19日
　◇夏油温泉の石灰華（岩手県北上市和賀町）
　　夏油温泉の上流にある日本最大の石灰華ドーム。高さ17.6m, 下底部の径約25m, 頂上部約7m

94　事典・日本の自然保護地域

記念物・名勝　　　　　　　　　　　　　　　　　　　　　*015*　特別天然記念物〔国指定〕

1941（昭和16）年8月1日，特別指定：1952
（昭和27）年3月29日
　◇内海のヤッコソウ発生地（宮崎県宮崎市
　　大字内海）
　　　シイノキの群生する地域に寄生。発生
　　　地の代表的なもの
1941（昭和16）年12月13日，特別指定：1952
（昭和27）年3月29日
　◇根尾谷の菊花石（岐阜県本巣市根尾町）
　　　奇形の結晶集合体を有するシャール
　　　シュタイン。世界的に極めて稀有
1943（昭和18）年8月24日，特別指定：1952
（昭和27）年3月29日
　◇高知市のミカドアゲハおよびその生息地
　　（高知県高知市天神町・筆山町・潮江）
　　　日本有数の生息地。潮江天満宮境内・
　　　要法寺境内・潮江中学校校庭の3か所
　　　が指定地
1944（昭和19）年3月7日，特別指定：1952
（昭和27）年3月29日
　◇長岡のゲンジボタルおよびその発生地
　　（滋賀県米原市長岡）
　　　日本有数のゲンジボタル発生地。現在
　　　さまざまな保護活動が行なわれている
1944（昭和19）年11月7日，特別指定：1952
（昭和27）年3月29日
　◇焼走り熔岩流（岩手県八幡平市）
　　　岩手山噴火の際東側の谷口から噴出し
　　　た熔岩流。噴出口から末端までの長さ
　　　が3km，幅が1.5kmの規模
　◇湧玉池（静岡県富士宮市宮町）
　　　新期火山の裾野における最大の湧泉。
　　　富士山の伏流水が溶岩の間から1日約
　　　20万t湧き出している
1945（昭和20）年2月22日，特別指定：1952
（昭和27）年3月29日
　◇薬師岳の圏谷群（富山県富山市）
　　　立山連峰薬師岳の日本を代表するカー
　　　ル群。夏でも雪が残り太古の氷河期の
　　　ような特異な景観が眺望できる
1951（昭和26）年6月9日，特別指定：1955
（昭和30）年8月13日
　◇羽黒山のスギ並木（山形県鶴岡市）

長さ1.7kmの間に樹齢200～300年，目
通幹囲1～4mのスギがある
1951（昭和26）年6月9日，特別指定：1957
（昭和32）年6月19日
　◇昭和新山（北海道有珠郡壮瞥町）
　　　溶岩塔（ベロニーテ）形の火山。標高
　　　398m。畑地が隆起した屋根山と溶岩
　　　円頂丘からなる
1954（昭和29）年12月25日，特別指定：1957
（昭和32）年6月19日
　◇岩間の噴泉塔群（石川県白山市尾添）
　　　谷底に温泉が噴出し，その湧出口附近
　　　に炭酸石灰が沈積して数箇の噴泉塔を
　　　造っている
1956（昭和31）年8月9日，特別指定：1960
（昭和35）年6月1日
　◇尾瀬（福島県南会津郡檜枝岐村，群馬県
　　利根郡片品村，新潟県魚沼市）
　　　高山植物・森林植物・湿原植物・沼沢
　　　植物等の種類多く，稀有の動物も生息
　　　する自然の一大宝庫
1956（昭和31）年9月7日，特別指定：1964
（昭和39）年7月10日
　◇黒部峡谷 附 猿飛並びに奥鐘山（富山県
　　中新川郡立山町，富山県黒部市）
　　　黒部峡谷は日本一深い急峻な谷。奥鐘
　　　山は日本屈指の大岩壁。猿飛峡は昔猿
　　　が飛び越えたことから命名された※特
　　　別名勝，特別天然記念物
1961（昭和36）年10月19日，特別指定：1964
（昭和39）年7月10日
　◇秋吉台（山口県美祢市）
　　　日本最大のカルスト地形。秋芳洞・大
　　　正洞などの鍾乳洞がある。石灰岩の中
　　　にはサンゴ，ウミユリなどの地球と秋
　　　吉台の長い歴史を示す化石が見つかっ
　　　ている
1971（昭和46）年4月23日，特別指定：1977
（昭和52）年3月15日
　◇大雪山（北海道上川郡上川町，上川郡東
　　川町，上川郡美瑛町，上川郡新得町）
　　　全国に類例のない高山植物の規模を有
　　　す火山地帯

事典・日本の自然保護地域　**95**

016 天然記念物〔北海道〕 　　　　　　　　　　　　　　　　記念物・名勝

016　天然記念物〔北海道〕

（記念物）遺跡で歴史上・学術上価値の高いもの、名勝地で芸術上・鑑賞上価値の高いもの、動物・地質鉱物で学術上価値の高いもの。（天然記念物）特有の著名な動物・棲息地、名木、巨木、岩石・鉱物・化石の産出状態など。

[**選定機関**] 北海道　　[**選定時期**] 1950（昭和25）年〜

1950（昭和25）年8月28日
◇斜里海岸の草原群落（北海道斜里郡斜里町美咲地先国有林）
6月から10月にかけエゾスカシユリ、ハマナス、エゾカンゾウなど50種類以上の野生の草花がみられる

1957（昭和32）年1月29日
◇中頓別鍾乳洞（北海道枝幸郡中頓別町字旭台24の2番地）
新生代第三紀（約2300万年〜160万年前）の貝殻石灰岩の中にできている
◇佐呂間湖畔鶴沼のアッケシソウ群落（北海道紋別郡湧別町字東）
文化財指定地では唯一の群落
◇温根湯エゾムラサキツツジ群落（北海道北見市留辺蕊町字花丘）
丘陵斜面にある7万株、28万本の純群落

1959（昭和34）年9月11日
◇礼文島桃岩付近一帯の野生植物（北海道礼文郡礼文町大字香深村）
レブンの名を冠する花をはじめ多種多様の高山植物が繁茂

1961（昭和36）年3月17日
◇当麻鍾乳洞（北海道上川郡当麻町開明4区）
全長135m、高さ7〜8mの洞窟

1962（昭和37）年4月3日
◇札内川流域化粧柳自生地（北海道帯広市大正基線9・10号地先）
指定面積50906.34m²

1963（昭和38）年7月26日
◇更別湿原のヤチカンバ（北海道河西郡更別村字上更別33）
広さ2.97ha

1963（昭和38）年10月15日
◇ユルリ・モユルリ島海鳥繁殖地（北海道根室市昆布盛）
北方系の海鳥の絶好の生息地

1963（昭和38）年12月24日
◇羅臼のひかりごけ（北海道目梨郡羅臼町共栄町105番地）
マッカウスの洞窟に自生する
◇大津海岸トイトッキ浜野生植物群落（北海道中川郡豊頃町打内）
喬木のない草原でコケモモ、ガンコウランなど多くの寒地、高山性植物を含む
◇大津海岸長節湖畔野生植物群落（北海道中川郡豊頃町長節）
ハマナスを主とした群落

1964（昭和39）年10月3日
◇雨竜沼高層湿原帯（北海道雨竜郡雨竜町338番地）
東西4km、南北2kmの湿原は早春の融雪時には多数の池沼が連続して大きな沼となる
◇白滝の流紋岩球顆（北海道紋別郡遠軽町上白滝（国有林内））
曹長石などの流紋岩が球顆状をなす

1965（昭和40）年6月14日
◇二股温泉の石灰華（北海道山越郡長万部町字大峯30番地ほか）
長さ約400m、幅約200m、厚さ最大25m

1967（昭和42）年3月17日
◇樽前山溶岩円頂丘（北海道苫小牧市字樽前（国有林））
明治42（1909）年の噴火によって頂上火口内に溶岩円頂丘が生成された

96　事典・日本の自然保護地域

記念物・名勝   016 天然記念物〔北海道〕

1968（昭和43）年1月18日
◇大正のカシワ林（北海道帯広市大正町
　445・446番地）
　平坦な火山灰土の丘地に生育する天然
　生のカシワ純林。指定面積4万m²
◇茅部の栗林（北海道茅部郡森町字清澄町
　12）
　50数本が樹齢200年を超える老木
◇新冠泥火山（北海道新冠郡新冠町字高
　江）
　東西約300m、南北約1100mの地域に8
　個の泥丘が配列されている

1968（昭和43）年3月19日
◇羅臼の間歇泉（北海道目梨郡羅臼町湯の
　沢町6番地）
　約1時間に1度、5〜6mの熱湯が吹き上
　がる

1968（昭和43）年12月18日
◇利尻島のチシマザクラ自生地（北海道利
　尻郡利尻町仙法志）
　利尻山南斜面にある群落
◇然別湖のオショロコマ生息地（北海道河
　東郡上士幌町）
　北岸水域とそこに流入する河川が指
　定地

1971（昭和46）年4月21日
◇稚咲内海岸砂丘林（北海道天塩郡豊富町
　字稚咲内）
　北方特有の樹種が混生している原生林

1972（昭和47）年4月1日
◇厚岸床潭沼の緋鮒生息地（北海道厚岸郡
　厚岸町大字床潭村字床潭）
　周囲約2.5km、面積約10haの浅い泥炭
　海跡湖沼
◇乙部鮪ノ岬の安山岩柱状節理（北海道爾
　志郡乙部町字花磯）
　第三紀（700万〜100万年前）の輝石安
　山岩からなる柱状節理

1973（昭和48）年3月14日
◇オシュンコシュン粗粒玄武岩柱状節理
　（北海道斜里郡斜里町ウトロ西地先国
　有林）
　新第3紀中新世上部の頁岩層が分布

1974（昭和49）年12月6日
◇夕張の石炭大露頭（北海道夕張市高松6
　番地1）
　地表に3層の石炭が現われている。他
　に例のない天然標本
◇帯広畜産大学農場の構造土十勝坊主（北
　海道帯広市川西町西4線17番地）
　数千年前の寒冷な時期に形成された

1984（昭和59）年3月12日
◇タキカワカイギュウ化石標本（北海道滝
　川市美術自然史館 滝川市新町2丁目5
　番30号）
　1980（昭和55）年、空知川の河床から
　発見された新種の海牛

1994（平成6）年6月3日
◇レブンアツモリソウ群生地（北海道礼文
　郡礼文町大字船泊村字鉄府）
　礼文島北部の鉄府地区が最大の生育地

2002（平成14）年3月29日
◇黄金水松（北海道芦別市黄金町764番地
　黄金水松公園）
　推定樹齢1700年のイチイの巨樹で高
　さ21m、幹周6.2m、枝張15m

2011（平成23）年3月15日
◇空知大滝甌穴群（北海道芦別市滝里町空
　知川河川敷）
　岩盤上に形成された64か所の甌穴。東
　西方向220m、南北方向77mに分布
◇西別湿原ヤチカンバ群落地（北海道野付
　郡別海町別海71番地3・6・25・26）
　日本では特異な北方系湿性低地ツンド
　ラ低木であるヤチカンバの数少ない湿
　原のひとつ

事典・日本の自然保護地域　97

017 天然記念物〔青森県〕

[選定機関] 青森県　[選定時期] 1955（昭和30）年～

1955（昭和30）年1月7日

◇赤根沢の赤岩（青森県東津軽郡今別町砂ヶ森字赤根沢）
赤根沢に赤色の岩塊を露出している一帯約30aの場所

◇茨島のトチノキ（青森県三戸郡階上町赤保内字茨島）
推定樹齢600～800年、樹高約24m、目通り幹囲約6m。東北ではまれに見るトチノキの大樹

◇関の杉（青森県西津軽郡深浦町関字栃沢）
推定樹齢1000年、樹高約35m、目通り幹囲約7.04m。「亀杉」とも呼ばれている

1956（昭和31）年5月14日

◇大杉（青森県弘前市十腰内字猿沢78）
推定樹齢1000年の杉2本で樹高約41m、目通り幹囲は9.67mと8.47m

◇銀南木（青森県上北郡七戸町銀南木五奄河原）
推定樹齢700年、樹高約26m、目通り幹囲11.06m。気根にさわると、母乳の出がよくなる樹などといわれている

◇桑の木（青森県三戸郡三戸町六日町）
樹齢120年、樹高約9.27m、目通り幹囲3.29m

◇うつぎ（青森県三戸郡階上町赤保内字蛭子4-2）
高さ4m以上で7本の支幹が出ている

1958（昭和33）年1月22日

◇天狗杉（青森県三戸郡南部町大向字長谷94-5）
推定樹齢300年、樹高約34.2m、目通り幹囲4.1m。幹の上部が帯化（石化）したもの

◇爺杉（青森県三戸郡南部町法光寺字法光寺20-2）

推定樹齢1000年、樹高約35m、目通り幹囲約8m

◇法光寺参道松並木（青森県三戸郡南部町法光寺字法光寺20-4）
推定樹齢300年、樹高約20mのアカマツ15本

1960（昭和35）年3月26日

◇十三湖の白鳥（青森県五所川原市十三湖）
河口に近い場所・水辺で少数観察される

1960（昭和35）年6月24日

◇大湊湾の白鳥（青森県むつ市）
飛来する白鳥はほとんどがオオハクチョウでコハクチョウはごく少数

1960（昭和35）年11月11日

◇りんごの樹（青森県つがる市柏桑野木田字千年226）
樹齢118年で紅絞2本、祝1本の3本。日本唯一のりんごの古木

1967（昭和42）年1月11日

◇カヤの木（青森県八戸市南郷区島守字門前27）
推定樹齢約500年、樹高約17.5m、目通り幹囲約3.20m

1971（昭和46）年9月6日

◇イチイ（青森県北津軽郡板柳町横沢字花岡81）
推定樹齢600年～700年、樹高約7.00m、目通り幹囲3.02m

1972（昭和47）年3月15日

◇関根の松（青森県三戸郡三戸町川守田字関根4-1）
推定樹齢360年余。樹高約6m、目通り幹囲2.63m

1972（昭和47）年12月6日

◇モミの木（青森県十和田市沢田字水尻山

12-1)
樹齢は500年〜600年、樹高25m、目通
り幹囲5.3m
◇クヌギ（青森県十和田市沢田字野倉沢
86）
樹高約25m、目通り幹囲5.6m
◇小川原湖のハクチョウ（青森県三沢市，
上北郡）
中継・休息地で主に北端で見られる
1976（昭和51）年1月26日
◇藤崎のハクチョウ（青森県南津軽郡藤崎
町地内平川水域）
平川はハクチョウの生活基地
1980（昭和55）年1月24日
◇金木町玉鹿石（青森県五所川原市金木
町）
「にしき石」の一種
1984（昭和59）年4月19日
◇妙堂崎のモミの木（トドロッポ）（青森県
北津軽郡鶴田町妙堂崎字掛元12）
推定樹齢350年、樹高約30m、目通り
幹囲約6m
1988（昭和63）年10月25日
◇妙経寺のカヤの木（青森県黒石市京町字
寺町12）
推定樹齢500年、樹高19.5m、目通り幹
囲4.5m
1993（平成5）年4月16日
◇燈明杉（青森県弘前市大沢字堂ヶ平）
推定樹齢700年。天から木に燈明が降
りて光を放ったという伝承がある
1994（平成6）年4月25日
◇根岸の大いちょう（青森県上北郡おいら
せ町字東下谷地9）
推定樹齢1000年、樹高約33m、目通り
幹囲14.1m
1996（平成8）年5月22日
◇横浜町のゲンジボタルおよびその生息地
（青森県上北郡横浜町上田ノ沢・吹越・
長下地区）

蛍の生息環境の整備が行われている
◇わむら（上村）のカシワの木（青森県三戸
郡五戸町倉石中市字中市62-7）
推定樹齢650〜750年、樹高22m、目通
り幹囲5.4m
1997（平成9）年5月14日
◇向外瀬のモクゲンジ（センダンバノボダ
イジュ）（青森県弘前市向外瀬4-10）
日本最大級の古木
1998（平成10）年4月22日
◇天満宮のシダレザクラ（青森県弘前市西
茂森1-1-29）
「大行院のシダレザクラ」とも呼ばれ
る古木
◇鬼沢のカシワ（鬼神腰掛柏）（青森県弘前
市鬼沢字猿沢151）
岩木山大山祇神社のご神体
1999（平成11）年4月21日
◇百沢街道および高岡街道の松並木（青森
県弘前市百沢・高岡ほか）
百沢街道に63本、高岡街道に20本
2002（平成14）年11月18日
◇寒立馬とその生息地（青森県下北郡東通
村尻屋字念仏間37-20ほか）
津軽海峡に面した尻屋崎に暮らす
2008（平成20）年4月25日
◇中野神社の対植えのモミ（青森県黒石市
南中野不動舘26-3）
推定樹齢200〜300年のモミの大木
2011（平成23）年8月19日
◇西光寺のシダレザクラ（青森県上北郡野
辺地町寺ノ沢）
樹齢300年を超える。「イトザクラ」「紅
しだれ」とも呼ばれる
2014（平成26）年4月18日
◇薬師寺の石割カエデ（青森県黒石市温湯
鶴泉）
樹高11.7m、幹周520cm、推定樹齢約
500年

018 天然記念物〔岩手県〕

[選定機関] 岩手県　[選定時期] 1954（昭和29）年〜

1954（昭和29）年4月5日
◇田野畑シロバナシャクナゲ群落（岩手県下閉伊郡田野畑村田野畑北山国有林内）
北山崎の南側の急斜面に自生する
◇タブノキ自生地（岩手県下閉伊郡山田町船越）
日本太平洋岸における北限分布地

1956（昭和31）年7月25日
◇白沼のモリアオガエル繁殖地（岩手県岩手郡雫石町西根）
周囲がブナ・チシマザサ・ヤナギなどで囲まれた沼にモリアオガエルが棲む
◇山岸のカキツバタ群落（岩手県盛岡市山岸字大平）
931m²の敷地一面に咲く

1959（昭和34）年3月17日
◇佐賀部のウミネコ繁殖地（岩手県宮古市田老字向山）
岩礁群と内陸側の断崖に繁殖

1963（昭和38）年12月24日
◇藤里の珪化木（岩手県奥州市江刺区藤里字石名田）
愛宕山の丘の上の崖の頂上部にある

1965（昭和40）年3月19日
◇コランダム産地（岩手県一関市大東町鳥海字向前畑）
蓬莱山東側斜面の狭い一部に露出

1966（昭和41）年3月8日
◇駒形神社及び水沢公園のヒガン系桜群（岩手県奥州市水沢区中上野・東上野）
いずれも樹齢250〜300年で種類も多い
◇湯田湯川沼の浮島（岩手県和賀郡西和賀町湯川）
湯川沼に直径10m前後の浮島が10個程浮かぶ

1954（昭和29）年4月5日※
◇内間木洞及び洞内動物群（岩手県久慈市山形町大字小国）
総延長は約1.6kmの洞内にコウモリ類・原始昆虫が生息
◇田野畑の白亜紀化石産地（岩手県下閉伊郡田野畑村大字田野畑）
宮古層の標識地、示準化石の産地として貴重

1969（昭和44）年6月6日
◇小鳥崎の大カヤ（岩手県北上市小鳥崎）
根元周囲6m、高さ20m余り、推定樹齢560年程度
◇常膳寺の姥杉（岩手県陸前高田市小友町字上の坊）
根元周囲約10.65m、樹高約50m、推定樹齢約1000年以上
◇大船渡の三面椿（岩手県大船渡市末崎町字中森）
東側の一株が現存。推定樹齢730年余
◇胆沢川流域ユキツバキ群落（岩手県奥州市胆沢区若柳）
胆沢川の左岸上流に密生
◇イワタバコ北限自生地（岩手県下閉伊郡田野畑村大字南大芦）
太平洋岸における北限自生地
◇青松島（岩手県陸前高田市広田町字集）
灰白色の花崗岩にクロマツの緑が映える岩礁風景※名勝及び天然記念物

1972（昭和47）年10月27日
◇北笹間のナラカシワ（岩手県花巻市北笹間）
根本幹囲約5m、樹高約21m、推定樹齢約300年
◇大沢の臥竜梅（岩手県下閉伊郡山田町大沢）
国内での植栽としては北限とされる

記念物・名勝

1974（昭和49）年2月15日
　◇玉山のシダレアカマツ（岩手県盛岡市玉山区玉山字祝の沢）
　　根元幹囲約3m、目通径約2.5m、推定樹齢約160年
　◇天狗森の夏氷山風穴（岩手県八幡平市天狗森国有林）
　　冬の氷が夏まで残る風穴
1976（昭和51）年3月23日
　◇大籠のガンボクエゴノキ（岩手県一関市藤沢町大籠字沢内）
　　雁木状に折れ曲がる奇形で、花が八重咲きの珍木
　◇薄衣の笠マツ（岩手県一関市川崎町薄衣字柏木）
　　推定樹齢600年の3本
　◇猿沢の箒カヤ（岩手県一関市大東町猿沢字伊沢田南沢）
　　根元幹囲約6.6m、目通径約8.8m、高さ約20m、推定樹齢約600年
1977（昭和52）年4月26日
　◇遠野のモリオカシダレ（岩手県遠野市松崎町字駒木）
　　根元幹囲約2.8m、枝張14.5m、高さ約12m
　◇青笹のイブキ（岩手県遠野市青笹町字糠前）
　　根元幹囲約2.3m、目通径2.3m、枝張9.5m、高さ約7m
1978（昭和53）年4月4日
　◇若柳のヒメカユウ群落（岩手県奥州市胆沢区若柳字横岳前山国有林内）
　　焼石岳南山腹のブナ林中の平七沼ほとりに群生
1980（昭和55）年3月4日
　◇霜畑のケヤキ群（岩手県久慈市山形町霜畑）
　　八幡宮の境内の3本
1981（昭和56）年12月4日
　◇普門寺のサルスベリ（岩手県陸前高田市米崎町字地竹沢）
　　枝張12.7m、樹高約11m、推定樹齢約300年。岩手県内の最大樹
1986（昭和61）年5月9日
　◇早池峰神社の夫婦イチイ（岩手県遠野市附馬牛町字上附馬牛）
　　神社の中門をくぐって左右にある。雌株は根元周囲4.98m、樹高16.2m。雄株は根本周囲3.90m、樹高17.0m
1992（平成4）年9月4日
　◇三王岩（岩手県宮古市田老字青砂里）
　　太鼓岩・男岩・女岩と並んでいる
2010（平成22）年3月2日
　◇田鎖神社のブナ・イヌブナ林（岩手県宮古市大字田鎖）
　　学術上貴重な森林
2010（平成22）年10月1日
　◇花巻矢沢地区のゼニタナゴ生息地（岩手県花巻市矢沢）
　　岩手県では花巻市矢沢地区にあるため池群のみに生息している

019　天然記念物〔宮城県〕

動物、植物、地質鉱物等で学術上価値の高いものを指す。
　［選定機関］宮城県

◇大指海域および双子島、鞍掛島、蹄島、黒島のウミネコ、ゴイサギ、アメツバメ、ウトウ等の繁殖地（宮城県石巻市）
　小島に大きなコロニーをつくって繁殖
◇唐桑町上二本杉・下二本杉（宮城県気仙沼市）
　約800年前に早馬神社の参道に献植したという巨木
◇薬師堂の姥杉（宮城県栗原市）
　樹齢約1200年、樹高34m、目通り周囲

9.5mの宮城県下第一位の巨杉
◇不動堂のフジ（宮城県柴田郡柴田町）
　根元の幹囲2.1m、地上1.5mの幹囲1.76m
◇羽田神社の太郎坊、次郎坊の杉（宮城県気仙沼市）
　神社の境内の巨杉
◇平八幡神社の大サワラ（宮城県気仙沼市）
　サワラとしては県下稀にみる巨樹
◇丸森のイチョウ（宮城県伊具郡丸森町）
　樹高約40mの雄株
◇志津川の太郎坊の杉（宮城県本吉郡南三陸町）
　樹高38m、幹囲7.72m、枝張は東西南北約19m
◇鹽竈神社のタラヨウ（宮城県塩竈市）
　栽植可能の北限地帯に位置する巨木
◇長久寺のマルミガヤ（宮城県大崎市）
　樹齢約630年、樹高約16m、幹囲約5.7m
◇平沢の弥陀の杉（宮城県刈田郡蔵王町）
　根元に石碑がある。推定樹齢1300年
◇日根牛の大クリ（宮城県登米市）
　巨幹の樹皮に右巻きの割れ目がある
◇祇劫寺のマルミガヤ（宮城県大崎市）
　樹高約20m、枝張り東西約25m、南北約22m
◇逆イチョウ（宮城県柴田郡川崎町）
　笹谷街道沿いの北側に立つ老樹
◇石雲寺のコウヤマキ（宮城県大崎市）
　根幹の周り約8.3m、樹高23m
◇瑞巌寺の臥竜梅（宮城県宮城郡松島町）
　紅梅、白梅の2本
◇新山神社の姥杉（宮城県東松島市）
　樹高約30m、地際周囲9mの御神木
◇岩井崎石灰岩化石（宮城県気仙沼市）
　古生代二畳紀の岩石でできている化石

産地
◇球状斑糲岩（宮城県牡鹿郡女川町）
　1970（昭和45）年に日本で初めて発見された
◇鷲倉神社の姥杉（宮城県仙台市泉区）
　「神杉」として保護されてきた巨木
◇賀茂神社のイロハモミジ（宮城県仙台市泉区）
　2本並んで植えられている
◇賀茂神社のタラヨウ（宮城県仙台市泉区）
　植栽可能な北限地区の大木。御神木
◇高蔵寺の大杉（一対）（宮城県角田市）
　参道左右に生える「大杉」と「右杉」
◇高蔵寺カヤの群生林（宮城県角田市）
　84本が群生。面積約50a
◇嘉右衛門山の逆さケヤキ（宮城県白石市）
　八幡太郎義家が杖を逆さに刺したものという伝承がある
◇東陽寺のイチョウ（宮城県登米市）
　樹高30m、幹周7.2m、推定樹齢500年
◇薬師の乳イチョウ（宮城県大崎市）
　推定樹齢600年、樹高25m、幹周8.2m
◇鹿島天足別神社のアカガシ（宮城県黒川郡富谷町）
　推定500～600年、樹高約20m、幹周5.8m
◇久保のカツラ（宮城県気仙沼市）
　推定樹齢約800年の宮城県第一のカツラの巨木
◇月観の松（宮城県東松島市）
　樹高16m、幹周4.2mのクロマツの巨樹
◇称名寺のスダジイ（宮城県亘理郡亘理町）
　推定樹齢300年以上、樹高15m、幹周7.7m

記念物・名勝   *020* 天然記念物〔秋田県〕

---

020 天然記念物〔秋田県〕

［選定機関］秋田県　［選定時期］1953（昭和28）年〜

1953（昭和28）年10月5日
　◇しだれ桜（秋田県大仙市協和船岡字上宇
　　津野249）
1954（昭和29）年3月7日
　◇榧（秋田県男鹿市北浦真山字水喰沢95）
1955（昭和30）年1月24日
　◇いちょう（秋田県能代市二ツ井町仁鮒字
　　坊中147）
　◇杉（秋田県鹿角市十和田大湯字大湯165）
　◇枝垂桜（秋田県大仙市強首大巻字宅地
　　13）
　◇欅（秋田県山本郡藤里町大沢字向山下
　　86−1）
　◇いちょう（秋田県山本郡藤里町藤琴字田
　　中15）
1957（昭和32）年2月14日
　◇白椿（秋田県にかほ市前川字久根添81−
　　1）
1958（昭和33）年2月13日
　◇タブの群落（秋田県にかほ市象潟町川袋
　　字川崎49−1）
1959（昭和34）年1月7日
　◇葛岡のカスミザクラ（秋田県由利本荘市
　　葛岡字落合43）
1960（昭和35）年3月1日
　◇イチイ（秋田県由利本荘市鳥海町中直根
　　字前の沢81）
　◇スズムシ群棲地（秋田県南秋田郡五城目
　　町小池字岡本森山周辺）
1960（昭和35）年12月17日
　◇千本カツラ（秋田県由利本荘市鳥海町栗
　　沢字内通13−4）
　◇法体の滝および甌穴（秋田県由利本荘市
　　鳥海町百宅字奥山手代沢外2国有林）
　　※名勝及び天然記念物

1963（昭和38）年2月5日
　◇ユキツバキ自生北限地帯（秋田県仙北市
　　田沢湖岡崎外3字院内山外4国有林）
1964（昭和39）年4月16日
　◇小又峡（秋田県北秋田市森吉字大印沢外
　　30国有林）
　　※名勝及び天然記念物
1967（昭和42）年9月26日
　◇アオサギ繁殖地（秋田県男鹿市瀧川字男
　　鹿山国有林）
1968（昭和43）年3月19日
　◇浅舞のケヤキ（秋田県横手市平鹿町浅舞
　　字浅舞219）
　◇堀切のイチョウ（秋田県由利本荘市中俣
　　字小金沢71）
1968（昭和43）年10月15日
　◇木地山のコケ沼湿原植物群落（秋田県湯
　　沢市皆瀬字松森3）
1971（昭和46）年4月20日
　◇水沢のアキタスギ天然林（秋田県能代市
　　二ツ井町仁鮒小掛外3字仁鮒小掛山外
　　9国有林）
1972（昭和47）年6月10日
　◇金浦のタブ林（秋田県にかほ市字上林14,
　　38, 42）
1973（昭和48）年6月16日
　◇鬟垂のシダレグリ（秋田県大仙市協和船
　　岡字庄内鬟垂7）
1973（昭和48）年12月11日
　◇鳥海ムラサギ原生林（秋田県由利本荘市
　　矢島町城内字木境鳥海国有林）
　◇唐松神社のスギ並木（秋田県大仙市協和
　　境字下台91）
1974（昭和49）年10月12日
　◇前川のタブノキ（秋田県にかほ市前川）

事典・日本の自然保護地域　**103**

021 天然記念物〔山形県〕　　　　　　　　　　　　　　　　記念物・名勝

◇金浦のマルバグミ（秋田県にかほ市金浦
　字南金浦）
1978（昭和53）年7月25日
◇大須郷のウミウ繁殖地（秋田県にかほ市
　象潟町大須郷字大道下3-2ほか）
1982（昭和57）年1月12日
◇岩館のイチョウ（秋田県由利本荘市東由
　利蔵字岩館72）
◇母体のモミ林（秋田県能代市母体字湯の
　沢98, 母体字母体山外1国有林）
1984（昭和59）年3月10日
◇真山寺の乳イチョウ（秋田県仙北市西木
　町小山田字石川原281）
◇法内の八本スギ（秋田県由利本荘市東由
　利法内字臼ヶ沢外2国有林）
◇金峰神社のスギ並木（秋田県仙北市田沢
　湖梅沢字東田235, 岡崎外3字院内山外
　4国有林）
1987（昭和62）年3月17日
◇女潟湿原植物群落（秋田県秋田市金足小
　泉字女潟1）

◇梅内のイチイ（秋田県能代市二ツ井町梅
　内字筒ヶ沢133）
1988（昭和63）年3月15日
◇筏の大スギ（秋田県横手市山内筏字植田
　表56）
1991（平成3）年3月19日
◇男鹿のコウモリ生息地（蝙蝠窟・孔雀窟）
　（秋田県男鹿市船川港小浜字芦ノ倉）
◇玉川のヒメカイウ群生地（秋田県仙北市
　田沢湖玉川字湯渕沢国有林）
1998（平成10）年3月20日
◇トミヨ及びイバラトミヨ生息地（秋田
　県横手市平鹿町浅舞字浅舞231（琵琶
　沼）, 字道川北11（荒小屋沼）, 中吉田
　字上藤根19（天龍沼））
2010（平成22）年3月12日
◇男鹿目潟火山群三ノ目潟（秋田県男鹿市
　戸賀塩浜字釜坂木揚場, 字林山, 字林
　山口）
2015（平成27）年3月20日
◇八森椿海岸柱状節理群（秋田県山本郡八
　峰町八森字椿海岸196番1先）

021　天然記念物〔山形県〕

[選定機関] 山形県　[選定時期] 1952（昭和27）年〜

1952（昭和27）年4月1日
◇お達磨のサクラ（山形県東村山郡中山町
　達磨寺）
　3本のエドヒガンの老木。推定樹齢600
　年以上
◇臥龍のマツ（山形県村山市大字大久保字
　下原乙216）
　江戸時代この松を写した版木がある
◇十文字開発記念樹（山形県鶴岡市長沼字
　十文字24）
　江戸初期、秋田県十文字から移住した
　人々の開拓成功を記念したクロベの
　巨木
◇神代カヤ（山形県西村山郡大江町大字小

釿630-1）
　株立で大幹が9本直上。最大幹囲3.
　5m、推定樹高1500年
◇添川の根子スギ（山形県鶴岡市添川字米
　山（241の内））
　株立状（連理状）のスギ。両所神社の
　ご神木
◇種蒔ザクラ（山形県寒河江市大字白岩字
　陣ヶ峯3006-1）
　樹齢700余年のエドヒガン。開花が播
　種の目安にされた
◇大日坊の皇壇スギ（山形県鶴岡市大網字
　岩台167の内）
　景行天皇の皇子、御諸別皇子の墳墓に
　植えられた

◇津金沢の大スギ（山形県山形市津金沢
　317–1）
　　根周り9.3m、幹囲10.5m（地上3.3m）、
　　高さは33m。樹齢約1000年
◇土渕のユズ（山形県酒田市土渕字新田町
　82の内）
　　多雪寒冷地の戸外で成長し結実する大
　　木は貴重
◇角川の大スギ（山形県最上郡戸沢村大字
　角川）
　　御神木で別名「今神の大スギ」
◇でわのはごろもななかまど（山形県上山
　市鶴脛町字虚空蔵317–8の内）
　　自然生の株としては世界で唯一株
◇三ヶ沢の乳イチョウ（山形県東田川郡庄
　内町三ヶ沢字白山口48の内）
　　乳の出を願う人々の信仰を集めている
◇薬師ザクラ（山形県西置賜郡白鷹町高玉
　3663）
　　推定樹齢1000年のエドヒガンの老樹
◇山上の大クワ（山形県米沢市大字三沢
　11441の内）
　　推定樹齢400年
◇湯田川の乳イチョウ（山形県鶴岡市湯田
　川字岩清水86の内）
　　拝殿前の参道にあるイチョウの雄株
1953（昭和28）年2月20日
◇曹源寺のヒサカキ（山形県鶴岡市鼠ヶ関
　字興屋87の内ほか）
　　僧峯庵禅師が植栽したといわれる2株。
　　推定樹齢約400年
◇平清水のヒイラギ（山形県山形市大字平
　清水字恥岸川64–7）
　　推定樹齢1000年の老大木
◇村上屋の念珠のマツ（山形県鶴岡市鼠ヶ
　関字興屋87の内ほか）
　　臥竜松の一型
1953（昭和28）年8月31日
◇松保の大スギ（山形県西村山郡大江町大
　字小清字松保547乙）
　　根周り14.7m、幹囲10.6m、高さ約
　　26m、推定樹齢650年
1953（昭和28）年12月17日
◇若畑沼鉄魚生息地（山形県尾花沢市大字

母袋）
　　凝灰岩層に滞水した自然湖
1954（昭和29）年3月18日
◇蟠竜のマツ（山形県西村山郡河北町谷地
　丙28の内）
　　臥龍型をした五葉松の名木
1955（昭和30）年10月25日
◇竹森のアベマキ（山形県東置賜郡高畠町
　大字竹森字森山4677–1の内）
　　白鬚神社の参道石段に立つ
◇延沢城跡のスギ（山形県尾花沢市大字延
　沢3353–3の内）
　　推定樹齢1000年。「天人のスギ」とも
　　呼ばれる
◇白竜湖泥炭形成植物群落（山形県南陽市
　赤湯字沼東ほか）
　　数万年にわたり泥炭層が厚く堆積した
　　希少な湿地帯
1956（昭和31）年5月11日
◇西明寺のトラノオモミ（山形県米沢市遠
　山町1561–1の内）
　　上杉綱勝が夫人の病気平癒の祈願に手
　　植えしたという
◇長町裏のエゾエノキ（山形県米沢市春日
　2–368–1ほか）
　　熊野堂の御神木。県内一の巨樹で根周
　　り9.53m
◇山楯の大ケヤキ（山形県酒田市山楯字北
　山添63–20）
　　樹幹の分岐部から地下水が流出
1956（昭和31）年9月28日
◇總光寺参道のキノコスギ（山形県酒田市
　字総光寺沢8）
　　総光寺儀春和尚が植えた生垣と伝わる
　　スギ並木
◇富沢のトチノキ（山形県最上郡最上町大
　字富沢字土合2420–1の内）
　　東善院富沢馬頭観音堂の境内の巨木
1956（昭和31）年11月24日
◇石動の親スギ（山形県新庄市萩野字石動
　前7263の内）
　　推定樹齢1000年の御神木
◇妹背のマツ（山形県南陽市宮内字高日向
　壱4069の内ほか）

双松公園北に立つ連理の赤松

◇熊野神社の大イチョウ（山形県南陽市宮内字坂町3707–1の内）
推定樹齢850年の雄株

◇高沢の開山スギ（山形県山形市大字高沢434）
一向上人の立てた杖から生育したという。樹齢710余年

◇トガクシショウマ（山形県村山市村山経営区22林小班ほか）
1927（昭和2）年、富並川の上流で山形県で初めて発見された

◇飛島サンゴ類群棲地（山形県酒田市飛島字勝浦乙1–2の地先北側（館岩内側））
分布北限種のオノミチキサンゴと日本特産種のムツサンゴなどの貴重なサンゴ類の棲息地

◇マルバシャリンバイの自生地（山形県鶴岡市温海字温福40–2）
暮坪の立岩の中腹や上部の玄武岩風化物上の自生地と、通称クビト地区の群生地が指定地

◇溝延の大ケヤキ（山形県西村山郡河北町大字溝延字八幡小路5864の内）
根周り11m、幹囲7.2m、高さ約29m

1958（昭和33）年3月4日

◇岡田のムクノキ（山形県飽海郡遊佐町遊佐字油田75の内）
幹囲4.58m、高さ21.3m（1999年時点）

◇吹浦三崎山のタブ林（山形県飽海郡遊佐町吹浦字三崎2–1）
三崎山一帯約2ha程の自然林

1958（昭和33）年7月25日

◇払田の地蔵のマツ（山形県東田川郡庄内町払田字サビ97–1）
「夜泣きの松」とも呼ばれている

1960（昭和35）年12月16日

◇大滝のカツラ（山形県東根市大字関山字滝沢山3172の内ほか）
高さ40mの二株

◇向川寺の大カツラ（山形県北村山郡大石田町大字横山）
推定樹齢600年。単幹状をなす

1962（昭和37）年1月12日

◇小国のそろばん玉石（山形県西置賜郡小国町事業区92林小班ほか）
玉髄という鉱物

◇金峰山の大フジ（山形県鶴岡市青竜寺字金峯1の内）
推定樹齢400年

◇鶴間ヶ池のモリアオガエル繁殖地（山形県酒田市酒田事業区22林小班）
6月上旬頃、産卵が行われるが最近は減少している

◇ひとでの化石（山形県村山市大字樽山48–7）
樽山の山中の三沢川で転石として発見された

1964（昭和39）年3月17日

◇馬場町のタブの木（山形県鶴岡市馬場町8–32）
旧藩時代、家老服部瀬兵衛の屋敷で持ち帰った苗木が植栽されたと伝えられる

1965（昭和40）年4月12日

◇豊龍神社の大スギ（山形県西村山郡朝日町大字宮宿1463–1の内）
根周り11m、幹囲7.5m、高さ20mの御神木

1977（昭和52）年3月28日

◇酒田飯森山カブトエビ生息地（山形県酒田市宮野浦字飯森山南98ほか）
1948（昭和23）年に酒田市広野新田字車瀬で発見されたが飯盛山地区の水田での生息が判明し指定地が変更された

◇三瀬葉山ニッポンユビナガコウモリ群棲地（山形県鶴岡市三瀬字宮ノ前154）
八乙女洞が群棲地。日本の北限の生育地

◇チョウセンアカシジミ（山形県東置賜郡川西町, 西置賜郡小国町, 長井市, 西置賜郡白鷹町など）
1960（昭和35）年以降、次々新しい生息地が発見されている

1978（昭和53）年3月29日

◇琵琶沼（山形県東村山郡山辺町大字畑谷字物見2938–14ほか）

白鷹山麓に点在する湖沼群の1つ。ミ
ズゴケ湿原の植生がみられる

1980（昭和55）年1月7日

◇愛宕神社のケヤキ林（山形県村山市楯岡
晦日町4–39）
ケヤキの天然林で総数12株

◇黒川のツクシガヤ自生地（山形県東置賜
郡川西町内黒川の犬川合流地点より上
流10kmまでの流域）
1924（大正13）年熊本県で発見された
希少植物

1986（昭和61）年4月1日

◇天童市高木地区及び東根市羽入地区のイ
バラトミヨ生息地（山形県天童市大字
高木）
八幡神社境内のひょうたん池とその下
流の小見川水域に生息

1992（平成4）年8月28日

◇ヤマガタダイカイギュウ化石（山形県山
形市霞城町1–8）
最上川河床に露出する砂岩から1978
（昭和53）年発掘された

1993（平成5）年12月3日

◇東法田の大アカマツ（山形県最上郡最上
町大字東法田（字東山）850–2）
仲神集落の御神木で根元に石の小祠が
ある

1995（平成7）年3月28日

◇ジャガラモガラ風穴植物群落（山形県天
童市大字貫津字古根坂1804–1の内）
雨呼山の山腹にあるすり鉢状の窪地。
同心円的に植物が生育。希少植物が数
種生育する

2001（平成13）年5月1日

◇小湯山風穴植物群落（山形県東置賜郡高
畠町大字二井宿字小湯）
小湯山の山頂から西の尾根の斜面の森
林が成立しない場所で発達

2003（平成15）年5月9日

◇滝の沢の一本杉（山形県最上郡真室川町
大字釜渕滝の沢）
幹の空洞に山神の彫像が祀られている

2011（平成23）年2月4日

◇大井沢の大栗（山形県西村山郡西川町大
字大井沢桐の木久保3001番地）
樹高16.82m、目通り（地上1.5m）の幹
囲8.48m、推定800年

◇猿羽根楯跡の親杉（山形県最上郡舟形町
富田字楯山2357番2）
樹高29.56m、目通りの幹囲6.8m（平成
22年）。推定樹齢500〜650年

2013（平成25）年11月29日

◇赤坂の薬師ザクラ（山形県西置賜郡白鷹
町大字箕和田）
エドヒガンの古木

◇釜ノ越サクラ（山形県西置賜郡白鷹町大
字高玉）
目通り幹周5.5m、樹高13m、エドヒガ
ンの古木

◇子守堂のサクラ（山形県西置賜郡白鷹
町）
目通り幹周7m、樹高15m、エドヒガン
の古木

◇後庵ザクラ（山形県西置賜郡白鷹町大字
鮎貝）
目通り幹周5.1m、樹高15m、エドヒガ
ンの古木

◇殿入ザクラ（山形県西置賜郡白鷹町大字
浅立）
エドヒガンの古木。1829（文政12）年
米沢藩主上杉斉定が、花を観賞したと
の伝えがある

◇八乙女種まきザクラ（山形県西置賜郡白
鷹町大字荒砥甲）
エドヒガンの古木。昔は、この桜が咲
いた時が、春の苗代に種をまく好期と
された

2014（平成26）年3月28日

◇白畑孝太郎の昆虫標本（山形県山形市蔵
王成沢）
昆虫標本

◇永泉寺のハリモミ（山形県飽海郡遊佐町
直世）
山形県には自生しない樹木。1658（明
暦4）年米沢藩主上杉綱勝が手植えし
たという

022 天然記念物〔福島県〕

[選定機関] 福島県　[選定時期] 1953（昭和28）年〜

1953（昭和28）年10月1日
　◇万正寺の大カヤ（福島県伊達郡桑折町万
　　正寺字大槻）〔1〕
　◇東禅寺のめおとスギ（福島県二本松市小
　　浜字新町）〔2〕
　◇日和田のイチイ（福島県郡山市日和田町
　　日和田字背戸）〔3〕
　◇古町の大イチョウ（福島県南会津郡南会
　　津町古町字居平地内）〔4〕
　◇西山のイチイ（福島県東白川郡鮫川村西
　　山）〔5〕
　◇上平窪のシイノキ群（福島県いわき市平
　　上平窪字横山地内）〔7〕
1955（昭和30）年2月4日
　◇安達太良山ヤエハクサンシャクナゲ自生
　　地（福島県福島市土湯温泉町字猪ノ倉
　　ほか，二本松市永田字長坂地内ほか，
　　耶麻郡猪苗代町若宮字吾妻山地内ほ
　　か）〔9〕
　◇永泉寺のサクラ（福島県田村市大越町栗
　　出字長根）〔10〕
　◇二柱神社のスギ（福島県東白川郡棚倉町
　　寺山字守崎）〔11〕
　◇前田の大スギ（福島県双葉郡双葉町前田
　　字稲荷前）〔13〕
　◇大悲山の大スギ（福島県南相馬市小高区
　　泉沢字薬師前）〔14〕
1955（昭和30）年12月27日
　◇如法寺のコウヤマキ（福島県耶麻郡西会
　　津町野沢字如法寺）〔15〕
　◇川辺八幡のさかさスギ（福島県石川郡玉
　　川村川辺字宮の前）〔17〕
　◇金山のビャッコイ自生地（福島県白河市
　　表郷金山字上谷地）〔18〕
　◇石森のカリン（福島県いわき市平四ツ波
　　字石森）〔19〕
　◇泉の一葉マツ（福島県南相馬市原町区泉
　　字町池）〔22〕
1956（昭和31）年9月4日
　◇蓋沼の浮島（福島県大沼郡会津美里町雀
　　林字真奈板倉）〔26〕
　◇向ケ岡公園のサクラ（福島県東白川郡塙
　　町塙字桜木町）〔27〕
　◇石川の高田ザクラ（福島県石川郡石川町
　　字高田）〔29〕
　◇大善寺のフジ（福島県郡山市田村町大善
　　寺字宿）〔30〕
　◇小浜のコシダ・ウラジロ自生地（福島県
　　いわき市小浜町）〔31〕
　◇上三板のシダレグリ自生地（福島県いわ
　　き市三和町）〔32〕
　◇波立海岸の樹叢（福島県いわき市久之浜
　　町田之網字横内）〔33〕
　◇海老浜のマルバシャリンバイ自生地（福
　　島県南相馬市鹿島区南海老）〔34〕
1958（昭和33）年8月1日
　◇米沢の千歳ザクラ（福島県大沼郡会津美
　　里町米沢字池南）〔37〕
1959（昭和34）年3月17日
　◇石筵のシダレグリ自生地（福島県郡山市
　　熱海町石筵字割石）〔38〕
　◇古寺山の松並木（福島県須賀川市上小山
　　田字古寺）〔39〕
1961（昭和36）年3月22日
　◇永泉寺のコウヨウザン（福島県須賀川市
　　長沼字寺前）〔40〕
　◇八坂神社の二本スギ（福島県いわき市遠
　　野町入遠野字天王）〔41〕
　◇比良林のサラサドウダン（福島県南会津
　　郡只見町大倉字余名沢山）〔42〕
　◇穴原の第三紀漣痕（福島県福島市飯坂町
　　湯野字穴原）〔44〕

記念物・名勝

022 天然記念物〔福島県〕

1964（昭和39）年3月24日
　◇隠津島神社社叢（福島県郡山市湖南町福良字福良山）〔45〕
　◇大仏のケヤキ（福島県郡山市湖南町中野字堰内）〔46〕
　◇中の内のフジ（福島県石川郡石川町北山形）〔47〕
1967（昭和42）年12月8日
　◇天屋の束松（福島県河沼郡会津坂下町束松字八百刈）〔48〕
1969（昭和44）年4月11日
　◇町屋の二本カヤ（福島県白河市町屋）〔50〕
　◇初発神社のスダシイ樹林（福島県南相馬市原町区江井字西山）〔51〕
1971（昭和46）年4月13日
　◇球状花崗岩（福島県石川郡石川町北山形）〔53〕
　◇陣屋の二本カヤ（福島県西白河郡矢吹町中畑）〔54〕
1975（昭和50）年5月30日
　◇大聖寺のアカガシ樹群（福島県双葉郡浪江町北幾世橋字北原）〔55〕
1976（昭和51）年5月4日
　◇護真寺のサクラ（福島県須賀川市横田字北の後）〔56〕
　◇古館のサクラ（福島県須賀川市桙衝）〔57〕
　◇棚倉城跡の大ケヤキ（福島県東白川郡棚倉町棚倉字城跡）〔58〕
　◇白山沼のイトヨ生息地（福島県会津若松市北会津町下荒井字中里前）〔59〕
1991（平成3）年3月22日
　◇いわき市入間沢産クビナガリュウとノコギリエイ化石（福島県いわき市常磐湯本町向田3-1（いわき市石炭化石館））〔60〕
　◇いわき市上高久産ステゴロフォドン象の下顎骨化石（福島県いわき市常磐湯本町向田3-1（いわき市石炭化石館））〔61〕

1992（平成4）年3月24日
　◇達沢大山祇神社社叢（福島県耶麻郡猪苗代町蚕養字大達沢）〔62〕
　◇梁川産パレオパラドキシア化石（福島県会津若松市城東町1-25）〔63〕
1995（平成7）年3月31日
　◇石川のペグマタイト鉱物（福島県石川郡石川町字高田200-2（石川町立歴史民俗資料館））〔64〕
1997（平成9）年3月22日
　◇古殿町越代のサクラ（福島県石川郡古殿町大久田字ヲテマ地内）〔65〕
1997（平成9）年3月25日
　◇新地町白幡のイチョウ（福島県相馬郡新地町駒ケ嶺字白薄地内）〔66〕
　◇アイヅタカサトカイギュウ化石（福島県喜多方市高郷町西羽賀字和尚堂3163（仮称 複合体験交流館））〔67〕
1999（平成11）年3月30日
　◇伊佐須美神社のフジ（福島県大沼郡会津美里町字宮林）〔68〕
2000（平成12）年3月31日
　◇戸津辺のサクラ（福島県東白川郡矢祭町大字中石井）〔69〕
2001（平成13）年3月30日
　◇大倉のコウヤマキ自生地（福島県耶麻郡西会津町野沢字大倉）〔70〕
　◇束松塩坪層の漣痕（福島県耶麻郡西会津町大字束松）〔71〕
2005（平成17）年4月15日
　◇塩ノ崎の大ザクラ（福島県本宮市）〔72〕
2006（平成18）年4月7日
　◇塩貝の大カヤ（福島県双葉郡楢葉町）〔73〕
2008（平成20）年4月4日
　◇無能寺の笠マツ（福島県伊達郡桑折町字上町）〔74〕
2010（平成22）年5月21日
　◇八幡のケヤキ（福島県南会津郡下郷町）〔75〕

事典・日本の自然保護地域　**109**

023 天然記念物〔茨城県〕

[選定機関] 茨城県　[選定時期] 1931（昭和6）年～

1931（昭和6）年10月13日
　◇鉾スギ（茨城県久慈郡大子町下野宮）
　　近津神社の神木。推定樹齢1200年
　　〔14-1〕

1931（昭和6）年12月4日
　◇三浦杉（茨城県常陸大宮市小田野）
　　樹齢800年以上、幹周囲10m、樹高59m
　　〔14-2〕

1932（昭和7）年6月24日
　◇沓掛の大ケヤキ（茨城県坂東市沓掛）
　　神明社の御神木。欅の老巨樹〔14-3〕

1933（昭和8）年10月6日
　◇八代の大シイ（茨城県潮来市上戸）
　　神明神社の御神木で県内最大の大椎
　　〔14-4〕

1935（昭和10）年12月27日
　◇金砂山の大ヒイラギ（茨城県ひたちなか
　　市堀口）
　　樹齢は400年とも600年ともいわれる
　　〔14-5〕

1936（昭和11）年4月17日
　◇花園山シャクナゲ群落（茨城県北茨城市
　　華川町）
　　七ツ滝の周辺及び一部だけで見られる
　　〔14-6〕
　◇鏡岩（茨城県常陸大宮市照山）
　　「常陸風土記」に書かれた石。石面は、
　　平らで光沢があり物の形をよく映すと
　　いう〔14-7〕

1937（昭和12）年2月5日
　◇球状花崗岩（小判石）（茨城県石岡市吉
　　生）
　　世界でも極めて稀な岩石の産地〔14-
　　8〕

1939（昭和14）年3月6日
　◇地蔵ケヤキ（茨城県取手市下高井）
　　樹齢1600年、高さ27m、胸高直径3.3m

の大樹。幹の内部に地蔵尊が祀ってあ
る〔14-9〕

1939（昭和14）年3月31日
　◇静のムクノキ（茨城県那珂市静）
　　源義家ゆかりの木。推定樹齢900年
　　〔14-10〕

1941（昭和16）年3月31日
　◇佐久の大杉（茨城県石岡市佐久）
　　大化の改新の頃大和朝廷から派遣され
　　た人物の後裔が植えたといわれる〔14-
　　11〕

1953（昭和28）年7月9日
　◇龍ヶ崎のシダレザクラ（茨城県龍ケ崎市
　　根町）
　　樹齢推定350～400年の枝垂桜の巨樹
　　〔14-12〕

1956（昭和31）年5月25日
　◇真鍋のサクラ（茨城県土浦市真鍋）
　　最大幹周5.1m、高さ11m、枝張20mの
　　ソメイヨシノ〔14-13〕
　◇亀城のシイ（茨城県土浦市中央）
　　幹周7.4m、高さ16m、枝張最大20m、
　　樹齢推定500年〔14-14〕
　◇ウミウ渡来地（茨城県日立市川尻町）
　　日立市内の川尻から十王町の海岸〔14-
　　15〕

1957（昭和32）年6月26日
　◇平磯白亜紀層（茨城県ひたちなか市平磯
　　海岸）
　　清浄石以南の海岸330m^{2}の地域。アン
　　モナイトの群棲して有名〔14-16〕

1958（昭和33）年3月12日
　◇小高のカヤ（茨城県行方市小高）
　　樹高16m、幹周6m、推定樹齢600年
　　〔14-17〕
　◇出島のシイ（茨城県かすみがうら市下軽
　　部）

記念物・名勝   023　天然記念物〔茨城県〕

長福寺の山門脇にある大木〔14–18〕

1960（昭和35）年12月21日

◇花園の大スギ（茨城県北茨城市華川町）
樹高45m、幹囲7.5m、樹齢500年。別名「三本杉」、「熊野杉」〔14–22〕

◇花園のコウヤマキ（茨城県北茨城市華川町）
花園神社拝殿前の左右2本の巨樹〔14–23〕

◇波崎の大タブ（茨城県神栖市波崎）
別名「火伏せの樹」〔14–24〕

1961（昭和36）年3月24日

◇無量寿寺のボダイジュ（茨城県鉾田市鳥栖）
樹齢600年〔14–25〕

1962（昭和37）年2月26日

◇お葉付イチョウ（茨城県東茨城郡大洗町大貫町）
この樹で海難者の霊を慰霊したと伝えられる〔14–26〕

1962（昭和37）年8月27日

◇大穂のウメ（茨城県つくば市吉沼）
樹高約6m、目通り幹周囲は3m、樹齢約300年〔14–27〕

1963（昭和38）年8月23日

◇鹿島神宮樹叢（茨城県鹿嶋市宮中）
神宮境内に繁茂する県内随一の常緑照葉樹林〔14–28〕

1964（昭和39）年7月31日

◇下横場の大グミ（茨城県つくば市下横場）
樹高約7m、根周り2.3m、樹齢約500年〔14–29〕

◇西蓮寺の大イチョウ（茨城県行方市西蓮寺）
西蓮寺を開祖した最仙上人の手植えといわれている2本の老木〔14–30〕

◇潮来の大ケヤキ（茨城県潮来市潮来）
樹周目通り約8m35cm、高さ約15m、枝張り約14m〔14–31〕

◇大生神社の樹叢（茨城県潮来市大生）
300余種の植物よりなる樹叢〔14–32〕

1967（昭和42）年3月30日

◇お葉付イチョウ（茨城県鉾田市中居）
葉の縁に実がつく珍しいイチョウ〔14–33〕

1967（昭和42）年11月24日

◇八重のフジ（茨城県笠間市笠間）
総面積は150m²に及ぶ〔14–34〕

1968（昭和43）年9月26日

◇御岩山の三本スギ（茨城県日立市入四間町）
目通り幹囲は8.4m、樹高は39m、全国的にもすぐれた杉〔14–35〕

1969（昭和44）年3月20日

◇西金砂のイチョウ（茨城県常陸太田市上宮河内町）
根元周12.0m　目通8.2m　樹高29.0m〔14–36〕

◇西金砂のサワラ（茨城県常陸太田市上宮河内町）
根元周12.0m　目通6.5m　樹高30.0m〔14–37〕

1969（昭和44）年12月1日

◇駒つなぎのイチョウ（茨城県日立市大久保町）
鹿島神社境内の雄株。樹齢550年以上〔14–38〕

1971（昭和46）年1月28日

◇香仙寺のシイ（茨城県常陸太田市松栄町）
根元周12.0m、目通8.2m、樹高29.0m。了誉上人が実を食したという〔14–40〕

1971（昭和46）年12月2日

◇若宮八幡宮のケヤキ（茨城県常陸太田市宮本町）
御神木で樹齢は約500年〔14–41〕

◇真弓神社の爺杉（茨城県常陸太田市真弓町陣ケ峰）
根周12.8m、目通り9.6m、高さ約45mの県内有数の巨杉。樹齢約900年〔14–42〕

1972（昭和47）年12月18日

◇ウチワサボテン群生地（茨城県神栖市大字太田）

事典・日本の自然保護地域　111

面積約300m^{2}で100年の経過が推定される〔14-43〕

◇モチノキ（茨城県常陸太田市大字天下野町）
東金砂神社にある御神木〔14-44〕

1974（昭和49）年3月31日

◇大塚神社のスギ（茨城県高萩市下君田）
高さ約45m、根回り約8.6m（幹回り約6.8m）、樹齢500年余りの御神木〔14-45〕

◇大塚神社のモミ（茨城県高萩市下君田）
樹齢約500年、高さ約40m、根回り約8.05m（幹回り約5m）の巨木〔14-46〕

◇不動院のカヤ（茨城県那珂市菅谷）
推定樹齢約600年、樹高約30m、目通り幹周り5.5m、根回り14.5m〔14-47〕

1975（昭和50）年3月25日

◇菅谷のカヤ（茨城県那珂市菅谷）
推定樹齢約500年、樹高約22m、目通り幹周り5.32m、根周り11.7m〔14-48〕

◇菅谷のモチノキ（茨城県那珂市菅谷）
推定樹齢約500年、樹高約15m、目通り幹周り3.8m、根周り10m〔14-49〕

1977（昭和52）年7月18日

◇曙のグミ（茨城県稲敷郡阿見町曙）
胸高周236+57+34cm、樹高10m〔14-50〕

◇泉福寺のシダレザクラ（茨城県常陸太田市大中町）
推定樹齢300年、根周り4m、目通周囲3.5m、樹高20m〔14-51〕

1992（平成4）年1月24日

◇ボダイジュ（茨城県古河市仁連）
推定樹齢500年〔14-54〕

◇イチイガシ（茨城県古河市恩名）
推定樹齢500年。この地方では貴重な植物〔14-55〕

1994（平成6）年1月26日

◇椎尾山薬王院の樹叢（茨城県桜川市真壁町椎尾）

椎尾山薬王院境内と裏山2.6haにわたりスダジイが群生。日本のスダジイ樹叢の北限〔14-56〕

1995（平成7）年1月23日

◇七反のシダレサクラ（茨城県常陸太田市里川町）
推定樹齢約350年、根周り5.1m、目通周囲4.8m、樹高11m〔14-57〕

1997（平成9）年1月27日

◇猿喰のケヤキ（茨城県常陸太田市徳田町）
推定樹齢約550年、根周り20m、目通周囲8.8m、樹高23m〔14-58〕

1998（平成10）年1月21日

◇鷲子山上神社のカヤ（茨城県常陸大宮市鷲子）
樹齢600年、樹高25m、根回り6.9mの巨木〔14-59〕

1999（平成11）年1月25日

◇松岩寺のヤマザクラ（茨城県高萩市下君田）
樹高20m、根元周囲5.6mの巨木〔14-60〕

2000（平成12）年11月27日

◇稲田禅房のお葉付イチョウ（茨城県笠間市稲田）
お葉付イチョウでは県内最大の幹周り7.5m〔14-61〕

2002（平成14）年12月25日

◇文武館跡のケヤキ（茨城県久慈郡大子町大字大子554）
巨樹3株〔14-62〕

2005（平成17）年11月25日

◇酒列磯前神社の樹叢（茨城県ひたちなか市磯崎町）
常緑広葉樹が主要な構成樹種〔14-63〕

◇外大野のシダレザクラ（茨城県久慈郡大子町外大野1312）
徳川光圀の手植えの言い伝えがある〔14-64〕

記念物・名勝   *024*　天然記念物〔栃木県〕

024　天然記念物〔栃木県〕

　県内に存する記念物（法の規定により天然記念物に指定されたものを除く）のうち県にとって重要なもの。

　［選定機関］栃木県　　［選定時期］1954（昭和29）年～

1954（昭和29）年3月29日
　◇かや（栃木県真岡市中）
　　　樹高39.0m、目通り5.75m、樹齢700年
　◇糸魚生息地（栃木県大田原市親園田谷
　　　川）
　　　流れのゆるやかな泥土質の場所及び水
　　　性植物の根茎部に、巣をつくる
1954（昭和29）年9月7日
　◇けやき（栃木県宇都宮市徳次郎）
　　　2本とも樹高約40m、目通り周囲東の
　　　株約8m、西の株約7.3m。樹齢約700年
　◇こうやまき（栃木県芳賀郡益子町益子）
　　　高さ30m。土御門天皇の御代宇都宮景
　　　房が本堂再建の記念に植えたという。
　　　北関東最大
1955（昭和30）年7月26日
　◇三葉つつじ自生地（栃木県足利市小俣
　　　町）
　　　折れば狂人になる「きちがいツツジ」
　　　と語り伝えられている
1956（昭和31）年1月23日
　◇出流原弁天池（栃木県佐野市出流原磯
　　　山）
　　　生層石灰岩の割れ目から清水が湧き出
　　　た、面積約2300m²の円い池
1956（昭和31）年6月15日
　◇ナンバンハゼ（栃木県足利市昌平町）
　　　1922（大正11）年林学博士白澤保美氏
　　　が植えたという
　◇九石のけやき（栃木県芳賀郡茂木町九
　　　石）
　　　この木の枯れ枝を焚けば火傷をしな
　　　い、枝を門に掛けると悪病にかからな
　　　いといわれる

1957（昭和32）年2月15日
　◇生岡の杉（栃木県日光市七里）
　　　樹高約20m、目通周囲7m、推定樹齢約
　　　500m
1957（昭和32）年6月30日
　◇祥雲寺のしだれざくら（栃木県宇都宮市
　　　東戸祭）
　　　県内最大のシダレザクラ
　◇成就院のしだれあかしで（栃木県鹿沼市
　　　楡木町）
　　　現在のものは2代目で約60年前に横根
　　　山麓で発見され、現在地に移植された
　◇加蘇山の千本かつら（栃木県鹿沼市上久
　　　我御沢）
　　　2株のカツラ。縁むすびの神木
　◇日光のひめこまつ（栃木県日光市御幸
　　　町）
　　　樹高2.1m 目通周囲3.3m
　◇粟野のカヤ（栃木県鹿沼市口粟野）
　　　樹高20.5m、目通り6.6m、推定樹齢約
　　　1100年。県内第一のカヤの巨木
　◇西明寺の椎林叢（栃木県芳賀郡益子町益
　　　子）
　　　参道と周辺の目通り周囲2m以上のも
　　　の
　◇湯泉神社のおおすぎ（栃木県那須郡那須
　　　町芦野）
　　　樹高約350m、目通り周囲、6.45m、樹
　　　齢約700年以上
　◇那須町のこうやまき（栃木県那須郡那須
　　　町芦野館跡）
　　　樹高約24m、目通り周囲約5m、推定樹
　　　齢400～500年
1957（昭和32）年8月30日
　◇馬頭院の枝垂栗（栃木県那須郡那珂川町
　　　馬頭）

事典・日本の自然保護地域　**113**

約15日の間をおいて3回開花するので三度栗ともいわれている

1958（昭和33）年8月29日

◇太子の笠松（栃木県真岡市亀山）
笠を広げた奇形の松

1959（昭和34）年11月27日

◇仏生寺のけやき（栃木県真岡市南高岡）
樹高30.0m、目通り5.6m・5.0m、樹齢700年

◇枝垂えごのき（栃木県芳賀郡益子町山本）
枝垂の形は珍種

1962（昭和37）年1月9日

◇安楽寺のけやき（栃木県芳賀郡茂木町北高岡）
推定樹齢約600年、樹高17.0m、目通周囲5.5m

◇覚成院のかや（栃木県芳賀郡茂木町茂木）
「双子のカヤ」ともいわれる

1963（昭和38）年6月18日

◇長畑のひいらぎもくせい（栃木県日光市）
樹高9m、目通周囲2.4m、推定樹齢400年

1964（昭和39）年12月8日

◇船生のひいらぎ（栃木県塩谷郡塩谷町船生）
樹高11.7m、目通り周囲2.95m。950年前に献木された神木

1965（昭和40）年10月5日

◇沖のけやき（栃木県真岡市沖）
大沖神社の神木

1966（昭和41）年8月23日

◇境のツツジ（ハナグルマ）（栃木県真岡市境）
上野氏宅庭苑に400年以前から大切にされた観音古木。樹幹が8本にわかれる

◇小貫のひいらぎ（栃木県芳賀郡茂木町小貫）
推定樹齢約250年、樹高10.0m、根元周囲2.7m

◇八幡のミネザクラ（栃木県那須郡那須町湯本八幡崎）
八幡温泉の北面、標高1000mほどの位置自然研究沿いにある

1967（昭和42）年10月20日

◇茂木小山のヤマザクラ（栃木県芳賀郡茂木町小山）
「4本桜」「肥しょい桜」と呼ばれ、昔はこの桜が咲くと田畑に肥料を運んだという

◇片田のヒイラギ（栃木県大田原市片田）
樹高11.8m、胸高周囲3.75mの県内第一のヒイラギの巨木

◇堀之内のツクバネガシ（栃木県大田原市堀之内）
樹高22.5m、推定樹齢500年。幹の北側に径1.55m程の穴が地上4mまで空いている

1967（昭和42）年12月22日

◇大野室のイチョウ（栃木県大田原市寒井）
樹高30m、目通周囲6.45m、推定樹齢400年の県内第一級のイチョウの巨木

1968（昭和43）年3月12日

◇佐久山のケヤキ（栃木県大田原市佐久山）
樹齢推定約800年、樹高約21.5m、目通り周囲7.53m。葉の茂り方でその年の収穫の豊凶を占ったという

◇湯泉神社社叢（栃木県大田原市大豆田）
アカガシ20本・スギ8本・ヒノキ3本が指定対象

1968（昭和43）年8月27日

◇磯上のヤマザクラ（栃木県大田原市両郷中の苗）
樹高17m、目通周囲4.3m、推定樹齢300年

1969（昭和44）年10月11日

◇中宮祠のイチイ（栃木県日光市中宮祠）
2本とも推定樹齢1000年以上

1970（昭和45）年9月1日

◇三谷のツバキ（栃木県真岡市三谷）
樹高8.0m、目通周囲1.6m、樹齢約390年

記念物・名勝　　　　　　　　　　　　　　　　　　　　　　　　　　　　　　　024　天然記念物〔栃木県〕

1971（昭和46）年5月14日
　◇下ケ橋の三ツ股カヤ（栃木県宇都宮市下
　　ケ橋町）
　　　1723（享保8）年の五十里洪水で十数人
　　がこの木に登り難を逃れたという
1971（昭和46）年6月25日
　◇中村八幡宮の社叢（栃木県真岡市中）
　　　けやき14本、すぎ52本、ひのき247本
　◇河井八幡宮の社叢（栃木県芳賀郡茂木町
　　河井）
　　　椎樫と赤松からなり、椎樫は北限
　◇小貫のイロハモミジ（栃木県芳賀郡茂木
　　町小貫）
　　　推定樹齢約700年、樹高25.5m、目通
　　囲3.5m。氏神八幡宮の神木
　◇船越薬師堂のヒイラギ（栃木県佐野市船
　　越町）
　　　樹高6.40m、目通り周囲2.14m。トゲ
　　はないが毎年沢山の実をつけている
1972（昭和47）年1月21日
　◇立伏のツバキ（栃木県宇都宮市立伏町）
　　　推定樹齢450余年、樹高8m、目通周囲
　　2m
1972（昭和47）年10月24日
　◇勝願寺の地蔵ケヤキ（栃木県鹿沼市油
　　田）
　　　2体の小さな地蔵が幹内部にある
1974（昭和49）年8月20日
　◇丸獄山神社のケヤキ（栃木県佐野市多田
　　町）
　　　樹高33m、目通り周囲7.35m、推定樹
　　齢700年
1975（昭和50）年1月28日
　◇専修寺のケヤキ（栃木県真岡市高田）
　　　目通り周囲7.1m、樹高22.5m、樹齢約
　　610年
1976（昭和51）年6月11日
　◇伊王野城跡の樹林（栃木県那須郡那須町
　　伊王野）
　　　城址の南東斜面の約1haにケヤキの大
　　木約20本を中心に群生
1977（昭和52）年7月29日
　◇しだれこうやまき（栃木県宇都宮市下岡

　　本町）
　　　主幹中央部付近から2つに枝分かれし
　　た大木で、枝の殆どが垂れているため
　　全国的にも非常に珍しい
1979（昭和54）年8月28日
　◇壬生寺のイチョウ（栃木県下都賀郡壬生
　　町大師町）
　　　樹高24.5m、目通周囲5.1m、推定樹齢
　　350年、県内有数の巨木
1981（昭和56）年12月25日
　◇喜久沢のツクバネガシ（栃木県鹿沼市見
　　野）
　　　喜久沢神社参道内にある
1982（昭和57）年8月27日
　◇泉のエノキ（栃木県矢板市泉）
　　　樹齢約300年、幹囲3.7m、樹高16.0m。
　　泉城主岡本候が三島明神の参道に寄付
　　したもの
1985（昭和60）年10月8日
　◇北向田のケヤキ（栃木県那須郡那珂川町
　　北向田）
　　　推定樹齢600年、樹高35m、目通り周
　　囲5.97m
　◇戸隠神社のイチョウ（栃木県那須郡那珂
　　川町）
　　　推定樹齢350年。樹高50m。目通周囲
　　5.8m
1988（昭和63）年12月27日
　◇新町のケヤキ（栃木県宇都宮市新町）
　　　樹高約40m、目通り周囲7.7m。江戸時
　　代旅人の目印だったとされる名木
　◇金剛定寺のカヤ（栃木県宇都宮市上桑島
　　町）
　　　樹高約25m、目通り周囲約3m、根周り
　　約4m。推定樹齢400年
1989（平成1）年8月25日
　◇龍興寺のシラカシ（栃木県下野市薬師
　　寺）
　　　樹高約21m、目通り周囲約4m、推定樹
　　齢約500年
1990（平成2）年1月26日
　◇荒櫃神社のケヤキ（栃木県芳賀郡茂木町
　　小井戸）
　　　推定樹齢約800年、樹高25.5m、目通周

事典・日本の自然保護地域　115

囲6.2m
◇芳志戸のコウヤマキ（栃木県芳賀郡芳賀
町芳志戸）
目通り4.0m、枝張り10.0m、樹高30.
0m、樹齢400年程の老大木
1991（平成3）年2月19日
◇観音寺のイチョウ（栃木県矢板市長井）
樹齢約350年、幹囲4.86m、樹高28.5m
1992（平成4）年2月28日
◇北中里のエノキ（栃木県真岡市中）
樹高15.8m、目通り周囲4.15m、推定
樹齢400年
1994（平成6）年8月23日
◇矢板市山田地区のチョウゲンボウ繁殖地
（栃木県矢板市山田）
箒川の右岸に発達した段丘にある「び
ょうぶ岩」「金和崎岩」の崖のヤマセ
ミの古巣と人口巣穴で繁殖が確認され
ている
1995（平成7）年8月22日
◇菩提久保のボダイジュ（栃木県那須烏山
市八ヶ代）
高さ24m、太さ2.1m、推定樹齢250年。
3本の幹が根元でくっついている
1998（平成10）年1月16日
◇鑁阿寺のイチョウ（栃木県足利市家富

町）
樹高31.8m、目通り周囲8.3mの大木。
推定樹齢550年前後
◇専修寺のシダレカツラ（栃木県真岡市高
田）
岩手県北上市和賀町から移植された
もの
◇専修寺御殿のケヤキ親樹 根上がりのケ
ヤキ子樹（栃木県真岡市高田）
専修寺の御殿と御影堂の間にあり親樹
から伸びた根の先に4本の子樹が一列
に並んで生えている
2007（平成19）年8月28日
◇足利のフジ（ノダナガフジ3本、八重黒龍
1本、白フジのトンネル一式）（栃木県
足利市迫間町 あしかがフラワーパー
ク内）
あしかがフワラーパーク内にあるフ
ジ。開花時期はノダナガフジ・八重黒
龍は4月下旬〜5月上旬、白フジのトン
ネルは5月上旬〜5月下旬
2008（平成20）年2月1日
◇普門寺のお葉付き・ラッパ・斑入りイ
チョウ（栃木県河内郡上三川町大字上
三川）
樹高25.6m、目通幹囲4.16m、推定樹
齢320年。「夜哭きいちょう」「子育て
銀杏」とも呼ばれている

---

025 天然記念物〔群馬県〕

〔選定機関〕群馬県 〔選定時期〕1950（昭和25）年〜

1950（昭和25）年6月20日
◇細野のヒガンザクラ（群馬県安中市松井
田町土塩300）〔指定台帳No.1〕
1951（昭和26）年10月5日
◇桜森のヒガンザクラ（群馬県渋川市赤城
町津久田甲313-3）〔指定台帳No.2〕
1952（昭和27）年4月25日
◇荘田神社の大イチョウ（群馬県沼田市井
土上町923）〔指定台帳No.3〕

1952（昭和27）年11月11日
◇上津のウバザクラ（群馬県利根郡みなか
み町上津1130-1）〔指定台帳No.5〕
◇村主の大ケヤキ（群馬県利根郡みなかみ
町上津1233）〔指定台帳No.6〕
◇時沢の夫婦マツ（群馬県前橋市富士見町
時沢3164）〔指定台帳No.7〕
◇相俣のさかさザクラ（群馬県利根郡みな
かみ町相俣1474）〔指定台帳No.9〕

記念物・名勝

025 天然記念物〔群馬県〕

◇仁叟寺のカヤ（群馬県高崎市吉井町神保1295）〔指定台帳No.10〕

◇大山祇神社の大フジ（群馬県渋川市横堀乙992）〔指定台帳No.11〕

◇雙林寺の大カヤ（群馬県渋川市中郷2399）〔指定台帳No.13〕

◇雙林寺の千本カシ（群馬県渋川市中郷2399）〔指定台帳No.14〕

◇藍園墓地の大ケヤキ（群馬県渋川市上郷2814）〔指定台帳No.15〕

◇早尾神社の大ケヤキ（群馬県渋川市中村31）〔指定台帳No.16〕

◇伝桐生大炊介手植ヤナギ（群馬県桐生市東7-7-2）〔指定台帳No.17〕

◇月田のモチノキ（群馬県前橋市粕川町月田1308）〔指定台帳No.18〕

◇金島の浅間石（群馬県渋川市川島596）〔指定台帳No.20〕

◇金蔵寺のシダレザクラ（群馬県渋川市金井甲1965）〔指定台帳No.21〕

◇黒滝山の大スギ（群馬県甘楽郡南牧村大塩沢1266）〔指定台帳No.22〕

◇ハクモクレン（群馬県高崎市宮元町高崎公園内）〔指定台帳No.23〕

◇大峰山浮島及び湿原植物（群馬県利根郡みなかみ町小川）
※名勝及び天然記念物〔指定台帳No.24〕

1953（昭和28）年8月25日

◇連取のマツ（群馬県伊勢崎市連取町591）〔指定台帳No.31〕

◇秋畑の大ツバキ（群馬県甘楽郡甘楽町秋畑2601）〔指定台帳No.32〕

1954（昭和29）年3月30日

◇泉竜寺のコウヤマキ（群馬県吾妻郡高山村尻高1935）〔指定台帳No.37〕

◇里見の大ナシ（群馬県高崎市上里見町2100）〔指定台帳No.38〕

◇須賀神社の大ケヤキ（群馬県沼田市中町1141）〔指定台帳No.39〕

1955（昭和30）年1月14日

◇高山のゴヨウツツジ（群馬県吾妻郡高山村中山6586）〔指定台帳No.40〕

◇萩原の大笠マツ（群馬県高崎市萩原町487）〔指定台帳No.41〕

◇中之条のサイカチ（群馬県吾妻郡中之条町市城372）〔指定台帳No.42〕

◇冠稲荷のボケ（群馬県太田市細谷町1）〔指定台帳No.44〕

◇下郷の大クワ（群馬県渋川市下郷1274）〔指定台帳No.45〕

1955（昭和30）年11月8日

◇川田神社の大ケヤキ（群馬県沼田市下川田町465）〔指定台帳No.48〕

◇相生のマツ（群馬県桐生市相生町2-919-1）〔指定台帳No.50〕

1956（昭和31）年6月20日

◇中木のサザンカ（群馬県安中市松井田町五料甲2878）〔指定台帳No.51〕

◇鳴尾の熊野神社大スギ（群馬県吾妻郡嬬恋村門貝981）〔指定台帳No.52〕

1957（昭和32）年4月23日

◇発知のヒガンザクラ（群馬県沼田市中発知町1234）〔指定台帳No.53〕

◇親都神社の大ケヤキ（群馬県吾妻郡中之条町五反田220）〔指定台帳No.54〕

◇三ツ堀加茂神社のサカキ（群馬県桐生市境野町3-1380）〔指定台帳No.55〕

1957（昭和32）年9月10日

◇吉祥寺のヒメコマツ（群馬県利根郡川場村門前丙874）〔指定台帳No.58〕

◇雲昌寺の大ケヤキ（群馬県利根郡昭和村川額1172）〔指定台帳No.61〕

◇水上町モリアオガエル繁殖地（群馬県利根郡みなかみ町小日向553）〔指定台帳No.63〕

1958（昭和33）年3月22日

◇武尊牧場レンゲツツジ群落（群馬県利根郡片品村花咲2797-2）〔指定台帳No.64〕

◇大岩の三叉スギ（群馬県吾妻郡中之条町上沢渡乙3315）〔指定台帳No.65〕

◇桐生城跡日枝神社のクスノキ群（群馬県桐生市梅田町1-481）〔指定台帳No.66〕

事典・日本の自然保護地域　117

025 天然記念物〔群馬県〕 記念物・名勝

1958（昭和33）年8月1日
◇中正寺のシダレザクラ（群馬県多野郡上野村楢原甲146）〔指定台帳No.67〕

1959（昭和34）年3月10日
◇妙義アメリカショウナンボク（群馬県富岡市妙義町諸戸1070）〔指定台帳No.68〕

1960（昭和35）年3月23日
◇茂林寺沼及び低地湿原（群馬県館林市堀工町1169ほか）〔指定台帳No.69〕

1961（昭和36）年1月6日
◇大峰山モリアオガエル繁殖地（群馬県利根郡みなかみ町小川）〔指定台帳No.70〕

1961（昭和36）年9月15日
◇野の大クスノキ（群馬県桐生市新里町野311）〔指定台帳No.71〕

1962（昭和37）年8月2日
◇入山世立のシダレグリ（群馬県吾妻郡中之条町入山2374）〔指定台帳No.74〕

1957（昭和32）年8月2日
◇水宮神社の大ケヤキ（群馬県藤岡市岡之郷532）〔指定台帳No.75〕

1963（昭和38）年1月8日
◇入須川のヒカリゴケ自生地（群馬県利根郡みなかみ町入須川1419）〔指定台帳No.76〕

1965（昭和40）年7月23日
◇不二洞（群馬県多野郡上野村川和623–1）〔指定台帳No.77〕
◇瀬林の漣痕（群馬県多野郡神流町神ヶ原1241–1）〔指定台帳No.78〕

1967（昭和42）年11月24日
◇西広寺のツバキ（群馬県安中市安中3–21–25）〔指定台帳No.79〕

1968（昭和43）年5月4日
◇溝呂木の大ケヤキ（群馬県渋川市赤城町溝呂木168）〔指定台帳No.80〕

1969（昭和44）年5月6日
◇書院の五葉マツ（群馬県沼田市白沢町高平1306）〔指定台帳No.81〕

1971（昭和46）年12月22日
◇四万の甌穴群（群馬県吾妻郡中之条町四万3540–1先）〔指定台帳No.82〕

1972（昭和47）年11月15日
◇白井関所のイチイ（群馬県多野郡上野村楢原1910）〔指定台帳No.83〕

1973（昭和48）年4月25日
◇三夜沢赤城神社のたわらスギ（群馬県前橋市三夜沢町114）〔指定台帳No.85〕

1973（昭和48）年8月21日
◇大久保のナツグミ（群馬県吾妻郡中之条町五反田乙343–1）〔指定台帳No.86〕
◇川手山洞窟群及びズニ石（群馬県利根郡みなかみ町入須川1419）
※名勝及び天然記念物〔指定台帳No.87〕

1975（昭和50）年9月5日
◇神行阿弥陀堂の大サワラ（群馬県多野郡上野村楢原1910）〔指定台帳No.88〕

1979（昭和54）年10月2日
◇神光寺の大カヤ（群馬県邑楽郡邑楽町中野3015）〔指定台帳No.89〕

1982（昭和57）年4月20日
◇駒岩のヒイラギ（群馬県吾妻郡中之条町四万3190）〔指定台帳No.90〕

1984（昭和59）年7月3日
◇野栗の材化石（群馬県多野郡上野村新羽1574（多野郡上野村勝山127））〔指定台帳No.93〕
◇笹塒山のヒカリゴケ及びウサギコウモリ生息洞窟（群馬県高崎市倉渕町川浦）〔指定台帳No.94〕
◇中山三島神社のスギ並木（群馬県吾妻郡高山村中山5546）〔指定台帳No.95〕
◇稲田のヤマナシ（群馬県吾妻郡東吾妻町大戸754–1）〔指定台帳No.96〕
◇唐堀のモクゲンジ（群馬県吾妻郡東吾妻町三島3624）〔指定台帳No.97〕

1990（平成2）年9月25日
◇祖母島のキンモクセイ（群馬県渋川市祖母島680）〔指定台帳No.98〕
◇しばぎわの大イチイ（群馬県利根郡片品

村花咲1182)〔指定台帳No.99〕
◇しばぎわのシナノキ（群馬県利根郡片品村花咲1242)〔指定台帳No.100〕
◇摺渕のヒメコマツ（群馬県利根郡片品村摺渕177)〔指定台帳No.101〕
◇金井沢のアカマツ（群馬県利根郡片品村土出1120-1)〔指定台帳No.102〕

1992（平成4）年5月15日
◇中之条高校のラクウショウ（群馬県吾妻郡中之条町中之条1303)〔指定台帳No.103〕
◇伊賀野のモミ（群馬県吾妻郡中之条町下沢渡1368)〔指定台帳No.104〕
◇境高校のトウカエデ（群馬県伊勢崎市境492)〔指定台帳No.105〕

1994（平成6）年3月25日
◇菅原神社の大ヒノキ（群馬県富岡市妙義町菅原1423)〔指定台帳No.106〕
◇妙義神社のウラジロガシ（群馬県富岡市妙義町妙義6)〔指定台帳No.107〕

1995（平成7）年3月24日
◇常行院のラカンマキ（群馬県高崎市吉井町長根甲472)〔指定台帳No.108〕
◇茂林寺のラカンマキ（群馬県館林市堀江町1570-1)〔指定台帳No.109〕
◇高島小学校のトウグミ（群馬県邑楽郡邑楽町藤川379高島小学校内)〔指定台帳No.110〕

1996（平成8）年3月29日
◇新里のサクラソウ群落（群馬県桐生市新里町赤城山畑平, 舟原)〔指定台帳No.111〕
◇兜岩層産出のカエル化石（群馬県富岡市上黒岩1674-1)〔指定台帳No.112〕

1997（平成9）年3月28日
◇黒保根栗生神社の大スギ（群馬県桐生

市黒保根町上田沢2238)〔指定台帳No.113〕

2001（平成13）年3月23日
◇オオツノシカの化石骨（附1 出土記念碑1基)（附2 鑑定書1巻)（附3 発掘記録1巻)（群馬県富岡市七日市1003)〔114〕

2008（平成20）年3月27日
◇賀茂神社のモミ群（群馬県桐生市広沢町6-833)〔指定台帳No.117〕
◇崇禅寺のイトヒバ（群馬県桐生市川内町2-651)〔指定台帳No.118〕
◇ユビソヤナギ群落（群馬県利根郡みなかみ町湯桧曽川流域（土合橋からマチガ沢出合までの河川敷)）〔指定台帳No.119〕
◇蝉の渓谷（群馬県甘楽郡南牧村大字砥沢字東猷から同字甲斐無付近までの河川（南牧川流域)）
　※名勝及び天然記念物〔指定台帳No.120〕
◇線ヶ滝（群馬県甘楽郡南牧村大字星尾字線ヶ上付近の河川敷（星尾川支流域)）
　※名勝及び天然記念物〔指定台帳No.121〕

2011（平成23）年9月20日
◇針山の天王ザクラ（群馬県利根郡片品村大字針山)〔指定台帳No.122〕

2012（平成24）年3月23日
◇高崎市吉井町産出のジョウモウクジラ化石（群馬県富岡市上黒岩1674-1)〔指定台帳No.123〕

2013（平成25）年3月26日
◇中之条町六合のチャツボミゴケ（群馬県吾妻郡中之条町大字入山13-3)〔指定台帳No.124〕

026 天然記念物〔埼玉県〕

[選定機関] 埼玉県　[選定時期] 1922（大正11）年〜

1922（大正11）年3月29日
◇三峯モミ（埼玉県秩父市三峰298-1）
三峯神社の鐘楼の傍らにある。樹高30.7m、幹周り3.0m（平成22年時点）
◇上谷の大クス（埼玉県入間郡越生町上谷1316-ロ）
クスノキの巨木。幹周り県内最大

1925（大正14）年3月31日
◇タラヨウジュ（埼玉県比企郡ときがわ町西平386）
慈覚大師（円仁）手植えの伝説もある古木
◇カヤ（埼玉県比企郡ときがわ町西平3965）
慈光寺七木の1本とされるカヤの巨木

1926（大正15）年2月19日
◇勘兵衛マツ（埼玉県羽生市上新郷6500）
日光脇往還にあるクロマツ1本

1931（昭和6）年3月31日
◇伊古乃速御玉比売神社社叢（埼玉県比企郡滑川町伊古1241, 1242）
滑川の右岸台地上に位置し常緑広葉樹アラカシが優占し、アカシデやモミ等も生育
◇入西のビャクシン（埼玉県坂戸市北大塚138）
石上神社境内にあるイブキの古木。別称「ねじれっ木」
◇ステゴビル（埼玉県坂戸市新堀255-1）
1906（明治39）年に金山神社境内に自生するのが発見された
◇滝の入タブの木（埼玉県飯能市上直竹下分302）
関東内陸では希少な巨木。樹高17.5m、幹周り6.9m（平成22年時点）
◇堂平ヒカリゴケ自生地（埼玉県比企郡小川町腰越）

堂平山頂付近の通称「籠穴」の岩陰に自生

1932（昭和7）年3月31日
◇脚折のケヤキ（埼玉県鶴ヶ島市脚折6-10-9）
樹高26.5m、幹周り7.2m（平成22年時点）
◇清雲寺のサクラ（埼玉県秩父市荒川上田野690）
エドヒガンの枝垂れ桜の古木。開山楳峯香禅師の手植えともいわれる
◇大川戸の大イチョウ（埼玉県北葛飾郡松伏町大川戸2414）
八幡神社境内にある巨木で現在の樹高は29.2m、幹周り8.9m
◇馬蹄寺のモクコク（埼玉県上尾市平方2088）
盆栽状の姿をしたモッコクの大木現在の樹高は12.5m、幹周り2.6m（平成22年時点）

1934（昭和9）年3月31日
◇並木の大クス（埼玉県川越市並木277）
現在の樹高は29.5m、幹周り6.3m（平成22年時点）

1935（昭和10）年3月31日
◇萬松寺のシイ（埼玉県東松山市柏崎341）
万松寺境内に2本のスダジイが指定されていた。現在残る1本は、樹高5.5m、幹周り6.6m。（平成22年時点）
◇金仙寺枝垂サクラ（埼玉県秩父市下影森6650）
指定時は根元から3本に分かれるエドヒガンの枝垂れ桜の老樹で現在は1本、樹高6.3m、幹周り3.4m（平成22年時点）

1936（昭和11）年3月31日
◇古寺鍾乳洞（埼玉県比企郡小川町古寺176ほか）

記念物・名勝   026　天然記念物〔埼玉県〕

金嶽川の左岸にある秩父層群中の石灰
岩の崖に開口する横穴型鍾乳洞。総延
長約220m
◇橋立鍾乳洞（埼玉県秩父市上影森708）
武甲山をつくる石灰岩体の西側にあ
る、縦穴型鍾乳洞

1937（昭和12）年3月31日
◇長徳寺のビャクシン（埼玉県川口市芝
6303）
長徳寺本堂にあるイブキの大木。建長
寺（鎌倉市）のイブキの実生由来とい
われる

1938（昭和13）年3月31日
◇子の権現の二本スギ（埼玉県飯能市南
461）
南北2本あったが現在は南側の1本が残
る。樹高25.2m、幹周り7.9m（平成22
年時点）
◇岩棚のキンモクセイ（埼玉県秩父市山田
3155）
樹高は指定時約10mあったが近年枯死
し、解除される予定

1940（昭和15）年3月31日
◇国神の大イチョウ（埼玉県秩父郡皆野町
国神577-2）
古墳脇に植えられたといわれる。樹高
27m、幹周り8.7m（平成22年時点）

1941（昭和16）年3月31日
◇下里の大モミジ（埼玉県比企郡小川町下
里2582）
樹高5.6m、幹周り1.5m
◇久伊豆神社のフジ（埼玉県越谷市越ヶ谷
1700）
久伊豆神社の参道脇にあり地際で多数
分岐し、枝張りは東西14.5m、南北31m
に及ぶ（平成22年時点）
◇多聞寺のムクロジ（埼玉県北本市本宿2-
37）
樹高8.3m、幹周り4.1m（平成22年時
点）
◇見返坂の飯能ササ（埼玉県飯能市飯能
1119-1）
牧野富太郎博士が発見・命名した。現
在ではアズマザサに含めるのが一般的
だが、クマザサ・ミヤコザサの雑種と

する説もある

1943（昭和18）年3月31日
◇道元平ウラジロ群落（埼玉県比企郡とき
がわ町田黒）
県内の自生地は県西南部の山あいに多
く太平洋側内陸部の自生の北限に近い
◇光照寺コウヤマキ（埼玉県桶川市加納
1906）
光照寺参道脇にあるコウヤマキの古木

1944（昭和19）年3月31日
◇蓮花院のムク（埼玉県春日部市大衾53）
蓮花院本堂前にある県内随一のムクノ
キの巨木として指定された。樹高28.
5m、幹周り6.9m（平成22年時点）
◇駒つなぎのケヤキ（埼玉県秩父市中町
16-10）
今宮神社中央の池畔にあるケヤキの巨
木として指定された。樹高20m、幹周
り9.1m（平成22年時点）

1947（昭和22）年3月25日
◇高山不動の大イチョウ（埼玉県飯能市高
山347-2）
本堂下の広場と斜面の境にある巨木。
気根が発達し「子育てイチョウ」とも
呼ばれる

1948（昭和23）年3月17日
◇土屋神社神木スギ（埼玉県坂戸市浅羽野
2-2-11）
古墳上に祀られている土屋神社社殿裏
のご神木で樹齢は1000年を超える

1950（昭和25）年3月30日
◇西善寺のコミネカエデ（埼玉県秩父郡横
瀬町横瀬598）
西善寺本堂前にあるカエデの古木

1951（昭和26）年3月30日
◇妙行寺のモクコク（埼玉県さいたま市中
央区鈴谷4-15-2）
境内の塚にあるモッコクの古木。樹高
10.7m、幹周り3.6m（平成22年時点）

1951（昭和26）年3月31日
◇飯能の大ケヤキ（埼玉県飯能市川寺392）
飯能市街の神明神社境内にある。ケヤ
キらしい箒状の樹形を保っている

事典・日本の自然保護地域　　121

◇ヒカゲツツジ（埼玉県秩父郡東秩父村御堂）
指定地は観音山の稜線東側にあり、珪石採掘の鉱区の中で保護されている

◇ツゲ（埼玉県秩父郡東秩父村白石917）
宅地山側に位置し樹高12.5m、幹周り0.9m（平成22年時点）

◇皆谷のサカキ（埼玉県秩父郡東秩父村皆谷76–1）
宅地裏の小さな社にある。樹高15.8m、幹周り1.6m（平成22年時点）

◇ミミカキグサとモウセンゴケ自生地（埼玉県大里郡寄居町鉢形）
ミミカキグサ・ホザキノミミカキグサは県内では絶滅、指定地ではモウセンゴケのみ維持されている

1952（昭和27）年3月31日

◇菖蒲のフジ（埼玉県久喜市菖蒲町菖蒲552）
7本ほどの幹からなり、根周り4.5m、棚は13.7m×19m程（平成22年時点）

1953（昭和28）年3月26日

◇大宮藤園のフジ（埼玉県さいたま市大宮区三橋5–934）
3本とも幹周り2mに及ぶ大木であるとして指定された

1954（昭和29）年3月4日

◇ゴヨウツツジ自生地（埼玉県大里郡寄居町風布）
釜伏山北方の断崖でミツバツツジ等のツツジ科低木の群生が見られる

1954（昭和29）年10月23日

◇加須の浮野とその植物（埼玉県加須市北篠崎606, 607ほか）
泥炭層が厚く堆積した湿原であり関東平野では希少な北方系の湿原植物が生育

◇萬蔵寺のお葉附いちょう（埼玉県春日部市新方袋253）
葉の上に実をつける珍しいイチョウ。樹形にも特徴があり枝が水平〜斜め下に出る

1955（昭和30）年11月1日

◇碇神社のイヌグス（埼玉県春日部市粕壁東2–2）
古利根川の右岸にある、関東内陸では珍しいタブノキの巨木

◇両神のフクジュソウ群落（埼玉県秩父郡小鹿野町両神小森, 両神薄）
標高600〜1000mの山中、6か所が指定されている

◇黒山の特殊植物群落（埼玉県入間郡越生町黒山）
黒山三滝近くの岩壁に暖地性シダ植物でシシランや自生の北限アオネカズラやが生育する

1958（昭和33）年3月20日

◇清河寺の大ケヤキ（埼玉県さいたま市西区清河寺778–2）
屋敷林中の神明社にあり樹高は32.4m、幹周り8.3m

◇倉田の大カヤ（埼玉県桶川市倉田150）
明星院本堂西の竹林中にある。周囲の竹は伐開され、樹高は29.7m、幹周り5.9

1959（昭和34）年3月20日

◇骨波田のフジ（埼玉県本庄市児玉町高柳901）
本堂向かって左手にある。大小7本の幹からなり、花房2mに達することもあるという

1960（昭和35）年3月1日

◇秩父神社杵の森のブッポウソウ（埼玉県秩父市番場町1–1）
市街地における貴重な営巣地

◇若御子断層洞及び断層群（埼玉県秩父市荒川上田野2334, 2335のイ, ロ）
若御子山北北西の山麓にある、秩父層群に属するチャート中にある断層洞

1961（昭和36）年3月1日

◇てんぐ岩のムカデラン（埼玉県秩父市吉田阿熊1345）
天狗岩の南南西〜南南東に生育する。自生の北限地

◇久那のステゴビル（埼玉県秩父市久那2567）
ユリ科の多年草ステゴビルの自生地

記念物・名勝　　　　　　　　　　　　　　　　　　　　　　　026　天然記念物〔埼玉県〕

1964（昭和39）年3月27日
◇大高取山のコシダ群落（埼玉県入間郡越生町上野）
　　大高取山東部の山腹南斜面にあり面積約2ha

1964（昭和39）年11月17日
◇三境のヒカリゴケ自生地（埼玉県比企郡ときがわ町西平）
　　堂平山中腹の岩窟内に生育。関東平野中央の丘陵域に自生するのは貴重

1969（昭和44）年3月31日
◇金鑚神社のクスノキ（埼玉県本庄市千代田3-2-3）
　　樹高20m、幹周り5.1m、暖地性の樹木クスノキが県北において巨木となったのは貴重として指定された。現在の樹高は28.5m、幹周り6.3m（平成22年時点）
◇城山稲荷神社のケヤキ（埼玉県本庄市本庄3-5）
　　社殿正面にある。樹高は24.5m、幹周り6.9m（平成22年時点）

1972（昭和47）年3月28日
◇密厳院のイチョウ（埼玉県吉川市高久1-18-2）
　　雌木としては珍しい巨木。樹高は28.8m、幹周り5.4m（平成22年時点）

1973（昭和48）年3月9日
◇徳星寺の大カヤ及び暖帯林（埼玉県上尾市畔吉750ほか）
　　カヤの巨木とシラカシ・スダジイ・ヤブツバキ・ヒサカキ等からなる暖温帯林

1974（昭和49）年5月28日
◇梅園神社のスダジイ林（埼玉県入間郡越生町小杉1, 2）
　　急峻な斜面に成立したスダジイ・ヒノキ・アラカシ・サカキ等からなる暖温帯性常緑広葉樹林
◇南川のウラジロガシ林（埼玉県飯能市南川1519ほか）
　　大山祇神社の社叢。暖温帯性常緑広葉樹林

1977（昭和52）年3月29日
◇神明神社の社叢（埼玉県久喜市菖蒲町上

栢間3366ほか）
　　境内林と参道林からなる。遷移途上だが東部低地でまとまった林分は貴重

1991（平成3）年3月15日
◇元荒川ムサシトミヨ生息地（埼玉県熊谷市久下, 佐谷田）
　　元荒川源流の約400mが指定地。世界的に見てもトミヨ属の南限に近く貴重
◇桂木のタブノキ林（埼玉県入間郡毛呂山町滝ノ入846）
　　関東内陸では希少な群落。傾斜地にあり、タブノキ・スダジイ・モチノキ等が高木層を構成

1992（平成4）年3月11日
◇萩日吉神社社叢（埼玉県比企郡ときがわ町西平字宮平1198-1ほか）
　　アカガシと結びついたモミ壮齢林は関東では希少

1994（平成6）年3月16日
◇大久保の大ケヤキ（埼玉県さいたま市桜区大久保領家433-4）
　　幹周りは県内のケヤキで最大。樹高25.1m、幹周り9.8m（平成22年時点）

1995（平成7）年3月17日
◇前原の不整合（埼玉県秩父郡皆野町大渕429ほか）
　　上武山地を構成する秩父中・古生層と、秩父盆地を構成する第三紀層との不整合
◇犬木の不整合（埼玉県秩父郡小鹿野町三山19, 29）
　　山中地溝帯を構成する白亜紀層と、秩父盆地を構成する第三紀層との不整合

1996（平成8）年3月19日
◇下里のスダジイ林（埼玉県比企郡小川町下里字愛宕山1939）
　　愛宕山山頂、県内最大規模のスダジイ林

1997（平成9）年3月18日
◇久伊豆神社の大サカキ（埼玉県さいたま市岩槻区宮町2-422）
　　県内最大級のサカキで樹高15m、幹周り1.3m（平成22年時点）

事典・日本の自然保護地域　　123

026 天然記念物〔埼玉県〕　　　　　　　　　　　　記念物・名勝

1998（平成10）年3月17日
　◇廣瀬神社の大ケヤキ（埼玉県狭山市広瀬
　　2-1612）
　　江戸時代後期に編纂された『新編武蔵
　　風土記稿』に登場する
1999（平成11）年3月19日
　◇秩父市大野原産出パレオパラドキシア
　　骨格化石（埼玉県秩父郡長瀞町長瀞
　　1417-1）
　　水生の絶滅哺乳類の化石で1972（昭和
　　47）年荒川右岸で発見された
　◇小鹿野町般若産出パレオパラドキシア
　　骨格化石（埼玉県秩父郡長瀞町長瀞
　　1417-1）
　　水生の絶滅哺乳類の化石で1981（昭和
　　56）年粘土採掘場から発見された
2001（平成13）年3月16日
　◇正龍寺玉垂のカエデ（埼玉県大里郡寄居
　　町藤田101）
　　県内では珍しいイロハモミジの品種
　◇無量院石重寺の夫婦ウメ（埼玉県児玉郡
　　神川町新宿43-1）
　　枝垂れ性の八重咲き、花が2つ並んで
　　咲き実を結ぶ
2002（平成14）年3月22日
　◇玉敷神社のフジ（埼玉県加須市騎西535-
　　1）
　　根周りは5.1m、6本程度の幹からなる
　　（平成22年時点）
2003（平成15）年3月18日
　◇川本町産出カルカロドンメガロドンの
　　歯群化石（埼玉県秩父郡長瀞町長瀞
　　1417-1）
　　新生代新第三紀中新世の大型の肉食性
　　サメの歯化石群
　◇川本町産出カルカロドンメガロドンの歯
　　群化石（埼玉県比企郡嵐山町菅谷）
　　新生代新第三紀中新世の大型の肉食性
　　サメの歯化石群
　◇川本町産出カルカロドンメガロドンの歯
　　群化石（埼玉県東松山市上野本）
　　新生代新第三紀中新世の大型の肉食性
　　サメの歯化石群

　◇狭山市笹井産出アケボノゾウ骨格化石
　　（埼玉県秩父郡長瀞町長瀞1417-1）
　　小型のステゴドン類の化石。1975（昭
　　和50）年入間川左岸の地層から発見さ
　　れた
　◇狭山市笹井産出アケボノゾウ骨格化石
　　（埼玉県狭山市稲荷山1-23-1）
　　小型のステゴドン類の化石。1975（昭
　　和50）年入間川左岸の地層から発見さ
　　れた
2005（平成17）年3月22日
　◇大野原産チチブクジラ骨格化石（埼玉県
　　秩父郡長瀞町長瀞1417-1）
　　小型のヒゲクジラ類の化石。1984（昭
　　和59）年荒川右岸河床の地層から発見
　　発表された
2012（平成24）年3月16日
　◇荒川の青岩礫岩（埼玉県大里郡寄居町赤
　　浜字川越岩98, 101番地先）
　　三波川帯の結晶片岩からなる礫岩。直
　　径1m以上の巨礫が含まれている世界
　　的にも稀な地質現象
2013（平成25）年3月12日
　◇大山沢のシオジ林（埼玉県秩父市中津川
　　字大山沢530番地の一部（中津川県有
　　林7林班ろ・は・に・ほ小班））
　　シオジ、カツラ、サワグルミ、トチノ
　　キ等が混生する渓畔林
　◇龍穏寺の着生植物群（埼玉県入間郡越生
　　町龍ヶ谷452-1, 452-4）
　　境内周辺や寺域山林部の樹木に暖地性
　　の着生植物が多数生育
2014（平成26）年3月11日
　◇中川低地の河畔砂丘群志多見砂丘（埼玉
　　県加須市馬内3-1, 3-3, 9-1, 9-3, 13-
　　1）
　　榛名山や浅間山の火山灰等の大量の砂
　　が、季節風で利根川の旧河道沿いに吹
　　き溜められ形成された
2015（平成27）年3月13日
　◇赤平川の大露頭 ようばけ（埼玉県秩父郡
　　小鹿野町長留8ほか）
　　高さ100m、幅400mに渡る埼玉県屈指
　　の大露頭

記念物・名勝　　　　　　　　　　　　　　　　　　　　　　　　　027　天然記念物〔千葉県〕

027　天然記念物〔千葉県〕

（記念物）貝づか、古墳、都城跡、城跡、旧宅その他の遺跡で歴史上又は学術上価値の高いもの、庭園、橋梁、峡谷、海浜、山岳その他の名勝地で芸術上又は観賞上価値の高いもの並びに動物（生息地、繁殖地及び渡来地を含む。）、植物（自生地を含む。）及び地質鉱物（特異な自然の現象の生じている土地を含む。）で学術上価値の高いものを指定する。

［選定機関］千葉県　　［選定時期］1935（昭和10）年〜

1935（昭和10）年3月26日

◇高照寺ノ乳公孫樹（千葉県勝浦市勝浦49）
高照寺境内の墓地に根をはるイチョウ。大小100以上の乳柱が垂れ下がる

◇上三原ノ大樟（千葉県南房総市和田町上三原1249–2）
樹高32m、推定樹齢750年で安房地方最大のクス

◇明神ノ鯛（千葉県鴨川市城戸地先）
大正時代、この海域に群れて生息するクロダイが保護された

◇三島ノ白樫（千葉県君津市豊英）
指定されたウラジロガシとしては県内唯一

◇環ノ大樟（千葉県富津市東大和田12）
千葉県内の樟の中では最大。樹高は約23m、根回は約20.7m。興源寺にある

1935（昭和10）年7月12日

◇飯香岡八幡宮の夫婦銀杏（千葉県市原市八幡1057）
葛飾北斎の漫画に登場した銀杏

1935（昭和10）年8月23日

◇東源寺の榧ノ木（千葉県我孫子市柴崎170）
樹齢200年といわれる樹高約16m、幹周約4.5mのカヤ

◇神崎森（千葉県香取郡神崎町神崎本宿1944）
学術上貴重な原生林

◇岩井ノ蘇鉄（千葉県南房総市竹内）
源頼朝が威容を称えたと伝わるソテツ

1935（昭和10）年11月12日

◇千葉寺ノ公孫樹（千葉県千葉市中央区千葉寺町161）
高さ約27m、幹周約10mのイチョウ

◇天津のまるばちしゃの木（千葉県鴨川市天津2950）
この地域が自生の北限とされている。別名「なんじゃもんじゃの木」

1935（昭和10）年12月24日

◇関ノ羅漢槙（千葉県長生郡白子町関）
樹高9m、樹齢800年以上の古木

◇長福寺ノ槙（千葉県いすみ市下布施757）
源頼朝ゆかりの槙。「筆掛の槙」とも呼ばれる

1936（昭和11）年1月24日

◇上野村ノ大椎（千葉県勝浦市名木276）
県下では有数な椎の巨木。寂光寺本堂の手前にあり、樹高約18m、幹回り約9.8m

1939（昭和14）年12月15日

◇天寧寺の柏槙（千葉県安房郡鋸南町下佐久間3180）
天寧寺が足利尊氏によって改宗された頃植樹されたと伝えられている

◇鹿野山の大桑（千葉県君津市鹿野山324–1）
高浜虚子も詠んだことのある樹高11mの巨木

1952（昭和27）年11月3日

◇佐倉城の夫婦モッコク（千葉県佐倉市城内町官有無番地）
樹高11m。モッコクは成長が遅く、相

事典・日本の自然保護地域　125

027 天然記念物〔千葉県〕 記念物・名勝

当な樹齢

◇成東町のクマガイソウ（千葉県山武市成
東）
三つの群生地は55ha以上におよぶ

1954（昭和29）年3月31日

◇検見川の大賀蓮（千葉県千葉市花見川区
畑町1051）
1951（昭和26）年元東京大学検見川厚
生農場（現東京大学総合運動場）で発
掘された古代ハス

◇白浜の鍾乳洞（千葉県南房総市白浜町白
浜14039–1）
海蝕洞穴に貝化石が堆積し、鍾乳洞に
変じた

1954（昭和29）年12月21日

◇富津州海浜植物群落地（千葉県富津市富
津2342–1ほか）
北岸・南岸とその中間地帯でそれぞれ
異なった植生が見られる

1955（昭和30）年12月15日

◇白浜の屏風岩（千葉県南房総市白浜町根
本字石舟地先海岸）
海蝕により自然の奇観を造形

1957（昭和32）年1月17日

◇軍茶利山植物群落（千葉県長生郡一宮町
東浪見3422–1他）
スダジイを中心とする自然林

1959（昭和34）年4月24日

◇渡海神社の極相林（千葉県銚子市高神西
町2）
300〜400年の間、人の手が加わらな
い林

1965（昭和40）年4月27日

◇神崎のオハツキイチョウ（千葉県香取郡
神崎町神崎本宿96）
樹高26.6mの大樹

◇清澄のモリアオガエル（千葉県鴨川市清
澄322–1）
清澄寺境内に生息するカエル。モリア
オガエルは日本本土では唯一、樹の上
で生活し産卵する

◇竹岡のオハツキイチョウ（千葉県富津市
竹岡9）
オハツキイチョウとは、種子が奇形的

に葉に生じたもので珍しい

1966（昭和41）年12月2日

◇浅間神社の極相林（千葉県松戸市小山
664–1）
タブノキ等を主体とした林

1967（昭和42）年3月7日

◇沼サンゴ層（千葉県館山市沼521–3）
沼層の一部で館山湾の海岸から約1km
内陸・標高約20mに位置する場所で、
75種類のサンゴ化石を確認

1972（昭和47）年1月28日

◇大福山自然林（千葉県市原市石塚546–1
ほか）
白鳥神社の杜として保護されてきた

1972（昭和47）年9月29日

◇洲崎神社自然林（千葉県館山市洲崎1697
他）
貴重なスダジイの極相林

1974（昭和49）年3月19日

◇香取神宮の森（千葉県香取市香取1697–
1）
古くから信仰の場として保護されてき
た、スギの巨木が林立する社叢林

◇小御門神社の森（千葉県成田市名古屋
898）
明治時代の社殿造営とともに植栽され
た人工林が大部分を占める

◇猿田神社の森（千葉県銚子市猿田1675–
21ほか）
社殿を取り囲むように形成されたスダ
ジイ中心の森

◇三石山自然林（千葉県君津市草川原1405
他）
社寺林として古くから保護されてきた
貴重な自然林

1975（昭和50）年3月28日

◇上岩橋貝層（千葉県印旛郡酒々井町酒々
井）
約6mの露頭で、化石層の露出面積も
比較的狭いが上岩橋貝層の典型的な露
出地として貴重

◇千騎ケ岩（千葉県銚子市犬若）
標高約14m、周囲約400mの岩礁。江戸
時代の『利根川図誌』にも紹介された

126 事典・日本の自然保護地域

記念物・名勝

◇石塚の森（千葉県山武市成東2551）
　　小丘上に発達したスダジイ林
◇妙楽寺の森（千葉県長生郡睦沢町妙楽寺
　　489-1）
　　房総丘陵に残るスダジイの常緑樹林
　　で、社叢として保護されている
◇坂戸神社の森（千葉県袖ケ浦市坂戸市場
　　1441-1ほか）
　　この地域では数少ない常緑広葉樹林と
　　して貴重
1975（昭和50）年12月12日
◇鴨川のバクチノキ群生地（千葉県鴨川市
　　古畑115ほか）
　　大山の中腹の大山不動堂の参道沿いの
　　山林にある、県内最大の群生地で、国
　　内最北端の群生地
1977（昭和52）年3月8日
◇麻賀多神社の森（千葉県成田市台方1）
　　古くから大切にされてきた社叢林。
　　「公津の大杉」をはじめ、幹囲が3mの
　　スギが20数本ある
◇将監のオニバス発生地（千葉県印西市将
　　監）
　　かつては利根川のはん濫でできた池沼
　　や堀等に広く分布していた
1978（昭和53）年2月28日
◇高滝神社の森（千葉県市原市高滝1ほか）
　　島状の独立丘陵上に発達した森林
◇八坂神社の自然林（千葉県勝浦市鵜原
　　793-1）
　　森林構層がよく観察される
◇布良の海食洞と鍾乳石（千葉県館山市布
　　良）
　　旧海食台の基部に大小7洞が確認され、

奥行き12.5mと7.8mの大きめの2洞に
は鍾乳石が発達していた
1979（昭和54）年3月2日
◇龍福寺の森（千葉県旭市岩井120-1ほか）
　　寒地性と暖地性の植物が混在し、学術
　　上貴重
1993（平成5）年2月26日
◇鴨川の枕状溶岩（千葉県鴨川市太海百目
　　木122-1）
　　鴨川の海岸近くで見ることができる
　　溶岩
1996（平成8）年3月22日
◇白浜のシロウリガイ化石露頭（千葉県南
　　房総市白浜町白浜2783-4地先）
　　野島崎北東の海岸に分布。幅10m、長
　　さ約350m
2006（平成18）年3月14日
◇犬吠埼産出のアンモナイト（千葉県銚子
　　市前宿町1034）
　　銚子層群のうち、犬吠埼層という地層
　　から採集されたもの
2007（平成19）年3月16日
◇南房総の地震隆起段丘（千葉県南房総
　　市白浜町根本1457-1, 館山市浜田375,
　　376三嶋神社・船越鉈切神社・砂取区）
　　過去の巨大地震で海岸が隆起した4段
　　の階段状の地形地震段丘がみられる
2008（平成20）年3月18日
◇袖ケ浦市吉野田の清川層産出の脊椎動物
　　化石（千葉県千葉市中央区青葉町955-
　　2）
　　190点以上の脊椎動物化石群が発見さ
　　れた

028　天然記念物〔東京都〕

　東京都文化財保護条例の規定に基づき指定される、学術上貴重で東京都の自然を記
念するもの。
　［選定機関］東京都　　［選定時期］1924（大正13）年～

事典・日本の自然保護地域　**127**

028 天然記念物〔東京都〕　　　　　　　　　　　　　　　　　　　　　　　記念物・名勝

1924（大正13）年2月
　◇谷保天満宮社叢（東京都国立市谷保5208）
　　　ケヤキ、ムクノキ、エノキ等が優占する林で河岸段丘の豊富な湧水が流れる

1926（大正15）年3月
　◇古里附のイヌグス（東京都西多摩郡奥多摩町棚澤7–2 春日神社内）
　　　現在は幹の上部が欠落し幹内部は空洞状になっている

1926（大正15）年4月
　◇氷川三本スギ（東京都西多摩郡奥多摩町氷川206 奥氷川神社内）
　　　根元近くから3本に分岐している。奥氷川神社の神木
　◇白髭大岩（東京都西多摩郡奥多摩町境）
　　　白髭神社社殿北側に長さ約20m、高さ約5mにわたり露呈した壁面
　◇安楽寺の大スギ（東京都青梅市成木1–583）
　　　本堂前にある幹周り6.5m、樹高約37.0mの大スギ

1930（昭和5）年5月
　◇延命院のシイ（東京都荒川区西日暮里3–10–1 延命院内）
　　　1836（天保7）年開板の「江戸名所図会」に本樹の全容が描かれている老樹

1931（昭和6）年1月
　◇阿蘇神社のシイ（東京都羽村市羽加美4–6–7 阿蘇神社内）
　　　平将門を討った藤原秀郷が社殿を造営した際手植えした言い伝えがある

1932（昭和7）年5月
　◇日原鍾乳洞（東京都西多摩郡奥多摩町日原）
　　　関東最大級の規模の鍾乳洞で8つの洞がある

1933（昭和8）年10月
　◇大宮八幡社叢（東京都杉並区大宮2–3–1 大宮八幡宮内）
　　　ヒノキが最も多く、クスノキやシラカシなどの常緑広葉樹、ソメイヨシノなどの落葉広葉樹の社叢

1936（昭和11）年3月
　◇ビャクシン（東京都三宅島三宅村神着200–1）
　　　幹周約7m、高さ約26mの都内最大級のビャクシン
　◇神着の大ザクラ（東京都三宅村神着106–1）
　　　幹周約5m、幹高約6.5mのオオシマザクラの巨樹
　◇堂山のシイ（東京都三宅村伊豆1563）
　　　御祭神社の境内にあるスダジイの自然林内の1本。幹周9m、樹高は24m
　◇横倉邸のケヤキ並木（東京都杉並区高井戸東3–16）
　　　指定当時は十数本のケヤキがあり、高さ30m、幹囲2mある巨木であったとされる

1939（昭和14）年3月
　◇王子神社のイチョウ（東京都北区王子本町1–1–12）
　　　幹周5.2m、高さ24.2m、推定樹齢600年

1939（昭和14）年12月
　◇野増大宮のシイ樹叢（東京都大島町野増字大宮 大宮神社内）
　　　神社を取り囲むように巨樹が100本を超えて群生。幹周6.4mのスダジイは大島最大の巨木
　◇潮吹の鼻（東京都大島町泉津字松山336）
　　　湾入した岩石海岸に波がくると穴から異様な音と共に潮が吹き上がる
　◇差木地の大クス（東京都大島町差木地2）
　　　高さ18m弱、胸高周囲6m、樹齢800年の大木

1940（昭和15）年2月
　◇おたいね浦の岩脈と筆島（東京都大島町波浮港）
　　　火山活動でできた玄武岩岩脈と海中から起立した奇岩

1940（昭和15）年4月
　◇鬼子母神大門ケヤキ並木（東京都豊島区雑司が谷3–16・19）
　　　徐々に若いケヤキに植え替えられ、巨木は4本のみ

128　事典・日本の自然保護地域

記念物・名勝

1952（昭和27）年11月

　◇広徳寺のカヤ（東京都あきる野市小和田234）
　　目通り幹囲5.35m、樹高24.45mを測る多摩地域で最大のカヤ

　◇広徳寺のタラヨウ（東京都あきる野市小和田234）
　　幹周り2.5m、樹高19.1m、枝張東西約14.2m、南北15.5mで都内最大

　◇高尾山のスギ並木（東京都八王子市高尾町2177）
　　高尾山薬王院境内に接する参道にある10数本のスギ並木

　◇九品仏のカヤ（東京都世田谷区奥沢7-41-3 浄真寺内）
　　目通り幹囲約5.4m、高さ約26.5m、枝張りが東西約12.2m、南北約17.9m。都指定のカヤでは最大

1953（昭和28）年11月

　◇塩船観音の大スギ（東京都青梅市塩船194）
　　観音堂へ登る道の両側にある巨木。左側は幹囲約5.7m、樹高約43m、右側は幹囲約6.6m、樹高約40m

1956（昭和31）年8月

　◇大久野のフジ（東京都西多摩郡日の出町大字大久野622）
　　ヒノキを主体とする山林地帯の南斜面中腹に自生する野生のフジ

　◇拝島のフジ（東京都昭島市拝島町1-10 拝島公園内）
　　推定樹齢約800年のフジの巨木。「千歳のフジ」とも呼ばれる

　◇雑司が谷鬼子母神のイチョウ（東京都豊島区雑司が谷3-15 法明寺鬼子母神堂境内）
　　幹囲は6.63m、高さは32.5m。「子育てイチョウ」と呼ばれている

　◇旧蓬萊園のイチョウ（東京都台東区浅草橋5-1-24 都立忍岡高等学校内）
　　1632（寛永9）年の造園当初からあり樹高約21.3m、幹囲約4.8m

1957（昭和32）年2月

　◇御蔵島鈴原の湿原植物群落（東京都御蔵島村鈴原）

島の固有種であるミクラコザサのほか本土種も混生

1958（昭和33）年10月

　◇東要寺のナギ自生地（東京都新島村式根島11-1 東要寺）
　　東要寺墓地裏の小丘上約33m²に10数本が自生。自生地周辺は「ナギの沢」と呼ばれる

　◇東要寺のイヌマキ（東京都新島村式根島11-1 東要寺）
　　樹高約28m、枝張面積約70m²の巨樹

　◇春日神社のイヌマキ群叢（東京都大島町差木地字ヤカタ411 春日神社内）
　　境内の自生林。幹回り90cm以上のイヌマキが約7割優占

1960（昭和35）年2月

　◇神戸岩（東京都西多摩郡檜原村神戸8020-2, 8038-2, 8082-2及び8083-2）
　　北秋川の支流神戸川に部分的に発達した峡谷で長さ60m、谷底の幅約4mで、西岸の高さ約100m

　◇上野毛のコブシ（東京都世田谷区上野毛3-9-25 五島美術館内）
　　樹高は約11.5mで10mを超える枝張り

1961（昭和36）年1月

　◇平久保のシイ（東京都多摩市落合4-22）
　　大きい株は樹高25m、幹囲5.9m、小さい株は幹囲3.1m。両方合わせた樹冠は約28m

　◇高勝寺のカヤ（東京都稲城市坂浜551）
　　高さ24m、幹周り6.5m

　◇旧細川邸のシイ（東京都港区高輪1-16-25 港区高輪支所内）
　　幹囲が8m以上あるスダジイの老木

1962（昭和37）年3月

　◇小仏のカゴノキ（東京都八王子市裏高尾町1785 宝珠寺内）
　　幹周り4.3m、高さ13.0m、枝張り南北約22m、東西約17m

1963（昭和38）年3月

　◇九品仏のイチョウ（東京都世田谷区奥沢7-41-3 浄真寺内）
　　参道に並立する本堂に近い方のイチョウ。目通り幹囲約4.4m、高さ約17.9m

1964（昭和39）年4月

◇佐須の禅寺丸古木（東京都調布市佐須町1-7-3）
カキノキ科の落葉高木で樹高約12.0m、主幹の幹周り約1.9m

◇高尾山の飯盛スギ（東京都八王子市高尾町2177）
幹周り7.5m、樹高45.0m。昔は強飯式の碗に盛られた飯の様な円錐の樹形だった

1964（昭和39）年11月

◇吉祥寺旧本宿のケヤキ（東京都武蔵野市吉祥寺本町1-35-12）
高さ29.0m、幹周り5.1m

◇善養寺のカヤ（東京都世田谷区野毛2-7-11 善養寺内）
高さ約18m、幹囲約6mの雌株

1965（昭和40）年3月

◇梅岩寺のケヤキ（東京都東村山市久米川町5-24-6 梅岩寺内）
高さ27.0m、幹周り7.3m。『新編武蔵風土記』に記された

◇玉林寺のシイ（東京都台東区谷中1-7-15 玉林寺内）
玉林寺が1591（天正19）年に建立された以前からあったとされる

1965（昭和40）年11月

◇羽村橋のケヤキ（東京都羽村市羽東3-18-1）
幹周り約7.2m、樹高約25mで、推定樹齢400年〜600年

1967（昭和42）年3月

◇岩井のエントモノチス化石産地（東京都西多摩郡日の出町）
日の出町岩井の貝沢南側山腹の砂岩層より産出

◇南沢の鳥ノ巣石灰岩産地（東京都あきる野市大字深沢字南沢376・378から380まで，字狩佐須406・381）
ジュラ紀後期に属し、サンゴ類・層孔虫類の化石が豊富

1972（昭和47）年4月

◇秋川の六枚屏風岩（東京都あきる野市引田1774）
かつて6つの土柱が形成され、六枚折り屏風に見立てられたことが由来

◇桜小学校のオオアカガシ（東京都世田谷区世田谷2-4-15 区立桜小学校内）
校庭隅に立ち高さ約13.5m、幹周約3.4m

1974（昭和49）年8月

◇慈勝寺のモッコク（東京都あきる野市草花1811）
樹高21.5m、幹周2.4m

1984（昭和59）年3月

◇水元のオニバス（東京都葛飾区水元公園1-1 水産試験場跡地内）
絶滅したとされたが東京都水産試験場の池で自生が確認された学術上貴重な植物

1985（昭和60）年3月

◇三宅島椎取神社の樹叢と溶岩流（東京都三宅島三宅村神着）
椎取神社の境域は有史以前と昭和期の溶岩流を含み、古い溶岩流には照葉樹、新期溶岩流には幼樹が定着しはじめている

1987（昭和62）年2月

◇倉沢のヒノキ（東京都西多摩郡奥多摩町日原567）
9本の巨枝がある現存する都内最大のヒノキ。別名「千年の大ヒノキ」

1993（平成5）年3月

◇光厳寺のヤマザクラ（東京都あきる野市戸倉2102-イ，ハ・331-1, 4, 5）
光厳寺の門前にある4株。一番南の株は「光厳寺の大桜」と呼ばれる巨樹

2007（平成19）年3月

◇御蔵島御代が池のツゲ（東京都御蔵島村御代が池）
天然木。幹囲1mを超える巨樹が群生

2008（平成20）年3月

◇地蔵院のカゴノキ（東京都あきる野市雨間1109）
樹高約20m、幹周約4.2mで東京都域では最も大きい

記念物・名勝   *029* 天然記念物〔神奈川県〕

029　天然記念物〔神奈川県〕

[選定機関]　神奈川県　[選定時期]　1953（昭和28）年～

1953（昭和28）年12月22日
◇はまおもと（ハマユウ）（神奈川県横須賀市佐島3-1457-1先）
分布北限域の一つ
◇鶴巻の大欅（神奈川県秦野市鶴巻南4-23）
根周り12.25m、幹周り10m、樹高30m
◇大雄山杉林（神奈川県南足柄市関本字浦山大雄山最乗寺参道両側5間以内と寺院境内）
応永以来植林、保護育成された樹齢約350～450年、約二万本の杉林
◇ヒメシャラの純林（神奈川県足柄下郡箱根町元箱根90-2 箱根神社境内）
箱根神社の裏の斜面にある125本ほどの大木
◇諏訪神社の大杉（神奈川県相模原市緑区青根1304）
諏訪神社の御神木。樹高45.5m、目通し9m、根回り12.5m
1954（昭和29）年3月30日
◇妻田の楠（神奈川県厚木市妻田653）
樹高約22m、目通し約11m、根回り約17.5m
◇海老名の大欅（神奈川県海老名市国分字宮台1150）
樹高約20m、目通し約7.5m、根回り15.3mの大ケヤキ
1954（昭和29）年7月27日
◇有馬のはるにれ（通称ナンジャモンジャ）（神奈川県海老名市本郷3881）
寛永年間に移植されたと伝えられる。樹高20m、目通し6.58m
1955（昭和30）年5月10日
◇大福寺の大楠（神奈川県伊勢原市伊勢原262）
根回り18m、樹高30m、5本の太い枝が約30mも四方に枝張りを広げる大クス

ノキ
1955（昭和30）年11月1日
◇宝城坊の二本杉（神奈川県伊勢原市日向1644（宝城坊境内））
推定樹齢約820年、南側は高さ39m、北側は約34m。別名「幡かけ杉」
1957（昭和32）年2月19日
◇勝福寺の大イチョウ（神奈川県小田原市飯泉1161 勝福寺境内）
雄株で幹周り7.5m、樹高25m、枝張り9m
◇漣痕（波調層）（神奈川県三浦市海外町3958地先岩礁）
波動の化石で、道路の海側に突き出た小丘とその先に連なる離れた岩に模式的なものを見ることができる
1958（昭和33）年6月17日
◇中井のエンジュ（神奈川県足柄上郡中井町雑色郷中226）
落雷で損傷を受けているが根回りは9.8m、高さは16.2mある
1960（昭和35）年5月31日
◇城ケ島のウミウ、ヒメウ及びクロサギの生息地（神奈川県三浦市城ヶ島赤羽根海岸）
高さ30m前後の海蝕崖が生息地
1961（昭和36）年3月14日
◇日野のシイ（神奈川県横浜市港南区日野）
樹高約20m、目通し4.3m
◇浄見寺のオハツキイチョウ（神奈川県茅ヶ崎市堤4330（浄見寺境内））
葉柄に不整形葉をつけこの基部に種子をもつ。浄見寺の建立時に植えられたとされている
1962（昭和37）年10月2日
◇鶴嶺八幡のイチョウ（神奈川県茅ヶ崎市

事典・日本の自然保護地域　**131**

029 天然記念物〔神奈川県〕 記念物・名勝

浜之郷462（鶴嶺八幡宮境内））
源頼義の子義家が戦勝祈願に植えたと
伝えられている雄木

1964（昭和39）年12月15日

◇頼政神社のトチノキ（神奈川県足柄上郡
山北町神縄477）
主幹がまっすぐに伸び樹高約25mに達
する

1965（昭和40）年8月10日

◇天神島、笠島及び周辺水域（神奈川県横
須賀市佐島3-1457-1〜3, 1458, 1457-
1先, 公有海面）
周囲1kmの島。ハマユウの群落など生
息する海岸植物は総数146種。変化に
富んだ岩礁※天然記念物及び名勝

1966（昭和41）年10月25日

◇大山の原生林（神奈川県伊勢原市大山阿
夫利山6-1及び43-6）
自然生のモミ林、常緑のカシ林、ブナ
林などが連続してみられる

1967（昭和42）年7月21日

◇大和のシラカシ林（神奈川県大和市上草
柳1712, 1713, 1722, 1723）
相模原台地の傾面景観を残している貴
重な林

◇浄見寺の寺林（神奈川県茅ヶ崎市堤4318,
4329〜30（浄見寺境内））
スダジイ、タブノキ、モチノキ、ケヤ
キ、ヤブツバキ、エノキ等が生育する

◇五霊神社の大イチョウとその周辺の樹木
（神奈川県逗子市沼間3-10-34）
タブノキの大木、スダジイ、アラカシ、
シロダモの自然生の常緑広葉樹などが
生育

1969（昭和44）年12月2日

◇シダ類植物群落とその生育地（神奈川県
足柄上郡山北町皆瀬川字蛇石1238-1
及び2, 大字山北長岩3869）
イワダレヒトツバ、ハコネシダ、マメ
ヅタ、イワヒバなどのシダ植物の特徴
的な断崖植物群落

1971（昭和46）年3月30日

◇神奈川県立小田原高等学校の樹叢（神奈
川県小田原市城山3-963-20及び城山

3-1112-1）
全国でも少ない自然生の貴重な常緑広
葉樹林である

1971（昭和46）年12月21日

◇東高根のシラカシ林（神奈川県川崎市宮
前区神木本町2-10-1）
シラカシ群集を中心とした常緑広葉
樹林

1972（昭和47）年2月25日

◇山北町岸のヒキガエル集合地（神奈川県
足柄上郡山北町岸1640, 1714）
新篇相模風土記稿に「蛙合戦あり」と
記載のある地。三月中旬産卵のため集
まる

◇石楯尾神社（名倉）の二本杉と社叢（神奈
川県相模原市緑区名倉4523他）
ウラジロガシの群落は自然林の面影を
残している

1972（昭和47）年3月31日

◇大磯高麗山の自然林（神奈川県中郡大磯
町高麗580-1, 577-2, 579, 580-2〜5）
シイやタブなど常緑広葉樹で構成され
る沿海性の自然林

1972（昭和47）年7月21日

◇勝福寺と八幡神社境内の樹叢（神奈川県
小田原市飯泉1158他, 1162-1他 勝福
寺、八幡神社境内）
落葉広葉樹などの調和した樹林が生
育。樹齢が高いものが多い

◇ナシ、モモ原木群（神奈川県中郡二宮町
二宮1217）
国のナシ、モモの果樹育成の研究成果
として昭和初期に育成された原木が保
存されている

1973（昭和48）年5月18日

◇箱根二子山の風衝低木植物群落（神奈川
県足柄下郡箱根町畑宿字二子山395-
26, 同字二会平334-12）
山頂付近は母岩が露出し、オノエラン
-ハコネコメツツジ群集生育している

1973（昭和48）年12月21日

◇丹沢札掛のモミ林（神奈川県愛甲郡清川
村煤ケ谷字丹沢山5172の内）
ツガを混えて相観的にも自然相生とし

132 事典・日本の自然保護地域

ても珍しいモミ林

1975（昭和50）年2月7日
　◇西丹沢の菫青石、ベスブ石及び大理石
　　（神奈川県足柄上郡山北町中川927-2
　　の内）
　　白石沢を中心とした斜面は接触変成帯
　　として知られ、珍しい変成鉱物を産出

1976（昭和51）年3月23日
　◇八幡神社の社叢林（神奈川県愛甲郡清川
　　村煤ケ谷字八幡1554-1〜2, 1555）
　　安定立地本来の自然植生として残存す
　　る貴重な郷土林

1976（昭和51）年8月20日
　◇大松寺林（神奈川県横須賀市小矢部3-
　　1082-1）
　　三浦半島の郷土の森として貴重な沿海
　　性の常緑広葉樹林

1976（昭和51）年12月17日
　◇叶神社の社叢林（神奈川県横須賀市東浦
　　賀町2-59-1他）
　　海岸性常緑広葉樹林
　◇白髭神社の社叢林（神奈川県横須賀市野
　　比2-261-1の一部）
　　スダジイを主とする自然林

1977（昭和52）年5月20日
　◇鎧摺の不整合を示す露頭（神奈川県逗子
　　市桜山9-2405-21）
　　三浦半島で最も古い葉山層群の上に
　　新しい三浦層群逗子層（おもにシルト
　　岩、基底に砂礫岩）が「傾斜不整合」の
　　関係で重なっている様子が観察できる

1977（昭和52）年11月18日
　◇キマダラルリツバメとその生息地（神奈
　　川県相模原市緑区（旧藤野町全域））
　　幼生時にシリアゲアリと完全な共存を
　　する特別な生態をもつ蝶で個体数も少
　　ない

1978（昭和53）年6月23日
　◇早雲寺林（神奈川県足柄下郡箱根町湯本
　　398他 早雲寺境内）
　　常緑広葉樹の自然林。ヒメハルゼミ
　　（箱根町指定天然記念物）の生息地で
　　もある
　◇カタクリの自生地（神奈川県相模原市緑

区牧野）
　　県内で最も自然に近い状態で現存する
　　自生地

1978（昭和53）年9月1日
　◇三浦市海外町のスランプ構造（神奈川県
　　三浦市海外町4228-6の内）
　　小さな湾を隔ててすぐ北側に位置し地
　　層堆積時の環境をよく示している

1978（昭和53）年11月17日
　◇山北町高杉のウラジロガシ（神奈川県足
　　柄上郡山北町皆瀬川字南平1409-イ1
　　他）
　　樹高約21m、根周り約5m、四方に分枝
　　が広がり約340m²の樹冠を形成

1979（昭和54）年2月16日
　◇真鶴半島沿岸に生息するウメボシイソギ
　　ンチャクとサンゴイソギンチャク（神
　　奈川県足柄下郡真鶴町、足柄下郡湯河
　　原町真鶴岬三ツ石周辺海域（ウメボシ
　　イソギンチャク）, 福浦カツラゴ地先
　　海域（サンゴイソギンチャク））
　　ウメボシイソギンチャクは三ッ石海岸
　　では極めて多数が群生する。サンゴイ
　　ソギンチャクはカツラゴ海岸には大き
　　い集団が見られる

1980（昭和55）年2月15日
　◇旧城寺の寺林（神奈川県横浜市緑区三保
　　町2029-1, 2030-4, 2038-9）
　　県下の内陸台地に残された典型的な郷
　　土林
　◇根岸八幡神社の社叢林（神奈川県横浜市
　　磯子区西町171）
　　急な崖上を発達した常緑広葉樹林
　◇宝生寺・弘誓院の寺林（神奈川県横浜市南
　　区堀ノ内1-68-1, 南区睦町2-226, 228,
　　229）
　　タブノキ、スダジイ、シラカシなど関
　　東地方の常緑広葉樹林の主木による
　　寺林
　◇山北町人遠のネフロレピディナを含む石
　　灰岩（神奈川県足柄上郡山北町皆瀬川
　　字アコヤ1771, 1772-イ〜ロ）
　　新生代第三紀中新世の下部の示準化石
　　であるネフロレピディナを含む石灰岩

事典・日本の自然保護地域　133

030 天然記念物〔新潟県〕　　　　　　　　　　　　　　　　　　　　　　　　記念物・名勝

1981（昭和56）年7月17日
　◇益田家のモチノキ（神奈川県横浜市戸塚
　　区柏尾町）
　　樹高18mと19mの2本の雌株が並ぶ
1982（昭和57）年12月28日
　◇ギフチョウとその生息地（神奈川県相模
　　原市緑区（旧藤野町全域））
　　太平洋側での分布の東限域に当たるが
　　県内では絶滅に瀕している
1991（平成3）年2月8日
　◇師岡熊野神社の社叢林（神奈川県横浜市
　　港北区師岡町字表谷戸1137-2）
　　針葉樹の植栽もみられず、各階層に常
　　緑広葉樹の種群がバランスよく育成し
　　ている
　◇松立寺の寺林（神奈川県厚木市上荻野字
　　真弓4227他）
　　内陸に残されたヤブコウジ−スダジイ
　　群集の数少ない郷土森
　◇日向薬師の寺林（神奈川県伊勢原市日向
　　字日向山1639他（宝城坊境内））
　　スダジイ、モミ、イロハモミジ、ケヤ
　　キ等の自然樹木とスギの植栽樹木が混
　　在している
　◇八菅神社の社叢林（神奈川県愛甲郡愛川
　　町八菅山字宮村139-1他）
　　スダジイ林が広範囲にまとまっており
　　貴重
1992（平成4）年2月14日
　◇春日神社、常楽寺及びその周辺の樹叢
　　（神奈川県川崎市中原区宮内字白田耕
　　地614他）
　　市街地内に残された貴重な郷土林
　◇三島社の社叢林（神奈川県横須賀市武1−
　　2749-1他）

　　参道にアカガシ・スダジイ・モチノキ
　　が混生した常緑広葉樹林が発達してい
　　る
　◇鷹取神社の社叢林（神奈川県中郡大磯町
　　生沢字鷹取1401他）
　　大きなタブやスダジイ等の常緑広葉樹
　　林、ヤブニッケイやヤブツバキ、モク
　　レイシ等が混生している
1994（平成6）年2月15日
　◇森浅間神社とその周辺の樹叢（神奈川県
　　横浜市磯子区森2-463-1他）
　　スダジイが優占する常緑広葉樹林で、
　　市街地内に残された貴重な自然林
　◇中津層群神沢層産出の脊椎動物化石（神
　　奈川県小田原市入生田499 神奈川県立
　　生命の星・地球博物館）
　　愛川町小沢の砂利採取場跡の崖に表
　　出していた、約250万年前（新生代第
　　三紀鮮新世後期）の地層から発見され
　　た陸・海生の脊椎動物化石標本である
　◇御嶽神社の社叢林（神奈川県南足柄市三
　　竹343-1他）
　　スダジイ、カシを主体とした常緑広葉
　　樹で貴重な自然林
1996（平成8）年2月13日
　◇大磯照ヶ崎のアオバト集団飛来地（神奈
　　川県中郡大磯町大磯字南下町1398-2
　　地先岩礁）
　　海水を飲むという習性を持つアオバト
　　が多数飛来する岩場の海岸
2009（平成21）年2月3日
　◇真鶴半島の照葉樹林（神奈川県足柄下郡
　　真鶴町真鶴字岬1171-1ほか13筆）
　　クスノキ林やスダジイ林などの照葉樹
　　林と、マツ林からなる

030　天然記念物〔新潟県〕

［選定機関］新潟県　［選定時期］1952（昭和27）年〜

1952（昭和27）年12月10日
　◇大積の大ツツジ（新潟県長岡市大積町2

丁目）
　◇弥彦の婆々スギ（新潟県西蒲原郡弥彦村

記念物・名勝

030 天然記念物〔新潟県〕

大字弥彦）

◇貞観園のモミとケヤキ（新潟県柏崎市高柳町岡野町）

◇弥彦の蛸ケヤキ（新潟県西蒲原郡弥彦村大字弥彦）

◇黒川の八反ガヤ（新潟県胎内市下館）

1954（昭和29）年2月10日

◇クモマツマキチョウ及びヒメギフチョウ生息地（新潟県糸魚川市大字小滝）

◇御島石部神社シイ樹叢（新潟県柏崎市西山町石地）

◇櫛池の大スギ（新潟県上越市清里区上中条）

1956（昭和31）年3月23日

◇村雨のマツ（新潟県佐渡市夷）

◇貝屋のお葉附イチョウ樹（新潟県新発田市貝屋）

◇坊金の大スギ（新潟県上越市安塚区坊金）

◇中村の大スギ（新潟県柏崎市大字西長鳥十二坂）

◇高森の大ケヤキ（新潟県新潟市北区）

1957（昭和32）年3月29日

◇弥彦参道スギ並木（新潟県西蒲原郡弥彦村弥彦）

1958（昭和33）年3月5日

◇石船神社社叢（新潟県村上市岩船1173）

◇赤谷十二社の大ケヤキ（新潟県十日町市赤谷十二屋敷324）

◇八王寺の白フジ（新潟県燕市大字八王寺字前畑962）

◇切畑の乳イチョウ（新潟県五泉市大字切畑字前田）

◇福浦猩々洞のコウモリ棲息地（新潟県柏崎市大字鯨波字倉谷甲一・柏崎市大字青海川字スゲ田133-1）

1959（昭和34）年3月4日

◇水原のオニバス群生地（新潟県阿賀野市（瓢湖））

1960（昭和35）年3月28日

◇真光寺の大イチョウ（新潟県糸魚川市大字真光寺白山神社境内）

1961（昭和36）年3月20日

◇間瀬枕状溶岩（新潟県新潟市西蒲区間瀬）

1962（昭和37）年3月29日

◇熊野神社社叢（新潟県佐渡市北小浦字志かま）

◇八珍柿原木（新潟県新潟市秋葉区古田字南）

1963（昭和38）年3月22日

◇乙和池の浮島及び植物群落（新潟県佐渡市山田字屋敷平）

◇地本のミズバショウ群落（新潟県胎内市地本）

◇キリン山の植物群落（新潟県東蒲原郡阿賀町津川字城山・東蒲原郡阿賀町大字鹿瀬字湯沢向）

1965（昭和40）年4月7日

◇杉池の広葉樹林（新潟県佐渡市赤玉字長面）

◇八木鼻のハヤブサ繁殖地（新潟県三条市大字北五百川）

1967（昭和42）年3月25日

◇賀茂神社の大ケヤキ（新潟県新潟市江南区木津字下浦）

1969（昭和44）年3月25日

◇滝之又の二本スギ（新潟県魚沼市小平尾字新田）

◇岩崎の大カツラ（新潟県南魚沼市岩崎457）

1970（昭和45）年4月17日

◇蓮花寺の大スギ（新潟県長岡市蓮花寺字北川内1935（七社宮境内））

1970（昭和45）年8月28日

◇八海神社城内口参道スギ並木（新潟県南魚沼市山口）

1973（昭和48）年3月29日

◇白髯神社の樹林（新潟県長岡市古志竹沢甲923）

◇薬照寺の大カツラ（新潟県南魚沼市君沢851）

◇長恩寺のオハツキイチョウ（新潟県南魚沼市塩沢371）

事典・日本の自然保護地域　**135**

031 天然記念物〔富山県〕 記念物・名勝

◇長谷の三本スギ（新潟県佐渡市長谷13）
◇台ケ鼻（新潟県佐渡市米郷字台ケ鼻）
　※天然記念物及び名勝

1974（昭和49）年3月30日
◇櫛池の隕石（新潟県上越市清里区青柳
　3436番地2（上越清里星のふるさと館
　保管））

1975（昭和50）年3月29日
◇杉之当の大スギとシナノキ（新潟県糸魚
　川市大字杉之当292）
◇慈光寺のスギ並木（新潟県五泉市蛭野）
◇牧の衛守スギ（新潟県五泉市牧）
◇長谷の高野マキ（新潟県佐渡市長谷13）

1978（昭和53）年3月31日
◇小貫諏訪社の大スギ（新潟県十日町市中
　条丁1442（小貫諏訪社内））

1985（昭和60）年3月29日
◇角間のねじりスギ（新潟県十日町市角
　間）

1987（昭和62）年3月27日
◇八坂神社社叢（新潟県東蒲原郡阿賀町東
　山字中ソ子ほか）

1989（平成1）年3月31日
◇小俣の白山神社の大スギ（新潟県村上市

小俣（白山神社境内））

1992（平成4）年3月27日
◇小木ノ城山の樹叢（新潟県三島郡出雲崎
　町大字相田字出雲崎町、横根1400）
◇黒川のくそうず（新潟県胎内市下館字坪
　頭）

1993（平成5）年3月30日
◇国上山のブナ林（新潟県燕市国上1401-
　2）

2004（平成16）年3月30日
◇郡殿の池（新潟県小千谷市大字東吉谷字
　小千谷市, 鼻欠山乙1031 ほか19筆・小
　千谷市大字東吉谷字柳清水乙1030）
◇豊岡のビワ群落（新潟県佐渡市豊岡字平
　ほか10筆）

2007（平成19）年3月23日
◇上郷屋のオハツキイチョウ（新潟県五泉
　市論瀬3900）

2009（平成21）年3月24日
◇佐渡鉱床の金鉱石（新潟県佐渡市下相川
　1305）

2010（平成22）年3月23日
◇夏井の大波石（新潟県胎内市夏井1222-
　8）

031　天然記念物〔富山県〕

［選定機関］富山県　［選定時期］1965（昭和40）年〜

1965（昭和40）年1月1日
◇浜黒崎の松並木（富山県富山市浜黒崎松
　下割）
　延長8mにわたる街道の両側にある松
　並木
◇西岩瀬諏訪社の大けやき（富山県富山市
　四方西岩瀬）
　樹高約30m、樹冠周囲55m、幹周り10m
　近くある老樹
◇舟つなぎのしいのき（富山県富山市山
　本）

幹周り7.9mの老樹
◇上麻生のあしつきのり（富山県高岡市上
　麻生）
　庄川岸にある葦附苔の生息地
◇専念寺の傘松（富山県射水市本町）
　突然変異によって傘状になったマツ
◇大沢の地鎮杉（富山県魚津市大沢）
　富山県の代表的な天然杉の立山杉
◇長坂の大いぬぐす（富山県氷見市長坂）
　諏訪の大神として祀られている
◇朝日社叢（富山県氷見市小境）

136　事典・日本の自然保護地域

記念物・名勝　　　　　　　　　　　　　　　　　　　　　　　　　　　031　天然記念物〔富山県〕

　　　暖地性の樹木が多い
◇老谷の大つばき（富山県氷見市老谷）
　　　「さしまたの椿」とも呼ばれる
◇宮島峡一の滝とおうけつ群（富山県小矢
　　部市名ヶ滝子撫川）
　　　一の滝の下流20数mに大小20数個の甌
　　穴がみられる
◇立山寺参道のとが並木（富山県中新川郡
　　上市町眼目）
　　　参道100mにわたりモミの巨樹が立ち
　　並ぶ
◇宮川の大けやき（富山県中新川郡上市町
　　若杉）
　　　推定樹齢1000年。高さ約40m
◇立山山麓ひかりごけ発生地（富山県中新
　　川郡立山町芦峅寺）
　　　八郎坂の岩の隙間に生息
◇岩室滝（富山県中新川郡立山町虫谷）
　　　滝壺の水面上の岩壁はえぐられ、洞窟
　　をなす
◇内山のとちの森（富山県黒部市宇奈月温
　　泉字大尾）
　　　食用を主体として保護されてきたトチ
　　の大木
◇明日の大桜（富山県黒部市宇奈月町明
　　日）
　　　エドヒガンの老桜。高さ4mのところ
　　から4本の太い枝に分かれ、15m四方
　　に枝を張り出している
◇宇奈月の十字石（富山県黒部市宇奈月町
　　小谷・深谷・イシワ谷）
　　　日本で最も明瞭で立派な形の十字石
◇下山八幡社の大藤と境内林（富山県下新
　　川郡入善町下山）
　　　フジは幹周り2.3m。境内林はウロジ
　　ロガシが主要木
◇小摺戸の大藤（富山県下新川郡入善町小
　　摺戸）
　　　幹周り約2.7mの巨樹
◇野積の左巻かや（富山県富山市八尾町水
　　口）
　　　推定樹齢600～700年の巨樹
◇串田のひいらぎ（富山県射水市串田）
　　　推定樹齢約400年の老樹

◇西広上のあしつきのり（富山県射水市西
　　広上）
　　　清水川用水の本流約55mと分流が葦附
　　苔の生息繁殖地
◇鉢伏のなしのき（富山県南砺市杉山）
　　　貴重なナシの原始的要素の保存木
◇縄が池みずばしょう群生地（富山県南砺
　　市蓑谷山）
　　　日本海沿岸における海抜1000m以下の
　　西南限に近い所に大群落をなす
◇蟹山越の彼岸桜自生地（富山県南砺市蓑
　　谷蟹山）
　　　雑木にまじり高さ4～5mの木が約100
　　本自生
◇赤祖父石灰華生成地（富山県南砺市東西
　　原西島）
　　　赤祖父川の上流に湧きでている炭酸水
　　のところにある
◇梛谷の天然福寿草自生地（富山県南砺市
　　川上中柳谷島）
　　　山の斜面に自生している
◇称名滝とその流域（悪城の壁、称名滝、
　　称名廊下、地獄谷、みくりが池）（富
　　山県中新川郡立山町芦峅寺）
　　　一帯は立山が噴火してできた溶結凝灰
　　岩で形成された壮大な自然※史跡, 名
　　勝, 天然記念物
◇虻が島とその周辺（富山県氷見市姿）
　　　南方系動植物の北限、北方系の南限※
　　名勝および天然記念物
1965（昭和40）年10月1日
◇坪野のつなぎがや（富山県魚津市坪野）
　　　樹高約15m、推定樹齢約400年。年毎
　　に葉の表裏が反転し、繋いだように見
　　える
◇駒つなぎ桜（富山県氷見市栗原）
　　　高さは15.5m、幹周り4.74mのエドヒ
　　ガン
◇厳照寺の門杉（富山県砺波市福岡）
　　　推定樹齢約450年のマスヤマスギ
◇高熊のさいかち（富山県富山市八尾町高
　　熊）
　　　2本の「さいかち」の老木
◇今山田の大かつら（富山県富山市今山

事典・日本の自然保護地域　137

032 天然記念物〔石川県〕   記念物・名勝

田）
樹齢は600年とも700年ともいわれる。
「千本桂」とも呼ばれる

◇日の宮社叢（富山県射水市日宮）
暖帯性の植物要素が生えていて内陸側
に残った照葉樹林

1967（昭和42）年1月12日

◇馬瀬口の大サルスベリ（富山県富山市馬
瀬口）
根周り2.7m、幹周り1.8mの老樹

1967（昭和42）年3月25日

◇唐島（富山県氷見市中央町）
老松、イヌクスの老樹、トベラ等が繁
茂する島

1967（昭和42）年9月26日

◇寺家のアカガシ林（富山県富山市舟倉）
内陸側にある山地の純林として珍しい

◇芦峅雄山神社境内杉林（富山県中新川郡
立山町芦峅寺）
122本のスギを数える。樹齢約400〜
500年

◇愛本のウラジロカシ林（富山県黒部市宇
奈月町愛本橋西瓜）
岸辺に近い岩壁に沿って、幹周り2〜
3mの巨大なウラジロガシが9本繁茂し
ている

◇今開発の大ヒイラギ（富山県射水市今開
発）
幹周り3.05m、高さ8m

◇坂上の大杉（富山県南砺市利賀村坂上）
高さ40m、幹周り8m、推定樹齢約700年

1969（昭和44）年10月2日

◇運源寺の大カエデ（富山県高岡市滝）
推定樹齢は約350年。根周り4.7m、幹
周り3.27m

1970（昭和45）年12月19日

◇トミヨとゲンジボタルおよびヘイケボタ
ル生息地（富山県高岡市中田区域）
生息地は清流に限られ、近年河川の汚
濁が急速に進み減少している

1971（昭和46）年11月18日

◇興法寺のハッチョウトンボとその発生地
附興法寺のトンボの類群生地（富山県
小矢部市興法寺）
ハッチョウトンボは興法寺地区が日本
の北限で学術上貴重。また興法寺には
ウチワヤンマ・コフキトンボなどのト
ンボ類も生息

1978（昭和53）年1月24日

◇寺谷アンモナイト包蔵地（富山県下新川
郡朝日町大平）
寺谷で発見されたのは泥岩に形が印さ
れているもの

1980（昭和55）年4月11日

◇友坂の二重不整合（富山県富山市婦中町
友坂）
呉羽丘陵の南端に3つの時代の地層が
2つの不整合で重なっているのが見ら
れる

1984（昭和59）年2月22日

◇上滝不動尊境内の大アカガシ（富山県富
山市上滝）
推定樹齢約700年の巨大な老樹

---

032 天然記念物〔石川県〕

［選定機関］石川県　［選定時期］1940（昭和15）年〜

1940（昭和15）年1月6日

◇並木町のマツ並木（石川県金沢市並木町
（河川敷））
加賀藩三代藩主前田利常のときに植え
られたといわれる。泉鏡花の小説「義

血俠血」の舞台

1961（昭和36）年9月29日

◇常椿寺のフジ（石川県鳳珠郡能登町字宇
出津）
幹周囲は3.5m、根元周囲は6.2m、推

定樹齢450年

1965（昭和40）年3月17日

◇山伏山社叢（石川県珠洲市狼煙町カ74, タ15-1）
日本海側や北方性植物も混じえる照葉樹林の北限的群落

1968（昭和43）年8月6日

◇ケタノシロキクザクラ（石川県羽咋市寺家町）
気多神社神門に植栽された。数十年前に枯死した株から生じた傍芽による5幹

◇アギシコギクザクラ（石川県輪島市門前町南カ262）
ヤマザクラ系菊咲き品種。品種名は藩政時代、この地区18カ村を阿岸郷と称したことにちなむ

◇ヒウチダニキクザクラ（石川県羽咋郡志賀町火打谷）
ヤマザクラ系菊咲き品種。花弁は多く130枚に達する

◇ライコウジキクザクラ（石川県鳳珠郡穴水町大町ヨ109甲）
ヤマザクラ系菊咲き品種。長谷部信連の手植えと伝えられる

1969（昭和44）年3月19日

◇倒スギ（石川県珠洲市上戸町寺社6-9）
「能登の一本杉」「白比丘尼の杉」ともいわれ伝説に富む

◇片野の鴨池（石川県加賀市片野町）
広さ1.54ha、深さ3.6mの池で周囲は水田。越冬のため飛来する鳥の種類や個体数は、全国一の規模

1972（昭和47）年8月23日

◇飯川のヒヨドリザクラ（石川県七尾市飯川町2-48甲）
世界的にも珍しい珍種の桜

1975（昭和50）年7月21日

◇伊勢神社の大スギ（石川県輪島市石休場町スケダニ4）
樹高38m、根元周囲10.52m、胸高幹周囲7.31m、樹齢推定400年

1975（昭和50）年10月7日

◇五十谷の大スギ（石川県白山市五十谷町イ144）
樹高38.5m、根元周囲2.7m、胸高幹周囲2.4mの高木

1981（昭和56）年7月3日

◇藤の瀬甌穴群（石川県鳳珠郡能登町字藤の瀬（河川敷））
最大直径2m余の甌穴や、深さ約1.5mの甌穴等大小約100個が散在

◇関野鼻ドリーネ群（石川県羽咋郡志賀町笹波）
直径10m～約50m、深さ5m～約30mの漏斗状の穴（ドリーネ）が、顕著なもので三個分布している

1983（昭和58）年5月10日

◇妙法輪寺のナンテン（石川県羽咋郡宝達志水町字麦生ニ196）
28株を根元より叢生、株束周囲は根元99cm、高さ7.52m

◇ゼンショウジキクザクラ（石川県羽咋郡宝達志水町字所司原テ30-1）
高さ12m、胸高幹周囲3.1m、樹齢推定400年

1987（昭和62）年3月23日

◇内浦町不動寺の埋積珪化木群（石川県鳳珠郡能登町字不動寺4字22）
凝灰岩層の中にヒッコリの一種とケンポナシの珪化大樹幹と数本の小樹幹珪化木が埋積している

◇白峰村百合谷の珪化直立樹幹（石川県白山市白峰28-24-3）
立木のままで地層中に埋積された珪化木

1988（昭和63）年1月8日

◇持明院の妙蓮生育地（石川県金沢市神宮寺3-12-15地内）
多頭蓮の珍種。約430m²の池に約100株程が生育し、毎年80個前後開花する

1989（平成1）年1月9日

◇宇出津の漣痕（石川県鳳珠郡能登町字宇出津ク字211-1地内）
学術上貴重な波成漣痕

1989（平成1）年10月23日

◇金劔宮社叢ウラジロガシ林（石川県白山市鶴来日詰町メ1，メ2及び巳118-5番

032 天然記念物〔石川県〕　　　　　　　　　　　　　　　　　　　記念物・名勝

地内）
石川県を代表する原生林のウラジロガ
シ林

1990（平成2）年3月22日
　◇御山神社社叢（石川県河北郡津幡町字下
　　河合ツ60番地内）
　　イヌシデ林とブナ林

1990（平成2）年9月26日
　◇藤懸神社社叢ケヤキ林（石川県羽咋郡志
　　賀町笹波ム1，ウ1）
　　古来から「十五社の森」と称された
　◇伊影山神社のイチョウ（石川県七尾市庵
　　町ケ6–2）
　　胸高幹周10.6m、高さ27m。石川県内
　　最大
　◇岩屋化石層（石川県七尾市小島町西部4
　　〜8内）
　　日本でも有数の化石の宝庫

1991（平成3）年10月4日
　◇櫟原北代比古神社社叢タブ林（石川県輪
　　島市深見町40字60番2）
　　石川県内のタブ林の自然植生を示す
　　標本

1991（平成3）年12月25日
　◇平床貝層（石川県珠洲市正院町川尻苅安
　　21番1）
　　保存のよい貝類化石を多産し約300種
　　が記録されている

1993（平成5）年8月25日
　◇甲斐崎神社社叢アカガシ林（石川県河北
　　郡津幡町大熊ト6番地，ト5番地甲のう
　　ち1，961m²）
　　原生、それに近い状態残る巨樹群

1994（平成6）年1月28日
　◇滝神社社叢スダジイ林（石川県輪島市門
　　前町深見23–46番地）
　　古来からの原始林の姿を継承する樹林

1995（平成7）年10月3日
　◇大神社社叢モミ林（石川県鳳珠郡能登
　　町字瑞穂ク字11–1番地）
　　社殿周辺はモミ〜ツキミ群集

1996（平成8）年4月9日
　◇桑島化石壁産出化石（石川県白山市白峰

ハ130白山市教育委員会白峰分室）
世界的に貴重な手取植物群に属するシ
ダ植物・裸子植物の葉体・直立樹幹、
貝、カメ、昆虫、恐竜等の化石を多産

1998（平成10）年10月27日
　◇縄又のモウソウキンメイチク林（石川県
　　輪島市縄又町舟卸7番地他5筆）
　　約6000m²の竹林の内約200m²に約250
　　本が群生

2001（平成13）年12月25日
　◇白峰百万貫の岩（石川県白山市白峰地
　　内）
　　白山市白峰集落の上流約6kmの手取川
　　（牛首川）河床にある巨大岩塊。日本
　　最大級の流出岩塊

2002（平成14）年8月27日
　◇唐島神社社叢タブ林（石川県七尾市中島
　　町塩津イ部64番地）
　　林分は常緑広葉樹のイノデ–タブノキ
　　群集
　◇下涌波のモウソウキンメイチク林（石川
　　県金沢市下涌波町鳥毛15番地内）
　　標高70〜100mの丘陵斜面に700本近
　　く群生

2004（平成16）年1月30日
　◇イカリモンハンミョウ生息地（石川県羽
　　咋郡志賀町大島から羽咋市柴垣町（菱
　　根川から柴垣（須田地区）までの海岸
　　（国有地内）約2.5km））
　　南方系要素の北限分布として貴重
　◇トミヨ生息地（石川県白山市平加町（安
　　産川下流の永代橋から上流500mの範
　　囲））
　　日本の自然分布の南限とされている

2004（平成16）年11月30日
　◇瀬戸の夜泣きイチョウ（石川県白山市瀬
　　戸イ98番地）
　　推定樹齢500年以上。天狗の説話が名
　　の由来
　◇元祖アテ（石川県輪島市門前町浦上10の
　　21番1地）
　　天正年間（1573〜1592）東北地方から
　　苗木を持参したという伝承もある2本
　　のアテ。推定樹齢450年

140　事典・日本の自然保護地域

記念物・名勝   *033* 天然記念物〔福井県〕

◇平床貝層産出貝類化石（石川県珠洲市蛸島町1-2-563）
平床台地一帯に発達する新生代第四紀更新世後期「平床期」（約15〜7万年前）の貝類化石包含層の化石

2005（平成17）年8月16日
◇菅原神社の大スギ（石川県加賀市山中温泉栢野ト49番地）
菅原神社の参道脇の3本が指定されている
◇西慶寺のヤマモミジ（石川県輪島市門前町谷口口12の13番地）
樹高約20m、推定樹齢約500年
◇佛照寺のシダレザクラ（石川県輪島市三井町興徳寺27部37番）
樹高9.2m、幹周2.88m、樹形がすぐれる

2006（平成18）年4月7日
◇宝立山アテ天然林（石川県珠洲市若山町南山テの部40番地ほか）
アテの天然分布の南限

◇大谷ののとキリシマツツジ（石川県珠洲市大谷町57字33甲地）
推定樹齢300年以上
◇赤崎ののとキリシマツツジ（石川県輪島市赤崎町ロ6番地）
樹高3m、株束周囲径0.45m、枝張り4.4m

2008（平成20）年4月30日
◇五十里ののとキリシマツツジ（石川県鳳珠郡能登町字五十里ム部172番乙1）
樹高約1.3m、枝張り約2.4m、推定樹齢は250年

2009（平成21）年4月28日
◇ホクリクサンショウウオ生息地（石川県羽咋市千路町）
生息地は丘陵部の林縁に接して滲みだす水や湧水によってできた緩やかな流れとその周辺
◇平等寺のコウヤマキ（石川県鳳珠郡能登町字寺分弐字114番）
樹高30m、幹周（胸高）3.8m、樹齢約400年

---

033 天然記念物〔福井県〕

[選定機関] 福井県   [選定時期] 1954（昭和29）年〜

1954（昭和29）年12月3日
◇藤鷲塚のフジ（福井県坂井市春江町藤鷲塚）
白山神社境内の北西のすみにある
◇休岩寺のソテツ（福井県敦賀市大比田）
根元の周囲3.7m、高さ5.1m

1956（昭和31）年3月12日
◇苅田比売神社のムクの木（福井県大飯郡おおい町名田庄下苅田）
高さ約16m、幹の太さ約8.5m、推定樹齢約800年〜1000年

1957（昭和32）年7月30日
◇小川神社のカゴノキ（福井県三方上中郡若狭町小川）
周囲5.3m、高さ約13m、県下最大

1959（昭和34）年9月1日
◇伊射奈枝神社のウラジロガシ（福井県大飯郡おおい町福谷）
高さ約12m、幹の太さ目通り4.5m
◇若宮八幡神社のフジ（福井県大飯郡おおい町）
樹齢500年以上と伝わる巨木
◇白山神社のカツラ（福井県大野市下打波）
泰澄大師が地に挿した箸から成長したという伝説がある

1964（昭和39）年6月5日
◇水間神社のケヤキ（福井県越前市室谷町）
幹の周囲11.2m、目通り6.9m、高さ約

23m

◇大瀧神社のゼンマイザクラ（福井県越前市大滝町）
ゼンマイのとれる頃花が満開になる

◇大瀧神社の大スギ（福井県越前市大滝町）
根回り9.8m、目通り7.1m、高さ約23mの神木

◇紀倍神社のオニヒバ（福井県坂井市春江町西方寺）
主幹目通り3.1m、高さ約15m

◇獺ノ河内のカツラ（福井県敦賀市獺河内）
株の根回り15.5m、目通り10.1m、高さ約20m

◇稲荷の大スギ（福井県今立郡池田町稲荷）
主幹の根回りは11.7m、目通り8.6m、高さ約40mの神木

1965（昭和40）年5月18日

◇新福寺のフジ（福井県小浜市次吉）
根回り6.1m。高さ18m

◇黒駒神社のナギ（福井県小浜市西勢）
根回り8m、高さ25m

1969（昭和44）年4月1日

◇依倚神社の大モミ（福井県大飯郡おおい町岡安）
根周り11.2m、目通り5.7m、樹高約50mの巨樹

◇野鹿谷のシャクナゲ自生地（福井県大飯郡おおい町名田庄納田終）
頭巾山山頂への登山道、標高600m〜800mの間に大小百株十株が自生

◇百里岳のシャクナゲ自生地（福井県小浜市上根来字大谷）
百里岳の北側山腹、海抜500〜700mの地帯に自生している

1970（昭和45）年5月8日

◇杉尾のオオスギ（福井県越前市杉尾町）
幹の周囲6.3m、樹高約18m。推定樹齢500〜600年

◇明光寺のオオイチョウ（福井県越前市西庄境町）
目通り5.5m、枝張り約20m、樹高26m

◇粟田部の薄墨サクラ（福井県越前市粟田部町）
謡曲「花筐」にうたわれている桜

1973（昭和48）年5月1日

◇上村家のタブの木（福井県三方上中郡若狭町三宅）
樹高17m、傘状の美しい樹冠

◇上荒谷のアサマキサクラ（福井県今立郡池田町上荒谷）
昔この桜が咲くと里人はアサの種をまいた

◇女形谷のサクラ（福井県坂井市丸岡町女形谷）
エドヒガンの老樹。根周り9.5m、目通り5.1m、樹高15.5m

1974（昭和49）年4月16日

◇円成寺のみかえりの松（福井県三方上中郡若狭町岩屋）
根回り6.9m、目通り3.9m、樹高12m

◇栃の木峠のトチノキ（福井県南条郡南越前町板取）
根周り6.95m、目通り周囲5.8m、樹高24mの巨樹

◇真杉家のタラヨウ（福井県福井市高田町）
根周り6m、目通り周囲2.45m、高さ約25m

1977（昭和52）年6月17日

◇堀口家のサザンカ（福井県大飯郡おおい町神崎）
根回り1.5m、目通り1.5m、樹高は9.7m

1984（昭和59）年3月2日

◇白山神社のバラ大杉（福井県越前市中居町）
根回り9m、目通り7.2m、樹高約32m、推定樹齢約470年

1986（昭和61）年3月28日

◇大滝神社奥の院社叢（福井県越前市大滝町）
ブナの原生自然林

1997（平成9）年4月28日

◇明神崎の自生モクゲンジ（福井県敦賀市明神町）
波打ち際から30m〜40mの所に長さ約

記念物・名勝　　　　　　　　　　　　　　　　　　　　　　　　　　　　　034　天然記念物〔山梨県〕

120mに亘り群生
2011（平成23）年3月25日
　　◇照臨寺のセンダン（福井県鯖江市和田

町）
　　　幹周り399cm、高さ約20m

034　天然記念物〔山梨県〕

［選定機関］山梨県　　［選定時期］1958（昭和33）年～

1958（昭和33）年6月19日
　　◇冨士浅間神社の大スギ（山梨県富士吉田
　　　市上吉田5558）
　　　神社の御神木、幹囲8.23m、高さ30m、
　　　富士太郎と呼ばれる
　　◇檜峰神社のコノハズク生息地（山梨県笛
　　　吹市御坂町上黒駒5119）
　　　コノハズクがブッポウソウと鳴くのを確
　　　認した記念の場所
　　◇湯島の大スギ（山梨県南巨摩郡早川町湯
　　　島字上の山1048）
　　　幹囲11.10m、高さ45m、県下一の大杉
　　◇福士金山神社のイチョウ（山梨県南巨摩
　　　郡南部町福士字小久保14）
　　　雌木で県下一の巨木、幹囲8.85m、高
　　　さ30m
　　◇フジマリモ及び生息地（山梨県山中湖,
　　　河口湖, 西湖）
　　　北緯35度ラインで分布していることは
　　　貴重
　　◇河口浅間神社の七本スギ（山梨県南都留
　　　郡富士河口湖町河口1）
　　　7本のスギの巨木。最も大きいもので
　　　幹囲8.75m、高さ47.5m
1959（昭和34）年2月9日
　　◇岩窪のヤツブサウメ（山梨県甲府市岩窪
　　　町246）
　　　ザロンバイ（座論梅）で、根周り0.
　　　80m、樹高7m
　　◇塩部寿のフジ（山梨県甲府市緑ヶ丘2-8-
　　　1）
　　　2本に別れ目通り幹囲0.75mと0.80m
　　◇真福寺の大カヤ（山梨県都留市小野下小
　　　野629）

目通り幹囲6.00m、高さ16.30mの巨木
　　◇永岳寺の大カシ（山梨県韮崎市大草町下
　　　条西割字大関6）
　　　ブナ科シラカシで、高さ25m
　　◇苗敷山のアスナロ（山梨県韮崎市旭町上
　　　条南割3398）
　　　穂見神社に植えられている幹囲3.
　　　50m、高さ30mの大樹
　　◇渋沢のヒイラギモクセイ（山梨県北杜市
　　　長坂町渋沢948）
　　　ギンモクセイとヒイラギの雑種と推定
　　　される。幹囲3.35m、高さ約8m
　　◇神田の大糸サクラ（山梨県北杜市小淵沢
　　　町神田1904-2）
　　　エドヒガンの変種イトザクラ。目通り
　　　幹囲7.50m、高さ9m
　　◇白州殿町のサクラ（山梨県北杜市白州町
　　　白須481）
　　　エドヒガン、目通り幹囲5.0m、高さ
　　　12m
　　◇本良院の大ツゲ（山梨県北杜市白州町横
　　　手1068）
　　　幹囲2.25m、高さ約7.5m。モチノキ科
　　　のイヌツゲ
　　◇雲峰寺のサクラ（山梨県甲州市塩山上萩
　　　原2678）
　　　エドヒガン、目通り幹囲5.30m、高さ
　　　約20m
　　◇上於曽のアカガシ（山梨県甲州市塩山上
　　　於曽1469）
　　　ブナ科アカガシで、高さ25m
　　◇七面山の大トチノキ（山梨県南巨摩郡早
　　　川町栃原山834）
　　　目通り幹囲6.80m、高さ25mの巨樹

事典・日本の自然保護地域　　143

034　天然記念物〔山梨県〕　　　　　　　　　　　　　　　　　　記念物・名勝

◇七面山の大イチイ（山梨県南巨摩郡早川町栃原山（県有林内））
　目通り幹囲5.90m、高さ21.50mの巨樹

◇身延山の千本杉（山梨県南巨摩郡身延町上ノ山4226-1）
　面積0.85ha、本数約250本、代表的な木は幹囲6.30m、高さ55m

◇モリアオガエル及び生息地（山梨県南巨摩郡南部町井出1389）
　樹上生活を行い、産卵も水上の枝に卵塊を着け、孵化してオタマジャクシとして水中に落ちる

1960（昭和35）年11月7日

◇上大幡のナシ（山梨県都留市大幡4229）
　アオナシの台木にサビナシを接木したもので貴重

◇洞雲寺八房のウメ（山梨県山梨市牧丘町北原1116）
　甲斐国志巻之123に記載がある

◇笹子峠の矢立のスギ（山梨県大月市笹子町黒野田字笹子1924-1）
　『甲斐叢記』の記述や二代広重の名画になっている。目通り幹囲9.70m、高さ24m

◇野牛島のビャクシン（山梨県南アルプス市野午島2027）
　目通り幹囲3.10m、高さ12mの巨樹

◇白根町のカエデ（山梨県南アルプス市百々3187）
　イロハモミジ（タカオカエデ）、目通り幹囲4.02m、高さ21mの巨樹

◇櫛形町中野のカキ（山梨県南アルプス市中野207）
　渋柿の品種エブク、目通り幹囲4.00mの巨木

◇宝珠寺のマツ（山梨県南アルプス市山寺950）
　クロマツ、目通り幹囲3.40mの巨樹

◇湯沢の思いスギ（山梨県南アルプス市湯沢中丸2248）
　連理の大木でそれぞれの幹囲5mで10m、高さ35m

◇一宮浅間神社の夫婦ウメ（山梨県笛吹市一宮町一ノ宮1684）
　花は紅色八重、めしべが2本で1つの花に2果結実しゅ着する

◇忍草浅間神社のイチイ群（山梨県南都留郡忍野村忍草456）
　イチイ17本。最大は幹囲3.70m、高さ15m

1961（昭和36）年12月7日

◇吉祥寺の新羅ザクラ（山梨県山梨市三富町徳和2）
　エドヒガンで倒れた幹からまた成長した。新羅三郎義光が植えたという

◇比志神社の大スギ（山梨県北杜市須玉町比志反保872）
　目通り幹囲6.90m、高さ31mの巨樹

◇鶯宿峠のリョウメンヒノキ（山梨県笛吹市芦川町鶯宿峠）
　鶯宿峠のナンジャモンジャといわれる、ヒノキの変種

◇軍刀利神社のカツラ（山梨県上野原市棡原4135-4）
　目通り幹囲9.00m、高さ31mの巨樹

◇下竹森のネズ（山梨県甲州市塩山下竹森1843）
　目通り幹囲3.10m、高さ15mの巨樹

◇一色のニッケイ（山梨県南巨摩郡身延町一色4713）
　目通り幹囲1.6m、高さ12mの巨樹

◇本郷の千年ザクラ（山梨県南巨摩郡南部町本郷3230）
　花が白色のエドヒガン。巨樹、老樹として有名

1962（昭和37）年12月17日

◇青岩鍾乳洞（山梨県北都留郡丹波山村奥後山青岩谷4026-1）
　丹波山川支流、後山川の上流青岩谷左岸にある。総延長約740m

1963（昭和38）年9月9日

◇水晶峠のヒカリゴケ洞穴（山梨県甲府市御岳町室ヶ平3290）
　昔水晶を採掘した洞穴に発生するヒカリゴケ

◇小原東のザクロ（山梨県山梨市小原東1013）
　目通り幹囲1.62m、高さ7.5mの巨樹

◇竜泉寺の万年マツ（山梨県山梨市市川

144　事典・日本の自然保護地域

215）
クロマツ、目通り幹囲2.65m、高さ7m
の名木

◇上菅口のネズ（山梨県甲斐市上菅口）
目通り幹囲2.65m、高さ13.3m、樹齢
約300年の巨樹

◇竜地の揚子梅（山梨県甲斐市龍地）
アンズで果実の核に揚子をさしたよ
うな穴がある。幹囲1.15m、高さ7mの
巨樹

◇菅田天神社のカシ群（山梨県甲州市塩山
上於曽1054他1筆）
ツクバネガシとオオツクバネガシの巨
木24木

◇顕本寺のオハツキイチョウ（山梨県南巨
摩郡南部町3926）
目通り幹囲4.80m、高さ25.5m。双性
のお葉付イチョウ

1964（昭和39）年2月20日

◇鏡円坊のサクラ（山梨県南巨摩郡身延町
梅平2780）
イトザクラ、幹囲3.75m、高さ13mの
巨樹

1964（昭和39）年6月25日

◇湯沢のサイカチ（山梨県南アルプス市湯
沢113–1）
目通り幹囲3.00m、高さ5mの巨木

◇萬福寺のムクノキ（山梨県甲州市勝沼町
等々力1289）
目通り幹囲4.97m、高さ25.5mの巨樹。
根が板状

1965（昭和40）年5月13日

◇塩沢寺の舞鶴マツ（山梨県甲府市湯村3–
17–2）
クロマツで目通り幹囲1.60m、高さ
7m。鶴が舞い上がった形をした名木

1965（昭和40）年8月19日

◇膝立の天王ザクラ（山梨県山梨市牧丘町
牧平2078）
エドヒガン、目通り幹囲4.25m、高さ
13mの巨樹

◇城下のシキザクラ（山梨県山梨市牧丘町
西保下479）
根周り1.75m、目通り幹囲0, 75m、樹

高は9.0m。春秋2回咲く珍種

1966（昭和41）年5月30日

◇清春のサクラ群（山梨県北杜市長坂町中
丸2071）
ソメイヨシノ48株の巨樹群、最大幹囲
3.80m、高さ10mである

◇小淵沢のモミ（山梨県北杜市小淵沢町
3899）
目通り幹囲5.85m、高さ50mの巨木

◇鶴島のムクノキ（山梨県上野原市鶴島
1461）
目通り幹囲6.30m、高さ23mの巨樹

◇樋之上のタカオモミジ（山梨県南巨摩郡
身延町樋之上日向361）
タカオモミジ、目通り幹囲3.90m、高
さ25mの巨樹

◇本妙寺のイチョウ（山梨県南巨摩郡身延
町門別1077）
目通り幹囲6.75m、高さ30mの巨樹

1967（昭和42）年5月29日

◇寺所の大ヒイラギ（山梨県北杜市大泉町
西井出寺所224）
幹囲2.05m、高さ4.5mの巨樹

◇一宮神社の社叢（山梨県上野原市西原
5461）
スギ、ヒノキ、トチノキの巨木が多い

◇樋之上のヤマボウシ（山梨県南巨摩郡身
延町樋之上381）
目通り幹囲1.6m、樹高16.0mの巨樹

1968（昭和43）年2月8日

◇大嵐のビャクシン（山梨県南アルプス市
大嵐123）
目通り幹囲3.48m、樹高17mの巨木

◇清泰寺のカヤ（山梨県北杜市白州町花水
1461）
目通り幹囲5.4m、樹高は28mに達する

◇流通寺のビャクシン（山梨県西八代郡市
川三郷町高田2786）
目通り幹囲3.5m、樹高8mの巨樹

1970（昭和45）年10月26日

◇鏡中条のゴヨウマツ（山梨県南アルプス
市鏡中条461）
庭木で目通り幹囲0.75m、高さ10.55m

034 天然記念物〔山梨県〕　　　　　　　　　　　　記念物・名勝

◇遠照寺のアカマツ（山梨県北杜市須玉町
穴平2625）
　2本（夫婦の松）の巨木。各根回り3.
　50m、2.50m
◇下黒沢のコウヤマキ（山梨県北杜市高根
町下黒澤2773）
　目通り幹囲4.60m、高さ21mの巨木
◇鳥久保のサイカチ（山梨県北杜市長坂町
中丸3954–1）
　今川義元の家臣井出久左衛門が植えた
　と伝えられる
◇智光寺のカヤ（山梨県笛吹市境川町藤垈
322）
　根周り24.4m、目通り幹囲5.5m、樹高
　29mの巨木
◇宗源寺のヒダリマキカヤ（山梨県笛吹市
境川町藤垈4771）
　根回り3.2m、目通り幹囲4.4m、高さ
　21.5m。カヤの奇木
◇井出八幡神社の社叢（山梨県南巨摩郡南
部町井出558ほか）
　県最南端の社叢、タブノキ、カゴノキ、
　ヤブニケイ、クスノキなどの暖地系植
　物が目立つ
1973（昭和48）年7月12日
◇氷室神社の大スギ（山梨県南巨摩郡富士
川町平林鷲尾山3334）
　目通り幹囲8.4m、樹高約40mの巨木
1976（昭和51）年2月23日
◇一瀬クワ（山梨県西八代郡市川三郷町上
野23）
　一瀬クワの原木
1977（昭和52）年3月31日
◇ミヤマシロチョウ（山梨県南巨摩郡, 中
巨摩郡, 北杜市, 韮崎市）
　標高1400〜2000m生息する高山蝶の
　一種
◇キマダラルリツバメ（山梨県南都留郡,
北都留郡, 富士吉田市, 都留市, 大月
市）
　上野原市一帯が古くから知られている
　主な地域
1979（昭和54）年2月8日
◇須玉町日影のトチノキ（山梨県北杜市須

玉町比志字下平4932–1）
　目通り幹囲8.40m、高さ30mの巨木
1980（昭和55）年9月18日
◇四尾連のリョウメンヒノキ（山梨県西八
代郡市川三郷町山家字大明神3607）
　目通り幹囲6.30m、28mと4.55m、高さ
　27mの巨樹の2株
1983（昭和58）年12月26日
◇法久寺のコツブガヤ（山梨県甲斐市篠原
3225）
　種子が1.5〜2.0cmと小さい点に特色
　がある
1985（昭和60）年3月19日
◇下黒駒の大ヒイラギ（山梨県笛吹市御坂
町下黒駒78–3・85–2）
　幹囲2.95m、高さ7.5mの巨樹
1986（昭和61）年3月19日
◇十日市場の大ケヤキ（山梨県南アルプス
市十日市場1959）
　幹囲8.8m、高さ24mの巨木
◇烏尻の大カヤ（山梨県南巨摩郡南部町内
船10293）
　幹囲5.7m、高さ16mの巨樹。普通のカ
　ヤより実が大きい
1987（昭和62）年1月21日
◇慈恩寺のフジ（山梨県甲府市大津町
1322）
　幹囲2.5m、枝の広がり約300m²の巨木
1987（昭和62）年12月2日
◇下石森のチョウセンマツ（山梨県山梨市
下石森1033）
　幹囲1.70m、高さ7.3mの名木
1988（昭和63）年11月16日
◇七日市場のチョウセンマキ（山梨県山梨
市七日市場666）
　根元で別れ、その幹囲2.05m、高さ5.
　70mの大木
◇称願寺のサクラ（山梨県笛吹市御坂町上
黒駒2969）
　ヤマザクラ系の園芸種で名前が特定で
　きない珍しいもの
1989（平成1）年4月19日
◇養福寺のフジ（山梨県北杜市高根町箕輪

146　事典・日本の自然保護地域

991）
シラカシとスギに絡み高さ30m。古い
木で根元は7本に別れ、太いものは1.
1m

1990（平成2）年2月7日
◇大豆生田のヒイラギ（山梨県北杜市須玉
町大豆生田238）
幹3.5m、高さ7.7mの県下随一の雄
株の巨樹

1990（平成2）年6月28日
◇京ヶ島の夫婦スギ（山梨県南巨摩郡早川
町京ヶ島612）
2本の巨木（夫婦スギ）

1990（平成2）年12月20日
◇比志のエゾエノキ（山梨県北杜市須玉町
比志1159）
幹3.90m、高さ13mの巨木

1991（平成3）年5月30日
◇表門神社のコブグヤ（山梨県西八代郡
市川三郷町上野2767）
目通り2.2m、樹高19.5m
◇鳴沢のアズキナシ（山梨県南都留郡鳴沢
村字富士山8545–1）
幹3.15m、高さ23mの巨木

1992（平成4）年3月5日
◇東の大イヌガヤ（山梨県山梨市東758）
貴重な老大樹。根回り1.90m、樹高7.
00m
◇若神子新町のモミ（山梨県北杜市須玉町
若神子新町551）
樹高33.0mの巨木
◇薬王寺のオハツキイチョウ（山梨県西八
代郡市川三郷町上野199–1）
珍しい雄木。幹3.8m、高さ18m

1993（平成5）年2月15日
◇箕輪新町のヒメコマツ（山梨県北杜市高
根町箕輪新町1081）
幹2.96m、高さ25mの巨木

1993（平成5）年11月29日
◇切差金毘羅山のヒノキ群（山梨県山梨市
切差無番地 山林）
山中の岩脈上に発達したヒノキ群で最
大のものは幹6.75m、高さ16.5m

1994（平成6）年11月7日
◇リニア高川トンネル産出新第三紀化石
（山梨県甲府市丸の内1–6–1）
新生代（約700万年前）のツキヒガイの
貝化石
◇諏訪神社の社叢（山梨県北杜市白州町大
武川98–1）
アサダ、トチノキの大木の森床に石灰
岩特有の植物群落がある
◇船宮神社の大ヒノキ（山梨県甲州市塩山
平沢113–1）
幹6.48m、高さ30mの巨木
◇柳川のイヌガヤ群（山梨県南巨摩郡富士
川町柳川字神ノ前2037）
約40本が群生。最大は幹0.9m、高さ
7m

1995（平成7）年6月22日
◇兄川から出土したナウマン象等の化石
（山梨県甲府市下曽根町923、山梨市小
原西955）
約3万年前のナウマンゾウの臼歯およ
び大型のシカの化石

1996（平成8）年2月19日
◇手打沢の不整合露頭（山梨県南巨摩郡身
延町手打沢字ゴクナシ1949の一部外）
フォッサマグナ構造発達史研究の歴史
的舞台となった不整合露頭

1997（平成9）年12月15日
◇小淵沢町・白州町のトウヒ属樹根化石（山
梨県北杜市小淵沢町7707小淵沢郷土資
料館・北杜市白州町白須8056白州・尾
白の森名水公園）
出土層位からリス氷期のものと推定さ
れるトウヒ属の樹根化石

1998（平成10）年6月8日
◇軽水風穴（山梨県南都留郡鳴沢村）
殻（クラスト）の三層の間に空間が出
来て鍾乳が見られること、チューブ・
イン・チューブ、葡萄状溶岩鍾乳の特
に貴重な洞穴
◇溶岩球（LAVABALL）群（山梨県南都留
郡鳴沢村）
洞窟入口部に引っ掛った3個、洞外に
2個の計5個の球状をした溶岩球

035 天然記念物〔長野県〕　　　　　　　　　　　　　　記念物・名勝

2005（平成17）年12月26日
　◇慈雲寺のイトザクラ（山梨県甲州市塩山
　　中萩原352）
　　目通り幹囲3.15m、樹高14.0m
2009（平成21）年12月24日
　◇関のサクラ（山梨県北杜市白州町横手

2699）
　　幹囲5.3m、樹高15.0mのエドヒガン
2012（平成24）年8月30日
　◇本遠寺の大クスノキ（山梨県南巨摩郡身
　　延町大野893）
　　幹囲7.3m、樹高19mのご神木

035　天然記念物〔長野県〕

（記念物）貝塚、古墳、都城跡、城跡、旧宅その他の遺跡で歴史上又は学術上価値の高いもの、庭園、橋梁、峡谷、海浜、山岳その他の名勝地で芸術上又は観賞上価値の高いもの並びに動物（生息地、繁殖地及び渡来地を含む。）、植物（自生地を含む。）及び地質鉱物（特異な自然の現象の生じている土地を含む。）で学術上価値の高いもの。

［選定機関］長野県　　［選定時期］1960（昭和35）年〜

1960（昭和35）年2月11日
　◇菅平のツキヌキソウ自生地（長野県上田
　　市真田町長十ノ原1278–288）
　　さじ形の葉が対生し茎が葉を貫くよう
　　に見えるのが名の由来
　◇高遠のコヒガンザクラ樹林（長野県伊那
　　市高遠町馬場町ほか）
　　高遠城址公園一帯に約1500本が栽植
　　された
　◇辰野のホタル発生地（長野県上伊那郡辰
　　野町辰野北大畑2276–イほか）
　　通称松尾峡と呼ばれる一帯でホタルの
　　名所
　◇長倉のハナヒョウタンボク群落（長野県
　　北佐久郡軽井沢町長倉芹ヶ沢2140–9）
　　発生は数十万年前からといわれ現在日
　　本では一部に隔離分布する
　◇樋沢のヒメバラモミ（長野県南佐久郡川
　　上村樋沢御前下1234）
　　幹径1.5m、樹高40〜50m
　◇矢彦小野神社社叢（長野県塩尻市北小野，
　　上伊那郡辰野町小野八彦沢3268–1）
　　典型的な混交林。「たのめの森」とし
　　て親しまれている
1962（昭和37）年2月12日
　◇豊岡のカツラ（長野県長野市戸隠豊岡大
　　中1681）

親鸞聖人に由緒がある。樹齢推定約
800年
1962（昭和37）年7月12日
　◇新井のイチイ（長野県長野市鬼無里新井
　　8973–8）
　　幹囲5mの樹姿の整った生育のよい雄
　　木
　◇海尻の姫小松（長野県南佐久郡南牧村海
　　尻下殿岡631–1）
　　幹囲1m、樹高25m
　◇大塩のイヌ桜（長野県大町市美麻大塩薬
　　師堂3342）
　　幹囲8.45m、樹高約20m。「静の桜」と
　　も呼ばれる
　◇日下野のスギ（長野県長野市中条日下野
　　天神平3838）
　　幹囲11.3m、樹高40m。大内山神社の
　　社殿の巨木
　◇下市田のヒイラギ（長野県下伊那郡高森
　　町下市田流田1401）
　　根囲5.1m、樹高7m。樹齢推定約560年
　◇前平のサワラ（長野県伊那市西箕輪前平
　　1030）
　　幹囲7.5m、樹高20mの巨木
　◇宮脇のハリギリ（長野県上伊那郡箕輪町
　　東箕輪64）
　　幹囲6.5m、樹高30m、樹齢三百数十年

記念物・名勝

の老大木

1962（昭和37）年9月27日

◇梓川のモミ（長野県松本市梓川梓4419（大宮熱田神社））
幹囲6.3m、根囲8.65m、樹高43m、樹齢600年以上

◇神戸のイチョウ（長野県飯山市瑞穂銀杏木3115）
幹囲11m、樹高35m。長寿健康祈願の古木

◇真島のクワ（長野県長野市真島町真島627）
幹囲2.3m、樹高8m、推定樹齢150年。別名「源八桑」

1964（昭和39）年8月20日

◇諏訪大社上社社叢（長野県諏訪市中洲宮山858–1）
落葉樹を主体とした貴重な原始林で500種以上の植物がみられる

◇八方尾根高山植物帯（長野県北安曇郡白馬村北城西山4487–1）
自然研究路が設けられ高山植物を観察できる

1965（昭和40）年2月25日

◇木ノ下のケヤキ（長野県上伊那郡箕輪町中箕輪芝宮12284）
幹囲10.35m、樹高25mの芝宮の御神木。樹齢推定約1000年

◇武水別神社社叢（長野県千曲市八幡）
大きなケヤキを中心に約25種400本の木が生育

1965（昭和40）年4月30日

◇石原白山社のスギ（長野県北安曇郡小谷村中土石原4927）
幹囲10m。雪折れに強い山杉

◇乳房イチョウ（長野県東筑摩郡生坂村906）
幹囲7m、樹高35m。小立野の乳房観音堂境内にある

◇若一王子神社社叢（長野県大町市大町2097ほか）
面積17186.40m²。熊野杉などの針葉樹から成る純林

◇宮ノ入のカヤ（長野県東御市祢津宮ノ入2358）
幹囲8m、樹高18m、樹齢推定700年以上

◇山本のハナノキ（長野県飯田市山本大森6771ほか）
幹囲4.75m、樹高23m。自生の巨木

1965（昭和40）年7月29日

◇白沢のクリ（長野県伊那市西春近道端3837–1）
幹囲6m、樹高11mの長野県内有数の巨樹

◇千手のイチョウ（長野県松本市入山辺千手8548）
幹囲11m。近くに千手観音がある

1966（昭和41）年1月27日

◇山の神のサラサドウダン群落（長野県南佐久郡小海町豊里山神平ほか）
落葉低木で高さ4～5m、約300haに1000本～3000本が自生

1967（昭和42）年5月22日

◇宇木のエドヒガン（長野県下高井郡山ノ内町夜間瀬赤兀637–2ほか）
幹囲10m。高社山南山麓宇木の果樹園地帯にある独立木

◇長姫のエドヒガン（長野県飯田市追手町2–655–7（飯田市美術博物館））
幹囲4.5m、樹高20m。「安富桜」とも呼ばれる

◇中曽根のエドヒガン（長野県上伊那郡箕輪町中曽根296–3）
幹囲8.2m、樹齢推定約1000年

1968（昭和43）年3月21日

◇川路のネズミサシ（長野県飯田市川路4693）
幹囲3.5m、樹高18mの巨樹

◇象山のカシワ（長野県長野市松代町西条象山541–1）
幹囲4m、樹高15m。推定樹齢約400年の名木

◇妻籠のギンモクセイ（長野県木曽郡南木曽町吾妻597）
幹囲1.92m。ヨウラクランが着生

1968（昭和43）年5月16日

◇大野田のフジキ（長野県松本市安曇タテ

394）
幹囲3.5m、樹高20m。ナンジャモンジャの木と呼ばれている

◇風越山のベニマンサクの自生地（長野県飯田市上飯田6998–ロほか）
風越山の北部山麓から南面の山腹一帯に集団自生している

◇下新井のメグスリノキ（長野県南佐久郡北相木村下方4798）
幹囲2.35m、樹高15mの巨樹

◇立石の雄スギ雌スギ（長野県飯田市立石）
雄杉幹囲9.2m、樹高60m、雌杉幹囲8.3m、樹高40m

◇モリアオガエルの繁殖地（長野県飯田市上郷野底山池の平）
日本固有の種で常時は樹上に住み冬は土中で冬眠する

1969（昭和44）年3月17日

◇仁科神明宮社叢（長野県大町市社1159）
面積19257.78m²。熊野杉の美林

1969（昭和44）年7月3日

◇贄川のトチ（長野県塩尻市贄川荻ノ上1886）
幹囲8.6m、樹高25m

1971（昭和46）年8月23日

◇居谷里湿原（長野県大町市大町8279–10ほか）
暖地性のハッチョウトンボの生息地、ハナノキの隔離分布地

◇高鳥谷神社社叢（長野県駒ヶ根市東伊那7705ほか）
樹齢300年以上を含めアカマツが全体の約3割を占める

◇中央アルプス駒ヶ岳（長野県上伊那郡宮田村4749–1、駒ヶ根市赤穂1–1）
花崗岩の山脈で、駒ヶ根千畳敷カール、氷河地形、その末端のモレーン（氷堆石）は貴重

1972（昭和47）年3月21日

◇御代田のヒカリゴケ（長野県北佐久郡御代田町御代田坪ノ内2834–5）
久保沢橋付近の北向きの岩壁に洞穴があり、側壁と上面に繁殖

1973（昭和48）年3月12日

◇穴沢のクジラ化石（長野県松本市取出大平1236–1）
1936（昭和11）年に発見され現地に自然状態のまま保存されている

◇四十八池湿原（長野県下高井郡山ノ内町平穏志賀7148–31–1）
志賀山・鉢山に囲まれた凹みに位置する泥炭形成植物からなる高層湿原

◇田ノ原湿原（長野県下高井郡山ノ内町平穏志賀7148–31–1）
旧志賀湖の湖底に発達した高層湿原で厚い泥炭層の上に湿原植物が生育している

◇戸隠神社奥社社叢（長野県長野市戸隠奥社3689–2）
1612（慶長17）年に幕府より千石の朱印地を拝領、参道に杉並木をつくり、周囲の伐採を禁じた

1973（昭和48）年9月13日

◇毛無山の球状花こう岩（長野県下伊那郡喬木村9115–7）
球の直径は平均4.5cm、稀には7cmに及ぶものがある

◇下北尾のオハツキイチョウ（長野県上水内郡小川村瀬戸川西上平3270–イ）
目通り幹囲1.9m、樹高約30m。樹齢約90年

◇塚本のビャクシン（長野県長野市若穂川田塚本1109–2）
幹囲4.4m、樹高25mの巨木

1974（昭和49）年1月17日

◇笠取峠のマツ並木（長野県北佐久郡立科町芦田字上常安平3896–2ほか）
約1kmのアカマツの並木が残る

◇小泉、下荒尻及び南条の岩鼻（長野県上田市小泉2675–1ほか、埴科郡坂城町南条会地34–1）
千曲川両岸の5～6千m²の断崖絶壁。寒地遺存植物が自生

1974（昭和49）年3月22日

◇小菅神社のスギ並木（長野県飯山市瑞穂小菅）
奥社参道800mの両側に約180本の杉

記念物・名勝   035　天然記念物〔長野県〕

並木がある。21本が樹齢約300年

1974（昭和49）年11月14日

◇小泉のシナノイルカ（長野県上田市小泉2075）
　高仙寺の裏山の蛇川原沢（標高510m）で発見された

1976（昭和51）年3月29日

◇広川原の洞穴群（長野県佐久市田口広川原168-イほか）
　秩父古生層で角岩断層が水に侵蝕されて出来た空洞。11の洞穴と9つの地下池がある

◇三石の甌穴群（長野県飯田市下久堅688-1ほか）
　往時の天竜川の河蝕作用とその後の地盤隆起等を示すものとして地学上貴重

1979（昭和54）年12月17日

◇山穂刈のクジラ化石（長野県長野市信州新町上条87-1（信州新町化石博物館））
　数片に分かれた頭骨と若干の脊椎骨および肋骨片から成る。採集地：長野市信州新町山穂刈

1983（昭和58）年7月28日

◇川上犬（長野県南佐久郡川上村）
　かつて猟犬として飼育された

◇木曽馬（長野県木曽郡木曽町開田高原, 木曽郡上松町）
　木曽馬保存会が指定している登録馬のうち木曽町開田高原と上松町で飼育しているもの

◇シナノトド化石（長野県松本市七嵐85-1（松本市四賀化石館））
　1941（昭和16）年に谷底から発見された

1986（昭和61）年3月27日

◇王城のケヤキ（長野県佐久市岩村田古城3468（王城公園））
　幹囲9.2m、根囲15m、樹高26m。大井宗家の居城跡にあるこの地方の最巨木

1987（昭和62）年8月17日

◇深谷沢の蜂の巣状風化岩（長野県長野市鬼無里字横倉1221）
　中粒砂岩、塊状。塊状の中粒砂岩が霧

出している

1991（平成3）年8月15日

◇熊野皇大神社のシナノキ（長野県北佐久郡軽井沢町峠町碓氷峠1）
　幹囲5.8m、樹高13.5m。樹齢推定850年

1992（平成4）年2月20日

◇大柳及び井上の枕状溶岩（長野県長野市若穂綿内9960-1, 須坂市井上3274）
　934m²。約2千万年前にできた溶岩

1994（平成6）年2月17日

◇戸隠川下のシンシュウゾウ化石（長野県長野市戸隠栃原3400（戸隠地質化石博物館））
　長さ60cm、幅75cm、高さ35cm。1983（昭和58）年旧戸隠村川下で発掘

1998（平成10）年6月15日

◇原牛の臼歯化石（長野県上伊那郡辰野町樋口2407-1（辰野美術館））
　現在の家畜化された牛の祖先の化石

2000（平成12）年9月21日

◇奥裾花自然園のモリアオガエル繁殖地（長野県長野市鬼無里日影）
　吉池・奥裾花社前池・ひょうたん池周辺で産卵された卵塊数が非常に多い

2001（平成13）年3月29日

◇一の瀬のシナノキ（長野県下高井郡山ノ内町平穏7149）
　幹囲約8.0m、樹高約23m、樹齢推定約800年

2001（平成13）年9月20日

◇南羽場のシラカシ（長野県上伊那郡飯島町本郷279）
　幹囲3.9m、推定樹齢400-500年。伊那谷の気象条件で自生は珍しい

2003（平成15）年4月21日

◇恐竜の足跡化石（長野県北安曇郡小谷村千国乙6747（小谷村郷土館））
　北小谷土沢流域にある約1億9千万年前の来馬層から発見された

2003（平成15）年9月16日

◇つつじ山のアカシデ（長野県長野市豊野町川谷字日影3886-3）

事典・日本の自然保護地域　　151

035 天然記念物〔長野県〕　　　　　　　　　　　　記念物・名勝

幹囲4.24m、樹高12mで県内最大級。
富士社の御神木

◇八幡宮鞠子社のメグスリノキ（長野県松
本市梓川上野1942–1）
幹囲3.06m、樹高28m、樹齢推定300年

2005（平成17）年3月28日

◇地蔵久保のオオヤマザクラ（長野県上水
内郡飯綱町地蔵久保字北原308–1）
幹囲5.1m、樹高約20m。推定樹齢100
年以上

◇袖之山のシダレザクラ（長野県上水内郡
飯綱町袖之山字浦之久保521–3）
目通り幹囲5.1m、樹高9m、枝張り12–
14m。推定樹齢約300年以上

◇反町のマッコウクジラ全身骨格化石（長
野県松本市七嵐85–1（松本市四賀化石
館））
1987（昭和62）年に保福寺川の護岸で
発見された世界最古の化石

2005（平成17）年9月26日

◇横川の大イチョウ（長野県松本市中川字
横道下4825–1・4825–4）
胸高幹囲5.3m、樹高約25mの大木

2006（平成18）年4月20日

◇泰阜の大クワ（長野県下伊那郡泰阜村
2872）
胸高幹囲3.3m、根囲5.8m、樹高8.4m。
樹齢推定700年

2007（平成19）年1月11日

◇裏沢の絶滅セイウチ化石（長野県長野市
信州新町上条87–1（信州新町化石博物
館））
絶滅セイウチの仲間。採集地：長野市
中条日高

◇大口沢のアシカ科化石（長野県長野市
信州新町上条87–1（信州新町化石博物
館））
1300万年前の現段階では世界最古の
アシカ科化石。採集地：安曇野市豊科
田沢

◇大町市のカワシンジュガイ生息地（長
野県大町市平20677–2先〜15637–1先・

大町市大町8267–11先〜8194先）
淡水にすむ二枚貝。絶滅又は減少傾向
にあり貴重な存在

◇菅沼の絶滅セイウチ化石（長野県長野市
信州新町上条87–1（信州新町化石博物
館））
絶滅セイウチの仲間。採集地：長野市
信州新町越道

◇八生のカヤ（長野県中野市桜沢字大進
1249）
胸高幹囲5.86m、樹高20m、樹齢推定
500年以上

◇矢久のカヤ（長野県松本市中川6229）
樹高約18m、胸高幹囲4.0mの大木

2007（平成19）年5月1日

◇杏掛温泉の野生里芋（長野県小県郡青木
村杏掛湯尻481–2・481–5・481–4）
著名な考古学者や歴史家によって引例
された芋

2011（平成23）年9月29日

◇雁田のヒイラギ（長野県上高井郡小布施
町雁田789–1）
樹高約10m。県内のヒイラギの天然分
布の北限を越えた地域に位置する

2013（平成25）年3月25日

◇臼田トンネル産の古型マンモス化石（長
野県佐久市取出町183（佐久市生涯学
習センター））
2008（平成20）年トンネル工事現場で
発見された。長野県の山間地からの発
見は初めて

2014（平成26）年9月25日

◇飯田城桜丸のイスノキ（長野県飯田市追
手町2–678（長野県飯田合同庁舎））
目通り幹囲約2.3m、樹高約12m。自生
地の北限を越えた地で保護されてきた

◇野尻湖産大型哺乳類化石群（ナウマンゾ
ウ・ヤベオオツノジカ・ヘラジカ）（長
野県上水内郡信濃町野尻287–5（野尻
湖ナウマンゾウ博物館））
野尻湖産の大型哺乳類化石の中からそ
の性格と特色を体現するものを選抜し
た化石群

152　事典・日本の自然保護地域

記念物・名勝   036　天然記念物〔岐阜県〕

036　天然記念物〔岐阜県〕

学術上貴重で自然を記念するものとして指定されたもの。日本や地域を代表する動
物・植物・地質鉱物などが指定されている。岐阜県内における天然記念物指定件数は
2015（平成27）年現在、全国1位で191件。

[選定機関] 岐阜県　[選定時期] 1956（昭和31）年～

1956（昭和31）年2月24日
◇白鳥神社の森（岐阜県郡上市白鳥町白
鳥）
社叢の面積は3603m²。主要樹木だけ
でも200余本がある。目通り幹周囲6.
1mの御神木の大ケヤキがある
◇日枝神社の大スギ（岐阜県高山市城山）
目通り幹周囲7m、樹高36mの御神木
◇高山神明神社の大スギ（岐阜県高山市神
明町）
根元の幹周囲7.3m、目通り幹周囲6.
4m、樹高33mの巨樹
◇クロベの大樹（岐阜県高山市丹生川町坊
方堤垣内）
目通り幹周囲6.3m、樹高約30m。「血
の木」と呼ばれる
1956（昭和31）年3月28日
◇土岐双生竹（岐阜県瑞浪市土岐町桜堂,
笹山）
伝説によれば、源頼政がヌエを退治し
たときの矢が、土岐の双生竹から作っ
たものといわれている
1956（昭和31）年6月22日
◇大湫神明神社の大スギ（岐阜県瑞浪市大
湫町）
目通り幹周囲10m、樹高30m、推定樹
齢約1000年
1956（昭和31）年9月7日
◇高山城跡（岐阜県高山市城山, 神明町, 春
日町, 堀端町, 馬場）
標高686.6mの通称城山にある。野鳥
生息地として貴重
1956（昭和31）年11月14日
◇垂井の大ケヤキ（岐阜県不破郡垂井町）
根元の幹周囲8.0mの県下でも稀なケ

ヤキの巨樹
1957（昭和32）年3月25日
◇明世化石（岐阜県瑞浪市明世町戸狩, 山
野内, 月吉, 松ケ瀬町, 薬師町）
中新世の海生・陸生動物化石、中新世
ならびに鮮新世の植物化石を産す。特
に中新世の動植物化石が有名
◇高山白山神社の矢立スギ（岐阜県高山市
八軒町）
根元の幹周囲14m、目通り幹周囲7m、
樹高約25mの御神木。「逆杉」「一本杉」
と呼ばれている
◇二つ葉グリ（岐阜県高山市）
根元の幹周囲3.5m、目通り幹周囲2.
95m、樹高10.0m。牧野源次の仏教伝
説がある
1957（昭和32）年7月9日
◇松山諏訪神社の大クス（岐阜県海津市南
濃町松山）
枝張りは東9m、西12m、南12m、北10m
で偏球形の樹冠を呈する県下唯一の大
クス。推定樹齢1000年
◇モリアオガエル群生地（岐阜県不破郡垂
井町宮代笹石子谷地区）
垂井町宮代の真禅院の東南、大谷川沿
いの道の小山の中腹にある、通称「長
池」と呼ばれる溜め池
◇モリアオガエル群生地（岐阜県郡上市八
幡町島谷）
御桑神社近くの勝軍池で約135m²、水
深30cm
1957（昭和32）年12月19日
◇団子スギ（岐阜県恵那市明智町大真菰）
地上約3m程から38本の横枝が四方に
出る

事典・日本の自然保護地域　**153**

◇宮谷神明神社の夫婦スギ（岐阜県下呂市萩原町羽根猪ケ平）
　雄スギが目通り幹周囲6.0m、雌スギが目通り幹周囲6.6m、共に樹高45mで推定樹齢は600年以上

◇くらがりシダ（岐阜県下呂市小坂町落合くらがり八丁）
　くらがり八丁というところに自生している。カツラの樹木や岩場についている

◇巌立（岐阜県下呂市小坂町落合中サキ平）
　御岳山の西麓にある柱状節理。高さ約30m、幅約100mにわたり懸崖をなして露出している

1958（昭和33）年7月16日

◇鏡岩（岐阜県岐阜市）
　長良川右岸、大蔵山の突端が断崖をなして長良川に臨むところにある。チャート層中に生成された断層の滑り面

1958（昭和33）年12月14日

◇大実カヤの木（岐阜県中津川市）
　2本。種子が大きく徳川幕府へ献上物として用いられた

◇自生のヒトツバタゴ（岐阜県中津川市）
　根元の幹周囲1.2m、目通り幹周囲0.75m、樹高10m

◇自生のヒトツバタゴ（岐阜県恵那市明智町荒井・大真菰・大庭）
　各所標高約460m、付近に小川や水田がある湿潤な場所

◇加茂のイチョウ（岐阜県高山市国府町上広瀬洞之口）
　目通り幹周囲6.2m、樹高35mの雄株

1959（昭和34）年3月10日

◇大船神社の弁慶スギ（岐阜県恵那市上矢作町高井戸）
　目通り幹周囲10.6m、樹高40m。弁慶が植えたという伝説が残る

◇大船神社参道の松並木（岐阜県恵那市上矢作町高井戸）
　アカマツの並木で総数350本以上。岩村藩主が参詣の際日除けに植えたという

1959（昭和34）年7月23日

◇白山中居神社の森（岐阜県郡上市白鳥町石徹白）
　約2haの森に140本余りのスギが林立している

◇廿原のカキ（岐阜県多治見市）
　目通り幹周囲2.3m、樹高9m。通称「ヒラクリ」

◇大湫ヒトツバタゴ自主地（岐阜県瑞浪市大湫町朴葉沢）
　標高約500m、面積198m²。11本が自生

1959（昭和34）年11月16日

◇笠置山のヒカリゴケ（岐阜県恵那市中野方町塚）
　石英斑岩が洞窟をつくり、岩の表面にヒカリゴケが生育

◇大井ヒトツバタゴ（岐阜県恵那市）
　1a余りの丘陵地の湿潤な土地に7株が自生

◇牛丸ジュラ紀化石（岐阜県高山市荘川町牛丸落前）
　約1億4千万年前のジュラ紀の蜆貝の化石が出る

◇尾上郷ジュラ紀化石（岐阜県高山市荘川町尾上郷大沢上栗原平）
　シダ植物、裸子植物、半鹹半淡水性及び淡水性の巻貝、二枚貝等の化石を多数産する

◇鎮護ザクラ（岐阜県飛騨市古川町裟裟丸）
　根元の幹周囲3.72m、目通り幹周囲3.3m、樹高10.0m

1960（昭和35）年3月30日

◇清見層デボン紀化石産地（岐阜県高山市清見町楢谷）
　石灰岩にから古生代デボン紀の化石が産出する

1960（昭和35）年10月3日

◇瑞浪の鳴石産地（岐阜県瑞浪市山田町小洞, 稲津町小里池ノ表, 椀田）
　丘陵地の木節粘土層中に多く産する。乾燥するとコトコトと音がする

◇六厩の夫婦スギ（岐阜県高山市）
　推定樹齢約300年の連理のスギ

記念物・名勝   036　天然記念物〔岐阜県〕

1961（昭和36）年3月6日
　◇武芸八幡神社のスギ（岐阜県関市武芸川
　　町八幡）
　　　根元の幹周囲7m、目通り幹周囲6m、
　　　樹高30m
　◇津島神社社叢（岐阜県飛騨市神岡町山
　　田）
　　　標高690mの地にあり、コナラ、トチ
　　　の巨樹、スギ80本がある
　◇常蓮寺のスギ（岐阜県飛騨市神岡町吉
　　田）
　　　目通り幹周囲6.7m、樹高36.5m。別名
　　　「身隠しスギ」
1961（昭和36）年6月19日
　◇中野方のヒトツバタゴ自生地（岐阜県恵
　　那市）
　　　北西中野方町に自生
　◇武並のソウセイチク自生地（岐阜県恵那
　　市）
　　　江戸時代、毎年300本が岩村城主に献
　　　納されていた
1962（昭和37）年2月12日
　◇国恩寺のヒイラギ（岐阜県本巣市春近）
　　　樹高8mの古樹
　◇関ヶ原本陣スダジイ（岐阜県不破郡関ケ
　　原町関ヶ原）
　　　根元の幹周囲5.4m、目通り幹周囲5.
　　　2m、樹高10mの巨樹
　◇聖蓮寺の八房ウメ（岐阜県不破郡関ヶ原
　　町今須平井）
　　　1つの花から8つの実がなる。親鸞上人
　　　にゆかりのウメ
　◇那比新宮神社社叢（岐阜県郡上市八幡町
　　那比）
　　　スギが大部分でヒノキ、マツ、イチョ
　　　ウなどが若干混生。樹木の総数は約
　　　600本
　◇紅岩（岐阜県中津川市蛭川若山）
　　　高さ27.3m、幅18.2mの岩。ダイダイ
　　　ゴケ属の一種が寄生し遠望すると紅色
　　　に見える
　◇七本サワラ（岐阜県高山市朝日町甲）
　　　根元の幹周囲9.1m、根元から数mのと
　　　ころで6幹に分かれる。もとは6本のサ

　　　ワラとサクラ1本が植えられていた
1962（昭和37）年10月19日
　◇千本カツラ（岐阜県高山市）
　　　根元の幹周囲16.2m、134本の幹がで
　　　ている
1963（昭和38）年3月12日
　◇宗祇ガキ（岐阜県郡上市）
　　　根元の幹周囲2.2m、樹高25m、樹齢
　　　500年
　◇ヒカゲツツジ群落（岐阜県郡上市八幡町
　　那比奥新宮区有林）
　　　郡上市八幡町那比集落近くの通称「明
　　　智岩」「火打岩」付近に自生。高さ数
　　　10～2m程
1963（昭和38）年9月10日
　◇亀ヶ沢のハナノキ自生地（岐阜県恵那
　　市）
　　　緩い山腹の斜面が狭い谷に10数本が
　　　自生
　◇土のイチイ（岐阜県飛騨市神岡町土）
　　　根元幹周囲4.38m、樹高13mの巨樹
　◇水無神社の大スギ（岐阜県高山市一之宮
　　町）
　　　目通り幹周囲6.3m、樹高45m、推定樹
　　　齢800年
1964（昭和39）年3月2日
　◇伊野一本スギ（岐阜県揖斐郡揖斐川町谷
　　汲岐礼）
　　　根元の幹周囲9.3m、目通り幹周囲8.
　　　8m、樹高35m
1965（昭和40）年9月7日
　◇藤九郎ギンナン（岐阜県瑞穂市只越）
　　　目通り幹周囲2.7m、樹高は15m、推定
　　　樹齢100年
　◇ハリヨ生息地（岐阜県大垣市西之川町）
　　　トゲウオ科イトヨ属のハリヨ
　◇白山神社のスギ（郡上市）（岐阜県郡上市
　　白鳥町長滝杉山）
　　　根元の幹周囲8m、目通り幹周囲6.1m、
　　　樹高40m
　◇磯前神社のスギ（岐阜県中津川市上野）
　　　根元の幹周囲9.6m、目通り幹周囲6.
　　　8m、樹高約30m

事典・日本の自然保護地域　155

036 天然記念物〔岐阜県〕 記念物・名勝

1966（昭和41）年9月14日
◇恵那神社の夫婦スギ（岐阜県中津川市中津川）
社殿に向かって左右に2本のスギの巨樹がある。樹高35m

1966（昭和41）年12月13日
◇池田町八幡のハリヨ繁殖地（岐阜県揖斐郡池田町八幡）
西南濃地域の中でも多くの本種の生息・繁殖が確認される場所。地元に保存会がある
◇荘川ザクラ（岐阜県高山市荘川町中野）
照蓮寺、光輪寺の庭にあった樹齢500年の老桜が移植された

1967（昭和42）年2月14日
◇藤路のサクラ（岐阜県郡上市白鳥町向小駄良藤路桜下）
目通り幹周囲3.65m、樹高20m。樹勢は旺盛
◇長楽寺のイチョウ（岐阜県中津川市阿木5864-3）
目通り幹周囲8.2m、樹高28mの雄株

1967（昭和42）年6月14日
◇里宮佐久良太神社のスギ（岐阜県加茂郡白川町黒川菖蒲）
根元の幹周囲7.5m、目通り幹周囲6.0m、樹高36m。樹勢は旺盛
◇薬研洞の大ナラ（岐阜県加茂郡白川町）
根元の幹周囲12.0m、目通り幹周囲6.9m、樹高25mのミズナラの巨樹
◇遠見場のハナノキ（岐阜県加茂郡白川町）
目通り幹周囲1.21m、樹高17.2m、推定樹齢200年の雄株
◇白川町のシャクナゲ群落（岐阜県加茂郡白川町）
黒谷、高瀬、飯盛地内の険しい岩山の所々に群生
◇水戸野のシダレザクラ（岐阜県加茂郡白川町）
根元の幹周囲3.5m、目通り幹周囲3.1m、樹高15mの巨樹
◇大森神社の大スギ（岐阜県加茂郡白川町白山宮ケ洞）

根元の幹周囲11.1m、目通り幹周囲9.4m、樹高30m
◇白山神社のトチノキ（岐阜県飛騨市河合町新名）
根元の幹周囲8.1m、目通り幹周囲6.3m、樹高31.4mの巨樹
◇栗原神社のコブシ（岐阜県飛騨市河合町保）
根元幹周囲4.1m、目通り幹周囲3.1m、樹高20.0mの巨樹

1967（昭和42）年11月13日
◇宮村のカキ（岐阜県高山市）
根元の幹周囲2.28m、目通り幹周囲2.07m、樹高19.7mの巨樹
◇向善寺のイチイ（岐阜県飛騨市古川町信包）
根元幹周囲2.73m、目通りの幹周囲2.10m、樹高11.06m、推定樹齢300年以上
◇天生の高層湿原植物群落（岐阜県飛騨市河合町天生かんざくれ天生国有林）
2つの湿原からなる。保護区域の面積7.08ha。ホロムイソウは日本の南限自生地で、ヒメシャクナゲは西南限自生地
◇弥栄スギ（一名れんげスギ）（岐阜県飛騨市宮川町大無雁）
根元幹周囲8.8m、目通り幹周囲7.05m、樹高39.1m。姿がレンゲに似ている

1968（昭和43）年3月27日
◇白山神社のスギ（岐阜市）（岐阜県岐阜市福富）
根元の幹周囲7m、目通り幹周囲6.1m、樹高30mの御神木
◇稲荷神社のイチイガシ（岐阜県揖斐郡揖斐川町市場）
根元幹周囲10.0m、目通り幹周囲4.8m、樹高28.1m
◇秋葉神社のイチイガシ（岐阜県揖斐郡揖斐川町三輪）
根元の幹周囲4.3m、目通り幹周囲3.3m、樹高24.5m
◇新宮塚のムクノキ（岐阜県揖斐郡揖斐川町新宮）
関ヶ原の戦いの落武者の墓だとされ伐採すると祟りがあると言われている

156 事典・日本の自然保護地域

記念物・名勝 　　　　　　　　　　　　　　　　　　　　　　　　　*036*　天然記念物〔岐阜県〕

1968（昭和43）年8月6日

◇大智寺の大ヒノキ（岐阜県岐阜市北野）
　根元の幹周囲9.1m、目通り幹周囲6.6m、樹高30mの巨樹

◇甘南美寺のサクラ（岐阜県山県市長滝釜ケ谷）
　目通り幹周囲3.3m、樹高23m

◇西蓮寺のムクノキ（岐阜県揖斐郡揖斐川町和田）
　根元の幹周囲11.0、目通り幹周囲6.5m、樹高12.2m

◇古城山のオオウラジロノキ（地方名ヤマナシ）（岐阜県可児市兼山町古城山）
　根元の幹周囲2.47m、目通り幹周囲1.95m、樹高17mの巨樹

◇スズラン、レンゲツツジ群落（岐阜県高山市朝日町西洞、若林）
　海抜1300〜1400mの鈴蘭高原一帯に群生がみられる

◇フクジュソウ群落（岐阜県高山市）
　飛騨川沿いの土手約200m²に群落がある

◇住吉神社のケヤキ（岐阜県高山市丹生川町折敷地宮ノ下）
　根元幹周囲9.8m、目通り幹周囲6.1m、樹高24.5m

◇藤ケ森観音堂のフジ（岐阜県下呂市萩原町宮田）
　大きな2本の木に巻き付いた、根回りが2m程の大フジ

1968（昭和43）年11月11日

◇苗代ザクラ（岐阜県下呂市和佐）
　根元の幹周囲5.25m、目通り幹周囲3.4m、樹高29.6m、この桜に花が咲くと苗代田を作り始めるという

1969（昭和44）年1月22日

◇鶴形山暖地性植物（岐阜県美濃市須原市場）
　標高348mで南西面は自然林。常緑広葉樹、落葉広葉樹、針葉樹、裏日本系のもの、暖地性のものがあり、樹種100以上

◇洲原神社社叢（岐阜県美濃市須原市場）
　社叢面積1ha。自然林が主

◇和川白山神社の大スギ（岐阜県下呂市夏焼）
　根元幹周囲9.8m、目通り幹周囲6.5m、樹高40m

1969（昭和44）年8月5日

◇新茶屋の自生ヒトツバタゴ（岐阜県中津川市）
　根元の幹周囲1.95m、樹高11m

◇瀬戸のカヤ（岐阜県中津川市）
　根元の幹周囲6.5m、目通り幹周囲4.3m、樹高15m

◇山中峠のミズバショウ群落（岐阜県高山市荘川町寺河戸山中山）
　沼地と周辺部の群生地と保護樹帯の2.3haが指定地

◇子ノ原高原レンゲツツジ群落（岐阜県高山市高根町中洞、鞍の尾、池ケ洞、下オリト）
　標高1500m内外の草原全域に群生

◇門和佐川のゲンジボタル（岐阜県下呂市和佐、火打、門和佐）
　門和佐川の特に火打地区〜和佐地区の約4kmで多く見られる

1970（昭和45）年1月20日

◇蛭ヶ野高層湿原植物群落（岐阜県郡上市高鷲町ひるがの、鷲見）
　泥炭層が発展した湿原（A地区）泥炭湿原、沼地様の湿地、水路、湿った草地（B地区）、川沿いに発達した湿地（C地区）からなる

◇川合のムクノキ（岐阜県美濃加茂市川合町東屋敷）
　目通り幹周囲7.8m、樹高23m、推定樹齢800年の県下でも稀な巨樹

◇メタセコイア珪化木（岐阜県美濃加茂市山之上町金谷四条里）
　蜂屋累層（約2500万年前）の凝灰質砂岩中に埋没していたメタセコイヤの巨大な樹幹珪化木

◇春日神社のフジ社叢（岐阜県高山市清見町大原野中）
　20株が群生。幹周囲0.21〜0.31m

◇枝垂れザクラ（岐阜県高山市清見町大谷神野）
　根元幹周囲5.7m、目通り幹周囲4.35m、

事典・日本の自然保護地域　　**157**

036 天然記念物〔岐阜県〕

記念物・名勝

樹高9.2mの巨樹

◇神代スギ(岐阜県高山市清見町森茂野尻)
樹高31.7m。昔「神のよりしろスギ」と崇められ根元に金鉱を祀る祠が残る

◇了因寺のカヤ(岐阜県高山市清見町藤瀬尺ノ外)
根元の幹周囲4.4m、目通り幹周囲3.7m、樹高16.5m

◇牧ヶ洞のイチイ(岐阜県高山市清見町牧ヶ洞)
根元幹周囲3.53m、目通り幹周囲2.8m、樹高11.5m

1970(昭和45)年4月7日

◇竹鼻別院のフジ(岐阜県羽島市竹鼻町)
目通り幹周囲2.15mの巨樹

◇河合のカヤ(岐阜県恵那市笠置町河合)
2本ともカヤの巨樹

◇正家のカヤ(岐阜県恵那市)
根元幹周囲6.8m、目通り幹周囲4.0m、樹高17.7mの巨樹

◇二之宮神社のケヤキ(岐阜県高山市漆垣内町宮ノ後)
根元幹周囲7.8m、目通り幹周囲6.1m、樹高22.0m、推定樹齢800〜900年

1970(昭和45)年8月11日

◇羽根白山のサクラ(岐阜県下呂市萩原町羽根白山)
根元幹周囲3.7m、目通り幹周囲3.45m、樹高12.5m、推定樹齢約500年

◇洞の五本スギ(岐阜県下呂市萩原町尾崎洞)
御神木で幹が5本に分かれている

◇馬頭観音のイチイ(岐阜県下呂市萩原町尾崎)
根元幹周囲2.9m、目通り幹周囲2.5m、樹高9.5mの巨樹

◇県神社のスギ(岐阜県下呂市萩原町桜洞)
根元幹周囲6.6m、目通り幹周囲6.2m、樹高35.5m

◇臥竜のフジ(岐阜県下呂市萩原町萩原諏訪城跡内)
近くのヒノキに這い登っている。根元

の幹周囲1.5m

◇位山八幡宮のイチイ(岐阜県下呂市萩原町山之口)
根元幹周囲2.9m、目通り幹周囲2.3m、樹高27mの巨樹

1970(昭和45)年12月12日

◇坂下のケヤキ(岐阜県下呂市小坂町坂下)
根元幹周囲6.3m、目通り幹周囲6.0m、樹高27.8m、樹齢500年以上

◇大洞のクリ(岐阜県下呂市)
根元幹周囲7.8m、目通り幹周囲5.8m、樹高17.5m、県下最大のクリの巨樹

◇落合のトチノキ(岐阜県下呂市)
目通り幹周囲6.1m、樹高25mの巨樹

◇坂下の十二本ヒノキ(岐阜県下呂市小坂町坂下)
地上1.7mから12本の幹が分かれている

1971(昭和46)年6月18日

◇サクラ(岐阜県下呂市小坂町赤沼田)
神明神社境内の社殿裏にある。根元幹周囲5.5m、目通り幹周囲4.1m、樹高28.0m

1971(昭和46)年9月14日

◇白山神社のスギ(岐阜県揖斐郡揖斐川町小津)
根元の幹周囲9.9m、目通り幹周囲7.3m、樹高43.5m

1971(昭和46)年12月14日

◇唯願寺のしぶなしガヤ(岐阜県大垣市上石津町下山)
根元の幹周囲5.3m、目通り幹周囲3.65m、樹高18.0m。この実を食べると母乳がよくでるという

1972(昭和47)年6月17日

◇しだれガキ(岐阜県中津川市)
根元の幹周囲1.3m。枝が垂れ下がる珍しい性質がある

◇ハナノキ自生地(岐阜県中津川市)
小さな3つの溜め池を囲む湿地帯に約40本が群生

◇長瀬のウメ(岐阜県下呂市)
目通り幹周囲2.8m、樹高8mの巨樹

158 事典・日本の自然保護地域

記念物・名勝   036 天然記念物〔岐阜県〕

◇落合のサクラ（岐阜県下呂市小坂町落
　合）
　　根元の幹周囲6.3m、樹高13.5m
1972（昭和47）年7月12日
◇立石のサクラ（岐阜県下呂市）
　　根元の幹周囲4.8m、目通り幹周囲4.
　　75m、樹高12.5mの巨樹
◇おおたザクラ（岐阜県大野郡白川村荻
　町）
　　画家の太田洋愛が境内で発見したサト
　　ザクラの新種
1972（昭和47）年12月13日
◇坂下のハナノキ群生地（岐阜県中津川市
　上野丸根）
　　360aの湿地帯に200本近くが群生
◇坂下のモミラン（岐阜県中津川市）
　　中津川市坂下にあるカヤに着生
1973（昭和48）年3月18日
◇八幡神社社叢（岐阜県関市上之保）
　　スギが主な樹種の社叢
◇熊野神社のスギ（岐阜県高山市赤保木町
　ミヨガ平）
　　根元の幹周囲8.9m、目通り幹周囲6.
　　9m、樹高24.1m。別名「枝垂れスギ」
1973（昭和48）年6月13日
◇大踏山のミズバショウ群生地（岐阜県郡
　上市白鳥町石徹白）
　　約500m²に及ぶ帯状の地域。岐阜県の
　　西限
◇銚子ヶ渕のクリ（岐阜県郡上市）
　　目通り幹周囲4.4m、樹高25.5mのクリ
　　の巨樹
◇善勝寺のサクラ（岐阜県郡上市白鳥町六
　ノ里坂五郎）
　　目通り幹周囲4.85m、樹高20.5m
◇祖師野八幡神社の社叢（岐阜県下呂市金
　山町祖師野）
　　スギ、ヒノキが多い社叢
1974（昭和49）年3月6日
◇六社神社のムクノキ（岐阜県養老郡養老
　町竜泉寺）
　　根元の幹周囲10.2m、目通り幹周囲7.
　　0m、樹高25.5mの巨樹

◇森茂白山神社社叢（岐阜県高山市清見町
　森茂北洞口）
　　自然林がみられる。頂上付近には幹周
　　囲1mから3mのミズナラ、クロベ、ブ
　　ナが多い
◇池本のフクロホウバ（岐阜県高山市）
　　葉の奇形の著しいもの
1974（昭和49）年11月13日
◇石徹白の浄安スギ（岐阜県郡上市白鳥町
　石徹白）
　　根元の幹周囲13.6m、目通り幹周囲12.
　　1m、樹高32m
◇白山中居神社のブナ原生林（岐阜県郡上
　市白鳥町石徹白）
　　面積27, 621m²。約115本のブナが生
　　育。人里に近いところに原生林があ
　　ることは貴重
◇山ノ上のサクラ（岐阜県美濃加茂市山之
　上町諸屋）
　　山之上小学校の裏山にあるヤマザクラ
◇大船神社社叢（岐阜県加茂郡八百津町八
　百津）
　　スギ、ヒノキが多い
◇長瀬神明神社社叢（岐阜県大野郡白川村
　長瀬）
　　標高650m、30a。トチノキの群生がみ
　　られる
◇稗田のトチ（岐阜県大野郡白川村長瀬稗
　田）
　　根元幹周囲11.9m、目通り幹周囲7.1m、
　　樹高22m、蓮如上人ゆかりの木
◇明善寺のイチイ（岐阜県大野郡白川村荻
　町）
　　根元の幹周囲2.6m、目通り幹周囲3.
　　5m、樹高10.6m
◇下田のイチイ（岐阜県大野郡白川村飯島
　下田）
　　根元幹周囲4.9m、目通り幹周囲3.8m、
　　樹高14.6m
◇芦倉八幡神社のスギ（岐阜県大野郡白川
　村芦倉）
　　根元の幹周囲12.2m、目通り幹周囲9.
　　0m、樹高35m

事典・日本の自然保護地域　　159

036 天然記念物〔岐阜県〕 記念物・名勝

1975（昭和50）年2月12日
◇一之瀬のサンシュユ（岐阜県大垣市上石津町一之瀬）
根元の幹周囲3.1m、樹高8.1mの古樹
◇大神神社の社叢（岐阜県大垣市上石津町宮）
スギ、モミ、クス、ヤマザクラなどが生育するうっそうとした社叢
◇老杉神社の社叢（岐阜県大垣市上石津町下山）
祠の後方に2本のスギがある
◇湯葉神社のスギ（岐阜県大垣市上石津町堂之上）
根元の幹周囲8.1m、目通り幹周囲6.3m、樹高29mの御神木

1975（昭和50）年7月17日
◇福地化石標本（岐阜県高山市奥飛騨温泉郷福地）
山地を構成する地層は古生代デボン紀層、石炭紀層及び二畳紀層で、オソブ谷に平行して分布し、海性動物化石を産する

1975（昭和50）年12月10日
◇栗原連理のサカキ（岐阜県不破郡垂井町栗原）
根元の幹周囲3.4m、樹高10.5m、推定樹齢約400年
◇伊冨岐神社の大スギ（岐阜県不破郡垂井町伊吹）
根元の幹周囲9.6m、目通り幹周囲6.6m、樹高30m
◇名無木（岐阜県関市東本郷名無木）
トネリコの巨樹。飢饉に苦しむ農民を見かね代官を殺した大庄屋を葬った場所に育ったという伝説がある

1976（昭和51）年9月3日
◇稲越のフクジュソウ群生地（稲越菅野）（岐阜県飛騨市）
指定地は南東傾斜地であり、その面積は1,953m^2
◇稲越のフクジュソウ群生地（稲越沢黒）（岐阜県飛騨市）
指定地は南東傾斜地であり、その面積は1,953m^2

◇上ヶ島のフクジュソウ群生地（岐阜県飛騨市河合町上ヶ島）
角川から天生へ至る国道360号線に沿う上ヶ島にあり、東向きの傾斜地で面積307m^2
◇大谷のイチイ（岐阜県飛騨市）
根元幹周囲2.4m、樹高12m、樹齢300年以上
◇臼坂のトチノキ（岐阜県飛騨市）
根元幹周囲7.0m、目通り幹周囲8.0m、樹高34mの巨樹

1976（昭和51）年12月21日
◇朝日神社のクロガネモチ（岐阜県本巣郡北方町柱本）
根元の幹周囲3.0m、樹高20.0m

1977（昭和52）年6月24日
◇洞のミズバショウ、リュウキンカ群生地（岐阜県飛騨市宮川町洞）
標高980mにある湿原の内50000m^2
◇若宮八幡神社スギとトチノキの双生樹（岐阜県飛騨市宮川町大無雁）
スギとトチノキの巨樹の珍しい双生樹
◇若宮八幡神社三本スギ（岐阜県飛騨市宮川町大無雁）
根元幹周囲11.9m、目通り幹周囲10.0m、樹高35m
◇洞のカツラ（岐阜県飛騨市宮川町洞）
根元幹周囲18.6m、目通り幹周囲16.6m、樹高30mの御神木

1977（昭和52）年11月18日
◇春日中山のケヤキ（岐阜県揖斐郡揖斐川町）
関ヶ原合戦以来幾度も大火をまぬがれている。別名「千年木」
◇熊野神社のアラカシ（岐阜県揖斐郡揖斐川町春日美束種本）
根元の幹周囲7.0m、目通り幹周囲6.5m、樹高20.0m巨樹
◇笹又の石灰質角礫巨岩（岐阜県揖斐郡揖斐川町）
粕川の河原にある横5.6m、縦（高さ）3.0m、幅（最大部の厚さ）2.7m、重さ約50tの石
◇菅沼のカツラ（岐阜県飛騨市宮川町菅沼

160 事典・日本の自然保護地域

峠の尾）

目通り幹周囲8.6m、樹高30mの巨樹

1978（昭和53）年12月19日

◇春日神明神社彼岸ザクラ（岐阜県郡上市
八幡町吉野御戸野平）

目通り幹周囲5.9m、樹高12.0m、推定
樹齢600年

◇ハッチョウトンボ群棲地（岐阜県加茂郡
八百津町八百津蛇ケ谷）

約1.5haの湿地にハッチョウトンボが
生息。この地方の生息地としては最大

1979（昭和54）年6月15日

◇中山六社神社社叢（岐阜県揖斐郡揖斐川
町春日中山）

社叢面積580m²。目通り幹周囲1m以
上の木はスギ18本、カシ4本、イチョ
ウ3本、トチノキ1本

◇白山神社の六本ヒノキ（岐阜県郡上市大
和町神路）

根元の幹周囲7.2m、目通り幹周囲6.
2m、樹高33m

◇領家のモミジ（岐阜県郡上市）

根元の幹周囲7.5m、目通り幹周囲5.
3m、樹高14mの巨樹

◇明建神社の社叢（岐阜県郡上市大和町
牧）

境内の社叢、参道の桜並木は県下に稀

◇槻本神社のスギ（岐阜県高山市丹生川町
山口月本）

根元の幹周囲11.0m、目通り幹周囲6.
3m、樹高37m

1980（昭和55）年11月11日

◇金生山の陸貝と生息地（岐阜県大垣市赤
坂町）

古生代の化石の産地として有名。38種
類の陸生貝が確認されている

1982（昭和57）年8月10日

◇ひよもの枝垂れザクラ（岐阜県恵那市）

根元の幹周囲7.2m、目通り幹周囲3.
95m、樹高16.5mの巨樹

1983（昭和58）年2月25日

◇梶屋八幡神社社叢（岐阜県海津市海津町
稲山）

クロマツ、クスノキ、クロガネモチな

ど暖地性常緑樹が多い

◇野平家のイチイ防風林（岐阜県高山市）

目通り幹周囲0.8～3.2mが32本ある

1988（昭和63）年1月12日

◇中山神社社叢（岐阜県恵那市串原）

神社社叢の面積9947m²、目通り幹周囲
0.9m以上が284本を数える。多くがヒ
ノキ、スギ

1990（平成2）年11月20日

◇ヒメハルゼミ生息地（岐阜県揖斐郡揖斐
川町谷汲名札鷺坂花長下神社境内地）

花長下神社境内及びその裏山地域。ウ
ラジロガシの古木に生息しているとい
われている

1991（平成3）年11月22日

◇前谷床並社跡のトチノキ（岐阜県郡上市
白鳥町前谷）

目通り幹周囲5.75m、樹高25m

1996（平成8）年7月9日

◇杉生神社のケヤキ（岐阜県海津市南濃町
太田）

推定樹齢800年前後、目通り幹周囲4.
0m、樹高25.0m

1997（平成9）年12月9日

◇桂林寺のイチイ（岐阜県下呂市馬瀬数
河）

目通り周囲3.02m、樹高15.0m、枝張
り長8.0m四方、推定樹齢500年

◇わさぎのサクラ（岐阜県下呂市）

目通り周囲3.8m、樹高20.0m、枝張り
長20.0m四方、推定樹齢400年のエド
ヒガン

1998（平成10）年7月3日

◇戸隠神社の一本スギ（岐阜県郡上市和良
大字宮地）

樹高約33m、根本の周囲6.5m、目通り
5.7m、推定樹齢700年

2003（平成15）年2月28日

◇戸隠神社社叢（岐阜県郡上市和良町宮
地）

52本が指定木。樹齢約900年から150
年程

037 天然記念物〔静岡県〕　　　　　　　　　　　　　　記念物・名勝

2004（平成16）年1月23日
　◇赤沼田神明の杜（岐阜県下呂市小坂町赤
　　沼田）
　　面積は740m²。スギ、ヒノキ、ケヤキ、
　　イチョウ、サクラ、シナノキ、トチノ
　　キ、クリ等で構成
2006（平成18）年9月5日
　◇上山口の諏訪神社社叢（岐阜県中津川市

　　山口）
　　アラカシやサカキ等の暖帯性の樹木が
　　生育
2008（平成20）年2月5日
　◇岩谷堂のシデコブシ群生地（岐阜県中津
　　川市）
　　周囲の段丘部から染み出した地下水で
　　形成された湿地で426本（154株）ある

037　天然記念物〔静岡県〕

［選定機関］ 静岡県　**［選定時期］** 1952（昭和27）年〜

1952（昭和27）年4月1日
　◇天地神社の樟（静岡県田方郡函南町）
　◇家康手植の蜜柑（静岡県静岡市）
　◇下土狩の公孫樹（静岡県駿東郡長泉町）
　◇雲立の楠（静岡県浜松市）
　◇将軍杉（静岡県浜松市）
　◇法橋の松（静岡県浜松市）
　◇春野スギ（静岡県浜松市）
　◇油山寺の御霊杉（静岡県袋井市）
　◇松崎伊奈下神社の公孫樹（静岡県賀茂郡
　　松崎町）
　◇次郎柿原木（静岡県周智郡森町）
1954（昭和29）年1月30日
　◇春日神社の樟（静岡県田方郡函南町）
　◇石蔵院のお葉付公孫樹（静岡県静岡市）
　◇相良の根上り松（静岡県牧之原市）
　◇天宮神社のナギ（静岡県周智郡森町）
1955（昭和30）年2月25日
　◇益山寺の大もみじ（静岡県伊豆市）
　◇久遠のマツ（静岡県藤枝市）
1955（昭和30）年4月19日
　◇笹ヶ瀬隕石重六百九十五グラム（静岡県
　　浜松市）
　◇富知六所浅間神社の大樟（静岡県富士
　　市）
　◇善明院のイスノキ・クロガネモチ合着樹

（静岡県牧之原市）
1956（昭和31）年1月7日
　◇慶寿寺の枝重櫻（静岡県島田市）
　◇掉月庵の夫婦槙（こぶまき）（静岡県牧之
　　原市）
1956（昭和31）年5月24日
　◇修禅寺の桂（静岡県伊豆市）
　◇若一王子神社の社叢（静岡県藤枝市）
　◇西山本門寺の大ヒイラギ（静岡県富士宮
　　市）
　◇村山浅間神社の大スギ（静岡県富士宮
　　市）
1957（昭和32）年5月13日
　◇日枝神社のイチイカシ（静岡県伊豆市）
　◇二軒家の大カヤ（静岡県島田市）
　◇北山本門寺のスギ（静岡県富士宮市）
1957（昭和32）年12月25日
　◇上相賀の大カヤ（静岡県島田市）
1958（昭和33）年4月15日
　◇鳥居杉（静岡県掛川市）
　◇香橘寺の大南天（静岡県島田市）
1958（昭和33）年9月2日
　◇須賀神社のクス（静岡県藤枝市）
1959（昭和34）年4月14日
　◇善導寺の大樟（静岡県磐田市）

記念物・名勝　　　　　　　　　　　　　　　　　　　　　　　　　　　　　　　　037　天然記念物〔静岡県〕

1960（昭和35）年2月23日
　◇永塚の大杉（静岡県御殿場市）
1960（昭和35）年4月15日
　◇但沼神社の樟（静岡県静岡市）
1961（昭和36）年3月28日
　◇高根神社のスギ（静岡県藤枝市）
　◇鼻崎の大スギ（静岡県藤枝市）
1962（昭和37）年2月27日
　◇芋穴所のマルカシ（静岡県藤枝市）
　◇子浦のウバメガシ群落（静岡県賀茂郡南
　　伊豆町）
1963（昭和38）年2月19日
　◇須走浅間のハルニレ（静岡県駿東郡小山
　　町）
　◇宝永のスギ（静岡県御殿場市）
1963（昭和38）年4月30日
　◇チャ樹（やぶきた種母樹）（静岡県静岡
　　市）
1963（昭和38）年12月27日
　◇川柳浅間神社の杉（静岡県御殿場市）
1964（昭和39）年10月6日
　◇天城の太郎スギ（静岡県伊豆市）
　◇浄蓮のハイコモチシダ群落（静岡県伊豆
　　市）
　◇法泉寺のシダレザクラ（静岡県伊豆市）
1965（昭和40）年3月19日
　◇東山のサイカチ（静岡県御殿場市）
　◇黒俣の大イチョウ（静岡県静岡市）
　◇済広寺のカヤ（静岡県賀茂郡東伊豆町）
　◇大晦日五輪のカヤ（静岡県富士宮市）
1966（昭和41）年3月22日
　◇上野のトチノキ（静岡県駿東郡小山町）
　◇大胡田天神社のイチョウ（静岡県駿東郡
　　小山町）
　◇黒俣の大ヒイラギ（静岡県静岡市）
1967（昭和42）年10月11日
　◇天照皇太神社社叢（静岡県伊東市）
　◇柳島八幡神社の二本スギ（静岡県駿東郡
　　小山町）

　◇白鳥神社のビャクシン（静岡県賀茂郡南
　　伊豆町）
1968（昭和43）年7月2日
　◇永明寺のイチョウ（静岡県賀茂郡西伊豆
　　町）
　◇上条のサクラ（静岡県富士宮市）
　◇村山浅間神社のイチョウ（静岡県富士宮
　　市）
1969（昭和44）年5月30日
　◇岡宮浅間神社のクス（静岡県沼津市）
1970（昭和45）年6月2日
　◇林泉寺のフジ（静岡県伊東市）
1971（昭和46）年3月19日
　◇慶昌院のカヤ（静岡県富士市）
　◇富士岡地蔵堂のイチョウ（静岡県富士
　　市）
　◇駒形諏訪神社の大カシ（静岡県三島市）
　◇御嶽神社の親子モッコク（静岡県三島
　　市）
1971（昭和46）年8月3日
　◇伊達方の大ヒイラギ（静岡県掛川市）
　◇田野口津島神社の五本スギ（静岡県榛原
　　郡川根本町）
　◇徳山浅間神社の鳥居スギ（静岡県榛原郡
　　川根本町）
　◇鵺代のマンサク群落（静岡県浜松市）
　◇水窪小学校のイチイガシ（静岡県浜松
　　市）
　◇シラヌタの池とその周辺の生物相（静岡
　　県賀茂郡東伊豆町）
1972（昭和47）年9月26日
　◇熱海のナツメヤシ（静岡県熱海市）
1974（昭和49）年4月18日
　◇本勝寺ナギ・マキの門（静岡県掛川市）
1977（昭和52）年3月18日
　◇小鹿神明社のクス（静岡県静岡市）
1978（昭和53）年10月20日
　◇万年寺のカヤ（静岡県藤枝市）
1979（昭和54）年2月15日
　◇横臥褶曲（静岡県島田市）

事典・日本の自然保護地域　　163

037 天然記念物〔静岡県〕　　　　　　　　　　　　　　　記念物・名勝

1979（昭和54）年11月19日
　◇偽層理（静岡県下田市）
　◇勝間田山のコバノミツバツツジ群生地
　　（静岡県牧之原市）
1980（昭和55）年11月28日
　◇安楽寺のクス（静岡県伊豆市）
　◇田沢のイヌマキ（静岡県伊豆市）
　◇御浜岬のイヌマキ群生地（静岡県沼津
　　市）
　◇相良油田油井（静岡県牧之原市）
1981（昭和56）年3月16日
　◇天神山男神石灰岩（静岡県牧之原市）
1982（昭和57）年2月26日
　◇比波預天神社のホルトノキ（静岡県伊東
　　市）
1982（昭和57）年11月26日
　◇爪木崎の柱状節理（静岡県下田市）
　◇報本寺のオガタマノキ（静岡県下田市）
1983（昭和58）年2月25日
　◇中新井池のオニバス（静岡県掛川市）
1983（昭和58）年9月27日
　◇青埴神社の枝垂イロハカエデ（静岡県伊
　　豆市）
　◇瀬浜海岸のトンボロ（静岡県賀茂郡西伊
　　豆町）
1984（昭和59）年3月23日
　◇甲塚のクロガネモチ（静岡県磐田市）
　◇富士山芝川溶岩の柱状節理（静岡県富士
　　宮市）
1985（昭和60）年11月29日
　◇大平のコウヤマキ（静岡県静岡市）
　◇猪之頭のミツバツツジ（静岡県富士宮
　　市）

1987（昭和62）年3月20日
　◇大晦日のタブノキ（静岡県富士宮市）
1988（昭和63）年3月18日
　◇黄金崎のプロピライト（静岡県賀茂郡西
　　伊豆町）
1990（平成2）年3月20日
　◇米沢諏訪神社のイチイガシ（静岡県浜松
　　市）
1991（平成3）年3月19日
　◇景ケ島渓谷屏風岩の柱状節理（静岡県裾
　　野市）
1993（平成5）年3月26日
　◇下白岩のレピドサイクリナ化石産地（静
　　岡県伊豆市）
1994（平成6）年3月25日
　◇ホウジ峠の中央構造線（静岡県浜松市）
1995（平成7）年3月20日
　◇芝川のポットホール（静岡県富士宮市）
1996（平成8）年3月12日
　◇鮎壷の滝（静岡県駿東郡長泉町，沼津市）
　◇細野湿原（静岡県賀茂郡東伊豆町）
1997（平成9）年3月17日
　◇比木賀茂神社社叢（静岡県御前崎市）
　◇五竜の滝（静岡県裾野市）
1997（平成9）年11月28日
　◇大井川「鵜山の七曲り」と朝日段（静岡
　　県島田市）
2002（平成14）年3月22日
　◇河内（こうち）の大スギ（静岡県沼津市）
2002（平成14）年12月10日
　◇三島神社のクスノキ（静岡県賀茂郡南伊
　　豆町）
2009（平成21）年11月20日
　◇阿波々神社の社叢（静岡県掛川市）

164　事典・日本の自然保護地域

記念物・名勝   038 天然記念物〔愛知県〕

038 天然記念物〔愛知県〕

[選定機関] 愛知県　[選定時期] 1954(昭和29)年～

1954(昭和29)年
◇下萱津のフジ(愛知県あま市下萱津)
　総幹囲4.43m、花房1m余、推定樹齢約350年
◇八幡のサクライソウ、ツクバネ自生地(愛知県豊田市旭八幡町)
　八幡神社の社叢の一部。サクライソウは近年確認できない
◇須山のイヌツゲ(愛知県新城市作手清岳)
　小丘の上の2株。幹囲1.1m、1.2m

1955(昭和30)年
◇七宝町のラカンマキ(愛知県あま市七宝町遠島)
　根囲3m、目通り幹囲2.56m、樹高13m、推定樹齢350年程
◇須佐之男神社のアヤスギ(愛知県北設楽郡東栄町長岡)
　樹高20m、枝張り東西11m、南北11m程。樹令数100年
◇金竜寺のシダレザクラ(愛知県北設楽郡設楽町津具)
　樹高17m、幹周り3.4m、樹齢150年以上のウバヒガンの老樹
◇玄武岩(愛知県豊田市大野瀬町)
　亀甲形柱状節理と柱状節理を呈するソレーアイト質橄欖石玄武岩
◇鳳来町のムカデランの自生地(愛知県新城市川合)
　道路に面する断崖の岩面にムカデランが攀纏している
◇ネズの木(愛知県新城市門谷)
　鳳来寺参道にたつネズの老木で目通り幹囲3.5m、樹高9m余、推定樹令300年
◇お葉付イチョウ(愛知県豊橋市船渡町)
　目通の幹周囲4m、樹高20mの雌木で処々にお葉付きの実を生ずる
◇ハマボウの野生地(愛知県田原市堀切)

植物分布上の北限

1956(昭和31)年
◇萬福寺のイブキ(愛知県知立市上重原町)
　幹囲3.1m、樹高15m
◇八柱神社のクス(愛知県豊田市猿投町川端1)
　推定樹齢1000年
◇福田寺のイヌグス(愛知県北設楽郡設楽町田口)
　幹囲11m、枝張り東西10m、南北9mの巨木

1957(昭和32)年
◇高師小僧(愛知県豊橋市西幸町)
　褐鉄鉱質団塊よりなる。標式地
◇ヒメハルゼミの棲息地(愛知県蒲郡市相楽町)
　御堂山はシイの大木が多く古くからの群生地

1958(昭和33)年
◇蓮華寺のカヤノキ(愛知県あま市蜂須賀)
　樹齢500年を越える雌樹

1959(昭和34)年
◇竜洞院のシダレザクラ(愛知県北設楽郡東栄町本郷)
　推定樹齢150年。別名「粟代桜」

1960(昭和35)年
◇熊野社の五枚岩(愛知県小牧市岩崎)
　熊野社境内で花崗岩が山丘の地面から高く突出し、5枚に分かれて平行並ぶ
◇津具八幡宮のスギ(愛知県北設楽郡設楽町津具字宮畑)
　社殿の後方にある直幹の巨木で樹齢350年以上

1961(昭和36)年
◇岩崎の清流亭のフジ(愛知県小牧市岩

事典・日本の自然保護地域　165

崎）
幕末の犬山藩儒者村瀬大乙が来遊し詩
賦を残している

◇下新田のフジ（愛知県津島市下新田町）
棚の面積約330m²の古来有名なフジ

1963（昭和38）年

◇起の大イチョウ（愛知県一宮市起）
大明神社に生育する雄株で推定樹齢
350年、目通り4.8m、高さ約32m

1966（昭和41）年

◇ホソバシャクナゲ自生地（愛知県北設楽
郡設楽町津具大入）
海抜300〜700mの範囲に生育し常緑
広葉樹林の下木として群落をつくる

◇宝円寺のシダレザクラ（愛知県豊川市上
長山町）
樹齢400年、樹高7m

1967（昭和42）年

◇起のヤマガキ（愛知県一宮市起）
目通り2.7m、樹高10m

◇阿奈志神社のホルトノキ（愛知県知多郡
美浜町豊丘）
根囲4.3m、目通幹囲1.75m、樹高13m。
県内最大

◇伊川津のシデコブシ（愛知県田原市伊川
津町椛2-1）
椛の群生地から300m程のところにあ
る山の湧き水がつくる湿地に生息

1968（昭和43）年

◇豊明のナガバノイシモチソウ（愛知県豊
明市沓掛町）
湿地に自生するモウセンゴケ科の一年
生食虫植物。赤花

◇津島神社のイチョウ（愛知県津島市神明
町他）
2樹ある共に県内屈指の巨樹

◇白山社のクロガネモチ（愛知県知多郡武
豊町冨貴）
胸高囲3.5m、根囲5.2m、樹高18mのご
神木

◇西尾のヒメタイコウチ（愛知県西尾市八
ッ面町）
タイコウチ科に属する水棲昆虫。溜池
の流れ込み周辺の湿地では生息環境の

悪化がみられている

◇寺野の大クス（愛知県岡崎市夏山町寺
野）
幹周り9.7m、根囲27m、樹高36mの大
樹

◇切山の大スギ（愛知県岡崎市切山町）
幹周り8.3m、根囲12m、樹高38mの巨
樹

◇足助のヒメハルゼミ（愛知県豊田市岩神
町）
御堂山はシイの大木が多い群生地

1969（昭和44）年

◇時瀬のイチョウ（愛知県豊田市時瀬町）
胸高囲6.1m、根囲8.8m、樹高31mで県
内最大

◇伊熊神社の社叢（愛知県豊田市伊熊町）
巨木をもった針潤混合の天然林。内陸
部暖温混合林

1971（昭和46）年

◇瑞龍寺のシダレザクラ（愛知県豊田市稲
武町）
樹高8m、胸高囲3.35m、根囲3.4m、推
定樹齢300年

◇黒河湿地植物群落（愛知県田原市大久保
町）
面積5462m²、ヤチヤナギ、シデコブ
シ、シラタマホシクサ等が貴重な種が
生息

1972（昭和47）年

◇砥鹿神社奥宮の社叢（愛知県豊川市上長
山町）
面積29119m²、神域とされる半自然林。
スギの巨樹が林立

◇砥鹿神社のケヤキ（愛知県豊川市一宮
町）
樹高45m、胸高囲8m、推定樹齢500年、
県下最大の巨樹

1973（昭和48）年

◇多賀神社の社叢（愛知県常滑市苅屋）
暖帯林で主な構成樹種にオガタマノキ
を多数含む

◇長の山湿原（愛知県新城市作手岩波）
面積34,084m²。作手高原の中層湿原

記念物・名勝　　　　　　　　　　　　　　　　　　　　　*038*　天然記念物〔愛知県〕

1974（昭和49）年
　◇西尾のミカワギセル生息地（愛知県西尾
　　市花蔵寺）
　　キセルガイ科の陸貝。矢作古川左岸の
　　市内東部で採集記録がある

1975（昭和50）年
　◇三河地震による地震断層（愛知県額田郡
　　幸田町深溝）
　　1945（昭和20）年の三河地震で三ヶ根
　　山の山麓部に地震断層が形成された。
　　深溝断層と呼ばれる

1978（昭和53）年
　◇常滑市大野町のイブキ（愛知県常滑市大
　　野町）
　　樹高16.0m、根囲5.6m、胸高囲3.9m
　◇榎前のクロガネモチ（愛知県安城市榎前
　　町）
　　樹高19m、根囲4.2m、胸高囲3.1mの
　　雄株
　◇本證寺のイブキ（愛知県安城市野寺町）
　　樹高23m、胸高囲2.8m、推定樹齢800
　　年。親鸞聖人手植えの伝説がある

1980（昭和55）年
　◇中宇利丸山の蛇紋岩植生（愛知県新城市
　　中宇利）
　　面積72,911m²。蛇紋岩に固有のシ
　　マジタムラ草や産地の限られているヒ
　　ロハドウダンツツジも多い

1981（昭和56）年
　◇摂取院のイブキ（愛知県半田市前崎東町
　　44）
　　目通り幹間375cm、根周り800cm、樹
　　高15m

1984（昭和59）年
　◇壱町田湿地植物群落（愛知県知多郡武豊
　　町壱町田）
　　低山丘陵地にある低層湿地で寒地性・

暖地性の植物が混生
　◇小原村前洞の四季桜（愛知県豊田市前洞
　　町）
　　根囲1.39m、胸高囲1.64m、樹高5.0m
　　の老大木

1985（昭和60）年
　◇永安寺の雲竜の松（愛知県安城市浜屋
　　町）
　　樹高4.5m、根囲3.9m、1m高さ周囲3.
　　7mのクロマツ

1987（昭和62）年
　◇大野瀬の子持桂（愛知県豊田市大野瀬
　　町）
　　谷川沿いの斜面に生え、主幹は枯れ周
　　囲を約50本のひこばえが取り巻く

1988（昭和63）年
　◇預り渕、煮え渕ポットホール（愛知県北
　　設楽郡東栄町西薗目）
　　大千瀬川に見られる。預り渕ポット
　　ホールは谷の落差のある部分にでき
　　た大小さまざまなもの、煮え渕のポッ
　　トホールは滝壺が後退していったあと
　　に残ったもの

1992（平成4）年
　◇葦毛湿原（愛知県豊橋市岩崎町）
　　チャートの岩盤の上を流れる湧水でで
　　きた湿地で「東海の尾瀬」と呼ばれる

2003（平成15）年
　◇琴平町のシデコブシ自生地（愛知県豊田
　　市琴平町）
　　東海地方の丘陵地に固有の樹木で貴重
　　な自生地

2011（平成23）年
　◇大草のマメナシ自生地（愛知県小牧市大
　　草）
　　マメナシ（バラ科）の国内最大の自生
　　地の一つ

事典・日本の自然保護地域　**167**

039 天然記念物〔三重県〕　　　　　　　　　　　　　　　　　　　　　記念物・名勝

039　天然記念物〔三重県〕

　動物や植物、地質鉱物で、学術上価値の高いものをさす。稀少で珍しい動植物や自然地形・岩石、それを構成する鉱物。またその地域の自然を特徴づけるものや、歴史を語る重要な証拠となる自然のもの。

[選定機関] 三重県　[選定時期] 1936（昭和11）年～

1936（昭和11）年1月22日
　◇鈴鹿山の鏡岩（鏡肌）（三重県亀山市関町坂下字鈴鹿山620-1）
　　珪岩で縦2.2m、横2m。岩面の最も光沢の強い所は青黒色、風化した面は赤褐色
　◇七保のおはつきいてふ（三重県度会郡大紀町野原 旧七保第一小学校）
　　樹高約25m、直径約1mの雌木
　◇和具大島暖地性砂防植物群落（三重県志摩市志摩町和具大島4186）
　　砂浜にハマオモトなどが群生
　◇引作の大クス（三重県南牟婁郡御浜町引作字宮本507 引作神社境内）
　　樹高約35m、直径約4mの大木

1936（昭和11）年4月2日
　◇長瀬ノ左巻榧（三重県名張市長瀬1449）
　　3本あり樹高5～8m、直径は1本90cm、2本は60cm程

1937（昭和12）年7月12日
　◇宗英寺の公孫樹（三重県亀山市南野町819）
　　樹高約37m、直径約2m、樹齢300年以上

1937（昭和12）年8月20日
　◇楯ヶ崎（三重県熊野市甫母町字阿古崎610-1）
　　花崗岩の一大岩塊。俗称「熊野の海金剛」※名勝及び天然記念物

1937（昭和12）年11月10日
　◇松下社の大樟（三重県伊勢市二見町松下1,346番地）
　　スダジイを主とする常緑広葉樹林

1937（昭和12）年11月12日
　◇尾鷲神社の大樟（三重県尾鷲市北浦町1382番地）
　　南側の木が目通り周囲10m、北側の木が9m

1937（昭和12）年11月18日
　◇西村廣休宅趾ノふう樹（三重県多気郡多気町相可491）
　　樹高約18m

1937（昭和12）年12月27日
　◇榊原の貝石山（三重県津市榊原町字岡）
　　断崖絶壁の部分から化石が産出

1938（昭和13）年3月17日
　◇小川郷の火打石（三重県度会郡度会町火打石字彦山）
　　倭姫命がみつけたという伝説が残る

1938（昭和13）年4月7日
　◇宇気比神社樹叢（三重県志摩市浜島町浜島682番地ほか）
　　海岸部に特徴的な暖帯性常緑広葉樹林

1939（昭和14）年5月5日
　◇アヤマスズ自生地（三重県伊賀市西高倉字大谷山）
　　命名基準標本の産地として特に貴重

1939（昭和14）年8月10日
　◇石薬師の蒲櫻（三重県鈴鹿市上野町68）
　　3株のヤマザクラの変種。源頼朝の弟で蒲冠者と呼ばれていた源範頼に由緒がある

1940（昭和15）年8月8日
　◇真福院のケヤキ（三重県津市美杉町三多気字蟻ノ谷）
　　樹高25m、胸高周囲6.7m

168　事典・日本の自然保護地域

記念物・名勝　　　　　　　　　　　　　　　　　　　　　　　　　　　039　天然記念物〔三重県〕

1940（昭和15）年9月3日
◇道方の浮島（三重県度会郡南伊勢町道方字池ノ田415番地）
　長楕円形の沼野で海跡湖

1940（昭和15）年9月16日
◇国津神社の欅（三重県津市美杉町太郎生字瑞穂）
　双幹で大きい方は胸高周囲約7m、小さい方は約4m

1940（昭和15）年9月17日
◇ハマナツメ群落（三重県度会郡南伊勢町道行竈字塩竈222番地）
　浜の内側にある海跡湖の周辺に生育

1941（昭和16）年2月1日
◇長徳寺の龍王櫻（三重県津市芸濃町雲林院字浦ノ谷107番地）
　寺の前の淵に住んでいた龍が天に昇る時に鱗と共に残した桜の種から育ったという

1941（昭和16）年2月13日
◇柳谷の貝石山（三重県津市美里町三郷字松尾758番地）
　20種以上の化石が知られている

1941（昭和16）年3月7日
◇徳司神社樹叢（三重県熊野市新鹿町字宮309番地）
　スダジイ、オガタマノキ、ヤマブキ等の大木

1941（昭和16）年10月14日
◇野見坂の地層褶曲（三重県度会郡南伊勢町道方858）
　指定の褶曲は標高約240m、ほぼ西向きの岩壁上に底辺約10m、高さ約9.5mの二等辺三角形状

1941（昭和16）年12月2日
◇神内神社樹叢（三重県南牟婁郡紀宝町神内字近石958番地ほか）
　神体の水触洞窟がある岩壁に岩面着生植物が見られる

1943（昭和18）年4月22日
◇美鹿の神明杉（三重県桑名市多度町美鹿544番地）
　樹高約30m、直径約2mの神木

1943（昭和18）年7月9日
◇西の城戸の柊（三重県鈴鹿市国府町）
　樹高約8m、直径30cmのヒイラギとしては珍しい大木

1953（昭和28）年5月7日
◇きりしまみどりしじみ（三重県三重郡菰野町菰野）
　御在所山麓は、東限で比較的まとまった産地

◇矢頭の大杉（三重県津市一志町波瀬）
　直径約2.7m、樹高約40mの御神木

◇島勝神社樹叢（三重県北牟婁郡紀北町海山区島勝浦中ノ郷）
　イヌマキ、スダジイ、イチイガシ、クスノキ等

◇市木のいぶき（三重県南牟婁郡御浜町下市木字大久保）
　樹高約14m、樹幹の直径約1.5m

1955（昭和30）年4月7日
◇大杉谷の大杉（三重県多気郡大台町大杉字小森山）
　高さは40mの神木

◇獅子島の樹叢（三重県度会郡南伊勢町五ヶ所浦3819）
　約20種の植物が生育。ハマジンチョウは本州ではここ以外には知られていない

◇奈佐のヤマトタチバナ（三重県鳥羽市桃取町奈佐）
　境界木として植栽されたという

◇西沢ののはなしょうぶ群落（三重県伊賀市西之澤字野々奥1425の1ほか）
　一帯に自生していたものは生息環境の悪化で見られないが、付近に植えられ地元で保存されている

◇楠路脇のヤマトタチバナ（三重県鳥羽市桃取町楠路脇）
　大半は境界木として植栽されたという

1956（昭和31）年5月2日
◇鈴島暖地性植物群落（三重県北牟婁郡紀北町紀伊長島区三浦824番地）
　天然林の主要樹種はクスノキ

1956（昭和31）年12月5日
◇野登山のブナ林（三重県亀山市安坂山町

事典・日本の自然保護地域　169

039 天然記念物〔三重県〕   記念物・名勝

字野登山)
表日本の代表的なブナノキ-スズタケ
群叢

1957 (昭和32) 年3月29日
◇矢ノ川陰谷樹叢 (三重県尾鷲市大字南
浦)
常緑広葉樹の再生林

1958 (昭和33) 年12月15日
◇法念寺の鉄魚 (三重県尾鷲市三木里町)
1946 (昭和21) 年頃法念寺の池で発生
したとされる

1962 (昭和37) 年2月14日
◇入道岳いぬつげ及びあせび群落 (三重県
鈴鹿市小岐須町)
海抜906mの入道岳の山頂から東南の
斜面、海抜700m付近までに常緑広葉
樹の低木林が広く見られる

1963 (昭和38) 年1月11日
◇鎌ヶ岳ブナ原始林 (三重県三重郡菰野町
菰野)
ブナの天然林、ブナの二次林が残って
いる
◇長太の大楠 (三重県鈴鹿市南長太町)
樹齢1000年以上の巨木で樹高約23m、
目通り約7.8m

1963 (昭和38) 年9月12日
◇栃ヶ池湿地植物群落 (三重県多気郡多気
町野中字成川 栃ヶ池)
栃ヶ池の南側の道路に沿いクチナシが
自生
◇見江島いわつばめ棲息地 (三重県度会郡
南伊勢町道行竈字見江島)
洞窟の内部や岸壁にイワツバメが営巣
し、越冬している
◇豊浦神社社叢 (三重県北牟婁郡紀北町紀
伊長島区三浦及豊浦1番地)
約50aの社叢に暖地性植物が繁茂。日
本古有のヤマトタチバナの群生地とし
ては県内随一
◇フウラン群生地 (三重県北牟婁郡紀北町
紀伊長島区東長島854番地の1)
畑に点在する柿の木に約300株がノキ
シノブとともに着生
◇長島神社社叢 (三重県北牟婁郡紀北町紀

伊長島区長島1409番地)
スダジイ、クスノキ、イヌマキ、スギ
等の大樹

1964 (昭和39) 年10月16日
◇九木崎樹叢 (三重県尾鷲市九鬼町506番
地の5, 7)
亜熱帯性・暖帯性植物が繁茂。ヒロハ
ノコギリシダは本州唯一の産地で、生
息地の北限

1965 (昭和40) 年12月9日
◇小岐須の屏風岩 (三重県鈴鹿市小岐須町
池の谷ほか)
白色石灰岩 (大理石質) が河食作用で
屏風の様に切り立った奇岩。高さ最大
約30m、延長約130m
◇鷲嶺の水穴 (三重県伊勢市矢持町下村字
古屋)
延長約300m、高さ0.5〜6m、コウモリ、
昆虫類他数十種類が生息

1967 (昭和42) 年2月10日
◇水屋の大クス (三重県松阪市飯高町赤桶
宮東)
地元で「大クスさん」と呼ばれる神木
◇飛鳥神社樹叢 (三重県尾鷲市曽根町)
紀伊半島南部海岸林として代表的な
もの

1968 (昭和43) 年3月18日
◇覆盆子洞 (三重県伊勢市矢持町菖蒲字冷
水204)
石灰岩が水に溶食されて出来た洞窟
◇造礁サンゴ群生地 (三重県北牟婁郡紀北
町紀伊長島区鈴島・丸山・赤野島周辺)
造礁サンゴ、軟生サンゴが生息

1969 (昭和44) 年3月28日
◇川俣神社のスダジイ (三重県鈴鹿市庄野
町1, 622)
樹高約15m、幹周り5m以上の神木
◇佐波留島 (三重県尾鷲市大字南浦4107)
島全域が暖帯性の植物群落。アオサ
ギ、ゴイサギ、クロサギ、シロサギ等
のサギ類が生息

1972 (昭和47) 年4月1日
◇アイナシ (三重県鈴鹿市国府町)

記念物・名勝   039　天然記念物〔三重県〕

1971 (昭和46) 年、この種で日本で2番
目に発見されたといわれる

1973 (昭和48) 年3月31日

◇奥山愛宕神社のブナ原生林 (三重県伊賀
市勝地)
主要高木は樹令150〜200年のブナが
中心

◇霊山のイヌツゲ及びアセビ群生地 (三重
県伊賀市下柘植)
霊山寺境内地となっていたため自然の
まま保存されてきた。アセビは約300
株、イヌツゲは100株前後ある

1976 (昭和51) 年3月31日

◇奥郷の寒椿「獅子頭」(三重県三重郡菰野
町千草)
樹高5.5m、枝張り7.5m。推定樹齢は
約200年

1977 (昭和52) 年3月28日

◇篠立の風穴 (三重県いなべ市藤原町篠
立)
石灰岩中に見られる横穴型の石灰洞

1978 (昭和53) 年2月7日

◇東平寺のシイノキ樹叢 (三重県津市美杉
町八知比津　東平寺境内)
境内に計10本あり、いずれも幹周り4
〜6m、樹高10m以上

◇丸山庫蔵寺のイスノキ樹叢 (三重県鳥羽
市河内町)
イスノキを主要高木とする常緑広葉
樹林

◇島勝の海食洞門 (三重県北牟婁郡紀北町
海山区島勝浦字天満)
間口は直径約20mの円形、奥行き約
30m

1991 (平成3) 年3月26日

◇川島町のシデコブシ群落 (三重県四日市
市川島町字八ツ谷)
樹2.5〜3.5mほどのシデコブシ群落

◇勢津のフウラン群落 (三重県松阪市勢津
町)
カキの樹上に着生したフウランの群落

1993 (平成5) 年3月8日

◇蓮のムシトリスミレ群落 (三重県松阪市
飯高町蓮)

紀伊半島で唯一の自生地

1996 (平成8) 年3月7日

◇田光のシデコブシ及び湿地生物生息地
(三重県三重郡菰野町大字田光字西北
山2553-2ほか)
田光川の支流の丘陵地にシデコブシが
群生

◇地蔵大マツ (三重県鈴鹿市南玉垣町
5536-1番地)
1732 (享保17) 年の大干ばつの際、側
から地蔵菩薩が出土しその下から水が
沸き出したという説話がある巨木

◇石大神 (三重県鈴鹿市小社町字脇の山
986-2番地)
石灰岩の岩峰。古代から信仰の対象

◇霊山寺のオハツキイチョウ (三重県伊賀
市下柘植3252番地)
雌株の変種オハツキイチョウで果実が
葉縁につく。胸高幹周囲長4.2m、樹高
32m

1998 (平成10) 年3月17日

◇大淵寺のスダジイ (三重県多気郡大台町
久豆字大垣外422-1番地の一部)
樹高約20mの大樹

1999 (平成11) 年3月17日

◇滝谷・檜原の川岸岩壁植物群落 (三重県
多気郡大台町滝谷, 檜原)
この付近を北限とするケイビランやシ
チョウゲなどの日本特産種植物が群生

2000 (平成12) 年3月17日

◇日神不動院のオハツキイチョウ (三重県
津市美杉町太郎生日神)
雌株で樹高約25mある独立樹

2003 (平成15) 年3月17日

◇池ノ谷のモリアオガエル繁殖池 (三重県
多気郡大台町桧原字池ノ谷)
標高約400mの池周辺に多く生息

◇神木のイヌマキ (三重県南牟婁郡御浜町
大字神木字南岡)
胸高周囲約5.7m、樹高約20mの巨木

2013 (平成25) 年3月25日

◇嘉例川ヒメタイコウチ生息地 (三重県桑
名市大字嘉例川字北谷)
嘉例川上流部は湧水が豊富な地形構造

事典・日本の自然保護地域　171

040 天然記念物〔滋賀県〕　　　　　　　　　　　　　　　　　　記念物・名勝

となっている県内有数の生息地
◇逆柳の甌穴（三重県伊賀市高尾字逆柳

1066番地）
直径1.5m、深さ4.0mと、直径3.0m、深さ1.2mの2つの甌穴

040　天然記念物〔滋賀県〕

〔選定機関〕滋賀県　〔選定時期〕1959（昭和34）年～

1959（昭和34）年2月10日
◇河内の風穴（滋賀県犬上郡多賀町河内）
霊仙山塊カルスト地帯にある鍾乳洞風穴。洞内は3層構造で総面積1544m²
◇三島池のカモ及びその生息地（滋賀県米原市）
渡り鳥の越冬地。冬から春にかけてマガモやカルガモ、オシドリ、バンなどがみられる
1965（昭和40）年3月26日
◇大日堂の妙蓮およびその池（滋賀県守山市中町）
平安時代、慈覚大師（円仁）によって唐から持ち帰ったと伝えられる妙蓮

1974（昭和49）年3月11日
◇玉桂寺のコウヤマキ（滋賀県甲賀市信楽町勅旨）
樹齢およそ500～600年
◇西明寺のフダンザクラ（滋賀県犬上郡甲良町池寺）
秋冬春に開花する高山性の桜。樹齢250年のものもある
2000（平成12）年3月10日
◇中河内のユキツバキとザゼンソウ群落およびその自生地（滋賀県長浜市余呉町中河内）
ユキツバキとザゼンソウは滋賀県北部が自生の南限地で貴重な群落

041　天然記念物〔京都府〕

京都府の区域内に存する記念物（動物、植物、地質鉱物）のうち重要なもの。
〔選定機関〕京都府　〔選定時期〕1983（昭和58）年～

1983（昭和58）年4月15日
◇朝倉神社のスギ（京都府南丹市園部町千妻岡崎）
「千妻の大スギ」の名で親しまれている神木
◇オノ神のフジ（京都府福知山市大江町南有路福料寺）
大小6株からなる名藤
1984（昭和59）年4月14日
◇八坂神社のスギ（京都府相楽郡和束町大字中小字菅谷）
推定樹齢1000年。「祇園さん」「大スギ

さん」とも呼ばれ、地域の守り神として崇拝されている
1985（昭和60）年5月15日
◇成相寺のタブノキ（京都府宮津市成相寺）
1986（昭和61）年4月15日
◇石清水八幡宮御文庫のクスノキ及び神楽殿のクスノキ（京都府八幡市八幡高坊）
南北朝時代の武将楠木正成が植えたとされる。樹齢600～700年
◇神宮寺のコウヤマキ（京都府与謝郡与謝

172　事典・日本の自然保護地域

記念物・名勝 　　　　　　　　　　　　　　　　　　　　　　　　　　　　042　天然記念物〔大阪府〕

野町字石川小字姫路谷）
胸高幹周4.1m、樹高27mの巨木

1987（昭和62）年4月15日
◇地蔵院のシダレザクラ（京都府綴喜郡井
手町大字井出小字東垣内）
京都市の円山公園のしだれ桜は、ここ
から枝分けされたもの

1988（昭和63）年4月15日
◇旧府知事公舎のエノキ（京都府京都市上
京区烏丸通中立売上ル龍前町）
高さ25.5m、幹周4.95m

1989（平成1）年4月14日
◇滝のツバキ（京都府与謝郡与謝野町字滝
小字深山）
「滝の千年ツバキ」とも呼ばれ親しま
れている

1990（平成2）年4月17日
◇当尾の豊岡柿（京都府木津川市加茂町大
畑柘榴谷）

1991（平成3）年4月19日
◇君尾山のトチノキ（京都府綾部市五津合
町大ヒシロ）
光明寺の「幻の大トチ」ともいわれる

1993（平成5）年4月9日
◇アベサンショウウオ基準産地（京都府京
丹後市大宮町善王寺姫御前）
1932（昭和7）年に当時の中郡長善村姫
宮神社（現大宮町善王寺姫御前）付近
の竹林内の水溜りで、小型サンショ
ウウオの幼生が見つかったことにはじ
まる

1999（平成11）年3月19日
◇下黒田の伏条台杉群（京都府京都市右京
区京北下黒田町, 京北宮町）
南北朝時代から放置された台杉仕立て
の杉が、大きくなり過ぎ伐採されずに
残ったもの

2004（平成16）年3月19日
◇質志鍾乳洞（京都府船井郡京丹波町質志
大崩）
京都府唯一の鍾乳洞。総延長52.5mの
竪穴洞窟

2005（平成17）年3月18日
◇夜久野玄武岩柱状節理（京都府福知山市
夜久野町小倉岡野）
宝山の火山活動によりできた、一辺40
～50cmの六角形の柱状節理

042　天然記念物〔大阪府〕

[選定機関] 大阪府　　[選定時期] 1970（昭和45）年～

1970（昭和45）年2月20日
◇倉垣天満宮のいちょう（大阪府豊能郡能
勢町大字倉垣989）
樹高18m、幹周り8m
◇白山神社のいちょう（大阪府大阪市城東
区中浜2丁目3）
樹高21m、幹周り4.5mの雄株
◇山直大島邸のびゃくしん（大阪府岸和田
市包近町）
樹高12m、幹周り3.5m、樹齢800年、府
では稀なビャクシンの巨樹
◇永福寺のびゃくしん（大阪府泉北郡忠岡
町忠岡中1丁目）

推定樹齢800年の5本のビャクシン
◇弘川寺のかいどう（大阪府南河内郡河南
町大字弘川）
樹高6m、幹周り0.65m、樹齢200年余。
幹に治療の痕跡が残る
◇岬住吉神社のうばめがし社叢（大阪府
泉南郡岬町大字小島）
幹周り0.9～1.5m。社叢として保護さ
れている
◇藤涼寺のぎんもくせい（大阪府和泉市尾
井町337）
樹高3m、枝張り約9.7m、寛文年間
（1661～72年）寺を開創した時に植え

事典・日本の自然保護地域　**173**

られたという

◇稗島のくす（大阪府門真市稗島）
　樹高10m、幹周り7m、樹齢400年
◇阿遅速雄神社のくす（大阪府大阪市鶴見
　区放出東3丁目31-18）
　樹高15m、幹周り5.8m、樹齢1000年
◇杭全神社のくす（大阪府大阪市平野区平
　野宮町2丁目1）
　幹周り7m
◇渋川神社のくす（大阪府八尾市植松町3
　丁目12）
　樹高16m、幹周り6.8m
◇善光寺のくす（大阪府八尾市垣内4丁目
　41）
　樹高24m、幹周り6.4m、樹齢700年～
　800年
◇玉祖神社のくす（大阪府八尾市神立5丁
　目93）
　生駒山麓の西側にある巨大なクス。幹
　周り8m
◇壺井八幡宮のくす（大阪府羽曳野市壺井
　605-2）
　樹高24m、幹周り5.8m
◇百舌鳥のくす（大阪府堺市北区百舌鳥
　町）
　樹高15m、幹周り9m、樹齢1000年
◇岡中鎮守社のくす（大阪府泉南市信達岡
　中618）
　幹周り8.2m、樹齢700年、根元近くの
　主幹は三本の樹が融合している
◇百舌鳥八幡宮のくす（大阪府堺市北区百
　舌鳥赤畑町5丁706）
　樹高30m、幹周り5m、樹齢300年～500
　年のご神木
◇慈眼院の姥桜（大阪府泉佐野市日根野
　626）
　幹周り3m、樹齢400年以上、慈眼寺所
　蔵の古図に描かれている古木
◇踞尾のそてつ（大阪府堺市西区津久野）
　樹齢600年。古来渡来氏族が持ち帰り
　植えたという伝承がある。親株は枯れ
　ている
◇太子町梅井邸の椿（大阪府南河内郡太子
　町）

樹高20m、幹周り1.5m、樹齢600年～
700
◇枚岡の原始ハス（大阪府東大阪市善根寺
　町4-11-33）
　周辺の水田化が進み絶滅しかかってい
　たものを移植した大賀ハスの近縁種
◇枚方田中邸のむく（大阪府枚方市枚方上
　之町）
　樹高33m、幹周り5m、樹齢600～700年
◇道明寺のもくげんじ（大阪府藤井寺市道
　明寺2丁目627）
　樹高6.6m、幹周り0.76m、昔この木の
　種で数珠を作ったという
◇延命寺の夕照もみじ（大阪府河内長野市
　神ケ丘492）
　樹高9m、幹周り4.5m、樹齢800～1000
　年。弘法大師の手植え伝説が残る

1971（昭和46）年3月31日
◇神田天満宮のくすのき（大阪府寝屋川市
　上神田2丁目2-2）
　樹高33m、幹周り10m、樹齢1000年、
　千年楠と呼ばれている
◇四條畷楠正行墓のくす（大阪府四條畷市
　雁屋南町562番地）
　樹高20m、幹周り7.5m、樹齢500年の
　巨樹。天正年間（1573～92年）植えら
　れたという

1972（昭和47）年3月31日
◇長野神社のかやのき（大阪府河内長野市
　長野町8-19）
　樹高17m、幹周り4mの雌株で府下最
　大のカヤ

1973（昭和48）年3月30日
◇北庄司邸のいすのき（大阪府泉佐野市日
　根野）
　樹高15m、幹周り1.7m、樹齢200年
◇美多弥神社の社叢（大阪府堺市鴨谷台1
　丁49-1）
　古い林の姿をとどめる貴重な場所
◇藤井邸のかや（大阪府堺市津久野3丁
　2073）
　樹高15m、幹周り3m
◇松尾寺のくす（大阪府和泉市松尾寺町
　1402）

樹高38m、幹周り10m、樹齢700年

◇北府庄司邸のくす（大阪府泉佐野市日根野）
樹高30m、幹周り4.8m、樹齢300年

◇船守神社のくす（大阪府泉南郡岬町淡輪4402）
樹高25m、幹周り10m、樹齢400年〜500年

◇藤井邸のくろがねもち（大阪府堺市津久野3丁2073）
樹高15m、幹周り2.69mの雄株

◇方違神社のくろがねもち（大阪府堺市堺区三国丘町3丁）
樹高10m、幹周り3.5m

◇金剛寺のすぎ（大阪府河内長野市天野996）
樹高30m、幹周り5.2m、樹齢500年

◇拂殿座神社のむく（大阪府泉南郡岬町淡輪4401）
樹高25m、幹周り4.4m、樹齢250年

1974（昭和49）年3月29日

◇鎌田邸のくす（大阪府南河内郡太子町春日1771）
樹高24.5m、幹周り5m、樹齢250年

◇若宮神社のしい（大阪府豊能郡能勢町倉垣627）
樹高20m、幹周り3.9m、樹齢400年〜500年

◇八坂神社のしい（大阪府豊能郡能勢町長谷古野117）
樹高15m、幹周り5m、樹齢400年〜500年の巨樹

◇春日神社のつばき（大阪府和泉市春木町992–1）
樹高16m、幹周り1.6m、樹齢300年

◇春日神社のまき（大阪府和泉市春木町992–1）
樹高14m、幹周り2.1m、樹齢250年。実を男子が食べると無病息災になるという

1975（昭和50）年3月31日

◇難宗寺のいちょう（大阪府守口市竜田通5–2）
樹高25m以上、幹周り4.7m、樹齢400年

◇光善寺のさいかち（大阪府枚方市出口2丁目8–13）
樹高12m、幹周り2.5m、樹齢200年〜250年。室町時代に池に住む大蛇が蓮如上人の説法を聴き功徳を得てこの木から昇天したという

◇蓮光寺のさざんか（大阪府大阪狭山市東野中2丁目987）
樹高8m、幹周り1.2m、樹齢150年〜200年

◇松尾寺のやまもも（大阪府和泉市松尾寺町）
樹高15m、幹周り2.5m、樹齢200〜250年の雄株の巨樹

1976（昭和51）年3月31日

◇乾邸のいちょう（大阪府茨木市安威2丁目7–14）
樹高25m、幹周り4.1m、樹齢200年

◇大沢のすぎ（大阪府三島郡島本町大沢59）
樹高20m、幹周り6.7m、樹齢800年の府内で稀にみる巨樹

1978（昭和53）年8月4日

◇須賀神社のくす（大阪府茨木市鮎川2丁目6–45）
樹高25m、幹周り6.1m、樹齢900年。枯れかかっている

◇石神社のくす（大阪府柏原市大平寺2丁目190）
樹高26m、幹周り6.2m、樹齢700年〜800年

◇尺代のやまもも（大阪府三島郡島本町尺代小字尾玉）
樹高20m、幹周り3.5m、樹齢600年の巨樹

1981（昭和56）年6月1日

◇旭神社のいちょう（大阪府大阪市平野区加美正覚寺1丁目17–30）
樹高20m、幹周り2.5m、樹齢400年、三本が融合している

◇自然居士のいちょう（大阪府阪南市自然田1680）
樹高16m、幹周り3.8m、樹齢450年のご神木

042 天然記念物〔大阪府〕　　　　　　　　　　　　記念物・名勝

◇来迎寺のいぶき（大阪府松原市丹南3丁目1-22）
　樹高14m、幹周り4.7m、樹齢500年

◇寶龍寺のくす（大阪府大阪市旭区今市1丁目9-25）
　樹高15m、幹周り3.8m、樹齢400年～500年の巨樹

◇須賀神社跡のくす（大阪府大阪市東淀川区西淡路4丁目17）
　樹高30m、幹周り5m、樹齢600年。四条畷合戦の楠木正行軍の兵が主君を偲び植えたという

◇旭神社のくす（大阪府大阪市平野区加美正覚寺1丁目17-30）
　樹高20m、幹周り2.5m、樹齢600年のご神木

◇法楽寺のくす（大阪府大阪市東住吉区山坂1丁目88）
　樹高26m、幹周り8m、樹齢750年

◇春日神社のしいの社叢（大阪府寝屋川市国松町20-4）
　樹高10～15m、幹周り4m、樹齢400年の巨木

◇旭神社のむく（大阪府大阪市平野区加美正覚寺1丁目17-30）
　樹高18m、幹周り1.9m、樹齢300年

◇行杢邸のむく（大阪府貝塚市森）
　樹高15m、幹周り2.5m、樹齢300年

1982（昭和57）年3月31日

◇左近邸の桑の木（大阪府河内長野市滝畑）
　樹高13m、幹周り1.8m、樹齢400年～500年の巨樹

1983（昭和58）年5月2日

◇天王のあかがし（大阪府豊能郡能勢町天王94）
　樹高18m、幹周り5.2m、樹齢400～500年、小さな祠が残る雑木林にある2本の巨樹

◇妙楽寺のつつじ（大阪府守口市大久保町4-25-8）
　樹高3.5m、幹周り0.2～0.4m、樹齢200年

◇妙見山のぶな林（大阪府豊能郡能勢町野間中316, 317）
　樹齢700～800年、幹周り0.5m以上、約400本のブナ林

1984（昭和59）年5月1日

◇金乗寺のいちょう（大阪府泉南郡岬町深日733）
　樹高20m、幹周り3.3m、樹齢500年、「御坊さんの樹」とも呼ばれる

1989（平成1）年3月1日

◇流谷八幡神社のいちょう（大阪府河内長野市天見2211）
　樹高30m、幹周り5.5m、樹齢400年の雌株の巨木

1990（平成2）年3月2日

◇岡中鎮守社のまき（大阪府泉南市大字岡中618）
　樹高19.5m、幹周り2.4m、樹齢300年

1993（平成5）年11月24日

◇西教寺のいぶき（大阪府和泉市幸2-250）
　樹高10m、幹周り3m、樹齢500～600年の巨木

2000（平成12）年2月8日

◇光明寺のいちょう（大阪府箕面市西小路2-170）
　樹高14m、幹周り3.9m、樹齢400年の雌株

2001（平成13）年2月2日

◇高山住吉神社のおひょう（大阪府豊能郡豊能町高山226）
　一本は枯れ、もう一本の樹には挿し木をしている

◇千早のトチノキ（大阪府南河内郡千早赤阪村大字千早）
　樹高25m、幹周り4.3m、樹齢300年で霊峰金剛山の伏見林道にある

2002（平成14）年1月29日

◇出灰素盞嗚神社のカツラ（大阪府高槻市大字出灰小字堂の前）
　樹高28.7m、幹周り3.5mで境内入口の鳥居横に立つ

◇若山神社のツブライジイ林（大阪府三島郡島本町大字広瀬1497）
　参道周囲の巨樹42本。最大は樹高32m、幹周り4.2m

176　事典・日本の自然保護地域

記念物・名勝   *043* 天然記念物〔兵庫県〕

2003（平成15）年1月31日
　　◇信達神社のナギ（大阪府泉南市信達金熊
　　　寺795）
　　　樹高19.5m、幹周り2.5m、府内最大の
　　　ナギの巨樹
2005（平成17）年1月21日
　　◇菅原神社のカクレミノ（大阪府貝塚市大

　　　川485–1）
　　　樹高14m、幹周り1.65m、内陸部の山
　　　地では珍しい巨樹
　　◇若樫のサクラ（大阪府和泉市若樫町）
　　　樹高8m、幹周り2.2m、樹齢100年のシ
　　　ダレザクラ

043　天然記念物〔兵庫県〕

［選定機関］兵庫県　　［選定時期］1961（昭和36）年〜

1961（昭和36）年5月12日
　　◇西宮神社社叢（兵庫県西宮市社家町1–
　　　17）
1963（昭和38）年4月19日
　　◇積徳の松 伊佐の黒松（久恩の松）（兵庫
　　　県養父市八鹿町伊佐418）
1964（昭和39）年3月9日
　　◇賀茂神社のソテツ（兵庫県たつの市御津
　　　町室津74）
1965（昭和40）年3月16日
　　◇満池谷層の植物遺体包含層（兵庫県西宮
　　　市神原町30）
　　◇法巌寺の大クス（兵庫県伊丹市中央2–
　　　431）
　　◇中宮神社の大スギ（兵庫県宍粟市千種町
　　　河内1494）
　　◇白藤神社の大モミ（兵庫県豊岡市大谷
　　　687–1）
　　◇絹巻神社の暖地性原生林（兵庫県豊岡市
　　　気比字絹巻2585）
　　◇大杉神社の大ヒノキ（兵庫県美方郡新温
　　　泉町久斗山字宮前1279）
　　◇古生沼の高地湿原植物群落（兵庫県養父
　　　市大屋町（氷ノ山））
　　◇鉢伏高原のヤマドリゼンマイ群落（兵庫
　　　県養父市大久保）
　　◇別宮の大カツラ（兵庫県養父市葛畑字別
　　　宮）

　　◇野島鍾乳洞（兵庫県淡路市野島字常磐）
1966（昭和41）年3月22日
　　◇海清寺の大クス（兵庫県西宮市六湛寺町
　　　7–25）
　　◇小戸神社の大クス（兵庫県川西市小戸1–
　　　13）
　　◇正法庵の大シイ（兵庫県美方郡新温泉町
　　　正法庵字沖中405）
　　◇鐘乳 日本洞門 鐘乳 亀山洞門（兵庫県美
　　　方郡新温泉町居組字亀山）
　　◇泰雲寺のシダレザクラ（兵庫県美方郡新
　　　温泉町竹田1388）
1967（昭和42）年3月31日
　　◇栃本の溶岩瘤（兵庫県豊岡市日高町栃本
　　　字西畑（稲葉川南岸沿））
　　◇和池の大カツラ（兵庫県美方郡香美町村
　　　岡区和池字大沢709）
　　◇兎和野の大カツラ（兵庫県美方郡香美町
　　　村岡区黒田）
　　◇居組不動山の暖地性植物群落（兵庫県美
　　　方郡新温泉町居組不動山）
1968（昭和43）年3月29日
　　◇青玉神社の大スギ（兵庫県多可郡多可町
　　　加美区鳥羽735）
　　◇小江神社の大ケヤキ（兵庫県豊岡市江野
　　　字大ベライ1523）
　　◇栃が谷平のアスナロ群生（兵庫県豊岡市
　　　日高町万却）

事典・日本の自然保護地域　**177**

043 天然記念物〔兵庫県〕　　　　　　　　　　　　　　　　　　　　記念物・名勝

◇漣痕化石（兵庫県美方郡香美町香住区下浜字大イソ1282）

◇小城のブナ原生林（兵庫県美方郡香美町村岡区山田・小城1078）

◇宇都野神社社叢の暖帯性植物原生林（兵庫県美方郡新温泉町浜坂字宇都野森2456）

1969（昭和44）年3月25日

◇広田神社のコバノミツバツツジ群落（兵庫県西宮市大社町112）

1970（昭和45）年3月30日

◇柏原の大ケヤキ（木の根橋）（兵庫県丹波市柏原町柏原1）

◇安田の大スギ（兵庫県篠山市安田440-1）

◇洲本奥畑のメグロチク（兵庫県洲本市奥畑144-2）

1971（昭和46）年4月1日

◇渦ケ森スラスト（衝上断層）（兵庫県神戸市東灘区渦森台1）

◇太山寺の原生林（兵庫県神戸市西区伊川谷町前開）

◇日野神社の社叢（兵庫県西宮市日野町2-51）

◇大舟寺のカヤ（兵庫県三田市波豆川605）

◇三日月の大ムク（兵庫県佐用郡佐用町下本郷1475）

◇大笹のザゼンソウ群落（兵庫県美方郡香美町村岡区大笹字西野804-2ほか）

◇海底面の流痕（兵庫県美方郡香美町村岡区村岡字由里3585-3）

◇小長辿の大トチ（兵庫県美方郡香美町美方区大谷字長辿峠1049）

◇浜坂のタンゴイワガサとワカサハマギク群落（兵庫県美方郡新温泉町芦屋）

◇沼島のウミウ渡来地（兵庫県南あわじ市沼島南区）

1972（昭和47）年3月24日

◇殿原のイチョウ（御葉着イチョウ）（兵庫県加西市殿原町溝口）

◇岩座神のスギ（千本杉）（兵庫県多可郡多可町加美区岩座神）

◇大歳神社のフジ（兵庫県宍粟市山崎町上

寺122）

◇波食甌穴群（兵庫県豊岡市竹野町賀嶋3）

◇宇日流紋岩の流理（流紋）（兵庫県豊岡市竹野町田久日字山向山）

◇吉滝（兵庫県美方郡香美町美方区鍛冶屋字タキノ前）

◇古千本・千本杉の湿生植物群落（兵庫県養父市奈良尾字四ケ国仙出合丁字氷ノ山）

1973（昭和48）年3月9日

◇転法輪寺の原生林（兵庫県神戸市垂水区名谷町字垣の内1965及び2089）

◇山口の大カヤ（兵庫県西宮市山口町中野578）

◇矢野の大ムクノキ（兵庫県相生市矢野町森字前田28）

◇佐用の大イチョウ（兵庫県佐用郡佐用町佐用3171）

◇大和島のイブキ群落（兵庫県淡路市大和島）

◇明神岬のイブキ群落（兵庫県淡路市草香明神，明神岬）

◇伊弉諾神宮の夫婦クス（兵庫県淡路市多賀）

1974（昭和49）年3月22日

◇神前の大クス（兵庫県神戸市灘区神前町3-398）

◇越木岩神社の社叢林（兵庫県西宮市甑岩町5-4，1）

◇植木野天神のムクノキ（兵庫県姫路市安富町植木野330）

◇常隆寺のスダジイ・アカガシ群落（兵庫県淡路市久野々736他）

◇諭鶴羽山のアカガシ群落（兵庫県南あわじ市灘黒岩472及び473）

1975（昭和50）年3月18日

◇善光寺のイブキ（兵庫県多可郡多可町中区東安田713）

◇古千本・千本杉の奥山湿生植物群落（兵庫県養父市大屋町奥山国有林）

1976（昭和51）年3月23日

◇加保坂のミズバショウ自生地（兵庫県養

178　事典・日本の自然保護地域

父市大屋町加保字加保坂58)

1977（昭和52）年3月29日

◇水尾神社の大スギ（兵庫県姫路市安富町
関554)

◇笠形寺のコウヤマキ（兵庫県神崎郡市川
町上牛尾2042)

◇法雲寺のビャクシン（兵庫県赤穂郡上郡
町苔縄637)

◇山崎八幡神社のモッコク（兵庫県宍粟市
山崎町門前174)

◇医王寺のラッパイチョウ（兵庫県篠山市
北165)

1978（昭和53）年3月17日

◇長楽寺のチリツバキ（兵庫県豊岡市日高
町上石664)

1980（昭和55）年3月25日

◇玉水神社のムクノキ林（兵庫県養父市玉
見字宮ノ上38)

◇養父町堀畑のハコネウツギ（兵庫県養父
市堀畑堀ノ内)

◇妙勝寺の大クスノキ（兵庫県淡路市釜口
1163)

1981（昭和56）年3月24日

◇浜西のヒメコマツ（五葉松）（兵庫県明石
市魚住町清水427-2)

◇西林寺の唐子ツバキ（兵庫県西脇市坂本
454-1)

1982（昭和57）年3月26日

◇大避神社のコヤスノキ叢林（兵庫県赤穂
郡上郡町岩木乙字カヤバタ610-5)

◇鉢伏高原のミツガシワ自生地（兵庫県養
父市丹戸字西横角909)

1983（昭和58）年3月29日

◇磐座神社のコヤスノキ叢林（兵庫県相生
市矢野町森字神田352)

◇加保坂の硬玉（ヒスイ）原石露頭（兵庫県
養父市大屋町加保字加保坂58)

1984（昭和59）年3月28日

◇光福寺の大イトザクラ（兵庫県佐用郡佐
用町漆町282)

◇一宮神社社叢（兵庫県養父市大屋町中字
袋ノ尻115)

◇ウツギノヒメハナバチ群生地（兵庫県朝
来市山東町楽音寺579)

1985（昭和60）年3月26日

◇庭田神社のケヤキの大木（兵庫県宍粟市
一宮町能倉1286)

◇安積のカヤの古木（兵庫県宍粟市一宮町
安積444-1)

1986（昭和61）年3月25日

◇八幡神社のコヤスノキの叢林（兵庫県佐
用郡佐用町桑野)

◇八幡神社のケヤキの大木（兵庫県佐用郡
佐用町大船)

◇佐用中山のスダジイの古木（兵庫県佐用
郡佐用町中山537-1)

◇三日月のムクノキの古木（兵庫県佐用郡
佐用町三日月字笹尾1861-1)

◇岩上神社の夫婦スギ（兵庫県宍粟市山崎
町上ノ1495)

◇池王神社のアカガシ林（兵庫県宍粟市一
宮町深河谷字宮の段789)

◇一宮神社のケヤキの森（兵庫県豊岡市但
東町久畑字宮ノ市875)

◇栲幡原神社のカシ林（兵庫県養父市大屋
町和田字宮ノ側8)

◇上森神社のシラカシ大木（兵庫県養父市
大屋町蔵垣字上サコ129-1-2)

◇男坂神社のシラカシ林（兵庫県養父市大
屋町宮垣字天満山196)

1987（昭和62）年3月24日

◇大避神社のコヤスノキ社叢林（兵庫県佐
用郡佐用町久崎字飯之山)

1988（昭和63）年3月22日

◇大師堂のネズ（兵庫県川辺郡猪名川町清
水)

◇大師堂のモッコク（兵庫県川辺郡猪名川
町清水)

◇火魂神社の大ムクノキ（兵庫県宍粟市波
賀町日見谷283)

1990（平成2）年3月20日

◇鎌田のイヌマキ（兵庫県豊岡市鎌田97)

◇池の島の大甌穴（兵庫県美方郡新温泉町
諸寄字北川辺4093番地先)

◇諸寄東ノ洞門（兵庫県美方郡新温泉町芦屋字イモチウラ105番地先）

◇延応寺の大ケヤキ（兵庫県朝来市生野町口銀谷83-1）

◇藤坂のカツラ（兵庫県篠山市藤坂峠151-1）

◇河上神社のイブキ（兵庫県洲本市五色町鮎原南谷562-1）

1991（平成3）年3月30日

◇小野の大トチノキ（兵庫県宍粟市波賀町小野21）

◇大久保の大杉（ホード杉）（兵庫県養父市大久保ムネ畑1505-3）

1993（平成5）年3月26日

◇松尾神社のシリブカガシ社叢林（兵庫県たつの市新宮町善定1249-1ほか）

◇高座神社のフジキ（兵庫県丹波市山南町谷川字式垣内3558）

1994（平成6）年3月25日

◇銚子ケ谷カキツバタ群落（兵庫県美方郡香美町村岡区村岡字銚子ケ谷3531-2）

1995（平成7）年3月28日

◇上立杭の大アベマキ（兵庫県篠山市今田町上立杭字釜ノ坪502）

2001（平成13）年3月30日

◇中野稲荷神社のイヌマキ（兵庫県伊丹市中野北2-27）

2002（平成14）年4月9日

◇常瀧寺の大イチョウ（兵庫県丹波市青垣町大名草字ウトンド2034）

2004（平成16）年3月9日

◇荒神社のムクノキ（兵庫県西脇市鹿野町字森ノ元1359-1）

2005（平成17）年3月18日

◇桑野本の大イチョウ（兵庫県豊岡市竹野町桑野本850）

◇天神社のトチノキ（兵庫県豊岡市日高町万場480）

◇別宮のオキナグサ自生地（兵庫県養父市別宮字大平1604）

2006（平成18）年3月17日

◇大歳神社の大スギ（兵庫県神崎郡神河町大畑字森550 同町福本字原谷川817番17・18・20・21・22・31・34・36・37・38・40・44・60・61・62）

◇福富のアカメヤナギ（兵庫県美方郡新温泉町福富541（福富三柱神社氏子総代，福富区））

044 天然記念物〔奈良県〕

[選定機関] 奈良県　[選定時期] 1977（昭和52）年〜

1951（昭和26）年11月1日

◇どんづる峯（奈良県香芝市穴虫二七七六-一）

1953（昭和28）年3月23日

◇東大寺鏡池棲息ワタカ（奈良県奈良市雑司町 東大寺境内）

◇吐山の左巻榧（奈良県奈良市）

◇御井神社境内のツルマンリョウ群落（奈良県宇陀市榛原檜牧 御井神社）

◇箆の木（奈良県五條市出屋敷）

◇西谷川流域暖地性羊歯植物群落（奈良県吉野郡吉野町大字西谷一二五六・一二六五・一二六七）

◇津風呂神社のサカキカズラ（奈良県吉野郡吉野町津風呂神社境内）

◇山口のツルマンリョウ群落（奈良県吉野郡吉野町山口高鉾神社境内）

1954（昭和29）年3月2日

◇樺の巨樹（奈良県奈良市奈良坂町 二三九八番地）

◇かわのり（奈良県吉野郡川上村入之波コウシギ谷（吉野川入之波より上流地域））

記念物・名勝　　　　　　　　　　　　　　　　　　　　　*044*　天然記念物〔奈良県〕

◇大台ヶ原さんしょう魚（奈良県吉野郡川
　上村　吉野川流域）

◇円覚寺のギンモクセイの巨樹（奈良県吉
　野郡東吉野村木津川　円覚寺境内）

1957（昭和32）年6月13日

◇五色椿（奈良県奈良市白毫寺町　白毫寺境
　内）

◇ソテツの巨樹（奈良県生駒郡斑鳩町三〇
　〇五番地　竜田神社境内）

◇無渋榧（奈良県宇陀市菟田野宇賀志字エ
　ナカ一一九六番地の甲　真証寺旧境内）

◇御葉付イチョウ（奈良県宇陀郡曽爾村大
　字今井七三三番地　門僕神社境内）

◇ヒダリマキガヤ群落（奈良県宇陀郡曽爾
　村葛五九〇番地）

◇ソテツの巨樹（奈良県桜井市外山一一八
　五）

◇コウヤマキ群落（奈良県吉野郡吉野町吉
　野山）

1958（昭和33）年3月20日

◇樟の巨樹（奈良県磯城郡田原本町薬王寺
　五一四番地　八幡神社境内）

◇神野山（奈良県山辺郡山添村伏拝ほか6ヶ
　大字（北野2919ほか・伏拝364ほか））
　※天然記念物，名勝

1959（昭和34）年2月5日

◇ヤマモモの巨樹（奈良県五條市西吉野町
　奥谷一〇四八番地）

◇杉の巨樹群（奈良県吉野郡十津川村玉置
　山一二番地　玉置神社境内）

1961（昭和36）年3月14日

◇浄鏡寺旧境内のアスナロの群落（奈良県
　桜井市大字笠字千森八七七番地）

1962（昭和37）年6月7日

◇イワナの棲息地（奈良県吉野郡野迫川村
　弓手原弓手原川本流川瀬谷下ナル谷か
　ら上流水域）

◇イワナの棲息地（奈良県吉野郡天川村大
　字北角内弥山川白河八丁より上流全
　域）

1967（昭和42）年11月25日

◇桜本坊のギンモクセイ（奈良県吉野郡吉

野町吉野山一二六九）

1973（昭和48）年3月15日

◇ふくじゅ草の自生地（奈良県五條市）

◇イワツバメの越冬地（奈良県吉野郡吉野
　町大字上市上市橋）

◇イワツバメの越冬地（奈良県吉野郡天川
　村大字洞川蟷螂の岩屋及び萬歳橋）

1974（昭和49）年3月26日

◇初瀬のイチョウの巨樹（奈良県桜井市大
　字初瀬　素戔嗚雄神社境内）

◇広橋の御葉付イチョウ（奈良県吉野郡下
　市町大字広橋一七三一番地　観音堂境
　内）

◇八幡神社境内のツルマンリョウ群生地
　（奈良県吉野郡東吉野村大字鷲家一一
　七一番地　八幡神社境内）

◇坪内のイチョウの巨樹（奈良県吉野郡天
　川村大字坪内来迎院境内）

1977（昭和52）年3月22日

◇お葉つきイチョウ（奈良県桜井市大字南
　音羽）

1977（昭和52）年5月20日

◇石上神宮鏡池棲息ワタカ（奈良県天理市
　布留町　石上神宮境内）

1978（昭和53）年3月28日

◇戒場神社のホオノキの巨樹（奈良県宇陀
　市榛原戒場三八八）

◇戒長寺のお葉つきイチョウ（奈良県宇陀
　市榛原戒場三八六）

1979（昭和54）年3月23日

◇五代松鍾乳洞（奈良県吉野郡天川村大字
　洞川六八六の一三一）

◇面不動鍾乳洞（奈良県吉野郡天川村大字
　洞川六七三）

1981（昭和56）年3月17日

◇高井の千本杉（奈良県宇陀市榛原高井六
　七九番地）

◇内牧の無渋榧（奈良県宇陀市榛原内牧七
　三六番地）

1982（昭和57）年3月12日

◇初生寺境内のツルマンリョウの自生地
　（奈良県宇陀市榛原自明七四一番地）

事典・日本の自然保護地域　**181**

_045_ 天然記念物〔和歌山〕 記念物・名勝

◇不動窟鍾乳洞（奈良県吉野郡川上村大字
柏木小字山津谷三五〇番地の三）

1983（昭和58）年3月15日
◇村屋坐弥冨都比売神社の社そう（奈良県
磯城郡田原本町大字蔵堂）
◇大川杉（奈良県御所市大字西佐味）
◇仏隆寺のサクラの巨樹（奈良県宇陀市榛
原赤埴一六八四番地）

1985（昭和60）年3月15日
◇十二社神社社そう（奈良県吉野郡川上村
大字中奥/七番地/八番地/）

1985（昭和60）年3月18日
◇馬見丘陵出土シガゾウ化石 一括（奈良県
橿原市畝傍町 奈良県立橿原考古学研
究所附属博物館）

1987（昭和62）年3月10日
◇笛吹神社イチイガシ林（奈良県葛城市笛
吹四四八番地）
◇龍泉寺の自然林（奈良県吉野郡天川村大
字洞川六七四番地の一・二）

1988（昭和63）年3月22日
◇瀧蔵神社社そう 附 シダレザクラ（奈良
県桜井市大字滝倉四七八ノ二）

1993（平成5）年3月5日
◇正暦寺境内のコジイ林（奈良県奈良市菩
提山町一五七の一部）

1995（平成7）年3月22日
◇石上神宮社そう（奈良県天理市布留町
三八三番地及び三八四番地–一の各一

部）

1996（平成8）年3月22日
◇志都美神社の社そう（奈良県香芝市今泉
五九二番地の二の一部及び五九二番地
の三の一部）

1997（平成9）年3月21日
◇神野寺境内の二次林（奈良県山辺郡山添
村伏拝七〇〇番地の一，八八六番地，
九五一番地の一及び九五一番地の二）
◇玉置山の枕状溶岩堆積地（奈良県吉野郡
十津川村大字山手谷三九七番地の一
部）

1998（平成10）年3月20日
◇往馬大社の社そう（奈良県生駒市壱分町
一五二七番地の一の一部, 西菜畑町三
〇一五番地の一部）

2000（平成12）年3月31日
◇ケグワ（奈良県吉野郡川上村大字人知字
以上迫二七二番三及び字栃山二六〇番
四の各一部）

2001（平成13）年3月30日
◇前鬼のトチノキ巨樹群（奈良県吉野郡下
北山村大字前鬼一九九番一）

2005（平成17）年3月29日
◇神末のカヤの巨木林（奈良県宇陀郡御杖
村大字神末字角山五六一〇番）

2008（平成20）年3月28日
◇八幡神社社叢（奈良県奈良市月ヶ瀬桃香
野五二八一番地）

_045_ 天然記念物〔和歌山〕

（記念物）次の文化財の総称。(1) 史跡 貝塚・古墳・城などのこと。(2) 名勝 山や海の
景色や庭園のこと。(3) 天然記念物 動物・植物及び地質鉱物のこと。

　［選定機関］和歌山　［選定時期］1956（昭和31）年〜

1956（昭和31）年11月1日
◇田中神社の森（岡藤）（和歌山県西牟婁郡
上富田町岩田）
岡地区の田んぼの中央に位置する約8a

の森。ここのオカフジは南方熊楠が変
種オカフジと名付けたもの

1958（昭和33）年1月8日
◇切目神社のほるとのき（和歌山県日高郡

182 事典・日本の自然保護地域

記念物・名勝　　　　　　　　　　　　　　　　　　　　　　　　　　　　　　　　　045　天然記念物〔和歌山〕

印南町西ノ地）
目通り幹周り約4m、根周り約6m、樹
高約16m、推定樹齢約300年

1958（昭和33）年4月1日

◇安宅八幡のいちいがし（和歌山県西牟婁
郡白浜町安宅）
樹高約18m、胸の高さの幹周り4m、直
径約10m以上の樹冠を形成する巨樹

◇いすのきの純林（和歌山県日高郡みなべ
町晩稲）
小殿神社境内17.3aに幹周り60cm以上
のものが100本程ある

◇一の橋の樟樹（和歌山県和歌山市一番
丁）
幹の周囲7m、樹高25m、巨大な樹冠を
形成

◇海猫および海猫繁殖地弁天島（和歌山県
日高郡美浜町西浜海岸）
近畿沿岸唯一の繁殖地かつ暖地唯一の
繁殖地

◇岡山の根上り松群（和歌山県和歌山市吹
上一丁目）
現在は和歌山大学付属中学校グランド
内の1株のみ指定されている

◇奥の院の大杉林（和歌山県伊都郡高野町
高野山）
一の橋〜奥の院御廟の約2kmの奥の院
参道両側に杉が約千数百本ある

◇樫の大木（和歌山県和歌山市永山）
個人宅の前のアラカシで昔は祠があり
神木として信仰された

◇桂樹（和歌山県紀の川市西脇）
海抜480mの西の谷に雄株、430mの東
の谷に雌株があり、いずれも巨木

◇加茂神社の公孫樹（和歌山県紀の川市西
川原）
雌株で高さ約30m、樹冠直径は南28m
東西の径12m

◇光専寺の柏槙（和歌山県御坊市塩屋町）
地上2m幹周りが5.65m、樹高が約14m
で県下最大。推定樹齢600年以上

◇高野槙の純林（和歌山県伊都郡高野町高
野山）
現存する唯一のコウヤマキの純林

◇しいの老樹（和歌山県東牟婁郡那智勝浦
町下和田）
大泰寺の住職あるいは平維盛が植樹し
たといわれる。周囲4.54mと2.78mの
幹、高さ約15m

◇しらかしの巨樹（和歌山県紀の川市麻生
津中）
九頭神社の社叢の中にある本幹の胸高
周囲が3.9m、樹高約20m

◇しらかしの老大樹群（和歌山県海草郡紀
美野町田）
国吉の集落から熊野神社に登る旧参道
の途中にある稲荷社付近に点在する

◇新庄町奥山の甌穴（和歌山県田辺市新庄
町奥山名喜里川の河床）
名喜里川の源流にある。谷間に直経
70cm以上が10個、最大のものは直径
5.5m

◇十五社の樟樹（和歌山県伊都郡かつらぎ
町笠田東）
本幹周囲が13mを超え、県内全ての樹
木中でも最大

◇常行寺の柏槙（和歌山県和歌山市加太）
胸高周囲4.7m、樹高約13m、推定樹齢
400年以上

◇住吉神社のおがたまの木（和歌山県田辺
市鮎川）
幹周り3.8m、樹高24mで県内最大のオ
ガタマノキの巨樹

◇椿の巨樹（和歌山県和歌山市木枕）
全国屈指の大きさで元は本幹胸高周囲
2m、樹冠直径10mだったが主幹の大部
分がき損

◇友ヶ島深蛇池湿地帯植物群落（和歌山県
和歌山市加太）
3ha余りの湿地帯で寒地性のスゲと暖
地性のシダが混生する

◇那智山旧参道の杉並木（和歌山県東牟婁
郡那智勝浦町那智山）
参道に190本余の木々が約600mの旧
参道に立ち並んでいる

◇那智の樟（和歌山県東牟婁郡那智勝浦町
那智山）
幹周り9.3m、推定樹齢500年以上の大
樹で平重盛御手植えといわれる

事典・日本の自然保護地域　　183

045 天然記念物〔和歌山〕　　　　　　　　　　　記念物・名勝

◇丹生神社の樟樹（和歌山県和歌山市直川）
幹は胸高周囲9m、樹齢500年以上の巨樹で『紀伊続風土記』に記載がある

◇野中の一方杉（和歌山県田辺市中辺路町野中）
継桜王子神社境内の斜面に生える10本の大杉

◇はかまかずら自生北限地（和歌山県日高郡由良町衣奈黒島）
黒島の南斜面に繁殖している

◇蟆蜍岩（和歌山県田辺市稲成町）
岩屋観音堂の下手の林内に立つ、高さ約45m、周囲60mのカエルの形をした岩

◇日高別院の公孫樹（和歌山県御坊市御坊）
胸高の幹周り4.6m以上の巨樹で推定樹齢約400年

◇姥目の老樹（和歌山県日高郡美浜町和田）
御崎神社境内にあるウバメガシ2株の大樹

◇椋の老樹（和歌山県有田郡有田川町小川）
本幹は拝殿正面を横切って傾く。全国的にみても屈指の老大樹

1959（昭和34）年1月8日

◇さざんかの老樹（和歌山県伊都郡かつらぎ町東谷）
堀越観音にあるサザンカの大樹。推定樹齢200年以上

◇信太神社の樟樹（和歌山県橋本市高野口町九重）
樹高約25m、本幹の周囲5m

1959（昭和34）年4月23日

◇鷹の巣（和歌山県和歌山市雑賀崎）
雑賀崎の西南部岬端の断崖絶壁。高さ50mで青石と呼ばれる緑泥片岩からなる

1959（昭和34）年4月25日

◇龍門山の磁石岩（和歌山県紀の川市杉原）
標高700m付近にある巨石で磁気を含

んでいる

1960（昭和35）年3月12日

◇くろがねもちの老樹（和歌山県和歌山市下三毛）
雄株で樹高は約15m、本幹の胸高での周囲は4m、全国屈指の大樹

◇平見観音いぬつげの老樹（和歌山県伊都郡九度山町丹生川）
樹齢200年以上のイヌツゲとしては稀にみる老大木

1963（昭和38）年3月26日

◇しぐれの松（和歌山県橋本市高野口町伏原）
本願寺法主顕如上人が名付けたという松。樹齢およそ200年

◇ヒメコマツの名木（和歌山県和歌山市満屋）
根本の周囲1.5m、樹高4mで18本の枝が放射状に出ている。木の占める面積は150m^2

1963（昭和38）年4月1日

◇光明寺の松（和歌山県紀の川市名手市場）
1572（天正11）年に寄進して植えたと伝えられている。本幹の周囲2.7m

1964（昭和39）年5月20日

◇イワヒバの天然群落（和歌山県紀の川市貴志川町西山）
民家裏山の岩の露出面に密生して天然群落を形成

1964（昭和39）年7月20日

◇千里の浜（和歌山県日高郡みなべ町山内）
幅20〜100m、長さ1300mの自然の白砂青松がつづく海岸※名勝，天然記念物

1965（昭和40）年4月14日

◇イヌグスの大木（青岸渡寺本堂脇）（和歌山県東牟婁郡那智勝浦町那智山）
高さ20m程の独立樹

◇枝垂ザクラ（那智大社本殿端垣際）（和歌山県東牟婁郡那智勝浦町那智山）
エドヒガンの一変種。白河法皇の手植えとして有名

184　事典・日本の自然保護地域

記念物・名勝　　　　　　　　　　　　　　　　　　　　　　　　　　　　　　　　045　天然記念物〔和歌山〕

◇モッコクの大樹（那智大社実方院前庭）
（和歌山県東牟婁郡那智勝浦町那智山）
モッコクとしては全国でも稀にみる巨木
◇ヤマザクラの名木（那智大社社務所前）
（和歌山県東牟婁郡那智勝浦町那智山）
根周りで3.6mある大樹
1966（昭和41）年4月12日
◇百間山渓谷（和歌山県田辺市熊野）
両岸の断崖に巨岩・奇石群がそびえ、川底に甌穴がみられる。暖地性から寒地性の各種の植物が繁茂する※名勝，天然記念物
1966（昭和41）年12月9日
◇栄福寺イブキビャクシンの大樹名木（和歌山県岩出市湯窪）
弘法大師が差した杖からなったという伝承がある
◇国木原ノダフジの大樹（和歌山県海草郡紀美野町国木原）
フジの大樹で自生したノダフジの実生が成長肥大したものといわれる。全周2.3m以上
◇下中島の大イチョウ（和歌山県岩出市中島）
本幹胸高の周囲4.85m、高さ約25mの雌株で標識樹
◇正覚寺ムクの木（和歌山県岩出市高塚）
本幹の胸高の周囲4.88m、県内屈指の大樹である。推定樹齢300年以上
1968（昭和43）年4月16日
◇龍王神社のアコウ（和歌山県日高郡美浜町三尾）
根周り8mの大樹で、根元から二枝に分かれている
1969（昭和44）年4月23日
◇若宮八幡神社のボダイジュ（和歌山県和歌山市有本）
ボダイジュとしては全国屈指の大きさ
1971（昭和46）年3月22日
◇蛭子神社の社叢（和歌山県海南市下津町塩津）

カゴノキ、クスノキ、ムクノキ、エノキ等が聳え立つ。殆どが樹齢100年以上の古木
◇釜滝の甌穴（和歌山県海草郡紀美野町釜滝）
貴志川の支流真国川にかかる井戸の瀬橋から上流400mの間。結晶片岩からなる
◇長保寺の林叢（和歌山県海南市下津町上）
常緑広葉樹林で寺院に保護されてきた
◇松原王子神社の社叢（和歌山県日高郡美浜町吉原）
クスノキ・イスノキ・エノキ・ムクノキなどが生育
1972（昭和47）年4月13日
◇熊野三所神社の社叢（和歌山県西牟婁郡白浜町）
御舟山全体が境内で東西約100m、南北約250m²の社叢を形成。全国的にも稀なホルトノキ型の森林がある
1973（昭和48）年5月16日
◇厳島神社のイチョウ（雌株）（和歌山県伊都郡九度山町上古沢）
胸高周囲4.35m、樹高約35m、推定樹齢350年
◇キイシモツケ群生地（和歌山県紀の川市杉原龍門財産区）
龍門山山頂の西、勝神峠から田代峠の山道約2kmの北斜面約200haが指定地
1974（昭和49）年4月16日
◇川又観音のトチ（和歌山県日高郡印南町川又）
樹高約20m、目通り幹周り4.9m、推定樹齢200年以上
1974（昭和49）年12月9日
◇赤滑の漣痕（和歌山県田辺市鮎川）
さざ波のあとが模様となった堆積岩
◇岡川八幡神社の社叢（和歌山県西牟婁郡上富田町岡）
急傾斜地にあり三角状の地形に、スダジイ・ヒメユズリハや上部ではアカマツを主木とする林を構成
◇住吉神社の社叢（和歌山県田辺市鮎川）

事典・日本の自然保護地域　　185

045 天然記念物〔和歌山〕 記念物・名勝

熊野方面では稀にみる古木の多い森

◇丹河地蔵堂のイチョウ（雌株）（和歌山県日高郡みなべ町北道）
推定樹齢300年、高さ約30m、目通りの幹周り4.3m、根元で7m程

1978（昭和53）年8月18日

◇善福寺のカヤ（雌株）（和歌山県海草郡紀美野町勝谷）
胸高周囲4.32m、高さ23m余1株、胸高周囲6.95m、高さ23m余1株。推定樹齢800年

◇丹生神社のイチョウ（雌株）（和歌山県海草郡紀美野町長谷宮）
高さ約22m、胸高周囲5.50mの巨木

◇箕六弁財天社のカツラ（雄株）（和歌山県海草郡紀美野町箕六）
胸高周囲8m、高さ30m、推定樹齢500年

1983（昭和58）年5月24日

◇御所本の化石漣痕（和歌山県新宮市熊野川町西）
和田川の西側の斜面に露出する約400m²の砂岩。約1500〜2000万年前のもの

1985（昭和60）年7月26日

◇真妻神社のホルトノキ（和歌山県日高郡印南町樮川）
胸高の幹周り3.62m、根周り約4.8m、樹高約20mの神木

1991（平成3）年4月17日

◇薬師寺のマツ（和歌山県紀の川市赤尾）
高さ約7m、胸高の周り2.31m。樹形から「鶴の松」「臥龍の松」と呼ばれる

1994（平成6）年4月20日

◇東光寺のナギ（雄株）（和歌山県日高郡印南町印南）
目通り幹周り約3.8m、根周り約4.5m、高さ約21.5m、推定樹齢約700年

2005（平成17）年5月31日

◇百山稀少鉱物産出鉱脈（和歌山県岩出市山崎）
稀少鉱物を産出する鉱脈。手稲石や

マックアルパイン石が発見された

2009（平成21）年3月17日

◇龍神宮のウバメガシ（和歌山県田辺市上秋津）
樹高15m超、胸高幹周り約4m、樹齢推定400〜500m巨木で御神木

2010（平成22）年3月16日

◇滝の拝（和歌山県東牟婁郡古座川町小川）
滝ノ拝太郎の伝説がある

2011（平成23）年3月15日

◇藤並神社のイチイガシ（和歌山県有田郡有田川町天満）
胸高周囲長4.32m、樹高約18mの大樹で樹齢300年以上

◇保呂の虫喰岩（和歌山県西牟婁郡白浜町保呂）
小洞窟で虫喰状の岩肌がひとつのまとまった景観を示している岩

2012（平成24）年7月20日

◇生石神社社叢（和歌山県有田郡有田川町楠本1265番）
アカガシを主体とした自然林が良好な状態で保存されている

◇浄土寺のクス（和歌山県有田郡有田川町西ヶ峯1466番地）
幹周8.76m、樹高約17m。根元の樹洞に聖徳太子の石像が祀られている

◇田殿丹生神社夏瀬の森のクスノキ（和歌山県有田郡有田川町船坂1051番地1）
幹周7.32m、樹高22m、推定樹齢400〜500年

2015（平成27）年1月15日

◇丹生神社のトガサワラ（和歌山県伊都郡高野町相ノ浦318）
胸高幹周5.23m、樹高約35m、県内の生育北限地

◇みなべ町堺沖のオオカワリギンチャク生息地（和歌山県日高郡みなべ町堺沖）
みなべ町沖から伊豆大島周辺の水深35〜100mの海域に分布。世界唯一の群生地

記念物・名勝　　　　　　　　　　　　　　　　　　　　　*046*　天然記念物〔鳥取県〕

046　天然記念物〔鳥取県〕

　天然記念物は、我々の周りを取り巻く自然環境のうち、貴重な学術資料として文化財の指定を受けている動物、植物及びこれらの生息、自生地、地質、鉱物を意味する。県では、衰弱がみられる樹木に対しての樹勢回復に要する費用の助成等を行っている。

　［選定機関］鳥取県　［選定時期］1955（昭和30）年〜

1955（昭和30）年9月6日
　◇弓河内の大シダレザクラ（鳥取県鳥取市河原町弓河内）
　　胸高周囲2.7m、樹高約11m

1956（昭和31）年3月6日
　◇清徳寺の巨樹名木群（鳥取県八頭郡八頭町清徳）
　　ヒワダザクラ、カゴノキ、モチノキ、ボダイジュの巨樹
　◇大日寺の大イチョウ（鳥取県倉吉市桜）
　　雌木で樹高約30m、枝張り東西約23m、南北約20mの大木
　◇矢矯神社社叢（鳥取県鳥取市矢矯）
　　社殿前方斜面のタブノキ・ツバキ林、社殿後方の谷沿いのウラジロガシ・モチノキ林、社殿後方尾根寄りのスダジイ・モチノキ林に分類される

1956（昭和31）年5月30日
　◇琴浦町別宮の大イヌグス（鳥取県東伯郡琴浦町別宮）
　　「上人塚」と呼ばれる樹叢に立つ五輪塔の両側にある
　◇転法輪寺の大イチョウ（鳥取県東伯郡琴浦町別宮）
　　胸高直径約1.6m、枝張り東西約20m、南北約22m、樹高約27mの雄木

1957（昭和32）年2月6日
　◇落河内の大キリシマ（鳥取県鳥取市河原町北村）
　　樹高3.6m、直径5cm以上の枝が20本ある巨樹

1957（昭和32）年12月25日
　◇古布庄の大スギ（鳥取県東伯郡琴浦町中津原）
　　大正神社の境内にある神木で胸高直径

約2.3m、樹高約30m

1959（昭和34）年6月5日
　◇解脱寺のモミ並木（鳥取県日野郡日南町下阿毘縁）
　　モミ4本、アスナロ1本、スギ等7本
　◇高岡神社社叢（鳥取県鳥取市国府町高岡）
　　高地のスダジイ林と、低地部のタブノキ・ヤブツバキ林に分かれる
　◇長瀬の大シダレザクラ（鳥取県鳥取市河原町長瀬）
　　胸高周囲2.6m、樹高約12mの巨樹

1961（昭和36）年2月3日
　◇佐伯氏のクロガネモチ（鳥取県西伯郡南部町福成）
　　胸高直径約90cm、樹高約13mの雄株
　◇長田神社社叢（鳥取県西伯郡南部町馬場）
　　面積は約3.5ha。大部分はスダジイ林

1964（昭和39）年3月3日
　◇花倉山のヒノキ・ホンシャクナゲ群落（鳥取県東伯郡三朝町笏賀、花倉谷）
　　滝の周辺部など湿度の高い急崖地に極限的に発達する貴重な群落

1967（昭和42）年12月12日
　◇菅野ミズゴケ湿原（鳥取県鳥取市国府町菅野）
　　標高400mに広がるオオミズゴケのみられる湿原

1970（昭和45）年2月20日
　◇上石見のオハツキ・タイコイチョウ（鳥取県日野郡日南町上石見）
　　イチョウ、ケヤキ、カヤ、ヤブツバキなどで構成される社叢

事典・日本の自然保護地域　**187**

046　天然記念物〔鳥取県〕　　　　　　　　　　　　　　　　　記念物・名勝

◇西御門の大イチョウ（鳥取県八頭郡八頭
　町西御門）
　雌木の巨樹で根元の南面には疱瘡神を
　まつる祠がある
◇福本のオハツキイチョウ（鳥取県八頭郡
　八頭町福本）
　霊木として信仰を集めている

1973（昭和48）年3月30日
◇落河内のカツラ（鳥取県鳥取市河原町北
　村）
　カツラとしては有数の巨樹
◇熊野神社社叢（鳥取県日野郡江府町俣
　野）
　ウラジロガシ、ヤブツバキが優占する
　自然林
◇下蚊屋明神のサクラ（鳥取県日野郡江府
　町下蚊屋）
　標高600mに位置するエドヒガンの巨
　木
◇関金のシイ（鳥取県倉吉市関金町安歩）
　胸高直径2.3m、樹高18m、枝の広がり
　20m×25mの巨木
◇田岡神社のツバキ樹林（鳥取県鳥取市佐
　治町津無）
　ヤブツバキやケヤキで構成される
◇中江の一本スギ（鳥取県八頭郡若桜町中
　原）
　胸高直径1.4m、樹高約20mの大木
◇箆津のハマヒサカキ群落（鳥取県東伯郡
　琴浦町箆津）
　日本海側における分布北限地
◇福本のツバキ（鳥取県東伯郡三朝町福
　本）
　胸高直径54cm、樹高6m、枝の広がり
　8m×7m
◇豊乗寺のスギ（鳥取県八頭郡智頭町新
　見）
　境内にスギの巨樹が3本立つ
◇武庫の七色ガシ（鳥取県日野郡江府町武
　庫）
　シラカシの大木で季節毎に葉の色が順
　次変わる

1980（昭和55）年3月4日
◇扇ノ山の火山弾（鳥取県鳥取市東町二丁

目（鳥取県立博物館））
　直径105cm、短径57cm、最長周囲
　172cm
◇ナウマンゾウ牙温泉津沖日本海底産（鳥
　取県鳥取市東町二丁目（鳥取県立博物
　館））
　全長230cm、最大周囲45cm

1982（昭和57）年4月9日
◇粟島神社社叢（鳥取県米子市彦名町）
　スダジイを主体とする約1.6haの原生
　林的自然林
◇金華山熊野神社社叢（鳥取県西伯郡南部
　町八金）
　金華山の山頂付近の自然林約7ha
◇聖神社社叢（鳥取県日野郡日野町黒坂）
　シラカシとウラジロガシを中心とする
　自然性の高い樹叢
◇若桜神社社叢（鳥取県八頭郡若桜町若
　桜）
　シラカシを中心とするカシ林。成熟し
　た照葉樹林として貴重

1983（昭和58）年9月27日
◇相屋神社社叢（鳥取県鳥取市青谷町青
　谷）
　スダジイを主とする照葉樹林。トキ
　ワイカリソウを多く生じている部分
　がある
◇坂谷神社社叢（鳥取県鳥取市福部町栗
　谷）
　スダジイ林を主とする大規模な照葉樹
　林。分布上貴重な植物の自生も確認さ
　れている

1984（昭和59）年2月21日
◇意上奴神社社叢（鳥取県鳥取市香取）
　原生林的な照葉樹林。胸高直径が2m
　に達する巨木が多数生育する
◇根雨神社社叢（鳥取県日野郡日野町根
　雨）
　根雨市街地東方の旧社殿域（現高尾神
　社）と市街地西方の現社殿域の両方に
　社叢がある

1985（昭和60）年2月22日
◇犬山神社社叢（鳥取県鳥取市用瀬町宮
　原）

188　事典・日本の自然保護地域

篭山から伸びる尾根の末端に残存している照葉樹林

◇楽楽福神社社叢（鳥取県日野郡日南町印賀）
標高約430～460mに位置するモミ林

◇桂見の「二十世紀」ナシ親木（鳥取県鳥取市桂見）
この種のナシを発見した千葉県から苗木から植えた親木で3本ある

1985（昭和60）年6月25日

◇長寿寺・落合神社の社叢（鳥取県西伯郡南部町落合）
標高50～95m付近に残っているスダジイ林

1986（昭和61）年12月2日

◇荒神原のオオサンショウウオ生息地（鳥取県日野郡日野町上菅）
巣穴となり得る川床のすき間や川岸の水蝕洞が豊富な県下の代表的な生息地

◇むし井神社社叢（鳥取県八頭郡智頭町大呂）
標高330～440mの尾根の先端斜面に位置する。南向きの斜面はウラジロガシ林

1987（昭和62）年4月14日

◇ナウマンゾウ牙萩沖日本海底産（鳥取県鳥取市東町二丁目（鳥取県立博物館））
全長169cm、最大周囲41.3cm

1989（平成1）年4月18日

◇洲河崎のカツラ（鳥取県日野郡江府町洲河崎）
鉄山の守護神として祀られてきたカツラ

◇マテバシイの北限地帯［智光寺の樹叢］（鳥取県東伯郡琴浦町赤碕）
島根県日御碕付近とともに自生の北限とされている。樹高約20mに達する数本の成木がある

1999（平成11）年6月29日

◇かまこしき渓谷の侵食地形（鳥取県日野郡江府町助沢・俣野）

渓谷には階段状の小瀑布や瀬・淵が見られ、最下流部には、釜と甑とよばれる地形がある

2000（平成12）年3月28日

◇神戸上のハンノキ沼沢林（鳥取県日野郡日南町神戸上）
大倉山・花見山付近に帯状に広がる。面積約4.6ha

2002（平成14）年12月20日

◇辰巳峠の植物化石産出層（鳥取県鳥取市佐治町栃原）
約1000万年前から400万年前の地層で45科93属158種の植物化石が確認されている

2004（平成16）年4月30日

◇倉谷のザゼンソウ湿原（鳥取県八頭郡智頭町芦津）
倉谷湿原に大規模にまとまって群生し、この様な生育地は他に類を見ない

2004（平成16）年11月9日

◇鹿野地震断層の痕跡（鳥取県鳥取市鹿野町末用）
1943（昭和18）年の鳥取大地震で生じた断層。屈折した水路はこの断層の様子を明瞭に確認できる

2010（平成22）年5月24日

◇和奈見と塩上の枕状溶岩（鳥取県鳥取市河原町、八頭郡八頭町）
溶岩が水中を流れる際に形成された熔岩

2013（平成25）年9月20日

◇赤波川渓谷のおう穴群（鳥取県鳥取市用瀬町赤波）
約1200mに渡り浸食溝やおう穴など様々な花崗岩の浸食地形が見られる

2015（平成27）年1月23日

◇氷ノ山のキャラボク群落（鳥取県八頭郡若桜町つく米 氷ノ山国有林22林班イ小班）
氷ノ山山頂付近の地域およそ3.0haに点在する群落

047 天然記念物〔島根県〕

[選定機関] 島根県　[選定時期] 1958（昭和33）年～

1958（昭和33）年8月1日
◇雲見の滝（島根県雲南市）
　　落差30mの雄滝と、落差20mで穏やかな傾斜の雌滝からなる2段の滝※名勝及び天然記念物
◇鑪崎及び松島磁石石（島根県益田市）
　　端飯浦にあり、突出地帯と散在する島々からなる。松島には磁力の強い磁石岩がある※名勝及び天然記念物
◇大元神社跡の樟（島根県鹿足郡津和野町）
　　目通り幹周12.5m、樹高31m、樹齢約400年
1960（昭和35）年9月30日
◇日本海岸におけるハマナス自生西限地（島根県大田市）
　　1978（昭和53）年の冬台風で全滅したが、地元団体に保護されている
◇日本海岸におけるハマナス自生西限地（島根県出雲市）
　　約25株
1961（昭和36）年6月13日
◇山本の白枝垂桜（島根県江津市）
　　目通り幹周2.5m、高さ13m
1963（昭和38）年7月2日
◇口羽のゲンジボタルおよびその発生地（島根県邑智郡邑南町）
　　出羽川流域
1964（昭和39）年5月26日
◇下来島のボダイジュ（島根県飯石郡飯南町）
　　根周り約6m、樹高約15m
1965（昭和40）年5月21日
◇岩倉の乳房杉（島根県隠岐郡隠岐の島町）
　　胸高周11m、樹高40m

1966（昭和41）年5月31日
◇黄長石霞石玄武岩（島根県浜田市）
　　アルカリ岩に属する玄武岩
1967（昭和42）年5月30日
◇鷲ヶ峰およびトカゲ岩（島根県隠岐郡隠岐の島町）
　　柱状節理と風化・浸食状況、天然林と奇岩※天然記念物及び名勝
◇春日神社のクロマツ群（島根県隠岐郡隠岐の島町）
　　胸周周2～4m、樹高30～50m
◇世間桜（島根県隠岐郡隠岐の島町）
　　目通り幹周り3.2m～4m、樹高13～16m、雄桜・雌桜の2株、エドヒガンの一種
1968（昭和43）年6月7日
◇中村のかぶら杉（島根県隠岐郡隠岐の島町）
　　根周り9.7m、樹高38m
◇本宮神社の大杉（島根県大田市）
　　根周り約13m、樹高約43m
◇姫逃池のカキツバタ群落（島根県大田市）
　　浮島に自生
1969（昭和44）年5月23日
◇諏訪神社参道杉並木（島根県邑智郡邑南町）
　　胸周周2.3～4.6m、樹高27～28m
◇湯の廻キャラボク（島根県仁多郡奥出雲町）
　　胸高囲約3.2m、樹高約8m
1970（昭和45）年10月27日
◇元屋のオキシャクナゲ自生地（島根県隠岐郡隠岐の島町）
　　ホンシャクナゲの一品種
◇焼火神社神域植物群（島根県隠岐郡西ノ島町）

記念物・名勝

オオエゾデンダ、オキノアブラギクな
どの群生地
◇仁万の硅化木（島根県大田市）
マキ科の樹木と推定
1972（昭和47）年3月31日
◇常磐山の杉（島根県浜田市）
目通り幹周4.4〜8m、樹高22〜32m
◇長安本郷の八幡宮並木道（島根県浜田
市）
目通り幹周3.4〜6.4m、樹高32m
1972（昭和47）年7月28日
◇インヨウチク（陰陽竹）群落（島根県安来
市）
比波山の頂上近く約200m²に自生
1976（昭和51）年4月30日
◇金谷の城山桜（島根県益田市）
目通り幹囲5.8m、樹高15m
◇妙用寺の桜（島根県邑智郡美郷町）
胸高周り3.3m、樹高30m
1977（昭和52）年5月4日
◇沖蛇島のウミネコ繁殖地（島根県大田
市）
面積1,056m²
1978（昭和53）年5月19日
◇日御碕の黄金孟宗群落（島根県出雲市）
約2,000m²
1979（昭和54）年8月24日
◇志都の岩屋（島根県邑智郡邑南町）
巨岩の連続した景観※天然記念物及び
名勝
1981（昭和56）年6月9日
◇今田水神の大ケヤキ（島根県江津市）
胸高囲8.6m、高さ21.3m、根続き6幹
1983（昭和58）年6月7日
◇貴船神社のシイ（島根県雲南市）

胸高周8m40cm、樹齢約800年
1984（昭和59）年5月4日
◇毘沙門堂の榊（島根県邑智郡邑南町）
胸高周り1.7m、樹高13m
2003（平成15）年5月9日
◇大波加島オオミズナギドリ繁殖地（島根
県隠岐郡知夫村）
国内有数のオオミズナギドリ集団繁
殖地
2003（平成15）年12月2日
◇志多備神社のスダジイ（島根県松江市）
胸高周約11.9m、樹高約17.8m
◇雪田長源寺の枝垂桜（島根県邑智郡邑南
町）
胸高周約3m、樹高約14m
2007（平成19）年5月7日
◇鬼村の鬼岩（島根県大田市）
地質そのものに起因する、特殊な風食
作用作用によって形成された奇岩
2011（平成23）年4月15日
◇大空の山桜（島根県松江市）
胸高幹周り3.4m、樹高約15m
2013（平成25）年4月9日
◇花の谷のサクラ（島根県邑智郡美郷町）
胸高幹周り5.56m、樹高12.6m
◇酒谷のオロチカツラ（島根県邑智郡美郷
町）
胸高幹周り9.85m、樹高19.2m
◇学舎のイロハモミジ（島根県邑智郡美郷
町）
胸高幹周り3.1m、樹高10m
◇金言寺の大イチョウ（島根県仁多郡奥出
雲町）
胸高幹周り6.5m、樹高35m

048　天然記念物〔岡山県〕

[選定機関] 岡山県　[選定時期] 1955 (昭和30) 年～

1955 (昭和30) 年7月19日
◇成羽の化石層 (岡山県高梁市成羽町成羽, 井原市美星町明治)
　中生代三畳紀の化石地層の代表的産地
◇枝の不整合 (岡山県高梁市成羽町成羽)
　白亜紀硯石層の礫岩が不整合に被覆している
◇藍坪の滝 (岡山県高梁市川上町上大竹)
　水の浸食作用で削られ、滝壺だけが残存したもの。4つの淵と甌穴が2ヶ所見られる
◇栗原の四本柳 (岡山県真庭市栗原)
　昔、栗原城の城主栗原惣兵衛が治水のため植えたとされる。現在は3株

1956 (昭和31) 年4月1日
◇宗堂の桜 (岡山県岡山市瀬戸町宗堂)
　伝説では桜を植えた雲哲日鏡上人の死を悼み花は開ききらないという
◇阿知の藤 (岡山県倉敷市本町)
　根回り約1.5m、根元周囲約2.2m
◇浪形岩 (岡山県井原市野上町)
　千手院の庭に露出した貝殻石灰岩
◇穴門山の社叢 (岡山県高梁市川上町高山市)
　約10haの中に周囲3m以上の巨木が林立し、自生植物に珍奇種が多い
◇黒岩の山桜 (岡山県真庭市蒜山東茅部)
　樹齢700年、根元周囲10m、目通り周囲8m、高さ12m
◇黄金杉 (岡山県真庭市蒜山下長田)
　樹齢約150年、擬宝珠形のスギで外観が黄金色
◇枝垂栗自生地 (岡山県真庭郡新庄村戸島)
　突然変異によって生じたクリで親木とされるもの2本がある
◇大野の整合 (岡山県苫田郡鏡野町竹田)

女山の香々美川右岸側に褐色の砂岩と黒褐色の頁岩が十数階に重責し、長さ180m、高さ32m露出した断層
◇八丁畷の準平原面 (岡山県加賀郡吉備中央町吉川)
　吉備高原の中にあって侵食を受けず、地形輪廻の幼年期を呈する未侵食面

1957 (昭和32) 年5月13日
◇真鍋大島のイヌグス (岡山県笠岡市真鍋島前大島)
　推定樹齢約400年の巨樹

1957 (昭和32) 年11月5日
◇上房台 (岡山県真庭市上水田・阿口・下呰部)
　鍾乳洞と石灰岩台地 (備中鐘乳穴 岩屋の穴 上野呂カルスト)
◇阿哲台 (岡山県新見市豊永・金谷, 真庭市下呰部・新見市草間)
　石灰岩地帯の鍾乳洞と変成岩 (満奇洞 秘坂鐘乳穴 宇山洞 縞嶽 諏訪の穴 井倉洞)

1959 (昭和34) 年3月27日
◇金螢発生地 (岡山県新見市哲多町蚊家)
　天王八幡神社の境内とその周辺は金ボタルの集団発生地
◇ぎふちょう発生地 (岡山県真庭市蒜山の旧川上村一円)
　古称を「だんだらちょう」という極東特有の蝶。個体数の減少が著しい
◇かわしんじゅ貝生息地 (岡山県真庭市蒜山上徳山・下徳山・上福田 [天谷川・小原川])
　天谷川、小原川にわずかに生息しているカラスガイの一種
◇郷の源氏螢発生地 (岡山県苫田郡鏡野町)
　ゲンジボタルの産卵、成長等の生息環境がすぐれている地域

記念物・名勝   *049* 天然記念物〔広島県〕

◇やませみ生息地（岡山県苫田郡鏡野町内
　の旧富村一円）
　　旭川支流の目木川の川岸一円に生息し
　　ている。数は多くない

1959（昭和34）年9月15日
◇塩滝の礫岩（岡山県真庭市関・佐引）
　　清水寺の近くの山中に蛇紋岩を主とす
　　る礫岩が一大露出している

1964（昭和39）年5月6日
◇住吉島の樹林（岡山県備前市鶴海坂田）
　　島全体に東洋特産の暖帯樹ウバメガシ
　　が繁茂する

1969（昭和44）年7月4日
◇箸立天神伊吹ひば（岡山県真庭市垂水）
　　菅原道真の立てた箸が成育したと伝え
　　られる。根元周囲約7m、高さ約13m、
　　推定樹齢1000m以上

1972（昭和47）年12月9日
◇角力取山の大松（岡山県総社市岡谷）
　　角力取山古墳の上に立つ樹齢約450年
　　のクロマツの巨木
◇醍醐桜（岡山県真庭市別所）
　　目通り7.1m、根本周囲9.2m、枝張り
　　東西南北20m、樹高18m

1975（昭和50）年6月13日
◇滝川ホタル生息地（岡山県勝田郡勝央町,
　勝田郡奈義町）
　　古くからゲンジボタル・ヘイケボタル・
　　ホソベニホタル等が多量に群棲

1996（平成8）年4月2日
◇尾所の桜（岡山県津山市阿波）
　　標高480mの高地にある1本立ちの山
　　桜。推定樹齢550年の巨木

1998（平成10）年3月24日
◇祇園の天狗大スギ（岡山県高梁市巨瀬
　町）
　　推定樹齢1000〜1200年の杉
◇横川のムクノキ（岡山県美作市滝宮）
　　推定樹齢1000年。幹の太さ目通り9.
　　4m、樹高25m、枝張り南北30m

2003（平成15）年3月11日
◇七色樫（岡山県苫田郡鏡野町羽出）
　　1年かけ7色に葉色が変化するウラジロ
　　ガシの変異種。推定樹齢200年

2004（平成16）年3月12日
◇青木のしいの木（岡山県美作市青木）
　　樹齢700年の巨木。別名「根上がりし
　　い」

2005（平成17）年3月11日
◇二上杉（岡山県久米郡美咲町両山寺）
　　二上山両山寺の境内に生育する霊木で
　　樹高約40m、推定樹齢約1000年

2006（平成18）年3月17日
◇奥迫川の桜（岡山県岡山市灘崎町奥迫
　川）
　　8本程度の株立ちとなっている。推定
　　樹齢約300〜500年

049　天然記念物〔広島県〕

学術上貴重な動植物及び地質鉱物で、本県の自然を記念するもの。

［選定機関］広島県　［選定時期］1937（昭和12）年〜

1937（昭和12）年5月28日
◇豊浜のホルトノキ群叢（広島県呉市豊浜
　町）
　　瀬戸内海の島嶼部特有の樹種に富む
◇忠海のウバメガシ樹叢（広島県竹原市忠
　海町）
　　自然生とされる6株

◇上高野山の乳下りイチョウ（広島県庄原
　市高野町）
　　県内第1位のイチョウの巨樹で神木
◇ベニマンサク群叢（広島県廿日市市大
　野）
　　松が峠を中心とする自生地

事典・日本の自然保護地域　**193**

049 天然記念物〔広島県〕　　　　　　　　　　　　　　　　　　　記念物・名勝

1942（昭和17）年6月9日
　◇古保利の大ヒノキ（広島県山県郡北広島
　　町）
　　樹高約30mの巨樹
　◇本地のクロガネモチ（広島県山県郡北広
　　島町）
　　文禄・慶長の出兵（1592〜1598）に出
　　陣した者が苗木を持ち帰ったという伝
　　説がある
1948（昭和23）年9月17日
　◇栗谷の蛇喰磐（広島県大竹市栗谷町）
　　複雑な侵食を受けた川底に大小の穴が
　　ある
　◇大朝町の大アベマキ（矢熊のミヅマキ）
　　（広島県山県郡北広島町）
　　樹高約30m、地上高5mで南に大枝、北
　　に小枝を分かつ
1949（昭和24）年8月12日
　◇筒賀のイチョウ（広島県山県郡安芸太田
　　町）
　　筒賀神社の本殿前にある巨樹で神木
1949（昭和24）年10月28日
　◇津田の大カヤ（広島県廿日市市津田）
　　真幡神社拝殿の西側に位置する巨樹で
　　神木
　◇矢川のクリッペ（広島県福山市山野町）
　　荒神山（比高170m）の山頂部の石灰岩
　　塊
　◇上原谷石灰岩巨大礫（広島県福山市山野
　　町）
　　高さ30m、幅33m、奥行35m以上の巨
　　大な岩塊
　◇御寺のイブキビャクシン（広島県尾道市
　　瀬戸田町）
　　樹高7.6mの巨樹
　◇二級峡（広島県呉市広町・郷原町）
　　黒瀬川によって浸食された花崗岩の基
　　盤からなる峡谷。二級滝・霧滝・うず
　　滝などに植物相が調和し峡谷美をなす
　　※名勝，天然記念物
1950（昭和25）年3月22日
　◇鹿川のソテツ（広島県江田島市能美町）
　　弘長年間（1261〜1264）屋久島より持
　　ち帰り植樹されたという巨樹

1951（昭和26）年4月6日
　◇竹仁のシャクナゲ群落（広島県東広島市
　　福富町）
　　雑木林の中に天然のまま生育
　◇赤屋八幡神社の社叢（広島県世羅郡世羅
　　町）
　　スギ・シラカシ・カシワ・ソヨゴ・ク
　　リ・シデ類などが生育
　◇男鹿山スズラン南限地（広島県世羅郡世
　　羅町）
　　男鹿山の山頂に近い北側斜面にある
1951（昭和26）年11月6日
　◇ゴギ（広島県庄原市西城町）
　　中国山地の源流冷水域に限り生育する
　　魚類
1952（昭和27）年2月22日
　◇熊野神社の老杉（広島県庄原市西城町）
　　目通り幹囲5.0m以上の杉が11本
1952（昭和27）年10月28日
　◇吉水園のモリアオガエル（広島県山県郡
　　安芸太田町）
　　約330m²の浅い庭池
1953（昭和28）年4月3日
　◇正伝寺のクロガネモチ（広島県広島市安
　　佐南区安古市町）
　　クロガネモチでは県内有数の巨樹
　◇蘇羅彦神社のスギ（広島県庄原市本村
　　町）
　　目通り幹囲2.0m余の巨杉が8本ある
1953（昭和28）年10月20日
　◇福泉寺のカヤ（広島県福山市加茂町）
　　カヤとしては県内有数の巨樹
1954（昭和29）年4月23日
　◇東酒屋の褶曲（広島県三次市東酒屋町）
　　第三紀中新世（2300〜500万年前）備
　　北層群（海成層）上部層の頁岩・細粒
　　砂岩の薄互層が複雑な褶曲構造を示す
　◇冠高原のレンゲツツジ大群落（広島県廿
　　日市市吉和）
　　海抜約800mに位置し大群落としては
　　日本における分布の南限
　◇長束の蓮華松（広島県広島市安佐南区長
　　束）

記念物・名勝   *049*   天然記念物〔広島県〕

広島藩主が「跣足唐崎松」と命名した
という

◇大岐神社のムク（広島県呉市豊浜町）
4条の板根（最大長さ5.0m、厚さ0.9m）
は熱帯樹のような景観を呈する

◇東城川の甌穴（広島県庄原市東城町）
東城川大橋から上流400m、下流300m
が指定範囲

1954（昭和29）年6月30日

◇新庄の宮の社叢（広島県広島市西区大
宮）
常緑広葉樹と落葉広葉樹からなる社叢

1954（昭和29）年11月11日

◇瀬戸田の単葉松（広島県尾道市瀬戸田
町）
葉は二葉が癒着した単葉松。根回り周
囲0.7m、胸高幹囲0.7m、樹高9m

1955（昭和30）年1月31日

◇吉備津神社のサクラ（広島県三次市甲奴
市）
開花は苗代づくり開始の指標になって
いる

◇須佐神社のフジ（広島県三次市甲奴町）
2本のスギに絡みつき、隣接する1本の
スギと1本のケヤキの樹冠を覆う

◇山中福田八幡神社のウラジロガシ（広島
県世羅郡世羅町）
地上面から3〜5mの所で南北の二大支
幹に分かれる。ウラジロガシとしては
県内有数の巨樹

◇光永寺のカヤ（広島県三次市）
カヤとしては県内有数の巨樹。独立木
の典型的な美しい樹形

◇今高野山のカラマツ（広島県世羅郡世羅
町）
文化年間（1804〜1814）の「西備名区」
に今高野山の落葉松と記されている

1955（昭和30）年9月28日

◇鶴亀山の社叢（広島県東広島市河内町）
社叢の一部は常緑広葉樹を主とし各層
はアラカシが優占

1957（昭和32）年2月5日

◇油木八幡の社叢（広島県神石郡神石高原
町）

スギ・モミ・シラカシ・ホウノキ・イ
ヌシデなどの樹種をもつ

1958（昭和33）年8月1日

◇竹田のゲンジボタル及びその発生地（広
島県福山市神辺町）
下竹田の狭間川流域では竹田ボタルと
呼ばれる

1959（昭和34）年7月15日

◇山波艮神社のウバメガシ（広島県尾道市
山波町）
全国有数の巨樹。地上約1.5mで大小
数多くの支幹に分かれる

1959（昭和34）年10月30日

◇上湯川の八幡神社社叢（広島県庄原市高
野町）
スギを主として若干の針葉樹、落葉広
葉樹からなる

◇南の八幡神社社叢（広島県庄原市高野
町）
社殿周辺と延長500mの参道からなる

◇円正寺のシダレザクラ（広島県庄原市高
野町）
1657（明暦3）年住持乗覚法師が植栽し
たと伝わる2株

◇金屋子神社のシナノキ（広島県庄原市高
野町）
主幹の胸高幹囲5mに達す稀にみる巨
樹

1960（昭和35）年3月12日

◇速田神社のツクバネガシ（広島県廿日市
市友田）
森林中にあるため樹高は大きく、末広
がりの樹冠を形成。ツクバネガシでは
県内有数の巨樹

1960（昭和35）年8月25日

◇灰塚のナラガシワ（広島県三次市三良坂
町）
樹高約16m、胸高幹囲3.51mの巨樹

◇熊野神社のシラカシ（広島県三次市畠敷
町）
樹高約25m、胸高幹囲約4.8mの大樹

◇山家のヒイラギ（広島県三次市山家町）
樹高約10m、胸高幹囲1.85m

事典・日本の自然保護地域　**195**

049 天然記念物〔広島県〕 記念物・名勝

1961（昭和36）年4月18日
　◇安国寺のソテツ（広島県福山市鞆町）
　　安国寺恵瓊が植えたという二株
1961（昭和36）年11月1日
　◇仏通寺のイヌマキ（広島県三原市高坂町）
　　樹高約20m、胸高幹囲3.52mの巨樹
1963（昭和38）年4月27日
　◇八栄神社の大ヒノキ（広島県山県郡北広島町）
　　雌ヒノキ、雄ヒノキと呼ばれる2株
1966（昭和41）年9月27日
　◇仙酔島の海食洞窟（広島県福山市鞆町）
　　島周辺海岸の断崖に有史時代、それ以前に形成された大小の海食洞窟、洞門や離れ島がある
　◇仙酔層と岩脈（広島県福山市鞆町）
　　火山活動休止期に堆積した仙酔層、ひん岩・流紋岩・スペサルト岩等の貫入した岩脈が観察できる
1969（昭和44）年4月28日
　◇福山衝上断層（広島県福山市奈良津町, 蔵王町）
　　洪積世後期（約13万年前〜1万年前）の形成とされる
　◇奈良津露頭（広島県福山市奈良津町）
　　断層の連続露頭が延長75m続く
　◇蔵王城山露頭（広島県福山市蔵王町）
　　延長38mの道路切取崖。南端から28mまでは礫岩、以北は石英斑岩と黒雲母花崗岩が露出
　◇西城浄久寺のカヤ（広島県庄原市西城町）
　　樹高約22m、胸高幹囲3.98mの巨樹
1970（昭和45）年1月30日
　◇御調八幡宮の社叢（広島県三原市八幡町）
　　シイ天然林を主とする社叢
　◇上布野・二反田逆断層（広島県三次市布野町, 君田町）
　　布野川々畔から神野瀬川沿岸まで7km続く活断層

1971（昭和46）年4月30日
　◇宇津戸領家八幡神社の社叢（広島県世羅郡世羅町）
　　ウラジロガシ、ツクバネガシが主
1971（昭和46）年12月23日
　◇佐々部のカキノキ（広島県安芸高田市高宮町）
　　樹高約12m、胸高幹囲2.32mの巨樹
　◇原田のエノキ（広島県安芸高田市高宮町）
　　樹高約20m、胸高幹囲4.48mの巨樹
1973（昭和48）年3月28日
　◇神原のシダレザクラ（広島県広島市佐伯区五日市町）
　　樹高約10m、胸高幹囲2.42m
　◇横目堂のイチイ（広島県庄原市川西町）
　　樹高約7m、胸高幹囲1.9m
　◇諏訪神社のシラカシ林・コケ群落（広島県庄原市高門町）
　　シラカシのほぼ純林。社叢内部のコケ類は50数種
1975（昭和50）年4月8日
　◇下豊松鶴岡八幡神社社叢（広島県神石郡神石高原町）
　　スギの大木とシラカシ林が特長
　◇海田観音免のクスノキ（広島県安芸郡海田町）
　　樹高約29m、胸高幹囲6.4mの巨樹
1976（昭和51）年6月29日
　◇板井谷のコナラ（広島県庄原市東城町）
　　樹高約24m、胸高幹囲4.28m。コナラとして県内有数の巨樹。たたら防火の神木
　◇小奴可の要害桜（広島県庄原市東城町）
　　付近に山城跡（亀山城跡）があり、麓の居館跡の一角に位置することが名の由来
　◇出店権現のウラジロガシ（広島県安芸高田市美土里町）
　　樹高約19m、胸高幹囲7.47mで寄植えとされる
　◇摺滝化石植物群（暁新世）産地（広島県三次市作木町）
　　砂質凝灰岩とシルト質凝灰岩との互層

196　事典・日本の自然保護地域

が露出

1978（昭和53）年1月31日

◇馬木八幡神社の社叢（広島県広島市東区馬木）

シイを主とする常緑広葉樹林

◇湯木のモミ（広島県庄原市口和町）

樹高約32m、胸高幹囲6.1m、樹齢300年以上

◇大屋のサイジョウガキ（広島県庄原市西城町）

樹高17mのカキノキ

1978（昭和53）年10月4日

◇山中福田のツバキ（広島県世羅郡世羅町）

樹高約7m、胸高幹囲1.85m、推定樹齢400年

◇仁賀のシラカシ群（広島県三次市三良坂町）

樹高20〜30m、根回り周囲5.83mの木を主に7本が叢生

◇北村神社の巨樹群（広島県庄原市西城町）

イチイ・スギ・トチノキ・エノキの4樹の大木

◇平子のタンバグリ（広島県庄原市西城町）

樹高約15m、胸高幹囲5.1mのクリの巨樹

◇垂水天満宮のウバメガシ群落（広島県尾道市瀬戸田町）

樹高5〜15mのアカマツが散生。ウバメガシが優占する

◇阿弥陀寺のビャクシン（広島県尾道市向島町）

樹高約16m、胸高幹囲2.7m、植栽とされる

◇唯称庵跡のカエデ林（広島県安芸高田市甲田町）

目通り幹囲0.3〜3.3m、樹高7〜20mのカエデが約40本

1979（昭和54）年3月26日

◇原田のヤマナシ（広島県安芸高田市高宮町）

ヤマナシの純野生種と現在の栽培種の

中間型

1979（昭和54）年11月2日

◇土師のチュウゴクボダイジュ（広島県安芸高田市八千代町）

1972（昭和47）年新種として発表された

◇宍戸神社の社叢（広島県安芸高田市甲田町）

針葉樹と常緑広葉樹のシラカシからなる

1980（昭和55）年1月18日

◇敷名八幡神社の社叢（広島県三次市三和町）

主体はモミ林

1981（昭和56）年4月17日

◇亀山八幡神社のツガ（広島県神石郡神石高原町）

樹高約30m、ツルマサキやコケ類が着生

◇教西寺のツバキ（広島県神石郡神石高原町）

樹高約8m、推定樹齢500年以上の巨樹

1981（昭和56）年11月6日

◇西酒屋の備北層群大露頭（広島県三次市西酒屋町）

第三紀中新世中期（1600万〜1400万年前）のものでカキ・巻貝などの化石やコハクが産出された

1982（昭和57）年10月14日

◇福成寺の巨樹群（広島県東広島市西条町）

クロガネモチ（1株）、トチノキ（1株）、モッコク（1株）、スギ（2株）

1983（昭和58）年3月28日

◇都志見のアスナロ（広島県山県郡北広島町）

推定樹齢約250年、樹高約19m、胸高幹囲2.8m

◇熊野新宮神社の大スギ（広島県山県郡北広島町）

樹高約39m、胸高幹囲6.7m、推定樹齢500年

049 天然記念物〔広島県〕

記念物・名勝

1983（昭和58）年11月7日
　◇三次の地蠟産地（広島県三次市高杉町）
　　日本で最初の天然産の蠟
1984（昭和59）年1月23日
　◇梶ノ木の大スギ（広島県山県郡安芸太田町）
　　樹高約36m、胸高幹囲10.13m、推定樹齢800年以上
　◇菅のムクノキ（広島県尾道市御調町）
　　樹高24.38m、胸高幹囲4.68m
　◇仁野のナナミノキ（広島県尾道市御調町）
　　樹高約17m、胸高幹囲2.64mの巨樹
1984（昭和59）年11月19日
　◇祝詞山八幡神社のコバンモチ群落（広島県東広島市安芸津町）
　　三津湾沿岸では飛地的な存在であり、学術上の価値は高い
　◇川尻のソテツ（広島県呉市川尻町）
　　樹高約7m、根元周囲6.1mの雌株
1985（昭和60）年3月14日
　◇大原のクロガネモチ（広島県江田島市大柿町）
　　樹高17.16m、胸高幹囲3.9m
1985（昭和60）年12月2日
　◇井永のシラカシ（広島県府中市上下町）
　　樹高約15m、胸高幹囲4.5mの巨樹
　◇矢野のケンポナシ（広島県府中市上下町）
　　樹高約29m、胸高幹囲2.25mの大樹
　◇東酒屋の海底地すべり構造（広島県三次市東酒屋町）
　　「備北層群の人露頭」の上部層に相当する地層
1986（昭和61）年11月25日
　◇吉田のギンモクセイ（広島県三原市久井町）
　　樹高約12m、推定樹齢400年の老大木
　◇莇原のオガタマノキ（広島県三原市久井町）
　　胸高幹囲1.97m、広島県第1位の巨樹
1987（昭和62）年12月21日
　◇本宮八幡神社の社叢（広島県東広島市豊栄町）
　　主としてモミ、スギ、ヒノキ、ツクバネガシ、ウラジロガシなどからなる社叢が発達
　◇畝山神社の巨樹群（広島県東広島市豊栄町）
　　ツクバネガシ、スギ、ヒノキの巨樹が見られる
　◇洗川の谷渡り台杉（広島県山県郡安芸太田町）
　　谷に橋をかけたような特異な形状をしたスギ
1988（昭和63）年12月26日
　◇艮神社のクスノキ群（広島県尾道市長江）
　　境内に4株のクスノキがある
1989（平成1）年11月20日
　◇領家八幡神社の社叢（広島県庄原市総領町）
　　胸高幹囲2m以上のシラカシの大木が30本見られる
1990（平成2）年12月25日
　◇迦具神社の大イチョウ（広島県三次市作木町）
　　樹高約32m、胸高幹囲7.28m、推定樹齢約500年で杯葉をつける
　◇森山のサイジョウガキ（広島県三次市作木町）
　　樹高約22m、推定樹令350年
1991（平成3）年12月12日
　◇下領家のエドヒガン（広島県庄原市総領町）
　　樹高約20m、胸高幹囲6.67mの巨木
　◇行縢八幡神社の大木群（広島県府中市行縢町）
　　ツガ、カヤ、アラカシ、シラカシ、ヤブツバキなどの大木が生育
1992（平成4）年10月29日
　◇本山のシャシャンボ（広島県豊田郡大崎上島町）
　　樹高約6m、東西5.5m、南北6.8mの樹冠を形成
　◇楠神社のクスノキ（広島県竹原市忠海町）

記念物・名勝　　　　　　　　　　　　　　　　　　　　　　　　　　*050*　天然記念物〔山口県〕

樹高約32m。地上4m辺りで4本の支幹
に分かれる

1994（平成6）年2月28日

◇千鳥別尺のヤマザクラ（広島県庄原市東
城町）
樹高約27m、胸高幹囲4.6mの巨樹

◇森湯谷のエドヒガン（広島県庄原市東城
町）
樹高約25m、胸高幹囲5.06mの巨樹

◇帝釈始終のコナラ（広島県庄原市東城
町）
樹高約30mの大木

◇新免郷谷のエノキ（広島県庄原市東城
町）
樹高約28m、胸高幹囲5.2m。神木とし
て保護されてきた

1994（平成6）年10月31日

◇上市のイロハモミジ群（広島県庄原市総
領町）

臨川庵（法福寺）跡と共同墓地に18株
の大木が生育

1995（平成7）年9月21日

◇下草井八幡神社のツガ（広島県三原市大
和町）
樹高約22m、胸高幹囲3.7mの巨樹

◇国留のヤブツバキ（広島県府中市上下
町）
樹高約7.6m、胸高幹囲2.18m

1998（平成10）年9月21日

◇津田明神の備北層群と粗面岩（広島県世
羅郡世羅町）
粗面岩は県内で初めて発見された岩
石、備北層群からは二枚貝・まき貝等
の化石が産出する

2005（平成17）年4月18日

◇鏡浦の花崗岩質岩脈（広島県尾道市因島
鏡浦町）
鏡浦集落の北東端の岬の突端から東海
岸に見られる地質現象

050　天然記念物〔山口県〕

山口県文化財保護条例によって保護されている。動物、植物、地質鉱物。

［選定機関］山口県　［選定時期］1966（昭和41）年〜

1966（昭和41）年6月10日

◇常満寺の大イチョウ（山口県熊毛郡上関
町）
昔は火難（家難）を免れるためこの木
を廻る風習があった

◇祝島のケグワ（山口県熊毛郡上関町）
島の西部の北海岸近くの谷間にケグワ
が群生

◇法林寺のソテツ（山口県下関市）
本堂前の左右にある雌樹の巨木2株

◇長門国一の宮住吉神社社叢（山口県下関
市）
指定面積約9000m²。社叢は常緑広葉
樹林、林内は暖地生植物が大半を占
める

◇水無瀬島のアコウ自生地帯（山口県大島

郡周防大島町）
大水無瀬島は浜に近い小さい崖、小水
無瀬島は断崖面に自生している

◇熊野神社のツルマンリョウ自生地（山口
県宇部市）
社殿の傾斜面に多く枝は地をはって伸
びる。雌雄別株

◇妙見社の大イチョウ（山口県山口市）
推定樹齢700年。根元の周囲11m

◇河内の大ムク（山口県萩市）
川沿いの2本のムクノキの巨木

◇西円寺のアオバス（山口県長門市）
境内の青蓮の池（6.7m²）に生育する

◇日吉神社のオガタマノキ巨樹群（山口県
長門市）
日本海沿岸におけるオガタマノキの自

050 天然記念物〔山口県〕

生北限地帯

◇二位の浜ハマオモト群落（山口県長門市）
長さ約150m、幅10〜40mの範囲に他の草本と混在して群生。日本海側の北限

◇大覚寺のビャクシン巨樹（山口県阿武郡阿武町）
参道両側に一本ずつある。西方約2kmの海岸付近の自生地から採取し植えたといわれる

1967（昭和42）年1月17日

◇青海島八王子山タチバナ自生北限地（山口県長門市）
八王子山の林中に現在1本が残る。日本海側の北限

1969（昭和44）年2月4日

◇長府正円寺の大イチョウ（山口県下関市）
本堂前左側にそびえる雌樹

◇光のクサフグ産卵地（山口県光市）
室積半島の南、杵崎鼻〜赤崎鼻間の海岸に毎年クサフグが産卵のためにやってくる

◇山口市稔畑のノハナショウブ自生地（山口県山口市）
湿地帯の雑草地約1500m²にわたり自生している

1969（昭和44）年4月25日

◇川棚三恵寺のモッコク（山口県下関市）
城山の頂上東北にあり木の頂は東側に傾いている

1969（昭和44）年12月5日

◇八幡人丸神社御旅所のヒノキ巨樹（山口県長門市）
根元の周囲7.5m、目の高さの幹周り4.72m

1970（昭和45）年2月27日

◇防府市中浦の緑色片岩（山口県防府市）
中浦湾の東と西の海岸、長さ400〜500mに渡り見られる

1971（昭和46）年1月12日

◇岩国市二鹿のシャクナゲ群生地（山口県岩国市）

標高約300mのアカマツの林の中に2000株以上が群生

◇長門市一位ガ岳のベニドウダン自生地（山口県長門市）
一位が岳の標高600m付近の林中。指定地域面積3ha

1972（昭和47）年5月12日

◇秘密尾の氷見神社社叢（山口県周南市）
社叢は標高515mから山地の斜面に沿って上方に長く伸びる

1976（昭和51）年11月24日

◇秋穂二島のアラカシ（山口県山口市）
根元の周囲約5m、目の高さの幹周り4m、高さ14mの巨木

1977（昭和52）年3月29日

◇大原のシャクナゲ群生地（山口県岩国市）
羅漢山の北側山腹20haの範囲に及ぶ

1977（昭和52）年11月11日

◇滝部のシダレザクラ（山口県下関市）
樹齢約400年の巨木。大内氏の浪人中山弾正手植えといわれている

◇滝部八幡宮のイチイガシ（山口県下関市）
樹齢は700年以上。幹の一部には落雷による縦の割れ目がある

◇舟山八幡宮のチシャノキ（山口県山口市）
参道の右脇に生育。根周り11.5m、高さは目測で16m

◇老松神社のクスノキ（山口県防府市）
目の高さの幹周り約9m、根元の周囲約16m、高さ約20mの老巨木

1978（昭和53）年3月31日

◇阿川八幡宮のイヌマキ巨樹群（山口県下関市）
境内に点在し本殿裏には樹齢600年を数える木もある

◇宇佐八幡宮のスギ巨樹群（山口県岩国市）
通称大杉と呼ばれるスギは、県下有数のスギの巨木

1978（昭和53）年12月22日
　◇神功皇后神社のイチイガシ（山口県美祢市）
　　推定樹齢約500年、根元の周囲8.2m、目の高さの幹周り6.55m、高さ約20m
　◇吉部八幡宮のスギ（山口県萩市）
　　境内の参道にある三本のスギの巨木で推定樹齢約500年
　◇鶴ヶ嶺八幡宮のクスノキ（山口県阿武郡阿武町）
　　目の高さの幹周り7.9m、高さ27m
1979（昭和54）年3月31日
　◇仁保のクワ（山口県山口市）
　　雄樹で胸の高さの幹周り2.8m、高さ約7m
1979（昭和54）年12月4日
　◇通津のイヌマキ巨樹（山口県岩国市）
　　大蔵神社の境内地のハス田で囲まれた平坦地にある。単木としては県下最大
　◇吉香公園のエンジュ（山口県岩国市）
　　高さ25m、地上2.5mの周囲は3.3m
1980（昭和55）年4月11日
　◇岩国市楠町一丁目のクスノキ巨樹群（山口県岩国市）
　　錦川の三角州の堤防及び河川敷に群生するうち、目の高さの幹周り3.2〜5.65mの11本
1980（昭和55）年12月5日
　◇須万風呂ヶ原のエノキ（山口県周南市）
　　根元の周囲6m、目の高さの幹周り4.8m、高さ22m。推定樹齢600余年の信仰の木
　◇三見吉広のバクチノキ（山口県萩市）
　　根元の周囲2.5m、高さ約17m、枝張り約18mの日本有数の巨木。「森様」と呼ばれていた
1981（昭和56）年3月24日
　◇志都岐山神社のミドリヨシノ（山口県萩市）
　　萩市にのみ存在するサクラとして貴重。七代藩主が持ち帰ったと伝わる
1981（昭和56）年12月11日
　◇姫島樹林（山口県阿武郡阿武町）

島内でオニヤブソテツ、ハマビワ、クロマツ林、ホソバカナワラビ、スダジイ群集などが発達
1982（昭和57）年11月5日
　◇蓋井島のヒゼンマユミ群落（山口県下関市）
　　島の西側斜面の一部のヒゼンマユミが多く生育する群落が指定された
1984（昭和59）年11月2日
　◇正福寺のイブキ（山口県山口市）
　　根元の周囲6.1m、目の高さの幹周り3m、高さ16mの巨木。樹齢400年
1990（平成2）年3月30日
　◇若月家の臥竜松（山口県防府市）
　　推定樹齢300年〜400年。全長33mで全国一
1998（平成10）年4月14日
　◇牛島のモクゲンジ群生地（山口県光市）
　　牛島の北部の中崎付近の崖約154,149m²が群生地
　◇田万川の柱状節理と水中自破砕溶岩（山口県萩市）
　　約33万年前に噴出した黒っぽい火山岩の玄武岩が礫層と砂層を覆う
1999（平成11）年4月6日
　◇辻山のシダレザクラ（山口県萩市）
　　高佐上辻山のスギ林の中にある。高さ約15.8m
2001（平成13）年3月30日
　◇常栄寺のモリアオガエル繁殖地（山口県山口市）
　　常栄寺の四明池は県内有数の繁殖地
2003（平成15）年4月4日
　◇八島与崎のカシワ・ビャクシン群落（山口県熊毛郡上関町）
　　カシワとビャクシンが混生する全国的にも稀な群落
2007（平成19）年
　◇宿井のハゼノキ（山口県熊毛郡田布施町）
　　別名「地蔵のハゼノキ」で傍らに地蔵尊が安置されている

051 天然記念物〔徳島県〕   記念物・名勝

2011（平成23）年4月8日
　◇防府市向島の寒桜（山口県防府市）
　　防府市立向島小学校に生育。樹高約
　　8m、目通り幹囲は2.7m、根回り約4.
　　4m

2013（平成25）年2月5日
　◇教善寺のサザンカ（山口県宇部市）
　　樹高約13m、推定樹齢450年の国内屈
　　指の古木

051　天然記念物〔徳島県〕

[選定機関] 徳島県　[選定時期] 1953（昭和28）年～

1953（昭和28）年1月13日
　◇立川のシルル紀石灰岩（徳島県勝浦郡勝
　　浦町大字棚野字奥立川96–1他）
　　古生代から中生代の化石が出土
　◇金磯のアコウ（徳島県小松島市金磯町弁
　　天山）
　　弁天山断崖に生息
　◇祖谷、三名の含礫片岩（徳島県三好市西
　　祖谷山村一宇・山城町西字チガヤノ下
　　1643–2）
　　日本でも有数な岩層

1953（昭和28）年7月21日
　◇矢神のイチョウ（徳島県名西郡石井町高
　　原字中島 新宮本宮神社）
　　樹齢900年

1954（昭和29）年1月29日
　◇剣山並びに亜寒帯植物林（徳島県美馬市
　　木屋平、那賀郡那賀町、三好市東祖谷）
　　剣山は標高1955mの高山。中腹はブナ
　　林、標高1600mは針葉樹林帯、頂上一
　　帯は亜高山帯樹林※名勝、天然記念物
　◇左右内の一本スギ（徳島県名西郡神山町
　　下分字左右内）
　　幹囲約7.7m、高さ約25m
　◇大月のオハツキイチョウ（徳島県三好市
　　山城町大月 長福寺）
　　幹囲約6m、高さ約30m、樹齢約250年
　◇櫛淵のフウ（徳島県小松島市櫛淵町字太
　　田）
　　幹囲約2m、樹皮は美しく芳香がある
　◇鉾スギ（徳島県三好市東祖谷大枝）
　　樹齢約800年

　◇恩山寺ビランジュ（徳島県小松島市田野
　　町字恩山寺谷）
　　3本からなり、3樹が1体となっている
　◇飛島のイブキ群落（徳島県鳴門市鳴門町
　　土佐泊浦字飛島）
　　小島に群生する珍しい樹として貴重

1954（昭和29）年8月6日
　◇江川の水温異常現象（徳島県吉野川市鴨
　　島町知恵島字西知恵島地先他）
　　夏は冷たく冬は暖かい水温の逆転現象
　　の湧水
　◇ヤッコソウ自生北限地（徳島県海部郡海
　　陽町奥浦字町内192 妙見山 明現神社
　　境内）
　　明現山頂上付近に自生。世界の最北限
　　として貴重

1955（昭和30）年7月15日
　◇足代のナギの林（徳島県三好郡東みよし
　　町足代字宮ノ岡3026他）
　　足代八幡神社社叢に群生する約20数株
　　のナギの樹林
　◇美濃田の淵（徳島県三好郡東みよし町足
　　代字小山3822他）
　　吉野川中流域にある景勝地※名勝、天
　　然記念物

1956（昭和31）年2月7日
　◇長生の暖地性樹林（徳島県阿南市長生町
　　大谷）
　　30科50種以上の樹種が生育
　◇矢上の大クス（徳島県板野郡藍住町矢上
　　字春日 春日神社）
　　幹周り12.1m、高さ約15m、推定樹齢

202　事典・日本の自然保護地域

1200～1400年
◇土釜（徳島県美馬郡つるぎ町一宇字一宇）
　大きな釜の様な滝壺をもつ7m程の滝
1957（昭和32）年1月16日
◇坂本のオハツキイチョウ（徳島県勝浦郡勝浦町大字坂本）
　推定樹齢150年
1958（昭和33）年7月18日
◇案内神社の大クス（徳島県阿波市吉野町柿原字シノ原337）
　推定樹齢500年、根周り約14m、幹囲約8m、高さ約28m
1959（昭和34）年6月12日
◇高清の大スギ（徳島県美馬郡つるぎ町半田）
　標高300mの山腹に高く抜き出た2株
1959（昭和34）年12月15日
◇蒲生田のアカウミガメ産卵地（徳島県阿南市椿町蒲生田46−2）
　毎年5～9月の夜間に砂浜で上陸が見られる
◇鳥屋の大クス（徳島県板野郡上板町瀬部字樫山576−1）
　根周り約24m、幹囲約12m、高さ約30m、樹齢約700年
1960（昭和35）年4月5日
◇太刀野の中央構造線（徳島県三好市三野町太刀野1941−3）
　日本最大の断層帯
1960（昭和35）年9月24日
◇境目のイチョウ（徳島県阿波市市場町大影字境目92−1）
　樹齢約600年の雌株。幹囲約8m、高さ約25m
1961（昭和36）年3月14日
◇北河内のタチバナ自生地（徳島県海部郡美波町北河内）
　1番上部の木は幹囲約0.6m、高さ約5.5m、下部は幹囲約0.4m、高さ4.5m
1962（昭和37）年1月16日
◇神山町辰ノ宮のクス（徳島県名西郡神山町下分字西寺79）

推定樹齢約800年
◇焼山寺山のフジの群生地（徳島県名西郡神山町下分字地中225）
　古くから「垢離取のフジ」といわれる
◇焼山寺山スギ並木（徳島県名西郡神山町下分字地中318）
　山門より一帯に40本、参道に100本余のスギが生育
◇尾開のクロガネモチ（徳島県阿波市市場町尾開字日吉576）
　幹囲約3m、高さ約21m、樹齢約300年
1963（昭和38）年6月18日
◇ボウランの北限自生地（徳島県那賀郡那賀町和食字地156−2他）
　蛭子神社の境内にある
1964（昭和39）年5月1日
◇天神のイチョウ（徳島県名西郡石井町高川原字天神　天満神社）
　樹齢約900年、幹囲約10.5m、高さ約30m
1965（昭和40）年3月5日
◇黒沢の湿原植物群落（徳島県三好市池田町漆川黒沢2950他）
　ラン科植物、サギソウやトキソウなどが生育
◇壇の大クス（徳島県吉野川市鴨島町森藤字平山566）
　平康頼が植えたという。推定樹齢900年
◇玉林寺のモクコク（徳島県吉野川市鴨島町山路107）
　樹齢約350年。傘形の整った樹形をした老樹
1967（昭和42）年1月17日
◇新野のクスの群生（徳島県阿南市新野町北宮ノ久保）
　轟神社境内に群生する10株の大クス
1967（昭和42）年3月17日
◇桑野川のオヤニラミ（徳島県阿南市新野町　新野西小学校より川又に至る桑野川の上流500mの水域）
　新野西小学校裏から川又に至る500mの水域に生息数が多い

051 天然記念物〔徳島県〕 記念物・名勝

1967（昭和42）年12月19日
◇大野の城山の花崗岩類（徳島県阿南市上大野町大山田）
城山を形成している花崗岩質の岩盤は4億2千万年前のもので、地質学上極めて価値が高い

1968（昭和43）年12月6日
◇大野島のフジとクス（徳島県阿波市市場町大野島字天神66）
樹齢約350年のクスに3株の野田藤が巻きついている

1971（昭和46）年2月23日
◇吉良のエドヒガン（徳島県美馬郡つるぎ町貞光字吉良）
樹齢約400年、県下第一のエドヒガン桜の巨木

1972（昭和47）年3月17日
◇別所の大クス（徳島県美馬市脇町別所字政所2194–1）
樹齢約850年、樹高23.5m、根回り6.2m、幹周り9.8m

1973（昭和48）年4月17日
◇大島のタチバナ自生地（徳島県海部郡牟岐町大字牟岐浦）
大島に4株のタチバナが自生

1973（昭和48）年8月21日
◇岡の宮の大クス（徳島県板野郡板野町大寺字岡山路7）
推定樹齢650年

1974（昭和49）年8月30日
◇東祖谷の社叢群（徳島県三好市東祖谷落合175（三所神社）、栗枝渡144（八幡神社）、奥ノ井72（住吉神社）、大枝45（鉾神社）、釣井248（釣井三社神社）、落合435（深渕愛宕神社）、菅生384–2（菅生八幡神社））
温暖帯から冷温帯へ移行する中間温帯林
◇喜来のナギ自生地（徳島県海部郡牟岐町大字橘）
大谷川の上流の谷川沿いに自生

1975（昭和50）年8月12日
◇大島のアオサギとその群生地（徳島県海部郡牟岐町大字牟岐浦）

大島南側斜面のウバメガシ林に繁殖

1976（昭和51）年8月6日
◇明丸のオガタマノキ自生地（徳島県海部郡美波町山河内字明丸13–1他）
明丸展望所下部一帯に自生
◇峯長瀬の大ケヤキ（徳島県名西郡神山町阿野字峯長瀬43）
根周り約19.5m、幹周り約10.4m、高さ30m

1977（昭和52）年3月22日
◇加島の堆積構造群露頭（徳島県海部郡海陽町浅川字鍛冶屋44–5他）
地層変形の様子が底生生物の痕跡とともに一つの露頭で観察できる

1986（昭和61）年5月2日
◇川井のエドヒガン（徳島県美馬市木屋平字川井）
幹周り約6m、高さ13m、推定樹齢約500〜600年
◇川井のヒイラギ（徳島県美馬市木屋平字川井）
幹周り約2.7m、高さ8m、推定樹齢約200〜300年
◇八幡の大スギ（徳島県美馬市木屋平字八幡76）
推定樹齢約600〜700年、幹周り約8.5m、高さ約30m

1987（昭和62）年12月4日
◇由岐のヤマモモ（徳島県海部郡美波町西の地）
幹囲約5m、高さ約25m、県内首位のヤマモモの巨樹

1991（平成3）年9月27日
◇蛇王のウバメガシ樹林（徳島県海部郡海陽町浅川字ヒムロ谷3–13）
蛇王神社社叢内の自然の樹林

1997（平成9）年8月8日
◇阿部のイブキ（徳島県海部郡美波町阿部）
推定樹齢600年

1998（平成10）年5月8日
◇内田のエドヒガン（徳島県美馬市穴吹町古宮）

記念物・名勝

「世の中桜」とも呼ばれる
◇内田のヤマザクラ（徳島県美馬市穴吹町古宮）
推定樹齢500年
1999（平成11）年12月24日
◇白山神社のモミ（徳島県美馬郡つるぎ町一宇字蔭117）
樹齢約650年
◇桑平のトチノキ（徳島県美馬郡つるぎ町一宇字桑平6146）
樹齢約800年
◇奥大野のアカマツ（徳島県美馬郡つるぎ町一宇字奥大野6848）
樹齢約550年
2000（平成12）年7月28日
◇洞草薬師堂のコナラ（徳島県三好市池田

町西山東内476–1）
推定樹齢550年
2002（平成14）年8月6日
◇光福寺のイチョウ（徳島県板野郡北島町北村字水神原32–1）
樹齢約400年、幹周り約7m、高さ約30m
2003（平成15）年8月1日
◇五所神社の大スギ（徳島県三好市西祖谷山村上吾橋310）
樹齢推定1100年
2013（平成25）年6月4日
◇端山のタラヨウ（徳島県美馬郡つるぎ町貞光字長瀬39番地1）
幹周り3.73m。樹高15m

052　天然記念物〔香川県〕

［選定機関］香川県　［選定時期］1954（昭和29）年〜

1954（昭和29）年2月2日
◇蓮成寺のイヌマキとフウラン（香川県木田郡三木町氷上）
樹齢約800年、樹高12mのイヌマキに、着生植物であるフウランが枝に密生している
◇蛭子神社境内のムクの木（香川県さぬき市長尾東1101）
樹高18.0m、胸高周囲（1.2m）3.5m
◇浄源坊のウバメガシ（香川県小豆郡土庄町渕崎甲770）
最も太いところで周囲が4.4mある
1954（昭和29）年8月18日
◇日枝神社の樟（香川県観音寺市柞田町丙1074）
幹囲は地上1.5mの所で7.7m、樹高40m。幹に注連縄が張られている
◇興田寺のムクの木（香川県東かがわ市中筋466）
樹高25m、胸高周囲（1.2m）6.5m

1956（昭和31）年5月12日
◇熊野神社の二本杉（香川県木田郡三木町奥山2863）
樹齢800年の二本杉の巨木。樹高45m、40m。胸高幹周7.8m、6.4m
1957（昭和32）年4月20日
◇老杉洞の日本サル群（香川県小豆郡小豆島町神懸通字カンカケ乙334）
サル類の社会構造の学術上の研究資料として重要
◇銚子渓の日本サル群（香川県小豆郡土庄町肥土山蛙子）
サル類の社会構造の学術上の研究資料として重要
1958（昭和33）年6月5日
◇小与島のササユリ（香川県坂出市与島町小与島西方）
小与島東部に自生している
◇片山愛樹園のソテツ（香川県小豆郡土庄町豊島甲生）

事典・日本の自然保護地域　205

052 天然記念物〔香川県〕　記念物・名勝

片山家の祖先が200年ほど前に沖縄か
ら持ち帰ったと伝えられているソテツ

1959（昭和34）年6月27日

◇善通寺市中村町の木熊野神社社叢（香川
県善通寺市中村町137）
構成樹種はナギ

1960（昭和35）年7月7日

◇船山神社のクス（香川県高松市仏生山町
甲1147）
根元の周囲12.8m、地上1.5mの幹周り、
9.8mの巨樹

1962（昭和37）年4月14日

◇根上りカシ（香川県高松市栗林町一丁目
20–16）
樹高約7mで、地上約2mが根という珍
しい形のカシ

◇ソテツの岡（香川県高松市栗林町一丁目
20–16）
栗林公園の涵翠池の北沿いの丘に雌株
雄株合わせて36株が群生

1963（昭和38）年4月9日

◇長尾衝上断層（香川県さぬき市長尾名
1633）
亀鶴公園の南にある台が山の北面、掘
削跡の崖の中ほどにはしる地層境界線

1967（昭和42）年5月30日

◇三宝寺のボダイジュ（香川県東かがわ市
入野山2152）
樹高11.0m、胸高周囲（1.2m）2.19m

1969（昭和44）年4月3日

◇大北のクワ（香川県さぬき市大川町南
川）
樹高18.5m、胸高周囲（1.2m）2.83m、
県下では希少なクワの巨樹

1970（昭和45）年4月28日

◇志々島の大くす（香川県三豊市詫間町
志々島172）
根元に祠や鳥居がある。樹勢が旺盛

◇南川のふじ（香川県さぬき市大川町南川
1309）
胸高周囲（1.2m）0.99m

◇師走谷の大なら（香川県さぬき市大川町

南川）
樹高28m、胸高周囲（1.2m）4.00m

1971（昭和46）年4月30日

◇一瀬神社社叢（香川県高松市中山町
1202–1）
学術上価値の高い植物が多い。胸高幹
周90cmのバクチノキの大樹がある

◇善通寺境内の大グス（香川県善通寺市善
通寺三丁目）
2株のクスノキ。大門に近い方は「大
グス」、西北方のものは「五社明神大
クス」に呼ばれている

◇内海八幡神社社叢（香川県小豆郡小豆島
町馬木宮山甲40ほか）
標高45mの花崗岩丘陵上にある。ウバ
メガシ極相林による社叢

◇福田八幡神社社叢（香川県小豆郡小豆島
町福田甲598）
暖温帯性の常緑大樹による安定した林
相。スダジイ・ウラジロガシなどがみ
られる

◇岩部八幡神社のイチョウ（香川県高松市
塩江町安原上692–1）
東側を雄木、西側を雌木と呼ぶがいず
れも雌株。産婦の信仰が厚い

◇杉王神社のスギ（香川県仲多度郡まんの
う町川東2748）
約50m、幹の太さ約9.2mの香川県最大
の杉。推定樹齢800年以上

1972（昭和47）年5月23日

◇王子神社社叢（香川県小豆郡土庄町小海
甲195–1）
構成樹種はクスノキ、ウラジロガシ、
アラカシ、ムクノキ、エノキ

1973（昭和48）年5月12日

◇ゆるぎ岩（香川県綾歌郡宇多津町2720–
1）
重量10t以上あると推定される巨石。
片手で動くのが名の由来

1988（昭和63）年7月5日

◇高見島龍王宮社叢（香川県仲多度郡多度
津町高見六社通1283）
東西70m・南北60mの社叢。主な植物
はシロダモ

206　事典・日本の自然保護地域

記念物・名勝　　　　　　　　　　　　　　　　　　　　　　　　　　*053*　天然記念物〔愛媛県〕

053　天然記念物〔愛媛県〕

〔**選定機関**〕 愛媛県　　〔**選定時期**〕 1948（昭和23）年～

1948（昭和23）年10月28日
- ◇鹿島のシカ（愛媛県松山市鹿島）
  古くから生息する野生の鹿
- ◇名駒のコミカン（愛媛県今治市吉海町名駒）
  県内で数少ないコミカンの代表的古木。独立した本数は10本
- ◇二重柿（愛媛県宇和島市津島町岩淵）
  根回り1.7m、目通り1.4m、樹高17m。別名「子持柿」

1949（昭和24）年9月17日
- ◇松山城山樹叢（愛媛県松山市丸之内）
  アカマツ、ツブラジイほか約550種が繁茂している
- ◇カブトガニ繁殖地（愛媛県西条市東予地区海岸一帯）
  幼生の放流や海岸清掃等の保護活動が行なわれている
- ◇衝上断層（愛媛県西条市丹原町湯谷口）
  志河川の河床に長瀞系雲母片岩の上に和泉砂岩層が押し上げられた断層
- ◇イヨダケの自生地（愛媛県上浮穴郡久万高原町露峰）
  通称イヨス山と呼ばれる山中にある。自生地の面積約66a
- ◇乳出の大イチョウ（愛媛県喜多郡内子町中川）
  根回り15m、目通り7m余り
- ◇イトザクラ及びエドヒガン（愛媛県北宇和郡鬼北町内深田）
  約3haに群生。桜の名所
- ◇蔵王神社のイチイガシ（愛媛県北宇和郡松野町吉野）
  2本の夫婦松。乳もらいの神木

1950（昭和25）年10月24日
- ◇湿地植物（愛媛県今治市孫兵衛作）
  医王山麓の医王池約50aの湿地

- ◇盛口のコミカン（愛媛県今治市上浦町井口）
  ミカン科のキシュウミカン
- ◇イチイガシ（愛媛県喜多郡内子町本川）
  根回り10m、目通り6.7m、高さ30m
- ◇逆杖のイチョウ（愛媛県北宇和郡松野町蕨生）
  根回り12m、目通り11m、弘法大師の伝説がある

1951（昭和26）年11月27日
- ◇生樹の門（クスノキ）（愛媛県今治市大三島町宮浦）
  根回り32m、目通り20m
- ◇大イチョウ（愛媛県西予市城川町窪野）
  根周り約8.6m、目通り約7.4m、城主紀親安の霊木

1953（昭和28）年2月13日
- ◇シイ（愛媛県四国中央市富郷町寒川山）
  根回り11.7m、目通り8.9m、樹高16.5mの巨木
- ◇イブキ（愛媛県四国中央市富郷町津根山）
  根回り7.97m、目通り9.29m、樹高11.5mの日本屈指の巨樹
- ◇フジ（愛媛県四国中央市富郷町津根山）
  根回り2.7m、目通り2.2mの老木
- ◇モウソウチク林（愛媛県西条市丹原町高松）
  八雲神社に隣接した南斜面にある約2,000m²の竹林
- ◇カツラ（愛媛県上浮穴郡久万高原町柚野）
  樹高25m、根回り29mの大木
- ◇ケヤキ（愛媛県喜多郡内子町本川）
  ケヤキの大樹2本
- ◇ゴトランド紀石灰岩（愛媛県西予市城川町窪野及び嘉喜尾）

事典・日本の自然保護地域　**207**

053 天然記念物〔愛媛県〕 記念物・名勝

「黒瀬川構造帯」中の代表的な岩石

1953（昭和28）年10月21日
◇田穂の石灰岩（愛媛県西予市城川町田穂）
中生代初めのアンモナイト化石の発見地

1954（昭和29）年11月24日
◇カヤ（愛媛県四国中央市富郷町寒川山）
根回り6.9m、目通り4.7m、樹高約16m
◇カツラ（愛媛県四国中央市富郷町寒川山）
根回り15.0m、目通り14.0m、樹高約38m
◇ツバキ（愛媛県四国中央市富郷町寒川山）
熊野神社境内に自生する根回り3.4mのツバキ。県下ではまれに見る巨木
◇城の山のイブキ自生地（愛媛県松山市二神）
根回り5mの大木など数10本が群生

1956（昭和31）年7月12日
◇ハマユウ（愛媛県宇和島市日振島）
日振島全体に群生する

1956（昭和31）年11月3日
◇瑞応寺のイチョウ（愛媛県新居浜市山根町）
根回り14m、目通り9.4mの雌株。乳出の霊木
◇天満神社のクスノキ（愛媛県西条市坂元）
根回り17m、目通り9.7m、樹高は25m
◇扶桑木（珪化木）（愛媛県伊予市森大谷）
第三紀層に属する粘十質岩の地層の埋れ木

1957（昭和32）年12月14日
◇ソテツ（愛媛県新居浜市多喜浜）
多喜浜塩田発祥地ゆかりのソテツ
◇赤石山の高山植物（愛媛県新居浜市、四国中央市土居町にまたがる赤石山付近一帯）
赤石山系の植物は1000種以上に及ぶ
◇八幡神社社叢（愛媛県大洲市阿蔵）
300種近い植物が繁茂

◇子持ち杉（愛媛県今治市玉川町木地）
別名「お子持ち杉」「乳杉」
◇大島の樹林（愛媛県南宇和郡愛南町御荘平山）
約200種にも及ぶ植物が自生

1957（昭和32）年12月24日
◇大川のクスノキ（愛媛県四国中央市土居町上野）
根回り35m、目通り10.6m

1959（昭和34）年3月31日
◇大クスノキ（愛媛県今治市別名）
越智玉澄の墓所とされる所の一角ある。大幹目通り7.5、樹高約22m
◇南柿（愛媛県松山市本谷）
根回り4.31m、目通り2.0m、樹高25m
◇世善桜（愛媛県喜多郡内子町上川）
御獄の太森神社のエドヒガンで目通り5m、樹高15m

1959（昭和34）年12月25日
◇矢落川のゲンジボタル発生地（愛媛県大洲市田処から喜多山に至る）
矢落川の矢落橋から上流の田処約12kmの間は、藩政時代に植えられたメダケ類が今もよく繁茂している

1961（昭和36）年3月30日
◇イブキ（愛媛県松山市宮内）
樹齢700年以上の老木
◇小屋の羅漢穴（愛媛県西予市野村町小松）
大野ケ原の麓、標高720mの地点の鍾乳洞。洞内は最長約300mを超し、支洞も合わせた全長は約430mに達する

1962（昭和37）年3月23日
◇ベニモンカラスシジミ（愛媛県東温市上林）
四国産の特徴をもつ亜種

1964（昭和39）年3月27日
◇ハルニレ（愛媛県大洲市東宇山）
根回り5.7m、樹高約20mの巨樹

1965（昭和40）年4月2日
◇賀茂の大クスノキ（愛媛県今治市菊間町佐方）
目通り7m、高さ25m

記念物・名勝　　　　　　　　　　　　　　　　　　　　　　　053　天然記念物〔愛媛県〕

◇宇和海特殊海中資源群（愛媛県宇和島市，南宇和郡愛南町）
　　海岸動物類、貝類、海藻顆が指定された

1965（昭和40）年12月24日
◇エノキ（愛媛県西条市玉之江）
　　根回り14.15m、目通り6.2m、樹高25m、推定樹齢400年

1966（昭和41）年4月5日
◇お葉つきイチョウ（愛媛県四国中央市新宮町新瀬川）
　　根回り約9.2m、目通り4.17mの雌株

1968（昭和43）年3月8日
◇フジ（愛媛県西条市喜多川）
　　根回りが2.2m、樹高3mのノダフジ
◇エジル石閃長岩（愛媛県越智郡上島町岩城）
　　暮坂山山頂を中心とした半径50m以内の地域に露出している。日本では他にほとんど例をみない
◇舟形ウバメガシ（愛媛県越智郡上島町岩城）
　　目通り3m、樹高6m
◇イチイガシ（愛媛県大洲市肱川町宇和川）
　　樹高20m、枝張り半径9mの老大木
◇サギソウ自生地（愛媛県宇和島市津島町御内）
　　御内の源池公園内の約10aの湿地
◇大ウナギ（愛媛県宇和島市津島町岩松川）
　　岩松川下流や増穂川下流に生息する

1969（昭和44）年2月18日
◇西禅寺のビャクシン（愛媛県大洲市手成）
　　根回り3.66m、目通り3.45mの老大木
◇金竜寺のイチョウ（愛媛県大洲市手成）
　　最大の木は根回り10.77m、目通り3.58m、樹高41m
◇森山のサザンカ（愛媛県大洲市森山）
　　根回り1.8m、枝は四方に等しく4m広がる
◇ソテツ（愛媛県宇和島市津島町曽根）
　　根回りは8m、樹齢約300年

1970（昭和45）年3月27日
◇客神社の社叢（愛媛県今治市菊間町西山）
　　客神社の境内とその周辺の森約3,840m²の社叢。数10種の植物が繁茂
◇オオムラサキ（愛媛県今治市上浦町甘崎）
　　樹齢推定100年以上
◇ボタイジュ（愛媛県伊予市中山町出淵）
　　目通り2m、根回り3.5m、樹高約30mの大樹
◇須賀の森（愛媛県西宇和郡伊方町三机）
　　指定範囲の面積約7797m²。暖帯植物100種類以上が砂嘴全域に群生

1971（昭和46）年4月6日
◇シラカシ（愛媛県大洲市河辺町北平）
　　根回り7.6m、目通り4.6m、樹高23m。三嶋大明神が天降ったという伝説がある

1977（昭和52）年4月15日
◇如法寺のツバキ（愛媛県大洲市柚木）
　　3本のうち1本は五色八重散椿、2本は酒天童子
◇トウツバキ（愛媛県今治市新谷）
　　目通り67cm、樹高約5m
◇客人神社のアコウ（愛媛県西予市明浜町宮野浦）
　　岩上に自生する大樹

1979（昭和54）年3月20日
◇樟の森（愛媛県四国中央市妻鳥町）
　　三皇神社境内の樹叢で暖帯性常緑広葉樹林の代表的自然林
◇ウラジロガシ（愛媛県東温市河之内）
　　目通り6m、樹高15mの老大樹
◇カヤの樹叢（愛媛県上浮穴郡久万高原町畑野川）
　　2～4m余りのカヤの大木が25本ある
◇ナギ（愛媛県西宇和郡伊方町中浦）
　　目通り約3.5m、樹高約18m

1979（昭和54）年9月14日
◇用の山のサクラ（愛媛県大洲市河辺町北平）
　　別名「御所桜」。根回り約6.3m、目通

事典・日本の自然保護地域　　209

り約5.3m、樹高約10m

1984（昭和59）年1月10日

◇東明神のコウヤマキ（愛媛県上浮穴郡久万高原町東明神）
目通り5m、樹高30m

◇万福寺のイヌマキ（愛媛県南宇和郡愛南町深浦）
県下有数のイヌマキの2本の大木

1988（昭和63）年4月19日

◇オガタマノキ（愛媛県伊予市双海町高野川）
高野川神社の境内に4本の巨大なオガタマノキがある

2005（平成17）年12月27日

◇石畳東のシダレザクラ（愛媛県喜多郡内子町石畳）
樹高5.5m、胸高幹回り3.65m、根回り5.27m

2015（平成27）年3月27日

◇豊茂のスダジイ（愛媛県大洲市豊茂）
推定樹齢400年、推定樹高18.5m

◇無事喜地のタブノキ（愛媛県大洲市長浜町今坊）
推定樹齢300年。樹高推定15.0m、胸高幹周は7.4m

---

054 天然記念物〔高知県〕

［選定機関］高知県　［選定時期］1948（昭和23）年〜

1948（昭和23）年4月9日

◇サカワヤスデゴケ（高知県高岡郡佐川町（聖神社））
分布の北限地

1948（昭和23）年10月26日

◇イワガネ自生地（高知県土佐市出間）
雌雄異株で高さ2〜3mの落葉低木。四国ではほとんど分布地が知られていない

1949（昭和24）年1月18日

◇アコウ自生地（高知県土佐清水市（大津氷室天神宮））
以前は根周囲約7m、樹高約16mの巨樹があったが幹の中央部が倒壊

◇カカッガユ自生地（高知県土佐清水市貝ノ川（恩神社））
恩神社社叢内でタブなどの常緑広葉樹と混生している

1949（昭和24）年8月16日

◇菖蒲洞（高知県高知市土佐山菖蒲）
古生代の二畳紀白木谷層群にできた鍾乳洞

1950（昭和25）年6月2日

◇天狗岳不整合（高知県香美市土佐山田町入野）
白木谷層群の板状角岩に領石層群の基底礫岩が重なる

1952（昭和27）年10月27日

◇室戸町西寺のヤッコソウ自生地（高知県室戸市元（金剛頂寺（西寺）））
金剛頂寺の境内にある林でスダジイの根元に多数みられる

1953（昭和28）年1月16日

◇白山洞門（高知県土佐清水市足摺岬）
カコウ岩の一大海食洞門

1953（昭和28）年1月29日

◇大藪のひがん桜（高知県吾川郡仁淀川町桜）
樹高約30m、胸高周囲約6m、推定樹齢約500年

◇長者の大銀杏（高知県吾川郡仁淀川町長者）
根元の周り11.6m、目通り10.8m、樹高約15m、推定樹齢1200年

記念物・名勝 054 天然記念物〔高知県〕

1953（昭和28）年7月21日
◇高知いん石（高知県高知市）
　日本4個目の石鉄隕石

1954（昭和29）年7月20日
◇吉良川「ボウラン」自生地（高知県室戸市吉良川町（御田八幡宮））
　イヌマキ、スギなどの樹幹や枝に叢生している

1955（昭和30）年8月19日
◇神峯神社の大樟（高知県安芸郡安田町唐浜（神峯神社））
　根元の周囲約16m、樹高は約40m、推定樹齢約900年
◇東津野村の大藤（高知県高岡郡津野町北川）
　胸高周囲約2.4m、蔓は四方に伸びて40mに及ぶ

1956（昭和31）年2月7日
◇佐川の大樟（高知県高岡郡佐川町荷稲（諏訪神社））
　胸高周囲約9m、樹高約30m、推定樹齢約800年の大木

1957（昭和32）年1月18日
◇蓮池の樟（高知県土佐市蓮池（西宮八幡宮））
　胸高周囲約10.6m、樹高約30m、推定樹齢約800年の古木

1957（昭和32）年10月22日
◇宿毛市押ノ川の化石漣痕（高知県宿毛市押ノ川（ホドオカ山採石場））
　宿毛–中村間の低地が中筋地溝帯になっており、この地溝帯下部第三系砂岩の少なくとも3枚の層面で観察できる
◇竹屋敷の藤（高知県四万十市竹屋敷（河内神社））
　根元周囲約1.7m、胸高直径1.2m、蔓は20m以上

1960（昭和35）年1月16日
◇仏性寺の大椎（高知県高知市大津（仏性寺））
　胸高周囲約4.3m、樹高約12m、推定樹齢300年以上
◇轟の滝（高知県香美市香北町猪野々柚ノ木）

落差82m、3段の滝壺。玉織姫にまつわる平家伝説がある※名勝及び天然記念物

1962（昭和37）年1月26日
◇畑山のムカデラン自生地（高知県安芸市畑山（水口神社））
　水口神社の境内の林で古木の樹幹に着生している
◇安和の大ナギ（高知県須崎市安和）
　胸高周囲約3.4m、樹高約25m、推定樹齢約500年
◇奈半利町の二重柿（高知県安芸郡奈半利町）
　樹高約8m、目通り周囲約90cm、推定樹齢約100年
◇神谷のウエマツソウ・ホンゴウソウ自生地（高知県吾川郡いの町神谷）
　常緑樹に覆われた谷川沿いの林内
◇日村のキンメイモウソウチク（高知県高岡郡日村本郷）
　モウソウチク林の中に10数本生育している

1964（昭和39）年6月12日
◇白木谷のタチバナ（高知県南国市白木谷）
　石灰岩地帯の林内に生育する小高木
◇見残湾の造礁サンゴ（高知県土佐清水市三崎）
　暖流黒潮に洗われた有数の造礁サンゴの生育地
◇樅ノ木山の大スギ（高知県吾川郡いの町小川）
　地元で又右衛門スギと呼ばれている2株

1965（昭和40）年6月18日
◇出井渓谷の甌穴群（高知県宿毛市橋上町出井）
　延長200m、幅40mの河床に大小200以上の甌穴が作られている
◇地吉の夫婦スギ（高知県高岡郡四万十町地吉（地吉八幡宮））
　2本のスギの大木。推定樹齢約700年以上

事典・日本の自然保護地域　211

055 天然記念物〔福岡県〕   記念物・名勝

1972（昭和47）年5月6日
　◇大日寺の大スギ（高知県香美市物部町神
　　池（大日寺））
　　樹高約60m、目通り周囲約9.4m、推定
　　樹齢800年
　◇大栃のムクノキ（高知県香美市物部町大
　　栃（阿闍梨神社））
　　根元の周囲約7m、樹高約20m、推定樹
　　齢約400年の古木
1985（昭和60）年4月2日
　◇長沢の滝（高知県高岡郡津野町, 高岡郡
　　梼原町）
　　高さ約34m、ハート型の穴から水が流
　　れ出る滝※名勝及び天然記念物
1993（平成5）年4月1日
　◇南国市桑の川の鳥居杉（高知県南国市桑
　　ノ川（地主神社））
　　地主神社の参道石段を挟んである2本
　　のスギ

1996（平成8）年4月30日
　◇吾北村のヤブツバキ（高知県吾川郡いの
　　町上八川）
　　地元で「錫杖」と呼ばれている
2001（平成13）年3月27日
　◇芸西村西分漁港周辺（住吉海岸）のメラ
　　ンジュ（高知県安芸郡芸西村西分字西
　　猫谷315番地先海岸）
　　プレート論を世界で初めて陸上で検証
　　できた場所
2007（平成19）年4月1日
　◇本山町汗見川の枕状溶岩（高知県長岡郡
　　本山町瓜生野）
　　藍閃石に包まれた枕状溶岩
2009（平成21）年3月17日
　◇弘瀬の荒倉神社社叢（高知県宿毛市沖の
　　島町（荒倉神社））
　　ショウベンノキ等が自生、アコウの大
　　樹他の亜熱帯植物が繁茂

055　天然記念物〔福岡県〕

　[選定機関] 福岡県　[選定時期] 1953（昭和28）年〜

1953（昭和28）年11月5日
　◇吉武のマキ（福岡県宗像市吉留）〔県指定
　　番号2〕
　◇鈍土羅のクス（福岡県八女市馬場）〔県指
　　定番号3〕
1954（昭和29）年5月15日
　◇櫛田の銀杏（福岡県福岡市博多区上川端
　　町）〔県指定番号4〕
　◇高倉のクス（福岡県遠賀郡岡垣町高倉）
　　〔県指定番号5〕
1954（昭和29）年12月13日
　◇津江神社の大クス（福岡県八女市黒木町
　　本分）〔県指定番号6〕
1955（昭和30）年7月21日
　◇恋の浦海岸（福岡県福津市渡）〔県指定
　　番号7〕

1956（昭和31）年7月28日
　◇大分八幡の大クス（福岡県飯塚市大分）
　　〔県指定番号8〕
　◇光岡八幡宮の大クス（福岡県宗像市光
　　岡）〔県指定番号9〕
　◇横山の大クス（福岡県宗像市山田）〔県指
　　定番号10〕
　◇孔大寺神社の大ギンナン（福岡県宗像市
　　池田）〔県指定番号11〕
　◇白山神社の大クス（福岡県豊前市下川
　　底）〔県指定番号12〕
　◇須佐神社の大クス（福岡県豊前市下河
　　内）〔県指定番号13〕
　◇大河内のコウヨウザン（福岡県豊前市大
　　河内）〔県指定番号14〕
1956（昭和31）年10月13日
　◇岩屋鍾乳洞（福岡県田川市夏吉）〔県指定

212　事典・日本の自然保護地域

記念物・名勝 　　　　　　　　　　　　　　　　　　　　　055　天然記念物〔福岡県〕

番号15〕

1956（昭和31）年8月11日

◇神宮院の大イチョウ（福岡県田川郡香春町香春）〔県指定番号17〕

◇神宮院の石割枇杷（福岡県田川郡香春町香春）〔県指定番号18〕

◇元光願寺の大クス（福岡県田川郡香春町香春）〔県指定番号19〕

◇一ノ岳のバクチノキ（福岡県田川郡香春町香春）〔県指定番号20〕

1957（昭和32）年8月13日

◇祇園の大クス（福岡県朝倉市甘木）〔県指定番号21〕

◇安長寺の大クス（福岡県朝倉市甘木）〔県指定番号22〕

◇織幡神社のイヌマキ天然林（福岡県宗像市鐘崎）〔県指定番号24〕

◇ツクシオオガヤツリ（福岡県福岡市中央区城内）〔県指定番号26〕

◇英彦山のぶっぽうそう（福岡県田川郡添田町英彦山）〔県指定番号27〕

1958（昭和33）年4月3日

◇臥龍梅（福岡県大牟田市今山）〔県指定番号29〕

1958（昭和33）年11月13日

◇善導寺の大クス（福岡県久留米市善導寺町飯田）〔県指定番号30〕

◇北野天満宮の大クス（福岡県久留米市北野町中）〔県指定番号31〕

◇円福寺のビャクシン（福岡県八女市立花町上辺春）〔県指定番号32〕

◇タイサンボクとハクモクレンの癒着木（福岡県八女市立花町上辺春）〔県指定番号33〕

◇山内のチシャノキ（福岡県八女市山内）〔県指定番号34〕

1959（昭和34）年3月31日

◇蚊田の森（クス）（福岡県糟屋郡宇美町宇美）〔県指定番号35〕

1960（昭和35）年1月12日

◇霊巌寺の奇岩（福岡県八女市黒木町笠原）〔県指定番号36〕

◇白鷺のクス（福岡県大川市酒見）〔県指定番号37〕

1960（昭和35）年4月12日

◇雷山神社のイチョウ（福岡県糸島市雷山）〔県指定番号38〕

◇萬龍楓（福岡県糸島市白糸）〔県指定番号39〕

◇雷山の観音杉（福岡県糸島市雷山）〔県指定番号40〕

◇六所神社のクス（福岡県糸島市志摩馬場）〔県指定番号41〕

◇夏井ヶ浜のハマユウ自生地（福岡県遠賀郡芦屋町山鹿）〔県指定番号42〕

1960（昭和35）年8月16日

◇舎利蔵のナギの木（福岡県福津市舎利蔵）〔県指定番号43〕

◇多賀神社のオガタマ（福岡県直方市山部）〔県指定番号44〕

◇花の木堰の大イチョウ（福岡県直方市植木）〔県指定番号45〕

◇岩屋神社の大イチョウ（福岡県朝倉郡東峰村宝珠山）〔県指定番号46〕

◇宝珠岩屋（福岡県朝倉郡東峰村宝珠山）〔県指定番号47〕

1961（昭和36）年1月14日

◇天神の森（クス）（福岡県太宰府市宰府）〔県指定番号48〕

◇大悲王院のビャクシン（福岡県糸島市雷山）〔県指定番号49〕

◇大悲王院のカエデ（福岡県糸島市雷山）〔県指定番号50〕

1961（昭和36）年4月18日

◇千年のヒイラギ（福岡県うきは市吉井町千年）〔県指定番号52〕

1961（昭和36）年10月21日

◇岩屋のげんかいつつじ（福岡県朝倉郡東峰村宝珠山）〔県指定番号53〕

◇水田の森（クス、イチイガシ）（福岡県筑後市水田）〔県指定番号56〕

1962（昭和37）年4月19日

◇梅花石岩層 附 梅花石大形置物（福岡県北九州市門司区白野江）〔県指定番号

事典・日本の自然保護地域　213

055 天然記念物〔福岡県〕 記念物・名勝

57〕
◇釣垂のヒノキシダ（福岡県筑紫郡那珂川町市ノ瀬）〔県指定番号59〕

1962（昭和37）年7月26日
◇安徳のエノキ（福岡県筑紫郡那珂川町下梶原）〔県指定番号60〕
◇梶原のギンモクセイ（福岡県筑紫郡那珂川町上梶原）〔県指定番号61〕
◇定禅寺のフジ（福岡県田川郡福智町弁城）〔県指定番号62〕
◇岩屋のオオツバキ（福岡県朝倉郡東峰村宝珠山）〔県指定番号63〕
◇大山祇神社のイチョウ（福岡県北九州市小倉南区呼野）〔県指定番号64〕
◇三岳のチシャノキ（福岡県北九州市小倉南区辻三）〔県指定番号66〕

1963（昭和38）年1月16日
◇住吉社のナギの杜（福岡県春日市須玖北）〔県指定番号68〕
◇春日の杜（クス）（福岡県春日市春日）〔県指定番号69〕
◇南馬場の大クス（福岡県八女市馬場）〔県指定番号70〕
◇恵蘇八幡のクス（福岡県朝倉市山田）〔県指定番号71〕
◇水神社のクス（福岡県朝倉市山田）〔県指定番号72〕
◇志賀様の大クス（福岡県朝倉市須川）〔県指定番号73〕
◇古塔塚のナンジャモンジャ（福岡県朝倉市石成）〔県指定番号74〕
◇秋月のツゲ原始林（福岡県朝倉市秋月）〔県指定番号75〕

1963（昭和38）年5月4日
◇千光院大ソテツ（福岡県遠賀郡芦屋町船頭町）〔県指定番号76〕
◇高倉宮の綾スギ（福岡県遠賀郡岡垣町高倉）〔県指定番号77〕

1963（昭和38）年12月24日
◇白野江のサトザクラ（福岡県北九州市門司区白野江）〔県指定番号78〕
◇日吉神社のオガタマ（福岡県筑紫郡那珂川町市ノ瀬）〔県指定番号79〕
◇市ノ瀬のヤマモモ（福岡県筑紫郡那珂川町市ノ瀬）〔県指定番号80〕
◇成竹のモチノキ（福岡県筑紫郡那珂川町成竹）〔県指定番号81〕

1964（昭和39）年5月7日
◇英彦山のトチノキ（福岡県田川郡添田町英彦山）〔県指定番号82〕
◇春日神社のセンリョウ叢林（福岡県春日市春日）〔県指定番号83〕
◇高良大社のクスノキ（福岡県久留米市御井町）〔県指定番号84〕
◇柳坂曽根のハゼ並木（福岡県久留米市山本町豊田）〔県指定番号85〕
◇英彦山のボダイジュ（福岡県田川郡添田町英彦山）〔県指定番号87〕
◇光蓮寺のボダイジュ（福岡県田川郡川崎町川崎）〔県指定番号88〕
◇善導寺のボダイジュ（福岡県久留米市善導寺町飯田）〔県指定番号89〕
◇天福寺のボダイジュ（福岡県八女市馬場）〔県指定番号90〕

1966（昭和41）年10月1日
◇山中のアセビ（福岡県筑紫郡那珂川町不入道）〔県指定番号91〕
◇八所神社の社叢（福岡県宗像市吉留）〔県指定番号92〕

1968（昭和43）年2月3日
◇求菩提のヒメシャガ（福岡県豊前市求菩提）〔県指定番号93〕
◇求菩提のボダイジュ（福岡県豊前市求菩提）〔県指定番号94〕
◇蔵持の大スギ（福岡県京都郡みやこ町犀川上高屋）〔県指定番号95〕

1969（昭和44）年9月4日
◇志波宝満宮社叢（福岡県朝倉市杷木志波）〔県指定番号96〕

1970（昭和45）年5月2日
◇福童の将軍フジ（福岡県小郡市福童）〔県指定番号98〕

1971（昭和46）年6月15日
◇諏訪神社のイチイガシ（福岡県田川郡添

214 事典・日本の自然保護地域

記念物・名勝   *055* 天然記念物〔福岡県〕

田町中元寺）〔県指定番号100〕

1973（昭和48）年11月15日

◇桁山のカヤの木（福岡県八女市星野村）
〔県指定番号102〕

◇室山熊野神社のスギ（福岡県八女市星野
村）〔県指定番号103〕

1974（昭和49）年8月6日

◇金武のヤマモモ（福岡県福岡市西区金
武）〔県指定番号104〕

1975（昭和50）年8月14日

◇平山天満宮の大クス（福岡県宗像市吉
留）〔県指定番号106〕

1977（昭和52）年4月9日

◇中山の大フジ（福岡県柳川市三橋町中
山）〔県指定番号106〕

◇矢野竹のケンポナシ（福岡県朝倉市矢野
竹）〔県指定番号107〕

1978（昭和53）年3月25日

◇太祖神社の大スギ（福岡県糟屋郡篠栗町
若杉）〔県指定番号108〕

◇八剣神社の大イチョウ（福岡県遠賀郡水
巻町立屋敷）〔県指定番号109〕

1979（昭和54）年3月6日

◇荒谷のカエデ（福岡県八女市黒木町北木
屋）〔県指定番号111〕

◇清瀧寺のイスノキ（福岡県古賀市薦野）
〔県指定番号112〕

◇土穴のエノキ（福岡県大牟田市櫟野）〔県
指定番号113〕

1982（昭和57）年4月1日

◇杷木神社のケヤキ（福岡県朝倉市杷木池
田）〔県指定番号114〕

◇普門院のビャクシン（福岡県朝倉市杷木
志波）〔県指定番号115〕

◇白馬山のバクチノキ（福岡県嘉麻市下山
田）〔県指定番号116〕

1983（昭和58）年3月19日

◇木井神社のイチイガシ（福岡県京都郡
みやこ町犀川木井馬場）〔県指定番号
117〕

◇木井馬場のムクノキ（福岡県京都郡みや
こ町犀川木井馬場）〔県指定番号118〕

◇小山田斎宮の社叢（福岡県古賀市小山
田）〔県指定番号119〕

1985（昭和60）年5月28日

◇長岩山のサザンカ自生地（福岡県久留米
市草野町吉木）〔県指定番号120〕

1986（昭和61）年8月28日

◇轟区のビャクシン（福岡県八女市上陽町
下横山）〔県指定番号122〕

◇筥崎八幡宮の大イチョウ（福岡県久留米
市大橋町蜷川）〔県指定番号123〕

1989（平成1）年5月18日

◇空室のカツラ（福岡県八女市黒木町北大
渕）〔県指定番号124〕

1996（平成8）年7月3日

◇明星寺のボダイジュ（福岡県飯塚市明星
寺）〔県指定番号125〕

◇菅原神社のイチイガシ（福岡県田川郡大
任町大行事）〔県指定番号126〕

1997（平成9）年7月25日

◇岩屋権現の大スギ（福岡県田川郡福智町
弁城）〔県指定番号127〕

1999（平成11）年3月19日

◇泉福寺のエノキ（福岡県宗像市鐘崎）〔県
指定番号128〕

2000（平成12）年3月27日

◇小原不動窟の大ソテツ（福岡県築上郡築
上町小原）〔県指定番号129〕

2001（平成13）年2月21日

◇麻生池のオグラコウホネ自生地（福岡県
八女市星野村）〔県指定番号130〕

◇武蔵のイヌマキ群（福岡県筑紫野市武
蔵）〔県指定番号131〕

◇立明寺のタブノキ（福岡県筑紫野市立明
寺）〔県指定番号132〕

2004（平成16）年2月18日

◇内野の大イチョウ（福岡県飯塚市内野）
〔県指定番号133〕

◇長田のイチョウ（福岡県みやま市瀬高町
長田）〔県指定番号134〕

2006（平成18）年3月3日

◇米ノ山断層及び石炭層の露頭（福岡県大
牟田市櫟野）〔県指定番号135〕

事典・日本の自然保護地域   **215**

056 天然記念物〔佐賀県〕　　　　　　　　　　　　　　　　　　　　　　　　記念物・名勝

2008（平成20）年3月31日
　◇味水御井神社のクロガネモチ（福岡県久
　　留米市御井朝妻）〔県指定番号136〕
2009（平成21）年3月30日
　◇千手川の甌穴群（福岡県嘉麻市上臼井）
　　〔県指定番号137〕
2012（平成24）年3月26日
　◇御所ヶ谷のヒモヅル自生地（福岡県行橋
　　市津積）〔県指定番号138〕

　◇岩屋・遠見ヶ鼻の芦屋層群（福岡県北九
　　州市若松区有毛）〔県指定番号139〕
2013（平成25）年3月31日
　◇六所神社のカゴノキ（福岡県糟屋郡新宮
　　町立花口）〔県指定番号140〕
2014（平成26）年3月14日
　◇篠栗の埋没化石林（福岡県糟屋郡篠栗町
　　津波黒）〔県指定番号141〕

056　天然記念物〔佐賀県〕

動植物の生息地・繁殖地・渡来地・自生地、又は得意な自然現象の生じている地質
鉱物などで、学術上価値の高いもの。

［**選定機関**］佐賀県　　［**選定時期**］1953（昭和28）年〜

1953（昭和28）年11月3日
　◇佐賀城跡の楠群（佐賀県佐賀市城内）
　　佐賀城跡の一帯に総数120株余りが生
　　えている
1956（昭和31）年3月1日
　◇小川内の杉（佐賀県神埼郡吉野ヶ里町小
　　川内　山祇神社）
　　3株が癒着し同一根となっている
1964（昭和39）年5月23日
　◇唐泉山の椎の天然林（佐賀県嬉野市塩田
　　町唐泉山）
　　約10haの天然林。大部分がスダジイ
1965（昭和40）年7月23日
　◇与賀神社の楠（佐賀県佐賀市与賀町　与賀
　　神社）
　　推定樹齢600年以上、根回り25.5m、目
　　通り幹回り9.8m、樹高20.5m
　◇白角折神社の楠（佐賀県神埼市神埼町城
　　原字二本松　白角折神社）
　　根回り29.3m、目通り幹回り10.5m、樹
　　高22m、推定樹齢1000年
　◇海童神社の楠（佐賀県杵島郡白石町大字
　　深浦　海童神社）
　　推定樹齢600年以上の巨木
　◇稲佐神社の楠（佐賀県杵島郡白石町大字

　　辺田稲佐　稲佐神社）
　　推定樹齢600年以上の巨大なクス2株
　◇青幡神社の楠（佐賀県伊万里市東山代町
　　里　青幡神社）
　　根回り27.7m、目通り幹回り11.4m、樹
　　高16m。推定樹齢500年以上の巨木
1971（昭和46）年6月23日
　◇相浦の球状閃緑岩（佐賀県多久市北多久
　　町大字多久原　飯盛山）
　　多久市北多久町大工田・相浦地区では
　　球状閃緑岩の転石が散在する。カイガ
　　ラ石と呼ばれる
1974（昭和49）年2月25日
　◇加部島暖地性植物群落（佐賀県唐津市呼
　　子町加部島）
　　アオノクマタケランの日本海側の北限
　　であり、県内唯一の自生地。ギョクシ
　　ンカは壱岐につぐ北限で、個体数は少
　　ない
1976（昭和51）年2月25日
　◇切木のボタン（佐賀県唐津市肥前町切木
　　乙）
　　基幹は36株程に分かれている。樹齢
　　300年以上

216　事典・日本の自然保護地域

記念物・名勝　　　　　　　　　　　　　　　　　　　　　　　　　　*057*　天然記念物〔長崎県〕

1978（昭和53）年3月20日
　◇大聖寺のまき（佐賀県武雄市北方町大字
　　大崎 大聖寺）
　　　イヌマキの中でも大木で、一寺の中に
　　4株も存在するのは貴重
1993（平成5）年3月31日
　◇東山代の明星桜（佐賀県伊万里市東山代
　　町浦川内字浦川内 観音堂）
　　　根回り5m、樹高13mの巨木。開花期
　　の夜、同樹の下で火を焚いて眺めると
　　明星の趣きがあることが名の由来

2002（平成14）年3月6日
　◇弁天島の呼子岩脈群（佐賀県唐津市呼子
　　町殿ノ浦字辻2040番地1他）
　　　男島、女島の2島からなる弁天島は干
　　潮時に地続きとなり数本の岩脈を観察
　　できる
2006（平成18）年3月31日
　◇早里のイスノキ（佐賀県伊万里市瀬戸町
　　字早里）
　　　樹高15m、胸高幹周り3.1mの巨木。推
　　定樹齢200年以上。自生するものは稀

057　天然記念物〔長崎県〕

[選定機関] 長崎県　　[選定時期] 1949（昭和24）年～

1949（昭和24）年5月20日
　◇長栄寺のひいらぎ（長崎県雲仙市国見町
　　神代下古賀丙548）
　　　幹回り3.5m、高さ13.1mの雄株
　◇多良岳せんだいそう群落（長崎県大村市
　　萱瀬山国有林）
　　　ユキノシタ科の断崖絶壁に生育する仙
　　境の草本
1950（昭和25）年4月10日
　◇大徳寺の大クス（長崎県長崎市西小島町
　　大徳寺・楠稲荷神社境内）
　　　樹齢800年位、県下第一のクスの巨木
1950（昭和25）年5月13日
　◇五島玉之浦のアコウ（長崎県五島市玉之
　　浦町玉之浦）
　　　主幹回り10.30m程で珍しい樹形
1951（昭和26）年7月3日
　◇勝本のハイビャクシン群落（長崎県壱岐
　　市勝本町東触）
　　　日朝間にのみ自然繁殖している海浜
　　植物
1952（昭和27）年5月13日
　◇岐宿町タヌキアヤメ群落（長崎県五島市
　　岐宿町松山字桑木場465）
　　　福江島にある大きなため池に自生

　◇五島樫の浦のアコウ（長崎県五島市平蔵
　　町1570）
　　　根回り15m以上、樹高10m以上、四方
　　へ30m枝を張る
　◇平戸市中の浦の蘇鉄群落（長崎県平戸市
　　大久保町字中の浦）
　　　50株以上の野生株が自生
1954（昭和29）年4月13日
　◇丹奈のヘゴ、リュウビンタイ混交群落（長
　　崎県五島市玉之浦町丹奈）
　　　標高100m程に位置し、多量のリュウ
　　ビンタイと大小40株のヘゴが見られた
　　が、ヘゴは少なくなっている
1954（昭和29）年12月21日
　◇荒川のハマジンチョウ（長崎県五島市玉
　　之浦町荒川字矢ノ口）
　　　延長20mに及ぶ群生地
　◇鬼岳火山涙産地（長崎県五島市上大津町
　　鬼岳）
　　　火山噴火口から「ペレーの涙」と呼ば
　　れる珍しい火山涙が産出
　◇頓泊のカラタチ群落（長崎県五島市玉之
　　浦町丹奈頓泊）
　　　福江島の西岸近くの粗林内にある
　◇七岳のリュウビンタイ群落（長崎県五島
　　市玉之浦町荒川字七岳）

事典・日本の自然保護地域　**217**

渓流に沿って他の植物に混じり大群落を形成

◇大島巨大火山弾産地（長崎県北松浦郡小値賀町大島郷尾泊）
1mを越す巨大な火山弾が多く産出する

◇亀岡のまき並木（長崎県平戸市岩の上町亀岡）
樹齢推定400年の木もある

◇古路島の岩頸（長崎県北松浦郡小値賀町古路島）
島の西側の海食崖に赤色の岩滓層が露出し、それを貫入してY字型の岩頸が見られる

1956（昭和31）年4月6日

◇壱岐志原のスキヤクジャク群落（長崎県壱岐市郷ノ浦町志原大原触字横堀747）
壱岐でこの場所のみ自生する南方系のシダ

◇船廻神社社叢（長崎県五島市奈留町船廻939ほか）
幹回り1mのナタオレが多数みられる

◇平戸口のビロウ自生地（長崎県平戸市田平町山内免）
九州本島における最北の自生地

◇平戸古館のビロウ自生地（長崎県平戸市大久保町）
民有林の中に大小50本ばかりが自生

1957（昭和32）年3月8日

◇富江溶岩トンネル「井坑」（長崎県五島市富江町岳）
幅6.5m、高さは3.5m

◇五ヶ原岳ツクシシャクナゲ群落（長崎県大村市五家原岳）
原始林の樹下に群落をつくる

1957（昭和32）年10月29日

◇鷹島の公孫樹（長崎県松浦市鷹島町三里免1921）
乳柱の大きさとしては日本有数

1958（昭和33）年6月5日

◇壱岐渡良のあこう（長崎県壱岐市郷ノ浦町渡良東触字美鹿崎858）
日本最北端に位置する

◇有明町の大樟（長崎県島原市有明町大三東甲2114）
目通り幹回り11mの巨樹

◇蘇鉄の巨樹（長崎県佐世保市宇久町太田江 三浦神社）
20本以上の蘇鉄が植えられている

1959（昭和34）年1月9日

◇漣痕（長崎県五島市三井楽町浜の畔字横浜）
地層は五島層群に属する砂岩層

◇平戸のシカ（長崎県平戸市安満岳の中腹一帯）
安満岳の中腹一帯が生息地であったが、現在その姿をみることができない

1959（昭和34）年5月19日

◇嵯峨島火山海食崖（長崎県五島市三井楽町嵯峨島）
嵯峨島西海岸の侵食は海食により火口付近まで削り取られ、垂直に海食崖の絶壁を作る

1960（昭和35）年3月22日

◇島原のシマバライチゴ自生地（長崎県島原市南千本木町）
日本では珍しいイチゴ。島原で発見された

◇弁天山樹叢（長崎県長崎市脇岬町山下）
マタケランなどの南方系植物が生息している

◇脇岬ノアサガオ群落（長崎県長崎市脇岬町松原）
祇園山頂上附近から波打ち際にかけて分布

1960（昭和35）年7月13日

◇熊野神社の大楠（長崎県島原市杉山町甲502）
目通り幹回り8m、樹高約19m

◇熊野神社の大椋（長崎県島原市杉山町甲502）
樹高20m、目通り幹回り6.65mの巨樹

1961（昭和36）年11月24日

◇壱岐国分のヒイラギ（長崎県壱岐市芦辺町国分川迎触字八枝）
幹回り2.40mほどの雌株

◇壱岐報恩寺のモクセイ（長崎県壱岐市勝

本町本宮東触1170)
日本最大級の大きさを持つ香り高い木

◇対馬琴のイチョウ(長崎県対馬市上対馬町琴657)
幹回り12.50m、樹高約40mの巨樹

◇弁天島岩脈(長崎県松浦市福島町里免)
地質学的に珍しい露出した岩脈

1963(昭和38)年3月27日

◇キタタキはく製標本(長崎県対馬市上対馬町・上対馬町歴史民俗資料室)
御岳で雌雄一対が採集された

1963(昭和38)年7月23日

◇長崎市小ヶ倉の褶曲地層(長崎県長崎市小ヶ倉団地)
中生代白亜紀末(約6000万年前)の地層、横臥褶曲を示す貴重な資料

1964(昭和39)年10月16日

◇黄島溶岩トンネル(長崎県五島市黄島町丈の上1209)
内部の壁面には流痕、鍾乳石が見られる

1965(昭和40)年5月31日

◇富川のかつら(長崎県諫早市富川町920)
根回り8〜9m、高さ約10mの大樹

1966(昭和41)年4月18日

◇奈良尾ヘゴ自生地(長崎県南松浦郡新上五島町奈良尾郷)
日本におけるヘゴ分布の北限

◇デジマノキ(長崎県長崎市出島町9-17)
日蘭修交、日蘭文化の記念樹

1966(昭和41)年5月26日

◇阿須川のアキマドボタル生息地(長崎県対馬市厳原町阿須字阿須川)
阿須川流域に生息

◇千尋藻の漣痕(長崎県対馬市豊玉町千尋藻字戸浦630)
別名「さざなみの化石」

◇万松院の大スギ(長崎県対馬市厳原町西里192)
現在は3本。樹高はいずれも35m内外

1966(昭和41)年9月30日

◇初瀬の岩脈(長崎県壱岐市郷ノ浦町初山東触字花川1586)
マグマが地表に流れ出した形跡が残る学術的に貴重な岩脈

◇諫早神社のクス群(長崎県諫早市宇都町321-2)
境内に生育するクスの大木6本

1967(昭和42)年2月3日

◇大村城跡のマキ(長崎県大村市玖島1丁目35)
樹齢350年余り

◇大村神社のクシマザクラ(長崎県大村市玖島1丁目34-1)
大村神社で発見された里桜の珍種

1967(昭和42)年2月20日

◇福江の大ツバキ(長崎県五島市野々切町大窄1729)
樹齢は300年ないし370年の3本

1967(昭和42)年9月8日

◇福江椎木山の漣痕(長崎県五島市平蔵町椎木山1297)
小さな波紋の跡が6層になって水成岩層に見られる

1968(昭和43)年12月23日

◇壱岐安国寺のスギ(長崎県壱岐市芦辺町深江栄触564)
目通り幹回り6m余り、根回り10m、樹高25m

◇壱岐白沙八幡神社社叢(長崎県壱岐市石田町筒城仲触1012)
以前は禁足の地であったため、自然の樹林が残る

1970(昭和45)年1月16日

◇島山島のヘゴ自生地(長崎県五島市玉之浦町玉之浦浅切)
自生地は管理も行き届き環境もよい。高さ7m、幹の回り70cmのものが数本ある

◇子安観音の大クス(長崎県佐世保市有福町又981)
根周り14.65m、目通り幹周り7.6m、樹齢400〜500年の神木

◇東漸寺の大クス(長崎県佐世保市中里町250)
幹囲7.4m、樹高20m、樹齢約500年。クス特有の樹形で姿がよい

057 天然記念物〔長崎県〕　　　　　　　　記念物・名勝

◇藤山神社の大フジ（長崎県佐世保市小舟町120）
　　幹囲1.5m、ツルの長さは40mに及ぶヤマフジ

1970（昭和45）年6月9日
◇巌立神社社叢（長崎県五島市岐宿町岐宿）
　　シイノキとオガタマノキの大木が多く、ほかにハマセンダン・エノキ・ヤマザクラなどの高木がみられる
◇寺島玉石甌穴（長崎県佐世保市宇久町寺島）
　　玄武岩の窪みにはまった玉石が波の作用で回転して彫られた甌穴。玉石の大きさ57×52cm、甌穴の口径92×73cm

1971（昭和46）年2月5日
◇西光寺のオオムラザクラ（長崎県佐世保市上柚木町3213）
　　樹齢250年。1段目の花の中心から2段目の花が咲く

1972（昭和47）年2月4日
◇世知原の大山祇神社社叢（長崎県佐世保市世知原町開作字羽須和）
　　県北部の内陸に残る数少ないシイノキを主木とする自然林。面積約1ha

1972（昭和47）年5月26日
◇久賀島のツバキ原始林（長崎県五島市田ノ浦町黒河原）
　　島の東側の海岸約1haが指定地

1972（昭和47）年8月15日
◇六御前神社のイチョウ（長崎県対馬市豊玉町千尋藻338）
　　目通り幹周り5.60m、高さ約10m
◇喜内瀬川甌穴群（長崎県松浦市福島町喜内瀬免）
　　河成の甌穴群としては県下では珍しい

1973（昭和48）年9月4日
◇壱岐の鏡岳神社社叢（長崎県壱岐市郷ノ浦町初山東触字花川1587）
　　海に接する丘陵地の照葉樹林の原形を残す

1974（昭和49）年3月5日
◇志自岐神社地の宮，沖の宮社叢（長崎県平戸市野子町882ほか）

地の宮社叢の主木は、スダジイ・イヌマキ・ホルトノキ・タブノキ・イスノキ・クスノキ。沖の宮社叢はハマビワ・トベラなどの海岸性の低木群落がある
◇玖島崎樹叢（長崎県大村市玖島1丁目27-1ほか）
　　玖島城の二の丸、三の丸跡に繁茂する樹林。スダジイの巨木群

1974（昭和49）年4月9日
◇吉井町の吉田大明神社叢（長崎県佐世保市吉井町上吉田）
　　幹囲155～245cmのイロハモミジが4本揃う

1975（昭和50）年9月2日
◇対馬海神社の社叢（長崎県対馬市峰町木坂247）
　　スダジイとウラジロガシが主木

1976（昭和51）年2月24日
◇壱岐長者原化石層（長崎県壱岐市芦辺町諸吉本村触）
　　珪藻土層中にある淡水性化石産出地
◇豊玉の和多都美神社社叢（長崎県対馬市豊玉町仁位字和宮）
　　対馬中部の低海抜丘陵地の原型をよく残す
◇平戸の沖の島樹叢（長崎県平戸市紐差町1614）
　　主木はスダジイ・ヤマモガシ・ホルトノキ・ヤマモモ・モッコク・ヒメユズリハ。原生状態をよく保存している

1977（昭和52）年1月11日
◇白鳥神社社叢（長崎県五島市玉之浦町玉之浦1630）
　　主木はスダジイ、タブノキ、カゴノキ、イスノキ、クスノキ、ヂクチノキ
◇小佐々のハカマカズラ（長崎県佐世保市小佐々町矢岳下島）
　　九州西海岸における分布の北限

1977（昭和52）年5月4日
◇壱岐産ステゴドン象化石（長崎県壱岐市郷ノ浦町本村触字平田445・壱岐郷土館）
　　発掘された化石は約20点、中国北部の旧像に類似する

220　事典・日本の自然保護地域

記念物・名勝   057　天然記念物〔長崎県〕

1977（昭和52）年7月29日

　◇壱岐のステゴドン象化石産出地（長崎県
　　壱岐市勝本町立石西触字大柳419）
　　海岸崖から出土した地で、通称「六郎
　　瀬鼻」

1978（昭和53）年3月31日

　◇対馬唐洲の大ソテツ（長崎県対馬市豊玉
　　町唐洲78）
　　主幹の高さ3.50m、ソテツの珍しい巨
　　樹

　◇新魚目曽根火山赤ダキ断崖（長崎県南松
　　浦郡新上五島町曽根郷）
　　成層した火山砕屑物の断面をよくあら
　　わしている

　◇小佐々野島の淡水貝化石含有層（長崎県
　　佐世保市小佐々町楠泊野島）
　　新第三紀中新世（2300万年前～500万
　　年前）の淡水性貝類化石の一大産地

　◇三重海岸変成鉱物の産地（長崎県長崎市
　　三重町）
　　変成岩の岩盤中に鉱物が含まれ、ごく
　　僅かに硬玉が含まれている

1978（昭和53）年8月22日

　◇五島青方のウバメガシ（長崎県南松浦郡
　　新上五島町青方郷）
　　紀州の漁民が青方に移住したときに移
　　植したと伝えられている

　◇川原大池樹林（長崎県長崎市宮崎町池ノ
　　山）
　　海岸塩湿地に分布するハマナツメの生
　　息が貴重

　◇飯盛町のヘツカニガキ（長崎県諫早市飯
　　盛町川下531）
　　南方系落葉高木の北限

1979（昭和54）年4月27日

　◇海寺跡のハクモクレン（長崎県平戸市田
　　平町山内免字前目637）
　　推定樹齢600年以上の日本一の巨樹

　◇是心寺のソテツ（長崎県平戸市田平町山
　　内免字前目659）
　　根回り約4.1m、推定樹齢400年以上

　◇櫃崎岩脈（長崎県松浦市福島町浅谷免字
　　櫃崎）
　　漏斗状をなす岩脈

　◇福島町の今山神社社叢（長崎県松浦市福
　　島町里免696ほか）
　　平坦な地形によく発達した照葉樹林

　◇福寿寺のイロハモミジ（長崎県松浦市福
　　島町里免1141～1142）
　　樹高約20m。根元近くの幹周り3.25m
　　で、その上が四大支幹に分かれている

1979（昭和54）年7月27日

　◇茂木植物化石層（長崎県長崎市茂木町字
　　片町）
　　日本の新生代植物化石の最初の記録と
　　なった

1980（昭和55）年2月29日

　◇鷹島町住吉神社のアコウ（長崎県松浦市
　　鷹島町里免114）
　　九州西岸における分布の北限

1981（昭和56）年3月27日

　◇森山西小学校のアベマキ（長崎県諫早市
　　森山町下井牟田）
　　樹高約25m、アベマキとしては巨樹

1982（昭和57）年7月22日

　◇深江町諏訪神社の社叢（長崎県南島原市
　　深江町丁3142ほか）
　　巨大クスノキが群生

1983（昭和58）年8月30日

　◇琴海のカネコシダ群落（長崎県長崎市琴
　　海町中ノ川内）
　　急斜面にウラジロと混生した大群落

　◇琴海のヒイラギ（長崎市琴海町戸根郷
　　547）
　　ヒイラギとしては珍しい巨樹

1989（平成1）年9月29日

　◇奈留島鰒ノ浦のハマジンチョウ群落（長
　　崎県五島市奈留町大串浦字池塚503-
　　1）
　　海跡湖の湖岸に長さ80mにわたって
　　群生

　◇生月町塩俵断崖の柱状節理（長崎県平戸
　　市生月町壱部免1560外）
　　生月島の北西部の塩俵海岸に露出する
　　玄武岩の柱状節理。蜂の巣状の多角形
　　の断面が観察できる

事典・日本の自然保護地域　　221

058 天然記念物〔熊本県〕　　　　　　　　　　　　　　　　　　　　記念物・名勝

1993（平成5）年2月24日
　◇美良島（長崎県北松浦郡小値賀町字美良
　　島1番地）
　　南岸に火山活動の跡が見える。オオミ
　　ズナギ鳥の営巣・繁殖地でもある。指
　　定面積69, 421m²
1994（平成6）年2月28日
　◇野母崎の変はんれい岩露出地（長崎県長
　　崎市黒浜町1381番地5及び同地先海岸
　　並びに1351番地4地先海岸（綱掛岩）・
　　長崎市以下宿町（夫婦岩））
　　非常に古い生成年代の変はんれい岩
　◇脇岬のビーチロック（長崎県長崎市脇岬
　　町3803番地1地先海岸）
　　九州本土北限にして、最大級のビーチ
　　ロック

1998（平成10）年2月18日
　◇串ノ浜岩脈（長崎県佐世保市黒島町5242
　　番地の地先）
　　約800万年前の地殻変動の跡が見られ
　　る、長崎県最大の岩脈
2010（平成22）年3月5日
　◇平戸戸石川のハルサザンカ（長崎県平戸
　　市戸石川町900番地）
　　樹齢400年以上、ハルサザンカの原木
2013（平成25）年10月4日
　◇五島八朔鼻の海岸植物（長崎県五島市岐
　　宿町岐宿字榎津）
　　狭い範囲に長崎県に産する海岸植物の
　　約3分の1が生育するという、極めて海
　　岸植物が豊富な場所

058　天然記念物〔熊本県〕

　［選定機関］熊本県　　［選定時期］1959（昭和34）年〜

1959（昭和34）年10月27日
　◇郡浦の天神樟（熊本県宇城市三角町中村
　　字神平2164）
　◇満山神社の杉群（熊本県阿蘇郡南小国町
　　満願寺2197）
　◇ツクシアケボノツツジ（熊本県球磨郡水
　　上村湯山字市房）
　◇ヒモヅル（熊本県天草市浦字幕迫4069）
1962（昭和37）年8月7日
　◇神瀬の石灰洞窟（熊本県球磨郡球磨村神
　　瀬）
1962（昭和37）年9月10日
　◇カマノクド（熊本県人吉市赤池原町鳩胸
　　川）
1963（昭和38）年7月23日
　◇将軍木（熊本県菊池市隈府字土井の外
　　1331）
　◇天神森の椋（熊本県菊池郡大津町字尾
　　上）
　◇正観寺の樟（熊本県菊池市隈府）

　◇妙蓮寺の樟（熊本県菊池市隈府247）
1964（昭和39）年3月10日
　◇サソリモドキ（熊本県天草市）
　◇貨幣石産地（熊本県天草市宮野河内字越
　　地3656）
1965（昭和40）年2月25日
　◇久連子鶏（熊本県八代市久連子）
　◇上十町権現のイチイガシ（熊本県玉名郡
　　和水町猿懸上十町726）
　◇山森阿蘇神社の樟（熊本県玉名郡和水町
　　西吉地字山森）
　◇大津山下ツ宮のムク（熊本県玉名郡南関
　　町関町188）
　◇山田の藤（熊本県玉名市山田1）
　◇唐人舟繋ぎの銀杏（熊本県玉名市伊倉北
　　方3211）
1969（昭和44）年3月20日
　◇栗崎の天神樟（熊本県宇土市栗崎町字天
　　神平353）
　◇宮園のイチョウ（熊本県球磨郡五木村甲

222　事典・日本の自然保護地域

記念物・名勝

　　5663）
　◇大師のコウヤマキ（熊本県球磨郡多良木
　　町槻木字大師）
　◇ヘゴ自生地（熊本県天草市宮野河内）
1974（昭和49）年5月8日
　◇寂心さんの樟（熊本県熊本市北区北迫町
　　字図形618）
1978（昭和53）年2月2日
　◇薄原神社のナギ（熊本県水俣市薄原
　　1097）
　◇菊池高校のチャンチンモドキ（熊本県菊
　　池市隈府1333）
　◇久子のコミカン原木（熊本県葦北郡津奈
　　木町岩城1826）
1978（昭和53）年6月9日
　◇滴水のイチョウ（熊本県熊本市北区植木
　　町大字滴水字東屋敷）
1981（昭和56）年11月11日
　◇メガロドン化石群産地（熊本県葦北郡芦

059 天然記念物〔大分県〕

　　北町, 球磨郡球磨村告字葛平・大瀬）
1982（昭和57）年8月28日
　◇兜梅（熊本県天草市浜崎町970）
　◇臥龍梅（熊本県八代市北の丸町2-7）
　◇ハマジンチョウ群落（熊本県天草郡苓北
　　町富岡字巴崎2・同字高松4）
1989（平成1）年10月18日
　◇鞍掛のクヌギ（熊本県阿蘇郡産山村大
　　利）
1996（平成8）年2月14日
　◇池尻の唐傘松（熊本県上益城郡山都町上
　　川井野）
　◇永目神社のアコウ（熊本県上天草市姫戸
　　町姫浦）
2011（平成23）年4月22日
　◇五老ヶ滝（熊本県上益城郡山都町長原・
　　城原）
　◇聖滝（熊本県上益城郡山都町野尻・城原）

059　天然記念物〔大分県〕

［選定機関］大分県　［選定時期］1942（昭和17）年〜

1942（昭和17）年8月10日
　◇桜八幡社社叢（大分県国東市国東町鶴
　　川）〔656・1〕
1943（昭和18）年7月13日
　◇籾山八幡社の大ケヤキ（大分県竹田市直
　　入町長湯）〔657・2〕
　◇竹野浦のビロウ（大分県佐伯市米水津竹
　　野浦）〔658・3〕
1953（昭和28）年4月20日
　◇ミカドアゲハ（大分県臼杵市津久見島）
　　〔659・4〕
　◇ブナの原生林（大分県中津市山国町・耶
　　馬溪町）〔660・5〕
　◇千本カツラ（大分県中津市耶馬溪町津
　　民）〔661・6〕

1955（昭和30）年5月27日
　◇高島のウミネコ営巣地（大分県大分市佐
　　賀関町高島）〔662・7〕
　◇高島のビロウ自生地（大分県大分市佐賀
　　関町高島）〔663・8〕
　◇山蔵のイチイガシ（大分県宇佐市安心院
　　町山蔵）〔664・9〕
　◇清田川のレンゲツツジ群落（大分県玖珠
　　郡玖珠町四日市）〔665・10〕
1957（昭和32）年3月26日
　◇日出の大サザンカ（大分県速見郡日出町
　　日出）〔666・11〕
　◇ゲンカイツツジ（大分県中津市耶馬溪町
　　津民）〔667・12〕
　◇キシツツジ（大分県中津市耶馬溪町の河
　　川敷）〔668・13〕

事典・日本の自然保護地域　223

059 天然記念物〔大分県〕 　　　　　　　　　　　　　　　　記念物・名勝

◇奥祖母のオオダイガハラサンショウウオ（大分県豊後大野市内祖母・傾山）〔669・14〕

1958（昭和33）年3月25日
　◇橘木のシンパク（大分県竹田市直入町長湯）〔670・15〕
　◇長湯のヒイラギ（大分県竹田市直入町長湯）〔671・16〕
　◇宮処野神社の社叢（大分県竹田市久住町仏原）〔672・17〕
　◇狩生鍾乳洞の動物（大分県佐伯市狩生）〔673・18〕

1959（昭和34）年3月20日
　◇宇目の野生キリ（大分県佐伯市宇目藤河内）〔674・19〕
　◇鶴見の坊主地獄（大分県別府市小倉）〔675・20〕
　◇姫島の藍鉄鉱（大分県東国東郡姫島村）〔676・21〕
　◇姫島の地層褶曲（大分県東国東郡姫島村大海）〔677・22〕

1960（昭和35）年3月22日
　◇宮砥八幡社の社叢（大分県竹田市次倉）〔678・23〕
　◇神原のトチノキ（大分県竹田市神原）〔679・24〕
　◇姥目のウバメガシ（大分県津久見市津久見浦）〔680・25〕
　◇武蔵のサツキツツジ（大分県国東市武蔵町内田）〔681・26〕
　◇鹿嵐山のツクシシャクナゲ群落（大分県宇佐市院内町小野川内）〔682・27〕

1961（昭和36）年3月14日
　◇岳本のコナラ原生林（大分県由布市湯布院町川上）〔683・28〕
　◇五所明神のナギ（大分県佐伯市佐伯）〔684・29〕
　◇洞明寺のナギ（大分県佐伯市弥生江良）〔685・30〕
　◇宿善寺のナギ（大分県佐伯市本匠井ノ上）〔686・31〕

1962（昭和37）年2月27日
　◇御嶽の原生林（大分県豊後大野市清川宇田枝）〔687・32〕
　◇陽目のカワノリ（大分県竹田市荻町柏原）〔688・33〕

1963（昭和38）年2月15日
　◇長崎鼻の海蝕洞穴（大分県豊後高田市見目）〔689・34〕

1966（昭和41）年3月22日
　◇祖母山系イワメ（大分県竹田市神原）〔690・35〕
　◇佐伯城山のオオイタサンショウウオ（大分県佐伯市城山）〔691・36〕

1968（昭和43）年3月29日
　◇蒲江カズラ（大分県佐伯市蒲江葛原浦）〔692・37〕

1972（昭和47）年3月21日
　◇スダジイ原生林（大分県国東市武蔵町小城）〔693・38〕
　◇御手洗神社のナギ（大分県豊後大野市三重町上田原）〔694・39〕
　◇穴権現社叢（大分県豊後大野市三重町大白谷）〔695・40〕

1973（昭和48）年3月20日
　◇沖黒島の自然林（大分県佐伯市米水津宮野浦・蒲江畑野浦）〔696・41〕
　◇横島のビャクシン自生地（大分県佐伯市米水津浦代浦）〔697・42〕
　◇野平のミツガシワ自生地（大分県玖珠郡玖珠町古後）〔698・43〕
　◇鹿毛のスダジイ原生林（大分県豊後大野市三重町中津留）〔699・44〕
　◇大島のアコウ林（大分県佐伯市鶴見大島）〔700・45〕

1974（昭和49）年3月19日
　◇武多都社の境内林（大分県国東市国見町竹田津）〔701・46〕
　◇文殊仙寺の自然林（大分県国東市国東町大恩寺）〔702・47〕
　◇経塚山ミヤマキリシマ自生地（大分県速見郡日出町豊岡）〔703・49〕
　◇八坂神社のハナガガシ林（大分県佐伯市

記念物・名勝   059　天然記念物〔大分県〕

弥生江良）〔704・49〕
◇矢形神社の境内林（大分県豊後大野市大
　野町安藤）〔705・50〕
1975（昭和50）年3月28日
◇鶴見権現社のイチイガシ林（大分県別府
　市鶴見）〔706・51〕
◇御嶽権現社の自然林（大分県別府市東
　山）〔707・52〕
◇日吉社のコジイ林（大分県臼杵市深田）
　〔708・53〕
◇津江神社のスギと自然林（大分県日田市
　中津江合瀬）〔709・54〕
1976（昭和51）年3月30日
◇長谷寺境内林（大分県中津市三光西秣）
　〔710・55〕
◇田口のイチイガシ林（大分県中津市三光
　原口）〔711・56〕
◇高塚地蔵のイチョウ（大分県日田市天ケ
　瀬町馬原）〔712・57〕
◇畳石のオトメクジャク（大分県宇佐市安
　心院町畳石）〔713・58〕
◇内成・田代のオトメクジャク（大分県由
　布市挾間町内成・田代）〔714・59〕
1958（昭和33）年3月25日
◇狩生新鍾乳洞（大分県佐伯市）〔715・60〕
1977（昭和52）年3月31日
◇野津町のキンメイモウソウ（大分県臼杵
　市野津町王子）〔716・61〕
◇健男社のスギと自然林（大分県豊後大野
　市緒方町上畑）〔717・62〕
◇城八幡社の自然林（大分県佐伯市長谷）
　〔718・63〕
◇内田のイチイガシ（大分県豊後大野市三
　重町内田）〔719・64〕
1979（昭和54）年5月15日
◇久住のツクシボダイジュ（大分県竹田市

久住町）〔720・65〕
◇朝見神社のアラカシとクスノキ（大分県
　別府市朝見）〔721・66〕
◇高平のイワシデ林（大分県中津市本耶馬
　渓町東屋形）〔722・67〕
1980（昭和55）年4月8日
◇三角池の水生・湿地植物群落（大分県中
　津市大貞）〔723・68〕
◇杵築市若宮八幡社の境内林（大分県杵築
　市宮司）〔724・69〕
1981（昭和56）年3月31日
◇鞍形尾神社の自然林（大分県日田市天ケ
　瀬町馬原）〔725・70〕
1982（昭和57）年3月30日
◇暁嵐の滝岩上植物群落（大分県佐伯市上
　浦浅海井浦）〔726・71〕
◇最勝海浦のウバメガシ林（大分県佐伯市
　上浦最勝海浦）〔727・72〕
1983（昭和58）年4月12日
◇大原の境木カシワ（大分県玖珠郡九重町
　田野）〔728・73〕
◇相挾間のブンゴボダイジュ（大分県玖珠
　郡九重町菅原）〔729・74〕
1984（昭和59）年3月30日
◇間越のウバメガシと自然林（大分県佐伯
　市米水津浦代浦）〔730・75〕
1985（昭和60）年3月29日
◇鷹鳥屋山の自然林（大分県佐伯市宇目南
　田原）〔731・76〕
1994（平成6）年3月25日
◇山浦のイチイガシ林とウラジロガシ林
　（大分県竹田市直入町下田北）〔732・
　77〕
2015（平成27）年2月10日
◇オンセンミズゴマツボ（大分県由布市）
　〔733・78〕

事典・日本の自然保護地域　225

060 天然記念物〔宮崎県〕

[選定機関] 宮崎県　[選定時期] 1933（昭和8）年～

1933（昭和8）年12月5日

◇オニバス自生地（宮崎県児湯郡木城町大字椎木字柳丸3584）
木城町岩渕大池のオニバスは、唯一の自生地

◇フクジュソウ自生地（宮崎県西臼杵郡高千穂町大字向山字小薮）
秋元神社の奥に位置する

◇鵜戸千畳敷奇岩（宮崎県日南市大字宮浦字川平地先）
平坦な平磯が干潮時に見られる

1935（昭和10）年7月2日

◇飯野のイチョウ（宮崎県えびの市大字原田）
樹齢約600年以上、高さ約21m、幹周り約9.6m。島津義弘が夭折した長男鶴寿丸の供養に植えたという

◇飫肥のウスギモクセイ（宮崎県日南市大字吉野方字山本）
幹回り1.8m程、樹齢約400年

1937（昭和12）年7月2日

◇森永の化石群（宮崎県東諸県郡国富町森永永永井の迫3086ほか）
貝殻が堆積してできた化石群

1939（昭和14）年1月27日

◇山田のイチョウ（宮崎県都城市山田町山田字山菅6658）
推定樹齢約700年、高さ約47m、幹周り約7.5m

1942（昭和17）年6月23日

◇門川のウスギモクセイ（宮崎県東臼杵郡門川町大字川内字北之内）
傍らに古い石塔や墓が多く残る

◇白岩山石灰岩峰植物群落（宮崎県西臼杵郡五ヶ瀬町大字鞍岡）
約400種が群落し、うち60種は白岩山岩峰特有

1965（昭和40）年8月17日

◇浄専寺のシダレザクラ（宮崎県西臼杵郡五ヶ瀬町大字三ヶ所字宮之原）
推定樹齢約200年、高さ15m、幹周り2.5m

1969（昭和44）年2月28日

◇松尾のイチョウ（宮崎県東臼杵郡椎葉村大字松尾383）
樹齢約700年、高さ約32m、幹周り約5.5m

1980（昭和55）年6月24日

◇アカウミガメ及びその産卵地（宮崎県宮崎市, 児湯郡高鍋町, 児湯郡新富町, 日南市, 延岡市）
全国有数のアカウミガメの産卵地

1985（昭和60）年1月4日

◇綾のイチイガシ（宮崎県東諸県郡綾町大字北俣2610-4）
樹齢約650年、高さ約18m、幹周り約5.7m

1985（昭和60）年12月17日

◇天林寺のオハツキイチョウ（宮崎県宮崎市新別府町麓418（天林寺境内））
推定樹齢は約160年。葉の上に大きな実をつける珍しいもの

1991（平成3）年11月1日

◇大椎葉のウラクツバキ（宮崎県西都市大字尾八重394, 395）
他県に存在しない貴重な植物

◇樅木尾のウラクツバキ（宮崎県西都市大字尾八重612, 615）
推定樹齢約300年、高さ約10m、幹周り2.4m

2000（平成12）年3月31日

◇権現崎の照葉樹林（宮崎県日向市幸脇字千鳥4-1ほか）
スダジイ林やタブ林が広がる

記念物・名勝   *061* 天然記念物〔鹿児島県〕

2002（平成14）年3月28日
　◇市木のナギ（宮崎県東臼杵郡美郷町北郷
　　区宇納間小原地区八重）
　　推定樹齢約300年、高さ20m、幹周り
　　3.7m
2008（平成20）年3月31日
　◇オオヨドカワゴロモ自生地（宮崎県小林
　　市岩瀬川河川区域の内、旧岩瀬橋から
　　同河川と辻の堂川との合流地点までの
　　間（小林市野尻町三ケ野山3246–2地先
　　を除く））
　　大淀川水系にのみ生育する固有種。カ
　　ワゴケソウ科の自生地としては世界最

北限
2009（平成21）年3月26日
　◇福瀬神社のハナガガシ林（宮崎県日向市
　　東郷町山陰乙2013番地1）
　　推定樹齢約300年の木は幹周り約5.3m
　　で世界最大
2013（平成25）年9月12日
　◇フクジュソウ自生地（宮崎県東臼杵郡諸
　　塚村大字七ツ山3872番地6、3890番地
　　10、3890番地23、3897番地6）
　　日本に自生するフクジュソウの仲間の
　　南限域

061　天然記念物〔鹿児島県〕

[選定機関] 鹿児島県　　[選定時期] 1953（昭和28）年～

1953（昭和28）年9月7日
　◇トカラウマ（鹿児島県鹿児島郡十島村中
　　之島）
　　体高が110～120cmの栗色をした小型
　　の馬
　◇ハマジンチョウ（鹿児島県阿久根市波留
　　ほか）
　　熱帯・亜熱帯の波の穏やかな入り江な
　　ど、淡水と海水が交じる海岸の湿地帯
　　に生える常緑低木
　◇タモトユリ（鹿児島県鹿児島郡十島村口
　　之島）
　　口之島に固有のユリ
　◇ヘゴ自生地北限（鹿児島県出水郡長島町
　　北方崎）
　　「ヘゴの谷」と呼ばれる谷間に群生
1954（昭和29）年3月15日
　◇カワゴケソウ科（鹿児島県薩摩郡さつま
　　町、伊佐市、南さつま市、南九州市、肝
　　属郡錦江町、肝属郡南大隅町、志布志
　　市志布志町、熊毛郡屋久島町）
　　屋久島と鹿児島県本土、及び宮崎県の
　　一部にのみ見られる珍しい植物
　◇山川薬園跡及びリュウガン（鹿児島県指
　　宿市山川新生町）

万治2（1659）年島津光久が設けた薬園
跡で、当時植えられたリュウガンが
残る
1954（昭和29）年5月24日
　◇仙人岩の植物群落（鹿児島県いちき串木
　　野市冠岳）
　　特徴的な照葉樹林
　◇天然橋（鹿児島県南九州市川辺町上山田
　　柿房虚空蔵岳）
　　鹿児島では唯一の天然橋
　◇縄状玄武岩（鹿児島県指宿市開聞脇浦花
　　瀬崎）
　　開聞岳の溶岩が流れてできたもの
　◇権現洞穴（鹿児島県南九州市川辺町上山
　　田君野）
　　全長41.5mの水平な横穴
1955（昭和30）年1月14日
　◇オニバス自生地（鹿児島県薩摩川内市寄
　　田町（小比良池））
　　鹿児島県唯一の自生地
　◇溝ノ口洞穴（鹿児島県曽於市財部町大塚
　　原）
　　全長が224mの大規模な洞穴

事典・日本の自然保護地域　**227**

061 天然記念物〔鹿児島県〕 記念物・名勝

1956（昭和31）年9月27日
　◇川辺の大クス（鹿児島県南九州市川辺町宮）
　　樹齢約1200年。一部が枯死
1960（昭和35）年6月20日
　◇特殊羊歯及び蘚類の自生地（鹿児島県鹿児島市東桜島町）
　　「湯之の風穴」付近で特殊な植物が分布
1963（昭和38）年4月28日
　◇噴火により埋没した鳥居および門柱（鹿児島県鹿児島市黒神町）
　　大正3（1914）年の桜島火山大噴火で埋没した黒神社の鳥居と長野氏宅の門柱
1963（昭和38）年6月17日
　◇ウシウマの骨格（鹿児島県鹿児島市城山町1-1）
　　種子島で飼育されていた小型の馬の一種
1964（昭和39）年6月5日
　◇福山のイチョウ（鹿児島県霧島市福山町福山）
　　宮浦宮社殿の両側の2本
1967（昭和42）年3月31日
　◇昇竜洞（鹿児島県大島郡知名町吉野平川）
　　全長約1,500m、全国有数の鍾乳洞
1987（昭和62）年3月16日
　◇沖永良部島下平川の大型有孔虫化石密集産地（鹿児島県大島郡知名町下平川字瀬田原）
　　厚さ3mに及ぶ密集層として産出
1989（平成1）年3月22日
　◇国分市高座神社の社叢（鹿児島県霧島市国分川原）
　　ナギとイチイガシの巨木
2001（平成13）年4月27日
　◇住吉暗川（鹿児島県大島郡知名町住吉前間当り）
　　地下河川を伴う石灰岩洞穴
2003（平成15）年4月22日
　◇揖宿神社の社叢（鹿児島県指宿市東方）
　　推定樹齢700年以上の大きなクスノキ

が群生
2008（平成20）年4月22日
　◇世界で初めて精子が発見されたソテツ（鹿児島県鹿児島市城山町1-1）
　　県立博物館・旧考古資料館前庭にある雌雄のソテツ群
　◇請島のウケユリ自生地（鹿児島県大島郡瀬戸内町請島大字池地小字大山原1828）
　　奄美大島固有のユリ
　◇鹿児島市西佐多町の吉田貝化石層（鹿児島県鹿児島市西佐多町4281）
　　100種以上の貝、藻類等が密集した化石礁
2009（平成21）年4月21日
　◇犬田布海岸のメランジ堆積物（鹿児島県大島郡伊仙町犬田布海岸）
　　深海に堆積した地層が地表で見える
2011（平成23）年4月19日
　◇アマミハナサキガエル（鹿児島県奄美大島、徳之島）
　◇南種子町河内の貝化石層（鹿児島県熊毛郡南種子町中之上604-1, 639-1, 659-1のそれぞれ一部）
　　中新世中期の約1300万年前の海成層
2012（平成24）年4月20日
　◇沖泊海岸の大型有孔虫化石密集層（鹿児島県大島郡知名町下城須原）
　　化石が大型で密集して産する点で貴重
　◇大津勘のビーチロック（鹿児島県大島郡知名町大津勘185-1）
　　石灰質砂岩の層が重なってみられる
2013（平成25）年4月23日
　◇下甑島夜萩円山断崖の白亜系姫浦層群（鹿児島県薩摩川内市鹿島町藺牟田1018-1の一部）
　　姫浦層群の連続した地層が観察できる露頭
　◇南種子町のインギー鶏（鹿児島県熊毛郡南種子町）
　　明治27（1894）年、種子島に漂着したイギリスの帆船ドラメルタン号から島民が譲り受けた鶏

228　事典・日本の自然保護地域

記念物・名勝   *062* 天然記念物〔沖縄県〕

2014（平成26）年4月22日
　◇伏目海岸の池田火砕流堆積物と噴気帯
　　（鹿児島県指宿市山川福元3339-2の一
　　部及び海岸長さ210m）
　　噴火の様子がわかる貴重な露頭
2015（平成27）年4月17日
　◇薩摩隕石（鹿児島県鹿児島市城山町1-1

鹿児島県立博物館）
　　1886（明治19）年落下した一群の隕石
　◇花瀬の石畳（鹿児島県肝属郡錦江町田代
　　川原地内（雄川））
　　溶結凝灰岩が幅100m、距離2kmにわ
　　たり花瀬川の川床に露出している

062　天然記念物〔沖縄県〕

[選定機関] 沖縄県　　[選定時期] 1955（昭和30）年〜

1955（昭和30）年1月25日
　◇天底のシマチスジノリ（沖縄県国頭郡今
　　帰仁村字天底）
　　天底の湧水（アミスガー）に自生
1956（昭和31）年10月19日
　◇今泊のコバテイシ（沖縄県国頭郡今帰仁
　　村字今泊）
　　樹高約14m、胸高直径約135cm
1958（昭和33）年1月17日
　◇くまや洞窟（沖縄県島尻郡伊平屋村字田
　　名）
　　天の岩戸伝説が伝わる洞穴
　◇伊是名城跡のイワヒバ群落（沖縄県島尻
　　郡伊是名村字伊是名）
　　城跡頂上付近の群落
　◇念頭平松（沖縄県島尻郡伊平屋村字田
　　名）
　　リュウキュウマツの大木。推定樹齢
　　200〜250年、樹高約9m、胸高直径約
　　118cm
　◇田名のクバ山（沖縄県島尻郡伊平屋村字
　　田名）
　　ビロウの木で覆われている山
1958（昭和33）年3月14日
　◇仲島の大石（沖縄県那覇市泉崎）
　　高さ約6m、周囲約20mの琉球石灰岩
1959（昭和34）年12月16日
　◇宇根の大ソテツ（沖縄県島尻郡久米島町
　　字宇根）

推定樹齢250〜300年、高さ6mと4mの
2株
　◇安波のサキシマスオウノキ（沖縄県国頭
　　郡国頭村字安波）
　　沖縄県内の分布の北限
　◇宮鳥御嶽のリュウキュウチシャノキ（沖
　　縄県石垣市字石垣）
　　樹高7〜11m、胸高直径20〜70cmの4
　　本の大木
　◇船浮のヤエヤマハマゴウ（沖縄県八重山
　　郡竹富町字船浮）
　　船浮海岸は多数のヤエヤマハマゴウが
　　群落を形成して自生地として貴重
1961（昭和36）年6月15日
　◇佐敷町冨祖崎海岸のハマジンチョウ群落
　　（沖縄県南城市佐敷字富祖崎）
　　真謝川河口から冨祖崎川河口にかけて
　　の冨祖崎海岸に群落が形成されている
1970（昭和45）年5月19日
　◇真謝のチュラフクギ（沖縄県島尻郡久米
　　島町字真謝）
　　推定樹齢200年以上
1972（昭和47）年3月14日
　◇嘉津宇岳安和岳八重岳自然保護区（沖縄
　　県名護市、国頭郡本部町）
　　石灰岩地域特有の植物が多数生育
1972（昭和47）年5月12日
　◇万座毛石灰岩植物群落（沖縄県国頭郡恩
　　納村字恩納）

事典・日本の自然保護地域　**229**

ソノギクなどここでしかみられない植
物が生育
◇仲筋村ネバル御嶽の亜熱帯海岸林（沖縄
県石垣市字川平ヒウッタ原）
裏石垣海岸地域の本来の海岸林の植生
が残る貴重な森
1973（昭和48）年3月19日
◇宮里前の御嶽のハスノハギリ群落（沖縄
県名護市字宮里兼久原）
沖縄県の分布の北限
1974（昭和49）年2月22日
◇名護番所跡のフクギ群（沖縄県名護市字
名護）
樹高が約15m、胸高直径約40〜86cm、
推定樹齢約300年の6本
◇喜如嘉板敷海岸の板干瀬（沖縄県国頭郡
大宜味村字喜如嘉）
砂浜に沿って1km続く板状の岩
◇国仲御嶽の植物群落（沖縄県宮古島市伊
良部字国仲）
60種類以上の植物がみられる。サシバ
の重要な休息地
◇大宜味御嶽のビロウ群落（沖縄県国頭郡
大宜味村字大宜味）
沖縄島で最大のビロウ林
1974（昭和49）年10月3日
◇塩川御嶽の植物群落並びにフクギ並木
（沖縄県宮古郡多良間村字塩川）
御嶽林と約390本のフクギ並木
◇運城御嶽のフクギ群落（沖縄県宮古郡多
良間村字仲筋）
高木や石灰岩地域に多い植物が生息
1974（昭和49）年12月26日
◇多良間島の土原御嶽の植物群落（沖縄県
宮古郡多良間村字仲筋）
大木が500m²の範囲に約30本生育
◇多良間島の嶺原の植物群落（沖縄県宮古
郡多良間村字仲筋）
イヌマキやテリハボクなどの高木が中
心の自然状態に近い森
◇多良間島の抱護林多良間（沖縄県宮古郡
多良間村字仲筋・字塩川）
約1.8kmにわたって続く人工林
◇本部町大石原のアンモナイト化石（沖縄

県国頭郡本部町字山川）
沖縄島で最古の地層のある場所で発見
された
1977（昭和52）年5月9日
◇アカラ御嶽のウバメガシ及びリュウキュ
ウマツ等の植物群落（沖縄県島尻郡伊
是名村字伊是名）
航海安全祈願の拝所周辺の植物群落
1978（昭和53）年4月1日
◇アサヒナキマダラセセリ（沖縄県石垣市、
八重山郡竹富町西表島）
石垣島、西表島にだけ生息
1980（昭和55）年4月30日
◇東平安名崎の隆起珊瑚礁海岸風衝植物群
落（沖縄県宮古島市城辺字平安名）
222種類の植物が見つかっている
◇粟国村字西の御願の植物群落粟国村（沖
縄県島尻郡粟国村字西土倉原）
アカギやハマイヌビワ、クロヨナなど
が生育する自然状態に近い森
◇与那国島久部良岳天然保護区域（沖縄
県八重山郡与那国町字与那国満田原
3984-1）
山地の植物と低地林の植物が混在する
貴重な森
◇与那国島宇良部岳ヨナグニサン生息地
（沖縄県八重山郡与那国町字与那国宇
良部2983-1）
ヨナグニサンの食樹が豊富
◇北大東村字中野の北泉洞（沖縄県島尻郡
北大東村字中野58, 59）
長さ約150m、面積約1700m²の洞窟
1991（平成3）年1月16日
◇宮古馬（沖縄県宮古島市平良字西里240-
2）
体の高さが120cmほどの小型の在来馬
◇チャーン（沖縄県うるま市字高江洲）
主に鳴き声を楽しむために飼育されて
きた中型の鶏
1991（平成3）年4月2日
◇比地の小玉森の植物群落（沖縄県国頭郡
国頭村字比地49）
村民が聖域として保護してきた森

記念物・名勝　　　　　　　　　　　　　　　　　　　　　　　　　　　*063*　名勝〔国指定〕

1995（平成7）年12月22日
　◇久高島カカベールの海岸植物群落（沖縄県南城市知念字久高）
　　アダンやオキナワシャリンバイなどが生い茂る

◇久高島伊敷浜の海岸植物群落（沖縄県南城市知念字久高）
　ウコンイソマツやミズカンピなどの群落

063　名勝〔国指定〕

　文化財保護法で指定された、日本のすぐれた国土美として欠くことのできないもので、主にその景観の有様に価値を求めるもの。日本庭園のような人為的に、構成された人文的な景観の他に、自然の働きに由来し歴史や文化に支えられた風致景観を対象とする自然的名勝がある。文部科学大臣や都道府県教育委員会がそれぞれ文化審議会の審議を経て指定することになっており、都道府県は、これらの管理や修理、修景、復旧についてはその経費の一部を補助することになっている。1919（大正8）年に史蹟名勝天然記念物保存法が発布されて学術上貴重な自然の保護が行われるようになり、1951（昭和26）年から文化財保護委員会が示した規準に従い、保存事業が進められている。

　　〔選定機関〕文化庁　〔選定時期〕1951（昭和26）年～

1922（大正11）年3月8日
　◇三保松原（静岡県静岡市清水三保・清水折戸）
　　三保半島の海岸線に沿って7kmにわたり5万4千本のクロマツが茂る松原。富士山を望める白砂青松の景勝地。日本三大松原の一つ
　◇月瀬梅林（奈良県奈良市）
　　五月川の渓谷沿いに約1万本の梅の木が広がる
1923（大正12）年3月7日
　◇妙義山（群馬県富岡市, 群馬県甘楽郡下仁田町, 群馬県安中市）
　　火砕岩・溶岩からなる山峰群。最高峰は相馬岳標高1104m
　◇寝覚の床（長野県木曽郡上松町）
　　巨大な花崗岩が木曽川の激流に刻まれてできた景観
　◇豪渓（岡山県総社市槙谷, 岡山県加賀郡吉備中央町岨谷）
　　花崗岩の節理が発達、奇岩絶壁と渓谷美がみられる
　◇帝釈川の谷（帝釈峡）（広島県庄原市東城町, 広島県神石郡神石高原町）

帝釈川が石灰岩台地を浸食して形成した絶壁・奇岩・深淵からなる
　◇長門峡（山口県山口市, 山口県萩市）
　　阿武川中流にある渓谷で甌穴が多い
　◇神懸山（寒霞渓）（香川県小豆郡小豆島町）
　　奇岩怪石群。紅葉の名所
　◇耶馬渓（大分県日田市, 大分県宇佐市, 大分県中津市, 大分県玖珠郡）
　　溶岩台地と集塊岩山地の浸食によってできた景勝地
1924（大正13）年12月9日
　◇桜川（サクラ）（茨城県桜川市磯部）
　　磯部の百色桜として、桜の名勝
　◇長瀞（埼玉県秩父郡長瀞町, 埼玉県秩父郡皆野町）
　　日本地質学発祥の地といわれる※名勝, 天然記念物
　◇小金井（サクラ）（東京都小金井市, 東京都小平市, 東京都武蔵野市, 東京都西東京市）
　　約1000本余りのサクラ並木
　◇御室（サクラ）（京都府京都市右京区御室大内）

事典・日本の自然保護地域　231

063 名勝〔国指定〕

古来和歌や俳句にうたわれた桜

◇吉野山（奈良県吉野郡吉野町）
桜と南朝の史跡で知られる山地※史跡，名勝

◇橋杭岩（和歌山県東牟婁郡串本町）
大小40余の柱状の岩が一列に並ぶ※名勝，天然記念物

1925（大正14）年10月8日

◇猊鼻渓（岩手県一関市竹山町）
石灰岩の一枚岩の大きな絶壁があり，鼻のような形の岩の瘤（鍾乳洞）がある

◇大沼の浮島（山形県西村山郡朝日町）
アシなどが堆積してできた大小60余りの浮島が浮遊する。ミズナラ・コナラ・イタヤカエデ等の自然林が繁り合う

◇赤目の峡谷（三重県名張市赤目町）
室生火山群の活動により形成された流紋岩質溶結凝灰岩を滝川が浸食してできた渓谷

1926（大正15）年10月20日

◇青海島（山口県長門市仙崎・通）
島の北岸に屏風岩などの海食崖や十六羅漢などの岩柱群が展開する※名勝，天然記念物

◇石柱渓（山口県下関市豊田町）
約2kmにわたって、白亜紀石英斑岩を侵食し、四十八滝とよばれる滝の多い渓流となる※名勝，天然記念物

1927（昭和2）年4月8日

◇嵐山（京都府京都市右京区，京都府京都市西京区）
秩父古生層の山。春の桜、秋の紅葉で有名※史跡，名勝

◇鬼舌振（島根県仁多郡奥出雲町仁多）
大馬木川の中流部の渓谷。河水による大小の甌穴がみられる※名勝，天然記念物

◇立久恵（島根県出雲市乙立町）
集塊岩質安山岩が侵食されてできたもの※名勝，天然記念物

1927（昭和2）年6月14日

◇潜戸（島根県松江市島根町）
洞門の新潜戸と洞窟の旧潜戸からなる

記念物・名勝

※名勝，天然記念物

◇俵島（山口県長門市油谷向津具下）
玄武岩の小島※名勝，天然記念物

1927（昭和2）年8月11日

◇木曽川堤（サクラ）（愛知県江南市，一宮市）
木曽川堤防上に植えられた桜並木※名勝，天然記念物

1927（昭和2）年9月5日

◇厳美渓（岩手県一関市厳美町）
奇岩、怪岩、深淵、甌穴に滝などダイナミックな景観が約2km続く※名勝，天然記念物

◇笹川流（新潟県村上市）
岩の間を盛り上がるように流れる潮流を、中心地笹川集落の名にちなんで付けられた※名勝，天然記念物

1928（昭和3）年2月17日

◇霞間ヶ渓（サクラ）（岐阜県揖斐郡池田町）
渓流沿いにヤマザクラ、ソメイヨシノ、シダレザクラなどが咲く※名勝，天然記念物

◇入野松原（高知県幡多郡黒潮町）
延長約4kmの松原。数十万本のクロマツがある

1928（昭和3）年3月5日

◇須佐湾（山口県萩市）
変化に富む景観と地質学上の特徴のある沈水海岸※名勝，天然記念物

1928（昭和3）年3月27日

◇浦富海岸（鳥取県岩美郡岩美町）
屈曲に富む海岸で海食洞や波食微地形がある※名勝，天然記念物

1928（昭和3）年6月27日

◇室戸岬（高知県室戸市室戸岬町）
海岸段丘が発達している岬。繁茂する亜熱帯植物が特有の樹形をなす

1928（昭和3）年6月28日

◇気比の松原（福井県敦賀市松島）
笙ノ川口以西の浜堤上にある海岸景勝地。赤松、黒松約17000本が生い茂る白砂青松で知られる。日本三大松原の

232　事典・日本の自然保護地域

記念物・名勝

一つ

1928（昭和3）年10月13日
◇慶野松原（兵庫県南あわじ市松帆）
　瀬戸内海でも随一の白砂青松の松原

1930（昭和5）年7月8日
◇竹生島（滋賀県長浜市）
　「深緑竹生島の沈影」として琵琶湖八景の一つ※名勝，史跡
◇神庭瀑（岡山県真庭市神庭）
　高さ110m，幅20mの西日本有数規模の滝

1930（昭和5）年10月3日
◇鬼ヶ嶽（岡山県井原市美星町鳥頭，岡山県小田郡矢掛町）
　輝緑岩の地盤と水辺の樹層が約4kmにわたって続く渓谷

1930（昭和5）年11月19日
◇下津井鷲羽山（岡山県倉敷市下津井田ノ浦）
　頂上の鐘秀峰から備讃瀬戸の島々や四国が眺望できる

1931（昭和6）年2月20日
◇鳴門（徳島県鳴門市鳴門町）
　潮の干満の際、潮流はとどろく急流となって大小の渦巻を作る

1931（昭和6）年3月30日
◇華厳瀑および中宮祠湖（中禅寺）湖畔（栃木県日光市中宮祠）
　中善寺湖畔の各地と上野島・白雲の滝・華厳の滝をふくむ大谷川の上流地域

1931（昭和6）年5月11日
◇木曽川（愛知県犬山市，岐阜県可児市，岐阜県加茂郡坂祝町，岐阜県各務原市）
　両岸に極端に褶曲したチャートが急崖、岩礁、甌穴などをつくる

1931（昭和6）年7月31日
◇鳳来寺山（愛知県新城市）
　基盤の花崗岩、領家片麻岩の上に第3紀の基底礫岩がある。暖帯植物や地衣蘚苔類が繁茂※名勝，天然記念物
◇磐窟谷（岡山県高梁市川上町・備中町）
　高さ100mの岸壁や継子岳・白岳・神楽岳などの断崖絶壁がみられる

1932（昭和7）年3月25日
◇奈曽の白瀑谷（秋田県にかほ市象潟町）
　高さ26m，幅11mの整った滝
◇山寺（山形県山形市山寺）
　天然のアカマツの間に奇岩怪石を残す景観※名勝，史跡
◇猿橋（山梨県大月市猿橋町）
　巧妙な構架の木橋。日本三奇橋の1つ

1932（昭和7）年4月19日
◇笠置山（京都府相楽郡笠置町）
　巨石を中心とした自然物信仰の対象となってきた山※史跡，名勝
◇奥津渓（岡山県苫田郡鏡野町）
　奥津川の延長約3kmにある、紅葉の名所

1932（昭和7）年7月23日
◇千丈渓（島根県江津市桜江町，島根県邑智郡邑南町）
　20あまりの滝がある。白藤滝は40mに及ぶ瀑布で紅葉で有名

1932（昭和7）年10月19日
◇琉璃渓（京都府南丹市）
　園部川上流部の景勝地で奇岩・怪岩、深い淵が続く

1933（昭和8）年2月28日
◇美保の北浦（島根県松江市美保関町）
　洞窟や断崖絶壁、島々・小さな湾が連なる
◇面河渓（愛媛県上浮穴郡久万高原町）
　河川の側には断崖絶壁がそびえ立つ。紅葉する樹木が多い

1934（昭和9）年1月22日
◇若狭蘇洞門（福井県小浜市矢代・若狭・宅久・泊）
　内外海半島北側の海岸にある海食洞
◇天龍峡（長野県飯田市竜江・川路）
　天龍川が切り開いた絶壁が続く渓谷
◇鬼岩（岐阜県可児郡御嵩町，岐阜県瑞浪市日吉町）
　可児川の源流付近にあり、花崗岩が侵食してできた巨岩や奇石がある※名勝，天然記念物
◇阿寺の七滝（愛知県新城市）

063　名勝〔国指定〕

事典・日本の自然保護地域　233

063 名勝〔国指定〕　　　　　　　　　　　　　　　　　　　　記念物・名勝

阿寺川の上流、中生代の礫岩の断層崖
にかかる瀑布※名勝, 天然記念物

◇乳岩および乳岩峡（愛知県新城市）
宇連川の支流乳岩川の峡。河床が1枚
岩の観を呈する※天然記念物, 名勝

◇但馬御火浦（兵庫県美方郡新温泉町, 兵
庫県美方郡浜坂町）
海食崖が発達し、洞門、洞窟、柱状節
理が連なる※名勝, 天然記念物

1934（昭和9）年5月1日
◇霊山（福島県伊達市, 福島県相馬市玉野）
標高825m。奇岩・怪石が連なる※史
跡, 名勝

◇佐渡海府海岸（新潟県佐渡市）
内海府と外海府からなる。延長約
50kmの変化に富んだ海蝕崖岩礁地帯

◇佐渡小木海岸（新潟県佐渡市）
波食台、溺れ谷、海岸段丘など変化に
富む海岸※天然記念物, 名勝

1934（昭和9）年7月7日
◇三徳山（鳥取県東伯郡三朝町）
洞窟や奇岩、絶壁、滝などの奇勝が形
成されている※名勝, 史跡

1934（昭和9）年8月9日
◇龍宮の潮吹（山口県長門市油谷津黄）
岩壁に打ち寄せた大波が岩の穴に流入
し音を立てて空中に吹きあげるもの※
天然記念物, 名勝

1934（昭和9）年11月10日
◇五箇瀬川峡谷（高千穂峡谷）（宮崎県西臼
杵郡高千穂町）
阿蘇山の溶岩が浸食されたもの※名
勝, 天然記念物

1934（昭和9）年12月28日
◇躑躅ヶ岡（ツツジ）（群馬県館林市花山
町）
推定樹齢800年を超えるヤマツツジや
高さ5mのツツジ巨樹群がある。群馬
県立つつじケ岡公園に拡張されている

1935（昭和10）年6月7日
◇東尋坊（福井県坂井市）
東方の崎浦、梶浦の沿岸に大小の島が
散在、多くの洞窟、名門を生じている

※天然記念物, 名勝

◇千厳山および高舞登山（熊本県上天草市
松島町）
千厳山は標高162m、高舞登山は標高
117m、山頂の展望にすぐれる

◇六郎次山（熊本県天草市）
標高405m、山頂からは深海湾の入り
江、大小の島々を一望できる

1935（昭和10）年8月27日
◇妙見浦（熊本県天草市）
蓬莱島などの岩礁や高さ100mにも及
ぶ断崖、洞門が続く※名勝, 天然記念物

◇竜仙島（片島）（熊本県天草市）
海食による石門、石柱、洞窟などの独
特の景観※天然記念物, 名勝

1935（昭和10）年12月24日
◇吾妻峡（群馬県吾妻郡東吾妻町, 群馬県
吾妻郡長野原町）
入間川に上流にあり、奇岩が続き、渓
谷美を見せる

◇熊野の鬼ケ城 附 獅子巌（三重県熊野市
木本町）
鬼ケ城は石英粗面岩の大岸壁が連な
る。獅子巌は獅子の横顔に似た形の
石英粗面岩塊※天然記念物, 名勝

◇隠岐知夫赤壁（島根県隠岐郡知夫村）
風海食によってつくられた断崖※名
勝, 天然記念物

◇断魚渓（島根県邑智郡邑南町）
千畳敷・神楽淵が代表的な景勝

1936（昭和11）年9月3日
◇白糸ノ滝（静岡県富士宮市原・上井出）
富士山西麓にある滝で壁面にすだれの
ように落下する※名勝, 天然記念物

◇竜ヶ岳（熊本県上天草市竜ヶ岳町）
標高470m、山頂で樋島などの島々、倉
岳と棚底湾、老岳の山々を眺望出来る

1936（昭和11）年12月16日
◇吹割渓ならびに吹割瀑（群馬県沼田市利
根町）
平滑な河床の水流が溝状の窪みの両側
から流れ落ちる滝※天然記念物, 名勝

234　事典・日本の自然保護地域

記念物・名勝　　　　　　　　　　　　　　　　　　　　　　　　　　　　　　　　　　　　　　*063*　名勝〔国指定〕

1937（昭和12）年4月17日
　◇三波川（サクラ）（群馬県藤岡市）
　　　1908（明治41）年1000本のソメイヨシ
　　　ノを植えたところ、数年後の11月に突
　　　然開花したことから、注目された※名
　　　勝，天然記念物
1937（昭和12）年6月15日
　◇碁石海岸（岩手県大船渡市末崎町）
　　　海岸一帯に岩礁・断崖・洞穴・洞門・
　　　潮吹穴・水道などがみられる※名勝，
　　　天然記念物
　◇田代の七ツ釜（新潟県中魚沼郡津南町，
　　　新潟県十日町市）
　　　苗場山系から流れでる釜川の渓流に
　　　点在する七つの滝つぼ※名勝，天然記
　　　念物
　◇三方五湖（福井県三方上中郡若狭町，福
　　　井県三方郡美浜町）
　　　三方湖、日向湖・久々子湖、菅湖、水
　　　月湖の5つの湖の総称。久々子湖は潟
　　　湖、他の4湖は断層湖。淡水魚・海水
　　　魚がとれる釣りの名所
　◇伊豆西南海岸（静岡県賀茂郡松崎町，静
　　　岡県賀茂郡西伊豆町，静岡県賀茂郡南
　　　伊豆町）
　　　奇岩、トンボロ、海食洞、天窓洞など
　　　の多様な海岸地形がみられる
1937（昭和12）年12月8日
　◇小鹿渓（鳥取県東伯郡三朝町）
　　　谷底に甌穴、瀬や雄淵・雌淵などの淵、
　　　大岩塊など奇岩怪石が多くみられる
1937（昭和12）年12月21日
　◇種差海岸（青森県八戸市鮫町）
　　　波が押し寄せる風景に加え、火山灰に
　　　覆われた後背地に、スズラン、スカシ
　　　ユリ、ハマナス、ハマギクなどの花が
　　　咲く
1938（昭和13）年5月30日
　◇香住海岸（兵庫県美方郡香美町境）
　　　リアス式海岸で、洞門、奇岩、断崖が
　　　見られる
　◇隠岐海苔田ノ鼻（島根県隠岐郡隠岐の島
　　　町）
　　　岬の先端には、よろい岩、かぶと岩の

奇勝がある※天然記念物，名勝
　◇隠岐国賀海岸（島根県隠岐郡西ノ島町）
　　　日本海の激しい海食作用を受け、東西
　　　に約7kmにわたり、断崖・絶壁・洞窟
　　　が続く※名勝，天然記念物
　◇隠岐白島海岸（島根県隠岐郡隠岐の島
　　　町）
　　　白島崎の北方に広がる雀島、長島、小
　　　白島、沖ノ島、松島、黒島など三十有
　　　余の島の総称。多くの波食洞が見られ
　　　る景勝地※名勝，天然記念物
　◇隠岐布施海岸（島根県隠岐郡隠岐の島
　　　町）
　　　大小数百の島や岩礁が散在する
　◇波止浜（愛媛県今治市波止浜・波方町）
　　　古くから文人墨客ゆかりの地として知
　　　られる地
1938（昭和13）年12月14日
　◇天都山（北海道網走市字天都山）
　　　標高208m、網走湖、能取湖、知床半
　　　島を一望できる景勝地
1939（昭和14）年9月7日
　◇比叡山および矢筈岳（宮崎県延岡市，宮
　　　崎県西臼杵郡日之影町）
　　　垂直に切り立った岩峰をもち、綱ノ瀬
　　　川の峡谷を挟みそびえたっている
1940（昭和15）年8月30日
　◇狗留孫山（山口県下関市豊田町）
　　　山頂から響灘、玄界灘、九州の連山が
　　　眺望できる
1940（昭和15）年11月13日
　◇高田松原（岩手県陸前高田市高田町）
　　　長大な弓浜にアカマツを交えたクロマ
　　　ツが壮大優美な松原をなす
1941（昭和16）年2月21日
　◇志島ヶ原（愛媛県今治市桜井）
　　　菅原道真ゆかりの白砂青松の渚
1941（昭和16）年4月23日
　◇仏ヶ多（仏ヶ浦）（青森県下北郡佐井村）
　　　緑色凝灰岩の海崖が侵食を受け、様々
　　　な奇岩・怪石が屹立する岩石海岸※名
　　　勝，天然記念物
　◇金峰山（山形県鶴岡市青竜寺）

事典・日本の自然保護地域　235

063 名勝〔国指定〕　　　　　　　　　　　　　　　　　　　　　　記念物・名勝

標高は約460m程であるが山頂からの
眺望はすぐれる。金峯修験の本拠地
◇清津峡（新潟県南魚沼郡湯沢町，新潟県
十日町市）
　岩礁と清流からなる景観で知られる。
　野鳥や高山植物が数多く生息※名勝，
　天然記念物

1941（昭和16）年11月13日
◇雙ヶ岡（京都府京都市右京区御室雙岡
町）
　京都盆地における卓越した展望地点

1941（昭和16）年12月13日
◇醒井峡谷（滋賀県米原市上丹生）
　宗谷川の清流。付近で石灰石を産する
◇千疋のサクラ（愛媛県今治市玉川町）
　楢原山頂にある千疋峠，仏峠に群生し
　たヤマザクラの総称

1942（昭和17）年3月7日
◇秋保大滝（宮城県仙台市太白区秋保町）
　名取川の全流が凝灰岩の断崖を落下し
　滝となったもの
◇曽々木海岸（石川県輪島市町野町）
　硬い流紋岩が波の侵食で複雑な模様
　や奇岩をつくっている※名勝，天然記
　念物

1942（昭和17）年7月21日
◇三多気のサクラ（三重県津市）
　ヤマザクラを主とする桜並木

1942（昭和17）年9月19日
◇大三島（愛媛県今治市大三島町）
　芸予諸島のほぼ真ん中にある島。鷲ヶ
　頭山からの瀬戸内海の眺望がよく，東
　海岸一帯とともに瀬戸内海国立公園に
　含まれる

1943（昭和18）年2月19日
◇白石島（岡山県笠岡市白石島）
　鎧岩など巨岩奇岩が多い

1943（昭和18）年8月27日
◇珊瑚島（岩手県大船渡市珊瑚島）
　アカマツ天然林で被われた島
◇応神山（岡山県笠岡市笠岡）
　山上から瀬戸内海の島々を一望できる

1944（昭和19）年3月7日
◇尾鈴山瀑布群（宮崎県児湯郡都農町）
　名貫川の上流にあり，滝が大小30以上
　ある

1944（昭和19）年11月7日
◇高島（岡山県笠岡市神島外浦）
　「古事記」にも記されている風光明媚
　な島
◇岩屋（愛媛県上浮穴郡久万高原町）
◇古岩屋（愛媛県上浮穴郡久万高原町）
　岩峰が連なる名所
◇八幡山（愛媛県今治市吉海町）
　海抜214m，頂上から瀬戸内海一帯を
　眺められる

1945（昭和20）年2月22日
◇磐司（宮城県仙台市太白区秋保町）
　連壁の間に多数の滝を連ねる

1951（昭和26）年6月9日
◇象頭山（香川県仲多度郡琴平町）
　琴平山の別称で象の寝ている姿に似て
　いることからつけられた。金刀比羅宮
　の神域で暖帯自然林でおおわれている
　※名勝，天然記念物

1954（昭和29）年3月20日
◇楽寿園（静岡県三島市一番町）
　湧水と富士山噴火時に流れ出て三島ま
　でたどりついた溶岩が有名※天然記念
　物，名勝

1956（昭和31）年12月28日
◇箕面山（大阪府箕面市箕面公園）
　丘陵性の山地。多くの動植物が生息

1957（昭和32）年7月3日
◇三波石峡（群馬県藤岡市譲原，埼玉県児
玉郡神川町）
　三波川変成帯に形成された峡谷。江戸
　時代から景勝の地※名勝，天然記念物

1959（昭和34）年6月17日
◇日本平（静岡県静岡市清水区村松・馬走・
駒越・草薙）
　有度山山頂付近一帯の景勝地で富士山
　の眺望で知られる

236　事典・日本の自然保護地域

記念物・名勝　　　　　　　　　　　　　　　　　　　　　　　　　　　　*063*　名勝〔国指定〕

1972（昭和47）年7月11日
　◇那智大滝（和歌山県東牟婁郡那智勝浦町）
　　高さ133m。飛滝神社の神体
1973（昭和48）年5月29日
　◇称名滝（富山県中新川郡立山町）
　　一帯は立山が噴火してできた溶結凝灰岩で形成された。日本最大の瀑布※名勝，天然記念物
1975（昭和50）年2月18日
　◇檜木内川堤（サクラ）（秋田県仙北市角館町）
　　1934（昭和9）年に植栽されたソメイヨシノの並木
1997（平成9）年9月11日
　◇川平湾及び於茂登岳（沖縄県石垣市）
　　川平湾湾内の海は，光や潮の満ち引きで色を変える。於茂登岳は沖縄県の最高峰
1999（平成11）年5月10日
　◇姨捨（田毎の月）（長野県千曲市八幡）
　　農耕地，棚田が織り成す文化的景観
2001（平成13）年1月29日
　◇白米の千枚田（石川県輪島市白米町）
　　高洲山の裾野の1.2haにわたる急斜面に，幾重にも段になった田んぼが広がる
　◇坊津（鹿児島県南さつま市坊津町）
　　リアス式海岸の断崖と水平線が一枚に収まる景勝地。安藤広重もこの風景を描いている
2005（平成17）年3月2日
　◇イーハトーブの風景地 鞍掛山 七つ森 狼森 釜淵の滝 イギリス海岸 五輪峠 種山ヶ原（岩手県滝沢市，岩手県岩手郡雫石町，岩手県花巻市，岩手県奥州市，岩手県気仙郡住田町）
　　詩人・童話作家の宮澤賢治の作品内に登場する，岩手県地方の独特の風土を表す自然の風景地
2005（平成17）年7月14日
　◇大和三山 香具山 畝傍山 耳成山（奈良県橿原市）
　　古くから多くの和歌に詠まれた由緒ある景観

2006（平成18）年7月28日
　◇男神岩・女神岩・鳥越山（岩手県二戸市，岩手県二戸郡一戸町）
　　安山岩から成る
　◇大谷の奇岩群 御止山 越路岩（栃木県宇都宮市）
　　緑色凝灰岩から成る一群の奇岩
　◇二見浦（三重県伊勢市）
　　平安朝以来，伊勢の名勝地として知られる
　◇下地島の通り池（沖縄県宮古島市）
　　伊良部島（下地島）の西海岸にある2つのコバルトブルーの池※名勝，天然記念物
2007（平成19）年2月6日
　◇東平安名崎（沖縄県宮古島市城辺）
　　隆起珊瑚礁の石灰岩台地が海食され，長さ2kmにわたって細長く突出する岬
2007（平成19）年7月26日
　◇琴引浜（京都府京丹後市）
　　足で砂をすると琴を引くような音を出す砂浜※天然記念物，名勝
2009（平成21）年2月12日
　◇不知火及び水島（熊本県宇城市不知火町永尾，熊本県八代市植柳下町・鏡町北新地先）
　　古くから蜃気楼現象の一種である「不知火」にまつわる様々な伝承が残されていることで有名
2009（平成21）年7月23日
　◇ピリカノカ 九度山（クトゥンヌプリ）黄金山（ピンネタイオルシペ）神威岬（カムイエトゥ）襟裳岬（オンネエンルム）瞰望岩（インカルシ），カムイチャシ 絵鞆半島外海岸 十勝幌尻岳（ポロシリ）幌尻岳（ポロシリ）（北海道名寄市，北海道石狩市浜益区）
　　アイヌのユカラに謡われた物語・伝承の舞台をはじめとした景勝地群
　◇別府の地獄（大分県別府市大字鉄輪・野田）
　　別府市に存在する様々な奇観を呈する自然湧出の源泉

事典・日本の自然保護地域　**237**

063 名勝〔国指定〕　　　　　　　　　　　　　　　　　　記念物・名勝

2010（平成22）年8月5日
◇円月島（高嶋）及び千畳敷（和歌山県西牟婁郡白浜町高嶋）
　　夕景の名所
◇和歌の浦（和歌山県和歌山市和歌浦）
　　海、川、砂嘴、干潟、島が存在する。和歌の聖地、歌枕の名所

2011（平成23）年9月21日
◇富士五湖　山中湖　河口湖　西湖　精進湖　本栖湖（山梨県南都留郡富士河口湖町，山梨県南都留郡山中湖村，山梨県南巨摩郡身延町）
　　富士山の火山活動により形成された5つの湖沼から成る風致景観

2012（平成24）年1月24日
◇浄土ヶ浜（岩手県宮古市）
　　鍬ヶ崎海岸にある。白い岩肌に松が映える石英粗面岩の奇岩が連なり、外海と隔てられた海辺は海水浴場となる

2012（平成24）年9月19日
◇喜屋武海岸及び荒崎海岸（沖縄県糸満市）
　　琉球石灰岩の海岸段丘及びサーフベンチの海食地形など、独特の地質・植生がある※名勝，天然記念物

2013（平成25）年3月27日
◇米塚及び草千里ヶ浜（熊本県阿蘇市，熊本県阿蘇郡南阿蘇村）
　　阿蘇山噴火史の特質を示す2つの火山※名勝，天然記念物
◇八重干瀬（沖縄県宮古島市）
　　広大なサンゴ礁群※名勝，天然記念物

2014（平成26）年3月18日
◇おくのほそ道の風景地　草加松原　ガンマ

ンガ淵（慈雲寺境内）八幡宮（那須神社境内）殺生石　遊行柳（清水流るゝの柳）黒塚の岩屋　武隈の松　つゝじが岡及び天神の御社　木の下及び薬師堂　壺碑（つぼの石ぶみ）興井　末の松山　籬が島　金鶏山　高館　さくら山　本合海　三崎（大師崎）象潟及び汐越　親しらず　有磯海（女岩）那谷寺境内（奇石）道明が淵（山中の温泉）大垣船町川湊（埼玉県草加市，栃木県日光市，栃木県大田原市，栃木県那須郡那須町，福島県二本松市，宮城県岩沼市，宮城県仙台市，宮城県多賀城市，宮城県塩竈市，岩手県西磐井郡平泉町，山形県新庄市，山形県飽海郡遊佐町，秋田県にかほ市，新潟県糸魚川市，富山県高岡市，石川県小松市，石川県加賀市，岐阜県大垣市）
松尾芭蕉の紀行文「おくのほそ道」で、芭蕉が訪れた各名所

◇大歩危（徳島県三好市）
　　吉野川の中流にあり、河床と河岸には日本列島を縦断して分布する三波川変成岩が典型的にみられる※天然記念物，名勝
◇久部良バリ及び久部良フリシ（沖縄県八重山郡与那国町）
　　砂岩と琉球石灰岩からなる海浜景観

2014（平成26）年10月6日
◇三井楽（みみらくのしま）（長崎県五島市）
　　緩やかな傾斜面の円形の溶岩台地を形成している
◇ティンダバナ（沖縄県八重山郡与那国町）
　　断層崖が交叉して形成された突端部の地名

238　事典・日本の自然保護地域

記念物・名勝　　　　　　　　　　　　　　　　　　　　　　　　　*064*　特別名勝〔国指定〕

064　特別名勝〔国指定〕

文化財保護法で指定した名勝のうち価値が特に高いもの。1951（昭和26）年から文化財保護委員会が示した「特別史跡名勝天然記念物及び史跡名勝天然記念物指定基準」に従い、保存事業が進められている。

〔選定機関〕文化庁　〔選定時期〕1951（昭和26）年〜

1922（大正11）年3月8日，特別指定：昭和27（1952）年11月22日

◇天橋立（京都府宮津市文殊・中野・大垣）
長さ3.6km，幅約15mの砂州。白砂青松をなし，成相山の中腹傘松からの展望は特に有名。日本三景の一つ

1923（大正12）年3月7日，特別指定：昭和27（1952）年11月22日

◇松島（宮城県塩竈市，宮城県宮城郡，宮城県東松島市）
大小200余の島に各々松が植生し一湾の中に散在する。古来日本三景の一つとして謳われてきた多島風景

◇厳島（広島県廿日市市）
周囲30km，全島花崗岩からなり峰瀰山頂上から瀬戸内海を一望できる。島全体が信仰の対象。日本三景の一つ※特別史跡，特別名勝

1923（大正12）年3月7日，特別指定：昭和28（1953）年3月31日

◇御嶽昇仙峡（山梨県甲府市平瀬町・高成町・猪狩町，山梨県甲斐市）
花崗岩の裸出する渓谷として特にすぐれた景観

1925（大正14）年10月8日，特別指定：昭和28（1953）年11月14日

◇三段峡（広島県山県郡安芸太田町，広島県山県郡北広島町）
中国地方で最も高い八幡高原に源を発し約13kmにわたり，変化に富んだ代表的峡谷をなす

1926（大正15）年10月27日，特別指定：昭和30（1955）年3月24日

◇虹の松原（佐賀県唐津市鏡・東唐津・浜玉町浜崎）
唐津湾の海浜に続く日本三大松原の一つ。長さ10km，幅1kmにわたり約100万本のクロマツが群生

1928（昭和3）年3月24日，特別指定：昭和27（1952）年3月29日

◇上高地（長野県松本市）
標高約1,500mの山岳景勝地。梓川に架かる河童橋から望む山々の雄姿，大正池や明神池，徳沢など※特別名勝，特別天然記念物

◇瀞八丁（和歌山県新宮市，三重県熊野市，奈良県吉野郡十津川村）
吉野熊野国立公園内の大峡谷。巨岩・奇石が並ぶ日本有数の景勝地※特別名勝，天然記念物

1928（昭和3）年3月31日，特別指定：昭和27（1952）年3月29日

◇温泉岳（長崎県雲仙市，長崎県島原市，長崎県南島原市）
普賢岳・国見岳・妙見岳，野岳・矢岳・高岩山・絹笠山，地獄地帯，一切経の滝，白雲の池，さらに田代原の草原地帯と諏訪池の湖水を飛地として含む

1928（昭和3）年4月12日，特別指定：昭和27（1952）年3月29日

◇十和田湖および奥入瀬渓流（青森県十和田市，秋田県鹿角郡小坂町）
十和田湖は二重式カルデラ湖で湖水をカツラ・トチノキ・ブナなどの豊かな山岳が取り巻く。奥入瀬渓流は，岩壁，樹林，滝，苔むす岩等により自然景観を形成※特別名勝，天然記念物

1952（昭和27）年10月7日，特別指定：昭和27（1952）年11月22日

◇富士山（山梨県，静岡県）

事典・日本の自然保護地域　**239**

065 名勝〔北海道〕　　　　　　　　　　　　　　　　　　　　　　　　　　記念物・名勝

日本最高峰の独立峰。古代より崇仰さ
れて来た名山。標高3,776m
1956（昭和31）年9月7日, 特別指定：昭和39
（1964）年7月10日
　◇黒部峡谷 附 猿飛並びに奥鐘山（富山県

中新川郡立山町, 富山県黒部市）
黒部峡谷は日本一深い急峻な谷。奥鐘
山は日本屈指の大岩壁。猿飛峡は昔猿
が飛び越えたことから命名された※特
別名勝, 特別天然記念物

065　名勝〔北海道〕

（記念物）遺跡で歴史上・学術上価値の高いもの、名勝地で芸術上・鑑賞上価値の高
いもの、動物・地質鉱物で学術上価値の高いもの。（名勝）庭園、橋梁、花草などの茂
る場所、湖沼、砂丘、海浜、火山、温泉、山岳など。

　［選定機関］北海道　　［選定時期］1951（昭和26）年〜

1951（昭和26）年9月6日
　◇羽衣の滝（北海道上川郡東川町天人峡）
　　北海道内一の落差、270mの絶壁を7段
　　に屈折して落下する名瀑。雪解け時期
　　は水量が多く迫力がある
　◇小清水海岸（北海道斜里郡小清水町浜小

清水）
網走市から知床へ向かうオホーツク海
沿いに広がる。砂丘中程は小清水原生
花園として有名。エゾスカシユリやエ
ゾキスゲ、ハマナスなど約70種の花が
咲く。鳴り砂の海岸

066　名勝〔岩手県〕

　［選定機関］岩手県　　［選定時期］1954（昭和29）年〜

1954（昭和29）年4月5日
　◇船越海岸（岩手県下閉伊郡山田町船越）
　　船越半島の海岸延長23kmにおよぶ地
　　域。アカマツが主体の沿岸林は太平洋
　　北部沿岸の特色をあらわしている
　◇浄土ヶ浜（岩手県宮古市日立浜町）
　　鍬ヶ崎海岸にある。白い岩肌に松が映
　　える石英粗面岩の奇岩が連なる。2012

（平成24）年、田代崎半島範囲は国指
定名勝として指定された
1969（昭和44）年6月6日
　◇青松島（岩手県陸前高田市広田町字集）
　　岸青松島・沖青松島と周辺の岩礁群か
　　らなる。島上は暖帯性常緑樹林。灰白
　　色の花崗岩にクロマツの緑が映える岩
　　礁風景がみられる※名勝及び天然記
　　念物

240　事典・日本の自然保護地域

記念物・名勝   069　名勝〔山形県〕

067　名勝〔宮城県〕

庭園、橋梁、峡谷、海浜、山岳等で芸術上又は鑑賞上価値の高いものを指す。

[選定機関] 宮城県　[選定時期] 1959(昭和34)年～

1959(昭和34)年8月

◇巨釜半造(宮城県気仙沼市)
唐桑半島の東海岸に位置する。前田浜の湾入部を境として北を巨釜、南を半造とよぶ。三陸特有のリアス式の屈曲の多い海岸線を形成。大理石の海蝕による奇岩が連続する。

1961(昭和36)年4月1日

◇鳴子峡(宮城県大崎市)
荒雄川支流の大谷川にある約6kmのV字谷で、凝灰岩層を大谷川が深さ80～100m、幅10～100mに侵食したもの。奇岩怪石がそびえ立つ。紅葉探勝の地

068　名勝〔秋田県〕

[選定機関] 秋田県　[選定時期] 1960(昭和35)年～

1960(昭和35)年12月17日

◇法体の滝および甌穴(秋田県由利本荘市鳥海町百宅字奥山手代沢外2 国有林)
鳥海山の雪解け水、湧水を集め3段に落ちる滝。落差57.4m、滝幅3m～30mの末広がりの名瀑※名勝及び天然記念物〔1〕

1964(昭和39)年4月16日

◇小又峡(秋田県北秋田市森吉字大印沢外30国有林)
森吉山東麓のノロ川原生林を源として大小100余りの瀑布、おう穴、深淵からなる原生峡※名勝及び天然記念物〔2〕

069　名勝〔山形県〕

[選定機関] 山形県　[選定時期] 1961(昭和36)年～

1961(昭和36)年5月6日

◇摩耶山(山形県鶴岡市)
標高1,019m、山頂部は前の山・中の山・南の山の三峰から成り、山の上部

斜面にはブナの原生林が展開。山頂からは、飯豊・吾妻・朝日連峰から月山・鳥海山の雄姿、佐渡島を浮べる日本海が望める。歴史・民俗資料も豊か

事典・日本の自然保護地域　241

070 名勝〔福島県〕　　　　　　　　　　　　　　　　　　　　　記念物・名勝

070　名勝〔福島県〕

［選定機関］福島県　［選定時期］1953（昭和28）年～

1953（昭和28）年10月1日
◇阿武隈峡（福島県福島市渡利・田沢・立
子山ほか）
阿武隈高地と奥羽山脈の間の蛇行、狭
窄部の峡谷。奇岩怪石が点在し自然景
観にすぐれる〔1〕

1955（昭和30）年2月4日
◇木幡山（福島県二本松市木幡字治家）
東北の修験の霊場であった。樹齢100
年から300年を越すスギやマツが生い
茂る。県下第一の美林がある。桜の名

所としても知られている〔2〕

◇岩角山（福島県本宮市和田字東屋口）
標高337m、全山花崗岩で形成され累
積された巨岩や奇岩がある。山頂から
那須連峰や安達太良山、吾妻の山々を
見渡せる〔3〕

1958（昭和33）年8月1日
◇浄土松山（福島県郡山市逢瀬町多田野字
浄土松山地内）
キノコ岩と呼ばれる奇岩が林立する、
独特の景観がみられる〔4〕

071　名勝〔茨城県〕

［選定機関］茨城県　［選定時期］1933（昭和8）年～

1933（昭和8）年10月6日
◇歩崎（茨城県かすみがうら市坂）
岬の展望台から見下ろした湖景は霞ヶ
浦の二大観のひとつ〔13-1〕

1934（昭和9）年11月30日
◇広浦（茨城県東茨城郡茨城町下石崎）
水戸藩主徳川斉昭が建てた水戸八景の
一つ〔13-2〕

◇親沢（茨城県東茨城郡茨城町上石崎）
親沢の涸沼に突出した「親沢の鼻」一
帯を指す。対岸弁天の鼻と向き合う景
勝の地〔13-3〕

1940（昭和15）年3月27日
◇袋田瀧（茨城県久慈郡大子町袋田）
月居山の中腹にあり滝川上流の四段
の岩壁にかかるもので、落差約120m、
幅最大約70m余。日本三大瀑布の一つ
〔13-4〕

1952（昭和27）年12月18日
◇花園渓谷「七ツ滝」（茨城県北茨城市華川
町）
滝の高さ約60m。花園神社奥ノ院の参
道にそって一ノ滝から七ノ滝まで7段
になって落下している〔13-5〕

072　名勝〔群馬県〕

［選定機関］群馬県　［選定時期］2009（平成21）年～

242　事典・日本の自然保護地域

記念物・名勝

1952（昭和27）年11月11日
　◇大峰山浮島及び湿原植物（群馬県利根郡
　　みなかみ町小川）
　　大峰山の南東中腹の大峰沼の中にあ
　　る。湿原が沼の中央にあり水域が周囲
　　をかこむ。湿原内はミズゴケの生長が
　　さかん※名勝及び天然記念物
1973（昭和48）年8月21日
　◇川手山洞窟群及びズニ石（群馬県利根郡
　　みなかみ町入須川1419）
　　川手山一帯に10数ヵ所の自然窟が散在
　　している※名勝及び天然記念物
2008（平成20）年3月27日
　◇蟬の渓谷（群馬県甘楽郡南牧村大字砥沢
　　字東畝から同字甲斐無付近までの河川

（南牧川流域））
　　南牧川にある渓谷。両岸の岩山が急激
　　に迫るが、下側は浸食され、川幅は広
　　がっている※名勝及び天然記念物
　◇線ヶ滝（群馬県甘楽郡南牧村大字星尾字
　　線ヶ上付近の河川敷（星尾川支流域））
　　高さ35m、黒灰色の岩肌を白い一筋の
　　線を描くように落下する滝。別命「仙
　　ヶ滝」※名勝及び天然記念物
2009（平成21）年3月24日
　◇滝沢の不動滝（群馬県前橋市粕川町中之
　　沢 粕川流域（滝及び滝下20mまでの河
　　川敷））
　　粕川上流にかかる落差32mの赤城山麓
　　で最大の滝。夏は霧と虹、冬は凍結し
　　た氷柱がみられる

073　名勝〔埼玉県〕

［選定機関］埼玉県　［選定時期］1922（大正11）年〜

1922（大正11）年3月29日
　◇天覧山の勝（埼玉県飯能市飯能1125-1ほ
　　か）
　　入間川を南に望む標高195mの山。飯
　　能市街〜奥武蔵・奥多摩の山々が一望
　　できる
　◇物見山岩殿山観音の勝（埼玉県東松山市
　　岩殿1221ほか, 比企郡鳩山町石坂正法
　　寺ほか）
　　岩殿丘陵の最高峰物見山（標高135m）
　　から関東平野を一望できる。坂上田村
　　麻呂が東征のときこの山に登り、四囲
　　を眺めたという。
1935（昭和10）年3月31日
　◇玉淀（埼玉県大里郡寄居町）
　　寄居の扇状地を刻む、荒川最後の渓谷。
　　瀬や淵、結晶片岩の象ヶ鼻、絶壁など

変化に富む
1940（昭和15）年3月31日
　◇越生の梅林（埼玉県入間郡越生町堂山）
　　越辺川河畔に位置し、古くから梅の名
　　所として知られる。『新編武蔵風土記
　　稿』にも記述がある
1943（昭和18）年3月31日
　◇中津峡（埼玉県秩父市中津川）
　　荒川の支流中津川がつくる約10kmの
　　峡谷。カエデ、ナナカマド、ブナ、ツ
　　ツジ類の紅葉が見られる
2015（平成27）年3月13日
　◇外秩父丸山の眺望（埼玉県秩父郡横瀬町
　　芦ケ久保）
　　外秩父山地の南寄りに位置する。標高
　　960mの丸山山頂部では約300度の範囲
　　を一望できる

事典・日本の自然保護地域　243

074 名勝〔千葉県〕　　　　　　　　　　　　　　　　　　　　　記念物・名勝

---

074 名勝〔千葉県〕

（記念物）貝づか、古墳、都城跡、城跡、旧宅その他の遺跡で歴史上又は学術上価値の高いもの、庭園、橋梁、峡谷、海浜、山岳その他の名勝地で芸術上又は観賞上価値の高いもの並びに動物（生息地、繁殖地及び渡来地を含む。）、植物（自生地を含む。）及び地質鉱物（特異な自然の現象の生じている土地を含む。）で学術上価値の高いものを指定する。

[選定機関]　千葉県　　[選定時期]　1935（昭和10）年〜

1935（昭和10）年3月26日
　◇仁右衛門島（千葉県鴨川市太海浜）
　　周囲約4km、砂岩の島。源頼朝や日蓮聖人の伝説がある。海浜植物が豊富
1954（昭和29）年12月21日
　◇鋸山と羅漢石像群（千葉県安房郡鋸南町元名184）
　　東京湾、三浦半島から富士山まで望め

る。地質や植物、動物などの面でも貴重な場所
2002（平成14）年3月29日
　◇鴨川大山千枚田（千葉県鴨川市大字釜沼字前大利）
　　標高90〜150mの斜面に水田が東西約600m、南北約150m広がる。30段、375枚

---

075 名勝〔東京都〕

風致景観の優秀なもので古くから名所として知られているもの又は芸術的若しくは学術的価値の高いもの。東京都文化財保護条例の規定に基づき指定される。

[選定機関]　東京都　　[選定時期]　1998（平成10）年〜

1998（平成10）年3月13日
　◇真姿の池湧水群（東京都国分寺市西元町1–13ほか）
　　玉造小町が身を清めたところ病が快癒したという伝説がある湧水地域
1999（平成11）年3月13日
　◇等々力渓谷（東京都世田谷区等々力1, 2, 野毛1, 中町1）
　　深さが10m程で渓谷の至る所から水が湧き出る。東京23区内で唯一の渓谷
2000（平成12）年3月6日
　◇海沢の四滝（東京都西多摩郡奥多摩町海

沢字船ケくぼ1267–1ほか）
　　大岳山の北面を流れる海沢谷に三ツ釜、ネジレの滝、大滝、不動の滝の瀑布が連続する
　◇三頭大滝（東京都西多摩郡檜原村字数馬7146–1）
　　三頭沢の上流、南秋川水系で最も上流にかかる滝。30mの高さから一筋の水流が岩肌を流れ落ちる
　◇奥御岳景園地（東京都青梅市御岳山194–1ほか）
　　御岳山（武蔵御嶽山神社）南側にある景勝地。樹林や清流、滝がみられる

記念物・名勝　　　　　　　　　　　　　　　　　　　　　　　　　　078　名勝〔富山県〕

076　名勝〔神奈川県〕

［選定機関］神奈川県　［選定時期］1965（昭和40）年〜

1955（昭和30）年5月10日
◇洒水の滝（神奈川県足柄上郡山北町平山
字向山、字上野山、字滝）
礫岩層にかかる三段の滝。最大の一
の滝は69.3m。修験道の滝行場として
有名
1965（昭和40）年8月10日
◇天神島、笠島及び周辺水域（神奈川県横
須賀市佐島3-1457-1〜3, 1458, 1457-

1先, 公有海面）
周囲1kmの島。ハマユウの群落など生
息する海岸植物総数146種。変化に富
んだ岩礁※天然記念物及び名勝
1960（昭和35）年10月4日
◇江ノ島（神奈川県藤沢市江の島）
海岸と砂州で繋がっており、周囲の岩
礁や海蝕洞窟などが珍しい形をなして
いる。江戸時代から観光の地※史跡,
名勝

077　名勝〔新潟県〕

［選定機関］新潟県　［選定時期］1962（昭和37）年〜

1962（昭和37）年3月29日
◇親不知子不知（新潟県糸魚川市大字市
振）
約15kmの海岸景勝地。北陸道の最大
難所旧街道は断崖絶壁の波打ち際の狭
い砂浜を波間をみて走り抜けたので、
親は子を子は親を顧みられなかったこ
とが名の由来

1973（昭和48）年3月29日
◇台ケ鼻（新潟県佐渡市米郷字台ケ鼻）
二見半島の東南端に突き出た丘陵の先
端部にある小さな岬。東側岸辺に大小
の波蝕甌穴群がある。真野湾を隔てた
対岸の海岸線や日本海の眺望にすぐれ
る※天然記念物及び名勝

078　名勝〔富山県〕

［選定機関］富山　［選定時期］1965（昭和40）年〜

1965（昭和40）年1月1日
◇称名滝とその流域（悪城の壁、称名滝、
称名廊下、地獄谷、みくりが池）（富
山県中新川郡立山町芦峅寺）
立山が噴火してできた溶結凝灰岩で形
成された一体。称名滝は落差は350m、

日本一の高さをもつ滝。滝は4段に分
かれ、最下段のものが126mで最も高
い。地獄谷は古く立山地獄として信
仰を集めた地。みくりが池は水深は
15m、周囲631m。浄土山の山並みが
湖面に映る※史跡, 名勝, 天然記念物

事典・日本の自然保護地域　245

079 名勝〔石川県〕　　　　　　　　　　　　　　　　　　　　　　　　記念物・名勝

◇虻が島とその周辺（富山県氷見市姿）
　灘浦沖に位置するひょうたん形の島で
　全長は180mに及ぶ。北の男島は石灰

質砂岩、南の女島は砂質泥岩からなる。
対島海流と千島海流との影響を受け暖
地性と寒地性の両方の植物が見られる
※名勝および天然記念物

079　名勝〔石川県〕

[選定機関]　石川県　　[選定時期]　1987（昭和62）年〜

1987（昭和62）年3月23日
◇男女滝（石川県輪島市西二又町ヲの部地
　内（河川敷））

上大沢の山手にある西二又川（男女滝
川）に注ぐ、本流の女滝と支流の男滝の
2つの滝の総称。高さ共に約35m。滝
つぼに甌穴が見られる

080　名勝〔福井県〕

[選定機関]　福井県　　[選定時期]　1956（昭和31）年〜

1956（昭和31）年3月12日
◇今戸鼻（福井県大飯郡高浜町音海）
　音海半島北側に位置する。地質は粒状
　安山岩で非常に硬い。崖裾に海蝕洞が
　多く、酒つぼ、酢つぼ、塩つぼ等と呼
　ばれている
◇神子の桜（福井県三方上中郡若狭町神
　子）
　約300本近いヤマザクラが点在。目通

し幹周1m以上のものが140本以上あ
り、最大のものは3.6m
1992（平成4）年5月1日
◇時水（福井県越前市蓑脇町大平山中腹）
　太平山の北側斜面の谷間に位置する。
　一定期をへだてて満水する間歇冷泉。間
　歇の周期や湧水量は、季節や降雨に
　よって変化する。全国でも稀有な自
　然現象

081　名勝〔長野県〕

（記念物）貝塚、古墳、都城跡、城跡、旧宅その他の遺跡で歴史上又は学術上価値の
高いもの、庭園、橋梁、峡谷、海浜、山岳その他の名勝地で我が国にとって芸術上又は
観賞上価値の高いもの並びに動物（生息地、繁殖地及び渡来地を含む。）、植物（自生地
を含む。）及び地質鉱物（特異な自然の現象の生じている土地を含む。）で我が国にとっ
て学術上価値の高いもの。

[選定機関]　長野県　　[選定時期]　1974（昭和49）年〜

1974（昭和49）年1月17日
◇田立の滝（長野県木曽郡南木曽町田立大

野入）
大滝川の渓谷にかかる9つの滝の総称。

記念物・名勝

主瀑の天河滝は高さ40mの花崗岩壁

1981（昭和56）年12月7日

◇三本滝（長野県松本市安曇国有林144林班ホ）

水源が異なる3つの沢が1つ所に集まるので3つの滝が一望できる。各滝の落差は約50～60m。古代信仰の遺跡としての価値も高い

1990（平成2）年2月19日

◇奥裾花峡谷（長野県長野市鬼無里日影ほ

か）

峡谷入口近くの向斜構造、瀑布・ポットホール、ケスタ地形などで構成されている

1991（平成3）年2月14日

◇御三甕の滝（長野県南佐久郡南相木村火とぼし2665）

上ん淵、中ん淵、下ん淵という甕状を呈した三つの滝壺からなる

082　名勝〔岐阜県〕

庭園、橋梁、峡谷、山岳等の名勝地のうち、芸術上または鑑賞上の価値が高く重要なもの。

［選定機関］岐阜県　［選定時期］1957（昭和32）年～

1957（昭和32）年7月9日

◇宇津江四十八滝（岐阜県高山市国府町宇津江）

猪伏山から発する渓流が滝上の高原、奇岸珍石の間を流れ段々と瀑布を作る

1958（昭和33）年12月14日

◇阿弥陀ヶ滝（岐阜県郡上市白鳥町大日岳）

落差約60mの東海一の名瀑。天文年間に白山中宮長瀧寺の僧の護摩修行中に阿弥陀如来が現れたという

◇白水滝（岐阜県大野郡白川村平瀬ワリ谷）

滝の高さ72m、幅8m。流れ落ちた水の色が乳白色だったため「白水滝」と呼ばれる

1973（昭和48）年11月14日

◇横谷峡四つの滝（岐阜県下呂市金山町金山横谷本洞）

一の滝（白滝）、二の滝（二見滝）、三の滝（紅葉滝）、四の滝（鶏鳴滝）からなる

083　名勝〔静岡県〕

［選定機関］静岡県　［選定時期］1954（昭和29）年～

1954（昭和29）年1月30日

◇桜ヶ池（静岡県御前崎市）

約2万年前に風と波で砂が運ばれ水がせき止められたことによりできた池といわれる。高僧皇円阿闍梨が龍と化し、池の中に入ったという伝説がある

◇木枯森（静岡県静岡市）

藁科川の河床中央の中州の長径100m、

比高10mの基盤岩の小丘を覆う森。「枕草子」に登場する歌枕となっている

◇浜名湖（静岡県浜松市）

1498（明応）年の地震による津波で今切口が生じ、遠州灘と通じて汽水湖となる。村櫛半島・大崎半島・庄内半島で猪鼻湖、引佐細江、松見ヶ浦、内浦などの支湖や入江がある

084　名勝〔愛知県〕

［選定機関］愛知県　［選定時期］1955（昭和30）年～

1955（昭和30）年
◇北設山岳公園岩古谷山（愛知県北設楽郡
設楽町）
石英安山岩よりなる一大巌塊。一帯に
菌根植物のヤマウツボ、その他ハコネ
シダ、ビロウドシダ、暖地系のカゴノ
キ、オオツヅラフチ等が繁茂し、また
寒地系のイワシャジン、コメツガ、ヒ

メコマシ等寒暖両系植物がみられる
1965（昭和40）年
◇八橋伝説地（愛知県知立市八橋町）
カキツバタの名所。『伊勢物語』の「東
下り」の故事にちなむ伝承の場所。知
立市八橋と豊田市駒場町の間を流れる
逢妻川付近の沖積低地と想定されてい
る。指定面積221m²

085　名勝〔三重県〕

庭園、橋梁、峡谷、海浜、山岳等の名勝地で芸術上または鑑賞上価値の高いもの。

［選定機関］三重県　［選定時期］1936（昭和11）年～

1936（昭和11）年1月22日
◇二見浦（三重県伊勢市二見町茶屋ほか）
二見浦の国指定にともない大半が指定
を解除されたが、旅館街の部分が県指
定として残っている
1937（昭和12）年6月30日
◇宮川堤（三重県伊勢市中島町・宮川町）
古人に多くの詩歌に詠われるととも
に、桜の名所
◇稲生山の躑躅（三重県鈴鹿市稲生西2–
24–20）
約5000株のムラサキツツジが群生
1937（昭和12）年8月20日
◇楯ヶ崎（三重県熊野市甫母町字阿古崎
610–1）
花崗岩の一大岩塊。俗称「熊野の海金
剛」※名勝及び天然記念物

1939（昭和14）年3月25日
◇大平山の躑躅（三重県度会郡大紀町崎）
山の東端の渓流付近にはレンゲツツジ
が、西の方は主にヤマツツジ、モチツ
ツジ、ミヤコツツジ、ムラサキヤマツ
ツジ、東国ミツバツツジ等が混在
1952（昭和27）年8月8日
◇伊勢山上（三重県松阪市飯福田町）
巨大な露岩が散在するほか、砂礫岩の
風化により、奇岩や洞窟、凹壁が生じ、
その風致は絶妙
2003（平成15）年3月17日
◇大丹倉（三重県熊野市育生町赤倉字大仁
倉）
高さ200m以上、水平距離数百mにわた
る巨大な急崖で崖の表面は赤みを帯び
ている※天然記念物及び名勝

記念物・名勝　　　　　　　　　　　　　　　　　　　　　　　　　*088*　名勝〔兵庫県〕

086　名勝〔滋賀県〕

［選定機関］滋賀県　［選定時期］1960（昭和35）年〜

1998（平成10）年6月19日
　◇唐崎（唐崎神社境内）（滋賀県大津市唐崎
　　1丁目）

琵琶湖岸の地名で近江八景の一つ、唐
崎の夜雨で知られる。唐崎神社の琵琶
湖畔に面した境内から対岸に近江富士
を望むことができる

087　名勝〔大阪府〕

［選定機関］大阪府　［選定時期］1970（昭和45）年

1938（昭和13）年5月11日
　◇岩湧山（大阪府河内長野市加賀田3824
　　他）
　　標高897.7m。頂上の広い草原には茅
　　葺きの屋根に使うためのススキが一

面に育てられている。山腹にはスギ・
ヒノキの植林が多く見られ、岩湧寺の
南方と上方の岩湧山道沿いにウラジロ
ガシ・ツクバネガシ・アカガシなどの
カシ類を中心とした自然林が広がって
いる

088　名勝〔兵庫県〕

［選定機関］兵庫県　［選定時期］1968（昭和43）年〜

1968（昭和43）年3月29日
　◇切浜の「はさかり岩」（兵庫県豊岡市竹町
　　切浜海岸）
　　レキ岩辻レキ岩層に地層に沿って形成
　　された海食洞の天井の岩が落ちて洞側
　　壁の岩に挟まった状態、洞崩壊の途中
　　の姿を留める奇岩
　◇猿尾滝（兵庫県美方郡香美町村岡区日影
　　字猿尾289）
　　総落差60mの上下2段に分かれた滝で、
　　下段の滝が猿の尻尾に似ている。岩肌
　　に自然林が映える
1969（昭和44）年3月25日
　◇鹿ケ壺（兵庫県姫路市安富町関字坪ケ谷

804-37・804-14）
　　渓谷の岩床が長い年月の間に侵食さ
　　れてできた甌穴が大小十数個連なっ
　　た壺。最も大きなものは水深5m余り
　◇七種山（兵庫県神崎郡福崎町高岡字七種
　　702）
　　流紋岩類からなり、つなぎ岩や笠岩等
　　の奇岩が多くある山。七種48滝が見ら
　　れることでも知られる。播磨国風土記
　　にも記載がある
　◇霧が滝渓谷（兵庫県美方郡新温泉町岸田
　　字上の山3840）
　　高さ65m、幅約45mの滝。落ちる水は
　　中間で飛散して霧状となるために滝壺
　　が無い

事典・日本の自然保護地域　**249**

089 名勝〔奈良県〕　　　　　　　　　　　　　　　　　　　　記念物・名勝

1973（昭和48）年3月9日
　◇小又川渓谷（兵庫県美方郡新温泉町海上
　　字口西山1478 同字東尾1468）
　　　扇ノ山が源流の渓谷。魚止・シワガラ・
　　桂の滝など大小多くの滝がある。晴れ
　　た日には日本海を遠望できる

1987（昭和62）年3月24日
　◇飛龍の滝及びその周辺（兵庫県佐用郡佐
　　用町櫛田字滝谷）
　　　滝谷川の上流にある高さ約20mの滝。
　　滝中央部あたりの岸壁が突出し、水の
　　流れに変化がついて飛龍の姿に似て
　　いる

089　名勝〔奈良県〕

　　［選定機関］奈良県　［選定時期］1977（昭和52）年〜

1958（昭和33）年
　◇神野山（奈良県山辺郡山添村）
　　　標高618.8m、大和高原北部の角閃斑糲

岩からなる残丘。山頂からは360度の
パノラマが広がる。ツツジの名所とし
て知られる※天然記念物, 名勝

090　名勝〔和歌山県〕

　　記念物とは次の文化財の総称。(1) 史跡 貝塚・古墳・城などのこと。(2) 名勝 山や海
　の景色や庭園のこと。(3) 天然記念物 動物・植物及び地質鉱物のこと。

　　［選定機関］和歌山県　［選定時期］1958（昭和33）年〜

1958（昭和33）年4月1日
　◇玉川峡（丹生滝・三ツ滝を含む）（和歌山
　　県伊都郡九度山町, 橋本市）
　　　雨の森・千石橋・三ツ滝・亀石・猿飛
　　石・碧渕・丹生滝などがある変化に富
　　んだ渓谷美がみられる
　◇藤崎弁天（和歌山県紀の川市藤崎）
　　　老松の樹間に奇岩怪石の立ちならぶ、
　　標高56mの場所
1959（昭和34）年1月8日
　◇潮岬（和歌山県東牟婁郡串本町潮岬）
　　　潮岬は一大台状の地形。断崖絶壁で雄
　　大絶景、南国ならではの風景美がみら

れる
1964（昭和39）年7月20日
　◇千里の浜（和歌山県日高郡みなべ町山
　　内）
　　　幅20〜100m、長さ1300mの自然の白
　　砂青松がつづく海岸※名勝, 天然記
　　念物
1966（昭和41）年4月12日
　◇百間山渓谷（和歌山県田辺市熊野）
　　　両岸の断崖に巨岩・奇石群がそびえ、
　　川底に甌穴がみられる。暖地性から寒
　　地性の各種の植物が繁茂する※名勝,
　　天然記念物

250　事典・日本の自然保護地域

記念物・名勝   *093*　名勝〔岡山県〕

091　名勝〔鳥取県〕

　庭園や峡谷などの景色のすぐれた場所で、芸術上または観賞上価値が高く重要なものをいう。

　［選定機関］鳥取県　［選定時期］1956（昭和31）年〜

1956（昭和31）年2月17日
　◇三滝渓（鳥取県鳥取市河原町北村）
　　曳田川上流、標高220mの権現の森から三滝不動滝まで標高差600m、延長

4.5kmの渓谷。流紋岩質凝灰岩質角礫岩や花崗岩からなり、狭く深いV字谷を形成。千丈滝、夫婦滝、虹ヶ滝という三つの瀑布が見られる

092　名勝〔島根県〕

　［選定機関］島根県　［選定時期］1958（昭和33）年〜

1958（昭和33）年8月1日
　◇雲見の滝（島根県雲南市）
　　落差30mの雄滝と、落差20mで穏やかな傾斜の雌滝からなる2段の滝※名勝及び天然記念物
　◇鎧崎及び松島磁石石（島根県益田市）
　　端飯浦にあり、突出地帯と散在する島々からなる。松島には磁力の強い磁石岩がある※名勝及び天然記念物
1967（昭和42）年5月30日
　◇鷲ヶ峰およびトカゲ岩（島根県隠岐郡隠岐の島町）
　　鷲ヶ峰は布施南西部にある標高563mの峰。樹齢300年を超える約800本の

天然林があり、県下でも最大級の柱状節理の断崖、屏風岩が見られる。トカゲ岩は風雨による浸食で形成された全長26mの巨岩※天然記念物及び名勝
1979（昭和54）年8月24日
　◇志都の岩屋（島根県邑智郡邑南町）
　　鏡岩と称する巨大な一枚岩。大国主命と少彦名命がここで国造りをおこなったといわれている場所※天然記念物及び名勝
2004（平成16）年12月17日
　◇双川峡（島根県益田市）
　　坂井川上流にある渓谷。双川峡にある養戸の滝は上段が約10m、下段の滝は約8mあり二筋に分かれて落ちる

093　名勝〔岡山県〕

　［選定機関］岡山県　［選定時期］1955（昭和30）年〜

1955（昭和30）年7月19日
　◇道祖渓（岡山県井原市西江原町）
　　小田川支流の雄神川にある渓谷。輝緑

岩の渓谷としては全国的にも珍しい。末広の滝、稚児の滝、龍門の滝、座禅岩、八畳岩、不動岩、鬼ヶ淵、天狗岩

事典・日本の自然保護地域　**251**

094 名勝〔広島県〕 記念物・名勝

等の多くの滝がある

1956（昭和31）年4月1日
　◇天神峡（岡山県井原市芳井町吉井）
　　小田川渓谷約1kmにわたり、楓、樅、
　　樫などの巨樹・老木がそびえる景勝地

1957（昭和32）年5月13日
　◇弥高山（岡山県高梁市川上町高山）
　　標高約653m、比高約150mの鐘状の山
　　地。山頂の展望台から360度のパノラ
　　マがひらけ、雲海がみられる

094　名勝〔広島県〕

広島県のすぐれた郷土美として欠くことができず、かつ、芸術的・学術的価値の高いもの。

　[選定機関] 広島県　　[選定時期] 1937（昭和12）年〜

1937（昭和12）年5月28日
　◇石ケ谷峡（広島県広島市佐伯区湯来町）
　　花崗岩の河床に清流が流れ、竜頭の滝
　　など多くの滝がある

1949（昭和24）年8月12日
　◇弥栄峡（広島県大竹市栗谷町）
　　屏風岩・重ね岩などの奇勝。鳥越の岩
　　壁の下流と発電所の上流の川底に甌穴
　　群がみられる

1949（昭和24）年10月28日
　◇二級峡（広島県呉市広町・郷原町）
　　黒瀬川によって浸食された花崗岩の基

盤からなる峡谷。二級滝・霧滝・うず
滝などに植物相が調和し峡谷美をなす
※名勝，天然記念物

1954（昭和29）年1月26日
　◇龍頭峡（広島県福山市山野町）
　　三谷川の上流にある。二段滝、奥の滝、
　　ナメラ滝、追森の滝、引き明けの森な
　　どが名所

1960（昭和35）年8月25日
　◇常清滝（広島県三次市作木町）
　　作木川の支流にかかる約126mの滝。
　　灰白色流紋岩の断崖にかかる上下三
　　段からなる

095　名勝〔山口県〕

山口県文化財保護条例によって保護されている、庭園、橋梁、峡谷、海浜、山岳等。

　[選定機関] 山口県　　[選定時期] 1966（昭和41）年〜

1966（昭和41）年6月10日
　◇寂地峡（山口県岩国市）
　　寂地山に源を発する寂地川にあり、犬
　　戻峡と龍が岳峡の総称して寂地峡と
　　いう。奇岩怪岩の変化に富んだ風景
　　を展開

◇弥栄峡（山口県岩国市）
　小瀬（木野）川の中流の白滝橋から魚
　切の堰堤の間の上流部約1kmが指定
　地。川底には多くの滝や甌穴がある。
　周辺はカワシンジュガイの生息南限地

記念物・名勝　　　　　　　　　　　　　　　　　　　　　　　　　　　　　　097　名勝〔愛媛県〕

096　名勝〔徳島県〕

[選定機関] 徳島県　[選定時期] 1955(昭和30)年～

1955(昭和30)年7月15日
◇鷲敷ラインおよび氷柱観音(徳島県那賀郡那賀町細淵から氷柱観音の間)
阿波八景十二勝の1つに数えられる景勝地〔1〕

1954(昭和29)年1月29日
◇剣山並びに亜寒帯植物林(徳島県美馬市木屋平, 那賀郡那賀町, 三好市東祖谷)

剣山は標高1955mの高山。中腹はブナ林、標高1600mは針葉樹林帯、頂上一帯は亜高山帯樹林※名勝, 天然記念物〔1〕

1955(昭和30)年7月15日
◇美濃田の淵(徳島県三好郡東みよし町足代字小山3822他)
吉野川中流域にある景勝地※名勝, 天然記念物〔2〕

097　名勝〔愛媛県〕

[選定機関] 愛媛県　[選定時期] 1950(昭和25)年～

1950(昭和25)年10月24日
◇西山(愛媛県西条市丹原町古田)
周桑平野の西方の山間部にある興隆寺を中心とする一帯。眺望にすぐれる

1951(昭和26)年11月27日
◇金山出石寺(愛媛県大洲市豊茂)
出石山頂の出石寺を中心とした瀬戸内海国立公園に属する名勝地

1953(昭和28)年2月13日
◇法王ヶ原(愛媛県越智郡上島町弓削下弓削)
弓削神社を中心とした長さ約360mの白砂青松の海岸。数百本のクロマツが群生する

1954(昭和29)年11月24日
◇金砂湖及び富郷渓谷(愛媛県四国中央市金砂町・富郷町)
人造湖金砂湖は鉱物植物資源に恵まれ県指定天然記念物の巨木がみられる。富郷渓谷では戻ヶ嶽などの景勝地がある

1955(昭和30)年11月4日
◇別子ライン(愛媛県新居浜市立川山)
国領川の上流にある。ドイツのライン川の渓谷美にあやかり名付けられた

◇鹿島(愛媛県南宇和郡愛南町鹿島)
足摺宇和海国立公園の一部で周囲の海は宇和海海中公園に指定されている。アオギリの群生やビャクシンの自生等は学術上貴重

1968(昭和43)年3月8日
◇御串山(愛媛県今治市大三島町宮浦)
総面積160haの低い花崗岩の山。暖帯常緑樹の自然林貴重

◇菅生山(愛媛県上浮穴郡久万高原町菅生)
「大宝寺」を中心にした8ha。スギやヒノキの巨樹の樹叢がある

◇三滝城跡(愛媛県西予市城川町窪野)
標高642mの三滝山頂の三滝城跡を含めた100ha。自然林、城主の紀親安公の廟などがある

事典・日本の自然保護地域　253

098　名勝〔高知県〕　　　　　　　　　　　　　　　　　　　　　　　　記念物・名勝

1971（昭和46）年4月6日
　　◇御三戸嶽（愛媛県上浮穴郡久万高原町仕
　　　　出）

高さ37m、幅137mの巨大な奇岩絶壁
の三角形状の石灰岩。別名「軍艦岩」
「七面鳥岩」

098　名勝〔高知県〕

[選定機関] 高知県　[選定時期] 1953（昭和28）年〜

1953（昭和28）年1月29日
　　◇竜串（高知県土佐清水市三崎）
　　　　三崎川河口西側の海岸。砂岩泥岩から
　　　　なる波食台・海蝕崖が汀線付近によく
　　　　発達。奇岩で知られる。付近の海は造
　　　　礁サンゴの発達もみられる
　　◇琴ヶ浜松原（高知県安芸郡芸西村琴ヶ
　　　　浜）
　　　　老黒松の茂る約4kmの砂浜。西は長谷
　　　　寄から東は安芸市の赤野川河口まで約
　　　　4kmにわたって続く。月の名所
　　◇大樽の滝（高知県高岡郡越知町山室）
　　　　仁淀川の支流坂折川（大桐川）に越知
　　　　のすぐ手前で流入する大樽谷川の中
　　　　程に懸かる落差34mの滝。冬は氷柱化

する
1960（昭和35）年1月16日
　　◇轟の滝（高知県香美市香北町猪野々柚ノ
　　　　木）
　　　　物部川支流日々原川中流に懸かる落差
　　　　82mの滝。3段の滝壺に甌穴が発達し
　　　　ている。玉織姫にまつわる平家伝説が
　　　　ある※名勝及び天然記念物
1985（昭和60）年4月2日
　　◇長沢の滝（高知県高岡郡津野町, 高岡郡
　　　　梼原町）
　　　　四万十川上流の北川に注ぐ長谷川渓
　　　　谷の上流部、梼原町との境界付近に位
　　　　置する高さ約34m、ハート型の穴から
　　　　水が流れ出る滝※名勝及び天然記念物

099　名勝〔福岡県〕

[選定機関] 福岡県　[選定時期] 1960（昭和35）年〜

1960（昭和35）年4月12日
　　◇白糸の滝（福岡県糸島市白糸）
　　　　羽金山の中腹に位置し、落差は約24m。
　　　　秋には萬龍楓、初夏には紫陽花がみら
　　　　れる〔4〕
1968（昭和43）年2月3日
　　◇桜井二見ヶ浦（福岡県糸島市志摩町桜
　　　　井）
　　　　夕陽の名所。夫婦岩は海岸から約

150mの海中に屹立している。古くか
ら桜井神社の社地として神聖な場と崇
敬されている〔5〕
2006（平成18）年3月3日
　　◇鼻栗瀬及び鼻面半島（福岡県糟屋郡新宮
　　　　町相島）
　　　　相島の東約300mの海上に立つ玄武岩。
　　　　高さ20m、周囲100mで海食洞がある。
　　　　通称「めがね岩」〔6〕

254　事典・日本の自然保護地域

記念物・名勝　　　　　　　　　　　　　　　　　　　　　　　　　　　　　　*102*　名勝〔宮崎県〕

100　名勝〔長崎県〕

［選定機関〕 長崎県　［選定時期〕 1964（昭和39）年〜

1964（昭和39）年10月30日
◇滝の観音（長崎県長崎市平間町間の瀬）
　　1660（万治3）年黄檗木庵の法子鉄巌が

禅堂を建て、1667（寛文7）年に中国の
富商許登授が現在の本堂を寄進した。
庫裡の背後に高さ30mの滝があり、随
所に異国風な石像が配置されている

101　名勝〔大分県〕

［選定機関〕 大分県

◇夷谷（大分県豊後高田市）
　　竹田川の上流に形成された渓谷。奇岩
　　秀峰が連なる〔650・2〕
◇藤河内渓谷（大分県佐伯市）
　　祖母・傾国定公園内に位置する、約8km
　　の渓谷。落差77mの観音滝、巨大な花
　　崗岩よりなる無数の甌穴、ひょうたん
　　渕などの奇観が続く〔651・3〕
◇九酔渓（大分県玖珠郡九重町）
　　玖珠川流域の両岸約2kmにわたって断

崖絶壁が続く渓谷。モミやツガ、カツ
ラなどの原生林が広がっている。カー
ブが連続しているため「十三曲がり」と
も呼ばれる。新緑と紅葉の名所〔652・
4〕
◇由布川峡谷（大分県由布市）
　　由布・鶴見連山に源を発する。深さ20
　　〜60mのV字型の峡谷が約12kmにわ
　　たって続く。幾筋にも糸のように流
　　れ落ちている水流や滑らかで迫力あ
　　る岩肌がみられる〔653・5〕

102　名勝〔宮崎県〕

［選定機関〕 宮崎県　［選定時期〕 1933（昭和8）年〜

1933（昭和8）年12月15日
◇須木の滝（宮崎県小林市須木字鶴園）
　　約30万年前の火山活動による火砕流が
　　固結した溶結凝灰岩を本庄川の水流が
　　少しずつ侵食・後退して形づくられた
　　もの。別名「ままこ滝」、「観音滝」
1937（昭和12）年7月2日
◇那智の滝（宮崎県延岡市川島町）
　　那智山如意輪寺本堂右手の懸崖にかか

る高さ30m、幅6mの滝。日本三大名瀑
の一つ
1957（昭和32）年12月15日
◇行縢山（宮崎県延岡市南方）
　　標高831m、東丘（雄岳）西丘（雌岳）の
　　2つの岩峰からなる。花崗斑岩ででき
　　ている
◇乙島（宮崎県東臼杵郡門川町大字門川字
　　尾末）

事典・日本の自然保護地域　**255**

門川湾に浮かぶ周囲約4km、標高約80mのひょうたん形の島。スダジイが優占する植生で亜熱帯性植物も群生。崖面に大小8つの海蝕洞がある

1996（平成8）年3月25日
　◇鬼神野・栂尾溶岩渓谷（宮崎県東臼杵郡

美郷町南郷区，東臼杵郡椎葉村）
約1億年前に海洋（今の太平洋）の深海底で噴出した溶岩が急冷されて枕状に固結したもの。小丸川沿いを約500mにわたって、溶岩が露出している

103　名勝〔鹿児島県〕

［選定機関］鹿児島県　［選定時期］1954（昭和29）年〜

1954（昭和29）年3月15日
　◇桜島（鹿児島県鹿児島市）
　　鹿児島湾にある火山島。世界有数の規模の溶岩原を形成

2014（平成26）年4月22日
　◇牛之浜海岸（鹿児島県阿久根市大川9938地先〜9850-3地先の海岸）
　　奇岩奇礁の乱立する海岸。夕陽の名所

104　名勝〔沖縄県〕

［選定機関］沖縄県　［選定時期］1955（昭和30）年〜

1956（昭和31）年2月22日
　◇轟きの滝（沖縄県名護市字数久田）
　　高さ約28m、滝壷の幅約6m、深さ約1.5m。大岩壁の間から水しぶきをあげて落下する。多くの和歌や琉歌が詠まれた地

1967（昭和42）年4月11日
　◇伊江村の城山（沖縄県国頭郡伊江村字東江上グスク原）
　　標高172mの岩山。世界でも珍しいオフスクレープ現象で作られた。頂上からは360度のパノラマが展開し本島や周辺の島々が見渡せる
　◇宜野湾市森の川（沖縄県宜野湾市真志

喜）
　　湧泉（カー）で天女が沐浴した羽衣伝説が残る

1972（昭和47）年5月12日
　◇万座毛（沖縄県国頭郡恩納村字恩納）
　　高さ20mの琉球石灰岩の断崖の上に天然芝が広がる景勝地

1974（昭和49）年4月25日
　◇サンニヌ台（沖縄県八重山郡与那国町字阿佗尼花）
　　断崖絶壁の岩肌が潮風と波の浸食で階段状になった地形。はがれやすい板状の地層が積み重なった独特の地形

記念物・名勝　　　　　　　　　　　　　　　　　　　　　　　　　　　　105　郷土記念物〔兵庫県〕

105　郷土記念物〔兵庫県〕

兵庫県は、「環境の保全と創造に関する条例」に基づき、植物（自生地含む）及び地質・鉱物（特異な自然の現象の生じている土地を含む）で、親しまれ又は由緒由来があり、特に保全することが必要なものを「郷土記念物」として指定している。

〔選定機関〕兵庫県　〔選定時期〕1972（昭和47）年～

1972（昭和47）年9月1日

◇竹野水山（兵庫県豊岡市竹野町三原）
アスナロ群落 6.4ha

◇大将軍杉（兵庫県朝来市和田山町藤和）
1本

◇大和島（兵庫県淡路市大和島）
イブキ、ウバメガシ、クロマツ群落 0.3ha

◇明神岬（兵庫県淡路市明神）
イブキ、ウバメガシ群落 0.5ha

1975（昭和50）年3月11日

◇常瀧寺大公孫樹（兵庫県丹波市青垣町大名草）
1本

◇新五色浜海岸自然石（兵庫県洲本市五色町鳥飼浦）
めのう色や琥珀色、瑠璃色など小さな砂利が浜に広がる海岸 2.5ha

1979（昭和54）年2月13日

◇四本杉（兵庫県篠山市辻）
1本

1988（昭和63）年3月25日

◇和合の樹（兵庫県豊岡市城崎町湯島）
1対

◇三方の大カツラ（兵庫県丹波市氷上町三方）
1本

◇西光寺跡のネズ（兵庫県篠山市畑市）
1本

◇絵島（兵庫県淡路市岩屋）
褐鉄鉱沈澱砂岩層 0.1ha

1989（平成1）年12月12日

◇東河小学校のセンダン（兵庫県朝来市和田山町東和田）
1本

◇追手神社の千年モミ（兵庫県篠山市大山宮）
1本

◇上立杭の大アベマキ（兵庫県篠山市上立杭）
1本

1991（平成3）年12月24日

◇岩座神のホソバタブ（兵庫県多可郡多可町加美区岩座神）
3本

◇岩野辺の大アスナロ（兵庫県宍粟市千種町岩野辺）
1本

◇安楽寺の大エノキ（兵庫県豊岡市城南町）
1本

◇寸原の大ケヤキ（兵庫県篠山市黒田）

1991（平成3）年1月4日

◇庚申堂の大ヒノキ（兵庫県神崎郡神河町福本）
1本

◇八幡神社のタブノキとヤブツバキ（兵庫県美方郡香美町村岡区長瀬）
タブ2本、ヤブツバキ1本

◇三柱神社のアカメヤナギ（兵庫県美方郡新温泉町福富）
1本

◇和田寺のシイ（兵庫県篠山市下小野原）
1本

1993（平成5）年1月19日

◇桑原神社の大イチョウ（兵庫県豊岡市竹

事典・日本の自然保護地域　**257**

105 郷土記念物〔兵庫県〕　　　　　　　　　　　　　記念物・名勝

野町桑野本)
　1本
◇天神社の大トチノキ (兵庫県豊岡市日高
　町万場)
　1本
◇鳳翔寺の大ツガ (兵庫県丹波市氷上町石
　生)
　1本
◇菅原の大カヤ (兵庫県丹波市青垣町稲
　土)
　1本
1994 (平成6) 年2月4日
◇白川の石抱きカヤ (兵庫県神戸市須磨区
　白川)
　1本
◇観音堂の大モミ (兵庫県川辺郡猪名川町
　肝川)
　1本
◇明石公園の大ラクウショウ (兵庫県明石
　市明石公園)
　1本
◇坂本の化椿 (兵庫県多可郡多可町八千代
　区坂本)
　1本
◇千町の大ミズナラ (兵庫県宍粟市一宮町
　千町)
　1本
1995 (平成7) 年3月31日
◇福田大歳神社のイチイガシ (兵庫県神崎
　郡福崎町福田)
　1本
◇小代神社の巨木群 (兵庫県美方郡香美町
　小代区秋岡)
　11本
◇須賀神社の大ヒノキ (兵庫県美方郡新温
　泉町宮脇)
　1本
◇善住寺のヒメコマツとヒイラギ (兵庫県
　美方郡新温泉町熊谷)
　ヒメコマツ2本、ヒイラギ1本

◇久谷八幡神社のイヌシデとスダジイ (兵
　庫県美方郡新温泉町久谷)
　2本
◇石龕寺のコウヨウザン (兵庫県丹波市山
　南町岩屋)
　1本
1996 (平成8) 年3月29日
◇金刀比羅神社のコブシ (兵庫県豊岡市野
　上字尾崎)
　1本
◇ほそき神社のおまき桜 (兵庫県豊岡市竹
　野町椒)
　1本
◇神子畑のサルスベリ (兵庫県朝来市佐
　嚢)
　1本
◇高坂のヤブツバキ (兵庫県美方郡香美町
　村岡区高坂)
　2本
◇西方寺のサザンカ (兵庫県篠山市今田新
　田)
　1本
1997 (平成9) 年3月28日
◇龍野公園のムクロジ (兵庫県たつの市龍
　野町中霞城)
　1本
◇西山公園のからか岩、かさね岩 (兵庫県
　たつの市新宮町新宮)
　安山岩質溶岩ないし凝灰角レキ岩の
　節理
◇大沼のハルニレ (兵庫県美方郡香美町村
　岡区大笹)
　1本
◇味取の俵石 (兵庫県美方郡香美町村岡区
　味取)
　カンラン石玄武岩の柱状節理
1998 (平成10) 年4月28日
◇多田神社のムクロジとオガタマノキ (兵
　庫県川西市多田院)
　2本

記念物・名勝   *106* 郷土記念物〔岡山県〕

---

106 郷土記念物〔岡山県〕

岡山県は、岡山県自然保護条例に基づき、樹木及び地質鉱物で、県民に親しまれているもの又は由緒あるものを「郷土記念物」として指定している。

[選定機関] 岡山県 [選定時期] 1973(昭和48)年～

1973(昭和48)年11月29日
◇曹源寺の松並木(岡山県岡山市中区円山)
　参道両側の100本余の松並木
◇畝の松並木(岡山県真庭市蒜山上長田)
　約1kmにわたり樹齢120年のクロマツの並木がある
◇笠懸の森(岡山県美作市楢原中)
　後醍醐天皇が武士の笠懸の技をみた故事から名づけられた

1974(昭和49)年12月18日
◇加茂総社宮の社叢(岡山県加賀郡吉備中央町加茂市場)
　樹齢約500～600年ものスギ、ヒノキ、イチョウの巨木
◇吉備津の松並木(岡山県岡山市吉備津)
　吉備津神社参道の県下最大の松並木

1976(昭和51)年3月30日
◇西幸神社の社叢(岡山県久米郡美咲町西幸)
　シイノキを主とした鎮守の森
◇宗形神社の社叢(岡山県赤磐市是里)
　アカガシ、モミが優占。この地方の原植生をよくとどめている

1977(昭和52)年3月31日
◇九谷の樹林(岡山県岡山市北区御津宇甘)
　山野神社(柏原神社)を取り巻くイチイガシを主体にした樹林
◇岩屋の森(岡山県苫田郡鏡野町岩屋)
　カツラ、ケヤキ、シラカシなどの巨樹が林立する。社殿のすぐ後方には樹齢700年といわれる巨大なカツラやケヤキがある

1978(昭和53)年3月28日
◇高良八幡の森(岡山県備前市日生町日生)
　ウバメガシを主にヤブツバキ、シャシャンボ、カナメモチ、ネジキ、ヒサカキ、クチナシ等が混生。瀬戸内海沿岸の自然植生の一部をよく表わす
◇野原の松並木(岡山県新見市神郷高瀬])
　延長150mにわたって二列に80本余りが並ぶ

1979(昭和54)年3月31日
◇かしらの森(岡山県和気郡和気町米沢)
　アラカシ、カクレミノ、モッコク、ナナメノキ、ヤブツバキ、リンボクが主体
◇がいせん桜(岡山県真庭郡新庄村新庄)
　桜の名所で137本のソメイヨシノは日露戦争の戦勝記念に植樹された

1980(昭和55)年3月28日
◇矢喰の岩(岡山県岡山市北区高塚)
　吉備津彦命と鬼神温羅にまつわる岩
◇福岡城跡の丘(岡山県瀬戸内市長船町福岡)
　アラカシ、エノキなどの茂る丘。福岡の郷土景観を特徴づける

1981(昭和56)年3月27日
◇柳田八幡の森(岡山県倉敷市児島柳田町)
　常緑広葉樹にヤマモモの巨樹が混生
◇下津井祇園神社の社叢(岡山県倉敷市下津井)
　海岸性植物が数多く生育。ウバメガシの巨木群
◇津川のタブノキ(岡山県高梁市津川町)
　推定樹齢160年、目通り周囲2.7m、樹高12m

事典・日本の自然保護地域　**259**

◇天王社刀剣の森（岡山県瀬戸内市長船町長船）
刀鍛冶の守護神の天王社の背後に広がる森

1982（昭和57）年3月19日
◇吉川八幡の森（岡山県加賀郡吉備中央町吉川）
スダジイ、モミ、ヤブツバキ、イヌシデの高木層にネズミモチ、ヒサカキ、ソヨゴ、シャシャンポなどが混生して常緑広葉樹林を形成
◇滝谷神社の樹林（岡山県備前市吉永町多麻）
モミ、ツガ、スダジイが主体

1983（昭和58）年3月25日
◇龍頭のアテツマンサク（岡山県新見市高尾］）
マンサクの変種。地元では「タニイソギ」と呼ばれる

1984（昭和59）年3月23日
◇金山八幡宮の社叢（岡山県岡山市北区金山寺）
岡山県では珍しいタワヤモリが確認された
◇宮地天神社の社叢（岡山県真庭市宮地）
アカガシ、モミジ、ヒノキの大木が生育している
◇布施神社の社叢（岡山県苫田郡鏡野町富西谷）
ケヤキ、ヤマフジやヤブツバキなど60余種の樹木が混生

1986（昭和61）年3月28日
◇御前神社の樹林（岡山県総社市延原）
岡山県下で最大規模のアカガシ優占樹林

1987（昭和62）年3月20日
◇山形八幡神社の森（岡山県津山市山形）
モミが優占する密林

1988（昭和63）年3月31日
◇徳蔵神社の樹林（岡山県岡山市北区御津河内）
シイノキ（ツブラジイ）が優占
◇四之宮八幡の森（岡山県久米郡美咲町栃原）

シラカシが優占種

1989（平成1）年3月31日
◇水内八幡の森（岡山県総社市原）
シイノキが優占する樹林

1991（平成3）年3月30日
◇高間熊野神社の森（岡山県総社市種井）
タブノキは海抜面からは分布の上限に近い

1993（平成5）年3月12日
◇星尾神社の社叢（岡山県井原市美星町星田）
胸高直径70cm前後のモミの大径木が優占

1995（平成7）年3月28日
◇両児山の樹林（岡山県玉野市八浜町）
クスノキやアラカシの高木が見られる

2000（平成12）年3月24日
◇大村寺のクロマツ（岡山県加賀郡吉備中央町上竹）
推定樹齢350年、樹高27m、目通り周囲4.5m

2001（平成13）年3月30日
◇皆木のマンサク（岡山県勝田郡奈義町皆木）
約1.6万m²の山に大小約2000本が自生
◇物見神社の社叢（岡山県津山市加茂町物見）
アラカシ、モミ、スギ等の大木がある

2002（平成14）年3月29日
◇善福寺のツバキ（岡山県瀬戸内市邑久町福谷）
推定樹齢600年、樹高7.4m、目通り周囲2.4m

2003（平成15）年3月28日
◇神田神社の社叢（岡山県苫田郡鏡野町大）
社叢面積約14.4a。推定樹齢300年以上の4本のスギなどが生育

2004（平成16）年3月26日
◇宝蔵寺の森（岡山県津山市加茂町斉野谷）
推定樹齢250年のヤマザクラ、推定樹齢100年以上のスギなど19本が混生

記念物・名勝　　　　　　　　　　　　　　　　　　　　　　　　107　自然記念物〔山梨県〕

107　自然記念物〔山梨県〕

　山梨県は、「山梨県自然環境保全条例」に基づき「自然記念物」を指定している。動物、植物、地質鉱物等で住民に親しまれているもの、由緒のあるもの、学術的価値のあるもの、将来にわたって保存する必要があるものをいう。

　　［選定機関］山梨県　　［選定時期］1972（昭和47）年～

◇新屋山神社の社そう（山梨県富士吉田市新屋）

◇三窪のレンゲツツジ及び生育地（山梨県甲州市塩山小屋敷，平沢）
　　三窪高原には、レンゲツツジの群落が広範囲に分布している

◇竹森のザゼンソウ（山梨県甲州市塩山竹森）
　　太平洋岸地域には少ないこの植物が、本県の比較的標高の低いところに大規模に分布していることは珍しい

◇嵯峨塩のオオバボダイジュ、モイワボダイジュ、ハルニレ及び生育地（山梨県甲州市塩山牛奥 甲州市大和町初鹿野）
　　日川渓谷の嵯峨塩鉱泉附近にオオバボダイジュ、モイワボダイジュ、ハルニレの生育する貴重な天然林がある

◇三ツ峠山の特殊植物（山梨県都留市大幡，南都留郡西桂町下暮場，南都留郡富士河口湖町河）

◇川棚のアラカシ林（山梨県都留市川棚）

◇宝鏡寺のヤマブキソウ及び生育地（山梨県都留市夏狩）

◇苗敷山のモミ林（山梨県韮崎市旭町上条南割）

◇滝戸山のアオギリ林（山梨県甲府市中道町中畑）

◇滝戸山のシラカシ林（山梨県甲府市中道町中畑）

◇芦川のスズラン及び生育地（山梨県笛吹市芦川町上芦川）
　　芦川町の上芦川部落より約4kmの芦川渓谷の源流地域には、約2.6haにおよぶ貴重なスズランの群生地がある

◇畑熊のミスミソウ（山梨県西八代郡市川三郷町畑熊）
　　芦川の左岸市川三郷町畑熊地内の北斜面にある

◇氷室神社のスギ林（山梨県南巨摩郡富士川町平林）
　　胸高直径60～70cm、樹齢100～150年生の大木が多数生育

◇早川橋のモクゲンジ林（山梨県南巨摩郡身延町遅沢）
　　樹高4～5m

◇七面山のゴヨウツツジ（山梨県南巨摩郡早川町高住，南巨摩郡早川町雨畑）
　　早川町地内、七面山裏参道沿いにゴヨウツツジ（シロヤシオツツジ）の生育地がある

◇一宮賀茂神社のサカキ林（山梨県南巨摩郡身延町下山）
　　樹高13mに代表されるサカキの天然林

◇佐野の暖帯林（山梨県南巨摩郡南部町下佐野）
　　八幡神社社叢にあって、タブノキの大木をはじめ、ユズリハ、カゴノキ、カシ類などが残存する

◇円蔵院のカギガタアオイ及びリンボク（山梨県南巨摩郡南部町南部）
　　臨済宗南部山円蔵院の裏山にカギガタアオイとリンボクの生育地がある

◇西市森の暖帯林（山梨県南巨摩郡南部町福士）
　　福士川左岸の川岸の照葉樹の極相林

◇富士川のサツキ及びシラン（山梨県南巨摩郡南部町万沢）
　　富士川河岸にサツキとシラン（紫蘭）の生育地がある

◇金山沢のハシドイ林（山梨県北杜市須玉

事典・日本の自然保護地域　　261

108 自然記念物〔滋賀県〕　　　　　　　　　　　　　　　　　記念物・名勝

町小尾）

◇木賊平のエゾリンドウ（山梨県北杜市須玉町比志）

◇石尊神社のアカマツ並木（山梨県北杜市須玉町鳥原）

◇大室のカワノリ（山梨県南都留郡道志村大室）

◇石合のカタヒバ（山梨県南巨摩郡南部町福士）
　　長瀞川に点在する巨岩上（礫岩）にカタヒバの生育地がある

◇古城山のシイ及びウラジロ（山梨県南巨摩郡南部町南部）
　　南部町大字南部地内の、古城山にシイ（イタジイ）及びウラジロの生育地。両種がこの地域に分布していることは、極めて貴重である

◇反木川上流のヨコグラノキ（山梨県南巨摩郡身延町八坂）
　　反木川上流の川沿い岩地にケヤキ、イロハモミジなどと混生し、ヨコグラノキが群生している

◇櫛形山アヤメ平及び裸山のアヤメ群落（山梨県南アルプス市上市之瀬）

◇栃代川上流のハコネサンショウウオ及び生息地（山梨県南巨摩郡身延町栃代）
　　人家の近くで比較的流量の多い河川に生息していることは珍しい

◇日野のオオムラサキ及び生息地（山梨県北杜市長坂町日野）

◇大島の灰長石（山梨県大月市七保町葛野）

◇牧丘の千貫岩（山梨県山梨市牧丘町北

原）
　　千貫岩は、牧丘町の金峰開拓地の北側約1kmの川上－牧丘林道の沿線にある。この火山岩体は、火山活動の経緯を知る上で学術上極めて貴重である

◇曽根丘陵の植物化石及び硅藻化石（山梨県笛吹市境川町藤垈）
　　曽根丘陵の坊ヶ峯西方地域には、曽根層群が模式的に露出し暗青灰色粘土層からは、オオバラモミ、イヌブナ等の植物化石が産出し、灰白色粘土層からは、各種の淡水産の珪藻が豊富に産出する

◇日蔭山の枕状溶岩（山梨県甲府市左右口）

◇小原島の貝化石（山梨県南巨摩郡身延町粟倉）
　　早川橋から西方400mの早川右岸の県道沿いには、二枚貝や巻貝などの大型化石を豊富に含有する礫質砂岩の露頭がある

◇上佐野の透輝石（山梨県南巨摩郡南部町上佐野）
　　南部町上佐野地内、佐野川右岸に透輝石の巨晶を含む岩石の露頭がある。この透輝石は、砂岩・礫岩の互層を貫く幅0.5～2mの粗粒玄武岩の岩脈の中に産出する。結晶が極めて大きいとともに、全国的に有名な産出地としても貴重である

◇ホッチ峠のマンジュウ石（山梨県甲斐市敷島町神戸, 亀沢）

◇小袖の鍾乳洞（山梨県北都留郡丹波山村）

108　自然記念物〔滋賀県〕

　滋賀県は、「滋賀県自然環境保全条例」に基づいて、県民に親しまれ由緒あるものを「自然記念物」として指定している。

　〔選定機関〕 滋賀県　**〔選定時期〕** 1991（平成3）年～

1991（平成3）年3月1日

◇大将軍神社のスダジイ（滋賀県大津市坂

本六丁目1番19号）〔1〕

◇慈眼寺のスギ（金毘羅さんの三本杉）（滋

記念物・名勝　　　　　　　　　　　　　　　　　　　　　　　　　　　　　　　　109　自然記念物〔山口県〕

賀県彦根市野田山町291番地）〔2〕
◇東近江市昭和町のムクノキ（西の椋）（滋
　賀県東近江市昭和町981番地の2）〔3〕
◇立木神社のウラジロガシ（滋賀県草津市
　草津四丁目1番3号）〔4〕
◇岩尾池のスギ（一本杉）（滋賀県甲賀市甲
　南町杉谷3755番地の1）〔5〕
◇多賀町栗栖のスギ（杉坂峠のスギ）（滋賀
　県犬上郡多賀町栗栖33番地の3）〔6〕
◇井戸神社のカツラ（滋賀県犬上郡多賀町
　向之倉63番地）〔7〕
◇長岡神社のイチョウ（滋賀県米原市長岡
　1573番地）〔8〕
◇米原市清滝のイブキ（柏槙）（滋賀県米原
　市清滝337番地）〔9〕
◇米原市杉沢のケヤキ（野神）（滋賀県米原
　市杉沢822番地）〔10〕
◇米原市吉槻のカツラ（滋賀県米原市吉槻
　1429番地の1）〔11〕
◇八幡神社のケヤキ（野神のケヤキ）（滋賀
　県長浜市高月町柏原739番地）〔12〕
◇天川命神社のイチョウ（宮さんの大イチ
　ョウ）（滋賀県長浜市高月町雨森1185
　番地）〔13〕
◇石道寺のイチョウ（火伏せの銀杏）（滋賀
　県長浜市木之本町杉野3957番地）〔14〕
◇木之本町黒田のアカガシ（野神）（滋賀県
　長浜市木之本町黒田2381番地）〔15〕
◇余呉町菅並のケヤキ（愛宕大明神）（滋賀
　県長浜市余呉町菅並285番地）〔16〕
◇菅山寺のケヤキ（滋賀県長浜市余呉町坂
　口672番地）〔17〕

◇マキノ町海津のアズマヒガンザクラ（清
　水の桜）（滋賀県高島市マキノ町海津
　760番地）〔18〕
◇阿志都弥神社行過天満宮のスダジイ（滋
　賀県高島市今津町弘川1707番地の1）
　〔19〕
1996（平成8）年3月27日
◇三大神社の藤（滋賀県草津市志那町吉田
　309番地）〔20〕
◇油日神社のコウヤマキ（滋賀県甲賀市甲
　賀町油日1042番地）〔21〕
◇八幡神社の杉並木（滋賀県米原市西山
　612番地）〔22〕
◇長浜市力丸の皂莢（滋賀県長浜市力丸84
　番地）〔23〕
◇長浜市木之本町石道の逆杉（滋賀県長浜
　市木之本町石道　標高約500m）〔24〕
1999（平成11）年3月4日
◇多賀大社のケヤキ（飯盛木）（滋賀県犬
　上郡多賀町多賀864番地（男飯盛木），
　924番地（女飯盛木））〔25〕
◇湖北町田中のエノキ（えんねの榎実木）
　（滋賀県長浜市湖北町田中200番地）
　〔26〕
2002（平成14）年5月7日
◇鹿跳峡の甌穴（米かし岩）（滋賀県大津市
　石山南郷町（瀬田川河床））〔27〕
◇政所の茶樹（滋賀県東近江市政所町1053
　番地）〔28〕
◇蓮華寺の一向杉（滋賀県米原市番場511
　番地）〔29〕

109　自然記念物〔山口県〕

　山口県は、山口県自然環境保全条例に基づき、植物等で住民に親しまれているもの、
学術的価値のあるものなどを「自然記念物」に指定している。自然環境を適切に保全
するとともに新たな指定を進める。
　［選定機関］山口県

◇マンシュウボダイジュ（山口県岩国市）　　◇蒲井八幡宮樹林（山口県熊毛郡上関町）

事典・日本の自然保護地域　263

110 自然記念物〔香川県〕　　　　　　　　　　　　　　記念物・名勝

◇熊田溜池のミツガシワ群落（山口県阿武
郡阿武町）

◇二反田溜池のカキツバタ群落（山口県美
祢市）

◇御山神社樹林（山口県阿武郡阿武町）

◇志度石神社樹林（山口県大島郡周防大島
町）

◇花尾八幡宮樹林（山口県山口市）

◇無動寺樹林（山口県柳井市）

◇渋木八幡宮樹林（山口県長門市）

◇中須八幡宮樹林（山口県周南市）

◇玉祖神社樹林（山口県防府市）

◇亀島ウバメガシ群落（山口県大島郡周防
大島町）

◇南原寺樹林（山口県美祢市）

◇赤間神宮紅石山樹林（山口県下関市）

◇下田八幡宮樹林（山口県大島郡周防大島
町）

◇尾国賀茂神社樹林（山口県熊毛郡平生
町）

◇牛島のモクゲンジ群生地（山口県光市）

◇中郷八幡宮樹林（山口県山口市）

◇徳佐上八幡宮樹林（山口県山口市）

◇長尾八幡宮樹林（山口県大島郡周防大島
町）

◇白井田八幡宮樹林（山口県熊毛郡上関
町）

◇龍王神社樹林（山口県下関市）

◇二俣神社樹林（山口県周南市）

◇高松八幡宮樹林（山口県熊毛郡田布施
町）

◇二井寺山極楽寺樹林（山口県岩国市）

◇椎尾八幡宮樹林（山口県岩国市）

◇椙杜八幡宮樹林（山口県岩国市）

◇飛龍八幡宮樹林（山口県周南市）

◇浄福寺樹林（山口県山口市）

◇松原八幡宮樹林（山口県周南市）

◇吉部田八幡宮樹林（山口県山陽小野田
市）

◇束荷神社樹林（山口県光市）

◇ミヤマウメモドキ群落（山口県阿武郡阿
武町）

---

110 自然記念物〔香川県〕

　香川県は、親しみのあるものや学習的価値のあるもの、またこれらが周辺の土地と一体となって良好な自然環境を形成しているものを、将来にわたり保全するため香川県自然環境保全条例の規定により「自然記念物」として指定している。

　［選定機関］ 香川県　**［選定時期］** 1971（昭和46）年〜

1971（昭和46）年10月1日

◇萩原寺のハギ（香川県観音寺市大野原町
萩原字寺上2737番1, 2738番1）
池の提を中心にして境内の全域に植え
られている〔3〕

◇岩田神社のフジ（香川県高松市飯田町字
宮ノ窪493番1）
通称「孔雀藤」と呼ばれるフジ〔4〕

1976（昭和51）年3月23日

◇誉田八幡神社社叢（香川県東かがわ市引
田字川向2873番1）

高木層にはクスノキ、ホルトノキが目
立つ〔5〕

◇葛原正八幡神社社叢（香川県仲多度郡多
度津町大字葛原字八幡）
昔「森八丁、池八丁」とも言われた森
〔7〕

◇大宮神社社叢（香川県仲多度郡まんのう
町吉野字宮東832番1）
落葉広葉樹の大木の多い社叢〔8〕

◇小松尾寺のカヤ（香川県三豊市山本町辻
字寺岡4209番1）

264　事典・日本の自然保護地域

推定樹齢1200年、樹高20m、胸高幹周3.92m〔9〕

◇二宮のネズ（香川県三豊市高瀬町羽方字二ノ宮2724番5）
樹高10m、胸高幹周4.19m〔10〕

◇雨の宮神社社叢（香川県三豊市財田町財田中字川西578番1）
常緑広葉樹のアラカシ、タブノキ、などがみられる〔11〕

◇厳島神社のタブ樹林（香川県三豊市財田町財田上字大畑7088番）
樹高22m、胸高幹周5.87mのタブノキを中心とした常緑広葉樹林〔12〕

◇若宮神社のイブキ（香川県善通寺市中村町字宮東157番）
樹高15m、胸高幹周6.1m、推定樹齢約450年〔13〕

◇小蓑熊野神社社叢（香川県木田郡三木町大字小蓑字中筋1325番1，1342番，1912番）
常緑広葉樹が多い〔14〕

◇田井天津神社社叢（香川県小豆郡土庄町大部字東黒山甲788番1，甲723番）
アカマツとクロマツの混交林〔15〕

◇伊喜末八幡神社社叢（香川県小豆郡土庄町伊喜末字中島1837番）
クロマツ、ウバメガシ、ヒトツバの群落〔16〕

◇小蓑の虹の滝（香川県木田郡三木町大字小蓑字虹ノ滝1880番1の地先，1893番1の地先）
雄滝（11m）と雌滝（8m）の2段〔17〕

◇塩江の和泉層群基底礫岩（香川県高松市塩江町安原上東、温泉橋から上流200mまでの香東川河床）
礫岩層の厚さ2〜5m〔18〕

◇木戸の馬蹄石（香川県仲多度郡まんのう町木戸、木戸橋から上流200mまでの土器川河床）
カキ化石層〔19〕

◇護摩山の岩頸（香川県さぬき市多和経座東）
差別侵食で削り残された流紋岩の岩頸〔20〕

◇塩江の不動の滝（香川県高松市塩江町安

原上東字北井2481番15の地先，2482番26の地先，2483番3の地先，2483番11の地先，2483番46の地先）
約40mの滝〔21〕

1977（昭和52）年3月29日

◇冠纓神社社叢（香川県高松市香南町由佐字三ノ原1402番1）
常緑広葉樹が主体〔22〕

◇天川神社社叢（香川県仲多度郡まんのう町造田字歯朶尾3427番4、字一本杉3431番、3442番、3443番）
シダ、コケ類が豊富〔23〕

◇石清水八幡神社社叢（香川県東かがわ市入野山字下山1856番）
ツブラジイが優占種〔24〕

◇鷲尾神社社叢（香川県仲多度郡まんのう町新目石田1680番1、1612番1、1612番3）
常緑広葉樹と常緑針葉樹の混生した社叢〔26〕

1978（昭和53）年3月30日

◇大麻神社社叢（香川県善通寺市大麻町字上ノ村山241番、242番）
アカマツ（樹高24〜25m）が主体〔27〕

1979（昭和54）年3月31日

◇地主神社社叢（香川県東かがわ市坂元字本村165番地）
150〜200年生のウバメガシが主〔28〕

◇青木神社社叢（香川県坂出市王越町木沢字玉川714番1）
温暖帯性の落葉樹の多い樹林〔29〕

◇福家神社社叢（香川県仲多度郡まんのう町勝浦字下福家1030番2、1031番）
大きなツクバネガシを主とした社叢〔30〕

◇木熊野神社社叢（香川県仲多度郡まんのう町山脇字川北中平390番、397番）
タブノキ、クスノキを主とした温暖帯性常緑樹林〔31〕

1980（昭和55）年3月25日

◇麻部神社社叢（香川県三豊市高瀬町上麻字樫谷1781番）
林床が湿気に富むため樹勢旺盛〔32〕

◇中姫八幡神社社叢（香川県観音寺市大野

110 自然記念物〔香川県〕　　　　　　　　　　　　　　　　　　　　　　　記念物・名勝

原町中姫字堅物541番, 542番1, 542番
11)
北西部はシイ林、東部はクロガネモチ
が残る〔33〕
◇荒魂神社社叢（香川県三豊市財田町財田
中字片山3135番1, 3135番2）
温暖帯性の社叢〔34〕
1983（昭和58）年3月25日
◇十二社宮社叢（香川県丸亀市土器町西2
丁目135番）
クスノキが優占〔35〕
◇川上神社社叢（香川県綾歌郡綾川町枌所
東字孫浦4017番1）
常緑樹が主体〔36〕
◇久保神社社叢（香川県仲多度郡まんのう
町岸上字久保107番1）
ムクノキを優占種とする社叢〔37〕
1984（昭和59）年3月21日
◇廣岡八幡神社社叢（香川県高松市太田上
町字鑄地原1037番1）
常緑広葉樹が主体〔38〕
◇丸岡八幡神社社叢（香川県木田郡三木町
大字氷上字宮下4802番1, 4834番2）
ツブラジイとアラカシが優占種〔39〕
1985（昭和60）年3月26日
◇白鳥神社社叢（香川県仲多度郡まんのう
町七箇字福良見葛神3456番, 字東山
4229番2）
常緑広葉樹（ツブラジイ）が主体〔40〕
◇矢原邸の森（香川県仲多度郡まんのう町
神野字池尻8番1, 9番1）
常緑広葉樹を主体とした森〔41〕
1986（昭和61）年3月11日
◇轟の滝（香川県仲多度郡まんのう町山脇
字川南下770番2の一部, 770番20の一
部及びこれらの区域の地先）
別名「黒部の滝」。高さ約20m〔42〕
◇湯船山の社叢（香川県小豆郡小豆島町中
山字杉尾1383番1, 1384番1）
スギ、クス、イブキビャクシンなどの
大樹がある〔43〕
◇熊野神社社叢（香川県高松市出作町字前
原191番1, 214番2）

名木「くすの木」がある〔44〕
1987（昭和62）年3月13日
◇高仙神社社叢（香川県木田郡三木町大字
奥山字広野3031番, 3032番）
常緑広葉樹、常緑針葉樹が主体〔45〕
◇三重の滝（香川県さぬき市寒川町石田西
字小倉3796番4の一部, 3798番2の一部
及びこれらの区域の地先）
滝の落差は約52m。三段の急崖を形成
〔46〕
1988（昭和63）年3月11日
◇豊峰権現社の森（香川県小豆郡土庄町豊
島唐櫃字檀山3040番2）
常緑広葉樹（スタジイ）が主体〔47〕
1989（平成1）年3月14日
◇津島神社の柱状節理（香川県三豊市三野
町大見字宮尾7463番及びその地先）
第三紀中新世の中期頃（約1,500万年
前）の火山活動で形成〔48〕
1990（平成2）年2月20日
◇吉田八幡神社の森（香川県善通寺市下吉
田町字本村東320番2, 320番6, 321番2,
317番2, 319番）
落葉広葉樹林が主体〔49〕
◇みぞおちの滝（香川県東かがわ市五名字
影ノ木屋1943番16の一部, 1944番の一
部, 字茂津田西1945番22の一部, 字南
影ノ木屋2509番3の一部及びこれらの
区域の地先）
花崗岩中に発達した節理により形成さ
れた〔50〕
◇加茂神社の森（香川県仲多度郡まんのう
町佐文字岡523番1）
常緑広葉樹林の社叢〔51〕
◇花寿波島の海食地形（香川県小豆郡小豆
島町蒲野）
大小2つの島など。西側は海食崖、方
状節理、東側は海食洞門が貫通してい
る〔52〕
1992（平成4）年3月6日
◇櫻木神社の森（香川県高松市多肥上町字
宮本1521番1, 1521番2）
夏緑樹が優先する混交林〔53〕
◇権現ノ鼻の森（香川県小豆郡小豆島町古

266　事典・日本の自然保護地域

記念物・名勝   *110* 自然記念物〔香川県〕

　　　江字聖り甲274番）
　　　乾燥型海岸樹林〔54〕
　◇瀧宮神社の森（香川県観音寺市大野原町
　　　井関字宮の本240番）
　　　ツブラジイを主体とした照葉樹林〔55〕
　◇椎尾八幡神社の森（香川県綾歌郡綾川町
　　　西分字大行1128番1，乙275番1）
　　　ツブラジイの純林（林齢約120年）〔56〕
1993（平成5）年10月26日
　◇二宮神社の森（香川県東かがわ市吉田字
　　　苅畑452番）
　　　暖帯性常緑広葉樹林〔57〕
1997（平成9）年3月25日
　◇春日神社の森（香川県高松市塩江町上西
　　　甲字真名屋敷甲1900番2）
　　　アカガシ、カゴノキなどが生い茂る
　　　〔58〕
2002（平成14）年3月29日
　◇西ノ宮神社の森（香川県綾歌郡綾川町
　　　枌所西字田万乙464番3，乙464番4，乙
　　　464番5，乙464番6）
　　　推定林齢40年のツブラジイを主体とし
　　　た林〔59〕

事典・日本の自然保護地域　**267**

森林・樹木・花

111 あわじ花へんろ

「あわじ花へんろ」は、淡路島が誇る花の名所・景勝地・観光施設等を巡って、花の島・淡路島の魅力と、島民とのふれあいにより、安らぎを満喫もらうことを目的に実施。〔花の名所指定基準〕(1)淡路島の花・観光の名所としてふさわしい施設等であること。(2)「花の札所」を維持するために、定期的な管理ができる体制があること。(3)公開可能な施設(有料・無料を問わない)であること。(4)花の名所として情報発信を行える施設であること。

[選定機関] (一財)淡路島くにうみ協会 [選定時期] 2002(平成14)年～

◇県立淡路島公園(兵庫県淡路市楠本2425-2)
四季折々にサクラやツツジ、アジサイ、ハーブなどが咲く〔1〕

◇淡路ハイウェイオアシス(兵庫県淡路市岩屋大林2674-3)
園内に季節の花々の花壇をはじめ、6本の巨大なベンジャミンがある〔1-2〕

◇淡路島国営明石海峡公園(兵庫県淡路市夢舞台8-10)
春のチューリップやムスカリなどの球根大花壇は関西最大級〔3〕

◇淡路夢舞台(兵庫県淡路市夢舞台3番地)
土砂採掘地から再生された花と緑があふれる複合施設〔4〕

◇奇跡の星の植物館(兵庫県淡路市夢舞台4番地)
日本最大級の温室〔5〕

◇本福寺水御堂(兵庫県淡路市浦1310番地)
蓮池に約2000年前の地層から発見された大賀ハスがある〔6〕

◇東浦サンパーク(兵庫県淡路市久留麻2743番地)
施設の合間を縫うようにツツジやサツキなどの花木が植えられている〔7〕

◇妙勝寺(兵庫県淡路市釜口1163番地)

モミジとクスノキのある池泉鑑賞式庭園〔8〕

◇常隆寺(兵庫県淡路市久野々154番地)
境内の県指定天然記念物のスダジイ、アカガシの群落や、サルスベリが景観をつくる〔9〕

◇アート山大石可久也美術館(兵庫県淡路市楠本2159番地)
大阪湾が眼下に広がり、雑木林の中に作品が点在。周辺には山椿が咲く〔10〕

◇浅野公園(兵庫県淡路市浅野南)
春はソメイヨシノ、秋は「紅葉の滝」の異名を持つ落差15mの滝を覆うモミジがみられる〔11〕

◇北淡震災記念公園(兵庫県淡路市小倉177番地)
地表に現れた野島断層を長さ185mにわたり保存。4月には数種類のサクラが咲く〔12〕

◇あわじ花さじき(兵庫県淡路市楠本2865-4)
春はナノハナ、夏はクレオメやヒマワリ、秋はサルビアやコスモスなど広大な斜面を花々が覆い尽くす〔13〕

◇淡路景観園芸学校 アルファガーデン(兵庫県淡路市野島常盤954-2)
全国初の「景観園芸」の教育研究機関

森林・樹木・花

111 あわじ花へんろ

〔14〕

◇淡路ワールドパーク ONOKORO（兵庫県淡路市塩田新島8-5）
園内には四季の花のほかアメリカデイゴの並木がある〔15〕

◇静の里公園（兵庫県淡路市志筑795-1）
静御前ゆかりの公園。水辺に沿ってサクラやアヤメなどが植えられている〔16〕

◇円城寺（兵庫県淡路市佐野）
サクラの名所として知られている〔17〕

◇あわじ花の歳時記園（兵庫県淡路市長沢247-1）
6月に西洋アジサイ、ガクアジサイ、カシワバなど約70種類3500株のアジサイが咲く〔18〕

◇東山寺（兵庫県淡路市長沢1389番地）
境内にはサクラやモミジなど、四季折々の花々がある〔19〕

◇パルシェ香りの館・香りの湯（兵庫県淡路市尾崎3025-1）
テーマ毎に約100種類のハーブが栽培されている〔20〕

◇淡路市立香りの公園（兵庫県淡路市多賀530-1）
ミントやローズマリーなど約60種類のハーブと、クチナシやキンモクセイなど約50種類の芳香樹木が園内に植えられている〔21〕

◇ウェルネスパーク五色（兵庫県洲本市五色町都志1087番地）
ウメ、ナノハナが園内外で咲く。ガラス温室では洋ランの栽培や多肉植物・観葉植物等の展示がされている〔22〕

◇嘉兵衛の里（兵庫県洲本市五色町都志203）
五色町内に点在する休耕田に3月ナノハナがいっせいに開花する。秋には3本のラッパイチョウが黄金色に変わる〔23〕

◇極楽寺（兵庫県洲本市五色町鳥飼中41）
3月〜4月はクリスマスローズ、6月には花菖蒲が咲く〔24〕

◇薬師山（兵庫県洲本市五色町都志万歳410-2）

昔からサクラの名所として有名。薬師堂周辺に、樹齢200年を越えるというヤマザクラが数多くある〔25〕

◇淡路ふれあい公園（兵庫県南あわじ市広田広田字池ノ谷1473-12）
パンジーやビオラ、ノースポール、コスモスやペチュニア、マリーゴールドなどの花壇が見どころ〔26〕

◇広田梅林（兵庫県南あわじ市広田広田1016-1）
淡路島随一のウメの名所。南高・鶯宿約300本が2月中旬から3月上旬に見ごろを迎える〔27〕

◇みどりの花時計21（兵庫県南あわじ市広田広田1064（緑庁舎））
南あわじ市緑庁舎入口にある花時計は、ペチュニア、コリウス、ベゴニアや葉ボタンなど季節の花が植栽される〔28〕

◇先山千光寺（兵庫県洲本市上内膳2132）
先山は「淡路富士」とも呼ばれている。秋には紅葉がみられる〔29〕

◇曲田山公園（兵庫県洲本市山手3-4-10）
曲田山浄水場の横にある桜の名所で580本のソメイヨシノやサトザクラがある〔30〕

◇生石公園（兵庫県洲本市由良町由良）
成ヶ島を見下ろす風光明媚な高台に広がる島内有数のウメの名所として有名〔31〕

◇立川水仙郷（兵庫県洲本市由良町2877-22）
淡路島2大水仙郷の一つ。300万本のニホンスイセンやヨーロッパスイセンが一帯をうめ尽くす〔32〕

◇淡路ファームパーク イングランドの丘（兵庫県南あわじ市八木養宜上1401）
熱帯から寒冷地までの珍しい植物を集めた大温室やロックガーデンのある農業公園〔33〕

◇"花の村"東桃川花木公園（兵庫県淡路市江井125-3）
四季の花が咲き、果樹が実る樹種を植栽している広場となっている〔34〕

◇諭鶴羽ダム・憩いの広場（兵庫県南あわ

事典・日本の自然保護地域　269

じ市神代浦壁）

桜の名所として知られる。ダム湖の沿道に約800本のソメイヨシノが植えられている〔35〕

◇賀集八幡神社（兵庫県南あわじ市賀集八幡734）

参道には桜並木が続く。春祭りではだんじりが桜並木を通って宮入〔36〕

◇うずの丘 大鳴門橋記念館（兵庫県南あわじ市福良字大刈藻丙936-3）

海岸線や四国の山なみが見渡せる。1月の中旬を過ぎるとスイセンの花が香る〔38〕

◇道の駅「うずしお」（兵庫県南あわじ市福良字鳥取丙947-22）

鳴門のうず潮を見ることができ4月下旬には遊歩道に約80mの藤の棚がみられる。県内ではこの辺りにしかないアゼトウナ（畦唐菜）が自生している〔39〕

◇休暇村 南淡路（兵庫県南あわじ市福良丙870-1）

春には園内に植えられた約1000本のサクラが咲く〔40〕

◇南淡路椿街道（兵庫県南あわじ市阿万吹上町）

鳴門海峡を眺められる海岸線に沿った道に、地元住民等によって植えられた数種類のツバキがある〔41〕

◇灘黒岩水仙郷（兵庫県南あわじ市灘黒岩2）

淡路島南岸の海に切り立つ急斜面に約500万本の野生スイセンが群生する〔42〕

◇伊勢の森神社 あわじ御所桜 幸福の道（兵庫県淡路市中田）

4月初旬に行われる「はしご獅子」の時期、シダレザクラやシダレウメが咲き誇る〔43〕

◇源流の郷 あわじ花山水（兵庫県洲本市千草戊60）

千草川の源流。春は山桜と桃の花、初夏はアジサイなどの原風景が残る〔44〕

◇猪鼻谷フォレストパーク メモリアル23（兵庫県洲本市千草丙359-1）

樹齢100年の梅の古木がメインツリー

の災害メモリアル公園〔45〕

◇観潮船基地なないろ館（兵庫県南あわじ市福良甲1528-7）

うずしお観潮船乗り場のほとりにあり、フジ、サクラ、サザンカ、パンジー、ポーチュラカ、ノジキクなどが植えられている〔46〕

◇八淨寺（兵庫県淡路市佐野834）

境内では5月デイゴの花、メグスリノキが咲く〔47〕

◇水仙の丘（兵庫県淡路市多賀369-9（文化会館の奥））

3月中旬、いざなぎの丘40aに、ラッパスイセンが10万本咲く〔48〕

◇高山花しょうぶ・アジサイ（兵庫県淡路市高山乙）

休耕田30aに約3000株のハナショウブ、50aに約1000本のアジサイが植えられている〔49〕

◇みたから公園（兵庫県洲本市五色町下堺）

堺川のほとりの田園に広大な菜の花畑と満開の桜並木がみられる〔50〕

◇宇原の緋寒桜（兵庫県洲本市宇原）

旧洲本市の記念植樹の50本のヒカンザクラがあり、島内で一番早く咲くサクラの名所〔51〕

◇沼島の花・歴史めぐり（兵庫県南あわじ市沼島）

緑色片岩を利用した沼島庭園、上立神岩の奇岩のほか島全体に自然が残る〔52〕

◇伊弉諾神宮（兵庫県淡路市多賀740）

境内に樹齢約900年の「夫婦の大楠」など照葉樹林が繁茂する〔53〕

◇小路谷古城園のサクラ（兵庫県洲本市小路谷）

昭和天皇が淡路行幸の際に詠んだ御製がある桜の名所〔54〕

◇由良湊神社（兵庫県洲本市由良町3-5-2）

4月上旬はオオシマザクラ・ソメイヨシノ、11月下旬はサザンカがみられる〔55〕

◇八木のしだれ梅（村上邸）（兵庫県南あわじ市八木馬回219）

森林・樹木・花　　　　　　　　　　　　　　　　　　　　　　　　112　香川の保存木

2月下旬、樹齢約60年、幅約10mに広
がった枝のシダレウメが咲く〔56〕

◇おのころ島神社（兵庫県南あわじ市榎列
下幡多415）
神社境内にサザンカがみられる〔57〕

◇岩上神社（兵庫県淡路市柳澤乙614）
神社付近一帯はヤマザクラ、モミジ、
オオイチョウが生い茂っている〔58〕

◇名号石（兵庫県洲本市宇山 山所）
陀仏川の源流に位置し、多数の大木モ
ミジは市内一。多くの人が紅葉狩りに
訪れる〔59〕

◇広田の寒泉（兵庫県南あわじ市広田）
「淡路の霊水」とも呼ばれる。寒泉の南
の水際にムクノキの老樹が立つ〔60〕

◇鮎屋の滝・鮎屋の森（兵庫県洲本市鮎屋）
鮎屋の滝周辺の鮎屋の森に、針葉樹林、
広葉樹林、竹林がみられる〔61〕

◇都市・農村交流施設「宙－おおぞら－」（兵
庫県洲本市中川原町中川原92番地1）

シンボルのフェイジョアの他、約50
種類約140本の草木が通年で庭を彩る
〔62〕

◇成ヶ島（兵庫県洲本市由良町由良 成ヶ
島）
淡路島東端の小島で稀少種を含む多く
の海岸植物が自生する〔63〕

◇まなびの郷（兵庫県淡路市江井682）
春には街路樹アーチの桜や芝生広場を
囲む桜が一斉に咲く〔64〕

◇山田川桜並木通り・コスモス（兵庫県淡
路市山田甲984番地先）
山田川両岸に175本のしだれ桜が植栽
され、コスモスは休耕田40aに播種さ
れている〔65〕

◇チューリップハウス農園（兵庫県洲本市
五色町鮎原小山田89）〔68〕

◇若人の広場公園（兵庫県南あわじ市阿万
塩屋町2658-7）〔67〕

◇お局塚（兵庫県南あわじ市伊加利）〔69〕

112　香川の保存木

　　良好な生活環境の保全と郷土の景観を維持するため、次の基準に該当する樹木又は
その集団。〔指定基準〕樹木：高性の木で地表からの高さが10m以上で地表から1.5mの
高さにおける幹の周囲が1.5m以上であること。ただし、株立ちした樹木は、地表から
1.5mの高さにおける幹の周囲の和が2.5m以上であること。低性の木で枝葉の広がりの
占める面積が10m²以上で樹齢が推定70年以上であること。珍しさにおいて特にすぐれ
ているものであること。樹林：次のいずれかに該当し、その集団に属する樹木が健全
で、かつ、その集団の樹容が美観上特にすぐれていること。その集団の存する土地の
面積が500m²以上であること。並木をなす樹木の集団で、その集団が同一種類の樹木
10本以上をもって構成されているものであること。

　　〔選定機関〕香川県　〔選定時期〕1978（昭和53）年～

1978（昭和53）年3月23日
◇白鳥神社のクスノキ（香川県東かがわ市
松原）
樹高26.5m、胸高幹周6.75m〔2〕

◇末国のナギ（香川県東かがわ市与田山）
樹高9.5m、胸高幹周3.4m〔5〕

◇勝覚寺のイチョウ（香川県東かがわ市三
本松）

樹高19.0m、胸高幹周3.7m〔6〕

◇石清水神社のクスノキ（香川県東かがわ
市大谷）
樹高28.0m、胸高幹周5.3m〔8〕

◇水主神社のいのり杉（香川県東かがわ市
水主）
樹高30.0m、胸高幹周5.4m〔9〕

◇富田神社のクスノキ（香川県さぬき市大

川町富田中）
樹高24.0m、胸高幹周8.3m〔10〕

◇三宅邸の胡蝶ワビスケ（香川県さぬき市末）
樹高7.5m、胸高幹周1.0m〔15〕

◇牟礼小学校のユーカリ（香川県高松市牟礼町大町）
樹高15.0m、胸高幹周4.8m〔16〕

◇三好邸のモミ（香川県高松市牟礼町原）
樹高30.0m、胸高幹周2.45m〔17〕

◇八栗寺のイチョウ（香川県高松市牟礼町牟礼）
樹高24.5m、胸高幹周4.3m〔18〕

◇洲崎寺のイチョウ（香川県高松市牟礼町牟礼）
樹高22.0m、胸高幹周3.4m〔19〕

◇津柳のネズミサシ（香川県木田郡三木町奥山）
樹高16.0m、胸高幹周2.45m〔22〕

◇和田邸のナシ（香川県高松市塩江町上西桧）
樹高8.0m、胸高幹周1.9m〔23〕

◇焼堂のモミジ（香川県高松市塩江町上西）
樹高19.5m、胸高幹周1.81m〔24〕

◇藤沢邸のツガ（香川県高松市塩江町安原上東）
樹高22.0m、胸高幹周2.9m〔25〕

◇藤沢邸のトチノキ（香川県高松市塩江町安原上東）
樹高18.0m〔26〕

◇平尾神社のツブラジイ（香川県高松市香川町東谷）
樹高19.7m、胸高幹周4.75m〔30〕

◇母倉邸のサザンカ（香川県小豆郡土庄町大部）
樹高11.0m、胸高幹周1.49m〔33〕

◇福田のアコウ（香川県小豆郡小豆島町福田）
樹高6.5m〔35〕

1979（昭和54）年2月27日

◇白峰寺のモミ（香川県坂出市青海町）
樹高35.0m、胸高幹周3.5m〔37〕

◇荒神社のクロガネモチ（香川県坂出市王越町木沢）
樹高14.0m、胸高幹周3.06m〔38〕

◇川田邸のニッケイ（香川県坂出市高屋町）
樹高20.0m、胸高幹周1.54m〔39〕

◇川田邸のケンポナシ（香川県坂出市高屋町）
樹高20.0m、胸高幹周1.54m〔40〕

◇光雲寺のモッコク（香川県丸亀市郡家町）
樹高13.0m、胸高幹周2.18m〔41〕

◇禅定寺登山道のヒノキ（香川県善通寺市吉原町）
樹高17.0m、胸高幹周3.6m〔43〕

◇大将軍神社のアベマキ（香川県綾歌郡綾川町西分）
樹高21.0m、胸高幹周3.6m〔44〕

◇常善寺のスイリュウヒバ（香川県綾歌郡綾川町北）
樹高14.5m、胸高幹周1.54m〔45〕

◇川上神社のホオノキ（香川県仲多度郡まんのう町川東）
樹高26.0m、胸高幹周3.3m〔46〕

◇三角のカツラ（香川県仲多度郡まんのう町川東）
樹高30.0m、胸高幹周3.73m〔47〕

◇山熊神社のケヤキ（香川県仲多度郡まんのう町川東）
樹高28.0m、胸高幹周5.2m〔49〕

◇若林神社のセンダン（香川県仲多度郡まんのう町四条）
樹高24.0m、胸高幹周4.45m〔50〕

◇諏訪神社のクロガネモチ（香川県仲多度郡まんのう町真野）
樹高19.5m、胸高幹周2.85m〔51〕

◇大歳神社のシラカシ（香川県仲多度郡琴平町上櫛梨）
樹高17.0m、胸高幹周1.7m〔52〕

◇春日神社のムクノキ（香川県仲多度郡まんのう町七箇）
樹高15.5m、胸高幹周4.0m〔54〕

◇山戸神社のカゴノキ（香川県仲多度郡まんのう町塩入）

森林・樹木・花　　　　　　　　　　　　　　　　　　　　　　　　　　112　香川の保存木

樹高22.0m、胸高幹周2.9m〔55〕
1980（昭和55）年3月11日
　◇観音寺東小学校のラクウショウ（香川県
　　観音寺市観音寺町）
　　樹高18.0m、胸高幹周2.45m〔56〕
　◇白山神社のクス（香川県観音寺市観音寺
　　町）
　　樹高20.5m、胸高幹周5.64m〔57〕
　◇薬師院のイチョウ（香川県三豊市高瀬町
　　下麻）
　　樹高27.0m、胸高幹周3.48m〔59〕
　◇池ノ谷のアラカシ（香川県三豊市高瀬町
　　上麻）
　　樹高12.5m、胸高幹周2.6m〔60〕
　◇古屋の大ガシ（香川県三豊市高瀬町佐
　　股）
　　樹高14.0m、胸高幹周3.2m〔61〕
　◇上高瀬小学校のユーカリ（香川県三豊市
　　高瀬町上高瀬）
　　樹高10.7m、胸高幹周3.4m〔62〕
　◇よりぞめさんのマキ（香川県三豊市山本
　　町河内）
　　樹高13.5m、胸高幹周2.6m〔63〕
　◇小松尾寺のクス（香川県三豊市山本町
　　辻）
　　樹高24.0m、胸高幹周7.5m〔64〕
　◇橋田邸のクロガネモチ（香川県三豊市山
　　本町辻）
　　樹高12.5m、胸高幹周2.2m〔65〕
　◇弥谷寺のバクチノキ（香川県三豊市三野
　　町大見）
　　樹高14.0m、胸高幹周1.41m〔66〕
　◇本門寺のクス（香川県三豊市三野町下高
　　瀬）
　　樹高17.5m、胸高幹周4.9m〔67〕
　◇安井菅原神社のクス（香川県観音寺市大
　　野原町中姫）
　　樹高39.0m、胸高幹周6.5m〔68〕
　◇生木の地蔵クス（香川県観音寺市大野原
　　町大野原）
　　樹高26.0m、胸高幹周7.85m〔69〕
　◇法泉寺のボダイジュ（香川県観音寺市大
　　野原町田野々）
　　樹高13.5m、胸高幹周2.4m〔70〕

　◇若宮神社のクロガネモチ（香川県三豊市
　　豊中町本山）
　　樹高21.0m、胸高幹周2.72m〔72〕
　◇長寿院のサルスベリ（香川県三豊市詫間
　　町松崎）
　　樹高7.0m、胸高幹周1.67m〔73〕
　◇積の雌雄クロガネモチ（香川県三豊市詫
　　間町積）
　　樹高（雌）13.5m（雄）16.5m、胸高幹周
　　（雌）2.94m（雄）2.48m〔74〕
　◇香蔵寺のソテツ（香川県三豊市詫間町
　　箱）
　　樹高5.5m、胸高幹周2.08m〔75〕
　◇常徳寺の雌雄大ソテツ（香川県三豊市仁
　　尾町仁尾丁）
　　樹高（雌）7.0m（雄）6.5m、胸高幹周
　　（雌）計測不可（雄）1.58m〔80〕
　◇豊浜町東公民館のイブキ（香川県観音寺
　　市豊浜町和田浜）
　　樹高18.0m、胸高幹周5.2m〔82〕
　◇豊浜八幡神社のクス（香川県観音寺市豊
　　浜町和田浜）
　　樹高23.0m、胸高幹周6.23m〔83〕
　◇宗林寺のクロガネモチ（香川県観音寺市
　　豊浜町和田浜）
　　樹高10.5m、胸高幹周3.87m〔85〕
　◇細川邸のタブノキ（香川県三豊市財田町
　　財田中）
　　樹高18.5m、胸高幹周3.8m〔86〕
　◇品福寺のラカンマキ（香川県三豊市財田
　　町財田上）
　　樹高18.0m、胸高幹周3.1m〔89〕
　◇財田駅前のタブノキ（香川県三豊市財田
　　町財田上）
　　樹高13.0m、胸高幹周5.5m〔92〕
　◇釈迦堂のイチョウ（香川県三豊市財田町
　　財田上）
　　樹高26.0m、胸高幹周3.9m〔93〕
1980（昭和55）年11月13日
　◇大石さんのムクノキ（香川県高松市西山
　　崎町）
　　樹高22.0m、胸高幹周5.45m〔96〕
　◇大森神社のクス（香川県高松市西植田
　　町）

事典・日本の自然保護地域　273

樹高27.8m、胸高幹周6.8m〔97〕

◇五名小学校のヒイラギモクセイ（香川県東かがわ市五名）
樹高7.0m、胸高幹周1.81m〔98〕

◇誓願寺のイブキ（香川県小豆郡小豆島町二面）
樹高14.5m、胸高幹周2.2m〔100〕

◇妙覚寺のコウヤマキ（香川県仲多度郡まんのう町川東）
樹高12.7m、胸高幹周2.2m〔101〕

1985（昭和60）年3月26日

◇長徳寺のモッコク（香川県丸亀市本島町笠島）
樹高9.5m、胸高幹周2.4m〔102〕

◇オリーブ園のオリーブ（香川県小豆郡小豆島町西村）
樹高7.0m、胸高幹周0.87m〔104〕

◇多聞寺のヤマモモ（香川県小豆郡土庄町肥土山）
樹高10.0m、胸高幹周3.2m〔105〕

◇常光寺のイチョウ（香川県木田郡三木町大字氷上）
樹高23.0m、胸高幹周4.13m〔106〕

◇三宝荒神のフジ（香川県木田郡三木町井戸）
胸高幹周（東）2.0m（西）2.3m〔107〕

◇鷲峰寺のモミ（香川県高松市国分寺町柏原）
樹高（北）23.5（南）26.0、胸高幹周（北）2.22m（南）2.78m〔109〕

◇琴南町役場のエノキ（香川県仲多度郡まんのう町造田）
樹高26.5m、胸高幹周4.7m〔110〕

◇高良神社のクスノキ（香川県三豊市豊中町本山）
樹高27.0m、胸高幹周6.91m〔111〕

1986（昭和61）年3月18日

◇大原神社のヒノキ（香川県高松市西植田町）
樹高23.6m、胸高幹周3.7m〔112〕

◇三宝寺のチシャノキ（香川県東かがわ市入野山）
樹高13.5m、胸高幹周1.57m〔113〕

◇大窪寺のサザンカ（香川県さぬき市多和）
樹高6.5m〔114〕

◇津婦呂木神社のムクノキ（香川県木田郡三木町氷上）
樹高24.0m、胸高幹周4.25m〔115〕

◇高橋邸のヤマモモ（香川県高松市庵治町高尻）
樹高11.0m、胸高幹周3.3m〔116〕

◇池谷神社のフジ（香川県高松市香南町由佐）
胸高幹周2.1m〔118〕

◇和田神社のコナラ（香川県綾歌郡綾川町枌所東）
樹高24.0m、胸高幹周3.48m〔119〕

◇尾の瀬神社のヤマザクラ（香川県仲多度郡まんのう町七箇）
樹高21.0m、胸高幹周3.0m〔120〕

◇西の宮のツブラジイ（香川県仲多度郡まんのう町中通）
樹高17.0m、胸高幹周3.23m〔121〕

1990（平成2）年3月27日

◇白峰宮のクスノキ（香川県坂出市西庄町八十場）
樹高23.5m、胸高幹周5.8m〔122〕

◇金神神社のクスノキ（香川県観音寺市原町）
樹高20.0m、胸高幹周6.24m〔123〕

◇妙見宮のヤマモモ（香川県高松市庵治町高尻）
樹高13.0m〔128〕

◇室浜大明神のシンパク（香川県三豊市詫間町箱）
樹高12.0m、胸高幹周6.94m〔129〕

1991（平成3）年3月29日

◇大窪寺のイチョウ（香川県さぬき市多和）
樹高26.0m、胸高幹周7.23m〔130〕

◇前ノ川神社のスギ（香川県仲多度郡まんのう町川東）
樹高37.0m、胸高幹周5.5m〔131〕

◇前ノ川神社のウラジロガシ（香川県仲多度郡まんのう町川東）
樹高22.0m、胸高幹周3.8m〔132〕

森林・樹木・花　　112　香川の保存木

◇川上神社のケヤキ（香川県仲多度郡まん
のう町川奥）
樹高29.0m、胸高幹周5.53m〔133〕

◇山戸神社のヒノキ（香川県仲多度郡まん
のう町塩入）
樹高28.0m、胸高幹周3.35m〔134〕

◇仲南東小学校のクロマツ（香川県仲多度
郡まんのう町七箇）
樹高12.0m、胸高幹周3.3m〔135〕

◇観音さんのヤマモミジ（香川県観音寺市
大野原町海老済）
樹高10.0m、胸高幹周2.4m〔136〕

◇梵音寺のタブノキ（香川県三豊市詫間町
粟島）
樹高12.5m、胸高幹周3.61m〔137〕

◇豊浜八幡神社のクロマツ（香川県観音寺
市豊浜町和田浜）
樹高21.5m、胸高幹周4.16m〔138〕

1993（平成5）年3月23日

◇楠神社のクスノキ（香川県高松市西植田
町）
樹高26.7m、胸高幹周6.7m〔139〕

◇森本邸のシダレウメ（香川県高松市菅沢
町）
樹高6.5m、胸高幹周1.18m〔140〕

◇春日神社のアキニレ（香川県丸亀市川西
町北）
樹高13.5m、胸高幹周2.35m〔141〕

◇道味墓地内のムクノキ（香川県さぬき市
寒川町石田西）
樹高18.0m、胸高幹周4.9m〔142〕

◇唐櫃のシンパク（香川県小豆郡土庄町豊
島唐櫃）
樹高14.0m、胸高幹周3.54m〔144〕

1994（平成6）年2月25日

◇荒魂神社のウバメガシ（香川県小豆郡小
豆島町西村）
樹高19.0m、胸高幹周3.7m〔150〕

◇荒魂神社のムクノキ（香川県小豆郡小豆
島町西村）
樹高20.0m、胸高幹周4.9m〔151〕

1995（平成7）年3月28日

◇真鍋邸のエノキ（香川県高松市太田上
町）
樹高14.9m、胸高幹周3.4m〔153〕

◇真覚寺のクスノキ（香川県さぬき市志
度）
樹高22.0m、胸高幹周4.7m〔154〕

◇津柳のケヤキ（香川県木田郡三木町奥
山）
樹 高15.0～18.0m、胸 高 幹 周7.0m
〔156〕

1996（平成8）年3月1日

◇亀山八幡宮のシンパク（香川県小豆郡小
豆島町池田）
樹高14.0m、胸高幹周4.8m〔158〕

1998（平成10）年3月31日

◇香川大学農学部太郎兵衛館のメタセコイ
ア（香川県さぬき市前山）
樹高35.0m、胸高幹周2.8m〔160〕

1999（平成11）年4月6日

◇上原邸のムクノキ（香川県高松市塩江町
安原下）
樹高20.0m、胸高幹周4.92m〔161〕

2000（平成12）年7月28日

◇金陵の郷の大楠（香川県仲多度郡琴平
町）
樹高19.5m、胸高幹周5.8m〔162〕

◇農業試験場小豆分場のコルクガシ（香川
県小豆郡小豆島町池田）
樹高14.5m、胸高幹周2.32m〔163〕

◇川江家のツバキ（香川県三豊市詫間町生
里）
樹高9.5m、胸高幹周1.78m〔164〕

2002（平成14）年12月10日

◇大部の大ガキ（香川県小豆郡土庄町大
部）
樹高13.0m、胸高幹周2.93m〔165〕

2003（平成15）年8月8日

◇中井家の赤スギ（香川県高松市塩江町安
原下）
樹高45.0m、胸高幹周3.68m〔166〕

◇真光寺の松（香川県丸亀市御供所町）
樹高6.5m、胸高幹周1.5m〔167〕

2004（平成16）年10月29日

◇八幡神社のクスノキ（香川県丸亀市飯山

事典・日本の自然保護地域　275

113 北の魚つきの森　　　　　　　　　　　　　　森林・樹木・花

町下法軍寺）
　　樹高23.0m、胸高幹周6.2m〔168〕
2005（平成17）年12月26日
　　◇長尾寺のクスノキ（香川県さぬき市長尾
　　　西）
　　　樹高19.0m、胸高幹周5.45m〔169〕
2006（平成18）年12月28日
　　◇和爾賀波神社のモミ（香川県木田郡三木
　　　町井戸）
　　　樹高24.0m、胸高幹周2.8m〔170〕
2008（平成20）年3月21日
　　◇土岐邸のカキ（香川県丸亀市綾歌町岡田

東）
　　樹高11.7m、胸高幹周1.72m〔171〕
◇井筒屋敷のホルトノキ（香川県東かがわ
　市引田）
　　樹高13.5m、胸高幹周3.43m〔172〕
◇大野原八幡神社のクヌギ（香川県観音寺
　市大野原町大野原）
　　樹高27.0m、胸高幹周2.9m〔173〕
◇十蓮坊のイスノキ群（香川県高松市仏生
　山町）
　　樹高8.6m、胸高幹周1.1m〔174〕

113　北の魚つきの森

　北海道では、魚などの生息環境を守る必要性の高い流域を対象に、2002（平成14）年
度から全道で15か所を「北の魚つきの森」として認定し、地域住民による自発的な森
林づくり活動の促進を図っている。〔認定条件〕・魚たちの棲みやすい生息環境を守る
ための森林が対象となっていること。・地域の人々が集まって森づくりの会をつくり、
継続的に活動することが決められていること。・森林を守り育てるための活動計画が
あること。

　[選定機関] 北海道　　[選定時期] 2002（平成14）年度〜

◇幌内川流域の森林（北海道紋別郡雄武
　町）
　　（協議会）雄武町北の魚つきの森推進
　　協議会〔1〕
◇来拝川流域の森林（北海道爾志郡乙部
　町）
　　（協議会）乙部町魚つきの森づくり協
　　議会〔2〕
◇別海町内の森林全域（北海道野付郡別海
　町）
　　（協議会）別海町「川を考える月間」実
　　行委員会〔3〕
◇奥尻町内（北海道奥尻郡奥尻町）
　　（協議会）奥尻島魚つきの森推進協議
　　会〔4〕
◇川汲川及び大船川流域の森林（北海道函
　館市）
　　（協議会）南かやべ森と海の会〔5〕
◇増毛町内の森林全域（北海道増毛郡増毛

　町）
　　（協議会）豊かな森・川・海/人をつく
　　る増毛実行委員会〔6〕
◇浜中町内（北海道厚岸郡浜中町）
　　（協議会）浜中町北の魚つきの森推進
　　協議会〔7〕
◇イクベツ沢流域の森林（北海道勇払郡む
　かわ町）
　　（協議会）むかわ・森・川・海を守り隊
　　〔8〕
◇蘭越町内全域（北海道磯谷郡蘭越町）
　　（協議会）蘭越町北の魚つきの森推進
　　協議会〔9〕
◇問牧川流域の森林（北海道枝幸郡枝幸
　町）
　　（協議会）枝幸町北の魚つきの森推進
　　協議会〔10〕
◇旧浜益村内の森林全域（北海道石狩市）
　　（協議会）浜益魚つきの森推進協議会

森林・樹木・花   114 記念保護樹木〔北海道〕

　　〔11〕
◇豊頃町全域 (北海道中川郡豊頃町)
　(協議会) 十勝川魚つきの森推進協議
　会〔12〕
◇新冠川及び節婦川流域 (北海道新冠郡新
　冠町)
　(協議会) 新冠北の魚つきの森地域協
　議会〔13〕

◇トマム地区 (鵡川流域) (北海道勇払郡占
　冠村)
　(協議会) 占冠村北の魚つきの森協議
　会〔14〕
◇熊穴川流域の森林 (北海道滝川市)
　(協議会)「緑とエコ」サポーターネッ
　ト〔15〕

114　記念保護樹木〔北海道〕

　　北海道は、北海道自然環境等保全条例に基づき、由緒・由来のある樹木又は住民に
親しまれている樹木のうち、郷土の記念樹木として保護することが必要なものを「記
念保護樹木」に指定している。

　　[選定機関] 北海道　　[選定時期] 1972 (昭和47) 年〜

1972 (昭和47) 年3月1日
◇篠路の公孫樹 (北海道札幌市北区篠路5
　条10丁目 (龍雲寺境内))
　篠路開拓記念木。樹種：イチョウ
◇善光寺の銀杏 (北海道伊達市字有珠124)
　善光寺の歴史をしめす樹木。樹種：イ
　チョウ
◇寺島の銀杏 (北海道伊達市字末永7)
　西南の役従軍記念木。樹種：イチョウ
◇三本杉 (北海道伊達市 有珠124 (善光
　寺))
　善光寺の歴史を示す樹木。樹種：スギ
◇伊達の楡 (北海道伊達市字舟岡143)
　「百叩きの樹」として親しまれている
　樹木。樹種：ハルニレ
◇石割桜 (北海道伊達市字有珠124)
　鸞州上人に由来する樹木。樹種：エゾ
　ヤマザクラ
◇誉の水松 (北海道白老郡白老町字白老
　596 (白老八幡神社))
　明治天皇巡幸に由来する樹木。樹種：
　イチイ
◇老三樹 (北海道虻田郡洞爺湖町洞爺町
　34)
　洞爺の開拓移住記念木。樹種：サクラ,
　セン, クワ

1972 (昭和47) 年3月25日
◇真駒内のナラ (北海道札幌市南区真駒内
　泉町3丁目)
　真駒内種畜場当時から温存された樹
　木。樹種：ミズナラ
◇野坂の黒松 (北海道札幌市白石区菊水元
　町129)
　白石の開拓記念木。樹種：クロマツ
◇小金湯桂不動 (北海道札幌市南区小金湯
　26)
　小金湯温泉の歴史を示す樹木。樹種：
　カツラ
◇精進川のはしどい (北海道札幌市南区真
　駒内17の1)
　精進川沿ハシドイのうち最もすぐれた
　樹木。樹種：ハシドイ
◇赤だもの一本木 (北海道石狩市生振691−
　1)
　生振の開拓記念木。樹種：ハルニレ
◇高田屋の松 (北海道函館市青柳町17)
　「鶴亀の松」として親しまれている樹
　木。樹種：クロマツ
◇函館八幡宮の欅 (北海道函館市谷地頭町
　2)
　五陵郭に由来する樹木。樹種：ケヤキ
◇栃木連理木 (北海道函館市石倉町155)

事典・日本の自然保護地域　277

「とちのきさん参り」として親しまれている樹木。樹種：トチノキ

◇意富比神社の水松（北海道北斗市本町16の1）
大野の開拓記念木。樹種：イチイ

◇文月神社の杉（北海道北斗市文月116）
（旧大野町）文月の開拓記念木。樹種：スギ

◇大郷寺の公孫樹（北海道北斗市本郷16の1）
本郷の歴史を示す樹木。樹種：イチョウ

◇栗原邸の大椿（北海道上磯郡木古内町字泉沢189）
木古内町の歴史を示す樹木。樹種：ツバキ

◇とのゐの松（北海道茅部郡森町字御幸町112）
明治天皇の行来に由来する樹木。樹種：クロマツ

◇拝領御所の松（北海道二海郡八雲町字落部332（八幡宮））
大正天皇御成婚に由来する樹木。樹種：アカマツ

◇夫婦銀杏（北海道小樽市桜1丁目3–8, 5–1）
雌雄一対で生育して珍重される樹木。樹種：イチョウ

◇恵美須神社の桑（北海道小樽市祝津3丁目161）
神木として敬愛されている樹木。樹種：ヤマグワ

◇黒松内の杉（北海道寿都郡黒松内町字白井川3の1）
白井川の開拓記念木。樹種：スギ

◇泊の神木（北海道古宇郡泊村大字盃村字寺町431）
鯨漁に由来する神木。樹種：ハルニレ

◇さいかちの樹（北海道余市郡余市町富沢町14–4）
本道では珍しい樹木。樹種：サイカチ

◇早来のドングリ（北海道勇払郡安平町早来大町41）
早来小学校の歴史を示す樹木。樹種：ミズナラ

◇ペップトのカシワ（北海道勇払郡むかわ町穂別119）
穂別小学校の歴史を示す樹木。樹種：カシワ

1973（昭和48）年3月17日

◇法華寺の槻、椿（北海道檜山郡江差町字本町71）
松前藩主が布教の礎として植栽した樹木。樹種：ケヤキ, ツバキ

◇逆さ水松（北海道檜山郡上ノ国町字桂岡53）
神木として敬愛されている樹木。樹種：イチイ

◇見出の笠松（北海道檜山郡厚沢部町本町132の3）
道中の見出し及び休息地として利用された樹木。樹種：アカマツ

◇美深町教育（北海道中川郡美深町字西1条北2）
美深町の教育発祥地の記念木。樹種：ハルニレ

◇下頓別のハルニレ（北海道枝幸郡浜頓別町字頓別原野2931の1）
浜頓別町の開拓記念木。樹種：ハルニレ

◇観音山の御神木（北海道様似郡様似町潮見台1）
御神木として敬愛されている樹木。樹種：カシワ

◇神森の赤松（北海道日高郡新ひだか町静内神森160）
静内の開拓記念木。樹種：アカマツ

◇屯田兵の桑並木（北海道厚岸郡厚岸町大字太田五の通り2–4）
屯田兵村開拓記念木。樹種：ヤマグワ

1973（昭和48）年3月30日

◇恵庭市庁舎前庭（北海道恵庭市京町1）
庁舎落成を記念して植栽された樹木。樹種：イチイ

◇当別町開拓（北海道石狩郡当別町字東小川通1119–2（当別神社））
当別町の開拓記念木。樹種：イチイ

◇青山の水松（北海道石狩郡当別町字青山奥5352）

森林・樹木・花   *114* 記念保護樹木〔北海道〕

神木として敬愛されている樹木。樹
種：イチイ

◇松前の水松（北海道松前郡松前町字松城
328）
松前家藩公暦代墓所の菩提樹。樹種：
イチイ

◇松前の銀杏（北海道松前郡松前町字松城
328）
松前家藩公暦代墓所の菩提樹。樹種：
イチョウ

◇松前の大欅（北海道松前郡松前町字松城
329）
松前家藩公暦代墓所の菩提樹。樹種：
ケヤキ

◇血脈桜（北海道松前郡松前町字松城303
（光善寺））
乙女と血脈にまつわる伝説に由来する
樹木。樹種：サトサクラ

◇狩場神社のグイマツ（北海道松前郡松前
町字上川161）
色古丹島より持ち帰り当神社に献樹し
たものといわれている樹木。樹種：グ
イマツ

◇神木の杉（北海道松前郡福島町字吉野
437）
神木として敬愛されている樹木。樹
種：スギ

◇白符神社の杉、檜（北海道松前郡福島町
字白符544）
神木として敬愛されている樹木。樹
種：スギ, ヒノキ

◇乳房檜（北海道松前郡福島町字福島219）
神木として敬愛されている樹木。樹
種：ヒノキ

◇荒神神社の松（北海道上磯郡知内町字元
町）
仙台藩の松前鉄之助が奉納したといわ
れる樹木。樹種：クロマツ

◇姥杉（北海道上磯郡知内町字元町49（姥
杉神社））
神木として敬愛されている樹木。樹
種：スギ

◇雷公神社の杉（北海道上磯郡知内町字上
雷）
雷公神社の歴史を示す樹木。樹種：

スギ

◇七飯の一本栗（北海道亀田郡七飯町字大
川362-2）
伝説にまつわる一本栗として敬愛され
ている樹木。樹種：クリ

◇縁結びの桂（北海道爾志郡乙部町字富岡
（乙部事業区453へ林小班内））
縁結びの神木として敬愛されている樹
木。樹種：カツラ

◇荷卸の松（北海道久遠郡せたな町北檜山
区西丹羽488-11）
北檜山の開拓に由来する樹木。樹種：
イチイ

◇清住の赤松（北海道伊達市清住町127の
1）
伊達市開拓記念木。樹種：アカマツ

◇末永の檜（北海道伊達市末永町228）
伊達市開拓記念木。樹種：ヒノキ

◇弄月のサイカチ（北海道伊達市弄月町
191）
伊達市開拓記念木。樹種：サイカチ

◇松ケ枝のサイカチ（北海道伊達市松ケ枝
町95）
伊達市開拓記念木。樹種：サイカチ

◇北稀府の赤松（北海道伊達市北稀府町
144）
伊達市開拓記念木。樹種：アカマツ

◇大久保の栗（北海道虻田郡豊浦町字船見
町84）
豊浦町の開拓記念木。樹種：クリ

◇ホロニレ（北海道勇払郡厚真町字幌里
155-2・3）
厚真町の開拓記念木。樹種：ハルニレ

◇清隆寺の千島桜（北海道根室市松本町2
丁目2）
国後島より移植されたといわれる樹
木。樹種：チシマザクラ

1974（昭和49）年3月30日

◇市来知神社の赤松（北海道三笠市宮本町
488）
囚徒の手によって植栽された樹木。樹
種：アカマツ

◇砂川神社の水松（北海道砂川市東5条南4
丁目4）

事典・日本の自然保護地域　**279**

大正時代に移植され住民に敬愛されている樹木。樹種：イチイ

◇新十津川町開拓（北海道樺戸郡新十津川町字中央32–4）
開拓以来住民に親しまれている樹木。樹種：ハルニレ

◇台場開拓（北海道旭川市神居町台場405）
開拓当時から自生する樹木。樹種：イチイ

◇永山開拓（北海道旭川市永山町13丁目67）
屯田兵入植の記念木。樹種：ドロノキ

◇祖神の松（北海道士別市ヲウエンベツ1287–1（道有林名寄経営区1林班））
山の神として敬愛される樹木。樹種：イチイ

◇名寄開拓（北海道名寄市字曙1）
名寄開拓発祥の地。樹種：ハルニレ

◇剣淵町開拓（北海道上川郡剣淵町字南剣淵兵村776–1）
屯田兵の集合目標だった樹木。樹種：ヤチダモ

◇下川小学校開校（北海道上川郡下川町字名寄原野3505–1）
下川小学校の歴史を示す樹木。樹種：ハルニレ

◇岩見の一本松（北海道苫前郡苫前町字岩見488）
岩見の開拓記念木。樹種：イチイ

◇浄覚寺竜頭の松（北海道枝幸郡浜頓別町字頓別154–440）
アイヌの伝説に由来する樹木。樹種：イチイ

◇言問の松（北海道天塩郡豊富町字上サロベツ916–6）
兜沼の添景木として、又土地の守り神として敬愛されている樹木。樹種：イチイ

◇藻別のナラ（北海道紋別市藻別297）
紋別市の開拓記念木。樹種：ミズナラ

◇義経神社の栗（北海道沙流郡平取町本町120の1）
源義経が植えたといわれる樹木。樹種：クリ

◇本別開拓（北海道中川郡本別町大字本別村字足寄太基線2）
本別町の開拓記念木。樹種：ハルニレ

◇開進のカラマツ（北海道広尾郡大樹町字開進143（開進神社））
十勝地方のカラマツのうち最も古い樹木。樹種：カラマツ

◇栄公園ポプラ（北海道帯広市西5南9–1–9）
市内最大のポプラとして親しまれている樹木。樹種：ポプラ

◇仙鳳寺の双竜杉（北海道釧路郡釧路町大字仙鳳趾村字仙鳳趾21–2）
仙鳳寺開堂の記念木。樹種：スギ

◇報国寺のアカマツ（北海道厚岸郡厚岸町大字太田村字太田東17, 18, 19）
屯田兵入植の記念木。樹種：アカマツ

◇弟子屈小学校のハルニレ（北海道川上郡弟子屈町字弟子屈265）
児童、住民に親しまれている樹木。樹種：ハルニレ

◇弟子屈小学校のイタヤカエデ（北海道川上郡弟子屈町字弟子屈265）
児童、住民に親しまれている樹木。樹種：イタヤカエデ

◇千年の水松（北海道目梨郡羅臼町幌萌町5）
旅行者の目標樹として親しまれている樹木。樹種：千年の水松

1975（昭和50）年6月20日

◇西光寺のケヤキ（北海道寿都郡寿都町字歌棄町歌棄440）
仏木として敬愛されている樹木。樹種：ケヤキ

1975（昭和50）年6月21日

◇野幌小学校の赤松（北海道江別市西野幌252）
西野幌の開拓記念木。樹種：アカマツ

◇覚王寺の銀杏（北海道函館市臼尻175）
信仰のシンボルとして敬愛されている樹木。樹種：イチョウ

◇大船の杉（北海道函館市大船526）
造林事業の歴史を物語る樹木。樹種：スギ

◇八鉾杉（北海道松前郡福島町字福島228（福島大神宮））
神木として敬愛されている樹木。樹種：スギ

◇旧役場庁舎（北海道寿都郡寿都町字渡島町51）
寿都郡役所開設の記念木。樹種：クロマツ，コブシ，イチョウ

◇不動尊（北海道岩見沢市北村中央（道道奈井江北村岩見沢線道路敷地内））
北村の開拓記念木。樹種：ポプラ

◇豊里（北海道岩見沢市北村豊里13–124）
明治神宮外苑運営奉仕の記念木。樹種：ケヤキ

◇柳神社（北海道夕張郡長沼町731の3外）
神社の柳として敬愛されている樹木。樹種：ホソバカワヤナギ

◇カラマツ（北海道夕張郡長沼町77の23）
摂政の宮殿下（昭和天皇）お手植のカラマツ。樹種：カラマツ

◇一本木（北海道夕張郡栗山町字阿野呂（道道滝下由仁停車場線道路敷地内））
栗山町の開拓記念木。樹種：ハルニレ

◇開拓（北海道雨竜郡雨竜町5の6）
雨竜原野開拓記念のアカマツ並木。樹種：アカマツ

◇駒止めのなら（北海道上川郡比布町6線15号線（町道道路敷地内））
比布町の開拓記念木。樹種：カシワ

◇長谷川の水松（北海道空知郡中富良野町字富良野原野1355）
富良野原野開拓の記念木。樹種：イチイ

◇札内（北海道登別市札内町41の2）
札内町開拓記念木。樹種：ミズナラ

◇ビランベツのシダレカラマツ（北海道中川郡本別町大字勇足村字ビランベツ北7線139）
珍樹として親しまれている樹木。樹種：シダレカラマツ

◇誠諦寺のシダレカラマツ（北海道目梨郡羅臼町本町56）
仏木として敬愛されている樹木。樹種：シダレカラマツ

1987（昭和62）年9月3日

◇巣籠の松（北海道久遠郡せたな町北檜山区丹羽1–1）
北檜山の開拓に由来する樹木。樹種：イチイ

◇慶喜の松（北海道檜山郡江差町字五厘沢168）
松前藩の家老蠣崎蔵人が徳川15代将軍慶喜公より拝領。樹種：クロマツ

◇黄金水松（北海道芦別市黄金町764–19）
えぞ地の移り変わりを秘めた神樹。樹種：イチイ

1992（平成4）年8月11日

◇開盛小学校のカシワ（北海道紋別郡湧別町開盛）
地域文化の中心的存在である樹木。樹種：カシワ

1994（平成6）年4月26日

◇倉沼開拓（北海道旭川市東旭川倉沼町10–25）
開拓の歴史を刻んできた樹木として、地域住民及び児童に親しまれている古木。樹種：カシワ

1998（平成10）年4月24日

◇代継の桂（北海道歌志内市字中村83–1）
開拓当時から、かもい岳の山の神と崇められている。樹種：カツラ

2003（平成15）年9月30日

◇川湯小学校のハルニレ（北海道川上郡弟子屈町字川湯温泉4丁目71番5）
児童、卒業生に親しまれている樹木。樹種：ハルニレ

◇川湯神社のミズナラ（北海道川上郡弟子屈町字川湯温泉3丁目3番）
住民に親しまれている樹木。樹種：ミズナラ

115　とやま森林浴の森

「とやま森林浴の森」は、県民が気軽に森林を訪れて森林浴を楽しむとともに、レクリエーション、保健休養、環境教育の場として利用するために代表的な森林を選定したもの。昭和1987（昭和62）年・1988（昭和63）年度に50ヶ所選定し、その後2001（平成13）年度に見直しを行なって、59ヶ所を選定している。

　[選定機関]　富山県　　[選定時期]　1987（昭和62）年度, 1988（昭和63）年度, 2001（平成13）年度

◇あさひ城山（富山県下新川郡朝日町宮崎）
　森林公園

◇三峯グリーンランド（富山県下新川郡朝日町笹川）
　森林公園

◇舟見ふるさとの森（富山県下新川郡入善町舟見）
　森林公園

◇松尾金比羅社の森（富山県黒部市宇奈月町下立）
　鎮守の森

◇うなづき湖周辺森林浴の森（富山県黒部市宇奈月町馬瀬谷, 大尾）
　散策道

◇嘉例沢森林公園（富山県黒部市嘉例沢）
　森林公園

◇天神山（富山県魚津市小川寺）
　自然景観

◇升方城址（富山県魚津市升方）
　散策道

◇行田公園（富山県滑川市上小泉）
　植物・野鳥観察

◇さっか・おおやま（富山県中新川郡上市町眼目）
　鎮守の森

◇馬場島（富山県中新川郡上市町伊折）
　自然景観

◇大観峰自然公園（富山県中新川郡立山町四谷尾・虫谷）
　森林公園

◇大辻山山麓森林公園（富山県中新川郡立山町芦峅寺）
　森林公園

◇称名渓谷（富山県中新川郡立山町芦峅寺）
　自然景観

◇立山美女平（富山県中新川郡立山町芦峅寺ブナ坂）
　森林公園

◇とやま健康の森グリーンパーク吉峰（富山県中新川郡立山町吉峰）
　植物・野鳥観察

◇あわすの平（富山県富山市亀谷・粟巣野・極楽坂）
　森林公園

◇ありみね（富山県富山市有峰）
　森林公園

◇浜黒崎海岸松林（富山県富山市浜黒崎）
　自然景観

◇呉羽丘陵（富山県富山市呉羽町）
　散策道

◇古洞森林水公園（富山県富山市三熊）
　自然景観

◇寺家公園（富山県富山市舟倉）
　散策道

◇猿倉山森林公園（富山県富山市舟倉）
　自然景観

◇常虹の滝（富山県富山市猪谷）
　自然景観

◇割山森林公園天湖森（富山県富山市割山）
　森林公園

◇婦中町自然公園（富山県富山市婦中町長

森林・樹木・花　　　　　　　　　　　　　　　　　　　　　　115　とやま森林浴の森

沢）
散策道
◇ねいの里の森（富山県富山市婦中町吉
住）
植物・野鳥観察
◇城ケ山公園（富山県富山市八尾町城ヶ
山）
散策道
◇21世紀の森（富山県富山市八尾町杉ヶ
平）
森林公園
◇牛岳自然の森（富山県富山市）
森林公園
◇新港の森（富山県射水市作道，高岡市姫
野）
散策道
◇太閤山ランド（富山県射水市黒河）
森林公園
◇薬勝寺池公園（富山県射水市中太閤山）
散策道
◇櫛田神社（富山県射水市串田）
鎮守の森
◇二上山（富山県高岡市二上山）
森林公園
◇太田自然休養村の森（富山県高岡市太
田）
自然景観
◇高岡古城公園（富山県高岡市古城）
散策道
◇三千坊の森（富山県高岡市山川）
森林公園
◇阿尾森林公園（富山県氷見市阿尾）
森林公園
◇森寺城跡公園（富山県氷見市森寺）
森林公園
◇臼ケ峰園地（富山県氷見市床鍋）
鎮守の森
◇西山森林公園（富山県高岡市福岡町西五
位・赤丸）
森林公園
◇五位ふれあいの森（富山県高岡市福岡町
五位）
森林公園

◇城山メルヘンの森（富山県小矢部市城
山）
自然景観
◇くりから史跡の森（富山県小矢部市埴
生）
森林公園
◇となみ増山城跡公園（富山県砺波市増
山）
森林公園
◇県民公園頼成の森（富山県砺波市頼成）
森林公園
◇グリーンシャワーの降る森（富山県砺波
市庄川町湯谷・湯山）
森林公園
◇閑乗寺公園（富山県南砺市井波外2入会
字閑乗寺外）
自然景観
◇八乙女山の森（富山県南砺市井波外4入
会）
森林公園
◇安居の森（富山県南砺市安居）
自然景観
◇つくばね森林公園（富山県南砺市蓑谷・
林道）
森林公園
◇桜ヶ池公園（富山県南砺市立野原）
自然景観
◇医王山（富山県南砺市舘）
森林公園
◇刀利自然休養林（富山県南砺市刀利）
自然景観
◇中村合掌文化の森（富山県南砺市上百瀬
中村）
自然景観
◇ロンレー東山の森（富山県南砺市岩渕・
上畠・坂上）
植物・野鳥観察
◇山の神ブナ原生林（富山県南砺市阿別当
西山・堀ノ谷）
自然景観
◇五箇山合掌の森（富山県南砺市）
森林公園
◇ブナオ（富山県南砺市西赤尾）
植物・野鳥観察

事典・日本の自然保護地域　283

116 とやま水源の森

　富山県は、1995（平成7）年「水源の森百選」が選定されたことを契機に森林の水を育む働きを広く普及することを目的として「とやま水源の森」を選定した。〔選定基準〕(1) 水道・用水等（ダム等）の取水源になっている森林 (2) レクリエーション・教養の場になっている森林 (3) 水源かん養機能向上のための森林整備に適切にかつ積極的に実施されている森林 (4) 歴史上、文化上価値の高い森林

　〔選定機関〕富山県　〔選定時期〕1996（平成8）年

◇朝日小川水源の森（富山県下新川郡朝日町）
　　ブナやミズナラの新緑と紅葉、ダム湖周辺の公園・ハーブ園
◇杉沢の沢スギ（富山県下新川郡入善町）
　　伏条更新の貴重な杉林・多様な植生
◇舟見水源の森（富山県下新川郡入善町）
　　舟見山自然公園、ミズナラ林からヒメコマツへの変化
◇宇奈月水源の森（富山県黒部市）
　　ブナやミズナラの新緑と紅葉、町名の由来地、温泉
◇嘉例沢森林公園（富山県黒部市）
　　ブナ林の宝庫、ワサビやカワモズクなどの水生植物、磨崖仏
◇古鹿熊水源の森（富山県魚津市）
　　ブナやミズナラの新緑と紅葉、雨乞いの本尊
◇行田公園（富山県滑川市）
　　市街地の中にある自然公園、ハナショウブ園、植物や野鳥の観察
◇千石川水源の森（富山県中新川郡上市町）
　　コナラやミズナラの新緑と紅葉、千石森林公園、三枚滝
◇大岩水源の森（富山県中新川郡上市町）
　　火山の噴火による湖沼群、大岩山日石寺
◇白岩川水源の森（富山県中新川郡立山町）
　　ブナやミズナラの新緑と紅葉、ミズバショウの群生、国立立山少年自然の家
◇熊野川水源の森（富山県富山市）

　　ブナやミズナラの新緑と紅葉、ダム湖周辺の公園
◇下タ南部水源の森（富山県富山市）
　　県下有数のスギの美林、野仏の里、神通峡
◇庵谷水源の森（富山県富山市）
　　旧飛騨街道、庵谷峠からの展望、神通峡
◇白木峰水源の森（富山県富山市）
　　ブナやチシマザサの群集、高原植物の宝庫、とやま21世紀の森
◇深道水源の森（富山県富山市）
　　ブナ林の群生、ブナの新緑と紅葉、山菜採り
◇古洞水源の森（富山県富山市）
　　ダム周辺の多様な植生、野鳥の宝庫、山菜採り
◇笹尾池水源の森（富山県射水市）
　　渇水時にも涸れないため池、山菜の宝庫
◇太田水源の森（富山県高岡市）
　　二上山周辺最大のため池、赤尾谷内池
◇桑の院水源の森（富山県氷見市）
　　農業の発展に貢献、縄文式土器の発掘
◇五位水源の森（富山県高岡市）
　　ダム湖周辺の景観
◇くりから水源の森（富山県小矢部市）
　　低山帯の貴重なブナ林、源平合戦の古戦場、埴生八幡宮
◇頼成・増山水源の森（富山県砺波市）
　　郷土種のマスヤマスギ、県民公園頼成の森、増山城址公園
◇庄川湯谷水源の森（富山県砺波市）

森林・樹木・花　　　　　　　　　　　　　　　　　　　　　　　　117　とやま花の名所

グリーンシャワーの降る森、牛獄ふる
さと歩道、三段の滝
◇八乙女・不動滝水源の森（富山県南砺市）
閑乗寺自然公園、不動滝、不動滝の霊水
◇妃の清水の森（富山県南砺市）
安居寺周辺の自然環境緑地公園
◇縄ヶ池水源の森（富山県南砺市）
ブナやミズナラの新緑と紅葉、ミズバ
ショウの群生（県指定天然記念物）
◇槍の先水源の森（富山県南砺市）
コナラやミズナラの新緑と紅葉、医王
山自然公園

◇臼中水源の森（富山県南砺市）
ブナやコナラの新緑と紅葉、ロック
フィルダム
◇水無山水源の森（富山県南砺市）
ミズバショウの群生、高山植物の宝庫、
白木水無自然公園
◇籠渡水源の森（富山県南砺市）
樹齢300年のなだれ防止林、泉の大杉、
庄川峡
◇桂湖水源の森（富山県南砺市）
有峰、黒部に次ぐ人工湖、ダム湖周辺
の公園施設、B級漕艇場

117　とやま花の名所

　「とやま花の名所」は、県民が広く「花」を憩い親しむ見所を選定し紹介するととも
に、緑化意識の高揚を図ることを目的として1988（昭和63）年度に37箇所が初めて選定
された。その後、施設整備が進んだことなどから1997（平成9）年度に見直しを行ない、
51箇所が選定された。

　［選定機関］ 富山県　**［選定時期］** 1988（昭和63）年度, 1997（平成9）年度

◇あさひ城山公園（富山県下新川郡朝日町
宮崎）
サクラ：400本, ツツジ：800本
◇舟川べり（富山県下新川郡朝日町舟川
新）
サクラ：250本
◇宮野運動公園（富山県黒部市前沢宮野）
サクラ：950本
◇常願寺川公園（富山県中新川郡立山町利
田）
サクラ：500本
◇常西用水プロムナード（富山県富山市大
山町上滝ほか）
サクラ：170本
◇おおさわの寺家公園（富山県富山市寺
家）
サクラ：100本, ツツジ：1000本, 紅葉
◇八尾神通さくら堤（富山県富山市八尾町
西神通・中神通）
サクラ：800本
◇城ケ山公園（富山県富山市八尾町城ヶ

山）
サクラ：1000本, ツツジ：1000本
◇磯部・松川堤（富山県富山市磯部町ほか）
サクラ：470本
◇富山市婦中ふるさと自然公園（富山県富
山市婦中町新町・羽根・長沢）
サクラ：200本, ツツジ：1400本, ハナ
ショウブ：10000本
◇高岡古城公園（富山県高岡市古城）
サクラ：2700本, 紅葉：11月, ヤブツ
バキ：1000本
◇水道つつじ公園（富山県高岡市笹八口）
サクラ：200本, ツツジ：15000本
◇光久寺茶庭（富山県氷見市飯久保）
ツツジ：40本
◇朝日山公園（富山県氷見市幸町）
サクラ：270本, ツツジ：1000本
◇岸渡川桜並木（富山県高岡市福岡町福岡
新）
サクラ：3000本

事典・日本の自然保護地域　**285**

117 とやま花の名所　　　　　　　　　　　　　　　　　　　　　　森林・樹木・花

◇くりから県定公園（富山県小矢部市石坂）
　サクラ：6000本
◇舟戸公園（富山県砺波市庄川町庄）
　サクラ：100本
◇ふくみつ河川公園（富山県南砺市福光）
　サクラ：700本
◇護国寺（富山県下新川郡朝日町境）
　シャクナゲ：500本
◇小摺戸神明社と下山八幡社（富山県下新川郡入善町小摺戸，下山）
　フジ
◇下田子藤波神社（富山県氷見市下田子）
　フジ：樹齢約250年
◇長引野丘陵（富山県魚津市長引野）
　ユリ
◇縄ヶ池（富山県南砺市蓑谷）
　ミズバショウ
◇小井波（富山県富山市八尾町小井波）
　ミズバショウ：5000株
◇呉羽丘陵（富山県富山市呉羽町）
　ナシ
◇高岡おとぎの森公園（富山県高岡市佐野・上黒田）
　バラ，四季の草花
◇ハーバルバレーおがわ（富山県下新川郡朝日町山崎）
　ハーブ：50000株
◇行田公園（富山県滑川市上小泉）
　ハナショウブ：40000株
◇小矢部河川公園（富山県小矢部市西福町）
　ハナショウブ：120000株
◇高瀬遺跡公園（富山県南砺市高瀬）
　ハナショウブ：40000株
◇県民公園太閤山ランド（富山県射水市黒河）
　サクラ：1300本，アジサイ：20000株，ヘメロカリス：40000株
◇十二町潟水郷公園（富山県氷見市十二町）
　オニバス，花蓮
◇立山黒部アルペンルート（富山県中新川

郡立山町芦峅寺）
　高山植物，紅葉
◇となみ夢の平（富山県砺波市五谷）
　コスモス
◇富山市民俗民芸村（富山県富山市安養坊）
　ツバキ
◇高岡伏木・勝興寺（富山県高岡市伏木古国府）
　ツバキ
◇老谷と長坂の大椿（富山県氷見市老谷，長坂）
　ツバキ
◇黒部峡谷（富山県黒部市宇奈月町奥山ほか）
　新緑，紅葉
◇称名滝（富山県中新川郡立山町芦峅寺）
　新緑，紅葉
◇ありみね湖（富山県富山市有峰）
　新緑，紅葉
◇神通峡県定公園（富山県富山市）
　新緑，紅葉
◇たいら道谷高原（富山県南砺市梨谷）
　紅葉
◇庄川峡・桂湖（富山県砺波市庄川町，南砺市）
　新緑，紅葉
◇富山県薬用植物指導センター薬草園（富山県中新川郡上市町広野）
　ボタン，シャクヤク
◇富山県森林研究所樹木園・立山町吉峰山野草園（富山県中新川郡立山町吉峰）
　新緑，山野草，紅葉
◇富山市営農サポートセンター（富山県富山市月岡町）
　草花・花木
◇富山県中央植物園（富山県富山市婦中町上轡田）
　日本の植物・世界の植物
◇氷見市海浜植物園（富山県氷見市柳田）
　ハマナス
◇砺波チューリップ公園・花総合センター（富山県砺波市花園町（チューリ

286　事典・日本の自然保護地域

森林・樹木・花　　　　　　　　　　　　　　　　　　　　　　　　　　　118　ながさき水源の森

ップ公園），砺波市高道（花総合セン
ター））
　　チューリップ，カンナ，各種草花
◇県民公園頼成の森水生植物園（富山県砺
　　波市頼成）

　　ハナショウブ
◇南砺市園芸植物園（富山県南砺市柴田
　　屋）
　　キク

118　ながさき水源の森

　長崎県は、豊かで良質な水の供給源である森林の重要性と森林整備に対する県民の
関心と理解を深めるために、水源林として特に重要な森林を「ながさき水源の森」とし
て認定している。〔選定基準（いずれかに該当する森林）〕(1) 簡易水道原水、上水道原
水、農業用水等の取水源等として利用されている水源と一体となった周辺の森林 (2)
水源と一体となって快適な環境を形成し、レクリエーション、教育の場等となってい
る森林又は良好な農水産業の生産環境を形成している森林 (3) 水源かん養機能を維持・
向上させるため、森林の保全・整備が実施されている森林 (4) 森林と水源とがすぐれ
た環境を形成し、歴史上又は文化上価値の高いものであること等の評価すべき特徴を
有する森林

　　［選定機関］長崎県　　［選定時期］1996（平成8）年〜

◇小ヶ倉水源の森（長崎県長崎市）
　　小ヶ倉ダムの上流部に位置し、70年生
　　を超える高齢造林地がある〔1〕
◇松崎水源の森（長崎県長崎市）
　　神浦ダムと一体となって水道水を供給
　　〔2〕
◇宮摺水源の森（長崎県長崎市）
　　長崎市で有数の造林地帯。下流域の生
　　活用水を供給する〔3〕
◇鳴見水源の森（長崎県長崎市）
　　二股川の源流域の森林で、鳴見ダムと
　　一体となって水道水を供給〔4〕
◇式見水源の森（長崎県長崎市）
　　式見川の源流域森林で、カシ・シイ類を
　　主体とした天然林が77％を占める〔5〕
◇富川水源の森（長崎県諫早市）
　　豊富な植物群が自生〔6〕
◇御手水観音水源の森（長崎県諫早市）
　　長田川上流に御手水観音がある〔7〕
◇土師野尾ダム水源の森（長崎県諫早市）
　　土師野尾ダムは小高い山々に囲まれ、
　　その森林は大切な水源の森〔8〕
◇萱瀬水源の森（長崎県大村市）

多良山系を背景として広がる美林地
帯。郡川はこの森林に源を発し、大村
湾に注ぐ河川〔9〕
◇狸ノ尾ため池水源の森（長崎県大村市）
　　狸ノ尾ため池を灌漑水源とする下流農
　　地に農業用水をもたらしている〔10〕
◇城田ため池水源の森（長崎県大村市）
　　ほとんどは人工林で、下方集落の農地
　　の貴重な水源〔11〕
◇落矢ダム水源の森（長崎県長崎市）
　　八郎岳の北西側斜面にある森で、香焼
　　町の水源林〔12〕
◇黒浜水源の森（長崎県長崎市）
　　常緑広葉樹林域〔13〕
◇津々谷の滝水源の森（長崎県長崎市）
　　寺岳から天草灘方面に下山した藤田尾
　　地区の上流部。この一帯は野生ジカの
　　生息地域〔14〕
◇藤の棟水源の森（長崎県西彼杵郡長与
　　町）
　　長与川の支流の藤の棟川の最上流部に
　　ある森〔15〕
◇高地池水源の森（長崎県西彼杵郡時津

事典・日本の自然保護地域　287

町）
高地池というため池の背後に広がる。
水源のかん養、災害の防備等、森林の
持つ公益的機能を有す〔16〕

◇手崎水源の森（長崎県長崎市）
手崎川流域の森林で下流域住民の重要
な水源〔17〕

◇俵頭水源の森（長崎県西海市）
下流域の住民の生活用水・農業用水を
供給している〔18〕

◇伊佐ノ浦水源の森（長崎県西海市）
1988（昭和63）年に造られた伊佐ノ浦
ダムの水源林〔19〕

◇百合岳水源の森（長崎県西海市）
百合岳を中心に東西にわかれ、下流域
に農業用水、生活用水を供給している
〔20〕

◇白岳水源の森（長崎県西海市）
平島の中央部に位置する、ほとんどが
天然林〔21〕

◇岩背戸水源の森（長崎県西海市）
流れ出る清流は「つがね落としの滝」
をとおり河通ダムで貯水され、大瀬戸
町の水道水源に利用される〔22〕

◇雪浦川水源の森（長崎県西海市）
飯盛山の西側に位置し、区域内には6
つの河川があり、重要な林産地でもあ
る〔23〕

◇神浦ダム水源の森（長崎県長崎市）
神浦川の上流にある森。流域は西彼杵
半島県立公園に指定されている〔24〕

◇星ヶ原水源の森（長崎県諫早市）
貯水量45万m³のため池周辺の森林整
備がなされている〔25〕

◇大舟水源の森（長崎県諫早市）
スギ・ヒノキ等の人工林を主体とした
森林。大舟ため池を水源とする〔26〕

◇修多羅水源の森（長崎県諫早市）
奇岩に恵まれた30以上の滝と水量豊富
な清流を育む〔27〕

◇轟渓流水源の森（長崎県諫早市）
五家原岳の南面にある森林で、下流域
に水道水や農業用水、生活用水を供給
〔28〕

◇雨堤水源の森（長崎県諫早市）
轟渓流の東渓谷にあたり、清流には「や
まめ」が生息〔29〕

◇山の神水源の森（長崎県諫早市）
長里川の上流部にある森で、小長井町
の水源林〔30〕

◇出口山水源の森（長崎県東彼杵郡蕪郷国
有地内）
出口山は標高40mの水源かん養のため
の国有林〔31〕

◇釜ノ内水源の森（長崎県東彼杵郡東彼杵
町）
1日3万t、年中湧き出る水は清流となっ
て水田を潤してきた〔32〕

◇中尾水源の森（長崎県東彼杵郡波佐見
町）
虚空蔵山系北方に位置する森林で、下
流域に水道水を供給している〔33〕

◇奥ノ川内堤水源の森（長崎県東彼杵郡川
棚町）
弘法岳の南にある森林で、下流域に水
道水や農業用水を供給〔34〕

◇木場水源の森（長崎県東彼杵郡川棚町）
虚空蔵山の北面にある森林で、下流域
に農業用水を供給している〔35〕

◇中ノ川内水源の森（長崎県東彼杵郡川棚
町）
虚空蔵山の西側にある森林で、下流域
に農業用水を供給している〔36〕

◇岩屋水源の森（長崎県東彼杵郡川棚町）
下流の田畑に古くから農業用水として
供給されている〔37〕

◇鬼木水源の森（長崎県東彼杵郡波佐見
町）
虚空蔵山系北方に位置し、下流域に水
道水や農業用水を供給〔38〕

◇菅無田水源の森（長崎県大村市）
森林からは豊富な水を菅無田川に提供
〔39〕

◇中岳水源の森（長崎県大村市）
二級河川郡川の流域に広がる。豊富な
水を郡川に提供〔40〕

◇平床水源の森（長崎県大村市）
郡岳の麓に広がる森林で様々なため池
が点在〔41〕

◇転石水源の森（長崎県佐世保市）
　　久保仁田川上流部にある水源林で水道
　　水や農業用水を供給〔42〕
◇江永水源の森（長崎県佐世保市）
　　小森川水系江永川の上流部にある水源
　　林で、下流域の農業用水を供給〔43〕
◇里美西ノ岳水源の森（長崎県佐世保市）
　　相浦川の源流にある郷美谷池の水源林
　　で、下流域の田畑を潤している〔44〕
◇下の原水源の森（長崎県佐世保市）
　　小森川水系鷹巣川の上流部にある水源
　　林で、水道水や下流域の農業用水を供
　　給〔45〕
◇菰田水源の森（長崎県佐世保市）
　　相浦川水系小川内川の上流部にある水
　　源林〔46〕
◇箕坪川水源の森（長崎県平戸市）
　　箕坪川、神曽根川の源流域森林〔47〕
◇神曽根川水源の森（長崎県平戸市）
　　安満岳を源流とする平戸市北部地区の
　　飲料水等の取水源〔48〕
◇大元水源の森（長崎県平戸市）
　　大元ダムを囲んでいる常緑樹林〔49〕
◇安満川水源の森（長崎県平戸市）
　　安満岳から南に伸びた屋根の突端一帯
　　は常緑樹で被われている〔50〕
◇柳原水源の森（長崎県松浦市）
　　志佐川上流の標高450mに位置し、下
　　流にある柳谷ため池に注ぎ込んでいる
　　〔51〕
◇松浦つづら水源の森（長崎県松浦市）
　　今福川の上流の標高320mに位置し、下
　　流にあるつづらため池に貯水される
　　〔52〕
◇西の岳水源の森（長崎県松浦市）
　　カシ・シイ等の天然林が茂る国有林が
　　大半。生活用水・農業用水に利用され
　　ている〔53〕
◇湯の谷水源の森（長崎県松浦市）
　　石盛山の裾野に位置し、下流にある松
　　山田ため池に注ぎ込む〔54〕
◇横山水源の森（長崎県松浦市）
　　竜尾川上流の標高240mに位置し、人
　　工林地が大半〔55〕

◇轟池水源の森（長崎県平戸市）
　　準用河川轟川の上流にあたる自然林
　　〔56〕
◇番岳水源の森（長崎県平戸市）
　　5つの農業用ため池がある〔57〕
◇野崎島水源の森（長崎県北松浦郡小値賀
　　町）
　　野崎ダムの水源かん養林〔58〕
◇堀ノ水水源の森（長崎県佐世保市）
　　宇久島の中央城ヶ岳の南面にある森林
　　で、下流域では農業用水、水道水を供
　　給〔59〕
◇吹上水源の森（長崎県平戸市）
　　吹上山の下流域にあって、久吹川を経
　　て、久吹ダムへと流れている〔60〕
◇今山水源の森（長崎県松浦市）
　　今山神社一帯の自然林〔61〕
◇鷹島ダム水源の森（長崎県松浦市）
　　日本初の海中ダム。水源かん養の機能
　　が高まってきている〔62〕
◇嘉例川水源の森（長崎県佐世保市）
　　白岳の裾野に広がる森で、水源は大平
　　ため池〔63〕
◇樋口水源の森（長崎県佐世保市）
　　明星岳西側斜面に位置し、下流域に水
　　道水を供給〔64〕
◇堤原水源の森（長崎県佐世保市）
　　水源北部には西海国立公園北九十九島
　　を一望できる笠山がある〔65〕
◇大観山水源の森（長崎県佐世保市）
　　一帯は西海国立公園第2種特別地域や
　　水源かん養保安林等に指定されている
　　〔66〕
◇小佐々つづら水源の森（長崎県佐世保
　　市）
　　「つづらダム」の源流となる一帯〔67〕
◇桜ヶ寄水源の森（長崎県佐世保市）
　　災害発生防止のために作られた治山ダ
　　ム周辺の森林〔68〕
◇真竹谷水源の森（長崎県北松浦郡佐々
　　町）
　　真竹谷ため池周辺及び上流部流域にあ
　　る水源かん養機能の高い森林〔69〕
◇五蔵岳水源の森（長崎県佐世保市）

118 ながさき水源の森 森林・樹木・花

人工林60％と天然林40％で構成される
〔70〕
◇佐々川源流水源の森（長崎県佐世保市）
佐々川地域の森林地帯で、下流域に水
道水や農業用水などを供給〔71〕
◇観音木水源の森（長崎県佐世保市）
佐々川流の一つ〔72〕
◇中津良川水源の森（長崎県平戸市）
良好な水質と豊富な水量を誇る水源林
が、山地災害防止に寄与している〔73〕
◇阿奈田ダム水源の森（長崎県平戸市）
阿奈田川の下流に完成した阿奈田ダム
は平戸島の中南部の水道水として利用
されている〔74〕
◇潜龍の瀧水源の森（長崎県佐世保市）
現在、県立公園に指定されている。滝
から流れる水は、上水道や農業用水に
も利用される〔75〕
◇笛吹ダム水源の森（長崎県松浦市）
笛吹ダムの水源を守り、水と緑を親し
むことができるようダム周辺整備がさ
れている〔76〕
◇赤新田水源の森（長崎県佐世保市）
稲の生育に必要な水の貴重な供給源
〔77〕
◇眉山水源の森（長崎県島原市）
古くより島原市内の水源を確保してい
た〔78〕
◇舞岳水源の森（長崎県島原市）
国立公園雲仙岳の北側にある森林〔79〕
◇奥山水源の森（長崎県雲仙市）
家庭用水及び農業用水の水源地として
重要な森林〔80〕
◇土黒烏兎水源の森（長崎県雲仙市）
豊富な水を土黒西川流域の水田地帯に
供給している〔81〕
◇岩戸水源の森（長崎県雲仙市）
標高250〜450ｍの森林地帯の一角
〔82〕
◇吾妻岩戸水源の森（長崎県雲仙市）
天然林と人工林が調和した山林〔83〕
◇愛津水源の森（長崎県雲仙市）
重要な水源かん養林〔84〕
◇加持川水源の森（長崎県雲仙市）

雲仙の野岳、矢岳、石割山に囲まれた
山袖の森。谷あいの湧水は加持川の源
流〔85〕
◇千々石温泉野岳水源の森（長崎県雲仙市）
千々石川源流域に広がる森林で水源か
ん養機能が高い〔86〕
◇飯岳水源の森（長崎県雲仙市）
針葉樹を主とする人工林と広葉樹を主
とする天然林が混在する〔87〕
◇やまんかみ水源の森（長崎県雲仙市）
数百年前、飲み水に困った村人が雑木
を植林したと伝えられている〔88〕
◇井手ノ上水源の森（長崎県雲仙市）
水鳥が多く生息するため野鳥観察が盛
ん〔89〕
◇一夜大師水源の森（長崎県南島原市）
島原半島の西南部に位置し下流域の水
道水、農業用水、生活用水となってい
る〔90〕
◇与茂作水源の森（長崎県南島原市）
与茂川は10haの森林面積があり、川
の水は農業用水として利用されてい
た〔91〕
◇白木野大池水源の森（長崎県南島原市）
白木の大池にある森で下流域の農業用
地に供給している〔92〕
◇矢櫃川水源の森（長崎県南島原市）
矢櫃川の源流で、下流に矢櫃沈砂ダ
ムがあり、農業用水に利用されている
〔93〕
◇塔之坂水源の森（長崎県南島原市）
清水川の源流にある森で、下流域に水
道水や農業用水、生活用水を供給して
いる。ほとんどが人工林（ヒノキ・ス
ギ）〔94〕
◇鬼石水源の森（長崎県南島原市）
清水川の上流にある森で、上流の塔之
坂水源の森林とともに清水川へ注ぎ下
流域の農業用水、地下水は簡易水道の
水源として利用されている〔95〕
◇丸尾水源の森（長崎県南島原市）
雲仙山系の一つ高岩山の麓にあり、丸
尾川の源流となる森〔96〕
◇湯河内泉水水源の森（長崎県南島原市）
雲仙岳の南側に位置し、二級河川有家

290 事典・日本の自然保護地域

森林・樹木・花　　　　　　　　　　　　　　　　　　　　　*118*　ながさき水源の森

川の上流にあたる〔97〕

◇水神様水源の森（長崎県南島原市）
八重坂地区の小高い森。周辺は棚田地帯で、蛍の生息地〔98〕

◇山ノ寺水源の森（長崎県南島原市）
雲仙天草国立公園のうち雲仙山系の一部を形成している岩床山の南面の森〔99〕

◇千々石棚田水源の森（長崎県雲仙市）
人工林85％と天然林15％で構成。下流域の農地を潤す水源〔100〕

◇翁頭水源の森（長崎県五島市）
翁頭池と大戸池を中心とする翁頭山に広がる自然林の多い森〔101〕

◇繁敷水源の森（長崎県五島市）
下流の農地に水を供給している〔102〕

◇七岳水源の森（長崎県五島市）
玉之浦湾（七岳川・準用河川）に流れ込むひとつの源流〔103〕

◇段ノ内水源の森（長崎県五島市）
普通河川段ノ内川にあたり周辺には、白良ヶ浜及び万葉公園が整備されている〔104〕

◇浦ノ川水源の森（長崎県五島市）
人工林97％、天然林3％。農業用水として利用される〔105〕

◇熊高水源の森（長崎県五島市）
人工林23ha、天然林15ha。簡易水道の取水源〔106〕

◇三年ヶ浦水源の森（長崎県南松浦郡新上五島町）
若松島の漁生浦、日島、有福地区を除く区域に給水している〔107〕

◇上五島小ヶ倉水源の森（長崎県南松浦郡新上五島町）
釣道川上流域一帯にあり、青方ダムと一体となり農業用水・生活用水を供給〔108〕

◇津和崎水源の森（長崎県南松浦郡新上五島町）
五島列島・中通島の最北端にありミニダムと共に、地区民に水道水として安定供給する〔109〕

◇丹那山水源の森（長崎県南松浦郡新上五島町）
二級河川大川の上流にあたり、水源かん養の機能が高まっている〔110〕

◇須崎水源の森（長崎県南松浦郡新上五島町）
須崎ダムの重要な水源林〔111〕

◇二本楠水源の森（長崎県五島市）
鰐川の源流域にあたり、スギ、ヒノキが植林されている〔112〕

◇岳ノ辻水源の森（長崎県壱岐市）
岳ノ辻を源とし、流域に天然広葉樹林やタバコ畑が広がっている〔113〕

◇大清水水源の森（長崎県壱岐市）
大清水ため池の水源地やシイ・カシ類の天然林が点在している〔114〕

◇男女岳水源の森（長崎県壱岐市）
信仰の山として崇められてきた男岳と女岳の谷間にある〔115〕

◇大山池水源の森（長崎県壱岐市）
飲料水用水源で大山池を取り囲むようにある〔116〕

◇幡鉾川水源の森（長崎県壱岐市）
幡鉾川の水源流域。壱岐島内で最大の稲作地帯〔117〕

◇勝本ダム水源の森（長崎県壱岐市）
勝本ダムの水源地で、カシ・シイ類の天然林が点在〔118〕

◇梅ノ木水源の森（長崎県壱岐市）
壱谷江川と梅ノ木ダム周辺に位置する水源林〔119〕

◇御手洗川水源の森（長崎県壱岐市）
農業用水として壱岐穀倉地帯の重要な水源〔120〕

◇谷江川水源の森（長崎県壱岐市）
勝本町東触の文治を水源とする〔121〕

◇日掛水源の森（長崎県対馬市）
対馬の主峰矢立山系のふもとにあり、下流域の農業用水、水道水を供給〔122〕

◇大多羅水源の森（長崎県対馬市）
人工林67％、天然林27％。渓流は下流のアキマドホタルなどの生物の生息地域〔123〕

◇洲藻紅葉川水源の森（長崎県対馬市）
洲藻川の上流にある森林で、下流集落

事典・日本の自然保護地域　**291**

に水道水や農業用水を供給〔124〕

◇雞鳴水源の森（長崎県対馬市）
けち川の上流にある森で、下流集落に
水道水を供給〔125〕

◇ナムロ水源の森（長崎県対馬市）
仁位川支流部にあり、上水道、農業用
水の水源〔126〕

◇和板水源の森（長崎県対馬市）
和坂川流域にあり、上水道、農業用水
の水源〔127〕

◇ゆくみ水源の森（長崎県対馬市）
大星山の南面にある森林で水源地域
〔128〕

◇志多賀水源の森（長崎県対馬市）
紅葉常緑樹林で志多賀地区と志越地区
の集落に水道水を供給、下流域では農
業用水〔129〕

◇御嶽水源の森（長崎県対馬市）
原生林と人工林が調和する森林〔130〕

◇飼所水源の森（長崎県対馬市）
長流仁田川水系の上流域に位置する森
林〔131〕

◇大江水源の森（長崎県対馬市）
人工林と天然林により、下流域の住民
の農業用水として水源かん養機能を発
揮〔132〕

◇清十郎水源の森（長崎県対馬市）
2級河川船志川添いにある森〔133〕

◇山井手水源の森（長崎県対馬市）
2級河川豊川の上流にある森で、下流
域に水道水や農業用水、生活用水を供
給〔134〕

◇伊奈川水源の森（長崎県対馬市）
「とらやま」と言われるヤマネコの棲
む森林〔135〕

◇乙宮水源の森（長崎県対馬市）
貴重な水田地帯を持ち、生活用水を供
給〔136〕

119　日本の貴重なコケの森

日本蘚苔類学会は、日本の貴重なコケ植物群落やコケ植物が景観的に重要な位置を
占めている場所の保護・保全を目的として、「日本の貴重なコケの森」を選定している。
〔選定基準〕日本において、次のいずれかを満たす自然のコケ植物群落であること。(1)
稀少種や絶滅危惧種が生育する。(2)コケ植物が景観的に重要な位置を占める。

［選定機関］日本蘚苔類学会　［選定時期］2007（平成19）年〜

◇成東・東金食虫植物群落（千葉県山武市,
東金市）
オオカギイトゴケとモグリゴケの世界
で唯一の生育地。太平洋岸の低地の湿
原や湿地に生育する蘚苔類にとって貴
重な場所〔1〕

◇西表島横断道（沖縄県八重山郡竹富町 西
表島）
固有種や分布の南限とする蘚苔類が豊
富に生育する地域〔2〕

◇船越山池ノ谷瑠璃寺境内・参道ならびに
「鬼の河原」周辺（兵庫県佐用郡佐用
町）
参道沿いは懸垂性のハイヒモゴケ科
の蘚類が多く見られ、ヒロハシノブゴ

ケなどの絶滅危惧種が生育。風穴周辺
はイイシバコハネゴケやハイスギバゴ
ケ、クモタマゴケなどが生育し低地と
しては特異な蘚苔類相。多様な蘚苔類
を観察できる〔3〕

◇鳳来寺山表参道登り口一帯の樹林地域
（愛知県新城市（旧鳳来町））
ヤマトハクチョウゴケ、コキジノオゴ
ケ、コバノイクビゴケ、イバラゴケ、タ
チチョウチンゴケ、クマノゴケ、キブ
ネゴケなどの希少種の蘚類が知られ、
生葉上苔類の各種が見られる。渓流に
沿った林内では蘚苔類が景観上重要な
要素になっている〔4〕

◇獅子ヶ鼻湿原（秋田県にかほ市象潟町中

森林・樹木・花

島台）
ブナの巨木に囲まれた湧水群。水路や
湧水池の底に水生の苔類がクッション
状に繁茂する。稀産種のハンデルソロ
イゴケやヒラウロコゴケの塊は直径
1m以上に達し、鳥海マリモと地元で
称されている〔5〕
◇東京大学千葉演習林（千葉県鴨川市, 君
津市）
南方系要素のコケが数多く生育し、分
布の北限、北限近くの種が多く報告さ
れている。北方系要素の種も生育し、
関東平野の北部から不連続に孤立して
分布している種もある〔6〕
◇八ヶ岳白駒池周辺の原生林（長野県南佐
久郡佐久穂町及び小海町）
白駒池周辺は亜高山性針葉樹林に被わ
れ、林床にコケ植物の旺盛な生育が見
られる。景観は規模と美しさの点です
ぐれる〔7〕
◇中津市深耶馬溪うつくし谷（大分県中津
市深耶馬溪）
耶馬日田英彦山国定公園の一角にあ
る。蘚苔類の種類、量共に豊富で大分
県屈指の生育地。多くの研究者の観察
地とされてきた〔8〕
◇羅生門ドリーネ（岡山県新見市草間）
羅生門一帯は巨大な石灰岩の天然橋と
カルストトンネル。蘚類は羅生門の標
本を元に新種発表されたセイナンヒラ
ゴケ、イギイチョウゴケを初めに128
種、苔類は39種が報告されている〔9〕
◇芦生演習林（京都府南丹市美山町芦生）
近畿地方ではもっとも山地自然林が残
されている地域。日本海側に分布する
希少種や北方系の種が多数生育してい
る〔10〕
◇赤目四十八滝（三重県名張市赤目町長坂,
奈良県宇陀郡曽爾村伊賀見）
コケ植物が織りなす景観としてすぐれ
ている〔11〕
◇月山弥陀ヶ原湿原（山形県東田川郡庄内
町）
弥陀ヶ原には大小多数の池塘があり、
コケ植物では特にミズゴケ類の旺盛な

119　日本の貴重なコケの森

生育が見られる〔12〕
◇古処山（福岡県嘉麻市）
登山道沿いの石灰岩上にキヌシッポゴ
ケ属の蘚類、好石灰岩性の蘚苔類が生
育している〔13〕
◇乳房山（東京都小笠原支庁小笠原村母
島）
林内の腐木上に小笠原固有の蘚類の
ムニンシラガゴケの群落が見られる。
レッドリストの絶滅危惧種に指定され
ている種が生息している〔14〕
◇京都市東山山麓（京都府京都市左京区浄
土寺〜北白川）
都市部近郊としてはコケ植物が旺盛に
生育し、歴史的景観とともに固有の風
景を形成。南禅寺、法然院、銀閣寺は
ともにコケ庭の観賞価値が高い〔15〕
◇屋久島コケの森（鹿児島県熊毛郡屋久島
町）
希少種が多数生育し、コケ植物の景観
が非常にすぐれている〔16〕
◇大台ヶ原（奈良県吉野郡上北山村）
大台ヶ原山は多様な立地のもとに多様
な蘚苔類の生育がみられる。台地状地
域に約350種、山域全体で650種以上の
蘚苔類が生息している〔17〕
◇黒山三滝と越辺川源流域（埼玉県入間郡
越生町黒山）
ミドリホラゴケモドキの基準標本の産
地。南方系の蘚苔類が多く生育し、埼
玉県内で最も暖地性蘚苔類が多い地域
〔18〕
◇奥入瀬渓流流域（青森県十和田市, 秋田
県鹿角郡小坂町（十和田湖を源流とす
る奥入瀬川の十和田湖畔））
奥入瀬渓流は林床の朽木、樹幹、岩石
上のほか、流水中の転石上にもコケ植
物群落が見られ、蘚苔類の存在が景観
上重要な意味をもつ〔19〕
◇群馬県中之条町六合地区入山（通称チャ
ツボミゴケ公園或いは穴地獄）（群馬
県吾妻郡中之条町六合地区入山）
チャツボミゴケが広範囲に自生してい
るのは全国でも珍しく、本州ではここ
のみ〔20〕

事典・日本の自然保護地域　293

120　ふるさと文化財の森

　文化庁では、文化財建造物の保存のために必要な原材料のうち山野から供給される木材（特に大径材、高品位材等、市場からの調達が困難なもの）、檜皮、茅、漆等の植物性資材を安定的に確保するとともに、当該資材に関する技能者を育成し、またこれらの資材や技能の確保等に関する普及啓発活動を行うため「ふるさと文化財の森」を設定している。2007（平成19）年から実施され、2015（平成27）年現在、全国で62箇所が設定されている。〔設定要件〕(1)「ふるさと文化財の森」の原則に賛同する意志があること。(2) 文化財所有者等に次の情報が提供できること（ア）当該設定地の所在地（イ）当該設定地の所有者（ウ）当該設定地の管理者。(3) 文化財建造物の保護における資材の重要性に関する普及啓発に貢献できること。(4) 設定時の要件が満たされなくなった場合には、設定の解除が行われることに同意すること。

　［選定機関］文化庁　［選定時期］2007（平成19）年〜

◇浄法寺漆林（岩手県二戸市）
　材種：漆〔1〕
◇岩手大学滝沢演習林（岩手県滝沢市）
　材種：木材（アカマツ）〔2〕
◇大内宿茅場（福島県南会津郡下郷町）
　材種：茅（ススキ）〔3〕
◇羽賀寺境内林（福井県小浜市）
　材種：檜皮〔4〕
◇明通寺境内林（福井県小浜市）
　材種：檜皮〔5〕
◇吉川八幡宮境内林（岡山県加賀郡吉備中央町）
　材種：檜皮〔6〕
◇八幡神社境内林（岡山県加賀郡吉備中央町）
　材種：檜皮〔7〕
◇大和神社境内林（岡山県加賀郡吉備中央町）
　材種：檜皮〔8〕
◇東京大学秩父演習林（埼玉県秩父市）
　材種：木材（サワラ）〔9〕
◇日竜峰寺境内林（岐阜県関市）
　材種：檜皮〔10〕
◇観心寺境内林（大阪府河内長野市）
　材種：檜皮〔11〕
◇金剛寺境内林（大阪府河内長野市）
　材種：檜皮〔12〕

◇意賀美神社境内林（大阪府泉佐野市）
　材種：檜皮〔13〕
◇京都大学徳山試験地（山口県周南市）
　材種：檜皮〔14〕
◇八代地いぐさ圃（熊本県八代市）
　材種：い草〔15〕
◇金沢湯涌茅場（石川県金沢市）
　材種：茅（カリヤス）〔16〕
◇大瀧神社境内林（福井県越前市）
　材種：檜皮〔17〕
◇紀北町速水林業ヒノキ林（井出地区）（三重県北牟婁郡紀北町）
　材種：木材（ヒノキ）〔18〕
◇紀北町速水林業ヒノキ林（大田賀平尾地区）（三重県北牟婁郡紀北町）
　材種：木材（ヒノキ）〔19〕
◇吉田本家山林部ヒノキ林（三重県多気郡大台町）
　材種：木材（ヒノキ）〔20〕
◇夜久野丹波漆林（京都府福知山市）
　材種：漆〔21〕
◇岩湧山茅場（大阪府河内長野市）
　材種：茅（ススキ）〔22〕
◇上品山茅場（宮城県石巻市）
　材種：茅（ススキ）〔23〕
◇鹿沼野州麻畑（栃木県鹿沼市）
　材種：苧殻〔24〕

森林・樹木・花　　　　　　　　　　　　　　　　　　　　　　　　　　　　　　　　120　ふるさと文化財の森

◇秦野市諸戸林業ヒノキ・スギ林（神奈川県秦野市）
　材種：木材（ヒノキ・スギ）〔25〕

◇雲峰寺境内林（山梨県甲州市）
　材種：檜皮〔26〕

◇亀山市諸戸林業ヒノキ・スギ林（三重県亀山市）
　材種：木材（ヒノキ・スギ）〔27〕

◇智頭町有スギ林（鳥取県八頭郡智頭町）
　材種：木材（スギ）〔28〕

◇備後熊野い草圃（広島県福山市）
　材種：い草〔29〕

◇国東地域七島い圃（大分県国東市）
　材種：七島い〔30〕

◇岩手大学御明神演習林（岩手県岩手郡雫石町）
　材種：木材（スギ・ヒバ）〔31〕

◇なかなた茅場（福井県小浜市）
　材種：茅（ススキ）〔32〕

◇おおい町福谷地区ヒノキ林（福井県大飯郡おおい町）
　材種：檜皮〔33〕

◇東京大学樹芸研究所クスノキ林（静岡県賀茂郡南伊豆町）
　材種：木材（クスノキ）〔34〕

◇新城市昭典木材スギ・ヒノキ林（愛知県新城市）
　材種：木材（スギ・ヒノキ）〔35〕

◇千石谷のスギ・ヒノキ林（大阪府河内長野市）
　材種：檜皮〔36〕

◇岡山県有スギ・ヒノキ林（御大典記念林）（岡山県津山市）
　材種：木材（スギ・ヒノキ）〔37〕

◇西上山林組合ヒノキ林（岡山県津山市）
　材種：檜皮〔38〕

◇山形市村木沢漆林（山形県山形市）
　材種：漆〔39〕

◇長井市草岡漆林（山形県長井市）
　材種：漆〔40〕

◇西川町漆林（山形県西村山郡西川町）
　材種：漆〔41〕

◇朝霧高原茅場（静岡県富士宮市）
　材種：茅（ススキ）〔42〕

◇日名倉山茅場（兵庫県佐用郡佐用町，岡山県美作市）
　材種：茅（ススキ）〔43〕

◇九州大学福岡演習林ヒノキ林（福岡県糟屋郡久山町）
　材種：檜皮〔44〕

◇九州大学福岡演習林クスノキ林（福岡県糟屋郡久山町）
　材種：木材（クスノキ）〔45〕

◇二戸市金田一川地区クリ林（岩手県二戸市）
　材種：木材（クリ）〔46〕

◇山形大学上名川演習林（山形県鶴岡市）
　材種：木材（スギ）〔47〕

◇高エネルギー加速器研究機構茅場（茨城県つくば市）
　材種：茅（ススキ）〔48〕

◇川上村有スギ・ヒノキ林（下多古地区）（奈良県吉野郡川上村）
　材種：木材（スギ・ヒノキ）〔49〕

◇岩国市倉谷市有林（錦帯橋備蓄林）（山口県岩国市）
　材種：檜皮〔50〕

◇鍋島林業スギ・ヒノキ林（長崎県雲仙市）
　材種：木材（スギ・ヒノキ）〔51〕

◇徳川の森スギ・ヒノキ林（天竜院地区）（茨城県常陸太田市）
　材種：木材（スギ・ヒノキ）〔52〕

◇牧の入茅場（長野県北安曇郡小谷村）
　材種：茅（カリヤス）〔53〕

◇西の湖近江八幡葭生産組合葭地（滋賀県近江八幡市）
　材種：茅（ヨシ）〔54〕

◇西の湖佐々木土地葭地（滋賀県近江八幡市）
　材種：茅（ヨシ）〔55〕

◇金剛峯寺寺有林（和歌山県伊都郡高野町）
　材種：檜皮〔56〕

◇中津峰山ヒノキ林（中津家山林）（徳島県徳島市）
　材種：檜皮〔57〕

事典・日本の自然保護地域　　295

121 保護樹木〔奈良県〕 森林・樹木・花

◇西予市明石寺ヒノキ林（愛媛県西予市）
　材種：檜皮〔58〕
◇千貫石茅場（岩手県胆沢郡金ケ崎町）
　材種：茅（ススキ）〔59〕
◇五箇山上平茅場（富山県南砺市）

　材種：茅（カリヤス）〔60〕
◇大川原アカマツ林（四宮家山林）（徳島県
　名東郡佐那河内村）
　材種：木材（アカマツ）〔61〕
◇京柱峠茅場（徳島県三好市）
　材種：茅（ススキ）〔62〕

121　保護樹木〔奈良県〕

　奈良県は、由緒・由来のある樹木および地域住民に親しまれてきた樹木を奈良県自然環境保全条例の規定に基づき「保護樹木」に指定している。

　［選定機関］奈良県　［選定時期］1972（昭和47）年〜

◇ソテツ（奈良県奈良市下三条町 浄教寺境内）
　浄教寺の参詣者に「ソテツの巨樹」として親しまれている
◇ヤマモモ（奈良県奈良市二名町 王龍寺境内）
　王龍寺裏門わきにあり、古くから参詣者に「ヤマモモの巨樹」として親しまれている
◇ラクウショウ（アメリカスイショウ）（奈良県天理市二階堂菅田町 二階堂小学校内）
　校庭の隅に位置し、開校時に植栽したもので地域住民に親しまれている
◇カヤ（奈良県天理市滝本町 中島稔二宅）
　古くから「カヤ木の家」として地域住民に親しまれている
◇ラクウショウ（アメリカスイショウ）（奈良県桜井市大字桜井 桜井高等学校前）
　桜井高等学校開校時に植栽したもので卒業生に親しまれている
◇ケヤキ（奈良県桜井市大字慈恩寺 阿彌陀寺境内）
　「阿彌陀寺のケヤキ」といい、雷の落ちた木
◇サイカチ（奈良県御所市西柏町）
　西柏町の町名になつた巨木
◇松柿（奈良県葛城市南今市 現徳寺境内）
　1487（文明19）年蓮如上人が大和を巡った時、柿の木の膚と異なった膚の柿

を接ぎ木したものである
◇イチョウ（奈良県御所市森脇 葛木一言主神社内）
　「乳イチョウ」と呼ばれている
◇シダレザクラ（奈良県香芝市畑 専称寺境内）
　専称寺参詣者及び地域住民に親しまれてきた
◇シダレザクラ（奈良県宇陀市大宇陀本郷 後藤家跡）
　「又兵衛桜」として地域住民から親しまれている
◇ケヤキ（奈良県宇陀市榛原赤瀬 愛宕神社内）
　「愛宕さんのケヤキ」として親しまれている
◇イチョウ（奈良県宇陀郡御杖村土屋原 春日神社内）
　「ラッパイチョウ」として親しまれている
◇スギ（奈良県高市郡高取町越智 光雲寺境内）
　「厄除の杉」とも呼ばれる
◇エノキ（奈良県吉野郡大淀町岩壺 森本真司宅）
　「ナガモン」さんとも呼ばれる
◇ヤマモモ（奈良県吉野郡下市町栃原 桃木バス停側）
　「栃原ヤマモモの木」として地域住民

296　事典・日本の自然保護地域

森林・樹木・花　　　　　　　　　　　　　　　　　　　　　　　　　*121*　保護樹木〔奈良県〕

に親しまれている
◇スギ（奈良県吉野郡下市町才谷）
　文明7年に植樹したものといわれてい
　る
◇ヤマナシ（奈良県吉野郡下市町丹生 花田
　勝宅）
　「原始ナシ」、「古代ナシ」とも呼ばれる
◇ムクロジ（奈良県吉野郡東吉野村大豆生
　八幡神社境内）
　「ムクロジの巨樹」として地域住民に
　親しまれている
◇シラカシ（奈良県吉野郡東吉野村大豆
　生）
　一年毎に南西の枝と北東の枝とが交互
　に新芽を吹く

事典・日本の自然保護地域　**297**

名水

122 信州の名水・秘水

長野県では、水環境保全意識の高揚を図るとともに、地域の活性化に役立てるため、良好な水質、美しい景観、歴史的価値等を持ち、地域の誇りとして住民に守られてきた湧水等の中から、特に優れたもの15箇所を2010（平成22）年、「信州の名水・秘水」として選定した。〔選定基準〕地域住民等による水利用等の実績があり、保全活動が行われているもの。故事来歴、希少性、特異性等の特徴があるもの。水量・水質、周辺環境（景観）、親水性などに優れたもの。飲用に供する場合は適正に管理されているもの。

[選定機関] 長野県　[選定時期] 2010（平成22）年

◇千曲川源流（長野県南佐久郡川上村梓山）
　日本一の大河の源流。イワナヤヤマメなどが生息している〔1〕

◇大沼の池の湧水（長野県北佐久郡御代田町塩野）
　古刹の境内にある水量豊富な湧水〔2〕

◇血ノ池と周辺湧水群と濁川（長野県北佐久郡御代田町御代田血ノ池）
　浅間山麓に湧出する赤褐色の水。水田を潤すためのかんがい用水の源泉〔3〕

◇越百の水（長野県上伊那郡飯島町飯島）
　中央アルプスで涵養された軟水〔4〕

◇一番清水（長野県下伊那郡阿智村清内路）
　住民に守られた山村の歴史ある湧水〔5〕

◇御嶽山「三の池」（長野県木曽郡木曽町三岳）
　御嶽山の火口湖。御神水として崇められている〔6〕

◇御嶽神社里宮御神水（長野県木曽郡王滝村王滝）
　断崖から滴り緑の苔を育む御神水〔7〕

◇阿寺渓谷「美顔水」（長野県木曽郡大桑村野尻）

昔尾張藩の役人がこの冷水で洗顔したら色白の美人になったといわれている〔8〕

◇上高地「清水川」（長野県松本市安曇上高地）
　上高地の豊富な河川。透明度が高い。湧水は上高地の飲用水源になっている〔9〕

◇平出の泉（長野県塩尻市宗賀平出）
　縄文時代から地域の生活を支える泉。湧水量が多く7日間で池の水が入れ替わる〔10〕

◇雨飾山湧水（長野県北安曇郡小谷村）
　雨飾山のふもとの湧水〔11〕

◇お種池（長野県長野市大岡丙）
　天然ブナ林に囲まれた地域の湧水〔12〕

◇豊丘の穴水（長野県須坂市豊丘）
　洞窟の奥の岩壁から湧き出す湧水〔13〕

◇谷厳寺の井戸「延命水」（長野県中野市赤岩）
　市民に愛飲される井戸水〔14〕

◇北野天満温泉湧水（長野県下水内郡栄村堺北野）
　水量豊富な自噴する地下水。北野天満温泉の掘削時に湧出した〔15〕

123 とっとり（因伯）の名水

「とっとり（因伯）の名水」は、1985（昭和60）年に「名水百選」（環境省）の1つとして、淀江町「天の真名井」を選定されたことを契機に、鳥取県内の優良な水環境が将来にわたって保全されるよう選定したもの。〔選定区分〕(1) 地域住民により継続して保全されている地域の生活に密着した「暮らしの中の泉」、(2) 広く県民が親しめる「ふれあいの水辺」、(3) 故事来歴を有する「歴史の水」、(4) 特に自然が豊かで希少、特異性のある「ふるさとの渓流・滝」。

[選定機関] 鳥取県　[選定時期] 1985（昭和60）年, 1990（平成2）年, 2013（平成25）年

1985（昭和60）年6月

◇赤松の池（鳥取県西伯郡大山町赤松1700番地85先）
鍋山山麓の赤松集落にあり周囲4kmに及ぶ池。日照りに雨を降らせる水と信じられている

◇芦津渓（鳥取県八頭郡智頭町芦津）
氷ノ山後山那岐山国定公園内、芦津自然保護林の中を流れる水量豊かな渓流

◇鵜の池（鳥取県日野郡日野町下黒坂1250）
標高400mの高原にある周囲2.3kmの美しい池

◇大野池（鳥取県西伯郡大山町鈑戸1520番地）
高滝山の山麓、種原にあり、豊富な水量ときれいな水質の湧水をせき止めてできた人工池

◇小鹿渓（鳥取県東伯郡三朝町大字神倉・中津）
小鹿川の上流にあり国の名勝。水と岩と自然林の調和し、滝や淵が交互に分布する

◇垢離取川（鳥取県東伯郡三朝町大字三徳）
周辺の雨水を集めて流れる由緒ある谷川。上流は不動明王を祀る「不動滝」がある

◇山王滝水域（鳥取県鳥取市佐治町中）
佐治川を本流とする渓谷で、山王滝は上部が浸食により後退し、三段の滝となっている。おろち伝説がある

◇石霞渓（鳥取県日野郡日南町生山地内）
日野川とその支流の石見川、印賀川の両岸に広がる南北12kmにわたる一大渓谷の総称で景勝地

◇千代川（用瀬町水域）（鳥取県鳥取市用瀬町）
一級河川千代川の用瀬町地区は、急流岩を咬み、古くから鮎釣りの名所である

◇多鯰ヶ池（鳥取県鳥取市浜坂・鳥取市福部町湯山）
鳥取砂丘の南の約24haの透明度の高い池。約1万年前に山地の谷が浜から押し寄せた砂丘によってせき止められてできたとされる閉塞池

◇大山池（鳥取県倉吉市関金町泰久寺）
水田のかんがい用溜め池として造られた貯水溜め池である

◇天皇水（鳥取県東伯郡琴浦町高岡（大熊地区））
三方を石垣で囲まれた泉で、澄んだ水が地底から湧き出ている。泉の中央に細長い石が鎮座し、御神体として奉られている

◇本宮の泉（鳥取県米子市淀江町本宮）
国立公園大山の麓、宇田川の水源。水温が年中一定（13℃〜14℃）で、水が豊富で清らか

◇三滝渓（鳥取県鳥取市河原町北村）
曳田川の上流に位置する県指定の名勝地。巨岩、奇岩等変化に富み、数々の滝がある

1990（平成2）年12月

◇雨滝渓谷（鳥取県鳥取市国府町雨滝）
高さ40m、幅3mの滝。河合谷高原の
水を集め、原生林に覆われた玄武岩の
断崖絶壁を一気に落ちる

◇不動谷川流域（鳥取県鳥取市青谷町田原
谷）
西因幡県立自然公園内にあり、御滝山
大善院の奥の院周辺の三つの滝を有す
る渓流

◇諸鹿渓谷（鳥取県八頭郡若桜町諸鹿）
広留野高原周辺部に位置し、溶岩流で
出来た岩や諸鹿七滝と称される滝々の
奇観が約10kmにわたり続いている

◇用呂の清水（鳥取県八頭郡八頭町用呂）
水質は硬水で清冷。古くから生活用水
に利用されている

2013（平成25）年8月

◇赤波川渓谷おう穴群（鳥取県鳥取市用瀬
町赤波）
赤波川の中流域にある約1.2kmの区域
に花崗岩が分布し、多数のおう穴が観
察できる渓谷になっている

◇お地蔵さんの水（鳥取県鳥取市気高町睦
逢）
睦逢地区の県道から西側の山裾に地蔵
尊は安置されており、その脇から年中
絶えず清水が流れ出ている

◇金明水（鳥取県日野郡日南町上萩山地
内）
船通山の天狗岩付近の硬度5.0の超軟
水。「船通山記念碑祭・宣揚祭」で「金
明水」の冷水抹茶が点てられる

◇清水井（鳥取県西伯郡南部町清水川）
手間要害山のふもとにある、古事記で
大国主命を蘇生させたといわれる泉

◇聖滝（鳥取県日野郡日南町菅沢地内）
落差約10mの滝壺に、四角い岩を重ね
たような2段滝がある。木花咲耶姫の
結婚の儀がこの滝の前で行われたとい
う言い伝えがある

◇日野川源流の水（鳥取県日野郡日南町新
屋地内）
鳥取県西部、全長約77kmの鳥取県内
最長の一級河川。源流域は暖温帯落葉
広葉樹林が属す

124　とやまの名水

　「とやまの名水」は、富山の水がもつ “きれいさ・ゆたかさ・すばらしい水環境” を、県内だけでなく、全国の人たちに知ってもらうために、富山県が専門家の意見を基に選んだ場所。1986（昭和61）年に55件、その後に11件の合計66件が選定された。〔選定条件〕(1) きれいな水で、古くから生活形態や水利用等において、水質保全のための社会的配慮が払われているもの (2) 湧き水等で、ある程度の水量を有する良質なものであり、地方公共団体等において、その保全に力を入れているもの (3) いわゆる名水として、故事来歴を有するもの (4) そのほか、特に自然性がゆたかであり、希少性や特異性を有するなど、優良な水環境として後世に残したいもの

　　　［選定機関］富山県　［選定時期］1986（昭和61）年, 2005（平成17）年, 2006（平成18）年

1986（昭和61）年2月

◇黒部峡谷（富山県富山市, 黒部市, 中新川
郡立山町）
黒部川が浸食・形成した深いV字状の
大峡谷

◇黒部湖（富山県富山市, 中新川郡立山町）
アーチ式ダムが作る湖水は立山連峰や
後立山連峰を映す

◇常願寺川の清流（富山県富山市, 中新川
郡立山町）
立山・薬師岳に源を発し、富山湾に注

ぐ長さ56kmの急流河川

◇松川（富山県富山市）
　神通川の旧河道で市街地の中心を流れ
　る。両岸に桜並木がある

◇常西合口用水（富山県富山市）
　明治時代、常願寺川左岸に12の用水
　を合わせてできた。かんがい面積
　6000ha

◇神通峡（富山県富山市）
　自然と巨大な人工ダムが調和した景色
　が広がる

◇花山寺の霊水（富山県富山市山田若土）
　花山寺本坊が奥の院として水かけ地蔵
　を祭り、この清水を霊水としている

◇殿様清水（富山県富山市春日）
　御蔵番の殿様が好んで飲んでいた水。
　殿様はこの水のお陰で一生無病息災で
　あったといわれている

◇中ノ寺の霊水（富山県富山市上滝）
　祠の下から年中湧き出し、弘法大師の
　水とも呼ばれている

◇石倉町の延命地蔵の水（富山県富山市石
　倉町）
　いたち川の川べりの万病に効く霊水

◇桂の清水（富山県富山市八尾町大玉生）
　大玉生八幡社横にそびえる樹齢推定
　1000年の桂の根元から湧き出す

◇八木山の滝（富山県富山市八木山）
　かつては湧き水だったが現在は滝と
　なっている

◇朝日の滝（富山県富山市婦中町安田）
　不治の病を治すとして親しまれてき
　た。江戸時代中期から後期には、全国
　から大勢の参拝者が訪れた

◇加持水（富山県富山市婦中町千里）
　常楽寺観音堂の聖観音菩薩ゆかりの
　霊水

◇有峰湖（富山県富山市有峰）
　北アルプスの霊峰薬師岳に連なる山々
　の清流を集めたダム湖

◇高岡古城公園の水濠（富山県高岡市古
　城）
　3つの水濠は公園全体の約3分の1を占
　める。四季折々の自然美を映す

◇弓の清水（富山県高岡市中田常国）
　木曽義仲が矢を射ったところから清水
　が湧き出たと伝えられている

◇気多神社の清泉（富山県高岡市伏木一
　宮）
　大伴家持が住んだ伏木一宮気多神社前
　の清水

◇矢部の養鯉地（富山県高岡市福岡町矢
　部）
　矢部地内では地下水を利用した鯉の養
　殖が盛ん

◇影無し井戸（富山県高岡市末広町）
　200年以上前に掘られ、日照りでも涸
　れない言い伝えがある

◇片貝川の清流（富山県魚津市）
　魚津市を流れる二級河川。万葉の歌人
　大伴家持が歌った川

◇魚津駅前の「うまい水」（富山県魚津市釈
　迦堂1-1-1（JR魚津駅））
　池田弥三郎が日本一うまいと言った魚
　津の水

◇てんこ水（富山県魚津市諏訪町, 本町）
　片貝川の伏流水が盛り上がって湧き出
　ていることが名の由来

◇十二貫野用水（富山県黒部市）
　江戸時代に椎名道三が土地を切り開い
　て通した用水

◇駒洗い池（富山県黒部市嘉例沢）
　戦国時代に武将達が馬を洗い清めたと
　いう池

◇清水の里（富山県黒部市吉田4303）
　黒部川の澄んだ水が自然に噴き出した
　湧水

◇生地の共同洗い場（富山県黒部市生地）
　黒部川扇状地の豊富な湧き水で自然発
　生的にできたといわれる共同洗い場

◇月見嶋の清水（富山県黒部市生地山新）
　新治神社の境内にある月見嶋の池に湧
　き出す清水

◇庄川峡（富山県砺波市, 南砺市）
　庄川の小牧ダムから上流を呼ぶ

◇瓜裂清水（富山県砺波市庄川町金屋）
　綽如上人の馬の蹄が沈んでできたとい
　う清水

◇又兵衛清水（富山県砺波市増山）
　　初代増山城主の家臣の山名又兵衛が発
　　見したと伝えられる湧き水

◇大清水（富山県小矢部市臼谷）
　　古くから生活水として親しまれ池には
　　アシツキが自生している

◇宮島峡（富山県小矢部市宮島）
　　「一の滝」をはじめ、多くの滝や渕か
　　らなる

◇鳩清水（富山県小矢部市埴生）
　　源平合戦の頃水場がなく困っていた木
　　曽義仲を白鳩が山中の滝まで案内した
　　という

◇妃の清水（富山県南砺市安居）
　　御手洗川の川沿いの岩壁の割れ目から
　　湧き出ている

◇丸池（富山県南砺市新屋）
　　五箇山の山あいに建つ道善寺の境内に
　　ある湧き水の池。赤尾道宗にまつわる
　　伝説がある

◇赤祖父池（富山県南砺市川上中）
　　赤祖父川の池の水をせき止めてできた
　　かんがい用の貯水池

◇不動滝の霊水（富山県南砺市大谷）
　　日照りによる水不足を救ったとされる
　　霊水。岩の割れ目のいたるところから
　　湧き出す

◇小矢部川の長瀞（富山県南砺市中河内）
　　南砺市中河内から小矢部川上流部約
　　2kmにかけての峡谷

◇中江の霊水（富山県南砺市中江）
　　「水波廼女神」を祭った社の床下から
　　湧きだしている神聖な水

◇縄ヶ池（富山県南砺市蓑谷）
　　三方を原生林に囲まれた天然湖。池の
　　南側にミズバショウの大群落がある

◇脇谷の水（富山県南砺市利賀村栗当）
　　お地蔵様の祠から湧き出る水。地元民
　　に親しまれ、大切に保全されている

◇桜ヶ池（富山県南砺市立野原）
　　釣り、ボート遊びなどができる水辺環
　　境が特長

◇薬勝寺池（富山県射水市中太閤山）
　　かんがい用のため池として約500年前

に作られたという

◇誕生寺の誕生水（富山県射水市島）
　　日隆聖人の産湯に使われたという水

◇行田の沢清水（富山県滑川市上小泉）
　　早月川扇状地のすその湧水地帯。年間
　　を通して13℃前後に一定した低温湿の
　　沢地となっている

◇上日寺の観音菩薩霊水（富山県氷見市朝
　日本町）
　　上日寺を開いた頃千手観音菩薩を安置
　　した場所に湧き出したものとされ、無
　　病長寿に効く霊水といわれる

◇早月川の清流（富山県中新川郡上市町,
　滑川市, 魚津市）
　　北アルプスの剱岳に源を発し富山湾に
　　注ぐ全国屈指の急流河川

◇弘法大師の清水（富山県中新川郡上市町
　護摩堂）
　　弘法大師ゆかりの清水で、頭が良くな
　　る水といわれている

◇穴の谷の霊水（富山県中新川郡上市町黒
　川）
　　洞窟の奥から湧き出る水は不思議な効
　　能があると信じられている

◇大岩山日石寺の藤水（富山県中新川郡上
　市町大岩）
　　大岩山日石寺の境内にあり眼病に効く
　　といわれている霊水

◇称名滝（富山県中新川郡立山町芦峅寺ブ
　ナ坂）
　　日本一の落差350mの滝。県下有数の
　　景勝地

◇みくりが池（富山県中新川郡立山町室
　堂）
　　標高2,400m、立山黒部アルペンルー
　　トにある火口湖。湖面に立山を映す

◇立山玉殿の湧水（富山県中新川郡立山町
　室堂）
　　立山黒部アルペンルートの立山トンネ
　　ルの開通によりでた湧水

◇岩室の滝（富山県中新川郡立山町虫谷）
　　谷川が岩石の軟弱部を浸食、後退して
　　できた地質学上貴重な滝

◇七重滝（富山県下新川郡朝日町笹川）
　　渓流が黒菱山の斜面約60mを七段にな

って落下する

◇杉沢の沢スギ（富山県下新川郡入善町吉原）
　沢スギが群生した林内の池に年中地下水が湧き出ている

2005（平成17）年9月
◇富山湾の深層水（富山県滑川市，下新川郡入善町（取水地））
　冷たく清らかでミネラル分を豊富に含む

2006（平成18）年4月
◇旧六ヶ用水（富山県高岡市滝）
　ホタル川とも呼ばれるホタルの名所

◇下立の霊水（富山県黒部市宇奈月町下立）
　霊水として水をくみに多くの人が訪れている

◇名水公園の清水（富山県黒部市生地中区）
　黒部漁港前のおいしい水が飲める公園

◇箱根の清水（富山県黒部市長屋）
　江戸時代に北陸街道を行き来した旅人の休憩所を復元した。水琴窟の音色が聞ける

◇村椿（飛騨）の清水（富山県黒部市飛騨510）
　地下水が自然に湧き出してできた井戸は黒部川扇状地の豊富な水量と水温の低さを誇る

◇上市川沿岸円筒分水場円筒分水槽（富山県中新川郡上市町釈泉寺）
　水争いが絶えなかった上市川の沿岸域で、公平に水を分配するため整備された分水場

◇高瀬湧水の庭（富山県下新川郡入善町高瀬102-1）
　黒部川右岸にある湧水。水温は年間を通じて11℃程度

◇墓ノ木自然公園（富山県下新川郡入善町墓ノ木）
　黒部川の清流や、自然を生かした河川敷に広がる約22haの公園

125　新潟県の名水・輝く名水

　新潟県では地域で親しまれている湧水などを1985（昭和60）年より「新潟県の名水」として選定し、豊かな水環境の保全を推進している。2006（平成18）年には特に優れた5つの湧水を新潟県の「輝く名水」として認定した。

　［選定機関］新潟県　［選定時期］1985（昭和60）年〜

1985（昭和60）年
◇やおきの泉（新潟県新発田市滝谷）
　磐梯朝日国立公園の湧水。湯の平温泉・登山者が利用してきた

◇飯豊のせいすい（新潟県新発田市赤谷私有地内）
　飯豊山の山すそに湧き出る泉。古くから地域住民の生活用水としても利用されてきた

◇岩瀬の清水（新潟県阿賀野市山崎）
　市立笹岡小学校のグラウンド脇にあり、一年中一定温度の水が湧き出ている

◇桂清水（新潟県東蒲原郡阿賀町小石取）
　岩盤の切れ目から湧き出る。病人の正気づけや茶の湯用として重宝される

◇薬師清水（新潟県東蒲原郡阿賀町岩谷）
　県立自然公園阿賀野川ラインの中心地で自然の景観と史跡に恵まれた地域。水温は四季を通じて12℃に保たれている

◇またたび清水（新潟県東蒲原郡阿賀町内川甲私有地内）
　杉木立の岩間から湧き出る小さな清水

◇金銘泉（新潟県長岡市大野町）
　栃尾城跡の本丸跡に湧出している

◇折立釈迦堂の疣水（新潟県魚沼市下折立）
　身を清めたら尼僧の疣が消えたという清水

◇大崎滝谷の水（新潟県南魚沼市大崎）
　大前神社のうがい鉢で汲み取ることができる

◇金剛霊泉（新潟県南魚沼市大崎）
　八海山中腹の岩盤から湧く水

◇雷電様の水（新潟県南魚沼市藤原栃ノ木沢）
　越後山脈に連なる桂山の裾野の巨岩より数条の滝となり湧出する

◇深山の清水（新潟県十日町市浦田）
　ブナの原生林から湧き出している清水

◇出壺の水（新潟県柏崎市大字清水谷）
　黒姫山の中腹から湧き出している

◇椎谷の御膳水（新潟県柏崎市椎谷）
　明治天皇に献上するお茶の水になった名水

◇トコロテンの水（新潟県上越市大島区下達460-2私有地内）
　湧水を利用したトコロテン屋がある

◇弘法清水（新潟県上越市牧区棚広字小平内）
　弘法大師が大木を杖で突くと湧き出てきたという清水

◇延命清水（新潟県上越市板倉区東山寺）
　山寺薬師の脇から湧き出ている

◇木曽清水（新潟県妙高市大字上平丸地内）
　木曽義仲が喉を潤したと伝わる清水

◇大田切清水（新潟県妙高市大字坂口新田地内）
　湧水を利用して近くに池が設置されている

◇白山神社蛇の口の水（新潟県糸魚川市大字能生1941-2）
　白山神社本殿前の龍頭から出る水は、尾山の岩間より湧き出るもの

◇大清水湧水（新潟県佐渡市戸中）
　佐渡奉行が発見した。天候に左右されない豊富な水量を有している

◇鰐清水（新潟県佐渡市三川）
　水の出口が鰐の口の形をした岩だった。湧水量は南佐渡随一

2007（平成19）年

◇蝶山清水（新潟県村上市大毎）
　峠付近にある環境が良い自然に近い清水

◇四十手清水（新潟県村上市中継）
　水飲み場として整備されている

◇滝神社の清水（新潟県岩船郡関川村大字鯢谷426-5）
　鯢谷集落中央のお宮様登り口にある

◇どっこん水（新潟県胎内市乙1525）
　胎内川を中心とした扇状地形で広い範囲で自噴する水

◇金鉢清水（新潟県東蒲原郡阿賀町津川4区）
　水槽の改良及び周辺整備が行われポケットパークとして利用されている

◇琴平清水（新潟県東蒲原郡阿賀町津川9区）
　湧水量が豊富な清水。地域住民に利活用されている

◇縄文清水（新潟県東蒲原郡阿賀町日出谷地内）
　一年中水量、水質が安定している。地域住民の農作業等の休憩や飲用の場として親しまれてきた

◇土佐清水（新潟県東蒲原郡阿賀町高出区）
　高井山嶺寒寺の下に湧き出ている

◇中道清水（新潟県東蒲原郡阿賀町粟瀬区）
　山林から清涼な湧水が生まれている

◇平沢清水（新潟県新潟市西蒲区平沢）
　平家との所縁、松尾芭蕉や良寛が訪れたという伝承がある

◇弘法清水（新潟県新潟市西蒲区竹野町）
　弘法大師が錫杖を指して抜くと水が湧き出したという伝説がある

◇酒屋の清水（新潟県長岡市小島谷事業場敷地内）
　酒造の邸内にある

◇縄文雪つららの水（新潟県長岡市脇野町2015私有地内）

千石原遺跡の東方に湧く

◇養爺清水（新潟県上越市五智三）
　親鸞聖人が食事や墨をするのに使用したといわれている清水

◇御前清水（新潟県上越市中屋敷）
　上杉謙信が出陣の際に飲用したと伝わる軟水

◇横清水（新潟県上越市宇津屋）
　「砦乃名水」と記されており、戦国時代は宇津尾砦の兵士のための飲料水だった

◇小出口湧水（新潟県上越市吉川区坪野）
　夏の大干ばつでも涸れなることがないという地域のかんがい用水

◇どんどの池（新潟県上越市大潟区九戸浜）
　池の敷地内に弁天様が祀られている

◇茂右エ門清水（新潟県糸魚川市大字一の宮地内）
　長者ケ原遺跡の段丘礫層からの湧水

2010（平成22）年

◇ラジウム清水（新潟県村上市小俣珍名）
　日本国山麓から湧き出ている清水

◇胴腹清水（新潟県五泉市小山田北沢）
　菅名岳の中腹の岩の割れ目から湧き出ている

◇どばしっこ清水（新潟県五泉市土堀295）
　湧水小屋を整備し地域住民によって保全されている

◇霊泉（新潟県長岡市両高）
　「井戸神様」として親しまれている

◇柳清水（新潟県十日町市松之山）
　湧出箇所はブナ林にある

◇庚清水（新潟県十日町市松口）
　清水の上部にブナ林「美人林」がある

◇大清水観音の清水（新潟県柏崎市大清水）
　湧出量は毎分約5L

◇治三郎の清水（新潟県柏崎市女谷）
　地域の生活用水としても利用されている

2012（平成24）年

◇馬場清水（姥清水）（新潟県小千谷市時水中ノ沢1443-1）
　西山山系の水で飲めば病気が治るといわれた

◇きつね塚湧水（新潟県柏崎市谷根）
　農業用水や地元でお茶を淹れる水として利用されている

◇観音清水（新潟県上越市大島区牛ヶ鼻）
　大島区の湧水の中でも特に有名

2014（平成26）年

◇平林不動滝（新潟県村上市平林）
　滝壺の奥に祠があり大日如来と不動明王の石像が童子石像とともに安置されている

◇金鉢清水（新潟県新潟市西蒲区福井）
　「ほたるの里公園」の一画にある

◇実昇清水（新潟県十日町市室野）
　水量豊富で城の池の水車を回している

◇箱根清水（新潟県佐渡市羽吉）
　どんな渇水でも涸れなかったという水

輝く名水（2006（平成18）年度）

◇杜々の森湧水（新潟県長岡市西中野俣3996）
　軟水。渇水時も一日約2000t湧出している。地元地区の水田用水や、飲料水などにも利用されている

◇龍ヶ窪の水（新潟県中魚沼郡津南町大字谷内1955）
　河岸段丘地にある池

◇宇棚の清水（新潟県妙高市大字杉野沢地内）
　笹ヶ峰高原の名水。豊富な水量

◇大出口泉水（新潟県上越市柿崎区東横山地内）
　尾神岳の中腹にあり、一日約4000tの水が一年中涸れることなく湧き出ている

◇吉祥清水（新潟県村上市大毎）
　大毎集落の住民が吉祥岳の麓に湧き出る清水を引き込んだことに始まる

◇荒川（新潟県岩船郡関川村，新潟県村上市，新潟県胎内市）
　山形県の大朝日岳を源とする一級河川

126　ふくいのおいしい水

　「ふくいのおいしい水」は、福井県が2005（平成17）年から県内の湧水や井戸を調査し、その中からおいしい自然の水を味わえる34ヵ所を認定した。その後順次認定地を増やし、2013（平成25）年に一旦認定を終了したが、認定基準の見直しを行った上、同年9月に再認定を行い、34ヵ所が認定された。

　［選定機関］　福井県　　［選定時期］　2006（平成18）年度〜

2006（平成18）年1月31日
◇本願清水（福井県大野市糸魚町）
　　織田信長の武将金森長近が本願清水の湧水を導き、生活用水として利用したという
◇御清水（福井県大野市泉町）
　　亀山東麓の湧水帯にある清水の1つ。江戸時代から生活用水として使われた。別名「殿様清水」
◇石灯籠会館清水（福井県大野市本町）
　　石灯籠通りの「石灯籠会館」にある地下水を汲み上げた水場
◇七間清水（福井県大野市元町）
　　酒の醸造用の地下水でミネラルウォーターとしても販売している
◇篠座神社の御霊泉（福井県大野市篠座町）
　　大国主命が「目の病気に効く霊水を与えた」という伝説がある
◇小和清水（福井県坂井市丸岡町上久米田）
　　六呂瀬山古墳群の東方に位置する。豊富な水量がある
◇榎清水（福井県越前市横住）
　　不動明王が清水の湧き出る岩の上に腰掛けたことに由来する清水
◇石堂の水（福井県越前市西河内町）
　　洞窟内の岩の間から湧き出る。不老長寿の薬水といわれてきた
◇瓜割清水（福井県越前市赤谷町）
　　別名「赤谷名水」。眼病に効果があるといわれ、地元では長寿の水とされる
◇お清水不動尊の水（福井県越前市吾妻町）

　　地元で「おしょうずさん」と親しまれている清水
◇大谷の薬水（福井県丹生郡越前町大谷）
　　あせもやできものに効くといわれる湧水
◇弘法大師の水（福井県丹生郡越前町平等）
　　病気を治す霊水として有名。安定的に湧き出ている
◇瓜割の滝（福井県三方上中郡若狭町天徳寺）
　　五穀成熟病退散の霊験ある神水と伝わる。水中にベニマダラという紅藻類が繁殖しており水中の石が赤い
◇鵜の瀬給水所（福井県小浜市下根来）
　　「お水送り」が行われることで有名
◇雲城水（福井県小浜市一番町）
　　地下30mの砂礫層から淡水が自噴している。地域の名水
◇滝水ひめ（福井県大飯郡おおい町父子）
　　地下から汲み上げている水でミネラルウォーターとして販売されている
2006（平成18）年3月23日
◇神谷の水（福井県勝山市村岡町）
　　水車の脇にあり、水の吹き出し口にしめ縄が祀られている。近隣住民の生活の水
◇治佐川井戸（福井県越前市上真柄町）
　　井戸から流れる治佐川には清流にしか生息しない梅花藻が繁殖。またトミヨの日本南限の生息地
◇解雷ヶ清水（福井県越前市千合谷町）
　　1400年前、百済の王女が水を求めたところ、雷雨とともに落雷が起こり岩間

名水　　　　　　　　　　　　　　　　　　　　　　　　　　　127　宮崎の名水（ひむか水紀行）

から湧き出たと伝えられている清水。
干ばつでも涸れたことがない霊水
◇鷲清水（福井県南条郡南越前町西大道）
　街道沿いにある憩いの水。朝倉孝景も
　杣山合戦の時休息したという
2008（平成20）年2月22日
◇水舟清水（福井県大野市元町）
　谷や川から取水し段に分けて利用する
　貯水槽。かつては台所の一部だった
◇三場坂清水（福井県鯖江市上河内町）
　山の斜面の岩の間から湧き出す。古く
　から地域住民の飲料に用いられてきた
◇桃源清水（福井県鯖江市上河内町）
　継体天皇ゆかりの名水
◇石神の湧水（福井県越前市大虫町）
　大虫神社西隣にある。650年程前の地
　震洪水で湧き出したという
◇段田清水（福井県越前市米口町）
　金華山斜面の岩の裂け目から湧き出し
　ている清水
◇津島名水（福井県小浜市小浜津島）
　海の目の前で自噴する真水。地域の生
　活水として使われてきた
2010（平成22）年8月3日
◇五番名水庵清水（福井県大野市明倫町）

地下水を汲み上げ水場を設けた
◇榎清水（福井県鯖江市米岡町）
　千年昔から湧き出ているという。泰澄
　大師をはじめとして様々な歴史と縁が
　ある
2012（平成24）年8月24日
◇許佐羅江清水（福井県鯖江市定次町）
　舟津七清水の1つ。かつて絶滅危惧種
　のトミヨが生息していた
2013（平成25）年9月5日
◇こしょうずの湧水（福井県福井市南野津
又）
　飯降山の濾過作用により生み出された
　湧水。真夏でも11℃程度の冷たい水
◇新堀清水（福井県大野市城町）
　大野城の外堀、新堀川沿いに湧く。地
　域の生活用水として利用されていた
◇芹川清水（福井県大野市元町）
　武家屋敷旧山内家と平成大野屋の境と
　なっている用水
◇清水広場（福井県大野市弥生町）
　JR越前大野駅駅舎左手にある名水
◇刀那清水（福井県鯖江市上戸ノ口町）
　城山（三峰山）の伏流水とされる。谷
　の奥に戸口滝（刀那の滝）がある

127　宮崎の名水（ひむか水紀行）

　「宮崎の名水（ひむか水紀行）」は、宮崎県が身のまわりのすばらしい水環境を県民に紹介することにより、その保全と水質保全意識の向上を図ることを目的としたもの。
〔選定基準〕(1) きれいな水で、ある程度の水量を有する (2) 人々の生活に密接に結びついている（親水性）(3) 地域住民等による保全の努力がなされている (4) 名水としての故事来歴を有する (5) その他名水として特に自然性が豊かであり、希少性、特異性を有するなど優良な水環境として後世に残したいもの

　〔選定機関〕宮崎県　**〔選定時期〕**1991（平成3）年度〜

◇祇園山のわき水（宮崎県西臼杵郡五ヶ瀬
　町鞍岡）
　毎分10m³の水が湧く。農業用水とし
　て利用されている
◇玉垂の滝（宮崎県西臼杵郡高千穂町三田
　井）

高千穂峡沿いの岩肌に、すだれの様に
流れ落ちる湧水の滝
◇鹿川渓谷の支流（宮崎県延岡市北川町上
　鹿川）
　大崩山山系を源とする。清流が春の新
　緑、秋の紅葉に映える

◇祝子川（上流）の渓流（宮崎県延岡市北川町）
大崩山山系を源とし、急流や滝がある

◇北川の清流（宮崎県延岡市）
初夏にホタルの乱舞が見られ、住民が「ホタルの里」として保全活動を進めている

◇行縢の沢（宮崎県延岡市行縢町）
自然観察と沢登りの渓流

◇鬼神野溶岩渓谷の清流（宮崎県東臼杵郡美郷町南郷区鬼神野）
小丸川上流にあり、溶岩質の岩の間を流れる

◇おせりの渓流（宮崎県東臼杵郡美郷町西郷区小原）
落差70mで3段にわたって流れ落ちる。県の緑地環境保全地域

◇名貫川（上流）の渓流（宮崎県児湯郡都農町）
尾鈴山系を源とし、大小30余りの滝がある

◇児湯の池（宮崎県西都市石貫）
コノハナサクヤヒメの神話の泉

◇愛染渓谷の清流（宮崎県東諸県郡国富町法華嶽）
豊かな原生林にかん養された渓流

◇加江田渓谷の清流（宮崎県宮崎市鏡州）
加江田川の中流域。「自然休養林」指定地

◇出水観音池（宮崎県えびの市出水）
出水観音堂そばの池で地区の生活用水

◇陣の池（宮崎県えびの市田代）
戦国の陣跡に湧き出る。地元の水源

◇千谷の池（宮崎県小林市細野）
霧島山麓の湧水群の一つ。1日5〜6m³の湧出量

◇皇子原湧水（宮崎県西諸県郡高原町 皇子原）
霧島山麓からの湧水。公園として整備されている

◇関之尾の清流（宮崎県都城市関之尾町）
甌穴群の間を流れる清流

◇早水公園湧水（宮崎県都城市早水町）
早水公園の一角に湧き3つの池を成す

◇猪八重渓谷の清流（宮崎県日南市北郷町郷之原）
猪八重川の渓谷。コケの宝庫

◇榎原湧水（宮崎県日南市南郷町榎原）
地区の水源や酒づくりの水として利用される

◇赤池渓谷の清流（宮崎県串間市大矢鳥）
溶結凝灰岩の間を清流が流れる

---

128 未来に伝えたい『まいばらの水』

　米原市は、ありとあらゆる地球上の生命の源である「水」と、私たちの暮らしを再び結びつけ、身近な水やそれを取り巻く自然環境を多くの人に知ってもらい、水源の里まいばらの美しい水環境を次世代に受け継いでいくために、2012（平成24）年に「未来に伝えたい "まいばらの水"」12箇所を選定した。〔選定基準〕景観的価値、自然環境としての価値があるか。地域との関わりや水文化としての価値があるか。いわれや由来など歴史上の価値があるか。

　　［選定機関］米原市　　［選定時期］2012（平成24）年

◇白山神社湧水（滋賀県米原市曲谷）
神社の周辺一帯は湧水地帯で、生活用水として利用されてきた

◇奥泉口（滋賀県米原市小泉）
伊吹山中腹にあったと言われる太平寺

城の峰堂のあちこちから湧き出し、流れ出す

◇桶水（滋賀県米原市小泉）
三方石畳み方式の水路。現在も棚田を潤す

名水　　　　　　　　　　　　　　　　　　　　　　　　　　　　　　　　*129*　やまとの水

◇ケカチの水（滋賀県米原市上野）
　　伊吹山登山口付近の洞窟から湧き出
　　る。生活用水や田用水、消雪用水に利
　　用されている
◇行者の水（滋賀県米原市弥高）
　　役の行者堂の奥の岩盤の割れ目から湧
　　き出る清水。弥高百坊の僧侶たちを支
　　えた水
◇臼谷・小碓谷の湧水（滋賀県米原市春照）
　　伊吹山麓に湧き出す湧水で、日本武尊
　　伝説が残る場所
◇白清水（滋賀県米原市柏原）
　　古くから「白清水」「玉の井」と呼ば
　　れ、仏教説話「小栗判官照手姫」や日
　　本武尊に縁がある

◇子宝の水（滋賀県米原市梓河内）
　　神明神社に昔から湧き出ていた清水
◇宇賀野湧水群（神明公園・生水川）（滋賀
　　県米原市宇賀野）
　　神明公園は湧き水を活かし、多様な生
　　物が生息しやすい自然公園として整備
　　された。生水川は、山内一豊の母、法
　　秀院が住んでいた長野家から流れる川
◇世継のカナボウ（滋賀県米原市世継）
　　水源は霊仙山といわれる、カナケの水
◇十王水と西行水（滋賀県米原市醒井）
　　中山道沿いの湧水
◇天神水（滋賀県米原市枝折）
　　枝折川の源流で菅原道真公を祀ってい
　　ることから知恵の水とも崇められる

129　やまとの水

　奈良県は、古くから地域住民の生活に関わりをもつ、清澄な「水」を再発見すると
ともに広く県民に紹介することにより、水の貴重さを再認識し環境保全に対する住民
意識の高揚を図るため「やまとの水」を選定している。〔選定基準〕(1) 水質が良好で
水量の比較的豊富なもの（必須）(2) 歴史的文化的価値が高いもの (3) 住民に親しまれ、
保全活動がなされてきたもの (4) 周辺の自然性が豊かで希少性、特異性を有するもの
(5) 水辺環境としての景観にすぐれているもの (6) 珍しい動植物が生息し保全の必要
性があるもの（但し〔遺構、広く一般的に利用できないところは除く）

　〔選定機関〕奈良県　　〔選定時期〕1991（平成3）年～

1991（平成3）年

◇鶯の滝（奈良県奈良市川上町）
　　春日奥山原生林の中にある小さな滝。
　　江戸時代から名所として有名
◇菩提仙川（奈良県奈良市菩提町）
　　近世まで酒づくりに利用された。秋は
　　紅葉が見事
◇松尾寺霊泉（奈良県大和郡山市松尾山）
　　厄除観音様への閼伽水。不老長寿のお
　　香水という信仰がある
◇桃尾の滝（奈良県天理市滝本町）
　　高さ23m、春日断崖崖の中では最も大
　　きな滝。中世修験道の信仰の場所
◇天ヶ滝（奈良県五條市小和町）
　　金剛山の登山道にある。高さ20m

◇細井の森湧水（奈良県御所市鴨神）
　　泉の底から砂を吹き上げながら清水が
　　湧く。地元住民に「細井の森さん」と
　　親しまれている
◇鍋倉渓湧水（奈良県山辺郡山添村大塩）
　　大きな石が谷一面に重なり、水面は見
　　えないが水音が聞こえるという湧水
◇宇太水分神社湧水（奈良県宇陀市菟田野
　　区古市場）
　　湧水は引水されて、参詣者に飲まれて
　　いる。古くから農耕と関わり信仰を集
　　める
◇深谷竜鎮渓谷（奈良県宇陀市榛原区荷
　　阪）
　　河床は広く平らな一枚岩で、その表面
　　を水が流れ落ちるため岩肌が淡く輝い

事典・日本の自然保護地域　**309**

てみえる

◇吉祥竜穴（奈良県宇陀市室生区室生）
　渓流の水の流れで岩が削られてできた
　巾約2mの洞窟。室生九穴八海の一つ

◇済浄坊渓谷（奈良県宇陀郡曽爾村今井）
　東海自然歩道沿いにあり、「済浄の滝」
　「長走りの滝」などの自然が豊かで景
　観にすぐれている

◇不動滝（奈良県宇陀郡御杖村神末）
　三峰山のふもとにある高さ約15mの
　滝。冬に氷結することがある

◇飛鳥川（稲淵・栢森付近）（奈良県高市郡
　明日香村稲淵, 栢森）
　飛鳥の里を流れる河川で、万葉集・古
　今集などに詠まれている

◇竜門の滝（奈良県吉野郡吉野町山口）
　竜門寺跡近くにある滝で数段に流れ落
　ちる。松尾芭蕉も詠んだ滝

◇奥千本苔清水（奈良県吉野郡吉野町吉野
　山）
　竹のかけひを通して清水が岩間からし
　たたり落ちている

◇宮滝・象の小川（奈良県吉野郡吉野町宮
　滝・喜佐谷）
　宮滝は吉野川の上流にある。巨岩奇岩
　が両岸に迫り、瀬と淵が交錯する景勝
　地。象の小川は青根ヶ峰から流れでる
　渓流

◇阿知賀瀬ノ上湧水（奈良県吉野郡下市町
　阿知賀瀬ノ上）
　水質が良好で地元住民に利用されてい
　る。周辺は保全活動がなされている

◇黒滝川渓谷（奈良県吉野郡黒滝村中戸）
　大天井岳を水源とした渓谷。周辺の湧
　水は江戸時代「反魂丹」という薬の製
　造に使われていた

◇天ノ川渓谷（みたらい渓谷・川迫川渓谷・
　双門滝）（奈良県吉野郡天川村北角, 洞
　川）
　みたらい渓谷は山上川にできた渓谷
　で、大岩壁・渓流・大小の滝の自然美
　にすぐれる。川迫川渓谷は大峰山系を
　源にし、水量が豊富で河床の石や岩は
　青く輝いてみえる。双門滝は弥山川中
　流にある落差80m余りの滝。屏風の様

に立ち仙人嵓と呼ばれている

◇大塔ふるさとの水（奈良県五條市大塔町
　辻堂）
　国道横の岩肌から湧き出る清水。ふる
　里の水として親しまれている

◇宮の滝（奈良県五條市大塔町篠原）
　高さ35m、3段に流れ落ちる名瀑。熊
　野那智の滝の流れをくむ滝として信仰
　されている

◇滝川渓谷（奈良県吉野郡十津川村滝川）
　岩や原生林の自然美にすぐれる渓谷

◇明神池（奈良県吉野郡下北山村池峰）
　周囲1km余りの天然湖沼。一年中水位
　を変えないといわれている

◇三重滝・不動七重の滝（奈良県吉野郡下
　北山村前鬼）
　三重滝は前鬼裏山の断崖から落下す
　る滝。初重は不動の滝、二重は馬頭の
　滝、三重は千手の滝と呼ばれる。不動
　七重の滝は池原ダム上流にあり深い山
　周から七重になって落ちる。前鬼山最
　大の滝

◇くらがり又谷の滝（奈良県吉野郡上北山
　村小橡クラガリ又）
　高さ50m以上、七重・八重にも重なる
　名瀑。最上部は木々に覆われている

◇北山川渓谷（奈良県吉野郡上北山村小橡,
　西原, 河合）
　初夏の岩ツツジや秋の紅葉の渓谷美に
　すぐれる。アメノウオ・アユが生息し
　ている

◇毒水（奈良県吉野郡川上村高原）
　岩の間から冷風とともに湧き出す。名
　水ゆえ水争いや取水を止めさせようと
　命名されたという

◇不動窟不動の滝（奈良県吉野郡川上村柏
　木）
　不動窟鍾乳洞内を流れ落ちる滝

◇蜻蛉の滝（奈良県吉野郡川上村西河）
　水量が豊かな高さ50mの名瀑。滝に虹
　がかかることから周辺は「虹光」とも
　いわれる

◇七滝八壺（奈良県吉野郡東吉野村小）
　伊勢辻山を源とし、大又川に注ぐ七つ
　の滝の総称。水量豊かで自然景観にす

名水　　　　　　　　　　　　　　　　　　　　　　　　　　　　　　130　私たちの名水

ぐれる
◇丹生川上神社夢淵（奈良県吉野郡東吉野
　村大又）
　丹生川上神社は水神をまつる神社とし
　て知られ、積み石の間から湧き出る水
　は地元で親しまれている

2007（平成19）年度
◇祈りの滝（奈良県御所市関屋）
　金剛葛城山水越峠にあり役行者が身を
　清めたといわれている滝
◇高井千本杉の杉井戸水（奈良県宇陀市榛
　原区高井）
　高井千本杉と一体になっている杉井
　戸。杉は弘法大師の杉箸からでき、そ

の杉の集水で井戸ができたという
◇墨坂神社の御神水（奈良県宇陀市榛原区
　萩原）
　墨坂神社の竜王宮（水の神）から湧き
　出る水は健康に導く御神水と伝えられ
　ている
◇洞川湧水群（奈良県吉野郡天川村洞川）
　熊野川の最上流部大峰山麓に位置する
　湧水群。ごろごろ水、神泉洞、泉の森
　からなる
◇曽爾高原湧水群（奈良県宇陀郡曽爾村太
　良路）
　曽爾高原周辺にお亀池を中心として点
　在している。周辺には貴重な植物の群
　生がある

130　私たちの名水

　青森県では、1985（昭和60）年から1988（昭和63）年にかけて、湧水を中心とする30
の水を「私たちの名水」として選定した。〔選定対象〕湧水、河川水など青森県にある
自然水で、(1) 古くから生活や水利用のため水質保全の配慮がなされている。(2) 湧水
はある程度の水量があり良質のもの。(3) いわゆる名水として故事来歴がある。(4) 自
然性が豊かで水環境として希少価値がある。

　　[選定機関] 青森県　　[選定時期] 1985（昭和60）年度〜1988（昭和63）年度

1985（昭和60）年度
◇横内川（水源地上流部）（青森県青森市横
　内）
　厚生省の「おいしい水研究会」が日本
　一の水道水と評価した
◇安田水天宮（青森県青森市安田）
　湧水量が一定している。古くから信仰
　や飲用に利用された
◇御膳水（青森県弘前市吉野町）
　明治天皇が巡行の際に利用した。湧水
　量が多く水質保全が良好
◇小田内沼湧水（青森県三沢市淋代平）
　自然景勝にすぐれた野鳥の生息地
◇神明様のトヨ水（青森県西津軽郡深浦町
　浜町）
　藩政時代から信仰用に使われた地域の
　生活用水

◇沸壺池の清水（青森県西津軽郡深浦町松
　神）
　十二湖の中で最も透明度がすぐれて
　いる
◇御神水（青森県弘前市）
　岩木山の登山者の禊所の水として使用
　した
◇十和田霊泉（青森県青森市浪岡）
　湧水量が豊富で農業用水などの水資源
　となっている
◇冷水ッコ（青森県北津軽郡中泊町小金
　石）
　古くから信仰用の水として親しまれて
　いる
◇湧つぼ（青森県北津軽郡中泊町大沢内）
　湧水量が豊富

事典・日本の自然保護地域　311

130 私たちの名水　　　　　　　　　　　　　　　　　　　　名水

1986（昭和61）年度
　◇御茶水（青森県弘前市石川）
　　明治天皇が巡行の際に水を沸かしてお
　　茶を飲んだ水
　◇厚目内の寒水（青森県黒石市沖浦）
　　開拓民が飲料水として保全した。水温
　　5℃で県内で最も冷たい湧水
　◇沼袋の水（青森県十和田市赤沼）
　　水量豊富で清澄な水。ニジマス養殖に
　　も利用される
　◇白上の湧水（青森県十和田市相坂）
　　十和田湖のヒメマス増殖に道を開く
　◇落人の里の水（青森県十和田市深持）
　　湧水が2ヵ所あり、飲水・生活用水に
　　利用されている
　◇桂水大明神の水（青森県十和田市深持）
　　樹齢800年の桂の大木の根元から湧出
　◇小杉沢の湧水（青森県弘前市百沢）
　　男壺、女壺があり湧出量が豊富
　◇観音清水（青森県平川市広船）
　　津軽三十三観音二十八番札所の眼病に
　　きくという御神水

1987（昭和62）年度
　◇清水観音水（青森県弘前市桜庭）
　　巨岩の間から湧き出している。観音霊
　　場の参詣者や地元住民が利用している
　◇堂ヶ平桂清水（青森県弘前市堂ヶ平）
　　飲水、参詣者の浄水に利用されている
　◇羽黒神社霊泉（青森県弘前市宮地）
　　神社の参詣者の浄水、洗眼、飲水。地
　　域の飲料水にもなっている
　◇八甲田清水（青森県十和田市法量）
　　湧水量が非常に多い。水温6℃で変化
　　しない
　◇関根の清水（青森県三戸郡三戸町関根）
　　地域住民がお茶用の清水として利用し
　　ている
　◇白翁泉（青森県三戸郡三戸町高清水）
　　水量が豊富で地区住民が飲料水に利用
　　している
　◇弥勒の滝（青森県三戸郡田子町南来満
　　山）
　　高さ30m、幅20mの滝。幾条もの細い

　　糸を引いて岩肌を滑り落ちる

1988（昭和63）年度
　◇権現様の清水（青森県五所川原市野里）
　　夏でも冷たく、頭痛、眼病、皮膚病に
　　効くという
　◇寺下の滝（青森県三戸郡階上町赤保内）
　　不老長寿の水といわれる
　◇階上岳龍神水（青森県三戸郡階上町鳥屋
　　部）
　　頂上付近に湧水があり非常に珍しい
　◇マリア清水（青森県平川市切明）
　　周辺の景観美にすぐれる。泉源にマリ
　　ア像を祭る
　◇広岡羽黒さま（青森県つがる市木造越
　　水）
　　昔から眼病に悩む人が洗浄に訪れて
　　いた

312　事典・日本の自然保護地域

生息地

131 サンクチュアリ

　「サンクチュアリ」は、野生鳥獣の生息地の保全を目的とした場所。1981（昭和56）年、日本野鳥の会が北海道にウトナイ湖サンクチュアリを設置したことに始まる。サンクチュアリは保護区や自然公園などの指定を受けたり、土地の所有者との協定を結んだりすることにより、そのエリアは開発などから守られている。野生鳥獣の生息地として適切な状態にあるか調査が行われており、特定の種にとってそのサンクチュアリが重要な場合にはその種の生態調査も実施している。またレンジャーと呼ばれる専門の職員が常駐し、ネイチャーセンターという拠点施設で保全のための調査や自然環境の管理、来訪者の自然体験の手助けなどの活動を行っている。2015（平成27）年現在、日本野鳥の会は自ら運営するサンクチュアリを2ヶ所、地方自治体からの受託や指定管理者として7ヶ所の施設を管理している。

　[選定機関] 日本野鳥の会　[選定時期] 1981（昭和56）年～

◇ウトナイ湖サンクチュアリ（北海道苫小牧市）
　日本で最初のサンクチュアリ。ウトナイ湖、美々川、勇払原野の自然環境を保全と自然保護活動の拠点を目的に設置された。ウトナイ湖では260種以上の鳥類が確認されており、特にガン・カモ・ハクチョウなどの渡り鳥にとっては重要な中継地・越冬地となっている。湖畔にはネイチャーセンターや自然観察路が整備され、レンジャーから野鳥についての情報を聞くことができる

◇鶴居・伊藤タンチョウサンクチュアリ（北海道阿寒郡鶴居村中雪裡南）
　タンチョウの給餌活動を続けてきた土地を伊藤良孝が提供し日本野鳥の会が協定を結んで、全国から寄せられた募金で建てられた施設。タンチョウの餌が少なくなる11月から3月にタンチョウの給餌が行われる。現在では最大で400羽近くのタンチョウが飛来

◇根室市春国岱原生野鳥公園（北海道根室市東海）
　春国岱・風蓮湖では約310種の野鳥が観察されており、ハクチョウやカモ、シギ・チドリ類の中継地でタンチョウ、オジロワシ、クマゲラなど貴重な鳥たちが繁殖している

◇福島市小鳥の森（北海道根室市東海）
　阿武隈川に面する丘陵部に位置する里山で、夏にはキビタキやサンコウチョウ、冬にはツグミやジョウビタキ、一年を通してアオゲラやシジュウカラ、ヤマガラなどが見られる※平成24年日本野鳥の会ふくしまへ指定管理者が移行

◇東京港野鳥公園（東京都大田区東海）
　東京港野鳥公園は東京湾の埋立地に再生した自然を活かしてつくられた。シギ・チドリ類、カモ類などの水鳥や小鳥類、オオタカなどが公園を訪れ、年間120種類前後、開園以来226種類以上の野鳥が観察されている

◇三宅島自然ふれあいセンターアカコッコ館（東京都三宅村）
　照葉樹林に囲まれた大路池付近に位置する。アカコッコ、イイジマムシクイ、カラスバトなど多くの野鳥が見ら

事典・日本の自然保護地域　313

れる

◇横浜自然観察の森（神奈川県横浜市栄区
上郷町）
　起伏の多い丘陵地に位置する。ネイ
チャーセンターを起点としたミズキ
の道・コナラの道・タンポポの道・ウ
グイスの道の4つのネイチャートレイ
ルがあり、観察小屋や野外解説板が設
置されている。ホオジロ、カワセミの
野鳥など身近な自然を楽しめる

◇豊田市自然観察の森（愛知県豊田市東山
町）
　面積28.8haの鞍ケ池公園から続く緑地

帯の中にある。ネイチャーセンターを
中心として約4kmに及ぶ自然散策道、
観察舎、休憩舎、学習広場、探鳥用ブ
ラインド等の施設が整えられている。
「サシバのすめる森づくり」の里山保
全活動を行っている

◇姫路市自然観察の森（兵庫県姫路市太市
中）
　瀬戸内沿岸で見られる里山林。全長
8kmの観察路が設けられ、植物や昆虫、
野鳥などの自然観察ができる。春はセ
ンダイムシクイやキビタキなどの夏
鳥、秋はルリビタキやカモ類の鳥が訪
れる

132　重要生息地（IBA）

　「重要野鳥生息地（IBA（Important Bird Areas））」は、「鳥類を指標とした重要な自
然環境」を選定し、それらを国際的なネットワークとして、持続的な保全や管理を実
現しようとするもの。日本国内では167地点が選定された。〔選定基準〕バードライフ
インターナショナルの定めた全世界共通の基準により進められている。日本において
は次の4点を基準としている。基準A1：世界的に絶滅が危惧される種。基準A2：生息
地域限定種。基準A3：バイオーム限定種。基準A4：群れをつくる種。

　〔選定機関〕BirdLife International　〔選定時期〕1995（平成7）年～2003（平成
15）年

◇利尻島（北海道利尻郡利尻町, 北海道利
尻郡利尻富士町）
　利尻礼文サロベツ国立公園。約280種
類の野鳥が確認されている。ウミネコ
が海岸草原で大規模（約5万羽）なコロ
ニーを形成。選定理由：A3, A4iウミ
ネコ〔1〕

◇声問大沼（北海道稚内市）
　春と秋のコハクチョウやカモ類の渡り
の拠点。選定理由：A4iコハクチョウ
〔2〕

◇サロベツ原野（北海道天塩郡豊富町, 北
海道天塩郡幌延町, 北海道天塩郡天塩
町, 北海道稚内市）
　国指定サロベツ鳥獣保護区（特別保護
地区）。幌延ビジターセンター内の湿
原はツメナガセキレイの繁殖地。選定
理由：A4iヒシクイ〔3〕

◇クッチャロ湖（北海道枝幸郡浜頓別町）
　国指定浜頓別クッチャロ湖鳥獣保護
区。北オホーツク道立自然公園。ラ
ムサール条約登録湿地。約290種類の
野鳥が確認されている。国内有数の
コハクチョウの中継地。選定理由：A4i
コハクチョウ, A4iiiコハクチョウ〔4〕

◇枝幸・目梨泊（北海道枝幸郡枝幸町）
　230余種の野鳥が確認されている。か
つて、ナベコウやミゾゴイ、ワシミミ
ズクの飛来記録があった。選定理由：
A4iウミネコ〔5〕

◇天売島（北海道苫前郡羽幌町）
　国指定天売島鳥獣保護区（特別保護
地区）。暑寒別天売焼尻国定公園。約
240種類の野鳥が確認されている。ウ
トウは世界一の繁殖地。希少動物種の
ウミガラスの繁殖地。選定理由：A4i

オオセグロカモメ・ウミネコ, A4iiウ
トウ, A4iiiウトウ〔6〕

◇コムケ湖・シブノツナイ湖（北海道紋別
市, 北海道紋別郡湧別町）
　渡り鳥が90%を占める。選定理由：
A4iヒドリガモ・オナガガモ・トウネ
ン・チュウシャクシギ〔7〕

◇能取湖・網走湖（北海道網走市, 北海道
網走郡大空町）
　網走国定公園。ヒシクイ（亜種ヒシク
イ）の中継渡来地として重要度が高い。
選定理由：A1タンチョウ, A3タンチョ
ウ, A4iキアシシギ〔8〕

◇濤沸湖（北海道網走市, 北海道斜里郡小
清水町）
　国指定濤沸湖鳥獣保護区（特別保護地
区）。網走国定公園。ラムサール条約
登録湿地。約250種の鳥類が確認され
ている。渡りの中継。選定理由：A1
タンチョウ, A3タンチョウ, A4iキア
シシギ〔9〕

◇知床半島・斜里岳（北海道斜里郡斜里町,
北海道斜里郡清里町, 北海道目梨郡羅
臼町, 標津郡標津町, 中標津町）
　国指定知床鳥獣保護区（特別保護地
区）。知床国立公園（特別保護地区）。
知床森林生態系保護地域。遠音別岳原
生自然環境保全地域。斜里岳道立自然
公園。選定理由：A1オオワシ・シマフ
クロウ, A3オオワシ・シマフクロウ,
A4iウミウ・オオセグロカモメ〔10〕

◇野付・尾岱沼（北海道標津郡標津町, 北
海道野付郡別海町）
　国指定野付半島・野付湾鳥獣保護区
（特別保護区）。野付風連道立自然公
園（特別地域）。ラムサール条約登録
湿地。219種の鳥類が記録され、タン
チョウ・オジロワシ・アカアシシギの
繁殖地。選定理由：A1タンチョウ・オ
オワシ, A3タンチョウ・オオワシ, A4ii
オオハクチョウ・ヒシクイ・コクガン・
ヒドリガモ・スズガモ・ホオジロガモ・
キョウジョシギ・キアシシギ〔11〕

◇風蓮湖・温根沼（北海道根室市, 北海道
野付郡別海町, 北海道厚岸郡浜中町）
　国指定風蓮湖鳥獣保護区（特別保護地

区）。国指定鳥獣保護区（特別保護地
区）。野付・風蓮道立自然公園。ラム
サール条約登録湿地。特別天然記念物
のタンチョウは、約30つがいが繁殖。
渡りの季節には約10,000羽のオオハ
クチョウが訪れる。選定理由：A1タ
ンチョウ・オオワシ, A3タンチョウ・
オオワシ, A4iオオハクチョウ・ヒシ
クイ・コクガン・ヒドリガモ・スズガ
モ・ホオジロガモ・タンチョウ・キョウ
ジョシギ・トウネン・キアシシギ〔12〕

◇トモシリ・チトモシリ島（北海道根室市）
　確認種：オオセグロカモメ、ウミネコ、
ウミウ、ヒメウ、キアシシギ、ハシブ
トガラス（上陸した時周りの岩礁等に
いた種）。選定理由：A4iオオセグロ
カモメ〔13〕

◇ユルリ・モユルリ島（北海道根室市）
　国指定ユルリ・モユルリ鳥獣保護区
（特別保護地区）。国内有数の海鳥の
繁殖地。選定理由：A4iウトウ・オオ
セグロカモメ, A4iiウトウ・オオセグ
ロカモメ〔14〕

◇霧多布湿原・琵琶瀬湾（北海道厚岸郡浜
中町）
　国指定厚岸・別寒辺牛・霧多布鳥獣保
護区（特別保護区）。厚岸道立自然
公園。ラムサール条約登録湿地。選定
理由：A1タンチョウ・オオワシ, A3タ
ンチョウ・オオワシ〔15〕

◇厚岸湖・別寒辺牛湿原（北海道厚岸郡厚
岸町, 川上郡標茶町）
　国指定厚岸・別寒辺牛・霧多布鳥獣保
護区。厚岸道立自然公園。ラムサール
条約登録湿地。大規模なオオハクチョ
ウ・ガンカモの渡来地、タンチョウ繁
殖地。選定理由：A1タンチョウ・オオ
ワシ, A4iオオハクチョウ〔16〕

◇大黒島（北海道厚岸郡厚岸町）
　国指定大黒島鳥獣保護区（特別保護地
区）。厚岸道立自然公園。コシジロウ
ミツバメは数十万羽が繁殖し国内で唯
一の大規模繁殖地。ウミウ、ウトウも
国内では数少ない繁殖地の一つ。選定
理由：A4iコシジロウミツバメ・オオ
セグロカモメ, A4iiコシジロウミツバ
メ・オオセグロカモメ, A4iiiコシジロ

132 重要生息地（IBA）

ウミツバメ〔17〕

◇釧路湿原（北海道釧路市，北海道釧路郡釧路町，北海道川上郡標茶町，阿寒郡鶴居町）
釧路湿原国立公園（特別保護地区）。国指定釧路湿原鳥獣保護区（特別保護地区）。ラムサール条約登録湿地。約175種の鳥類が確認されている。選定理由：A1タンチョウ，A3タンチョウ約900羽〔18〕

◇十勝川下流域（北海道十勝郡浦幌町，北海道中川郡豊頃町，北海道中川郡池田町）
十勝川高水敷では，樹林性鳥類，草原性鳥類が見られ，河跡湖などの湿地ではタンチョウやアカエリカイツブリが営巣している。選定理由：A1タンチョウ，A3タンチョウ，A4iヒシクイ〔19〕

◇十勝海岸湖沼群（北海道中川郡豊頃町，北海道広尾郡大樹町）
200種以上の野鳥が確認されている。特別天然記念物のタンチョウが約15つがい繁殖。生花苗沼には春期に約3,000羽のマガンが滞在。選定理由：A1タンチョウ，A3タンチョウ，A4iマガン〔20〕

◇阿寒・屈斜路（北海道阿寒湖，屈斜路湖，摩周湖および周辺森林）
阿寒国立公園（特別保護地区）。ラムサール条約登録湿地。選定理由：A3シマフクロウ・タンチョウ〔21〕

◇大雪山（北海道石狩山地，北見山地南部）
国指定大雪山鳥獣保護区。大雪山国立公園。森林生態系保護地域。特定動物生息地保護林（シマフクロウ生息地保護林）。十勝川源流部原生自然環境保全地域。大雪山国立公園内で167種が記録されている。高山帯ではギンザンマシコ・ジョウビタキ・ハギマシコが繁殖。シロフクロウの越夏，針葉樹林帯のミユビゲラ・キンメフクロウの生息など。選定理由：A3〔22〕

◇日高山脈（北海道日高山脈）
日高山脈襟裳国定公園。森林生態系保護地域。高山帯にはカヤクグリ，ホシガラス，亜高山帯のダケカンバ帯から針広混交林にかけてはルリビタキ，ウ

ソ，サメビタキ，マミジロ，エゾライチョウ，クマゲラ，クロジ，コマドリなどが生息。選定理由：A3〔23〕

◇石狩川流域湖沼群（北海道宮島沼および周辺湖沼群）
国指定宮島沼鳥獣保護区（特別保護地区）。ラムサール条約登録湿地。北海道を南北に縦断する渡り経路からの立地条件から，多数の鳥類が確認されている。選定理由：A4iマガン・ヒシクイ・コハクチョウ・オオハクチョウ，A4iiiマガン〔24〕

◇旧長都沼（北海道千歳市，北海道夕張郡長沼町）
渡り鳥の中継地で春，秋には約2,000羽のヒシクイ（亜種オオヒシクイ），春は2〜3万羽のマガンが飛来する。選定理由：A4iマガン・ヒシクイ・コハクチョウ〔25〕

◇ウトナイ湖・勇払原野（北海道苫小牧市，北海道勇払郡安平町，北海道勇払郡厚真町）
国指定ウトナイ湖鳥獣保護区（特別保護地区）。ウトナイ湖では約260種の鳥類が確認されており，春は水鳥の渡りの中継地。選定理由：A4iコハクチョウ 約840羽・マガン 約20,000羽・ヒシクイ 約2,000羽・オオジシギ 約400羽〔26〕

◇鵡川（北海道勇払郡むかわ町）
干潟部分のシギ・チドリ類や左岸淡水池のガン・カモ類，海上のウミスズメ，ミズナギドリ類等水鳥系の旅鳥が代表的。選定理由：A4iマガン〔27〕

◇支笏・洞爺（北海道）
支笏洞爺国立公園。選定理由：A3〔28〕

◇八雲（北海道二海郡八雲町）
ユーラップ川へのサケ遡上の合わせてのワシが渡来。選定理由：A1オオワシ，A3オオワシ〔29〕

◇函館湾・亀田半島南岸（北海道函館市ほか）
選定理由：A4iコクガン〔30〕

◇松前小島（北海道松前郡松前町）
松前矢越道立自然公園。海鳥の繁殖地。渡り鳥の中継地。選定理由：A4i

生息地

ウミネコ, A4iiウトウ, A4iiiウミネコ
〔31〕

◇弁天島（青森県下北郡大間町）
ウミネコの生息個体数は3万～4万羽で
あり、近年オオセグロカモメが増加
傾向にある。選定理由：A4iウミネコ,
A4iiiウミネコ〔32〕

◇下北半島北部沿岸（青森県下北半島北部
沿岸）
クロガモ、シノリガモ、ウミアイサな
どの海岸性のカモ類、カモメ類、カイ
ツブリ類、アビ・オオハム類、ウ類が
11月から4月にかけて飛来する。コク
ガンが飛来。選定理由：A4iコクガン
〔33〕

◇陸奥湾（青森県陸奥湾沿岸市町村）
国指定小湊鳥獣保護区。11月から4月
にかけてオオハクチョウ、コクガン、
マガモ等の淡水ガモ、スズガモなどの
潜水ガモ、カイツブリ類、ウミガラス
類、カモメ類が飛来する。選定理由：
A4iコクガン・オオハクチョウ〔34〕

◇仏沼・小川原湖湖沼群（青森県三沢市, 青
森県上北郡六ヶ所村, 青森県上北郡東
北町, 青森県上北郡六戸町）
国指定仏沼鳥獣保護区（特別保護地
区）。約194種の鳥類が確認されてい
る。選定理由：A4オオセッカ・シマ
クイナ、A3オオセッカ・コジュリン
〔35〕

◇蕪島（青森県八戸市）
4月から8月にかけて2～4万羽のウミ
ネコが繁殖する。冬は島内でハギマ
シコが見られる。選定理由：A4iウミ
ネコ, A4iiiウミネコ〔36〕

◇岩木川河口・十三湖（青森県つがる市, 五
所川原市, 北津軽郡中泊町）
選定理由：A1オオセッカ, A3オオセッ
カ・コジュリン〔37〕

◇廻堰大溜池・砂沢溜池（青森県つがる市,
弘前市, 北津軽郡鶴田町）
選定理由：A4iマガン・ヒシクイ・コ
ハクチョウ・オナガガモ〔38〕

◇狄ヶ館溜池（青森県つがる市）
選定理由：A4iヒシクイ〔39〕

◇十和田・八甲田（青森県, 秋田県）
十和田八幡平国立公園。クマゲラ、ア
カショウビン等が生息している。選定
理由：A3〔40〕

◇白神山地（青森県, 秋田県）
白神山地自然環境保全地域。森林生態
系保護地域。選定理由：A3〔41〕

◇日出島（岩手県宮古市）
国指定日出島鳥獣保護区。国内、唯一
のクロコシジロウミツバメの繁殖地で
あるが、島全域がオオミズナギドリの
繁殖地に変わりつつある。選定理由：
A4iiクロコシジロウミツバメ〔42〕

◇三貫島（岩手県釜石市）
国指定三貫島鳥獣保護区。島全体がオ
オミズナギドリの繁殖地。選定理由：
A4iウミネコ, A4iiオオミズナギドリ,
A4iiiオオミズナギドリ〔43〕

◇椿島・青松島（岩手県陸前高田市）
ウミネコ、ウミウ、オオセグロカモメ
が繁殖。選定理由：A4iウミネコ〔44〕

◇早池峰（岩手県遠野市, 盛岡市, 花巻市,
宮古市, 下閉伊郡岩泉町）
早池峰国定公園。早池峰県立自然公
園。早池峰自然環境保全地域。カヤ
クグリ、コマドリ、ルリビタキ、メボ
ソムシクイ、ホシガラスなどの野鳥が
見られる。選定理由：A3〔45〕

◇新堤・北上川（岩手県北上市）
選定理由：A4iオオハクチョウ〔46〕

◇八幡平・和賀岳（岩手県, 秋田県）
十和田八幡平国立公園。和賀岳自然
環境保全地域。和賀岳周辺でオオジ
シギ、ノジコ、アオジ、カッコウ、ホ
トトギスなどがみられる。選定理由：
A3〔47〕

◇栗駒・焼石（秋田県, 秋田県, 宮城県, 山
形県）
栗駒国定公園。森林生態系保護地域。
選定理由：A3〔48〕

◇三陸海岸南部（宮城県気仙沼市）
陸中海岸国立公園。気仙沼県立自然公
園。選定理由：A4iコクガン〔49〕

◇双子島（宮城県石巻市）
選定理由：A4iウミネコ〔50〕

事典・日本の自然保護地域　317

132 **重要生息地（IBA）**　　　　　　　　　　　　　　　　　　　　　　　生息地

◇陸前江ノ島（宮城県牡鹿郡女川町）
　　選定理由：A4iウミネコ〔51〕
◇迫川（宮城県栗原市）
　　選定理由：A4iコハクチョウ〔52〕
◇伊豆沼（宮城県登米市, 宮城県栗原市）
　　国指定伊豆沼鳥獣保護区（特別保護地
　　区）。ラムサール条約登録湿地。選定
　　理由：A4iマガン・オオハクチョウ・
　　オナガガモ, A4iiiカモ類〔53〕
◇蕪栗沼（宮城県登米市, 宮城県大崎市）
　　ラムサール条約登録湿地。国指定蕪栗
　　沼・周辺水田鳥獣保護区（特別保護地
　　区）。選定理由：A4iマガン, A4iiiカモ
　　類〔54〕
◇化女沼（宮城県大崎市）
　　選定理由：A4iマガン・ヒシクイ〔55〕
◇蔵王・船形（宮城県, 山形県）
　　蔵王国定公園。天童高原県立自然公
　　園。二口県立公園。御所山県立自然公
　　園。大型の希少猛禽類イヌワシ, ク
　　マタカが生息。選定理由：A3〔56〕
◇小友沼（秋田県能代市）
　　渡り鳥の渡来コース。選定理由：A4i
　　ヒシクイ・マガン・オナガガモ, A4iii
　　マガン〔57〕
◇八郎潟（秋田県旧八郎潟とその湖畔およ
　　び下流域）
　　国指定大潟草原鳥獣保護区（特別保護
　　地区）。東アジア地域ガンカモ類重要
　　生息地ネットワーク。カンカモやシ
　　ギ・チドリの重要な中継地。選定理由：
　　A1オオセッカ, A3オオセッカ, A4iマ
　　ガン・ヒシクイ・コハクチョウ, A4iii
　　マガン〔58〕
◇玉川（秋田県大仙市, 秋田県仙北市）
　　玉川の水辺ではサギ類やカモ類, 河畔
　　林ではシジュウカラ類やキツツキ類
　　が見られる。冬にはハクチョウ類が
　　飛来。選定理由：A4iオオハクチョウ
　　〔59〕
◇飛島・御積島（山形県酒田市）
　　渡りの中継地点。春秋の渡りの時期
　　に見られる。選定理由：A4iウミネコ,
　　A4iiiウミネコ〔60〕
◇最上川河口（山形県酒田市）

　　冬の水鳥白鳥類、カモ類、カモメ類な
　　ど。選定理由：A4iオオハクチョウ・
　　コハクチョウ・オナガガモ, A4iiiカモ
　　類〔61〕
◇大山上池下池（山形県鶴岡市）
　　庄内海浜県立自然公園。冬には白鳥、
　　オオヒシクイ、マガン、カモ類が多く
　　集まる。選定理由：A4iマガモ, A4iii
　　マガモ〔62〕
◇朝日岳・月山（山形県, 新潟県）
　　磐梯朝日国立公園。朝日山地森林生
　　態系保護地域。磐梯朝日国立公園（出
　　羽三山朝日地域）。ブナ林ではキビタ
　　キ、クロジ、コルリなど、渓流ではヤ
　　マセミ、カワガラスなど、中腹や稜線
　　に大型猛禽類のクマタカ、イヌワシが
　　見られる。選定理由：A3〔63〕
◇吾妻・磐梯（山形県, 福島県）
　　磐梯朝日国立公園。霞ヶ城岳県立自然
　　公園。森林生態系保護地域。水辺から
　　亜高山帯まで様々な生息環境のため野
　　鳥の種類が多い。選定理由：A3〔64〕
◇阿武隈川（福島県福島市周辺）
　　冬期は個体数1万羽を越す水鳥の越冬
　　地。夏期にもオオヨシキリ・イカルチ
　　ドリ・カッコウなどが繁殖。選定理由：
　　A4iオナガガモ〔65〕
◇猪苗代湖（福島県郡山市, 福島県会津若
　　松市, 福島県耶麻郡猪苗代町）
　　11月から3月までオオハクチョウ、コ
　　ハクチョウが飛来。選定理由：A4iコ
　　ハクチョウ〔66〕
◇奥只見・奥日光・奥利根（福島県, 新潟
　　県, 栃木県, 群馬県）
　　日光国立公園。越後三山只見国定公
　　園。大佐飛山自然環境保全地域。利根
　　川源流部自然環境保全地域。ラムサー
　　ル条約登録湿地。選定理由：A3〔67〕
◇霞ヶ浦・浮島（茨城県 霞ヶ浦, 浮島, 桜
　　川村周辺）
　　水郷筑波国定公園。選定理由：A4オ
　　オセッカ, A3オオセッカ・コジュリン,
　　A4iコチドリ・ムナグロ・コガモ・カ
　　モ類〔68〕
◇利根川河川敷（茨城県神栖市, 千葉県銚
　　子市, 香取市, 香取郡東庄町）

選定理由：A1オオセッカ，A3オオセッカ・コジュリン，A4iチュウシャクシギ〔69〕

◇利根川河口域（茨城県神栖市，千葉県銚子市）
渡り鳥や旅鳥の重要な休息地。選定理由：A4iミユビシギ〔70〕

◇浅間・白根・谷川（群馬県，新潟県，長野県）
上信越高原国立公園。選定理由：A3〔71〕

◇九十九里浜（千葉県九十九里浜（一宮川河口から飯岡海岸まで））
県立九十九里自然公園。海上ではアビ類，カイツブリ類，ウミスズメ類やウ類が浮かぶ。選定理由：A4iミユビシギ〔72〕

◇盤州・富津干潟（千葉県木更津市，千葉県富津市）
シギ・チドリ類，カモメ類は干潟。小鳥，タカ類は三角州ヨシ原。人工池ではカワウが繁殖。選定理由：A4iスズガモ・シロチドリ・ミユビシギ・キアシシギ〔73〕

◇東京湾奥部（東京都，千葉県 東京湾奥部）
国指定谷津鳥獣保護区（特別保護地区）。ラムサール条約登録湿地。約180種の鳥類が観察されており，渡り鳥の中継地。選定理由：A4iカワウ・スズガモ・ダイゼン・キョウジョシギ・ハマシギ・ミユビシギ・キアシシギ・チュウシャクシギ，A4iiiスズガモ〔74〕

◇大島（東京都大島町）
富士箱根伊豆国立公園（特別保護地区）。選定理由：A1アカコッコ・ウチヤマセンニュウ・イイジマムシクイ，A2カラスバト・アカコッコ・イイジマムシクイ〔75〕

◇利島（東京都利島村）
富士箱根伊豆国立公園（特別保護地区）。：A1アカコッコ・ウチヤマセンニュウ・イイジマムシクイ，A2カラスバト・アカコッコ・イイジマムシクイ〔76〕

◇新島・式根島（東京都新島村）
富士箱根伊豆国立公園（特別保護

区）。選定理由：A1カンムリウミスズメ・アカコッコ・ウチヤマセンニュウ・イイジマムシクイ，A2カラスバト・アカコッコ・イイジマムシクイ，A4iiカンムリウミスズメ〔77〕

◇神津島（東京都神津島村）
富士箱根伊豆国立公園（特別保護地区）。選定理由：A1カンムリウミスズメ・アカコッコ・ウチヤマセンニュウ・イイジマムシクイ，A2カラスバト・アカコッコ・イイジマムシクイ，A4iiオーストンウミツバメ・カンムリウミスズメ〔78〕

◇三宅島（東京都三宅村）
富士箱根伊豆国立公園（特別保護地区）。約250種類の野鳥が確認されている。選定理由：A1カンムリウミスズメ・ミゾゴイ・アカコッコ・ウチヤマセンニュウ・イイジマムシクイ，A2カラスバト・アカコッコ・イイジマムシクイ，A4iiカンムリウミスズメ〔79〕

◇御蔵島（東京都御蔵島村）
富士箱根伊豆国立公園（特別保護地区）。本州の別亜種オーストンヤマガラ，タネコマドリ，モスケミソサザイなどが生息。選定理由：A1カンムリウミスズメ・ミゾゴイ・アカコッコ・ウチヤマセンニュウ・イイジマムシクイ，A2カラスバト・アカコッコ・イイジマムシクイ，A4iiオオミズナギドリ・カンムリウミスズメ〔80〕

◇八丈島（東京都八丈島八丈町）
富士箱根伊豆国立公園（特別保護地区）。本州の別亜種オーストンヤマガラ，タネコマドリ，モスケミソサザイ，シチトウメジロなどが生息。選定理由：A1カンムリウミスズメ・アカコッコ・ウチヤマセンニュウ・イイジマムシクイ，A2カラスバト・アカコッコ・イイジマムシクイ，A4iiカンムリウミスズメ〔81〕

◇青ヶ島（東京都青ヶ島村）
本州の別亜種タネコマドリ，シチトウメジロなどが生息。選定理由：A1アカコッコ・ウチヤマセンニュウ・イイジマムシクイ，A2カラスバト・アカコッコ・イイジマムシクイ〔82〕

◇鳥島（東京都・八丈島鳥島）
国指定鳥島鳥獣保護区。選定理由：A1
アホウドリ・クロアシアホウドリ・カン
ムリウミスズメ，A4iアホウドリ〔83〕

◇聟島列島（東京都小笠原村聟島列島）
小笠原国立公園（特別地域・特別保護
地区）。国指定小笠原諸島鳥獣保護区
（特別保護地区）。西部北太平洋域に
おけるコアホウドリの唯一の繁殖地。
選定理由：A1クロアシアホウドリ，A2
カラスバト〔84〕

◇父島列島（東京都・小笠原村父島列島）
国指定小笠原諸島鳥獣保護区（特別保
護地区）。小笠原国立公園（特別地域・
特別保護地区）。固有種のオガサワラ
ノスリが多数繁殖。東平地区では、ア
カガシラカラスバトが観察できる。選
定理由：A2カラスバト〔85〕

◇母島列島（東京都小笠原村母島列島）
国指定小笠原諸島鳥獣保護区（特別保
護地区）。小笠原国立公園（特別地域・
特別保護地区）。森林生態系保護地域。
小笠原の固有種で唯一絶滅をまぬがれ
たメグロ、固有亜種であるアカガシラ
カラスバト、オガサワラノスリの重要
な繁殖地。選定理由：A1メグロ，A2
カラスバト・メグロ〔86〕

◇西之島（東京都小笠原村西之島）
小笠原国立公園（特別地域・特別保護
地区）。海鳥の繁殖地。オナガミズナ
ギドリ、カツオドリ、オオアジサシ、
セグロアジサシ、クロアジサシのコロ
ニーが見られている。選定理由：A4i
オオアジサシ〔87〕

◇火山列島（東京都・小笠原村火山列島）
小笠原国立公園（特別地域・特別保護
地区）。南硫黄島原生自然環境保全地
域。メジロ、ヒヨドリ、イソヒヨドリ、
ウグイス、アカガシラカラスバトなど
が記録されている。選定理由：A2カ
ラスバト、A4iiクロウミツバメ・アカ
オネッタイチョウ〔88〕

◇佐潟（新潟県新潟市）
国指定佐潟鳥獣保護区。ラムサール条
約登録湿地。最大4000羽を超えるコ
ハクチョウが飛来・越冬。選定理由：
A4iコハクチョウ〔89〕

◇朝日池・鵜ノ池（新潟県上越市）
新潟県上越地方最大の水鳥飛来地。選
定理由：A4iマガン・ヒシクイ〔90〕

◇鳥屋野潟（新潟県新潟市）
3500羽のコハクチョウや2000羽近く
のヒシクイ（亜種オオヒシクイ）が飛
来・越冬する。選定理由：A4iコハク
チョウ〔91〕

◇瓢湖（新潟県阿賀野市）
6000羽のハクチョウ類と数万羽のカ
モ類が飛来する。選定理由：A4iコハ
クチョウ・マガモ・オナガガモ，A4iii
カモ類〔92〕

◇福島潟（新潟県新潟市）
国指定福島潟鳥獣保護区。7000羽のオ
オヒシクイが飛来する国内飛来数日本
一の越冬地。選定理由：A4iヒシクイ・
コハクチョウ〔93〕

◇妙高・戸隠（新潟県，長野県）
上信越高原国立公園。久比岐県立自然
公園。選定理由：A3〔94〕

◇北アルプス（新潟県，富山県，長野県，岐
阜県）
中部山岳国立公園。白馬山麓県立自然
公園。朝日県立公園。選定理由：A3
〔95〕

◇八ヶ岳（山梨県，長野県）
八ヶ岳中信高原国定公園。高山性の種
はイワヒバリ、カヤクグリ、ルリビタ
キ、ホシガラスなどわずかで標高が下
るにつれキクイタダキ、コガラ、ヒガ
ラ、ヤマガラなどカラ類が多くなる。
選定理由：A3〔96〕

◇富士（山梨県，静岡県）
富士箱根伊豆国立公園。選定理由：A3
〔97〕

◇南アルプス（山梨県，長野県，静岡県）
南アルプス国立公園。選定理由：A3
〔98〕

◇七ツ島（石川県輪島市）
国指定七ツ島鳥獣保護区。能登半島
国定公園（特別保護地区）。選定理由：
A1カンムリウミスズメ〔99〕

◇河北潟・高松海岸（石川県金沢市，石川
県かほく市，石川県河北郡内灘町）

チュウヒ、シロチドリなどが繁殖し、シギチドリ類の渡りの中継地。選定理由：A1トモエガモ, A4iミユビシギ, A4iiiカモ類〔100〕

◇片野鴨池（石川県加賀市片野町）
国定公園第一種特別地域。国指定片野鴨池鳥獣保護区（特別保護地区）。ラムサール条約登録地。東アジア地域ガンカモ類重要生息地ネットワーク参加地。約210種の鳥類が確認されている。選定理由：A1トモエガモ, A4iマガン約2000羽〔101〕

◇小舞子海岸（石川県白山市, 石川県能美市, 石川県小松市）
シロチドリ、コチドリが繁殖する。冬期にはミユビシギ、ハマシギの大きな群が見られる。選定理由：A4iミユビシギ〔102〕

◇白山（富山県, 石川県, 福井県, 岐阜県）
白山国立公園。獅子吼手取県立自然公園。国設白山鳥獣保護区。UNESCO生物圏保護地域。森林生態系保護地域。選定理由：A3〔103〕

◇九頭竜川下流域（福井県坂井市）
冬鳥の渡来地。鴨池にマガンが約2000羽、オオヒシクイが約500羽、他数羽のカリガネ、シジュウカラガン、サカツラガン等が渡来。選定理由：A4iマガン〔104〕

◇能郷白山・伊吹山地（福井県, 岐阜県, 滋賀県）
揖斐関ケ原養老国定公園。奥越高原県立自然公園。揖斐県立自然公園。琵琶湖国定公園。クマタカ、イヌワシなどの大型猛禽類が多く生息し、夏鳥も多く渡来して繁殖している。選定理由：A3〔105〕

◇浜名湖・遠州灘（静岡県浜松市, 静岡県湖西市）
浜名湖県立自然公園。数多くのカモ類が越冬する。選定理由：A4iヨシガモ・ホシハジロ・スズガモ・コアジサシ, A4iiiカモ類〔106〕

◇伊川津（愛知県田原市）
三河湾国定公園。選定理由：A4iキョウジョシギ〔107〕

◇汐川干潟（愛知県豊橋市, 愛知県田原市）
渥美半島県立自然公園。選定理由：A4iスズガモ・コチドリ・ケリ・キョウジョシギ・トウネン・ハマシギ・キアシシギ・チュウシャクシギ〔108〕

◇矢作川河口（愛知県西尾市, 愛知県碧南市）
選定理由：A4iスズガモ・ケリ〔109〕

◇旧浅井新田養魚池周辺（愛知県蒲郡市）
旧浅井新田養魚池周辺。埋め立てられ、ホシハジロ等の冬鳥は周辺海域に移動した。選定理由：A4iホシハジロ〔110〕

◇藤前干潟（愛知県名古屋市）
国指定藤前干潟鳥獣保護区（特別保護地区）。ラムサール条約登録湿地。東アジア−オーストラリア渡りルート上の中継地。選定理由：A4iトウネン・ハマシギ・キアシシギ・ソリハシシギ〔111〕

◇鵜の山（愛知県知多郡美浜町）
国内最大級のカワウの繁殖地。選定理由：A4iカワウ〔112〕

◇安濃川・志登茂川河口（三重県津市）
中勢銃猟禁止区域。選定理由：A4iミツユビシギ・キアシシギ〔113〕

◇雲出川・愛宕川・金剛川河口（三重県松阪市, 三重県津市）
選定理由：A4iキアシシギ・チュウシャクシギ〔114〕

◇紀伊長島（三重県北牟婁郡紀北町, 三重県度会郡大紀町）
国指定紀伊長島鳥獣保護区（特別保護地区）。海域の離島でカンムリウミスズメ、カラスバト、オオミズナギドリ、ウチヤマセンニュウなど貴重な鳥類が繁殖している。選定理由：A1カンムリウミスズメ・ウチヤマセンニュウ, A2カラスバト〔115〕

◇大峰山脈・台高山脈（三重県, 奈良県（大峰山脈, 台高山脈（大台ケ原〜国見山）））
国指定大台山系鳥獣保護区（特別保護地区）。吉野熊野国立公園（特別保護地区）。室生赤目青山国定公園。大台ケ原で近年、コマドリが減り、ソウシ

チョウ（外来種）が増えている。選定
理由：A3〔116〕

◇琵琶湖（滋賀県琵琶湖沿岸市町村）
　琵琶湖国定公園。ラムサール条約登録
湿地。冬期にカモ類を中心に水鳥が多
数飛来するほかワシタカ類も多く飛来
する。選定理由：A4iヨシガモ・ヒド
リガモ・ホシハジロ・キンクロハジロ，
A4iiiカモ類〔117〕

◇冠島・沓島（京都府舞鶴市）
　若狭湾国定公園。オオミズナギドリの
生息数は最盛期には約十万羽。渡り鳥
の中継地。選定理由：A1カンムリウミ
スズメ，A2カラスバト，A4iiオオミズ
ナギドリ・ヒメクロウミツバメ，A4iii
オオミズナギドリ〔118〕

◇大阪南港（大阪南港野鳥園）（大阪府大阪
市住之江区）
　銃猟禁止区域。東アジア・オーストラ
リア地域フライウェイ・パートナー
シップ。野鳥園の人工干潟と塩生湿地
からなる湿地エリアが，大阪湾岸での
シギ・チドリ類の渡りの中継地。選定
理由：A4iコチドリ・シロチドリ〔119〕

◇二津野ダム（奈良県吉野郡十津川村）
　銃猟禁止区域。オシドリの国内最大
級の越冬地。選定理由：A4iオシドリ
〔120〕

◇氷ノ山（兵庫県，鳥取県，岡山県）
　氷ノ山後山那岐山国定公園。音水ちく
さ県立自然公園。選定理由：A3〔121〕

◇中海（鳥取県，島根県）
　国指定中海鳥獣保護区。ラムサール条
約登録湿地。西日本最大のコハクチョ
ウの集団越冬地。日本有数のカモ類の
越冬地。選定理由：A4iコハクチョウ・
ホシハジロ・スズガモ・キンクロハジ
ロ，A4iiiカモ類〔122〕

◇宍道湖（島根県松江市，島根県出雲市）
　宍道湖北山県立自然公園。ラムサール
条約登録湿地。冬季はマガン，ヒシク
イ，コハクチョウの集団越冬地。汽水
湖としての特性からハジロカモ類，特
にキンクロハジロが多棲。選定理由：
A4iマガン・キンクロハジロ・スズガ
モ，A4iiiカモ類〔123〕

◇隠岐諸島（島根県隠岐郡）
　大山・隠岐国立公園。隠岐航路の洋上
ではカモメ類や稀にウミスズメ類など
の海鳥が観察できる。選定理由：A2
カラスバト〔124〕

◇経島（島根県出雲市）
　大山・隠岐国立公園。ウミネコは10月
下旬から7月に約5，000羽が繁殖。岩
礁部でクロサギが見られることもあ
る。選定理由：A4iウミネコ〔125〕

◇児島湖・阿部池（岡山県岡山市，岡山県
玉野市）
　冬季のカモ渡来数は40，000羽を数え
る。選定理由：A4iiiカモ類〔126〕

◇熊毛八代（山口県周南市）
　本州で唯一のナベヅルの渡来地。選定
理由：A1ナベヅル〔127〕

◇吉野川下流域（徳島県徳島市）
　干潟の豊富なカニ類を餌にする大型シ
ギ・チドリ類が数多く飛来している。
選定理由：A4iヒドリガモ〔128〕

◇剣山系（徳島県，高知県）
　剣山国定公園。奥物部県立自然公園。
梶ヶ森県立自然公園。ビンズイ，カヤ
クグリ，ルリビタキ，メボソムシクイ，
サメビタキ，クロジ等の繁殖南限域。
選定理由：A3〔129〕

◇石鎚山系（愛媛県，高知県）
　石鎚国定公園。安居渓谷県立自然公
園。中津渓谷県立自然公園。皿ヶ山連
峰県立自然公園。石鎚山山頂付近には
ビンズイ，カヤクグリ，ルリビタキ，
メボソムシクイ，ホシガラスなど高山
性の鳥が生息。選定理由：A3〔130〕

◇加茂川河口（愛媛県西条市）
　春と秋にはハマシギ，シロチドリなど
のシギ・チドリ類が多く観察される。
選定理由：A1ズグロカモメ，A4iキア
シシギ・チュウシャクシギ〔131〕

◇鹿野川ダム（愛媛県大洲市，愛媛県西予
市）
　肱川県立自然公園。オシドリの単一の
越冬地としては日本最大規模。選定理
由：A4iオシドリ〔132〕

◇四万十川中流域山林（高知県四万十市，
高岡郡四万十町）

生息地　　　　　　　　　　　　　　　　　　　　　　　　　　*132*　重要生息地（IBA）

選定理由：A1ヤイロチョウ〔133〕

◇西南諸島（高知県宿毛市）
選定理由：A1カンムリウミスズメ, A2
カラスバト〔134〕

◇曽根干潟（福岡県北九州市）
春秋の渡りおよび越冬期の種数・個体
数が多い。選定理由：A1ズグロカモ
メ, A4iシロチドリ・キアシシギ・チュ
ウシャクシギ・ズグロカモメ〔135〕

◇沖ノ島・小屋島（福岡県宗像市）
国指定沖ノ島鳥獣保護区（特別保護地
区）。168種が記録されている。選定
理由：A1カンムリウミスズメ・ウチ
ヤマセンニュウ, A2カラスバト, A4ii
オオミズナギドリ・カンムリウミスズ
メ〔136〕

◇烏帽子島（福岡県糸島市）
冬季は、島の周りでウミウ、ヒメウ、
カモメ類などが見られる。選定理由：
A1カンムリウミスズメ, A4iiカンムリ
ウミスズメ〔137〕

◇机島（福岡県福岡市西区）
冬季は多くの海鳥が休息地として利用
している。カワウ、ウミウ、ヒメウな
どの他、カモメの仲間が多く観察され
る。選定理由：A1カンムリウミスズ
メ・ウチヤマセンニュウ〔138〕

◇博多湾（福岡県福岡市）
国指定和白干潟鳥獣保護区。春秋の渡
りおよび越冬期が多い。選定理由：A1
クロツラヘラサギ・ズグロカモメ・ウ
チヤマセンニュウ, A4iクロツラヘラ
サギ・トウネン・ハマシギ・アオアシ
シギ・キアシシギ・ソリハシシギ・チュ
ウシャクシギ〔139〕

◇有明海奥部（佐賀県佐賀市, 小城市, 鹿島
市, 福岡県柳川市, 大牟田市）
有明海奥部の干潟には旅鳥としてシ
ギ・チドリ類が春秋の渡りの時期には
多数渡来する。選定理由：A1ズグロ
カモメ, A4iダイゼン・ハマシギ・アオ
アシシギ・チュウシャクシギ・ズグロ
カモメ〔140〕

◇諫早湾（長崎県諫早市ほか）
選定理由：A4iスズガモ, A4iiiカモ類
〔141〕

◇対馬（長崎県対馬市）
国指定伊奈鳥獣保護区。調査記録によ
ると330種を越える鳥が確認されてい
る。選定理由：A1ウチヤマセンニュ
ウ, A2カラスバト, A4ivアカハラダカ
〔142〕

◇男女群島（長崎県五島市）
国指定男女群島鳥獣保護区（特別保
護地区）。西海国立公園。1965（昭和
40）年〜1977（昭和52）年の春期（4月
〜5月）および夏期（7月〜8月）に確認
された鳥類は、34科128種。選定理由：
A1カンムリウミスズメ・ウチヤマセ
ンニュウ, A2カラスバト・アカヒゲ,
A4iiオオミズナギドリ・カツオドリ,
A4iiiオオミズナギドリ〔143〕

◇白川河口（熊本県熊本市）
白川河口では、カモ類、カモメ類、サ
ギ類、ミサゴなどが主に採餌を行って
いる。選定理由：A1クロツラヘラサ
ギ, A4iクロツラヘラサギ・キアシシ
ギ・ソリハシシギ・チュウシャクシギ
〔144〕

◇氷川河口・不知火（熊本県宇城市, 熊本
県八代市, 熊本県八代郡氷川町）
干拓地は冬鳥の越冬地になりそれを狙
う猛禽類、ハヤブサ、チョウゲンボウ
が見られ、干潟にはシギ、チドリ類。
冬には多くのカモ類が見られる。選定
理由：A1クロツラヘラサギ・ズグロカ
モメ, A4iクロツラヘラサギ・キアシ
シギ・チュウシャクシギ〔145〕

◇球磨川河口（熊本県八代市）
河口干潟には一年を通して野鳥が飛
来。選定理由：A1ズグロカモメ, A4i
ソリハシシギ・チュウシャクシギ〔146〕

◇中津海岸・宇佐海岸（大分県中津市, 大
分県宇佐市ほか）
干潟・後背湿地には春秋に羽を休める
多種・多数のシギチドリ、冬季には数
千羽のカモ類が越冬する選定理由：A1
ズグロカモメ, A4iキアシシギ・ソリ
ハシシギ・チュウシャクシギ〔147〕

◇枇榔島（宮崎県東臼杵郡門川町）
日豊海岸国定公園。4〜5月に渡島する
と海上でカンムリウミスズメが観察で
きる。選定理由：A1カンムリウミス

事典・日本の自然保護地域　**323**

ズメ・ウチヤマセンニュウ, A4iiカンムリウミスズメ〔148〕

◇綾川渓谷（宮崎県小林市, 宮崎県東諸県郡綾町）
九州中央山地国定公園。広大な照葉樹林に60種が確認されている。選定理由：A1ヤイロチョウ〔149〕

◇霧島山系・御池（宮崎県えびの市, 宮崎県小林市, 宮崎県都城市, 西諸県郡高原町, 鹿児島県霧島市, 姶良郡湧水町）
国指定霧島鳥獣保護区（特別保護地区）。霧島屋久国立公園。2005（平成17）年7月までで146種の鳥類が確認されている。選定理由：A1ヤイロチョウ, A3〔150〕

◇出水・高尾野（鹿児島県出水市）
国指定出水・高尾野鳥獣保護区（特別保護地区）。1997（平成9）年までには出水では、288種の記録があり冬鳥の種類が多く見られる。選定理由：A1ナベヅル・マナヅル, A4iナベヅル・マナヅル〔151〕

◇沖小島（鹿児島県鹿児島市）
選定理由：A1ウチヤマセンニュウ〔152〕

◇万之瀬川河口（鹿児島県南さつま市）
シギチドリ類、ガンカモ類、サギ類の越冬や渡来が多い。選定理由：A1クロツラヘラサギ, A4iクロツラヘラサギ〔153〕

◇甑島列島（鹿児島県薩摩川内市）
甑島県立自然公園。年間142種の記録がある。選定理由：A1ウチヤマセンニュウ, A2カラスバト〔154〕

◇屋久島・種子島（鹿児島県西之表市, 鹿児島県熊毛郡）
霧島屋久国立公園（屋久地域）。ラムサール条約登録湿地。周辺の小島でアマツバメやミサゴ、エリグロアジサシ、ベニアジサシが繁殖。選定理由：A2カラスバト・ズアカアオバト・アカヒゲ〔155〕

◇草垣群島（鹿児島県南さつま市）
国指定草垣島鳥獣保護区（特別保護地区）。渡り鳥の中継地になっており確認された種類は150種以上。選定理由：

A4iiオオミズナギドリ, A4iiiオオミズナギドリ〔156〕

◇トカラ列島（鹿児島県鹿児島郡十島村）
トカラ列島県立自然公園。1970（昭和45）年以降に調査が始まり214種以上の鳥の記録がある。選定理由：A1アカコッコ・イイジマムシクイ, A2カラスバト・ズアカアオバト・アカヒゲ・アカコッコ・イイジマムシクイ〔157〕

◇奄美諸島（鹿児島県奄美市, 大島郡）
国指定湯湾岳鳥獣保護区（特別保護地区）。奄美諸島国定公園。奄美諸島の鳥類は290種以上の記録がある。選定理由：A1アマミヤマシギ・オオトラツグミ・ルリカケス, A2アマミヤマシギ・カラスバト・ズアカアオバト・リュウキュウコノハズク・リュウキュウサンショウクイ・アカヒゲ・オオトラツグミ・ルリカケス〔158〕

◇やんばる（沖縄県国頭郡国頭村, 大宜味村, 宜野座村, 東村, 沖縄県名護市）
やんばるの森は固有種の宝庫。選定理由：A1ヤンバルクイナ・アマミヤシギ・ノグチゲラ, A2ヤンバルクイナ・アマミヤマシギ・ノグチゲラ〔159〕

◇泡瀬干潟（沖縄県沖縄市, 沖縄県中頭郡北中城村）
シギ・チドリ類の貴重な中継地・越冬地。選定理由：A4iムナグロ・キョウジョシギ〔160〕

◇漫湖（沖縄県那覇市, 沖縄県豊見城市）
国指定漫湖鳥獣保護区（特別保護地区）。ラムサール条約登録湿地。シギチドリ類、サギ類、カモ類などが多く見られる。選定理由：A1クロツラヘラサギ, A4iクロツラヘラサギ・キアシシギ〔161〕

◇与根・具志干潟（沖縄県豊見城市, 糸満市）
国指定屋我地島鳥獣保護区（特別保護地区）。沖縄海岸国定公園。この地域で越冬するクロツラヘラサギの中心的な生息地。選定理由：A1クロツラヘラサギ, A4iクロツラヘラサギ〔162〕

◇沖縄島沿岸離島（沖縄県名護市, 沖縄県国頭郡今帰仁村, 本部町, 恩納村）

生息地   *133* 重要生息地〔宮崎県〕

国指定屋我地島鳥獣保護区（特別保護
地区）。ベニアジサシ、エリグロアジ
サシの繁殖地。選定理由：A4iベニア
ジサシ・エリグロアジサシ〔163〕

◇大東諸島（沖縄県島尻郡北大東村, 南大
東村）
海洋の中にあり、渡り鳥にとって貴重
な島。北大東島では約95種、南大東島
では約130種の鳥類が記録されている。
選定理由：A2リュウキュウコノハズ
ク〔164〕

◇宮古群島（沖縄県宮古島市, 沖縄県宮古
郡多良間村）
キンバト、ズグロミゾゴイの北限。選
定理由：A2ズアカアオバト, A4iチュ
ウシャクシギ, A4iv〔165〕

◇八重山群島（沖縄県石垣市, 沖縄県八重

山郡竹富町, 与那国町）
国指定西表島鳥獣保護区（特別保護地
区）。国指定与那国島鳥獣保護区。国指
定名蔵アンパル鳥獣保護区（特別保護
地区）。西表国定公園。国指定仲の神
島鳥獣保護区（特別保護地区）。ラム
サール条約登録湿地。八重山群島で観
察される鳥の種類は、300種を越える
と言われる。選定理由：A2カラスバ
ト・ズアカアオバト, A4iキアシシギ・
キョウジョシギ・ベニアジサシ・エリ
グロアジサシ〔166〕

◇尖閣群島（沖縄県石垣市）
クロアシアホウドリ、アホウドリ、カ
ツオドリ、オオアジサシなどの繁殖地。
選定理由：A1アホウドリ・クロアシア
ホウドリ, A4iオオアジサシ, A4iiアホ
ウドリ・カツオドリ〔167〕

---

133 重要生息地〔宮崎県〕

宮崎県は、県内における野生動植物の生息地等のうち、野生動植物の分布状況、生態、その他の生息状況等を踏まえ、その野生動植物の保護のため重要と認めるものを「重要生息地」として指定している。〔選定基準〕そこに生息又は生育する野生動植物の種類、個体数、個体数密度、個体群としての健全性、生態系、その生息・生育環境の状況、生息地としての規模及び学術的もしくは文化的価値などを総合的に検討。地域住民等による野生動植物の生息・生育環境を守るための具体的な活動（草刈り、清掃、見回り、生活排水を出さない、農薬を控えるなど）が行われていること。

[選定機関] 宮崎県　[選定時期] 2007（平成19）年～

2007（平成19）年度

◇五ヶ所高原重要生息地（宮崎県西臼杵郡
高千穂町大字五ヶ所）
(1) 多数の希少野生動植物が生息・生
育している。(2) 地元の五ヶ所小学校
の児童による希少植物の保護増殖活動
や、町による定期的な草刈りの実施な
ど、地域住民等による自主的な保護活
動を行っている

◇高鍋湿原重要生息地（宮崎県児湯郡高鍋
町大字上江）
(1) 多数の希少野生動植物が生息・生
育している。(2) 高鍋湿原保全会等の
地元ボランティアによる湿原内の草刈

り等の実施など、地域住民等による自
主的な保護活動を行っている

◇笠祇・古竹草原重要生息地（宮崎県串間市
大字奴久見（笠祇地区及び古竹地区））
(1) 九州では珍しい暖地性（低地にあ
る）の草原で、多数の希少植物が
生育している。(2) 地区の住民による
定期的な草刈りや野焼き（2月頃）を実
施するなど、地域住民等による自主的
な保護活動を行っている

2008（平成20）年度

◇家田・川坂湿原重要生息地（宮崎県延岡
市北川町長井）
(1) 多数の希少野生植物が生息・生

育している。(2) 地区の住民による定期的な草刈りや藻刈りの実施など、地域住民等による自主的な保護活動が行われている

2009（平成21）年度

◇黒岳重要生息地（宮崎県東臼杵郡諸塚村大字七ツ山）

（1）本県で本地域にしか確認されていない植物をはじめとする多数の希少野生植物が生育している。(2) 地区の住民による、黒岳に祀られた祠への参道や登山道の整備のための定期的な道普請の実施など、地域住民等による自主的な保護活動が行われている

◇和石田園重要生息地（宮崎県宮崎市高岡町内山）

（1）多数の希少野生植物が生育している。(2) 地区の住民で結成された「和石地区田園の景観を守る会」による草刈りの実施など、地域住民等による自

主的な保護活動が行われている

2012（平成24）年度

◇本城干潟重要生息地（宮崎県串間市大字本城）

（1）甲殻類や貝類など、多数の希少野生動植物が生息。(2) 地域の自然保護団体や小学校が環境学習の場として利用している

2013（平成25）年度

◇鳥屋岳重要生息地（宮崎県西臼杵郡高千穂町大字押方）

（1）県レッドリストに掲載されている絶滅危惧種や準絶滅危惧種が多数生育している。(2) 所有者や地域住民等による定期的な間伐や下草刈りの実施など、保護活動が行われている。(3) 杉の人工林においても、適切な維持管理に努めることにより、種の多様性が十分に保全される実例として評価される

---

134 東アジア・オーストラリア地域 渡り性水鳥重要生息地ネットワーク

東アジア・オーストラリア地域フライウェイ・パートナーシップ（EAAFP）では、渡り性水鳥の重要な生息地に「重要生息地ネットワーク」を形成している。このネットワークは一定基準を満たす渡り性水鳥の保全上重要な生息地が参加しており、渡り性水鳥に関する普及啓発や保全活動、調査研究が進められている。日本では、種群ごとに生息している場所や保全活動内容が異なることが多いため、シギ・チドリ類、ガンカモ類、ツル類の3つの種群ごとに重要生息地ネットワークを作っている。2015（平成27）年現在には、32か所の生息地が参加している。

［選定機関］東アジア・オーストラリア地域フライウェイ・パートナーシップ
［選定時期］2006（平成18）年〜

◇クッチャロ湖（北海道枝幸郡浜頓別町）
東アジア個体群の1%を超える個体数のコハクチョウが中継地として利用。ヒドリガモやオナガガモ等のカモ類が3〜4万羽飛来〔ガンカモ類〕

◇宮島沼（北海道美唄市）
日本最大のマガンの中継地。最大7万5千羽近くのマガンが飛来。オオハクチョウ、コハクチョウ、オナガガモ等

も東アジア個体群の1%を超える個体数が飛来〔ガンカモ類〕

◇ウトナイ湖（北海道苫小牧市）
2万羽を超えるマガンの中継。また、亜種オオヒシクイのほか多数のガンカモ類において東アジア個体群の1%を超える個体数が飛来〔ガンカモ類〕

◇野付半島・野付湾（北海道野付郡別海町）
ガンカモ類及びシギ・チドリ類が合計2

万羽以上飛来。コクガンの日本最大の中継地であり、東アジア個体群の1%を超える約4千羽が飛来。タンチョウの繁殖地〔シギ・チドリ類、ツル類、ガンカモ類〕

◇風蓮湖・春国岱 (北海道根室市)
　5万羽前後のガンカモ類が飛来する他、ハジロカイツブリ、キアシシギ、キョウジョシギなど12種・亜種について、東アジアの個体群の1%を超える個体数が飛来。タンチョウの繁殖地〔シギ・チドリ類、ツル類、ガンカモ類〕

◇霧多布湿原 (北海道厚岸郡浜中町)
　タンチョウの重要な繁殖地となっているほか、オオハクチョウ、ヒシクイ等のガンカモ類が中継地として利用〔ツル類〕

◇琵琶瀬湾 (北海道厚岸郡浜中町)
　東アジア個体群の1%を超える300–400羽のコクガンが飛来。絶滅のおそれのあるエトピリカやウミウ、カモメ類が多数繁殖〔ガンカモ類〕

◇厚岸湖・別寒辺牛湿原 (北海道厚岸郡厚岸町)
　約2万羽のガンカモ類が飛来。東アジア個体群の1%を超える約3000羽のオオハクチョウが中継地として利用し、1000～3000羽が越冬。約40つがいのタンチョウが繁殖〔ツル類、ガンカモ類〕

◇釧路湿原 (北海道釧路市)
　タンチョウの主な繁殖地であり、亜種オオヒシクイ、亜種ヒシクイ等のガンカモ類の中継地となっている。シマフクロウ、オジロワシ、オオワシ等の大型鳥類も見られる〔ツル類、ガンカモ類〕

◇小友沼 (秋田県能代市)
　3–4万羽のマガンがねぐらとして利用する中継地。東アジア個体群の1%を超えるコハクチョウが中継地として利用〔ガンカモ類〕

◇八郎潟干拓地 (秋田県南秋田郡大潟村)
　マガン、亜種オオヒシクイ、亜種ヒシクイを中心に2万羽以上のガンカモ類が飛来する中継地及び越冬地。絶滅の恐れのあるハクガンも定期的に飛来〔ガンカモ類〕

◇化女沼 (宮城県大崎市)
　東アジア個体群の1%を超える、約2万羽のマガン、約2千羽の亜種ヒシクイが飛来。また、絶滅危惧種であるシジュウカラガン、コクガン、トモエガモが飛来〔ガンカモ類〕

◇蕪栗沼 (宮城県大崎市)
　10万羽を超すマガンが越冬し、ねぐらとして利用。東アジア個体群の1%を超える1000羽を超す亜種オオヒシクイが越冬〔ガンカモ類〕

◇伊豆沼・内沼 (宮城県栗原市、登米市)
　6–7万羽のマガンが越冬する他、亜種ヒシクイ、オオハクチョウ、オナガガモなどの飛来数がそれぞれ東アジア個体群の1%を超える〔ガンカモ類〕

◇白石川 (宮城県柴田郡大河原町)
　多数のコハクチョウ、オオハクチョウが越冬〔ガンカモ類〕

◇福島潟 (新潟県新潟市)
　亜種オオヒシクイの日本最大の越冬地で、東アジア個体群の1%を超える約3千羽が飛来。マガンやハクガン、トモエガモなどのガンカモ類も越冬〔ガンカモ類〕

◇瓢湖水きん公園 (新潟県阿賀野市)
　オナガガモ・マガモを中心に、2万羽以上のガンカモ類が飛来。東アジア個体群の約1%を超える約3千羽のコハクチョウが越冬。ヨシゴイの繁殖地〔ガンカモ類〕

◇佐潟 (新潟県新潟市)
　2万羽以上のガンカモ類が飛来。東アジア個体群の約1%を超える約8千羽のコハクチョウが越冬するほか、マガン、亜種オオヒシクイ、コガモなどが多数飛来〔ガンカモ類〕

◇谷津干潟 (千葉県習志野市)
　5千羽をこえる渡り性シギ・チドリ類が中継地として利用。東アジア個体群の1%を超えるハマシギ、メダイチドリが飛来。チュウシャクシギについて重要な中継地としての基準 (東アジア個体群の0.25%) を満たす〔シギ・チ

ドリ類〕

◇東京港野鳥公園（東京都）
メダイチドリ、キアシシギ、キョウジョ
シギ等の渡り性シギ・チドリ類の中継
地〔シギ・チドリ類〕

◇片野鴨池（石川県加賀市）
東アジア個体群の1%を超える個体数
の亜種オオヒシクイが越冬。また、日
本に飛来するトモエガモの国内最大の
中継地・越冬地〔ガンカモ類〕

◇藤前干潟（愛知県名古屋市）
東アジア個体群の1%を超えるハマシ
ギが中継地として利用。キアシシギ、
ソリハシシギ等が、重要な中継地と
しての基準（東アジア個体群の0.25%）
を満たす〔シギ・チドリ類〕

◇琵琶湖（滋賀県，滋賀県長浜市，高島市）
7万羽を超えるカモ類の越冬地であり、
ヨシガモ、ヒドリガモ等5種が東アジ
ア個体群の1%を超える。亜種オオヒ
シクイの飛来地の南限〔ガンカモ類〕

◇大阪南港野鳥園（大阪府大阪市）
ハマシギが重要な中継地としての基準
（東アジア個体群の0.25%）を満たす。
シロチドリ、コチドリ、トウネン、キア
シシギ等も多数飛来〔シギ・チドリ類〕

◇吉野川河口（徳島県）
ハマシギの個体数が重要な中継地と
しての基準（東アジア個体群の0.25%）
を満たす。シロチドリ、ダイゼン、メ
ダイチドリなども多数飛来〔シギ・チ
ドリ類〕

◇米子水鳥公園（鳥取県米子市）
東アジア個体群の1%を超えるキンク
ロハジロやスズガモが越冬。コハク
チョウ、マガン、オジロワシ等も飛来

〔ガンカモ類〕

◇八代（山口県周南市）
ナベヅルの重要な越冬地のうちの一つ
〔ツル類〕

◇鹿島新籠（佐賀県鹿島市）
東アジア個体群の1%を超えるチュウ
シャクシギ、ズグロカモメが飛来。ソ
リハシシギ、ホウロクシギ等の個体数
が重要な中継地としての基準（東アジ
ア個体群の0.25%）を満たす〔シギ・チ
ドリ類〕

◇荒尾干潟（熊本県荒尾市）
東アジア個体群の1%を超えるキアシ
シギ、ズグロカモメが飛来。チュウ
シャクシギ、オオソリハシシギ等9種
において、重要な中継地としての基準
（東アジア個体群の0.25%）を満たす。
クロツラヘラサギが越冬〔シギ・チド
リ類〕

◇球磨川河口（熊本県八代市）
キアシシギ、ソリハシシギ、チュウ
シャクシギ等について、重要な中継
地としての基準（東アジア個体群の0.
25%）を満たす。クロツラヘラサギ、
ズグロカモメなどが越冬〔シギ・チド
リ類〕

◇出水・高尾野（鹿児島県出水市）
ナベヅル、マナヅルの世界最大の越冬
地であり、約1万羽のナベヅル、2,500
羽のマナヅルが越冬〔ツル類〕

◇漫湖（沖縄県那覇市，豊見城市）
アカアシシギにおいて、重要な中継
地としての基準（東アジア個体群の0.
25%）を満たす。クロツラヘラサギ、ズ
グロカモメ等の重要な越冬地〔シギ・
チドリ類〕

生息地   *135* 野鳥保護区

135 野鳥保護区

　日本野鳥の会では、野鳥の生息地の保全を目的として、1986（昭和61）年から土地の買取りや協定による「野鳥保護区」の設置に取り組んでいる。面積は2015（平成27）年現在、北海道におけるタンチョウとシマフクロウのための保護区を中心に全国で3000ha以上。自然環境の改変や立ち入りを厳しく制限し、保護区となったあとも環境の維持に取り組む。

　［選定機関］日本野鳥の会　　［選定時期］1986（昭和61）年〜

◇持田野鳥保護区シマフクロウ知床（北海道知床地域）
　〔保全対象種〕シマフクロウ（1つがい生息）

◇永野野鳥保護区飛雁川（北海道野付郡別海町）
　〔保全対象種〕タンチョウ（1つがい営巣）

◇渡邊野鳥保護区飛雁川（北海道野付郡別海町）
　〔保全対象種〕タンチョウ（1つがい営巣）

◇渡邊野鳥保護区ヤウシュベツ（北海道野付郡別海町）
　〔保全対象種〕タンチョウ（2つがい営巣）

◇野鳥保護区ヤウシュベツ（北海道野付郡別海町）
　〔保全対象種〕タンチョウ（2つがい営巣）

◇株式会社明治野鳥保護区牧の内（北海道根室市）
　〔保全対象種〕タンチョウ（2つがい営巣）

◇株式会社明治野鳥保護区槍昔（北海道根室市）
　〔保全対象種〕タンチョウ（1つがい営巣）

◇渡邊野鳥保護区ソウサンベツ（北海道根室市）
　〔保全対象種〕タンチョウ（2つがい営巣＋1つがいの自然採食地）

◇藤田野鳥保護区酪陽（北海道根室市）
　〔保全対象種〕タンチョウ（1つがい営巣）

◇三菱UFJ信託銀行野鳥保護区酪陽（北海道根室市）
　〔保全対象種〕タンチョウ（1つがい営巣）

◇エクソンモービル野鳥保護区・春国岱（北海道根室市）
　〔保全対象種〕タンチョウ（1つがい営巣＋4つがいの自然採食地）

◇持田野鳥保護区東梅（北海道根室市）
　〔保全対象種〕タンチョウ（1つがい営巣）

◇持田野鳥保護区シマフクロウ根室第1（北海道根室地域）
　〔保全対象種〕シマフクロウ（1つがい生息）

◇持田野鳥保護区シマフクロウ根室第2（北海道根室地域）
　〔保全対象種〕シマフクロウ（1つがい生息）

◇東野鳥保護区シマフクロウ根室第4（北海道根室地域）
　〔保全対象種〕シマフクロウ（1つがい生息）

◇野鳥保護区シマフクロウ根室第5（北海道根室地域）
　〔保全対象種〕シマフクロウ（1つがい生息）

◇日本製紙野鳥保護区シマフクロウ根室第3（北海道根室地域）
　〔保全対象種〕シマフクロウ（3つがい生息）

◇渡邊野鳥保護区フレシマ（北海道根室

事典・日本の自然保護地域　**329**

市)
〔保全対象種〕タンチョウ（1つがい営巣）

◇持田野鳥保護区シマフクロウ釧路第1（北海道釧路地域）
〔保全対象種〕シマフクロウ（1つがい生息）

◇渡辺野鳥保護区別寒辺牛湿原（北海道厚岸郡厚岸町）
〔保全対象種〕タンチョウ（1つがい営巣）

◇早瀬野鳥保護区別寒辺牛湿原（北海道厚岸郡厚岸町）
〔保全対象種〕タンチョウ（3つがい営巣）

◇渡邊野鳥保護区尾幌川（北海道厚岸郡厚岸町）
〔保全対象種〕タンチョウ（1つがい営巣）

◇石澤野鳥保護区尾幌川（北海道厚岸郡厚岸町）
〔保全対象種〕タンチョウ（1つがい営巣）

◇渡邊野鳥保護区大別川（北海道厚岸郡厚岸町）
〔保全対象種〕タンチョウ（2つがい営巣）

◇こと野鳥保護区厚岸トキタイ（北海道厚岸郡厚岸町）
〔保全対象種〕タンチョウ（1つがい営巣）

◇杉本野鳥保護区シマフクロウ釧路第2（北海道釧路地域）
〔保全対象種〕シマフクロウ（2つがい生息）

◇野鳥保護区シマフクロウ釧路第3（北海道釧路地域）
〔保全対象種〕シマフクロウ（2つがい生息）

◇渡邊野鳥保護区チャンベツ（北海道川上郡標茶町）
〔保全対象種〕タンチョウ（3つがい営巣）

◇渡邊野鳥保護区温根内（北海道阿寒郡鶴居村）

〔保全対象種〕タンチョウ（1つがい営巣）

◇古山野鳥保護区温根内（北海道阿寒郡鶴居村）
〔保全対象種〕タンチョウ（1つがい営巣）

◇早瀬野鳥保護区温根内（北海道阿寒郡鶴居村）
〔保全対象種〕タンチョウ（1つがい営巣）

◇持田野鳥保護区シマフクロウ日高第1（北海道日高地域）
〔保全対象種〕シマフクロウ（1つがい生息）

◇仏沼野鳥保護区（青森県三沢市）
〔保全対象種〕オオセッカ

◇エクソンモービル野鳥保護区イーハトーブ盛岡（岩手県盛岡市）
〔保全対象種〕イヌワシ

◇小鷺頭山野鳥保護区（静岡県沼津市）

◇やんばる奥間野鳥保護区（沖縄県国頭郡国頭村）
〔保全対象種〕ノグチゲラ

地域別索引

北海道　　　　　　　　　　　　　地域別索引　　　　　　　　　　　　北海道

北海道

北海道

北海道

◇阿寒・屈斜路 ⇒「132 重要生息地（IBA）」
◇阿寒国立公園 ⇒「002 国立公園」
◇網走国定公園 ⇒「001 国定公園」
◇石狩川流域湖沼群 ⇒「132 重要生息地（IBA）」
◇大沼国定公園 ⇒「001 国定公園」
◇釧路湿原国立公園 ⇒「002 国立公園」
◇支笏・洞爺 ⇒「132 重要生息地（IBA）」
◇支笏洞爺国立公園 ⇒「002 国立公園」
◇暑寒別天売焼尻国定公園 ⇒「001 国定公園」
◇知床国立公園 ⇒「002 国立公園」
◇杉本野鳥保護区シマフクロウ釧路第2 ⇒「135 野鳥保護区」
◇大雪山 ⇒「132 重要生息地（IBA）」
◇大雪山国立公園 ⇒「002 国立公園」
◇ニセコ積丹小樽海岸国定公園 ⇒「001 国定公園」
◇日本製紙野鳥保護区シマフクロウ根室第3 ⇒「135 野鳥保護区」
◇東野鳥保護区シマフクロウ根室第4 ⇒「135 野鳥保護区」
◇日高山脈 ⇒「132 重要生息地（IBA）」
◇日高山脈襟裳国定公園 ⇒「001 国定公園」
◇北海道自然歩道 ⇒「007 長距離自然歩道」
◇持田野鳥保護区シマフクロウ釧路第1 ⇒「135 野鳥保護区」
◇持田野鳥保護区シマフクロウ知床 ⇒「135 野鳥保護区」
◇持田野鳥保護区シマフクロウ根室第1 ⇒「135 野鳥保護区」
◇持田野鳥保護区シマフクロウ根室第2 ⇒「135 野鳥保護区」
◇持田野鳥保護区シマフクロウ日高第1 ⇒「135 野鳥保護区」
◇野鳥保護区シマフクロウ釧路第3 ⇒「135 野鳥保護区」
◇野鳥保護区シマフクロウ根室第5 ⇒「135 野鳥保護区」

◇利尻礼文サロベツ国立公園 ⇒「002 国立公園」

札幌市

◇烏帽子岳・神威岳・八剣山周辺 ⇒「004 すぐれた自然地域〔北海道〕」
◇札幌岳・空沼岳・漁岳周辺 ⇒「004 すぐれた自然地域〔北海道〕」
◇手稲・奥手稲山周辺 ⇒「004 すぐれた自然地域〔北海道〕」
◇道立自然公園野幌森林公園 ⇒「008 都道府県立自然公園」
◇西岡周辺 ⇒「004 すぐれた自然地域〔北海道〕」
◇野幌森林公園 ⇒「004 すぐれた自然地域〔北海道〕」
◇円山・藻岩山 ⇒「004 すぐれた自然地域〔北海道〕」
◇無意根山・喜茂別岳周辺 ⇒「004 すぐれた自然地域〔北海道〕」
◇余市岳・白井岳・天狗岳周辺 ⇒「004 すぐれた自然地域〔北海道〕」

札幌市中央区

◇円山原始林 ⇒「014 天然記念物〔国指定〕」

札幌市北区

◇篠路の公孫樹 ⇒「114 記念保護樹木〔北海道〕」

札幌市白石区

◇野坂の黒松 ⇒「114 記念保護樹木〔北海道〕」

札幌市南区

◇小金湯桂不動 ⇒「114 記念保護樹木〔北海道〕」
◇精進川のはしどい ⇒「114 記念保護樹木〔北海道〕」
◇真駒内のナラ ⇒「114 記念保護樹木〔北海道〕」
◇藻岩原始林 ⇒「014 天然記念物〔国指定〕」

函館市

◇恵山 ⇒「004 すぐれた自然地域〔北海道〕」
◇恵山道立自然公園 ⇒「008 都道府県立自然公園」
◇大船の杉 ⇒「114 記念保護樹木〔北海道〕」
◇覚王寺の銀杏 ⇒「114 記念保護樹木〔北海道〕」
◇川汲川及び大船川流域の森林 ⇒「113 北の魚つきの森」
◇高田屋の松 ⇒「114 記念保護樹木〔北海道〕」
◇栃木連理木 ⇒「114 記念保護樹木〔北海道〕」
◇函館八幡宮の欅 ⇒「114 記念保護樹木〔北海道〕」
◇函館山周辺 ⇒「004 すぐれた自然地域〔北海道〕」

事典・日本の自然保護地域　**333**

北海道　　　　　　　　　　　地域別索引　　　　　　　　　　　北海道

◇函館湾・亀田半島南岸 ⇒「*132* 重要生息地（IBA）」
◇横津岳・袴腰岳周辺 ⇒「*004* すぐれた自然地域〔北海道〕」

小樽市
◇石狩海岸 ⇒「*004* すぐれた自然地域〔北海道〕」
◇恵美須神社の桑 ⇒「*114* 記念保護樹木〔北海道〕」
◇小樽海岸 ⇒「*004* すぐれた自然地域〔北海道〕」
◇手稲・奥手稲山周辺 ⇒「*004* すぐれた自然地域〔北海道〕」
◇夫婦銀杏 ⇒「*114* 記念保護樹木〔北海道〕」
◇余市岳・白井岳・天狗岳周辺 ⇒「*004* すぐれた自然地域〔北海道〕」

旭川市
◇嵐山 ⇒「*004* すぐれた自然地域〔北海道〕」
◇神居古潭・神居山 ⇒「*004* すぐれた自然地域〔北海道〕」
◇倉沼開拓 ⇒「*114* 記念保護樹木〔北海道〕」
◇台場開拓 ⇒「*114* 記念保護樹木〔北海道〕」
◇永山開拓 ⇒「*114* 記念保護樹木〔北海道〕」

室蘭市
◇地球岬周辺 ⇒「*004* すぐれた自然地域〔北海道〕」
◇鷲別岳・稀布岳 ⇒「*004* すぐれた自然地域〔北海道〕」

釧路市
◇阿寒湖 ⇒「*013* ラムサール条約湿地」
◇阿寒湖周辺 ⇒「*004* すぐれた自然地域〔北海道〕」
◇阿寒湖のマリモ ⇒「*015* 特別天然記念物〔国指定〕」
◇釧路湿原 ⇒「*004* すぐれた自然地域〔北海道〕」「*013* ラムサール条約湿地」「*132* 重要生息地（IBA）」「*134* 東アジア・オーストラリア地域渡り性水鳥重要生息地ネットワーク」
◇コイトイ・大楽毛海岸 ⇒「*004* すぐれた自然地域〔北海道〕」
◇シュンクシタカラ湖 ⇒「*004* すぐれた自然地域〔北海道〕」
◇馬主来沼 ⇒「*004* すぐれた自然地域〔北海道〕」
◇春採湖ヒブナ生息地 ⇒「*014* 天然記念物〔国指定〕」
◇三津浦海岸 ⇒「*004* すぐれた自然地域〔北海道〕」

帯広市
◇岩内仙峡 ⇒「*004* すぐれた自然地域〔北海道〕」
◇帯広畜産大学農場の構造土十勝坊主 ⇒「*016* 天然記念物〔北海道〕」
◇栄公園ポプラ ⇒「*114* 記念保護樹木〔北海道〕」
◇札内川流域化粧柳自生地 ⇒「*016* 天然記念物〔北海道〕」
◇札内川流域周辺 ⇒「*004* すぐれた自然地域〔北海道〕」
◇大正のカシワ林 ⇒「*016* 天然記念物〔北海道〕」
◇日高山脈 ⇒「*004* すぐれた自然地域〔北海道〕」

北見市
◇温根湯 ⇒「*004* すぐれた自然地域〔北海道〕」
◇温根湯エゾムラサキツツジ群落 ⇒「*016* 天然記念物〔北海道〕」
◇サロマ湖 ⇒「*004* すぐれた自然地域〔北海道〕」
◇武利岳・武華岳 ⇒「*004* すぐれた自然地域〔北海道〕」

夕張市
◇富良野芦別道立自然公園 ⇒「*008* 都道府県立自然公園」
◇夕張岳・芦別岳周辺 ⇒「*004* すぐれた自然地域〔北海道〕」
◇夕張岳の高山植物群落および蛇紋岩メランジュ帯 ⇒「*014* 天然記念物〔国指定〕」
◇夕張の石炭大露頭 ⇒「*016* 天然記念物〔北海道〕」

岩見沢市
◇石狩川沿いの河跡湖沼群 ⇒「*004* すぐれた自然地域〔北海道〕」
◇利根別 ⇒「*004* すぐれた自然地域〔北海道〕」
◇豊里 ⇒「*114* 記念保護樹木〔北海道〕」
◇不動尊 ⇒「*114* 記念保護樹木〔北海道〕」

網走市
◇網走湖・能取湖・能取半島周辺 ⇒「*004* すぐれた自然地域〔北海道〕」
◇天都山 ⇒「*063* 名勝〔国指定〕」
◇濤沸湖 ⇒「*013* ラムサール条約湿地」「*132* 重要生息地（IBA）」
◇濤沸湖・藻琴湖周辺 ⇒「*004* すぐれた自然地域〔北海道〕」
◇能取湖・網走湖 ⇒「*132* 重要生息地（IBA）」

苫小牧市
◇ウトナイ湖 ⇒「*013* ラムサール条約湿地」「*134* 東アジア・オーストラリア地域 渡り性水鳥重要生息地ネットワーク」

334　事典・日本の自然保護地域

北海道　　　　　　　　　　地域別索引　　　　　　　　　　北海道

◇ウトナイ湖サンクチュアリ ⇒「131 サンクチュアリ」
◇ウトナイ湖周辺 ⇒「004 すぐれた自然地域〔北海道〕」
◇ウトナイ湖・勇払原野 ⇒「132 重要生息地（IBA）」
◇支笏湖周辺 ⇒「004 すぐれた自然地域〔北海道〕」
◇樽前湖沼群 ⇒「004 すぐれた自然地域〔北海道〕」
◇樽前山溶岩円頂丘 ⇒「016 天然記念物〔北海道〕」
◇美々川流域 ⇒「004 すぐれた自然地域〔北海道〕」
◇平木沼湖沼群 ⇒「004 すぐれた自然地域〔北海道〕」
◇北大苫小牧 ⇒「004 すぐれた自然地域〔北海道〕」
◇勇払川流域 ⇒「004 すぐれた自然地域〔北海道〕」

稚内市

◇声問大沼 ⇒「132 重要生息地（IBA）」
◇サロベツ原野 ⇒「004 すぐれた自然地域〔北海道〕」「132 重要生息地（IBA）」
◇宗谷岬周辺 ⇒「004 すぐれた自然地域〔北海道〕」
◇峰岡山林 ⇒「004 すぐれた自然地域〔北海道〕」
◇メグマ沼・大沼・声問海岸 ⇒「004 すぐれた自然地域〔北海道〕」

美唄市

◇石狩川沿いの河跡湖沼群 ⇒「004 すぐれた自然地域〔北海道〕」
◇宮島沼 ⇒「013 ラムサール条約湿地」「134 東アジア・オーストラリア地域 渡り性水鳥重要生息地ネットワーク」

芦別市

◇黄金水松 ⇒「016 天然記念物〔北海道〕」「114 記念保護樹木〔北海道〕」
◇空知大滝甌穴群 ⇒「016 天然記念物〔北海道〕」
◇富良野芦別道立自然公園 ⇒「008 都道府県立自然公園」
◇夕張岳・芦別岳周辺 ⇒「004 すぐれた自然地域〔北海道〕」

江別市

◇道立自然公園野幌森林公園 ⇒「008 都道府県立自然公園」
◇野幌小学校の赤松 ⇒「114 記念保護樹木〔北海道〕」
◇野幌森林公園 ⇒「004 すぐれた自然地域〔北海道〕」

紋別市

◇北見富士 ⇒「004 すぐれた自然地域〔北海道〕」
◇コムケ湖・シブノツナイ湖 ⇒「132 重要生息地（IBA）」
◇コムケ湖・シブノツナイ湖周辺 ⇒「004 すぐれた自然地域〔北海道〕」
◇藻別のナラ ⇒「114 記念保護樹木〔北海道〕」
◇紋別沢木海岸周辺 ⇒「004 すぐれた自然地域〔北海道〕」

士別市

◇岩尾内湖周辺 ⇒「004 すぐれた自然地域〔北海道〕」
◇朱鞠内道立自然公園 ⇒「008 都道府県立自然公園」
◇祖神の松 ⇒「114 記念保護樹木〔北海道〕」
◇天塩岳・ウエンシリ岳 ⇒「004 すぐれた自然地域〔北海道〕」
◇天塩岳道立自然公園 ⇒「008 都道府県立自然公園」

名寄市

◇知恵文沼 ⇒「004 すぐれた自然地域〔北海道〕」
◇名寄開拓 ⇒「114 記念保護樹木〔北海道〕」
◇名寄鈴石 ⇒「014 天然記念物〔国指定〕」
◇名寄高師小僧 ⇒「014 天然記念物〔国指定〕」
◇ピリカノカ 九度山（クトゥンヌプリ） 黄金山（ピンネタイオルシペ） 神威岬（カムイエトゥ） 襟裳岬（オンネエンルム） 瞰望岩（インカルシ） カムイチャシ 絵鞆半島外海岸 十勝幌尻岳（ポロシリ） 幌尻岳（ポロシリ） ⇒「063 名勝〔国指定〕」
◇松山・ピヤシリ ⇒「004 すぐれた自然地域〔北海道〕」

三笠市

◇市来知神社の赤松 ⇒「114 記念保護樹木〔北海道〕」
◇エゾミカサリュウ化石 ⇒「014 天然記念物〔国指定〕」
◇富良野芦別道立自然公園 ⇒「008 都道府県立自然公園」
◇三笠ジオパーク ⇒「009 日本ジオパーク」
◇夕張岳・芦別岳周辺 ⇒「004 すぐれた自然地域〔北海道〕」

根室市

◇エクソンモービル野鳥保護区・春国岱 ⇒「135

事典・日本の自然保護地域　335

北海道　　　　　　　　　　地域別索引　　　　　　　　　　北海道

野鳥保護区」
◇落石岬 ⇒「004 すぐれた自然地域〔北海道〕」
◇落石岬のサカイツツジ自生地 ⇒「014 天然記念物〔国指定〕」
◇温根沼・長節湖 ⇒「004 すぐれた自然地域〔北海道〕」
◇株式会社明治野鳥保護区牧の内 ⇒「135 野鳥保護区」
◇株式会社明治野鳥保護区檜昔 ⇒「135 野鳥保護区」
◇清隆寺の千島桜 ⇒「114 記念保護樹木〔北海道〕」
◇タンネ沼・オンネ沼 ⇒「004 すぐれた自然地域〔北海道〕」
◇トモシリ・チトモシリ島 ⇒「132 重要生息地（IBA）」
◇根室車石 ⇒「014 天然記念物〔国指定〕」
◇根室市春国岱原生野鳥公園 ⇒「131 サンクチュアリ」
◇根室半島 ⇒「004 すぐれた自然地域〔北海道〕」
◇野付風蓮道立自然公園 ⇒「008 都道府県立自然公園」
◇風蓮湖・温根沼 ⇒「132 重要生息地（IBA）」
◇風蓮湖周辺 ⇒「004 すぐれた自然地域〔北海道〕」
◇風蓮湖・春国岱 ⇒「013 ラムサール条約湿地」「134 東アジア・オーストラリア地域 渡り性水鳥重要生息地ネットワーク」
◇福島市小鳥の森 ⇒「131 サンクチュアリ」
◇藤田野鳥保護区酩陽 ⇒「135 野鳥保護区」
◇別当賀川 ⇒「004 すぐれた自然地域〔北海道〕」
◇ホロニタイ湿原 ⇒「004 すぐれた自然地域〔北海道〕」
◇三菱UFJ信託銀行野鳥保護区酩陽 ⇒「135 野鳥保護区」
◇持田野鳥保護区東梅 ⇒「135 野鳥保護区」
◇ユルリ島・モユルリ島 ⇒「004 すぐれた自然地域〔北海道〕」
◇ユルリ・モユルリ島 ⇒「132 重要生息地（IBA）」
◇ユルリ・モユルリ島海鳥繁殖地 ⇒「016 天然記念物〔北海道〕」
◇渡邊野鳥保護区ソウサンベツ ⇒「135 野鳥保護区」
◇渡邊野鳥保護区フレシマ ⇒「135 野鳥保護区」

千歳市
◇旧長都沼 ⇒「132 重要生息地（IBA）」
◇支笏湖周辺 ⇒「004 すぐれた自然地域〔北海道〕」
◇美々川流域 ⇒「004 すぐれた自然地域〔北海道〕」

滝川市
◇熊穴川流域の森林 ⇒「113 北の魚つきの森」
◇タキカワカイギュウ化石標本 ⇒「016 天然記念物〔北海道〕」

砂川市
◇砂川神社の水松 ⇒「114 記念保護樹木〔北海道〕」

歌志内市
◇代継の桂 ⇒「114 記念保護樹木〔北海道〕」

深川市
◇白鳥山周辺 ⇒「004 すぐれた自然地域〔北海道〕」

富良野市
◇大雪山（十勝岳連峰）⇒「004 すぐれた自然地域〔北海道〕」
◇東大 ⇒「004 すぐれた自然地域〔北海道〕」
◇富良野芦別道立自然公園 ⇒「008 都道府県立自然公園」
◇夕張岳・芦別岳周辺 ⇒「004 すぐれた自然地域〔北海道〕」

登別市
◇札内 ⇒「114 記念保護樹木〔北海道〕」
◇登別原始林 ⇒「014 天然記念物〔国指定〕」
◇登別周辺 ⇒「004 すぐれた自然地域〔北海道〕」
◇鷲別岳・稀府岳 ⇒「004 すぐれた自然地域〔北海道〕」

恵庭市
◇漁川渓谷 ⇒「004 すぐれた自然地域〔北海道〕」
◇恵庭市庁舎前庭 ⇒「114 記念保護樹木〔北海道〕」
◇札幌岳・空沼岳・漁岳周辺 ⇒「004 すぐれた自然地域〔北海道〕」
◇支笏湖周辺 ⇒「004 すぐれた自然地域〔北海道〕」

伊達市
◇石割桜 ⇒「114 記念保護樹木〔北海道〕」
◇北稀府の赤松 ⇒「114 記念保護樹木〔北海道〕」
◇清住の赤松 ⇒「114 記念保護樹木〔北海道〕」
◇三本杉 ⇒「114 記念保護樹木〔北海道〕」
◇末永の檜 ⇒「114 記念保護樹木〔北海道〕」
◇善光寺の銀杏 ⇒「114 記念保護樹木〔北海道〕」
◇伊達の楡 ⇒「114 記念保護樹木〔北海道〕」
◇寺島の銀杏 ⇒「114 記念保護樹木〔北海道〕」
◇洞爺湖有珠山ジオパーク ⇒「006 世界ジオパー

北海道 地域別索引 北海道

ク」「009 日本ジオパーク」
◇洞爺湖周辺 ⇒「004 すぐれた自然地域〔北海道〕」
◇登別周辺 ⇒「004 すぐれた自然地域〔北海道〕」
◇松ケ枝のサイカチ ⇒「114 記念保護樹木〔北海道〕」
◇弄月のサイカチ ⇒「114 記念保護樹木〔北海道〕」
◇鷲別岳・稀布岳 ⇒「004 すぐれた自然地域〔北海道〕」

北広島市
◇道立自然公園野幌森林公園 ⇒「008 都道府県立自然公園」
◇野幌原始林 ⇒「015 特別天然記念物〔国指定〕」
◇野幌森林公園 ⇒「004 すぐれた自然地域〔北海道〕」

石狩市
◇赤だもの一本木 ⇒「114 記念保護樹木〔北海道〕」
◇石狩海岸 ⇒「004 すぐれた自然地域〔北海道〕」
◇石狩川下流部湿原 ⇒「004 すぐれた自然地域〔北海道〕」
◇雄冬海岸 ⇒「004 すぐれた自然地域〔北海道〕」
◇旧浜益村内の森林全域 ⇒「113 北の魚つきの森」
◇暑寒別岳・雨竜沼 ⇒「004 すぐれた自然地域〔北海道〕」
◇ピリカノカ 九度山（クトゥンヌプリ） 黄金山（ピンネタイオルシペ） 神威岬（カムイエトゥ） 襟裳岬（オンネエンルム） 瞰望岩（インカルシ）, カムイチャシ 絵鞆半島外海岸 十勝幌尻岳（ポロシリ） 幌尻岳（ポロシリ） ⇒「063 名勝〔国指定〕」

北斗市
◇意富比神社の水松 ⇒「114 記念保護樹木〔北海道〕」
◇木地挽山・仁山高原 ⇒「004 すぐれた自然地域〔北海道〕」
◇大郷寺の公孫樹 ⇒「114 記念保護樹木〔北海道〕」
◇文月神社の杉 ⇒「114 記念保護樹木〔北海道〕」

石狩郡当別町
◇青山の水松 ⇒「114 記念保護樹木〔北海道〕」
◇当別町開拓 ⇒「114 記念保護樹木〔北海道〕」

松前郡松前町
◇大島・小島 ⇒「004 すぐれた自然地域〔北海道〕」
◇オオミズナギドリ繁殖地 ⇒「014 天然記念物〔国指定〕」

◇狩場神社のグイマツ ⇒「114 記念保護樹木〔北海道〕」
◇血脈桜 ⇒「114 記念保護樹木〔北海道〕」
◇大千軒岳周辺 ⇒「004 すぐれた自然地域〔北海道〕」
◇松前小島 ⇒「014 天然記念物〔国指定〕」「132 重要生息地（IBA）」
◇松前の銀杏 ⇒「114 記念保護樹木〔北海道〕」
◇松前の大欅 ⇒「114 記念保護樹木〔北海道〕」
◇松前の水松 ⇒「114 記念保護樹木〔北海道〕」
◇松前・矢越 ⇒「004 すぐれた自然地域〔北海道〕」
◇松前矢越道立自然公園 ⇒「008 都道府県立自然公園」

松前郡福島町
◇白符神社の杉、檜 ⇒「114 記念保護樹木〔北海道〕」
◇神木の杉 ⇒「114 記念保護樹木〔北海道〕」
◇大千軒岳周辺 ⇒「004 すぐれた自然地域〔北海道〕」
◇乳房檜 ⇒「114 記念保護樹木〔北海道〕」
◇七ツ岳周辺 ⇒「004 すぐれた自然地域〔北海道〕」
◇松前・矢越 ⇒「004 すぐれた自然地域〔北海道〕」
◇松前矢越道立自然公園 ⇒「008 都道府県立自然公園」
◇八鉾杉 ⇒「114 記念保護樹木〔北海道〕」

上磯郡知内町
◇姥杉 ⇒「114 記念保護樹木〔北海道〕」
◇荒神社の松 ⇒「114 記念保護樹木〔北海道〕」
◇七ツ岳周辺 ⇒「004 すぐれた自然地域〔北海道〕」
◇松前・矢越 ⇒「004 すぐれた自然地域〔北海道〕」
◇松前矢越道立自然公園 ⇒「008 都道府県立自然公園」
◇雷公神社の杉 ⇒「114 記念保護樹木〔北海道〕」

上磯郡木古内町
◇栗原邸の大椿 ⇒「114 記念保護樹木〔北海道〕」

亀田郡七飯町
◇大沼 ⇒「004 すぐれた自然地域〔北海道〕」「013 ラムサール条約湿地」
◇木地挽山・仁山高原 ⇒「004 すぐれた自然地域〔北海道〕」
◇七飯の一本栗 ⇒「114 記念保護樹木〔北海道〕」
◇横津岳・袴腰岳周辺 ⇒「004 すぐれた自然地域〔北海道〕」

事典・日本の自然保護地域　337

北海道　　　　　　　　地域別索引　　　　　　　　北海道

茅部郡鹿部町
◇大沼 ⇒「*004* すぐれた自然地域〔北海道〕」
◇トドメキ川瓢簞沼 ⇒「*004* すぐれた自然地域〔北海道〕」

茅部郡森町
◇大沼 ⇒「*004* すぐれた自然地域〔北海道〕」
◇茅部の栗林 ⇒「*016* 天然記念物〔北海道〕」
◇トドメキ川瓢簞沼 ⇒「*004* すぐれた自然地域〔北海道〕」
◇とのゐの松 ⇒「*114* 記念保護樹木〔北海道〕」

二海郡八雲町
◇相沼湖 ⇒「*004* すぐれた自然地域〔北海道〕」
◇見市川流域 ⇒「*004* すぐれた自然地域〔北海道〕」
◇拝領御所の松 ⇒「*114* 記念保護樹木〔北海道〕」
◇桧山海岸 ⇒「*004* すぐれた自然地域〔北海道〕」
◇檜山道立自然公園 ⇒「*008* 都道府県立自然公園」
◇八雲 ⇒「*132* 重要生息地（IBA）」

山越郡長万部町
◇静狩・礼文華 ⇒「*004* すぐれた自然地域〔北海道〕」
◇二股温泉の石灰華 ⇒「*016* 天然記念物〔北海道〕」

檜山郡江差町
◇慶喜の松 ⇒「*114* 記念保護樹木〔北海道〕」
◇椴川源流部 ⇒「*004* すぐれた自然地域〔北海道〕」
◇ヒノキアスナロおよびアオトドマツ自生地 ⇒「*014* 天然記念物〔国指定〕」
◇桧山海岸 ⇒「*004* すぐれた自然地域〔北海道〕」
◇檜山道立自然公園 ⇒「*008* 都道府県立自然公園」
◇法華寺の槻、椿 ⇒「*114* 記念保護樹木〔北海道〕」

檜山郡上ノ国町
◇逆さ水松 ⇒「*114* 記念保護樹木〔北海道〕」
◇大千軒岳周辺 ⇒「*004* すぐれた自然地域〔北海道〕」
◇七ツ岳周辺 ⇒「*004* すぐれた自然地域〔北海道〕」
◇桧山海岸 ⇒「*004* すぐれた自然地域〔北海道〕」
◇檜山道立自然公園 ⇒「*008* 都道府県立自然公園」
◇日名沢の沼 ⇒「*004* すぐれた自然地域〔北海道〕」

檜山郡厚沢部町
◇厚沢部川流域 ⇒「*004* すぐれた自然地域〔北海道〕」
◇鶉川ゴヨウマツ自生北限地帯 ⇒「*014* 天然記念物〔国指定〕」
◇見出の笠松 ⇒「*114* 記念保護樹木〔北海道〕」

爾志郡乙部町
◇縁結びの桂 ⇒「*114* 記念保護樹木〔北海道〕」
◇乙部鮪ノ岬の安山岩柱状節理 ⇒「*016* 天然記念物〔北海道〕」
◇桧山海岸 ⇒「*004* すぐれた自然地域〔北海道〕」
◇檜山道立自然公園 ⇒「*008* 都道府県立自然公園」
◇来拝川流域の森林 ⇒「*113* 北の魚つきの森」

奥尻郡奥尻町
◇奥尻町内 ⇒「*113* 北の魚つきの森」
◇奥尻島 ⇒「*004* すぐれた自然地域〔北海道〕」
◇檜山道立自然公園 ⇒「*008* 都道府県立自然公園」

久遠郡せたな町
◇浮島 ⇒「*004* すぐれた自然地域〔北海道〕」
◇狩場茂津多 ⇒「*004* すぐれた自然地域〔北海道〕」
◇狩場茂津多道立自然公園 ⇒「*008* 都道府県立自然公園」
◇巣籠の松 ⇒「*114* 記念保護樹木〔北海道〕」
◇荷卸の松 ⇒「*114* 記念保護樹木〔北海道〕」
◇桧山海岸 ⇒「*004* すぐれた自然地域〔北海道〕」
◇檜山道立自然公園 ⇒「*008* 都道府県立自然公園」

島牧郡島牧村
◇大平山 ⇒「*004* すぐれた自然地域〔北海道〕」
◇狩場茂津多 ⇒「*004* すぐれた自然地域〔北海道〕」
◇狩場茂津多道立自然公園 ⇒「*008* 都道府県立自然公園」

寿都郡寿都町
◇歌棄海岸 ⇒「*004* すぐれた自然地域〔北海道〕」
◇狩場茂津多 ⇒「*004* すぐれた自然地域〔北海道〕」
◇狩場茂津多道立自然公園 →「*008* 都道府県立自然公園」
◇旧役場庁舎 ⇒「*114* 記念保護樹木〔北海道〕」
◇西光寺のケヤキ ⇒「*114* 記念保護樹木〔北海道〕」

寿都郡黒松内町
◇歌才 ⇒「*004* すぐれた自然地域〔北海道〕」
◇歌才ブナ自生北限地帯 ⇒「*014* 天然記念物〔国指定〕」
◇黒松内の杉 ⇒「*114* 記念保護樹木〔北海道〕」

磯谷郡蘭越町

◇ニセコ山塊 ⇒「004 すぐれた自然地域〔北海道〕」
◇雷電海岸 ⇒「004 すぐれた自然地域〔北海道〕」
◇蘭越町内全域 ⇒「113 北の魚つきの森」

虻田郡ニセコ町

◇昆布岳 ⇒「004 すぐれた自然地域〔北海道〕」
◇後方羊蹄山の高山植物帯 ⇒「014 天然記念物〔国指定〕」
◇ニセコ山塊 ⇒「004 すぐれた自然地域〔北海道〕」
◇羊蹄山 ⇒「004 すぐれた自然地域〔北海道〕」

虻田郡真狩村

◇後方羊蹄山の高山植物帯 ⇒「014 天然記念物〔国指定〕」
◇羊蹄山 ⇒「004 すぐれた自然地域〔北海道〕」

虻田郡喜茂別町

◇後方羊蹄山の高山植物帯 ⇒「014 天然記念物〔国指定〕」
◇羊蹄山 ⇒「004 すぐれた自然地域〔北海道〕」

虻田郡京極町

◇後方羊蹄山の高山植物帯 ⇒「014 天然記念物〔国指定〕」
◇羊蹄山 ⇒「004 すぐれた自然地域〔北海道〕」

虻田郡倶知安町

◇後方羊蹄山の高山植物帯 ⇒「014 天然記念物〔国指定〕」
◇ニセコ山塊 ⇒「004 すぐれた自然地域〔北海道〕」
◇羊蹄山 ⇒「004 すぐれた自然地域〔北海道〕」

岩内郡共和町

◇ニセコ山塊 ⇒「004 すぐれた自然地域〔北海道〕」

岩内郡岩内町

◇ニセコ山塊 ⇒「004 すぐれた自然地域〔北海道〕」
◇雷電海岸 ⇒「004 すぐれた自然地域〔北海道〕」

古宇郡泊村

◇積丹半島 ⇒「004 すぐれた自然地域〔北海道〕」
◇泊の神木 ⇒「114 記念保護樹木〔北海道〕」

古宇郡神恵内村

◇積丹半島 ⇒「004 すぐれた自然地域〔北海道〕」

積丹郡積丹町

◇積丹半島 ⇒「004 すぐれた自然地域〔北海道〕」

古平郡古平町

◇積丹半島 ⇒「004 すぐれた自然地域〔北海道〕」

余市郡余市町

◇小樽海岸 ⇒「004 すぐれた自然地域〔北海道〕」
◇さいかちの樹 ⇒「114 記念保護樹木〔北海道〕」
◇積丹半島 ⇒「004 すぐれた自然地域〔北海道〕」

余市郡赤井川村

◇余市岳・白井岳・天狗岳周辺 ⇒「004 すぐれた自然地域〔北海道〕」

夕張郡長沼町

◇カラマツ ⇒「114 記念保護樹木〔北海道〕」
◇旧長都沼 ⇒「132 重要生息地（IBA）」
◇柳神社 ⇒「114 記念保護樹木〔北海道〕」

夕張郡栗山町

◇一本木 ⇒「114 記念保護樹木〔北海道〕」

樺戸郡月形町

◇石狩川沿いの河跡湖沼群 ⇒「004 すぐれた自然地域〔北海道〕」

樺戸郡浦臼町

◇石狩川沿いの河跡湖沼群 ⇒「004 すぐれた自然地域〔北海道〕」

樺戸郡新十津川町

◇暑寒別岳・雨竜沼 ⇒「004 すぐれた自然地域〔北海道〕」
◇新十津川町開拓 ⇒「114 記念保護樹木〔北海道〕」

雨竜郡雨竜町

◇雨竜沼高層湿原帯 ⇒「016 天然記念物〔北海道〕」
◇雨竜沼湿原 ⇒「013 ラムサール条約湿地」
◇開拓 ⇒「114 記念保護樹木〔北海道〕」
◇暑寒別岳・雨竜沼 ⇒「004 すぐれた自然地域〔北海道〕」

雨竜郡北竜町

◇暑寒別岳・雨竜沼 ⇒「004 すぐれた自然地域〔北海道〕」

北海道　　　　　　　　　　　　　　　　地域別索引　　　　　　　　　　　　　　　　北海道

雨竜郡沼田町
◇白鳥山周辺 ⇒「*004* すぐれた自然地域〔北海道〕」

上川郡鷹栖町
◇嵐山 ⇒「*004* すぐれた自然地域〔北海道〕」

上川郡当麻町
◇当麻鍾乳洞 ⇒「*016* 天然記念物〔北海道〕」

上川郡比布町
◇駒止めのなら ⇒「*114* 記念保護樹木〔北海道〕」

上川郡上川町
◇浮島湿原 ⇒「*004* すぐれた自然地域〔北海道〕」
◇北見富士 ⇒「*004* すぐれた自然地域〔北海道〕」
◇大雪山 ⇒「*015* 特別天然記念物〔国指定〕」
◇大雪山（石狩連峰）⇒「*004* すぐれた自然地域〔北海道〕」
◇大雪山（大雪山塊）⇒「*004* すぐれた自然地域〔北海道〕」

上川郡東川町
◇大雪山 ⇒「*015* 特別天然記念物〔国指定〕」
◇大雪山（大雪山塊）⇒「*004* すぐれた自然地域〔北海道〕」
◇羽衣の滝 ⇒「*065* 名勝〔北海道〕」

上川郡美瑛町
◇大雪山 ⇒「*015* 特別天然記念物〔国指定〕」
◇大雪山（大雪山塊）⇒「*004* すぐれた自然地域〔北海道〕」
◇大雪山（十勝岳連峰）⇒「*004* すぐれた自然地域〔北海道〕」

空知郡上富良野町
◇大雪山（十勝岳連峰）⇒「*004* すぐれた自然地域〔北海道〕」

空知郡中富良野町
◇長谷川の水松 ⇒「*114* 記念保護樹木〔北海道〕」

空知郡南富良野町
◇かなやま湖 ⇒「*004* すぐれた自然地域〔北海道〕」
◇狩勝峠周辺 ⇒「*004* すぐれた自然地域〔北海道〕」
◇大雪山（十勝岳連峰）⇒「*004* すぐれた自然地域〔北海道〕」
◇富良野芦別道立自然公園 ⇒「*008* 都道府県立自然公園」

夕張岳・芦別岳周辺
◇夕張岳・芦別岳周辺 ⇒「*004* すぐれた自然地域〔北海道〕」
◇夕張岳の高山植物群落および蛇紋岩メランジュ帯 ⇒「*014* 天然記念物〔国指定〕」

勇払郡占冠村
◇トマム地区（鵡川流域）⇒「*113* 北の魚つきの森」
◇ニニウ渓谷 ⇒「*004* すぐれた自然地域〔北海道〕」

上川郡剣淵町
◇剣淵町開拓 ⇒「*114* 記念保護樹木〔北海道〕」

上川郡下川町
◇下川小学校開校 ⇒「*114* 記念保護樹木〔北海道〕」
◇天塩岳・ウエンシリ岳 ⇒「*004* すぐれた自然地域〔北海道〕」
◇天塩岳道立自然公園 ⇒「*008* 都道府県立自然公園」

中川郡美深町
◇函岳周辺 ⇒「*004* すぐれた自然地域〔北海道〕」
◇美深町教育 ⇒「*114* 記念保護樹木〔北海道〕」
◇美深峠周辺 ⇒「*004* すぐれた自然地域〔北海道〕」
◇松山・ピヤシリ ⇒「*004* すぐれた自然地域〔北海道〕」

中川郡音威子府村
◇函岳周辺 ⇒「*004* すぐれた自然地域〔北海道〕」
◇北大天塩・中川演習林 ⇒「*004* すぐれた自然地域〔北海道〕」

中川郡中川町
◇天塩川河跡湖群 ⇒「*004* すぐれた自然地域〔北海道〕」
◇パンケ山・ペンケ山 ⇒「*004* すぐれた自然地域〔北海道〕」
◇北大天塩・中川演習林 ⇒「*004* すぐれた自然地域〔北海道〕」

雨竜郡幌加内町
◇霧立峠 ⇒「*004* すぐれた自然地域〔北海道〕」
◇朱鞠内湖周辺 ⇒「*004* すぐれた自然地域〔北海道〕」
◇朱鞠内道立自然公園 ⇒「*008* 都道府県立自然公園」

340　　事典・日本の自然保護地域

北海道 　　　　　　　地域別索引　　　　　　　　北海道

増毛郡増毛町
◇雄冬海岸 ⇒「004 すぐれた自然地域〔北海道〕」
◇暑寒別岳・雨竜沼 ⇒「004 すぐれた自然地域〔北海道〕」
◇増毛町内の森林全域 ⇒「113 北の魚つきの森」

留萌郡小平町
◇天狗山周辺 ⇒「004 すぐれた自然地域〔北海道〕」

苫前郡苫前町
◇岩見の一本松 ⇒「114 記念保護樹木〔北海道〕」
◇霧立峠 ⇒「004 すぐれた自然地域〔北海道〕」

苫前郡羽幌町
◇朱鞠内湖周辺 ⇒「004 すぐれた自然地域〔北海道〕」
◇朱鞠内道立自然公園 ⇒「008 都道府県立自然公園」
◇天売島 ⇒「132 重要生息地（IBA）」
◇天売島海鳥繁殖地 ⇒「014 天然記念物〔国指定〕」
◇天売島・焼尻島 ⇒「004 すぐれた自然地域〔北海道〕」
◇焼尻の自然林 ⇒「014 天然記念物〔国指定〕」

天塩郡遠別町
◇朱鞠内道立自然公園 ⇒「008 都道府県立自然公園」

天塩郡天塩町
◇サロベツ原野 ⇒「132 重要生息地（IBA）」
◇天塩川下流域 ⇒「004 すぐれた自然地域〔北海道〕」

宗谷郡猿払村
◇北オホーツク道立自然公園 ⇒「008 都道府県立自然公園」
◇猿払川湿原 ⇒「004 すぐれた自然地域〔北海道〕」
◇ポロ沼周辺 ⇒「004 すぐれた自然地域〔北海道〕」
◇モケウニ沼周辺 ⇒「004 すぐれた自然地域〔北海道〕」

枝幸郡浜頓別町
◇イソサンヌプリ ⇒「004 すぐれた自然地域〔北海道〕」
◇北オホーツク道立自然公園 ⇒「008 都道府県立自然公園」
◇クッチャロ湖 ⇒「013 ラムサール条約湿地」「132 重要生息地（IBA）」「134 東アジア・オーストラリア地域 渡り性水鳥重要生息地ネットワーク」
◇クッチャロ湖周辺 ⇒「004 すぐれた自然地域〔北海道〕」
◇下頓別のハルニレ ⇒「114 記念保護樹木〔北海道〕」
◇斜内山道 ⇒「004 すぐれた自然地域〔北海道〕」
◇浄覚寺竜頭の松 ⇒「114 記念保護樹木〔北海道〕」
◇ポロヌプリ周辺 ⇒「004 すぐれた自然地域〔北海道〕」

枝幸郡中頓別町
◇知駒岳周辺 ⇒「004 すぐれた自然地域〔北海道〕」
◇中頓別鍾乳洞 ⇒「016 天然記念物〔北海道〕」
◇パンケ山・ペンケ山 ⇒「004 すぐれた自然地域〔北海道〕」
◇ポロヌプリ周辺 ⇒「004 すぐれた自然地域〔北海道〕」
◇松音知岳・敏音知岳 ⇒「004 すぐれた自然地域〔北海道〕」

枝幸郡枝幸町
◇枝幸・目梨泊 ⇒「132 重要生息地（IBA）」
◇北オホーツク道立自然公園 ⇒「008 都道府県立自然公園」
◇斜内山道 ⇒「004 すぐれた自然地域〔北海道〕」
◇問牧川流域の森林 ⇒「113 北の魚つきの森」
◇函岳周辺 ⇒「004 すぐれた自然地域〔北海道〕」
◇ポロヌプリ周辺 ⇒「004 すぐれた自然地域〔北海道〕」

天塩郡豊富町
◇言問の松 ⇒「114 記念保護樹木〔北海道〕」
◇サロベツ原野 ⇒「004 すぐれた自然地域〔北海道〕」「013 ラムサール条約湿地」「132 重要生息地（IBA）」
◇稚咲内海岸砂丘林 ⇒「016 天然記念物〔北海道〕」

礼文郡礼文町
◇レブンアツモリソウ群生地 ⇒「016 天然記念物〔北海道〕」
◇礼文島 ⇒「004 すぐれた自然地域〔北海道〕」
◇礼文島桃岩付近一帯の野生植物 ⇒「016 天然記念物〔北海道〕」

利尻郡利尻町
◇利尻島 ⇒「004 すぐれた自然地域〔北海道〕」「132 重要生息地（IBA）」

事典・日本の自然保護地域　341

北海道　　　　　　　　　　　　　　地域別索引　　　　　　　　　　　　　北海道

◇利尻島のチシマザクラ自生地 ⇒「016 天然記念物〔北海道〕」

利尻郡利尻富士町

◇利尻島 ⇒「004 すぐれた自然地域〔北海道〕」「132 重要生息地（IBA）」

天塩郡幌延町

◇イソサンヌプリ ⇒「004 すぐれた自然地域〔北海道〕」
◇サロベツ原野 ⇒「004 すぐれた自然地域〔北海道〕」「013 ラムサール条約湿地」「132 重要生息地（IBA）」
◇知駒岳周辺 ⇒「004 すぐれた自然地域〔北海道〕」
◇天塩川下流域 ⇒「004 すぐれた自然地域〔北海道〕」
◇北大天塩・中川演習林 ⇒「004 すぐれた自然地域〔北海道〕」

網走郡美幌町

◇屈斜路湖・摩周湖周辺 ⇒「004 すぐれた自然地域〔北海道〕」

網走郡津別町

◇木禽岳 ⇒「004 すぐれた自然地域〔北海道〕」
◇チミケップ湖 ⇒「004 すぐれた自然地域〔北海道〕」

斜里郡斜里町

◇海別岳 ⇒「004 すぐれた自然地域〔北海道〕」
◇オシュンコシュン粗粒玄武岩柱状節理 ⇒「016 天然記念物〔北海道〕」
◇斜里海岸 ⇒「004 すぐれた自然地域〔北海道〕」
◇斜里海岸の草原群落 ⇒「016 天然記念物〔北海道〕」
◇斜里岳 ⇒「004 すぐれた自然地域〔北海道〕」
◇斜里岳道立自然公園 ⇒「008 都道府県立自然公園」
◇知床 ⇒「005 世界遺産」
◇知床半島 ⇒「004 すぐれた自然地域〔北海道〕」
◇知床半島・斜里岳 ⇒「132 重要生息地（IBA）」
◇濤沸湖・藻琴湖周辺 ⇒「004 すぐれた自然地域〔北海道〕」

斜里郡清里町

◇屈斜路湖・摩周湖周辺 ⇒「004 すぐれた自然地域〔北海道〕」
◇斜里岳 ⇒「004 すぐれた自然地域〔北海道〕」

◇斜里岳道立自然公園 ⇒「008 都道府県立自然公園」
◇知床半島 ⇒「004 すぐれた自然地域〔北海道〕」
◇知床半島・斜里岳 ⇒「132 重要生息地（IBA）」
◇武佐岳・サマッケヌプリ山周辺 ⇒「004 すぐれた自然地域〔北海道〕」

斜里郡小清水町

◇屈斜路湖・摩周湖周辺 ⇒「004 すぐれた自然地域〔北海道〕」
◇小清水海岸 ⇒「065 名勝〔北海道〕」
◇濤沸湖 ⇒「013 ラムサール条約湿地」「132 重要生息地（IBA）」
◇濤沸湖・藻琴湖周辺 ⇒「004 すぐれた自然地域〔北海道〕」

常呂郡置戸町

◇置戸山地 ⇒「004 すぐれた自然地域〔北海道〕」

常呂郡佐呂間町

◇サロマ湖 ⇒「004 すぐれた自然地域〔北海道〕」

紋別郡遠軽町

◇北見富士 ⇒「004 すぐれた自然地域〔北海道〕」
◇白滝ジオパーク ⇒「009 日本ジオパーク」
◇白滝の流紋岩球顆 ⇒「016 天然記念物〔北海道〕」
◇平山周辺 ⇒「004 すぐれた自然地域〔北海道〕」
◇武利岳・武華岳 ⇒「004 すぐれた自然地域〔北海道〕」

紋別郡湧別町

◇開盛小学校のカシワ ⇒「114 記念保護樹木〔北海道〕」
◇コムケ湖・シブノツナイ湖 ⇒「132 重要生息地（IBA）」
◇コムケ湖・シブノツナイ湖周辺 ⇒「004 すぐれた自然地域〔北海道〕」
◇サロマ湖 ⇒「004 すぐれた自然地域〔北海道〕」
◇佐呂間湖畔鶴沼のアッケシソウ群落 ⇒「016 天然記念物〔北海道〕」

紋別郡滝上町

◇浮島湿原 ⇒「004 すぐれた自然地域〔北海道〕」
◇北見富士 ⇒「004 すぐれた自然地域〔北海道〕」
◇滝ノ上 ⇒「004 すぐれた自然地域〔北海道〕」
◇天塩岳・ウエンシリ岳 ⇒「004 すぐれた自然地域〔北海道〕」
◇天塩岳道立自然公園 ⇒「008 都道府県立自然

北海道　　　　　　　　　　　　　　　地域別索引　　　　　　　　　　　　　　北海道

公園」

紋別郡興部町
◇紋別沢木海岸周辺 ⇒「004 すぐれた自然地域
〔北海道〕」

紋別郡西興部村
◇天塩岳・ウエンシリ岳 ⇒「004 すぐれた自然
地域〔北海道〕」
◇天塩岳道立自然公園 ⇒「008 都道府県立自然
公園」
◇松山・ピヤシリ ⇒「004 すぐれた自然地域〔北
海道〕」

紋別郡雄武町
◇美深峠周辺 ⇒「004 すぐれた自然地域〔北海道〕」
◇幌内川流域の森林 ⇒「113 北の魚つきの森」
◇松山・ピヤシリ ⇒「004 すぐれた自然地域〔北
海道〕」
◇紋別沢木海岸周辺 ⇒「004 すぐれた自然地域
〔北海道〕」

網走郡大空町
◇網走湖・能取湖・能取半島周辺 ⇒「004 すぐ
れた自然地域〔北海道〕」
◇屈斜路湖・摩周湖周辺 ⇒「004 すぐれた自然
地域〔北海道〕」
◇能取湖・網走湖 ⇒「132 重要生息地（IBA）」
◇女満別湿生植物群落 ⇒「014 天然記念物〔国
指定〕」

虻田郡豊浦町
◇大久保の栗 ⇒「114 記念保護樹木〔北海道〕」
◇昆布岳 ⇒「004 すぐれた自然地域〔北海道〕」
◇静狩・礼文華 ⇒「004 すぐれた自然地域〔北
海道〕」
◇洞爺湖有珠山ジオパーク ⇒「006 世界ジオパー
ク」「009 日本ジオパーク」

有珠郡壮瞥町
◇昭和新山 ⇒「015 特別天然記念物〔国指定〕」
◇洞爺湖有珠山ジオパーク ⇒「006 世界ジオパー
ク」「009 日本ジオパーク」
◇洞爺湖周辺 ⇒「004 すぐれた自然地域〔北海道〕」
◇登別周辺 ⇒「004 すぐれた自然地域〔北海道〕」

白老郡白老町
◇支笏湖周辺 ⇒「004 すぐれた自然地域〔北海道〕」

◇登別周辺 ⇒「004 すぐれた自然地域〔北海道〕」
◇誉の水松 ⇒「114 記念保護樹木〔北海道〕」
◇ポロト沼周辺 ⇒「004 すぐれた自然地域〔北
海道〕」

勇払郡厚真町
◇ウトナイ湖・勇払原野 ⇒「132 重要生息地
（IBA）」
◇平木沼湖沼群 ⇒「004 すぐれた自然地域〔北
海道〕」
◇穂別周辺 ⇒「004 すぐれた自然地域〔北海道〕」
◇ホロニレ ⇒「114 記念保護樹木〔北海道〕」

虻田郡洞爺湖町
◇洞爺湖有珠山ジオパーク ⇒「006 世界ジオパー
ク」「009 日本ジオパーク」
◇洞爺湖周辺 ⇒「004 すぐれた自然地域〔北海道〕」
◇老三樹 ⇒「114 記念保護樹木〔北海道〕」

勇払郡安平町
◇ウトナイ湖・勇払原野 ⇒「132 重要生息地
（IBA）」
◇早来のドングリ ⇒「114 記念保護樹木〔北海道〕」
◇平木沼湖沼群 ⇒「004 すぐれた自然地域〔北
海道〕」

勇払郡むかわ町
◇イクベツ沢流域の森林 ⇒「113 北の魚つきの森」
◇ペップトのカシワ ⇒「114 記念保護樹木〔北
海道〕」
◇穂別周辺 ⇒「004 すぐれた自然地域〔北海道〕」
◇鵡川 ⇒「132 重要生息地（IBA）」
◇鵡川・沙流川 ⇒「004 すぐれた自然地域〔北
海道〕」

沙流郡日高町
◇沙流川源流原始林 ⇒「014 天然記念物〔国指定〕」
◇日高山脈 ⇒「004 すぐれた自然地域〔北海道〕」
◇鵡川・沙流川 ⇒「004 すぐれた自然地域〔北
海道〕」

沙流郡平取町
◇日高山脈 ⇒「004 すぐれた自然地域〔北海道〕」
◇義経神社の栗 ⇒「114 記念保護樹木〔北海道〕」

新冠郡新冠町
◇新冠川及び節婦川流域 ⇒「113 北の魚つきの森」
◇新冠川流域 ⇒「004 すぐれた自然地域〔北海道〕」

事典・日本の自然保護地域　**343**

北海道　　　　　　　　　　　　　地域別索引　　　　　　　　　　　　　　北海道

◇新冠泥火山 ⇒「016 天然記念物〔北海道〕」
◇日高山脈 ⇒「004 すぐれた自然地域〔北海道〕」
◇判官館周辺 ⇒「004 すぐれた自然地域〔北海道〕」

浦河郡浦河町

◇エンルム岬周辺 ⇒「004 すぐれた自然地域〔北海道〕」
◇日高山脈 ⇒「004 すぐれた自然地域〔北海道〕」
◇蓬莱山 ⇒「004 すぐれた自然地域〔北海道〕」

様似郡様似町

◇アポイ岳高山植物群落 ⇒「015 特別天然記念物〔国指定〕」
◇アポイ岳ジオパーク ⇒「006 世界ジオパーク」「009 日本ジオパーク」
◇アポイ岳周辺 ⇒「004 すぐれた自然地域〔北海道〕」
◇エンルム岬周辺 ⇒「004 すぐれた自然地域〔北海道〕」
◇観音山の御神木 ⇒「114 記念保護樹木〔北海道〕」
◇日高山脈 ⇒「004 すぐれた自然地域〔北海道〕」
◇幌満ゴヨウマツ自生地 ⇒「014 天然記念物〔国指定〕」

幌泉郡えりも町

◇襟裳 ⇒「004 すぐれた自然地域〔北海道〕」

日高郡新ひだか町

◇神森の赤松 ⇒「114 記念保護樹木〔北海道〕」
◇春別川上流 ⇒「004 すぐれた自然地域〔北海道〕」
◇新冠川流域 ⇒「004 すぐれた自然地域〔北海道〕」
◇日高山脈 ⇒「004 すぐれた自然地域〔北海道〕」
◇判官館周辺 ⇒「004 すぐれた自然地域〔北海道〕」
◇蓬莱山 ⇒「004 すぐれた自然地域〔北海道〕」
◇メナシベツ川上流 ⇒「004 すぐれた自然地域〔北海道〕」

河東郡士幌町

◇然別湖周辺 ⇒「004 すぐれた自然地域〔北海道〕」

河東郡上士幌町

◇然別湖周辺 ⇒「004 すぐれた自然地域〔北海道〕」
◇然別湖のオショロコマ生息地 ⇒「016 天然記念物〔北海道〕」
◇大雪山（石狩連峰）⇒「004 すぐれた自然地域〔北海道〕」

河東郡鹿追町

◇然別湖周辺 ⇒「004 すぐれた自然地域〔北海道〕」
◇大雪山（石狩連峰）⇒「004 すぐれた自然地域〔北海道〕」
◇とかち鹿追ジオパーク ⇒「009 日本ジオパーク」

上川郡新得町

◇岩松ダム・十勝ダム ⇒「004 すぐれた自然地域〔北海道〕」
◇狩勝峠周辺 ⇒「004 すぐれた自然地域〔北海道〕」
◇大雪山 ⇒「015 特別天然記念物〔国指定〕」
◇大雪山（石狩連峰）⇒「004 すぐれた自然地域〔北海道〕」
◇大雪山（大雪山塊）⇒「004 すぐれた自然地域〔北海道〕」
◇大雪山（十勝岳連峰）⇒「004 すぐれた自然地域〔北海道〕」

上川郡清水町

◇日高山脈 ⇒「004 すぐれた自然地域〔北海道〕」

河西郡芽室町

◇日高山脈 ⇒「004 すぐれた自然地域〔北海道〕」
◇伏見仙峡 ⇒「004 すぐれた自然地域〔北海道〕」

河西郡中札内村

◇日高山脈 ⇒「004 すぐれた自然地域〔北海道〕」

河西郡更別村

◇更別湿原のヤチカンバ ⇒「016 天然記念物〔北海道〕」
◇大樹・上更別 ⇒「004 すぐれた自然地域〔北海道〕」

広尾郡大樹町

◇開進のカラマツ ⇒「114 記念保護樹木〔北海道〕」
◇大樹・上更別 ⇒「004 すぐれた自然地域〔北海道〕」
◇十勝海岸 ⇒「004 すぐれた自然地域〔北海道〕」
◇十勝海岸湖沼群 ⇒「132 重要生息地（IBA）」
◇日高山脈 ⇒「004 すぐれた自然地域〔北海道〕」

広尾郡広尾町

◇襟裳 ⇒「004 すぐれた自然地域〔北海道〕」
◇十勝海岸 ⇒「004 すぐれた自然地域〔北海道〕」
◇日高山脈 ⇒「004 すぐれた自然地域〔北海道〕」

344　事典・日本の自然保護地域

北海道　　　　　　　　　　　　　地域別索引　　　　　　　　　　　　　北海道

中川郡池田町
◇十勝川下流域 ⇒「132 重要生息地（IBA）」
◇富川・富岡 ⇒「004 すぐれた自然地域〔北海道〕」

中川郡豊頃町
◇大津海岸長節湖畔野生植物群落 ⇒「016 天然
　記念物〔北海道〕」
◇大津海岸トイトッキ浜野生植物群落 ⇒「016 天
　然記念物〔北海道〕」
◇十勝海岸 ⇒「004 すぐれた自然地域〔北海道〕」
◇十勝海岸湖沼群 ⇒「132 重要生息地（IBA）」
◇十勝川下流域 ⇒「132 重要生息地（IBA）」
◇豊頃町全域 ⇒「113 北の魚つきの森」

中川郡本別町
◇ビランベツのシダレカラマツ ⇒「114 記念保
　護樹木〔北海道〕」
◇本別開拓 ⇒「114 記念保護樹木〔北海道〕」

足寄郡足寄町
◇阿寒湖周辺 ⇒「004 すぐれた自然地域〔北海道〕」
◇オンネトー湯の滝マンガン酸化物生成地 ⇒「014
　天然記念物〔国指定〕」
◇糠南川周辺 ⇒「004 すぐれた自然地域〔北海道〕」

十勝郡浦幌町
◇十勝海岸 ⇒「004 すぐれた自然地域〔北海道〕」
◇十勝川下流域 ⇒「132 重要生息地（IBA）」
◇富川・富岡 ⇒「004 すぐれた自然地域〔北海道〕」
◇留真 ⇒「004 すぐれた自然地域〔北海道〕」

釧路郡釧路町
◇厚岸道立自然公園 ⇒「008 都道府県立自然公園」
◇釧路湿原 ⇒「004 すぐれた自然地域〔北海道〕」
　「013 ラムサール条約湿地」「014 天然記念物
　〔国指定〕」「132 重要生息地（IBA）」
◇昆布森・尻羽岬 ⇒「004 すぐれた自然地域〔北
　海道〕」
◇仙鳳寺の双竜杉 ⇒「114 記念保護樹木〔北海道〕」
◇三津浦海岸 ⇒「004 すぐれた自然地域〔北海道〕」

厚岸郡厚岸町
◇厚岸海岸 ⇒「004 すぐれた自然地域〔北海道〕」
◇厚岸湖 ⇒「004 すぐれた自然地域〔北海道〕」
◇厚岸湖・別寒辺牛湿原 ⇒「013 ラムサール条
　約湿地」「132 重要生息地（IBA）」「134 東アジ
　ア・オーストラリア地域 渡り性水鳥重要生息

地ネットワーク」
◇厚岸道立自然公園 ⇒「008 都道府県立自然公園」
◇厚岸床潭沼の緋鮒生息地 ⇒「016 天然記念物
　〔北海道〕」
◇石澤野鳥保護区尾幌川 ⇒「135 野鳥保護区」
◇尾幌 ⇒「004 すぐれた自然地域〔北海道〕」
◇こと野鳥保護区厚岸トキタイ ⇒「135 野鳥保
　護区」
◇大黒島 ⇒「004 すぐれた自然地域〔北海道〕」
　「132 重要生息地（IBA）」
◇大黒島海鳥繁殖地 ⇒「014 天然記念物〔国指定〕」
◇屯田兵の桑並木 ⇒「114 記念保護樹木〔北海道〕」
◇早瀬野鳥保護区別寒辺牛湿原 ⇒「135 野鳥保
　護区」
◇別寒辺牛湿原 ⇒「004 すぐれた自然地域〔北
　海道〕」
◇報国寺のアカマツ ⇒「114 記念保護樹木〔北
　海道〕」
◇渡邊野鳥保護区大別川 ⇒「135 野鳥保護区」
◇渡邊野鳥保護区尾幌川 ⇒「135 野鳥保護区」
◇渡邊野鳥保護区別寒辺牛湿原 ⇒「135 野鳥保
　護区」

厚岸郡浜中町
◇厚岸海岸 ⇒「004 すぐれた自然地域〔北海道〕」
◇厚岸道立自然公園 ⇒「008 都道府県立自然公園」
◇霧多布湿原 ⇒「013 ラムサール条約湿地」「134
　東アジア・オーストラリア地域 渡り性水鳥重
　要生息地ネットワーク」
◇霧多布湿原周辺 ⇒「004 すぐれた自然地域〔北
　海道〕」
◇霧多布湿原・琵琶瀬湾 ⇒「132 重要生息地
　（IBA）」
◇霧多布泥炭形成植物群落 ⇒「014 天然記念物
　〔国指定〕」
◇浜中町内 ⇒「113 北の魚つきの森」
◇火散布沼・藻散布沼 ⇒「004 すぐれた自然地
　域〔北海道〕」
◇琵琶瀬湾 ⇒「134 東アジア・オーストラリア
　地域 渡り性水鳥重要生息地ネットワーク」
◇風蓮湖・温根沼 ⇒「132 重要生息地（IBA）」
◇奔幌戸・恵茶人 ⇒「004 すぐれた自然地域〔北
　海道〕」

川上郡標茶町
◇厚岸湖・別寒辺牛湿原 ⇒「132 重要生息地
　（IBA）」
◇釧路湿原 ⇒「004 すぐれた自然地域〔北海道〕」

事典・日本の自然保護地域　345

「*013* ラムサール条約湿地」「*014* 天然記念物
〔国指定〕」「*132* 重要生息地（IBA）」
◇屈斜路湖・摩周湖周辺 ⇒「*004* すぐれた自然
地域〔北海道〕」
◇別寒辺牛湿原 ⇒「*004* すぐれた自然地域〔北
海道〕」
◇渡邊野鳥保護区チャンベツ ⇒「*135* 野鳥保護区」

川上郡弟子屈町
◇川湯小学校のハルニレ ⇒「*114* 記念保護樹木
〔北海道〕」
◇川湯神社のミズナラ ⇒「*114* 記念保護樹木〔北
海道〕」
◇屈斜路湖・摩周湖周辺 ⇒「*004* すぐれた自然
地域〔北海道〕」
◇弟子屈小学校のイタヤカエデ ⇒「*114* 記念保
護樹木〔北海道〕」
◇弟子屈小学校のハルニレ ⇒「*114* 記念保護樹
木〔北海道〕」
◇和琴ミンミンゼミ発生地 ⇒「*014* 天然記念物
〔国指定〕」

阿寒郡鶴居村
◇釧路湿原 ⇒「*004* すぐれた自然地域〔北海道〕」
「*013* ラムサール条約湿地」「*014* 天然記念物
〔国指定〕」
◇古丹野鳥保護区温根内 ⇒「*135* 野鳥保護区」
◇鶴居・伊藤タンチョウサンクチュアリ ⇒「*131*
サンクチュアリ」
◇早瀬野鳥保護区温根内 ⇒「*135* 野鳥保護区」
◇渡邊野鳥保護区温根内 ⇒「*135* 野鳥保護区」

白糠郡白糠町
◇コイトイ・大楽毛海岸 ⇒「*004* すぐれた自然
地域〔北海道〕」
◇馬主来沼 ⇒「*004* すぐれた自然地域〔北海道〕」

野付郡別海町
◇兼金沼・西別川流域 ⇒「*004* すぐれた自然地
域〔北海道〕」
◇春別・雷床丹川流域 ⇒「*004* すぐれた自然地
域〔北海道〕」
◇永野野鳥保護区飛雁川 ⇒「*135* 野鳥保護区」
◇西別湿原ヤチカンバ群落地 ⇒「*016* 天然記念
物〔北海道〕」
◇野付・尾岱沼 ⇒「*132* 重要生息地（IBA）」
◇野付半島周辺 ⇒「*004* すぐれた自然地域〔北
海道〕」

◇野付半島・野付湾 ⇒「*013* ラムサール条約湿
地」「*134* 東アジア・オーストラリア地域 渡り
性水鳥重要生息地ネットワーク」
◇野付風蓮道立自然公園 ⇒「*008* 都道府県立自
然公園」
◇風蓮湖・温根沼 ⇒「*132* 重要生息地（IBA）」
◇風蓮湖周辺 ⇒「*004* すぐれた自然地域〔北海道〕」
◇風蓮湖・春国岱 ⇒「*013* ラムサール条約湿地」
◇別海町内の森林全域 ⇒「*113* 北の魚つきの森」
◇野鳥保護区ヤウシュベツ ⇒「*135* 野鳥保護区」
◇渡邊野鳥保護区飛雁川 ⇒「*135* 野鳥保護区」
◇渡邊野鳥保護区ヤウシュベツ ⇒「*135* 野鳥保
護区」

標津郡中標津町
◇屈斜路湖・摩周湖周辺 ⇒「*004* すぐれた自然
地域〔北海道〕」
◇知床半島 ⇒「*004* すぐれた自然地域〔北海道〕」
◇知床半島・斜里岳 ⇒「*132* 重要生息地（IBA）」
◇武佐岳・サマッケヌプリ山周辺 ⇒「*004* すぐ
れた自然地域〔北海道〕」
◇養老牛周辺 ⇒「*004* すぐれた自然地域〔北海道〕」

標津郡標津町
◇植別川流域 ⇒「*004* すぐれた自然地域〔北海道〕」
◇海別岳 ⇒「*004* すぐれた自然地域〔北海道〕」
◇標津 ⇒「*004* すぐれた自然地域〔北海道〕」
◇標津湿原 ⇒「*014* 天然記念物〔国指定〕」
◇斜里岳 ⇒「*004* すぐれた自然地域〔北海道〕」
◇斜里岳道立自然公園 ⇒「*008* 都道府県立自然
公園」
◇知床半島 ⇒「*004* すぐれた自然地域〔北海道〕」
◇知床半島・斜里岳 ⇒「*132* 重要生息地（IBA）」
◇野付・尾岱沼 ⇒「*132* 重要生息地（IBA）」
◇野付半島周辺 ⇒「*004* すぐれた自然地域〔北
海道〕」
◇野付半島・野付湾 ⇒「*013* ラムサール条約湿地」
◇野付風蓮道立自然公園 ⇒「*008* 都道府県立自
然公園」
◇武佐岳・サマッケヌプリ山周辺 ⇒「*004* すぐ
れた自然地域〔北海道〕」

目梨郡羅臼町
◇植別川流域 ⇒「*004* すぐれた自然地域〔北海道〕」
◇海別岳 ⇒「*004* すぐれた自然地域〔北海道〕」
◇誠諦寺のシダレカラマツ ⇒「*114* 記念保護樹
木〔北海道〕」
◇知床 ⇒「*005* 世界遺産」

北海道　　　　　　　　　　　　　地域別索引　　　　　　　　　　　　北海道

◇知床半島 ⇒「*004* すぐれた自然地域〔北海道〕」
◇知床半島・斜里岳 ⇒「*132* 重要生息地（IBA）」
◇千年の水松 ⇒「*114* 記念保護樹木〔北海道〕」
◇羅臼の間歇泉 ⇒「*016* 天然記念物〔北海道〕」
◇羅臼のひかりごけ ⇒「*016* 天然記念物〔北海道〕」

事典・日本の自然保護地域　**347**

東北

青森県

青森県

◇三陸復興国立公園 ⇒「*002* 国立公園」
◇下北半島国定公園 ⇒「*001* 国定公園」
◇下北半島北部沿岸 ⇒「*132* 重要生息地（IBA）」
◇白神山地 ⇒「*132* 重要生息地（IBA）」
◇津軽国定公園 ⇒「*001* 国定公園」
◇東北自然歩道（新・奥の細道）⇒「*007* 長距離自然歩道」
◇東北太平洋岸自然歩道（みちのく潮風トレイル）⇒「*007* 長距離自然歩道」
◇十和田八幡平国立公園 ⇒「*002* 国立公園」
◇十和田・八甲田 ⇒「*132* 重要生息地（IBA）」
◇陸奥湾 ⇒「*132* 重要生息地（IBA）」

青森市

◇浅虫夏泊県立自然公園 ⇒「*008* 都道府県立自然公園」
◇十和田霊泉 ⇒「*130* 私たちの名水」
◇安田水天宮 ⇒「*130* 私たちの名水」
◇横内川（水源地上流部）⇒「*130* 私たちの名水」

弘前市

◇岩木高原県立自然公園 ⇒「*008* 都道府県立自然公園」
◇大杉 ⇒「*017* 天然記念物〔青森県〕」
◇御茶水 ⇒「*130* 私たちの名水」
◇鬼沢のカシワ（鬼神腰掛柏）⇒「*017* 天然記念物〔青森県〕」
◇清水観音水 ⇒「*130* 私たちの名水」
◇御神水 ⇒「*130* 私たちの名水」
◇小杉沢の湧水 ⇒「*130* 私たちの名水」
◇御膳水 ⇒「*130* 私たちの名水」
◇天満宮のシダレザクラ ⇒「*017* 天然記念物〔青森県〕」
◇堂ヶ平桂清水 ⇒「*130* 私たちの名水」
◇燈明杉 ⇒「*017* 天然記念物〔青森県〕」
◇羽黒神社霊泉 ⇒「*130* 私たちの名水」

◇百沢街道および高岡街道の松並木 ⇒「*017* 天然記念物〔青森県〕」
◇廻堰大溜池・砂沢溜池 ⇒「*132* 重要生息地（IBA）」
◇向外瀬のモクゲンジ（センダンバノボダイジュ）⇒「*017* 天然記念物〔青森県〕」

八戸市

◇蕪島 ⇒「*132* 重要生息地（IBA）」
◇蕪島ウミネコ繁殖地 ⇒「*014* 天然記念物〔国指定〕」
◇カヤの木 ⇒「*017* 天然記念物〔青森県〕」
◇三陸ジオパーク ⇒「*009* 日本ジオパーク」
◇種差海岸 ⇒「*063* 名勝〔国指定〕」

黒石市

◇厚目内の寒水 ⇒「*130* 私たちの名水」
◇黒石温泉郷県立自然公園 ⇒「*008* 都道府県立自然公園」
◇中野神社の対植えのモミ ⇒「*017* 天然記念物〔青森県〕」
◇妙経寺のカヤの木 ⇒「*017* 天然記念物〔青森県〕」
◇薬師寺の石割カエデ ⇒「*017* 天然記念物〔青森県〕」

五所川原市

◇芦野池沼群県立自然公園 ⇒「*008* 都道府県立自然公園」
◇岩木川河口・十三湖 ⇒「*132* 重要生息地（IBA）」
◇金木町玉鹿石 ⇒「*017* 天然記念物〔青森県〕」
◇権現様の清水 ⇒「*130* 私たちの名水」
◇十三湖の白鳥 ⇒「*017* 天然記念物〔青森県〕」

十和田市

◇奥入瀬渓流流域 ⇒「*119* 日本の貴重なコケの森」
◇落人の里の水 ⇒「*130* 私たちの名水」
◇桂水大明神の水 ⇒「*130* 私たちの名水」
◇クヌギ ⇒「*017* 天然記念物〔青森県〕」
◇白上の湧水 ⇒「*130* 私たちの名水」
◇十和田湖および奥入瀬渓流 ⇒「*014* 天然記念物〔国指定〕」「*064* 特別名勝〔国指定〕」
◇沼袋の水 ⇒「*130* 私たちの名水」
◇八甲田清水 ⇒「*130* 私たちの名水」
◇法量のイチョウ ⇒「*014* 天然記念物〔国指定〕」
◇モミの木 ⇒「*017* 天然記念物〔青森県〕」

三沢市

◇小川原湖のハクチョウ ⇒「*017* 天然記念物〔青

森県〕」
◇小田内沼湧水 ⇒「130 私たちの名水」
◇仏沼 ⇒「013 ラムサール条約湿地」
◇仏沼・小川原湖沼群 ⇒「132 重要生息地
（IBA）」
◇仏沼野鳥保護区 ⇒「135 野鳥保護区」

むつ市
◇大湊湾の白鳥 ⇒「017 天然記念物〔青森県〕」
◇下北半島のサルおよびサル生息北限地 ⇒「014
天然記念物〔国指定〕」

つがる市
◇岩木川河口・十三湖 ⇒「132 重要生息地（IBA）」
◇狄ヶ館溜池 ⇒「132 重要生息地（IBA）」
◇広岡羽黒さま ⇒「130 私たちの名水」
◇廻堰大溜池・砂沢溜池 ⇒「132 重要生息地
（IBA）」
◇りんごの樹 ⇒「017 天然記念物〔青森県〕」

平川市
◇大鰐碇ヶ関温泉郷県立自然公園 ⇒「008 都道
府県立自然公園」
◇観音清水 ⇒「130 私たちの名水」
◇黒石温泉郷県立自然公園 ⇒「008 都道府県立
自然公園」
◇マリア清水 ⇒「130 私たちの名水」

東津軽郡平内町
◇浅虫夏泊県立自然公園 ⇒「008 都道府県立自
然公園」
◇小湊のハクチョウおよびその渡来地 ⇒「015 特
別天然記念物〔国指定〕」
◇ツバキ自生北限地帯 ⇒「014 天然記念物〔国
指定〕」

東津軽郡今別町
◇赤根沢の赤岩 ⇒「017 天然記念物〔青森県〕」

西津軽郡鰺ヶ沢町
◇赤石渓流暗門の滝県立自然公園 ⇒「008 都道
府県立自然公園」
◇白神山地 ⇒「005 世界遺産」

西津軽郡深浦町
◇北金ヶ沢のイチョウ ⇒「014 天然記念物〔国
指定〕」
◇白神山地 ⇒「005 世界遺産」

◇神明様のトヨ水 ⇒「130 私たちの名水」
◇関の杉 ⇒「017 天然記念物〔青森県〕」
◇沸壺池の清水 ⇒「130 私たちの名水」

中津軽郡西目屋村
◇赤石渓流暗門の滝県立自然公園 ⇒「008 都道
府県立自然公園」
◇白神山地 ⇒「005 世界遺産」

南津軽郡藤崎町
◇藤崎のハクチョウ ⇒「017 天然記念物〔青森県〕」

南津軽郡大鰐町
◇大鰐碇ヶ関温泉郷県立自然公園 ⇒「008 都道
府県立自然公園」

北津軽郡板柳町
◇イチイ ⇒「017 天然記念物〔青森県〕」

北津軽郡鶴田町
◇廻堰大溜池・砂沢溜池 ⇒「132 重要生息地
（IBA）」
◇妙堂崎のモミの木（トドロッポ）⇒「017 天然
記念物〔青森県〕」

北津軽郡中泊町
◇芦野池沼群県立自然公園 ⇒「008 都道府県立
自然公園」
◇岩木川河口・十三湖 ⇒「132 重要生息地（IBA）」
◇冷水ッコ ⇒「130 私たちの名水」
◇湧つぼ ⇒「130 私たちの名水」

上北郡
◇小川原湖のハクチョウ ⇒「017 天然記念物〔青
森県〕」

上北郡野辺地町
◇西光寺のシダレザクラ ⇒「017 天然記念物〔青
森県〕」

上北郡七戸町
◇銀南木 ⇒「017 天然記念物〔青森県〕」

上北郡六戸町
◇仏沼・小川原湖沼群 ⇒「132 重要生息地
（IBA）」

青森県　　　　　　　　　　　　　　　地域別索引　　　　　　　　　　　　　　東北

上北郡横浜町
◇横浜町のゲンジボタルおよびその生息地 ⇒「017
　天然記念物〔青森県〕」

上北郡東北町
◇仏沼・小川原湖湖沼群 ⇒「132 重要生息地
　（IBA）」

上北郡六ヶ所村
◇仏沼・小川原湖湖沼群 ⇒「132 重要生息地
　（IBA）」

上北郡おいらせ町
◇根岸の大いちょう ⇒「017天然記念物〔青森県〕」

下北郡大間町
◇弁天島 ⇒「132 重要生息地（IBA）」

下北郡東通村
◇寒立馬とその生息地 ⇒「017 天然記念物〔青
　森県〕」

下北郡佐井村
◇下北半島のサルおよびサル生息北限地 ⇒「014
　天然記念物〔国指定〕」
◇縫道石山・縫道石の特殊植物群落 ⇒「014 天
　然記念物〔国指定〕」
◇仏宇多（仏ヶ浦）⇒「014 天然記念物〔国指定〕」
　「063 名勝〔国指定〕」

三戸郡三戸町
◇桑の木 ⇒「017 天然記念物〔青森県〕」
◇関根の清水 ⇒「130 私たちの名水」
◇関根の松 ⇒「017 天然記念物〔青森県〕」
◇名久井岳県立自然公園 ⇒「008 都道府県立自
　然公園」
◇白翁泉 ⇒「130 私たちの名水」

三戸郡五戸町
◇わむら（上村）のカシワの木 ⇒「017 天然記念
　物〔青森県〕」

三戸郡田子町
◇弥勒の滝 ⇒「130 私たちの名水」

三戸郡南部町
◇爺杉 ⇒「017 天然記念物〔青森県〕」
◇天狗杉 ⇒「017 天然記念物〔青森県〕」

◇名久井岳県立自然公園 ⇒「008 都道府県立自
　然公園」
◇法光寺参道松並木 ⇒「017天然記念物〔青森県〕」

三戸郡階上町
◇うつぎ ⇒「017天然記念物〔青森県〕」
◇三陸ジオパーク ⇒「009 日本ジオパーク」
◇寺下の滝 ⇒「130 私たちの名水」
◇階上岳龍神水 ⇒「130 私たちの名水」
◇茨島のトチノキ ⇒「017天然記念物〔青森県〕」

350　事典・日本の自然保護地域

東北　　　　　　　　　　　　　地域別索引　　　　　　　　　　　　　岩手県

岩手県

岩手県
◇栗駒国定公園 ⇒「001 国定公園」
◇栗駒・焼石 ⇒「132 重要生息地（IBA）」
◇三陸復興国立公園 ⇒「002 国立公園」
◇東北自然歩道（新・奥の細道）⇒「007 長距離自然歩道」
◇東北太平洋岸自然歩道（みちのく潮風トレイル）⇒「007 長距離自然歩道」
◇十和田八幡平国立公園 ⇒「002 国立公園」
◇八幡平・和賀岳 ⇒「132 重要生息地（IBA）」
◇早池峰国定公園 ⇒「001 国定公園」

盛岡市
◇エクソンモービル野鳥保護区イーハトーブ盛岡 ⇒「135 野鳥保護区」
◇シダレカツラ ⇒「014 天然記念物〔国指定〕」
◇玉山のシダレアカマツ ⇒「018 天然記念物〔岩手県〕」
◇外山早坂高原県立自然公園 ⇒「008 都道府県立自然公園」
◇早池峰 ⇒「132 重要生息地（IBA）」
◇盛岡石割ザクラ ⇒「014 天然記念物〔国指定〕」
◇山岸のカキツバタ群落 ⇒「018 天然記念物〔岩手県〕」
◇龍谷寺のモリオカシダレ ⇒「014 天然記念物〔国指定〕」

宮古市
◇佐賀部のウミネコ繁殖地 ⇒「018 天然記念物〔岩手県〕」
◇崎山の潮吹穴 ⇒「014 天然記念物〔国指定〕」
◇崎山の蠟燭岩 ⇒「014 天然記念物〔国指定〕」
◇三王岩 ⇒「018 天然記念物〔岩手県〕」
◇三陸ジオパーク ⇒「009 日本ジオパーク」
◇浄土ヶ浜 ⇒「063 名勝〔国指定〕」「066 名勝〔岩手県〕」
◇田鎖神社のブナ・イヌブナ林 ⇒「018 天然記念物〔岩手県〕」
◇早池峰 ⇒「132 重要生息地（IBA）」
◇早池峰山および薬師岳の高山帯・森林植物群落 ⇒「015 特別天然記念物〔国指定〕」
◇早池峰山のアカエゾマツ自生南限地 ⇒「014 天

然記念物〔国指定〕」
◇日出島 ⇒「132 重要生息地（IBA）」
◇日出島クロコシジロウミツバメ繁殖地 ⇒「014 天然記念物〔国指定〕」

大船渡市
◇大船渡の三面椿 ⇒「018 天然記念物〔岩手県〕」
◇碁石海岸 ⇒「014 天然記念物〔国指定〕」「063 名勝〔国指定〕」
◇五葉山県立自然公園 ⇒「008 都道府県立自然公園」
◇珊瑚島 ⇒「063 名勝〔国指定〕」
◇三陸ジオパーク ⇒「009 日本ジオパーク」
◇館ヶ崎角岩岩脈 ⇒「014 天然記念物〔国指定〕」
◇樋口沢ゴトランド紀化石産地 ⇒「014 天然記念物〔国指定〕」

花巻市
◇イーハトーブの風景地 鞍掛山 七つ森 狼森 釜淵の滝 イギリス海岸 五輪峠 種山ヶ原 ⇒「063 名勝〔国指定〕」
◇カズグリ自生地 ⇒「014 天然記念物〔国指定〕」
◇北笹間のナラカシワ ⇒「018 天然記念物〔岩手県〕」
◇花巻温泉郷県立自然公園 ⇒「008 都道府県立自然公園」
◇花巻矢沢地区のゼニタナゴ生息地 ⇒「018 天然記念物〔岩手県〕」
◇花輪堤ハナショウブ群落 ⇒「014 天然記念物〔国指定〕」
◇早池峰 ⇒「132 重要生息地（IBA）」
◇早池峰山および薬師岳の高山帯・森林植物群落 ⇒「015 特別天然記念物〔国指定〕」

北上市
◇夏油温泉の石灰華 ⇒「015 特別天然記念物〔国指定〕」
◇小鳥崎の大カヤ ⇒「018 天然記念物〔岩手県〕」
◇新堤・北上川 ⇒「132 重要生息地（IBA）」

久慈市
◇内間木洞及び洞内動物群 ⇒「018 天然記念物〔岩手県〕」
◇久慈平庭県立自然公園 ⇒「008 都道府県立自然公園」
◇三陸ジオパーク ⇒「009 日本ジオパーク」
◇霜畑のケヤキ群 ⇒「018 天然記念物〔岩手県〕」
◇長泉寺の大イチョウ ⇒「014 天然記念物〔国

事典・日本の自然保護地域　351

岩手県　　　　　　　　　　　　　地域別索引　　　　　　　　　　　　　東北

指定〕」

遠野市

◇青笹のイブキ ⇒「018 天然記念物〔岩手県〕」
◇遠野のモリオカシダレ ⇒「018 天然記念物〔岩手県〕」
◇早池峰 ⇒「132 重要生息地（IBA）」
◇早池峰山および薬師岳の高山帯・森林植物群落 ⇒「015 特別天然記念物〔国指定〕」
◇早池峰神社の夫婦イチイ ⇒「018 天然記念物〔岩手県〕」

一関市

◇薄衣の笠マツ ⇒「018 天然記念物〔岩手県〕」
◇大籠のガンボクエゴノキ ⇒「018 天然記念物〔岩手県〕」
◇猊鼻渓 ⇒「063 名勝〔国指定〕」
◇厳美渓 ⇒「014 天然記念物〔国指定〕」「063 名勝〔国指定〕」
◇コランダム産地 ⇒「018 天然記念物〔岩手県〕」
◇猿沢の箒カヤ ⇒「018 天然記念物〔岩手県〕」
◇室根高原県立自然公園 ⇒「008 都道府県立自然公園」

陸前高田市

◇青松島 ⇒「018 天然記念物〔岩手県〕」「066 名勝〔岩手県〕」
◇華蔵寺の宝珠マツ ⇒「014 天然記念物〔国指定〕」
◇三陸ジオパーク ⇒「009 日本ジオパーク」
◇蛇ヶ崎 ⇒「014 天然記念物〔国指定〕」
◇常膳寺の姥杉 ⇒「018 天然記念物〔岩手県〕」
◇高田松原 ⇒「063 名勝〔国指定〕」
◇椿島・青松島 ⇒「132 重要生息地（IBA）」
◇椿島ウミネコ繁殖地 ⇒「014 天然記念物〔国指定〕」
◇普門寺のサルスベリ ⇒「018 天然記念物〔岩手県〕」
◇室根高原県立自然公園 ⇒「008 都道府県立自然公園」

釜石市

◇五葉山県立自然公園 ⇒「008 都道府県立自然公園」
◇三貫島 ⇒「132 重要生息地（IBA）」
◇三貫島オオミズナギドリ及ヒメクロウミツバメ繁殖地 ⇒「014 天然記念物〔国指定〕」
◇三陸ジオパーク ⇒「009 日本ジオパーク」

二戸市

◇男神岩・女神岩・鳥越山 ⇒「063 名勝〔国指定〕」
◇折爪馬仙峡県立自然公園 ⇒「008 都道府県立自然公園」
◇浄法寺漆林 ⇒「120 ふるさと文化財の森」
◇二戸市金田一川地区クリ林 ⇒「120 ふるさと文化財の森」

八幡平市

◇大揚沼モリアオガエルおよびその繁殖地 ⇒「014 天然記念物〔国指定〕」
◇天狗森の夏氷山風穴 ⇒「018 天然記念物〔岩手県〕」
◇焼走り熔岩流 ⇒「015 特別天然記念物〔国指定〕」

奥州市

◇胆沢川流域ユキツバキ群落 ⇒「018 天然記念物〔岩手県〕」
◇イーハトーブの風景地 鞍掛山 七つ森 狼森 釜淵の滝 イギリス海岸 五輪峠 種山ヶ原 ⇒「063 名勝〔国指定〕」
◇駒形神社及び水沢公園のヒガン系桜群 ⇒「018 天然記念物〔岩手県〕」
◇藤里の珪化木 ⇒「018 天然記念物〔岩手県〕」
◇若柳のヒメカユウ群落 ⇒「018 天然記念物〔岩手県〕」

滝沢市

◇イーハトーブの風景地 鞍掛山 七つ森 狼森 釜淵の滝 イギリス海岸 五輪峠 種山ヶ原 ⇒「063 名勝〔国指定〕」
◇岩手山高山植物帯 ⇒「014 天然記念物〔国指定〕」
◇岩手大学滝沢演習林 ⇒「120 ふるさと文化財の森」

岩手郡雫石町

◇イーハトーブの風景地 鞍掛山 七つ森 狼森 釜淵の滝 イギリス海岸 五輪峠 種山ヶ原 ⇒「063 名勝〔国指定〕」
◇岩手大学御明神演習林 ⇒「120 ふるさと文化財の森」
◇葛根田の大岩屋 ⇒「014 天然記念物〔国指定〕」
◇白沼のモリアオガエル繁殖地 ⇒「018 天然記念物〔岩手県〕」

岩手郡葛巻町

◇久慈平庭県立自然公園 ⇒「008 都道府県立自然公園」

352　事典・日本の自然保護地域

東北　　　　　　　　　　地域別索引　　　　　　　　　岩手県

紫波郡紫波町

◇勝源院の逆ガシワ ⇒「014 天然記念物〔国指定〕」

和賀郡西和賀町

◇湯田温泉峡県立自然公園 ⇒「008 都道府県立自然公園」
◇湯田湯川沼の浮島 ⇒「018 天然記念物〔岩手県〕」

胆沢郡金ケ崎町

◇千貫石茅場 ⇒「120 ふるさと文化財の森」

西磐井郡平泉町

◇おくのほそ道の風景地 草加松原 ガンマンガ淵（慈雲寺境内）八幡宮（那須神社境内）殺生石 遊行柳（清水流る、の柳）黒塚の岩屋 武隈の松 つ、じが岡及び天神の御社 木の下及び薬師堂 壺碑（つぼの石ぶみ）興井 末の松山 籬が島 金鶏山 高館 さくら山 本合海 三崎（大師崎）象潟及び汐越 親しらず 有磯海（女岩）那谷寺境内（奇石）道明が淵（山中の温泉）大垣船町川湊 ⇒「063 名勝〔国指定〕」

気仙郡住田町

◇イーハトーブの風景地 鞍掛山 七つ森 狼森 釜淵の滝 イギリス海岸 五輪峠 種山ヶ原 ⇒「063 名勝〔国指定〕」
◇五葉山県立自然公園 ⇒「008 都道府県立自然公園」
◇三陸ジオパーク ⇒「009 日本ジオパーク」

上閉伊郡大槌町

◇三陸ジオパーク ⇒「009 日本ジオパーク」

下閉伊郡山田町

◇大沢の臥竜梅 ⇒「018 天然記念物〔岩手県〕」
◇三陸ジオパーク ⇒「009 日本ジオパーク」
◇タブノキ自生地 ⇒「018 天然記念物〔岩手県〕」
◇船越海岸 ⇒「066 名勝〔岩手県〕」

下閉伊郡岩泉町

◇安家洞 ⇒「014 天然記念物〔国指定〕」
◇イヌワシ繁殖地 ⇒「014 天然記念物〔国指定〕」
◇岩泉湧窟及びコウモリ ⇒「014 天然記念物〔国指定〕」
◇三陸ジオパーク ⇒「009 日本ジオパーク」
◇外山早坂高原県立自然公園 ⇒「008 都道府県立自然公園」
◇早池峰 ⇒「132 重要生息地（IBA）」

下閉伊郡田野畑村

◇イワタバコ北限自生地 ⇒「018 天然記念物〔岩手県〕」
◇三陸ジオパーク ⇒「009 日本ジオパーク」
◇田野畑シロバナシャクナゲ群落 ⇒「018 天然記念物〔岩手県〕」
◇田野畑の白亜紀化石産地 ⇒「018 天然記念物〔岩手県〕」

下閉伊郡普代村

◇三陸ジオパーク ⇒「009 日本ジオパーク」

九戸郡野田村

◇三陸ジオパーク ⇒「009 日本ジオパーク」

九戸郡九戸村

◇折爪馬仙峡県立自然公園 ⇒「008 都道府県立自然公園」

九戸郡洋野町

◇三陸ジオパーク ⇒「009 日本ジオパーク」

二戸郡一戸町

◇姉帯小鳥谷根反の珪化木地帯 ⇒「014 天然記念物〔国指定〕」
◇男神岩・女神岩・鳥越山 ⇒「063 名勝〔国指定〕」
◇折爪馬仙峡県立自然公園 ⇒「008 都道府県立自然公園」
◇実相寺のイチョウ ⇒「014 天然記念物〔国指定〕」
◇浪打峠の交叉層 ⇒「014 天然記念物〔国指定〕」
◇根反の大珪化木 ⇒「015 特別天然記念物〔国指定〕」
◇平糠のイヌブナ自然林 ⇒「014 天然記念物〔国指定〕」
◇藤島のフジ ⇒「014 天然記念物〔国指定〕」

事典・日本の自然保護地域　353

宮城県　　　　　　　　　　地域別索引　　　　　　　　　　東北

宮城県

宮城県
◇栗駒国定公園 ⇒「001 国定公園」
◇栗駒・焼石 ⇒「132 重要生息地（IBA）」
◇蔵王国定公園 ⇒「001 国定公園」
◇蔵王・船形 ⇒「132 重要生息地（IBA）」
◇三陸復興国立公園 ⇒「002 国立公園」
◇東北自然歩道（新・奥の細道）⇒「007 長距離自然歩道」
◇東北太平洋岸自然歩道（みちのく潮風トレイル）⇒「007 長距離自然歩道」

仙台市
◇おくのほそ道の風景地 草加松原 ガンマンガ淵（慈雲寺境内）八幡宮（那須神社境内）殺生石 遊行柳（清水流る、の柳）黒塚の岩屋 武隈の松 つゝじが岡及び天神の御社 木の下及び薬師堂 壺碑（つぼの石ぶみ）興井 末の松山 籬が島 金鶏山 高館 さくら山 本合海 三崎（大師崎）象潟及び汐越 親しらず 有磯海（女岩）那谷寺境内（奇石）道明が淵（山中の温泉）大垣船町川湊 ⇒「063 名勝〔国指定〕」
◇県立自然公園二口峡谷 ⇒「008 都道府県立自然公園」
◇県立自然公園船形連峰 ⇒「008 都道府県立自然公園」

仙台市青葉区
◇青葉山 ⇒「014 天然記念物〔国指定〕」
◇東昌寺のマルミガヤ ⇒「014 天然記念物〔国指定〕」

仙台市宮城野区
◇苦竹のイチョウ ⇒「014 天然記念物〔国指定〕」

仙台市若林区
◇朝鮮ウメ ⇒「014 天然記念物〔国指定〕」

仙台市太白区
◇秋保大滝 ⇒「063 名勝〔国指定〕」
◇姉滝 ⇒「014 天然記念物〔国指定〕」
◇仙台市太白山自然観察の森 ⇒「003 自然観察の森」
◇磐司 ⇒「063 名勝〔国指定〕」

仙台市泉区
◇賀茂神社のイロハモミジ ⇒「019 天然記念物〔宮城県〕」
◇賀茂神社のタラヨウ ⇒「019 天然記念物〔宮城県〕」
◇鷲倉神社の姥杉 ⇒「019 天然記念物〔宮城県〕」

石巻市
◇イヌワシ繁殖地 ⇒「014 天然記念物〔国指定〕」
◇大指海域および双子島、鞍掛島、蹄島、黒島のウミネコ、ゴイサギ、アメツバメ、ウトウ等の繁殖地 ⇒「019 天然記念物〔宮城県〕」
◇硯上山万石浦県立自然公園 ⇒「008 都道府県立自然公園」
◇県立自然公園旭山 ⇒「008 都道府県立自然公園」
◇上品山茅場 ⇒「120 ふるさと文化財の森」
◇双子島 ⇒「132 重要生息地（IBA）」
◇八景島暖地性植物群落 ⇒「014 天然記念物〔国指定〕」

塩竈市
◇おくのほそ道の風景地 草加松原 ガンマンガ淵（慈雲寺境内）八幡宮（那須神社境内）殺生石 遊行柳（清水流る、の柳）黒塚の岩屋 武隈の松 つゝじが岡及び天神の御社 木の下及び薬師堂 壺碑（つぼの石ぶみ）興井 末の松山 籬が島 金鶏山 高館 さくら山 本合海 三崎（大師崎）象潟及び汐越 親しらず 有磯海（女岩）那谷寺境内（奇石）道明が淵（山中の温泉）大垣船町川湊 ⇒「063 名勝〔国指定〕」
◇県立自然公園松島 ⇒「008 都道府県立自然公園」
◇鹽竈神社の鹽竈ザクラ ⇒「014 天然記念物〔国指定〕」
◇鹽竈神社のタラヨウ ⇒「019 天然記念物〔宮城県〕」
◇松島 ⇒「064 特別名勝〔国指定〕」

気仙沼市
◇岩井崎石灰岩化石 ⇒「019 天然記念物〔宮城県〕」
◇巨釜半造 ⇒「067 名勝〔宮城県〕」
◇唐桑町上二本杉・下二本杉 ⇒「019 天然記念物〔宮城県〕」
◇十八鳴浜及び九九鳴き浜 ⇒「014 天然記念物〔国指定〕」
◇久保のカツラ ⇒「019 天然記念物〔宮城県〕」
◇県立自然公園気仙沼 ⇒「008 都道府県立自然公園」
◇三陸海岸南部 ⇒「132 重要生息地（IBA）」

354　事典・日本の自然保護地域

東北　　　　　　　　　　　　　　地域別索引　　　　　　　　　　　宮城県

◇三陸ジオパーク ⇒「*009* 日本ジオパーク」
◇平八幡神社の大サワラ ⇒「*019* 天然記念物〔宮城県〕」
◇羽田神社の太郎坊、次郎坊の杉 ⇒「*019* 天然記念物〔宮城県〕」

白石市
◇小原のコツブガヤ ⇒「*014* 天然記念物〔国指定〕」
◇小原の材木岩 ⇒「*014* 天然記念物〔国指定〕」
◇小原のヒダリマキガヤ ⇒「*014* 天然記念物〔国指定〕」
◇嘉右衛門山の逆さケヤキ ⇒「*019* 天然記念物〔宮城県〕」
◇球状閃緑岩 ⇒「*014* 天然記念物〔国指定〕」
◇蔵王高原県立自然公園 ⇒「*008* 都道府県立自然公園」
◇ヨコグラノキ北限地帯 ⇒「*014* 天然記念物〔国指定〕」

角田市
◇高蔵寺カヤの群生林 ⇒「*019* 天然記念物〔宮城県〕」
◇高蔵寺の大杉（一対）⇒「*019* 天然記念物〔宮城県〕」

多賀城市
◇おくのほそ道の風景地 草加松原 ガンマンガ淵（慈雲寺境内）八幡宮（那須神社境内）殺生石 遊行柳（清水流る、の柳）黒塚の岩屋 武隈の松 つゝじが岡及び天神の御社 木の下及び薬師堂 壺碑（つぼの石ぶみ）興井 末の松山 籬が島 金鶏山 高館 さくら山 本合海 三崎（大師崎）象潟及び汐越 親しらず 有磯海（女岩）那谷寺境内（奇石）道明が淵（山中の温泉）大垣船町川湊 ⇒「*063* 名勝〔国指定〕」

岩沼市
◇おくのほそ道の風景地 草加松原 ガンマンガ淵（慈雲寺境内）八幡宮（那須神社境内）殺生石 遊行柳（清水流る、の柳）黒塚の岩屋 武隈の松 つゝじが岡及び天神の御社 木の下及び薬師堂 壺碑（つぼの石ぶみ）興井 末の松山 籬が島 金鶏山 高館 さくら山 本合海 三崎（大師崎）象潟及び汐越 親しらず 有磯海（女岩）那谷寺境内（奇石）道明が淵（山中の温泉）大垣船町川湊 ⇒「*063* 名勝〔国指定〕」

登米市
◇伊豆沼 ⇒「*132* 重要生息地（IBA）」

◇伊豆沼・内沼 ⇒「*013* ラムサール条約湿地」「*134* 東アジア・オーストラリア地域 渡り性水鳥重要生息地ネットワーク」
◇伊豆沼・内沼の鳥類およびその生息地 ⇒「*014* 天然記念物〔国指定〕」
◇蕪栗沼 ⇒「*132* 重要生息地（IBA）」
◇蕪栗沼・周辺水田 ⇒「*013* ラムサール条約湿地」
◇東陽寺のイチョウ ⇒「*019* 天然記念物〔宮城県〕」
◇東和町ゲンジボタル生息地 ⇒「*014* 天然記念物〔国指定〕」
◇日根牛の大クリ ⇒「*019* 天然記念物〔宮城県〕」
◇横山のウグイ生息地 ⇒「*014* 天然記念物〔国指定〕」

栗原市
◇伊豆沼 ⇒「*132* 重要生息地（IBA）」
◇伊豆沼・内沼 ⇒「*013* ラムサール条約湿地」「*134* 東アジア・オーストラリア地域 渡り性水鳥重要生息地ネットワーク」
◇伊豆沼・内沼の鳥類およびその生息地 ⇒「*014* 天然記念物〔国指定〕」
◇蕪栗沼・周辺水田 ⇒「*013* ラムサール条約湿地」
◇栗駒山麓ジオパーク ⇒「*009* 日本ジオパーク」
◇沢辺ゲンジボタル発生地 ⇒「*014* 天然記念物〔国指定〕」
◇迫川 ⇒「*132* 重要生息地（IBA）」
◇花山のアズマシャクナゲ自生北限地帯 ⇒「*014* 天然記念物〔国指定〕」
◇薬師堂の姥杉 ⇒「*019* 天然記念物〔宮城県〕」

東松島市
◇県立自然公園松島 ⇒「*008* 都道府県立自然公園」
◇新山神社の姥杉 ⇒「*019* 天然記念物〔宮城県〕」
◇月観の松 ⇒「*019* 天然記念物〔宮城県〕」
◇松島 ⇒「*064* 特別名勝〔指定〕」

大崎市
◇鬼首の雌釜および雄釜間歇泉 ⇒「*015* 特別天然記念物〔国指定〕」
◇蕪栗沼 ⇒「*132* 重要生息地（IBA）」「*134* 東アジア・オーストラリア地域 渡り性水鳥重要生息地ネットワーク」
◇蕪栗沼・周辺水田 ⇒「*013* ラムサール条約湿地」
◇祇劫寺のコウヤマキ ⇒「*014* 天然記念物〔国指定〕」
◇祇劫寺のマルミガヤ ⇒「*019* 天然記念物〔宮城県〕」
◇化女沼 ⇒「*013* ラムサール条約湿地」「*132* 重

事典・日本の自然保護地域　**355**

宮城県　　　　　　　　　　地域別索引　　　　　　　　　　東北

要生息地（IBA）」「*134* 東アジア・オーストラリア地域 渡り性水鳥重要生息地ネットワーク」
◇石雲寺のコウヤマキ ⇒「*019* 天然記念物〔宮城県〕」
◇長久寺のマルミガヤ ⇒「*019* 天然記念物〔宮城県〕」
◇鳴子峡 ⇒「*067* 名勝〔宮城県〕」
◇薬師の乳イチョウ ⇒「*019* 天然記念物〔宮城県〕」

刈田郡蔵王町
◇蔵王高原県立自然公園 ⇒「*008* 都道府県立自然公園」
◇平沢の弥陀の杉 ⇒「*019* 天然記念物〔宮城県〕」

刈田郡七ケ宿町
◇蔵王高原県立自然公園 ⇒「*008* 都道府県立自然公園」

柴田郡大河原町
◇白石川 ⇒「*134* 東アジア・オーストラリア地域 渡り性水鳥重要生息地ネットワーク」

柴田郡柴田町
◇雨乞のイチョウ ⇒「*014* 天然記念物〔国指定〕」
◇不動堂のフジ ⇒「*019* 天然記念物〔宮城県〕」

柴田郡川崎町
◇蔵王高原県立自然公園 ⇒「*008* 都道府県立自然公園」
◇逆イチョウ ⇒「*019* 天然記念物〔宮城県〕」
◇滝前不動のフジ ⇒「*014* 天然記念物〔国指定〕」

伊具郡丸森町
◇阿武隈渓谷県立自然公園 ⇒「*008* 都道府県立自然公園」
◇丸森のイチョウ ⇒「*019* 天然記念物〔宮城県〕」

亘理郡亘理町
◇称名寺のシイノキ ⇒「*014* 天然記念物〔国指定〕」
◇称名寺のスダジイ ⇒「*019* 天然記念物〔宮城県〕」

宮城郡
◇松島 ⇒「*064* 特別名勝〔国指定〕」

宮城郡松島町
◇県立自然公園松島 ⇒「*008* 都道府県立自然公園」
◇瑞巌寺の臥竜梅 ⇒「*019* 天然記念物〔宮城県〕」

宮城郡七ヶ浜町
◇県立自然公園松島 ⇒「*008* 都道府県立自然公園」

宮城郡利府町
◇県立自然公園松島 ⇒「*008* 都道府県立自然公園」

黒川郡大和町
◇県立自然公園船形連峰 ⇒「*008* 都道府県立自然公園」

黒川郡富谷町
◇鹿島天足別神社のアカガシ ⇒「*019* 天然記念物〔宮城県〕」

加美郡色麻町
◇県立自然公園船形連峰 ⇒「*008* 都道府県立自然公園」

加美郡加美町
◇県立自然公園船形連峰 ⇒「*008* 都道府県立自然公園」
◇魚取沼テツギョ生息地 ⇒「*014* 天然記念物〔国指定〕」

牡鹿郡女川町
◇球状斑糲岩 ⇒「*019* 天然記念物〔宮城県〕」
◇硯上山万石浦県立自然公園 ⇒「*008* 都道府県立自然公園」
◇陸前江ノ島 ⇒「*132* 重要生息地（IBA）」
◇陸前江ノ島のウミネコおよびウトウ繁殖地 ⇒「*014* 天然記念物〔国指定〕」

本吉郡南三陸町
◇歌津館崎の魚竜化石産地及び魚竜化石 ⇒「*014* 天然記念物〔国指定〕」
◇志津川の太郎坊の杉 ⇒「*019* 天然記念物〔宮城県〕」
◇椿島暖地性植物群落 ⇒「*014* 天然記念物〔国指定〕」

秋田県

秋田県

◇男鹿国定公園 ⇒「001 国定公園」
◇栗駒・焼石 ⇒「132 重要生息地 (IBA)」
◇白神山地 ⇒「132 重要生息地 (IBA)」
◇鳥海国定公園 ⇒「001 国定公園」
◇東北自然歩道 (新・奥の細道) ⇒「007 長距離自然歩道」
◇十和田八幡平国立公園 ⇒「002 国立公園」
◇十和田・八甲田 ⇒「132 重要生息地 (IBA)」
◇八幡平・和賀岳 ⇒「132 重要生息地 (IBA)」
◇八郎潟 ⇒「132 重要生息地 (IBA)」

秋田市

◇太平山県立自然公園 ⇒「008 都道府県立自然公園」
◇筑紫森岩脈 ⇒「014 天然記念物〔国指定〕」
◇女潟湿原植物群落 ⇒「020 天然記念物〔秋田県〕」

能代市

◇いちょう ⇒「020 天然記念物〔秋田県〕」
◇梅内のイチイ ⇒「020 天然記念物〔秋田県〕」
◇小友沼 ⇒「132 重要生息地 (IBA)」「134 東アジア・オーストラリア地域 渡り性水鳥重要生息地ネットワーク」
◇きみまち阪県立自然公園 ⇒「008 都道府県立自然公園」
◇水沢のアキタスギ天然林 ⇒「020 天然記念物〔秋田県〕」
◇母体のモミ林 ⇒「020 天然記念物〔秋田県〕」

横手市

◇浅舞のケヤキ ⇒「020 天然記念物〔秋田県〕」
◇筏の大スギ ⇒「020 天然記念物〔秋田県〕」
◇トミヨ及びイバラトミヨ生息地 ⇒「020 天然記念物〔秋田県〕」

大館市

◇ザリガニ生息地 ⇒「014 天然記念物〔国指定〕」
◇芝谷地湿原植物群落 ⇒「014 天然記念物〔国指定〕」
◇田代岳県立自然公園 ⇒「008 都道府県立自然公園」
◇長走風穴高山植物群落 ⇒「014 天然記念物〔国指定〕」

男鹿市

◇アオサギ繁殖地 ⇒「020 天然記念物〔秋田県〕」
◇男鹿のコウモリ生息地 (蝙蝠窟・孔雀窟) ⇒「020 天然記念物〔秋田県〕」
◇男鹿半島・大潟ジオパーク ⇒「009 日本ジオパーク」
◇男鹿目潟火山群一ノ目潟 ⇒「014 天然記念物〔国指定〕」
◇男鹿目潟火山群三ノ目潟 ⇒「020 天然記念物〔秋田県〕」
◇椛 ⇒「020 天然記念物〔秋田県〕」
◇ツバキ自生北限地帯 ⇒「014 天然記念物〔国指定〕」

湯沢市

◇木地山のコケ沼湿原植物群落 ⇒「020 天然記念物〔秋田県〕」
◇鰰状珪石および噴泉塔 ⇒「014 天然記念物〔国指定〕」
◇ゆざわジオパーク ⇒「009 日本ジオパーク」

鹿角市

◇杉 ⇒「020 天然記念物〔秋田県〕」

由利本荘市

◇イチイ ⇒「020 天然記念物〔秋田県〕」
◇岩館のイチョウ ⇒「020 天然記念物〔秋田県〕」
◇葛岡のカスミザクラ ⇒「020 天然記念物〔秋田県〕」
◇千本カツラ ⇒「020 天然記念物〔秋田県〕」
◇鳥海ムラスギ原生林 ⇒「020 天然記念物〔秋田県〕」
◇法内の八本スギ ⇒「020 天然記念物〔秋田県〕」
◇法体の滝および甌穴 ⇒「020 天然記念物〔秋田県〕」「068 名勝〔秋田県〕」
◇堀切のイチョウ ⇒「020 天然記念物〔秋田県〕」

大仙市

◇唐松神社のスギ並木 ⇒「020 天然記念物〔秋田県〕」
◇しだれ桜 ⇒「020 天然記念物〔秋田県〕」
◇枝垂桜 ⇒「020 天然記念物〔秋田県〕」
◇玉川 ⇒「132 重要生息地 (IBA)」
◇鬢垂のシダレグリ ⇒「020 天然記念物〔秋田県〕」
◇真木真昼県立自然公園 ⇒「008 都道府県立自然公園」

秋田県　　　　　　　　　　　　　地域別索引　　　　　　　　　　　　　東北

北秋田市

◇小又峡 ⇒「020 天然記念物〔秋田県〕」「068 名
勝〔秋田県〕」
◇桃洞・佐渡のスギ原生林 ⇒「014 天然記念物
〔国指定〕」
◇森吉山県立自然公園 ⇒「008 都道府県立自然
公園」

にかほ市

◇大須郷のウミウ繁殖地 ⇒「020 天然記念物〔秋
田県〕」
◇おくのほそ道の風景地 草加松原 ガンマンガ淵
（慈雲寺境内）八幡宮（那須神社境内）殺生石
遊行柳（清水流るゝの柳）黒塚の岩屋 武隈の松
つゝじが岡及び天神の御社 木の下及び薬師堂
壺碑（つぼの石ぶみ）興井 末の松山 籬が島 金
鶏山 高館 さくら山 本合海 三崎（大師崎）象
潟及び汐越 親しらず有礒海（女岩）那谷寺境
内（奇石）道明が淵（山中の温泉）大垣船町川
湊 ⇒「063 名勝〔国指定〕」
◇象潟 ⇒「014 天然記念物〔国指定〕」
◇金浦のタブ林 ⇒「020 天然記念物〔秋田県〕」
◇金浦のマルバグミ ⇒「020 天然記念物〔秋田県〕」
◇獅子ヶ鼻湿原 ⇒「119 日本の貴重なコケの森」
◇白椿 ⇒「020 天然記念物〔秋田県〕」
◇タブの群落 ⇒「020 天然記念物〔秋田県〕」
◇鳥海山獅子ヶ鼻湿原植物群落及び新山溶岩流末
端崖と湧水群 ⇒「014 天然記念物〔国指定〕」
◇奈曽の白瀑谷 ⇒「063 名勝〔国指定〕」
◇前川のタブノキ ⇒「020 天然記念物〔秋田県〕」

仙北市

◇秋田駒ヶ岳高山植物帯 ⇒「014 天然記念物〔国
指定〕」
◇角館のシダレザクラ ⇒「014 天然記念物〔国
指定〕」
◇金峰神社のスギ並木 ⇒「020 天然記念物〔秋
田県〕」
◇真山寺の乳イチョウ ⇒「020 天然記念物〔秋
田県〕」
◇田沢湖抱返り県立自然公園 ⇒「008 都道府県
立自然公園」
◇玉川 ⇒「132 重要生息地（IBA）」
◇玉川温泉の北投石 ⇒「015 特別天然記念物〔国
指定〕」
◇玉川のヒメカイウ群生地 ⇒「020 天然記念物
〔秋田県〕」
◇檜木内川堤（サクラ）⇒「063 名勝〔国指定〕」

◇ユキツバキ自生北限地帯 ⇒「020 天然記念物
〔秋田県〕」

鹿角郡小坂町

◇奥入瀬渓流流域 ⇒「119 日本の貴重なコケの森」
◇十和田湖および奥入瀬渓流 ⇒「014 天然記念
物〔国指定〕」「064 特別名勝〔国指定〕」

北秋田郡上小阿仁村

◇太平山県立自然公園 ⇒「008 都道府県立自然
公園」

山本郡藤里町

◇秋田白神県立自然公園 ⇒「008 都道府県立自
然公園」
◇いちょう ⇒「020 天然記念物〔秋田県〕」
◇欅 ⇒「020 天然記念物〔秋田県〕」
◇白神山地 ⇒「005 世界遺産」

山本郡八峰町

◇秋田白神県立自然公園 ⇒「008 都道府県立自
然公園」
◇八森岩館県立自然公園 ⇒「008 都道府県立自
然公園」
◇八森椿海岸柱状節理群 ⇒「020 天然記念物〔秋
田県〕」
◇八峰白神ジオパーク ⇒「009 日本ジオパーク」

南秋田郡五城目町

◇スズムシ群棲地 ⇒「020 天然記念物〔秋田県〕」
◇太平山県立自然公園 ⇒「008 都道府県立自然
公園」

南秋田郡大潟村

◇男鹿半島・大潟ジオパーク ⇒「009 日本ジオ
パーク」
◇八郎潟干拓地 ⇒「134 東アジア・オーストラ
リア地域 渡り性水鳥重要生息地ネットワーク」

仙北郡美郷町

◇千屋断層 ⇒「014 天然記念物〔国指定〕」

358　事典・日本の自然保護地域

東北　　　　　　　　　　　　　　地域別索引　　　　　　　　　　　　山形県

山形県

山形県

◇朝日岳・月山 ⇒「132 重要生息地（IBA）」
◇吾妻・磐梯 ⇒「132 重要生息地（IBA）」
◇栗駒・焼石 ⇒「132 重要生息地（IBA）」
◇蔵王国定公園 ⇒「001 国定公園」
◇蔵王・船形 ⇒「132 重要生息地（IBA）」
◇鳥海国定公園 ⇒「001 国定公園」
◇東北自然歩道（新・奥の細道）⇒「007 長距離自然歩道」
◇磐梯朝日国立公園 ⇒「002 国立公園」

山形市

◇白畑孝太郎の昆虫標本 ⇒「021 天然記念物〔山形県〕」
◇高沢の開山スギ ⇒「021 天然記念物〔山形県〕」
◇津金沢の大スギ ⇒「021 天然記念物〔山形県〕」
◇平清水のヒイラギ ⇒「021 天然記念物〔山形県〕」
◇山形市村木沢漆林 ⇒「120 ふるさと文化財の森」
◇ヤマガタダイカイギュウ化石 ⇒「021 天然記念物〔山形県〕」
◇山寺 ⇒「063 名勝〔国指定〕」

米沢市

◇西明寺のトラノオモミ ⇒「021 天然記念物〔山形県〕」
◇長町裏のエゾエノキ ⇒「021 天然記念物〔山形県〕」
◇山上の大クワ ⇒「021 天然記念物〔山形県〕」

鶴岡市

◇大山上池・下池 ⇒「013 ラムサール条約湿地」「132 重要生息地（IBA）」
◇月山 ⇒「014 天然記念物〔国指定〕」
◇金峰山 ⇒「063 名勝〔国指定〕」
◇金峰山の大フジ ⇒「021 天然記念物〔山形県〕」
◇熊野神社の大スギ ⇒「014 天然記念物〔国指定〕」
◇三瀬気比神社社叢 ⇒「014 天然記念物〔国指定〕」
◇三瀬葉山ニッポンユビナガコウモリ群棲地 ⇒「021 天然記念物〔山形県〕」
◇十文字開発記念樹 ⇒「021 天然記念物〔山形県〕」
◇庄内海浜県立自然公園 ⇒「008 都道府県立自然公園」

◇曹源寺のヒサカキ ⇒「021 天然記念物〔山形県〕」
◇添川の根子スギ ⇒「021 天然記念物〔山形県〕」
◇大日坊の皇壇スギ ⇒「021 天然記念物〔山形県〕」
◇羽黒山の爺スギ ⇒「014 天然記念物〔国指定〕」
◇羽黒山のスギ並木 ⇒「015 特別天然記念物〔国指定〕」
◇馬場町のタブの木 ⇒「021 天然記念物〔山形県〕」
◇文下のケヤキ ⇒「014 天然記念物〔国指定〕」
◇摩耶山 ⇒「069 名勝〔山形県〕」
◇マルバシャリンバイの自生地 ⇒「021 天然記念物〔山形県〕」
◇南谷のカスミザクラ ⇒「014 天然記念物〔国指定〕」
◇村上屋の念珠のマツ ⇒「021 天然記念物〔山形県〕」
◇山五十川の玉スギ ⇒「014 天然記念物〔国指定〕」
◇山形大学上名川演習林 ⇒「120 ふるさと文化財の森」
◇湯田川の乳イチョウ ⇒「021 天然記念物〔山形県〕」
◇早田のオハツキイチョウ ⇒「014 天然記念物〔国指定〕」

酒田市

◇酒田飯森山カブトエビ生息地 ⇒「021 天然記念物〔山形県〕」
◇庄内海浜県立自然公園 ⇒「008 都道府県立自然公園」
◇總光寺参道のキノコスギ ⇒「021 天然記念物〔山形県〕」
◇土渕のユズ ⇒「021 天然記念物〔山形県〕」
◇鶴間ヶ池のモリアオガエル繁殖地 ⇒「021 天然記念物〔山形県〕」
◇飛島ウミネコ繁殖地 ⇒「014 天然記念物〔国指定〕」
◇飛島・御積島 ⇒「132 重要生息地（IBA）」
◇飛島サンゴ類群棲地 ⇒「021 天然記念物〔山形県〕」
◇最上川河口 ⇒「132 重要生息地（IBA）」
◇最上川県立自然公園 ⇒「008 都道府県立自然公園」
◇山楯の大ケヤキ ⇒「021 天然記念物〔山形県〕」

新庄市

◇石動の親スギ ⇒「021 天然記念物〔山形県〕」
◇おくのほそ道の風景地 草加松原 ガンマンガ淵（慈雲寺内）八幡宮（那須神社内）殺生石 遊行柳（清水流る、の柳）黒塚の岩屋 武隈の松

事典・日本の自然保護地域　　359

つ、じが岡及び天神の御社 木の下及び薬師堂
壺碑 (つぼの石ぶみ) 興井 末の松山 籬が島 金
鶏山 高館 さくら山 本合海 三崎 (大師崎) 象
潟及び汐越 親しらず 有磯海 (女岩) 那谷寺境
内 (奇石) 道明が淵 (山中の温泉) 大垣船町川
湊 ⇒「063 名勝〔国指定〕」

寒河江市
◇種蒔ザクラ ⇒「021 天然記念物〔山形県〕」

上山市
◇でわのはごろもななかまど ⇒「021 天然記念
物〔山形県〕」

村山市
◇愛宕神社のケヤキ林 ⇒「021 天然記念物〔山
形県〕」
◇臥龍のマツ ⇒「021 天然記念物〔山形県〕」
◇トガクシショウマ ⇒「021 天然記念物〔山形県〕」
◇ひとでの化石 ⇒「021 天然記念物〔山形県〕」

長井市
◇伊佐沢の久保ザクラ ⇒「014 天然記念物〔国
指定〕」
◇草岡の大明神ザクラ ⇒「014 天然記念物〔国
指定〕」
◇チョウセンアカシジミ ⇒「021 天然記念物〔山
形県〕」
◇長井市草岡漆林 ⇒「120 ふるさと文化財の森」

天童市
◇ジャガラモガラ風穴植物群落 ⇒「021 天然記
念物〔山形県〕」
◇天童高原県立自然公園 ⇒「008 都道府県立自
然公園」
◇天童市高木地区及び東根市羽入地区のイバラト
ミヨ生息地 ⇒「021 天然記念物〔山形県〕」

東根市
◇大滝のカツラ ⇒「021 天然記念物〔山形県〕」
◇御所山県立自然公園 ⇒「008 都道府県立自然
公園」
◇東根の大ケヤキ ⇒「015 特別天然記念物〔国
指定〕」

尾花沢市
◇御所山県立自然公園 ⇒「008 都道府県立自然
公園」
◇延沢城跡のスギ ⇒「021 天然記念物〔山形県〕」

◇若畑沼鉄魚生息地 ⇒「021 天然記念物〔山形県〕」

南陽市
◇妹背のマツ ⇒「021 天然記念物〔山形県〕」
◇熊野神社の大イチョウ ⇒「021 天然記念物〔山
形県〕」
◇県南県立自然公園 ⇒「008 都道府県立自然公園」
◇白竜湖泥炭形成植物群落 ⇒「021 天然記念物
〔山形県〕」

東村山郡山辺町
◇琵琶沼 ⇒「021 天然記念物〔山形県〕」

東村山郡中山町
◇お達磨のサクラ ⇒「021 天然記念物〔山形県〕」

西村山郡河北町
◇蟠竜のマツ ⇒「021 天然記念物〔山形県〕」
◇溝延の大ケヤキ ⇒「021 天然記念物〔山形県〕」

西村山郡西川町
◇大井沢の大栗 ⇒「021 天然記念物〔山形県〕」
◇西川町漆林 ⇒「120 ふるさと文化財の森」

西村山郡朝日町
◇大沼の浮島 ⇒「063 名勝〔国指定〕」
◇豊龍神社の大スギ ⇒「021 天然記念物〔山形県〕」

西村山郡大江町
◇神代カヤ ⇒「021 天然記念物〔山形県〕」
◇松保の大スギ ⇒「021 天然記念物〔山形県〕」

北村山郡大石田町
◇向川寺の大カツラ ⇒「021 天然記念物〔山形県〕」

最上郡金山町
◇加無山県立自然公園 ⇒「008 都道府県立自然
公園」

最上郡最上町
◇御所山県立自然公園 ⇒「008 都道府県立自然
公園」
◇富沢のトチノキ ⇒「021 天然記念物〔山形県〕」
◇東法田の大アカマツ ⇒「021 天然記念物〔山
形県〕」

最上郡舟形町
◇猿羽根楯跡の親杉 ⇒「021 天然記念物〔山形県〕」

東北   地域別索引   山形県

最上郡真室川町

◇加無山県立自然公園 ⇒「008 都道府県立自然公園」

◇滝の沢の一本杉 ⇒「021 天然記念物〔山形県〕」

最上郡戸沢村

◇角川の大スギ ⇒「021 天然記念物〔山形県〕」

◇最上川県立自然公園 ⇒「008 都道府県立自然公園」

東置賜郡高畠町

◇県南県立自然公園 ⇒「008 都道府県立自然公園」

◇小湯山風穴植物群落 ⇒「021 天然記念物〔山形県〕」

◇竹森のアベマキ ⇒「021 天然記念物〔山形県〕」

東置賜郡川西町

◇黒川のツクシガヤ自生地 ⇒「021 天然記念物〔山形県〕」

◇チョウセンアカシジミ ⇒「021 天然記念物〔山形県〕」

西置賜郡小国町

◇小国のそろばん玉石 ⇒「021 天然記念物〔山形県〕」

◇チョウセンアカシジミ ⇒「021 天然記念物〔山形県〕」

西置賜郡白鷹町

◇赤坂の薬師ザクラ ⇒「021 天然記念物〔山形県〕」

◇釜ノ越サクラ ⇒「021 天然記念物〔山形県〕」

◇後庵ザクラ ⇒「021 天然記念物〔山形県〕」

◇子守堂のサクラ ⇒「021 天然記念物〔山形県〕」

◇チョウセンアカシジミ ⇒「021 天然記念物〔山形県〕」

◇殿入ザクラ ⇒「021 天然記念物〔山形県〕」

◇八乙女種まきザクラ ⇒「021 天然記念物〔山形県〕」

◇薬師ザクラ ⇒「021 天然記念物〔山形県〕」

東田川郡庄内町

◇月山 ⇒「014 天然記念物〔国指定〕」

◇月山弥陀ヶ原湿原 ⇒「119 日本の貴重なコケの森」

◇払田の地蔵のマツ ⇒「021 天然記念物〔山形県〕」

◇三ヶ沢の乳イチョウ ⇒「021 天然記念物〔山形県〕」

◇最上川県立自然公園 ⇒「008 都道府県立自然公園」

飽海郡遊佐町

◇岡田のムクノキ ⇒「021 天然記念物〔山形県〕」

◇おくのほそ道の風景地 草加松原 ガンマンガ淵（慈雲寺境内）八幡宮（那須神社境内）殺生石 遊行柳（清水流るゝの柳）黒塚の岩屋 武隈の松 つゝじが岡及び天神の御社 木の下及び薬師堂 壺碑（つほの石ぶみ）興井 末の松山 籬が島 金鶏山 高館 さくら山 本合海 三崎（大師崎）象潟及び汐越 親しらず 有磯海（女岩）那谷寺境内（奇石）道明が淵（山中の温泉）大垣船町川湊 ⇒「063 名勝〔国指定〕」

◇吹浦三崎山のタブ林 ⇒「021 天然記念物〔山形県〕」

◇永泉寺のハリモミ ⇒「021 天然記念物〔山形県〕」

事典・日本の自然保護地域　361

福島県

福島県
◇吾妻・磐梯 ⇒「132 重要生息地 (IBA)」
◇越後三山只見国定公園 ⇒「001 国定公園」
◇奥久慈県立自然公園 ⇒「008 都道府県立自然公園」
◇奥只見・奥日光・奥利根 ⇒「132 重要生息地 (IBA)」
◇尾瀬国立公園 ⇒「002 国立公園」
◇東北自然歩道 (新・奥の細道) ⇒「007 長距離自然歩道」
◇東北太平洋岸自然歩道 (みちのく潮風トレイル) ⇒「007 長距離自然歩道」
◇日光国立公園 ⇒「002 国立公園」
◇磐梯朝日国立公園 ⇒「002 国立公園」

福島市
◇吾妻山ヤエハクサンシャクナゲ自生地 ⇒「014 天然記念物〔国指定〕」
◇安達太良山ヤエハクサンシャクナゲ自生地 ⇒「022 天然記念物〔福島県〕」
◇穴原の第三紀漣痕 ⇒「022 天然記念物〔福島県〕」
◇阿武隈川 ⇒「132 重要生息地 (IBA)」
◇阿武隈峡 ⇒「070 名勝〔福島県〕」

会津若松市
◇赤井谷地沼野植物群落 ⇒「014 天然記念物〔国指定〕」
◇猪苗代湖 ⇒「132 重要生息地 (IBA)」
◇大川羽鳥県立自然公園 ⇒「008 都道府県立自然公園」
◇高瀬の大木 (ケヤキ) ⇒「014 天然記念物〔国指定〕」
◇白山沼のイトヨ生息地 ⇒「022 天然記念物〔福島県〕」
◇梁川産パレオパラドキシア化石 ⇒「022 天然記念物〔福島県〕」

郡山市
◇赤津のカツラ ⇒「014 天然記念物〔国指定〕」
◇石筵のシダレグリ自生地 ⇒「022 天然記念物〔福島県〕」
◇猪苗代湖 ⇒「132 重要生息地 (IBA)」
◇隠津島神社社叢 ⇒「022 天然記念物〔福島県〕」

◇鹿島神社のペグマタイト岩脈 ⇒「014 天然記念物〔国指定〕」
◇浄土松山 ⇒「070 名勝〔福島県〕」
◇大善寺のフジ ⇒「022 天然記念物〔福島県〕」
◇大仏のケヤキ ⇒「022 天然記念物〔福島県〕」
◇日和田のイチイ ⇒「022 天然記念物〔福島県〕」

いわき市
◇阿武隈高原中部県立自然公園 ⇒「008 都道府県立自然公園」
◇石森のカリン ⇒「022 天然記念物〔福島県〕」
◇磐城海岸県立自然公園 ⇒「008 都道府県立自然公園」
◇いわき市入間沢産クビナガリュウとノコギリエイ化石 ⇒「022 天然記念物〔福島県〕」
◇いわき市上高久産ステゴロフォドン象の下顎骨化石 ⇒「022 天然記念物〔福島県〕」
◇小浜のコシダ・ウラジロ自生地 ⇒「022 天然記念物〔福島県〕」
◇賢沼ウナギ生息地 ⇒「014 天然記念物〔国指定〕」
◇上平窪のシイノキ群 ⇒「022 天然記念物〔福島県〕」
◇沢尻の大ヒノキ (サワラ) ⇒「014 天然記念物〔国指定〕」
◇上三板のシダレグリ自生地 ⇒「022 天然記念物〔福島県〕」
◇照島ウ生息地 ⇒「014 天然記念物〔国指定〕」
◇中釜戸のシダレモミジ ⇒「014 天然記念物〔国指定〕」
◇勿来県立自然公園 ⇒「008 都道府県立自然公園」
◇夏井川渓谷県立自然公園 ⇒「008 都道府県立自然公園」
◇波立海岸の樹叢 ⇒「022 天然記念物〔福島県〕」
◇八坂神社の二本スギ ⇒「022 天然記念物〔福島県〕」

白河市
◇金山のビャッコイ自生地 ⇒「022 天然記念物〔福島県〕」
◇南湖県立自然公園 ⇒「008 都道府県立自然公園」
◇町屋の二本カヤ ⇒「022 天然記念物〔福島県〕」

須賀川市
◇永泉寺のコウヨウサン ⇒「022 天然記念物〔福島県〕」
◇護真寺のサクラ ⇒「022 天然記念物〔福島県〕」
◇古館のサクラ ⇒「022 天然記念物〔福島県〕」
◇古寺山の松並木 ⇒「022 天然記念物〔福島県〕」

東北　　　　　　　　　　　　　地域別索引　　　　　　　　　　　　福島県

喜多方市
◇アイヅタカサトカイギュウ化石 ⇒「022 天然記念物〔福島県〕」

相馬市
◇松川浦県立自然公園 ⇒「008 都道府県立自然公園」
◇霊山 ⇒「063 名勝〔国指定〕」
◇霊山県立自然公園 ⇒「008 都道府県立自然公園」

二本松市
◇安達太良山ヤエハクサンシャクナゲ自生地 ⇒「022 天然記念物〔福島県〕」
◇阿武隈高原中部県立自然公園 ⇒「008 都道府県立自然公園」
◇おくのほそ道の風景地 草加松原 ガンマンガ淵（慈雲寺境内）八幡宮（那須神社境内）殺生石 遊行柳（清水流る、の柳）黒塚の岩屋 武隈の松 つ、じが岡及び天神の御社 木の下及び薬師堂 壺碑（つぼの石ぶみ）興井 末の松山 籬が島 金鶏山 高館 さくら山 本合海 三崎（大師崎）象潟及び汐越 親しらず 有磯海（女岩）那谷寺境内（奇石）道明が淵（山中の温泉）大垣船町川湊 ⇒「063 名勝〔国指定〕」
◇霞ヶ城県立自然公園 ⇒「008 都道府県立自然公園」
◇木幡の大スギ ⇒「014 天然記念物〔国指定〕」
◇木幡山 ⇒「070 名勝〔福島県〕」
◇杉沢の大スギ ⇒「014 天然記念物〔国指定〕」
◇東禅寺のめおとスギ ⇒「022 天然記念物〔福島県〕」

田村市
◇阿武隈高原中部県立自然公園 ⇒「008 都道府県立自然公園」
◇入水鍾乳洞 ⇒「014 天然記念物〔国指定〕」
◇永泉寺のサクラ ⇒「022 天然記念物〔福島県〕」

南相馬市
◇泉の一葉マツ ⇒「022 天然記念物〔福島県〕」
◇海老浜のマルバシャリンバイ自生地 ⇒「022 天然記念物〔福島県〕」
◇初発神社のスダジイ樹林 ⇒「022 天然記念物〔福島県〕」
◇大悲山の大スギ ⇒「022 天然記念物〔福島県〕」

伊達市
◇霊山 ⇒「063 名勝〔国指定〕」

◇霊山県立自然公園 ⇒「008 都道府県立自然公園」

本宮市
◇岩角山 ⇒「070 名勝〔福島県〕」
◇塩ノ崎の大ザクラ ⇒「022 天然記念物〔福島県〕」

伊達郡桑折町
◇万正寺の大カヤ ⇒「022 天然記念物〔福島県〕」
◇無能寺の笠マツ ⇒「022 天然記念物〔福島県〕」

安達郡大玉村
◇馬場ザクラ ⇒「014 天然記念物〔国指定〕」

岩瀬郡天栄村
◇大川羽鳥県立自然公園 ⇒「008 都道府県立自然公園」

南会津郡下郷町
◇大内宿茅場 ⇒「120 ふるさと文化財の森」
◇大川羽鳥県立自然公園 ⇒「008 都道府県立自然公園」
◇塔の弟（ヘツリ）⇒「014 天然記念物〔国指定〕」
◇中山風穴地特殊植物群落 ⇒「014 天然記念物〔国指定〕」
◇八幡のケヤキ ⇒「022 天然記念物〔福島県〕」

南会津郡檜枝岐村
◇尾瀬 ⇒「013 ラムサール条約湿地」「015 特別天然記念物〔国指定〕」
◇只見ユネスコエコパーク ⇒「012 ユネスコエコパーク」

南会津郡只見町
◇只見柳津県立自然公園 ⇒「008 都道府県立自然公園」
◇只見ユネスコエコパーク ⇒「012 ユネスコエコパーク」
◇比良林のサラサドウダン ⇒「022 天然記念物〔福島県〕」

南会津郡南会津町
◇駒止湿原 ⇒「014 天然記念物〔国指定〕」
◇古町の大イチョウ ⇒「022 天然記念物〔福島県〕」

耶麻郡北塩原村
◇雄国沼湿原植物群落 ⇒「014 天然記念物〔国指定〕」
◇磐梯山ジオパーク ⇒「009 日本ジオパーク」

事典・日本の自然保護地域　363

福島県　　　　　　　　　　　　　地域別索引　　　　　　　　　　　　　東北

耶麻郡西会津町
◇大倉のコウヤマキ自生地 ⇒「022 天然記念物〔福島県〕」
◇只見柳津県立自然公園 ⇒「008 都道府県立自然公園」
◇束松塩坪層の漣痕 ⇒「022 天然記念物〔福島県〕」
◇如法寺のコウヤマキ ⇒「022 天然記念物〔福島県〕」

耶麻郡磐梯町
◇磐梯山ジオパーク ⇒「009 日本ジオパーク」

耶麻郡猪苗代町
◇安達太良山ヤエハクサンシャクナゲ自生地 ⇒「022 天然記念物〔福島県〕」
◇猪苗代湖 ⇒「132 重要生息地（IBA）」
◇猪苗代湖のハクチョウおよびその渡来地 ⇒「014 天然記念物〔国指定〕」
◇猪苗代湖ミズスギゴケ群落 ⇒「014 天然記念物〔国指定〕」
◇達沢大山祇神社社叢 ⇒「022 天然記念物〔福島県〕」
◇磐梯山ジオパーク ⇒「009 日本ジオパーク」
◇見彌の大石 ⇒「014 天然記念物〔国指定〕」

河沼郡会津坂下町
◇天屋の束松 ⇒「022 天然記念物〔福島県〕」

河沼郡柳津町
◇只見柳津県立自然公園 ⇒「008 都道府県立自然公園」
◇柳津ウグイ生息地 ⇒「014 天然記念物〔国指定〕」

大沼郡三島町
◇只見柳津県立自然公園 ⇒「008 都道府県立自然公園」

大沼郡金山町
◇只見柳津県立自然公園 ⇒「008 都道府県立自然公園」

大沼郡昭和村
◇駒止湿原 ⇒「014 天然記念物〔国指定〕」

大沼郡会津美里町
◇伊佐須美神社のフジ ⇒「022 天然記念物〔福島県〕」
◇蓋沼の浮島 ⇒「022 天然記念物〔福島県〕」

◇米沢の千歳ザクラ ⇒「022 天然記念物〔福島県〕」

西白河郡矢吹町
◇陣屋の二本カヤ ⇒「022 天然記念物〔福島県〕」

東白川郡棚倉町
◇棚倉城跡の大ケヤキ ⇒「022 天然記念物〔福島県〕」
◇二柱神社のスギ ⇒「022 天然記念物〔福島県〕」

東白川郡矢祭町
◇戸津辺のサクラ ⇒「022 天然記念物〔福島県〕」

東白川郡塙町
◇向ケ岡公園のサクラ ⇒「022 天然記念物〔福島県〕」

東白川郡鮫川村
◇西山のイチイ ⇒「022 天然記念物〔福島県〕」

石川郡石川町
◇石川の高田ザクラ ⇒「022 天然記念物〔福島県〕」
◇石川のペグマタイト鉱床 ⇒「022 天然記念物〔福島県〕」
◇球状花崗岩 ⇒「022 天然記念物〔福島県〕」
◇中の内のフジ ⇒「022 天然記念物〔福島県〕」

石川郡玉川村
◇川辺八幡のさかさスギ ⇒「022 天然記念物〔福島県〕」

石川郡古殿町
◇古殿町越代のサクラ ⇒「022 天然記念物〔福島県〕」

田村郡三春町
◇三春滝ザクラ ⇒「014 天然記念物〔国指定〕」

田村郡小野町
◇阿武隈高原中部県立自然公園 ⇒「008 都道府県立自然公園」
◇諏訪神社の翁スギ媼スギ ⇒「014 天然記念物〔国指定〕」

双葉郡楢葉町
◇塩貝の大カヤ ⇒「022 天然記念物〔福島県〕」

双葉郡川内村
◇阿武隈高原中部県立自然公園 ⇒「008 都道府

364　事典・日本の自然保護地域

東北　　　　　　　　　　　　地域別索引　　　　　　　　　　　　福島県

　県立自然公園」
◇平伏沼モリアオガエル繁殖地 ⇒「014 天然記
　念物〔国指定〕」

双葉郡双葉町

◇前田の大スギ ⇒「022 天然記念物〔福島県〕」

双葉郡浪江町

◇阿武隈高原中部県立自然公園 ⇒「008 都道府
　県立自然公園」
◇大聖寺のアカガシ樹群 ⇒「022 天然記念物〔福
　島県〕」

田村郡葛尾村

◇阿武隈高原中部県立自然公園 ⇒「008 都道府
　県立自然公園」

相馬郡新地町

◇新地町白幡のイチョウ ⇒「022 天然記念物〔福
　島県〕」

事典・日本の自然保護地域　**365**

関東

茨城県

茨城県
◇奥久慈県立自然公園 ⇒「008 都道府県立自然公園」
◇霞ヶ浦・浮島 ⇒「132 重要生息地（IBA）」
◇首都圏自然歩道（関東ふれあいの道）⇒「007 長距離自然歩道」
◇水郷筑波国定公園 ⇒「001 国定公園」

水戸市
◇大洗県立自然公園 ⇒「008 都道府県立自然公園」
◇白旗山八幡宮のオハツキイチョウ ⇒「014 天然記念物〔国指定〕」
◇水戸県立自然公園 ⇒「008 都道府県立自然公園」

日立市
◇いぶき山イブキ樹叢 ⇒「014 天然記念物〔国指定〕」
◇ウミウ渡来地 ⇒「023 天然記念物〔茨城県〕」
◇御岩山の三本スギ ⇒「023 天然記念物〔茨城県〕」
◇駒つなぎのイチョウ ⇒「023 天然記念物〔茨城県〕」
◇高鈴県立自然公園 ⇒「008 都道府県立自然公園」
◇花園花貫県立自然公園 ⇒「008 都道府県立自然公園」

土浦市
◇亀城のシイ ⇒「023 天然記念物〔茨城県〕」
◇真鍋のサクラ ⇒「023 天然記念物〔茨城県〕」

古河市
◇イチイガシ ⇒「023 天然記念物〔茨城県〕」
◇ボダイジュ ⇒「023 天然記念物〔茨城県〕」
◇渡良瀬遊水地 ⇒「013 ラムサール条約湿地」

石岡市
◇球状花崗岩（小判石）⇒「023 天然記念物〔茨城県〕」

◇佐久の大杉 ⇒「023 天然記念物〔茨城県〕」
◇吾国愛宕県立自然公園 ⇒「008 都道府県立自然公園」

龍ケ崎市
◇龍ヶ崎のシダレザクラ ⇒「023 天然記念物〔茨城県〕」

常陸太田市
◇茨城県北ジオパーク ⇒「009 日本ジオパーク」
◇太田県立自然公園 ⇒「008 都道府県立自然公園」
◇奥久慈県立自然公園 ⇒「008 都道府県立自然公園」
◇香仙寺のシイ ⇒「023 天然記念物〔茨城県〕」
◇猿喰のケヤキ ⇒「023 天然記念物〔茨城県〕」
◇七反のシダレサクラ ⇒「023 天然記念物〔茨城県〕」
◇泉福寺のシダレザクラ ⇒「023 天然記念物〔茨城県〕」
◇高鈴県立自然公園 ⇒「008 都道府県立自然公園」
◇徳川の森スギ・ヒノキ林（天竜院地区）⇒「120 ふるさと文化財の森」
◇西金砂のイチョウ ⇒「023 天然記念物〔茨城県〕」
◇西金砂のサワラ ⇒「023 天然記念物〔茨城県〕」
◇花園花貫県立自然公園 ⇒「008 都道府県立自然公園」
◇真弓神社の爺杉 ⇒「023 天然記念物〔茨城県〕」
◇モチノキ ⇒「023 天然記念物〔茨城県〕」
◇若宮八幡宮のケヤキ ⇒「023 天然記念物〔茨城県〕」

高萩市
◇安良川の爺スギ ⇒「014 天然記念物〔国指定〕」
◇茨城県北ジオパーク ⇒「009 日本ジオパーク」
◇大塚神社のスギ ⇒「023 天然記念物〔茨城県〕」
◇大塚神社のモミ ⇒「023 天然記念物〔茨城県〕」
◇松岩寺のヤマザクラ ⇒「023 天然記念物〔茨城県〕」
◇花園花貫県立自然公園 ⇒「008 都道府県立自然公園」

北茨城市
◇茨城県北ジオパーク ⇒「009 日本ジオパーク」
◇花園渓谷「七ツ滝」⇒「071 名勝〔茨城県〕」
◇花園山シャクナゲ群落 ⇒「023 天然記念物〔茨城県〕」
◇花園の大スギ ⇒「023 天然記念物〔茨城県〕」
◇花園のコウヤマキ ⇒「023 天然記念物〔茨城県〕」

関東　　　　　　　　　　　　地域別索引　　　　　　　　　　　茨城県

◇花園花貫県立自然公園 ⇒「008 都道府県立自然公園」

笠間市
◇稲田禅房のお葉付イチョウ ⇒「023 天然記念物〔茨城県〕」
◇笠間県立自然公園 ⇒「008 都道府県立自然公園」
◇片庭ヒメハルゼミ発生地 ⇒「014 天然記念物〔国指定〕」
◇八重のフジ ⇒「023 天然記念物〔茨城県〕」
◇吾国愛宕県立自然公園 ⇒「008 都道府県立自然公園」

取手市
◇地蔵ケヤキ ⇒「023 天然記念物〔茨城県〕」

牛久市
◇牛久自然観察の森 ⇒「003 自然観察の森」

つくば市
◇大穂のウメ ⇒「023 天然記念物〔茨城県〕」
◇高エネルギー加速器研究機構茅場 ⇒「120 ふるさと文化財の森」
◇下横場の大グミ ⇒「023 天然記念物〔茨城県〕」

ひたちなか市
◇茨城県北ジオパーク ⇒「009 日本ジオパーク」
◇大洗県立自然公園 ⇒「008 都道府県立自然公園」
◇金砂山の大ヒイラギ ⇒「023 天然記念物〔茨城県〕」
◇酒列磯前神社の樹叢 ⇒「023 天然記念物〔茨城県〕」
◇平磯白亜紀層 ⇒「023 天然記念物〔茨城県〕」

鹿嶋市
◇鹿島神宮樹叢 ⇒「023 天然記念物〔茨城県〕」
◇ハマナス自生南限地帯 ⇒「014 天然記念物〔国指定〕」

潮来市
◇潮来の大ケヤキ ⇒「023 天然記念物〔茨城県〕」
◇大生神社の樹叢 ⇒「023 天然記念物〔茨城県〕」
◇八代の大シイ ⇒「023 天然記念物〔茨城県〕」

常陸大宮市
◇茨城県北ジオパーク ⇒「009 日本ジオパーク」
◇奥久慈県立自然公園 ⇒「008 都道府県立自然公園」

◇鏡岩 ⇒「023 天然記念物〔茨城県〕」
◇御前山県立自然公園 ⇒「008 都道府県立自然公園」
◇鷲子山上神社のカヤ ⇒「023 天然記念物〔茨城県〕」
◇三浦杉 ⇒「023 天然記念物〔茨城県〕」

那珂市
◇静のムクノキ ⇒「023 天然記念物〔茨城県〕」
◇菅谷のカヤ ⇒「023 天然記念物〔茨城県〕」
◇菅谷のモチノキ ⇒「023 天然記念物〔茨城県〕」
◇不動院のカヤ ⇒「023 天然記念物〔茨城県〕」

坂東市
◇沓掛の大ケヤキ ⇒「023 天然記念物〔茨城県〕」

かすみがうら市
◇歩崎 ⇒「071 名勝〔茨城県〕」
◇出島のシイ ⇒「023 天然記念物〔茨城県〕」

桜川市
◇桜川（サクラ）⇒「063 名勝〔国指定〕」
◇桜川のサクラ ⇒「014 天然記念物〔国指定〕」
◇椎尾山薬王院の樹叢 ⇒「023 天然記念物〔茨城県〕」
◇吾国愛宕県立自然公園 ⇒「008 都道府県立自然公園」

神栖市
◇ウチワサボテン群生地 ⇒「023 天然記念物〔茨城県〕」
◇利根川河口域 ⇒「132 重要生息地（IBA）」
◇利根川河川敷 ⇒「132 重要生息地（IBA）」
◇波崎の大タブ ⇒「023 天然記念物〔茨城県〕」

行方市
◇小高のカヤ ⇒「023 天然記念物〔茨城県〕」
◇西蓮寺の大イチョウ ⇒「023 天然記念物〔茨城県〕」

鉾田市
◇大洗県立自然公園 ⇒「008 都道府県立自然公園」
◇お葉付イチョウ ⇒「023 天然記念物〔茨城県〕」
◇涸沼 ⇒「013 ラムサール条約湿地」
◇無量寿寺のボタイジュ ⇒「023 天然記念物〔茨城県〕」

事典・日本の自然保護地域　367

栃木県　　　　　　　　　　　地域別索引　　　　　　　　　　　関東

東茨城郡茨城町
◇大洗県立自然公園 ⇒「008 都道府県立自然公園」
◇大戸のサクラ ⇒「014 天然記念物〔国指定〕」
◇親沢 ⇒「071 名勝〔茨城県〕」
◇涸沼 ⇒「013 ラムサール条約湿地」
◇広浦 ⇒「071 名勝〔茨城県〕」

東茨城郡大洗町
◇大洗県立自然公園 ⇒「008 都道府県立自然公園」
◇お葉付イチョウ ⇒「023 天然記念物〔茨城県〕」
◇涸沼 ⇒「013 ラムサール条約湿地」

東茨城郡城里町
◇笠間県立自然公園 ⇒「008 都道府県立自然公園」
◇御前山県立自然公園 ⇒「008 都道府県立自然公園」

久慈郡大子町
◇茨城県北ジオパーク ⇒「009 日本ジオパーク」
◇奥久慈県立自然公園 ⇒「008 都道府県立自然公園」
◇外大野のシダレザクラ ⇒「023 天然記念物〔茨城県〕」
◇袋田瀧 ⇒「071 名勝〔茨城県〕」
◇文武館跡のケヤキ ⇒「023 天然記念物〔茨城県〕」
◇鉾スギ ⇒「023 天然記念物〔茨城県〕」

稲敷郡阿見町
◇曙のグミ ⇒「023 天然記念物〔茨城県〕」

栃木県

栃木県
◇奥只見・奥日光・奥利根 ⇒「132 重要生息地（IBA）」
◇尾瀬国立公園 ⇒「002 国立公園」
◇首都圏自然歩道（関東ふれあいの道）⇒「007 長距離自然歩道」
◇日光国立公園 ⇒「002 国立公園」

宇都宮市
◇宇都宮県立自然公園 ⇒「008 都道府県立自然公園」
◇大谷の奇岩群 御止山 越路岩 ⇒「063 名勝〔国指定〕」
◇けやき ⇒「024 天然記念物〔栃木県〕」
◇金剛定寺のカヤ ⇒「024 天然記念物〔栃木県〕」
◇下ケ橋の三ツ股カヤ ⇒「024 天然記念物〔栃木県〕」
◇しだれこうやまき ⇒「024 天然記念物〔栃木県〕」
◇祥雲寺のしだれざくら ⇒「024 天然記念物〔栃木県〕」
◇新町のケヤキ ⇒「024 天然記念物〔栃木県〕」
◇立伏のツバキ ⇒「024 天然記念物〔栃木県〕」

足利市
◇足利県立自然公園 ⇒「008 都道府県立自然公園」
◇足利のフジ（ノダナガフジ3本、八重黒龍1本、白フジのトンネル一式）⇒「024 天然記念物〔栃木県〕」
◇名草の巨石群 ⇒「014 天然記念物〔国指定〕」
◇ナンバンハゼ ⇒「024 天然記念物〔栃木県〕」
◇鑁阿寺のイチョウ ⇒「024 天然記念物〔栃木県〕」
◇三葉つつじ自生地 ⇒「024 天然記念物〔栃木県〕」

栃木市
◇唐沢山県立自然公園 ⇒「008 都道府県立自然公園」
◇太平山県立自然公園 ⇒「008 都道府県立自然公園」
◇渡良瀬遊水地 ⇒「013 ラムサール条約湿地」

佐野市
◇出流原弁天池 ⇒「024 天然記念物〔栃木県〕」

368　事典・日本の自然保護地域

関東　　　　　　　　　　　　　　地域別索引　　　　　　　　　　　　　栃木県

◇唐沢山県立自然公園 ⇒「008 都道府県立自然公園」
◇船越薬師堂のヒイラギ ⇒「024 天然記念物〔栃木県〕」
◇丸嶽山神社のケヤキ ⇒「024 天然記念物〔栃木県〕」

鹿沼市

◇粟野のカヤ ⇒「024 天然記念物〔栃木県〕」
◇加蘇山の千本かつら ⇒「024 天然記念物〔栃木県〕」
◇鹿沼野州麻畑 ⇒「120 ふるさと文化財の森」
◇喜久沢のツクバネガシ ⇒「024 天然記念物〔栃木県〕」
◇勝願寺の地蔵ケヤキ ⇒「024 天然記念物〔栃木県〕」
◇成就院のしだれあかしで ⇒「024 天然記念物〔栃木県〕」
◇日光杉並木街道 ⇒「015 特別天然記念物〔国指定〕」
◇前日光県立自然公園 ⇒「008 都道府県立自然公園」

日光市

◇生岡の杉 ⇒「024 天然記念物〔栃木県〕」
◇奥日光の湿原 ⇒「013 ラムサール条約湿地」
◇おくのほそ道の風景地 草加松原 ガンマンガ淵（慈雲寺境内）八幡宮（那須神社境内）殺生石 遊行柳（清水流る、の柳）黒塚の岩屋 武隈の松 つゝじが岡及び天神の御社 木の下及び薬師堂 壺碑（つぼの石ぶみ）興井 末の松山 籬が島 金鶏山 高館 さくら山 本合海 三崎（大師崎）象潟及び汐越 親しらず 有磯海（女岩）那谷寺境内（奇石）道明が淵（山中の温泉）大垣船町川湊 ⇒「063 名勝〔国指定〕」
◇華厳瀑および中宮祠湖（中禅寺湖）湖畔 ⇒「063 名勝〔国指定〕」
◇コウシンソウ自生地 ⇒「015 特別天然記念物〔国指定〕」
◇金剛ザクラ ⇒「014 天然記念物〔国指定〕」
◇中宮祠のイチイ ⇒「024 天然記念物〔栃木県〕」
◇長畑のひいらぎもくせい ⇒「024 天然記念物〔栃木県〕」
◇日光杉並木街道 ⇒「015 特別天然記念物〔国指定〕」
◇日光のひめこまつ ⇒「024 天然記念物〔栃木県〕」
◇前日光県立自然公園 ⇒「008 都道府県立自然公園」

◇湯沢噴泉塔 ⇒「014 天然記念物〔国指定〕」

小山市

◇渡良瀬遊水地 ⇒「013 ラムサール条約湿地」

真岡市

◇沖のけやき ⇒「024 天然記念物〔栃木県〕」
◇かや ⇒「024 天然記念物〔栃木県〕」
◇北中里のエノキ ⇒「024 天然記念物〔栃木県〕」
◇境のツツジ（ハナグルマ）⇒「024 天然記念物〔栃木県〕」
◇専修寺御殿のケヤキ親樹 根上がりのケヤキ子樹 ⇒「024 天然記念物〔栃木県〕」
◇専修寺のケヤキ ⇒「024 天然記念物〔栃木県〕」
◇専修寺のシダレカツラ ⇒「024 天然記念物〔栃木県〕」
◇太子の笠松 ⇒「024 天然記念物〔栃木県〕」
◇中村八幡宮の社叢 ⇒「024 天然記念物〔栃木県〕」
◇仏生寺のけやき ⇒「024 天然記念物〔栃木県〕」
◇三谷のツバキ ⇒「024 天然記念物〔栃木県〕」

大田原市

◇磯上のヤマザクラ ⇒「024 天然記念物〔栃木県〕」
◇糸魚生息地 ⇒「024 天然記念物〔栃木県〕」
◇大野室のイチョウ ⇒「024 天然記念物〔栃木県〕」
◇おくのほそ道の風景地 草加松原 ガンマンガ淵（慈雲寺境内）八幡宮（那須神社境内）殺生石 遊行柳（清水流る、の柳）黒塚の岩屋 武隈の松 つゝじが岡及び天神の御社 木の下及び薬師堂 壺碑（つぼの石ぶみ）興井 末の松山 籬が島 金鶏山 高館 さくら山 本合海 三崎（大師崎）象潟及び汐越 親しらず 有磯海（女岩）那谷寺境内（奇石）道明が淵（山中の温泉）大垣船町川湊 ⇒「063 名勝〔国指定〕」
◇片田のヒイラギ ⇒「024 天然記念物〔栃木県〕」
◇佐久山のケヤキ ⇒「024 天然記念物〔栃木県〕」
◇堀之内のツクバネガシ ⇒「024 天然記念物〔栃木県〕」
◇八溝県立自然公園 ⇒「008 都道府県立自然公園」
◇湯泉神社社叢 ⇒「024 天然記念物〔栃木県〕」

矢板市

◇泉のエノキ ⇒「024 天然記念物〔栃木県〕」
◇観音寺のイチョウ ⇒「024 天然記念物〔栃木県〕」
◇矢板市山田地区のチョウゲンボウ繁殖地 ⇒「024 天然記念物〔栃木県〕」

事典・日本の自然保護地域　369

栃木県　　　　　　　　　地域別索引　　　　　　　　　関東

那須塩原市

◇逆スギ ⇒「014 天然記念物〔国指定〕」

那須烏山市

◇那珂川県立自然公園 ⇒「008 都道府県立自然公園」
◇菩提久保のボダイジュ ⇒「024 天然記念物〔栃木県〕」

下野市

◇龍興寺のシラカシ ⇒「024 天然記念物〔栃木県〕」

河内郡上三川町

◇普門寺のお葉付き・ラッパ・斑入りイチョウ ⇒「024 天然記念物〔栃木県〕」

芳賀郡益子町

◇こうやまき ⇒「024 天然記念物〔栃木県〕」
◇西明寺の椎林叢 ⇒「024 天然記念物〔栃木県〕」
◇枝垂えごのき ⇒「024 天然記念物〔栃木県〕」
◇益子県立自然公園 ⇒「008 都道府県立自然公園」

芳賀郡茂木町

◇荒橲神社のケヤキ ⇒「024 天然記念物〔栃木県〕」
◇安楽寺のけやき ⇒「024 天然記念物〔栃木県〕」
◇小貫のイロハモミジ ⇒「024 天然記念物〔栃木県〕」
◇小貫のひいらぎ ⇒「024 天然記念物〔栃木県〕」
◇覚成院のかや ⇒「024 天然記念物〔栃木県〕」
◇河井八幡宮の社叢 ⇒「024 天然記念物〔栃木県〕」
◇九石のけやき ⇒「024 天然記念物〔栃木県〕」
◇那珂川県立自然公園 ⇒「008 都道府県立自然公園」
◇益子県立自然公園 ⇒「008 都道府県立自然公園」
◇茂木小山のヤマザクラ ⇒「024 天然記念物〔栃木県〕」

芳賀郡市貝町

◇那珂川県立自然公園 ⇒「008 都道府県立自然公園」

芳賀郡芳賀町

◇芳志戸のコウヤマキ ⇒「024 天然記念物〔栃木県〕」

下都賀郡壬生町

◇壬生寺のイチョウ ⇒「024 天然記念物〔栃木県〕」

下都賀郡野木町

◇渡良瀬遊水地 ⇒「013 ラムサール条約湿地」

塩谷郡塩谷町

◇尚仁沢上流部イヌブナ自然林 ⇒「014 天然記念物〔国指定〕」
◇船生のひいらぎ ⇒「024 天然記念物〔栃木県〕」

那須郡那須町

◇伊王野城跡の樹林 ⇒「024 天然記念物〔栃木県〕」
◇おくのほそ道の風景地 草加松原 ガンマンガ淵（慈雲寺境内）八幡宮（那須神社境内）殺生石 遊行柳（清水流るゝの柳）黒塚の岩屋 武隈の松 つゝじが岡及び天神の御社 木の下及び薬師堂 壺碑（つぼの石ぶみ）興井 末の松山 籬が島 金鶏山 高館 さくら山 本合海 三崎（大師崎）象潟及び汐越 親しらず 有磯海（女岩）那谷寺境内（奇石）道明が淵（山中の温泉）大垣船町川湊 ⇒「063 名勝〔国指定〕」
◇湯泉神社のおおすぎ ⇒「024 天然記念物〔栃木県〕」
◇那須町のこうやまき ⇒「024 天然記念物〔栃木県〕」
◇八幡のミネザクラ ⇒「024 天然記念物〔栃木県〕」
◇八溝県立自然公園 ⇒「008 都道府県立自然公園」

那須郡那珂川町

◇北向田のケヤキ ⇒「024 天然記念物〔栃木県〕」
◇戸隠神社のイチョウ ⇒「024 天然記念物〔栃木県〕」
◇馬頭院の枝垂栗 ⇒「024 天然記念物〔栃木県〕」
◇八溝県立自然公園 ⇒「008 都道府県立自然公園」

370　事典・日本の自然保護地域

関東　　　　　　　　　　　　　　地域別索引　　　　　　　　　　　　　群馬県

群馬県

群馬県
◇浅間・白根・谷川 ⇒「*132* 重要生息地（IBA）」
◇奥只見・奥日光・奥利根 ⇒「*132* 重要生息地（IBA）」
◇尾瀬国立公園 ⇒「*002* 国立公園」
◇首都圏自然歩道（関東ふれあいの道）⇒「*007* 長距離自然歩道」
◇上信越高原国立公園 ⇒「*002* 国立公園」
◇中部北陸自然歩道 ⇒「*007* 長距離自然歩道」
◇日光国立公園 ⇒「*002* 国立公園」
◇妙義荒船佐久高原国定公園 ⇒「*001* 国定公園」

前橋市
◇岩神の飛石 ⇒「*014* 天然記念物〔国指定〕」
◇滝沢の不動滝 ⇒「*072* 名勝〔群馬県〕」
◇月田のモチノキ ⇒「*025* 天然記念物〔群馬県〕」
◇時沢の夫婦マツ ⇒「*025* 天然記念物〔群馬県〕」
◇三夜沢赤城神社のたわらスギ ⇒「*025* 天然記念物〔群馬県〕」
◇横室の大カヤ ⇒「*014* 天然記念物〔国指定〕」

高崎市
◇笹塒山のヒカリゴケ及びウサギコウモリ生息洞窟 ⇒「*025* 天然記念物〔群馬県〕」
◇里見の大ナシ ⇒「*025* 天然記念物〔群馬県〕」
◇常行院のラカンマキ ⇒「*025* 天然記念物〔群馬県〕」
◇仁叟寺のカヤ ⇒「*025* 天然記念物〔群馬県〕」
◇萩原の大笠マツ ⇒「*025* 天然記念物〔群馬県〕」
◇ハクモクレン ⇒「*025* 天然記念物〔群馬県〕」
◇榛名神社の矢立スギ ⇒「*014* 天然記念物〔国指定〕」

桐生市
◇相生のマツ ⇒「*025* 天然記念物〔群馬県〕」
◇賀茂神社のモミ群 ⇒「*025* 天然記念物〔群馬県〕」
◇桐生自然観察の森 ⇒「*003* 自然観察の森」
◇桐生城跡日枝神社のクスノキ群 ⇒「*025* 天然記念物〔群馬県〕」
◇黒保根栗生神社の大スギ ⇒「*025* 天然記念物〔群馬県〕」
◇崇禅寺のイトヒバ ⇒「*025* 天然記念物〔群馬県〕」

◇伝桐生大炊介手植ヤナギ ⇒「*025* 天然記念物〔群馬県〕」
◇新里のサクラソウ群落 ⇒「*025* 天然記念物〔群馬県〕」
◇野の大クスノキ ⇒「*025* 天然記念物〔群馬県〕」
◇三ツ堀加茂神社のサカキ ⇒「*025* 天然記念物〔群馬県〕」

伊勢崎市
◇華蔵寺のキンモクセイ ⇒「*014* 天然記念物〔国指定〕」
◇境高校のトウカエデ ⇒「*025* 天然記念物〔群馬県〕」
◇連取のマツ ⇒「*025* 天然記念物〔群馬県〕」

太田市
◇冠稲荷のボケ ⇒「*025* 天然記念物〔群馬県〕」

沼田市
◇薄根の大クワ ⇒「*014* 天然記念物〔国指定〕」
◇川田神社の大ケヤキ ⇒「*025* 天然記念物〔群馬県〕」
◇書院の五葉マツ ⇒「*025* 天然記念物〔群馬県〕」
◇荘田神社の大イチョウ ⇒「*025* 天然記念物〔群馬県〕」
◇須賀神社の大ケヤキ ⇒「*025* 天然記念物〔群馬県〕」
◇吹割渓ならびに吹割瀑 ⇒「*014* 天然記念物〔国指定〕」「*063* 名勝〔国指定〕」
◇発知のヒガンザクラ ⇒「*025* 天然記念物〔群馬県〕」

館林市
◇躑躅ヶ岡（ツツジ）⇒「*063* 名勝〔国指定〕」
◇茂林寺沼及び低地湿原 ⇒「*025* 天然記念物〔群馬県〕」
◇茂林寺のラカンマキ ⇒「*025* 天然記念物〔群馬県〕」

渋川市
◇大山祇神社の大フジ ⇒「*025* 天然記念物〔群馬県〕」
◇金島の浅間石 ⇒「*025* 天然記念物〔群馬県〕」
◇金蔵寺のシダレザクラ ⇒「*025* 天然記念物〔群馬県〕」
◇桜森のヒガンザクラ ⇒「*025* 天然記念物〔群馬県〕」
◇敷島のキンメイチク ⇒「*014* 天然記念物〔国

指定〕」

◇下郷の大クワ ⇒「025 天然記念物〔群馬県〕」

◇雙林寺の大カヤ ⇒「025 天然記念物〔群馬県〕」

◇雙林寺の千本カシ ⇒「025 天然記念物〔群馬県〕」

◇祖母島のキンモクセイ ⇒「025 天然記念物〔群馬県〕」

◇早尾神社の大ケヤキ ⇒「025 天然記念物〔群馬県〕」

◇溝呂木の大ケヤキ ⇒「025 天然記念物〔群馬県〕」

◇藍園墓地の大ケヤキ ⇒「025 天然記念物〔群馬県〕」

藤岡市

◇三波川（サクラ）⇒「014 天然記念物〔国指定〕」「063 名勝〔国指定〕」

◇三波石峡 ⇒「014 天然記念物〔国指定〕」「063 名勝〔国指定〕」

◇水宮神社の大ケヤキ ⇒「025 天然記念物〔群馬県〕」

富岡市

◇オオツノシカの化石骨（附1 出土記念碑1基）（附2 鑑定書1巻）（附3 発掘記録1巻）⇒「025 天然記念物〔群馬県〕」

◇兜岩層産出のカエル化石 ⇒「025 天然記念物〔群馬県〕」

◇菅原神社の大ヒノキ ⇒「025 天然記念物〔群馬県〕」

◇高崎市吉井町産出のジョウモウクジラ化石 ⇒「025 天然記念物〔群馬県〕」

◇妙義アメリカショウナンボク ⇒「025 天然記念物〔群馬県〕」

◇妙義山 ⇒「063 名勝〔国指定〕」

◇妙義神社のウラジロガシ ⇒「025 天然記念物〔群馬県〕」

安中市

◇安中原市のスギ並木 ⇒「014 天然記念物〔国指定〕」

◇西広寺のツバキ ⇒「025 天然記念物〔群馬県〕」

◇中木のサザンカ ⇒「025 天然記念物〔群馬県〕」

◇細野のヒガンザクラ ⇒「025 天然記念物〔群馬県〕」

◇妙義山 ⇒「063 名勝〔国指定〕」

多野郡上野村

◇上野楢原のシオジ林 ⇒「014 天然記念物〔国指定〕」

◇上野村亀甲石産地 ⇒「014 天然記念物〔国指定〕」

◇生犬穴 ⇒「014 天然記念物〔国指定〕」

◇神行阿弥陀堂の大サワラ ⇒「025 天然記念物〔群馬県〕」

◇白井関所のイチイ ⇒「025 天然記念物〔群馬県〕」

◇中正寺のシダレザクラ ⇒「025 天然記念物〔群馬県〕」

◇野栗の材化石 ⇒「025 天然記念物〔群馬県〕」

◇不二洞 ⇒「025 天然記念物〔群馬県〕」

多野郡神流町

◇瀬林の漣痕 ⇒「025 天然記念物〔群馬県〕」

甘楽郡下仁田町

◇下仁田ジオパーク ⇒「009 日本ジオパーク」

◇妙義山 ⇒「063 名勝〔国指定〕」

甘楽郡南牧村

◇黒滝山の大スギ「025 天然記念物〔群馬県〕」

◇蝉の渓谷 ⇒「025 天然記念物〔群馬県〕」「072 名勝〔群馬県〕」

◇線ヶ滝 ⇒「025 天然記念物〔群馬県〕」「072 名勝〔群馬県〕」

甘楽郡甘楽町

◇秋畑の大ツバキ ⇒「025 天然記念物〔群馬県〕」

吾妻郡中之条町

◇伊賀野のモミ ⇒「025 天然記念物〔群馬県〕」

◇入山世立のシダレグリ ⇒「025 天然記念物〔群馬県〕」

◇大岩の三又スギ ⇒「025 天然記念物〔群馬県〕」

◇大久保のナツグミ ⇒「025 天然記念物〔群馬県〕」

◇群馬県中之条町六合地区入山（通称チャツボミゴケ公園或いは穴地獄）⇒「119 日本の貴重なコケの森」

◇駒岩のヒイラギ ⇒「025 天然記念物〔群馬県〕」

◇四万の甌穴群 ⇒「025 天然記念物〔群馬県〕」

◇親都神社の大ケヤキ ⇒「025 天然記念物〔群馬県〕」

◇中之条高校のラクウショウ ⇒「025 天然記念物〔群馬県〕」

◇中之条のサイカチ ⇒「025 天然記念物〔群馬県〕」

◇中之条町六合のチャツボミゴケ ⇒「025 天然記念物〔群馬県〕」

◇芳ヶ平湿地群 ⇒「013 ラムサール条約湿地」

関東　　　　　　　　　　　　地域別索引　　　　　　　　　　　　群馬県

吾妻郡長野原町

◇吾妻峡 ⇒「063 名勝〔国指定〕」
◇川原湯岩脈（臥龍岩および昇龍岩）⇒「014 天然記念物〔国指定〕」

吾妻郡嬬恋村

◇浅間山熔岩樹型 ⇒「015 特別天然記念物〔国指定〕」
◇志賀高原ユネスコエコパーク ⇒「012 ユネスコエコパーク」
◇鳴尾の熊野神社大スギ ⇒「025 天然記念物〔群馬県〕」
◇湯の丸レンゲツツジ群落 ⇒「014 天然記念物〔国指定〕」

吾妻郡草津町

◇草津白根のアズマシャクナゲおよびハクサンシャクナゲ群落 ⇒「014 天然記念物〔国指定〕」
◇芳ヶ平湿地群 ⇒「013 ラムサール条約湿地」

吾妻郡高山村

◇泉竜寺のコウヤマキ ⇒「025 天然記念物〔群馬県〕」
◇高山のゴヨウツツジ ⇒「025 天然記念物〔群馬県〕」
◇中山三島神社のスギ並木 ⇒「025 天然記念物〔群馬県〕」

吾妻郡東吾妻町

◇吾妻峡 ⇒「063 名勝〔国指定〕」
◇稲田のヤマナシ ⇒「025 天然記念物〔群馬県〕」
◇唐堀のモクゲンジ ⇒「025 天然記念物〔群馬県〕」
◇原町の大ケヤキ ⇒「014 天然記念物〔国指定〕」

利根郡片品村

◇尾瀬 ⇒「013 ラムサール条約湿地」「015 特別天然記念物〔国指定〕」
◇金井沢のアカマツ ⇒「025 天然記念物〔群馬県〕」
◇しばぎわの大イチイ ⇒「025 天然記念物〔群馬県〕」
◇しばぎわのシナノキ ⇒「025 天然記念物〔群馬県〕」
◇摺渕のヒメコマツ ⇒「025 天然記念物〔群馬県〕」
◇針山の天王ザクラ ⇒「025 天然記念物〔群馬県〕」
◇武尊牧場レンゲツツジ群落 ⇒「025 天然記念物〔群馬県〕」

利根郡川場村

◇吉祥寺のヒメコマツ ⇒「025 天然記念物〔群馬県〕」

利根郡昭和村

◇雲昌寺の大ケヤキ ⇒「025 天然記念物〔群馬県〕」

利根郡みなかみ町

◇相俣のさかさザクラ ⇒「025 天然記念物〔群馬県〕」
◇入須川のヒカリゴケ自生地 ⇒「025 天然記念物〔群馬県〕」
◇大峰山浮島及び湿原植物 ⇒「025 天然記念物〔群馬県〕」「072 名勝〔群馬県〕」
◇大峰山モリアオガエル繁殖地 ⇒「025 天然記念物〔群馬県〕」
◇上津のウバザクラ ⇒「025 天然記念物〔群馬県〕」
◇川手山洞窟群及びズニ石 ⇒「025 天然記念物〔群馬県〕」「072 名勝〔群馬県〕」
◇村主の大ケヤキ ⇒「025 天然記念物〔群馬県〕」
◇水上町モリアオガエル繁殖地 ⇒「025 天然記念物〔群馬県〕」
◇ユビソヤナギ群落 ⇒「025 天然記念物〔群馬県〕」

邑楽郡板倉町

◇渡良瀬遊水地 ⇒「013 ラムサール条約湿地」

邑楽郡邑楽町

◇永明寺のキンモクセイ ⇒「014 天然記念物〔国指定〕」
◇神光寺の大カヤ ⇒「025 天然記念物〔群馬県〕」
◇高島小学校のトウグミ ⇒「025 天然記念物〔群馬県〕」

事典・日本の自然保護地域　373

埼玉県

埼玉県
◇首都圏自然歩道（関東ふれあいの道）⇒「007 長距離自然歩道」
◇秩父多摩甲斐国立公園 ⇒「002 国立公園」

さいたま
◇県立安行武南自然公園 ⇒「008 都道府県立自然公園」

さいたま市西区
◇清河寺の大ケヤキ ⇒「026 天然記念物〔埼玉県〕」

さいたま市大宮区
◇大宮藤園のフジ ⇒「026 天然記念物〔埼玉県〕」

さいたま市中央区
◇妙行寺のモクコク ⇒「026 天然記念物〔埼玉県〕」
◇与野の大カヤ ⇒「014 天然記念物〔国指定〕」

さいたま市桜区
◇大久保の大ケヤキ ⇒「026 天然記念物〔埼玉県〕」
◇田島ヶ原サクラソウ自生地 ⇒「015 特別天然記念物〔国指定〕」

さいたま市岩槻区
◇久伊豆神社の大サカキ ⇒「026 天然記念物〔埼玉県〕」

川越市
◇並木の大クス ⇒「026 天然記念物〔埼玉県〕」

熊谷市
◇元荒川ムサシトミヨ生息地 ⇒「026 天然記念物〔埼玉県〕」

川口市
◇県立安行武南自然公園 ⇒「008 都道府県立自然公園」
◇長徳寺のビャクシン ⇒「026 天然記念物〔埼玉県〕」

秩父市
◇岩棚のキンモクセイ ⇒「026 天然記念物〔埼玉県〕」
◇大山沢のシオジ林 ⇒「026 天然記念物〔埼玉県〕」
◇金仙寺枝垂サクラ ⇒「026 天然記念物〔埼玉県〕」
◇久那のステゴビル ⇒「026 天然記念物〔埼玉県〕」
◇県立上武自然公園 ⇒「008 都道府県立自然公園」
◇県立長瀞玉淀自然公園 ⇒「008 都道府県立自然公園」
◇県立西秩父自然公園 ⇒「008 都道府県立自然公園」
◇県立武甲自然公園 ⇒「008 都道府県立自然公園」
◇駒つなぎのケヤキ ⇒「026 天然記念物〔埼玉県〕」
◇清雲寺のサクラ ⇒「026 天然記念物〔埼玉県〕」
◇秩父ジオパーク ⇒「009 日本ジオパーク」
◇秩父神社柞の森のブッポウソウ ⇒「026 天然記念物〔埼玉県〕」
◇てんぐ岩のムカデラン ⇒「026 天然記念物〔埼玉県〕」
◇東京大学秩父演習林 ⇒「120 ふるさと文化財の森」
◇中津峡 ⇒「073 名勝〔埼玉県〕」
◇橋立鍾乳洞 ⇒「026 天然記念物〔埼玉県〕」
◇三峯モミ ⇒「026 天然記念物〔埼玉県〕」
◇若御子断層洞及び断層群 ⇒「026 天然記念物〔埼玉県〕」

所沢市
◇県立狭山自然公園 ⇒「008 都道府県立自然公園」

飯能市
◇県立奥武蔵自然公園 ⇒「008 都道府県立自然公園」
◇高山不動の大イチョウ ⇒「026 天然記念物〔埼玉県〕」
◇滝の入タブの木 ⇒「026 天然記念物〔埼玉県〕」
◇天覧山の勝 ⇒「073 名勝〔埼玉県〕」
◇子の権現の二本スギ ⇒「026 天然記念物〔埼玉県〕」
◇飯能の大ケヤキ ⇒「026 天然記念物〔埼玉県〕」
◇見返坂の飯能ササ ⇒「026 天然記念物〔埼玉県〕」
◇南川のウラジロガシ林 ⇒「026 天然記念物〔埼玉県〕」

加須市
◇加須の浮野とその植物 ⇒「026 天然記念物〔埼玉県〕」
◇玉敷神社のフジ ⇒「026 天然記念物〔埼玉県〕」
◇中川低地の河畔砂丘群志多見砂丘 ⇒「026 天然記念物〔埼玉県〕」

関東　　　　　　　　　　　　　地域別索引　　　　　　　　　　　　埼玉県

◇渡良瀬遊水地 ⇒「013 ラムサール条約湿地」

本庄市

◇金鑽神社のクスノキ ⇒「026 天然記念物〔埼玉県〕」
◇県立上武自然公園 ⇒「008 都道府県立自然公園」
◇骨波田のフジ ⇒「026 天然記念物〔埼玉県〕」
◇城山稲荷神社のケヤキ ⇒「026 天然記念物〔埼玉県〕」

東松山市

◇川本町産出カルカロドンメガロドンの歯群化石 ⇒「026 天然記念物〔埼玉県〕」
◇県立比企丘陵自然公園 ⇒「008 都道府県立自然公園」
◇萬松寺のシイ ⇒「026 天然記念物〔埼玉県〕」
◇物見山岩殿山観音の勝 ⇒「073 名勝〔埼玉県〕」

春日部市

◇碇神社のイヌグス ⇒「026 天然記念物〔埼玉県〕」
◇牛島のフジ ⇒「015 特別天然記念物〔国指定〕」
◇萬蔵寺のお葉附いちょう ⇒「026 天然記念物〔埼玉県〕」
◇蓮花院のムク ⇒「026 天然記念物〔埼玉県〕」

狭山市

◇狭山市笹井産出アケボノゾウ骨格化石 ⇒「026 天然記念物〔埼玉県〕」
◇廣瀬神社の大ケヤキ ⇒「026 天然記念物〔埼玉県〕」

羽生市

◇勘兵衛マツ ⇒「026 天然記念物〔埼玉県〕」
◇宝蔵院沼ムジナモ自生地 ⇒「014 天然記念物〔国指定〕」

上尾市

◇徳星寺の大カヤ及び暖帯林 ⇒「026 天然記念物〔埼玉県〕」
◇馬蹄寺のモクコク ⇒「026 天然記念物〔埼玉県〕」

草加市

◇おくのほそ道の風景地 草加松原 ガンマンガ淵（慈雲寺境内）八幡宮（那須神社境内）殺生石 遊行柳（清水流る、の柳）黒塚の岩屋 武隈の松 つゝじが岡及び天神の御社 木の下及び薬師堂 壺碑（つぼの石ぶみ）興井 末の松山 籬が島 金鶏山 高館 さくら山 本合海 三崎（大師崎）象潟及び汐越 親しらず 有磯海（女岩）那谷寺境内（奇石）道明が淵（山中の温泉）大垣船町川湊 ⇒「063 名勝〔国指定〕」

越谷市

◇久伊豆神社のフジ ⇒「026 天然記念物〔埼玉県〕」

入間市

◇県立奥武蔵自然公園 ⇒「008 都道府県立自然公園」
◇県立狭山自然公園 ⇒「008 都道府県立自然公園」

新座市

◇平林寺境内林 ⇒「014 天然記念物〔国指定〕」

桶川市

◇倉田の大カヤ ⇒「026 天然記念物〔埼玉県〕」
◇光照寺コウヤマキ ⇒「026 天然記念物〔埼玉県〕」

久喜市

◇菖蒲のフジ ⇒「026 天然記念物〔埼玉県〕」
◇神明神社の社叢 ⇒「026 天然記念物〔埼玉県〕」

北本市

◇石戸蒲ザクラ ⇒「014 天然記念物〔国指定〕」
◇多聞寺のムクロジ ⇒「026 天然記念物〔埼玉県〕」

坂戸市

◇ステゴビル ⇒「026 天然記念物〔埼玉県〕」
◇土屋神社神木スギ ⇒「026 天然記念物〔埼玉県〕」
◇入西のビャクシン ⇒「026 天然記念物〔埼玉県〕」

鶴ヶ島市

◇脚折のケヤキ ⇒「026 天然記念物〔埼玉県〕」

日高市

◇県立奥武蔵自然公園 ⇒「008 都道府県立自然公園」

吉川市

◇密厳院のイチョウ ⇒「026 天然記念物〔埼玉県〕」

入間郡毛呂山町

◇桂木のタブノキ林 ⇒「026 天然記念物〔埼玉県〕」
◇県立黒山自然公園 ⇒「008 都道府県立自然公園」

入間郡越生町

◇梅園神社のスダジイ林 ⇒「026 天然記念物〔埼玉県〕」

事典・日本の自然保護地域　375

埼玉県 　　　　　　　　　　地域別索引 　　　　　　　　　　関東

◇大高取山のコシダ群落 ⇒「026 天然記念物〔埼玉県〕」
◇越生の梅林 ⇒「073 名勝〔埼玉県〕」
◇上谷の大クス ⇒「026 天然記念物〔埼玉県〕」
◇黒山三滝と越辺川源流域 ⇒「119 日本の貴重なコケの森」
◇黒山の特殊植物群落 ⇒「026 天然記念物〔埼玉県〕」
◇県立黒山自然公園 ⇒「008 都道府県立自然公園」
◇龍穏寺の着生植物群 ⇒「026 天然記念物〔埼玉県〕」

比企郡滑川町
◇伊古乃速御玉比売神社社叢 ⇒「026 天然記念物〔埼玉県〕」

比企郡嵐山町
◇川本町産出カルカロドンメガロドンの歯群化石 ⇒「026 天然記念物〔埼玉県〕」
◇県立比企丘陵自然公園 ⇒「008 都道府県立自然公園」

比企郡小川町
◇県立長瀞玉淀自然公園 ⇒「008 都道府県立自然公園」
◇古寺鍾乳洞 ⇒「026 天然記念物〔埼玉県〕」
◇下里の大モミジ ⇒「026 天然記念物〔埼玉県〕」
◇下里のスダジイ林 ⇒「026 天然記念物〔埼玉県〕」
◇堂平ヒカリゴケ自生地 ⇒「026 天然記念物〔埼玉県〕」

比企郡吉見町
◇県立比企丘陵自然公園 ⇒「008 都道府県立自然公園」
◇吉見百穴ヒカリゴケ発生地 ⇒「014 天然記念物〔国指定〕」

比企郡鳩山町
◇県立比企丘陵自然公園 ⇒「008 都道府県立自然公園」
◇物見山岩殿山観音の勝 ⇒「073 名勝〔埼玉県〕」

比企郡ときがわ町
◇カヤ ⇒「026 天然記念物〔埼玉県〕」
◇県立黒山自然公園 ⇒「008 都道府県立自然公園」
◇三境のヒカリゴケ自生地 ⇒「026 天然記念物〔埼玉県〕」
◇タラヨウジュ ⇒「026 天然記念物〔埼玉県〕」

◇道元平ウラジロ群落 ⇒「026 天然記念物〔埼玉県〕」
◇萩日吉神社社叢 ⇒「026 天然記念物〔埼玉県〕」

秩父郡横瀬町
◇県立武甲自然公園 ⇒「008 都道府県立自然公園」
◇西善寺のコミネカエデ ⇒「026 天然記念物〔埼玉県〕」
◇外秩父丸山の眺望 ⇒「073 名勝〔埼玉県〕」
◇秩父ジオパーク ⇒「009 日本ジオパーク」
◇武甲山石灰岩地特殊植物群落 ⇒「014 天然記念物〔国指定〕」

秩父郡皆野町
◇国神の大イチョウ ⇒「026 天然記念物〔埼玉県〕」
◇県立上武自然公園 ⇒「008 都道府県立自然公園」
◇県立長瀞玉淀自然公園 ⇒「008 都道府県立自然公園」
◇秩父ジオパーク ⇒「009 日本ジオパーク」
◇長瀞 ⇒「014 天然記念物〔国指定〕」「063 名勝〔国指定〕」
◇前原の不整合 ⇒「026 天然記念物〔埼玉県〕」

秩父郡長瀞町
◇大野原産チチブクジラ骨格化石 ⇒「026 天然記念物〔埼玉県〕」
◇小鹿野町般若産出パレオパラドキシア骨格化石 ⇒「026 天然記念物〔埼玉県〕」
◇川本町産出カルカロドンメガロドンの歯群化石 ⇒「026 天然記念物〔埼玉県〕」
◇県立長瀞玉淀自然公園 ⇒「008 都道府県立自然公園」
◇狭山市笹井産出アケボノゾウ骨格化石 ⇒「026 天然記念物〔埼玉県〕」
◇秩父市大野原産出パレオパラドキシア骨格化石 ⇒「026 天然記念物〔埼玉県〕」
◇秩父ジオパーク ⇒「009 日本ジオパーク」
◇長瀞 ⇒「014 天然記念物〔国指定〕」「063 名勝〔国指定〕」

秩父郡小鹿野町
◇赤平川の大露頭 ようばけ ⇒「026 天然記念物〔埼玉県〕」
◇犬木の不整合 ⇒「026 天然記念物〔埼玉県〕」
◇県立西秩父自然公園 ⇒「008 都道府県立自然公園」
◇県立両神自然公園 ⇒「008 都道府県立自然公園」
◇秩父ジオパーク ⇒「009 日本ジオパーク」

376　事典・日本の自然保護地域

関東　　　　　　　　　　　　　　　地域別索引　　　　　　　　　　　　　千葉県

◇両神のフクジュソウ群落 ⇒「026 天然記念物
〔埼玉県〕」

秩父郡東秩父村
◇皆谷のサカキ ⇒「026 天然記念物〔埼玉県〕」
◇県立長瀞玉淀自然公園 ⇒「008 都道府県立自
然公園」
◇ツゲ ⇒「026 天然記念物〔埼玉県〕」
◇ヒカゲツツジ ⇒「026 天然記念物〔埼玉県〕」

児玉郡神川町
◇県立上武自然公園 ⇒「008 都道府県立自然公園」
◇三波石峡 ⇒「014 天然記念物〔国指定〕」「063
名勝〔国指定〕」
◇御岳の鏡岩 ⇒「015 特別天然記念物〔国指定〕」
◇無量院石重寺の夫婦ウメ ⇒「026 天然記念物
〔埼玉県〕」

大里郡寄居町
◇荒川の青岩礫岩 ⇒「026 天然記念物〔埼玉県〕」
◇県立長瀞玉淀自然公園 ⇒「008 都道府県立自
然公園」
◇ゴヨウツツジ自生地 ⇒「026 天然記念物〔埼
玉県〕」
◇正龍寺玉垂のカエデ ⇒「026 天然記念物〔埼
玉県〕」
◇玉淀 ⇒「073 名勝〔埼玉県〕」
◇ミミカキグサとモウセンゴケ自生地 ⇒「026 天
然記念物〔埼玉県〕」

北葛飾郡松伏町
◇大川戸の大イチョウ ⇒「026 天然記念物〔埼
玉県〕」

千葉県

千葉県
◇九十九里浜 ⇒「132 重要生息地（IBA）」
◇首都圏自然歩道（関東ふれあいの道）⇒「007
長距離自然歩道」
◇水郷筑波国定公園 ⇒「001 国定公園」
◇東京湾奥部 ⇒「132 重要生息地（IBA）」
◇南房総国定公園 ⇒「001 国定公園」

千葉市
◇県立九十九里自然公園 ⇒「008 都道府県立自
然公園」

千葉市中央区
◇千葉寺ノ公孫樹 ⇒「027 天然記念物〔千葉県〕」
◇袖ケ浦市吉野田の清川層産出の脊椎動物化石
⇒「027 天然記念物〔千葉県〕」

千葉市花見川区
◇検見川の大賀蓮 ⇒「027 天然記念物〔千葉県〕」

銚子市
◇犬吠埼産出のアンモナイト ⇒「027 天然記念
物〔千葉県〕」
◇犬吠埼の白亜紀浅海堆積物 ⇒「014 天然記念
物〔国指定〕」
◇県立九十九里自然公園 ⇒「008 都道府県立自
然公園」
◇猿田神社の森 ⇒「027 天然記念物〔千葉県〕」
◇千騎ケ岩 ⇒「027 天然記念物〔千葉県〕」
◇銚子ジオパーク ⇒「009 日本ジオパーク」
◇渡海神社の極相林 ⇒「027 天然記念物〔千葉県〕」
◇利根川河口域 ⇒「132 重要生息地（IBA）」
◇利根川河川敷 ⇒「132 重要生息地（IBA）」

市川市
◇千本イチョウ ⇒「014 天然記念物〔国指定〕」

館山市
◇洲崎神社自然林 ⇒「027 天然記念物〔千葉県〕」
◇沼サンゴ層 ⇒「027 天然記念物〔千葉県〕」
◇南房総の地震隆起段丘 ⇒「027 天然記念物〔千
葉県〕」

事典・日本の自然保護地域　　**377**

千葉県　　　　　　　　　　　　　　　地域別索引　　　　　　　　　　　　　　　関東

◇布良の海食洞と鍾乳石 ⇒「027 天然記念物〔千葉県〕」

木更津市
◇盤州・富津干潟 ⇒「132 重要生息地（IBA）」

松戸市
◇浅間神社の極相林 ⇒「027 天然記念物〔千葉県〕」

茂原市
◇鶴枝ヒメハルゼミ発生地 ⇒「014 天然記念物〔国指定〕」

成田市
◇県立印旛手賀自然公園 ⇒「008 都道府県立自然公園」
◇小御門神社の森 ⇒「027 天然記念物〔千葉県〕」
◇麻賀多神社の森 ⇒「027 天然記念物〔千葉県〕」

佐倉市
◇県立印旛手賀自然公園 ⇒「008 都道府県立自然公園」
◇佐倉城の夫婦モッコク ⇒「027 天然記念物〔千葉県〕」

東金市
◇県立九十九里自然公園 ⇒「008 都道府県立自然公園」
◇成東・東金食虫植物群落 ⇒「014 天然記念物〔国指定〕」「119 日本の貴重なコケの森」

旭市
◇県立九十九里自然公園 ⇒「008 都道府県立自然公園」
◇龍福寺の森 ⇒「027 天然記念物〔千葉県〕」

習志野市
◇谷津干潟 ⇒「013 ラムサール条約湿地」「134 東アジア・オーストラリア地域 渡り性水鳥重要生息地ネットワーク」

柏市
◇県立印旛手賀自然公園 ⇒「008 都道府県立自然公園」

勝浦市
◇上野村ノ大椎 ⇒「027 天然記念物〔千葉県〕」
◇高照寺ノ乳公孫樹 ⇒「027 天然記念物〔千葉県〕」

◇八坂神社の自然林 ⇒「027 天然記念物〔千葉県〕」

市原市
◇飯香岡八幡宮の夫婦銀杏 ⇒「027 天然記念物〔千葉県〕」
◇県立笠森鶴舞自然公園 ⇒「008 都道府県立自然公園」
◇県立養老渓谷奥清澄自然公園 ⇒「008 都道府県立自然公園」
◇大福山自然林 ⇒「027 天然記念物〔千葉県〕」
◇高滝神社の森 ⇒「027 天然記念物〔千葉県〕」

我孫子市
◇県立印旛手賀自然公園 ⇒「008 都道府県立自然公園」
◇東源寺の榧ノ木 ⇒「027 天然記念物〔千葉県〕」

鴨川市
◇天津のまるばちしゃの木 ⇒「027 天然記念物〔千葉県〕」
◇鴨川大山千枚田 ⇒「074 名勝〔千葉県〕」
◇鴨川のバクチノキ群生地 ⇒「027 天然記念物〔千葉県〕」
◇鴨川の枕状溶岩 ⇒「027 天然記念物〔千葉県〕」
◇清澄の大スギ ⇒「014 天然記念物〔国指定〕」
◇清澄のモリアオガエル ⇒「027 天然記念物〔千葉県〕」
◇県立嶺岡山系自然公園 ⇒「008 都道府県立自然公園」
◇県立養老渓谷奥清澄自然公園 ⇒「008 都道府県立自然公園」
◇鯛の浦タイ生息地 ⇒「015 特別天然記念物〔国指定〕」
◇東京大学千葉演習林 ⇒「119 日本の貴重なコケの森」
◇仁右衛門島 ⇒「074 名勝〔千葉県〕」
◇明神ノ鯛 ⇒「027 天然記念物〔千葉県〕」

君津市
◇鹿野山の大桑 ⇒「027 天然記念物〔千葉県〕」
◇県立高宕山自然公園 ⇒「008 都道府県立自然公園」
◇県立養老渓谷奥清澄自然公園 ⇒「008 都道府県立自然公園」
◇高宕山のサル生息地 ⇒「014 天然記念物〔国指定〕」
◇東京大学千葉演習林 ⇒「119 日本の貴重なコケの森」

378　事典・日本の自然保護地域

関東 地域別索引 千葉県

◇三島ノ白樫 ⇒「027 天然記念物〔千葉県〕」
◇三石山自然林 ⇒「027 天然記念物〔千葉県〕」

富津市
◇県立高宕山自然公園 ⇒「008 都道府県立自然公園」
◇高宕山のサル生息地 ⇒「014 天然記念物〔国指定〕」
◇竹岡のオハツキイチョウ ⇒「027 天然記念物〔千葉県〕」
◇竹岡のヒカリモ発生地 ⇒「014 天然記念物〔国指定〕」
◇環ノ大樟 ⇒「027 天然記念物〔千葉県〕」
◇盤州・富津干潟 ⇒「132 重要生息地（IBA）」
◇富津海浜植物群落地 ⇒「027 天然記念物〔千葉県〕」

袖ケ浦市
◇坂戸神社の森 ⇒「027 天然記念物〔千葉県〕」

印西市
◇木下貝層 ⇒「014 天然記念物〔国指定〕」
◇県立印旛手賀自然公園 ⇒「008 都道府県立自然公園」
◇将監のオニバス発生地 ⇒「027 天然記念物〔千葉県〕」

南房総市
◇岩井ノ蘇鉄 ⇒「027 天然記念物〔千葉県〕」
◇上三原ノ大樟 ⇒「027 天然記念物〔千葉県〕」
◇県立富山自然公園 ⇒「008 都道府県立自然公園」
◇県立嶺岡山系自然公園 ⇒「008 都道府県立自然公園」
◇白浜の鍾乳洞 ⇒「027 天然記念物〔千葉県〕」
◇白浜のシロウリガイ化石露頭 ⇒「027 天然記念物〔千葉県〕」
◇白浜の屏風岩 ⇒「027 天然記念物〔千葉県〕」
◇南房総の地震隆起段丘 ⇒「027 天然記念物〔千葉県〕」

匝瑳市
◇県立九十九里自然公園 ⇒「008 都道府県立自然公園」

香取市
◇香取神宮の森 ⇒「027 天然記念物〔千葉県〕」
◇県立大利根自然公園 ⇒「008 都道府県立自然公園」

◇利根川河川敷 ⇒「132 重要生息地（IBA）」
◇府馬の大クス ⇒「014 天然記念物〔国指定〕」

山武市
◇石塚の森 ⇒「027 天然記念物〔千葉県〕」
◇県立九十九里自然公園 ⇒「008 都道府県立自然公園」
◇成東・東金食虫植物群落 ⇒「014 天然記念物〔国指定〕」「119 日本の貴重なコケの森」
◇成東町のクマガイソウ ⇒「027 天然記念物〔千葉県〕」

いすみ市
◇太東海浜植物群落 ⇒「014 天然記念物〔国指定〕」
◇長福寺ノ槙 ⇒「027 天然記念物〔千葉県〕」

大網白里市
◇県立九十九里自然公園 ⇒「008 都道府県立自然公園」

印旛郡酒々井町
◇上岩橋貝層 ⇒「027 天然記念物〔千葉県〕」
◇県立印旛手賀自然公園 ⇒「008 都道府県立自然公園」

印旛郡栄町
◇県立印旛手賀自然公園 ⇒「008 都道府県立自然公園」

香取郡神崎町
◇県立大利根自然公園 ⇒「008 都道府県立自然公園」
◇神崎の大クス ⇒「014 天然記念物〔国指定〕」
◇神崎のオハツキイチョウ ⇒「027 天然記念物〔千葉県〕」
◇神崎森 ⇒「027 天然記念物〔千葉県〕」

香取郡東庄町
◇利根川河川敷 ⇒「132 重要生息地（IBA）」

山武郡九十九里町
◇県立九十九里自然公園 ⇒「008 都道府県立自然公園」

山武郡横芝光町
◇県立九十九里自然公園 ⇒「008 都道府県立自然公園」

事典・日本の自然保護地域 379

東京都 地域別索引 関東

長生郡一宮町
◇軍荼利山植物群落 ⇒「027 天然記念物〔千葉県〕」
◇県立九十九里自然公園 ⇒「008 都道府県立自然公園」

長生郡睦沢町
◇妙楽寺の森 ⇒「027 天然記念物〔千葉県〕」

長生郡長生村
◇県立九十九里自然公園 ⇒「008 都道府県立自然公園」

長生郡白子町
◇県立九十九里自然公園 ⇒「008 都道府県立自然公園」
◇関ノ羅漢槙 ⇒「027 天然記念物〔千葉県〕」

長生郡長柄町
◇県立笠森鶴舞自然公園 ⇒「008 都道府県立自然公園」

長生郡長南町
◇笠森寺自然林 ⇒「014 天然記念物〔国指定〕」
◇県立笠森鶴舞自然公園 ⇒「008 都道府県立自然公園」

夷隅郡大多喜町
◇県立養老渓谷奥清澄自然公園 ⇒「008 都道府県立自然公園」

安房郡鋸南町
◇天寧寺の柏槙 ⇒「027 天然記念物〔千葉県〕」
◇鋸山と羅漢石像群 ⇒「074 名勝〔千葉県〕」

東京都

東京都
◇首都圏自然歩道(関東ふれあいの道) ⇒「007 長距離自然歩道」
◇東海自然歩道 ⇒「007 長距離自然歩道」
◇東京港野鳥公園 ⇒「134 東アジア・オーストラリア地域 渡り性水鳥重要生息地ネットワーク」
◇東京湾奥部 ⇒「132 重要生息地(IBA)」
◇富士箱根伊豆国立公園 ⇒「002 国立公園」

千代田区
◇江戸城跡のヒカリゴケ生育地 ⇒「014 天然記念物〔国指定〕」

港区
◇旧白金御料地 ⇒「014 天然記念物〔国指定〕」
◇旧細川邸のシイ ⇒「028 天然記念物〔東京都〕」
◇善福寺のイチョウ ⇒「014 天然記念物〔国指定〕」

台東区
◇旧蓬莱園のイチョウ ⇒「028 天然記念物〔東京都〕」
◇玉林寺のシイ ⇒「028 天然記念物〔東京都〕」

大田区
◇東京港野鳥公園 ⇒「131 サンクチュアリ」

世田谷区
◇上野毛のコブシ ⇒「028 天然記念物〔東京都〕」
◇九品仏のイチョウ ⇒「028 天然記念物〔東京都〕」
◇九品仏のカヤ ⇒「028 天然記念物〔東京都〕」
◇桜小学校のオオアカガシ ⇒「028 天然記念物〔東京都〕」
◇善養寺のカヤ ⇒「028 天然記念物〔東京都〕」
◇等々力渓谷 ⇒「075 名勝〔東京都〕」

杉並区
◇大宮八幡社叢 ⇒「028 天然記念物〔東京都〕」
◇横倉邸のケヤキ並木 ⇒「028 天然記念物〔東京都〕」

豊島区
◇鬼子母神大門ケヤキ並木 ⇒「028 天然記念物〔東京都〕」

380 事典・日本の自然保護地域

関東 　　　　　　　　　　　　　地域別索引　　　　　　　　　　　　　東京都

◇雑司が谷鬼子母神のイチョウ ⇒「028 天然記念物〔東京都〕」

北区

◇王子神社のイチョウ ⇒「028 天然記念物〔東京都〕」

荒川区

◇延命院のシイ ⇒「028 天然記念物〔東京都〕」

練馬区

◇三宝寺池沼沢植物群落 ⇒「014 天然記念物〔国指定〕」
◇練馬白山神社の大ケヤキ ⇒「014 天然記念物〔国指定〕」

葛飾区

◇水元のオニバス ⇒「028 天然記念物〔東京都〕」

江戸川区

◇善養寺影向のマツ ⇒「014 天然記念物〔国指定〕」

八王子市

◇小仏のカゴノキ ⇒「028 天然記念物〔東京都〕」
◇高尾山の飯盛スギ ⇒「028 天然記念物〔東京都〕」
◇高尾山のスギ並木 ⇒「028 天然記念物〔東京都〕」
◇都立秋川丘陵自然公園 ⇒「008 都道府県立自然公園」
◇都立高尾陣場自然公園 ⇒「008 都道府県立自然公園」
◇都立滝山自然公園 ⇒「008 都道府県立自然公園」
◇明治の森高尾国定公園 ⇒「001 国定公園」

武蔵野市

◇吉祥寺旧本宿のケヤキ ⇒「028 天然記念物〔東京都〕」
◇小金井（サクラ）⇒「063 名勝〔国指定〕」

青梅市

◇安楽寺の大スギ ⇒「028 天然記念物〔東京都〕」
◇奥御岳景園地 ⇒「075 名勝〔東京都〕」
◇塩船観音の大スギ ⇒「028 天然記念物〔東京都〕」
◇秩父多摩甲斐国立公園 ⇒「002 国立公園」
◇御岳の神代ケヤキ ⇒「014 天然記念物〔国指定〕」

府中市

◇馬場大門のケヤキ並木 ⇒「014 天然記念物〔国指定〕」

昭島市

◇拝島のフジ ⇒「028 天然記念物〔東京都〕」

調布市

◇佐須の禅寺丸古木 ⇒「028 天然記念物〔東京都〕」

小金井市

◇小金井（サクラ）⇒「063 名勝〔国指定〕」

小平市

◇小金井（サクラ）⇒「063 名勝〔国指定〕」

東村山市

◇都立狭山自然公園 ⇒「008 都道府県立自然公園」
◇梅岩寺のケヤキ ⇒「028 天然記念物〔東京都〕」

国分寺市

◇真姿の池湧水群 ⇒「075 名勝〔東京都〕」

国立市

◇谷保天満宮社叢 ⇒「028 天然記念物〔東京都〕」

福生市

◇都立羽村草花丘陵自然公園 ⇒「008 都道府県立自然公園」

東大和市

◇都立狭山自然公園 ⇒「008 都道府県立自然公園」

多摩市

◇都立多摩丘陵自然公園 ⇒「008 都道府県立自然公園」
◇平久保のシイ ⇒「028 天然記念物〔東京都〕」

稲城市

◇高勝寺のカヤ ⇒「028 天然記念物〔東京都〕」

羽村市

◇阿蘇神社のシイ ⇒「028 天然記念物〔東京都〕」
◇都立羽村草花丘陵自然公園 ⇒「008 都道府県立自然公園」
◇羽村橋のケヤキ ⇒「028 天然記念物〔東京都〕」

あきる野市

◇秋川の六枚屏風岩 ⇒「028 天然記念物〔東京都〕」
◇光厳寺のヤマザクラ ⇒「028 天然記念物〔東京都〕」
◇広徳寺のカヤ ⇒「028 天然記念物〔東京都〕」

事典・日本の自然保護地域　381

東京都　　　　　　　　　　　　地域別索引　　　　　　　　　　　　関東

◇広徳寺のタラヨウ ⇒「028 天然記念物〔東京都〕」
◇慈勝寺のモッコク ⇒「028 天然記念物〔東京都〕」
◇地蔵院のカゴノキ ⇒「028 天然記念物〔東京都〕」
◇都立秋川丘陵自然公園 ⇒「008 都道府県立自然公園」
◇都立羽村草花丘陵自然公園 ⇒「008 都道府県立自然公園」
◇南沢の鳥ノ巣石灰岩産地 ⇒「028 天然記念物〔東京都〕」

西東京市
◇小金井 (サクラ) ⇒「063 名勝〔国指定〕」

西多摩郡日の出町
◇岩井のエントモノチス化石産地 ⇒「028 天然記念物〔東京都〕」
◇大久野のフジ ⇒「028 天然記念物〔東京都〕」
◇幸神神社のシダレアカシデ ⇒「014 天然記念物〔国指定〕」

西多摩郡檜原村
◇神戸岩 ⇒「028 天然記念物〔東京都〕」
◇三頭大滝 ⇒「075 名勝〔東京都〕」

西多摩郡奥多摩町
◇海沢の四滝 ⇒「075 名勝〔東京都〕」
◇倉沢のヒノキ ⇒「028 天然記念物〔東京都〕」
◇古里附のイヌグス ⇒「028 天然記念物〔東京都〕」
◇白髭大岩 ⇒「028 天然記念物〔東京都〕」
◇日原鍾乳洞 ⇒「028 天然記念物〔東京都〕」
◇氷川三本スギ ⇒「028 天然記念物〔東京都〕」

大島町
◇伊豆大島ジオパーク ⇒「009 日本ジオパーク」
◇大島 ⇒「132 重要生息地 (IBA)」
◇大島海浜植物群落 ⇒「014 天然記念物〔国指定〕」
◇大島のサクラ株 ⇒「015 特別天然記念物〔国指定〕」
◇おたいね浦の岩脈と筆島 ⇒「028 天然記念物〔東京都〕」
◇春日神社のイヌマキ群叢 ⇒「028 天然記念物〔東京都〕」
◇差木地の大クス ⇒「028 天然記念物〔東京都〕」
◇シイノキ山のシイノキ群叢 ⇒「014 天然記念物〔国指定〕」
◇潮吹きの鼻 ⇒「028 天然記念物〔東京都〕」
◇野増大宮のシイ樹叢 ⇒「028 天然記念物〔東京都〕」

利島村
◇利島 ⇒「132 重要生息地 (IBA)」

新島村
◇東要寺のイヌマキ ⇒「028 天然記念物〔東京都〕」
◇東要寺のナギ自生地 ⇒「028 天然記念物〔東京都〕」
◇新島・式根島 ⇒「132 重要生息地 (IBA)」

神津島村
◇神津島 ⇒「132 重要生息地 (IBA)」

三宅村
◇神着の大ザクラ ⇒「028 天然記念物〔東京都〕」
◇堂山のシイ ⇒「028 天然記念物〔東京都〕」
◇ビャクシン ⇒「028 天然記念物〔東京都〕」
◇三宅島 ⇒「132 重要生息地 (IBA)」
◇三宅島椎取神社の樹叢と溶岩流 ⇒「028 天然記念物〔東京都〕」
◇三宅島自然ふれあいセンターアカコッコ館 ⇒「131 サンクチュアリ」

御蔵島村
◇御蔵島 ⇒「132 重要生息地 (IBA)」
◇御蔵島鈴原の湿原植物群落 ⇒「028 天然記念物〔東京都〕」
◇御蔵島御代が池のツゲ ⇒「028 天然記念物〔東京都〕」

八丈町
◇鳥島 ⇒「014 天然記念物〔国指定〕」「132 重要生息地 (IBA)」
◇八丈島 ⇒「132 重要生息地 (IBA)」
◇ヘゴ自生北限地帯 ⇒「014 天然記念物〔国指定〕」

青ヶ島村
◇青ヶ島 ⇒「132 重要生息地 (IBA)」

小笠原村
◇小笠原国立公園 ⇒「002 国立公園」
◇小笠原諸島 ⇒「005 世界遺産」
◇小笠原南島の沈水カルスト地形 ⇒「014 天然記念物〔国指定〕」
◇火山列島 ⇒「132 重要生息地 (IBA)」
◇父島列島 ⇒「132 重要生息地 (IBA)」
◇乳房山 ⇒「119 日本の貴重なコケの森」
◇西之島 ⇒「132 重要生息地 (IBA)」
◇母島列島 ⇒「132 重要生息地 (IBA)」

382　事典・日本の自然保護地域

◇南硫黄島 ⇒「*014* 天然記念物〔国指定〕」
◇聟島列島 ⇒「*132* 重要生息地（IBA）」

神奈川県

神奈川県
◇首都圏自然歩道（関東ふれあいの道）⇒「*007* 長距離自然歩道」
◇丹沢大山国定公園 ⇒「*001* 国定公園」
◇東海自然歩道 ⇒「*007* 長距離自然歩道」
◇富士箱根伊豆国立公園 ⇒「*002* 国立公園」

横浜市南区
◇宝生寺・弘誓院の寺林 ⇒「*029* 天然記念物〔神奈川県〕」

横浜市磯子区
◇根岸八幡神社の社叢林 ⇒「*029* 天然記念物〔神奈川県〕」
◇森浅間神社とその周辺の樹叢 ⇒「*029* 天然記念物〔神奈川県〕」

横浜市港北区
◇師岡熊野神社の社叢林 ⇒「*029* 天然記念物〔神奈川県〕」

横浜市戸塚区
◇益田家のモチノキ ⇒「*029* 天然記念物〔神奈川県〕」

横浜市港南区
◇日野のシイ ⇒「*029* 天然記念物〔神奈川県〕」

横浜市緑区
◇旧城寺の寺林 ⇒「*029* 天然記念物〔神奈川県〕」

横浜市栄区
◇横浜自然観察の森 ⇒「*003* 自然観察の森」「*131* サンクチュアリ」

川崎市中原区
◇春日神社、常楽寺及びその周辺の樹叢 ⇒「*029* 天然記念物〔神奈川県〕」

川崎市宮前区
◇東高根のシラカシ林 ⇒「*029* 天然記念物〔神奈川県〕」

事典・日本の自然保護地域　**383**

神奈川県　　　　　　　　　　　地域別索引　　　　　　　　　　　関東

相模原市
◇県立陣馬相模湖自然公園 ⇒「008 都道府県立自然公園」
◇県立丹沢大山自然公園 ⇒「008 都道府県立自然公園」

相模原市緑区
◇石楯尾神社（名倉）の二本杉と社叢 ⇒「029 天然記念物〔神奈川県〕」
◇カタクリの自生地 ⇒「029 天然記念物〔神奈川県〕」
◇ギフチョウとその生息地 ⇒「029 天然記念物〔神奈川県〕」
◇キマダラルリツバメとその生息地 ⇒「029 天然記念物〔神奈川県〕」
◇諏訪神社の大杉「029 天然記念物〔神奈川県〕」

横須賀市
◇叶神社の社叢林 ⇒「029 天然記念物〔神奈川県〕」
◇白髭神社の社叢林 ⇒「029 天然記念物〔神奈川県〕」
◇大松寺林 ⇒「029 天然記念物〔神奈川県〕」
◇天神島、笠島及び周辺水域 ⇒「029 天然記念物〔神奈川県〕」「076 名勝〔神奈川県〕」
◇はまおもと（ハマユウ）⇒「029 天然記念物〔神奈川県〕」
◇三島社の社叢林 ⇒「029 天然記念物〔神奈川県〕」

藤沢市
◇江ノ島 ⇒「076 名勝〔神奈川県〕」

小田原市
◇神奈川県立小田原高等学校の樹叢 ⇒「029 天然記念物〔神奈川県〕」
◇勝福寺と八幡神社境内の樹叢 ⇒「029 天然記念物〔神奈川県〕」
◇勝福寺の大イチョウ ⇒「029 天然記念物〔神奈川県〕」
◇中津層群神沢層産出の脊椎動物化石 ⇒「029 天然記念物〔神奈川県〕」
◇箱根ジオパーク ⇒「009 日本ジオパーク」
◇早川のビランジュ ⇒「014 天然記念物〔国指定〕」

茅ヶ崎市
◇旧相模川橋脚 ⇒「014 天然記念物〔国指定〕」
◇浄見寺のオハツキイチョウ ⇒「029 天然記念物〔神奈川県〕」
◇浄見寺の寺林 ⇒「029 天然記念物〔神奈川県〕」

◇鶴嶺八幡のイチョウ ⇒「029 天然記念物〔神奈川県〕」

逗子市
◇鎧摺の不整合を示す露頭 ⇒「029 天然記念物〔神奈川県〕」
◇五霊神社の大イチョウとその周辺の樹木 ⇒「029 天然記念物〔神奈川県〕」

三浦市
◇城ケ島のウミウ、ヒメウ及びクロサギの生息地 ⇒「029 天然記念物〔神奈川県〕」
◇三浦市海外町のスランプ構造 ⇒「029 天然記念物〔神奈川県〕」
◇諸磯の隆起海岸 ⇒「014 天然記念物〔国指定〕」
◇漣痕（波調層）⇒「029 天然記念物〔神奈川県〕」

秦野市
◇県立丹沢大山自然公園 ⇒「008 都道府県立自然公園」
◇鶴巻の大欅 ⇒「029 天然記念物〔神奈川県〕」
◇秦野市諸戸林業ヒノキ・スギ林 ⇒「120 ふるさと文化財の森」

厚木市
◇県立丹沢大山自然公園 ⇒「008 都道府県立自然公園」
◇松石寺の寺林 ⇒「029 天然記念物〔神奈川県〕」
◇妻田の楠 ⇒「029 天然記念物〔神奈川県〕」

大和市
◇大和のシラカシ林 ⇒「029 天然記念物〔神奈川県〕」

伊勢原市
◇大山の原生林 ⇒「029 天然記念物〔神奈川県〕」
◇県立丹沢大山自然公園 ⇒「008 都道府県立自然公園」
◇大福寺の大楠 ⇒「029 天然記念物〔神奈川県〕」
◇日向薬師の寺林 ⇒「029 天然記念物〔神奈川県〕」
◇宝城坊の二本杉 ⇒「029 天然記念物〔神奈川県〕」

海老名市
◇有馬のはるにれ（通称ナンジャモンジャ）⇒「029 天然記念物〔神奈川県〕」
◇海老名の大欅 ⇒「029 天然記念物〔神奈川県〕」

384　事典・日本の自然保護地域

関東　　　　　　　　　　　地域別索引　　　　　　　　　　　神奈川県

南足柄市

◇大雄山杉林 ⇒「029 天然記念物〔神奈川県〕」
◇御嶽神社の社叢林 ⇒「029 天然記念物〔神奈川県〕」

中郡大磯町

◇大磯高麗山の自然林 ⇒「029 天然記念物〔神奈川県〕」
◇大磯照ヶ崎のアオバト集団飛来地 ⇒「029 天然記念物〔神奈川県〕」
◇鷹取神社の社叢林 ⇒「029 天然記念物〔神奈川県〕」

中郡二宮町

◇ナシ、モモ原木群 ⇒「029 天然記念物〔神奈川県〕」

足柄上郡中井町

◇中井のエンジュ ⇒「029 天然記念物〔神奈川県〕」

足柄上郡山北町

◇県立丹沢大山自然公園 ⇒「008 都道府県立自然公園」
◇シダ類植物群落とその生育地 ⇒「029 天然記念物〔神奈川県〕」
◇洒水の滝 ⇒「076 名勝〔神奈川県〕」
◇西丹沢の菫青石、ベスブ石及び大理石 ⇒「029 天然記念物〔神奈川県〕」
◇箒スギ ⇒「014 天然記念物〔国指定〕」
◇山北町岸のヒキガエル集合地 ⇒「029 天然記念物〔神奈川県〕」
◇山北町高杉のウラジロガシ ⇒「029 天然記念物〔神奈川県〕」
◇山北町人遠のネフロレピディナを含む石灰岩 ⇒「029 天然記念物〔神奈川県〕」
◇頼政神社のトチノキ ⇒「029 天然記念物〔神奈川県〕」

足柄下郡箱根町

◇早雲寺林 ⇒「029 天然記念物〔神奈川県〕」
◇箱根ジオパーク ⇒「009 日本ジオパーク」
◇箱根仙石原湿原植物群落 ⇒「014 天然記念物〔国指定〕」
◇箱根二子山の風衝低木植物群落 ⇒「029 天然記念物〔神奈川県〕」
◇ヒメシャラの純林 ⇒「029 天然記念物〔神奈川県〕」

足柄下郡真鶴町

◇県立真鶴半島自然公園 ⇒「008 都道府県立自然公園」
◇箱根ジオパーク ⇒「009 日本ジオパーク」
◇真鶴半島沿岸に生息するウメボシイソギンチャクとサンゴイソギンチャク ⇒「029 天然記念物〔神奈川県〕」
◇真鶴半島の照葉樹林 ⇒「029 天然記念物〔神奈川県〕」

足柄下郡湯河原町

◇県立湯河原自然公園 ⇒「008 都道府県立自然公園」
◇城願寺のビャクシン ⇒「014 天然記念物〔国指定〕」
◇箱根ジオパーク ⇒「009 日本ジオパーク」
◇真鶴半島沿岸に生息するウメボシイソギンチャクとサンゴイソギンチャク ⇒「029 天然記念物〔神奈川県〕」
◇山神の樹叢 ⇒「014 天然記念物〔国指定〕」

愛甲郡愛川町

◇県立丹沢大山自然公園 ⇒「008 都道府県立自然公園」
◇八菅神社の社叢林 ⇒「029 天然記念物〔神奈川県〕」

愛甲郡清川村

◇県立丹沢大山自然公園 ⇒「008 都道府県立自然公園」
◇丹沢札掛のモミ林 ⇒「029 天然記念物〔神奈川県〕」
◇八幡神社の社叢林 ⇒「029 天然記念物〔神奈川県〕」

事典・日本の自然保護地域　385

中部

新潟県

新潟県
◇朝日岳・月山 ⇒「132 重要生息地（IBA）」
◇浅間・白根・谷川 ⇒「132 重要生息地（IBA）」
◇越後三山只見国定公園 ⇒「001 国定公園」
◇奥只見・奥日光・奥利根 ⇒「132 重要生息地（IBA）」
◇尾瀬国立公園 ⇒「002 国立公園」
◇北アルプス ⇒「132 重要生息地（IBA）」
◇佐渡弥彦米山国定公園 ⇒「001 国定公園」
◇上信越高原国立公園 ⇒「002 国立公園」
◇中部山岳国立公園 ⇒「002 国立公園」
◇中部北陸自然歩道 ⇒「007 長距離自然歩道」
◇磐梯朝日国立公園 ⇒「002 国立公園」
◇妙高・戸隠 ⇒「132 重要生息地（IBA）」
◇妙高戸隠連山国立公園 ⇒「002 国立公園」

新潟市
◇佐潟 ⇒「132 重要生息地（IBA）」「134 東アジア・オーストラリア地域 渡り性水鳥重要生息地ネットワーク」
◇月潟の類産ナシ ⇒「014 天然記念物〔国指定〕」
◇鳥屋野潟 ⇒「132 重要生息地（IBA）」
◇鳥屋野逆ダケの藪 ⇒「014 天然記念物〔国指定〕」
◇福島潟 ⇒「132 重要生息地（IBA）」「134 東アジア・オーストラリア地域 渡り性水鳥重要生息地ネットワーク」

新潟市北区
◇高森の大ケヤキ ⇒「030 天然記念物〔新潟県〕」

新潟市江南区
◇賀茂神社の大ケヤキ ⇒「030 天然記念物〔新潟県〕」

新潟市秋葉区
◇八珍柿原木 ⇒「030 天然記念物〔新潟県〕」

新潟市西区
◇佐潟 ⇒「013 ラムサール条約湿地」

新潟市西蒲区
◇金鉢清水 ⇒「125 新潟県の名水・輝く名水」
◇弘法清水 ⇒「125 新潟県の名水・輝く名水」
◇平沢清水 ⇒「125 新潟県の名水・輝く名水」
◇間瀬枕状溶岩 ⇒「030 天然記念物〔新潟県〕」

長岡市
◇大積の大ツツジ ⇒「030 天然記念物〔新潟県〕」
◇奥早出粟守門県立自然公園 ⇒「008 都道府県立自然公園」
◇金銘泉 ⇒「125 新潟県の名水・輝く名水」
◇酒屋の清水 ⇒「125 新潟県の名水・輝く名水」
◇縄文雪つららの水 ⇒「125 新潟県の名水・輝く名水」
◇白髯神社の樹林 ⇒「030 天然記念物〔新潟県〕」
◇杜々の森湧水 ⇒「125 新潟県の名水・輝く名水」
◇長岡東山本山県立自然公園 ⇒「008 都道府県立自然公園」
◇霊泉 ⇒「125 新潟県の名水・輝く名水」
◇蓮花寺の大スギ ⇒「030 天然記念物〔新潟県〕」

三条市
◇奥早出粟守門県立自然公園 ⇒「008 都道府県立自然公園」
◇笠堀のカモシカ生息地 ⇒「014 天然記念物〔国指定〕」
◇八木鼻のハヤブサ繁殖地 ⇒「030 天然記念物〔新潟県〕」

柏崎市
◇鵜川神社の大ケヤキ ⇒「014 天然記念物〔国指定〕」
◇大清水観音の清水 ⇒「125 新潟県の名水・輝く名水」
◇きつね塚湧水 ⇒「125 新潟県の名水・輝く名水」
◇椎谷の御膳水 ⇒「125 新潟県の名水・輝く名水」
◇治三郎の清水 ⇒「125 新潟県の名水・輝く名水」
◇貞観園のモミとケヤキ ⇒「030 天然記念物〔新潟県〕」
◇出壷の水 ⇒「125 新潟県の名水・輝く名水」
◇中村の大スギ ⇒「030 天然記念物〔新潟県〕」
◇福浦猩々洞のコウモリ棲息地 ⇒「030 天然記念物〔新潟県〕」
◇御島石部神社シイ樹叢 ⇒「030 天然記念物〔新潟県〕」

中部　　　　　　　　　　地域別索引　　　　　　　　　新潟県

◇宮川神社社叢 ⇒「014 天然記念物〔国指定〕」
◇米山福浦八景県立自然公園 ⇒「008 都道府県
　立自然公園」

新発田市

◇飯豊のせいすい ⇒「125 新潟県の名水・輝く
　名水」
◇貝屋のお葉附イチョウ樹 ⇒「030 天然記念物
　〔新潟県〕」
◇五頭連峰県立自然公園 ⇒「008 都道府県立自
　然公園」
◇胎内二王子県立自然公園 ⇒「008 都道府県立
　自然公園」
◇橡平サクラ樹林 ⇒「014 天然記念物〔国指定〕」
◇やおきの泉 ⇒「125 新潟県の名水・輝く名水」

小千谷市

◇郡殿の池 ⇒「030 天然記念物〔新潟県〕」
◇長岡東山山本山県立自然公園 ⇒「008 都道府
　県立自然公園」
◇馬場清水（姥清水）⇒「125 新潟県の名水・輝
　く名水」

加茂市

◇奥早出粟守門県立自然公園 ⇒「008 都道府県
　立自然公園」

十日町市

◇赤谷十二社の大ケヤキ ⇒「030 天然記念物〔新
　潟県〕」
◇小貫諏訪社の大スギ ⇒「030 天然記念物〔新
　潟県〕」
◇角間のねじりスギ⇒「030 天然記念物〔新潟県〕」
◇清津峡 ⇒「014 天然記念物〔国指定〕」「063 名
　勝〔国指定〕」
◇庚清水 ⇒「125 新潟県の名水・輝く名水」
◇実昇清水 ⇒「125 新潟県の名水・輝く名水」
◇田代の七ツ釜 ⇒「014 天然記念物〔国指定〕」
　「063 名勝〔国指定〕」
◇直峰松之山大池県立自然公園 ⇒「008 都道府
　県立自然公園」
◇深山の清水 ⇒「125 新潟県の名水・輝く名水」
◇柳清水 ⇒「125 新潟県の名水・輝く名水」

村上市

◇荒川 ⇒「125 新潟県の名水・輝く名水」
◇石船神社社叢 ⇒「030 天然記念物〔新潟県〕」
◇小俣の白山神社の大スギ ⇒「030 天然記念物

〔新潟県〕」
◇鰈山清水 ⇒「125 新潟県の名水・輝く名水」
◇吉祥清水 ⇒「125 新潟県の名水・輝く名水」
◇笹川流 ⇒「014 天然記念物〔国指定〕」「063 名
　勝〔国指定〕」
◇四十手清水 ⇒「125 新潟県の名水・輝く名水」
◇瀬波笹川流れ粟島県立自然公園 ⇒「008 都道
　府県立自然公園」
◇筥堅八幡宮社叢 ⇒「014 天然記念物〔国指定〕」
◇平林不動滝 ⇒「125 新潟県の名水・輝く名水」
◇ラジウム清水 ⇒「125 新潟県の名水・輝く名水」

燕市

◇国上山のブナ林 ⇒「030 天然記念物〔新潟県〕」
◇八王寺の白フジ ⇒「030 天然記念物〔新潟県〕」

糸魚川市

◇糸魚川ジオパーク ⇒「006 世界ジオパーク」
　「009 日本ジオパーク」
◇青海川の硬玉産地及び硬玉岩塊 ⇒「014 天然
　記念物〔国指定〕」
◇おくのほそ道の風景地 草加松原 ガンマンガ淵
　（慈雲寺境内）八幡宮（那須神社境内）殺生石
　遊行柳（清水流る、の柳）黒塚の岩屋 武隈の松
　つゝじが岡及び天神の御社 木の下及び薬師堂
　壺碑（つぼの石ぶみ）興井 末の松山 籬が島 金
　鶏山 高館 さくら山 本合海 三崎（大師崎）象
　潟及び汐越 親しらず 有磯海（女岩）那谷寺境
　内（奇石）道明が淵（山中の温泉）大垣船町川
　湊 ⇒「063 名勝〔国指定〕」
◇親不知子不知 ⇒「077 名勝〔新潟県〕」
◇親不知子不知県立自然公園 ⇒「008 都道府県
　立自然公園」
◇久比岐県立自然公園 ⇒「008 都道府県立自然
　公園」
◇クモマツマキチョウ及びヒメギフチョウ生息地
　⇒「030 天然記念物〔新潟県〕」
◇小滝川硬玉産地 ⇒「014 天然記念物〔国指定〕」
◇白馬連山高山植物帯 ⇒「015 特別天然記念物
　〔国指定〕」
◇真光寺の大イチョウ ⇒「030 天然記念物〔新
　潟県〕」
◇杉之当の大スギとシナノキ ⇒「030 天然記念
　物〔新潟県〕」
◇能生白山神社社叢 ⇒「014 天然記念物〔国指定〕」
◇能生ヒメハルゼミ発生地 ⇒「014 天然記念物
　〔国指定〕」
◇白山神社蛇の口の水 ⇒「125 新潟県の名水・輝

新潟県　　　　　　　　　　　　地域別索引　　　　　　　　　　　　中部

く名水」
◇白馬山麓県立自然公園 ⇒「008 都道府県立自
然公園」
◇茂右エ門清水 ⇒「125 新潟県の名水・輝く名水」

妙高市

◇宇棚の清水 ⇒「125 新潟県の名水・輝く名水」
◇大田切清水 ⇒「125 新潟県の名水・輝く名水」
◇木曽清水 ⇒「125 新潟県の名水・輝く名水」
◇久比岐県立自然公園 ⇒「008 都道府県立自然
公園」
◇天神社の大スギ ⇒「014 天然記念物〔国指定〕」

五泉市

◇阿賀野川ライン県立自然公園 ⇒「008 都道府
県立自然公園」
◇奥早出粟守門県立自然公園 ⇒「008 都道府県
立自然公園」
◇小山田ヒガンザクラ樹林 ⇒「014 天然記念物
〔国指定〕」
◇上郷屋のオハツキイチョウ ⇒「030 天然記念
物〔新潟県〕」
◇切畑の乳イチョウ ⇒「030 天然記念物〔新潟県〕」
◇慈光寺のスギ並木 ⇒「030 天然記念物〔新潟県〕」
◇胴腹清水 ⇒「125 新潟県の名水・輝く名水」
◇どばしっこ清水 ⇒「125 新潟県の名水・輝く
名水」
◇牧の衛守スギ ⇒「030 天然記念物〔新潟県〕」

上越市

◇朝日池・鵜ノ池 ⇒「132 重要生息地（IBA）」
◇延命清水 ⇒「125 新潟県の名水・輝く名水」
◇大出口泉水 ⇒「125 新潟県の名水・輝く名水」
◇観音清水 ⇒「125 新潟県の名水・輝く名水」
◇櫛池の隕石 ⇒「030 天然記念物〔新潟県〕」
◇櫛池の大スギ ⇒「030 天然記念物〔新潟県〕」
◇久比岐県立自然公園 ⇒「008 都道府県立自然
公園」
◇弘法清水 ⇒「125 新潟県の名水・輝く名水」
◇御前清水 ⇒「125 新潟県の名水・輝く名水」
◇小出口湧水 ⇒「125 新潟県の名水・輝く名水」
◇トコロテンの水 ⇒「125 新潟県の名水・輝く
名水」
◇どんどの池 ⇒「125 新潟県の名水・輝く名水」
◇直峰松之山大池県立自然公園 ⇒「008 都道府
県立自然公園」
◇坊金の大スギ ⇒「030 天然記念物〔新潟県〕」
◇虫川の大スギ ⇒「014 天然記念物〔国指定〕」

◇養爺清水 ⇒「125 新潟県の名水・輝く名水」
◇横清水 ⇒「125 新潟県の名水・輝く名水」
◇米山福浦八景県立自然公園 ⇒「008 都道府県
立自然公園」

阿賀野市

◇岩瀬の清水 ⇒「125 新潟県の名水・輝く名水」
◇五頭連峰県立自然公園 ⇒「008 都道府県立自
然公園」
◇水原のオニバス群生地 ⇒「030 天然記念物〔新
潟県〕」
◇水原のハクチョウ渡来地 ⇒「014 天然記念物
〔国指定〕」
◇梅護寺の珠数掛ザクラ ⇒「014 天然記念物〔国
指定〕」
◇瓢湖 ⇒「013 ラムサール条約湿地」「132 重要
生息地（IBA）」
◇瓢湖水きん公園 ⇒「134 東アジア・オーストラ
リア地域 渡り性水鳥重要生息地ネットワーク」

佐渡市

◇大清水湧水 ⇒「125 新潟県の名水・輝く名水」
◇小木の御所ザクラ ⇒「014 天然記念物〔国指定〕」
◇小佐渡県立自然公園 ⇒「008 都道府県立自然
公園」
◇乙和池の浮島及び植物群落 ⇒「030 天然記念
物〔新潟県〕」
◇熊野神社叢 ⇒「030 天然記念物〔新潟県〕」
◇佐渡小木海岸 ⇒「014 天然記念物〔国指定〕」
「063 名勝〔国指定〕」
◇佐渡海府海岸 ⇒「063 名勝〔国指定〕」
◇佐渡鉱床の金鉱石 ⇒「030 天然記念物〔新潟県〕」
◇佐渡ジオパーク ⇒「009 日本ジオパーク」
◇杉池の広葉樹林 ⇒「030 天然記念物〔新潟県〕」
◇台ケ鼻 ⇒「030 天然記念物〔新潟県〕」「077 名
勝〔新潟県〕」
◇豊岡のビワ群落 ⇒「030 天然記念物〔新潟県〕」
◇箱根清水 ⇒「125 新潟県の名水・輝く名水」
◇長谷の三本スギ ⇒「030 天然記念物〔新潟県〕」
◇長谷の高野マキ ⇒「030 天然記念物〔新潟県〕」
◇羽吉の大クワ ⇒「014 天然記念物〔国指定〕」
◇平根崎の波蝕甌穴群 ⇒「014 天然記念物〔国
指定〕」
◇村雨のマツ ⇒「030 天然記念物〔新潟県〕」
◇鰐清水 ⇒「125 新潟県の名水・輝く名水」

魚沼市

◇尾瀬 ⇒「013 ラムサール条約湿地」「015 特別

天然記念物〔国指定〕」
◇折立釈迦堂の疣水 ⇒「125 新潟県の名水・輝く名水」
◇滝之又の二本スギ⇒「030 天然記念物〔新潟県〕」

南魚沼市
◇岩崎の大カツラ ⇒「030 天然記念物〔新潟県〕」
◇魚沼連峰県立自然公園 ⇒「008 都道府県立自然公園」
◇大崎滝谷の水 ⇒「125 新潟県の名水・輝く名水」
◇金剛霊泉 ⇒「125 新潟県の名水・輝く名水」
◇長恩寺のオハツキイチョウ ⇒「030 天然記念物〔新潟県〕」
◇八海神社城内口参道スギ並木 ⇒「030 天然記念物〔新潟県〕」
◇薬照寺の大カツラ⇒「030 天然記念物〔新潟県〕」
◇雷電様の水 ⇒「125 新潟県の名水・輝く名水」

胎内市
◇荒川 ⇒「125 新潟県の名水・輝く名水」
◇黒川のくそうず ⇒「030 天然記念物〔新潟県〕」
◇黒川の八反ガヤ ⇒「030 天然記念物〔新潟県〕」
◇地本のミズバショウ群落 ⇒「030 天然記念物〔新潟県〕」
◇胎内二王子県立自然公園 ⇒「008 都道府県立自然公園」
◇どっこん水 ⇒「125 新潟県の名水・輝く名水」
◇夏井の大波石 ⇒「030 天然記念物〔新潟県〕」

西蒲原郡弥彦村
◇弥彦参道スギ並木 ⇒「030 天然記念物〔新潟県〕」
◇弥彦の蛸ケヤキ ⇒「030 天然記念物〔新潟県〕」
◇弥彦の婆々スギ ⇒「030 天然記念物〔新潟県〕」

南蒲原郡田上町
◇田上村ツナギガヤ自生地 ⇒「014 天然記念物〔国指定〕」
◇了玄庵のツナギガヤ ⇒「014 天然記念物〔国指定〕」

東蒲原郡阿賀町
◇阿賀野川ライン県立自然公園 ⇒「008 都道府県立自然公園」
◇桂清水 ⇒「125 新潟県の名水・輝く名水」
◇金鉢清水 ⇒「125 新潟県の名水・輝く名水」
◇キリン山の植物群落 ⇒「030 天然記念物〔新潟県〕」
◇極楽寺の野中ザクラ ⇒「014 天然記念物〔国指定〕」

◇五頭連峰県立自然公園 ⇒「008 都道府県立自然公園」
◇琴平清水 ⇒「125 新潟県の名水・輝く名水」
◇将軍スギ ⇒「014 天然記念物〔国指定〕」
◇縄文清水 ⇒「125 新潟県の名水・輝く名水」
◇土佐清水 ⇒「125 新潟県の名水・輝く名水」
◇中道清水 ⇒「125 新潟県の名水・輝く名水」
◇またたび清水 ⇒「125 新潟県の名水・輝く名水」
◇薬師清水 ⇒「125 新潟県の名水・輝く名水」
◇八坂神社社叢 ⇒「030 天然記念物〔新潟県〕」

三島郡出雲崎町
◇小木ノ城山の樹叢 ⇒「030 天然記念物〔新潟県〕」

南魚沼郡湯沢町
◇魚沼連峰県立自然公園 ⇒「008 都道府県立自然公園」
◇清津峡 ⇒「014 天然記念物〔国指定〕」「063 名勝〔国指定〕」

中魚沼郡津南町
◇田代の七ツ釜 ⇒「014 天然記念物〔国指定〕」「063 名勝〔国指定〕」
◇苗場山麓ジオパーク ⇒「009 日本ジオパーク」
◇龍ヶ窪の水 ⇒「125 新潟県の名水・輝く名水」

岩船郡関川村
◇荒川 ⇒「125 新潟県の名水・輝く名水」
◇滝神社の清水 ⇒「125 新潟県の名水・輝く名水」

岩船郡粟島浦村
◇粟島のオオミズナギドリおよびウミウ繁殖地 ⇒「014 天然記念物〔国指定〕」
◇瀬波笹川流れ粟島県立自然公園 ⇒「008 都道府県立自然公園」

富山県

富山県

◇北アルプス ⇒「*132* 重要生息地（IBA）」
◇中部山岳国立公園 ⇒「*002* 国立公園」
◇中部北陸自然歩道 ⇒「*007* 長距離自然歩道」
◇能登半島国定公園 ⇒「*001* 国定公園」
◇白山 ⇒「*132* 重要生息地（IBA）」
◇白山国立公園 ⇒「*002* 国立公園」
◇白山ユネスコエコパーク ⇒「*012* ユネスコエコパーク」

富山市

◇朝日の滝 ⇒「*124* とやまの名水」
◇ありみね ⇒「*115* とやま森林浴の森」
◇有峰県立自然公園 ⇒「*008* 都道府県立自然公園」
◇ありみね湖 ⇒「*117* とやま花の名所」
◇有峰湖 ⇒「*124* とやまの名水」
◇あわすの平 ⇒「*115* とやま森林浴の森」
◇庵谷水源の森 ⇒「*116* とやま水源の森」
◇石倉町の延命地蔵の水 ⇒「*124* とやまの名水」
◇磯部・松川堤 ⇒「*117* とやま花の名所」
◇猪谷の背斜向斜 ⇒「*014* 天然記念物〔国指定〕」
◇今山田の大かつら ⇒「*031* 天然記念物〔富山県〕」
◇牛岳自然の森 ⇒「*115* とやま森林浴の森」
◇おおさわの寺家公園 ⇒「*117* とやま花の名所」
◇花山寺の霊水 ⇒「*124* とやまの名水」
◇加持水 ⇒「*124* とやまの名水」
◇桂の清水 ⇒「*124* とやまの名水」
◇上滝不動尊境内の大アカガシ ⇒「*031* 天然記念物〔富山県〕」
◇熊野川水源の森 ⇒「*116* とやま水源の森」
◇呉羽丘陵 ⇒「*115* とやま森林浴の森」「*117* とやま花の名所」
◇黒部峡谷 ⇒「*124* とやまの名水」
◇黒部湖 ⇒「*124* とやまの名水」
◇小井波 ⇒「*117* とやま花の名所」
◇猿倉山森林公園 ⇒「*115* とやま森林浴の森」
◇寺家公園 ⇒「*115* とやま森林浴の森」
◇寺家のアカガシ林 ⇒「*031* 天然記念物〔富山県〕」
◇下タ南部水源の森 ⇒「*116* とやま水源の森」
◇城ケ山公園 ⇒「*115* とやま森林浴の森」「*117* とやま花の名所」

◇常願寺川の清流 ⇒「*124* とやまの名水」
◇常虹の滝 ⇒「*115* とやま森林浴の森」
◇常西合口用水 ⇒「*124* とやまの名水」
◇常西用水プロムナード ⇒「*117* とやま花の名所」
◇白木水無県立自然公園 ⇒「*008* 都道府県立自然公園」
◇白木峰水源の森 ⇒「*116* とやま水源の森」
◇神通峡 ⇒「*124* とやまの名水」
◇神通峡県定公園 ⇒「*117* とやま花の名所」
◇新湯の玉滴石産地 ⇒「*014* 天然記念物〔国指定〕」
◇西岩瀬諏訪社の大けやき ⇒「*031* 天然記念物〔富山県〕」
◇高熊のさいかち ⇒「*031* 天然記念物〔富山県〕」
◇立山黒部ジオパーク ⇒「*009* 日本ジオパーク」
◇殿様清水 ⇒「*124* とやまの名水」
◇友坂の二重不整合 ⇒「*031* 天然記念物〔富山県〕」
◇富山県中央植物園 ⇒「*117* とやま花の名所」
◇富山市営農サポートセンター ⇒「*117* とやま花の名所」
◇富山市婦中ふるさと自然公園 ⇒「*117* とやま花の名所」
◇富山市民俗民芸村 ⇒「*117* とやま花の名所」
◇中ノ寺の霊水 ⇒「*124* とやまの名水」
◇21世紀の森 ⇒「*115* とやま森林浴の森」
◇ねいの里の森 ⇒「*115* とやま森林浴の森」
◇野積の左巻かや ⇒「*031* 天然記念物〔富山県〕」
◇浜黒崎海岸松林 ⇒「*115* とやま森林浴の森」
◇浜黒崎の松並木 ⇒「*031* 天然記念物〔富山県〕」
◇深道水源の森 ⇒「*116* とやま水源の森」
◇婦中町自然公園 ⇒「*115* とやま森林浴の森」
◇舟つなぎのしいのき ⇒「*031* 天然記念物〔富山県〕」
◇古洞森林水公園 ⇒「*115* とやま森林浴の森」
◇古洞水源の森 ⇒「*116* とやま水源の森」
◇ホタルイカ群遊海面 ⇒「*015* 特別天然記念物〔国指定〕」
◇真川の跡津川断層 ⇒「*014* 天然記念物〔国指定〕」
◇馬瀬口の大サルスベリ ⇒「*031* 天然記念物〔富山県〕」
◇松川 ⇒「*124* とやまの名水」
◇八尾神通さくら堤 ⇒「*117* とやま花の名所」
◇八木山の滝 ⇒「*124* とやまの名水」
◇薬師岳の圏谷群 ⇒「*015* 特別天然記念物〔国指定〕」
◇横山楡原衝上断層 ⇒「*014* 天然記念物〔国指定〕」
◇割山森林公園天湖森 ⇒「*115* とやま森林浴の森」

中部　　　　　　　　　　　　　地域別索引　　　　　　　　　　　　　富山県

高岡市

◇運源寺の大カエデ ⇒「031 天然記念物〔富山県〕」
◇太田自然休養村の森 ⇒「115 とやま森林浴の森」
◇太田水源の森 ⇒「116 とやま水源の森」
◇おくのほそ道の風景地 草加松原 ガンマンガ淵（慈雲寺境内）八幡宮（那須神社境内）殺生石 遊行柳（清水流る、の柳）黒塚の岩屋 武隈の松 つゝじが岡及び天神の御社 木の下及び薬師堂 壺碑（つぼの石ぶみ）興井 末の松山 籬が島 金鶏山 高館 さくら山 本合海 三崎（大師崎）象潟及び汐越 親しらず 有磯海（女岩）那谷寺境内（奇石）道明が淵（山中の温泉）大垣船町川湊 ⇒「063 名勝〔国指定〕」
◇影無し井戸 ⇒「124 とやまの名水」
◇上麻生のあしつきのり ⇒「031 天然記念物〔富山県〕」
◇岸渡川桜並木 ⇒「117 とやま花の名所」
◇旧六ヶ用水 ⇒「124 とやまの名水」
◇気多神社の清泉 ⇒「124 とやまの名水」
◇五位水源の森 ⇒「116 とやま水源の森」
◇五位ふれあいの森 ⇒「115 とやま森林浴の森」
◇三千坊の森 ⇒「115 とやま森林浴の森」
◇新港の森 ⇒「115 とやま森林浴の森」
◇水道つつじ公園 ⇒「117 とやま花の名所」
◇高岡おとぎの森公園 ⇒「117 とやま花の名所」
◇高岡古城公園 ⇒「115 とやま森林浴の森」「117 とやま花の名所」
◇高岡古城公園の水濠 ⇒「124 とやまの名水」
◇高岡伏木・勝興寺 ⇒「117 とやま花の名所」
◇トミヨとゲンジボタルおよびヘイケボタル生息地 ⇒「031 天然記念物〔富山県〕」
◇西山森林公園 ⇒「115 とやま森林浴の森」
◇二上山 ⇒「115 とやま森林浴の森」
◇矢部の養鯉地 ⇒「124 とやまの名水」
◇弓の清水 ⇒「124 とやまの名水」

魚津市

◇魚津駅前の「うまい水」⇒「124 とやまの名水」
◇魚津埋没林 ⇒「015 特別天然記念物〔国指定〕」
◇大沢の地鎮杉 ⇒「031 天然記念物〔富山県〕」
◇片貝川の清流 ⇒「124 とやまの名水」
◇僧ヶ岳県立自然公園 ⇒「008 都道府県立自然公園」
◇立山黒部ジオパーク ⇒「009 日本ジオパーク」
◇坪野のつなぎがや ⇒「031 天然記念物〔富山県〕」
◇てんこ水 ⇒「124 とやまの名水」
◇天神山 ⇒「115 とやま森林浴の森」

◇長引野丘陵 ⇒「117 とやま花の名所」
◇早月川の清流 ⇒「124 とやまの名水」
◇古熊熊水源の森 ⇒「116 とやま水源の森」
◇升方城址 ⇒「115 とやま森林浴の森」

氷見市

◇朝日社叢 ⇒「031 天然記念物〔富山県〕」
◇朝日山公園 ⇒「117 とやま花の名所」
◇阿尾森林公園 ⇒「115 とやま森林浴の森」
◇虻が島とその周辺 ⇒「031 天然記念物〔富山県〕」「078 名勝〔富山県〕」
◇飯久保の瓢箪石 ⇒「014 天然記念物〔国指定〕」
◇臼ヶ峰園地 ⇒「115 とやま森林浴の森」
◇老谷と長坂の大椿 ⇒「117 とやま花の名所」
◇老谷の大つばき ⇒「031 天然記念物〔富山県〕」
◇唐島 ⇒「031 天然記念物〔富山県〕」
◇桑の院水源の森 ⇒「116 とやま水源の森」
◇光久寺茶庭 ⇒「117 とやま花の名所」
◇駒つなぎ桜 ⇒「031 天然記念物〔富山県〕」
◇下田子藤波神社 ⇒「117 とやま花の名所」
◇十二町潟オニバス発生地 ⇒「014 天然記念物〔国指定〕」
◇十二町潟水郷公園 ⇒「117 とやま花の名所」
◇上日寺のイチョウ ⇒「014 天然記念物〔国指定〕」
◇上日寺の観音菩薩霊水 ⇒「124 とやまの名水」
◇長坂の大いぬぐす ⇒「031 天然記念物〔富山県〕」
◇氷見市海浜植物園 ⇒「117 とやま花の名所」
◇森寺城跡公園 ⇒「115 とやま森林浴の森」

滑川市

◇行田公園 ⇒「115 とやま森林浴の森」「116 とやま水源の森」「117 とやま花の名所」
◇行田の沢清水 ⇒「124 とやまの名水」
◇立山黒部ジオパーク ⇒「009 日本ジオパーク」
◇富山湾の深層水 ⇒「124 とやまの名水」
◇早月川の清流 ⇒「124 とやまの名水」

黒部市

◇愛本のウラジロカシ林 ⇒「031 天然記念物〔富山県〕」
◇明日の大桜 ⇒「031 天然記念物〔富山県〕」
◇生地の共同洗い場 ⇒「124 とやまの名水」
◇内山のとちの森 ⇒「031 天然記念物〔富山県〕」
◇うなづき湖周辺森林浴の森 ⇒「115 とやま森林浴の森」
◇宇奈月水源の森 ⇒「116 とやま水源の森」
◇宇奈月の十字石 ⇒「031 天然記念物〔富山県〕」

事典・日本の自然保護地域　**391**

富山県　　　　　　　　　　　　　　　　　　地域別索引　　　　　　　　　　　　　　　　　　中部

◇下立の霊水 ⇒「124 とやまの名水」
◇嘉例沢森林公園 ⇒「115 とやま森林浴の森」
　「116 とやま水源の森」
◇黒部峡谷 ⇒「117 とやま花の名所」「124 とや
　まの名水」
◇黒部峡谷 附 猿飛並びに奥鐘山 ⇒「015 特別天
　然記念物〔国指定〕」「064 特別名勝〔国指定〕」
◇駒洗い池 ⇒「124 とやまの名水」
◇十二貫野用水 ⇒「124 とやまの名水」
◇清水の里 ⇒「124 とやまの名水」
◇白馬連山高山植物帯 ⇒「015 特別天然記念物
　〔国指定〕」
◇僧ヶ岳県立自然公園 ⇒「008 都道府県立自然
　公園」
◇立山黒部ジオパーク ⇒「009 日本ジオパーク」
◇月見嶋の清水 ⇒「124 とやまの名水」
◇箱根の清水 ⇒「124 とやまの名水」
◇松尾金比羅社の森 ⇒「115 とやま森林浴の森」
◇宮野運動公園 ⇒「117 とやま花の名所」
◇村椿（飛騨）の清水 ⇒「124 とやまの名水」
◇名水公園の清水 ⇒「124 とやまの名水」

砺波市

◇瓜裂清水 ⇒「124 とやまの名水」
◇グリーンシャワーの降る森 ⇒「115 とやま森
　林浴の森」
◇県民公園頼成の森 ⇒「115 とやま森林浴の森」
◇県民公園頼成の森水生植物園 ⇒「117 とやま
　花の名所」
◇厳照寺の門杉 ⇒「031 天然記念物〔富山県〕」
◇庄川峡 ⇒「124 とやまの名水」
◇庄川峡・桂湖 ⇒「117 とやま花の名所」
◇庄川湯谷水源の森 ⇒「116 とやま水源の森」
◇砺波チューリップ公園・花総合センター ⇒「117
　とやま花の名所」
◇となみ増山城跡公園 ⇒「115 とやま森林浴の森」
◇となみ夢の平 ⇒「117 とやま花の名所」
◇舟戸公園 ⇒「117 とやま花の名所」
◇又兵衛清水 ⇒「124 とやまの名水」
◇頼成・増山水源の森 ⇒「116 とやま水源の森」

小矢部市

◇大清水 ⇒「124 とやまの名水」
◇小矢部河川公園 ⇒「117 とやま花の名所」
◇くりから県定公園 ⇒「117 とやま花の名所」
◇くりから史跡の森 ⇒「115 とやま森林浴の森」
◇くりから水源の森 ⇒「116 とやま水源の森」

◇興法寺のハッチョウトンボとその発生地 附興
　法寺のトンボの類群生地 ⇒「031 天然記念物
　〔富山県〕」
◇城山メルヘンの森 ⇒「115 とやま森林浴の森」
◇鳩清水 ⇒「124 とやまの名水」
◇宮島峡 ⇒「124 とやまの名水」
◇宮島峡一の滝とおうけつ群 ⇒「031 天然記念
　物〔富山県〕」

南砺市

◇赤祖父池 ⇒「124 とやまの名水」
◇赤祖父石灰華生成地 ⇒「031 天然記念物〔富
　山県〕」
◇医王山 ⇒「115 とやま森林浴の森」
◇医王山県立自然公園 ⇒「008 都道府県立自然
　公園」
◇臼中水源の森 ⇒「116 とやま水源の森」
◇小矢部川の長瀞 ⇒「124 とやまの名水」
◇籠渡水源の森 ⇒「116 とやま水源の森」
◇閑乗寺公園 ⇒「115 とやま森林浴の森」
◇桂湖水源の森 ⇒「116 とやま水源の森」
◇五箇山合掌の森 ⇒「115 とやま森林浴の森」
◇五箇山上平茅場 ⇒「120 ふるさと文化財の森」
◇五箇山県立自然公園 ⇒「008 都道府県立自然
　公園」
◇坂上の大杉 ⇒「031 天然記念物〔富山県〕」
◇桜ヶ池 ⇒「124 とやまの名水」
◇桜ヶ池公園 ⇒「115 とやま森林浴の森」
◇庄川峡 ⇒「124 とやまの名水」
◇庄川峡・桂湖 ⇒「117 とやま花の名所」
◇白木水無県立自然公園 ⇒「008 都道府県立自
　然公園」
◇たいら道谷高原 ⇒「117 とやま花の名所」
◇高瀬遺跡公園 ⇒「117 とやま花の名所」
◇つくばね森林公園 ⇒「115 とやま森林浴の森」
◇刀利自然休養林 ⇒「115 とやま森林浴の森」
◇中村合掌文化の森 ⇒「115 とやま森林浴の森」
◇中江の霊水 ⇒「124 とやまの名水」
◇縄ヶ池 ⇒「117 とやま花の名所」「124 とやま
　の名水」
◇縄ヶ池水源の森 ⇒「116 とやま水源の森」
◇縄が池みずばしょう群生地 ⇒「031 天然記念
　物〔富山県〕」
◇南砺市園芸植物園 ⇒「117 とやま花の名所」
◇鉢伏のなしのき ⇒「031 天然記念物〔富山県〕」
◇妃の清水 ⇒「124 とやまの名水」
◇妃の清水の森 ⇒「116 とやま水源の森」

| 中部 | 地域別索引 | 富山県 |

◇ふくみつ河川公園 ⇒「117 とやま花の名所」
◇不動滝の霊水 ⇒「124 とやまの名水」
◇ブナオ ⇒「115 とやま森林浴の森」
◇椥谷の天然福寿草自生地 ⇒「031 天然記念物〔富山県〕」
◇丸池 ⇒「124 とやまの名水」
◇水無山水源の森 ⇒「116 とやま水源の森」
◇八乙女山の森 ⇒「115 とやま森林浴の森」
◇八乙女・不動滝水源の森 ⇒「116 とやま水源の森」
◇安居の森 ⇒「115 とやま森林浴の森」
◇山の神ブナ原生林 ⇒「115 とやま森林浴の森」
◇槍の先水源の森 ⇒「116 とやま水源の森」
◇蠟山越の彼岸桜自生地 ⇒「031 天然記念物〔富山県〕」
◇ロンレー東山の森 ⇒「115 とやま森林浴の森」
◇脇谷のトチノキ ⇒「014 天然記念物〔国指定〕」
◇脇谷の水 ⇒「124 とやまの名水」

射水市

◇今開発の大ヒイラギ ⇒「031 天然記念物〔富山県〕」
◇櫛田神社 ⇒「115 とやま森林浴の森」
◇串田のひいらぎ ⇒「031 天然記念物〔富山県〕」
◇県民公園太閤山ランド ⇒「117 とやま花の名所」
◇笹尾池水源の森 ⇒「116 とやま水源の森」
◇新港の森 ⇒「115 とやま森林浴の森」
◇専念寺の傘松 ⇒「031 天然記念物〔富山県〕」
◇太閤山ランド ⇒「115 とやま森林浴の森」
◇誕生寺の誕生水 ⇒「124 とやまの名水」
◇西広上のあしつきのり ⇒「031 天然記念物〔富山県〕」
◇日の宮社叢 ⇒「031 天然記念物〔富山県〕」
◇薬勝寺池 ⇒「124 とやまの名水」
◇薬勝寺池公園 ⇒「115 とやま森林浴の森」

中新川郡舟橋村

◇立山黒部ジオパーク ⇒「009 日本ジオパーク」

中新川郡上市町

◇穴の谷の霊水 ⇒「124 とやまの名水」
◇大岩山日石寺の藤水 ⇒「124 とやまの名水」
◇大岩水源の森 ⇒「116 とやま水源の森」
◇上市川沿岸円筒分水場円筒分水槽 ⇒「124 とやまの名水」
◇弘法大師の清水 ⇒「124 とやまの名水」
◇さっか・おおやま ⇒「115 とやま森林浴の森」

◇千石川水源の森 ⇒「116 とやま水源の森」
◇立山黒部ジオパーク ⇒「009 日本ジオパーク」
◇富山県薬用植物指導センター薬草園 ⇒「117 とやま花の名所」
◇馬場島 ⇒「115 とやま森林浴の森」
◇早月川の清流 ⇒「124 とやまの名水」
◇宮川の大けやき ⇒「031 天然記念物〔富山県〕」
◇立山寺参道のとが並木 ⇒「031 天然記念物〔富山県〕」

中新川郡立山町

◇芦峅雄山神社境内杉林 ⇒「031 天然記念物〔富山県〕」
◇岩室滝 ⇒「031 天然記念物〔富山県〕」
◇岩室の滝 ⇒「124 とやまの名水」
◇大辻山山麓森林公園 ⇒「115 とやま森林浴の森」
◇黒部峡谷 ⇒「124 とやまの名水」
◇黒部峡谷 附 猿飛並びに奥鐘山 ⇒「015 特別天然記念物〔国指定〕」「064 特別名勝〔国指定〕」
◇黒部湖 ⇒「124 とやまの名水」
◇常願寺川公園 ⇒「117 とやま花の名所」
◇常願寺川の清流 ⇒「124 とやまの名水」
◇称名渓谷 ⇒「115 とやま森林浴の森」
◇称名滝 ⇒「014 天然記念物〔国指定〕」「063 名勝〔国指定〕」「117 とやま花の名所」「124 とやまの名水」
◇称名滝とその流域(悪城の壁、称名滝、称名廊下、地獄谷、みくりが池) ⇒「031 天然記念物〔富山県〕」「078 名勝〔富山県〕」
◇白岩川水源の森 ⇒「116 とやま水源の森」
◇大観峰自然公園 ⇒「115 とやま森林浴の森」
◇立山黒部アルペンルート ⇒「117 とやま花の名所」
◇立山黒部ジオパーク ⇒「009 日本ジオパーク」
◇立山山麓ひかりごけ発生地 ⇒「031 天然記念物〔富山県〕」
◇立山玉殿の湧水 ⇒「124 とやまの名水」
◇立山の山崎圏谷 ⇒「014 天然記念物〔国指定〕」
◇立山美女平 ⇒「115 とやま森林浴の森」
◇とやま健康の森グリーンパーク吉峰 ⇒「115 とやま森林浴の森」
◇富山県森林研究所樹木園・立山町吉峰山野草園 ⇒「117 とやま花の名所」
◇みくりが池 ⇒「124 とやまの名水」
◇立山弥陀ヶ原・大日平 ⇒「013 ラムサール条約湿地」

事典・日本の自然保護地域　393

石川県　　　　　　　　　　　地域別索引　　　　　　　　　　　中部

下新川郡入善町
◇小摺戸神明社と下山八幡社 ⇒「117 とやま花の名所」
◇小摺戸の大藤 ⇒「031 天然記念物〔富山県〕」
◇下山八幡社の大藤と境内林 ⇒「031 天然記念物〔富山県〕」
◇杉沢の沢スギ ⇒「014 天然記念物〔国指定〕」「116 とやま水源の森」「124 とやまの名水」
◇高瀬湧水の庭 ⇒「124 とやまの名水」
◇立山黒部ジオパーク ⇒「009 日本ジオパーク」
◇富山湾の深層水 ⇒「124 とやまの名水」
◇墓ノ木自然公園 ⇒「124 とやまの名水」
◇舟見水源の森 ⇒「116 とやま水源の森」
◇舟見ふるさとの森 ⇒「115 とやま森林浴の森」

下新川郡朝日町
◇朝日小川水源の森 ⇒「116 とやま水源の森」
◇朝日県立自然公園 ⇒「008 都道府県立自然公園」
◇あさひ城山 ⇒「115 とやま森林浴の森」
◇あさひ城山公園 ⇒「117 とやま花の名所」
◇護国寺 ⇒「117 とやま花の名所」
◇七重滝 ⇒「124 とやまの名水」
◇白馬連山高山植物帯 ⇒「015 特別天然記念物〔国指定〕」
◇立山黒部ジオパーク ⇒「009 日本ジオパーク」
◇寺谷アンモナイト包蔵地 ⇒「031 天然記念物〔富山県〕」
◇ハーバルバレーおがわ ⇒「117 とやま花の名所」
◇舟川べり ⇒「117 とやま花の名所」
◇三峯グリーンランド ⇒「115 とやま森林浴の森」
◇宮崎鹿島樹叢 ⇒「014 天然記念物〔国指定〕」

石川県

石川県
◇越前加賀海岸国定公園 ⇒「001 国定公園」
◇中部北陸自然歩道 ⇒「007 長距離自然歩道」
◇能登半島国定公園 ⇒「001 国定公園」
◇白山 ⇒「132 重要生息地（IBA）」
◇白山国立公園 ⇒「002 国立公園」
◇白山ユネスコエコパーク ⇒「012 ユネスコエコパーク」

金沢市
◇医王山県立自然公園 ⇒「008 都道府県立自然公園」
◇金沢湯涌茅場 ⇒「120 ふるさと文化財の森」
◇河北潟・高松海岸 ⇒「132 重要生息地（IBA）」
◇獅子吼・手取県立自然公園 ⇒「008 都道府県立自然公園」
◇持明院の妙蓮生育地 ⇒「032 天然記念物〔石川県〕」
◇下涌波のモウソウキンメイチク林 ⇒「032 天然記念物〔石川県〕」
◇松月寺のサクラ ⇒「014 天然記念物〔国指定〕」
◇堂形のシイノキ ⇒「014 天然記念物〔国指定〕」
◇並木町のマツ並木 ⇒「032 天然記念物〔石川県〕」
◇山科の大桑層化石産地と甌穴 ⇒「014 天然記念物〔国指定〕」

七尾市
◇飯川のヒヨドリザクラ ⇒「032 天然記念物〔石川県〕」
◇伊影山神社のイチョウ ⇒「032 天然記念物〔石川県〕」
◇岩屋化石層 ⇒「032 天然記念物〔石川県〕」
◇唐島神社社叢タブ林 ⇒「032 天然記念物〔石川県〕」

小松市
◇おくのほそ道の風景地 草加松原 ガンマンガ淵（慈雲寺境内）八幡宮（那須神社境内）殺生石 遊行柳（清水流るゝの柳）黒塚の岩屋 武隈の松 つゝじが岡及び天神の御社 木の下及び薬師堂 壺碑（つぼの石ぶみ）興井 末の松山 籬が島 金鶏山 高館 さくら山 本合海 三崎（大師崎）象潟及び汐越 親しらず 有磯海（女岩）那谷寺境

394　事典・日本の自然保護地域

中部　　　　　　　　　　　　　　　地域別索引　　　　　　　　　　　　　　石川県

内（奇石）道明が淵（山中の温泉）大垣船町川
湊 ⇒「063 名勝〔国指定〕」
◇小舞子海岸 ⇒「132 重要生息地（IBA）」
◇獅子吼・手取県立自然公園 ⇒「008 都道府県
立自然公園」
◇山中・大日山県立自然公園 ⇒「008 都道府県
立自然公園」

輪島市

◇赤崎ののとキリシマツツジ ⇒「032 天然記念
物〔石川県〕」
◇アギシコギクザクラ ⇒「032 天然記念物〔石
川県〕」
◇伊勢神社の大スギ ⇒「032 天然記念物〔石川県〕」
◇櫟原北代古神社社叢タブ林 ⇒「032 天然記
念物〔石川県〕」
◇元祖アテ ⇒「032 天然記念物〔石川県〕」
◇西慶寺のヤマモミジ ⇒「032 天然記念物〔石
川県〕」
◇白米の千枚田 ⇒「063 名勝〔国指定〕」
◇曽々木海岸 ⇒「014 天然記念物〔国指定〕」「063
名勝〔国指定〕」
◇滝神社社叢スダジイ林 ⇒「032 天然記念物〔石
川県〕」
◇七ツ島 ⇒「132 重要生息地（IBA）」
◇男女滝 ⇒「079 名勝〔石川県〕」
◇縄又のモウソウキンメイチク林 ⇒「032 天然
記念物〔石川県〕」
◇佛照寺のシダレザクラ ⇒「032 天然記念物〔石
川県〕」

珠洲市

◇大谷ののとキリシマツツジ ⇒「032 天然記念
物〔石川県〕」
◇倒スギ ⇒「032 天然記念物〔石川県〕」
◇須須神社社叢 ⇒「014 天然記念物〔国指定〕」
◇平床貝層 ⇒「032 天然記念物〔石川県〕」
◇平床貝層産出貝類化石 ⇒「032 天然記念物〔石
川県〕」
◇宝立山アテ天然林 ⇒「032 天然記念物〔石川県〕」
◇山伏山社叢 ⇒「032 天然記念物〔石川県〕」

加賀市

◇おくのほそ道の風景地 草加松原 ガンマンガ淵
（慈雲寺境内）八幡宮（那須神社境内）殺生石
遊行柳（清水流る、の柳）黒塚の岩屋 武隈の松
つゝじが岡及び天神の御社 木の下及び薬師堂
壺碑（つぼの石ぶみ）興井 末の松山 籬が島 金

鶏山 高館 さくら山 本合海 三崎（大師崎）象
潟及び汐越 親しらず 有磯海（女岩）那谷寺境
内（奇石）道明が淵（山中の温泉）大垣船町川
湊 ⇒「063 名勝〔国指定〕」
◇鹿島の森 ⇒「014 天然記念物〔国指定〕」
◇片野鴨池 ⇒「013 ラムサール条約湿地」「132 重
要生息地（IBA）」「134 東アジア・オーストラ
リア地域 渡り性水鳥重要生息地ネットワーク」
◇片野の鴨池 ⇒「032 天然記念物〔石川県〕」
◇栢野の大スギ ⇒「014 天然記念物〔国指定〕」
◇篠原のキンメイチク ⇒「014 天然記念物〔国
指定〕」
◇菅原神社の大スギ ⇒「032 天然記念物〔石川県〕」
◇八幡神社の大スギ ⇒「014 天然記念物〔国指定〕」
◇山中・大日山県立自然公園 ⇒「008 都道府県
立自然公園」

羽咋市

◇気多神社社叢 ⇒「014 天然記念物〔国指定〕」
◇ケタノシロキクザクラ ⇒「032 天然記念物〔石
川県〕」
◇碁石ケ峰県立自然公園 ⇒「008 都道府県立自
然公園」
◇ホクリクサンショウウオ生息地 ⇒「032 天然
記念物〔石川県〕」

かほく市

◇河北潟・高松海岸 ⇒「132 重要生息地（IBA）」

白山市

◇岩間の噴泉塔群 ⇒「015 特別天然記念物〔国
指定〕」
◇太田の大トチノキ ⇒「014 天然記念物〔国指定〕」
◇御仏供スギ ⇒「014 天然記念物〔国指定〕」
◇金劔宮社叢ウラジロガシ林 ⇒「032 天然記念
物〔石川県〕」
◇桑島化石壁産出化石 ⇒「032 天然記念物〔石
川県〕」
◇五十谷の大スギ ⇒「032 天然記念物〔石川県〕」
◇小舞子海岸 ⇒「132 重要生息地（IBA）」
◇獅子吼・手取県立自然公園 ⇒「008 都道府県
立自然公園」
◇白峰百万貫の岩 ⇒「032 天然記念物〔石川県〕」
◇白峰村百合谷の珪化直立樹幹 ⇒「032 天然記
念物〔石川県〕」
◇瀬戸の夜泣きイチョウ ⇒「032 天然記念物〔石
川県〕」
◇手取川流域の珪化木産地 ⇒「014 天然記念物

事典・日本の自然保護地域　395

石川県　　　　　　　　　　　　地域別索引　　　　　　　　　　　　中部

〔国指定〕」
◇トミヨ生息地 ⇒「*032* 天然記念物〔石川県〕」
◇白山一里野県立自然公園 ⇒「*008* 都道府県立
　自然公園」
◇白山手取川ジオパーク ⇒「*009* 日本ジオパーク」

能美市
◇小舞子海岸 ⇒「*132* 重要生息地（IBA）」

河北郡津幡町
◇甲斐崎神社社叢アカガシ林 ⇒「*032* 天然記念
　物〔石川県〕」
◇御山神社社叢 ⇒「*032* 天然記念物〔石川県〕」

河北郡内灘町
◇河北潟・高松海岸 ⇒「*132* 重要生息地（IBA）」

羽咋郡志賀町
◇イカリモンハンミョウ生息地 ⇒「*032* 天然記
　念物〔石川県〕」
◇関野鼻ドリーネ群 ⇒「*032* 天然記念物〔石川県〕」
◇ヒウチダニキクザクラ ⇒「*032* 天然記念物〔石
　川県〕」
◇藤懸神社社叢ケヤキ林 ⇒「*032* 天然記念物〔石
　川県〕」

羽咋郡宝達志水町
◇ゼンショウジキクザクラ ⇒「*032* 天然記念物
　〔石川県〕」
◇妙法輪寺のナンテン ⇒「*032* 天然記念物〔石
　川県〕」

鹿島郡中能登町
◇碁石ケ峰県立自然公園 ⇒「*008* 都道府県立自
　然公園」

鳳珠郡穴水町
◇ライコウジキクザクラ ⇒「*032* 天然記念物〔石
　川県〕」

鳳珠郡能登町
◇五十里ののとキリシマツツジ ⇒「*032* 天然記
　念物〔石川県〕」
◇内浦町不動寺の埋積珪化木群 ⇒「*032* 天然記
　念物〔石川県〕」
◇宇出津の漣痕 ⇒「*032* 天然記念物〔石川県〕」
◇大峰神社社叢モミ林 ⇒「*032* 天然記念物〔石
　川県〕」
◇常椿寺のフジ ⇒「*032* 天然記念物〔石川県〕」

◇平等寺のコウヤマキ ⇒「*032* 天然記念物〔石
　川県〕」
◇藤の瀬甌穴群 ⇒「*032* 天然記念物〔石川県〕」

396　事典・日本の自然保護地域

中部　　　　　　　　　　　　地域別索引　　　　　　　　　　　　福井県

福井県

福井県
◇越前加賀海岸国定公園 ⇒「001 国定公園」
◇近畿自然歩道 ⇒「007 長距離自然歩道」
◇中部北陸自然歩道 ⇒「007 長距離自然歩道」
◇能郷白山・伊吹山地 ⇒「132 重要生息地 (IBA)」
◇白山 ⇒「132 重要生息地 (IBA)」
◇白山国立公園 ⇒「002 国立公園」
◇白山ユネスコエコパーク ⇒「012 ユネスコエコパーク」
◇若狭湾国定公園 ⇒「001 国定公園」

福井市
◇アラレガコ生息地 ⇒「014 天然記念物〔国指定〕」
◇こしょうずの湧水 ⇒「126 ふくいのおいしい水」
◇真杉家のタラヨウ ⇒「033 天然記念物〔福井県〕」

敦賀市
◇瀬ノ河内のカツラ ⇒「033 天然記念物〔福井県〕」
◇休岩寺のソテツ ⇒「033 天然記念物〔福井県〕」
◇気比の松原 ⇒「063 名勝〔国指定〕」
◇中池見湿地 ⇒「013 ラムサール条約湿地」
◇明神崎の自生モクゲンジ ⇒「033 天然記念物〔福井県〕」

小浜市
◇蒼島暖地性植物群落 ⇒「014 天然記念物〔国指定〕」
◇鵜の瀬給水所 ⇒「126 ふくいのおいしい水」
◇雲城水 ⇒「126 ふくいのおいしい水」
◇黒駒神社のナギ ⇒「033 天然記念物〔福井県〕」
◇新福寺のフジ ⇒「033 天然記念物〔福井県〕」
◇津島名水 ⇒「126 ふくいのおいしい水」
◇なかなた茅場 ⇒「120 ふるさと文化財の森」
◇羽賀寺境内林 ⇒「120 ふるさと文化財の森」
◇百里岳のシャクナゲ自生地 ⇒「033 天然記念物〔福井県〕」
◇萬德寺のヤマモミジ ⇒「014 天然記念物〔国指定〕」
◇明通寺境内林 ⇒「120 ふるさと文化財の森」
◇若狭蘇洞門 ⇒「063 名勝〔国指定〕」

大野市
◇アラレガコ生息地 ⇒「014 天然記念物〔国指定〕」
◇石灯籠会館清水 ⇒「126 ふくいのおいしい水」
◇奥越高原県立自然公園 ⇒「008 都道府県立自然公園」
◇御清水 ⇒「126 ふくいのおいしい水」
◇五番名水庵清水 ⇒「126 ふくいのおいしい水」
◇七間清水 ⇒「126 ふくいのおいしい水」
◇篠座神社の御霊泉 ⇒「126 ふくいのおいしい水」
◇清水広場 ⇒「126 ふくいのおいしい水」
◇新堀清水 ⇒「126 ふくいのおいしい水」
◇芹川清水 ⇒「126 ふくいのおいしい水」
◇專福寺の大ケヤキ ⇒「014 天然記念物〔国指定〕」
◇白山神社のカツラ ⇒「033 天然記念物〔福井県〕」
◇本願清水 ⇒「126 ふくいのおいしい水」
◇本願清水イトヨ生息地 ⇒「014 天然記念物〔国指定〕」
◇水舟清水 ⇒「126 ふくいのおいしい水」

勝山市
◇奥越高原県立自然公園 ⇒「008 都道府県立自然公園」
◇神谷の水 ⇒「126 ふくいのおいしい水」
◇恐竜渓谷ふくい勝山ジオパーク ⇒「009 日本ジオパーク」

鯖江市
◇榎清水 ⇒「126 ふくいのおいしい水」
◇許佐羅江清水 ⇒「126 ふくいのおいしい水」
◇三場坂清水 ⇒「126 ふくいのおいしい水」
◇照臨寺のセンダン ⇒「033 天然記念物〔福井県〕」
◇桃源清水 ⇒「126 ふくいのおいしい水」
◇刀那清水 ⇒「126 ふくいのおいしい水」

越前市
◇粟田部の薄墨サクラ ⇒「033 天然記念物〔福井県〕」
◇石神の湧水 ⇒「126 ふくいのおいしい水」
◇石堂の水 ⇒「126 ふくいのおいしい水」
◇瓜割清水 ⇒「126 ふくいのおいしい水」
◇大滝神社奥の院社叢 ⇒「033 天然記念物〔福井県〕」
◇大瀧神社境内林 ⇒「120 ふるさと文化財の森」
◇大瀧神社の大スギ ⇒「033 天然記念物〔福井県〕」
◇大瀧神社のゼンマイザクラ ⇒「033 天然記念物〔福井県〕」
◇お清水不動尊の水 ⇒「126 ふくいのおいしい水」
◇解雷ヶ清水 ⇒「126 ふくいのおいしい水」

事典・日本の自然保護地域　397

福井県　　　　　　　　　　　　　地域別索引　　　　　　　　　　　　　中部

◇治佐川井戸 ⇒「126 ふくいのおいしい水」
◇杉尾のオオスギ ⇒「033 天然記念物〔福井県〕」
◇段田清水 ⇒「126 ふくいのおいしい水」
◇時水 ⇒「080 名勝〔福井県〕」
◇白山神社のバラ大杉 ⇒「033 天然記念物〔福井県〕」
◇水間神社のケヤキ ⇒「033 天然記念物〔福井県〕」
◇明光寺のオオイチョウ ⇒「033 天然記念物〔福井県〕」
◇榎清水 ⇒「126 ふくいのおいしい水」

坂井市
◇女形谷のサクラ ⇒「033 天然記念物〔福井県〕」
◇紀倍神社のオニヒバ ⇒「033 天然記念物〔福井県〕」
◇九頭竜川下流域 ⇒「132 重要生息地（IBA）」
◇小和清水 ⇒「126 ふくいのおいしい水」
◇東尋坊 ⇒「014 天然記念物〔国指定〕」「063 名勝〔国指定〕」
◇藤鷲塚のフジ ⇒「033 天然記念物〔福井県〕」

今立郡池田町
◇稲荷の大スギ ⇒「033 天然記念物〔福井県〕」
◇上荒谷のアサマキサクラ ⇒「033 天然記念物〔福井県〕」

南条郡南越前町
◇鶯清水 ⇒「126 ふくいのおいしい水」
◇栃の木峠のトチノキ ⇒「033 天然記念物〔福井県〕」

丹生郡越前町
◇大谷の薬水 ⇒「126 ふくいのおいしい水」
◇弘法大師の水 ⇒「126 ふくいのおいしい水」

三方郡美浜町
◇三方五湖 ⇒「013 ラムサール条約湿地」「063 名勝〔国指定〕」

大飯郡高浜町
◇今戸鼻 ⇒「080 名勝〔福井県〕」
◇杉森神社のオハツキイチョウ ⇒「014 天然記念物〔国指定〕」

大飯郡おおい町
◇伊射奈枝神社のウラジロガシ ⇒「033 天然記念物〔福井県〕」
◇依居神社の大モミ ⇒「033 天然記念物〔福井県〕」

◇おおい町福谷地区ヒノキ林 ⇒「120 ふるさと文化財の森」
◇苅田比売神社のムクの木 ⇒「033 天然記念物〔福井県〕」
◇滝水ひめ ⇒「126 ふくいのおいしい水」
◇野鹿谷のシャクナゲ自生地 ⇒「033 天然記念物〔福井県〕」
◇堀口家のサザンカ ⇒「033 天然記念物〔福井県〕」
◇若宮八幡神社のフジ ⇒「033 天然記念物〔福井県〕」

三方上中郡若狭町
◇上村家のタブの木 ⇒「033 天然記念物〔福井県〕」
◇瓜割の滝 ⇒「126 ふくいのおいしい水」
◇円成寺のみかえりの松 ⇒「033 天然記念物〔福井県〕」
◇小川神社のカゴノキ ⇒「033 天然記念物〔福井県〕」
◇常神のソテツ ⇒「014 天然記念物〔国指定〕」
◇三方五湖 ⇒「013 ラムサール条約湿地」「063 名勝〔国指定〕」
◇神子の桜 ⇒「080 名勝〔福井県〕」

398　事典・日本の自然保護地域

山梨県

山梨県
◇秩父多摩甲斐国立公園 ⇒「002 国立公園」
◇東海自然歩道 ⇒「007 長距離自然歩道」
◇富士 ⇒「132 重要生息地 (IBA)」
◇富士山 ⇒「064 特別名勝〔国指定〕」
◇富士箱根伊豆国立公園 ⇒「002 国立公園」
◇フジマリモ及び生息地 ⇒「034 天然記念物〔山梨県〕」
◇南アルプス ⇒「132 重要生息地 (IBA)」
◇南アルプス国立公園 ⇒「002 国立公園」
◇八ヶ岳 ⇒「132 重要生息地 (IBA)」
◇八ヶ岳中信高原国定公園 ⇒「001 国定公園」

甲府市
◇兄川から出土したナウマン象等の化石 ⇒「034 天然記念物〔山梨県〕」
◇岩窪のヤツブサウメ ⇒「034 天然記念物〔山梨県〕」
◇塩沢寺の舞鶴マツ ⇒「034 天然記念物〔山梨県〕」
◇塩部寿のフジ ⇒「034 天然記念物〔山梨県〕」
◇慈恩寺のフジ ⇒「034 天然記念物〔山梨県〕」
◇精進の大スギ ⇒「014 天然記念物〔国指定〕」
◇水晶峠のヒカリゴケ洞穴 ⇒「034 天然記念物〔山梨県〕」
◇滝戸山のアオギリ林 ⇒「107 自然記念物〔山梨県〕」
◇滝戸山のシラカシ林 ⇒「107 自然記念物〔山梨県〕」
◇燕岩岩脈 ⇒「014 天然記念物〔国指定〕」
◇日藤山の枕状溶岩 ⇒「107 自然記念物〔山梨県〕」
◇富岳風穴 ⇒「014 天然記念物〔国指定〕」
◇富士風穴 ⇒「014 天然記念物〔国指定〕」
◇御嶽昇仙峡 ⇒「064 特別名勝〔国指定〕」
◇本栖風穴 ⇒「014 天然記念物〔国指定〕」
◇リニア高川トンネル産出新第三紀化石 ⇒「034 天然記念物〔山梨県〕」

富士吉田市
◇新屋山神社の社そう ⇒「107 自然記念物〔山梨県〕」
◇雁ノ穴 ⇒「014 天然記念物〔国指定〕」
◇キマダラルリツバメ ⇒「034 天然記念物〔山梨県〕」
◇躑躅原レンゲツツジおよびフジザクラ群落 ⇒「014 天然記念物〔国指定〕」
◇冨士浅間神社の大スギ ⇒「034 天然記念物〔山梨県〕」
◇山ノ神のフジ ⇒「014 天然記念物〔国指定〕」
◇吉田胎内樹型 ⇒「014 天然記念物〔国指定〕」

都留市
◇上大幡のナシ ⇒「034 天然記念物〔山梨県〕」
◇川棚のアラカシ林 ⇒「107 自然記念物〔山梨県〕」
◇キマダラルリツバメ ⇒「034 天然記念物〔山梨県〕」
◇真福寺の大カヤ ⇒「034 天然記念物〔山梨県〕」
◇宝鏡寺のヤマブキソウ及び生育地 ⇒「107 自然記念物〔山梨県〕」
◇三ツ峠山の特殊植物 ⇒「107 自然記念物〔山梨県〕」

山梨市
◇兄川から出土したナウマン象等の化石 ⇒「034 天然記念物〔山梨県〕」
◇切差金毘羅山のヒノキ群 ⇒「034 天然記念物〔山梨県〕」
◇吉祥寺の新羅ザクラ ⇒「034 天然記念物〔山梨県〕」
◇小原東のザクロ ⇒「034 天然記念物〔山梨県〕」
◇下石森のチョウセンマツ ⇒「034 天然記念物〔山梨県〕」
◇城下のシキザクラ ⇒「034 天然記念物〔山梨県〕」
◇洞雲寺八房のウメ ⇒「034 天然記念物〔山梨県〕」
◇七日市場のチョウセンマキ ⇒「034 天然記念物〔山梨県〕」
◇東の大イヌガヤ ⇒「034 天然記念物〔山梨県〕」
◇膝立の天王ザクラ ⇒「034 天然記念物〔山梨県〕」
◇牧丘の千貫岩 ⇒「107 自然記念物〔山梨県〕」
◇竜泉寺の万年マツ ⇒「034 天然記念物〔山梨県〕」

大月市
◇大島の灰長石 ⇒「107 自然記念物〔山梨県〕」
◇キマダラルリツバメ ⇒「034 天然記念物〔山梨県〕」
◇笹子峠の矢立のスギ ⇒「034 天然記念物〔山梨県〕」
◇猿橋 ⇒「063 名勝〔国指定〕」

山梨県　　　　　　　　　　　　地域別索引　　　　　　　　　　　　中部

韮崎市

◇永岳寺の大カシ ⇒「034 天然記念物〔山梨県〕」
◇苗敷山のアスナロ ⇒「034 天然記念物〔山梨県〕」
◇苗敷山のモミ林 ⇒「107 自然記念物〔山梨県〕」
◇南アルプス巨摩県立自然公園 ⇒「008 都道府県立自然公園」
◇ミヤマシロチョウ ⇒「034 天然記念物〔山梨県〕」

南アルプス市

◇大嵐のビャクシン ⇒「034 天然記念物〔山梨県〕」
◇鏡中条のゴヨウマツ ⇒「034 天然記念物〔山梨県〕」
◇櫛形町中野のカキ ⇒「034 天然記念物〔山梨県〕」
◇櫛形山アヤメ平及び裸山のアヤメ群落 ⇒「107 自然記念物〔山梨県〕」
◇古長禅寺のビャクシン ⇒「014 天然記念物〔国指定〕」
◇白根町のカエデ ⇒「034 天然記念物〔山梨県〕」
◇十日市場の大ケヤキ ⇒「034 天然記念物〔山梨県〕」
◇宝珠寺のマツ ⇒「034 天然記念物〔山梨県〕」
◇三恵の大ケヤキ ⇒「014 天然記念物〔国指定〕」
◇南アルプス巨摩県立自然公園 ⇒「008 都道府県立自然公園」
◇南アルプスユネスコエコパーク ⇒「012 ユネスコエコパーク」
◇野牛島のビャクシン ⇒「034 天然記念物〔山梨県〕」
◇湯沢の思いスギ ⇒「034 天然記念物〔山梨県〕」
◇湯沢のサイカチ ⇒「034 天然記念物〔山梨県〕」

北杜市

◇美森の大ヤマツツジ ⇒「014 天然記念物〔国指定〕」
◇遠照寺のアカマツ ⇒「034 天然記念物〔山梨県〕」
◇金山沢のハシドイ林 ⇒「107 自然記念物〔山梨県〕」
◇清春のサクラ群 ⇒「034 天然記念物〔山梨県〕」
◇小淵沢町・白州町のトウヒ属樹根化石 ⇒「034 天然記念物〔山梨県〕」
◇小淵沢のモミ ⇒「034 天然記念物〔山梨県〕」
◇渋沢のヒイラギモクセイ ⇒「034 天然記念物〔山梨県〕」
◇下黒沢のコウヤマキ ⇒「034 天然記念物〔山梨県〕」
◇神田の大糸サクラ ⇒「034 天然記念物〔山梨県〕」
◇須玉町日影のトチノキ ⇒「034 天然記念物〔山梨県〕」
◇諏訪神社の社叢 ⇒「034 天然記念物〔山梨県〕」
◇清泰寺のカヤ ⇒「034 天然記念物〔山梨県〕」
◇石尊神社のアカマツ並木 ⇒「107 自然記念物〔山梨県〕」
◇関のサクラ ⇒「034 天然記念物〔山梨県〕」
◇寺所の大ヒイラギ ⇒「034 天然記念物〔山梨県〕」
◇木賊平のエゾリンドウ ⇒「107 自然記念物〔山梨県〕」
◇鳥久保のサイカチ ⇒「034 天然記念物〔山梨県〕」
◇根古屋神社の大ケヤキ ⇒「014 天然記念物〔国指定〕」
◇白州殿町のサクラ ⇒「034 天然記念物〔山梨県〕」
◇比志神社の大スギ ⇒「034 天然記念物〔山梨県〕」
◇比志のエゾエノキ ⇒「034 天然記念物〔山梨県〕」
◇日野のオオムラサキ及び生息地 ⇒「107 自然記念物〔山梨県〕」
◇本良院の大ツゲ ⇒「034 天然記念物〔山梨県〕」
◇大豆生田のヒイラギ ⇒「034 天然記念物〔山梨県〕」
◇南アルプス巨摩県立自然公園 ⇒「008 都道府県立自然公園」
◇南アルプスユネスコエコパーク ⇒「012 ユネスコエコパーク」
◇箕輪新町のヒメコマツ ⇒「034 天然記念物〔山梨県〕」
◇ミヤマシロチョウ ⇒「034 天然記念物〔山梨県〕」
◇山高神代ザクラ ⇒「014 天然記念物〔国指定〕」
◇養福寺のフジ ⇒「034 天然記念物〔山梨県〕」
◇若神子新町のモミ ⇒「034 天然記念物〔山梨県〕」

甲斐市

◇上菅口のネズ ⇒「034 天然記念物〔山梨県〕」
◇法久寺のコツブガヤ ⇒「034 天然記念物〔山梨県〕」
◇ホッチ峠のマンジュウ石 ⇒「107 自然記念物〔山梨県〕」
◇御嶽昇仙峡 ⇒「064 特別名勝〔国指定〕」
◇竜地の揚子梅 ⇒「034 天然記念物〔山梨県〕」

笛吹市

◇芦川のスズラン及び生育地 ⇒「107 自然記念物〔山梨県〕」
◇一宮浅間神社の夫婦ウメ ⇒「034 天然記念物〔山梨県〕」
◇鶯宿峠のリョウメンヒノキ ⇒「034 天然記念物〔山梨県〕」

400　事典・日本の自然保護地域

中部　　　　　　　　　　　　　　地域別索引　　　　　　　　　　　　　　山梨県

◇下黒駒の大ヒイラギ ⇒「034 天然記念物〔山梨県〕」
◇称願寺のサクラ ⇒「034 天然記念物〔山梨県〕」
◇宗源寺のヒダリマキカヤ ⇒「034 天然記念物〔山梨県〕」
◇曽根丘陵の植物化石及び硅藻化石 ⇒「107 自然記念物〔山梨県〕」
◇智光寺のカヤ ⇒「034 天然記念物〔山梨県〕」
◇檜峰神社のコノハズク生息地 ⇒「034 天然記念物〔山梨県〕」

上野原市
◇一宮神社の社叢 ⇒「034 天然記念物〔山梨県〕」
◇上野原の大ケヤキ ⇒「014 天然記念物〔国指定〕」
◇軍刀利神社のカツラ ⇒「034 天然記念物〔山梨県〕」
◇鶴島のムクノキ ⇒「034 天然記念物〔山梨県〕」

甲州市
◇雲峰寺境内林 ⇒「120 ふるさと文化財の森」
◇雲峰寺のサクラ ⇒「034 天然記念物〔山梨県〕」
◇上於曽のアカガシ ⇒「034 天然記念物〔山梨県〕」
◇菅田天神社のカシ群 ⇒「034 天然記念物〔山梨県〕」
◇嵯峨塩のオオバボダイジュ、モイワボダイジュ、ハルニレ及び生育地 ⇒「107 自然記念物〔山梨県〕」
◇三窪のレンゲツツジ及び生育地 ⇒「107 自然記念物〔山梨県〕」
◇慈雲寺のイトザクラ ⇒「034 天然記念物〔山梨県〕」
◇下竹森のネズ ⇒「034 天然記念物〔山梨県〕」
◇竹森のザゼンソウ ⇒「107 自然記念物〔山梨県〕」
◇船宮神社の大ヒノキ ⇒「034 天然記念物〔山梨県〕」
◇萬福寺のムクノキ ⇒「034 天然記念物〔山梨県〕」

西八代郡市川三郷町
◇一瀬クワ ⇒「034 天然記念物〔山梨県〕」
◇表門神社のコブシガヤ ⇒「034 天然記念物〔山梨県〕」
◇四尾連湖県立自然公園 ⇒「008 都道府県立自然公園」
◇四尾連のリョウメンヒノキ ⇒「034 天然記念物〔山梨県〕」
◇畑熊のミスミソウ ⇒「107 自然記念物〔山梨県〕」
◇薬王寺のオハツキイチョウ ⇒「034 天然記念物〔山梨県〕」

◇流通寺のビャクシン ⇒「034 天然記念物〔山梨県〕」

南巨摩郡
◇ミヤマシロチョウ ⇒「034 天然記念物〔山梨県〕」

南巨摩郡早川町
◇新倉の糸魚川―静岡構造線 ⇒「014 天然記念物〔国指定〕」
◇京ヶ島の夫婦スギ ⇒「034 天然記念物〔山梨県〕」
◇七面山の大イチイ ⇒「034 天然記念物〔山梨県〕」
◇七面山の大トチノキ ⇒「034 天然記念物〔山梨県〕」
◇七面山のゴヨウツツジ ⇒「107 自然記念物〔山梨県〕」
◇南アルプス巨摩県立自然公園 ⇒「008 都道府県立自然公園」
◇南アルプスユネスコエコパーク ⇒「012 ユネスコエコパーク」
◇湯島の大スギ ⇒「034 天然記念物〔山梨県〕」

南巨摩郡身延町
◇一宮賀茂神社のサカキ林 ⇒「107 自然記念物〔山梨県〕」
◇一色のニッケイ ⇒「034 天然記念物〔山梨県〕」
◇小原島の貝化石 ⇒「107 自然記念物〔山梨県〕」
◇鏡円坊のサクラ ⇒「034 天然記念物〔山梨県〕」
◇上沢寺のオハツキイチョウ ⇒「014 天然記念物〔国指定〕」
◇反木川上流のヨコグラノキ ⇒「107 自然記念物〔山梨県〕」
◇手打沢の不整合露頭 ⇒「034 天然記念物〔山梨県〕」
◇栃代川上流のハコネサンショウウオ及び生息地 ⇒「107 自然記念物〔山梨県〕」
◇早川橋のモクゲンジ林 ⇒「107 自然記念物〔山梨県〕」
◇樋之上のタカオモミジ ⇒「034 天然記念物〔山梨県〕」
◇樋之上のヤマボウシ ⇒「034 天然記念物〔山梨県〕」
◇富士五湖 山中湖 河口湖 西湖 精進湖 本栖湖 ⇒「063 名勝〔国指定〕」
◇本国寺のオハツキイチョウ ⇒「014 天然記念物〔国指定〕」
◇本遠寺の大クスノキ ⇒「034 天然記念物〔山梨県〕」
◇本妙寺のイチョウ ⇒「034 天然記念物〔山梨県〕」

事典・日本の自然保護地域　401

| 山梨県 | 地域別索引 | 中部 |

◇南アルプス巨摩県立自然公園 ⇒「008 都道府県立自然公園」
◇身延山の千本杉 ⇒「034 天然記念物〔山梨県〕」
◇身延町ブッポウソウ繁殖地 ⇒「014 天然記念物〔国指定〕」
◇八木沢のオハツキイチョウ ⇒「014 天然記念物〔国指定〕」

南巨摩郡南部町

◇石合のカタヒバ ⇒「107 自然記念物〔山梨県〕」
◇井出八幡神社の社叢 ⇒「034 天然記念物〔山梨県〕」
◇円蔵院のカギガタアオイ及びリンボク ⇒「107 自然記念物〔山梨県〕」
◇顕本寺のオハツキイチョウ ⇒「034 天然記念物〔山梨県〕」
◇古城山のシイ及びウラジロ ⇒「107 自然記念物〔山梨県〕」
◇佐野の暖帯林 ⇒「107 自然記念物〔山梨県〕」
◇島尻の大カヤ ⇒「034 天然記念物〔山梨県〕」
◇上佐野の透輝石 ⇒「107 自然記念物〔山梨県〕」
◇西市森の暖帯林 ⇒「107 自然記念物〔山梨県〕」
◇福士金山神社のイチョウ ⇒「034 天然記念物〔山梨県〕」
◇富士川のサツキ及びシラン ⇒「107 自然記念物〔山梨県〕」
◇本郷の千年ザクラ ⇒「034 天然記念物〔山梨県〕」
◇モリアオガエル及び生息地 ⇒「034 天然記念物〔山梨県〕」

南巨摩郡富士川町

◇氷室神社の大スギ ⇒「034 天然記念物〔山梨県〕」
◇氷室神社のスギ林 ⇒「107 自然記念物〔山梨県〕」
◇南アルプス巨摩県立自然公園 ⇒「008 都道府県立自然公園」
◇柳川のイヌガヤ群 ⇒「034 天然記念物〔山梨県〕」

中巨摩郡

◇ミヤマシロチョウ ⇒「034 天然記念物〔山梨県〕」

南都留郡

◇キマダラルリツバメ ⇒「034 天然記念物〔山梨県〕」

南都留郡道志村

◇大室のカワノリ ⇒「107 自然記念物〔山梨県〕」

南都留郡西桂町

◇三ツ峠山の特殊植物 ⇒「107 自然記念物〔山梨県〕」

南都留郡忍野村

◇忍野八海 ⇒「014 天然記念物〔国指定〕」
◇忍草浅間神社のイチイ群 ⇒「034 天然記念物〔山梨県〕」

南都留郡山中湖村

◇富士五湖 山中湖 河口湖 西湖 精進湖 本栖湖 ⇒「063 名勝〔国指定〕」
◇山中のハリモミ純林 ⇒「014 天然記念物〔国指定〕」

南都留郡鳴沢村

◇大室洞穴 ⇒「014 天然記念物〔国指定〕」
◇軽水風穴 ⇒「034 天然記念物〔山梨県〕」
◇神座風穴 ⇒「014 天然記念物〔国指定〕」
◇鳴沢のアズキナシ ⇒「034 天然記念物〔山梨県〕」
◇鳴沢氷穴 ⇒「014 天然記念物〔国指定〕」
◇鳴沢熔岩樹型 ⇒「015 特別天然記念物〔国指定〕」
◇富士山原始林及び青木ヶ原樹海 ⇒「014 天然記念物〔国指定〕」
◇溶岩球（LAVABALL）群 ⇒「034 天然記念物〔山梨県〕」

南都留郡富士河口湖町

◇河口浅間神社の七本スギ ⇒「034 天然記念物〔山梨県〕」
◇西湖蝙蝠穴およびコウモリ ⇒「014 天然記念物〔国指定〕」
◇富士五湖 山中湖 河口湖 西湖 精進湖 本栖湖 ⇒「063 名勝〔国指定〕」
◇富士山原始林及び青木ヶ原樹海 ⇒「014 天然記念物〔国指定〕」
◇船津胎内樹型 ⇒「014 天然記念物〔国指定〕」
◇三ツ峠山の特殊植物 ⇒「107 自然記念物〔山梨県〕」
◇龍宮洞穴 ⇒「014 天然記念物〔国指定〕」

北都留郡

◇キマダラルリツバメ ⇒「034 天然記念物〔山梨県〕」

北都留郡丹波山村

◇青岩鍾乳洞 ⇒「034 天然記念物〔山梨県〕」
◇小袖の鍾乳洞 ⇒「107 自然記念物〔山梨県〕」

中部　　　　　　　　　　地域別索引　　　　　　　　　長野県

長野県

長野県
◇浅間・白根・谷川 ⇒「132 重要生息地（IBA）」
◇北アルプス ⇒「132 重要生息地（IBA）」
◇上信越高原国立公園 ⇒「002 国立公園」
◇秩父多摩甲斐国立公園 ⇒「002 国立公園」
◇中部山岳国立公園 ⇒「002 国立公園」
◇中部北陸自然歩道 ⇒「007 長距離自然歩道」
◇天竜奥三河国定公園 ⇒「001 国定公園」
◇南アルプス ⇒「132 重要生息地（IBA）」
◇南アルプス国立公園 ⇒「002 国立公園」
◇妙義荒船佐久高原国定公園 ⇒「001 国定公園」
◇妙高・戸隠 ⇒「132 重要生息地（IBA）」
◇妙高戸隠連山国立公園 ⇒「002 国立公園」
◇八ヶ岳 ⇒「132 重要生息地（IBA）」
◇八ヶ岳中信高原国定公園 ⇒「001 国定公園」

長野市
◇新井のイチイ ⇒「035 天然記念物〔長野県〕」
◇裏沢の絶滅セイウチ化石 ⇒「035 天然記念物〔長野県〕」
◇大口沢のアシカ科化石 ⇒「035 天然記念物〔長野県〕」
◇大柳及び井上の枕状溶岩 ⇒「035 天然記念物〔長野県〕」
◇奥裾花峡谷 ⇒「081 名勝〔長野県〕」
◇奥裾花自然園のモリアオガエル繁殖地 ⇒「035 天然記念物〔長野県〕」
◇お種池 ⇒「122 信州の名水・秘水」
◇日下野のスギ ⇒「035 天然記念物〔長野県〕」
◇菅沼の絶滅セイウチ化石 ⇒「035 天然記念物〔長野県〕」
◇素桜神社の神代ザクラ ⇒「014 天然記念物〔国指定〕」
◇象山のカシワ ⇒「035 天然記念物〔長野県〕」
◇塚本のビャクシン ⇒「035 天然記念物〔長野県〕」
◇つつじ山のアカシデ ⇒「035 天然記念物〔長野県〕」
◇戸隠川下のシンシュウゾウ化石 ⇒「035 天然記念物〔長野県〕」
◇戸隠神社奥社社叢 ⇒「035 天然記念物〔長野県〕」
◇豊岡のカツラ ⇒「035 天然記念物〔長野県〕」
◇聖山高原県立自然公園 ⇒「008 都道府県立自然公園」

◇深谷沢の蜂の巣状風化岩 ⇒「035 天然記念物〔長野県〕」
◇真島のクワ ⇒「035 天然記念物〔長野県〕」
◇山穂刈のクジラ化石 ⇒「035 天然記念物〔長野県〕」

松本市
◇梓川のモミ ⇒「035 天然記念物〔長野県〕」
◇穴沢のクジラ化石 ⇒「035 天然記念物〔長野県〕」
◇大野田のフジキ ⇒「035 天然記念物〔長野県〕」
◇上高地 ⇒「015 特別天然記念物〔国指定〕」「064 特別名勝〔国指定〕」
◇上高地「清水川」 ⇒「122 信州の名水・秘水」
◇三本滝 ⇒「081 名勝〔長野県〕」
◇シナノトド化石 ⇒「035 天然記念物〔長野県〕」
◇白骨温泉の噴湯丘と球状石灰石 ⇒「015 特別天然記念物〔国指定〕」
◇千手のイチョウ ⇒「035 天然記念物〔長野県〕」
◇反町のマッコウクジラ全身骨格化石 ⇒「035 天然記念物〔長野県〕」
◇八幡宮鞘子社のメグスリノキ ⇒「035 天然記念物〔長野県〕」
◇矢久のカヤ ⇒「035 天然記念物〔長野県〕」
◇横川の大イチョウ ⇒「035 天然記念物〔長野県〕」

上田市
◇四阿山の的岩 ⇒「014 天然記念物〔国指定〕」
◇小泉、下塩尻及び南条の岩鼻 ⇒「035 天然記念物〔長野県〕」
◇小泉のシナノイルカ ⇒「035 天然記念物〔長野県〕」
◇菅平のツキヌキソウ自生地 ⇒「035 天然記念物〔長野県〕」
◇西内のシダレグリ自生地 ⇒「014 天然記念物〔国指定〕」
◇東内のシダレエノキ ⇒「014 天然記念物〔国指定〕」

岡谷市
◇塩嶺王城県立自然公園 ⇒「008 都道府県立自然公園」

飯田市
◇飯田城桜丸のイスノキ ⇒「035 天然記念物〔長野県〕」
◇長姫のエドヒガン ⇒「035 天然記念物〔長野県〕」
◇風越山のベニマンサクの自生地 ⇒「035 天然

事典・日本の自然保護地域　403

記念物〔長野県〕」
◇川路のネズミサシ ⇒「035 天然記念物〔長野県〕」
◇立石の雄スギ雌スギ ⇒「035 天然記念物〔長野県〕」
◇中央アルプス県立自然公園 ⇒「008 都道府県立自然公園」
◇天龍峡 ⇒「063 名勝〔国指定〕」
◇天竜小渋水系県立自然公園 ⇒「008 都道府県立自然公園」
◇三石の甌穴群 ⇒「035 天然記念物〔長野県〕」
◇南アルプス (中央構造線エリア) ジオパーク ⇒「009 日本ジオパーク」
◇南アルプスユネスコエコパーク ⇒「012 ユネスコエコパーク」
◇モリアオガエルの繁殖地 ⇒「035 天然記念物〔長野県〕」
◇山本のハナノキ ⇒「035 天然記念物〔長野県〕」

諏訪市
◇霧ヶ峰湿原植物群落 ⇒「014 天然記念物〔国指定〕」
◇諏訪大社上社社叢 ⇒「035 天然記念物〔長野県〕」

須坂市
◇大柳及び井上の枕状溶岩 ⇒「035 天然記念物〔長野県〕」
◇豊丘の穴水 ⇒「122 信州の名水・秘水」

小諸市
◇テングノムギメシ産地 ⇒「014 天然記念物〔国指定〕」

伊那市
◇白沢のクリ ⇒「035 天然記念物〔長野県〕」
◇高遠のコヒガンザクラ樹林 ⇒「035 天然記念物〔長野県〕」
◇中央アルプス県立自然公園 ⇒「008 都道府県立自然公園」
◇前平のサワラ ⇒「035 天然記念物〔長野県〕」
◇南アルプス (中央構造線エリア) ジオパーク ⇒「009 日本ジオパーク」
◇南アルプスユネスコエコパーク ⇒「012 ユネスコエコパーク」
◇三峰川水系県立自然公園 ⇒「008 都道府県立自然公園」

駒ヶ根市
◇高鳥谷神社社叢 ⇒「035 天然記念物〔長野県〕」

◇中央アルプス県立自然公園 ⇒「008 都道府県立自然公園」
◇中央アルプス駒ヶ岳 ⇒「035 天然記念物〔長野県〕」

中野市
◇谷厳寺の井戸「延命水」 ⇒「122 信州の名水・秘水」
◇十三崖のチョウゲンボウ繁殖地 ⇒「014 天然記念物〔国指定〕」
◇八生のカヤ ⇒「035 天然記念物〔長野県〕」

大町市
◇居谷里湿原 ⇒「035 天然記念物〔長野県〕」
◇大塩のイヌ桜 ⇒「035 天然記念物〔長野県〕」
◇大町市のカワシンジュガイ生息地 ⇒「035 天然記念物〔長野県〕」
◇高瀬渓谷の噴湯丘と球状石灰石 ⇒「014 天然記念物〔国指定〕」
◇仁科神明宮社叢 ⇒「035 天然記念物〔長野県〕」
◇若一王子神社社叢 ⇒「035 天然記念物〔長野県〕」

飯山市
◇黒岩山 ⇒「014 天然記念物〔国指定〕」
◇神戸のイチョウ ⇒「035 天然記念物〔長野県〕」
◇小菅神社のスギ並木 ⇒「035 天然記念物〔長野県〕」

塩尻市
◇塩嶺王城県立自然公園 ⇒「008 都道府県立自然公園」
◇中央アルプス県立自然公園 ⇒「008 都道府県立自然公園」
◇贄川のトチ ⇒「035 天然記念物〔長野県〕」
◇平出の泉 ⇒「122 信州の名水・秘水」
◇矢彦小野神社社叢 ⇒「035 天然記念物〔長野県〕」

佐久市
◇岩村田ヒカリゴケ産地 ⇒「014 天然記念物〔国指定〕」
◇臼田トンネル産の古型マンモス化石 ⇒「035 天然記念物〔長野県〕」
◇王城のケヤキ ⇒「035 天然記念物〔長野県〕」
◇広川原の洞穴群 ⇒「035 天然記念物〔長野県〕」

千曲市
◇姨捨 (田毎の月) ⇒「063 名勝〔国指定〕」
◇武水別神社社叢 ⇒「035 天然記念物〔長野県〕」

◇聖山高原県立自然公園 ⇒「008 都道府県立自
然公園」

東御市
◇宮ノ入のカヤ ⇒「035 天然記念物〔長野県〕」

安曇野市
◇中房温泉の膠状珪酸および珪華 ⇒「014 天然
記念物〔国指定〕」

南佐久郡小海町
◇山の神のサラサドウダン群落 ⇒「035 天然記
念物〔長野県〕」

南佐久郡川上村
◇川上犬 ⇒「035 天然記念物〔長野県〕」
◇千曲川源流 ⇒「122 信州の名水・秘水」
◇樋沢のヒメバラモミ ⇒「035 天然記念物〔長
野県〕」

南佐久郡南牧村
◇海尻の姫小松 ⇒「035 天然記念物〔長野県〕」
◇八ヶ岳キバナシャクナゲ自生地 ⇒「014 天然
記念物〔国指定〕」

南佐久郡南相木村
◇御三甕の滝 ⇒「081 名勝〔長野県〕」

南佐久郡北相木村
◇下新井のメグスリノキ ⇒「035 天然記念物〔長
野県〕」

南佐久郡佐久穂町
◇八ヶ岳白駒池周辺の原生林 ⇒「119 日本の貴
重なコケの森」

北佐久郡軽井沢町
◇熊野皇大神社のシナノキ ⇒「035 天然記念物
〔長野県〕」
◇長倉のハナヒョウタンボク群落 ⇒「035 天然
記念物〔長野県〕」

北佐久郡御代田町
◇大沼の池の湧水 ⇒「122 信州の名水・秘水」
◇血ノ池と周辺湧水群と濁川 ⇒「122 信州の名
水・秘水」
◇御代田のヒカリゴケ ⇒「035 天然記念物〔長
野県〕」

北佐久郡立科町
◇笠取峠のマツ並木 ⇒「035 天然記念物〔長野県〕」

小県郡青木村
◇沓掛温泉の野生里芋 ⇒「035 天然記念物〔長
野県〕」

諏訪郡富士見町
◇南アルプス（中央構造線エリア）ジオパーク ⇒
「009 日本ジオパーク」
◇南アルプスユネスコエコパーク ⇒「012 ユネ
スコエコパーク」

上伊那郡辰野町
◇塩嶺王城県立自然公園 ⇒「008 都道府県立自
然公園」
◇小野のシダレグリ自生地 ⇒「014 天然記念物
〔国指定〕」
◇原牛の臼歯化石 ⇒「035 天然記念物〔長野県〕」
◇辰野のホタル発生地 ⇒「035 天然記念物〔長
野県〕」
◇矢彦小野神社社叢 ⇒「035 天然記念物〔長野県〕」
◇横川の蛇石 ⇒「014 天然記念物〔国指定〕」

上伊那郡箕輪町
◇木ノ下のケヤキ ⇒「035 天然記念物〔長野県〕」
◇中曽根のエドヒガン ⇒「035 天然記念物〔長
野県〕」
◇宮脇のハリギリ ⇒「035 天然記念物〔長野県〕」

上伊那郡飯島町
◇越百の水 ⇒「122 信州の名水・秘水」
◇中央アルプス県立自然公園 ⇒「008 都道府県
立自然公園」
◇南羽場のシラカシ ⇒「035 天然記念物〔長野県〕」

上伊那郡中川村
◇天竜小渋水系県立自然公園 ⇒「008 都道府県
立自然公園」

上伊那郡宮田村
◇中央アルプス県立自然公園 ⇒「008 都道府県
立自然公園」
◇中央アルプス駒ヶ岳 ⇒「035 天然記念物〔長
野県〕」

下伊那郡松川町
◇中央アルプス県立自然公園 ⇒「008 都道府県

長野県　　　　　　　　　　　　　地域別索引　　　　　　　　　　　　　中部

立自然公園」
◇天竜小渋水系県立自然公園 ⇒「008 都道府県
　立自然公園」

下伊那郡高森町
◇下市田のヒイラギ ⇒「035 天然記念物〔長野県〕」
◇中央アルプス県立自然公園 ⇒「008 都道府県
　立自然公園」
◇天竜小渋水系県立自然公園 ⇒「008 都道府県
　立自然公園」

下伊那郡阿南町
◇新野のハナノキ自生地 ⇒「014 天然記念物〔国
　指定〕」

下伊那郡阿智村
◇一番清水 ⇒「122 信州の名水・秘水」
◇小黒川のミズナラ ⇒「014 天然記念物〔国指定〕」
◇中央アルプス県立自然公園 ⇒「008 都道府県
　立自然公園」

下伊那郡根羽村
◇月瀬の大スギ ⇒「014 天然記念物〔国指定〕」

下伊那郡泰阜村
◇泰阜の大クワ ⇒「035 天然記念物〔長野県〕」

下伊那郡喬木村
◇毛無山の球状花こう岩 ⇒「035 天然記念物〔長
　野県〕」
◇天竜小渋水系県立自然公園 ⇒「008 都道府県
　立自然公園」

下伊那郡豊丘村
◇天竜小渋水系県立自然公園 ⇒「008 都道府県
　立自然公園」

下伊那郡大鹿村
◇大鹿村の中央構造線（北川露頭・安康露頭）⇒
　「014 天然記念物〔国指定〕」
◇天竜小渋水系県立自然公園 ⇒「008 都道府県
　立自然公園」
◇南アルプス（中央構造線エリア）ジオパーク ⇒
　「009 日本ジオパーク」
◇南アルプスユネスコエコパーク ⇒「012 ユネ
　スコエコパーク」

木曽郡上松町
◇木曽馬 ⇒「035 天然記念物〔長野県〕」
◇中央アルプス県立自然公園 ⇒「008 都道府県
　立自然公園」
◇寝覚の床 ⇒「063 名勝〔国指定〕」

木曽郡南木曽町
◇田立の滝 ⇒「081 名勝〔長野県〕」
◇中央アルプス県立自然公園 ⇒「008 都道府県
　立自然公園」
◇妻籠のギンモクセイ ⇒「035 天然記念物〔長
　野県〕」

木曽郡王滝村
◇御嶽神社里宮御神水 ⇒「122 信州の名水・秘水」
◇御岳県立自然公園 ⇒「008 都道府県立自然公園」

木曽郡大桑村
◇阿寺渓谷「美顔水」⇒「122 信州の名水・秘水」
◇中央アルプス県立自然公園 ⇒「008 都道府県
　立自然公園」

木曽郡木曽町
◇御嶽山「三の池」⇒「122 信州の名水・秘水」
◇木曽馬 ⇒「035 天然記念物〔長野県〕」
◇中央アルプス県立自然公園 ⇒「008 都道府県
　立自然公園」
◇御岳県立自然公園 ⇒「008 都道府県立自然公園」
◇三岳のブッポウソウ繁殖地 ⇒「014 天然記念
　物〔国指定〕」

東筑摩郡麻績村
◇聖山高原県立自然公園 ⇒「008 都道府県立自
　然公園」

東筑摩郡生坂村
◇乳房イチョウ ⇒「035 天然記念物〔長野県〕」
◇聖山高原県立自然公園 ⇒「008 都道府県立自
　然公園」

東筑摩郡筑北村
◇聖山高原県立自然公園 ⇒「008 都道府県立自
　然公園」

北安曇郡白馬村
◇白馬連山高山植物帯 ⇒「015 特別天然記念物
　〔国指定〕」
◇八方尾根高山植物帯 ⇒「035 天然記念物〔長

406　事典・日本の自然保護地域

中部　　　　　　　　　　　地域別索引　　　　　　　　　　岐阜県

野県〕」

北安曇郡小谷村
◇雨飾山湧水 ⇒「122 信州の名水・秘水」
◇石原白山社のスギ ⇒「035 天然記念物〔長野県〕」
◇恐竜の足跡化石 ⇒「035 天然記念物〔長野県〕」
◇牧の入茅場 ⇒「120 ふるさと文化財の森」

埴科郡坂城町
◇小泉、下塩尻及び南条の岩鼻 ⇒「035 天然記念物〔長野県〕」

上高井郡小布施町
◇雁田のヒイラギ ⇒「035 天然記念物〔長野県〕」

下高井郡山ノ内町
◇一の瀬のシナノキ ⇒「035 天然記念物〔長野県〕」
◇宇木のエドヒガン ⇒「035 天然記念物〔長野県〕」
◇志賀高原石の湯のゲンジボタル生息地 ⇒「014 天然記念物〔国指定〕」
◇志賀高原ユネスコエコパーク ⇒「012 ユネスコエコパーク」
◇四十八池湿原 ⇒「035 天然記念物〔長野県〕」
◇渋の地獄谷噴泉 ⇒「014 天然記念物〔国指定〕」
◇田ノ原湿原 ⇒「035 天然記念物〔長野県〕」

上水内郡信濃町
◇野尻湖産大型哺乳類化石群(ナウマンゾウ・ヤベオオツノジカ・ヘラジカ) ⇒「035 天然記念物〔長野県〕」

上水内郡小川村
◇下北尾のオハツキイチョウ ⇒「035 天然記念物〔長野県〕」

上水内郡飯綱町
◇地蔵久保のオオヤマザクラ ⇒「035 天然記念物〔長野県〕」
◇袖之山のシダレザクラ ⇒「035 天然記念物〔長野県〕」

下水内郡栄村
◇北野天満温泉湧水 ⇒「122 信州の名水・秘水」
◇苗場山麓ジオパーク ⇒「009 日本ジオパーク」

岐阜県

岐阜県
◇揖斐関ヶ原養老国定公園 ⇒「001 国定公園」
◇北アルプス ⇒「132 重要生息地(IBA)」
◇中部山岳国立公園 ⇒「002 国立公園」
◇中部北陸自然歩道 ⇒「007 長距離自然歩道」
◇東海自然歩道 ⇒「007 長距離自然歩道」
◇能郷白山・伊吹山地 ⇒「132 重要生息地(IBA)」
◇白山 ⇒「132 重要生息地(IBA)」
◇白山国立公園 ⇒「002 国立公園」
◇白山ユネスコエコパーク ⇒「012 ユネスコエコパーク」
◇飛騨木曽川国定公園 ⇒「001 国定公園」

岐阜市
◇鏡岩 ⇒「036 天然記念物〔岐阜県〕」
◇大智寺の大ヒノキ ⇒「036 天然記念物〔岐阜県〕」
◇中将姫誓願ザクラ ⇒「014 天然記念物〔国指定〕」
◇白山神社のスギ(岐阜市) ⇒「036 天然記念物〔岐阜県〕」

大垣市
◇一之瀬のサンシュユ ⇒「036 天然記念物〔岐阜県〕」
◇一之瀬のホンシャクナゲ群落 ⇒「014 天然記念物〔国指定〕」
◇伊吹県立自然公園 ⇒「008 都道府県立自然公園」
◇老杉神社の社叢 ⇒「036 天然記念物〔岐阜県〕」
◇大神神社の社叢 ⇒「036 天然記念物〔岐阜県〕」
◇おくのほそ道の風景地 草加松原 ガンマンガ淵(慈雲寺境内) 八幡宮(那須神社境内) 殺生石 遊行柳(清水流る、の柳) 黒塚の岩屋 武隈の松 つゝじが岡及び天神の御社 木の下及び薬師堂 壺碑(つぼの石ぶみ) 興井 末の松山 籬が島 金鶏山 高館 さくら山 本合海 三崎(大師崎) 象潟及び汐越 親しらず 有磯海(女岩) 那谷寺境内(奇石) 道明が淵(山中の温泉) 大垣船町川湊 ⇒「063 名勝〔国指定〕」
◇金生山の陸貝と生息地 ⇒「036 天然記念物〔岐阜県〕」
◇ハリヨ生息地 ⇒「036 天然記念物〔岐阜県〕」
◇唯願寺のしぶなしガヤ ⇒「036 天然記念物〔岐阜県〕」
◇湯葉神社のスギ ⇒「036 天然記念物〔岐阜県〕」

事典・日本の自然保護地域　407

岐阜県　　　　　　　　地域別索引　　　　　　　　中部

高山市

◇池本のフクロホオバ ⇒「036 天然記念物〔岐阜県〕」
◇一位森八幡神社社叢 ⇒「014 天然記念物〔国指定〕」
◇牛丸ジュラ紀化石 ⇒「036 天然記念物〔岐阜県〕」
◇宇津江四十八滝 ⇒「082 名勝〔岐阜県〕」
◇宇津江四十八滝県立自然公園 ⇒「008 都道府県立自然公園」
◇尾上郷ジュラ紀化石 ⇒「036 天然記念物〔岐阜県〕」
◇御嶽山県立自然公園 ⇒「008 都道府県立自然公園」
◇春日神社のフジ社叢 ⇒「036 天然記念物〔岐阜県〕」
◇加茂のイチョウ ⇒「036 天然記念物〔岐阜県〕」
◇臥龍のサクラ ⇒「014 天然記念物〔国指定〕」
◇清見層デボン紀化石産地 ⇒「036 天然記念物〔岐阜県〕」
◇熊野神社のスギ ⇒「036 天然記念物〔岐阜県〕」
◇位山舟山県立自然公園 ⇒「008 都道府県立自然公園」
◇クロベの大樹 ⇒「036 天然記念物〔岐阜県〕」
◇枝垂れザクラ ⇒「036 天然記念物〔岐阜県〕」
◇荘川ザクラ ⇒「036 天然記念物〔岐阜県〕」
◇治郎兵衛のイチイ ⇒「014 天然記念物〔国指定〕」
◇神代スギ ⇒「036 天然記念物〔岐阜県〕」
◇スズラン、レンゲツツジ群落 ⇒「036 天然記念物〔岐阜県〕」
◇住吉神社のケヤキ ⇒「036 天然記念物〔岐阜県〕」
◇せせらぎ渓谷県立自然公園 ⇒「008 都道府県立自然公園」
◇千光寺の五本スギ ⇒「014 天然記念物〔国指定〕」
◇千本カツラ ⇒「036 天然記念物〔岐阜県〕」
◇高山城跡 ⇒「036 天然記念物〔岐阜県〕」
◇高山神明神社の大スギ ⇒「036 天然記念物〔岐阜県〕」
◇高山白山神社の矢立スギ ⇒「036 天然記念物〔岐阜県〕」
◇槻本神社のスギ ⇒「036 天然記念物〔岐阜県〕」
◇七本サワラ ⇒「036 天然記念物〔岐阜県〕」
◇二之宮神社のケヤキ ⇒「036 天然記念物〔岐阜県〕」
◇子ノ原高原レンゲツツジ群落 ⇒「036 天然記念物〔岐阜県〕」
◇野平家のイチイ防風林 ⇒「036 天然記念物〔岐阜県〕」
◇野麦県立自然公園 ⇒「008 都道府県立自然公園」

◇日枝神社の大スギ ⇒「036 天然記念物〔岐阜県〕」
◇飛騨国分寺の大イチョウ ⇒「014 天然記念物〔国指定〕」
◇福地化石標本 ⇒「036 天然記念物〔岐阜県〕」
◇福地の化石産地 ⇒「014 天然記念物〔国指定〕」
◇フクジュソウ群落 ⇒「036 天然記念物〔岐阜県〕」
◇二つ葉グリ ⇒「036 天然記念物〔岐阜県〕」
◇牧ヶ洞のイチイ ⇒「036 天然記念物〔岐阜県〕」
◇水無神社の大スギ ⇒「036 天然記念物〔岐阜県〕」
◇宮村のカキ ⇒「036 天然記念物〔岐阜県〕」
◇六厩の夫婦スギ ⇒「036 天然記念物〔岐阜県〕」
◇森茂白山神社社叢 ⇒「036 天然記念物〔岐阜県〕」
◇山中峠のミズバショウ群落 ⇒「036 天然記念物〔岐阜県〕」
◇了因寺のカヤ ⇒「036 天然記念物〔岐阜県〕」

多治見市

◇廿原のカキ ⇒「036 天然記念物〔岐阜県〕」

関市

◇奥長良川県立自然公園 ⇒「008 都道府県立自然公園」
◇名無木 ⇒「036 天然記念物〔岐阜県〕」
◇日竜峰寺境内林 ⇒「120 ふるさと文化財の森」
◇八幡神社社叢 ⇒「036 天然記念物〔岐阜県〕」
◇武芸八幡神社のスギ ⇒「036 天然記念物〔岐阜県〕」

中津川市

◇磯前神社のスギ ⇒「036 天然記念物〔岐阜県〕」
◇岩谷堂のシデコブシ群生地 ⇒「036 天然記念物〔岐阜県〕」
◇裏木曽県立自然公園 ⇒「008 都道府県立自然公園」
◇恵那峡県立自然公園 ⇒「008 都道府県立自然公園」
◇胞山県立自然公園 ⇒「008 都道府県立自然公園」
◇恵那神社の夫婦スギ ⇒「036 天然記念物〔岐阜県〕」
◇大実カヤの木 ⇒「036 天然記念物〔岐阜県〕」
◇加子母のスギ ⇒「014 天然記念物〔国指定〕」
◇上山口の諏訪神社社叢 ⇒「036 天然記念物〔岐阜県〕」
◇坂下のハナノキ群生地 ⇒「036 天然記念物〔岐阜県〕」
◇坂下のモミラン ⇒「036 天然記念物〔岐阜県〕」
◇坂本のハナノキ自生地 ⇒「014 天然記念物〔国指定〕」

408　事典・日本の自然保護地域

| 中部 | 地域別索引 | 岐阜県 |

◇自生のヒトツバタゴ ⇒「036 天然記念物〔岐阜県〕」
◇しだれガキ ⇒「036 天然記念物〔岐阜県〕」
◇新茶屋の自生ヒトツバタゴ ⇒「036 天然記念物〔岐阜県〕」
◇瀬戸のカヤ ⇒「036 天然記念物〔岐阜県〕」
◇垂洞のシダレモミ ⇒「014 天然記念物〔国指定〕」
◇長楽寺のイチョウ ⇒「036 天然記念物〔岐阜県〕」
◇ハナノキ自生地 ⇒「036 天然記念物〔岐阜県〕」
◇ヒトツバタゴ自生地 ⇒「014 天然記念物〔国指定〕」
◇紅岩 ⇒「036 天然記念物〔岐阜県〕」

美濃市

◇奥長良川県立自然公園 ⇒「008 都道府県立自然公園」
◇楓谷のヤマモミジ樹林 ⇒「014 天然記念物〔国指定〕」
◇洲原神社社叢 ⇒「036 天然記念物〔岐阜県〕」
◇洲原神社ブッポウソウ繁殖地 ⇒「014 天然記念物〔国指定〕」
◇鶴形山暖地性植物 ⇒「036 天然記念物〔岐阜県〕」

瑞浪市

◇明世化石 ⇒「036 天然記念物〔岐阜県〕」
◇大湫神明神社の大スギ ⇒「036 天然記念物〔岐阜県〕」
◇大湫ヒトツバタゴ自主地 ⇒「036 天然記念物〔岐阜県〕」
◇鬼岩 ⇒「063 名勝〔国指定〕」
◇釜戸ハナノキ自生地 ⇒「014 天然記念物〔国指定〕」
◇土岐双生竹 ⇒「036 天然記念物〔岐阜県〕」
◇ヒトツバタゴ自生地 ⇒「014 天然記念物〔国指定〕」
◇瑞浪の鳴石産地 ⇒「036 天然記念物〔岐阜県〕」

羽島市

◇竹鼻別院のフジ ⇒「036 天然記念物〔岐阜県〕」

恵那市

◇恵那峡県立自然公園 ⇒「008 都道府県立自然公園」
◇胞山県立自然公園 ⇒「008 都道府県立自然公園」
◇大井ヒトツバタゴ ⇒「036 天然記念物〔岐阜県〕」
◇大船神社参道の松並木 ⇒「036 天然記念物〔岐阜県〕」
◇大船神社の弁慶スギ ⇒「036 天然記念物〔岐阜県〕」

阜県〕」
◇傘岩 ⇒「014 天然記念物〔国指定〕」
◇笠置山のヒカリゴケ ⇒「036 天然記念物〔岐阜県〕」
◇亀ヶ沢のハナノキ自生地 ⇒「036 天然記念物〔岐阜県〕」
◇河合のカヤ ⇒「036 天然記念物〔岐阜県〕」
◇自生のヒトツバタゴ ⇒「036 天然記念物〔岐阜県〕」
◇正家のカヤ ⇒「036 天然記念物〔岐阜県〕」
◇武並のソウセイチク自生地 ⇒「036 天然記念物〔岐阜県〕」
◇団子スギ ⇒「036 天然記念物〔岐阜県〕」
◇富田ハナノキ自生地 ⇒「014 天然記念物〔国指定〕」
◇中野方のヒトツバタゴ自生地 ⇒「036 天然記念物〔岐阜県〕」
◇中山神社社叢 ⇒「036 天然記念物〔岐阜県〕」
◇ヒトツバタゴ自生地 ⇒「014 天然記念物〔国指定〕」
◇ひよもの枝垂れザクラ ⇒「036 天然記念物〔岐阜県〕」

美濃加茂市

◇川合のムクノキ ⇒「036 天然記念物〔岐阜県〕」
◇メタセコイア珪化木 ⇒「036 天然記念物〔岐阜県〕」
◇山ノ上のサクラ ⇒「036 天然記念物〔岐阜県〕」

土岐市

◇土岐三国山県立自然公園 ⇒「008 都道府県立自然公園」
◇白山神社のハナノキおよびヒトツバタゴ ⇒「014 天然記念物〔国指定〕」
◇美濃の壺石 ⇒「014 天然記念物〔国指定〕」

各務原市

◇木曽川 ⇒「063 名勝〔国指定〕」

可児市

◇木曽川 ⇒「063 名勝〔国指定〕」
◇久々利のサクライソウ自生地 ⇒「014 天然記念物〔国指定〕」
◇古城山のオオウラジロノキ（地方名ヤマナシ）⇒「036 天然記念物〔岐阜県〕」

山県市

◇甘南美寺のサクラ ⇒「036 天然記念物〔岐阜県〕」

岐阜県　　　　　　　　　　地域別索引　　　　　　　　　中部

瑞穂市
◇藤九郎ギンナン ⇒「036 天然記念物〔岐阜県〕」

飛騨市
◇天生県立自然公園 ⇒「008 都道府県立自然公園」
◇天生の高層湿原植物群落 ⇒「036 天然記念物〔岐阜県〕」
◇稲越のフクジュソウ群生地（稲越菅野）⇒「036 天然記念物〔岐阜県〕」
◇稲越のフクジュソウ群生地（稲越沢黒）⇒「036 天然記念物〔岐阜県〕」
◇弥栄スギ（一名れんげスギ）⇒「036 天然記念物〔岐阜県〕」
◇白坂のトチノキ ⇒「036 天然記念物〔岐阜県〕」
◇大谷のイチイ ⇒「036 天然記念物〔岐阜県〕」
◇奥飛騨数河流葉県立自然公園 ⇒「008 都道府県立自然公園」
◇栗原神社のコブシ ⇒「036 天然記念物〔岐阜県〕」
◇向善寺のイチイ ⇒「036 天然記念物〔岐阜県〕」
◇上ヶ島のフクジュソウ群生地 ⇒「036 天然記念物〔岐阜県〕」
◇常連寺のスギ ⇒「036 天然記念物〔岐阜県〕」
◇菅沼のカツラ ⇒「036 天然記念物〔岐阜県〕」
◇鎮護ザクラ ⇒「036 天然記念物〔岐阜県〕」
◇津島神社社叢 ⇒「036 天然記念物〔岐阜県〕」
◇土のイチイ ⇒「036 天然記念物〔岐阜県〕」
◇白山神社のトチノキ ⇒「036 天然記念物〔岐阜県〕」
◇洞のカツラ ⇒「036 天然記念物〔岐阜県〕」
◇洞のミズバショウ、リュウキンカ群生地 ⇒「036 天然記念物〔岐阜県〕」
◇横山楡原衝上断層 ⇒「014 天然記念物〔国指定〕」
◇若宮八幡神社三本スギ ⇒「036 天然記念物〔岐阜県〕」
◇若宮八幡神社スギとトチノキの双生樹 ⇒「036 天然記念物〔岐阜県〕」

本巣市
◇国恩寺のヒイラギ ⇒「036 天然記念物〔岐阜県〕」
◇根尾谷淡墨ザクラ ⇒「014 天然記念物〔国指定〕」
◇根尾谷断層 ⇒「015 特別天然記念物〔国指定〕」
◇根尾谷の菊花石 ⇒「015 特別天然記念物〔国指定〕」

郡上市
◇阿弥陀ヶ滝 ⇒「082 名勝〔岐阜県〕」
◇石徹白の浄安スギ ⇒「036 天然記念物〔岐阜県〕」
◇石徹白のスギ ⇒「015 特別天然記念物〔国指定〕」

◇大踏山のミズバショウ群生地 ⇒「036 天然記念物〔岐阜県〕」
◇オオサンショウウオ生息地 ⇒「014 天然記念物〔国指定〕」
◇オオサンショウウオ生息地 ⇒「014 天然記念物〔国指定〕」
◇奥長良川県立自然公園 ⇒「008 都道府県立自然公園」
◇春日神明神社彼岸ザクラ ⇒「036 天然記念物〔岐阜県〕」
◇神ノ御杖スギ ⇒「014 天然記念物〔国指定〕」
◇粥川ウナギ生息地 ⇒「014 天然記念物〔国指定〕」
◇白鳥神社の森 ⇒「036 天然記念物〔岐阜県〕」
◇善勝寺のサクラ ⇒「036 天然記念物〔岐阜県〕」
◇宗祇ガキ ⇒「036 天然記念物〔岐阜県〕」
◇銚子ヶ渕のクリ ⇒「036 天然記念物〔岐阜県〕」
◇戸隠神社社叢 ⇒「036 天然記念物〔岐阜県〕」
◇戸隠神社の一本スギ ⇒「036 天然記念物〔岐阜県〕」
◇那比新宮神社社叢 ⇒「036 天然記念物〔岐阜県〕」
◇白山神社のスギ（郡上市）⇒「036 天然記念物〔岐阜県〕」
◇白山神社の六本ヒノキ ⇒「036 天然記念物〔岐阜県〕」
◇白山中居神社のブナ原生林 ⇒「036 天然記念物〔岐阜県〕」
◇白山中居神社の森 ⇒「036 天然記念物〔岐阜県〕」
◇ヒカゲツツジ群落 ⇒「036 天然記念物〔岐阜県〕」
◇蛭ヶ野高層湿原植物群落 ⇒「036 天然記念物〔岐阜県〕」
◇藤路のサクラ ⇒「036 天然記念物〔岐阜県〕」
◇前谷床並社跡のトチノキ ⇒「036 天然記念物〔岐阜県〕」
◇明建神社の社叢 ⇒「036 天然記念物〔岐阜県〕」
◇モリアオガエル群生地 ⇒「036 天然記念物〔岐阜県〕」
◇領家のモミジ ⇒「036 天然記念物〔岐阜県〕」

下呂市
◇県神社のスギ ⇒「036 天然記念物〔岐阜県〕」
◇赤沼田神明の杜 ⇒「036 天然記念物〔岐阜県〕」
◇大洞のクリ ⇒「036 天然記念物〔岐阜県〕」
◇落合のサクラ ⇒「036 天然記念物〔岐阜県〕」
◇落合のトチノキ ⇒「036 天然記念物〔岐阜県〕」
◇御嶽山県立自然公園 ⇒「008 都道府県立自然公園」
◇門和佐川のゲンジボタル ⇒「036 天然記念物〔岐阜県〕」

410　事典・日本の自然保護地域

中部　　　　　　　　　　地域別索引　　　　　　　　　岐阜県

◇臥竜のフジ ⇒「036 天然記念物〔岐阜県〕」
◇巌立 ⇒「036 天然記念物〔岐阜県〕」
◇久津八幡神社の夫婦スギ ⇒「014 天然記念物〔国指定〕」
◇位山八幡宮のイチイ ⇒「036 天然記念物〔岐阜県〕」
◇位山舟山県立自然公園 ⇒「008 都道府県立自然公園」
◇くらがりシダ ⇒「036 天然記念物〔岐阜県〕」
◇桂林寺のイチイ ⇒「036 天然記念物〔岐阜県〕」
◇サクラ ⇒「036 天然記念物〔岐阜県〕」
◇坂下のケヤキ ⇒「036 天然記念物〔岐阜県〕」
◇坂下の十二本ヒノキ ⇒「036 天然記念物〔岐阜県〕」
◇せせらぎ渓谷県立自然公園 ⇒「008 都道府県立自然公園」
◇禅昌寺の大スギ ⇒「014 天然記念物〔国指定〕」
◇祖師野八幡神社の社叢 ⇒「036 天然記念物〔岐阜県〕」
◇竹原のシダレグリ自生地 ⇒「014 天然記念物〔国指定〕」
◇立石のサクラ ⇒「036 天然記念物〔岐阜県〕」
◇長瀬のウメ ⇒「036 天然記念物〔岐阜県〕」
◇苗代ザクラ ⇒「036 天然記念物〔岐阜県〕」
◇馬頭観音のイチイ ⇒「036 天然記念物〔岐阜県〕」
◇羽根白山のサクラ ⇒「036 天然記念物〔岐阜県〕」
◇藤ヶ森観音堂のフジ ⇒「036 天然記念物〔岐阜県〕」
◇洞の五本スギ ⇒「036 天然記念物〔岐阜県〕」
◇宮谷神明神社の夫婦スギ ⇒「036 天然記念物〔岐阜県〕」
◇横谷峡四つの滝 ⇒「082 名勝〔岐阜県〕」
◇和川白山神社の大スギ ⇒「036 天然記念物〔岐阜県〕」
◇わさざのサクラ ⇒「036 天然記念物〔岐阜県〕」

海津市
◇梶屋八幡神社社叢 ⇒「036 天然記念物〔岐阜県〕」
◇杉生神社のケヤキ ⇒「036 天然記念物〔岐阜県〕」
◇千本松原県立自然公園 ⇒「008 都道府県立自然公園」
◇津屋川水系清水池ハリヨ生息地 ⇒「014 天然記念物〔国指定〕」
◇松山諏訪神社の大クス ⇒「036 天然記念物〔岐阜県〕」

養老郡養老町
◇六社神社のムクノキ ⇒「036 天然記念物〔岐阜県〕」

不破郡垂井町
◇伊富岐神社の大スギ ⇒「036 天然記念物〔岐阜県〕」
◇栗原連理のサカキ ⇒「036 天然記念物〔岐阜県〕」
◇垂井の大ケヤキ ⇒「036 天然記念物〔岐阜県〕」
◇モリアオガエル群生地 ⇒「036 天然記念物〔岐阜県〕」

不破郡関ケ原町
◇聖蓮寺の八房ウメ ⇒「036 天然記念物〔岐阜県〕」
◇関ヶ原本陣スダジイ ⇒「036 天然記念物〔岐阜県〕」

揖斐郡揖斐川町
◇秋葉神社のイチイガシ ⇒「036 天然記念物〔岐阜県〕」
◇稲荷神社のイチイガシ ⇒「036 天然記念物〔岐阜県〕」
◇伊野一本スギ ⇒「036 天然記念物〔岐阜県〕」
◇揖斐県立自然公園 ⇒「008 都道府県立自然公園」
◇伊吹県立自然公園 ⇒「008 都道府県立自然公園」
◇春日中山のケヤキ ⇒「036 天然記念物〔岐阜県〕」
◇熊野神社のアラカシ ⇒「036 天然記念物〔岐阜県〕」
◇西蓮寺のムクノキ ⇒「036 天然記念物〔岐阜県〕」
◇笹又の石灰質角礫巨岩 ⇒「036 天然記念物〔岐阜県〕」
◇新宮塚のムクノキ ⇒「036 天然記念物〔岐阜県〕」
◇中山六社神社社叢 ⇒「036 天然記念物〔岐阜県〕」
◇白山神社のスギ ⇒「036 天然記念物〔岐阜県〕」
◇ヒメハルゼミ生息地 ⇒「036 天然記念物〔岐阜県〕」

揖斐郡大野町
◇揖斐二度ザクラ ⇒「014 天然記念物〔国指定〕」

揖斐郡池田町
◇池田町八幡のハリヨ繁殖地 ⇒「036 天然記念物〔岐阜県〕」
◇伊吹県立自然公園 ⇒「008 都道府県立自然公園」
◇霞間ヶ渓（サクラ）⇒「014 天然記念物〔国指定〕」「063 名勝〔国指定〕」

本巣郡北方町
◇朝日神社のクロガネモチ ⇒「036 天然記念物〔岐阜県〕」

事典・日本の自然保護地域　411

静岡県　　　　　　　　　　地域別索引　　　　　　　　　　中部

加茂郡坂祝町
◇木曽川 ⇒「063 名勝〔国指定〕」

加茂郡七宗町
◇神淵神社の大スギ ⇒「014 天然記念物〔国指定〕」
◇飛水峡の甌穴群 ⇒「014 天然記念物〔国指定〕」

加茂郡八百津町
◇大船神社社叢 ⇒「036 天然記念物〔岐阜県〕」
◇ハッチョウトンボ群棲地 ⇒「036 天然記念物〔岐阜県〕」

加茂郡白川町
◇大森神社の大スギ「036 天然記念物〔岐阜県〕」
◇大山の大スギ ⇒「014 天然記念物〔国指定〕」
◇里宮佐久良太神社のスギ ⇒「036 天然記念物〔岐阜県〕」
◇白川町のシャクナゲ群落 ⇒「036 天然記念物〔岐阜県〕」
◇遠見場のハナノキ ⇒「036 天然記念物〔岐阜県〕」
◇水戸野のシダレザクラ ⇒「036 天然記念物〔岐阜県〕」
◇薬研洞の大ナラ ⇒「036 天然記念物〔岐阜県〕」

加茂郡東白川村
◇越原ハナノキ自生地 ⇒「014 天然記念物〔国指定〕」

可児郡御嵩町
◇鬼岩 ⇒「014 天然記念物〔国指定〕」「063 名勝〔国指定〕」

大野郡白川村
◇芦倉八幡神社のスギ ⇒「036 天然記念物〔岐阜県〕」
◇天生県立自然公園 ⇒「008 都道府県立自然公園」
◇おおたザクラ ⇒「036 天然記念物〔岐阜県〕」
◇下田のイチイ ⇒「036 天然記念物〔岐阜県〕」
◇白水滝 ⇒「082 名勝〔岐阜県〕」
◇長瀬神明神社社叢 ⇒「036 天然記念物〔岐阜県〕」
◇稗田のトチ ⇒「036 天然記念物〔岐阜県〕」
◇明善寺のイチイ ⇒「036 天然記念物〔岐阜県〕」

静岡県

静岡県
◇天竜奥三河国定公園 ⇒「001 国定公園」
◇東海自然歩道 ⇒「007 長距離自然歩道」
◇富士 ⇒「132 重要生息地（IBA）」
◇富士山 ⇒「064 特別名勝〔国指定〕」
◇富士箱根伊豆国立公園 ⇒「002 国立公園」
◇南アルプス ⇒「132 重要生息地（IBA）」
◇南アルプス国立公園 ⇒「002 国立公園」

静岡市
◇家康手植の蜜柑 ⇒「037 天然記念物〔静岡県〕」
◇大平のコウヤマキ ⇒「037 天然記念物〔静岡県〕」
◇奥大井県立自然公園 ⇒「008 都道府県立自然公園」
◇小鹿神明社のクス ⇒「037 天然記念物〔静岡県〕」
◇御前崎遠州灘県立自然公園 ⇒「008 都道府県立自然公園」
◇黒俣の大イチョウ ⇒「037 天然記念物〔静岡県〕」
◇黒俣の大ヒイラギ ⇒「037 天然記念物〔静岡県〕」
◇木枯森 ⇒「083 名勝〔静岡県〕」
◇石蔵院のお葉付公孫樹 ⇒「037 天然記念物〔静岡県〕」
◇但沼神社の樟 ⇒「037 天然記念物〔静岡県〕」
◇チャ樹（やぶきた種母樹）⇒「037 天然記念物〔静岡県〕」
◇南アルプスユネスコエコパーク ⇒「012 ユネスコエコパーク」
◇三保松原 ⇒「063 名勝〔国指定〕」

静岡市駿河区
◇日本平・三保の松原県立自然公園 ⇒「008 都道府県立自然公園」

静岡市清水区
◇日本平 ⇒「063 名勝〔国指定〕」
◇日本平・三保の松原県立自然公園 ⇒「008 都道府県立自然公園」
◇龍華寺のソテツ ⇒「014 天然記念物〔国指定〕」

浜松市
◇奥大井県立自然公園 ⇒「008 都道府県立自然公園」

412　事典・日本の自然保護地域

中部 　　　　　　　　　　　　　地域別索引 　　　　　　　　　　　　　静岡県

◇北浜の大カヤノキ ⇒「014 天然記念物〔国指定〕」
◇京丸のアカヤシオおよびシロヤシオ群生地 ⇒「014 天然記念物〔国指定〕」
◇雲立の楠 ⇒「037 天然記念物〔静岡県〕」
◇笹ヶ瀬隕石重六百九十五グラム ⇒「037 天然記念物〔静岡県〕」
◇将軍杉 ⇒「037 天然記念物〔静岡県〕」
◇鵺代のマンサク群落 ⇒「037 天然記念物〔静岡県〕」
◇浜名湖 ⇒「083 名勝〔静岡県〕」
◇浜名湖・遠州灘 ⇒「132 重要生息地（IBA）」
◇浜名湖県立自然公園 ⇒「008 都道府県立自然公園」
◇春野スギ ⇒「037 天然記念物〔静岡県〕」
◇ホウジ峠の中央構造線 ⇒「037 天然記念物〔静岡県〕」
◇法橋の松 ⇒「037 天然記念物〔静岡県〕」
◇水窪小学校のイチイガシ ⇒「037 天然記念物〔静岡県〕」
◇米沢諏訪神社のイチイガシ ⇒「037 天然記念物〔静岡県〕」

沼津市
◇鮎壷の滝 ⇒「037 天然記念物〔静岡県〕」
◇伊豆半島ジオパーク ⇒「009 日本ジオパーク」
◇大瀬崎のビャクシン樹林 ⇒「014 天然記念物〔国指定〕」
◇岡宮浅間神社のクス ⇒「037 天然記念物〔静岡県〕」
◇河内（こうち）の大スギ ⇒「037 天然記念物〔静岡県〕」
◇小鷲頭山野鳥保護区 ⇒「135 野鳥保護区」
◇御浜岬のイヌマキ群生地 ⇒「037 天然記念物〔静岡県〕」

熱海市
◇阿豆佐和気神社の大クス ⇒「014 天然記念物〔国指定〕」
◇熱海のナツメヤシ ⇒「037 天然記念物〔静岡県〕」
◇伊豆半島ジオパーク ⇒「009 日本ジオパーク」

三島市
◇伊豆半島ジオパーク ⇒「009 日本ジオパーク」
◇駒形諏訪神社の大カシ ⇒「037 天然記念物〔静岡県〕」
◇三島神社のキンモクセイ ⇒「014 天然記念物〔国指定〕」
◇御嶽神社の親子モッコク ⇒「037 天然記念物〔静岡県〕」
◇楽寿園 ⇒「014 天然記念物〔国指定〕」

富士宮市
◇朝霧高原茅場 ⇒「120 ふるさと文化財の森」
◇猪之頭のミツバツツジ ⇒「037 天然記念物〔静岡県〕」
◇大晦日五輪のカヤ ⇒「037 天然記念物〔静岡県〕」
◇大晦日のタブノキ ⇒「037 天然記念物〔静岡県〕」
◇上条のサクラ ⇒「037 天然記念物〔静岡県〕」
◇狩宿の下馬ザクラ ⇒「015 特別天然記念物〔国指定〕」
◇北山本門寺のスギ ⇒「037 天然記念物〔静岡県〕」
◇芝川のポットホール ⇒「037 天然記念物〔静岡県〕」
◇白糸ノ滝 ⇒「014 天然記念物〔国指定〕」「063 名勝〔国指定〕」
◇西山本門寺の大ヒイラギ ⇒「037 天然記念物〔静岡県〕」
◇富士山芝川溶岩の柱状節理 ⇒「037 天然記念物〔静岡県〕」
◇万野風穴 ⇒「014 天然記念物〔国指定〕」
◇村山浅間神社のイチョウ ⇒「037 天然記念物〔静岡県〕」
◇村山浅間神社の大スギ ⇒「037 天然記念物〔静岡県〕」
◇湧玉池 ⇒「015 特別天然記念物〔国指定〕」

伊東市
◇伊豆半島ジオパーク ⇒「009 日本ジオパーク」
◇大室山 ⇒「014 天然記念物〔国指定〕」
◇葛見神社の大クス ⇒「014 天然記念物〔国指定〕」
◇天照皇太神社社叢 ⇒「037 天然記念物〔静岡県〕」
◇比波預天神社のホルトノキ ⇒「037 天然記念物〔静岡県〕」
◇八幡野八幡宮・来宮神社社叢 ⇒「014 天然記念物〔国指定〕」
◇林泉寺のフジ ⇒「037 天然記念物〔静岡県〕」
◇蓮着寺のヤマモモ ⇒「014 天然記念物〔国指定〕」

島田市
◇横臥褶曲 ⇒「037 天然記念物〔静岡県〕」
◇大井川「鵜山の七曲り」と朝日段 ⇒「037 天然記念物〔静岡県〕」
◇上相賀の大カヤ ⇒「037 天然記念物〔静岡県〕」
◇慶寿寺の枝重櫻 ⇒「037 天然記念物〔静岡県〕」
◇香橘寺の大南天 ⇒「037 天然記念物〔静岡県〕」

事典・日本の自然保護地域　413

静岡県　　　　　　　　　　　地域別索引　　　　　　　　　　　中部

◇智満寺の十本スギ ⇒「014 天然記念物〔国指定〕」
◇二軒家の大カヤ ⇒「037 天然記念物〔静岡県〕」

富士市
◇慶昌院のカヤ ⇒「037 天然記念物〔静岡県〕」
◇富士岡地蔵堂のイチョウ ⇒「037 天然記念物〔静岡県〕」
◇富知六所浅間神社の大樟 ⇒「037 天然記念物〔静岡県〕」

磐田市
◇甲塚のクロガネモチ ⇒「037 天然記念物〔静岡県〕」
◇善導寺の大樟 ⇒「037 天然記念物〔静岡県〕」
◇熊野の長フジ ⇒「014 天然記念物〔国指定〕」

掛川市
◇阿波々神社の社叢 ⇒「037 天然記念物〔静岡県〕」
◇伊達方の大ヒイラギ ⇒「037 天然記念物〔静岡県〕」
◇鳥居杉 ⇒「037 天然記念物〔静岡県〕」
◇中新井池のオニバス ⇒「037 天然記念物〔静岡県〕」
◇本勝寺ナギ・マキの門 ⇒「037 天然記念物〔静岡県〕」

藤枝市
◇芋穴所のマルカシ ⇒「037 天然記念物〔静岡県〕」
◇久遠のマツ ⇒「037 天然記念物〔静岡県〕」
◇須賀神社のクス ⇒「037 天然記念物〔静岡県〕」
◇高根神社の大スギ ⇒「037 天然記念物〔静岡県〕」
◇若一王子神社の社叢 ⇒「037 天然記念物〔静岡県〕」
◇鼻崎の大スギ ⇒「037 天然記念物〔静岡県〕」
◇万年寺のカヤ ⇒「037 天然記念物〔静岡県〕」

御殿場市
◇印野の熔岩隧道 ⇒「014 天然記念物〔国指定〕」
◇川柳浅間神社の杉 ⇒「037 天然記念物〔静岡県〕」
◇駒門風穴 ⇒「014 天然記念物〔国指定〕」
◇永塚の大杉 ⇒「037 天然記念物〔静岡県〕」
◇東山のサイカチ ⇒「037 天然記念物〔静岡県〕」
◇宝永のスギ ⇒「037 天然記念物〔静岡県〕」

袋井市
◇油山寺の御霊杉 ⇒「037 天然記念物〔静岡県〕」

下田市
◇伊古奈比咩命神社のアオギリ自生地 ⇒「014 天然記念物〔国指定〕」
◇伊豆半島ジオパーク ⇒「009 日本ジオパーク」
◇偽層理 ⇒「037 天然記念物〔静岡県〕」
◇爪木崎の柱状節理 ⇒「037 天然記念物〔静岡県〕」
◇八幡神社のイスノキ ⇒「014 天然記念物〔国指定〕」
◇報本寺のオガタマノキ ⇒「037 天然記念物〔静岡県〕」

裾野市
◇景ケ島渓谷屏風岩の柱状節理 ⇒「037 天然記念物〔静岡県〕」
◇五竜の滝 ⇒「037 天然記念物〔静岡県〕」

湖西市
◇浜名湖・遠州灘 ⇒「132 重要生息地（IBA）」

伊豆市
◇青埴神社の枝垂イロハカエデ ⇒「037 天然記念物〔静岡県〕」
◇天城の太郎スギ ⇒「037 天然記念物〔静岡県〕」
◇安楽寺のクス ⇒「037 天然記念物〔静岡県〕」
◇伊豆半島ジオパーク ⇒「009 日本ジオパーク」
◇下白岩のレピドサイクリナ化石産地 ⇒「037 天然記念物〔静岡県〕」
◇修禅寺の桂 ⇒「037 天然記念物〔静岡県〕」
◇浄連のハイコモチシダ群落 ⇒「037 天然記念物〔静岡県〕」
◇田沢のイヌマキ ⇒「037 天然記念物〔静岡県〕」
◇日枝神社のイチイカシ ⇒「037 天然記念物〔静岡県〕」
◇法泉寺のシダレザクラ ⇒「037 天然記念物〔静岡県〕」
◇益山寺の大もみじ ⇒「037 天然記念物〔静岡県〕」

御前崎市
◇御前崎遠州灘県立自然公園 ⇒「008 都道府県立自然公園」
◇御前崎のウミガメ及びその産卵地 ⇒「014 天然記念物〔国指定〕」
◇桜ケ池 ⇒「083 名勝〔静岡県〕」
◇白羽の風蝕礫産地 ⇒「014 天然記念物〔国指定〕」
◇比木賀茂神社社叢 ⇒「037 天然記念物〔静岡県〕」

414　事典・日本の自然保護地域

中部　　　　　　　　　　地域別索引　　　　　　　　　　静岡県

伊豆の国市

◇伊豆半島ジオパーク ⇒「009 日本ジオパーク」
◇地震動の擦痕 ⇒「014 天然記念物〔国指定〕」

牧之原市

◇勝間田山のコバノミツバツツジ群生地 ⇒「037 天然記念物〔静岡県〕」
◇相良の根上り松 ⇒「037 天然記念物〔静岡県〕」
◇相良油田油井 ⇒「037 天然記念物〔静岡県〕」
◇善明院のイスノキ・クロガネモチ合着樹 ⇒「037 天然記念物〔静岡県〕」
◇天神山男神石灰岩 ⇒「037 天然記念物〔静岡県〕」
◇掉月庵の夫婦槇（こぶまき）⇒「037 天然記念物〔静岡県〕」

賀茂郡東伊豆町

◇伊豆半島ジオパーク ⇒「009 日本ジオパーク」
◇済広寺のカヤ ⇒「037 天然記念物〔静岡県〕」
◇シラヌタの池とその周辺の生物相 ⇒「037 天然記念物〔静岡県〕」
◇細野湿原 ⇒「037 天然記念物〔静岡県〕」

賀茂郡河津町

◇伊豆半島ジオパーク ⇒「009 日本ジオパーク」
◇新町の大ソテツ ⇒「014 天然記念物〔国指定〕」
◇杉桙別命神社の大クス ⇒「014 天然記念物〔国指定〕」
◇ナチシダ自生北限地 ⇒「014 天然記念物〔国指定〕」

賀茂郡南伊豆町

◇伊豆西南海岸 ⇒「063 名勝〔国指定〕」
◇伊豆半島ジオパーク ⇒「009 日本ジオパーク」
◇子浦のウバメガシ群落 ⇒「037 天然記念物〔静岡県〕」
◇白鳥神社のビャクシン ⇒「037 天然記念物〔静岡県〕」
◇手石の弥陀ノ岩屋 ⇒「014 天然記念物〔国指定〕」
◇東京大学樹芸研究所クスノキ林 ⇒「120 ふるさと文化財の森」
◇三島神社のクスノキ ⇒「037 天然記念物〔静岡県〕」

賀茂郡松崎町

◇伊豆西南海岸 ⇒「063 名勝〔国指定〕」
◇伊豆半島ジオパーク ⇒「009 日本ジオパーク」
◇松崎伊奈下神社の公孫樹 ⇒「037 天然記念物〔静岡県〕」

賀茂郡西伊豆町

◇伊豆西南海岸 ⇒「063 名勝〔国指定〕」
◇伊豆半島ジオパーク ⇒「009 日本ジオパーク」
◇永明寺のイチョウ ⇒「037 天然記念物〔静岡県〕」
◇黄金崎のプロピライト ⇒「037 天然記念物〔静岡県〕」
◇瀬浜海岸のトンボロ ⇒「037 天然記念物〔静岡県〕」
◇堂ヶ島天窓洞 ⇒「014 天然記念物〔国指定〕」

田方郡函南町

◇伊豆半島ジオパーク ⇒「009 日本ジオパーク」
◇春日神社の樟 ⇒「037 天然記念物〔静岡県〕」
◇丹那断層 ⇒「014 天然記念物〔国指定〕」
◇天地神社の樟 ⇒「037 天然記念物〔静岡県〕」

駿東郡清水町

◇柿田川 ⇒「014 天然記念物〔国指定〕」

駿東郡長泉町

◇鮎壷の滝 ⇒「037 天然記念物〔静岡県〕」
◇下土狩の公孫樹 ⇒「037 天然記念物〔静岡県〕」

駿東郡小山町

◇上野のトチノキ ⇒「037 天然記念物〔静岡県〕」
◇大胡田天神社のイチョウ ⇒「037 天然記念物〔静岡県〕」
◇須走浅間のハルニレ ⇒「037 天然記念物〔静岡県〕」
◇柳島八幡神社の二本スギ ⇒「037 天然記念物〔静岡県〕」

榛原郡吉田町

◇能満寺のソテツ ⇒「014 天然記念物〔国指定〕」

榛原郡川根本町

◇奥大井県立自然公園 ⇒「008 都道府県立自然公園」
◇御前崎遠州灘県立自然公園 ⇒「008 都道府県立自然公園」
◇田野口津島神社の五本スギ ⇒「037 天然記念物〔静岡県〕」
◇徳山浅間神社の鳥居スギ ⇒「037 天然記念物〔静岡県〕」
◇南アルプスユネスコエコパーク ⇒「012 ユネスコエコパーク」

事典・日本の自然保護地域　　415

周智郡森町
◇天宮神社のナギ ⇒「037 天然記念物〔静岡県〕」
◇次郎柿原木 ⇒「037 天然記念物〔静岡県〕」

愛知県

愛知県
◇愛知高原国定公園 ⇒「001 国定公園」
◇東海自然歩道 ⇒「007 長距離自然歩道」
◇飛騨木曽川国定公園 ⇒「001 国定公園」
◇三河湾国定公園 ⇒「001 国定公園」

名古屋市
◇藤前干潟 ⇒「132 重要生息地（IBA）」「134 東アジア・オーストラリア地域 渡り性水鳥重要生息地ネットワーク」

名古屋市中区
◇名古屋城のカヤ ⇒「014 天然記念物〔国指定〕」

名古屋市港区
◇藤前干潟 ⇒「013 ラムサール条約湿地」

豊橋市
◇石巻山石灰岩地植物群落 ⇒「014 天然記念物〔国指定〕」
◇石巻山多米県立自然公園 ⇒「008 都道府県立自然公園」
◇葦毛湿原 ⇒「038 天然記念物〔愛知県〕」
◇お葉付イチョウ ⇒「038 天然記念物〔愛知県〕」
◇汐川干潟 ⇒「132 重要生息地（IBA）」
◇高師小僧 ⇒「038 天然記念物〔愛知県〕」

岡崎市
◇岡崎ゲンジボタル発生地 ⇒「014 天然記念物〔国指定〕」
◇切山の大スギ ⇒「038 天然記念物〔愛知県〕」
◇寺野の大クス ⇒「038 天然記念物〔愛知県〕」
◇本宮山県立自然公園 ⇒「008 都道府県立自然公園」

一宮市
◇起の大イチョウ ⇒「038 天然記念物〔愛知県〕」
◇起のヤマガキ ⇒「038 天然記念物〔愛知県〕」
◇木曽川堤（サクラ）⇒「014 天然記念物〔国指定〕」「063 名勝〔国指定〕」

半田市
◇摂取院のイブキ ⇒「038 天然記念物〔愛知県〕」

中部　　　　　　　　　　　　地域別索引　　　　　　　　　　　　愛知県

豊川市
◇牛久保のナギ ⇒「014 天然記念物〔国指定〕」
◇御油のマツ並木 ⇒「014 天然記念物〔国指定〕」
◇砥鹿神社奥宮の社叢 ⇒「038 天然記念物〔愛知県〕」
◇砥鹿神社のケヤキ ⇒「038 天然記念物〔愛知県〕」
◇宝円寺のシダレザクラ ⇒「038 天然記念物〔愛知県〕」
◇本宮山県立自然公園 ⇒「008 都道府県立自然公園」

津島市
◇下新田のフジ ⇒「038 天然記念物〔愛知県〕」
◇津島神社のイチョウ ⇒「038 天然記念物〔愛知県〕」

碧南市
◇矢作川河口 ⇒「132 重要生息地（IBA）」

刈谷市
◇小堤西池のカキツバタ群落 ⇒「014 天然記念物〔国指定〕」

豊田市
◇足助のヒメハルゼミ ⇒「038 天然記念物〔愛知県〕」
◇伊熊神社の社叢 ⇒「038 天然記念物〔愛知県〕」
◇大野瀬の子持桂 ⇒「038 天然記念物〔愛知県〕」
◇小原村前洞の四季桜 ⇒「038 天然記念物〔愛知県〕」
◇玄武岩 ⇒「038 天然記念物〔愛知県〕」
◇琴平町のシデコブシ自生地 ⇒「038 天然記念物〔愛知県〕」
◇猿投山の球状花崗岩 ⇒「014 天然記念物〔国指定〕」
◇瑞龍寺のシダレザクラ ⇒「038 天然記念物〔愛知県〕」
◇杉本の貞観スギ ⇒「014 天然記念物〔国指定〕」
◇東海丘陵湧水湿地群 ⇒「013 ラムサール条約湿地」
◇時瀬のイチョウ ⇒「038 天然記念物〔愛知県〕」
◇豊田市自然観察の森 ⇒「003 自然観察の森」「131 サンクチュアリ」
◇八柱神社のクス ⇒「038 天然記念物〔愛知県〕」
◇八幡のサクライソウ、ツクバネ自生地 ⇒「038

天然記念物〔愛知県〕」

安城市
◇永安寺の雲竜の松 ⇒「038 天然記念物〔愛知県〕」
◇榎前のクロガネモチ ⇒「038 天然記念物〔愛知県〕」
◇本證寺のイブキ ⇒「038 天然記念物〔愛知県〕」

西尾市
◇神明社の大シイ ⇒「014 天然記念物〔国指定〕」
◇西尾のヒメタイコウチ ⇒「038 天然記念物〔愛知県〕」
◇西尾のミカワギセル生息地 ⇒「038 天然記念物〔愛知県〕」
◇南知多県立自然公園 ⇒「008 都道府県立自然公園」
◇矢作川河口 ⇒「132 重要生息地（IBA）」

蒲郡市
◇大嶋ナメクジウオ生息地 ⇒「014 天然記念物〔国指定〕」
◇旧浅井新田養魚池周辺 ⇒「132 重要生息地（IBA）」
◇清田の大クス ⇒「014 天然記念物〔国指定〕」
◇ヒメハルゼミの棲息地 ⇒「038 天然記念物〔愛知県〕」
◇八百富神社社叢 ⇒「014 天然記念物〔国指定〕」

犬山市
◇木曽川 ⇒「063 名勝〔国指定〕」
◇ヒトツバタゴ自生地 ⇒「014 天然記念物〔国指定〕」

常滑市
◇多賀神社の社叢 ⇒「038 天然記念物〔愛知県〕」
◇常滑市大野町のイブキ ⇒「038 天然記念物〔愛知県〕」
◇南知多県立自然公園 ⇒「008 都道府県立自然公園」

江南市
◇木曽川堤（サクラ）⇒「014 天然記念物〔国指定〕」「063 名勝〔国指定〕」

小牧市
◇岩崎の清流亭のフジ ⇒「038 天然記念物〔愛知県〕」
◇大草のマメナシ自生地 ⇒「038 天然記念物〔愛

事典・日本の自然保護地域　417

知県〕」
◇熊野の五枚岩 ⇒「038 天然記念物〔愛知県〕」

新城市

◇阿寺の七滝 ⇒「014 天然記念物〔国指定〕」「063 名勝〔国指定〕」
◇馬背岩 ⇒「014 天然記念物〔国指定〕」
◇甘泉寺のコウヤマキ ⇒「014 天然記念物〔国指定〕」
◇桜淵県立自然公園 ⇒「008 都道府県立自然公園」
◇新城市昭典木材スギ・ヒノキ林 ⇒「120 ふるさと文化財の森」
◇須山のイヌツゲ ⇒「038 天然記念物〔愛知県〕」
◇乳岩および乳岩峡 ⇒「014 天然記念物〔国指定〕」「063 名勝〔国指定〕」
◇黄柳野ツゲ自生地 ⇒「014 天然記念物〔国指定〕」
◇中宇利丸山の蛇紋岩植生 ⇒「038 天然記念物〔愛知県〕」
◇長の山湿原 ⇒「038 天然記念物〔愛知県〕」
◇ネズの木 ⇒「038 天然記念物〔愛知県〕」
◇鳳来寺山 ⇒「014 天然記念物〔国指定〕」「063 名勝〔国指定〕」
◇鳳来寺山表参道登り口一帯の樹林地域 ⇒「119 日本の貴重なコケの森」
◇鳳来町のムカデランの自生地 ⇒「038 天然記念物〔愛知県〕」
◇本宮山県立自然公園 ⇒「008 都道府県立自然公園」

知多市

◇南知多県立自然公園 ⇒「008 都道府県立自然公園」

知立市

◇萬福寺のイブキ ⇒「038 天然記念物〔愛知県〕」
◇八橋伝説地 ⇒「084 名勝〔愛知県〕」

豊明市

◇豊明のナガバノイシモチソウ ⇒「038 天然記念物〔愛知県〕」

田原市

◇渥美半島県立自然公園 ⇒「008 都道府県立自然公園」
◇伊川津 ⇒「132 重要生息地（IBA）」
◇伊川津のシデコブシ ⇒「038 天然記念物〔愛知県〕」
◇黒河湿地植物群落 ⇒「038 天然記念物〔愛知県〕」

◇汐川干潟 ⇒「132 重要生息地（IBA）」
◇桃のシデコブシ自生地 ⇒「014 天然記念物〔国指定〕」
◇ハマボウの野生地 ⇒「038 天然記念物〔愛知県〕」
◇宮山原始林 ⇒「014 天然記念物〔国指定〕」

あま市

◇七宝町のラカンマキ ⇒「038 天然記念物〔愛知県〕」
◇下萱津のフジ ⇒「038 天然記念物〔愛知県〕」
◇蓮華寺のカヤノキ ⇒「038 天然記念物〔愛知県〕」

海部郡飛島村

◇藤前干潟 ⇒「013 ラムサール条約湿地」

知多郡南知多町

◇羽豆神社の社叢 ⇒「014 天然記念物〔国指定〕」
◇南知多県立自然公園 ⇒「008 都道府県立自然公園」

知多郡美浜町

◇阿奈志神社のホルトノキ ⇒「038 天然記念物〔愛知県〕」
◇鵜の山 ⇒「132 重要生息地（IBA）」
◇鵜の山ウ繁殖地 ⇒「014 天然記念物〔国指定〕」
◇南知多県立自然公園 ⇒「008 都道府県立自然公園」

知多郡武豊町

◇壱町田湿地植物群落 ⇒「038 天然記念物〔愛知県〕」
◇白山社のクロガネモチ ⇒「038 天然記念物〔愛知県〕」
◇南知多県立自然公園 ⇒「008 都道府県立自然公園」

額田郡幸田町

◇三河地震による地震断層 ⇒「038 天然記念物〔愛知県〕」

北設楽郡設楽町

◇金竜寺のシダレザクラ ⇒「038 天然記念物〔愛知県〕」
◇段戸高原県立自然公園 ⇒「008 都道府県立自然公園」
◇津具八幡宮のスギ ⇒「038 天然記念物〔愛知県〕」
◇福田寺のイヌグス ⇒「038 天然記念物〔愛知県〕」
◇北設山岳公園岩古谷山 ⇒「084 名勝〔愛知県〕」

◇ホソバシャクナゲ自生地 ⇒「038 天然記念物
〔愛知県〕」

北設楽郡東栄町
◇預り渕、煮え渕ポットホール ⇒「038 天然記
念物〔愛知県〕」
◇竜洞院のシダレザクラ ⇒「038 天然記念物〔愛
知県〕」
◇須佐之男神社のアヤスギ ⇒「038 天然記念物
〔愛知県〕」
◇振草渓谷県立自然公園 ⇒「008 都道府県立自
然公園」

北設楽郡豊根村
◇川宇連ハナノキ自生地 ⇒「014 天然記念物〔国
指定〕」

近畿

三重県

三重県
◇伊勢志摩国立公園 ⇒「002 国立公園」
◇大峰山脈・台高山脈 ⇒「132 重要生息地（IBA）」
◇近畿自然歩道 ⇒「007 長距離自然歩道」
◇鈴鹿国定公園 ⇒「001 国定公園」
◇東海自然歩道 ⇒「007 長距離自然歩道」
◇室生赤目青山国定公園 ⇒「001 国定公園」
◇吉野熊野国立公園 ⇒「002 国立公園」

津市
◇赤目一志峡県立自然公園 ⇒「008 都道府県立自然公園」
◇安濃川・志登茂川河口 ⇒「132 重要生息地（IBA）」
◇伊勢の海県立自然公園 ⇒「008 都道府県立自然公園」
◇国津神社の欅 ⇒「039 天然記念物〔三重県〕」
◇雲出川・愛宕川・金剛川河口 ⇒「132 重要生息地（IBA）」
◇榊原の貝石山 ⇒「039 天然記念物〔三重県〕」
◇真福院のケヤキ ⇒「039 天然記念物〔三重県〕」
◇長徳寺の龍王櫻 ⇒「039 天然記念物〔三重県〕」
◇東平寺のシイノキ樹叢 ⇒「039 天然記念物〔三重県〕」
◇日神不動院のオハツキイチョウ ⇒「039 天然記念物〔三重県〕」
◇三多気のサクラ ⇒「063 名勝〔国指定〕」
◇椋本の大ムク ⇒「014 天然記念物〔国指定〕」
◇矢頭の大杉 ⇒「039 天然記念物〔三重県〕」
◇柳谷の貝石山 ⇒「039 天然記念物〔三重県〕」

四日市市
◇御池沼沢植物群落 ⇒「014 天然記念物〔国指定〕」
◇川島町のシデコブシ群落 ⇒「039 天然記念物〔三重県〕」
◇西阿倉川アイナシ自生地 ⇒「014 天然記念物〔国指定〕」
◇東阿倉川イヌナシ自生地 ⇒「014 天然記念物〔国指定〕」

伊勢市
◇覆盆子洞 ⇒「039 天然記念物〔三重県〕」
◇鷲嶺の水穴 ⇒「039 天然記念物〔三重県〕」
◇二見浦 ⇒「063 名勝〔国指定〕」「085 名勝〔三重県〕」
◇松下社の大樟 ⇒「039 天然記念物〔三重県〕」
◇宮川堤 ⇒「085 名勝〔三重県〕」

松阪市
◇赤目一志峡県立自然公園 ⇒「008 都道府県立自然公園」
◇伊勢山上 ⇒「085 名勝〔三重県〕」
◇香肌峡県立自然公園 ⇒「008 都道府県立自然公園」
◇雲出川・愛宕川・金剛川河口 ⇒「132 重要生息地（IBA）」
◇勢津のフウラン群落 ⇒「039 天然記念物〔三重県〕」
◇月出の中央構造線 ⇒「014 天然記念物〔国指定〕」
◇中村川ネコギギ生息地 ⇒「014 天然記念物〔国指定〕」
◇蓮のムシトリスミレ群落 ⇒「039 天然記念物〔三重県〕」
◇不動院ムカデラン群落 ⇒「014 天然記念物〔国指定〕」
◇水屋の大クス ⇒「039 天然記念物〔三重県〕」

桑名市
◇嘉例川ヒメタイコウチ生息地 ⇒「039 天然記念物〔三重県〕」
◇水郷県立自然公園 ⇒「008 都道府県立自然公園」
◇多度のイヌナシ自生地 ⇒「014 天然記念物〔国指定〕」
◇美鹿の神明杉 ⇒「039 天然記念物〔三重県〕」

鈴鹿市
◇アイナシ ⇒「039 天然記念物〔三重県〕」
◇石薬師の蒲櫻 ⇒「039 天然記念物〔三重県〕」
◇伊勢の海県立自然公園 ⇒「008 都道府県立自然公園」
◇稲生山の躑躅 ⇒「085 名勝〔三重県〕」
◇小岐須の屏風岩 ⇒「039 天然記念物〔三重県〕」
◇金生水沼沢植物群落 ⇒「014 天然記念物〔国指定〕」
◇川俣神社のスダジイ ⇒「039 天然記念物〔三

近畿　　　　　　　　　　　　地域別索引　　　　　　　　　　　　三重県

重県〕」
◇地蔵大マツ ⇒「039 天然記念物〔三重県〕」
◇石大神 ⇒「039 天然記念物〔三重県〕」
◇白子不断ザクラ ⇒「014 天然記念物〔国指定〕」
◇長太の大楠 ⇒「039 天然記念物〔三重県〕」
◇西の城戸の柊 ⇒「039 天然記念物〔三重県〕」
◇入道岳いぬつげ及びあせび群落 ⇒「039 天然記念物〔三重県〕」

名張市
◇赤目一志峡県立自然公園 ⇒「008 都道府県立自然公園」
◇赤目四十八滝 ⇒「119 日本の貴重なコケの森」
◇赤目の峡谷 ⇒「063 名勝〔国指定〕」
◇長瀬ノ左巻榧 ⇒「039 天然記念物〔三重県〕」

尾鷲市
◇飛鳥神社樹叢 ⇒「039 天然記念物〔三重県〕」
◇尾鷲神社の大樟 ⇒「039 天然記念物〔三重県〕」
◇九木崎樹叢 ⇒「039 天然記念物〔三重県〕」
◇九木神社樹叢 ⇒「014 天然記念物〔国指定〕」
◇佐波留島 ⇒「039 天然記念物〔三重県〕」
◇須賀利大池及び小池 ⇒「014 天然記念物〔国指定〕」
◇法念寺の鉄魚 ⇒「039 天然記念物〔三重県〕」
◇矢ノ川陰谷樹叢 ⇒「039 天然記念物〔三重県〕」

亀山市
◇亀山市諸戸林業ヒノキ・スギ林 ⇒「120 ふるさと文化財の森」
◇鈴鹿山の鏡岩（鏡肌）⇒「039 天然記念物〔三重県〕」
◇宗英寺の公孫樹 ⇒「039 天然記念物〔三重県〕」
◇野登山のブナ林 ⇒「039 天然記念物〔三重県〕」

鳥羽市
◇楠路脇のヤマトタチバナ ⇒「039 天然記念物〔三重県〕」
◇庫蔵寺のコツブガヤ ⇒「014 天然記念物〔国指定〕」
◇奈佐のヤマトタチバナ ⇒「039 天然記念物〔三重県〕」
◇丸山庫蔵寺のイスノキ樹叢 ⇒「039 天然記念物〔三重県〕」

熊野市
◇大丹倉 ⇒「085 名勝〔三重県〕」
◇熊野の鬼ケ城 附 獅子巌 ⇒「014 天然記念物

〔国指定〕」「063 名勝〔国指定〕」
◇楯ヶ崎 ⇒「039 天然記念物〔三重県〕」「085 名勝〔三重県〕」
◇徳司神社樹叢 ⇒「039 天然記念物〔三重県〕」
◇瀞八丁 ⇒「014 天然記念物〔国指定〕」「064 特別名勝〔国指定〕」

いなべ市
◇篠立の風穴 ⇒「039 天然記念物〔三重県〕」

志摩市
◇宇気比神社樹叢 ⇒「039 天然記念物〔三重県〕」
◇和具大島暖地性砂防植物群落 ⇒「039 天然記念物〔三重県〕」

伊賀市
◇アヤマスズ自生地 ⇒「039 天然記念物〔三重県〕」
◇奥山愛宕神社のブナ原生林 ⇒「039 天然記念物〔三重県〕」
◇果号寺のシブナシガヤ ⇒「014 天然記念物〔国指定〕」
◇逆柳の甌穴 ⇒「039 天然記念物〔三重県〕」
◇高倉神社のシブナシガヤ ⇒「014 天然記念物〔国指定〕」
◇西沢ののはなしょうぶ群落 ⇒「039 天然記念物〔三重県〕」
◇霊山寺のオハツキイチョウ ⇒「039 天然記念物〔三重県〕」
◇霊山のイヌツゲ及びアセビ群生地 ⇒「039 天然記念物〔三重県〕」

桑名郡木曽岬町
◇水郷県立自然公園 ⇒「008 都道府県立自然公園」

三重郡菰野町
◇奥郷の寒椿「獅子頭」⇒「039 天然記念物〔三重県〕」
◇鎌ヶ岳ブナ原始林 ⇒「039 天然記念物〔三重県〕」
◇きりしまみどりしじみ ⇒「039 天然記念物〔三重県〕」
◇田光のシデコブシ及び湿地植物群落 ⇒「014 天然記念物〔国指定〕」
◇田光のシデコブシ及び湿地生物生息地 ⇒「039 天然記念物〔三重県〕」

多気郡多気町
◇香肌峡県立自然公園 ⇒「008 都道府県立自然公園」
◇栃ヶ池湿地植物群落 ⇒「039 天然記念物〔三

事典・日本の自然保護地域　421

重県〕」
◇西村廣休宅趾ノふう樹 ⇒「039 天然記念物〔三重県〕」

多気郡明和町
◇斎宮のハナショウブ群落 ⇒「014 天然記念物〔国指定〕」

多気郡大台町
◇池ノ谷のモリアオガエル繁殖池 ⇒「039 天然記念物〔三重県〕」
◇大杉谷 ⇒「014 天然記念物〔国指定〕」
◇大杉谷の大杉 ⇒「039 天然記念物〔三重県〕」
◇大台ヶ原・大峯山ユネスコエコパーク ⇒「012 ユネスコエコパーク」
◇奥伊勢宮川峡県立自然公園 ⇒「008 都道府県立自然公園」
◇大淵寺のスダジイ ⇒「039 天然記念物〔三重県〕」
◇滝谷・檜原の川岸岩壁植物群落 ⇒「039 天然記念物〔三重県〕」
◇吉田本家山林部ヒノキ林 ⇒「120 ふるさと文化財の森」

度会郡度会町
◇小川郷の火打石 ⇒「039 天然記念物〔三重県〕」

度会郡大紀町
◇大平山の躑躅 ⇒「085 名勝〔三重県〕」
◇奥伊勢宮川峡県立自然公園 ⇒「008 都道府県立自然公園」
◇紀伊長島 ⇒「132 重要生息地（IBA）」
◇七保のおはつきいてふ ⇒「039 天然記念物〔三重県〕」

度会郡南伊勢町
◇鬼ヶ城暖地性シダ群落 ⇒「014 天然記念物〔国指定〕」
◇獅子島の樹叢 ⇒「039 天然記念物〔三重県〕」
◇野見坂の地層褶曲 ⇒「039 天然記念物〔三重県〕」
◇ハマナツメ群落 ⇒「039 天然記念物〔三重県〕」
◇細谷暖地性シダ群落 ⇒「014 天然記念物〔国指定〕」
◇見江島いわつばめ棲息地 ⇒「039 天然記念物〔三重県〕」
◇道方の浮島 ⇒「039 天然記念物〔三重県〕」

北牟婁郡紀北町
◇大島暖地性植物群落 ⇒「014 天然記念物〔国指定〕」
◇紀伊長島 ⇒「132 重要生息地（IBA）」
◇紀北町速水林業ヒノキ林（井出地区）⇒「120 ふるさと文化財の森」
◇紀北町速水林業ヒノキ林（大田賀平尾地区）⇒「120 ふるさと文化財の森」
◇島勝神社樹叢 ⇒「039 天然記念物〔三重県〕」
◇島勝の海食洞門 ⇒「039 天然記念物〔三重県〕」
◇鈴島暖地性植物群落 ⇒「039 天然記念物〔三重県〕」
◇造礁サンゴ群生地 ⇒「039 天然記念物〔三重県〕」
◇豊浦神社社叢 ⇒「039 天然記念物〔三重県〕」
◇長島神社社叢 ⇒「039 天然記念物〔三重県〕」
◇フウラン群生地 ⇒「039 天然記念物〔三重県〕」

南牟婁郡御浜町
◇市木のいぶき ⇒「039 天然記念物〔三重県〕」
◇神木のイヌマキ ⇒「039 天然記念物〔三重県〕」
◇引作の大クス ⇒「039 天然記念物〔三重県〕」

南牟婁郡紀宝町
◇神内神社樹叢 ⇒「039 天然記念物〔三重県〕」

近畿　　　　　　　　　　　地域別索引　　　　　　　　　　　滋賀県

滋賀県

滋賀県

◇近畿自然歩道 ⇒「007 長距離自然歩道」
◇鈴鹿国定公園 ⇒「001 国定公園」
◇中部北陸自然歩道 ⇒「007 長距離自然歩道」
◇東海自然歩道 ⇒「007 長距離自然歩道」
◇能郷白山・伊吹山地 ⇒「132 重要生息地 (IBA)」
◇琵琶湖 ⇒「132 重要生息地 (IBA)」「134 東アジア・オーストラリア地域 渡り性水鳥重要生息地ネットワーク」
◇琵琶湖国定公園 ⇒「001 国定公園」

大津市

◇石山寺硅灰石 ⇒「014 天然記念物〔国指定〕」
◇唐崎 (唐崎神社境内) ⇒「086 名勝〔滋賀県〕」
◇朽木・葛川県立自然公園 ⇒「008 都道府県立自然公園」
◇鹿跳峡の甌穴 (米かし岩) ⇒「108 自然記念物〔滋賀県〕」
◇大将軍神社のスダジイ ⇒「108 自然記念物〔滋賀県〕」
◇比叡山鳥類繁殖地 ⇒「014 天然記念物〔国指定〕」
◇琵琶湖 ⇒「013 ラムサール条約湿地」
◇三上・田上・信楽県立自然公園 ⇒「008 都道府県立自然公園」

彦根市

◇湖東県立自然公園 ⇒「008 都道府県立自然公園」
◇慈眼寺のスギ (金毘羅さんの三本杉) ⇒「108 自然記念物〔滋賀県〕」
◇琵琶湖 ⇒「013 ラムサール条約湿地」

長浜市

◇天川命神社のイチョウ (宮さんの大イチョウ) ⇒「108 自然記念物〔滋賀県〕」
◇菅山寺のケヤキ ⇒「108 自然記念物〔滋賀県〕」
◇木之本町黒田のアカガシ (野神) ⇒「108 自然記念物〔滋賀県〕」
◇湖北町田中のエノキ (えんねの榎実木) ⇒「108 自然記念物〔滋賀県〕」
◇石道寺のイチョウ (火伏せの銀杏) ⇒「108 自然記念物〔滋賀県〕」
◇竹生島 ⇒「063 名勝〔国指定〕」

◇中河内のユキツバキとザゼンソウ群落およびその自生地 ⇒「040 天然記念物〔滋賀県〕」
◇長浜市木之本町石道の逆杉 ⇒「108 自然記念物〔滋賀県〕」
◇長浜市力丸の皀莢 ⇒「108 自然記念物〔滋賀県〕」
◇八幡神社のケヤキ (野神のケヤキ) ⇒「108 自然記念物〔滋賀県〕」
◇琵琶湖 ⇒「013 ラムサール条約湿地」「134 東アジア・オーストラリア地域 渡り性水鳥重要生息地ネットワーク」
◇余呉町菅並のケヤキ (愛宕大明神) ⇒「108 自然記念物〔滋賀県〕」

近江八幡市

◇西の湖近江八幡葭生産組合葭生地 ⇒「120 ふるさと文化財の森」
◇西の湖佐々木土地葭地 ⇒「120 ふるさと文化財の森」
◇琵琶湖 ⇒「013 ラムサール条約湿地」
◇三上・田上・信楽県立自然公園 ⇒「008 都道府県立自然公園」

草津市

◇三大神社の藤 ⇒「108 自然記念物〔滋賀県〕」
◇立木神社のウラジロガシ ⇒「108 自然記念物〔滋賀県〕」
◇琵琶湖 ⇒「013 ラムサール条約湿地」

守山市

◇大日堂の妙蓮およびその池 ⇒「040 天然記念物〔滋賀県〕」
◇琵琶湖 ⇒「013 ラムサール条約湿地」

栗東市

◇三上・田上・信楽県立自然公園 ⇒「008 都道府県立自然公園」
◇栗東自然観察の森 ⇒「003 自然観察の森」

甲賀市

◇油日神社のコウヤマキ ⇒「108 自然記念物〔滋賀県〕」
◇岩尾池のスギ (一本杉) ⇒「108 自然記念物〔滋賀県〕」
◇玉桂寺のコウヤマキ ⇒「040 天然記念物〔滋賀県〕」
◇三上・田上・信楽県立自然公園 ⇒「008 都道府県立自然公園」

事典・日本の自然保護地域　**423**

滋賀県　　　　　　　　　　　　　　地域別索引　　　　　　　　　　　　　近畿

野洲市

◇琵琶湖 ⇒「013 ラムサール条約湿地」
◇三上・田上・信楽県立自然公園 ⇒「008 都道府県立自然公園」

湖南市

◇平松のウツクシマツ自生地 ⇒「014 天然記念物〔国指定〕」
◇三上・田上・信楽県立自然公園 ⇒「008 都道府県立自然公園」

高島市

◇阿志都弥神社行過天満宮のスダジイ ⇒「108 自然記念物〔滋賀県〕」
◇朽木・葛川県立自然公園 ⇒「008 都道府県立自然公園」
◇琵琶湖 ⇒「013 ラムサール条約湿地」「134 東アジア・オーストラリア地域 渡り性水鳥重要生息地ネットワーク」
◇マキノ町海津のアズマヒガンザクラ（清水の桜）⇒「108 自然記念物〔滋賀県〕」

東近江市

◇北花沢のハナノキ ⇒「014 天然記念物〔国指定〕」
◇東近江市昭和町のムクノキ（西の椋）⇒「108 自然記念物〔滋賀県〕」
◇琵琶湖 ⇒「013 ラムサール条約湿地」
◇政所の茶樹 ⇒「108 自然記念物〔滋賀県〕」
◇三上・田上・信楽県立自然公園 ⇒「008 都道府県立自然公園」
◇南花沢のハナノキ ⇒「014 天然記念物〔国指定〕」

米原市

◇伊吹山頂草原植物群落 ⇒「014 天然記念物〔国指定〕」
◇宇賀野湧水群（神明公園・生水川）⇒「128 未来に伝えたい『まいばらの水』」
◇臼谷・小碓谷の湧水 ⇒「128 未来に伝えたい『まいばらの水』」
◇息長ゲンジボタル発生地 ⇒「014 天然記念物〔国指定〕」
◇奥泉口 ⇒「128 未来に伝えたい『まいばらの水』」
◇桶水 ⇒「128 未来に伝えたい『まいばらの水』」
◇行者の水 ⇒「128 未来に伝えたい『まいばらの水』」
◇ケカチの水 ⇒「128 未来に伝えたい『まいばらの水』」
◇子宝の水 ⇒「128 未来に伝えたい『まいばら

の水』」
◇醒井峡谷 ⇒「063 名勝〔国指定〕」
◇十王水と西行水 ⇒「128 未来に伝えたい『まいばらの水』」
◇白清水 ⇒「128 未来に伝えたい『まいばらの水』」
◇天神水 ⇒「128 未来に伝えたい『まいばらの水』」
◇長岡神社のイチョウ ⇒「108 自然記念物〔滋賀県〕」
◇長岡のゲンジボタルおよびその発生地 ⇒「015 特別天然記念物〔国指定〕」
◇白山神社湧水 ⇒「128 未来に伝えたい『まいばらの水』」
◇八幡神社の杉並木 ⇒「108 自然記念物〔滋賀県〕」
◇琵琶湖 ⇒「013 ラムサール条約湿地」
◇米原市清滝のイブキ（柏槙）⇒「108 自然記念物〔滋賀県〕」
◇米原市杉沢のケヤキ（野神）⇒「108 自然記念物〔滋賀県〕」
◇米原市吉槻のカツラ ⇒「108 自然記念物〔滋賀県〕」
◇三島池のカモ及びその生息地 ⇒「040 天然記念物〔滋賀県〕」
◇世継のカナボウ ⇒「128 未来に伝えたい『まいばらの水』」
◇了徳寺のオハツキイチョウ ⇒「014 天然記念物〔国指定〕」
◇蓮華寺の一向杉 ⇒「108 自然記念物〔滋賀県〕」

蒲生郡日野町

◇鎌掛の屏風岩 ⇒「014 天然記念物〔国指定〕」
◇鎌掛谷ホンシャクナゲ群落 ⇒「014 天然記念物〔国指定〕」
◇熊野のヒダリマキガヤ ⇒「014 天然記念物〔国指定〕」
◇別所高師小僧 ⇒「014 天然記念物〔国指定〕」
◇綿向山麓の接触変質地帯 ⇒「014 天然記念物〔国指定〕」

蒲生郡竜王町

◇三上・田上・信楽県立自然公園 ⇒「008 都道府県立自然公園」

犬上郡甲良町

◇西明寺のフダンザクラ ⇒「040 天然記念物〔滋賀県〕」

犬上郡多賀町

◇井戸神社のカツラ ⇒「108 自然記念物〔滋賀県〕」

424　事典・日本の自然保護地域

近畿　　　　　　　　　　　　　　　地域別索引　　　　　　　　　　　　　京都府

◇河内の風穴 ⇒「*040* 天然記念物〔滋賀県〕」
◇多賀大社のケヤキ（飯盛木）⇒「*108* 自然記念物〔滋賀県〕」
◇多賀町栗栖のスギ（杉坂峠のスギ）⇒「*108* 自然記念物〔滋賀県〕」

京都府

京都府
◇近畿自然歩道 ⇒「*007* 長距離自然歩道」
◇山陰海岸国立公園 ⇒「*002* 国立公園」
◇丹後天橋立大江山国定公園 ⇒「*001* 国定公園」
◇東海自然歩道 ⇒「*007* 長距離自然歩道」
◇琵琶湖国定公園 ⇒「*001* 国定公園」
◇若狭湾国定公園 ⇒「*001* 国定公園」

京都市北区
◇大田ノ沢のカキツバタ群落 ⇒「*014* 天然記念物〔国指定〕」
◇深泥池生物群集 ⇒「*014* 天然記念物〔国指定〕」

京都市上京区
◇旧府知事公舎のエノキ ⇒「*041* 天然記念物〔京都府〕」

京都市左京区
◇京都市東山山麓 ⇒「*119* 日本の貴重なコケの森」
◇比叡山鳥類繁殖地 ⇒「*014* 天然記念物〔国指定〕」

京都市東山区
◇東山洪積世植物遺体包含層 ⇒「*014* 天然記念物〔国指定〕」

京都市右京区
◇嵐山 ⇒「*063* 名勝〔国指定〕」
◇御室（サクラ）⇒「*063* 名勝〔国指定〕」
◇清滝川のゲンジボタルおよびその生息地 ⇒「*014* 天然記念物〔国指定〕」
◇下黒田の伏条台杉群 ⇒「*041* 天然記念物〔京都府〕」
◇常照寺の九重ザクラ ⇒「*014* 天然記念物〔国指定〕」
◇雙ヶ岡 ⇒「*063* 名勝〔国指定〕」
◇保津峡府立自然公園 ⇒「*008* 都道府県立自然公園」

京都市西京区
◇嵐山 ⇒「*063* 名勝〔国指定〕」
◇遊龍松 ⇒「*014* 天然記念物〔国指定〕」

事典・日本の自然保護地域　**425**

京都府 地域別索引 近畿

福知山市
◇オノ神のフジ ⇒「041 天然記念物〔京都府〕」
◇夜久野玄武岩柱状節理 ⇒「041 天然記念物〔京都府〕」
◇夜久野丹波漆林 ⇒「120 ふるさと文化財の森」

舞鶴市
◇オオミズナギドリ繁殖地 ⇒「014 天然記念物〔国指定〕」
◇冠島・沓島 ⇒「132 重要生息地（IBA）」

綾部市
◇君尾山のトチノキ ⇒「041 天然記念物〔京都府〕」

宮津市
◇天橋立 ⇒「064 特別名勝〔国指定〕」
◇成相寺のタブノキ ⇒「041 天然記念物〔京都府〕」

亀岡市
◇稗田野の菫青石仮晶 ⇒「014 天然記念物〔国指定〕」
◇保津峡府立自然公園 ⇒「008 都道府県立自然公園」

八幡市
◇石清水八幡宮御文庫のクスノキ及び神楽殿のクスノキ ⇒「041 天然記念物〔京都府〕」

京丹後市
◇アベサンショウウオ基準産地 ⇒「041 天然記念物〔京都府〕」
◇郷村断層 ⇒「014 天然記念物〔国指定〕」
◇琴引浜 ⇒「014 天然記念物〔国指定〕」「063 名勝〔国指定〕」
◇山陰海岸ジオパーク ⇒「006 世界ジオパーク」「009 日本ジオパーク」

南丹市
◇朝倉神社のスギ ⇒「041 天然記念物〔京都府〕」
◇芦生演習林 ⇒「119 日本の貴重なコケの森」
◇琉璃渓 ⇒「063 名勝〔国指定〕」
◇るり渓府立自然公園 ⇒「008 都道府県立自然公園」

木津川市
◇当尾の豊岡柿 ⇒「041 天然記念物〔京都府〕」

綴喜郡井手町
◇地蔵院のシダレザクラ ⇒「041 天然記念物〔京都府〕」

相楽郡笠置町
◇笠置山 ⇒「063 名勝〔国指定〕」
◇笠置山府立自然公園 ⇒「008 都道府県立自然公園」

相楽郡和束町
◇八坂神社のスギ ⇒「041 天然記念物〔京都府〕」

船井郡京丹波町
◇質志鍾乳洞 ⇒「041 天然記念物〔京都府〕」

与謝郡与謝野町
◇神宮寺のコウヤマキ ⇒「041 天然記念物〔京都府〕」
◇滝のツバキ ⇒「041 天然記念物〔京都府〕」

426 事典・日本の自然保護地域

大阪府

大阪府
◇近畿自然歩道 ⇒「007 長距離自然歩道」
◇金剛生駒紀泉国定公園 ⇒「001 国定公園」
◇瀬戸内海国立公園 ⇒「002 国立公園」
◇東海自然歩道 ⇒「007 長距離自然歩道」
◇明治の森箕面国定公園 ⇒「001 国定公園」

大阪市
◇大阪南港野鳥園 ⇒「134 東アジア・オーストラリア地域 渡り性水鳥重要生息地ネットワーク」

大阪市東淀川区
◇須賀神社跡のくす ⇒「042 天然記念物〔大阪府〕」

大阪市旭区
◇寶龍寺のくす ⇒「042 天然記念物〔大阪府〕」

大阪市城東区
◇白山神社のいちょう ⇒「042 天然記念物〔大阪府〕」

大阪市東住吉区
◇法楽寺のくす ⇒「042 天然記念物〔大阪府〕」

大阪市鶴見区
◇阿遲速雄神社のくす ⇒「042 天然記念物〔大阪府〕」

大阪市住之江区
◇大阪南港（大阪南港野鳥園）⇒「132 重要生息地（IBA）」

大阪市平野区
◇旭神社のいちょう ⇒「042 天然記念物〔大阪府〕」
◇旭神社のくす ⇒「042 天然記念物〔大阪府〕」
◇旭神社のむく ⇒「042 天然記念物〔大阪府〕」
◇杭全神社のくす ⇒「042 天然記念物〔大阪府〕」

堺市
◇藤井邸のかや ⇒「042 天然記念物〔大阪府〕」
◇藤井邸のくろがねもち ⇒「042 天然記念物〔大阪府〕」

◇美多弥神社の社叢 ⇒「042 天然記念物〔大阪府〕」
◇妙国寺のソテツ ⇒「014 天然記念物〔国指定〕」

堺市堺区
◇方違神社のくろがねもち ⇒「042 天然記念物〔大阪府〕」

堺市西区
◇踞尾のそてつ ⇒「042 天然記念物〔大阪府〕」

堺市北区
◇百舌鳥のくす ⇒「042 天然記念物〔大阪府〕」
◇百舌鳥八幡宮のくす ⇒「042 天然記念物〔大阪府〕」

岸和田市
◇和泉葛城山ブナ林 ⇒「014 天然記念物〔国指定〕」
◇山直大島邸のびゃくしん ⇒「042 天然記念物〔大阪府〕」

高槻市
◇出灰素盞嗚神社のカツラ ⇒「042 天然記念物〔大阪府〕」
◇府立北摂自然公園 ⇒「008 都道府県立自然公園」

貝塚市
◇和泉葛城山ブナ林 ⇒「014 天然記念物〔国指定〕」
◇菅原神社のカクレミノ ⇒「042 天然記念物〔大阪府〕」
◇行杢邸のむく ⇒「042 天然記念物〔大阪府〕」

守口市
◇難宗寺のいちょう ⇒「042 天然記念物〔大阪府〕」
◇妙楽寺のつつじ ⇒「042 天然記念物〔大阪府〕」

枚方市
◇光善寺のさいかち ⇒「042 天然記念物〔大阪府〕」
◇枚方田中邸のむく ⇒「042 天然記念物〔大阪府〕」

茨木市
◇乾邸のいちょう ⇒「042 天然記念物〔大阪府〕」
◇須賀神社のくす ⇒「042 天然記念物〔大阪府〕」
◇府立北摂自然公園 ⇒「008 都道府県立自然公園」

八尾市
◇渋川神社のくす ⇒「042 天然記念物〔大阪府〕」
◇善光寺のくす ⇒「042 天然記念物〔大阪府〕」

大阪府　　　　　　　　　　　地域別索引　　　　　　　　　　　近畿

◇玉祖神社のくす ⇒「042 天然記念物〔大阪府〕」

泉佐野市
◇意賀美神社境内林 ⇒「120 ふるさと文化財の森」
◇北庄司邸のいすのき ⇒「042 天然記念物〔大阪府〕」
◇北府庄司邸のくす ⇒「042 天然記念物〔大阪府〕」
◇慈眼院の姥桜 ⇒「042 天然記念物〔大阪府〕」

寝屋川市
◇春日神社のしいの社叢 ⇒「042 天然記念物〔大阪府〕」
◇神田天満宮のくすのき ⇒「042 天然記念物〔大阪府〕」

河内長野市
◇岩湧山 ⇒「087 名勝〔大阪府〕」
◇岩湧山茅場 ⇒「120 ふるさと文化財の森」
◇延命寺の夕照もみじ ⇒「042 天然記念物〔大阪府〕」
◇観心寺境内林 ⇒「120 ふるさと文化財の森」
◇金剛寺のすぎ ⇒「042 天然記念物〔大阪府〕」
◇金剛寺境内林 ⇒「120 ふるさと文化財の森」
◇左近邸の桑の木 ⇒「042 天然記念物〔大阪府〕」
◇千石谷のスギ・ヒノキ林 ⇒「120 ふるさと文化財の森」
◇長野神社のかやのき ⇒「042 天然記念物〔大阪府〕」
◇流谷八幡神社のいちょう ⇒「042 天然記念物〔大阪府〕」

松原市
◇来迎寺のいぶき ⇒「042 天然記念物〔大阪府〕」

和泉市
◇藤涼寺のぎんもくせい ⇒「042 天然記念物〔大阪府〕」
◇春日神社のつばき ⇒「042 天然記念物〔大阪府〕」
◇春日神社のまき ⇒「042 天然記念物〔大阪府〕」
◇西教寺のいぶき ⇒「042 天然記念物〔大阪府〕」
◇松尾寺のくす ⇒「042 天然記念物〔大阪府〕」
◇松尾寺のやまもも ⇒「042 天然記念物〔大阪府〕」
◇若樫のサクラ ⇒「042 天然記念物〔大阪府〕」

箕面市
◇光明寺のいちょう ⇒「042 天然記念物〔大阪府〕」
◇箕面山 ⇒「063 名勝〔国指定〕」

◇箕面山のサル生息地 ⇒「014 天然記念物〔国指定〕」

柏原市
◇石神社のくす ⇒「042 天然記念物〔大阪府〕」

羽曳野市
◇壺井八幡宮のくす ⇒「042 天然記念物〔大阪府〕」

門真市
◇薫蓋クス ⇒「014 天然記念物〔国指定〕」
◇稗島のくす ⇒「042 天然記念物〔大阪府〕」

藤井寺市
◇道明寺のもくげんじ ⇒「042 天然記念物〔大阪府〕」

東大阪市
◇枚岡の原始ハス ⇒「042 天然記念物〔大阪府〕」

泉南市
◇岡中鎮守社のくす ⇒「042 天然記念物〔大阪府〕」
◇岡中鎮守社のまき ⇒「042 天然記念物〔大阪府〕」
◇信達神社のナギ ⇒「042 天然記念物〔大阪府〕」

四條畷市
◇四條畷楠正行墓のくす ⇒「042 天然記念物〔大阪府〕」

大阪狭山市
◇蓮光寺のさざんか ⇒「042 天然記念物〔大阪府〕」

阪南市
◇自然居士のいちょう ⇒「042 天然記念物〔大阪府〕」
◇府立阪南・岬自然公園 ⇒「008 都道府県立自然公園」

三島郡島本町
◇大沢のすぎ ⇒「042 天然記念物〔大阪府〕」
◇尺代のやまもも ⇒「042 天然記念物〔大阪府〕」
◇府立北摂自然公園 ⇒「008 都道府県立自然公園」
◇若山神社のツブライジイ林 ⇒「042 天然記念物〔大阪府〕」

豊能郡豊能町
◇高山住吉神社のおひょう ⇒「042 天然記念物〔大阪府〕」

428　事典・日本の自然保護地域

近畿　　　　　　　地域別索引　　　　　　　兵庫県

◇府立北摂自然公園 ⇒「008 都道府県立自然公園」

豊能郡能勢町

◇倉垣天満宮のいちょう ⇒「042 天然記念物〔大阪府〕」
◇天王のあかがし ⇒「042 天然記念物〔大阪府〕」
◇野間の大ケヤキ ⇒「014 天然記念物〔国指定〕」
◇府立北摂自然公園 ⇒「008 都道府県立自然公園」
◇妙見山のぶな林 ⇒「042 天然記念物〔大阪府〕」
◇八坂神社のしい ⇒「042 天然記念物〔大阪府〕」
◇若宮神社のしい ⇒「042 天然記念物〔大阪府〕」

泉北郡忠岡町

◇永福寺のびゃくしん ⇒「042 天然記念物〔大阪府〕」

泉南郡岬町

◇金乗寺のいちょう ⇒「042 天然記念物〔大阪府〕」
◇拂殿座神社のむく ⇒「042 天然記念物〔大阪府〕」
◇船守神社のくす ⇒「042 天然記念物〔大阪府〕」
◇府立泉南・岬自然公園 ⇒「008 都道府県立自然公園」
◇岬住吉神社のうばめがし社社叢 ⇒「042 天然記念物〔大阪府〕」

南河内郡太子町

◇鎌田邸のくす ⇒「042 天然記念物〔大阪府〕」
◇太子町梅井邸の椿 ⇒「042 天然記念物〔大阪府〕」

南河内郡河南町

◇弘川寺のかいどう ⇒「042 天然記念物〔大阪府〕」

南河内郡千早赤阪村

◇千早のトチノキ ⇒「042 天然記念物〔大阪府〕」

兵庫県

兵庫県

◇近畿自然歩道 ⇒「007 長距離自然歩道」
◇山陰海岸国立公園 ⇒「002 国立公園」
◇瀬戸内海国立公園 ⇒「002 国立公園」
◇氷ノ山 ⇒「132 重要生息地（IBA）」
◇氷ノ山後山那岐山国定公園 ⇒「001 国定公園」

神戸市東灘区

◇渦ケ森スラスト（衝上断層）⇒「043 天然記念物〔兵庫県〕」

神戸市灘区

◇神前の大クス ⇒「043 天然記念物〔兵庫県〕」

神戸市長田区

◇神戸丸山衝上断層 ⇒「014 天然記念物〔国指定〕」

神戸市須磨区

◇白川の石抱きカヤ ⇒「105 郷土記念物〔兵庫県〕」

神戸市垂水区

◇転法輪寺の原生林 ⇒「043 天然記念物〔兵庫県〕」

神戸市西区

◇太山寺の原生林 ⇒「043 天然記念物〔兵庫県〕」

姫路市

◇植木野天神のムクノキ ⇒「043 天然記念物〔兵庫県〕」
◇鹿ケ壺 ⇒「088 名勝〔兵庫県〕」
◇西播丘陵県立自然公園 ⇒「008 都道府県立自然公園」
◇雪彦峰山県立自然公園 ⇒「008 都道府県立自然公園」
◇播磨中部丘陵県立自然公園 ⇒「008 都道府県立自然公園」
◇姫路市自然観察の森 ⇒「003 自然観察の森」「131 サンクチュアリ」
◇水尾神社の大スギ ⇒「043 天然記念物〔兵庫県〕」

明石市

◇明石公園の大ラクウショウ ⇒「105 郷土記念物〔兵庫県〕」

事典・日本の自然保護地域　429

兵庫県　　　　　　　　　　　地域別索引　　　　　　　　　　近畿

◇浜西のヒメコマツ（五葉松）⇒「043 天然記念物〔兵庫県〕」

西宮市
◇海清寺の大クス ⇒「043 天然記念物〔兵庫県〕」
◇越木岩神社の社叢林 ⇒「043 天然記念物〔兵庫県〕」
◇西宮神社社叢 ⇒「043 天然記念物〔兵庫県〕」
◇日野神社の社叢 ⇒「043 天然記念物〔兵庫県〕」
◇広田神社のコバノミツバツツジ群落 ⇒「043 天然記念物〔兵庫県〕」
◇満池谷層の植物遺体包含層 ⇒「043 天然記念物〔兵庫県〕」
◇山口の大カヤ ⇒「043 天然記念物〔兵庫県〕」

洲本市
◇鮎屋の滝・鮎屋の森 ⇒「111 あわじ花へんろ」
◇猪鼻谷フォレストパーク メモリアル23 ⇒「111 あわじ花へんろ」
◇ウェルネスパーク五色 ⇒「111 あわじ花へんろ」
◇宇原の緋寒桜 ⇒「111 あわじ花へんろ」
◇生石公園 ⇒「111 あわじ花へんろ」
◇小路谷古城園のサクラ ⇒「111 あわじ花へんろ」
◇嘉兵衛の里 ⇒「111 あわじ花へんろ」
◇河上神社のイブキ ⇒「043 天然記念物〔兵庫県〕」
◇源流の郷 あわじ花山水 ⇒「111 あわじ花へんろ」
◇極楽寺 ⇒「111 あわじ花へんろ」
◇新五色浜海岸自然石 ⇒「105 郷土記念物〔兵庫県〕」
◇洲本奥畑のメグロチク ⇒「043 天然記念物〔兵庫県〕」
◇先山千光寺 ⇒「111 あわじ花へんろ」
◇立川水仙郷 ⇒「111 あわじ花へんろ」
◇チューリップハウス農園 ⇒「111 あわじ花へんろ」
◇都市・農村交流施設「宙-おおぞら-」⇒「111 あわじ花へんろ」
◇成ヶ島 ⇒「111 あわじ花へんろ」
◇曲田山公園 ⇒「111 あわじ花へんろ」
◇みたから公園 ⇒「111 あわじ花へんろ」
◇名号石 ⇒「111 あわじ花へんろ」
◇薬師山 ⇒「111 あわじ花へんろ」
◇由良湊神社 ⇒「111 あわじ花へんろ」

伊丹市
◇中野稲荷神社のイヌマキ ⇒「043 天然記念物〔兵庫県〕」

◇法巌寺の大クス ⇒「043 天然記念物〔兵庫県〕」

相生市
◇磐座神社のコヤスノキ叢林 ⇒「043 天然記念物〔兵庫県〕」
◇西播丘陵県立自然公園 ⇒「008 都道府県立自然公園」
◇矢野の大ムクノキ ⇒「043 天然記念物〔兵庫県〕」

豊岡市
◇安楽寺の大エノキ ⇒「105 郷土記念物〔兵庫県〕」
◇出石糸井県立自然公園 ⇒「008 都道府県立自然公園」
◇一宮神社のケヤキの森 ⇒「043 天然記念物〔兵庫県〕」
◇宇日流紋岩の流理（流紋）⇒「043 天然記念物〔兵庫県〕」
◇鎌田のイヌマキ ⇒「043 天然記念物〔兵庫県〕」
◇絹巻神社の暖地性原生林 ⇒「043 天然記念物〔兵庫県〕」
◇切浜の「はさかり岩」⇒「088 名勝〔兵庫県〕」
◇桑野本の大イチョウ ⇒「043 天然記念物〔兵庫県〕」
◇桑原神社の大イチョウ ⇒「105 郷土記念物〔兵庫県〕」
◇玄武洞 ⇒「014 天然記念物〔国指定〕」
◇小江神社の大ケヤキ ⇒「043 天然記念物〔兵庫県〕」
◇金刀比羅神社のコブシ ⇒「105 郷土記念物〔兵庫県〕」
◇山陰海岸ジオパーク ⇒「006 世界ジオパーク」「009 日本ジオパーク」
◇白藤神社の大モミ ⇒「043 天然記念物〔兵庫県〕」
◇竹野水山 ⇒「105 郷土記念物〔兵庫県〕」
◇但馬山岳県立自然公園 ⇒「008 都道府県立自然公園」
◇長楽寺のチリツバキ ⇒「043 天然記念物〔兵庫県〕」
◇天神社の大トチノキ ⇒「105 郷土記念物〔兵庫県〕」
◇天神社のトチノキ ⇒「043 天然記念物〔兵庫県〕」
◇栃が谷平のアスナロ群生 ⇒「043 天然記念物〔兵庫県〕」
◇栃本の溶岩瘤 ⇒「043 天然記念物〔兵庫県〕」
◇波食甌穴群 ⇒「043 天然記念物〔兵庫県〕」
◇畑上の大トチノキ ⇒「014 天然記念物〔国指定〕」
◇ほそき神社のおまき桜 ⇒「105 郷土記念物〔兵庫県〕」

近畿　　　　　　　　　　　　　地域別索引　　　　　　　　　　　　　兵庫県

◇円山川下流域・周辺水田 ⇒「013 ラムサール
条約湿地」
◇和合の樹 ⇒「105 郷土記念物〔兵庫県〕」

加古川市
◇播磨中部丘陵県立自然公園 ⇒「008 都道府県
立自然公園」

赤穂市
◇生島樹林 ⇒「014 天然記念物〔国指定〕」

西脇市
◇荒神社のムクノキ ⇒「043 天然記念物〔兵庫県〕」
◇西林寺の唐子ツバキ ⇒「043 天然記念物〔兵
庫県〕」
◇清水東条湖立杭県立自然公園 ⇒「008 都道府
県立自然公園」

川西市
◇猪名川渓谷県立自然公園 ⇒「008 都道府県立
自然公園」
◇小戸神社の大クス ⇒「043 天然記念物〔兵庫県〕」
◇多田神社のムクロジとオガタマノキ ⇒「105 郷
土記念物〔兵庫県〕」

小野市
◇播磨中部丘陵県立自然公園 ⇒「008 都道府県
立自然公園」

三田市
◇清水東条湖立杭県立自然公園 ⇒「008 都道府
県立自然公園」
◇大舟寺のカヤ ⇒「043 天然記念物〔兵庫県〕」

加西市
◇殿原のイチョウ（御葉着イチョウ）⇒「043 天
然記念物〔兵庫県〕」
◇播磨中部丘陵県立自然公園 ⇒「008 都道府県
立自然公園」

篠山市
◇医王寺のラッパイチョウ ⇒「043 天然記念物
〔兵庫県〕」
◇猪名川渓谷県立自然公園 ⇒「008 都道府県立
自然公園」
◇追手神社の千年モミ ⇒「105 郷土記念物〔兵
庫県〕」
◇追手神社のモミ ⇒「014 天然記念物〔国指定〕」

◇上立杭の大アベマキ ⇒「043 天然記念物〔兵
庫県〕」「105 郷土記念物〔兵庫県〕」
◇西光寺跡のネズ ⇒「105 郷土記念物〔兵庫県〕」
◇西方寺のサザンカ ⇒「105 郷土記念物〔兵庫県〕」
◇清水東条湖立杭県立自然公園 ⇒「008 都道府
県立自然公園」
◇寸原の大ケヤキ ⇒「105 郷土記念物〔兵庫県〕」
◇多紀連山県立自然公園 ⇒「008 都道府県立自
然公園」
◇日置のハダカガヤ ⇒「014 天然記念物〔国指定〕」
◇藤坂のカツラ ⇒「043 天然記念物〔兵庫県〕」
◇安田の大スギ ⇒「043 天然記念物〔兵庫県〕」
◇四本杉 ⇒「105 郷土記念物〔兵庫県〕」
◇和田寺のシイ ⇒「105 郷土記念物〔兵庫県〕」

養父市
◇一宮神社社叢 ⇒「043 天然記念物〔兵庫県〕」
◇大久保の大杉（ホードー杉）⇒「043 天然記念
物〔兵庫県〕」
◇男坂神社のシラカシ林 ⇒「043 天然記念物〔兵
庫県〕」
◇音水ちくさ県立自然公園 ⇒「008 都道府県立
自然公園」
◇栲幡原神社のカシ林 ⇒「043 天然記念物〔兵
庫県〕」
◇加保坂の硬玉（ヒスイ）原石露頭 ⇒「043 天然
記念物〔兵庫県〕」
◇加保坂のミズバショウ自生地 ⇒「043 天然記
念物〔兵庫県〕」
◇上森神社のシラカシ大木 ⇒「043 天然記念物
〔兵庫県〕」
◇口大屋の大アベマキ ⇒「014 天然記念物〔国
指定〕」
◇古生沼の高地湿原植物群落 ⇒「043 天然記念
物〔兵庫県〕」
◇古千本・千本杉の奥山湿生植物群落 ⇒「043 天
然記念物〔兵庫県〕」
◇古千本・千本杉の湿生植物群落 ⇒「043 天然
記念物〔兵庫県〕」
◇積徳の松 伊佐の黒松（久恩の松）⇒「043 天然
記念物〔兵庫県〕」
◇建屋のヒダリマキガヤ ⇒「014 天然記念物〔国
指定〕」
◇但馬山岳県立自然公園 ⇒「008 都道府県立自
然公園」
◇玉水神社のムクノキ林 ⇒「043 天然記念物〔兵
庫県〕」
◇樽見の大ザクラ ⇒「014 天然記念物〔国指定〕」

事典・日本の自然保護地域　431

兵庫県　　　　　　　　　　　　地域別索引　　　　　　　　　　　　近畿

◇鉢伏高原のミツガシワ自生地 ⇒「043 天然記念物〔兵庫県〕」
◇鉢伏高原のヤマドリゼンマイ群落 ⇒「043 天然記念物〔兵庫県〕」
◇別宮の大カツラ ⇒「043 天然記念物〔兵庫県〕」
◇別宮のオキナグサ自生地 ⇒「043 天然記念物〔兵庫県〕」
◇養父町堀畑のハコネウツギ ⇒「043 天然記念物〔兵庫県〕」

丹波市

◇朝来群山県立自然公園 ⇒「008 都道府県立自然公園」
◇柏原の大ケヤキ（木の根橋）⇒「043 天然記念物〔兵庫県〕」
◇高座神社のフジキ ⇒「043 天然記念物〔兵庫県〕」
◇常瀧寺大公孫樹 ⇒「105 郷土記念物〔兵庫県〕」
◇常瀧寺の大イチョウ ⇒「043 天然記念物〔兵庫県〕」
◇菅原の大カヤ ⇒「105 郷土記念物〔兵庫県〕」
◇石龕寺のコウヨウザン ⇒「105 郷土記念物〔兵庫県〕」
◇多紀連山県立自然公園 ⇒「008 都道府県立自然公園」
◇鳳翔寺の大ツガ ⇒「105 郷土記念物〔兵庫県〕」
◇三方の大カツラ ⇒「105 郷土記念物〔兵庫県〕」

南あわじ市

◇淡路ファームパーク イングランドの丘 ⇒「111 あわじ花へんろ」
◇淡路ふれあい公園 ⇒「111 あわじ花へんろ」
◇うずの丘 大鳴門橋記念館 ⇒「111 あわじ花へんろ」
◇お局塚 ⇒「111 あわじ花へんろ」
◇おのころ島神社 ⇒「111 あわじ花へんろ」
◇賀集八幡神社 ⇒「111 あわじ花へんろ」
◇観潮船基地なないろ館 ⇒「111 あわじ花へんろ」
◇休暇村 南淡路 ⇒「111 あわじ花へんろ」
◇慶野松原 ⇒「063 名勝〔国指定〕」
◇灘黒岩水仙郷 ⇒「111 あわじ花へんろ」
◇沼島のウミウ渡来地 ⇒「043 天然記念物〔兵庫県〕」
◇沼島の花・歴史めぐり ⇒「111 あわじ花へんろ」
◇広田の寒泉 ⇒「111 あわじ花へんろ」
◇広田梅林 ⇒「111 あわじ花へんろ」
◇道の駅「うずしお」⇒「111 あわじ花へんろ」
◇みどりの花時計21 ⇒「111 あわじ花へんろ」
◇南淡路椿街道 ⇒「111 あわじ花へんろ」

◇八木のしだれ梅（村上邸）⇒「111 あわじ花へんろ」
◇諭鶴羽山のアカガシ群落 ⇒「043 天然記念物〔兵庫県〕」
◇諭鶴羽ダム・憩いの広場 ⇒「111 あわじ花へんろ」
◇若人の広場公園 ⇒「111 あわじ花へんろ」

朝来市

◇朝来群山県立自然公園 ⇒「008 都道府県立自然公園」
◇出石糸井県立自然公園 ⇒「008 都道府県立自然公園」
◇糸井の大カツラ ⇒「014 天然記念物〔国指定〕」
◇ウツギノヒメハナバチ群生地 ⇒「043 天然記念物〔兵庫県〕」
◇延応寺の大ケヤキ ⇒「043 天然記念物〔兵庫県〕」
◇大将軍杉 ⇒「105 郷土記念物〔兵庫県〕」
◇東河小学校のセンダン ⇒「105 郷土記念物〔兵庫県〕」
◇神子畑のサルスベリ ⇒「105 郷土記念物〔兵庫県〕」
◇八代の大ケヤキ ⇒「014 天然記念物〔国指定〕」

淡路市

◇浅野公園 ⇒「111 あわじ花へんろ」
◇アート山大石可久也美術館 ⇒「111 あわじ花へんろ」
◇淡路景観園芸学校 アルファガーデン ⇒「111 あわじ花へんろ」
◇淡路島国営明石海峡公園 ⇒「111 あわじ花へんろ」
◇淡路市立香りの公園 ⇒「111 あわじ花へんろ」
◇淡路ハイウェイオアシス ⇒「111 あわじ花へんろ」
◇あわじ花さじき ⇒「111 あわじ花へんろ」
◇あわじ花の歳時園 ⇒「111 あわじ花へんろ」
◇淡路夢舞台 ⇒「111 あわじ花へんろ」
◇淡路ワールドパーク ONOKORO ⇒「111 あわじ花へんろ」
◇伊弉諾神宮 ⇒「111 あわじ花へんろ」
◇伊弉諾神宮の夫婦クス ⇒「043 天然記念物〔兵庫県〕」
◇伊勢の森神社 あわじ御所桜 幸福の道 ⇒「111 あわじ花へんろ」
◇岩上神社 ⇒「111 あわじ花へんろ」
◇絵島 ⇒「105 郷土記念物〔兵庫県〕」
◇円城寺 ⇒「111 あわじ花へんろ」

432　事典・日本の自然保護地域

近畿　　　　　　　　　地域別索引　　　　　　　　兵庫県

◇奇跡の星の植物館 ⇒「111 あわじ花へんろ」
◇県立淡路島公園 ⇒「111 あわじ花へんろ」
◇静の里公園 ⇒「111 あわじ花へんろ」
◇常隆寺 ⇒「111 あわじ花へんろ」
◇常隆寺のスダジイ・アカガシ群落 ⇒「043 天
　然記念物〔兵庫県〕」
◇水仙の丘 ⇒「111 あわじ花へんろ」
◇高山花しょうぶ・アジサイ ⇒「111 あわじ花
　へんろ」
◇東山寺 ⇒「111 あわじ花へんろ」
◇野島鍾乳洞 ⇒「043 天然記念物〔兵庫県〕」
◇野島断層 ⇒「014 天然記念物〔国指定〕」
◇八浄寺 ⇒「111 あわじ花へんろ」
◇"花の村"東桃川花木公園 ⇒「111 あわじ花へ
　んろ」
◇パルシェ香りの館・香りの湯 ⇒「111 あわじ
　花へんろ」
◇東浦サンパーク ⇒「111 あわじ花へんろ」
◇北淡震災記念公園 ⇒「111 あわじ花へんろ」
◇本福寺水御堂 ⇒「111 あわじ花へんろ」
◇まなびの郷 ⇒「111 あわじ花へんろ」
◇妙勝寺 ⇒「111 あわじ花へんろ」
◇妙勝寺の大クスノキ「043 天然記念物〔兵
　庫県〕」
◇明神岬 ⇒「105 郷土記念物〔兵庫県〕」
◇明神岬のイブキ群落 ⇒「043 天然記念物〔兵
　庫県〕」
◇山田川桜並木通り・コスモス ⇒「111 あわじ
　花へんろ」
◇大和島 ⇒「105 郷土記念物〔兵庫県〕」
◇大和島のイブキ群落 ⇒「043 天然記念物〔兵
　庫県〕」

宍粟市

◇安積のカヤの古木「043 天然記念物〔兵庫県〕」
◇池王神社のアカガシ林 ⇒「043 天然記念物〔兵
　庫県〕」
◇岩上神社の夫婦スギ ⇒「043 天然記念物〔兵
　庫県〕」
◇岩野辺の大アスナロ ⇒「105 郷土記念物〔兵
　庫県〕」
◇大蔵神社のフジ ⇒「043 天然記念物〔兵庫県〕」
◇小野の大トチノキ「043 天然記念物〔兵庫県〕」
◇音水ちくさ県立自然公園 ⇒「008 都道府県立
　自然公園」
◇火魂神社の大ムクノキ「043 天然記念物〔兵
　庫県〕」
◇雪彦峰山県立自然公園 ⇒「008 都道府県立自

然公園」
◇千町の大ミズナラ ⇒「105 郷土記念物〔兵庫県〕」
◇中宮神社の大スギ ⇒「043 天然記念物〔兵庫県〕」
◇庭田神社のケヤキの大木 ⇒「043 天然記念物
　〔兵庫県〕」
◇山崎八幡神社のモッコク ⇒「043 天然記念物
　〔兵庫県〕」

加東市

◇清水東条湖立杭県立自然公園 ⇒「008 都道府
　県立自然公園」

たつの市

◇賀茂神社のソテツ ⇒「043 天然記念物〔兵庫県〕」
◇西播丘陵県立自然公園 ⇒「008 都道府県立自
　然公園」
◇龍野公園のムクロジ ⇒「105 郷土記念物〔兵
　庫県〕」
◇龍野のカタシボ竹林 ⇒「014 天然記念物〔国
　指定〕」
◇西山公園のからす岩、かさね岩 ⇒「105 郷土
　記念物〔兵庫県〕」
◇鶴崎ノ屏風岩 ⇒「014 天然記念物〔国指定〕」
◇松尾神社のシリブカガシ社叢林 ⇒「043 天然
　記念物〔兵庫県〕」

川辺郡猪名川町

◇猪名川渓谷県立自然公園 ⇒「008 都道府県立
　自然公園」
◇観音堂の大モミ ⇒「105 郷土記念物〔兵庫県〕」
◇大師堂のネズ ⇒「043 天然記念物〔兵庫県〕」
◇大師堂のモッコク ⇒「043 天然記念物〔兵庫県〕」

多可郡多可町

◇青玉神社の大スギ ⇒「043 天然記念物〔兵庫県〕」
◇朝来群山県立自然公園 ⇒「008 都道府県立自
　然公園」
◇岩座神のスギ(千本杉) ⇒「043 天然記念物〔兵
　庫県〕」
◇岩座神のホソバタブ ⇒「105 郷土記念物〔兵
　庫県〕」
◇笠形山千ヶ峰県立自然公園 ⇒「008 都道府県
　立自然公園」
◇坂本の化椿 ⇒「105 郷土記念物〔兵庫県〕」
◇善光寺のイブキ ⇒「043 天然記念物〔兵庫県〕」

神崎郡市川町

◇笠形寺のコウヤマキ ⇒「043 天然記念物〔兵

事典・日本の自然保護地域　433

兵庫県　　　　　　　　　地域別索引　　　　　　　　近畿

庫県〕」
◇笠形山千ヶ峰県立自然公園 ⇒「008 都道府県
　立自然公園」

神崎郡福崎町
◇七種山 ⇒「088 名勝〔兵庫県〕」
◇福田大歳神社のイチイガシ ⇒「105 郷土記念
　物〔兵庫県〕」

神崎郡神河町
◇大歳神社の大スギ ⇒「043 天然記念物〔兵庫県〕」
◇笠形山千ヶ峰県立自然公園 ⇒「008 都道府県
　立自然公園」
◇庚申堂の大ヒノキ ⇒「105 郷土記念物〔兵庫県〕」
◇雪彦峰山県立自然公園 ⇒「008 都道府県立自
　然公園」

赤穂郡上郡町
◇大避神社のコヤスノキ叢林 ⇒「043 天然記念
　物〔兵庫県〕」
◇法雲寺のビャクシン ⇒「043 天然記念物〔兵
　庫県〕」

佐用郡佐用町
◇大避神社のコヤスノキ社叢林 ⇒「043 天然記
　念物〔兵庫県〕」
◇音水ちくさ県立自然公園 ⇒「008 都道府県立
　自然公園」
◇光福寺の大イトザクラ ⇒「043 天然記念物〔兵
　庫県〕」
◇佐用中山のスダシイの古木 ⇒「043 天然記念
　物〔兵庫県〕」
◇佐用の大イチョウ ⇒「043 天然記念物〔兵庫県〕」
◇八幡神社のケヤキの大木 ⇒「043 天然記念物
　〔兵庫県〕」
◇八幡神社のコヤスノキの叢林 ⇒「043 天然記
　念物〔兵庫県〕」
◇日名倉山茅場 ⇒「120 ふるさと文化財の森」
◇飛龍の滝及びその周辺 ⇒「088 名勝〔兵庫県〕」
◇船越山池ノ谷瑠璃寺境内・参道ならびに「鬼の
　河原」周辺 ⇒「119 日本の貴重なコケの森」
◇三日月の大ムク ⇒「043 天然記念物〔兵庫県〕」
◇三日月のムクノキの古木 ⇒「043 天然記念物
　〔兵庫県〕」

美方郡香美町
◇兎和野の大カツラ ⇒「043 天然記念物〔兵庫県〕」
◇大笹のザゼンソウ群落 ⇒「043 天然記念物〔兵

庫県〕」
◇大沼のハルニレ ⇒「105 郷土記念物〔兵庫県〕」
◇海底面の流痕 ⇒「043 天然記念物〔兵庫県〕」
◇香住海岸 ⇒「063 名勝〔国指定〕」
◇小城のブナ原生林 ⇒「043 天然記念物〔兵庫県〕」
◇小代神社の巨木群 ⇒「105 郷土記念物〔兵庫県〕」
◇小長辿の大トチ ⇒「043 天然記念物〔兵庫県〕」
◇猿尾滝 ⇒「088 名勝〔兵庫県〕」
◇山陰海岸ジオパーク ⇒「006 世界ジオパーク」
　「009 日本ジオパーク」
◇高坂のヤブツバキ ⇒「105 郷土記念物〔兵庫県〕」
◇但馬山岳県立自然公園 ⇒「008 都道府県立自
　然公園」
◇但馬御火浦 ⇒「014 天然記念物〔国指定〕」「063
　名勝〔国指定〕」
◇銚子ケ谷カキツバタ群落 ⇒「043 天然記念物
　〔兵庫県〕」
◇八幡神社のタブノキとヤブツバキ ⇒「105 郷
　土記念物〔兵庫県〕」
◇味取の俵石 ⇒「105 郷土記念物〔兵庫県〕」
◇吉滝 ⇒「043 天然記念物〔兵庫県〕」
◇鎧袖 ⇒「014 天然記念物〔国指定〕」
◇漣痕化石 ⇒「043 天然記念物〔兵庫県〕」
◇和池の大カツラ ⇒「043 天然記念物〔兵庫県〕」

美方郡新温泉町
◇居組不動山の暖地性植物群落 ⇒「043 天然記
　念物〔兵庫県〕」
◇池の島の大甌穴 ⇒「043 天然記念物〔兵庫県〕」
◇宇都野神社社叢の暖帯性植物原生林 ⇒「043 天
　然記念物〔兵庫県〕」
◇大杉神社の大ヒノキ ⇒「043 天然記念物〔兵
　庫県〕」
◇霧が滝渓谷 ⇒「088 名勝〔兵庫県〕」
◇久谷八幡神社のイヌシデとスダジイ ⇒「105 郷
　土記念物〔兵庫県〕」
◇小又川渓谷 ⇒「088 名勝〔兵庫県〕」
◇山陰海岸ジオパーク ⇒「006 世界ジオパーク」
　「009 日本ジオパーク」
◇鐘乳 日本洞門 鐘乳 亀山洞門 ⇒「043 天然記
　念物〔兵庫県〕」
◇正法庵の大シイ ⇒「043 天然記念物〔兵庫県〕」
◇須賀神社の大ヒノキ ⇒「105 郷土記念物〔兵
　庫県〕」
◇善住寺のヒメコマツとヒイラギ ⇒「105 郷土
　記念物〔兵庫県〕」
◇泰雲寺のシダレザクラ ⇒「043 天然記念物〔兵
　庫県〕」

434　事典・日本の自然保護地域

近畿　　　　　　　　　　地域別索引　　　　　　　　　　奈良県

◇但馬山岳県立自然公園 ⇒「008 都道府県立自然公園」
◇但馬御火浦 ⇒「014 天然記念物〔国指定〕」「063 名勝〔国指定〕」
◇浜坂のタンゴイワガサとワカサハマギク群落 ⇒「043 天然記念物〔兵庫県〕」
◇福富のアカメヤナギ ⇒「043 天然記念物〔兵庫県〕」
◇三柱神社のアカメヤナギ ⇒「105 郷土記念物〔兵庫県〕」
◇諸寄東ノ洞門 ⇒「043 天然記念物〔兵庫県〕」

奈良県

奈良県

◇大峰山脈・台高山脈 ⇒「132 重要生息地（IBA）」
◇近畿自然歩道 ⇒「007 長距離自然歩道」
◇高野龍神国定公園 ⇒「001 国定公園」
◇金剛生駒紀泉国定公園 ⇒「001 国定公園」
◇東海自然歩道 ⇒「007 長距離自然歩道」
◇室生赤目青山国定公園 ⇒「001 国定公園」
◇大和青垣国定公園 ⇒「001 国定公園」
◇吉野熊野国立公園 ⇒「002 国立公園」

奈良市

◇鶯の滝 ⇒「129 やまとの水」
◇春日神社境内ナギ樹林 ⇒「014 天然記念物〔国指定〕」
◇春日山原始林 ⇒「015 特別天然記念物〔国指定〕」
◇樟の巨樹 ⇒「044 天然記念物〔奈良県〕」
◇県立月ヶ瀬神野山自然公園 ⇒「008 都道府県立自然公園」
◇県立矢田自然公園 ⇒「008 都道府県立自然公園」
◇五色椿 ⇒「044 天然記念物〔奈良県〕」
◇正暦寺境内のコジイ林 ⇒「044 天然記念物〔奈良県〕」
◇ソテツ ⇒「121 保護樹木〔奈良県〕」
◇知足院ナラノヤエザクラ ⇒「014 天然記念物〔国指定〕」
◇月瀬梅林 ⇒「063 名勝〔国指定〕」
◇東大寺鏡池棲息ワタカ ⇒「044 天然記念物〔奈良県〕」
◇八幡神社社叢 ⇒「044 天然記念物〔奈良県〕」
◇吐山スズラン群落 ⇒「014 天然記念物〔国指定〕」
◇吐山の左巻榧 ⇒「044 天然記念物〔奈良県〕」
◇菩提仙川 ⇒「129 やまとの水」
◇ヤマモモ ⇒「121 保護樹木〔奈良県〕」
◇ルーミスシジミ生息地 ⇒「014 天然記念物〔国指定〕」

大和郡山市

◇県立矢田自然公園 ⇒「008 都道府県立自然公園」
◇松尾寺霊泉 ⇒「129 やまとの水」

天理市

◇石上神宮鏡池棲息ワタカ ⇒「044 天然記念物

事典・日本の自然保護地域　435

奈良県　　　　　　　　　　地域別索引　　　　　　　　　近畿

〔奈良県〕」
◇石上神宮社そう ⇒「044 天然記念物〔奈良県〕」
◇カヤ ⇒「121 保護樹木〔奈良県〕」
◇桃尾の滝 ⇒「129 やまとの水」
◇ラクウショウ（アメリカスイショウ）⇒「121 保護樹木〔奈良県〕」

橿原市
◇馬見丘陵出土シガゾウ化石 一括 ⇒「044 天然記念物〔奈良県〕」
◇大和三山 香具山 畝傍山 耳成山 ⇒「063 名勝〔国指定〕」

桜井市
◇お葉つきイチョウ ⇒「044 天然記念物〔奈良県〕」
◇ケヤキ ⇒「121 保護樹木〔奈良県〕」
◇浄鏡寺旧境内のアスナロの群落 ⇒「044 天然記念物〔奈良県〕」
◇ソテツの巨樹 ⇒「044 天然記念物〔奈良県〕」
◇瀧蔵神社社そう 附 シダレザクラ ⇒「044 天然記念物〔奈良県〕」
◇初瀬のイチョウの巨樹 ⇒「044 天然記念物〔奈良県〕」
◇与喜山暖帯林 ⇒「014 天然記念物〔国指定〕」
◇ラクウショウ（アメリカスイショウ）⇒「121 保護樹木〔奈良県〕」

五條市
◇天ヶ滝 ⇒「129 やまとの水」
◇大塔ふるさとの水 ⇒「129 やまとの水」
◇オオヤマレンゲ自生地 ⇒「014 天然記念物〔国指定〕」
◇県立吉野川津風呂自然公園 ⇒「008 都道府県立自然公園」
◇ふくじゅ草の自生地 ⇒「044 天然記念物〔奈良県〕」
◇二見の大ムク ⇒「014 天然記念物〔国指定〕」
◇篦の木 ⇒「044 天然記念物〔奈良県〕」
◇宮の滝 ⇒「129 やまとの水」
◇ヤマモモの巨樹 ⇒「044 天然記念物〔奈良県〕」

御所市
◇イチョウ ⇒「121 保護樹木〔奈良県〕」
◇祈りの滝 ⇒「129 やまとの水」
◇大川杉 ⇒「044 天然記念物〔奈良県〕」
◇サイカチ ⇒「121 保護樹木〔奈良県〕」
◇細井の森湧水 ⇒「129 やまとの水」

生駒市
◇往馬大社の社そう ⇒「044 天然記念物〔奈良県〕」
◇県立矢田自然公園 ⇒「008 都道府県立自然公園」

香芝市
◇志都美神社の社そう ⇒「044 天然記念物〔奈良県〕」
◇シダレザクラ ⇒「121 保護樹木〔奈良県〕」
◇どんづる峯 ⇒「044 天然記念物〔奈良県〕」

葛城市
◇笛吹神社イチイガシ林 ⇒「044 天然記念物〔奈良県〕」
◇松柿 ⇒「121 保護樹木〔奈良県〕」

宇陀市
◇宇太水分神社湧水 ⇒「129 やまとの水」
◇内牧の無洗楷 ⇒「044 天然記念物〔奈良県〕」
◇戒場神社のホオノキの巨樹 ⇒「044 天然記念物〔奈良県〕」
◇戒長寺のお葉つきイチョウ ⇒「044 天然記念物〔奈良県〕」
◇カザグルマ自生地 ⇒「014 天然記念物〔国指定〕」
◇吉祥竜穴 ⇒「129 やまとの水」
◇ケヤキ ⇒「121 保護樹木〔奈良県〕」
◇シダレザクラ ⇒「121 保護樹木〔奈良県〕」
◇無洗楷 ⇒「044 天然記念物〔奈良県〕」
◇墨坂神社の御神水 ⇒「129 やまとの水」
◇高井千本杉の杉井戸水 ⇒「129 やまとの水」
◇高井の千本杉 ⇒「044 天然記念物〔奈良県〕」
◇初生寺境内のツルマンリョウの自生地 ⇒「044 天然記念物〔奈良県〕」
◇深谷竜鎮渓谷 ⇒「129 やまとの水」
◇仏隆寺のサクラの巨樹 ⇒「044 天然記念物〔奈良県〕」
◇御井神社境内のツルマンリョウ群落 ⇒「044 天然記念物〔奈良県〕」
◇向淵スズラン群落 ⇒「014 天然記念物〔国指定〕」
◇室生山暖地性シダ群落 ⇒「014 天然記念物〔国指定〕」
◇八ツ房スギ ⇒「014 天然記念物〔国指定〕」

山辺郡山添村
◇県立月ヶ瀬神野山自然公園 ⇒「008 都道府県立自然公園」
◇神野山 ⇒「044 天然記念物〔奈良県〕」「089 名勝〔奈良県〕」

近畿　　　　　　　　　　　地域別索引　　　　　　　　　　　奈良県

◇神野寺境内の二次林 ⇒「044 天然記念物〔奈良県〕」
◇鍋倉渓湧水 ⇒「129 やまとの水」

生駒郡斑鳩町
◇県立矢田自然公園 ⇒「008 都道府県立自然公園」
◇ソテツの巨樹 ⇒「044 天然記念物〔奈良県〕」

磯城郡田原本町
◇樟の巨樹 ⇒「044 天然記念物〔奈良県〕」
◇村屋坐弥冨都比売神社の社そう ⇒「044 天然記念物〔奈良県〕」

宇陀郡曽爾村
◇赤目四十八滝 ⇒「119 日本の貴重なコケの森」
◇御葉付イチョウ ⇒「044 天然記念物〔奈良県〕」
◇済浄坊渓谷 ⇒「129 やまとの水」
◇曽爾高原湧水群 ⇒「129 やまとの水」
◇ヒダリマキガヤ群落 ⇒「044 天然記念物〔奈良県〕」
◇屏風岩、兜岩および鎧岩 ⇒「014 天然記念物〔国指定〕」

宇陀郡御杖村
◇イチョウ ⇒「121 保護樹木〔奈良県〕」
◇神末のカヤの巨木林 ⇒「044 天然記念物〔奈良県〕」
◇不動滝 ⇒「129 やまとの水」

高市郡高取町
◇スギ ⇒「121 保護樹木〔奈良県〕」

高市郡明日香村
◇飛鳥川（稲淵・栢森付近） ⇒「129 やまとの水」

吉野郡吉野町
◇妹山樹叢 ⇒「014 天然記念物〔国指定〕」
◇イワツバメの越冬地 ⇒「044 天然記念物〔奈良県〕」
◇奥千本苔清水 ⇒「129 やまとの水」
◇県立吉野川津風呂自然公園 ⇒「008 都道府県立自然公園」
◇コウヤマキ群落 ⇒「044 天然記念物〔奈良県〕」
◇桜本坊のギンモクセイ ⇒「044 天然記念物〔奈良県〕」
◇津風呂神社のサカキカズラ ⇒「044 天然記念物〔奈良県〕」
◇西谷川流域暖地性羊歯植物群落 ⇒「044 天然記念物〔奈良県〕」
◇宮滝・象の小川 ⇒「129 やまとの水」
◇山口のツルマンリョウ群落 ⇒「044 天然記念物〔奈良県〕」
◇吉野山 ⇒「063 名勝〔国指定〕」
◇竜門の滝 ⇒「129 やまとの水」

吉野郡大淀町
◇エノキ ⇒「121 保護樹木〔奈良県〕」
◇県立吉野川津風呂自然公園 ⇒「008 都道府県立自然公園」

吉野郡下市町
◇阿知賀瀬ノ上湧水 ⇒「129 やまとの水」
◇県立吉野川津風呂自然公園 ⇒「008 都道府県立自然公園」
◇スギ ⇒「121 保護樹木〔奈良県〕」
◇広橋の御葉付イチョウ ⇒「044 天然記念物〔奈良県〕」
◇ヤマナシ ⇒「121 保護樹木〔奈良県〕」
◇ヤマモモ ⇒「121 保護樹木〔奈良県〕」

吉野郡黒滝村
◇黒滝川渓谷 ⇒「129 やまとの水」

吉野郡天川村
◇イワツバメの越冬地 ⇒「044 天然記念物〔奈良県〕」
◇イワナの棲息地 ⇒「044 天然記念物〔奈良県〕」
◇大台ヶ原・大峯山ユネスコエコパーク ⇒「012 ユネスコエコパーク」
◇オオヤマレンゲ自生地 ⇒「014 天然記念物〔国指定〕」
◇五代松鍾乳洞 ⇒「044 天然記念物〔奈良県〕」
◇坪内のイチョウの巨樹 ⇒「044 天然記念物〔奈良県〕」
◇天ノ川渓谷（みたらい渓谷・川迫川渓谷・双門滝） ⇒「129 やまとの水」
◇洞川湧水群 ⇒「129 やまとの水」
◇仏経嶽原始林 ⇒「014 天然記念物〔国指定〕」
◇面不動鍾乳洞 ⇒「044 天然記念物〔奈良県〕」
◇龍泉寺の自然林 ⇒「044 天然記念物〔奈良県〕」

吉野郡野迫川村
◇イワナの棲息地 ⇒「044 天然記念物〔奈良県〕」

吉野郡十津川村
◇杉の巨樹群 ⇒「044 天然記念物〔奈良県〕」

事典・日本の自然保護地域　**437**

奈良県　　　　　　　　　　　　地域別索引　　　　　　　　　　　　近畿

◇滝川渓谷 ⇒「*129* やまとの水」
◇玉置山の枕状溶岩堆積地 ⇒「*044* 天然記念物〔奈良県〕」
◇瀞八丁 ⇒「*014* 天然記念物〔国指定〕」「*064* 特別名勝〔国指定〕」
◇二津野ダム ⇒「*132* 重要生息地（IBA）」

吉野郡下北山村

◇前鬼のトチノキ巨樹群 ⇒「*044* 天然記念物〔奈良県〕」
◇南紀熊野ジオパーク ⇒「*009* 日本ジオパーク」
◇三重滝・不動七重の滝 ⇒「*129* やまとの水」
◇明神池 ⇒「*129* やまとの水」

吉野郡上北山村

◇大台ヶ原 ⇒「*119* 日本の貴重なコケの森」
◇大台ヶ原・大峯山ユネスコエコパーク ⇒「*012* ユネスコエコパーク」
◇北山川渓谷 ⇒「*129* やまとの水」
◇くらがり又谷の滝 ⇒「*129* やまとの水」
◇シシンラン群落 ⇒「*014* 天然記念物〔国指定〕」
◇仏経嶽原始林 ⇒「*014* 天然記念物〔国指定〕」

吉野郡川上村

◇大台ヶ原さんしょう魚 ⇒「*044* 天然記念物〔奈良県〕」
◇川上村有スギ・ヒノキ林（下多古地区）⇒「*120* ふるさと文化財の森」
◇かわのり ⇒「*044* 天然記念物〔奈良県〕」
◇ケグワ ⇒「*044* 天然記念物〔奈良県〕」
◇三ノ公川トガサワラ原始林 ⇒「*014* 天然記念物〔国指定〕」
◇十二社神社社そう ⇒「*044* 天然記念物〔奈良県〕」
◇蜻蛉の滝 ⇒「*129* やまとの水」
◇毒水 ⇒「*129* やまとの水」
◇不動窟鍾乳洞 ⇒「*044* 天然記念物〔奈良県〕」
◇不動窟不動の滝 ⇒「*129* やまとの水」

吉野郡東吉野村

◇円覚寺のギンモクセイの巨樹 ⇒「*044* 天然記念物〔奈良県〕」
◇シラカシ ⇒「*121* 保護樹木〔奈良県〕」
◇七滝八壺 ⇒「*129* やまとの水」
◇丹生川上神社夢淵 ⇒「*129* やまとの水」
◇丹生川上中社のツルマンリョウ自生地 ⇒「*014* 天然記念物〔国指定〕」
◇八幡神社境内のツルマンリョウ群生地 ⇒「*044* 天然記念物〔奈良県〕」

◇ムクロジ ⇒「*121* 保護樹木〔奈良県〕」

近畿　　　　　　　　　　　　　地域別索引　　　　　　　　　　　　和歌山県

和歌山県

和歌山県
◇近畿自然歩道 ⇒「007 長距離自然歩道」
◇高野龍神国定公園 ⇒「001 国定公園」
◇瀬戸内海国立公園 ⇒「002 国立公園」
◇吉野熊野国立公園 ⇒「002 国立公園」

和歌山市
◇一の橋の樟樹 ⇒「045 天然記念物〔和歌山〕」
◇岡山の根上り松群 ⇒「045 天然記念物〔和歌山〕」
◇樫の大木 ⇒「045 天然記念物〔和歌山〕」
◇くろがねもちの老樹 ⇒「045 天然記念物〔和歌山〕」
◇常行寺の柏槙 ⇒「045 天然記念物〔和歌山〕」
◇鷹の巣 ⇒「045 天然記念物〔和歌山〕」
◇椿の巨樹 ⇒「045 天然記念物〔和歌山〕」
◇友ヶ島深蛇池湿地帯植物群落 ⇒「045 天然記念物〔和歌山〕」
◇丹生神社の樟樹 ⇒「045 天然記念物〔和歌山〕」
◇ヒメコマツの名木 ⇒「045 天然記念物〔和歌山〕」
◇和歌の浦 ⇒「063 名勝〔国指定〕」
◇若宮八幡神社のボダイジュ ⇒「045 天然記念物〔和歌山〕」
◇和歌山自然観察の森（四季の郷公園）⇒「003 自然観察の森」

海南市
◇蛭子神社の社叢 ⇒「045 天然記念物〔和歌山〕」
◇長保寺の林叢 ⇒「045 天然記念物〔和歌山〕」

橋本市
◇高野山町石道玉川峡県立自然公園 ⇒「008 都道府県立自然公園」
◇しぐれの松 ⇒「045 天然記念物〔和歌山〕」
◇信太神社の樟樹 ⇒「045 天然記念物〔和歌山〕」
◇玉川峡（丹生滝・三ツ滝を含む）⇒「090 名勝〔和歌山県〕」

有田市
◇西有田県立自然公園 ⇒「008 都道府県立自然公園」

御坊市
◇煙樹海岸県立自然公園 ⇒「008 都道府県立自然公園」
◇光専寺の柏槙 ⇒「045 天然記念物〔和歌山〕」
◇日高別院の公孫樹 ⇒「045 天然記念物〔和歌山〕」

田辺市
◇赤滑の漣痕 ⇒「045 天然記念物〔和歌山〕」
◇オオウナギ生息地 ⇒「014 天然記念物〔国指定〕」
◇大塔日置川県立自然公園 ⇒「008 都道府県立自然公園」
◇神島 ⇒「014 天然記念物〔国指定〕」
◇栗栖川亀甲石包含層 ⇒「014 天然記念物〔国指定〕」
◇城ヶ森鉾尖県立自然公園 ⇒「008 都道府県立自然公園」
◇新庄町奥山の甌穴 ⇒「045 天然記念物〔和歌山〕」
◇住吉神社のおがたまの木 ⇒「045 天然記念物〔和歌山〕」
◇住吉神社の社叢 ⇒「045 天然記念物〔和歌山〕」
◇鳥巣半島の泥岩岩脈 ⇒「014 天然記念物〔国指定〕」
◇野中の一方杉 ⇒「045 天然記念物〔和歌山〕」
◇果無山脈県立自然公園 ⇒「008 都道府県立自然公園」
◇蟾蜍岩 ⇒「045 天然記念物〔和歌山〕」
◇百間山渓谷 ⇒「045 天然記念物〔和歌山〕」「090 名勝〔和歌山県〕」
◇ユノミネシダ自生地 ⇒「014 天然記念物〔国指定〕」
◇龍神宮のウバメガシ ⇒「045 天然記念物〔和歌山〕」

新宮市
◇大塔日置川県立自然公園 ⇒「008 都道府県立自然公園」
◇熊野速玉神社のナギ ⇒「014 天然記念物〔国指定〕」
◇御所本の化石漣痕 ⇒「045 天然記念物〔和歌山〕」
◇白見山和田川峡県立自然公園 ⇒「008 都道府県立自然公園」
◇新宮藺沢浮島植物群落 ⇒「014 天然記念物〔国指定〕」
◇瀞八丁 ⇒「014 天然記念物〔国指定〕」「064 特別名勝〔国指定〕」
◇南紀熊野ジオパーク ⇒「009 日本ジオパーク」

事典・日本の自然保護地域　439

和歌山県　　　地域別索引　　　近畿

紀の川市

◇イワヒバの天然群落 ⇒「045 天然記念物〔和歌山〕」
◇桂樹 ⇒「045 天然記念物〔和歌山〕」
◇加茂神社の公孫樹 ⇒「045 天然記念物〔和歌山〕」
◇キイシモツケ群生地 ⇒「045 天然記念物〔和歌山〕」
◇光明寺の松 ⇒「045 天然記念物〔和歌山〕」
◇しらかしの巨樹 ⇒「045 天然記念物〔和歌山〕」
◇藤崎弁天 ⇒「090 名勝〔和歌山県〕」
◇薬師寺のマツ ⇒「045 天然記念物〔和歌山〕」
◇龍門山県立自然公園 ⇒「008 都道府県立自然公園」
◇龍門山の磁石岩 ⇒「045 天然記念物〔和歌山〕」

岩出市

◇栄福寺イブキビャクシンの大樹名木 ⇒「045 天然記念物〔和歌山〕」
◇下中島の大イチョウ ⇒「045 天然記念物〔和歌山〕」
◇正覚寺ムクの木 ⇒「045 天然記念物〔和歌山〕」
◇百山稀少鉱物産出鉱脈 ⇒「045 天然記念物〔和歌山〕」

海草郡紀美野町

◇生石高原県立自然公園 ⇒「008 都道府県立自然公園」
◇釜滝の甌穴 ⇒「045 天然記念物〔和歌山〕」
◇国木原ノダフジの大樹 ⇒「045 天然記念物〔和歌山〕」
◇しらかしの老大樹群 ⇒「045 天然記念物〔和歌山〕」
◇善福寺のカヤ（雌株）⇒「045 天然記念物〔和歌山〕」
◇丹生神社のイチョウ（雌株）⇒「045 天然記念物〔和歌山〕」
◇箕六弁財天社のカツラ（雄株）⇒「045 天然記念物〔和歌山〕」

伊都郡かつらぎ町

◇高野山町石道玉川峡県立自然公園 ⇒「008 都道府県立自然公園」
◇さざんかの老樹 ⇒「045 天然記念物〔和歌山〕」
◇十五社の樟樹 ⇒「045 天然記念物〔和歌山〕」

伊都郡九度山町

◇厳島神社のイチョウ（雌株）⇒「045 天然記念

物〔和歌山〕」
◇高野山町石道玉川峡県立自然公園 ⇒「008 都道府県立自然公園」
◇玉川峡（丹生滝・三ツ滝を含む）⇒「090 名勝〔和歌山県〕」
◇平見観音いぬつげの老樹 ⇒「045 天然記念物〔和歌山〕」

伊都郡高野町

◇奥の院の大杉林 ⇒「045 天然記念物〔和歌山〕」
◇高野山町石道玉川峡県立自然公園 ⇒「008 都道府県立自然公園」
◇高野槙の純林 ⇒「045 天然記念物〔和歌山〕」
◇金剛峯寺寺有林 ⇒「120 ふるさと文化財の森」
◇丹生神社のトガサワラ ⇒「045 天然記念物〔和歌山〕」

有田郡湯浅町

◇西有田県立自然公園 ⇒「008 都道府県立自然公園」

有田郡広川町

◇西有田県立自然公園 ⇒「008 都道府県立自然公園」

有田郡有田川町

◇生石高原県立自然公園 ⇒「008 都道府県立自然公園」
◇生石神社社叢 ⇒「045 天然記念物〔和歌山〕」
◇浄土寺のクス ⇒「045 天然記念物〔和歌山〕」
◇城ヶ森鉾尖県立自然公園 ⇒「008 都道府県立自然公園」
◇田殿丹生神社夏瀬の森のクスノキ ⇒「045 天然記念物〔和歌山〕」
◇榁の老樹 ⇒「045 天然記念物〔和歌山〕」
◇藤並神社のイチイガシ ⇒「045 天然記念物〔和歌山〕」

日高郡美浜町

◇姥目の老樹 ⇒「045 天然記念物〔和歌山〕」
◇海猫および海猫繁殖地弁天島 ⇒「045 天然記念物〔和歌山〕」
◇煙樹海岸県立自然公園 ⇒「008 都道府県立自然公園」
◇松原王子神社の社叢 ⇒「045 天然記念物〔和歌山〕」
◇龍王神社のアコウ ⇒「045 天然記念物〔和歌山〕」

440　事典・日本の自然保護地域

近畿　　　　　　　　　　地域別索引　　　　　　　　　　和歌山県

日高郡日高町

◇煙樹海岸県立自然公園 ⇒「008 都道府県立自然公園」

日高郡由良町

◇白崎海岸県立自然公園 ⇒「008 都道府県立自然公園」
◇はかまかずら自生北限地 ⇒「045 天然記念物〔和歌山〕」
◇門前の大岩 ⇒「014 天然記念物〔国指定〕」

日高郡印南町

◇川又観音のトチ ⇒「045 天然記念物〔和歌山〕」
◇切目神社のほるとのき ⇒「045 天然記念物〔和歌山〕」
◇東光寺のナギ（雄株） ⇒「045 天然記念物〔和歌山〕」
◇真妻神社のホルトノキ ⇒「045 天然記念物〔和歌山〕」

日高郡みなべ町

◇いすのきの純林 ⇒「045 天然記念物〔和歌山〕」
◇千里の浜 ⇒「045 天然記念物〔和歌山〕」「090 名勝〔和歌山県〕」
◇丹河地蔵堂のイチョウ（雌株） ⇒「045 天然記念物〔和歌山〕」
◇みなべ町堺沖のオオカワリギンチャク生息地 ⇒「045 天然記念物〔和歌山〕」

日高郡日高川町

◇城ヶ森鉾尖県立自然公園 ⇒「008 都道府県立自然公園」

西牟婁郡白浜町

◇安宅八幡のいちいがし ⇒「045 天然記念物〔和歌山〕」
◇円月島（高嶋）及び千畳敷 ⇒「063 名勝〔国指定〕」
◇オオウナギ生息地 ⇒「014 天然記念物〔国指定〕」
◇大塔日置川県立自然公園 ⇒「008 都道府県立自然公園」
◇熊野三所神社の社叢 ⇒「045 天然記念物〔和歌山〕」
◇古座川県立自然公園 ⇒「008 都道府県立自然公園」
◇白浜の化石連痕 ⇒「014 天然記念物〔国指定〕」
◇白浜の泥岩岩脈 ⇒「014 天然記念物〔国指定〕」
◇南紀熊野ジオパーク ⇒「009 日本ジオパーク」

◇保呂の虫喰岩 ⇒「045 天然記念物〔和歌山〕」

西牟婁郡上富田町

◇オオウナギ生息地 ⇒「014 天然記念物〔国指定〕」
◇岡川八幡神社の社叢 ⇒「045 天然記念物〔和歌山〕」
◇田中神社の森（岡藤） ⇒「045 天然記念物〔和歌山〕」
◇南紀熊野ジオパーク ⇒「009 日本ジオパーク」

西牟婁郡すさみ町

◇稲積島暖地性植物群落 ⇒「014 天然記念物〔国指定〕」
◇江須崎暖地性植物群落 ⇒「014 天然記念物〔国指定〕」
◇古座川県立自然公園 ⇒「008 都道府県立自然公園」
◇南紀熊野ジオパーク ⇒「009 日本ジオパーク」

東牟婁郡那智勝浦町

◇イヌグスの大木（青岸渡寺本堂脇） ⇒「045 天然記念物〔和歌山〕」
◇しいの老樹 ⇒「045 天然記念物〔和歌山〕」
◇枝垂ザクラ（那智大社本殿端垣際） ⇒「045 天然記念物〔和歌山〕」
◇那智原始林 ⇒「014 天然記念物〔国指定〕」
◇那智山旧参道の杉並木 ⇒「045 天然記念物〔和歌山〕」
◇那智大滝 ⇒「063 名勝〔国指定〕」
◇那智の樟 ⇒「045 天然記念物〔和歌山〕」
◇南紀熊野ジオパーク ⇒「009 日本ジオパーク」
◇モッコクの大樹（那智大社実方院前庭） ⇒「045 天然記念物〔和歌山〕」
◇ヤマザクラの名木（那智大社社務所前） ⇒「045 天然記念物〔和歌山〕」

東牟婁郡太地町

◇南紀熊野ジオパーク ⇒「009 日本ジオパーク」

東牟婁郡古座川町

◇古座川県立自然公園 ⇒「008 都道府県立自然公園」
◇古座川の一枚岩 ⇒「014 天然記念物〔国指定〕」
◇高池の虫喰岩 ⇒「014 天然記念物〔国指定〕」
◇滝の拝 ⇒「045 天然記念物〔和歌山〕」
◇南紀熊野ジオパーク ⇒「009 日本ジオパーク」

和歌山県　　　　　　　　　　　　地域別索引　　　　　　　　　　　　近畿

東牟婁郡串本町
◇串本沿岸海域 ⇒「*013* ラムサール条約湿地」
◇潮岬 ⇒「*090* 名勝〔和歌山県〕」
◇南紀熊野ジオパーク ⇒「*009* 日本ジオパーク」
◇橋杭岩 ⇒「*014* 天然記念物〔国指定〕」「*063* 名
　勝〔国指定〕」

中国・四国　　　　　　　　　　　地域別索引　　　　　　　　　　　鳥取県

中国・四国

鳥取県

鳥取県
◇近畿自然歩道 ⇒「007 長距離自然歩道」
◇山陰海岸国立公園 ⇒「002 国立公園」
◇大山隠岐国立公園 ⇒「002 国立公園」
◇中国自然歩道 ⇒「007 長距離自然歩道」
◇中海 ⇒「132 重要生息地 (IBA)」
◇比婆道後帝釈国定公園 ⇒「001 国定公園」
◇氷ノ山 ⇒「132 重要生息地 (IBA)」

鳥取市
◇相屋神社社叢 ⇒「046 天然記念物〔鳥取県〕」
◇赤波川渓谷おう穴群 ⇒「123 とっとり (因伯) の名水」
◇赤波川渓谷のおう穴群 ⇒「046 天然記念物〔鳥取県〕」
◇雨滝渓谷 ⇒「123 とっとり (因伯) の名水」
◇意上奴神社社叢 ⇒「046 天然記念物〔鳥取県〕」
◇犬山神社社叢 ⇒「046 天然記念物〔鳥取県〕」
◇扇ノ山の火山弾 ⇒「046 天然記念物〔鳥取県〕」
◇大野見宿禰命神社社叢 ⇒「014 天然記念物〔国指定〕」
◇お地蔵さんの水 ⇒「123 とっとり (因伯) の名水」
◇落河内の大キリシマ ⇒「046 天然記念物〔鳥取県〕」
◇落河内のカツラ ⇒「046 天然記念物〔鳥取県〕」
◇桂見の「二十世紀」ナシ親木 ⇒「046 天然記念物〔鳥取県〕」
◇キマダラルリツバメチョウ生息地 ⇒「014 天然記念物〔国指定〕」
◇倉田八幡宮社叢 ⇒「014 天然記念物〔国指定〕」
◇坂谷神社社叢 ⇒「046 天然記念物〔鳥取県〕」
◇山陰海岸ジオパーク ⇒「006 世界ジオパーク」「009 日本ジオパーク」
◇山王滝水域 ⇒「123 とっとり (因伯) の名水」
◇鹿野地震断層の痕跡 ⇒「046 天然記念物〔鳥取県〕」

◇菅野ミズゴケ湿原 ⇒「046 天然記念物〔鳥取県〕」
◇千代川 (用瀬町水域) ⇒「123 とっとり (因伯) の名水」
◇田岡神社のツバキ樹林 ⇒「046 天然記念物〔鳥取県〕」
◇高岡神社社叢 ⇒「046 天然記念物〔鳥取県〕」
◇辰巳峠の植物化石産出層 ⇒「046 天然記念物〔鳥取県〕」
◇多鯰ヶ池 ⇒「123 とっとり (因伯) の名水」
◇鳥取砂丘 ⇒「014 天然記念物〔国指定〕」
◇ナウマンゾウ牙温泉津沖日本海底産 ⇒「046 天然記念物〔鳥取県〕」
◇ナウマンゾウ牙萩沖日本海底産 ⇒「046 天然記念物〔鳥取県〕」
◇長瀬の大シダレザクラ ⇒「046 天然記念物〔鳥取県〕」
◇西因幡県立自然公園 ⇒「008 都道府県立自然公園」
◇白兎神社樹叢 ⇒「014 天然記念物〔国指定〕」
◇ハマナス自生南限地帯 ⇒「014 天然記念物〔国指定〕」
◇不動谷川流域 ⇒「123 とっとり (因伯) の名水」
◇松上神社のサカキ樹林 ⇒「014 天然記念物〔国指定〕」
◇三滝渓 ⇒「091 名勝〔鳥取県〕」「123 とっとり (因伯) の名水」
◇矢矯神社社叢 ⇒「046 天然記念物〔鳥取県〕」
◇弓河内の大シダレザクラ ⇒「046 天然記念物〔鳥取県〕」
◇和奈見と塩上の枕状溶岩 ⇒「046 天然記念物〔鳥取県〕」

米子市
◇粟島神社社叢 ⇒「046 天然記念物〔鳥取県〕」
◇中海 ⇒「013 ラムサール条約湿地」
◇本宮の泉 ⇒「123 とっとり (因伯) の名水」
◇米子水鳥公園 ⇒「134 東アジア・オーストラリア地域 渡り性水鳥重要生息地ネットワーク」

倉吉市
◇関金のシイ ⇒「046 天然記念物〔鳥取県〕」
◇大山池 ⇒「123 とっとり (因伯) の名水」
◇大日寺の大イチョウ ⇒「046 天然記念物〔鳥取県〕」
◇波波伎神社社叢 ⇒「014 天然記念物〔国指定〕」
◇三朝東郷湖県立自然公園 ⇒「008 都道府県立自然公園」

事典・日本の自然保護地域　　**443**

境港市
◇中海 ⇒「013 ラムサール条約湿地」

岩美郡岩美町
◇浦富海岸 ⇒「014 天然記念物〔国指定〕」「063 名勝〔国指定〕」
◇唐川のカキツバタ群落 ⇒「014 天然記念物〔国指定〕」
◇山陰海岸ジオパーク ⇒「006 世界ジオパーク」「009 日本ジオパーク」

八頭郡若桜町
◇中江の一本スギ ⇒「046 天然記念物〔鳥取県〕」
◇氷ノ山のキャラボク群落 ⇒「046 天然記念物〔鳥取県〕」
◇諸鹿渓谷 ⇒「123 とっとり（因伯）の名水」
◇若桜神社社叢 ⇒「046 天然記念物〔鳥取県〕」

八頭郡智頭町
◇芦津渓 ⇒「123 とっとり（因伯）の名水」
◇倉谷のザゼンソウ湿原 ⇒「046 天然記念物〔鳥取県〕」
◇智頭町有スギ林 ⇒「120 ふるさと文化財の森」
◇豊乗寺のスギ ⇒「046 天然記念物〔鳥取県〕」
◇むし井神社社叢 ⇒「046 天然記念物〔鳥取県〕」

八頭郡八頭町
◇清徳寺の巨樹名木群 ⇒「046 天然記念物〔鳥取県〕」
◇西御門の大イチョウ ⇒「046 天然記念物〔鳥取県〕」
◇福本のオハツキイチョウ ⇒「046 天然記念物〔鳥取県〕」
◇用呂の清水 ⇒「123 とっとり（因伯）の名水」
◇和奈見と塩上の枕状溶岩 ⇒「046 天然記念物〔鳥取県〕」

東伯郡三朝町
◇小鹿渓 ⇒「063 名勝〔国指定〕」「123 とっとり（因伯）の名水」
◇垢離取川 ⇒「123 とっとり（因伯）の名水」
◇花倉山のヒノキ・ホンシャクナゲ群落 ⇒「046 天然記念物〔鳥取県〕」
◇福本のツバキ ⇒「046 天然記念物〔鳥取県〕」
◇三朝東郷湖県立自然公園 ⇒「008 都道府県立自然公園」
◇三徳山 ⇒「063 名勝〔国指定〕」

東伯郡湯梨浜町
◇三朝東郷湖県立自然公園 ⇒「008 都道府県立自然公園」

東伯郡琴浦町
◇古布庄の大スギ ⇒「046 天然記念物〔鳥取県〕」
◇琴浦町別宮の大イヌグス ⇒「046 天然記念物〔鳥取県〕」
◇天皇水 ⇒「123 とっとり（因伯）の名水」
◇転法輪寺の大イチョウ ⇒「046 天然記念物〔鳥取県〕」
◇箆津のハマヒサカキ群落 ⇒「046 天然記念物〔鳥取県〕」
◇伯耆の大シイ ⇒「014 天然記念物〔国指定〕」
◇マテバシイの北限地帯［智光寺の樹叢］⇒「046 天然記念物〔鳥取県〕」

西伯郡大山町
◇赤松の池 ⇒「123 とっとり（因伯）の名水」
◇大野池 ⇒「123 とっとり（因伯）の名水」
◇大山のダイセンキャラボク純林 ⇒「015 特別天然記念物〔国指定〕」
◇ハマナス自生南限地帯 ⇒「014 天然記念物〔国指定〕」.

西伯郡南部町
◇金華山熊野神社社叢 ⇒「046 天然記念物〔鳥取県〕」
◇佐伯氏のクロガネモチ ⇒「046 天然記念物〔鳥取県〕」
◇清水井 ⇒「123 とっとり（因伯）の名水」
◇長寿寺・落合神社の社叢 ⇒「046 天然記念物〔鳥取県〕」
◇長田神社社叢 ⇒「046 天然記念物〔鳥取県〕」

日野郡日南町
◇奥日野県立自然公園 ⇒「008 都道府県立自然公園」
◇神戸上のハンノキ沼沢林 ⇒「046 天然記念物〔鳥取県〕」
◇上石見のオハツキ・タイコイチョウ ⇒「046 天然記念物〔鳥取県〕」
◇金明水 ⇒「123 とっとり（因伯）の名水」
◇解脱寺のモミ並木 ⇒「046 天然記念物〔鳥取県〕」
◇楽楽福神社社叢 ⇒「046 天然記念物〔鳥取県〕」
◇石霞渓 ⇒「123 とっとり（因伯）の名水」
◇船通山のイチイ ⇒「014 天然記念物〔国指定〕」
◇聖滝 ⇒「123 とっとり（因伯）の名水」

中国・四国　　　　　　　　　　地域別索引　　　　　　　　　　島根県

◇日野川源流の水 ⇒「123 とっとり（因伯）の
名水」

日野郡日野町

◇鵜の池 ⇒「123 とっとり（因伯）の名水」
◇奥日野県立自然公園 ⇒「008 都道府県立自然
公園」
◇荒神原のオオサンショウウオ生息地 ⇒「046 天
然記念物〔鳥取県〕」
◇根雨神社社叢 ⇒「046 天然記念物〔鳥取県〕」
◇聖神社社叢 ⇒「046 天然記念物〔鳥取県〕」

日野郡江府町

◇かまこしき渓谷の侵食地形 ⇒「046 天然記念
物〔鳥取県〕」
◇熊野神社社叢 ⇒「046 天然記念物〔鳥取県〕」
◇下蚊屋明神のサクラ ⇒「046 天然記念物〔鳥
取県〕」
◇洲河崎のカツラ ⇒「046 天然記念物〔鳥取県〕」
◇武庫の七色ガシ ⇒「046 天然記念物〔鳥取県〕」

島根県

島根県

◇大山隠岐国立公園 ⇒「002 国立公園」
◇中国自然歩道 ⇒「007 長距離自然歩道」
◇中海 ⇒「132 重要生息地（IBA）」
◇西中国山地国定公園 ⇒「001 国定公園」
◇比婆道後帝釈国定公園 ⇒「001 国定公園」

松江市

◇大空の山桜 ⇒「047 天然記念物〔島根県〕」
◇大谷地区ホタル生息地 ⇒「011 みんなで守る
郷土の自然」
◇京羅木（山麓）探勝路 ⇒「010 みんなでつくる
身近な自然観察路」
◇潜戸 ⇒「014 天然記念物〔国指定〕」「063 名
勝〔国指定〕」
◇志多備神社のスダジイ ⇒「047 天然記念物〔島
根県〕」
◇澄水川ホタル生息地 ⇒「011 みんなで守る郷
土の自然」
◇宍道湖 ⇒「013 ラムサール条約湿地」「132 重
要生息地（IBA）」
◇宍道湖北山県立自然公園東部地区 ⇒「008 都
道府県立自然公園」
◇惣津海岸磯の観察地 ⇒「010 みんなでつくる
身近な自然観察路」
◇大根島第二熔岩隧道 ⇒「014 天然記念物〔国
指定〕」
◇大根島の熔岩隧道 ⇒「015 特別天然記念物〔国
指定〕」
◇多古の七ツ穴 ⇒「014 天然記念物〔国指定〕」
◇田和山自然観察路 ⇒「010 みんなでつくる身
近な自然観察路」
◇千酌トンボ池観察地 ⇒「010 みんなでつくる
身近な自然観察路」
◇築島の岩脈 ⇒「014 天然記念物〔国指定〕」
◇中海 ⇒「013 ラムサール条約湿地」
◇ふるさと森林公園自然観察路 ⇒「010 みんな
でつくる身近な自然観察路」
◇星上山 ⇒「011 みんなで守る郷土の自然」
◇法吉北部地区観察路 ⇒「010 みんなでつくる
身近な自然観察路」
◇法吉ミスジカワニナ生息地 ⇒「011 みんなで
守る郷土の自然」

事典・日本の自然保護地域　445

島根県　　　　　　　　　　　　　　　　　　　　　　地域別索引　　　　　　　　　　　　　　　　中国・四国

◇美保の北浦 ⇒「063 名勝〔国指定〕」
◇みほの岬自然観察路 ⇒「010 みんなでつくる
　身近な自然観察路」

浜田市

◇石見畳ヶ浦 ⇒「014 天然記念物〔国指定〕」
◇黄長石霞石玄武岩 ⇒「047 天然記念物〔島根県〕」
◇常盤山カシ林 ⇒「011 みんなで守る郷土の自然」
◇常磐山の杉 ⇒「047 天然記念物〔島根県〕」
◇長安本郷の八幡宮並木道 ⇒「047 天然記念物
　〔島根県〕」
◇波佐地区ホタル生息地 ⇒「011 みんなで守る
　郷土の自然」
◇浜田海岸県立自然公園 ⇒「008 都道府県立自
　然公園」
◇ふるさと体験村冒険の森・野鳥の森 ⇒「010 み
　んなでつくる身近な自然観察路」
◇ふるさと体験村松ヶ谷自然観察路 ⇒「010 み
　んなでつくる身近な自然観察路」
◇三隅大平桜 ⇒「011 みんなで守る郷土の自然」
◇三隅大平ザクラ ⇒「014 天然記念物〔国指定〕」
◇夫婦滝自然観察路 ⇒「010 みんなでつくる身
　近な自然観察路」
◇弥畝山ブナ林 ⇒「011 みんなで守る郷土の自然」

出雲市

◇朝山森林公園自然観察路 ⇒「010 みんなでつ
　くる身近な自然観察路」
◇伊秩やすらぎの森自然観察路 ⇒「010 みんな
　でつくる身近な自然観察路」
◇猪目川カジカガエル生息地 ⇒「011 みんなで
　守る郷土の自然」
◇川跡ビオトープ ⇒「011 みんなで守る郷土の
　自然」
◇差海川ハマナス自生地 ⇒「011 みんなで守る
　郷土の自然」
◇荘厳寺山探勝路 ⇒「010 みんなでつくる身近
　な自然観察路」
◇宍道湖 ⇒「013 ラムサール条約湿地」「132 重
　要生息地（IBA）」
◇大社町ホタル生息地 ⇒「011 みんなで守る郷
　土の自然」
◇立久恵 ⇒「014 天然記念物〔国指定〕」「063 名
　勝〔国指定〕」
◇立久恵峡県立自然公園 ⇒「008 都道府県立自
　然公園」
◇天甲古道自然観察路 ⇒「010 みんなでつくる
　身近な自然観察路」

◇鳶ヶ巣城址自然探勝路 ⇒「010 みんなでつく
　る身近な自然観察路」
◇長浜海岸（園の長浜）⇒「011 みんなで守る郷
　土の自然」
◇日本海岸におけるハマナス自生西限地 ⇒「047
　天然記念物〔島根県〕」
◇日御碕カスミサンショウウオ生息地 ⇒「011 み
　んなで守る郷土の自然」
◇日御碕の黄金孟宗群落 ⇒「047 天然記念物〔島
　根県〕」
◇日御碕の大ソテツ ⇒「014 天然記念物〔国指定〕」
◇深山川ホタル生息地 ⇒「011 みんなで守る郷
　土の自然」
◇経島 ⇒「132 重要生息地（IBA）」
◇経島ウミネコ繁殖地 ⇒「014 天然記念物〔国
　指定〕」
◇八千代川カジカガエル生息地 ⇒「011 みんな
　で守る郷土の自然」
◇霊山寺自然観察路 ⇒「010 みんなでつくる身
　近な自然観察路」
◇鰐淵ふるさとのみち自然観察路 ⇒「010 みん
　なでつくる身近な自然観察路」

益田市

◇金谷の城山桜 ⇒「047 天然記念物〔島根県〕」
◇唐音の蛇岩 ⇒「014 天然記念物〔国指定〕」
◇双川峡 ⇒「092 名勝〔島根県〕」
◇鑪崎及び松島磁石石 ⇒「047 天然記念物〔島
　根県〕」「092 名勝〔島根県〕」
◇二条川の自然（ゲンジボタルとカジカガエル）
　⇒「011 みんなで守る郷土の自然」
◇蟠竜湖県立自然公園 ⇒「008 都道府県立自然
　公園」
◇真砂自然観察路 ⇒「010 みんなでつくる身近
　な自然観察路」
◇みと自然の森自然観察路 ⇒「010 みんなでつ
　くる身近な自然観察路」
◇四つ山探勝路 ⇒「010 みんなでつくる身近な
　自然観察路」
◇若杉の天然林 ⇒「011 みんなで守る郷土の自然」

大田市

◇大江高山イズモコバイモ自生地 ⇒「011 みん
　なで守る郷土の自然」
◇大江高山自然観察路 ⇒「010 みんなでつくる
　身近な自然観察路」
◇沖蛇島のウミネコ繁殖地 ⇒「047 天然記念物
　〔島根県〕」

446　事典・日本の自然保護地域

中国・四国　　　　　　　　　　地域別索引　　　　　　　　　　島根県

◇鬼村の鬼岩 ⇒「047 天然記念物〔島根県〕」
◇琴ヶ浜の鳴り砂 ⇒「011 みんなで守る郷土の
　自然」
◇近藤ヶ浜ハマナス自生地 ⇒「011 みんなで守
　る郷土の自然」
◇三瓶小豆原埋没林 ⇒「014 天然記念物〔指定〕」
◇三瓶山自然林 ⇒「014 天然記念物〔国指定〕」
◇三瓶山東の原草原環境 ⇒「011 みんなで守る
　郷土の自然」
◇しぐく経塚自然観察路 ⇒「010 みんなでつく
　る身近な自然観察路」
◇日本海岸におけるハマナス自生西限地 ⇒「047
　天然記念物〔島根県〕」
◇仁万の硅化木 ⇒「047 天然記念物〔島根県〕」
◇波根西の珪化木 ⇒「014 天然記念物〔国指定〕」
◇姫逃池のカキツバタ群落 ⇒「047 天然記念物
　〔島根県〕」
◇本宮神社の大杉 ⇒「047 天然記念物〔島根県〕」
◇松代鉱山の霰石産地 ⇒「014 天然記念物〔国
　指定〕」
◇物部神社社叢 ⇒「011 みんなで守る郷土の自然」

安来市

◇インヨウチク（陰陽竹）群落 ⇒「047 天然記念
　物〔島根県〕」
◇月山・太鼓壇自然観察路 ⇒「010 みんなでつ
　くる身近な自然観察路」
◇木戸川自然観察路 ⇒「010 みんなでつくる身
　近な自然観察路」
◇清水月山県立自然公園 ⇒「008 都道府県立自
　然公園」
◇鷹入の滝自然観察路 ⇒「010 みんなでつくる
　身近な自然観察路」
◇中海 ⇒「013 ラムサール条約湿地」
◇布部ハッチョウトンボ生息地 ⇒「011 みんな
　で守る郷土の自然」
◇比婆山インヨウチク自生地 ⇒「011 みんなで
　守る郷土の自然」
◇吉田地区ホタル生息地 ⇒「011 みんなで守る
　郷土の自然」

江津市

◇浅利富士山麓探勝路 ⇒「010 みんなでつくる
　身近な自然観察路」
◇東川ホタル生息地 ⇒「011 みんなで守る郷土
　の自然」
◇今田水神の大ケヤキ ⇒「047 天然記念物〔島
　根県〕」

◇千丈渓 ⇒「063 名勝〔国指定〕」
◇千丈渓県立自然公園 ⇒「008 都道府県立自然
　公園」
◇断魚渓・観音滝県立自然公園 ⇒「008 都道府
　県立自然公園」
◇山本の白枝垂桜 ⇒「047 天然記念物〔島根県〕」
◇龍頭ヶ滝探勝路 ⇒「010 みんなでつくる身近
　な自然観察路」

雲南市

◇赤川ホタル生息地 ⇒「011 みんなで守る郷土
　の自然」
◇海潮のカツラ ⇒「014 天然記念物〔国指定〕」
◇かみくの桃源郷長谷川自然観察路 ⇒「010 み
　んなでつくる身近な自然観察路」
◇木次のさくらトンネル ⇒「010 みんなでつく
　る身近な自然観察路」
◇貴船神社のシイ ⇒「047 天然記念物〔島根県〕」
◇雲見の滝 ⇒「047 天然記念物〔島根県〕」「092
　名勝〔島根県〕」
◇三刀屋川の桜並木 ⇒「010 みんなでつくる身
　近な自然観察路」
◇吉田公園自然観察路 ⇒「010 みんなでつくる
　身近な自然観察路」
◇竜頭八重滝県立自然公園 ⇒「008 都道府県立
　自然公園」

仁多郡奥出雲町

◇吾妻山 ⇒「011 みんなで守る郷土の自然」
◇岩屋寺の切開 ⇒「014 天然記念物〔国指定〕」
◇大滝自然観察路 ⇒「010 みんなでつくる身近
　な自然観察路」
◇オキナグサ自生地 ⇒「011 みんなで守る郷土
　の自然」
◇鬼舌振 ⇒「014 天然記念物〔国指定〕」「063 名
　勝〔国指定〕」
◇鬼の舌震県立自然公園 ⇒「008 都道府県立自
　然公園」
◇金言寺のイチョウ ⇒「011 みんなで守る郷土
　の自然」
◇金言寺の大イチョウ ⇒「047 天然記念物〔島
　根県〕」
◇猿政山自然林 ⇒「011 みんなで守る郷土の自然」
◇三郡山探勝路 ⇒「010 みんなでつくる身近な
　自然観察路」
◇船通山 ⇒「011 みんなで守る郷土の自然」
◇大人山探勝路 ⇒「010 みんなでつくる身近な
　自然観察路」

事典・日本の自然保護地域　447

島根県　　　　　　　　　　　　　　地域別索引　　　　　　　　　　中国・四国

◇鯛の巣山ブナ林 ⇒「011 みんなで守る郷土の自然」
◇竹崎のカツラ ⇒「014 天然記念物〔国指定〕」
◇玉峰山探勝路 ⇒「010 みんなでつくる身近な自然観察路」
◇八代ハッチョウトンボ生息地 ⇒「011 みんなで守る郷土の自然」
◇湯の廻キャラボク ⇒「047 天然記念物〔島根県〕」
◇要害山自然探勝路 ⇒「010 みんなでつくる身近な自然観察路」

飯石郡飯南町
◇赤谷八幡宮社叢 ⇒「011 みんなで守る郷土の自然」
◇大万木山ブナ林 ⇒「011 みんなで守る郷土の自然」
◇下来島のボダイジュ ⇒「047 天然記念物〔島根県〕」
◇福田山野草の森自然観察路 ⇒「010 みんなでつくる身近な自然観察路」

邑智郡川本町
◇赤城の森自然観察路 ⇒「010 みんなでつくる身近な自然観察路」
◇川本町イズモコバイモ自生地 ⇒「011 みんなで守る郷土の自然」
◇川本町ユキワリイチゲ自生地 ⇒「011 みんなで守る郷土の自然」
◇丸山城森林浴公園自然観察路 ⇒「010 みんなでつくる身近な自然観察路」

邑智郡美郷町
◇学舎のイロハモミジ ⇒「047 天然記念物〔島根県〕」
◇久保川自然回帰への森ホタル生息地 ⇒「011 みんなで守る郷土の自然」
◇江川水系県立自然公園 ⇒「008 都道府県立自然公園」
◇酒谷のオロチカツラ ⇒「047 天然記念物〔島根県〕」
◇都賀本郷宮の杜 ⇒「011 みんなで守る郷土の自然」
◇寺谷自然観察路 ⇒「010 みんなでつくる身近な自然観察路」
◇花の谷のサクラ ⇒「047 天然記念物〔島根県〕」
◇蟠龍峡自然観察路 ⇒「010 みんなでつくる身近な自然観察路」
◇美郷町ホンシャクナゲ自生地 ⇒「011 みんな

で守る郷土の自然」
◇妙用寺の桜 ⇒「047 天然記念物〔島根県〕」
◇やなしお道 ⇒「011 みんなで守る郷土の自然」

邑智郡邑南町
◇井原深篠川冠山探勝路 ⇒「010 みんなでつくる身近な自然観察路」
◇賀茂神社の社叢 ⇒「011 みんなで守る郷土の自然」
◇口羽のゲンジボタルおよびその発生地 ⇒「047 天然記念物〔島根県〕」
◇江川水系県立自然公園 ⇒「008 都道府県立自然公園」
◇志都岩屋弥山探勝路 ⇒「010 みんなでつくる身近な自然観察路」
◇志都の岩屋 ⇒「047 天然記念物〔島根県〕」「092 名勝〔島根県〕」
◇諏訪神社参道杉並木 ⇒「047 天然記念物〔島根県〕」
◇千丈渓 ⇒「063 名勝〔国指定〕」
◇千丈渓県立自然公園 ⇒「008 都道府県立自然公園」
◇断魚渓 ⇒「063 名勝〔国指定〕」
◇断魚渓・観音滝県立自然公園 ⇒「008 都道府県立自然公園」
◇天蔵滝探勝路 ⇒「010 みんなでつくる身近な自然観察路」
◇毘沙門堂の榊 ⇒「047 天然記念物〔島根県〕」
◇日和今原盆地自然観察路 ⇒「010 みんなでつくる身近な自然観察路」
◇瑞穂オヤニラミ生息地 ⇒「011 みんなで守る郷土の自然」
◇瑞穂ふるさと里山再生地 ⇒「011 みんなで守る郷土の自然」
◇門谷林間地自然観察路 ⇒「010 みんなでつくる身近な自然観察路」
◇雪田長源寺の枝垂桜 ⇒「047 天然記念物〔島根県〕」
◇原山（山麓）探勝路 ⇒「010 みんなでつくる身近な自然観察路」

鹿足郡津和野町
◇青野山県立自然公園 ⇒「008 都道府県立自然公園」
◇青野山探勝路 ⇒「010 みんなでつくる身近な自然観察路」
◇池村の杜（八幡宮の社叢、大元神社跡の楠）⇒「011 みんなで守る郷土の自然」

448　事典・日本の自然保護地域

| 中国・四国 | 地域別索引 | 島根県 |

◇大元神社跡の樟 ⇒「047 天然記念物〔島根県〕」
◇高津川オシドリ飛来地 ⇒「011 みんなで守る郷土の自然」
◇津和野ゲンジボタル生息地 ⇒「011 みんなで守る郷土の自然」
◇津和野町野中自然観察路 ⇒「010 みんなでつくる身近な自然観察路」

鹿足郡吉賀町

◇朝倉オヤニラミ生息地 ⇒「011 みんなで守る郷土の自然」
◇安蔵寺山ブナ巨木林 ⇒「011 みんなで守る郷土の自然」
◇愛宕千年杉 ⇒「011 みんなで守る郷土の自然」
◇高津川ヒメバイカモ自生地 ⇒「011 みんなで守る郷土の自然」
◇六日市（樋口）カタクリ自生地 ⇒「011 みんなで守る郷土の自然」

隠岐郡

◇隠岐諸島 ⇒「132 重要生息地（IBA）」

隠岐郡海士町

◇隠岐ジオパーク ⇒「006 世界ジオパーク」「009 日本ジオパーク」
◇クロキヅタ産地 ⇒「014 天然記念物〔国指定〕」

隠岐郡西ノ島町

◇隠岐国賀海岸 ⇒「014 天然記念物〔国指定〕」「063 名勝〔国指定〕」
◇隠岐ジオパーク ⇒「006 世界ジオパーク」「009 日本ジオパーク」
◇クロキヅタ産地 ⇒「014 天然記念物〔国指定〕」
◇焼火神社神域植物群 ⇒「047 天然記念物〔島根県〕」
◇焼火山社叢 ⇒「011 みんなで守る郷土の自然」
◇星神島オオミズナギドリ繁殖地 ⇒「014 天然記念物〔国指定〕」

隠岐郡知夫村

◇大波加島オオミズナギドリ繁殖地 ⇒「047 天然記念物〔島根県〕」
◇隠岐ジオパーク ⇒「006 世界ジオパーク」「009 日本ジオパーク」
◇隠岐知夫赤壁 ⇒「014 天然記念物〔国指定〕」「063 名勝〔国指定〕」

隠岐郡隠岐の島町

◇岩倉の乳房杉 ⇒「047 天然記念物〔島根県〕」
◇大津久のカタクリ群生地 ⇒「011 みんなで守る郷土の自然」
◇隠岐ジオパーク ⇒「006 世界ジオパーク」「009 日本ジオパーク」
◇隠岐自然回帰の森 ⇒「011 みんなで守る郷土の自然」
◇隠岐白島海岸 ⇒「014 天然記念物〔国指定〕」「063 名勝〔国指定〕」
◇沖島オオミズナギドリ繁殖地 ⇒「014 天然記念物〔国指定〕」
◇隠岐海苔田ノ鼻 ⇒「014 天然記念物〔国指定〕」「063 名勝〔国指定〕」
◇隠岐布施海岸 ⇒「063 名勝〔国指定〕」
◇春日神社のクロマツ群 ⇒「047 天然記念物〔島根県〕」
◇建福寺周辺自然観察路 ⇒「010 みんなでつくる身近な自然観察路」
◇高尾暖地性濶葉樹林 ⇒「014 天然記念物〔国指定〕」
◇玉若酢命神社の八百スギ ⇒「014 天然記念物〔国指定〕」
◇中村のかぶら杉 ⇒「047 天然記念物〔島根県〕」
◇元屋のオキシャクナゲ自生地 ⇒「047 天然記念物〔島根県〕」
◇油井のスイセン群生地 ⇒「011 みんなで守る郷土の自然」
◇世間桜 ⇒「047 天然記念物〔島根県〕」
◇鷲ヶ峰およびトカゲ岩 ⇒「047 天然記念物〔島根県〕」「092 名勝〔島根県〕」

事典・日本の自然保護地域　449

岡山県

岡山県
◇瀬戸内海国立公園 ⇒「002 国立公園」
◇大山隠岐国立公園 ⇒「002 国立公園」
◇中国自然歩道 ⇒「007 長距離自然歩道」
◇氷ノ山 ⇒「132 重要生息地（IBA）」
◇氷ノ山後山那岐山国定公園 ⇒「001 国定公園」

岡山市
◇奥迫川の桜 ⇒「048 天然記念物〔岡山県〕」
◇吉備史跡県立自然公園 ⇒「008 都道府県立自
　然公園」
◇吉備路風土記の丘県立自然公園 ⇒「008 都道
　府県立自然公園」
◇吉備清流県立自然公園 ⇒「008 都道府県立自
　然公園」
◇吉備津の松並木 ⇒「106 郷土記念物〔岡山県〕」
◇児島湖・阿部池 ⇒「132 重要生息地（IBA）」
◇宗堂の桜 ⇒「048 天然記念物〔岡山県〕」
◇吉井川中流県立自然公園 ⇒「008 都道府県立
　自然公園」

岡山市北区
◇金山八幡宮の社叢 ⇒「106 郷土記念物〔岡山県〕」
◇九谷の樹林 ⇒「106 郷土記念物〔岡山県〕」
◇徳蔵神社の樹林 ⇒「106 郷土記念物〔岡山県〕」
◇矢喰の岩 ⇒「106 郷土記念物〔岡山県〕」

岡山市中区
◇曹源寺の松並木 ⇒「106 郷土記念物〔岡山県〕」

倉敷市
◇阿知の藤 ⇒「048 天然記念物〔岡山県〕」
◇吉備史跡県立自然公園 ⇒「008 都道府県立自
　然公園」
◇下津井祇園神社の社叢 ⇒「106 郷土記念物〔岡
　山県〕」
◇下津井鷲羽山 ⇒「063 名勝〔国指定〕」
◇象岩 ⇒「014 天然記念物〔国指定〕」
◇柳田八幡の森 ⇒「106 郷土記念物〔岡山県〕」

津山市
◇岡山県有スギ・ヒノキ林（御大典記念林）⇒「120

ふるさと文化財の森」
◇尾所の桜 ⇒「048 天然記念物〔岡山県〕」
◇西上山林組合ヒノキ林 ⇒「120 ふるさと文化
　財の森」
◇宝蔵寺の森 ⇒「106 郷土記念物〔岡山県〕」
◇本谷のトラフダケ自生地 ⇒「014 天然記念物
　〔国指定〕」
◇物見神社の社叢 ⇒「106 郷土記念物〔岡山県〕」
◇山形八幡神社の森 ⇒「106 郷土記念物〔岡山県〕」
◇湯原奥津県立自然公園 ⇒「008 都道府県立自
　然公園」

玉野市
◇児島湖・阿部池 ⇒「132 重要生息地（IBA）」
◇両児山の樹林 ⇒「106 郷土記念物〔岡山県〕」

笠岡市
◇応神山 ⇒「063 名勝〔国指定〕」
◇カブトガニ繁殖地 ⇒「014 天然記念物〔国指定〕」
◇白石島 ⇒「063 名勝〔国指定〕」
◇白石島の鎧岩 ⇒「014 天然記念物〔国指定〕」
◇高島 ⇒「063 名勝〔国指定〕」
◇真鍋大島のイヌグス ⇒「048 天然記念物〔岡
　山県〕」

井原市
◇鬼ヶ嶽 ⇒「063 名勝〔国指定〕」
◇高梁川上流県立自然公園 ⇒「008 都道府県立
　自然公園」
◇天神峡 ⇒「093 名勝〔岡山県〕」
◇道祖渓 ⇒「093 名勝〔岡山県〕」
◇浪形岩 ⇒「048 天然記念物〔岡山県〕」
◇成羽の化石層 ⇒「048 天然記念物〔岡山県〕」
◇星尾神社の社叢 ⇒「106 郷土記念物〔岡山県〕」

総社市
◇御前神社の樹林 ⇒「106 郷土記念物〔岡山県〕」
◇吉備史跡県立自然公園 ⇒「008 都道府県立自
　然公園」
◇吉備路風土記の丘県立自然公園 ⇒「008 都道
　府県立自然公園」
◇豪渓 ⇒「063 名勝〔国指定〕」
◇角力取山の大松 ⇒「048 天然記念物〔岡山県〕」
◇高間熊野神社の森 ⇒「106 郷土記念物〔岡山県〕」
◇水内八幡の森 ⇒「106 郷土記念物〔岡山県〕」

高梁市
◇藍坪の滝 ⇒「048 天然記念物〔岡山県〕」

中国・四国　　　　　　　　地域別索引　　　　　　　　岡山県

◇穴門山の社叢 ⇒「048 天然記念物〔岡山県〕」
◇磐窟谷 ⇒「063 名勝〔国指定〕」
◇枝の不整合 ⇒「048 天然記念物〔岡山県〕」
◇大賀の押被 ⇒「014 天然記念物〔国指定〕」
◇臥牛山のサル生息地 ⇒「014 天然記念物〔国指定〕」
◇祇園の天狗大スギ ⇒「048 天然記念物〔岡山県〕」
◇高梁川上流県立自然公園 ⇒「008 都道府県立自然公園」
◇津川のタブノキ ⇒「106 郷土記念物〔岡山県〕」
◇成羽の化石層 ⇒「048 天然記念物〔岡山県〕」
◇弥高山 ⇒「093 名勝〔岡山県〕」

新見市
◇阿哲台 ⇒「048 天然記念物〔岡山県〕」
◇金螢発生地 ⇒「048 天然記念物〔岡山県〕」
◇草間の間歇冷泉 ⇒「014 天然記念物〔国指定〕」
◇鯉ヶ窪湿生植物群落 ⇒「014 天然記念物〔国指定〕」
◇高梁川上流県立自然公園 ⇒「008 都道府県立自然公園」
◇野原の松並木 ⇒「106 郷土記念物〔岡山県〕」
◇備作山地県立自然公園 ⇒「008 都道府県立自然公園」
◇羅生門 ⇒「014 天然記念物〔国指定〕」
◇羅生門ドリーネ ⇒「119 日本の貴重なコケの森」
◇龍頭のアテツマンサク ⇒「106 郷土記念物〔岡山県〕」

備前市
◇高良八幡の森 ⇒「106 郷土記念物〔岡山県〕」
◇住吉島の樹林 ⇒「048 天然記念物〔岡山県〕」
◇滝谷神社の樹林 ⇒「106 郷土記念物〔岡山県〕」
◇吉井川中流県立自然公園 ⇒「008 都道府県立自然公園」

瀬戸内市
◇善福寺のツバキ ⇒「106 郷土記念物〔岡山県〕」
◇天王社刀剣の森 ⇒「106 郷土記念物〔岡山県〕」
◇福岡城跡の丘 ⇒「106 郷土記念物〔岡山県〕」

赤磐市
◇宗形神社の社叢 ⇒「106 郷土記念物〔岡山県〕」
◇吉井川中流県立自然公園 ⇒「008 都道府県立自然公園」

真庭市
◇阿哲台 ⇒「048 天然記念物〔岡山県〕」

◇畝の松並木 ⇒「106 郷土記念物〔岡山県〕」
◇黄金杉 ⇒「048 天然記念物〔岡山県〕」
◇オオサンショウウオ生息地 ⇒「014 天然記念物〔国指定〕」
◇かわしんじゅ貝生息地 ⇒「048 天然記念物〔岡山県〕」
◇神庭瀑 ⇒「063 名勝〔国指定〕」
◇吉備清流県立自然公園 ⇒「008 都道府県立自然公園」
◇ぎふちょう発生地 ⇒「048 天然記念物〔岡山県〕」
◇栗原の四本柳 ⇒「048 天然記念物〔岡山県〕」
◇黒岩の山桜 ⇒「048 天然記念物〔岡山県〕」
◇塩滝の礫岩 ⇒「048 天然記念物〔岡山県〕」
◇上房台 ⇒「048 天然記念物〔岡山県〕」
◇醍醐桜 ⇒「048 天然記念物〔岡山県〕」
◇高梁川上流県立自然公園 ⇒「008 都道府県立自然公園」
◇トラフダケ自生地 ⇒「014 天然記念物〔国指定〕」
◇箸立天神伊吹ひば ⇒「048 天然記念物〔岡山県〕」
◇備作山地県立自然公園 ⇒「008 都道府県立自然公園」
◇宮地天神社の社叢 ⇒「106 郷土記念物〔岡山県〕」
◇湯原奥津県立自然公園 ⇒「008 都道府県立自然公園」
◇湯原カジカガエル生息地 ⇒「014 天然記念物〔国指定〕」

美作市
◇青木のしいの木 ⇒「048 天然記念物〔岡山県〕」
◇笠懸の森 ⇒「106 郷土記念物〔岡山県〕」
◇日名倉山茅場 ⇒「120 ふるさと文化財の森」
◇横川のムクノキ ⇒「048 天然記念物〔岡山県〕」
◇吉井川中流県立自然公園 ⇒「008 都道府県立自然公園」

和気郡和気町
◇かしらの森 ⇒「106 郷土記念物〔岡山県〕」
◇吉井川中流県立自然公園 ⇒「008 都道府県立自然公園」

小田郡矢掛町
◇鬼ヶ嶽 ⇒「063 名勝〔国指定〕」

真庭郡新庄村
◇がいせん桜 ⇒「106 郷土記念物〔岡山県〕」
◇枝垂栗自生地 ⇒「048 天然記念物〔岡山県〕」

事典・日本の自然保護地域　　**451**

広島県　　　　　　　　地域別索引　　　　　中国・四国

苫田郡鏡野町
◇岩屋の森 ⇒「106 郷土記念物〔岡山県〕」
◇大野の整合 ⇒「048 天然記念物〔岡山県〕」
◇奥津渓 ⇒「063 名勝〔国指定〕」
◇神田神社の社叢 ⇒「106 郷土記念物〔岡山県〕」
◇七色樫 ⇒「048 天然記念物〔岡山県〕」
◇布施神社の社叢 ⇒「106 郷土記念物〔岡山県〕」
◇郷の源氏螢発生地 ⇒「048 天然記念物〔岡山県〕」
◇やませみ生息地 ⇒「048 天然記念物〔岡山県〕」
◇湯原奥津県立自然公園 ⇒「008 都道府県立自然公園」

勝田郡勝央町
◇滝川ホタル生息地 ⇒「048 天然記念物〔岡山県〕」

勝田郡奈義町
◇菩提寺のイチョウ ⇒「014 天然記念物〔国指定〕」
◇滝川ホタル生息地 ⇒「048 天然記念物〔岡山県〕」
◇皆木のマンサク ⇒「106 郷土記念物〔岡山県〕」

久米郡美咲町
◇吉備清流県立自然公園 ⇒「008 都道府県立自然公園」
◇西幸神社の社叢 ⇒「106 郷土記念物〔岡山県〕」
◇四之宮八幡の森 ⇒「106 郷土記念物〔岡山県〕」
◇二上杉 ⇒「048 天然記念物〔岡山県〕」
◇吉井川中流県立自然公園 ⇒「008 都道府県立自然公園」

加賀郡吉備中央町
◇大村寺のクロマツ ⇒「106 郷土記念物〔岡山県〕」
◇大和神社境内林 ⇒「120 ふるさと文化財の森」
◇加茂総社宮の社叢 ⇒「106 郷土記念物〔岡山県〕」
◇吉備清流県立自然公園 ⇒「008 都道府県立自然公園」
◇豪渓 ⇒「063 名勝〔国指定〕」
◇八幡神社境内林 ⇒「120 ふるさと文化財の森」
◇八丁暖の準平原面 ⇒「048 天然記念物〔岡山県〕」
◇吉川八幡宮境内林 ⇒「120 ふるさと文化財の森」
◇吉川八幡の森 ⇒「106 郷土記念物〔岡山県〕」

広島県

広島県
◇瀬戸内海国立公園 ⇒「002 国立公園」
◇中国自然歩道 ⇒「007 長距離自然歩道」
◇西中国山地国定公園 ⇒「001 国定公園」

広島市
◇南原峡県立自然公園 ⇒「008 都道府県立自然公園」

広島市東区
◇馬木八幡神社の社叢 ⇒「049 天然記念物〔広島県〕」

広島市西区
◇新庄の宮の社叢 ⇒「049 天然記念物〔広島県〕」

広島市安佐南区
◇正伝寺のクロガネモチ ⇒「049 天然記念物〔広島県〕」
◇長束の蓮華松 ⇒「049 天然記念物〔広島県〕」

広島市佐伯区
◇石ケ谷峡 ⇒「094 名勝〔広島県〕」
◇神原のシダレザクラ ⇒「049 天然記念物〔広島県〕」

呉市
◇アビ渡来群游海面 ⇒「014 天然記念物〔国指定〕」
◇大岐神社のムク ⇒「049 天然記念物〔広島県〕」
◇川尻のソテツ ⇒「049 天然記念物〔広島県〕」
◇豊浜のホルトノキ群叢 ⇒「049 天然記念物〔広島県〕」
◇二級峡 ⇒「049 天然記念物〔広島県〕」「094 名勝〔広島県〕」

竹原市
◇楠神社のクスノキ ⇒「049 天然記念物〔広島県〕」
◇スナメリクジラ廻游海面 ⇒「014 天然記念物〔国指定〕」
◇忠海のウバメガシ樹叢 ⇒「049 天然記念物〔広島県〕」
◇忠海八幡神社社叢 ⇒「014 天然記念物〔国指定〕」

452　事典・日本の自然保護地域

中国・四国　　　　　　　　　地域別索引　　　　　　　　　広島県

三原市

◇莇原のオガタマノキ ⇒「049 天然記念物〔広島県〕」
◇久井・矢野の岩海 ⇒「014 天然記念物〔国指定〕」
◇下草井八幡神社のツガ ⇒「049 天然記念物〔広島県〕」
◇竹林寺用倉山県立自然公園 ⇒「008 都道府県立自然公園」
◇ナメクジウオ生息地 ⇒「014 天然記念物〔国指定〕」
◇沼田西のエヒメアヤメ自生南限地帯 ⇒「014 天然記念物〔国指定〕」
◇仏通寺のイヌマキ ⇒「049 天然記念物〔広島県〕」
◇仏通寺御調八幡宮県立自然公園 ⇒「008 都道府県立自然公園」
◇御調八幡宮の社叢 ⇒「049 天然記念物〔広島県〕」
◇吉田のギンモクセイ ⇒「049 天然記念物〔広島県〕」

尾道市

◇阿弥陀寺のビャクシン ⇒「049 天然記念物〔広島県〕」
◇艮神社のクスノキ群 ⇒「049 天然記念物〔広島県〕」
◇鏡浦の花崗岩質岩脈 ⇒「049 天然記念物〔広島県〕」
◇山波艮神社のウバメガシ ⇒「049 天然記念物〔広島県〕」
◇菅のムクノキ ⇒「049 天然記念物〔広島県〕」
◇瀬戸田の単葉松 ⇒「049 天然記念物〔広島県〕」
◇垂水天満宮のウバメガシ群落 ⇒「049 天然記念物〔広島県〕」
◇仁野のナナミノキ ⇒「049 天然記念物〔広島県〕」
◇御寺のイブキビャクシン ⇒「049 天然記念物〔広島県〕」

福山市

◇安国寺のソテツ ⇒「049 天然記念物〔広島県〕」
◇上原谷石灰岩巨大礫 ⇒「049 天然記念物〔広島県〕」
◇蔵王城山露頭 ⇒「049 天然記念物〔広島県〕」
◇仙酔島の海食洞窟 ⇒「049 天然記念物〔広島県〕」
◇仙酔層と岩脈 ⇒「049 天然記念物〔広島県〕」
◇竹田のゲンジボタル及びその発生地 ⇒「049 天然記念物〔広島県〕」
◇奈良津露頭 ⇒「049 天然記念物〔広島県〕」
◇備後熊野い草園 ⇒「120 ふるさと文化財の森」

◇福泉寺のカヤ ⇒「049 天然記念物〔広島県〕」
◇福山衝上断層 ⇒「049 天然記念物〔広島県〕」
◇矢川のクリッペ ⇒「049 天然記念物〔広島県〕」
◇山野峡県立自然公園 ⇒「008 都道府県立自然公園」
◇龍頭峡 ⇒「094 名勝〔広島県〕」

府中市

◇井永のシラカシ ⇒「049 天然記念物〔広島県〕」
◇久井・矢野の岩海 ⇒「014 天然記念物〔国指定〕」
◇国留のヤブツバキ ⇒「049 天然記念物〔広島県〕」
◇行縢八幡神社の大木群 ⇒「049 天然記念物〔広島県〕」
◇矢野のケンポナシ ⇒「049 天然記念物〔広島県〕」

三次市

◇迦具神社の大イチョウ ⇒「049 天然記念物〔広島県〕」
◇上布野・二反田逆断層 ⇒「049 天然記念物〔広島県〕」
◇神之瀬峡県立自然公園 ⇒「008 都道府県立自然公園」
◇吉備津神社のサクラ ⇒「049 天然記念物〔広島県〕」
◇熊野神社のシラカシ ⇒「049 天然記念物〔広島県〕」
◇光永寺のカヤ ⇒「049 天然記念物〔広島県〕」
◇敷名八幡神社の社叢 ⇒「049 天然記念物〔広島県〕」
◇常清滝 ⇒「094 名勝〔広島県〕」
◇須佐神社のフジ ⇒「049 天然記念物〔広島県〕」
◇摺滝化石植物群（暁新世）産地 ⇒「049 天然記念物〔広島県〕」
◇仁賀のシラカシ群 ⇒「049 天然記念物〔広島県〕」
◇西酒屋の備北層群大露頭 ⇒「049 天然記念物〔広島県〕」
◇灰塚のナラガシワ ⇒「049 天然記念物〔広島県〕」
◇東酒屋の海底地すべり構造 ⇒「049 天然記念物〔広島県〕」
◇東酒屋の褶曲 ⇒「049 天然記念物〔広島県〕」
◇船佐・山内逆断層帯 ⇒「014 天然記念物〔国指定〕」
◇三次の地蠟産地 ⇒「049 天然記念物〔広島県〕」
◇森山のサイジョウガキ ⇒「049 天然記念物〔広島県〕」
◇山家のヒイラギ ⇒「049 天然記念物〔広島県〕」

事典・日本の自然保護地域　453

広島県　　　　　　　　地域別索引　　　　　　　　中国・四国

庄原市

◇板井谷のコナラ ⇒「049 天然記念物〔広島県〕」
◇円正寺のシダレザクラ ⇒「049 天然記念物〔広島県〕」
◇大屋のサイジョウガキ ⇒「049 天然記念物〔広島県〕」
◇小奴可の要害桜 ⇒「049 天然記念物〔広島県〕」
◇雄橋 ⇒「014 天然記念物〔国指定〕」
◇金屋子神社のシナノキ ⇒「049 天然記念物〔広島県〕」
◇上市のイロハモミジ群 ⇒「049 天然記念物〔広島県〕」
◇上高野山の乳下りイチョウ ⇒「049 天然記念物〔広島県〕」
◇上湯川の八幡神社社叢 ⇒「049 天然記念物〔広島県〕」
◇神之瀬峡県立自然公園 ⇒「008 都道府県立自然公園」
◇北村神社の巨樹群 ⇒「049 天然記念物〔広島県〕」
◇熊野神社の老杉 ⇒「049 天然記念物〔広島県〕」
◇熊野の大トチ ⇒「014 天然記念物〔国指定〕」
◇ゴギ ⇒「049 天然記念物〔広島県〕」
◇西城浄久寺のカヤ ⇒「049 天然記念物〔広島県〕」
◇下領家のエドヒガン ⇒「049 天然記念物〔広島県〕」
◇新免郷谷のエノキ ⇒「049 天然記念物〔広島県〕」
◇諏訪神社のシラカシ林・コケ群落 ⇒「049 天然記念物〔広島県〕」
◇蘇羅彦神社のスギ ⇒「049 天然記念物〔広島県〕」
◇帝釈川の谷（帝釈峡）⇒「063 名勝〔国指定〕」
◇帝釈始終のコナラ ⇒「049 天然記念物〔広島県〕」
◇千鳥別尺のヤマザクラ ⇒「049 天然記念物〔広島県〕」
◇東城川の甌穴 ⇒「049 天然記念物〔広島県〕」
◇比婆山のブナ純林 ⇒「014 天然記念物〔国指定〕」
◇平子のタンバグリ ⇒「049 天然記念物〔広島県〕」
◇船佐・山内逆断層帯 ⇒「014 天然記念物〔国指定〕」
◇南の八幡神社社叢 ⇒「049 天然記念物〔広島県〕」
◇森湯谷のエドヒガン ⇒「049 天然記念物〔広島県〕」
◇湯木のモミ ⇒「049 天然記念物〔広島県〕」
◇横目堂のイチイ ⇒「049 天然記念物〔広島県〕」
◇領家八幡神社の社叢 ⇒「049 天然記念物〔広島県〕」

大竹市

◇栗谷の蛇喰磐 ⇒「049 天然記念物〔広島県〕」
◇三倉岳県立自然公園 ⇒「008 都道府県立自然公園」
◇弥栄峡 ⇒「094 名勝〔広島県〕」

東広島市

◇畝山神社の巨樹群 ⇒「049 天然記念物〔広島県〕」
◇竹仁のシャクナゲ群落 ⇒「049 天然記念物〔広島県〕」
◇竹林寺用倉山県立自然公園 ⇒「008 都道府県立自然公園」
◇鶴亀山の社叢 ⇒「049 天然記念物〔広島県〕」
◇祝詞山八幡神社のコバンモチ群落 ⇒「049 天然記念物〔広島県〕」
◇福成寺の巨樹群 ⇒「049 天然記念物〔広島県〕」
◇本宮八幡神社の社叢 ⇒「049 天然記念物〔広島県〕」

廿日市市

◇厳島 ⇒「064 特別名勝〔国指定〕」
◇おおの自然観察の森 ⇒「003 自然観察の森」
◇押ヶ垰断層帯 ⇒「014 天然記念物〔国指定〕」
◇冠高原のレンゲツツジ大群落 ⇒「049 天然記念物〔広島県〕」
◇津田の大カヤ ⇒「049 天然記念物〔広島県〕」
◇速田神社のツクバネガシ ⇒「049 天然記念物〔広島県〕」
◇ベニマンサク群落 ⇒「049 天然記念物〔広島県〕」
◇瀰山原始林 ⇒「014 天然記念物〔国指定〕」
◇宮島 ⇒「013 ラムサール条約湿地」

安芸高田市

◇佐々部のカキノキ ⇒「049 天然記念物〔広島県〕」
◇宍戸神社の社叢 ⇒「049 天然記念物〔広島県〕」
◇出店権現のウラジロガシ ⇒「049 天然記念物〔広島県〕」
◇土師のチュウゴクボダイジュ ⇒「049 天然記念物〔広島県〕」
◇原田のエノキ ⇒「049 天然記念物〔広島県〕」
◇原田のヤマナシ ⇒「049 天然記念物〔広島県〕」
◇船佐・山内逆断層帯 ⇒「014 天然記念物〔国指定〕」
◇唯称庵跡のカエデ林 ⇒「049 天然記念物〔広島県〕」

中国・四国　　　　　　　　　　地域別索引　　　　　　　　　　広島県

江田島市
◇大原のクロガネモチ ⇒「049 天然記念物〔広島県〕」
◇鹿川のソテツ ⇒「049 天然記念物〔広島県〕」

安芸郡海田町
◇海田観音免のクスノキ ⇒「049 天然記念物〔広島県〕」

山県郡安芸太田町
◇洗川の谷渡り台杉 ⇒「049 天然記念物〔広島県〕」
◇押ヶ垰断層帯 ⇒「014 天然記念物〔国指定〕」
◇梶ノ木の大スギ ⇒「049 天然記念物〔広島県〕」
◇三段峡 ⇒「064 特別名勝〔指定〕」
◇筒賀のイチョウ ⇒「049 天然記念物〔広島県〕」
◇吉水園のモリアオガエル ⇒「049 天然記念物〔広島県〕」

山県郡北広島町
◇大朝町の大アベマキ（矢熊のミヅマキ）⇒「049 天然記念物〔広島県〕」
◇大朝のテングシデ群落 ⇒「014 天然記念物〔国指定〕」
◇熊野新宮神社の大スギ ⇒「049 天然記念物〔広島県〕」
◇古保利の大ヒノキ ⇒「049 天然記念物〔広島県〕」
◇三段峡 ⇒「064 特別名勝〔指定〕」
◇都志見のアスナロ ⇒「049 天然記念物〔広島県〕」
◇本地のクロガネモチ ⇒「049 天然記念物〔広島県〕」
◇八栄神社の大ヒノキ ⇒「049 天然記念物〔広島県〕」

豊田郡大崎上島町
◇本山のシャシャンボ ⇒「049 天然記念物〔広島県〕」

世羅郡世羅町
◇赤屋八幡神社の社叢 ⇒「049 天然記念物〔広島県〕」
◇今高野山のカラマツ ⇒「049 天然記念物〔広島県〕」
◇宇津戸領家八幡神社の社叢 ⇒「049 天然記念物〔広島県〕」
◇男鹿山スズラン南限地 ⇒「049 天然記念物〔広島県〕」
◇津田明神の備北層群と粗面岩 ⇒「049 天然記念物〔広島県〕」

◇山中福田のツバキ ⇒「049 天然記念物〔広島県〕」
◇山中福田八幡神社のウラジロガシ ⇒「049 天然記念物〔広島県〕」

神石郡神石高原町
◇亀山八幡神社のツガ ⇒「049 天然記念物〔広島県〕」
◇教西寺のツバキ ⇒「049 天然記念物〔広島県〕」
◇下豊松鶴岡八幡神社社叢 ⇒「049 天然記念物〔広島県〕」
◇帝釈川の谷（帝釈峡）⇒「063 名勝〔国指定〕」
◇山野峡県立自然公園 ⇒「008 都道府県立自然公園」
◇油木八幡の社叢 ⇒「049 天然記念物〔広島県〕」

事典・日本の自然保護地域　455

山口県

山口県
◇秋吉台国定公園 ⇒「001 国定公園」
◇北長門海岸国定公園 ⇒「001 国定公園」
◇瀬戸内海国立公園 ⇒「002 国立公園」
◇中国自然歩道 ⇒「007 長距離自然歩道」

下関市
◇赤間神宮紅石山樹林 ⇒「109 自然記念物〔山口県〕」
◇阿川八幡宮のイヌマキ巨樹群 ⇒「050 天然記念物〔山口県〕」
◇大吼谷蝙蝠洞 ⇒「014 天然記念物〔国指定〕」
◇恩徳寺の結びイブキ ⇒「014 天然記念物〔国指定〕」
◇壁島ウ渡来地 ⇒「014 天然記念物〔国指定〕」
◇川棚三恵寺のモッコク ⇒「050 天然記念物〔山口県〕」
◇川棚のクスの森 ⇒「014 天然記念物〔国指定〕」
◇千珠樹林 ⇒「014 天然記念物〔国指定〕」
◇狗留孫山 ⇒「063 名勝〔国指定〕」
◇小串エヒメアヤメ自生南限地帯 ⇒「014 天然記念物〔国指定〕」
◇木屋川・音信川ゲンジボタル発生地 ⇒「014 天然記念物〔国指定〕」
◇石柱渓 ⇒「014 天然記念物〔国指定〕」「063 名勝〔国指定〕」
◇滝部のシダレザクラ ⇒「050 天然記念物〔山口県〕」
◇滝部八幡宮のイチイガシ ⇒「050 天然記念物〔山口県〕」
◇長府正円寺の大イチョウ ⇒「050 天然記念物〔山口県〕」
◇豊田県立自然公園 ⇒「008 都道府県立自然公園」
◇長門国一の宮住吉神社社叢 ⇒「050 天然記念物〔山口県〕」
◇蓋井島のヒゼンマユミ群落 ⇒「050 天然記念物〔山口県〕」
◇法林寺のソテツ ⇒「050 天然記念物〔山口県〕」
◇満珠樹林 ⇒「014 天然記念物〔国指定〕」
◇六連島の雲母玄武岩 ⇒「014 天然記念物〔国指定〕」
◇龍王神社樹林 ⇒「109 自然記念物〔山口県〕」

宇部市
◇吉部の大岩郷 ⇒「014 天然記念物〔国指定〕」
◇教善寺のサザンカ ⇒「050 天然記念物〔山口県〕」
◇熊野神社のツルマンリョウ自生地 ⇒「050 天然記念物〔山口県〕」

山口市
◇秋穂二島のアラカシ ⇒「050 天然記念物〔山口県〕」
◇出雲神社ツルマンリョウ自生地 ⇒「014 天然記念物〔国指定〕」
◇小郡町ナギ自生北限地帯 ⇒「014 天然記念物〔国指定〕」
◇常栄寺のモリアオガエル繁殖地 ⇒「050 天然記念物〔山口県〕」
◇浄福寺樹林 ⇒「109 自然記念物〔山口県〕」
◇正福寺のイブキ ⇒「050 天然記念物〔山口県〕」
◇長門峡 ⇒「063 名勝〔国指定〕」
◇長門峡県立自然公園 ⇒「008 都道府県立自然公園」
◇徳佐上八幡宮樹林 ⇒「109 自然記念物〔山口県〕」
◇中郷八幡宮樹林 ⇒「109 自然記念物〔山口県〕」
◇仁保のクワ ⇒「050 天然記念物〔山口県〕」
◇花尾八幡宮樹林 ⇒「109 自然記念物〔山口県〕」
◇平川の大スギ ⇒「014 天然記念物〔国指定〕」
◇舟山八幡宮のチシャノキ ⇒「050 天然記念物〔山口県〕」
◇法泉寺のシンパク ⇒「014 天然記念物〔国指定〕」
◇妙見社の大イチョウ ⇒「050 天然記念物〔山口県〕」
◇山口ゲンジボタル発生地 ⇒「014 天然記念物〔国指定〕」
◇山口市稔畑のノハナショウブ自生地 ⇒「050 天然記念物〔山口県〕」
◇龍蔵寺のイチョウ ⇒「014 天然記念物〔国指定〕」

萩市
◇笠山コウライタチバナ自生地 ⇒「014 天然記念物〔国指定〕」
◇川上のユズおよびナンテン自生地 ⇒「014 天然記念物〔国指定〕」
◇吉部八幡宮のスギ ⇒「050 天然記念物〔山口県〕」
◇河内の大ムク ⇒「050 天然記念物〔山口県〕」
◇三見吉広のバクチノキ ⇒「050 天然記念物〔山口県〕」
◇指月山 ⇒「014 天然記念物〔国指定〕」
◇志都岐山神社のミドリヨシノ ⇒「050 天然記念物〔山口県〕」

456 事典・日本の自然保護地域

中国・四国　　　　　　　　　　　　地域別索引　　　　　　　　　　　　山口県

◇須佐高山の磁石石 ⇒「014 天然記念物〔国指定〕」
◇須佐湾 ⇒「014 天然記念物〔国指定〕」「063 名勝〔国指定〕」
◇田万川の柱状節理と水中自破砕溶岩 ⇒「050 天然記念物〔山口県〕」
◇長門峡 ⇒「063 名勝〔国指定〕」
◇長門峡県立自然公園 ⇒「008 都道府県立自然公園」
◇辻山のシダレザクラ ⇒「050 天然記念物〔山口県〕」
◇見島ウシ産地 ⇒「014 天然記念物〔国指定〕」
◇見島のカメ生息地 ⇒「014 天然記念物〔国指定〕」
◇明神池 ⇒「014 天然記念物〔国指定〕」

防府市

◇エヒメアヤメ自生南限地帯 ⇒「014 天然記念物〔国指定〕」
◇老松神社のクスノキ ⇒「050 天然記念物〔山口県〕」
◇玉祖神社樹林 ⇒「109 自然記念物〔山口県〕」
◇防府市中浦の緑色片岩 ⇒「050 天然記念物〔山口県〕」
◇防府市向島の寒桜 ⇒「050 天然記念物〔山口県〕」
◇向島タヌキ生息地 ⇒「014 天然記念物〔国指定〕」
◇若月家の臥竜松 ⇒「050 天然記念物〔山口県〕」

下松市

◇八代のツルおよびその渡来地 ⇒「015 特別天然記念物〔国指定〕」

岩国市

◇岩国市楠町一丁目のクスノキ巨樹群 ⇒「050 天然記念物〔山口県〕」
◇岩国市倉谷市有林（錦帯橋備蓄林）⇒「120 ふるさと文化財の森」
◇岩国市二鹿のシャクナゲ群生地 ⇒「050 天然記念物〔山口県〕」
◇岩屋観音窟 ⇒「014 天然記念物〔国指定〕」
◇宇佐八幡宮のスギ巨樹群 ⇒「050 天然記念物〔山口県〕」
◇大原のシャクナゲ群生地 ⇒「050 天然記念物〔山口県〕」
◇吉香公園のエンジュ ⇒「050 天然記念物〔山口県〕」
◇椎尾八幡宮樹林 ⇒「109 自然記念物〔山口県〕」
◇寂地峡 ⇒「095 名勝〔山口県〕」
◇椙杜八幡宮樹林 ⇒「109 自然記念物〔山口県〕」
◇通津のイヌマキ巨樹 ⇒「050 天然記念物〔山口県〕」

口県〕」
◇南桑カジカガエル生息地 ⇒「014 天然記念物〔国指定〕」
◇二井寺山極楽寺樹林 ⇒「109 自然記念物〔山口県〕」
◇マンシュウボダイジュ ⇒「109 自然記念物〔山口県〕」
◇弥栄峡 ⇒「095 名勝〔山口県〕」
◇羅漢山県立自然公園 ⇒「008 都道府県立自然公園」

光市

◇石城山県立自然公園 ⇒「008 都道府県立自然公園」
◇牛島のモクゲンジ群生地 ⇒「050 天然記念物〔山口県〕」「109 自然記念物〔山口県〕」
◇峨嵋山樹林 ⇒「014 天然記念物〔国指定〕」
◇束荷神社樹林 ⇒「109 自然記念物〔山口県〕」
◇光のクサフグ産卵地 ⇒「050 天然記念物〔山口県〕」

長門市

◇青海島 ⇒「014 天然記念物〔国指定〕」「063 名勝〔国指定〕」
◇大日比ナツミカン原樹 ⇒「014 天然記念物〔国指定〕」
◇青海島八王子山タチバナ自生北限地 ⇒「050 天然記念物〔山口県〕」
◇木屋川・音信川ゲンジボタル発生地 ⇒「014 天然記念物〔国指定〕」
◇西円寺のアオバス ⇒「050 天然記念物〔山口県〕」
◇渋木八幡宮樹林 ⇒「109 自然記念物〔山口県〕」
◇俵島 ⇒「014 天然記念物〔国指定〕」「063 名勝〔国指定〕」
◇長門市一位ガ岳のベニドウダン自生地 ⇒「050 天然記念物〔山口県〕」
◇二位の浜ハマオモト群落 ⇒「050 天然記念物〔山口県〕」
◇日吉神社のオガタマノキ巨樹群 ⇒「050 天然記念物〔山口県〕」
◇八幡人丸神社御旅所のヒノキ巨樹 ⇒「050 天然記念物〔山口県〕」
◇龍宮の潮吹 ⇒「014 天然記念物〔国指定〕」「063 名勝〔国指定〕」

柳井市

◇無動寺樹林 ⇒「109 自然記念物〔山口県〕」
◇余田臥龍梅 ⇒「014 天然記念物〔国指定〕」

事典・日本の自然保護地域　457

山口県　　　　　　　　　　　　　地域別索引　　　　　　　　　中国・四国

美祢市

◇秋吉台 ⇒「015 特別天然記念物〔国指定〕」
◇秋吉台地下水系 ⇒「013 ラムサール条約湿地」
◇秋芳洞 ⇒「015 特別天然記念物〔国指定〕」
◇景清穴 ⇒「014 天然記念物〔国指定〕」
◇神功皇后神社のイチイガシ ⇒「050 天然記念物〔山口県〕」
◇大正洞 ⇒「014 天然記念物〔国指定〕」
◇中尾洞 ⇒「014 天然記念物〔国指定〕」
◇南原寺樹林 ⇒「109 自然記念物〔山口県〕」
◇二反田溜池のカキツバタ群落 ⇒「109 自然記念物〔山口県〕」
◇万倉の大岩郷 ⇒「014 天然記念物〔国指定〕」
◇Mine秋吉台ジオパーク ⇒「009 日本ジオパーク」

周南市

◇石城山県立自然公園 ⇒「008 都道府県立自然公園」
◇大玉スギ ⇒「014 天然記念物〔国指定〕」
◇京都大学徳山試験地 ⇒「120 ふるさと文化財の森」
◇熊毛八代 ⇒「132 重要生息地（IBA）」
◇須万風呂ヶ原のエノキ ⇒「050 天然記念物〔山口県〕」
◇中須八幡宮樹林 ⇒「109 自然記念物〔山口県〕」
◇秘密尾の氷見神社社叢 ⇒「050 天然記念物〔山口県〕」
◇飛龍八幡宮樹林 ⇒「109 自然記念物〔山口県〕」
◇二俣神社樹林 ⇒「109 自然記念物〔山口県〕」
◇松原八幡宮樹林 ⇒「109 自然記念物〔山口県〕」
◇八代 ⇒「134 東アジア・オーストラリア地域渡り性水鳥重要生息地ネットワーク」
◇八代のツルおよびその渡来地 ⇒「015 特別天然記念物〔国指定〕」

山陽小野田市

◇吉部田八幡宮樹林 ⇒「109 自然記念物〔山口県〕」

大島郡周防大島町

◇安下庄のシナミカン ⇒「014 天然記念物〔国指定〕」
◇亀島ウバメガシ群落 ⇒「109 自然記念物〔山口県〕」
◇志度石神社樹林 ⇒「109 自然記念物〔山口県〕」
◇下田八幡宮樹林 ⇒「109 自然記念物〔山口県〕」
◇長尾八幡宮樹林 ⇒「109 自然記念物〔山口県〕」
◇水無瀬島のアコウ自生地帯 ⇒「050 天然記念物〔山口県〕」

熊毛郡上関町

◇祝島のケグワ ⇒「050 天然記念物〔山口県〕」
◇蒲井八幡宮樹林 ⇒「109 自然記念物〔山口県〕」
◇常満寺の大イチョウ ⇒「050 天然記念物〔山口県〕」
◇白井田八幡宮樹林 ⇒「109 自然記念物〔山口県〕」
◇八島与崎のカシワ・ビャクシン群落 ⇒「050 天然記念物〔山口県〕」

熊毛郡田布施町

◇石城山県立自然公園 ⇒「008 都道府県立自然公園」
◇宿井のハゼノキ ⇒「050 天然記念物〔山口県〕」
◇高松八幡宮樹林 ⇒「109 自然記念物〔山口県〕」

熊毛郡平生町

◇尾国賀茂神社樹林 ⇒「109 自然記念物〔山口県〕」

阿武郡阿武町

◇熊田溜池のミツガシワ群落 ⇒「109 自然記念物〔山口県〕」
◇大覚寺のビャクシン巨樹 ⇒「050 天然記念物〔山口県〕」
◇鶴ヶ嶺八幡宮のクスノキ ⇒「050 天然記念物〔山口県〕」
◇姫島樹林 ⇒「050 天然記念物〔山口県〕」
◇ミヤマウメモドキ群落 ⇒「109 自然記念物〔山口県〕」
◇御山神社樹林 ⇒「109 自然記念物〔山口県〕」

徳島県

徳島県

◇四国自然歩道（四国のみち）⇒「007 長距離自然歩道」
◇瀬戸内海国立公園 ⇒「002 国立公園」
◇剣山系 ⇒「132 重要生息地（IBA）」
◇剣山国定公園 ⇒「001 国定公園」
◇室戸阿南海岸国定公園 ⇒「001 国定公園」
◇吉野川河口 ⇒「134 東アジア・オーストラリア地域 渡り性水鳥重要生息地ネットワーク」

徳島市

◇中津峰山ヒノキ林（中津家山林）⇒「120 ふるさと文化財の森」
◇東山渓県立自然公園 ⇒「008 都道府県立自然公園」
◇吉野川下流域 ⇒「132 重要生息地（IBA）」

鳴門市

◇大麻山県立自然公園 ⇒「008 都道府県立自然公園」
◇飛島のイブキ群落 ⇒「051 天然記念物〔徳島県〕」
◇鳴門 ⇒「063 名勝〔国指定〕」

小松島市

◇恩山寺ビランジュ ⇒「051 天然記念物〔徳島県〕」
◇金磯のアコウ ⇒「051 天然記念物〔徳島県〕」
◇櫛淵のフウ ⇒「051 天然記念物〔徳島県〕」

阿南市

◇新野のクスの群生 ⇒「051 天然記念物〔徳島県〕」
◇大野の城山の花崗岩類 ⇒「051 天然記念物〔徳島県〕」
◇蒲生田のアカウミガメ産卵地 ⇒「051 天然記念物〔徳島県〕」
◇桑野川のオヤニラミ ⇒「051 天然記念物〔徳島県〕」
◇長生の暖地性樹林 ⇒「051 天然記念物〔徳島県〕」
◇弁天島熱帯性植物群落 ⇒「014 天然記念物〔国指定〕」

吉野川市

◇江川の水温異常現象 ⇒「051 天然記念物〔徳島県〕」

◇玉林寺のモクコク ⇒「051 天然記念物〔徳島県〕」
◇壇の大クス ⇒「051 天然記念物〔徳島県〕」
◇船窪のオンツツジ群落 ⇒「014 天然記念物〔国指定〕」
◇美郷のホタルおよびその発生地 ⇒「014 天然記念物〔国指定〕」

阿波市

◇阿波の土柱 ⇒「014 天然記念物〔国指定〕」
◇案内神社の大クス ⇒「051 天然記念物〔徳島県〕」
◇大野島のフジとクス ⇒「051 天然記念物〔徳島県〕」
◇奥宮川内谷県立自然公園 ⇒「008 都道府県立自然公園」
◇尾開のクロガネモチ ⇒「051 天然記念物〔徳島県〕」
◇境目のイチョウ ⇒「051 天然記念物〔徳島県〕」
◇土柱高越県立自然公園 ⇒「008 都道府県立自然公園」
◇野神の大センダン ⇒「014 天然記念物〔国指定〕」

美馬市

◇内田のエドヒガン ⇒「051 天然記念物〔徳島県〕」
◇内田のヤマザクラ ⇒「051 天然記念物〔徳島県〕」
◇川井のエドヒガン ⇒「051 天然記念物〔徳島県〕」
◇川井のヒイラギ ⇒「051 天然記念物〔徳島県〕」
◇剣山並びに亜寒帯植物林 ⇒「051 天然記念物〔徳島県〕」「096 名勝〔徳島県〕」
◇別所の大クス ⇒「051 天然記念物〔徳島県〕」
◇八幡の大スギ ⇒「051 天然記念物〔徳島県〕」

三好市

◇祖谷、三名の含礫片岩 ⇒「051 天然記念物〔徳島県〕」
◇大月のオハツキイチョウ ⇒「051 天然記念物〔徳島県〕」
◇大歩危 ⇒「014 天然記念物〔国指定〕」「063 名勝〔国指定〕」
◇京柱峠茅場 ⇒「120 ふるさと文化財の森」
◇黒沢の湿原植物群落 ⇒「051 天然記念物〔徳島県〕」
◇五所神社の大スギ ⇒「051 天然記念物〔徳島県〕」
◇太刀野の中央構造線 ⇒「051 天然記念物〔徳島県〕」
◇剣山並びに亜寒帯植物林 ⇒「051 天然記念物〔徳島県〕」「096 名勝〔徳島県〕」
◇箸蔵県立自然公園 ⇒「008 都道府県立自然公園」
◇東祖谷の社叢群 ⇒「051 天然記念物〔徳島県〕」

徳島県 　　　　　　　　　　　　　地域別索引　　　　　　　　　　中国・四国

◇鉾スギ ⇒「051 天然記念物〔徳島県〕」
◇洞草薬師堂のコナラ ⇒「051 天然記念物〔徳島県〕」
◇三嶺・天狗塚のミヤマクマザサ及びコメツツジ群落 ⇒「014 天然記念物〔国指定〕」

勝浦郡勝浦町
◇坂本のオハツキイチョウ ⇒「051 天然記念物〔徳島県〕」
◇立川のシルル紀石灰岩 ⇒「051 天然記念物〔徳島県〕」
◇東山渓県立自然公園 ⇒「008 都道府県立自然公園」

勝浦郡上勝町
◇中部山渓県立自然公園 ⇒「008 都道府県立自然公園」

名東郡佐那河内村
◇大川原アカマツ林（四宮家山林）⇒「120 ふるさと文化財の森」
◇東山渓県立自然公園 ⇒「008 都道府県立自然公園」

名西郡石井町
◇天神のイチョウ ⇒「051 天然記念物〔徳島県〕」
◇矢神のイチョウ ⇒「051 天然記念物〔徳島県〕」

名西郡神山町
◇神山町辰ノ宮のクス ⇒「051 天然記念物〔徳島県〕」
◇焼山寺山スギ並木 ⇒「051 天然記念物〔徳島県〕」
◇焼山寺山のフジの群生地 ⇒「051 天然記念物〔徳島県〕」
◇左右内の一本スギ ⇒「051 天然記念物〔徳島県〕」
◇中部山渓県立自然公園 ⇒「008 都道府県立自然公園」
◇東山渓県立自然公園 ⇒「008 都道府県立自然公園」
◇峯長瀬の大ケヤキ ⇒「051 天然記念物〔徳島県〕」

那賀郡那賀町
◇坂州不整合 ⇒「014 天然記念物〔国指定〕」
◇沢谷のタヌキノショクダイ発生地 ⇒「014 天然記念物〔国指定〕」
◇中部山渓県立自然公園 ⇒「008 都道府県立自然公園」
◇剣山並びに亜寒帯植物林 ⇒「051 天然記念物

〔徳島県〕」「096 名勝〔徳島県〕」
◇東山渓県立自然公園 ⇒「008 都道府県立自然公園」
◇ボウランの北限自生地 ⇒「051 天然記念物〔徳島県〕」
◇鷲敷ラインおよび氷柱観音 ⇒「096 名勝〔徳島県〕」

海部郡牟岐町
◇大島のアオサギとその群生地 ⇒「051 天然記念物〔徳島県〕」
◇大島のタチバナ自生地 ⇒「051 天然記念物〔徳島県〕」
◇喜来のナギ自生地 ⇒「051 天然記念物〔徳島県〕」
◇津島暖地性植物群落 ⇒「014 天然記念物〔国指定〕」
◇出羽島大池のシラタマモ自生地 ⇒「014 天然記念物〔国指定〕」

海部郡美波町
◇明丸のオガタマノキ自生地 ⇒「051 天然記念物〔徳島県〕」
◇阿部のイブキ ⇒「051 天然記念物〔徳島県〕」
◇大浜海岸のウミガメおよびその産卵地 ⇒「014 天然記念物〔国指定〕」
◇北河内のタチバナ自生地 ⇒「051 天然記念物〔徳島県〕」
◇由岐のヤマモモ ⇒「051 天然記念物〔徳島県〕」

海部郡海陽町
◇加島の堆積構造群露頭 ⇒「051 天然記念物〔徳島県〕」
◇蛇王のウバメガシ樹林 ⇒「051 天然記念物〔徳島県〕」
◇宍喰浦の化石漣痕 ⇒「014 天然記念物〔国指定〕」
◇鈴が峯のヤッコソウ発生地 ⇒「014 天然記念物〔国指定〕」
◇中部山渓県立自然公園 ⇒「008 都道府県立自然公園」
◇母川オオウナギ生息地 ⇒「014 天然記念物〔国指定〕」
◇ヤッコソウ自生北限地 ⇒「051 天然記念物〔徳島県〕」

板野郡北島町
◇光福寺のイチョウ ⇒「051 天然記念物〔徳島県〕」

460　事典・日本の自然保護地域

中国・四国　　　　　　　　　　　　地域別索引　　　　　　　　　　　　香川県

板野郡藍住町

◇矢上の大クス ⇒「051 天然記念物〔徳島県〕」

板野郡板野町

◇岡の宮の大クス ⇒「051 天然記念物〔徳島県〕」

板野郡上板町

◇鳥屋の大クス ⇒「051 天然記念物〔徳島県〕」
◇乳保神社のイチョウ ⇒「014 天然記念物〔国指定〕」

美馬郡つるぎ町

◇赤羽根大師のエノキ ⇒「014 天然記念物〔国指定〕」
◇奥大野のアカマツ ⇒「051 天然記念物〔徳島県〕」
◇吉良のエドヒガン ⇒「051 天然記念物〔徳島県〕」
◇桑平のトチノキ ⇒「051 天然記念物〔徳島県〕」
◇高清の大スギ「051 天然記念物〔徳島県〕」
◇土釜 ⇒「051 天然記念物〔徳島県〕」
◇白山神社のモミ ⇒「051 天然記念物〔徳島県〕」
◇端山のタラヨウ ⇒「051 天然記念物〔徳島県〕」

三好郡東みよし町

◇足代のナギの林 ⇒「051 天然記念物〔徳島県〕」
◇加茂の大クス ⇒「015 特別天然記念物〔国指定〕」
◇箸蔵県立自然公園 ⇒「008 都道府県立自然公園」
◇美濃田の淵 ⇒「051 天然記念物〔徳島県〕」「096 名勝〔徳島県〕」

香川県

香川県

◇四国自然歩道（四国のみち）⇒「007 長距離自然歩道」
◇瀬戸内海国立公園 ⇒「002 国立公園」

高松市

◇池谷神社のフジ ⇒「112 香川の保存木」
◇一瀬神社社叢 ⇒「052 天然記念物〔香川県〕」
◇岩田神社のフジ ⇒「110 自然記念物〔香川県〕」
◇岩部八幡神社のイチョウ ⇒「052 天然記念物〔香川県〕」
◇上原邸のムクノキ ⇒「112 香川の保存木」
◇大石さんのムクノキ ⇒「112 香川の保存木」
◇大滝大川県立自然公園 ⇒「008 都道府県立自然公園」
◇大原神社のヒノキ ⇒「112 香川の保存木」
◇大森神社のクス ⇒「112 香川の保存木」
◇春日神社の森 ⇒「110 自然記念物〔香川県〕」
◇冠纓神社社叢 ⇒「110 自然記念物〔香川県〕」
◇楠神社のクスノキ ⇒「112 香川の保存木」
◇熊野神社社叢 ⇒「110 自然記念物〔香川県〕」
◇櫻木神社の森 ⇒「110 自然記念物〔香川県〕」
◇塩江の和泉層群基底礫岩 ⇒「110 自然記念物〔香川県〕」
◇塩江の不動の滝 ⇒「110 自然記念物〔香川県〕」
◇鷲峰寺のモミ ⇒「112 香川の保存木」
◇十蓮坊のイスノキ群 ⇒「112 香川の保存木」
◇焼堂のモミジ ⇒「112 香川の保存木」
◇洲崎寺のイチョウ ⇒「112 香川の保存木」
◇ソテツの岡 ⇒「052 天然記念物〔香川県〕」
◇高橋邸のヤマモモ ⇒「112 香川の保存木」
◇中井家の赤スギ ⇒「112 香川の保存木」
◇根上りカシ ⇒「052 天然記念物〔香川県〕」
◇平尾神社のツブラジイ ⇒「112 香川の保存木」
◇廣田八幡神社社叢 ⇒「110 自然記念物〔香川県〕」
◇藤沢邸のツガ ⇒「112 香川の保存木」
◇藤沢邸のトチノキ ⇒「112 香川の保存木」
◇船山神社のクス ⇒「052 天然記念物〔香川県〕」
◇真鍋邸のエノキ ⇒「112 香川の保存木」
◇妙見宮のヤマモモ ⇒「112 香川の保存木」
◇三好邸のモミ ⇒「112 香川の保存木」
◇牟礼小学校のユーカリ ⇒「112 香川の保存木」

事典・日本の自然保護地域　461

香川県　　　　　　　　　地域別索引　　　　　　　　中国・四国

◇森本邸のシダレウメ ⇒「112 香川の保存木」
◇八栗寺のイチョウ ⇒「112 香川の保存木」
◇屋島 ⇒「014 天然記念物〔国指定〕」
◇和田邸のナシ ⇒「112 香川の保存木」

丸亀市
◇春日神社のアキニレ ⇒「112 香川の保存木」
◇光雲寺のモッコク ⇒「112 香川の保存木」
◇十二社宮社叢 ⇒「110 自然記念物〔香川県〕」
◇真光寺の松 ⇒「112 香川の保存木」
◇長徳寺のモッコク ⇒「112 香川の保存木」
◇土岐邸のカキ ⇒「112 香川の保存木」
◇八幡神社のクスノキ ⇒「112 香川の保存木」

坂出市
◇青木神社社叢 ⇒「110 自然記念物〔香川県〕」
◇川田邸のケンポナシ ⇒「112 香川の保存木」
◇川田邸のニッケイ ⇒「112 香川の保存木」
◇荒神社のクロガネモチ ⇒「112 香川の保存木」
◇小与島のササユリ ⇒「052 天然記念物〔香川県〕」
◇白峰宮のクスノキ ⇒「112 香川の保存木」
◇白峰寺のモミ ⇒「112 香川の保存木」

善通寺市
◇禅定寺登山道のヒノキ ⇒「112 香川の保存木」
◇善通寺境内の大グス ⇒「052 天然記念物〔香川県〕」
◇善通寺市中村町の木熊野神社社叢 ⇒「052 天然記念物〔香川県〕」
◇大麻神社社叢 ⇒「110 自然記念物〔香川県〕」
◇吉田八幡神社の森 ⇒「110 自然記念物〔香川県〕」
◇若宮神社のイブキ ⇒「110 自然記念物〔香川県〕」

観音寺市
◇生木の地蔵クス ⇒「112 香川の保存木」
◇大野原八幡神社のクヌギ ⇒「112 香川の保存木」
◇観音さんのヤマモミジ ⇒「112 香川の保存木」
◇観音寺東小学校のラクウショウ ⇒「112 香川の保存木」
◇金神社のクスノキ ⇒「112 香川の保存木」
◇宗林寺のクロガネモチ ⇒「112 香川の保存木」
◇瀧宮神社の森 ⇒「110 自然記念物〔香川県〕」
◇豊浜町東公民館のイブキ ⇒「112 香川の保存木」
◇豊浜八幡神社のクス ⇒「112 香川の保存木」
◇豊浜八幡神社のクロマツ ⇒「112 香川の保存木」
◇中姫八幡神社社叢 ⇒「110 自然記念物〔香川県〕」
◇萩原寺のハギ ⇒「110 自然記念物〔香川県〕」
◇白山神社のクス ⇒「112 香川の保存木」

◇日枝神社の樟 ⇒「052 天然記念物〔香川県〕」
◇法泉寺のボダイジュ ⇒「112 香川の保存木」
◇円上島の球状ノーライト ⇒「014 天然記念物〔国指定〕」
◇安井菅原神社のクス ⇒「112 香川の保存木」

さぬき市
◇蛭子神社境内のムクの木 ⇒「052 天然記念物〔香川県〕」
◇大北のクワ ⇒「052 天然記念物〔香川県〕」
◇大窪寺のイチョウ ⇒「112 香川の保存木」
◇大窪寺のサザンカ ⇒「112 香川の保存木」
◇香川大学農学部太郎兵衛館のメタセコイア ⇒「112 香川の保存木」
◇護摩山の岩頸 ⇒「110 自然記念物〔香川県〕」
◇師走谷の大なら ⇒「052 天然記念物〔香川県〕」
◇真覚寺のクスノキ ⇒「112 香川の保存木」
◇道味墓地内のムクノキ ⇒「112 香川の保存木」
◇富田神社のクスノキ ⇒「112 香川の保存木」
◇長尾寺のクスノキ ⇒「112 香川の保存木」
◇長尾衝上断層 ⇒「052 天然記念物〔香川県〕」
◇三重の滝 ⇒「110 自然記念物〔香川県〕」
◇南川のふじ ⇒「052 天然記念物〔香川県〕」
◇三宅邸の胡蝶ワビスケ ⇒「112 香川の保存木」

東かがわ市
◇井筒屋敷のホルトノキ ⇒「112 香川の保存木」
◇石清水神社のクスノキ ⇒「112 香川の保存木」
◇石清水八幡神社社叢 ⇒「110 自然記念物〔香川県〕」
◇鹿浦越のランプロファイヤ岩脈 ⇒「014 天然記念物〔国指定〕」
◇絹島および丸亀島 ⇒「014 天然記念物〔国指定〕」
◇五名小学校のヒイラギモクセイ ⇒「112 香川の保存木」
◇誉田八幡神社社叢 ⇒「110 自然記念物〔香川県〕」
◇三宝寺のチシャノキ ⇒「112 香川の保存木」
◇三宝寺のボダイジュ ⇒「052 天然記念物〔香川県〕」
◇地主神社社叢 ⇒「110 自然記念物〔香川県〕」
◇勝覚寺のイチョウ ⇒「112 香川の保存木」
◇白鳥神社のクスノキ ⇒「112 香川の保存木」
◇末国のナギ ⇒「112 香川の保存木」
◇二宮神社の森 ⇒「110 自然記念物〔香川県〕」
◇水主神社のいのり杉 ⇒「112 香川の保存木」
◇みぞおちの滝 ⇒「110 自然記念物〔香川県〕」
◇興田寺のムクの木 ⇒「052 天然記念物〔香川県〕」

中国・四国 地域別索引 香川県

三豊市
◇麻部神社社叢 ⇒「110 自然記念物〔香川県〕」
◇雨の宮神社社叢 ⇒「110 自然記念物〔香川県〕」
◇荒魂神社社叢 ⇒「110 自然記念物〔香川県〕」
◇池ノ谷のアラカシ ⇒「112 香川の保存木」
◇厳島神社のタブ樹林 ⇒「110 自然記念物〔香川県〕」
◇弥谷寺のバクチノキ ⇒「112 香川の保存木」
◇上高瀬小学校のユーカリ ⇒「112 香川の保存木」
◇川江家のツバキ ⇒「112 香川の保存木」
◇香蔵寺のソテツ ⇒「112 香川の保存木」
◇高良神社のクスノキ ⇒「112 香川の保存木」
◇小松尾寺のカヤ ⇒「110 自然記念物〔香川県〕」
◇小松尾寺のクス ⇒「112 香川の保存木」
◇財田駅前のタブノキ ⇒「112 香川の保存木」
◇志々島の大くす ⇒「052 天然記念物〔香川県〕」
◇釈迦堂のイチョウ ⇒「112 香川の保存木」
◇常徳寺の雌雄大ソテツ ⇒「112 香川の保存木」
◇菅生神社社叢 ⇒「014 天然記念物〔国指定〕」
◇長寿院のサルスベリ ⇒「112 香川の保存木」
◇津島神社の柱状節理 ⇒「110 自然記念物〔香川県〕」
◇積の雌雄クロガネモチ ⇒「112 香川の保存木」
◇二宮のネズ ⇒「110 自然記念物〔香川県〕」
◇橋田邸のクロガネモチ ⇒「112 香川の保存木」
◇古屋の大ガシ ⇒「112 香川の保存木」
◇細川邸のタブノキ ⇒「112 香川の保存木」
◇梵音寺のタブノキ ⇒「112 香川の保存木」
◇品福寺のラカンマキ ⇒「112 香川の保存木」
◇本門寺のクス ⇒「112 香川の保存木」
◇室浜大明神のシンパク ⇒「112 香川の保存木」
◇薬師院のイチョウ ⇒「112 香川の保存木」
◇よりぞめさんのマキ ⇒「112 香川の保存木」
◇若宮神社のクロガネモチ ⇒「112 香川の保存木」

小豆郡土庄町
◇伊喜末八幡神社社叢 ⇒「110 自然記念物〔香川県〕」
◇王子神社社叢 ⇒「052 天然記念物〔香川県〕」
◇大部の大ガキ ⇒「112 香川の保存木」
◇片山愛樹園のソテツ ⇒「052 天然記念物〔香川県〕」
◇唐櫃のシンパク ⇒「112 香川の保存木」
◇浄源坊のウバメガシ ⇒「052 天然記念物〔香川県〕」
◇田井天津神社社叢 ⇒「110 自然記念物〔香川県〕」
◇多聞寺のヤマモモ ⇒「112 香川の保存木」

◇銚子渓の日本サル群 ⇒「052 天然記念物〔香川県〕」
◇豊峰権現社の森 ⇒「110 自然記念物〔香川県〕」
◇宝生院のシンパク ⇒「015 特別天然記念物〔国指定〕」
◇母倉邸のサザンカ ⇒「112 香川の保存木」

小豆郡小豆島町
◇荒魂神社のウバメガシ ⇒「112 香川の保存木」
◇荒魂神社のムクノキ ⇒「112 香川の保存木」
◇内海八幡神社社叢 ⇒「052 天然記念物〔香川県〕」
◇皇子神社社叢 ⇒「014 天然記念物〔国指定〕」
◇オリーブ園のオリーブ ⇒「112 香川の保存木」
◇亀山八幡宮のシンパク ⇒「112 香川の保存木」
◇神懸山（寒霞渓）⇒「063 名勝〔国指定〕」
◇権現ノ鼻の森 ⇒「110 自然記念物〔香川県〕」
◇誓願寺のイブキ ⇒「112 香川の保存木」
◇誓願寺のソテツ ⇒「014 天然記念物〔国指定〕」
◇農業試験場小豆分場のコルクガシ ⇒「112 香川の保存木」
◇花寿波島の海食地形 ⇒「110 自然記念物〔香川県〕」
◇福田のアコウ ⇒「112 香川の保存木」
◇福田八幡神社社叢 ⇒「052 天然記念物〔香川県〕」
◇湯船山の社叢 ⇒「110 自然記念物〔香川県〕」
◇老杉洞の日本サル群 ⇒「052 天然記念物〔香川県〕」

木田郡三木町
◇熊野神社の二本杉 ⇒「052 天然記念物〔香川県〕」
◇高仙神社社叢 ⇒「110 自然記念物〔香川県〕」
◇小蓑熊野神社社叢 ⇒「110 自然記念物〔香川県〕」
◇小蓑の虹の滝 ⇒「110 自然記念物〔香川県〕」
◇三宝院神のフジ ⇒「112 香川の保存木」
◇常光寺のイチョウ ⇒「112 香川の保存木」
◇津婦呂木神社のムクノキ ⇒「112 香川の保存木」
◇津柳のケヤキ ⇒「112 香川の保存木」
◇津柳のネズミサシ ⇒「112 香川の保存木」
◇丸岡八幡神社社叢 ⇒「110 自然記念物〔香川県〕」
◇蓮成寺のイヌマキとフウラン ⇒「052 天然記念物〔香川県〕」
◇和爾賀波神社のモミ ⇒「112 香川の保存木」

綾歌郡宇多津町
◇ゆるぎ岩 ⇒「052 天然記念物〔香川県〕」

綾歌郡綾川町
◇川上神社社叢 ⇒「110 自然記念物〔香川県〕」

事典・日本の自然保護地域 463

香川県　　　　　　　　　　　　地域別索引　　　　　　　　　　中国・四国

◇椎尾八幡神社の森 ⇒「110 自然記念物〔香川県〕」
◇常善寺のスイリュウヒバ ⇒「112 香川の保存木」
◇大将軍神社のアベマキ ⇒「112 香川の保存木」
◇西ノ宮神社の森 ⇒「110 自然記念物〔香川県〕」
◇和田神社のコナラ ⇒「112 香川の保存木」

仲多度郡琴平町

◇大歳神社のシラカシ ⇒「112 香川の保存木」
◇金陵の郷の大楠 ⇒「112 香川の保存木」
◇琴平町の大センダン ⇒「014 天然記念物〔国指定〕」
◇象頭山 ⇒「014 天然記念物〔国指定〕」「063 名勝〔国指定〕」

仲多度郡多度津町

◇葛原正八幡神社社叢 ⇒「110 自然記念物〔香川県〕」
◇高見島龍王宮社叢 ⇒「052 天然記念物〔香川県〕」

仲多度郡まんのう町

◇天川神社社叢 ⇒「014 天然記念物〔国指定〕」「110 自然記念物〔香川県〕」
◇大滝大川県立自然公園 ⇒「008 都道府県立自然公園」
◇大宮神社社叢 ⇒「110 自然記念物〔香川県〕」
◇尾の瀬神社のヤマザクラ ⇒「112 香川の保存木」
◇春日神社のムクノキ ⇒「112 香川の保存木」
◇加茂神社の森 ⇒「110 自然記念物〔香川県〕」
◇川上神社のケヤキ ⇒「112 香川の保存木」
◇川上神社のホオノキ ⇒「112 香川の保存木」
◇木熊野神社社叢 ⇒「110 自然記念物〔香川県〕」
◇木戸の馬蹄石 ⇒「110 自然記念物〔香川県〕」
◇久保神社社叢 ⇒「110 自然記念物〔香川県〕」
◇琴南町役場のエノキ ⇒「112 香川の保存木」
◇白鳥神社社叢 ⇒「110 自然記念物〔香川県〕」
◇杉王神社のスギ ⇒「052 天然記念物〔香川県〕」
◇諏訪神社のクロガネモチ ⇒「112 香川の保存木」
◇仲南東小学校のクロマツ ⇒「112 香川の保存木」
◇轟の滝 ⇒「110 自然記念物〔香川県〕」
◇西の宮のツブラジイ ⇒「112 香川の保存木」
◇福家神社社叢 ⇒「110 自然記念物〔香川県〕」
◇前ノ川神社のウラジロガシ ⇒「112 香川の保存木」
◇前ノ川神社のスギ ⇒「112 香川の保存木」
◇三角のカツラ ⇒「112 香川の保存木」
◇妙覚寺のコウヤマキ ⇒「112 香川の保存木」
◇矢原邸の森 ⇒「110 自然記念物〔香川県〕」
◇山熊神社のケヤキ ⇒「112 香川の保存木」

◇山戸神社のカゴノキ ⇒「112 香川の保存木」
◇山戸神社のヒノキ ⇒「112 香川の保存木」
◇若林神社のセンダン ⇒「112 香川の保存木」
◇鷲尾神社社叢 ⇒「110 自然記念物〔香川県〕」

464　事典・日本の自然保護地域

愛媛県

愛媛県
◇足摺宇和海国立公園 ⇒「002 国立公園」
◇石鎚国定公園 ⇒「001 国定公園」
◇石鎚山系 ⇒「132 重要生息地（IBA）」
◇四国自然歩道（四国のみち）⇒「007 長距離自然歩道」
◇瀬戸内海国立公園 ⇒「002 国立公園」

松山市
◇イブキ ⇒「053 天然記念物〔愛媛県〕」
◇エヒメアヤメ自生南限地帯 ⇒「014 天然記念物〔国指定〕」
◇奥道後玉川県立自然公園 ⇒「008 都道府県立自然公園」
◇鹿島のシカ ⇒「053 天然記念物〔愛媛県〕」
◇皿ヶ嶺連峰県立自然公園 ⇒「008 都道府県立自然公園」
◇城の山のイブキ自生地 ⇒「053 天然記念物〔愛媛県〕」
◇松山城山樹叢 ⇒「053 天然記念物〔愛媛県〕」
◇南柿 ⇒「053 天然記念物〔愛媛県〕」

今治市
◇生樹の門（クスノキ）⇒「053 天然記念物〔愛媛県〕」
◇大クスノキ ⇒「053 天然記念物〔愛媛県〕」
◇大三島 ⇒「063 名勝〔国指定〕」
◇オオムラサキ ⇒「053 天然記念物〔愛媛県〕」
◇大山祇神社のクスノキ群 ⇒「014 天然記念物〔国指定〕」
◇奥道後玉川県立自然公園 ⇒「008 都道府県立自然公園」
◇賀茂の大クスノキ ⇒「053 天然記念物〔愛媛県〕」
◇客神社の社叢 ⇒「053 天然記念物〔愛媛県〕」
◇子持ち杉 ⇒「053 天然記念物〔愛媛県〕」
◇志島ヶ原 ⇒「063 名勝〔国指定〕」
◇湿地植物 ⇒「053 天然記念物〔愛媛県〕」
◇千疋のサクラ ⇒「063 名勝〔国指定〕」
◇トウツバキ ⇒「053 天然記念物〔愛媛県〕」
◇名駒のコミカン ⇒「053 天然記念物〔愛媛県〕」
◇波止浜 ⇒「063 名勝〔国指定〕」
◇御串山 ⇒「097 名勝〔愛媛県〕」

◇盛口のコミカン ⇒「053 天然記念物〔愛媛県〕」
◇八幡山 ⇒「063 名勝〔国指定〕」

宇和島市
◇宇和海特殊海中資源群 ⇒「053 天然記念物〔愛媛県〕」
◇大ウナギ ⇒「053 天然記念物〔愛媛県〕」
◇サギソウ自生地 ⇒「053 天然記念物〔愛媛県〕」
◇篠山県立自然公園 ⇒「008 都道府県立自然公園」
◇ソテツ ⇒「053 天然記念物〔愛媛県〕」
◇二重柿 ⇒「053 天然記念物〔愛媛県〕」
◇八幡神社のイブキ ⇒「014 天然記念物〔国指定〕」
◇ハマユウ ⇒「053 天然記念物〔愛媛県〕」

八幡浜市
◇佐田岬半島宇和県立自然公園 ⇒「008 都道府県立自然公園」
◇八幡浜市大島のシュードタキライト及び変成岩類 ⇒「014 天然記念物〔国指定〕」

新居浜市
◇赤石山の高山植物 ⇒「053 天然記念物〔愛媛県〕」
◇瑞応寺のイチョウ ⇒「053 天然記念物〔愛媛県〕」
◇ソテツ ⇒「053 天然記念物〔愛媛県〕」
◇新居浜一宮神社のクスノキ群 ⇒「014 天然記念物〔国指定〕」
◇別子ライン ⇒「097 名勝〔愛媛県〕」

西条市
◇エノキ ⇒「053 天然記念物〔愛媛県〕」
◇往至森寺のキンモクセイ ⇒「014 天然記念物〔国指定〕」
◇カブトガニ繁殖地 ⇒「053 天然記念物〔愛媛県〕」
◇加茂川河口 ⇒「132 重要生息地（IBA）」
◇衝上断層 ⇒「053 天然記念物〔愛媛県〕」
◇天満神社のクスノキ ⇒「053 天然記念物〔愛媛県〕」
◇西山 ⇒「097 名勝〔愛媛県〕」
◇フジ ⇒「053 天然記念物〔愛媛県〕」
◇モウソウチク林 ⇒「053 天然記念物〔愛媛県〕」

大洲市
◇イチイガシ ⇒「053 天然記念物〔愛媛県〕」
◇鹿野川ダム ⇒「132 重要生息地（IBA）」
◇金山出石寺 ⇒「097 名勝〔愛媛県〕」
◇金竜寺のイチョウ ⇒「053 天然記念物〔愛媛県〕」
◇西禅寺のビャクシン ⇒「053 天然記念物〔愛媛県〕」

愛媛県　　　　　　　　　　　　地域別索引　　　　　　　　　中国・四国

◇シラカシ ⇒「053 天然記念物〔愛媛県〕」
◇豊茂のスダジイ ⇒「053 天然記念物〔愛媛県〕」
◇如法寺のツバキ ⇒「053 天然記念物〔愛媛県〕」
◇八幡神社社叢 ⇒「053 天然記念物〔愛媛県〕」
◇ハルニレ ⇒「053 天然記念物〔愛媛県〕」
◇肱川県立自然公園 ⇒「008 都道府県立自然公園」
◇無事喜地のタブノキ ⇒「053 天然記念物〔愛媛県〕」
◇森山のサザンカ ⇒「053 天然記念物〔愛媛県〕」
◇矢落川のゲンジボタル発生地 ⇒「053 天然記念物〔愛媛県〕」
◇用の山のサクラ ⇒「053 天然記念物〔愛媛県〕」

伊予市
◇オガタマノキ ⇒「053 天然記念物〔愛媛県〕」
◇皿ヶ嶺連峰県立自然公園 ⇒「008 都道府県立自然公園」
◇扶桑木(珪化木) ⇒「053 天然記念物〔愛媛県〕」
◇ボタイジュ ⇒「053 天然記念物〔愛媛県〕」

四国中央市
◇赤石山の高山植物 ⇒「053 天然記念物〔愛媛県〕」
◇イブキ ⇒「053 天然記念物〔愛媛県〕」
◇大川のクスノキ ⇒「053 天然記念物〔愛媛県〕」
◇お葉つきイチョウ ⇒「053 天然記念物〔愛媛県〕」
◇カツラ ⇒「053 天然記念物〔愛媛県〕」
◇カヤ ⇒「053 天然記念物〔愛媛県〕」
◇金砂湖及び富郷渓谷 ⇒「097 名勝〔愛媛県〕」
◇金砂湖県立自然公園 ⇒「008 都道府県立自然公園」
◇樟の森 ⇒「053 天然記念物〔愛媛県〕」
◇シイ ⇒「053 天然記念物〔愛媛県〕」
◇下柏の大柏(イブキ) ⇒「014 天然記念物〔国指定〕」
◇ツバキ ⇒「053 天然記念物〔愛媛県〕」
◇フジ ⇒「053 天然記念物〔愛媛県〕」

西予市
◇大イチョウ ⇒「053 天然記念物〔愛媛県〕」
◇鹿野川ダム ⇒「132 重要生息地(IBA)」
◇客人神社のアコウ ⇒「053 天然記念物〔愛媛県〕」
◇ゴトランド紀石灰岩 ⇒「053 天然記念物〔愛媛県〕」
◇小屋の羅漢穴 ⇒「053 天然記念物〔愛媛県〕」
◇佐田岬半島宇和海県立自然公園 ⇒「008 都道府県立自然公園」
◇四国カルスト県立自然公園 ⇒「008 都道府県立自然公園」

◇四国西予ジオパーク ⇒「009 日本ジオパーク」
◇西予市明石寺ヒノキ林 ⇒「120 ふるさと文化財の森」
◇田穂の石灰岩 ⇒「053 天然記念物〔愛媛県〕」
◇肱川県立自然公園 ⇒「008 都道府県立自然公園」
◇三滝城跡 ⇒「097 名勝〔愛媛県〕」

東温市
◇ウラジロガシ ⇒「053 天然記念物〔愛媛県〕」
◇オキチモズク発生地 ⇒「014 天然記念物〔国指定〕」
◇北吉井のビャクシン ⇒「014 天然記念物〔国指定〕」
◇皿ヶ嶺連峰県立自然公園 ⇒「008 都道府県立自然公園」
◇ベニモンカラスシジミ ⇒「053 天然記念物〔愛媛県〕」

越智郡上島町
◇エジル石閃長岩 ⇒「053 天然記念物〔愛媛県〕」
◇舟形ウバメガシ ⇒「053 天然記念物〔愛媛県〕」
◇法王ヶ原 ⇒「097 名勝〔愛媛県〕」

上浮穴郡久万高原町
◇イヨダケの自生地 ⇒「053 天然記念物〔愛媛県〕」
◇岩屋 ⇒「063 名勝〔国指定〕」
◇面河渓 ⇒「063 名勝〔国指定〕」
◇カツラ ⇒「053 天然記念物〔愛媛県〕」
◇カヤの樹叢 ⇒「053 天然記念物〔愛媛県〕」
◇皿ヶ嶺連峰県立自然公園 ⇒「008 都道府県立自然公園」
◇四国カルスト県立自然公園 ⇒「008 都道府県立自然公園」
◇菅生山 ⇒「097 名勝〔愛媛県〕」
◇東明神のコウヤマキ ⇒「053 天然記念物〔愛媛県〕」
◇古岩屋 ⇒「063 名勝〔国指定〕」
◇御三戸嶽 ⇒「097 名勝〔愛媛県〕」
◇八釜の甌穴群 ⇒「015 特別天然記念物〔国指定〕」

伊予郡砥部町
◇皿ヶ嶺連峰県立自然公園 ⇒「008 都道府県立自然公園」
◇砥部衝上断層 ⇒「014 天然記念物〔国指定〕」

喜多郡内子町
◇石畳東のシダレザクラ ⇒「053 天然記念物〔愛媛県〕」

466　事典・日本の自然保護地域

中国・四国 地域別索引 高知県

◇イチイガシ ⇒「053 天然記念物〔愛媛県〕」
◇ケヤキ ⇒「053 天然記念物〔愛媛県〕」
◇四国カルスト県立自然公園 ⇒「008 都道府県立自然公園」
◇乳出の大イチョウ ⇒「053 天然記念物〔愛媛県〕」
◇世善桜 ⇒「053 天然記念物〔愛媛県〕」

西宇和郡伊方町
◇佐田岬半島宇和海県立自然公園 ⇒「008 都道府県立自然公園」
◇須賀の森 ⇒「053 天然記念物〔愛媛県〕」
◇ナギ ⇒「053 天然記念物〔愛媛県〕」
◇三崎のアコウ ⇒「014 天然記念物〔国指定〕」

北宇和郡松野町
◇蔵王神社のイチイガシ ⇒「053 天然記念物〔愛媛県〕」
◇逆杖のイチョウ ⇒「053 天然記念物〔愛媛県〕」

北宇和郡鬼北町
◇イトザクラ及びエドヒガン ⇒「053 天然記念物〔愛媛県〕」

南宇和郡愛南町
◇宇和海特殊海中資源群 ⇒「053 天然記念物〔愛媛県〕」
◇大島の樹林 ⇒「053 天然記念物〔愛媛県〕」
◇鹿島 ⇒「097 名勝〔愛媛県〕」
◇篠山県立自然公園 ⇒「008 都道府県立自然公園」
◇万福寺のイヌマキ ⇒「053 天然記念物〔愛媛県〕」

高知県

高知県
◇足摺宇和海国立公園 ⇒「002 国立公園」
◇石鎚国定公園 ⇒「001 国定公園」
◇石鎚山系 ⇒「132 重要生息地（IBA）」
◇四国自然歩道（四国のみち）⇒「007 長距離自然歩道」
◇剣山系 ⇒「132 重要生息地（IBA）」
◇剣山国定公園 ⇒「001 国定公園」
◇室戸阿南海岸国定公園 ⇒「001 国定公園」

高知市
◇北山県立自然公園 ⇒「008 都道府県立自然公園」
◇工石山陣ヶ森県立自然公園 ⇒「008 都道府県立自然公園」
◇高知いん石 ⇒「054 天然記念物〔高知県〕」
◇高知市のミカドアゲハおよびその生息地 ⇒「015 特別天然記念物〔国指定〕」
◇菖蒲洞 ⇒「054 天然記念物〔高知県〕」
◇仏性寺の大椎 ⇒「054 天然記念物〔高知県〕」
◇鷲尾山県立自然公園 ⇒「008 都道府県立自然公園」

室戸市
◇吉良川「ボウラン」自生地 ⇒「054 天然記念物〔高知県〕」
◇室戸ジオパーク ⇒「006 世界ジオパーク」「009 日本ジオパーク」
◇室戸町西寺のヤッコソウ自生地 ⇒「054 天然記念物〔高知県〕」
◇室戸岬 ⇒「063 名勝〔国指定〕」
◇室戸岬亜熱帯性樹林及海岸植物群落 ⇒「014 天然記念物〔国指定〕」

安芸市
◇伊尾木洞のシダ群落 ⇒「014 天然記念物〔国指定〕」
◇手結住吉県立自然公園 ⇒「008 都道府県立自然公園」
◇畑山のムカデラン自生地 ⇒「054 天然記念物〔高知県〕」

南国市
◇工石山陣ヶ森県立自然公園 ⇒「008 都道府県

事典・日本の自然保護地域　467

高知県 地域別索引 中国・四国

立自然公園」
◇白木谷のタチバナ ⇒「054 天然記念物〔高知県〕」
◇南国市桑の川の鳥居杉 ⇒「054 天然記念物〔高知県〕」

土佐市
◇イワガネ自生地 ⇒「054 天然記念物〔高知県〕」
◇甲原松尾山のタチバナ群落 ⇒「014 天然記念物〔国指定〕」
◇五色ノ浜の横浪メランジュ ⇒「014 天然記念物〔国指定〕」
◇蓮池の樟 ⇒「054 天然記念物〔高知県〕」
◇横浪県立自然公園 ⇒「008 都道府県立自然公園」

須崎市
◇安和の大ナギ ⇒「054 天然記念物〔高知県〕」
◇大谷のクス ⇒「014 天然記念物〔国指定〕」
◇須崎湾県立自然公園 ⇒「008 都道府県立自然公園」
◇横浪県立自然公園 ⇒「008 都道府県立自然公園」

宿毛市
◇出井渓谷の甌穴群 ⇒「054 天然記念物〔高知県〕」
◇宿毛県立自然公園 ⇒「008 都道府県立自然公園」
◇宿毛市押ノ川の化石漣痕 ⇒「054 天然記念物〔高知県〕」
◇西南諸島 ⇒「132 重要生息地（IBA）」
◇弘瀬の荒倉神社社叢 ⇒「054 天然記念物〔高知県〕」

土佐清水市
◇アコウ自生地 ⇒「054 天然記念物〔高知県〕」
◇カカツガユ自生地 ⇒「054 天然記念物〔高知県〕」
◇竜串 ⇒「098 名勝〔高知県〕」
◇千尋岬の化石漣痕 ⇒「014 天然記念物〔国指定〕」
◇唐船島の隆起海岸 ⇒「014 天然記念物〔国指定〕」
◇白山洞門 ⇒「054 天然記念物〔高知県〕」
◇松尾のアコウ自生地 ⇒「014 天然記念物〔国指定〕」
◇見残湾の造礁サンゴ ⇒「054 天然記念物〔高知県〕」

四万十市
◇四万十川中流域山林 ⇒「132 重要生息地（IBA）」
◇竹屋敷の藤 ⇒「054 天然記念物〔高知県〕」
◇八束のクサマルハチ自生地 ⇒「014 天然記念物〔国指定〕」

香南市
◇手結住吉県立自然公園 ⇒「008 都道府県立自然公園」
◇天神の大スギ ⇒「014 天然記念物〔国指定〕」
◇龍河洞県立自然公園 ⇒「008 都道府県立自然公園」

香美市
◇大栃のムクノキ ⇒「054 天然記念物〔高知県〕」
◇奥物部県立自然公園 ⇒「008 都道府県立自然公園」
◇大日寺の大スギ ⇒「054 天然記念物〔高知県〕」
◇天狗岳不整合 ⇒「054 天然記念物〔高知県〕」
◇轟の滝 ⇒「054 天然記念物〔高知県〕」「098 名勝〔高知県〕」
◇三嶺・天狗塚のミヤマクマザサ及びコメツツジ群落 ⇒「014 天然記念物〔国指定〕」
◇龍河洞 ⇒「014 天然記念物〔国指定〕」
◇龍河洞県立自然公園 ⇒「008 都道府県立自然公園」

安芸郡奈半利町
◇奈半利町の二重柿 ⇒「054 天然記念物〔高知県〕」
◇魚梁瀬県立自然公園 ⇒「008 都道府県立自然公園」

安芸郡田野町
◇魚梁瀬県立自然公園 ⇒「008 都道府県立自然公園」

安芸郡安田町
◇神峯神社の大樟 ⇒「054 天然記念物〔高知県〕」
◇魚梁瀬県立自然公園 ⇒「008 都道府県立自然公園」

安芸郡北川村
◇魚梁瀬県立自然公園 ⇒「008 都道府県立自然公園」

安芸郡馬路村
◇魚梁瀬県立自然公園 ⇒「008 都道府県立自然公園」

安芸郡芸西村
◇芸西村西分漁港周辺（住吉海岸）のメランジュ ⇒「054 天然記念物〔高知県〕」
◇琴ヶ浜松原 ⇒「098 名勝〔高知県〕」
◇手結住吉県立自然公園 ⇒「008 都道府県立自

468 事典・日本の自然保護地域

中国・四国　　　　　　　　　　　　地域別索引　　　　　　　　　　　　　高知県

長岡郡本山町

◇白髪山県立自然公園 ⇒「008 都道府県立自然
　公園」
◇本山町汗見川の枕状溶岩 ⇒「054 天然記念物
　〔高知県〕」

長岡郡大豊町

◇奥物部県立自然公園 ⇒「008 都道府県立自然
　公園」
◇梶ヶ森県立自然公園 ⇒「008 都道府県立自然
　公園」
◇杉の大スギ ⇒「015 特別天然記念物〔国指定〕」

土佐郡土佐町

◇工石山陣ヶ森県立自然公園 ⇒「008 都道府県
　立自然公園」
◇平石の乳イチョウ ⇒「014 天然記念物〔国指定〕」

吾川郡いの町

◇工石山陣ヶ森県立自然公園 ⇒「008 都道府県
　立自然公園」
◇神谷のウエマツソウ・ホンゴウソウ自生地 ⇒
　「054 天然記念物〔高知県〕」
◇吾北村のヤブツバキ ⇒「054 天然記念物〔高
　知県〕」
◇樅ノ木山の大スギ ⇒「054 天然記念物〔高知県〕」

吾川郡仁淀川町

◇大引割・小引割 ⇒「014 天然記念物〔国指定〕」
◇大藪のひがん桜 ⇒「054 天然記念物〔高知県〕」
◇四国カルスト県立自然公園 ⇒「008 都道府県
　立自然公園」
◇長者の大銀杏 ⇒「054 天然記念物〔高知県〕」
◇中津渓谷県立自然公園 ⇒「008 都道府県立自
　然公園」
◇安居渓谷県立自然公園 ⇒「008 都道府県立自
　然公園」

高岡郡佐川町

◇佐川の大樟 ⇒「054 天然記念物〔高知県〕」
◇サカワヤスデゴケ ⇒「054 天然記念物〔高知県〕」

高岡郡越知町

◇大樽の滝 ⇒「098 名勝〔高知県〕」
◇横倉山県立自然公園 ⇒「008 都道府県立自然
　公園」

高岡郡梼原町

◇四国カルスト県立自然公園 ⇒「008 都道府県
　立自然公園」
◇長沢の滝 ⇒「054 天然記念物〔高知県〕」「098
　名勝〔高知県〕」

高岡郡日高村

◇日高村のキンメイモウソウチク ⇒「054 天然
　記念物〔高知県〕」

高岡郡津野町

◇大引割・小引割 ⇒「014 天然記念物〔国指定〕」
◇四国カルスト県立自然公園 ⇒「008 都道府県
　立自然公園」
◇長沢の滝 ⇒「054 天然記念物〔高知県〕」「098
　名勝〔高知県〕」
◇東津野村の大藤 ⇒「054 天然記念物〔高知県〕」

高岡郡四万十町

◇興津県立自然公園 ⇒「008 都道府県立自然公園」
◇小鶴津の興津メランジュ及びシュードタキライ
　ト ⇒「014 天然記念物〔国指定〕」
◇四万十川中流域山林 ⇒「132　重要生息地
　（IBA）」
◇地吉の夫婦スギ ⇒「054 天然記念物〔高知県〕」
◇仁井田のヒロハチシャノキ ⇒「014 天然記念
　物〔国指定〕」

幡多郡黒潮町

◇入野県立自然公園 ⇒「008 都道府県立自然公園」
◇入野松原 ⇒「063 名勝〔国指定〕」

事典・日本の自然保護地域　469

九州・沖縄

福岡県

福岡県
◇北九州国定公園 ⇒「001 国定公園」
◇九州自然歩道（やまびこさん）⇒「007 長距離
　自然歩道」
◇玄海国定公園 ⇒「001 国定公園」
◇瀬戸内海国立公園 ⇒「002 国立公園」
◇耶馬日田英彦山国定公園 ⇒「001 国定公園」

北九州市
◇曽根干潟 ⇒「132 重要生息地（IBA）」
◇筑豊県立自然公園 ⇒「008 都道府県立自然公園」

北九州市門司区
◇白野江のサトザクラ ⇒「055 天然記念物〔福
　岡県〕」
◇梅花石岩層 附 梅花石大形置物 ⇒「055 天然記
　念物〔福岡県〕」

北九州市若松区
◇岩屋・遠見ヶ鼻の芦屋層層群 ⇒「055 天然記念
　物〔福岡県〕」

北九州市戸畑区
◇夜宮の大珪化木 ⇒「014 天然記念物〔国指定〕」

北九州市小倉南区
◇大山祇神社のイチョウ ⇒「055 天然記念物〔福
　岡県〕」
◇千仏鍾乳洞 ⇒「014 天然記念物〔国指定〕」
◇平尾台 ⇒「014 天然記念物〔国指定〕」
◇三岳のチシャノキ ⇒「055 天然記念物〔福岡県〕」

福岡市
◇脊振雷山県立自然公園 ⇒「008 都道府県立自
　然公園」
◇博多湾 ⇒「132 重要生息地（IBA）」

福岡市東区
◇名島の檣石 ⇒「014 天然記念物〔国指定〕」

福岡市博多区
◇櫛田の銀杏 ⇒「055 天然記念物〔福岡県〕」

福岡市中央区
◇ツクシオオガヤツリ ⇒「055 天然記念物〔福
　岡県〕」

福岡市南区
◇福岡市油山自然観察の森 ⇒「003 自然観察の森」

福岡市西区
◇金武のヤマモモ ⇒「055 天然記念物〔福岡県〕」
◇机島 ⇒「132 重要生息地（IBA）」
◇長垂の含紅雲母ペグマタイト岩脈 ⇒「014 天
　然記念物〔国指定〕」

大牟田市
◇有明海奥部 ⇒「132 重要生息地（IBA）」
◇臥龍梅 ⇒「055 天然記念物〔福岡県〕」
◇米ノ山断層及び石炭層の露頭 ⇒「055 天然記
　念物〔福岡県〕」
◇土穴のエノキ ⇒「055 天然記念物〔福岡県〕」
◇矢部川県立自然公園 ⇒「008 都道府県立自然
　公園」

久留米市
◇味水御井神社のクロガネモチ ⇒「055 天然記
　念物〔福岡県〕」
◇カササギ生息地 ⇒「014 天然記念物〔国指定〕」
◇北野天満宮の大クス ⇒「055 天然記念物〔福
　岡県〕」
◇高良山のモウソウキンメイチク林 ⇒「014 天
　然記念物〔国指定〕」
◇高良大社のクスノキ ⇒「055 天然記念物〔福
　岡県〕」
◇善導寺の大クス ⇒「055 天然記念物〔福岡県〕」
◇善導寺のボダイジュ ⇒「055 天然記念物〔福
　岡県〕」
◇筑後川県立自然公園 ⇒「008 都道府県立自然
　公園」
◇長岩山のサザンカ自生地 ⇒「055 天然記念物
　〔福岡県〕」
◇筥崎八幡宮の大イチョウ ⇒「055 天然記念物
　〔福岡県〕」
◇水縄断層 ⇒「014 天然記念物〔国指定〕」

九州・沖縄　　　　　　　　　　　地域別索引　　　　　　　　　　　福岡県

◇柳坂曽根のハゼ並木 ⇒「055 天然記念物〔福岡県〕」

直方市

◇多賀神社のオガタマ ⇒「055 天然記念物〔福岡県〕」
◇筑豊県立自然公園 ⇒「008 都道府県立自然公園」
◇花の木堰の大イチョウ ⇒「055 天然記念物〔福岡県〕」

飯塚市

◇内野の大イチョウ ⇒「055 天然記念物〔福岡県〕」
◇大分八幡の大クス ⇒「055 天然記念物〔福岡県〕」
◇太宰府県立自然公園 ⇒「008 都道府県立自然公園」
◇鎮西村のカツラ ⇒「014 天然記念物〔国指定〕」
◇明星寺のボダイジュ ⇒「055 天然記念物〔福岡県〕」

田川市

◇岩屋鍾乳洞 ⇒「055 天然記念物〔福岡県〕」
◇筑豊県立自然公園 ⇒「008 都道府県立自然公園」

柳川市

◇有明海奥部 ⇒「132 重要生息地（IBA）」
◇カササギ生息地 ⇒「014 天然記念物〔国指定〕」
◇中山の大フジ ⇒「055 天然記念物〔福岡県〕」

八女市

◇麻生池のオグラコウホネ自生地 ⇒「055 天然記念物〔福岡県〕」
◇荒谷のカエデ ⇒「055 天然記念物〔福岡県〕」
◇空室のカツラ ⇒「055 天然記念物〔福岡県〕」
◇円福寺のビャクシン ⇒「055 天然記念物〔福岡県〕」
◇黒木のフジ ⇒「014 天然記念物〔国指定〕」
◇桁山のカヤの木 ⇒「055 天然記念物〔福岡県〕」
◇轟区のビャクシン ⇒「055 天然記念物〔福岡県〕」
◇タイサンボクとハクモクレンの癒着木 ⇒「055 天然記念物〔福岡県〕」
◇筑後川県立自然公園 ⇒「008 都道府県立自然公園」
◇津江神社の大クス ⇒「055 天然記念物〔福岡県〕」
◇天福寺のボダイジュ ⇒「055 天然記念物〔福岡県〕」
◇鈍土羅のクス ⇒「055 天然記念物〔福岡県〕」
◇南馬場の大クス ⇒「055 天然記念物〔福岡県〕」
◇室山熊野神社のスギ ⇒「055 天然記念物〔福岡県〕」

◇矢部川県立自然公園 ⇒「008 都道府県立自然公園」
◇山内のチシャノキ ⇒「055 天然記念物〔福岡県〕」
◇霊巌寺の奇岩 ⇒「055 天然記念物〔福岡県〕」

筑後市

◇水田の森（クス、イチイガシ）⇒「055 天然記念物〔福岡県〕」
◇船小屋ゲンジボタル発生地 ⇒「014 天然記念物〔国指定〕」
◇矢部川県立自然公園 ⇒「008 都道府県立自然公園」

大川市

◇白鷺のクス ⇒「055 天然記念物〔福岡県〕」

行橋市

◇御所ヶ谷のヒモヅル自生地 ⇒「055 天然記念物〔福岡県〕」
◇筑豊県立自然公園 ⇒「008 都道府県立自然公園」

豊前市

◇犬ヶ岳ツクシシャクナゲ自生地 ⇒「014 天然記念物〔国指定〕」
◇大河内のコウヨウザン ⇒「055 天然記念物〔福岡県〕」
◇求菩提のヒメシャガ ⇒「055 天然記念物〔福岡県〕」
◇求菩提のボダイジュ ⇒「055 天然記念物〔福岡県〕」
◇須佐神社の大クス ⇒「055 天然記念物〔福岡県〕」
◇白山神社の大クス ⇒「055 天然記念物〔福岡県〕」

小郡市

◇福童の将軍フジ ⇒「055 天然記念物〔福岡県〕」

筑紫野市

◇太宰府県立自然公園 ⇒「008 都道府県立自然公園」
◇武蔵のイヌマキ群 ⇒「055 天然記念物〔福岡県〕」
◇立明寺のタブノキ ⇒「055 天然記念物〔福岡県〕」

春日市

◇春日神社のセンリョウ叢林 ⇒「055 天然記念物〔福岡県〕」
◇春日の杜（クス）⇒「055 天然記念物〔福岡県〕」
◇住吉社のナギの杜 ⇒「055 天然記念物〔福岡県〕」

事典・日本の自然保護地域　**471**

福岡県　　　　　　　　　　　　　地域別索引　　　　　　　　　　　　　九州・沖縄

大野城市
◇太宰府県立自然公園 ⇒「008 都道府県立自然公園」

宗像市
◇沖の島原始林 ⇒「014 天然記念物〔国指定〕」
◇沖ノ島・小屋島 ⇒「132 重要生息地（IBA）」
◇織幡神社のイヌマキ天然林 ⇒「055 天然記念物〔福岡県〕」
◇孔大寺神社の大ギンナン ⇒「055 天然記念物〔福岡県〕」
◇泉福寺のエノキ ⇒「055 天然記念物〔福岡県〕」
◇八所神社の社叢 ⇒「055 天然記念物〔福岡県〕」
◇平山天満宮の大クス ⇒「055 天然記念物〔福岡県〕」
◇光岡八幡宮の大クス ⇒「055 天然記念物〔福岡県〕」
◇横山の大クス ⇒「055 天然記念物〔福岡県〕」
◇吉武のマキ ⇒「055 天然記念物〔福岡県〕」

太宰府市
◇太宰府県立自然公園 ⇒「008 都道府県立自然公園」
◇太宰府神社のクス ⇒「014 天然記念物〔国指定〕」
◇太宰府神社のヒロハチシャノキ ⇒「014 天然記念物〔国指定〕」
◇天神の森（クス）⇒「055 天然記念物〔福岡県〕」

古賀市
◇小山田斎宮の社叢 ⇒「055 天然記念物〔福岡県〕」
◇清瀧寺のイスノキ ⇒「055 天然記念物〔福岡県〕」

福津市
◇恋の浦海岸 ⇒「055 天然記念物〔福岡県〕」
◇舎利蔵のナギの木 ⇒「055 天然記念物〔福岡県〕」

うきは市
◇千年のヒイラギ ⇒「055 天然記念物〔福岡県〕」
◇筑後川県立自然公園 ⇒「008 都道府県立自然公園」

宮若市
◇太宰府県立自然公園 ⇒「008 都道府県立自然公園」

嘉麻市
◇古処山 ⇒「119 日本の貴重なコケの森」
◇古処山ツゲ原始林 ⇒「015 特別天然記念物〔国指定〕」
◇千手川の甌穴群 ⇒「055 天然記念物〔福岡県〕」
◇筑後川県立自然公園 ⇒「008 都道府県立自然公園」
◇白馬山のバクチノキ ⇒「055 天然記念物〔福岡県〕」

朝倉市
◇秋月のツゲ原始林 ⇒「055 天然記念物〔福岡県〕」
◇安長寺の大クス ⇒「055 天然記念物〔福岡県〕」
◇隠家森 ⇒「014 天然記念物〔国指定〕」
◇祇園の大クス ⇒「055 天然記念物〔福岡県〕」
◇久喜宮のキンメイチク ⇒「014 天然記念物〔国指定〕」
◇恵蘇八幡のクス ⇒「055 天然記念物〔福岡県〕」
◇古処山ツゲ原始林 ⇒「015 特別天然記念物〔国指定〕」
◇古塔塚のナンジャモンジャ ⇒「055 天然記念物〔福岡県〕」
◇志賀様の大クス ⇒「055 天然記念物〔福岡県〕」
◇志波宝満宮社叢 ⇒「055 天然記念物〔福岡県〕」
◇水神社のクス ⇒「055 天然記念物〔福岡県〕」
◇筑後川県立自然公園 ⇒「008 都道府県立自然公園」
◇杷木神社のケヤキ ⇒「055 天然記念物〔福岡県〕」
◇普門院のビャクシン ⇒「055 天然記念物〔福岡県〕」
◇矢野竹のケンポナシ ⇒「055 天然記念物〔福岡県〕」

みやま市
◇カササギ生息地 ⇒「014 天然記念物〔国指定〕」
◇新舟小屋のクスノキ林 ⇒「014 天然記念物〔国指定〕」
◇長田のイチョウ ⇒「055 天然記念物〔福岡県〕」
◇船小屋ゲンジボタル発生地 ⇒「014 天然記念物〔国指定〕」
◇矢部川県立自然公園 ⇒「008 都道府県立自然公園」

糸島市
◇烏帽子島 ⇒「132 重要生息地（IBA）」
◇芥屋の大門 ⇒「014 天然記念物〔国指定〕」
◇桜井二見ヶ浦 ⇒「099 名勝〔福岡県〕」
◇白糸の滝 ⇒「099 名勝〔福岡県〕」
◇脊振雷山県立自然公園 ⇒「008 都道府県立自然公園」
◇大悲王院のカエデ ⇒「055 天然記念物〔福岡県〕」

472　事典・日本の自然保護地域

九州・沖縄　　　　　　　　　地域別索引　　　　　　　　　福岡県

◇大悲王院のビャクシン ⇒「055 天然記念物〔福岡県〕」
◇萬龍楓 ⇒「055 天然記念物〔福岡県〕」
◇雷山神社のイチョウ「055 天然記念物〔福岡県〕」
◇雷山の観音杉 ⇒「055 天然記念物〔福岡県〕」
◇六所神社のクス ⇒「055 天然記念物〔福岡県〕」

筑紫郡那珂川町
◇安徳のエノキ「055 天然記念物〔福岡県〕」
◇市ノ瀬のヤマモモ「055 天然記念物〔福岡県〕」
◇梶原のギンモクセイ「055 天然記念物〔福岡県〕」
◇脊振雷山県立自然公園 ⇒「008 都道府県立自然公園」
◇釣垂のヒノキシダ ⇒「055 天然記念物〔福岡県〕」
◇成竹のモチノキ ⇒「055 天然記念物〔福岡県〕」
◇日吉神社のオガタマ「055 天然記念物〔福岡県〕」
◇山中のアセビ ⇒「055 天然記念物〔福岡県〕」

糟屋郡宇美町
◇蚊田の森（クス）⇒「055 天然記念物〔福岡県〕」
◇太宰府県立自然公園 ⇒「008 都道府県立自然公園」
◇湯蓋の森（クス）衣掛の森（クス）⇒「014 天然記念物〔国指定〕」

糟屋郡篠栗町
◇篠栗の埋没化石林 ⇒「055 天然記念物〔福岡県〕」
◇太祖神社の大スギ ⇒「055 天然記念物〔福岡県〕」
◇太宰府県立自然公園 ⇒「008 都道府県立自然公園」

糟屋郡須恵町
◇太宰府県立自然公園 ⇒「008 都道府県立自然公園」

糟屋郡新宮町
◇立花山クスノキ原始林 ⇒「015 特別天然記念物〔国指定〕」
◇鼻栗瀬及び鼻面半島 ⇒「099 名勝〔福岡県〕」
◇六所神社のカゴノキ ⇒「055 天然記念物〔福岡県〕」

糟屋郡久山町
◇九州大学福岡演習林クスノキ林 ⇒「120 ふるさと文化財の森」

◇九州大学福岡演習林ヒノキ林 ⇒「120 ふるさと文化財の森」
◇太宰府県立自然公園 ⇒「008 都道府県立自然公園」
◇立花山クスノキ原始林 ⇒「015 特別天然記念物〔国指定〕」

遠賀郡芦屋町
◇千光院大ソテツ ⇒「055 天然記念物〔福岡県〕」
◇夏井ヶ浜のハマユウ自生地 ⇒「055 天然記念物〔福岡県〕」

遠賀郡水巻町
◇八剣神社の大イチョウ ⇒「055 天然記念物〔福岡県〕」

遠賀郡岡垣町
◇高倉のクス ⇒「055 天然記念物〔福岡県〕」
◇高倉宮の綾スギ ⇒「055 天然記念物〔福岡県〕」

朝倉郡東峰村
◇岩屋神社の大イチョウ ⇒「055 天然記念物〔福岡県〕」
◇岩屋のオオツバキ ⇒「055 天然記念物〔福岡県〕」
◇岩屋のげんかいつつじ ⇒「055 天然記念物〔福岡県〕」
◇宝珠岩屋 ⇒「055 天然記念物〔福岡県〕」

三井郡大刀洗町
◇筑後川県立自然公園 ⇒「008 都道府県立自然公園」

三潴郡
◇カササギ生息地 ⇒「014 天然記念物〔国指定〕」

田川郡香春町
◇一ノ岳のバクチノキ ⇒「055 天然記念物〔福岡県〕」
◇神宮院の石割枇杷 ⇒「055 天然記念物〔福岡県〕」
◇神宮院の大イチョウ ⇒「055 天然記念物〔福岡県〕」
◇筑豊県立自然公園 ⇒「008 都道府県立自然公園」
◇元光願寺の大クス ⇒「055 天然記念物〔福岡県〕」

田川郡添田町
◇諏訪神社のイチイガシ ⇒「055 天然記念物〔福岡県〕」
◇鷹巣山 ⇒「014 天然記念物〔国指定〕」

事典・日本の自然保護地域　473

佐賀県 地域別索引 九州・沖縄

◇英彦山の鬼スギ ⇒「014 天然記念物〔国指定〕」
◇英彦山のトチノキ ⇒「055 天然記念物〔福岡県〕」
◇英彦山のぶっぽうそう ⇒「055 天然記念物〔福岡県〕」
◇英彦山のボダイジュ ⇒「055 天然記念物〔福岡県〕」

田川郡川崎町
◇光蓮寺のボダイジュ ⇒「055 天然記念物〔福岡県〕」

田川郡大任町
◇菅原神社のイチイガシ ⇒「055 天然記念物〔福岡県〕」

田川郡赤村
◇筑豊県立自然公園 ⇒「008 都道府県立自然公園」

田川郡福智町
◇岩屋権現の大スギ ⇒「055 天然記念物〔福岡県〕」
◇定禅寺のフジ ⇒「055 天然記念物〔福岡県〕」
◇筑豊県立自然公園 ⇒「008 都道府県立自然公園」

京都郡苅田町
◇青龍窟 ⇒「014 天然記念物〔国指定〕」
◇筑豊県立自然公園 ⇒「008 都道府県立自然公園」

京都郡みやこ町
◇木井神社のイチイガシ ⇒「055 天然記念物〔福岡県〕」
◇木井馬場のムクノキ ⇒「055 天然記念物〔福岡県〕」
◇蔵持の大スギ ⇒「055 天然記念物〔福岡県〕」
◇筑豊県立自然公園 ⇒「008 都道府県立自然公園」

築上郡築上町
◇小原不動窟の大ソテツ ⇒「055 天然記念物〔福岡県〕」
◇筑豊県立自然公園 ⇒「008 都道府県立自然公園」
◇本庄のクス ⇒「014 天然記念物〔国指定〕」

佐賀県

佐賀県
◇九州自然歩道（やまびこさん）⇒「007 長距離自然歩道」
◇玄海国定公園 ⇒「001 国定公園」

佐賀市
◇有明海奥部 ⇒「132 重要生息地（IBA）」
◇エヒメアヤメ自生南限地帯 ⇒「014 天然記念物〔国指定〕」
◇カササギ生息地 ⇒「014 天然記念物〔国指定〕」
◇川上・金立県立自然公園 ⇒「008 都道府県立自然公園」
◇佐賀城跡の楠群 ⇒「056 天然記念物〔佐賀県〕」
◇下合瀬の大カツラ ⇒「014 天然記念物〔国指定〕」
◇脊振北山県立自然公園 ⇒「008 都道府県立自然公園」
◇天山県立自然公園 ⇒「008 都道府県立自然公園」
◇東よか干潟 ⇒「013 ラムサール条約湿地」
◇与賀神社の楠 ⇒「056 天然記念物〔佐賀県〕」

唐津市
◇加部島暖地性植物群落 ⇒「056 天然記念物〔佐賀県〕」
◇切木のボタン ⇒「056 天然記念物〔佐賀県〕」
◇広沢寺のソテツ ⇒「014 天然記念物〔国指定〕」
◇脊振北山県立自然公園 ⇒「008 都道府県立自然公園」
◇高串アコウ自生北限地帯 ⇒「014 天然記念物〔国指定〕」
◇天山県立自然公園 ⇒「008 都道府県立自然公園」
◇虹の松原 ⇒「064 特別名勝〔国指定〕」
◇八幡岳県立自然公園 ⇒「008 都道府県立自然公園」
◇弁天島の呼子岩脈群 ⇒「056 天然記念物〔佐賀県〕」
◇屋形石の七ツ釜 ⇒「014 天然記念物〔国指定〕」

鳥栖市
◇カササギ生息地 ⇒「014 天然記念物〔国指定〕」
◇脊振北山県立自然公園 ⇒「008 都道府県立自然公園」

474 事典・日本の自然保護地域

九州・沖縄　　　　　　　　　　地域別索引　　　　　　　　　　佐賀県

多久市
◇相浦の球状閃緑岩 ⇒「056 天然記念物〔佐賀県〕」
◇カササギ生息地 ⇒「014 天然記念物〔国指定〕」
◇天山県立自然公園 ⇒「008 都道府県立自然公園」
◇八幡岳県立自然公園 ⇒「008 都道府県立自然公園」

伊万里市
◇青幡神社の楠 ⇒「056 天然記念物〔佐賀県〕」
◇黒髪山県立自然公園 ⇒「008 都道府県立自然公園」
◇八幡岳県立自然公園 ⇒「008 都道府県立自然公園」
◇早里のイスノキ ⇒「056 天然記念物〔佐賀県〕」
◇東山代の明星桜 ⇒「056 天然記念物〔佐賀県〕」

武雄市
◇カササギ生息地 ⇒「014 天然記念物〔国指定〕」
◇川古のクス ⇒「014 天然記念物〔国指定〕」
◇黒髪山県立自然公園 ⇒「008 都道府県立自然公園」
◇黒髪山カネコシダ自生地 ⇒「014 天然記念物〔国指定〕」
◇大聖寺のまき ⇒「056 天然記念物〔佐賀県〕」
◇八幡岳県立自然公園 ⇒「008 都道府県立自然公園」

鹿島市
◇有明海奥部 ⇒「132 重要生息地（IBA）」
◇カササギ生息地 ⇒「014 天然記念物〔国指定〕」
◇鹿島新籠 ⇒「134 東アジア・オーストラリア地域 渡り性水鳥重要生息地ネットワーク」
◇多良岳県立自然公園 ⇒「008 都道府県立自然公園」
◇肥前鹿島干潟 ⇒「013 ラムサール条約湿地」

小城市
◇有明海奥部 ⇒「132 重要生息地（IBA）」
◇カササギ生息地 ⇒「014 天然記念物〔国指定〕」
◇天山県立自然公園 ⇒「008 都道府県立自然公園」

嬉野市
◇嬉野の大チャノキ ⇒「014 天然記念物〔国指定〕」
◇カササギ生息地 ⇒「014 天然記念物〔国指定〕」
◇唐泉山の椎の天然林 ⇒「056 天然記念物〔佐賀県〕」

神埼市
◇白角折神社の楠 ⇒「056 天然記念物〔佐賀県〕」
◇川上・金立県立自然公園 ⇒「008 都道府県立自然公園」
◇脊振北山県立自然公園 ⇒「008 都道府県立自然公園」

神埼郡
◇カササギ生息地 ⇒「014 天然記念物〔国指定〕」

神埼郡吉野ヶ里町
◇小川内の杉 ⇒「056 天然記念物〔佐賀県〕」
◇脊振北山県立自然公園 ⇒「008 都道府県立自然公園」
◇千石山サザンカ自生北限地帯 ⇒「014 天然記念物〔国指定〕」

三養基郡
◇カササギ生息地 ⇒「014 天然記念物〔国指定〕」

三養基郡基山町
◇脊振北山県立自然公園 ⇒「008 都道府県立自然公園」

三養基郡上峰町
◇八藤丘陵の阿蘇4火砕流堆積物及び埋没林 ⇒「014 天然記念物〔国指定〕」

三養基郡みやき町
◇脊振北山県立自然公園 ⇒「008 都道府県立自然公園」

西松浦郡有田町
◇有田のイチョウ ⇒「014 天然記念物〔国指定〕」
◇黒髪山県立自然公園 ⇒「008 都道府県立自然公園」

杵島郡
◇カササギ生息地 ⇒「014 天然記念物〔国指定〕」

杵島郡白石町
◇稲佐神社の楠 ⇒「056 天然記念物〔佐賀県〕」
◇海童神社の楠 ⇒「056 天然記念物〔佐賀県〕」

藤津郡
◇カササギ生息地 ⇒「014 天然記念物〔国指定〕」

事典・日本の自然保護地域　**475**

藤津郡太良町

◇多良岳県立自然公園 ⇒「008 都道府県立自然公園」

長崎県

長崎県
◇壱岐対馬国定公園 ⇒「001 国定公園」
◇雲仙天草国立公園 ⇒「002 国立公園」
◇九州自然歩道（やまびこさん）⇒「007 長距離自然歩道」
◇西海国立公園 ⇒「002 国立公園」

長崎市
◇オオウナギ生息地 ⇒「014 天然記念物〔国指定〕」
◇大村湾県立公園 ⇒「008 都道府県立自然公園」
◇落矢ダム水源の森 ⇒「118 ながさき水源の森」
◇川原大池樹林 ⇒「057 天然記念物〔長崎県〕」
◇キイレツチトリモチ自生北限地 ⇒「014 天然記念物〔国指定〕」
◇琴海のカネコシダ群落 ⇒「057 天然記念物〔長崎県〕」
◇琴海のヒイラギ ⇒「057 天然記念物〔長崎県〕」
◇黒浜水源の森 ⇒「118 ながさき水源の森」
◇神浦ダム水源の森 ⇒「118 ながさき水源の森」
◇小ヶ倉水源の森 ⇒「118 ながさき水源の森」
◇式見水源の森 ⇒「118 ながさき水源の森」
◇大徳寺の大クス ⇒「057 天然記念物〔長崎県〕」
◇滝の観音 ⇒「100 名勝〔長崎県〕」
◇津々谷の滝水源の森 ⇒「118 ながさき水源の森」
◇手崎水源の森 ⇒「118 ながさき水源の森」
◇デジマノキ ⇒「057 天然記念物〔長崎県〕」
◇長崎市小ヶ倉の褶曲地層 ⇒「057 天然記念物〔長崎県〕」
◇鳴見水源の森 ⇒「118 ながさき水源の森」
◇西彼杵半島県立公園 ⇒「008 都道府県立自然公園」
◇野母崎の変はんれい岩露出地 ⇒「057 天然記念物〔長崎県〕」
◇野母半島県立公園 ⇒「008 都道府県立自然公園」
◇弁天山樹叢 ⇒「057 天然記念物〔長崎県〕」
◇松崎水源の森 ⇒「118 ながさき水源の森」
◇三重海岸変成鉱物の産地 ⇒「057 天然記念物〔長崎県〕」
◇宮摺水源の森 ⇒「118 ながさき水源の森」
◇茂木植物化石層 ⇒「057 天然記念物〔長崎県〕」
◇脇岬ノアサガオ群落 ⇒「057 天然記念物〔長崎県〕」

九州・沖縄　　　　　　　　　　地域別索引　　　　　　　　　　長崎県

◇脇岬のビーチロック ⇒「057 天然記念物〔長崎県〕」

佐世保市

◇赤新田水源の森 ⇒「118 ながさき水源の森」
◇江永水源の森 ⇒「118 ながさき水源の森」
◇御橋観音シダ植物群落 ⇒「014 天然記念物〔国指定〕」
◇嘉例川水源の森 ⇒「118 ながさき水源の森」
◇観音木水源の森 ⇒「118 ながさき水源の森」
◇串ノ浜岩脈 ⇒「057 天然記念物〔長崎県〕」
◇小佐々つづら水源の森 ⇒「118 ながさき水源の森」
◇小佐々野島の淡水貝化石含有層 ⇒「057 天然記念物〔長崎県〕」
◇小佐々のハカマカズラ ⇒「057 天然記念物〔長崎県〕」
◇五蔵岳水源の森 ⇒「118 ながさき水源の森」
◇菰田水源の森 ⇒「118 ながさき水源の森」
◇子安観音の大クス ⇒「057 天然記念物〔長崎県〕」
◇転石水源の森 ⇒「118 ながさき水源の森」
◇西光寺のオオムラザクラ ⇒「057 天然記念物〔長崎県〕」
◇桜ヶ寄水源の森 ⇒「118 ながさき水源の森」
◇佐々川源流水源の森 ⇒「118 ながさき水源の森」
◇里美西ノ岳水源の森 ⇒「118 ながさき水源の森」
◇下の原水源の森 ⇒「118 ながさき水源の森」
◇世知原の大山祇神社社叢 ⇒「057 天然記念物〔長崎県〕」
◇潜龍の瀧水源の森 ⇒「118 ながさき水源の森」
◇蘇鉄の巨樹 ⇒「057 天然記念物〔長崎県〕」
◇大観山水源の森 ⇒「118 ながさき水源の森」
◇堤原水源の森 ⇒「118 ながさき水源の森」
◇寺島玉石甌穴 ⇒「057 天然記念物〔長崎県〕」
◇東瀬寺の大クス ⇒「057 天然記念物〔長崎県〕」
◇樋口水源の森 ⇒「118 ながさき水源の森」
◇藤山神社の大フジ ⇒「057 天然記念物〔長崎県〕」
◇堀ノ木水源の森 ⇒「118 ながさき水源の森」
◇吉井町の吉田大明神社叢 ⇒「057 天然記念物〔長崎県〕」

島原市

◇有明町の大樟 ⇒「057 天然記念物〔長崎県〕」
◇温泉岳 ⇒「064 特別名勝〔国指定〕」
◇熊野神社の大楠 ⇒「057 天然記念物〔長崎県〕」
◇熊野神社の大椋 ⇒「057 天然記念物〔長崎県〕」
◇島原のシマバライチゴ自生地 ⇒「057 天然記念物〔長崎県〕」

◇島原半島県立公園 ⇒「008 都道府県立自然公園」
◇島原半島ジオパーク ⇒「006 世界ジオパーク」「009 日本ジオパーク」
◇平成新山 ⇒「014 天然記念物〔国指定〕」
◇舞岳水源の森 ⇒「118 ながさき水源の森」
◇眉山水源の森 ⇒「118 ながさき水源の森」

諫早市

◇雨堤水源の森 ⇒「118 ながさき水源の森」
◇飯盛町のヘツカニガキ ⇒「057 天然記念物〔長崎県〕」
◇諫早市城山暖地性樹叢 ⇒「014 天然記念物〔国指定〕」
◇諫早神社のクス群 ⇒「057 天然記念物〔長崎県〕」
◇諫早湾 ⇒「132 重要生息地（IBA）」
◇大舟水源の森 ⇒「118 ながさき水源の森」
◇大村湾県立公園 ⇒「008 都道府県立自然公園」
◇御手水観音水源の森 ⇒「118 ながさき水源の森」
◇小長井のオガタマノキ ⇒「014 天然記念物〔国指定〕」
◇修多羅水源の森 ⇒「118 ながさき水源の森」
◇多良岳県立公園 ⇒「008 都道府県立自然公園」
◇多良岳ツクシシャクナゲ群叢 ⇒「014 天然記念物〔国指定〕」
◇轟渓流水源の森 ⇒「118 ながさき水源の森」
◇富川水源の森 ⇒「118 ながさき水源の森」
◇富川のかつら ⇒「057 天然記念物〔長崎県〕」
◇土師野尾ダム水源の森 ⇒「118 ながさき水源の森」
◇星ヶ原水源の森 ⇒「118 ながさき水源の森」
◇女夫木の大スギ ⇒「014 天然記念物〔国指定〕」
◇森山西小学校のアベマキ ⇒「057 天然記念物〔長崎県〕」
◇山の神水源の森 ⇒「118 ながさき水源の森」

大村市

◇大村城跡のマキ ⇒「057 天然記念物〔長崎県〕」
◇大村神社のオオムラザクラ ⇒「014 天然記念物〔国指定〕」
◇大村神社のクシマザクラ ⇒「057 天然記念物〔長崎県〕」
◇大村のイチイガシ天然林 ⇒「014 天然記念物〔国指定〕」
◇大村湾県立公園 ⇒「008 都道府県立自然公園」
◇萱瀬水源の森 ⇒「118 ながさき水源の森」
◇玖島崎樹叢 ⇒「057 天然記念物〔長崎県〕」
◇五ヶ原岳ツクシシャクナゲ群落 ⇒「057 天然

事典・日本の自然保護地域　**477**

記念物〔長崎県〕」
◇城田ため池水源の森 ⇒「118 ながさき水源の森」
◇菅無田水源の森 ⇒「118 ながさき水源の森」
◇狸ノ尾ため池水源の森 ⇒「118 ながさき水源の森」
◇多良岳県立公園 ⇒「008 都道府県立自然公園」
◇多良岳せんだいそう群落 ⇒「057 天然記念物〔長崎県〕」
◇中岳水源の森 ⇒「118 ながさき水源の森」
◇平床水源の森 ⇒「118 ながさき水源の森」

平戸市
◇阿値賀島 ⇒「014 天然記念物〔国指定〕」
◇阿値田ダム水源の森 ⇒「118 ながさき水源の森」
◇生月町塩俵断崖の柱状節理 ⇒「057 天然記念物〔長崎県〕」
◇海寺跡のハクモクレン ⇒「057 天然記念物〔長崎県〕」
◇大元水源の森 ⇒「118 ながさき水源の森」
◇亀岡のまき並木 ⇒「057 天然記念物〔長崎県〕」
◇黒子島原始林 ⇒「014 天然記念物〔国指定〕」
◇志自岐神社地の宮, 沖の宮社叢 ⇒「057 天然記念物〔長崎県〕」
◇神曽根川水源の森 ⇒「118 ながさき水源の森」
◇是心寺のソテツ ⇒「057 天然記念物〔長崎県〕」
◇轟池水源の森 ⇒「118 ながさき水源の森」
◇中津良川水源の森 ⇒「118 ながさき水源の森」
◇番岳水源の森 ⇒「118 ながさき水源の森」
◇平戸口のビロウ自生地 ⇒「057 天然記念物〔長崎県〕」
◇平戸市中の浦の蘇鉄群落 ⇒「057 天然記念物〔長崎県〕」
◇平戸礫岩の岩石地植物群落 ⇒「014 天然記念物〔国指定〕」
◇平戸戸石川のハルサザンカ ⇒「057 天然記念物〔長崎県〕」
◇平戸の沖の島樹叢 ⇒「057 天然記念物〔長崎県〕」
◇平戸のシカ ⇒「057 天然記念物〔長崎県〕」
◇平戸古館のビロウ自生地 ⇒「057 天然記念物〔長崎県〕」
◇吹上水源の森 ⇒「118 ながさき水源の森」
◇北松県立公園 ⇒「008 都道府県立自然公園」
◇箕坪川水源の森 ⇒「118 ながさき水源の森」
◇安満川水源の森 ⇒「118 ながさき水源の森」

松浦市
◇今山水源の森 ⇒「118 ながさき水源の森」
◇喜内瀬川甌穴群 ⇒「057 天然記念物〔長崎県〕」

◇鷹島ダム水源の森 ⇒「118 ながさき水源の森」
◇鷹島町住吉神社のアコウ ⇒「057 天然記念物〔長崎県〕」
◇鷹島の公孫樹 ⇒「057 天然記念物〔長崎県〕」
◇西の岳水源の森 ⇒「118 ながさき水源の森」
◇櫃崎岩脈 ⇒「057 天然記念物〔長崎県〕」
◇笛吹ダム水源の森 ⇒「118 ながさき水源の森」
◇福島町の今山神社社叢 ⇒「057 天然記念物〔長崎県〕」
◇福寿寺のイロハモミジ ⇒「057 天然記念物〔長崎県〕」
◇弁天島岩脈 ⇒「057 天然記念物〔長崎県〕」
◇北松県立公園 ⇒「008 都道府県立自然公園」
◇松浦つづら水源の森 ⇒「118 ながさき水源の森」
◇柳原水源の森 ⇒「118 ながさき水源の森」
◇湯の谷水源の森 ⇒「118 ながさき水源の森」
◇横山水源の森 ⇒「118 ながさき水源の森」

対馬市
◇阿須川のアキマドボタル生息地 ⇒「057 天然記念物〔長崎県〕」
◇伊奈川水源の森 ⇒「118 ながさき水源の森」
◇大江水源の森 ⇒「118 ながさき水源の森」
◇大多羅水源の森 ⇒「118 ながさき水源の森」
◇乙宮水源の森 ⇒「118 ながさき水源の森」
◇飼所水源の森 ⇒「118 ながさき水源の森」
◇キタタキはく製標本 ⇒「057 天然記念物〔長崎県〕」
◇雞鳴水源の森 ⇒「118 ながさき水源の森」
◇志多賀水源の森 ⇒「118 ながさき水源の森」
◇洲藻白岳原始林 ⇒「014 天然記念物〔国指定〕」
◇洲藻紅葉川水源の森 ⇒「118 ながさき水源の森」
◇清十郎水源の森 ⇒「118 ながさき水源の森」
◇龍良山原始林 ⇒「014 天然記念物〔国指定〕」
◇千尋藻の漣痕 ⇒「057 天然記念物〔長崎県〕」
◇対馬 ⇒「132 重要生息地（IBA）」
◇対馬海神神社の社叢 ⇒「057 天然記念物〔長崎県〕」
◇対馬唐洲の大ソテツ ⇒「057 天然記念物〔長崎県〕」
◇対馬琴のイチョウ ⇒「057 天然記念物〔長崎県〕」
◇豊玉の和多都美神社社叢 ⇒「057 天然記念物〔長崎県〕」
◇ナムロ水源の森 ⇒「118 ながさき水源の森」
◇万松院のスギ ⇒「057 天然記念物〔長崎県〕」
◇日掛水源の森 ⇒「118 ながさき水源の森」
◇御嶽水源の森 ⇒「118 ながさき水源の森」

九州・沖縄　　　　　　　　　　地域別索引　　　　　　　　　長崎県

◇御岳鳥類繁殖地 ⇒「014 天然記念物〔国指定〕」
◇六御前神社のイチョウ ⇒「057 天然記念物〔長崎県〕」
◇山井手水源の森 ⇒「118 ながさき水源の森」
◇ゆくみ水源の森 ⇒「118 ながさき水源の森」
◇和板水源の森 ⇒「118 ながさき水源の森」
◇鰐浦ヒトツバタゴ自生地 ⇒「014 天然記念物〔国指定〕」

壱岐市
◇壱岐安国寺のスギ ⇒「057 天然記念物〔長崎県〕」
◇壱岐国分のヒイラギ ⇒「057 天然記念物〔長崎県〕」
◇壱岐産ステゴドン象化石 ⇒「057 天然記念物〔長崎県〕」
◇壱岐志原のスキヤクジャク群落 ⇒「057 天然記念物〔長崎県〕」
◇壱岐長者原化石層 ⇒「057 天然記念物〔長崎県〕」
◇壱岐の鏡岳神社社叢 ⇒「057 天然記念物〔長崎県〕」
◇壱岐のステゴドン象化石産出地 ⇒「057 天然記念物〔長崎県〕」
◇壱岐白沙八幡神社社叢 ⇒「057 天然記念物〔長崎県〕」
◇壱岐報恩寺のモクセイ ⇒「057 天然記念物〔長崎県〕」
◇壱岐渡良のあこう ⇒「057 天然記念物〔長崎県〕」
◇梅ノ木水源の森 ⇒「118 ながさき水源の森」
◇大清水水源の森 ⇒「118 ながさき水源の森」
◇大山池水源の森 ⇒「118 ながさき水源の森」
◇勝本ダム水源の森 ⇒「118 ながさき水源の森」
◇勝本のハイビャクシン群落 ⇒「057 天然記念物〔長崎県〕」
◇岳ノ辻水源の森 ⇒「118 ながさき水源の森」
◇辰の島海浜植物群落 ⇒「014 天然記念物〔国指定〕」
◇谷江川水源の森 ⇒「118 ながさき水源の森」
◇初瀬の岩脈 ⇒「057 天然記念物〔長崎県〕」
◇幡鉾川水源の森 ⇒「118 ながさき水源の森」
◇御手洗川水源の森 ⇒「118 ながさき水源の森」
◇男女岳水源の森 ⇒「118 ながさき水源の森」

五島市
◇荒川のハマジンチョウ ⇒「057 天然記念物〔長崎県〕」
◇巌立神社社叢 ⇒「057 天然記念物〔長崎県〕」
◇浦ノ川水源の森 ⇒「118 ながさき水源の森」
◇黄島溶岩トンネル ⇒「057 天然記念物〔長崎県〕」

◇翁頭水源の森 ⇒「118 ながさき水源の森」
◇鬼岳火山涙産地 ⇒「057 天然記念物〔長崎県〕」
◇岐宿町タヌキアヤメ群落 ⇒「057 天然記念物〔長崎県〕」
◇熊高水源の森 ⇒「118 ながさき水源の森」
◇五島樫の浦のアコウ ⇒「057 天然記念物〔長崎県〕」
◇五島玉之浦のアコウ ⇒「057 天然記念物〔長崎県〕」
◇五島八朔鼻の海岸植物 ⇒「057 天然記念物〔長崎県〕」
◇嵯峨島火山海食崖 ⇒「057 天然記念物〔長崎県〕」
◇繁敷水源の森 ⇒「118 ながさき水源の森」
◇島山島のヘゴ自生地 ⇒「057 天然記念物〔長崎県〕」
◇白鳥神社社叢 ⇒「057 天然記念物〔長崎県〕」
◇男女群島 ⇒「014 天然記念物〔国指定〕」「132 重要生息地（IBA）」
◇丹奈のヘゴ, リュウビンタイ混交群落 ⇒「057 天然記念物〔長崎県〕」
◇段ノ内水源の森 ⇒「118 ながさき水源の森」
◇富江溶岩トンネル「井坑」 ⇒「057 天然記念物〔長崎県〕」
◇頓泊のカラタチ群落 ⇒「057 天然記念物〔長崎県〕」
◇七岳水源の森 ⇒「118 ながさき水源の森」
◇七岳のリュウビンタイ群落 ⇒「057 天然記念物〔長崎県〕」
◇奈留島権現山樹叢 ⇒「014 天然記念物〔国指定〕」
◇奈留島鰍ノ浦のハマジンチョウ群落 ⇒「057 天然記念物〔長崎県〕」
◇二本楠水源の森 ⇒「118 ながさき水源の森」
◇久賀島のツバキ原始林 ⇒「057 天然記念物〔長崎県〕」
◇福江椎木山の漣痕 ⇒「057 天然記念物〔長崎県〕」
◇福江の大ツバキ ⇒「057 天然記念物〔長崎県〕」
◇船廻神社社叢 ⇒「057 天然記念物〔長崎県〕」
◇ヘゴ自生北限地帯 ⇒「014 天然記念物〔国指定〕」
◇三井楽（みみらくのしま） ⇒「063 名勝〔国指定〕」
◇漣痕 ⇒「057 天然記念物〔長崎県〕」

西海市
◇伊佐ノ浦水源の森 ⇒「118 ながさき水源の森」
◇岩背戸水源の森 ⇒「118 ながさき水源の森」
◇大村湾県立公園 ⇒「008 都道府県立自然公園」
◇白岳水源の森 ⇒「118 ながさき水源の森」
◇七釜鍾乳洞 ⇒「014 天然記念物〔国指定〕」

事典・日本の自然保護地域　479

長崎県　　　　　　　　　地域別索引　　　　　　　　　九州・沖縄

◇西彼杵半島県立公園 ⇒「008 都道府県立自然公園」
◇俵頭水源の森 ⇒「118 ながさき水源の森」
◇雪浦川水源の森 ⇒「118 ながさき水源の森」
◇百合岳水源の森 ⇒「118 ながさき水源の森」

雲仙市
◇愛津水源の森 ⇒「118 ながさき水源の森」
◇吾妻岩戸水源の森 ⇒「118 ながさき水源の森」
◇飯岳水源の森 ⇒「118 ながさき水源の森」
◇池の原ミヤマキリシマ群落 ⇒「014 天然記念物〔国指定〕」
◇井手ノ上水源の森 ⇒「118 ながさき水源の森」
◇岩戸水源の森 ⇒「118 ながさき水源の森」
◇温泉岳 ⇒「064 特別名勝〔国指定〕」
◇奥山水源の森 ⇒「118 ながさき水源の森」
◇加持川水源の森 ⇒「118 ながさき水源の森」
◇原生沼沼野植物群落 ⇒「014 天然記念物〔国指定〕」
◇地獄地帯シロドウダン群落 ⇒「014 天然記念物〔国指定〕」
◇島原半島県立公園 ⇒「008 都道府県立自然公園」
◇島原半島ジオパーク ⇒「006 世界ジオパーク」「009 日本ジオパーク」
◇千々石温泉岳水源の森 ⇒「118 ながさき水源の森」
◇千々石棚田水源の森 ⇒「118 ながさき水源の森」
◇長栄寺のひいらぎ ⇒「057 天然記念物〔長崎県〕」
◇鍋島林業スギ・ヒノキ林 ⇒「120 ふるさと文化財の森」
◇野岳イヌツゲ群落 ⇒「014 天然記念物〔国指定〕」
◇土黒烏兎水源の森 ⇒「118 ながさき水源の森」
◇土黒川のオキチモズク発生地 ⇒「014 天然記念物〔国指定〕」
◇普賢岳紅葉樹林 ⇒「014 天然記念物〔国指定〕」
◇平成新山 ⇒「014 天然記念物〔国指定〕」
◇やまんかみ水源の森 ⇒「118 ながさき水源の森」

南島原市
◇一夜大師水源の森 ⇒「118 ながさき水源の森」
◇岩戸山樹叢 ⇒「014 天然記念物〔国指定〕」
◇温泉岳 ⇒「064 特別名勝〔国指定〕」
◇鬼石水源の森 ⇒「118 ながさき水源の森」
◇島原半島県立公園 ⇒「008 都道府県立自然公園」
◇島原半島ジオパーク ⇒「006 世界ジオパーク」「009 日本ジオパーク」
◇白木野大池水源の森 ⇒「118 ながさき水源の森」
◇水神様水源の森 ⇒「118 ながさき水源の森」

◇塔之坂水源の森 ⇒「118 ながさき水源の森」
◇深江町諏訪神社の社叢 ⇒「057 天然記念物〔長崎県〕」
◇丸尾水源の森 ⇒「118 ながさき水源の森」
◇矢櫃川水源の森 ⇒「118 ながさき水源の森」
◇山ノ寺水源の森 ⇒「118 ながさき水源の森」
◇湯河内泉水水源の森 ⇒「118 ながさき水源の森」
◇与茂作水源の森 ⇒「118 ながさき水源の森」

西彼杵郡長与町
◇大村湾県立公園 ⇒「008 都道府県立自然公園」
◇藤の棟水源の森 ⇒「118 ながさき水源の森」

西彼杵郡時津町
◇大村湾県立公園 ⇒「008 都道府県立自然公園」
◇高地池水源の森 ⇒「118 ながさき水源の森」

東彼杵郡
◇出口山水源の森 ⇒「118 ながさき水源の森」

東彼杵郡東彼杵町
◇大村湾県立公園 ⇒「008 都道府県立自然公園」
◇釜ノ内水源の森 ⇒「118 ながさき水源の森」
◇多良岳県立公園 ⇒「008 都道府県立自然公園」

東彼杵郡川棚町
◇岩屋水源の森 ⇒「118 ながさき水源の森」
◇大村湾県立公園 ⇒「008 都道府県立自然公園」
◇奥ノ川内堤水源の森 ⇒「118 ながさき水源の森」
◇木場水源の森 ⇒「118 ながさき水源の森」
◇中ノ川内水源の森 ⇒「118 ながさき水源の森」

東彼杵郡波佐見町
◇鬼木水源の森 ⇒「118 ながさき水源の森」
◇中尾水源の森 ⇒「118 ながさき水源の森」

北松浦郡小値賀町
◇大島巨大火山弾産地 ⇒「057 天然記念物〔長崎県〕」
◇古路島の岩頸 ⇒「057 天然記念物〔長崎県〕」
◇野崎島水源の森 ⇒「118 ながさき水源の森」
◇美良島 ⇒「057 天然記念物〔長崎県〕」
◇斑島玉石甌穴 ⇒「014 天然記念物〔国指定〕」

北松浦郡佐々町
◇真竹谷水源の森 ⇒「118 ながさき水源の森」

480　　事典・日本の自然保護地域

九州・沖縄　　　　　　　　　　地域別索引　　　　　　　　　　熊本県

南松浦郡新上五島町

◇上五島小ヶ倉水源の森 ⇒「118 ながさき水源
　の森」
◇五島青方のウバメガシ ⇒「057 天然記念物〔長
　崎県〕」
◇三年ヶ浦水源の森 ⇒「118 ながさき水源の森」
◇新魚目曽根火山赤ダキ断崖 ⇒「057 天然記念
　物〔長崎県〕」
◇須崎水源の森 ⇒「118 ながさき水源の森」
◇丹那山水源の森 ⇒「118 ながさき水源の森」
◇津和崎水源の森 ⇒「118 ながさき水源の森」
◇奈良尾のアコウ ⇒「014 天然記念物〔国指定〕」
◇奈良尾ヘゴ自生地 ⇒「057 天然記念物〔長崎県〕」

熊本県

熊本県

◇阿蘇くじゅう国立公園 ⇒「002 国立公園」
◇雲仙天草国立公園 ⇒「002 国立公園」
◇九州自然歩道（やまびこさん）⇒「007 長距離
　自然歩道」
◇九州中央山地国定公園 ⇒「001 国定公園」
◇耶馬日田英彦山国定公園 ⇒「001 国定公園」

熊本市

◇金峰山県立自然公園 ⇒「008 都道府県立自然
　公園」
◇下田のイチョウ ⇒「014 天然記念物〔国指定〕」
◇白川河口 ⇒「132 重要生息地（IBA）」
◇スイゼンジノリ発生地 ⇒「014 天然記念物〔国
　指定〕」
◇立田山ヤエクチナシ自生地 ⇒「014 天然記念
　物〔国指定〕」
◇藤崎台のクスノキ群 ⇒「014 天然記念物〔国
　指定〕」

熊本市北区

◇寂心さんの樟 ⇒「058 天然記念物〔熊本県〕」
◇滴水のイチョウ ⇒「058 天然記念物〔熊本県〕」

八代市

◇芦北海岸県立自然公園 ⇒「008 都道府県立自
　然公園」
◇五木五家荘県立自然公園 ⇒「008 都道府県立
　自然公園」
◇臥龍梅 ⇒「058 天然記念物〔熊本県〕」
◇球磨川河口 ⇒「132 重要生息地（IBA）」「134
　東アジア・オーストラリア地域 渡り性水鳥重
　要生息地ネットワーク」
◇久連子鶏 ⇒「058 天然記念物〔熊本県〕」
◇不知火及び水島 ⇒「063 名勝〔国指定〕」
◇氷川河口・不知火 ⇒「132 重要生息地（IBA）」
◇八代地域い草圃 ⇒「120 ふるさと文化財の森」

人吉市

◇カマノクド ⇒「058 天然記念物〔熊本県〕」

荒尾市

◇荒尾干潟 ⇒「013 ラムサール条約湿地」「134

事典・日本の自然保護地域　481

熊本県　　　　　　　　　　　　　　地域別索引　　　　　　　　　　　九州・沖縄

東アジア・オーストラリア地域 渡り性水鳥重
要生息地ネットワーク」
◇小岱山県立自然公園 ⇒「008 都道府県立自然
公園」

水俣市
◇芦北海岸県立自然公園 ⇒「008 都道府県立自
然公園」
◇薄原神社のナギ ⇒「058 天然記念物〔熊本県〕」

玉名市
◇大野下の大ソテツ ⇒「014 天然記念物〔国指定〕」
◇金峰山県立自然公園 ⇒「008 都道府県立自然
公園」
◇小岱山県立自然公園 ⇒「008 都道府県立自然
公園」
◇唐人舟繋ぎの銀杏 ⇒「058 天然記念物〔熊本県〕」
◇山田の藤 ⇒「058 天然記念物〔熊本県〕」

山鹿市
◇相良のアイラトビカズラ ⇒「015 特別天然記
念物〔国指定〕」
◇菊池川のチスジノリ発生地 ⇒「014 天然記念
物〔国指定〕」

菊池市
◇菊池高校のチャンチンモドキ ⇒「058 天然記
念物〔熊本県〕」
◇正観寺の樟 ⇒「058 天然記念物〔熊本県〕」
◇将軍木 ⇒「058 天然記念物〔熊本県〕」
◇妙蓮寺の樟 ⇒「058 天然記念物〔熊本県〕」

宇土市
◇栗崎の天神樟 ⇒「058 天然記念物〔熊本県〕」
◇三角大矢野海辺県立自然公園 ⇒「008 都道府
県立自然公園」

上天草市
◇千厳山および高舞登山 ⇒「063 名勝〔国指定〕」
◇永目神社のアコウ ⇒「058 天然記念物〔熊本県〕」
◇三角大矢野海辺県立自然公園 ⇒「008 都道府
県立自然公園」
◇竜ヶ岳 ⇒「063 名勝〔国指定〕」

宇城市
◇郡浦の天神樟 ⇒「058 天然記念物〔熊本県〕」
◇不知火及び水島 ⇒「063 名勝〔国指定〕」
◇氷川河口・不知火 ⇒「132 重要生息地（IBA）」

◇三角大矢野海辺県立自然公園 ⇒「008 都道府
県立自然公園」

阿蘇市
◇阿蘇ジオパーク ⇒「006 世界ジオパーク」「009
日本ジオパーク」
◇米塚及び草千里ヶ浜 ⇒「014 天然記念物〔国
指定〕」「063 名勝〔国指定〕」

天草市
◇天草御所浦ジオパーク ⇒「009 日本ジオパーク」
◇兜梅 ⇒「058 天然記念物〔熊本県〕」
◇貨幣石産地 ⇒「058 天然記念物〔熊本県〕」
◇サソリモドキ ⇒「058 天然記念物〔熊本県〕」
◇ヒモヅル ⇒「058 天然記念物〔熊本県〕」
◇ヘゴ自生地 ⇒「058 天然記念物〔熊本県〕」
◇妙見浦 ⇒「014 天然記念物〔国指定〕」「063 名
勝〔国指定〕」
◇竜仙島（片島）⇒「014 天然記念物〔国指定〕」
「063 名勝〔国指定〕」
◇六郎次山 ⇒「063 名勝〔国指定〕」

下益城郡美里町
◇五木五家荘県立自然公園 ⇒「008 都道府県立
自然公園」
◇矢部周辺県立自然公園 ⇒「008 都道府県立自
然公園」

玉名郡玉東町
◇金峰山県立自然公園 ⇒「008 都道府県立自然
公園」

玉名郡南関町
◇大津山下ツ宮のムク ⇒「058 天然記念物〔熊
本県〕」
◇小岱山県立自然公園 ⇒「008 都道府県立自然
公園」

玉名郡和水町
◇上十町権現のイチイガシ ⇒「058 天然記念物
〔熊本県〕」
◇山森阿蘇神社の樟 ⇒「058 天然記念物〔熊本県〕」

菊池郡大津町
◇阿蘇北向谷原始林 ⇒「014 天然記念物〔国指定〕」
◇天神森の椋 ⇒「058 天然記念物〔熊本県〕」

482　事典・日本の自然保護地域

九州・沖縄　　　　　　　　　　地域別索引　　　　　　　　　　熊本県

阿蘇郡南小国町

◇阿蘇ジオパーク ⇒「006 世界ジオパーク」「009 日本ジオパーク」
◇金比羅スギ ⇒「014 天然記念物〔国指定〕」
◇志津川のオキチモズク発生地 ⇒「014 天然記念物〔国指定〕」
◇竹の熊の大ケヤキ ⇒「014 天然記念物〔国指定〕」
◇満山神社の杉群 ⇒「058 天然記念物〔熊本県〕」

阿蘇郡小国町

◇阿蘇ジオパーク ⇒「006 世界ジオパーク」「009 日本ジオパーク」
◇阿弥陀スギ ⇒「014 天然記念物〔国指定〕」
◇下の城のイチョウ ⇒「014 天然記念物〔国指定〕」

阿蘇郡産山村

◇阿蘇ジオパーク ⇒「006 世界ジオパーク」「009 日本ジオパーク」
◇鞍掛のクヌギ ⇒「058 天然記念物〔熊本県〕」

阿蘇郡高森町

◇阿蘇ジオパーク ⇒「006 世界ジオパーク」「009 日本ジオパーク」

阿蘇郡西原村

◇阿蘇ジオパーク ⇒「006 世界ジオパーク」「009 日本ジオパーク」

阿蘇郡南阿蘇村

◇阿蘇ジオパーク ⇒「006 世界ジオパーク」「009 日本ジオパーク」
◇米塚及び草千里ヶ浜 ⇒「014 天然記念物〔国指定〕」「063 名勝〔国指定〕」

上益城郡御船町

◇矢部周辺県立自然公園 ⇒「008 都道府県立自然公園」

上益城郡甲佐町

◇麻生原のキンモクセイ ⇒「014 天然記念物〔国指定〕」
◇矢部周辺県立自然公園 ⇒「008 都道府県立自然公園」

上益城郡山都町

◇阿蘇ジオパーク ⇒「006 世界ジオパーク」「009 日本ジオパーク」
◇池尻の唐傘松 ⇒「058 天然記念物〔熊本県〕」

◇五老ヶ滝 ⇒「058 天然記念物〔熊本県〕」
◇聖滝 ⇒「058 天然記念物〔熊本県〕」
◇矢部周辺県立自然公園 ⇒「008 都道府県立自然公園」

八代郡氷川町

◇五木五家荘県立自然公園 ⇒「008 都道府県立自然公園」
◇氷川河口・不知火 ⇒「132 重要生息地（IBA）」

葦北郡芦北町

◇芦北海岸県立自然公園 ⇒「008 都道府県立自然公園」
◇メガロドン化石群産地 ⇒「058 天然記念物〔熊本県〕」

葦北郡津奈木町

◇芦北海岸県立自然公園 ⇒「008 都道府県立自然公園」
◇久子のコミカン原木 ⇒「058 天然記念物〔熊本県〕」

球磨郡多良木町

◇奥球磨県立自然公園 ⇒「008 都道府県立自然公園」
◇大師のコウヤマキ ⇒「058 天然記念物〔熊本県〕」

球磨郡湯前町

◇奥球磨県立自然公園 ⇒「008 都道府県立自然公園」

球磨郡水上村

◇奥球磨県立自然公園 ⇒「008 都道府県立自然公園」
◇ツクシアケボノツツジ ⇒「058 天然記念物〔熊本県〕」

球磨郡相良村

◇五木五家荘県立自然公園 ⇒「008 都道府県立自然公園」

球磨郡五木村

◇五木五家荘県立自然公園 ⇒「008 都道府県立自然公園」
◇宮園のイチョウ ⇒「058 天然記念物〔熊本県〕」

球磨郡山江村

◇五木五家荘県立自然公園 ⇒「008 都道府県立自然公園」

事典・日本の自然保護地域　483

大分県　　　　　　　　　　　　地域別索引　　　　　　　　　　　九州・沖縄

球磨郡球磨村

◇神瀬の石灰洞窟 ⇒「058 天然記念物〔熊本県〕」
◇メガロドン化石群産地 ⇒「058 天然記念物〔熊本県〕」

天草郡苓北町

◇ハマジンチョウ群落 ⇒「058 天然記念物〔熊本県〕」

大分県

大分県

◇阿蘇くじゅう国立公園 ⇒「002 国立公園」
◇九州自然歩道 (やまびこさん) ⇒「007 長距離自然歩道」
◇瀬戸内海国立公園 ⇒「002 国立公園」
◇祖母傾国定公園 ⇒「001 国定公園」
◇日豊海岸国定公園 ⇒「001 国定公園」

大分市

◇神角寺芹川県立自然公園 ⇒「008 都道府県立自然公園」
◇高崎山のサル生息地 ⇒「014 天然記念物〔国指定〕」
◇高島のウミネコ営巣地 ⇒「059 天然記念物〔大分県〕」
◇高島のビロウ自生地 ⇒「059 天然記念物〔大分県〕」
◇柞原八幡宮のクス ⇒「014 天然記念物〔国指定〕」

別府市

◇朝見神社のアラカシとクスノキ ⇒「059 天然記念物〔大分県〕」
◇御嶽権現社の自然林 ⇒「059 天然記念物〔大分県〕」
◇鶴見権現社のイチイガシ林 ⇒「059 天然記念物〔大分県〕」
◇鶴見の坊主地獄 ⇒「059 天然記念物〔大分県〕」
◇別府の地獄 ⇒「063 名勝〔国指定〕」

中津市

◇犬ヶ岳ツクシシャクナゲ自生地 ⇒「014 天然記念物〔国指定〕」
◇キシツツジ ⇒「059 天然記念物〔大分県〕」
◇ゲンカイツツジ ⇒「059 天然記念物〔大分県〕」
◇三角池の水生・湿地植物群落 ⇒「059 天然記念物〔大分県〕」
◇千本カツラ ⇒「059 天然記念物〔大分県〕」
◇鷹巣山 ⇒「014 天然記念物〔国指定〕」
◇高平のイワシデ林 ⇒「059 天然記念物〔大分県〕」
◇田口のイチイガシ林 ⇒「059 天然記念物〔大分県〕」
◇中津海岸・宇佐海岸 ⇒「132 重要生息地 (IBA)」
◇中津市深耶馬溪うつくし谷 ⇒「119 日本の貴

九州・沖縄　　　　　　　　　地域別索引　　　　　　　　　大分県

重なコケの森」
◇長谷寺境内林 ⇒「059 天然記念物〔大分県〕」
◇ブナの原生林 ⇒「059 天然記念物〔大分県〕」
◇耶馬渓 ⇒「063 名勝〔国指定〕」
◇耶馬渓猿飛の甌穴群 ⇒「014 天然記念物〔国指定〕」

日田市
◇小野川の阿蘇4火砕流堆積物及び埋没樹木群 ⇒「014 天然記念物〔国指定〕」
◇鞍形尾神社の自然林 ⇒「059 天然記念物〔大分県〕」
◇高塚地蔵のイチョウ ⇒「059 天然記念物〔大分県〕」
◇津江山系県立自然公園 ⇒「008 都道府県立自然公園」
◇津江神社のスギと自然林 ⇒「059 天然記念物〔大分県〕」
◇耶馬渓 ⇒「063 名勝〔国指定〕」

佐伯市
◇宇目の野生キリ ⇒「059 天然記念物〔大分県〕」
◇大島のアコウ林 ⇒「059 天然記念物〔大分県〕」
◇沖黒島の自然林 ⇒「059 天然記念物〔大分県〕」
◇小半鍾乳洞 ⇒「014 天然記念物〔国指定〕」
◇堅田郷八幡社のハナガガシ林 ⇒「014 天然記念物〔国指定〕」
◇蒲江カズラ ⇒「059 天然記念物〔大分県〕」
◇狩生鍾乳洞 ⇒「014 天然記念物〔国指定〕」
◇狩生鍾乳洞の動物 ⇒「059 天然記念物〔大分県〕」
◇狩生新鍾乳洞 ⇒「059 天然記念物〔大分県〕」
◇暁嵐の滝岩上植物群落 ⇒「059 天然記念物〔大分県〕」
◇五所明神のナギ ⇒「059 天然記念物〔大分県〕」
◇佐伯城山のオオイタサンショウウオ ⇒「059 天然記念物〔大分県〕」
◇宿善寺のナギ ⇒「059 天然記念物〔大分県〕」
◇城八幡社の自然林 ⇒「059 天然記念物〔大分県〕」
◇祖母傾県立自然公園 ⇒「008 都道府県立自然公園」
◇鷹鳥屋山の自然林 ⇒「059 天然記念物〔大分県〕」
◇竹野浦のビロウ ⇒「059 天然記念物〔大分県〕」
◇洞明寺のナギ ⇒「059 天然記念物〔大分県〕」
◇最勝海浦のウバメガシ林 ⇒「059 天然記念物〔大分県〕」
◇間越のウバメガシと自然林 ⇒「059 天然記念物〔大分県〕」
◇藤河内渓谷 ⇒「101 名勝〔大分県〕」

◇豊後水道県立自然公園 ⇒「008 都道府県立自然公園」
◇八坂神社のハナガガシ林 ⇒「059 天然記念物〔大分県〕」
◇横島のビャクシン自生地 ⇒「059 天然記念物〔大分県〕」

臼杵市
◇野津町のキンメイモウソウ ⇒「059 天然記念物〔大分県〕」
◇日吉社のコジイ林 ⇒「059 天然記念物〔大分県〕」
◇風連洞窟 ⇒「014 天然記念物〔国指定〕」
◇豊後水道県立自然公園 ⇒「008 都道府県立自然公園」
◇ミカドアゲハ ⇒「059 天然記念物〔大分県〕」

津久見市
◇姥目のウバメガシ ⇒「059 天然記念物〔大分県〕」
◇尾崎小ミカン先祖木 ⇒「014 天然記念物〔国指定〕」
◇豊後水道県立自然公園 ⇒「008 都道府県立自然公園」

竹田市
◇九重山のコケモモ群落 ⇒「014 天然記念物〔国指定〕」
◇久住のツクシボダイジュ ⇒「059 天然記念物〔大分県〕」
◇くじゅう坊ガツル・タデ原湿原 ⇒「013 ラムサール条約湿地」
◇神原のトチノキ ⇒「059 天然記念物〔大分県〕」
◇神角寺芹川県立自然公園 ⇒「008 都道府県立自然公園」
◇祖母傾県立自然公園 ⇒「008 都道府県立自然公園」
◇祖母山系イワメ ⇒「059 天然記念物〔大分県〕」
◇大船山のミヤマキリシマ群落 ⇒「014 天然記念物〔国指定〕」
◇竹田の阿蘇火砕流堆積物 ⇒「014 天然記念物〔国指定〕」
◇橘木のシンパク ⇒「059 天然記念物〔大分県〕」
◇長湯のヒイラギ ⇒「059 天然記念物〔大分県〕」
◇陽目のカワノリ ⇒「059 天然記念物〔大分県〕」
◇宮処野神社の社叢 ⇒「059 天然記念物〔大分県〕」
◇宮砥八幡社の社叢 ⇒「059 天然記念物〔大分県〕」
◇籾山八幡社の大ケヤキ ⇒「059 天然記念物〔大分県〕」
◇山浦のイチイガシ林とウラジロガシ林 ⇒「059

事典・日本の自然保護地域　485

天然記念物〔大分県〕」

豊後高田市
◇夷谷 ⇒「101 名勝〔大分県〕」
◇国東半島県立自然公園 ⇒「008 都道府県立自然公園」
◇長崎鼻の海蝕洞穴 ⇒「059 天然記念物〔大分県〕」

杵築市
◇杵築市若宮八幡社の境内林 ⇒「059 天然記念物〔大分県〕」
◇国東半島県立自然公園 ⇒「008 都道府県立自然公園」

宇佐市
◇宇佐神宮社叢 ⇒「014 天然記念物〔国指定〕」
◇オオサンショウウオ生息地 ⇒「014 天然記念物〔国指定〕」
◇鹿嵐山のツクシシャクナゲ群落 ⇒「059 天然記念物〔大分県〕」
◇国東半島県立自然公園 ⇒「008 都道府県立自然公園」
◇畳石のオトメクジャク ⇒「059 天然記念物〔大分県〕」
◇中津海岸・宇佐海岸 ⇒「132 重要生息地（IBA）」
◇耶馬渓 ⇒「063 名勝〔国指定〕」
◇山蔵のイチイガシ ⇒「059 天然記念物〔大分県〕」

豊後大野市
◇穴権現社叢 ⇒「059 天然記念物〔大分県〕」
◇内田のイチイガシ ⇒「059 天然記念物〔大分県〕」
◇おおいた豊後大野ジオパーク ⇒「009 日本ジオパーク」
◇奥祖母のオオダイガハラサンショウウオ ⇒「059 天然記念物〔大分県〕」
◇御嶽の原生林 ⇒「059 天然記念物〔大分県〕」
◇鹿毛のスダジイ原生林 ⇒「059 天然記念物〔大分県〕」
◇神角寺芹川県立自然公園 ⇒「008 都道府県立自然公園」
◇祖母傾県立自然公園 ⇒「008 都道府県立自然公園」
◇健男社のスギと自然林 ⇒「059 天然記念物〔大分県〕」
◇御手洗神社のナギ ⇒「059 天然記念物〔大分県〕」
◇矢形神社の境内林 ⇒「059 天然記念物〔大分県〕」

由布市
◇内成・田代のオトメクジャク ⇒「059 天然記念物〔大分県〕」
◇大杵社の大スギ ⇒「014 天然記念物〔国指定〕」
◇オンセンミズゴマツボ ⇒「059 天然記念物〔大分県〕」
◇神角寺芹川県立自然公園 ⇒「008 都道府県立自然公園」
◇岳本のコナラ原生林 ⇒「059 天然記念物〔大分県〕」
◇由布川峡谷 ⇒「101 名勝〔大分県〕」

国東市
◇国東地域七島い圃 ⇒「120 ふるさと文化財の森」
◇国東半島県立自然公園 ⇒「008 都道府県立自然公園」
◇桜八幡社社叢 ⇒「059 天然記念物〔大分県〕」
◇スダジイ原生林 ⇒「059 天然記念物〔大分県〕」
◇武多都社の境内林 ⇒「059 天然記念物〔大分県〕」
◇武蔵のサツキツツジ ⇒「059 天然記念物〔大分県〕」
◇文殊仙寺の自然林 ⇒「059 天然記念物〔大分県〕」

東国東郡姫島村
◇おおいた姫島ジオパーク ⇒「009 日本ジオパーク」
◇姫島の黒曜石産地 ⇒「014 天然記念物〔国指定〕」
◇姫島の地層褶曲 ⇒「059 天然記念物〔大分県〕」
◇姫島の藍鉄鉱 ⇒「059 天然記念物〔大分県〕」

速見郡日出町
◇経塚山ミヤマキリシマ自生地 ⇒「059 天然記念物〔大分県〕」
◇松屋寺のソテツ ⇒「014 天然記念物〔国指定〕」
◇日出の大サザンカ ⇒「059 天然記念物〔大分県〕」

玖珠郡
◇耶馬渓 ⇒「063 名勝〔国指定〕」

玖珠郡九重町
◇相挾間のブンゴボダイジュ ⇒「059 天然記念物〔大分県〕」
◇大原の境木カシワ ⇒「059 天然記念物〔大分県〕」
◇九酔渓 ⇒「101 名勝〔大分県〕」
◇くじゅう坊ガツル・タデ原湿原 ⇒「013 ラムサール条約湿地」

九州・沖縄　　　　　　　　　地域別索引　　　　　　　　　宮崎県

玖珠郡玖珠町

◇大岩扇山 ⇒「014 天然記念物〔国指定〕」
◇清田川のレンゲツツジ群落 ⇒「059 天然記念物〔大分県〕」
◇野平のミツガシワ自生地 ⇒「059 天然記念物〔大分県〕」

宮崎県

宮崎県

◇九州自然歩道（やまびこさん）⇒「007 長距離自然歩道」
◇九州中央山地国定公園 ⇒「001 国定公園」
◇霧島錦江湾国立公園 ⇒「002 国立公園」
◇祖母傾国定公園 ⇒「001 国定公園」
◇日南海岸国定公園 ⇒「001 国定公園」
◇日豊海岸国定公園 ⇒「001 国定公園」

宮崎市

◇青島亜熱帯性植物群落 ⇒「015 特別天然記念物〔国指定〕」
◇青島の隆起海床と奇形波蝕痕 ⇒「014 天然記念物〔国指定〕」
◇アカウミガメ及びその産卵地 ⇒「060 天然記念物〔宮崎県〕」
◇内海のアコウ ⇒「014 天然記念物〔国指定〕」
◇内海のヤッコソウ発生地 ⇒「015 特別天然記念物〔国指定〕」
◇瓜生野八幡のクスノキ群 ⇒「014 天然記念物〔国指定〕」
◇加江田渓谷の清流 ⇒「127 宮崎の名水（ひむか水紀行）」
◇清武の大クス ⇒「014 天然記念物〔国指定〕」
◇去川のイチョウ ⇒「014 天然記念物〔国指定〕」
◇高岡の月知梅 ⇒「014 天然記念物〔国指定〕」
◇天林寺のオハツキイチョウ ⇒「060 天然記念物〔宮崎県〕」
◇双石山 ⇒「014 天然記念物〔国指定〕」
◇宮崎神社のオオシラフジ ⇒「014 天然記念物〔国指定〕」
◇和石田園重要生息地 ⇒「133 重要生息地〔宮崎県〕」
◇わにつか県立自然公園 ⇒「008 都道府県立自然公園」

都城市

◇霧島山系・御池 ⇒「132 重要生息地（IBA）」
◇霧島ジオパーク ⇒「009 日本ジオパーク」
◇関の尾の甌穴 ⇒「014 天然記念物〔国指定〕」
◇関之尾の清流 ⇒「127 宮崎の名水（ひむか水紀行）」

事典・日本の自然保護地域　487

宮崎県　　　　　　　　　地域別索引　　　　　　　　九州・沖縄

◇早水公園湧水 ⇒「127 宮崎の名水（ひむか水紀行）」
◇母智丘関之尾県立自然公園 ⇒「008 都道府県立自然公園」
◇山田のイチョウ ⇒「060 天然記念物〔宮崎県〕」
◇わにつか県立自然公園 ⇒「008 都道府県立自然公園」

延岡市
◇アカウミガメ及びその産卵地 ⇒「060 天然記念物〔宮崎県〕」
◇家田・川坂湿原重要生息地 ⇒「133 重要生息地〔宮崎県〕」
◇北川の清流 ⇒「127 宮崎の名水（ひむか水紀行）」
◇鹿川渓谷の支流 ⇒「127 宮崎の名水（ひむか水紀行）」
◇祖母傾県立自然公園 ⇒「008 都道府県立自然公園」
◇高島のビロウ自生地 ⇒「014 天然記念物〔国指定〕」
◇那智の滝 ⇒「102 名勝〔宮崎県〕」
◇比叡山および矢筈岳 ⇒「063 名勝〔国指定〕」
◇古江のキンモクセイ ⇒「014 天然記念物〔国指定〕」
◇祝子川（上流）の渓流 ⇒「127 宮崎の名水（ひむか水紀行）」
◇祝子川モウソウキンメイ竹林 ⇒「014 天然記念物〔国指定〕」
◇行縢の沢 ⇒「127 宮崎の名水（ひむか水紀行）」
◇行縢山 ⇒「102 名勝〔宮崎県〕」

日南市
◇アカウミガメ及びその産卵地 ⇒「060 天然記念物〔宮崎県〕」
◇猪崎鼻の堆積構造 ⇒「014 天然記念物〔国指定〕」
◇猪八重渓谷の清流 ⇒「127 宮崎の名水（ひむか水紀行）」
◇鵜戸千畳敷奇岩 ⇒「060 天然記念物〔宮崎県〕」
◇妖肥のウスギモクセイ ⇒「060 天然記念物〔宮崎県〕」
◇虚空蔵島の亜熱帯林 ⇒「014 天然記念物〔国指定〕」
◇東郷のクス ⇒「014 天然記念物〔国指定〕」
◇ヘゴ自生北限地帯 ⇒「014 天然記念物〔国指定〕」
◇榎原湧水 ⇒「127 宮崎の名水（ひむか水紀行）」
◇わにつか県立自然公園 ⇒「008 都道府県立自然公園」

小林市
◇綾川渓谷 ⇒「132 重要生息地（IBA）」
◇綾ユネスコエコパーク ⇒「012 ユネスコエコパーク」
◇エヒメアヤメ自生南限地帯 ⇒「014 天然記念物〔国指定〕」
◇オオヨドカワゴロモ自生地 ⇒「060 天然記念物〔宮崎県〕」
◇霧島山系・御池 ⇒「132 重要生息地（IBA）」
◇霧島ジオパーク ⇒「009 日本ジオパーク」
◇須木の滝 ⇒「102 名勝〔宮崎県〕」
◇千谷の池 ⇒「127 宮崎の名水（ひむか水紀行）」

日向市
◇権現崎の照葉樹林 ⇒「060 天然記念物〔宮崎県〕」
◇福瀬神社のハナガガシ林 ⇒「060 天然記念物〔宮崎県〕」

串間市
◇赤池渓谷の清流 ⇒「127 宮崎の名水（ひむか水紀行）」
◇石波の海岸樹林 ⇒「014 天然記念物〔国指定〕」
◇笠祇・古竹草原重要生息地 ⇒「133 重要生息地〔宮崎県〕」
◇幸嶋サル生息地 ⇒「014 天然記念物〔国指定〕」
◇都井岬ソテツ自生地 ⇒「015 特別天然記念物〔国指定〕」
◇本城干潟重要生息地 ⇒「133 重要生息地〔宮崎県〕」
◇岬馬およびその繁殖地 ⇒「014 天然記念物〔国指定〕」

西都市
◇綾ユネスコエコパーク ⇒「012 ユネスコエコパーク」
◇大椎葉のウラクツバキ ⇒「060 天然記念物〔宮崎県〕」
◇上穂北のクス ⇒「014 天然記念物〔国指定〕」
◇児湯の池 ⇒「127 宮崎の名水（ひむか水紀行）」
◇西都原杉安峡県立自然公園 ⇒「008 都道府県立自然公園」
◇妻のクス ⇒「014 天然記念物〔国指定〕」
◇樅木尾のウラクツバキ ⇒「060 天然記念物〔宮崎県〕」

えびの市
◇飯野のイチョウ ⇒「060 天然記念物〔宮崎県〕」
◇霧島山系・御池 ⇒「132 重要生息地（IBA）」

488　事典・日本の自然保護地域

九州・沖縄　　　　　　　　　　　　地域別索引　　　　　　　　　　　　宮崎県

◇霧島ジオパーク ⇒「009 日本ジオパーク」
◇甑岳針葉樹林 ⇒「014 天然記念物〔国指定〕」
◇陣の池 ⇒「127 宮崎の名水（ひむか水紀行）」
◇出水観音池 ⇒「127 宮崎の名水（ひむか水紀行）」
◇ノカイドウ自生地 ⇒「014 天然記念物〔国指定〕」
◇矢岳高原県立自然公園 ⇒「008 都道府県立自然公園」

北諸県郡三股町
◇わにつか県立自然公園 ⇒「008 都道府県立自然公園」

西諸県郡高原町
◇皇子原湧水 ⇒「127 宮崎の名水（ひむか水紀行）」
◇霧島山系・御池 ⇒「132 重要生息地（IBA）」
◇霧島ジオパーク ⇒「009 日本ジオパーク」
◇狭野神社ブッポウソウ繁殖地 ⇒「014 天然記念物〔国指定〕」
◇狭野のスギ並木 ⇒「014 天然記念物〔国指定〕」

東諸県郡国富町
◇愛染渓谷の清流 ⇒「127 宮崎の名水（ひむか水紀行）」
◇綾ユネスコエコパーク ⇒「012 ユネスコエコパーク」
◇森永の化石群 ⇒「060 天然記念物〔宮崎県〕」

東諸県郡綾町
◇綾川渓谷 ⇒「132 重要生息地（IBA）」
◇綾のイチイガシ ⇒「060 天然記念物〔宮崎県〕」
◇綾ユネスコエコパーク ⇒「012 ユネスコエコパーク」
◇竹野のホルトノキ ⇒「014 天然記念物〔国指定〕」

児湯郡高鍋町
◇アカウミガメ及びその産卵地 ⇒「060 天然記念物〔宮崎県〕」
◇高鍋湿原重要生息地 ⇒「133 重要生息地〔宮崎県〕」
◇高鍋のクス ⇒「014 天然記念物〔国指定〕」

児湯郡新富町
◇アカウミガメ及びその産卵地 ⇒「060 天然記念物〔宮崎県〕」
◇湯ノ宮の座論梅 ⇒「014 天然記念物〔国指定〕」

児湯郡西米良村
◇綾ユネスコエコパーク ⇒「012 ユネスコエコパーク」

児湯郡木城町
◇尾鈴県立自然公園 ⇒「008 都道府県立自然公園」
◇オニバス自生地 ⇒「060 天然記念物〔宮崎県〕」

児湯郡川南町
◇尾鈴県立自然公園 ⇒「008 都道府県立自然公園」
◇川南湿原植物群落 ⇒「014 天然記念物〔国指定〕」

児湯郡都農町
◇尾鈴県立自然公園 ⇒「008 都道府県立自然公園」
◇尾鈴山瀑布群 ⇒「063 名勝〔国指定〕」
◇名貫川（上流）の渓流 ⇒「127 宮崎の名水（ひむか水紀行）」

東臼杵郡門川町
◇乙島 ⇒「102 名勝〔宮崎県〕」
◇門川のウスギモクセイ ⇒「060 天然記念物〔宮崎県〕」
◇枇榔島 ⇒「132 重要生息地（IBA）」

東臼杵郡諸塚村
◇黒岳重要生息地 ⇒「133 重要生息地〔宮崎県〕」
◇フクジュソウ自生地 ⇒「060 天然記念物〔宮崎県〕」

東臼杵郡椎葉村
◇大久保の大ヒノキ ⇒「014 天然記念物〔国指定〕」
◇鬼神野・栂尾溶岩渓谷 ⇒「102 名勝〔宮崎県〕」
◇松尾のイチョウ ⇒「060 天然記念物〔宮崎県〕」
◇八村スギ ⇒「014 天然記念物〔国指定〕」

東臼杵郡美郷町
◇市木のナギ ⇒「060 天然記念物〔宮崎県〕」
◇おせりの渓流 ⇒「127 宮崎の名水（ひむか水紀行）」
◇鬼神野・栂尾溶岩渓谷 ⇒「102 名勝〔宮崎県〕」
◇鬼神野溶岩渓谷の清流 ⇒「127 宮崎の名水（ひむか水紀行）」

西臼杵郡高千穂町
◇五ヶ所高原重要生息地 ⇒「133 重要生息地〔宮崎県〕」
◇五箇瀬川峡谷（高千穂峡谷）⇒「014 天然記念物〔国指定〕」「063 名勝〔国指定〕」

事典・日本の自然保護地域　489

鹿児島県　　　　　　　　　地域別索引　　　　　　　　九州・沖縄

◇下野八幡宮のイチョウ ⇒「014 天然記念物〔国
　指定〕」
◇下野八幡宮のケヤキ ⇒「014 天然記念物〔国
　指定〕」
◇祖母傾県立自然公園 ⇒「008 都道府県立自然
　公園」
◇田原のイチョウ ⇒「014 天然記念物〔国指定〕」
◇玉垂の滝 ⇒「127 宮崎の名水（ひむか水紀行）」
◇柘の滝鍾乳洞 ⇒「014 天然記念物〔国指定〕」
◇鳥屋岳重要生息地 ⇒「133 重要生息地〔宮崎県〕」
◇フクジュソウ自生地 ⇒「060 天然記念物〔宮
　崎県〕」

西臼杵郡日之影町

◇祖母傾県立自然公園 ⇒「008 都道府県立自然
　公園」
◇七折鍾乳洞 ⇒「014 天然記念物〔国指定〕」
◇比叡山および矢筈岳 ⇒「063 名勝〔国指定〕」

西臼杵郡五ヶ瀬町

◇祇園山のわき水 ⇒「127 宮崎の名水（ひむか水
　紀行）」
◇浄専寺のシダレザクラ ⇒「060 天然記念物〔宮
　崎県〕」
◇白岩山石灰岩峰植物群落 ⇒「060 天然記念物
　〔宮崎県〕」
◇祖母傾県立自然公園 ⇒「008 都道府県立自然
　公園」

鹿児島県

鹿児島県

◇奄美群島国定公園 ⇒「001 国定公園」
◇雲仙天草国立公園 ⇒「002 国立公園」
◇九州自然歩道（やまびこさん）⇒「007 長距離
　自然歩道」
◇霧島錦江湾国立公園 ⇒「002 国立公園」
◇甑島国定公園 ⇒「001 国定公園」
◇日南海岸国定公園 ⇒「001 国定公園」
◇屋久島国立公園 ⇒「002 国立公園」

鹿児島市

◇ウシウマの骨格 ⇒「061 天然記念物〔鹿児島県〕」
◇沖小島 ⇒「132 重要生息地（IBA）」
◇鹿児島市西佐多町の吉田貝化石層 ⇒「061 天
　然記念物〔鹿児島県〕」
◇キイレツチトリモチ産地 ⇒「014 天然記念物
　〔国指定〕」
◇喜入のリュウキュウコウガイ産地 ⇒「015 特
　別天然記念物〔国指定〕」
◇桜島 ⇒「103 名勝〔鹿児島県〕」
◇桜島・錦江湾ジオパーク ⇒「009 日本ジオ
　パーク」
◇薩摩隕石 ⇒「061 天然記念物〔鹿児島県〕」
◇城山 ⇒「014 天然記念物〔国指定〕」
◇世界で初めて精子が発見されたソテツ ⇒「061
　天然記念物〔鹿児島県〕」
◇特殊羊歯及び蘚類の自生地 ⇒「061 天然記念
　物〔鹿児島県〕」
◇噴火により埋没した鳥居および門柱 ⇒「061 天
　然記念物〔鹿児島県〕」

鹿屋市

◇高隈山県立自然公園 ⇒「008 都道府県立自然
　公園」

枕崎市

◇坊野間県立自然公園 ⇒「008 都道府県立自然
　公園」

阿久根市

◇阿久根県立自然公園 ⇒「008 都道府県立自然
　公園」
◇牛之浜海岸 ⇒「103 名勝〔鹿児島県〕」

◇ハマジンチョウ ⇒「061 天然記念物〔鹿児島県〕」

出水市

◇出水・高尾野 ⇒「132 重要生息地（IBA）」「134 東アジア・オーストラリア地域 渡り性水鳥重要生息地ネットワーク」

◇鹿児島県のツルおよびその渡来地 ⇒「015 特別天然記念物〔国指定〕」

◇川内川流域県立自然公園 ⇒「008 都道府県立自然公園」

指宿市

◇揖宿神社の社叢 ⇒「061 天然記念物〔鹿児島県〕」

◇鹿児島県のソテツ自生地 ⇒「015 特別天然記念物〔国指定〕」

◇縄状玄武岩 ⇒「061 天然記念物〔鹿児島県〕」

◇伏目海岸の池田火砕流堆積物と噴気帯 ⇒「061 天然記念物〔鹿児島県〕」

◇山川薬園跡及びリュウガン ⇒「061 天然記念物〔鹿児島県〕」

西之表市

◇屋久島・種子島 ⇒「132 重要生息地（IBA）」

垂水市

◇高隈山県立自然公園 ⇒「008 都道府県立自然公園」

薩摩川内市

◇藺牟田池 ⇒「013 ラムサール条約湿地」

◇藺牟田池県立自然公園 ⇒「008 都道府県立自然公園」

◇藺牟田池の泥炭形成植物群落 ⇒「014 天然記念物〔国指定〕」

◇オニバス自生地 ⇒「061 天然記念物〔鹿児島県〕」

◇甑島列島 ⇒「132 重要生息地（IBA）」

◇下甑島夜萩円山断崖の白亜系姫浦層群 ⇒「061 天然記念物〔鹿児島県〕」

◇川内川流域県立自然公園 ⇒「008 都道府県立自然公園」

◇永利のオガタマノキ ⇒「014 天然記念物〔国指定〕」

◇藤川天神の臥龍梅 ⇒「014 天然記念物〔国指定〕」

◇ヘゴ自生北限地帯 ⇒「014 天然記念物〔国指定〕」

日置市

◇吹上浜県立自然公園 ⇒「008 都道府県立自然公園」

◇ヤッコソウ発生地 ⇒「014 天然記念物〔国指定〕」

曽於市

◇霧島ジオパーク ⇒「009 日本ジオパーク」

◇溝ノ口洞穴 ⇒「061 天然記念物〔鹿児島県〕」

霧島市

◇天降川流域の火砕流堆積物 ⇒「014 天然記念物〔国指定〕」

◇霧島山系・御池 ⇒「132 重要生息地（IBA）」

◇霧島ジオパーク ⇒「009 日本ジオパーク」

◇国分市高座神社の社叢 ⇒「061 天然記念物〔鹿児島県〕」

◇ノカイドウ自生地 ⇒「014 天然記念物〔国指定〕」

◇福山のイチョウ ⇒「061 天然記念物〔鹿児島県〕」

いちき串木野市

◇仙人岩の植物群落 ⇒「061 天然記念物〔鹿児島県〕」

◇吹上浜県立自然公園 ⇒「008 都道府県立自然公園」

南さつま市

◇鹿児島県のソテツ自生地 ⇒「015 特別天然記念物〔国指定〕」

◇カワゴケソウ科 ⇒「061 天然記念物〔鹿児島県〕」

◇草垣群島 ⇒「132 重要生息地（IBA）」

◇吹上浜県立自然公園 ⇒「008 都道府県立自然公園」

◇ヘゴ自生北限地帯 ⇒「014 天然記念物〔国指定〕」

◇坊津 ⇒「063 名勝〔国指定〕」

◇坊野間県立自然公園 ⇒「008 都道府県立自然公園」

◇万之瀬川河口 ⇒「132 重要生息地（IBA）」

◇万之瀬川河口域のハマボウ群落及び干潟生物群集 ⇒「014 天然記念物〔国指定〕」

志布志市

◇カワゴケソウ科 ⇒「061 天然記念物〔鹿児島県〕」

◇志布志市夏井海岸の火砕流堆積物 ⇒「014 天然記念物〔国指定〕」

◇志布志の大クス ⇒「014 天然記念物〔国指定〕」

◇志布志のカワゴケソウ科植物生育地 ⇒「014 天然記念物〔国指定〕」

◇枇榔島亜熱帯性植物群落 ⇒「015 特別天然記念物〔国指定〕」

鹿児島県 　　　　　　　　地域別索引 　　　　　　　　九州・沖縄

奄美市
◇奄美諸島 ⇒「132 重要生息地（IBA）」
◇アマミハナサキガエル ⇒「061 天然記念物〔鹿児島県〕」
◇神屋・湯湾岳 ⇒「014 天然記念物〔国指定〕」

南九州市
◇カワゴケソウ科 ⇒「061 天然記念物〔鹿児島県〕」
◇川辺の大クス ⇒「061 天然記念物〔鹿児島県〕」
◇権現洞穴 ⇒「061 天然記念物〔鹿児島県〕」
◇天然橋 ⇒「061 天然記念物〔鹿児島県〕」

伊佐市
◇カワゴケソウ科 ⇒「061 天然記念物〔鹿児島県〕」
◇川内川のチスジノリ発生地 ⇒「014 天然記念物〔国指定〕」
◇川内川流域県立自然公園 ⇒「008 都道府県立自然公園」

姶良市
◇藺牟田池県立自然公園 ⇒「008 都道府県立自然公園」
◇蒲生のクス ⇒「015 特別天然記念物〔国指定〕」

鹿児島郡三島村
◇薩摩黒島の森林植物群落 ⇒「014 天然記念物〔国指定〕」
◇三島村・鬼界カルデラジオパーク ⇒「009 日本ジオパーク」

鹿児島郡十島村
◇宝島女神山の森林植物群落 ⇒「014 天然記念物〔国指定〕」
◇タモトユリ ⇒「061 天然記念物〔鹿児島県〕」
◇トカラウマ ⇒「061 天然記念物〔鹿児島県〕」
◇トカラ列島 ⇒「132 重要生息地（IBA）」
◇トカラ列島県立自然公園 ⇒「008 都道府県立自然公園」

薩摩郡さつま町
◇藺牟田池県立自然公園 ⇒「008 都道府県立自然公園」
◇カワゴケソウ科 ⇒「061 天然記念物〔鹿児島県〕」
◇川内川流域県立自然公園 ⇒「008 都道府県立自然公園」

出水郡長島町
◇ヘゴ自生地北限 ⇒「061 天然記念物〔鹿児島県〕」

姶良郡湧水町
◇霧島山系・御池 ⇒「132 重要生息地（IBA）」
◇栗野町ハナショウブ自生南限地帯 ⇒「014 天然記念物〔国指定〕」
◇ヒガンザクラ自生南限地 ⇒「014 天然記念物〔国指定〕」

肝属郡錦江町
◇稲尾岳 ⇒「014 天然記念物〔国指定〕」
◇大隅南部県立自然公園 ⇒「008 都道府県立自然公園」
◇カワゴケソウ科 ⇒「061 天然記念物〔鹿児島県〕」
◇花瀬の石畳 ⇒「061 天然記念物〔鹿児島県〕」

肝属郡南大隅町
◇稲尾岳 ⇒「014 天然記念物〔国指定〕」
◇大隅南部県立自然公園 ⇒「008 都道府県立自然公園」
◇鹿児島県のソテツ自生地 ⇒「015 特別天然記念物〔国指定〕」
◇カワゴケソウ科 ⇒「061 天然記念物〔鹿児島県〕」
◇ヘゴ自生北限地帯 ⇒「014 天然記念物〔国指定〕」

肝属郡肝付町
◇稲尾岳 ⇒「014 天然記念物〔国指定〕」
◇大隅南部県立自然公園 ⇒「008 都道府県立自然公園」
◇鹿児島県のソテツ自生地 ⇒「015 特別天然記念物〔国指定〕」
◇塚崎のクス ⇒「014 天然記念物〔国指定〕」
◇ヘゴ自生北限地帯 ⇒「014 天然記念物〔国指定〕」

熊毛郡
◇屋久島・種子島 ⇒「132 重要生息地（IBA）」

熊毛郡南種子町
◇南種子町河内の貝化石層 ⇒「061 天然記念物〔鹿児島県〕」
◇南種子町のインギー鶏 ⇒「061 天然記念物〔鹿児島県〕」

熊毛郡屋久島町
◇カワゴケソウ科 ⇒「061 天然記念物〔鹿児島県〕」
◇屋久島 ⇒「005 世界遺産」
◇ヤクシマカワゴロモ生育地 ⇒「014 天然記念物〔国指定〕」
◇屋久島コケの森 ⇒「119 日本の貴重なコケの森」
◇屋久島スギ原始林 ⇒「015 特別天然記念物〔国

492　事典・日本の自然保護地域

九州・沖縄　　　　　　　　　　　地域別索引　　　　　　　　　　　沖縄県

指定〕」
◇屋久島永田浜 ⇒「013 ラムサール条約湿地」
◇屋久島ユネスコエコパーク ⇒「012 ユネスコ
　エコパーク」

大島郡

◇奄美諸島 ⇒「132 重要生息地（IBA）」

大島郡大和村

◇大和浜のオキナワウラジロガシ林 ⇒「014 天
　然記念物〔国指定〕」

大島郡宇検村

◇神屋・湯湾岳 ⇒「014 天然記念物〔国指定〕」

大島郡瀬戸内町

◇請島のウケユリ自生地 ⇒「061 天然記念物〔鹿
　児島県〕」

大島郡喜界町

◇喜界島の隆起サンゴ礁上植物群落 ⇒「014 天
　然記念物〔国指定〕」

大島郡徳之島町

◇アマミハナサキガエル ⇒「061 天然記念物〔鹿
　児島県〕」

大島郡伊仙町

◇犬田布海岸のメランジ堆積物 ⇒「061 天然記
　念物〔鹿児島県〕」
◇徳之島明眼の森 ⇒「014 天然記念物〔国指定〕」

大島郡知名町

◇大津勘のビーチロック ⇒「061 天然記念物〔鹿
　児島県〕」
◇沖泊海岸の大型有孔虫化石密集層 ⇒「061 天
　然記念物〔鹿児島県〕」
◇沖永良部島下平川の大型有孔虫化石密集産地
　⇒「061 天然記念物〔鹿児島県〕」
◇昇竜洞 ⇒「061 天然記念物〔鹿児島県〕」
◇住吉暗川 ⇒「061 天然記念物〔鹿児島県〕」

沖縄県

沖縄県

◇西表石垣国立公園 ⇒「002 国立公園」
◇沖縄海岸国定公園 ⇒「001 国定公園」
◇沖縄戦跡国定公園 ⇒「001 国定公園」
◇慶良間諸島国立公園 ⇒「002 国立公園」

那覇市

◇識名園のシマチスジノリ発生地 ⇒「014 天然
　記念物〔国指定〕」
◇首里金城の大アカギ ⇒「014 天然記念物〔国
　指定〕」
◇仲島の大石 ⇒「062 天然記念物〔沖縄県〕」
◇漫湖 ⇒「013 ラムサール条約湿地」「132 重要
　生息地（IBA）」「134 東アジア・オーストラリ
　ア地域 渡り性水鳥重要生息地ネットワーク」

宜野湾市

◇宜野湾市森の川 ⇒「104 名勝〔沖縄県〕」

石垣市

◇アサヒナキマダラセセリ ⇒「062 天然記念物
　〔沖縄県〕」
◇荒川のカンヒザクラ自生地 ⇒「014 天然記念
　物〔国指定〕」
◇石垣島東海岸の津波石群 ⇒「014 天然記念物
　〔国指定〕」
◇川平湾及び於茂登岳 ⇒「063 名勝〔国指定〕」
◇尖閣諸島 ⇒「132 重要生息地（IBA）」
◇仲筋村ネバル御嶽の亜熱帯海岸林 ⇒「062 天
　然記念物〔沖縄県〕」
◇名蔵アンパル ⇒「013 ラムサール条約湿地」
◇平久保のヤエヤマシタン ⇒「014 天然記念物
　〔国指定〕」
◇平久保安良のハスノハギリ群落 ⇒「014 天然
　記念物〔国指定〕」
◇宮鳥御嶽のリュウキュウチシャノキ ⇒「062 天
　然記念物〔沖縄県〕」
◇宮良川のヒルギ林 ⇒「014 天然記念物〔国指定〕」
◇八重山群島 ⇒「132 重要生息地（IBA）」
◇米原のヤエヤマヤシ群落 ⇒「014 天然記念物
　〔国指定〕」

事典・日本の自然保護地域　493

沖縄県   地域別索引   九州・沖縄

名護市

◇沖縄島沿岸離島 ⇒「132 重要生息地（IBA）」
◇嘉津宇岳安和岳八重岳自然保護区 ⇒「062 天然記念物〔沖縄県〕」
◇轟きの滝 ⇒「104 名勝〔沖縄県〕」
◇名護市嘉陽層の褶曲 ⇒「014 天然記念物〔国指定〕」
◇名護のひんぷんガジュマル ⇒「014 天然記念物〔国指定〕」
◇名護番所跡のフクギ群 ⇒「062 天然記念物〔沖縄県〕」
◇宮里前の御嶽のハスノハギリ群落 ⇒「062 天然記念物〔沖縄県〕」
◇やんばる ⇒「132 重要生息地（IBA）」

糸満市

◇喜屋武海岸及び荒崎海岸 ⇒「014 天然記念物〔国指定〕」「063 名勝〔国指定〕」
◇与根・具志干潟 ⇒「132 重要生息地（IBA）」

沖縄市

◇泡瀬干潟 ⇒「132 重要生息地（IBA）」

豊見城市

◇漫湖 ⇒「013 ラムサール条約湿地」「132 重要生息地（IBA）」「134 東アジア・オーストラリア地域 渡り性水鳥重要生息地ネットワーク」
◇与根・具志干潟 ⇒「132 重要生息地（IBA）」

うるま市

◇チャーン ⇒「062 天然記念物〔沖縄県〕」

宮古島市

◇伊良部県立自然公園 ⇒「008 都道府県立自然公園」
◇国仲御嶽の植物群落 ⇒「062 天然記念物〔沖縄県〕」
◇下地島の通り池 ⇒「014 天然記念物〔国指定〕」「063 名勝〔国指定〕」
◇東平安名崎 ⇒「063 名勝〔国指定〕」
◇東平安名崎の隆起珊瑚礁海岸風衝植物群落 ⇒「062 天然記念物〔沖縄県〕」
◇宮古馬 ⇒「062 天然記念物〔沖縄県〕」
◇宮古群島 ⇒「132 重要生息地（IBA）」
◇八重干瀬 ⇒「014 天然記念物〔国指定〕」「063 名勝〔国指定〕」
◇与那覇湾 ⇒「013 ラムサール条約湿地」

南城市

◇久高島伊敷浜の海岸植物群落 ⇒「062 天然記念物〔沖縄県〕」
◇久高島カカベールの海岸植物群落 ⇒「062 天然記念物〔沖縄県〕」
◇佐敷町冨祖崎海岸のハマジンチョウ群落 ⇒「062 天然記念物〔沖縄県〕」

国頭郡国頭村

◇安波のサキシマスオウノキ ⇒「062 天然記念物〔沖縄県〕」
◇安波のタナガーグムイの植物群落 ⇒「014 天然記念物〔国指定〕」
◇比地の小玉森の植物群落 ⇒「062 天然記念物〔沖縄県〕」
◇やんばる ⇒「132 重要生息地（IBA）」
◇やんばる奥間野鳥保護区 ⇒「135 野鳥保護区」
◇与那覇岳天然保護区域 ⇒「014 天然記念物〔国指定〕」

国頭郡大宜味村

◇大宜味御嶽のビロウ群落 ⇒「062 天然記念物〔沖縄県〕」
◇喜如嘉板敷海岸の板干瀬 ⇒「062 天然記念物〔沖縄県〕」
◇田港御願の植物群落 ⇒「014 天然記念物〔国指定〕」
◇やんばる ⇒「132 重要生息地（IBA）」

国頭郡東村

◇慶佐次湾のヒルギ林 ⇒「014 天然記念物〔国指定〕」
◇やんばる ⇒「132 重要生息地（IBA）」

国頭郡今帰仁村

◇天底のシマチスジノリ ⇒「062 天然記念物〔沖縄県〕」
◇今泊のコバテイシ ⇒「062 天然記念物〔沖縄県〕」
◇沖縄島沿岸離島 ⇒「132 重要生息地（IBA）」
◇諸志御嶽の植物群落 ⇒「014 天然記念物〔国指定〕」

国頭郡本部町

◇沖縄島沿岸離島 ⇒「132 重要生息地（IBA）」
◇嘉津宇岳安和岳八重岳自然保護区 ⇒「062 天然記念物〔沖縄県〕」
◇塩川 ⇒「014 天然記念物〔国指定〕」
◇多良間県立自然公園 ⇒「008 都道府県立自然

494 事典・日本の自然保護地域

九州・沖縄　　　　　　　　　　　　地域別索引　　　　　　　　　　　　沖縄県

公園」
◇本部町大石原のアンモナイト化石 ⇒「062 天
然記念物〔沖縄県〕」

国頭郡恩納村
◇沖縄島沿岸離島 ⇒「132 重要生息地 (IBA)」
◇万座毛 ⇒「104 名勝〔沖縄県〕」
◇万座毛石灰岩植物群落 ⇒「062 天然記念物〔沖
縄県〕」

国頭郡宜野座村
◇やんばる ⇒「132 重要生息地 (IBA)」

国頭郡伊江村
◇伊江村の城山 ⇒「104 名勝〔沖縄県〕」

中頭郡北中城村
◇泡瀬干潟 ⇒「132 重要生息地 (IBA)」

島尻郡渡嘉敷村
◇慶良間諸島海域 ⇒「013 ラムサール条約湿地」

島尻郡座間味村
◇ケラマジカおよびその生息地 ⇒「014 天然記
念物〔国指定〕」
◇慶良間諸島海域 ⇒「013 ラムサール条約湿地」

島尻郡粟国村
◇粟国村字西の御願の植物群落粟国村 ⇒「062 天
然記念物〔沖縄県〕」

島尻郡渡名喜村
◇渡名喜県立自然公園 ⇒「008 都道府県立自然
公園」

島尻郡南大東村
◇大池のオヒルギ群落 ⇒「014 天然記念物〔国
指定〕」
◇大東諸島 ⇒「132 重要生息地 (IBA)」
◇南大東島東海岸植物群落 ⇒「014 天然記念物
〔国指定〕」

島尻郡北大東村
◇北大東村字中野の北泉洞 ⇒「062 天然記念物
〔沖縄県〕」
◇大東諸島 ⇒「132 重要生息地 (IBA)」
◇長幕崖壁及び崖錐の特殊植物群落 ⇒「014 天
然記念物〔国指定〕」

島尻郡伊平屋村
◇田名のクバ山 ⇒「062 天然記念物〔沖縄県〕」
◇くまや洞窟 ⇒「062 天然記念物〔沖縄県〕」
◇念頭平松 ⇒「062 天然記念物〔沖縄県〕」

島尻郡伊是名村
◇アカラ御嶽のウバメガシ及びリュウキュウマツ
等の植物群落 ⇒「062 天然記念物〔沖縄県〕」
◇伊是名城跡のイワヒバ群落 ⇒「062 天然記念
物〔沖縄県〕」

島尻郡久米島町
◇宇根の大ソテツ ⇒「062 天然記念物〔沖縄県〕」
◇久米島県立自然公園 ⇒「008 都道府県立自然
公園」
◇久米島町奥武島の畳石 ⇒「014 天然記念物〔国
指定〕」
◇久米島の渓流・湿地 ⇒「013 ラムサール条約
湿地」
◇久米の五枝のマツ ⇒「014 天然記念物〔国指定〕」
◇真謝のチュラフクギ ⇒「062 天然記念物〔沖
縄県〕」

宮古郡多良間村
◇運城御嶽のフクギ群落 ⇒「062 天然記念物〔沖
縄県〕」
◇塩川御嶽の植物群落並びにフクギ並木 ⇒「062
天然記念物〔沖縄県〕」
◇多良間県立自然公園 ⇒「008 都道府県立自然
公園」
◇多良間島の抱護林多良間 ⇒「062 天然記念物
〔沖縄県〕」
◇多良間島の嶺原の植物群落 ⇒「062 天然記念
物〔沖縄県〕」
◇多良間島の土原御嶽の植物群落 ⇒「062 天然
記念物〔沖縄県〕」
◇宮古群島 ⇒「132 重要生息地 (IBA)」

八重山郡竹富町
◇アサヒナキマダラセセリ ⇒「062 天然記念物
〔沖縄県〕」
◇西表島横断道 ⇒「119 日本の貴重なコケの森」
◇ウブンドルのヤエヤマヤシ群落 ⇒「014 天然
記念物〔国指定〕」
◇古見のサキシマスオウノキ群落 ⇒「014 天然
記念物〔国指定〕」
◇仲の神島海鳥繁殖地 ⇒「014 天然記念物〔国
指定〕」

事典・日本の自然保護地域　　495

沖縄県　　　　　　　　　　　　地域別索引　　　　　　　　　　　九州・沖縄

◇仲間川天然保護区域 ⇒「014 天然記念物〔国
　指定〕」
◇船浮のヤエヤマハマゴウ ⇒「062 天然記念物
　〔沖縄県〕」
◇船浦のニッパヤシ群落 ⇒「014 天然記念物〔国
　指定〕」
◇星立天然保護区域 ⇒「014 天然記念物〔国指定〕」
◇八重山群島 ⇒「132 重要生息地（IBA）」

八重山郡与那国町
◇久部良バリ及び久部良フリシ ⇒「063 名勝〔国
　指定〕」
◇サンニヌ台 ⇒「104 名勝〔沖縄県〕」
◇ティンダバナ ⇒「063 名勝〔国指定〕」
◇八重山群島 ⇒「132 重要生息地（IBA）」
◇与那国島宇良部岳ヨナグニサン生息地 ⇒「062
　天然記念物〔沖縄県〕」
◇与那国島久部良岳天然保護区域 ⇒「062 天然
　記念物〔沖縄県〕」

496　事典・日本の自然保護地域

事典・日本の自然保護地域
─自然公園・景勝・天然記念物

2016 年 4 月 25 日　第 1 刷発行

発　行　者／大高利夫
編集・発行／日外アソシエーツ株式会社
　　　　　　〒143-8550 東京都大田区大森北 1-23-8 第 3 下川ビル
　　　　　　電話 (03)3763-5241(代表)　FAX(03)3764-0845
　　　　　　URL　http://www.nichigai.co.jp/
発　売　元／株式会社紀伊國屋書店
　　　　　　〒163-8636 東京都新宿区新宿 3-17-7
　　　　　　電話 (03)3354-0131(代表)
　　　　　　ホールセール部(営業)　電話 (03)6910-0519

　　　　　　電算漢字処理／日外アソシエーツ株式会社
　　　　　　印刷・製本／株式会社平河工業社

　　　　　　不許複製・禁無断転載　　　《中性紙H-三菱書籍用紙イエロー使用》
　　　　　　〈落丁・乱丁本はお取り替えいたします〉
　　　　　　ISBN978-4-8169-2596-2　　　**Printed in Japan,2016**

　　　　本書はディジタルデータでご利用いただくことが
　　　　できます。詳細はお問い合わせください。

事典・日本の地域遺産
——自然・産業・文化遺産

A5・430頁　定価（本体12,000円＋税）　2013.1刊

自然・風景・産業・文化から技術系遺産など、官公庁や地方自治体、国際機関が選定した「○○遺産」「○○資産」などと呼ばれる地域遺産73種4,700件を通覧できる初のデータブック。種別に登録・選定の趣旨、選定機関、開始年を掲載。

日本全国 発祥の地事典

A5・560頁　定価（本体9,500円＋税）　2012.7刊

主に明治期以降におこった産業・文化、歴史の事物起源を示す発祥の地1,247件を収録した事典。製鉄、企業、大学、農産物、医学、鉄道、姓氏、祭礼、芸能など様々な発祥の地を掲載。

事典・日本の観光資源
——○○選と呼ばれる名所15000

A5・590頁　定価（本体8,000円＋税）　2008.1刊

「名水百選」など全国から選ばれた名数選や「かながわの公園50選」など地方公共団体による名数選、計15,000件を収録。地域別に各地の観光資源を通覧できる第1部「地域別一覧」と、選定別に概要を一覧できる第2部「選定別一覧」で構成。広く知られた観光名所だけでなく、知られざる意外な観光スポットもわかる。

富士山を知る事典

富士学会 企画　渡邊定元・佐野充 編
A5・620頁　定価（本体8,381円+税）　2012.5刊

世界に知られる日本のシンボル・富士山を知る「読む事典」。火山、富士五湖、動植物、富士信仰、絵画、環境保全など100のテーマ別に、自然・文化両面から専門家が広く深く解説。桜の名所、地域グルメ、駅伝、全国の○○富士ほか身近な話題も紹介。

データベースカンパニー
日外アソシエーツ　〒143-8550　東京都大田区大森北1-23-8
TEL.(03)3763-5241　FAX.(03)3764-0845　http://www.nichigai.co.jp/